Siedlung und Landschaft
in Westfalen 44

Siedlung und Landschaft
in Westfalen 44

Wüstungen in Westfalen

Rudolf Bergmann

Münster 2024

Aschendorff
Verlag

Für die Menschen.
Für Westfalen-Lippe.

Landschaftsverband Westfalen-Lippe LWL
Geographische Kommission für Westfalen
Heisenbergstr. 2, 48149 Münster
www.geographische-kommission.lwl.org; geko@lwl.org

Reihe
„Siedlung und Landschaft in Westfalen"

Herausgegeben von der Geographischen Kommission für Westfalen durch Karl-Heinz Otto (Vorsitzender), Rudolf Grothues (Geschäftsführer), Thomas Hauff, Christian Krajewski und Thomas Schmitt

Autor:
Dr. Rudolf Bergmann
rudolf.bergmann56@gmail com

Bezug:
Aschendorff Verlag
Soester Str. 13, 48155 Münster
Telefon: 0251/690-0 Telefax 0251/690-143
www.aschendorff-buchverlag.de
E-Mail: buchverlag@aschendorff.de

Abbildungen auf dem Umschlag:
Frontseite/Titelbild: Rekonstruierte Ostfront des ergrabenen Steinwerks im aufgelassenen Kleinweiler Elsinchusen bei Geseke im Kr. Soest. Modellbau: F. Heinemann, Foto: S. Brentführer, LWL-Archäologie für Westfalen.

Rückseite/Bildstreifen links: Ausschnitt aus der Wüstungs-Übersichtskarte des Kreises Lippe in Ostwestfalen. Entwurf: R. Bergmann, Grafik: M. Thede, LWL-Archäologie für Westfalen.

Rückseite/Bildstreifen rechts: Vermessungsplan der Burganlage „N.N. Schwedenschanze/Buscher Schanzen" im Kr. Minden-Lübbecke. Grafik/Vermessung: M. Thede, LWL-Archäologie für Westfalen.

Bibliografische Information der Deutschen Bibliothek
Die Deutsche Bibliothek verzeichnet diese Publikation in der Deutschen Nationalbibliografie; detallierte bibliografische Daten sind im Internet unter http://dnb.dnb.de abrufbar.

Satz: Geographische Kommission für Westfalen
Druck: Druckerei Kettler GmbH, Bönen
ISBN 978-3-402-14838-9

Vorwort des Verfassers

Eine Überblicksarbeit zu den Wüstungen des Raumes war von der Geographischen Kommission für Westfalen des LWL seit mehr als zwei Jahrzehnten angefragt. Die nun erstellte, überblicksartige Darstellung kann und soll weiterhin notwendige, kleinräumige und in die Tiefe gehende Studien nicht ersetzen.

Eine in einem wesentlichen Umfang auf Literatur- und Quellenarbeit basierende zusammenfassende Arbeit, wie hier vorgelegt, stößt notwendigerweise an ihre Grenzen: Abgesehen von nur Teile des Raumes abdeckenden Altforschungen mangelt es in Westfalen an Studien zur historischen Siedlungsgeographie. Eine Übersicht zum Wüstungsgeschehen zu erstellen beinhaltete notwendigerweise siedlungshistorisch (oder besser gesagt: siedlungsgenetisch) denken zu müssen, ohne dass dafür auf weiten Strecken inhaltlich qualifizierte Grundlagen bestanden.

Wenn man eine derartige Übersicht auf nicht immer solider Grundlage zusammenstellt, kann das nur zu Problemen führen. Daher wird der Verfasser für die- oder denjenigen, die nachfolgend Detailstudien anfertigen können, angreifbar sein. Trotz der bestehenden Risiken erschien es angebracht, eine derartige Arbeit mit Hilfe der Geographischen Kommission für Westfalen auf den Weg zu bringen. Denn einerseits konnten wichtige historische Quellenwerke, die sich mit der Frühzeit der westfälischen Siedlungsgeschichte des Mittelalters befassen, in den letzten beiden Jahrzehnten in neuen Quelleneditionen vorgelegt werden. Andererseits liegen aus der Mittelalter- und Neuzeitarchäologie neuartige wüstungsspezifische Informationen derartig zahlreich vor, dass es sinnvoll erschien, diese zusammenzustellen und in ein Gesamtkonzept einzubringen.

Mein besonderer Dank gilt dem Geschäftsführer der Geographischen Kommission für Westfalen, Dr. Rudolf Grothues, der das konkrete Veröffentlichungsvorhaben gefördert, während der Drucklegung intensiv redaktionell betreut sowie die kartografische Ausstattung und ausführliche Bebilderung in der vorliegenden Form ermöglicht hat.

Der Verfasser hofft, dass die nach derzeitigem Wissensstand erstellte Arbeit zu weiteren Forschungen anregt und zu einem vertieften Verständnis des Werdens der westfälischen Kulturlandschaft beitragen kann.

Nottuln, im Januar 2024

Inhaltsverzeichnis

1. Einleitung

Mit 1070 nachweisbaren Ortswüstungen[1] gehört Westfalen zu den extrem stark von mittelalterlicher Entsiedlung betroffenen Räumen Zentraleuropas. Diese enorme Anzahl wird in anderen Landschaftsräumen bei weitem nicht erreicht und ist durch die spezifisch westfälische Besiedlungsweise mit Klein(st)siedlungen mitbedingt. Im Spätmittelalter sind diese Kleinstrukturen zunehmend im Verschwinden begriffen – auf die Ursachen wird zurückzukommen sein – und in den Jahren von etwa 1390 bis um 1500 werden durch die finale Reduktion ländlicher Orte die Grundlagen für die moderne Siedlungslandschaft Westfalens geschaffen. Aufgelassene ländliche Siedlungen treten gehäuft in den Mittelgebirgsräumen Ostwestfalens mit ihren Börden und Hochflächen, weiterhin in Südwestfalen in den Lößbörden am Mittelgebirgsrand wie auch im westfälischen Schiefergebirgsraum einschließlich seinen Kalkmulden auf. Vom dem mit dem massierten Auftreten von Ortswüstungen geprägten spätmittelalterlichen Wüstungsgeschehen waren insbesondere die ostwestfälischen Kreise Minden-Lübbecke, Lippe, Höxter, Paderborn sowie die südwestfälischen Kreise Soest, Olpe, Siegen-Wittgenstein und der Hochsauerlandkreis betroffen (Abb. 1). Im Inneren der Westfälischen Bucht mit seinen andersartigen Besiedlungsstrukturen (u. a. Einzelhofsiedlungsgebiete, Eschsied-

Abb. 1: Bearbeitete Kreise der wüstungsintensiven Räume Westfalens sowie inselhafte Verbreitung und Westgrenze der Verbreitung von Ortswüstungen nach Müller-Wille und Bertelsmeier (1977) (Grafik: LWL-Archäologie für Westfalen, U. Haarlammert; (final aktualisiert durch GeKo; andere Farben)

1 Anzahl der Objekte: 62 Ortswüstungen mit Kirche oder Kapelle, 899 Ortswüstungen, 109 partielle Ortswüstungen, weiterhin: 73 Hofwüstungen, 47 Burgwüstungen, 8 Klosterwüstungen, 3 Stadtwüstungen, eine partielle Stadtwüstung, 2 wüste Vorstädte, 21 Siedlungsobjekte mit geringfügigen Wüstungserscheinungen und 158 von der Typisierung schwierige Objekte (u. a. Ortswüstungen?, Hofwüstungen?).

lungen, „waldhufenartige" Reihensiedlungen) hingegen bilden Ortswüstungen im klassischen Sinn den Ausnahmefall (vgl. Pohlendt 1950, S. 16 f. und Abb. 1). Charakteristisch für diese Region sind allenthalben verbreitete Hofwüstungen, deren Anzahl ungezählt ist und deren Bearbeitung eine methodisch abweichende Herangehensweise und konzeptionelle Ausrichtung der vorliegenden Studie erfordert hätte.

2. Forschungsgeschichte

Die westfälische Wüstungsforschung kann auf eine lange Tradition zurückblicken. In ihrer Frühphase waren es vor allem Historiker, die sich mit der Thematik auseinandergesetzt haben. Die Jahresbände der später als „Westfälische Zeitschrift" fortgeführten „Zeitschrift für vaterländische Geschichte und Alterthumskunde" aus der 2. Hälfte des 19. Jhs. sind voll der sachbezogenen Informationen zu Wüstungen und mit den Namen W.E. Giefers, J.S. Seibertz und K. Mertens verbunden. Mertens hat einen Manuskriptband „Vocabula medii aevi locorum necnon villarum desolatarum" hinterlassen, der noch heute mit Gewinn für Räume Ostwestfalens benutzt werden kann. In seiner Siedlungsgeschichte des oberen Sauerlandes hat A. K. Hömberg, ebenfalls aus der Sicht des Historikers, für diesen Raum einen kurzgefassten Wüstungskatalog erstellt (Hömberg 1938, S. 160–167). Die Phase geografischer Dominanz in der Wüstungsforschung Deutschlands ist mit dem südostniedersächsischen Universitätsstandort Göttingen verknüpft, darauf wird noch zurückzukommen sein. In Westfalen läuft diese Phase eher schleppend und zeitverzögert an. Die von Göttingen aus betreute Dissertation von D. Ahrens (1956, S. 44–53, S. 106–108) zum Driburger Raum (Kr. Höxter) enthält wüstungsbezogene Abschnitte, ist jedoch als allgemein siedlungsgeografisches Werk einzustufen. Die Dissertation von K. Deppe (1967) setzt sich mit ausgewählten Wüstungen Wittgensteins auseinander und ist ungedruckt geblieben. In zahlreichen Kurzbeiträgen hat sich G. Becker um die aufgelassenen Orte des Olper Landes verdient gemacht; eine Zusammenfassung seiner Forschungen ist in der „Festschrift 40 Jahre Geographische Kommission für Westfalen" erschienen (Becker 1977, S. 249–266), die weiterhin eine Darstellung des Historikers M. Balzer zu den Wüstungen in der Paderborner Stadtfeldmark enthält (Balzer 1977, S. 145–174). Gemessen an den Veröffentlichungen läuft die durch die Dominanz geographischer Arbeiten gekennzeichnete Phase der Wüstungsforschung im letzten Viertels des 20. Jhs. aus. Mit dem Inkrafttreten der Denkmalschutzgesetzgebung in den 1980er Jahren setzt eine Phase der archäologischen Dominanz ein, die bis heute anhält und auf den Resultaten älterer Forschungen aufbauen kann. Der Spätphase geografischer Wüstungsforschung Westfalens ist die Dissertation von G. Henkel (1973) zuzuordnen, die sich intensiv mit dem exzessiven Wüstungsgeschehen auf dem Sintfeld als einem Teil der Paderborner Hochfläche auseinandergesetzt hat, gefolgt von einer Arbeit zu den Hellwegbörden zwischen Erwitte im Kreis Soest und Salzkotten im Kreis Paderborn (Bergmann 1989). In den beiden letztgenannten Werken wird eine Veränderung der Arbeitsweise geografischer Wüstungsforschung deutlich, die ihre Ursache in den sich entwickelnden datierenden Möglichkeiten der Archäologie des Mittelalters besitzt: Während sich Ahrens (1956, S. 106–108) nur in der Lage sah, auf „Scherbenfunde" hinzuweisen, ließ Henkel (1973, S. 11 f.) sein Fundmaterial durch das damalige archäologische Landesdenkmalamt analysieren, um zu einer qualifizierten Aussage zur Besiedlungsdauer aufgegebener Orte zu gelangen. Dieses Verfahren ist in der Arbeit Bergmann (1989, S. 32–60) zu einer detaillierten Keramikaufnahme und -analyse ausgeweitet worden, die von dem Archäologen H.G. Stephan (1977/78, S. 16–91) erstmals für Westfalen angewendet worden ist. Das zweibändige Werk von Stephan zur Wüstungsforschung im südlichen Weserbergland markiert zeitlich den Beginn einer intermethodischen, historisch – geographisch – archäologischen Wüstungsforschung, deren Tradition sich weiterhin ein in jüngerer Zeit erschienener wüstungsspezifischer Band zum Hoch- und Ostsauerland (Bergmann 2015) verbunden fühlt. Abb. 2 zeigt einen Zwischenstand in der Erforschung des westfälischen Wüstungsgeschehens.

3. Intermethodische Arbeitsverfahren

Die Wüstungsforschung bedient sich eines speziellen Prospektionsverfahrens, das mit geringem Finanzaufwand verbunden und in seiner Wirkungsweise hocheffizient ist. Es basiert auf einer kombinierten Auswertung von historischer Quellen, der Auswertung des Flurnamensbestandes von Altkarten und einer zielgerichtet durchgeführten Geländeprospektion. Bei der Auseinandersetzung mit der Arbeitsmethodik der Wüstungsforschung handelt es sich keinesfalls um die Bewältigung eines „Proseminarstoffs". Wie allseits bekannt, beeinflusst jede Versuchsanordnung das jeweilige Ergebnis. In der hier behandelten Thematik ist dies im übertragenen Sinn nicht anders. Die nachfolgend vorgestellte Sequenz von Arbeitsschritten hat sich in Westfalen mit seinen spezifischen Arbeitsbedingungen und -voraussetzungen bewährt, wurde jedoch nicht immer in aller Konsequenz angewendet. Problematisch erscheint es, wenn Laienforscher, unter dem Druck stehend, eine den Geschichtsquellen entnommene Verortungsangabe unbedingt im Gelände nachzuweisen, Flächen immer wieder über Jahre hinweg begehen, dabei einen Haufen spätmittelalterlicher Keramik absammeln, das neuzeitlich-moderne Material aussortieren und derartige Fundschleier von mit dem Mist auf Äcker aufgebrachtem keramischen Müll als vermeintliche Lokalisation vorlegen. Westfalen besitzt hinsichtlich seiner Wüstungen einen ausgeprägt uneinheitlichen Forschungsstand. Zwangsläufig begegnen außerhalb der wissenschaftlich intensiv bearbeiteten Räume solche, bei denen aus der „Heimatforschung" übernommenen Hypothesen, die nur zum Teil richtungsweisend sind, andererseits auch reine Vermutungsszenarien sein können, zurückgegriffen werden muss.

3.1 Historische Quellenarbeit

Durch eine historische Quellenarbeit ist es in zahlreichen Fällen möglich, aufgrund des Fundmaterials erkannte Ortsstellen auf dem Weg über wüstungsweisende Flurnamen mit einer bestimmten Ortswüstung zu verbinden. Ohne historische Quellenforschung ist eine auf den Ortsnamen bezogene Identifikation im Gelände nachgewiesener Wüstungsobjekte erschwert, wenn

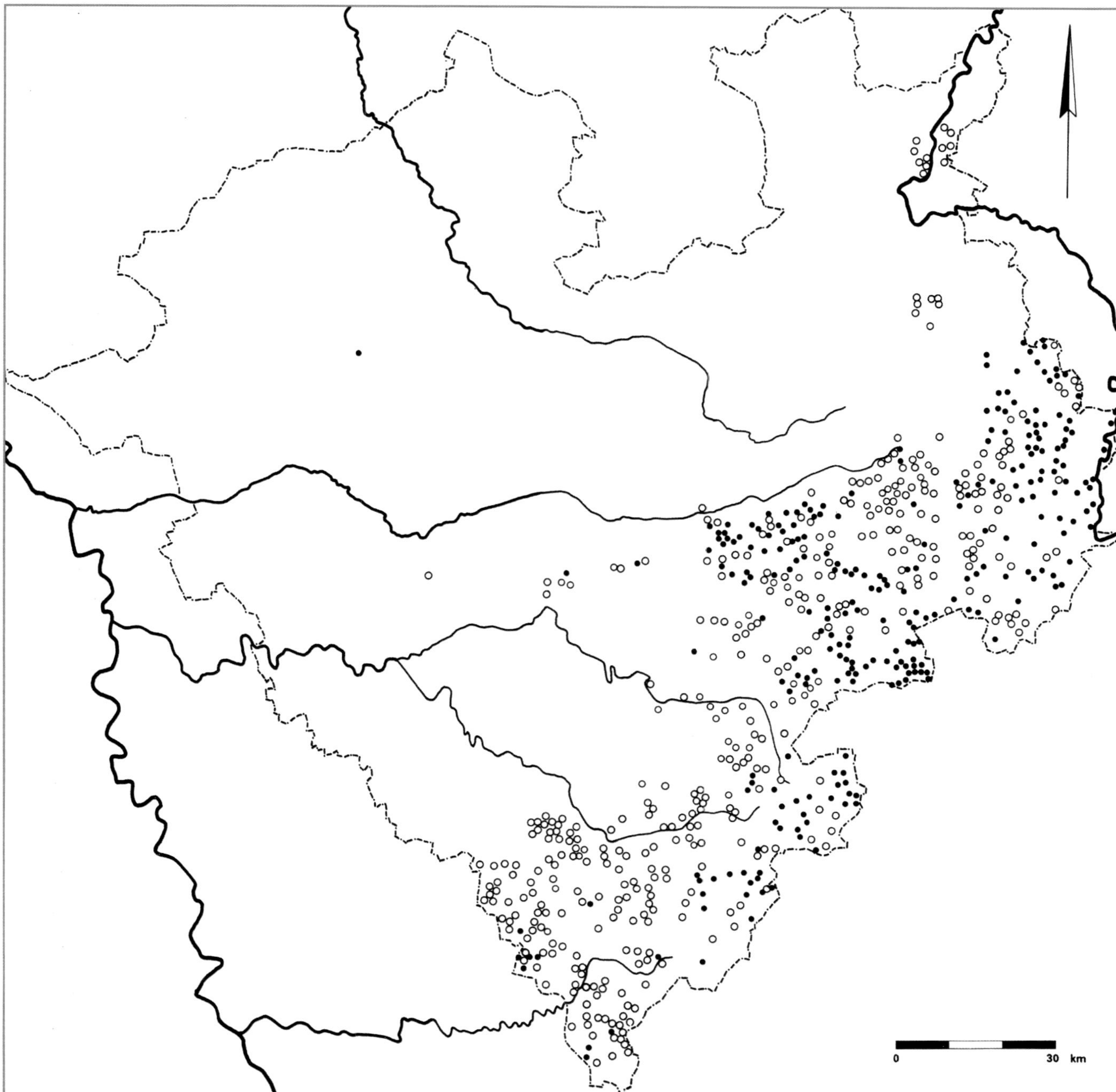

Abb. 2: Verbreitung von Ortswüstungen in Westfalen, ehemaliger Arbeitsstand im Jahr 1993. Punkt: Ortswüstung, lokalisiert, Kreis: Ortswüstung, Lage ungefähr bekannt (Bergmann 1993a, S. 139)

nicht gar unmöglich. Zudem liefern historische Quellen wichtige Informationen zur Objektbestimmung bzw. zum Wüstungstyp wie auch der historischen Gewichtung des Objekt. Es ist ein allgemeines Problem, dass Ortsnamen des 9.–11. Jhs. nicht selten in uns heute schwer verständlichen Schreibungen auftreten. Zudem besteht das Problem, dass in verschiedenen Kleinräumen namenidentische Ortsnamen des -husen (-husen, -shusen, -inchusen) Typs bestanden. Da Quellen wie die Corveyer Traditionen einen sehr großen Bereich des nordwestdeutschen Raumes bzw. des Herzogtums Sachsen und darüber hinausgehend abdecken, ist ein zweifelsfreier Bezug einer spezifischen Traditionsnotiz auf einen bestimmten Ort mehrfach nicht möglich. Bei der Bearbeitung der Geschichtsquellen taucht ein weiteres Problem auf. Orte mit ihren Fluren, die längst wüstliegend sind, können in den Geschichtsquellen ohne eine explizite Kennzeichnung als Wüstung angeführt worden sein, d. h. Besitztitel sind ohne Berücksichtigung der realen Gegebenheiten fortgeschrieben worden.

Die Bearbeitung der für den westfälischen Raum in edierter Form vorliegenden frühen Geschichtsquellen (Werdener Urbare, Corveyer Traditionen, Vita Meinwerci) führt in die Frühgeschichte der Besiedlung ein. Es ist ganz offensichtlich, dass in der Karolingerzeit Altsiedlungen bestanden, von denen aus und in deren Mark Siedlungsneugründungen erfolgten. Bei den Neugründungen endet der Ortsname häufig auf -husen, wohingegen die Altsiedlung einen sogenannten schwer deutbaren Ortsnamen besitzt bzw. von den neu entstandenen Siedlungen mitunter als „Oldendorp" bezeichnet worden ist. Das in der Warburger Börde nahe der Altsiedlung +Sunrike (Kr. Höxter) gelegene heutige Aldorpessen (= Al[den]dorpes[hu]sen, was als bei dem Altdorf gelegener -husen Ort zu verstehen ist) verrät, dass die Altsiedlung Sunrike lokal als Altdorf verstanden worden ist, in diesem Fall jedoch ihren Namen Sunrike behalten hat. Siedlungen wie Oldendorpe bei Godelheim oder andere „Oldendorpes" im Kr. Höxter hingegen haben ihren ursprünglichen Namen eingebüßt, der somit unter Umständen unbekannt bleibt.

Eine wesentliche Hilfe bei dem Erkennen von Wüstungen bieten die nach Kreisen geordnet angelegten „Westfälischen Ortsnamenbücher" (WOB), deren wüstungsbezogene Objekttypisierung vielfach nicht mit der geografischen Nomenklatur übereinstimmt. In diesen sind nur aus wüstungsweisenden Flurnamen erschlossene Wüstungen meist nicht erfasst. In Gebieten mit schlechter historischer Überlieferungslage wie dem Kreis Olpe sind derartige „Wüstungstypen" jedoch tendenziel häufig anzutreffen. Auch ausschließlich durch Bodenfunde erschlossene Ortswüstungen unbekannten Ortsnamens werden in den Westfälischen Ortsnamensbüchern (logischerweise!) nur im Ausnahmefall behandelt. In der Wüstungsforschung verwendete Klassifizierungen/Objektbestimmungen wie z. B. „partielle Ortswüstung" finden ebenso keine Verwendung, weil der Ortsname als solches im Vordergrund steht (Meineke 2010, S. 14).

3.2 Vorgehensweise bei der Prospektion

Wie ausgeführt, bedient sich die Wüstungsforschung der zielgerichteten Prospektion und unterscheidet sich darin von anderen praxisbezogenen Verfahrensweisen, welche sich auf alle Zeitphasen der Geschichte anwenden lassen. Diese wüstungsspezifische Verfahrensweise zielt darauf ab, innerhalb einer Kleinregion zunächst möglichst alle in den historischen Quellen überlieferten Ortswüstungen zu erfassen und Raumeinheiten zuzuweisen. Dieser Arbeitsschritt wird als Groblokalisation bezeichnet (Abb. 3). Anschließend erfolgt eine Auswertung des Flurnamensbestandes von Altkarten, z. B. der Urkataster und Ur-Risse der preußischen Katastralverwaltung aus der 1. Hälfte des 19. Jhs. Ziel einer derartigen Analyse ist es auf Wüstungen hinweisende sogenannte „wüstungsweisende Flurnamen" zu erkennen und raumbezogen zu kartieren. Flurnamen wie *Woort*, mit *-hof* zusammengesetzte Bezeichnungen und weitere verweisen in der Regel auf die Lage von Ortsstellen im Gelände. Sie ermöglichen jedoch von sich aus keine historische Identifikation des erkannten Wüstungsobjekts. Erst durch wüstungsspezifische Flurnamen aus dem weiteren Siedlungsumfeld ist es mitunter möglich, die potentielle Fundfläche mit einem bestimmten, historisch bezeugten Ort zu verbinden, dessen Existenz sich aus den Quellen ergeben hat. Durch die Kombination des Arbeitsschritts der Groblokalisation mit den Ergebnissen der Karteninterpretation ergeben sich optimale Voraussetzungen für die historisch-archäologische Geländeprospektion (Abb. 4).

Die günstigste Zeit zur Durchführung dieser ist die Zeit von etwa Dezember bis etwa Anfang/Mitte April des Jahres. Bei der Kartierung wird zwischen Flächen hoher und geringer Fundhäufigkeit differenziert und bestimmte Oberflächenbefunde und -funde wie die auf Gebäudestandorte hinweisende Verbreitung von verziegeltem Ausfachungslehm, von u. a. auf Kirchen oder Kapellenstandorte hinweisenden Mörtelbrocken und Dachziegeln, auf Schmieden verweisende Schmiedeschlacken und besondere Fundobjekte festgehalten.

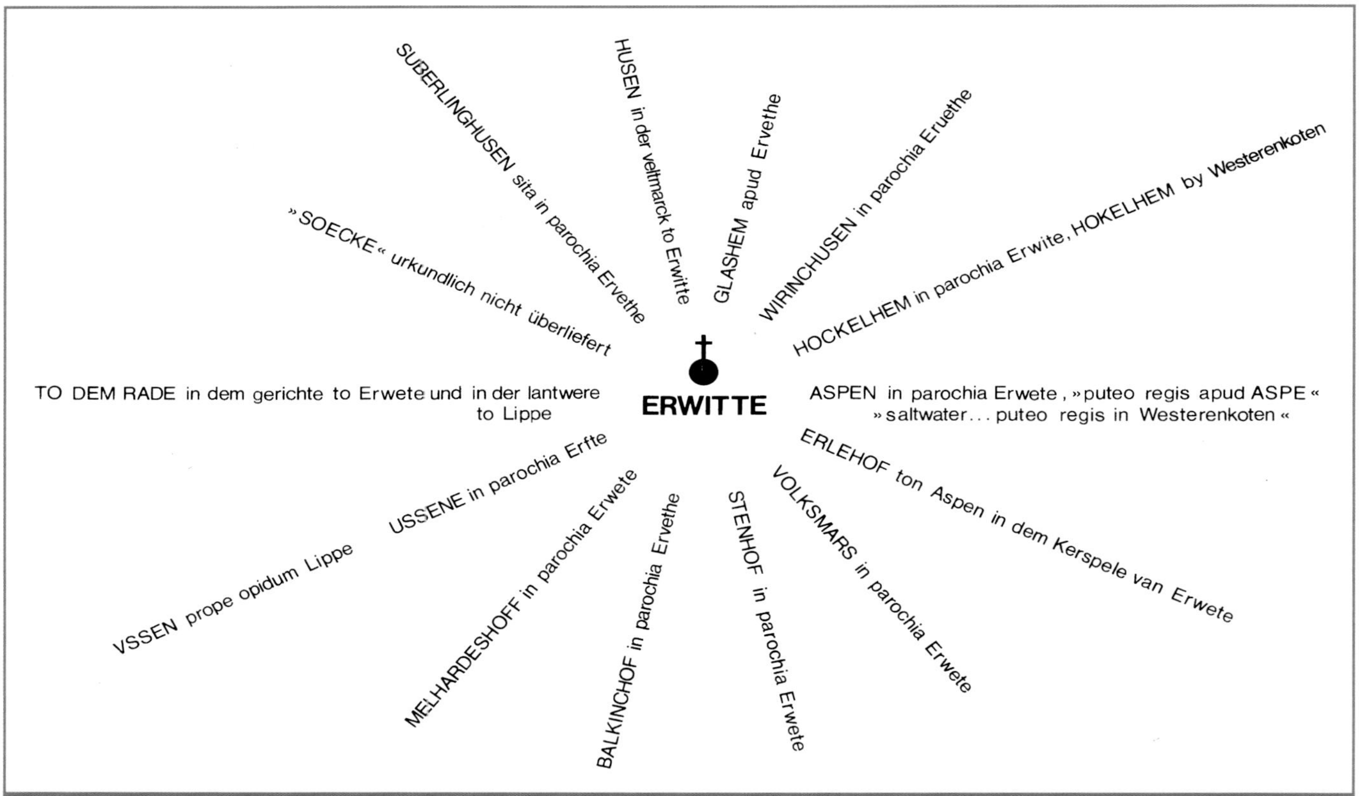

Abb. 3: Groblokalisation der Ortswüstungen um Erwitte, Kr. Soest (Quelle: Bergmann 1989, S. 23, Abb. 2)

Abb. 4: Borgentreich, Kr. Höxter, +Holtrup: Parzellenstrukturen des Urkatasters von 1831/32 als Indikatoren für eine Wüstungslage (Quelle: Bergmann 1994a, S. 40)

Abb. 5: Warburg, Kr. Höxter: Im Luftbild sichtbare Fundamentierungen der Pfarrkirche St. Jacobus in der Wüstung Papenhem im Luftbild (Foto: LWL-Archäologie für Westfalen, S. Berke, 7.7.1988)

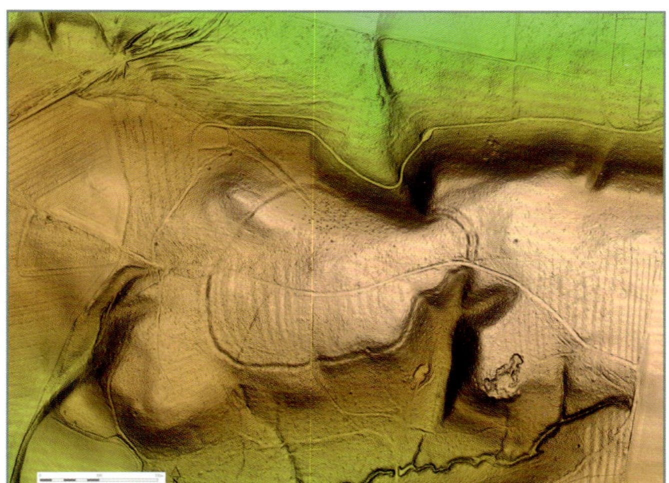

Abb. 6: Borgentreich-Bühne, Kr. Höxter: Spätmittelalterliche Wölbackerbeete innerhalb des neolithischen Erdwerks auf der Rotenbreite und in dessen Umgebung (Foto: LWL-Archäologie für Westfalen, M. Schaich)

3.3 Weitere Arbeitsverfahren: Luftbildarchäologie, Laserscan, Phosphat-Kartierung und geomagnetische Prospektion

Die in den 1980er Jahren in Westfalen systematisch durchgeführte Luftbildarchäologie (Kühlborn 1989, S. 7-26) hat nur bedingt zur Neuentdeckung vorher unbekannter mittelalterlicher Siedlungsstellen geführt (vgl. Trier 1989), so der Kirchenstelle unterhalb der Altenfels-Burgen (Hochsauerlandkreis) und des Kirchengrundrisses von +Papenhem (Kr. Höxter) (Abb. 5). Bei der Befliegung zahlreicher bereits bekannter Ortsstellen zeigten sich vielfach nur wolkige Texturen. Manchmal zeichneten sich auch die Strukturen eines Wegenetzes wahrscheinlich mittelalterlichen Ursprungs ab. Unbestritten bleibt, dass es ungemein wertvoll ist, über Luftbildpläne von sich im Gelände deutlich abzeichnenden Objekten wie der Stadtwüstung Blankenrode (Kr. Paderborn) zu verfügen. – Die Auswertung von 3 D Laserscans besitzt nicht nur für die Wüstungsforschung einen erheblichen Nutzen. Ausgedehnte Wüstungsfluren und Flurwüstungen können so sichtbar gemacht werden, ohne dass zeitaufwendige Begehungen, Kartierungen oder Vermessungen notwendig werden. Dies hat sich exemplarisch für die ausgedehnte Wölbackerflur der Kirchortwüstung Eddessen (Kr. Höxter) erwiesen. Während es in den 1980er Jahren nur gelang, einen südlichen Teilbereich dieser mit konventionellen Mitteln zu vermessen (Bergmann 1987b, S. 277–282), konnte diese und andere Wüstungsfluren später in ihrer Gesamtheit mit sehr erheblich geringerem Zeit- und Finanzierungsaufwand beflogen, gescannt und so erfahrbar gemacht werden (Bergmann/Peine/Pollmann u. a. 2012, S. 217–220) (Abb. 6). Mittlerweile sind derartige Geodaten flächig digital abgreifbar. – Von den grabungsvorbereitenden Prospektionsmaßnahmen haben sich die Phosphatkartierung und die geomagnetische Prospektion als erprobte Verfahren erwiesen. Das Geographische Institut der Ruhr-Universität Bochum hat eine Analyse der Bodenphosphate (nach der Vanadat-Mo-

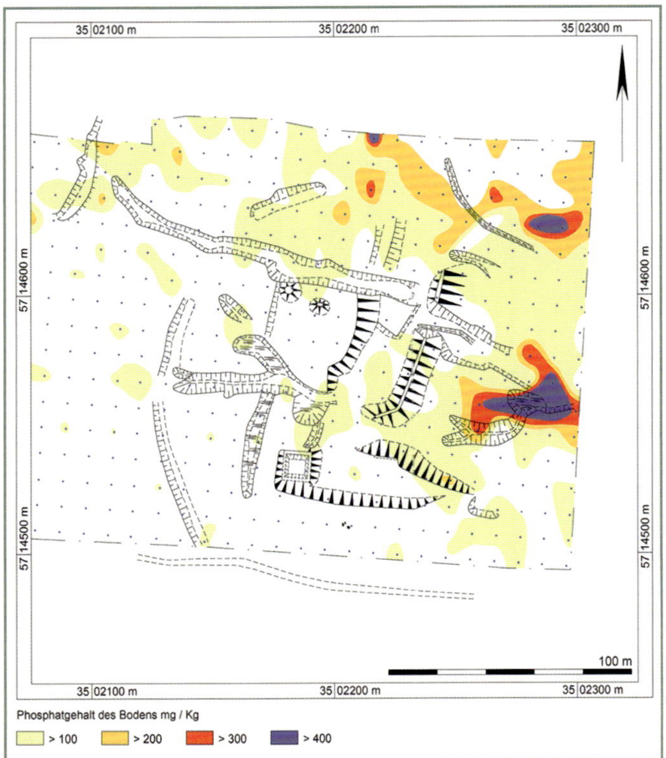

Abb. 7: Warburg-Bonenburg, Kr. Höxter: Phosphat-Kartierung der Grangienwüstung Rozedehusen nach der Zitronensäure-Extraktionsmethode (Analytik/Interpretation Dr. Ismo Bruhm, Labor der Fa. „Umweltdiagnostik", Kiel; Prof. Dr. Zölitz-Möller, Universität Kiel)

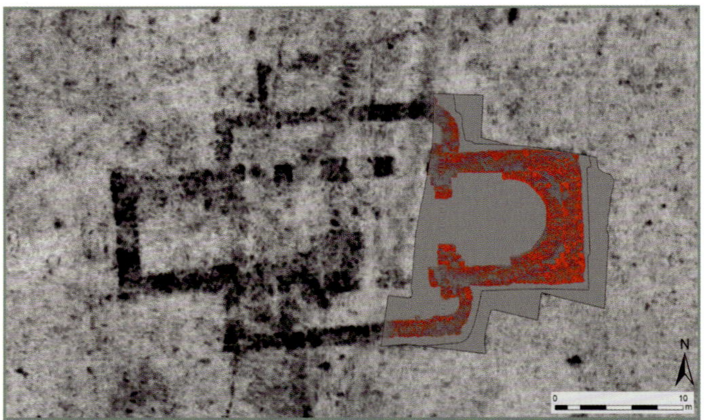

Abb. 8: Höxter, Kr. Höxter: Fundamente der ehemaligen Marktkirche in der Stadtwüstung Corvey im Messbild der Geoelektrik; rot Grabungsbefund (LWL-Archäologie für Westfalen, J. Coolen)

lybdat-Methode) im Umfeld der Kirchenstelle Negere im Rothaargebirge (Hochsauerlandkreis) durchgeführt (Abb. 107), die eine räumliche Vorstellung von der einstigen Ausdehnung des ehemaligen Kirchorts vermittelt. Zur Grabung ist es hier nie gekommen, weil die Pläne zum Bau einer Talsperre nicht realisiert werden mussten. Am Geographischen Institut der Universität Kiel wurde durch Prof. Dr. R. Zölitz eine Extraktion der Bodenphosphate im Umfeld der Grangienwüstung Rozedehusen (Kr. Höxter) nach der Zitronensäure-Extraktionsmethode durchgeführt, die sich in der Praxis als relativ geeignet für den Nachweis von Bodenphospaten anthropogenen Ursprungs erwiesen hatte. Die Kartierung Abb. 7 zeigt eine erhebliche Korrelation zu den Befunden der späteren, mehrjährigen Ausgrabung. – Die in Westfalen noch junge Forschungsrichtung der geomagnetischen Prospektion ist bislang an Glashüttenwüstungen des Eggegebirges (Buthmann/Zickgraf 2008, S. 29–66), der Kirchenstelle Ostervelde (Hochsauerlandkreis) und der Klosterwüstung Bubenkirchen (Kr. Siegen-Wittgenstein) erprobt worden. Herausragend gute Ergebnisse zeigt die geomagnetische Prospektion der Marktkirche in der Stadtwüstung Corvey. Bei einer Forschungsgrabung wurde das Chorhaupt der Kirche ausgegraben, das Steinmaterial im Befund belassen und nachfolgend mit Bodenmaterial abgedeckt. Mittels der geomagnetischen Prospektion ist es später möglich gewesen, den gesamten Kirchengrundriss zerstörungsfrei abzubilden (Abb. 8) (Coolen 2020, S. 60; Coolen, König/Wallner 2020, S. 272–276).

3.4 Archäologische Arbeitsverfahren: Keramikanalyse und Archäologie ländlicher Siedlungen

Um die Besiedlungsdauer von Ortswüstungen einzugrenzen ist es seit dem letzten Drittel des 20. Jhs. üblich geworden, die bei der Prospektion aufgefundene Keramik einer genauen Analyse zu unterziehen. Zu berücksichtigen ist, dass derartige Lesefunde nicht stratifiziert sind, weil sie aus zerstörten Fundzusammenhängen geborgen wurden. Anders als bei punktuellen Wüstungsgrabungen sind sie geeignet, stärker flächenbezogene Vorstellungen über den Ablauf des Besiedlungsgeschehens zu entwickeln. Zur Entwicklung einer regionalen Keramikchronologie muss in der Regel auf Ergebnisse aus anderen archäologischen Quellen zurückgegriffen werden. Es ist hier nicht der Raum, um Datierungen in Einzelnen zu diskutieren; hierzu kann auf eine umfangreiche archäologische Spezialliteratur zurückgegriffen werden. In den nachfolgenden Kreiswüstungskatalogen finden sich mehrfache Fallbeispiele ausführlicher Keramikanalysen zu Datierungszwecken, vorzugsweise zu Ortsstellen, welche erst in den letzten Jahren entdeckt wurden. Den in den Keramiken (zur Töpferei in Westfalen zuletzt im Überblick: Bergmann 2018a, S. 154–173) enthaltenen Magerungsbestandteilen sind Hinweise auf deren Herstellungsregion bzw. den Weg zu entnehmen, auf denen diese zum Verbraucher gefunden hat. Die Wüstungsprospektion hat es ermöglicht, die Verbreitung der merowingerzeitlichen Drehscheibenware des Geseker Typs (benannt nach dem auf dem Gelände des Cyriakusstifts in Geseke, Kr. Soest, archäologisch untersuchten Töpferofens) zu rekonstruieren. Ihr Absatz erstreckte sich nicht allein auf das Nahumfeld des Geseker Hellwegraumes, sondern z. B. bis auf die Paderborner Hochfläche sowie in den Marsberger Raum und hilft dank der Neufunde, die merowingerzeitliche Besiedlung des westfälischen Kernraums zu verstehen. Die vereinzelt an Fundorten nachgewiesene Muschelgruskeramik des frühen Mittelalters aus dem Nord- und Ostseeküstengebiet ist wahrscheinlich nicht als Exportkeramik zu bewerten sondern dürfte als Transportbehältnis in den Untersuchungsraum gelangt sein. Mit Schieferplättchen gemagerte, gegenüber Hitzeschwankungen unempfindliche und daher als Kochtopf besonders geeignete Irdenware aus dem Nordsauerland ist in erheblichen Mengen in das Hellweggebiet exportiert worden ist (Abb. 9). Gleiches gilt für die gegenüber Temperaturschwankungen unempfindlichen, an der Oberfläche dichten, blaugrau gerauchten

Abb. 9: Mit kleinen Schieferplättchen gemagerte u. a. im Nordsauerland produzierte uneinheitlich gebrannte Keramik tritt auf nahezu allen Ortsstellen zwischen Erwitte und Salzkotten/Büren auf (Oberflächenaufnahme: LWL-Archäologie für Westfalen, S. Brentführer)

Irdenwaren, welche sowohl in Nordhessen (Abb. 10) als auch im Bergischen Land produziert worden sind. Keramik Badorfer und Pingsdorfer Art, die sich in Magerung und Machart nicht von den Erzeugnissen der Töpfereizentren am rheinischen Vorgebirge unterscheiden lässt, hat – überwiegend auf dem Landweg – die Hellwegzone und selbst das Hochsauerland erreicht. Das Siegerland wurde geradezu geflutet von Erzeugnissen aus rheinischer Töpfereien. Seit dem 14. Jh. verbreitet nachzuweisendes Steinzeug Siegburger Art gelangte ebenfalls über einen Landtransport bis nach Südostwestfalen und konkurrierte dort mit Erzeugnissen aus dem südostniedersächsischen Bergland. Es ist für die Bestimmung der Zeitraums der Siedlungsaufgabe von Bedeutung. Diesen Exportkeramiken stehen lokal gefertigte uneinheitlich gebrannte Irdenwaren gegenüber, die – je nach Untersuchungsraum spezifisch – grobe Magerungsbestandteile (z. B. Granitgrus, granitischen Grobsand, Sandsteingrus etc.) enthalten und deren Randformen Aufschluss über den Siedlungsbeginn geben können.

Wüstungsgrabungen unterscheiden sich bezüglich der angewendeten Grabungstechnik nicht grundlegend von üblichen Vorgehensweisen der Mittelalter- und Neuzeitarchäologie. Für eine Bewertung von Fundstellen ist deren archäologische Erhaltungszustand von Bedeutung. Es stellt sich die Frage, ob die Fundstelle nach ihrer Auflassung mitsamt ihres charakteristischen Mikroreliefs weitgehend ungestört erhalten blieb oder gegebenenfalls nur tiefreichende Befunde wie Pfostengruben, Keller und Röhrenbrunnen unterhalb eines Pflughorizonts zu erwarten sind. Bei ländlichen Siedlungen des Mittelalters optimalen Erhaltungszustands ist mitunter eine im Detail ausgeprägte Mikrostratigrafie nachzuweisen. Im oberen Horizont tritt zumeist eine humose Kulturschicht auf, die sich nur bei genauer archäologischer Beobachtung weiter differenzieren und aufgliedern lässt. Diese Schicht enthält in der Regel das meiste Fundmaterial. Sie überzieht Befunde wie Gruben, Pfostengruben, Trockenmauern, Schwellbalkenunterlagen etc. und wird aus Zeitgründen häufig mechanisch abgetragen. Wer hier gleich „auf Befund" gräbt, d. h. bis sich archäologische Befunde gegenüber dem C-Horizonts des Bodens deutlich abheben, riskiert, dass für eine Dokumentation nur tief in den Boden eingreifende Restbefunde

Abb. 10: In Nordhessen hergestellte Irdenware mit blaugrau geräuchter Oberfläche dominiert die Fundkomplexe von Ortswüstungen in der Warburger Börde und im Marsberger Raum. Hier ein Birnbauchkrug des 13. Jhs. aus dem Abbruchhorizont des Steinwerks Rozedehusen bei Warburg-Bonenburg mit Ausschnittsvergrößerung des Rollstempeldekors (Fotos: LWL-Archäologie für Westfalen, S. Brentführer)

übrigbleiben. Ein besonderer Augenmerk der Mittelalterarchäologie gilt den zumeist dünnen Laufhorizonten, die durch das Belaufen eines Untergrundes in z. B. Gebäuden, Grubenhäusern oder Kellern entstanden sind. Das in die Laufschicht eingetretene Material ist zeitgleich mit der Bestehensdauer des Gebäudes oder gebäudeteils und datiert dieses. Aus der Ausdehnung einer Laufschicht kann u. U. auf die Ausdehnung eines Gebäudes geschlossen werden, insbesondere wenn die Schwellbalkenunterlagen, die aus wenigen Lagen übereinander aufgeschichteter, plattiger Steine bestehen können, entfernt worden ist. Auf der Oberfläche der Laufschicht kann u. U. ein fundreicher Zerstörungshorizont nachgewiesen werden. In den ländlichen Siedlungen Westfalens sind steinerne Röhrenbrunnen ein alltäglicher Befund. Sie dienten der permanenten Wasserversorgung. Ihre Brunnenröhre wurde auf einem rechteckigen Balkenrahmen aufgeschichtet. Auch zu einem Rahmen übereinander geschichtete Rundhölzer erfüllten diesen Zweck. Ein Felgenkranz eines hölzernen Rades ist in Westfalen bisher nicht als Baugrundlage nachzuweisen gewesen. In die Fugen des Trockenmauerwerks der Brunnenröhre eingefügtes Moos diente der Filtrierung des

Grundwassers. In den Karstgebieten Westfalens, wo keine permanenten Fließgewässer erreichbar waren, zeigte man einen besonderen Einfallsreichtum, indem man Siedlungen dort anlegte, wo die Kalkschichten des geologischen Untergrunds durch tonige Lokalmöränen oder Dolinenfüllungen plombiert waren. Brunnenbauhölzer sind oft die einzigen erhaltenen Holzbefunde ländlicher Siedlungen Westfalens und für dendrochronologische Untersuchungen von Bedeutung.

4. Wüstungstypisierung und Vorgehensweise

Um die verschiedenen Ausprägungen von Wüstungen und Wüstungserscheinungen zu definieren, hat die Geografie seit den 1930er Jahren ein nachfolgend mehrfach weiter verfeinertes Schema entwickelt, das eine sachgerechte Typisierung von Wüstungen ermöglicht (ausführlich zu dieser Thematik: Michl 2021, S. 32–51). Mit Blick auf die westfälischen Verhältnisse ist auf eine grundsätzliche Unterscheidung von Orts- und Hofwüstungen zu verweisen. Letztere sind als aufgegebene Einzelhöfe bzw. mehr oder weniger isolierte Höfe zu definieren, die innerhalb weitständiger Siedlungsmuster auftreten. Im Inneren der westfälischen Bucht steht ihre archäologische Erfassung in den Anfängen. Für die nachfolgend behandelten acht Kreisgebiete, allesamt siedlungsgeografischen Zonen nachmittelalterlicher Verdorfung und Großweilerentstehung (vgl. Henkel 2007, Abb. 1), sind Ortswüstungen charakteristisch. Jedoch besteht eine Übergangszone, indem in den Verdorfungsgebieten alte, d. h. mittelalterlich entstandene Einzelhöfe bestanden, die natürlich auch wüstgefallen sein können. Im Schiefergebirgsraum, besonders den Kreisen Siegen-Wittgenstein und Olpe, kann es aufgrund der spärlichen mittelalterlichen Quellenüberlieferung mitunter unklar sein, ob eine Hofwüstung oder eine aufgelassene Kleinstsiedlung vorliegt. Bei den Ortswüstungen Westfalens handelt es sich zumeist um aufgegebene Kleinweiler. Ausgesprochene Dorfwüstungen sind weitaus seltener und dem archäologischen Befund nach treten sie in Bördenzonen oder Bereichen mit Lößvorkommen auf und bestehen häufig aus mehreren, mitunter räumlich klar voneinander abgrenzbaren Siedlungsbereichen.

Die grundlegende Idee des geografischen Nomenklatursystems ist diejenige einer Differenzierung von Orts- und Flurwüstungen. Je nachdem ob die Wüstungserscheinungen von Dauer oder zeitlich begrenzt, umfassend oder nur teilweise waren, erfolgt eine weitere Untergliederung in permanente, temporäre, totale und partielle Orts- und Flurwüstungen. Den Wüstungskurzlisten liegt diese grundsätzliche geografische Klassifikation zu Grunde. Bei der Objekttypisierung wurde z. B. zwischen Hofwüstungen, Ortswüstungen, wüsten Kirch- und Kapellenorten sowie Stadtwüstungen unterschieden. Häufig ist in Westfalen eine spezifische Form der partiellen Ortswüstung: Während der Ort verschwand, blieb die ehemals siedlungszugehörige Wassermühle erhalten. In jüngerer Zeit ist es gelungen, auch innerhalb von scheinbar nicht von Wüstungserscheinungen betroffenen ländlichen Orten Wüstungsareale zu erkennen, die mit Erfolg archäologisch untersucht worden sind (siehe Ossendorf [Kr. Höxter], Oster Eisbergen [Kr. Minden-Lübbecke] und Wewer [Kr. Paderborn]). In Wüstungskatalogen, wie z. B. demjenigen von A. K. Hömberg (1938, S. 160–167) über das „obere Sauerland", werden temporär wüstliegende Ortschaften, die mit dem Beginn der frühen Neuzeit erneut aufgesiedelt worden sind, mit aufgeführt. Derartige „temporäre" bzw. wiederbesiedelte Ortswüstungen sind in den nachfolgenden Kurzlisten nur ausnahmsweise angeführt. Sie häufen sich in denjenigen Gebieten Westfalens, in denen fast jeder mittelalterliche Ort aufgegeben wurde, derartig, dass ihre Aufnahme in die Wüstungskurzlisten den Rahmen einer Bearbeitung gesprengt hätte. Für diesen Wüstungstyp ist aus archäologischer Sicht von einer weitgehenden Überformung und Zerstörung mittelalterlicher Befunde auszugehen.

Mit der Erfassung der Wüstungen in Katalogform ist im Hochstift Paderborn begonnen worden. In diesem überwiegen klassische Wüstungsformen, vor allem permanente Ortswüstungen, teils mit Kapellen oder Kirchen. Mit dem Voranschreiten in die Peripherie des Wüstungsgeschehens (Kreise Minden-Lübbecke, Olpe, Siegen-Wittgenstein) ergaben sich mitunter neuartige Gesichtspunkte einer Klassifikation, die auf einer schlechten Quellenlage beruhen konnten (Kategorie „von der Zuordnung unsichere Klassifikationsobjekte") oder einem gehäuften Auftreten spezifischer Wüstungstypen (für den westlichen Kreis Soest nachzuweisendes massives Auftreten von unbesiedelten Gräftenanlagen). Während bei Niederungsburgen versucht worden ist, diese für den Untersuchungsraum insgesamt nachzuweisen, da es sich bei ihnen in Westfalen fast immer um integrale Bestandteile ländlicher Siedlungen handelt (grundlegend zu dieser Thematik anhand von Fallbeispielen aus Mecklenburg-Vorpommern: Gringmuth-Dallmer 2008, S. 207–215), erschien eine Einbeziehung von Höhenburgen als nicht zielgerichtet. Anders als noch in der Phase geographischer Dominanz in der Wüstungsforschung ist der Nachweis ausgedehnter Flurwüstungen (Wölbacker-, Terrassenackersysteme) durch das flächige Vorliegen von *airborne-laser Scans* heute ungemein einfach und vom PC aus zu erledigen. Immerhin erweist sich, dass Kartierungen von Siedlungs- und Flurrelikten mit konservativem Messgerät, wie sie z. B. in den 1950er Jahren im Raum Höxter durchgeführt wurden, topografisch genau und kartografisch exakt ausgearbeitet sind.

5. Wüstungshäufigkeit und -verbreitung

Zur Kennzeichnung der Wüstungsintensitäten verwendet die Historische Geographie den sogenannten Wüstungsquotienten bei dem es sich um eine in Prozent ausgedrückte Verhältniszahl handelt (Michl 2021, S. 67–73). Sie setzt die Anzahl der für eine Besiedlungsphase insgesamt nachgewiesenen Siedlungen in das Verhältnis zur Anzahl nachzuweisender Ortswüstungen (Wq [%] = Anzahl der Ortswüstungen x 100 : Gesamtanzahl der Orte). Basierend auf umfangreicher Quellen- und Literaturarbeit wurden Wüstungsquotienten für den mitteleuropäischen Raum zusammengestellt und in einer eindrucksvollen Karte zusammengestellt. In ihrer Ursprungsversion stellt sie die Wüstungsintensitäten für das „Großdeutsche Reich" bzw. Deutschland in den Grenzen vor 1933 dar. So sind auch Regionen wie das Memelland, Ostpreußen, das Ermland, das Gebiet der Freien Stadt Danzig, Teile Pommerns und Großpolens, Schlesien mit dem Riesengebirge, Luxemburg, das Elsass bearbeitet worden, also Gebiete, die heute zu Litauen, der russischen Förderation, Polen und Frankreich gehören bzw. luxemburgisches Staatsgebiet sind. Bei einer notwendigen Neubearbeitung der Karte, in die dann auch jüngere Arbeiten zur Wüstungsforschung einzubeziehen wären, erschiene eine stärker wertneutrale Formulierung der Kartenunterschrift angebracht. Auf die heutige BRD bezogen sind spätmittelalterliche Ortswüstungen „in Hessen, im Weserbergland, im südlichen Niedersachsen, in Teilen Thüringens, ... und in einigen kleineren Gebieten Süddeutschlands“ stark verbreitet, in denen ein hohes Wüstungsaufkommen besteht. In Süddeutschland mit Wüstungsquotienten zwischen 21 und 40 % besteht eine tendenziell mittlere Wüstungsintensität. Das „nordwestdeutsche Einzelhof- und Streusiedlungsgebiet“ weist ein geringes Wüstungsvorkommen auf (ausführlich: Pohlendt 1950, S. 14–23 und Abb. 1; Abel 1967, S. 4; Abel [3]1976, S. 10 und Abb. 2; Schenk 2011, S. 90 f. und Abb. 5.7). Die Ermittlung von Wüstungsquotienten bezieht sich auf Regionen, in denen Ortswüstungen die häufigste Wüstungsform sind. Die spätmittelalterliche Abnahme der Orte entspricht nicht notwendigerweise der Abnahme bäuerlicher Stellen, wie Prange ausführt, und daraus ableitet, dass der Wüstungsquotient nicht geeignet sei, die tatsächliche Wüstungsintensität in verschiedenen Landschaftsräumen vergleichend zu betrachten (Prange 1974, S. 74 f.). Westfalen liegt quasi an der Nordwestflanke des von intensiver Entsiedlung geprägten mitteleuropäischen Kernraums. Für das nordwestdeutsche Streusiedlungsgebiet mit seinen wenigen Ortswüstungen und zahlreichen Hofwüstungen erscheint eine herkömmliche Ermittlung von Wüstungsquotienten wenig sinnvoll. Hier könnten „Wüste-Höfe-Quotienten“ ein realeres Abbild der Wüstungsintensität vermitteln.

Wie bereits angedeutet grenzen in der Untersuchungsregion wüstungsstarke Kreisgebiete an solche geringer Wüstungsbildung. Betrachtet man exemplarisch den hinsichtlich seiner Wüstungsanfälligkeit zweigeteilten Kreis Soest, so sind auf die Siedlungsweise bezogene Unterschiede vor der Wüstungsphase des Spätmittelalters gering: Im Osten wie auch Westen überwogen charakteristische Kleinsiedlungsstrukturen. Während diese im Westen jedoch weitgehend erhalten geblieben sind (außer in den Stadtfeldmarken), vollzog sich in der Osthälfte des Kreisgebiets ein Siedlungskonzentrationsprozess (= Ballung), der als nachmittelalterliche Verdorfung gekennzeichnet ist. Die Formen der bäuerlichen Besitzverhältnisse bzw. der Landleihe am grundherrschaftlich gebundenen Land sind im gesamten Kreisgebiet (wiederum unter Ausnahme der Stadtumfelder mit freieren Formen der Landleihe bzw. Zeitpachthöfen) sehr ähnlich. Weiterhin sind innerhalb des Kreises bezüglich der Formen der Unfreiheit der Landbewohner (besonders deren Eigenhörigkeit) keine gravierenden Regionalunterschiede erkennbar. Welche Faktoren haben also die prägnanten und noch heute kulturlandschaftlich sichtbaren Unterschiede bewirkt? Auffallend ist, dass in der weniger stark von intensiver Entsiedlung geprägten Westhälfte des Kreises Soest zahlreiche Kleinburgen und einfache Befestigungsanlagen wie Gräftenanlagen existent gewesen sind, die in der Osthälfte weitgehendst fehlen. In diesem Unterschied könnte eine wesentliche Ursache der Verschiedenheit begründet sein (Bergmann 2021a, S. 121, S. 133 und Abb. 1; Bergmann 2022, S. 125, S. 129–133, S. 145, S. 148 und Abb. 1). Gemeinsam sind den Räumen unterschiedlicher Wüstungsintensität die städtischen Zentralorte mit ihren jeweiligen Wüstungskränzen oder -inseln. D. h. die spätmittelalterliche Landflucht als Nahmigration von ungeschützten ländlichen Siedlungen in die Städte ist in beiden Räumen des hinsichtlich der Auswirkungen des Wüstungsgeschehens zweigeteilten Kreises latent wirksam gewesen.

6. Wüstungsphasen

Die Zeit zwischen der Mitte des 14. Jhs. und dem Ende des Mittelalters (um 1500) wird in der Siedlungsgeografie allgemein als spätmittelalterliche Wüstungsphase angesprochen (Schenk 2011, S. 90). Sie lässt sich im Hinblick auf Westfalen zeitlich schärfer fassen: Quasi vorbereitet durch Starkregenereignisse wie das „Magdalenenhochwassers“ von 1342 (Bauch-Engel 2019, S. 95 und Abb. 1; Bergmann 2020, S. 133) und Hungersnöte zieht 1348/1349–1351 die Pest mit einer Sterblichkeitsrate von etwa einem bis zwei Dritteln der Bevölkerung über Mitteleuropa hinweg, die in der 2. Hälfte des 14. Jhs. weitere lokale und regionale Ausbrüche zeigte (Abel [3]1976, S. 88–91; zum Pestgeschehen informiert aktuell der 2019 erschienene Ausstellungskatalog der LWL-Archäologie für Westfalen mit den Essays von Jankrift [S. 20–29], Keller [S. 30–47] und Becker [S. 48–55]). Für Straßburg und Köln ist das erste Auftreten der Pest für das Jahr 1349 nachgewiesen (vgl. Abb. 301 im Nachtrag zur Kurzdarstellung bei Leenen 2019a, S. 352–354). Westfalen dürfte noch in diesem Jahr von ihr erreicht worden sein. Anzunehmen wären nun Wüstnennungen mit zeitlich geringem Abstand. Offensichtlich bestehen jedoch Wirkungsmechanismen, die, zumindest bis zu einem gewissen Umfang, zu einem Ausgleich der Bevölkerungsverluste führen und einschneidende, durch die Bevölkerungsreduktion verursachte Auswirkungen zunächst verhindern. Abgesehen von einer anzunehmenden Steigerung der Geburtenrate bestanden diese in Form der *enlope lude* oder allgemeiner nichtbeerbten Hofesabkömmlinge als landloser Bevölkerungsreserve wie auch durch die Vergrößerung der bäuerlichen Betriebseinheiten.

In den historischen Quellen der Untersuchungsregion erscheinen gehäufte Wüstnennungen erst relativ spät, z. B. im Güterverzeichnis des Zisterzienserklosters Bredelar im Nordostsauerland von 1416 (Quellen westfälische Geschichte 1, S. 150–152 und S. 154). Sie beziehen sich nicht auf das Wüstliegen gesamter Orte, sondern auf die Nichtbewirtschaftung bestimmter Höfe der Klostergrundherrschaft. Erst aus den Jahren 1439/40 liegen dann explizite Wüstnennungen ganzer Gemarkungen auf dem Sintfeld als Teilraum der Paderborner Hochfläche vor (Urkunden Kloster Dalheim, Nr. 177–180). Zu diesem Zeitpunkt ist die Wüstungsbildung bereits seit langem abgeschlossen und ehemalige Dorfgemarkungen des westfälischen Totalwüstungsgebiets im Hochsauerlandkreis und Kr. Paderborn befinden sich in einem mit bemerkenswerter Genauigkeit geschilderten Zustand der Verbuschung und Wiederbewaldung.

Als Hauptphase der Wüstungsbildung im mittleren, östlichen und südlichen Westfalen lassen sich die Jahre zwischen etwa 1370 und 1390 erschließen. Als Zeitzeugen sagen Herman tor Westen aus Wünnenberg (Kr. Paderborn) und Henne Mertyns aus Lichtenau (Kr. Paderborn) im Jahr 1451 aus, sie hätten noch vor 60 Jahren im nun aufgelassenen Versede (Kr. Paderborn) gewohnt (Urkunden Kloster Dalheim, Nr. 190). Während im Güterverzeichnis des Zisterzienserklosters Hardehausen (Kr. Höxter) von 1370 noch für zahlreiche ländliche Siedlungen des südostwestfälisch-nordhessischen Raumes Zinserträge und Naturalrenten angeführt sind, werden diese Orte im Einkünfteverzeichnis von 1376 nicht mehr geführt (Überlieferung Kloster Hardehausen, S. 103–131). Allerdings sind im Verzeichnis von 1376 noch mehrfach Orte angeführt, aus denen Zinszahlungen erfolgten, die jedoch aus heutiger Sicht unter den Ortswüstungen einzureihen sind. Damit offenbart sich ein gewisses Dilemma, denn die Angaben des Registers beziehen sich auf Abgabenzahlungen. Es kann also z. B. sein, dass der betreffende Ort wüst lag, seine Flur jedoch ganz oder partiell von einem benachbarten Ort oder einer Stadt bewirtschaftet wurde. Andererseits ist es möglich, dass der betreffende Ort 1376 noch existent war und erst später aufgelassen wurde. Da sich die Buchführung des Klosters offensichtlich an den Realitäten orientierte, darf man stillschweigend darauf schließen, dass man 1376 auf absehbare Zeit nicht mehr damit rechnete, dass aus einer Vielzahl von Wüstungsgemarkungen Erträge erwirtschaft werden könnten. Die Hauptphase der Wüstungsbildung wäre für die ausgedehnte Hardehausener Grundherrschaft somit zwischen 1370–1376 anzusetzen (Bergmann 2014b, S. 607), war damit jedoch noch nicht abgeschlossen. Mithin ist davon auszugehen, dass die regionale Wüstungsbildung im letzten Viertel des 14. Jhs. ihren Höhepunkt und zugleich Abschluss erreichte. Mit anderen Worten: Zwischen der gravierenden pestbedingten Bevölkerungsreduktion und dem Beginn der fassbaren exzessiven Wüstungsbildung in Westfalen verstrich ein Zeitraum von etwa zwei Jahrzehnten.

Die Fokussierung auf das spätmittelalterliche Wüstungsgeschehen darf den Blick auf hochmittelalterliche Wüstungsphasen nicht verstellen. Diese Phasen sind allerdings ungemein schwerer zu fassen und lassen sich in den Geschichtsquellen meist nur als Einzelnennungen nachweisen. Frühe Wüstnennungen von Hufenland sind 1278 für die Villikationen [+]Borchlere unweit der Wewelsburg (Kr. Paderborn) tradiert (Westf. Ub. 4, Nr. 1509). Für den wüstungsarmen westlichen Teil des Nordsauerlandes ist eine früh einsetzende Wüstungsbildung durch die 1177 erfolgte Nennung einer im Umfeld der Röhr gelegenen und vom Villikationshaupthof Stockhausen abhängigen Hufe im Kirchspiel Hellefeld (Hochsauerlandkreis) bezeugt, deren Gebäude seit Menschengedenken nicht mehr existent, wie auch agrarische Nutzfläche verwaldet sei (Urkunden Kloster Oelinghausen, Nr. 5 f.). Eine frühe Wüstungsphase ist weiterhin für Hardehausen (Kr. Höxter) nachzuweisen, das – nach Huck im Jahr 1140 – als Zisterzienserkloster auf dem Gelände der Ortswüstung Herswithehusen angelegt wurde. Das unweit gelegene Kivelinchusen, später als Grangienhof wiederbegründet, ist 1153 als seit über 30 Jahren wüstliegend und öde bezeichnet (Überlieferung Kloster Hardehausen, S. 69 f.), wobei Huck folgerichtig ausführt, dass das Hardehauser Tal zum Zeitpunkt der Klostergründung wüst lag (Huck 1998, S. 19, 21). Überraschend lieferte ein in der Hardehausener Grangie Rozedehusen (Kr. Höxter) geborgenes Pollenprofil, das eine Sedimententstehungszeit von um 800 n. Chr. bis in das ausgehende 12. Jh. umfasst, für das südliche Eggegebirge und sein Vorland, also das Nahumfeld des Klosters Hardehausen, eine pollenanalytisch nachweisbare Besiedlungslücke um die Jahrtausendwende (J. Meurers-Balke/J. Kalis, unveröffentlicht). Die Fallbeispiele zeigen, dass im Hochmittelalter latent mit Wüstungserscheinungen zu rechnen ist, die jedoch nicht das Ausmaß und den Umfang der spätmittelalterlichen Wüstungsphase erreicht haben.

Die Wüstungsentstehung im Umfeld der neugegründeten Städte unterlag eigenen Wirkmechanismen. Ihr lokales Einsetzen ist vom Gründungszeitraum der betreffenden Stadt oder Minderstadt abhängig. Im Umfeld früh entstandener Städte konnte eine Wüstungsbildung nach archäologischem Befund bereits um 1200 oder im frühen 13. Jh. einsetzen und sich bis in das 14. Jh. erstrecken (Bergmann 1989, S. 202). Das um 1380 angelegte Güterverzeichnis des Geseker Cyriakusstifts (Kr. Soest; Quellen westfälische Geschichte 3, S. 295) enthält prägnante Beispiele für die Bewirtschaftung der Landflächen von Kurienhöfen von der Stadt aus, darunter derjenigen in +Elsinchusen. Bei Prospektionsarbeiten wie auch Ausgrabungen innerhalb dieser Ortsstelle war zu beweisen, dass der in der Geschichtsquelle überlieferte Wüstungsvorgang bereits etwa anderthalb Jahrhunderte früher erfolgt war. In der Schriftüberlieferung ist eine vor 1265 erfolgte Verlagerung einer Hofstelle vom stadtnahen Velmede in die Stadt Geseke belegbar (Westf. Ub. 7, Nr. 1186; Bergmann 1989, S. 194); eine ähnlicher Vorgang ist später für die Stadt Medebach (Hochsauerlandkreis) bezeugt (Bergmann 2015, S. 382 f.). Bei späten Stadtgründungen überlagerte sich die stadtbezogene Wüstungsentstehung mit dem allgemeinen Wüstungsgeschehen.

7. Wüstungsursachen

Schon aus der Dauer des nuancenreich, zeitlich gestreckt und mehrphasig abgelaufenen Wüstungsvorganges verbietet es sich, diesen allein auf eine Ursache wie z. B. die mit einer gewissen Zeitverschiebung nach der (den) Pestepidemie(n) auftretende, überproduktionsbedingte Agrarkrise zurückzuführen, die in maßgeblichem Umfang für das mitteleuropäische Entsiedlungsgeschehen des Spätmittelalters verantwortlich gemacht wird bzw. dieses mit auslöste.

7.1 Agrarkrisentheorie und Kritik

Die wirtschaftshistorischen Untersuchungen von W. Abel über den Verlauf der Agrarkonjunktur in Mitteleuropa sollten erhebliche Bedeutung für die Erforschung der Kulturlandschaftsgenese des Mittelalters erlangen. Die hoch- und spätmittelalterliche Entwicklung der Getreidepreise ließ sich an französischen, englischen und oberitalienischen Preislisten gut belegen. Sie bleibt für den deutschen Raum jedoch tendenziell lückenhaft und beschränkt sich dort häufig auf Extremjahre. Die Getreidepreisbewegungen zeichnen in relativer Übereinstimmung einen Anstieg der Preise vom 13. Jh. bis um 1375 nach, wo ein umfassender europäischer Verfall der Kornpreise einsetzte, der bis zum ersten Drittel des 16. Jhs. in stetigem Sinken begriffen war. Spätmittelalterliche Quellen zur Entwicklung der Getreidepreise liegen aus dem westfälischen Raum nicht vor und setzen auf das Münsterland bezogen 1532 ein (Bahlmann 1891, S. 75-96).

Mitverantwortlich für das zunächst ausgeprägte Anziehen der Getreidepreise dürfte die angenommene Verdreifachung der Bevölkerung in den Altsiedellandschaften im Zeitraum des 11.–14. Jhs. sein, die unter dem Druck der Landknappheit mit dem rodenden Vorstoß in Gebiete ungünstiger edaphischer Bedingungen verbunden war. Mit dem agraren Aufschwung des 13. Jhs. beginnt die Ablösung des grundherrschaftlichen Fronhofsystems (mit fixierten Naturalabgaben) von der Rentengrundherrschaft (mit Geldleistungen), die sich noch weit in das späte Mittelalter hinziehen sollte. Das Steigen der Getreidepreise war durch den Bevölkerungsanstieg und die gleichzeitige, relative Verknappung bzw. das unproportional wachsende Angebot an Agrarflächen bedingt. Aus dem Anziehen der Preise zog der Bauer insbesondere dann Nutzen, wenn eine Umwandlung der grundherrschaftlichen Renteneinkünfte erfolgt war: Bei gleichbleibenden Geldrenten stiegen für ihn die aus dem Verkauf zu erzielenden Erlöse. Der „schwarze Tod" mit einer Häufung der Pestumzüge führt zu einer säkularen Wende (Abb. 11). Bei einem sich nun ergebendem relativem Überfluss an ackerbaufähigem Land stellte sich ein Mangel an Arbeitskräften ein. Die Pest blieb – dies verwundert zunächst – zunächst ohne direkte Auswirkungen auf die Entwicklung der Getreidepreise, die auch nach 1350 auf einem hohen Niveau stagnierten und zum Teil stiegen. Das Phänomen des Nichtsinkens der Getreidepreise erklärt Abel mit der Verringerung der Ackerbauflächen bei gleichzeitigem Steigen der Kaufkraft von Konsumenten durch häufig eingetretene Erbfälle. Trotz des hohen Getreidepreises verringerten sich wegen der gestiegenen Löhne, und dadurch bedingt auch handwerklicher Produkte, die Erträge aus der Landwirtschaft, wie dies beispielhaft aus den Gewinn- und Verlustrechnungen eines südenglischen Gutsbetriebs (Cuxham Manor) der Jahre 1332/33 und 1350/51 hervorgeht. Mit dem nachfolgend einsetzenden Verfall der Getreidepreise und dem Steigen der Löhne öffnete sich eine Preisschere. Der Bauer geriet in eine Schere zwischen sinkenden Einnahmen aus Getreideverkäufen und steigenden Ausgaben für handwerkliche Produkte. Durch das Missverhältnis zwischen bäuerlichen Einnahmen aus dem Verkauf einerseits und den Lasten, Löhnen und Ausgaben andererseits, welche der Aufrechterhaltung der bäuerlichen Wirtschaft dienten, geriet die Bauern in eine die Existenz bedrohende Situation. Jahre geringster Agrarpreise, in denen die Kosten für die Produktion höher sein konnten als die Erlöse, sind die Krisenjahre einer Zeit, in der die Schwankungen der Getreidepreise in eine insgesamt abschwingende Bewegung eingebunden waren. Die überproduktionsbedingte Krise wird durch die Folgen der Auflösung des Fronhofsystems, die eine tendenzielle Ertragssteigerung bewirkte, weiter verschärft. Die Höhe fest fixierter Geldrenten an die Grundherren war unter diesen Umständen nicht aufrechtzuerhalten. Der grundrentenabhängige Landadel verschuldete. Folge des Bevölkerungs-

Abb. 11: Wünnenberg-Leiberg, Kr. Paderborn: Das in der Ortswüstung Fornholte unweit des Standorts der Wüstungs„kirche" errichtete Pestkreuz erinnert an die während des 30jährigen Krieges im August 1635 im Verlauf einer Epidemie („Pestilens") im Dorf Leiberg verstorbenen rund 400 Personen (Foto: LWL-Archäologie für Westfalen, R. Bergmann)

rückgangs und der aus ihm resultierenden Agrarkrise war eine Einschränkung der Anbauflächen, die sich mit deutlich nachvollziehbaren räumlichen Disparitäten vollzogen hat. Wichtigstes Postulat Abels ist die angenommene Marktabhängigkeit der Bauern (Abel 1967, S. 8–15; Abel [3]1976, S. 103–119; Abel [3]1978a, S. 112–153; Abel [3]1978b, S. 44–103).

Versucht man, die raumübergreifenden Thesen Abels auf den Raum Westfalen anzuwenden, so ist dessen Einbindung in ein komplexes Wirtschaftsgefüge wenig zweifelhaft. Bereits der Begriff des „schönen, marktgängigen" Korns zeigt eine Marktabhängigkeit bäuerlichen Wirtschaftens an. In den Stadtumfeldern vollzieht sich im späten Mittelalter eine Umwandlung der Rentengrundherrschaft, indem Agrarflächen im Rahmen einer vornehmlichen, aber nicht ausschließlichen, Geldwirtschaft durch Ackerbürger bearbeitet werden – oftmals für städtische Unternehmer und im Rahmen von Zeitpachtverträgen. Im stadtfernen ländlichen Raum hat sich die Umwandlung der Villkationsverfassung jedoch über einen sehr erheblich längeren Zeitraum erstreckt als von Abel für das übrige Zentraleuropa erkannt/angenommen. Aus spätmittelalterlichen Einkünfteregistern klösterlicher Grundherrschaften aller Teilräume Westfalens ist abzulesen, dass Grundrenten überwiegend als Naturalabgaben geleistet wurden und eben nicht als Geldzins. Im wüstungsarmen Westmünsterland werden bäuerliche Renten und Lasten noch im 30jährigen Krieg überwiegend in Naturalien entrichtet. Aus den geringen Geldabgaben ist zu folgern, dass die Bauern der Region nicht in dem Umfang in die Geldwirtschaft eingebunden gewesen sind wie dies zu erwarten gewesen wäre. Auf die Region insgesamt bezogen ist die These vorwiegend fest fixierter bäuerlicher Geldangaben somit nicht zu akzeptieren. Die Problematik, Naturalien bei sinkendem Gelderlös in Geldwerte umzuwandeln, stellte sich somit vordringlich den weltlichen und geistlichen Grundherren. Sie sind es, die zunächst verarmen.

7.2 Fehden

Dennoch und keinesfalls in Negierung derartiger raumübergreifend wirksamen Faktoren muss auf in Westfalen häufige zentralitätsbezogene Entsiedlungsmuster verwiesen werden, die ihre Ursache nicht primär in der Agrarkrise haben können. Sie stehen im Einklang mit auf dem ‚platten Land' bestehenden unsicheren Rechtszuständen (Witt-Stuhr 1996, S. 80 f.), die in den Quellen als wesentlicher Auslöser der Entsiedlung benannt werden. Diese Situation illustriert, dass es 1298 wegen der Gefährdung der Wege nicht möglich war, von Westfalen an den Rhein zu gelangen (Urkunden Kloster Hardehausen, Nr. 475), womit nicht etwa Naturgewalten, sondern Auswirkungen des Fehdewesens gemeint sind. Ein Schlaglicht auf das Fehdewesen wirft, dass die erzbischöfliche Mühle bei Geseke (Kr. Soest), weil sie häufig durch Feinde zerstört worden sei (*quia sepe destruebatur per inimicos*) vor 1300 auf Anordnung des Kölner Erzbischofs in die Stadt verlegt wurde (Seibertz, Ub. 1, S. 613 und 618). Weiterhin ist die Mühle *Tumerode* bei Meiste (Rüthen, Kr. Soest) als wüst (*desertum est*) bezeichnet. In dieselbe Kerbe bestehender Rechtsunsicherheit schlägt, dass 1322 im Umfeld von +Dorslon (Kr. Paderborn) Straßenraub bezeugt ist (Westf. Ub. 9, Nr. 2169). Der ehemalige Kirchort liegt nicht etwa in der Waldeinsamkeit des Arnsberger Waldes, sondern inmitten einer Altsiedellandschaft nahe des Kreuzungspunktes zweier Fernwege und zwar des wichtigen Nord-Süd verlaufenden Frankfurter Weges mit dem West-Ost verlaufenden *Herßewech*. Für den wirtschaftlichen Ruin der Villikation Horn (Kr. Soest) und das Wüstliegen zahlreicher Mansen macht eine Quelle von 1323 Raub, Brand und Abweiden der Äcker, mithin die Zerstörung der Grundlagen bäuerlichen Wirtschaftens, verantwortlich (Seibertz Ub. 2, Nr. 602). Ebenso wird die Mescheder Villikation Wedestapel (Hochsauerlandkreis) ein Opfer der herrschenden Zustände. Eine unabhängig von der Pest abgelaufene Wüstungsbildung dokumentiert sich in den Ausgrabungen von Hamm-Westhafen (Cichy 2008, S. 129, 133), +Elsinchusen (Kr. Soest), +Esprike und +Diderikeshusen (Kr. Paderborn) sowie +Rozedehusen (Kr. Höxter). Bei diesen handelt es sich um Siedlungen, die allesamt vor der Mitte des 14. Jhs. aufgelassen worden sind, wobei archäologische Befunde von +Elsinchusen auf eine Zerstörung der Kleinsiedlung im Verlauf einer Fehdehandlung verweisen. Für den Weiler Diderikeshusen bei Büren ist zu erschließen, dass er 1332 oder wenig früher im Verlauf einer Fehde (*guerra*) zerstört wurde. Begründet wird seine Zerstörung damit, dass der *colonus* eines dortigen Hofes ein Freund der Edelherren von Büren sei. Johannes von Brobecke als Schadensverursacher entschuldigt sich beim Kloster Holthausen (bei Büren), dass er versehentlich dessen Besitz mitgeschädigt habe (Bergmann 1989, S. 156). Der Begriff des *colonus* (abhängiger Bauer) ist in der Urkunde wahrscheinlich derogativ gemeint und dürfte auf Gobelinus de Dyderikeshusen zu beziehen sein, der als Grundherr fast alle Höfe des Ortes als Lehen u. a. der Edelherren von Büren innehatte. 1356 sind die von Diderikeshusen pleite und verkaufen erzwungener Maßen ihren Grundbesitz in dem Dorf. Angesichts der sich häufenden Adelsfehden muss es den Bewohnern von Kleinsiedlungen sinnvoll erschienen sein, Schutz zu suchen. Diesen konnte die nächstgelegene Stadt, ein Kirchdorf oder eine größere Siedlung bieten, von der aus bestehende agrarische Nutzflächen unter der Option des Auflassens oder der Nutzungsextensivierung peripherer Flurbereiche weiterbewirtschaftet werden konnten. Dass und ob jemals im 14. Jh. der durch Fehden ausgelöste Druck nachgelassen hat, ist eher unwahrscheinlich. Die sich vor allem im Westteil des Hochstifts Paderborn auswirkende Bengeler Fehde von 1390–1394 (Witt-Stuhr 1996, S. 80) tobt sich bereits in einer durch Entsiedlung geprägten Kulturlandschaft aus. Bei der Betrachtung der Getreidebaulandschaft des Sintfeldes, dessen totale Wüstungsbildung um 1390 ihrem Höhepunkt zustrebte – das dort gelegene Kloster Dalheim war bereits um 1369 ein Raub der Flammen geworden und aufgelassen worden (Urkunden Kloster Dalheim, S. 9) – erweist sich, dass auch hier eine offensichtlich latent bestehende Beeinflussung der Entsiedlung durch das Fehdewesen oder eine bürgerkriegsähnliche Situation als wüstungsauslösendem Faktor bestanden hat.

In der Lokalliteratur des Kreises Höxter findet sich mehrfach die These, verschiedene Ortswüstungen seinen infolge der „Hussitenkriege" wüstgefallen, darunter die Kirchorte [+]Eddessen im Kr. Höxter und Elmerinchusen (Elbrinxen) im Kr. Lippe. Im Fall von Eddessen habe eine Magd einen Partikel des Hl. Kreuzes vor den Hussiten verborgen, indem sie ihn in das Wasser eines Brunnens gegeben und Milch darüber geschüttet habe. An der Rückseite dieses Brunnens befindet sich heute eine religiöse Gedenkstätte (Abb. 12).

Abb. 12: Borgentreich-Bühne: Spiritualisierung des Wallfahrtsortes Klus Eddessen (Foto: LWL-Archäologie für Westfalen, R. Bergmann, 2021)

7.3 Landflucht in die Zentralorte

Die spätmittelalterliche Landflucht ist mit dem Phänomen der Siedlungsballung verknüpft. Ihr sichtbares Zeichen sind Wüstungsringe bzw. siedlungsleere Räume um Städte und Zentralorte, deren Durchmesser etwa 6 bis 10 km betragen kann. Wie das Beispiel der Stadt Horhusen (= heute Niedermarsberg, Hochsauerlandkreis) verdeutlicht, ist die als Nahmigration ausgeprägte Bevölkerungsbewegung seit dem frühen 13. Jh. nachweisbar und setzt somit während der frühstädtischen Entwicklungsphase ein. Symptomatisch für die Landflucht ist, dass sich Angehörige der Niederadels und Freie, deren Familienname zugleich der Herkunftsname ist, in den Städte niederlassen und häufig in deren Patriziat aufgehen. Nicht nur für die Stadtfeldmarken von Medebach wie auch Winterberg (beide: Hochsauerlandkreis) erweist sich, dass die abgewanderte Landbevölkerung ihren Besitz quasi in die Stadt überführt hat. Wüstungsfluren werden nunmehr von der Stadt aus bewirtschaftet, gehen in den Stadtfeldmarken auf und werden, wie unter Stadtbürgern üblich, realgeerbteilt. Gleichzeitig wird das Stadtumfeld für das Patriziat als Geldanlage interessant. Es dringt in die Besitzstrukturen der ländlichen Orte ein und avanciert dort zum Grundherren.

7.4 Die These des Synoikismus

Die These eines monokausalen Synoikismus ist mit dem Namen Josef Lappes verbunden (Michl 2021, S. 92). Lappe nahm an, dass ein Stadtherr die Bewohner von ländlichen Siedlungen des Stadtumfeldes unter Zwang und mit der Zielsetzung, die städtische Wehrfähigkeit zu stärken zur Umsiedlung in die Stadt veranlasste und führte in diesem Zusammenhang u. a. aus, dass die „eigentlich städtische Bevölkerung, d. h. Handwerker und Kaufleute, [...] wegen ihrer verhältnismäßig geringen Zahl" u. a. zur Verteidigung einer Stadt nicht ausgereicht habe und ergänzt: „Deshalb liessen die Erzbischöfe von Cöln die in der Nähe der festen Punkte liegenden Dörfer abbrechen und ihre Bewohner sich hinter den Mauern der benachbarten Städte anbauen" (Lappe 1908, S. 26). Diese Form der Wüstungsbildung sei regional „um die Wende des 13. Jahrhunderts" abgeschlossen gewesen (Lappe 1908, S. 30). Lappe erblickt im Synoikismus ein systematisches Vorgehen von Stadtherren (Lappe 1916, S. 80). Obwohl im wissenschaftlichen Zusammenhang auch im Zusammenhang mit ihrer Monokausalität mehrfach abgelehnt (vgl. Balzer 1994, S. 69), geistert die von Lappe modellhaft für die Stadt Geseke (Kr. Soest) dargelegte These dezent und in abgeschwächter Form immer wieder selbst durch die jüngere stadthistorische Forschung. Zunächst einmal: Quellenbelege für die Forschungsannahme sind nicht existent. Die These ist für Geseke archäologisch widerlegt, weil nachzuweisen gewesen ist, dass die Aufgabe der ländlichen Siedlungen des Stadtumfeldes nicht abrupt während der frühen städtischen Entwicklungsphase erfolgte sondern als ein sich über mehrere Generationen hinziehender Vorgang zu charakterisieren ist, der um 1200/im frühen 13. Jh. einsetzte und sich bis in das 14. Jh. erstreckt hat.

7.5 Grangienbildung und Wüstlegungen des Adels

Die Wirtschaftssystem des Zisterzienserordens ist durch ein System von Grangien, externen klösterlichen Wirtschaftshöfen, geprägt, die unter der Leitung eines *grangiarius* von Laienbrüdern bewirtschaftet worden sind. Die Gründung der Grangienhöfe erfolgte in Westfalen zwangsläufig in der Altsiedellandschaft. Um für die Betriebe arrondierte, zusammenhängende Flächen zu schaffen, erfolgten Wüstlegungen ländlicher Kleinsiedlungen: Die Transformation der in ihren Wurzeln karolingischen Kleinsiedlungslandschaft nordöstlich des Zisterzienserklosters Hardehausen (Kr. Höxter) vollzog sich in mehreren Schritten. Zunächst entstanden die für das klösterliche System der Landnutzung charakteristischen, in Eigenregie bewirtschafteten externen Grangienhöfe, wobei sich für die archäologisch untersuchte Grangie Rozedehusen ein Baubeginn ab 1181/82 nachweisen ließ. Die Gründung dieser und einer benachbarten Grangie war mit der Wüstlegung zweier Kleinsiedlungen verbunden, die 1293 explizit als ausgegangene Weiler (Urkunden Kloster Hardehausen, Nr. 421) bezeichnet sind. Die weitere Transformation der zisterziensisch geprägten Landschaft erfolgte ebenfalls noch vor der Hauptphase der spätmittelalterlichen Wüstungsbildung: Das System der Grangienbewirtschaftung in der Umgebung des Klosters kollabierte im Verlauf des erstem Drittel des 13. Jhs. und bestand somit insgesamt weniger als anderthalb Jahrhunderte. Nachfolgend kam es lokal unterhalb einer Spornburg zur geplanten Anlage einer klösterlichen Siedlung als Zweistraßenanlage, in deren Umgebung infolge der spätmittelalterlichen Wüstungsphase zunächst noch in erheblichem Umfang ungenutztes Land bestand und die sich zu einem in der unmittelbaren Verfügungsgewalt des Klosters stehenden Abtsdorf entwickelte (Bergmann 2002b, S. 129; Bergmann 2017a, S. 169 f.). Ähnlich wie die Grangienbildung sind die Wüstlegungen des Adels eher kleinräumig wirksam gewesen und blieben auf das Nahumfeld von Herrensitzen beschränkt. Dabei dürfte es nur bedingt im Interesse von Adeligen gelegen, ihrer Grundherrschaft angehörige Höfe systematisch wüst zu legen und dem eigenbewirtschafteten Land zuzuschlagen, was ihre Renditen u. U. beeinträchtigen konnte. Faktisch lassen sich jedoch im Nahumfeld von Adelssitzen fast immer wüstgelegte Höfe nachweisen. Im Umfeld der Niederungsburg Schweckhausen (Kr. Soest) erfolgte eine ausgeprägte Umgestaltung der Kulturlandschaft. Von den Weilern im Umfeld des Niederadelsitzes fiel der für die Burg namengebende vollständig wüst und für einen benachbarten Ort lassen sich partielle Wüstungserscheinungen erkennen. Die Adelsherrschaft war später bestrebt, die grundherrschaftliche Herkunft des der Eigenwirtschaft zugeschlagenen Landes zu verschleiern. Schließlich wurde der Burgstandort aufgegeben und in seiner Nähe erfolgte der Bau eines herrschaftlichen Gutshofs, umgeben von Doppelgräften (Bergmann 2022, S. 148 f.).

8. Archäologische Funde: Die unvergängliche ländliche Sachkultur des Mittelalters

Durch Funde aus Wüstungsgrabungen erschließt sich die Sachkultur des ländlichen Raumes. Das Fundgut aus ländlichen Siedlungen unterscheidet sich in Detailaspekten von demjenigen der Städte, des Adels und der hohen Geistlichkeit. Abgesehen von vergänglichem Material (zum Holzhandwerk in Westfalen siehe Wunschel 2018, S. 78–99), das sich in den ländlichen Nicht-Feuchtboden-Siedlungen Westfalens fast überhaupt nicht erhalten hat, liegen Funde aus vielen Lebens- und Arbeitsbereichen vor. Funde präsentieren sich den Besuchern von Ausstellungen nicht als im Befund erhaltene originäre Objekte. Sie sind dem Befund entrissen, aus Einzelteilen zusammengesetzt, restauriert und gegebenenfalls konserviert. So vermittelt die Auffindungssituation eines als Weiheopfer verwendeten Kochtopfes einen anderen Eindruck als das fertiggestellte Ausstellungsobjekt (Abb. 13).

Zum vergänglichen Material zählen natürlich Textilien. Abgesehen von einem groben Stoffabdruck auf einer spätmittelalter-

Abb. 13: Warburg-Bonenburg, Kr. Höxter: Mit Eiern gefüllt und wahrscheinlich im Winter 1182/83 oder wenig später als Weiheopfer niedergelegter Kugeltopf von 10,1 l Fassungsvermögen aus dem Steinwerk der Grangienwüstung Rozedehusen. Auffindungssituation und restaurierter Kugeltopf (Fotos: LWL-Archäologie für Westfalen, R. Börnke und S. Brentführer)

lichen WS aus dem Töpfereigelände in Dortmund-Groppenbruch fehlen direkte, gegenständliche Nachweise zu diesem Fundgut weitgehendst. Indirekte Nachweise der Textilproduktion liegen in Form von Flachsabgaben an klösterliche Grundherren, den Anbau von Färbepflanzen im dem Nahumfeld der Stadt Soest (Bergmann 2014b, S. 597), Webgewichte, zahlreich geborgene Spinnwirtel (u. a. Bergmann 2017a, S. 257) und gläserne Glättesteine vor. Aufgefundene Scheren waren als Vielzweckgerät auch für die Schafschur verwendbar; größere und schwere Exemplare stehen womöglich in einem Zusammenhang mit dem Zuschnitt von Stoffen (Bergmann 1995a, S. 550 f.).

Eine besondere Fundgruppe bilden meist feuervergoldete Schwertgurtbeschläge der Karolingerzeit (Abb. 88). Sie sind z. B. im Tierstil verziert oder zeigen einen vegetabilen Dekor. Zerbrochene Schwertgurtbeschläge sind in der metallarmen Zeit Westfalens um 800 n. Chr. mitunter mit einer Nadelkonstruktion versehen und als Fibeln recycelt worden. Aus Bein hergestellte einfache Langzinken- oder Steilkämme dienten ebenso wie durchbrochen gearbeitete Dreilagenkämme der Hygiene, wahrscheinlich besonders der Abwehr eines Läusebefalls. Als funktionales Kleidungszubehör sind Fibeln (Gewandspangen) anzuführen, die in der Region in erheblichen Stückzahlen, weit über 1000 Exemplaren, aufgefunden wurden. Aufgrund der Fundmenge ist dieses Material in den Wüstungskatalogen exemplarisch für bestimmte Ortswüstungen zusammengestellt. Von dem im 12./13. Jh. nachzuweisenden Ringfibeln abgelöst (Abb. 14), lassen sie sich in verschiedene Hauptgruppen aufgliedern und umfassen Objekte von der einfachen, stabilen, unverzierten Buckelfibel über Fibeln mit Tiermotiven (Abb. 15) bis hin zu aufwändig verzierten Goldfibeln mit Halbedelsteineinlage. Extrem häufig zeigen Fibeln Kreuz-, Heiligen-, oder Christusmotive und stehen somit in einem erkennbaren Zusammenhang mit der erfolgten Missionierung des westfälischen Raumes und einer nachfolgend einsetzenden Volksfrömmigkeit (zu Fibeln im zentraleuropäischen Raum im Überblick: Spiong 2000; zum Fundmaterial bestimmter Ortswüstungen und Regionen Westfalens bzw. Fibeltypengruppen: Bergmann, 1999b, S. 410–417; Bergmann 2011b, S. 127–129; Bergmann 2015a, S. 495–516; Bergmann 2017b, S. 325–340; Hallenkamp-Lumpe 2014, S. 253–263; Spiong 2012, S. 99–101; Spiong 2014c, S. 237–251; Spiong 2015a, S. 152; Spiong 2015b, S. 203; Spiong 2015c, d, e, S. 202; Spiong 2015g, S. 204; Spiong 2015h, S. 204 f.; Spiong 2015i, S. 206; Treude; 1997a, S. 250–258; Treude 2021, S. 135–140). In einen religiösen Sachzusammenhang gehört ebenso das elaboriert ausgearbeitete Pektoralkreuz von +Papenhem (Kr. Höxter) (Abb. 55). In Form bronzener Schreibgriffel liegen seltene Nachweise einer Schriftlichkeit aus dem Umfeld der Kirchenstellen von +Heperne (Kr. Paderborn) und +Dorpede (Hochsauerlandkreis) vor. Im ehemaligen Kirchort +Vilsen (Kr. Paderborn) wurden die Fragmente eines Bronzeleuchters mit einer von Fabelwesen getragenen Leuchterschale geborgen (Abb. 85). Im Zusammenhang mit liturgischem Gerät (i. w. S.) ist es bemerkenswert, dass ein Fragment eines derartigen Leuchters fernab des Kirchorts Düdinghausen (Hochsauerlandkreis) im Bereich der Ortsstelle Wifhardencosen aufgefunden wurde und das Oberteil eines Rauchfasses in einer Abfallgrube der Ortsstelle Holthusen bei Dahl (Kr. Paderborn) (Abb. 74).

Die Haushaltskeramik umfasst Kochgeschirr (Kugeltopfkeramik, Henkeltöpfe, Grapentöpfe etc.), innen glasierte Fettfänger, Trinkgefäße (z. B. Vierpassbecher), Gefäße zur Aufbewahrung

Abb. 14: Büren-Steinhausen, Kr. Paderborn, Ortswüstung Diderikeshusen: Die im Steinwerk des wahrscheinlichen Ministerialensitzes aufgefundene silberne AVE MARIA Schnalle diente zum Verschluss eines Gewandes. Sie wurde von einem schreibunkundigen Silberschmied angefertigt. Ihr Schnallendorn ist verlorengegangen; Maßstab 1,5:1 (Quelle: Bergmann 1993a, S. 248, Abb. 143)

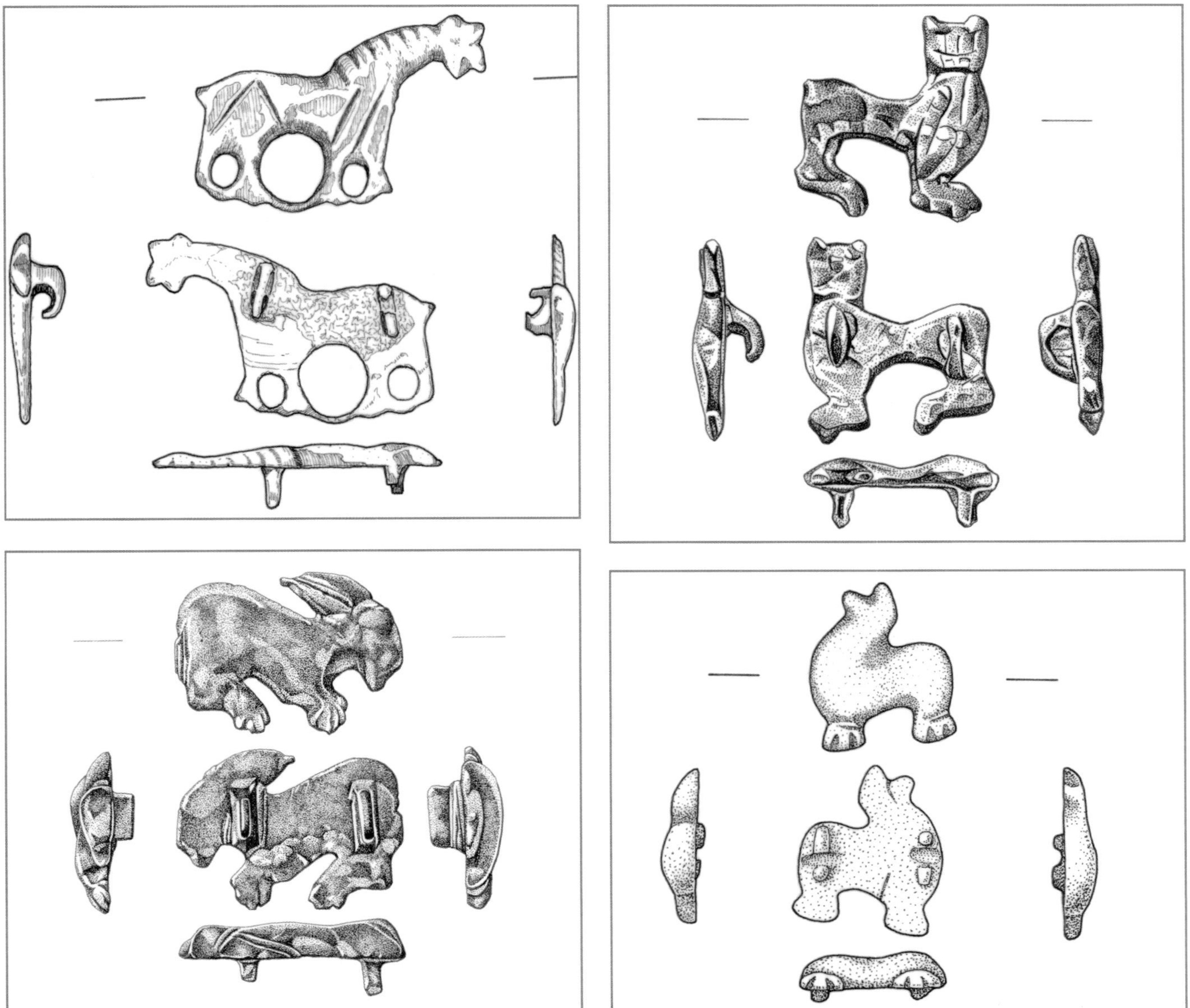

Abb. 15: Gewandspangen („Fibeln") in Form von Vierfüßler-Halbplastiken aus ehemaligen ländlichen Siedlungen Westfalens (Fundorte von links oben nach rechts unten: Pferdchenfibel= +Balhorn, Löwenfibel= +Beffede, Hasenfibel = +Aslen; Fabelwesen = +Osteilern; Maßstab 1,5:1 (Quelle: Bergmann 2017b, S. 333)

von Flüssigkeiten (*Birnbauchkrüge, Bullenköppe*) und zur Milchverarbeitung (Aufrahmschüsseln: sog. *Milchsatten*), keramische Glutstülpen etc. (Abb. 16). Ausgehend vom oberdeutschen Raum findet der mit Topfkacheln versehene Kachelofen im Spätmittelalter sehr vereinzelten Eingang in den bäuerlichen Wohnbereich; eine Produktion derartiger Kacheln ist für Dortmund-Groppenbruch nachgewiesen. Archäologische Beobachtungen und Grabungen belegen, dass die Produkte westfälischer Töpfereien aufgrund der im Vergleich zur Köln-Bonner Bucht und Südostniedersachsen häufig minderen Qualität der zur Verfügung stehenden (sandigen) Töpfertone vielfach nur einfachste Gebrauchskeramik herstellten, wohingegen qualitativ bessere Keramik meist importiert wurde. Die Auffindung der hölzernen Fragmente einer einfachen Töpferscheibe (Sprossenscheibe) im Töpfereibezirk Groppenbruch belegt, mit welchen Hilfsmitteln derartige Keramik produziert wurde (Abb. 17) (Bergmann 1993a, S. 269–308; Bergmann 1993c, S. 31–39; Bergmann 2018a, S. 154–171). Dem Bereich „Haushalt und Küche" sind eine Vielzahl geborgener Küchenmesser zuzuordnen. Dass das in der Grangie Rozedehusen hergestellte Tafelmesser (Abb. 18) für einen gehobenen Bedarf gefertigt wurde, darf angenommen werden (Bergmann 2017a, S. 256 f.).

Man kann die ländlichen Siedlungen Westfalens nicht schlechthin als Agrarsiedlungen bezeichnen, weil in ihnen auch zahlreiche handwerkliche Aktivitäten stattgefunden haben. Dennoch machen Funde aus dem bäuerlichen Milieu einen erheblichen Anteil am aussagekräftigen Material von Wüstungsgrabungen aus. Zu nennen sind verschieden geformte eiserne Scharkörper von Beetpflügen, deren hölzernes Gerippe bis in das 19. Jh. offensichtlich nur noch einem geringen Wandel der Gestaltung unterlegen hat (Abb. 19). Die Scharkörper sind in der Form eines (näherungsweise) rechtwinkligen Dreiecks geschmiedet oder in der Form eines gleichschenkligen Dreiecks (Abb. 20). Die Bilder-

Abb. 16: Produktionsspektrum der spätmittelalterlichen Töpferei von Dortmund-Groppenbruch, von links: Fettfänger mit Ausgussschnauze, Krug („Bullenkopp"), Grapentopf, Kugelkanne mit Stielgriff, Vierpasskanne (hinten) und Gefäßdeckel (Foto: LWL-Archäologie für Westfalen, S. Brentführer)

Abb. 17: Nach aufgefundenen Originalteilen rekonstruierte Sprossenscheibe (Drehhilfe) von Dortmund-Groppenbruch zur Produktion von u. a. nordwestdeutscher Kugeltopfkeramik (Bergmann 1993a, S. 171, Farbabb. 40, Foto: LWL-Archäologie für Westfalen, S. Brentführer)

handschriften des Sachsenspiegels illustrieren die Pflugarbeit. Die Getreideernte geschah mit der Zieh- oder der Hausichel; darüber hinaus belegen die Funde eiserner Mahdhaken einen Erntevorgang mit der Kniesense. Hammerköpfe von Haar- oder Dengelhämmern zum Ausdünnen der Schneiden von Hausicheln und Sensen sowie Wetzsteine stehen in einem Zusammenhang mit dem Schärfvorgang (Abb. 21). Forken wurden bei der Heu-

Abb. 18: Im handwerklichen Produktionsbereich der Zisterziensergrangie Rozedehusen im Backhaus aufgefundendes Tafelmesser des 13. Jhs. (Bergmann 2017a, S. 256, Kat. 88, Foto: LWL-Archäologie für Westfalen, S. Brentführer)

Abb. 19: Rekonstruktion des Beetpfluges des 1. Drittels des 14. Jahrhunderts von +Diderikeshusen (Büren-Steinhausen, Kr. Paderborn; Modellbau: W. Streuer, Foto: LWL-Archäologie in Westfalen, S. Brentführer)

und Getreideernte und -lagerung eingesetzt. Von Holzspaten als Gartenbearbeitungsgeräten blieben die eisernen Randbeschläge als Blattschutz erhalten (vgl. Abb. 32). Bei einem Exemplar aus dem Bereich eines Platzmeilers des 11.–13. Jhs. im Siegerland blieb die eiserne Schafthülse erhalten, in die der Stiel eingelassen war (Bergmann 1993a, S. 178–192; Bergmann 1995a, S. 475–482 und S. 485 f.; Bergmann 2014b, S. 592–596; Bergmann 2017a, S. 255 f.; Garner/Zeiler 2018, S. 112 f.). Gärten sind mitunter erheblich verunkrautet gewesen. Die in der Vita Meinwerci überlieferte rüde Bestrafung für die Vernachlässigung eines Gartens durch die Ehefrau des Fronhofsvorstehers beweist, dass im hohen Mittelalter durchaus klare Vorstellungen einer Gartenbewirtschaftung bestanden (Vita Meinwerci [ed. Berndt] Kap. 145, S. 180 f.). In den Kontext der Garten- und Feldbewirtschaftung sind weiterhin aufgefundene eiserne Blätter von Hacken einzuordnen, die sich nicht von heutigen unterscheiden (Bergmann 1995a, S. 482). Im Fundmaterial von Wüstungen offenbart sich zudem eine Vielfalt einfacher handwerklicher Arbeitsgeräte zur Holz-, Stein- und Metallbearbeitung wie Äxten, Holzbohrern, Meißeln, Hämmern und Spitzhacken (Bergmann 1993a, S. 186 f. und S. 192–196; Bergmann 1995a, S. 482 und

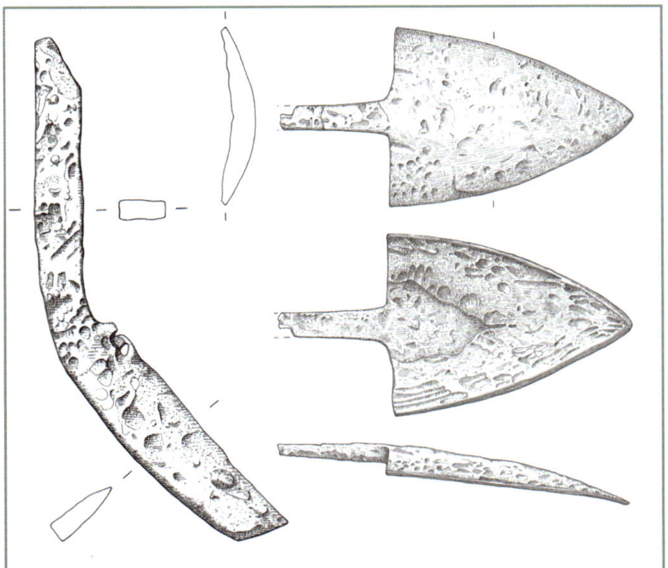

Abb. 20: Symmetrische Schar und Pflugmesser (Sech) aus Haltern-Berghaltern, Kr. Recklinghausen, Maßstab 1:6,6 (Zeichnung: LWL-Archäologie für Westfalen, N. Franz)

Abb. 22: Klinge einer schweren Arbeitsaxt aus der Grangienwüstung Rozedehusen (Warburg-Bonenburg, Kr. Höxter; Bergmann 2017a, S. 255, Kat. 85, Foto: LWL-Archäologie für Westfalen, S. Brentführer)

Abb. 21: Im Zerstörungshorizont des Wohnturms von +Elsinchusen (Geseke, Kr. Soest) aufgefundener Wetzstein, Unterteil einer Kandare, Spielzeugpferdchen, Forke und Puppengeschirr (Bügelkanne) (Foto: LWL-Archäologie für Westfalen, S. Brentführer)

Abb. 23: Warburg-Bonenburg, Kr. Höxter: Glasiertes, 5,5 cm hohes Miniaturgefäß zur Aufbewahrung einer Salbe?, aufgefunden in einer ca. 1182/83 entstandenen Bauschicht des Steinwerks Rozedehusen (Foto: LWL-Archäologie für Westfalen, S. Brentführer)

S. 489 f.). Axtklingen wurden je nach Erfordernissen für schwere Arbeitsäxte geschmiedet (Abb. 22) (Bergmann 2017a, S. 255) oder als leichtere „Beil"klinge aus einem Stück ausgeformt, indem man das Axtloch durch das Umbiegen des Eisenstücks als ovale Öse ausschmiedete. Eine aus heutiger Sicht ungewöhnliche Axtklinge (zum Fällen von Bäumen?) lieferte die Fundstelle +Redinchusen im Astengebirge (Hochsauerlandkreis) (Abb. 113).

Bei Pferden aus dem mittelalterlichen Bistum Paderborn sind unterschiedliche Größenschläge nachgewiesen, neben mittelgroßen Ponies kleinere mit dem Stockmaß heutiger Shetlandponies wie auch Kleinponies (Reichstein 1993, S. 119–129). Es besteht die Annahme, dass Pferde in der Zisterziensergrangie Rozedehusen am Eggegebirge gezüchtet worden sind, von der eine sehr erhebliche Anzahl von Hufeisen vorliegt wie auch Reste von stallungsähnlichen Gebäuden nachgewiesen sind. Bei den Hufbeschlägen ist im Grundsatz zwischen Wellenrand- und Breitschenkelhufeisen zu differenzieren; besonders bei der Ausformung der Griffstollen bestehen Unterschiede. Reitzubehör ist in Form von Kandarengebissen, Trensen und Steigbügeln überliefert. Bestandteil der vergangenen Riemenwerks sind Zierelemente wie eine Schmuckscheibe mit der Darstellung eines Vierfüßlers oder Fabelwesens. Zum Reitzubehör gehören weiterhin Sporen, die zeitphasenbezogen spezifische Ausformungen des Stachels aufweisen. Der Abwehr von Reitern bei Überfällen dienten vierstachelige Trittdorne (Bergmann 1993a, S. 199–205; Bergmann 2017a, S. 260 f.). Bohrte sich ein derartiger Trittdorn in den weichen, ungeschützten Teil des Hufs ein, hat dies beim Pferd zu kaum vorstellbaren Schmerzen geführt, das scheute und seinen Reiter abwarf.

Dass Kindern der Umgang mit Pferden vertraut war, zeigen Funde von Spielzeugpferdchen, die glasiert oder unglasiert sind und

Abb. 24: Warburg-Bonenburg, Kr. Höxter: Schlüssel mit ringförmiger Reide aus verschiedenen Bereichen der Grangienwüstung Rozedehusen (Bergmann 2017a, S. 258, Kat. 91, Foto: LWL-Archäologie für Westfalen, S. Brentführer)

die z. B. im Habichtswald bei Leeden (Kr. Steinfurt) hergestellt wurden wie auch in Töpferorten Südostn edersachsens. Bei dem sog. Puppengeschirr bestehen gewisse Interpretationsprobleme. Im Archäologenjargon als „Schminktöpfchen" bezeichnete glasierte Kleinstgefäße können als Salbenaufbewahrungsgefäße genutzt worden sein, wie die Auffindungsstelle eines derartigen Gefäßes in einer Bauschicht des Steinwerks Rozedehusen belegt (Abb. 23). Die aus dem Zerstörungshoruzont des Steinwerks Elsinchusen (Kr. Soest) geborgene Miniatur – Tüllenkanne mit korbähnlichem Bügelhenkel (Abb. 21) dürfte aufgrund der Form als eindeutiges Puppengeschirr anzusprechen sein (Bergmann 1993a, S. 221–224). Innerhalb mehrerer Ortsstellen als Oberflächenfund aufgelesene Tonmurmeln zeigen weitere Spielmöglichkeiten für Kinder auf.

Es wurde bereits darauf hingewiesen, dass in der Region ländliche Siedlungen mit Feuchtbodenerhaltung den Ausnahmefall darstellen. Ländliche Gebäude sind unter Verwendung von vergänglichem Material erstellt worden. Insofern bestehen kaum Funde zum Baumaterial der Gehöftanlagen, wohl aber Befunde wie Pfostengruben und -spuren. Eisernes Bauzubehör wie Türkloben, Schlüssel mit ringförmiger (Abb. 24) oder rhombischer Reide (Bergmann 1995a, S. 519 f.; Bergmann 2017a, S. 257 f.) und Massen an verschiedenartig ausgeschmiedeten Nägeln vervollständigen das Sortiment des „Baumarkts Ortswüstungen". Die Zisterzienser haben rechteckige Flachziegel mit Lattenrast als Innovation in die Region eingeführt, die sich jedoch im ländlichen Bereich gegenüber der weichen Bedachung aus Stroh nicht durchsetzen konnten. Ebenfalls als Innovation sind reliefierte Bodenfliesen anzusprechen (Bergmann 2018a, S. 172 f.), die zusammen mit durch Überfeuerung fehlgebrannten und verzogenen Rechteckziegeln sekundär in einer Herdstelle der Grangie Rozedehusen verbaut worden sind (Abb. 25 und 58). Eines der wenigen Holzfunde ist eine Möbeltür oder ein Laden, der bei den Bauarbeiten am Steinwerk Rozedehusen in den Schlamm eingetreten wurde und so erhalten geblieben ist. Hölzerne Truhen und Kisten sind indirekt durch das Auftreten von eisernen Beschlagbändern und Truhenüberwürfen nachgewiesen (Bergmann 1995a, S. 528). Die bei einer Rettungsgrabung aufgefundene, vollständig mit zylindrischem Spreizfederschloss und zugehörigen zwei Schlüsseln ausgestattete Fußfessel ist von ihrem Auffindungsort ungewöhnlich: Das Fundobjekt entstammte dem Zerstörungshorizont eines Gehöfts im Kleindorf Diderikeshusen am Rand der Paderborner Hochfläche (Bergmann/Weisgerber 1993a, S. 259–263; Bergmann/Weisgerber 1995a, S. 580 f.) (Abb. 70).

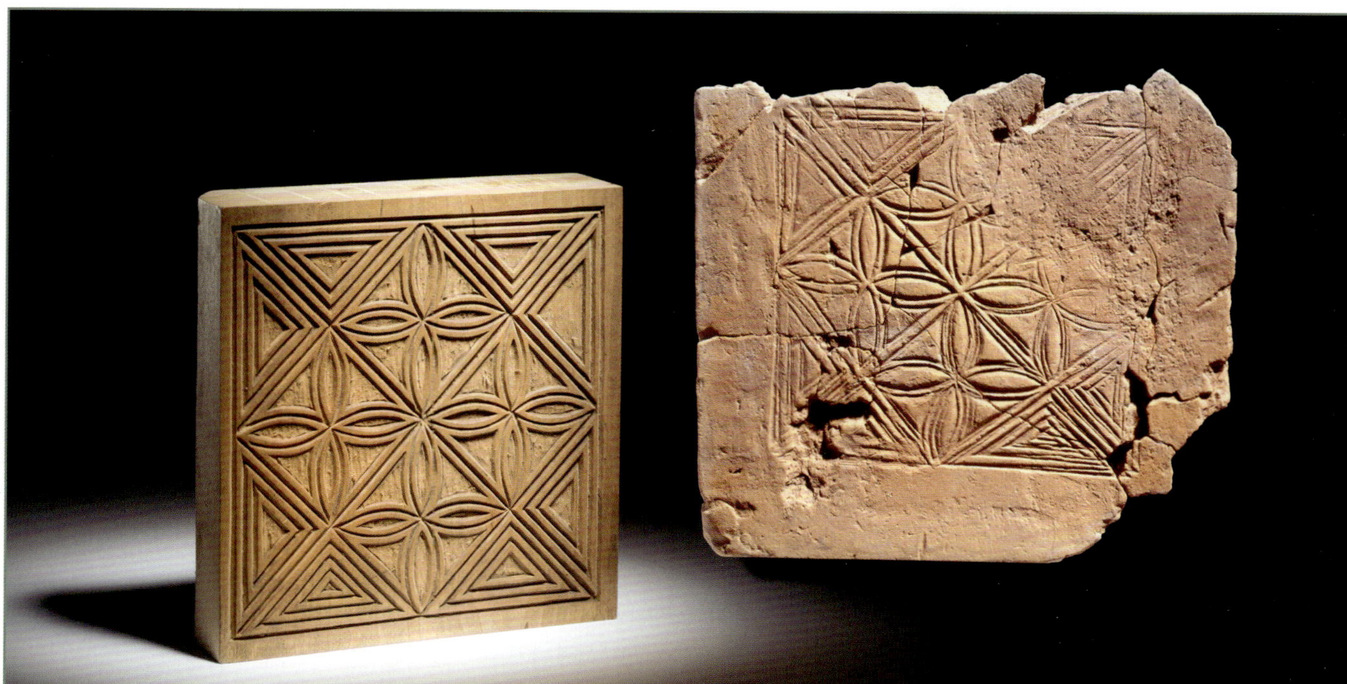

Abb. 25: Warburg-Bonenburg, Kr. Höxter: Wahrscheinlich wenig nach dem Winter 1182/83 im Unterbau der ebenerdigen Herdstelle des Haupthauses der Grangie Rozedehusen zusammen mit rechteckigen Dachziegeln verbaute, fehlgestempelte reliefverzierte Bodenfliese mit geometrischem Dekor (rechts), links: rekonstruiertes Holzmodel zur Stempelung (Foto: LWL-Archäologie für Westfalen, S. Brentführer)

9. Aufbau der Wüstungskurzlisten

Die Kurzlisten sind nach Kreisen getrennt angelegt und nach einheitlichen Stichpunkten (I.-VI. sowie Literaturangaben) gegliedert. Die kreisweisen Bearbeitungen sind geografisch geordnet und beginnen in äußersten Nordosten Westfalens mit dem Kreis Minden-Lübbecke und erstrecken sich über die Kreise Lippe, Höxter, Paderborn, Soest, Hochsauerlandkreis und den Kreis Olpe bis zum Kreis Siegen-Wittgenstein im äußersten Südwestfalen.

Die Stichpunkte des Kataloges umfassen unter Punkt

I. Angaben zur geografischen Objektbestimmung und Typisierung des Wüstungsobjekts unter Berücksichtigung der hierzu vorliegenden einschlägigen Literatur (zusammenfassend: Michl 2021, S. 17–20 und S. 32–51). Unter

II. erfolgt eine Angabe zur Kommune, innerhalb derer das Objekt verortet ist. Punkt

III. befasst sich mit der historischen Identifikation und Quellenüberlieferung des Objekts. Da historische Quellen bereits umfangreich vorgelegt und weiterhin im Zusammenhang der Westfälischen Ortsnamenbücher (WOB) bearbeitet worden sind, ist primär versucht worden ist, die Erstnennung des betreffenden Ortes nachzuweisen und strittigen Fragen einer räumlichen Quelleninterpretation nachzugehen.

IV. Im Zusammenhang mit einer historischen Identifikation der Ortsstellen bzw. Verknüpfung von archäologischer Fundstelle mit der betreffenden Quellenüberlieferung erweist sich eine Bearbeitung der wüstungsweisenden Flurnamen unerlässlich. Wo diese in der Vergangenheit unterblieben ist, „fischt" man häufig im Trüben. Soweit wie wissenschaftlich fundierte Darstellungen zur westfälischen Wüstungsforschung bestehen, erschien eine erneute Aufarbeitung des Flurnamenbestandes nicht notwendig. Angaben zur Lage und Topografie wurden unter dem Gliederungspunkt

V. zusammengefasst, gegebenenfalls mit einem Kommentar zur Erfassung auf den Kreis-Wüstungskarten, die als Verbreitungskarten erstellt worden sind. Unter

VI. erfolgen Hinweise zur Datierung der Bestehensdauer des betreffenden Ortes auf der Grundlage archäologischer Quellen und Angaben zum Fundmaterial. Soweit hier nicht auf Angaben aus Veröffentlichungen zurückgegriffen werden konnte, erschien es unumgänglich zum Teil differenziert auf die archäologische Quellenbasis einzugehen. Abgesehen von bislang in der Literatur nicht erfassten Ortsstellen, deren Verortung in den letzten Jahren und Jahrzehnten gelungen ist wurde das im Fundarchiv der LWL-Archäologie für Westfalen einlagernde Material bearbeitet.

Soweit Angaben zur Erwähnung oder Bearbeitung der betreffenden Wüstung in der Literatur nicht bereits unter den Gliederungspunkten III.–VI angegeben wurden, erfolgen derartige Hinweise unter dem anschließenden Punkt „**Literatur**". – Den Wüstungskurzlisten ist jeweils ein kurzgefasster Beitrag vorangestellt, welcher auf die kreisbezogenen Besonderheiten des Wüstungsgeschehens eingeht.

10. Regionalteil: Kreisübersichten zum Wüstungsgeschehen und Wüstungskurzlisten

10.1 Wüstungen im Kreis Minden-Lübbecke (Abb. 26)

Das überwiegend nördlich von Wiehen- und Wesergebirge gelegene, im Bereich des Weserdurchbruchs der Porta Westfalica nach Süden in das Weserbergland ausgreifende Kreisgebiet ist in Bezug auf seine Häufigkeit von Ortswüstungen deutlich zweigeteilt. Dem wüstungsarmen Altkreis Lübbecke im Westen mit seinen vorherrschenden Streusiedlungsstrukturen steht im Osten der wüstungsintensive Altkreis Minden gegenüber. Die Dorf- und Kleinsiedlungsstrukturen letzterer Region sind rezent stark von im Zeitalter der Industrialisierung entstandenen Siedlungsausweitungen überformt. Andererseits ist dieser beiderseits der Weser gelegene Raum stark von Abgrabungen auf Kies und Sand betroffen gewesen und betroffen. In diesem Zusammenhang sind mehrfach Ortsstellen entdeckt - und zerstört - worden. Aufgrund der peripheren Lage des Altkreises zum Dienstort Münster des Fachreferats für die Archäologie des Mittelalters und der Neuzeit sind die Abgrabungen und Bauvorhaben meist von der Außenstelle Bielefeld der LWL-Archäologie für Westfalen betreut worden.

Am Beginn der Erforschung der Ortswüstungen des Untersuchungsraumes steht der 1935 von K. Horstmann zur Tagung des hansischen Geschichtsvereins und des Vereins für niederdeutsche Sprachforschung in Minden erschienene siedlungsgeographische Beitrag zur Kulturlandschaftsentwicklung im Raum Minden. Der darin enthaltene Wüstungskatalog benennt für die Stadtgemarkung Minden 9 Ortswüstungen zuzüglich von 3 wüsten Vorstädten (Fischerstadt, Simeonsvorstadt, Marienvorstadt) sowie weitere 19 Ortswüstungen im Altkreis Minden, vorzugsweise östlich der Weser gelegen. Der in der Marienvorstadt bzw. im späteren Glacis gelegene Spenthof sei erst im Verlauf des 30jährigen Krieges 1624 niedergelegt worden, um ein freies Schussfeld für die Befestigungswerke der Kernstadt zu erhalten. Horstmann weist den Abschluss des Wüstungsvorgangs der Zeit vor dem 15. Jh. zu. Die Angaben der Wüstungslisten Horstmanns sind von B. Meineke im Rahmen des Westfälischen Ortsnamensbuchs (WOB 7, ^{2}2016) vervollständigt worden. Der hier vorgestellte aktuelle Wüstungskatalog umfasst 87 Objekte. Unter diesen befinden sich neben den genannten drei wüsten Vorstädten 52 Ortswüstungen (darunter 1 Kirchortwüstung und 2 wüste Kapellenorte), 9 partielle Ortswüstungen, 8 Hofwüstungen, 4 Burgwüstungen vom Typus der Niederungsburg, 2 Klosterwüstungen und weitere Objekte. Die Ortswüstungen sind vorzugsweise an den Terrassenrändern der Weseraue, der Bastau-Niederung und den parallel zur Weser verlaufenden Auen der Gehle und der Aue gelegen. Aufgrund der intensiven Abgrabungstätigkeit kann mehrfach belegt werden, dass zahlreiche Ortsstellen in der vorrömischen Eisenzeit und römischen Kaiserzeit vorbesiedelt gewesen sind und in keinem westfälischen Kreis ist eine derartige Konstanz der Siedlungsplatzwahl eindrucksvoller belegt als im Mindener Raum. Auffällig ist auch der hohe Anteil von Ortsstellen mit einem frühmittelalterlichen Siedlungsbeginn vor/um 800 n. Chr. Er korrespondiert mit dem hohen Anteil von ausgegangenen Orten mit schwer deutbarem Ortsnamen. Mit dem Münzfund einer fränkischen Tremissis von der Wüstung Herlethe (Kötz 2015, S. 79–81), der Heiligenfibel von +Didingohusen (Bergmann 2011b, S. 127–129) und dem Pfauenbeschlag von der Weckenborg liegen interessante archäologische Fundobjekte vor. Die Aufgabe der ländlichen Siedlungen erfolgte im 13. und 14. Jh. Namentlich im Raum um Schlüsselburg, Lübbecke und Minden ist von einer Beeinflussung des Wüstungsvorganges durch Vorgänge der Stadtwerdung auszugehen. Im Raum steht eine Aufgabe von Orten durch die Verlagerung der Weser und ihrer Arme sowie infolge von Überschwemmungen. Sie ist jedoch weniger unmittelbar am historischen Quellenmaterial nachzuvollziehen denn eher indirekt dadurch, dass ehemals in unmittelbarer Nähe zur Weser oder auf Flussinseln (Werdern) gelegene Orte wie Werder und Werdere im heutigen Flussbereich oder Überschwemmungsgebiet zu verorten sind.

Wüstungsliste im Kreis Minden-Lübbecke

A.
I. Hofwüstung?
II. Stadt Rahden.
III. *1231: *duas domos, quarum una dicitur Lintlo et altera* A (...), *sitas in parrochia Rodhen Mindensis diocesis* (Westf. Ub. 3, Nr. 1085).
V. Unbestimmte Lage im mittelalterlichen Kirchspiel Rahden; nicht auf der Wüstungskarte des Kr. Minden-Lübbecke dargestellt.
Literatur: Meineke ^{2}2016, S. 29.

Allerikheshusen.
I. Ortswüstung.
II. Stadt Minden oder Petershagen-Schlüsselburg.
III. *1042: *Allerikheshusun* (Westf. Ub. 1, Reg. 1030, Cod. 137).
V. Angenommene Lage bei Minden oder Schlüsselburg, nicht auf der Wüstungskarte des Kr. Minden-Lübbecke dargestellt.
Literatur: Schneider 1936, S. 5; Meineke ^{2}2016, S. 33 f.: Allerikheshusun.

Almagehusen.
I. Ortswüstung.
II. Stadt Minden.
III. *1055–1080 (bzw. nach Westf. Ub. 1: 1052–1055): *Almagehuson* (Westf. Ub. 1, Cod. 147).
V. Aufgrund der ungenau erfassten Lage nicht auf der Wüstungskarte des Kreises Minden-Lübbecke dargestellt.
Literatur: Meineke ^{2}2016, S. 34: Almagehuson.

Amelungensen.
I. Ortswüstung.
II. Gemeinde Hüllhorst.
III. *1272–1301: *in proprietate curie Huchterdeso et domus adiacentis, que dicitur Amelungensen* (Westf. Ub. 6, Nr. 1013).
V. Lage bei Huchzen.
Literatur: Meineke ^{2}2016, S. 37 f.

Apenhusen.
I. Wahrscheinliche partielle Ortswüstung (angeblich mit Kirche) mit wüstungsresistentem (bzw. zumindest im Preußischen Urmesstischblatt verzeichnetem) Hof Rohe.
II. Stadt Porta Westfalica.
III. *1340: *villam in Apenhosen* (Meineke ^{2}2016, S. 30).

IV. Wüstungsweisender FlN „Appenhauser Bruch" im Urmesstischblatt.
V. Lage in einer Quellmulde nordöstlich des Appenhauser Bruchs bzw. 0,4 km südsüdwestlich von Ahmserort.
VI. Bei Ausschachtungsarbeiten aufgefundene Kugeltopfkeramik; DKZ 3720,0016.
Literatur: Holscher 1877, S. 62; Meineke [2]2016, S. 30 f.

Bastorpe.
I. Ortswüstung mit Haupthof (*curia*).
II. Stadt Minden.
III. *1181: *Rade de Bastorpe* (Westf. Ub. 2, Cod. 420); dortiger Haupthof einer Mindener Bürgerfamilie 1283 genannt (Westf. Ub. 6, Nr. 1281).
V. Wahrscheinlich südwestlich von Minden am ursprünglichen Lauf der Bastau gelegen.
Literatur: Horstmann 1935, S. 39, Nr. 3, Schneider 1936, S. 12: Bastrup; Meineke [2]2016, S. 49–51: Bastorp.

Beldersen.
I. Ortswüstung.
II. Stadt Minden.
III. *12. Jh.: *villicus de Bellersem* (Meineke [2]2016, S. 52); 1277: *Beldersen* (Westf. Ub. 6, Nr. 1088).
V. Zur Pfarre St. Martini im Minden gehörend und unmittelbar südlich der Stadt gelegen bzw. mutmaßlich in der Mindener Vorstadt St. Simeon aufgegangen; eine um 1460 datierende Angabe führt ergänzend aus, dass Beldersen bei *sanctum* Simeon gelegen habe. Dort bestehe ein kleiner Platz (*parva platea*), von dem man sage, dass Beldersen dort einst gelegen haben soll (Mindener Geschichtsquellen 2, S. 24).
VI. Ortsstelle wahrscheinlich überbaut.
Literatur: Horstmann 1935, S. 40, Nr. 4; Meineke [2]2016, S. 52 f.

Berenskamp.
I. Die spät einsetzende und bei Meineke ([2]2016) zusammengestellte Quellenüberlieferung lässt auf einen Flurbereich oder eine wüstgefallene Kleinsiedlung schließen.
II. Stadt Minden.
III. *Um 1460: *quatuor mansi in Berndescap* (Mindener Geschichtsquellen 2, S. 86).
IV. Die Lage des Objekts ergibt sich aus dem im Preußischen Urmesstischblatt überlieferten FlN „Barenskämpen".
V. Anzunehmende Lage nordwestlich von Minden bzw. östlich von +Merteslo.
Literatur: Meineke [2]2016, S. 55: Berenskamp.

Bernsen.
I. Ortswüstung.
II. Stadt Minden?
III. *13. Jh.: *de decima in Be(re)ndessen* (Meineke [2]2016, S. 57: Bezug des Quellenbelegs auf dieses Bernsen nicht zweifelsfrei abzusichern).
V. Lage möglicherweise östlich der Weser, aufgrund der sehr ungenau erfassten Lage nicht auf der Wüstungskarte des Kreises Minden-Lübbecke dargestellt.
Literatur: Horstmann 1935, S. 37 f., Nr. 1a; Meineke [2]2016, S. 57: Bernsen.

Besinghusen (Bessingen).
I. Scheinwüstung? Ortswüstung?
II. Bad Oeynhausen.
III. *1254: *fratribus dictis de Besinghosen* (Meineke [2]2016, S. 58).
V. Nördlich des Kappenbergs im Bereich von Niederbecksen; wüstungsweisende moderne Wegebezeichnung Bessinger Straße.
VI. Überbaut.
Literatur: Meineke [2]2016, S. 58 f.: Bessingen.

Bierde.
I. Partielle Ortswüstung (potentielle partielle Ortsverlagerung).
II. Stadt Petershagen.
III. *1187: *Tres mansos quos emistis in Birethe* (Calenberger Ub. 3, Nr. 15, S. 19).
V. Lage westlich von Bierde, zwischen diesem und dem modern entstandenen Bierderloh.
VI. Nachgewiesene Lesefundstelle mit eisenzeitlichen Funden und solchen des 10./11. Jhs.–13. Jhs.; aus dortiger mittelalterlicher Siedlungsgrube von ca. 4 m x 5 m Ausdehnung stammend: Uneinheitlich gebrannte granitgrusgemagerte Irdenware: 1 RS: abgeknickt ausbiegender Rand mit einfacher, verdickter und rund abgestrichener Randlippe, 9 WS.-Graue fein gemagerte harte Irdenware: 1 RS: ausbiegender Rand mit gekehlter, schräg nach außen abgestrichener Randlippe, 6 WS.-Graue feingemagerte klingendharte Irdenware: 1 Grapenfuß.-Grauolives Faststeinzeug: 1 WS: gerieft.-1 metallische Schlacke; DKZ 3620,0071.

Bodendorp.
I. Ortswüstung mit peripher gelegener wüstungsresistenter Mühle; daher als partielle Ortswüstung einzustufen.
II. Stadt Petershagen.
III. *1226: *bona quedam in villa Vrilethe & in villa Bodindorp* (Meineke [2]2016, S. 65); 1277: 5 *iugera* (= Joch) ... *apud Bodenthorpe adiacentes molendino* (Westf. Ub. 6, Nr. 1111).
IV./V. Lage zwischen Frille und Lahde an der *via regia*.
VI. Bodenfunde „im Bereich der Fluren *Klotshagenkamp, Breede, Buerkämpe, Specken* und *Eikhof* und im Bereich der sogenannten Insel zwischen Auefluß und Altarm der Aue" (Angaben nach Meineke [2]2016, S. 65). Nach Angabe des FuPuDELOS der LWL-Archäologie für Westfalen befindet sich die Bodendorp überliefernde archäologische Fundstelle DKZ 3619,0093 am nördlichen Ortsrand von Frille zwischen dem „Bodendorfer Weg" im Südosten und dem „Bömker Feld" im Nordwesten (FlN nach der Deutschen Grundkarte) am Terrassenrand westlich des Fließgewässers der Aue. Die mittelalterlich genannte Mühle ist wahrscheinlich mit der „Rothe M(ühle)" des preußischen Urmesstischblatts weiter nördlich der Fundfläche an der Aue zu identifizieren, jedoch könnte auch eine wüstgefallene Mühle im unmittelbaren ehemaligen Ortsbereich von Bodendorp gemeint sein. Das im Magazin der LWL-Archäologie für Westfalen aufbewahrte Fundmaterial aus der Flur „Hagenkamp" (bzw. Angabe auf Fundzettel: Flur „Eikhoff") umfasst ausschließlich uneinheitlich gebrannte Irdenware mit Granitgrusmagerung. Belegt sind u. a. Kumpfränder und Randscherben von frühen Kugeltöpfen. Das Material ist dem 8./9. Jh. bis dem Hochmittelalter (11./12. Jh.) zuzuordnen: Uneinheitlich gebrannte granitgrusgemagerte Irdenware: 1 RS eines Kumpfes mit rund abgestrichenem, einziehender Rand, 1 RS eines Kumpfes mit zipfelig spitz abgestrichenem, einziehendem Rand, 2 RS von Kümpfen/frühen Kugeltöpfen mit geringfügig ausgezogener, rundlich ausbiegender und rund abgestrichener Randlippe, 1 Kugeltopfoberteil und 2 RS: rundlich ausbiegender Rand mit rund abgestrichener Randlippe, 1 RS: rundlich ausbiegender Rand mit relativ langer, rund abgestrichener Randlippe, 1 Kugeltopfoberteil und 1 RS: abgeknickt ausbiegender Rand mit rund abgestrichener Rand-

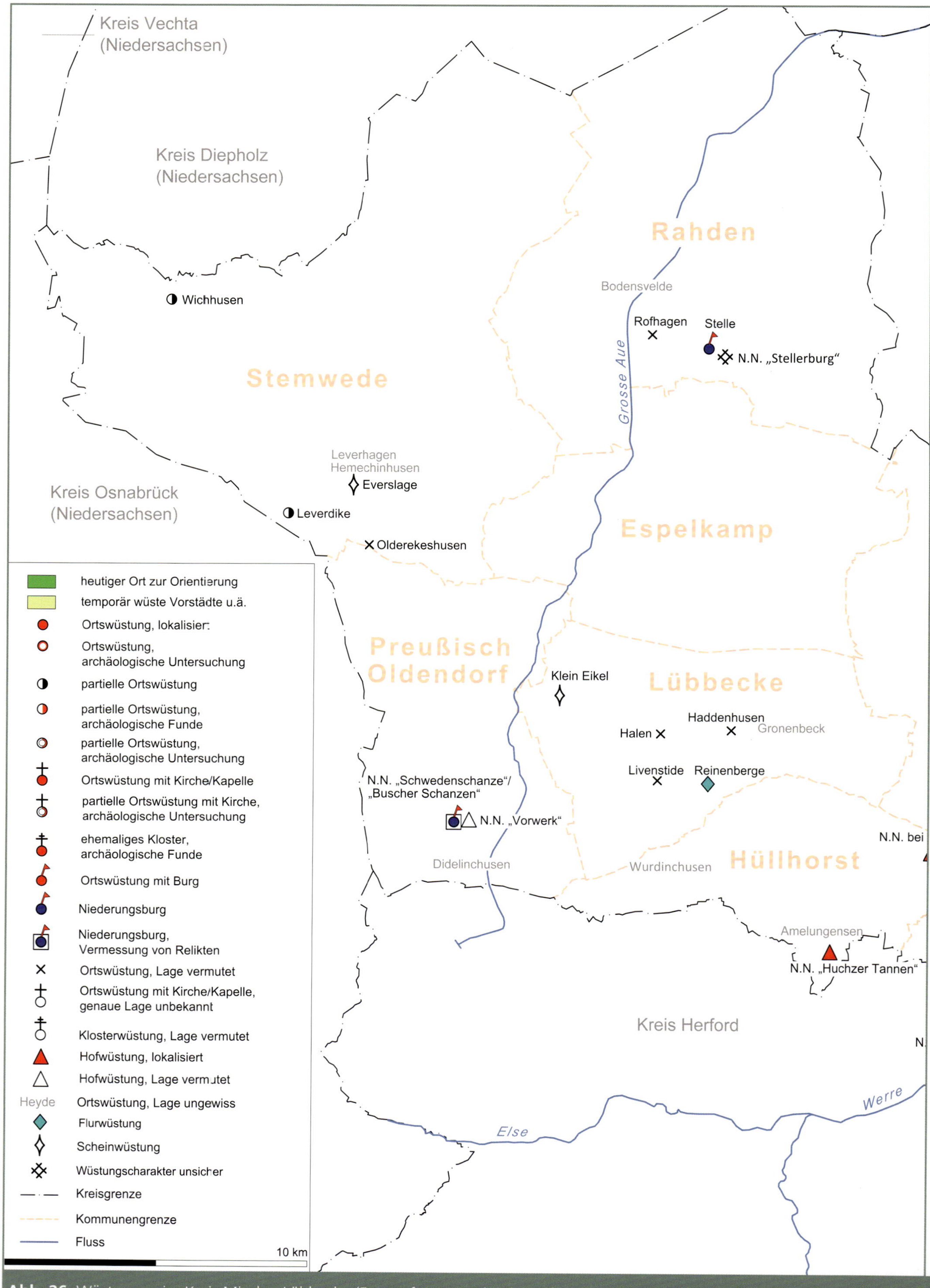

Abb. 26: Wüstungen im Kreis Minden-Lübbecke (Entwurf: LWL-Archäologie für Westfalen, R. Bergmann, Kartografie M. Thede,

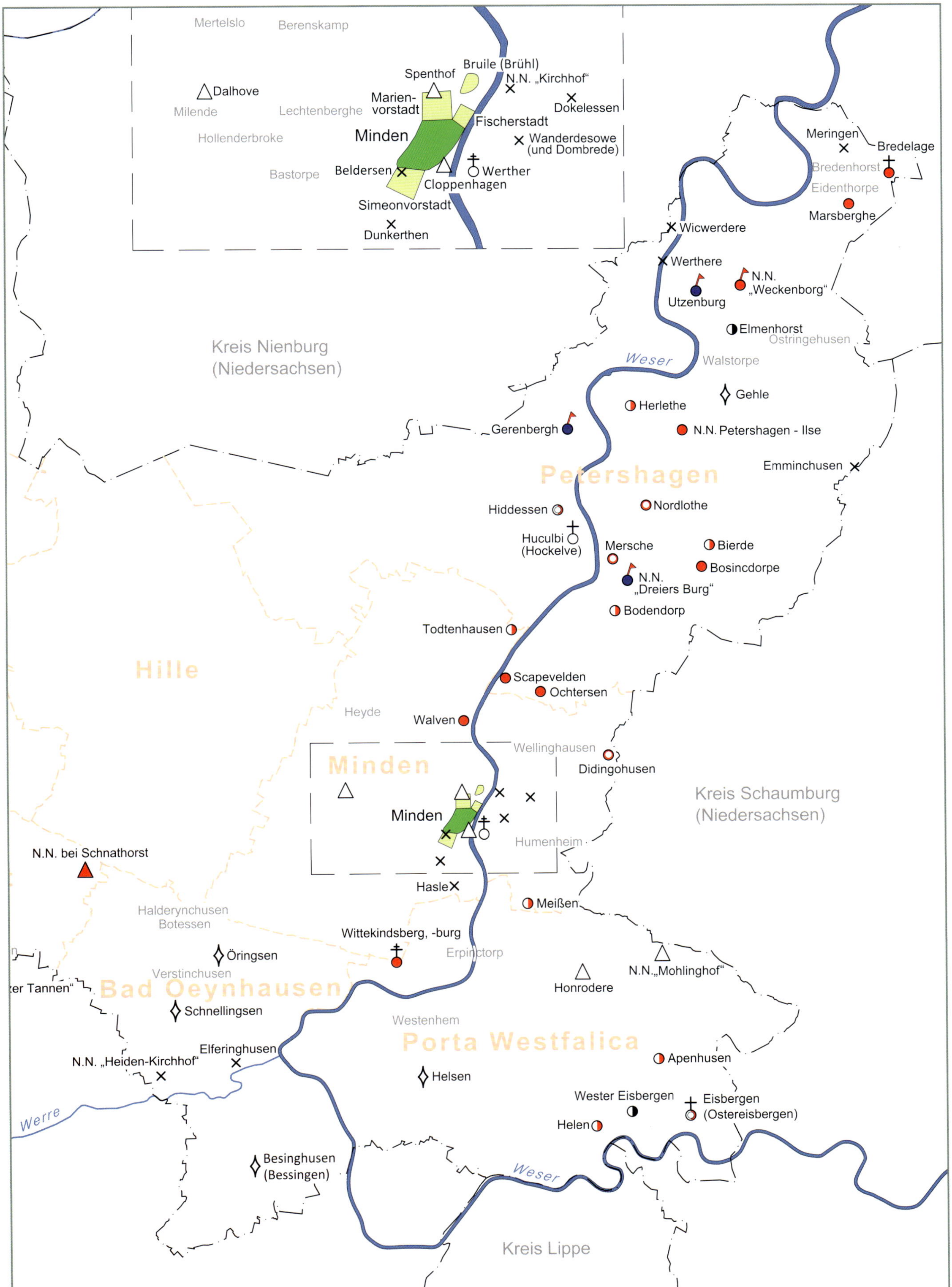

Arbeitsstand: Februar 2021) [Übersichtskarte]

lippe, 1 RS: rundlich ausbiegender Rand mit sich verjüngender, schräg nach außen abgestrichener Randlippe, 1 RS: abgeknickt ausbiegender Rand mit gekehlter, rund abgestrichener Randlippe.
Literatur: Horstmann 1935, S. 47, Schneider 1936, S. 19; Meineke [2]2016, S. 65 f.

Bodensvelde.
I. Ortswüstung.
II. Stadt Rahden.
III. *1296: *Bodensvelde* (Westf. Ub. 6, Nr. 1571).
V. Bei Rahden vermutbar.
Literatur: Schneider 1936, S. 19; Meineke[2] 2016, S. 66 f.

Bolhof.
I. Hofwüstung.
II. Stadt Petershagen?
III. *1288: *Viam quandam que vadit super agros nostros iuxta Curiam que Bolhof dicitur* (Calenberger Ub. 3, Nr. 468).
IV. Wüstungsweisend ist wahrscheinlich der u. a. im Preußischen Urmesstischblatt verzeichnete Bollsee an der heutigen Landesgrenze zu Niedersachsen.
V. Lage zwischen Leese (Niedersachsen) und Loccum (Niedersachsen) bzw. bei +Meringen und +Marsberghe; aufgrund der ungenau erfassten Lage nicht auf der Wüstungskarte des Kreises Minden-Lübbecke dargestellt.
Literatur: Meineke [2]2016, S. 67 f.

Bomgarden.
I. Hofwüstung.
II. Stadt Minden.
III. *1280: *Hadewigim uxorem Godefridi de Bomgarden* (Westf. Ub. 4, Nr. 1603).
V. Genaue Lage im Umfeld der mittelalterlichen Stadt Minden nicht zu ermitteln; FlN „Bomgarden" tendenziell für eine mittelalterliche Siedlungseinheit unspezifisch; nicht auf der Wüstungskarte des Kreises Minden-Lübbecke erfasst.
Literatur: Meineke [2]2016, S. 69 f.

Bosincdorpe.
I. Ortswüstung.
II. Stadt Petershagen.
III. *1304: Curie *Bosentorpe* (Calenberger Ub. 3, Nr. 565); Urkundenkopie dazu vom 16.02.1454: *Bosincdorpe by Byrde* (Calenberger Ub. 3, Nr. 565, Anm. 1); 1304: *Curiam ... in Bosenctorpe* (Calenberger Ub. 3, Nr. 566).
IV. Keine wüstungsweisenden FlN in der Deutschen Grundkarte.
V. Lage nordnordwestlich von Quetzen bzw. südsüdwestlich von Bierde östlich des Bachlaufs der Riehe.
VI. Die Materialsammlung umfasst eisenzeitliche, kaiserzeitliche und mittelalterliche Funde. Unter dem prähistorischen Material (Bearbeitung D. Bérenger) befinden sich u. a. eine lorbeerartige Blattspitze aus Flint, ein Mahlstein aus Quarzit, Randscherben mit Fingertupfen und gerauter Oberfläche, eine Scherbe mit steilem, gerundetem Rand, RS mit facettierten Rändern, eine RS einer flachen Schale (ausladender, rund abgestrichener Rand), RS von Gefäßen des Nienburger Typs (ältere vorrömische Eisenzeit), die Hälfte eines kleinen, doppelkonischen Gefäßes der vorrömischen Eisenzeit, WS mit einer Reihe runder Einstiche, Randscherben der Formen Uslar I und II (ältere Kaiserzeit), ein Bruchstück eines Webgewichts (spätlatènezeitlich bis frühe Kaiserzeit), eine RS eines Kumpfes kaiserzeitlicher Machart (reduzierend schwarz gebrannt, Randzone glatt) mit dünnem Schlickbewurf. Das Material des Mittelalters umfasst die Funde von Kümpfen, Kugeltöpfen und Kannen/Krügen der Zeit insgesamt von etwa vor/um 800 n. Chr. bis einschließlich des 13. Jhs. (wobei bei granitgrusgemagertem Material eine Differenzierung des mittelalterlichen Materials von solchem prähistorischer Zeitstellung in Einzelfällen schwierig ist): Uneinheitlich gebrannte granitgrusgemagerte Irdenware: 2 RS von Kümpfen: einziehender Rand mit rund abgestrichener Randlippe, eine RS eines Kumpfes: einziehender Rand mit zipfelig abgestrichener Randlippe, eine RS: ausbiegender Rand mit verdickter, schräg nach außen abgestrichener Randlippe.-Uneinheitlich gebrannte Irdenware mit granitischer Sandmagerung: eine RS: ausbiegender Rand mit gekehlter, verdickter, schräg nach außen abgestrichener Randlippe.-Uneinheitlich gebrannte Irdenware mit feiner Sandmagerung: 2 RS von Kümpfen: einziehender Rand mit horizontal abgestrichener Randlippe (möglicherweise nicht mittelalterlich!), eine RS: rundlich ausbiegender Rand mit horizontal abgestrichener Randlippe.-Graue fein gemagerte schwach gebrannte Irdenware: eine RS: rundlich ausbiegender Rand mit verdickter, gekehlter, rund abgestrichener Randlippe.-Graue fein gemagerte harte Irdenware: eine RS: rundlich ausbiegender Rand mit verdickter, gekehlter, rund abgestrichener Randlippe, eine RS: rundlich ausbiegender Rand mit gekehlter, rund abgestrichener Randlippe, eine RS: rundlich ausbiegender Rand mit gekehlter, senkrecht abgestrichener Randlippe, eine WS: gerieft und mit der Abrissstelle des unterrandständigen Henkels, ein Fgm. eines Bandhenkels mit mehreren Längsriefen, 4 WS: gerieft, 5 WS.-1 x: wahrscheinliche Rennofenschlacke; DKZ 3620,0031.
Literatur: Horstmann 1936, S. 47; Meineke [2]2016, S. 74 f.: Bosingdorf.

Botessen.
I. Ortswüstung.
II. Bad Oeynhausen.
III. *Ende 13. Jh.: *Boctessem/Sicike de Botessen* (CTW 4, S. 71 und Anm. g).
V. Bei Volmerdingsen vermutet.
Literatur: Meineke [2]2016, S. 75.

Bredelage.
I. Ortswüstung mit Kapelle und Friedhof.
II. Stadt Petershagen.
III. *1261 *bona in Bredelage* (Calenberger Ub. 3, Nr. 224).
V. Lage östlich von Wasserstraße an der Landesgrenze zu Niedersachsen.
VI. Nachweis von Kapellenfundamenten. Ein Luftbildbefund vom 11.06.2018 zeigt den Kapellengrundriss als Bewuchsmerkmal mit quadratischem Fundament des Westturms, Schiff und langgestrecktem Chorraum im Osten. Eine zusätzlich erkennbare, bogenförmig verlaufende Bewuchsstruktur dürfte den Verlauf einer Friedhofsummauerung anzeigen. Lesefunde hohes Mittelalter – 13. Jh. (Fundmeldung 23.10.1985): Uneinheitlich gebrannte granitgrusgemagerte Irdenware: eine RS: rundlich ausbiegender Rand mit verdickter, gekehlter, schräg nach außen abgestrichener Randlippe, 6 WS.-Gelbe fein gemagerte harte Irdenware: eine BS: Standring, eine BS: Wellenfuß, eine WS.-Graue mäßig grob gemagerte harte Irdenware: ein randständig angarnierter Bandhenkel mit breiter Mittellängsfurche, eine BS: Standboden mit schwach gewellter Außenseite.- Graue fein gemagerte harte Irdenware: eine RS: rundlich ausbiegender Rand mit gekehlter, schräg nach außen abgestrichener Randlippe,

2 WS: gerieft, eine WS (mit ausgewittertem Kalkanteil in der Magerung).- Grauolives Faststeinzeug: eine WS: gerieft; DKZ 3520,0122.
Literatur: Bérenger/Doms 1988, Nr. 271, S. 704; Meineke [2]2016, S. 75 f.: Bredelingen.

Bredenhorst.
I. Ortswüstung.
II. Stadt Petershagen.
III. *1183(?) *Widekinnus senior de Sualenberg decimam suam in Bredenhorst* sowie: *Vuidekinnus senior de Sualenb(erg) ... predium quod habebat in Bredenhorst* (Calenberger Ub. 3, Nr. 8, S. 11, Z. 8 f. sowie Z. 18 f.); 1221: *bona que Bredenhorst nuncupantur* (Calenberger Ub 3, Nr. 45).
V. Lage zwischen Loccum und Schlüsselburg nahe +Meringen.
Literatur: Schneider 1936, S. 24.

Bruile (Brühl).
I. Wiederbesiedelte Ortswüstung mit ehemaliger Kirche/Kapelle.
II. Stadt Minden.
III. *1252: *Johannes plebanus in* Bruile (Westf. Ub. 6, Nr. 563); Nennung einer Kapelle im Jahr 1278: *capellam in Brulone sitam* (Westf. Ub. 6, Nr. 1118); Pfarrkirche St. Ägidien 1529 abgerissen (Kneppe 1987, S. 16).
V. Lage nordnordöstlich der mittelalterlichen Stadt Minden bzw. 0,35 km nordnordöstlich der Fischerstadt.
VI. Um 1850 bestehende erneute Bebauung mit der Bezeichnung „d(er) Brühl"; DKZ 3719,0372.
Literatur: Schneider 1936, S. 26; Meineke [2]2016, S. 79–82: Brühl.

Cloppenhagen.
I. Hofwüstung? (bei Meinecke nicht als Wüstung benannt, jedoch wahrscheinlich als solche einzuordnen).
II. Stadt Minden.
III. *14. Jh.: *pro curia in Cloppenhagen* (Meineke [2]2016, S. 23).
V. Im Preußischen Urmesstischblatt tritt der wüstungsweisende FlN „Kloppen Platz" zwischen der Weser und der Simeonsvorstadt auf; vgl. auch Kaspar/Schulte (1999, Tafel 1) mit dem FlN „Auf dem Kloppenplatze".
VI. Wahrscheinlich durch Sportstätten und/oder Kleingärten modern überbaut.
Literatur: Meineke [2]2016, S. 237 f.

Coldenvelde.
I. Ortswüstung.
II. Stadt Petershagen?
III. *1260: *Coldenvelde* (Nennung zusammen mit *Meringhen*: Westf. Ub. 4, Nr. 822).
V. Auch Lage in Niedersachsen möglich; nicht auf der Wüstungskarte des Kreises Minden-Lübbecke erfasst.

Dalhove.
I. Hofwüstung.
II. Stadt Minden.
III. *2. Hälfte 13. Jh.: *curia in Dalhove quae habet XVIII* mansos (Meineke [2]2016, S. 88); 1278 *curiam que dicitur Dahlhoff* (Westf. Ub. 6, Nr. 1118).
IV. Die Lage des ehemaligen Haupthofes wird durch die Straßenbezeichnung „Dalhof" am südöstlichen Rand von Osterhahlen nahe der Bastauniederung überliefert.
Literatur: Horstmann 1935, S. 41, Nr. 8: Dahlhof; Meineke [2]2016, S. 88: Dalhof.

Dichoff.
I. Zu Leverdike gehöriger Kotten und Kottenwüstung (siehe Leverdike).
II. Gemeinde Stemwede.
III. *1309: *duas casas sitas apud Leveredich dictas Dichus* (Westf. Ub. 10, Nr. 302a).
V. Vom Ortsrand von Levern verläuft der „Dieckhoffsweg" nach Westen zu einem im Preußischen Urmesstischblatt verzeichneten und noch heute existenten Hof mit Teich (in dessen Umfeld der im Quellentext genannte weitere Kotten zu lokalisieren ist). Nahebei befindet sich zwischen dem heutigen Naturschutzgebiet „Lever Teich" und Levern der „Dieckhoffsbusch". *Leveredich* wird in der Quelle von 1309 möglicherweise als FlN benutzt.
Literatur: Meineke [2]2016, S. 97: Dichoff.

Didelinchusen.
I. Ortswüstung.
II. Preußisch Oldendorf.
III. *1120–1140: *in villa Diddelinchusen in placito comitis Thioderici de Holthusen* (Meineke [2]2016, S. 97).
VI. Anzunehmende Lage im Umfeld von Holzhausen bei Preußisch Oldendorf-Börninghausen.
Literatur: Meineke [2]2016, S. 97 f.

Didingohusen (Abb. 27).
I. Ortswüstung.
II. Stadt Minden.
III. *1055–80: *Didingohvson* (Westf. Ub. 1, Reg. 1070, Cod. Nr. 148).

Abb. 27: Formentypen von in Westfalen aufgefundenen Grubenschmelz-Heiligenfibeln (1-9, 11) und Christushaupt-Fibel (10), 12: Senkschmelz-Heiligenfibel von der Ortswüstung Didingohusen bei Minden-Päpinghausen, Kr. Minden-Lübbecke (Zeichnung: G. Helmich, Foto: S. Brentführer, LWL-Archäologie für Westfalen)

IV. Für einen Teilbereich der Ortsstelle überliefert die Deutsche Grundkarte den wüstungsweisenden FlN „Wort", weiter südlich tritt am Terrassenrand der Aue der FlN „Muhlenhöfen" auf.
V. Lage an der Aue südlich von Päpinghausen.
VI. Kaiserzeitliche Funde sowie Funde vor 800 n. Chr. bis spätes Mittelalter; u. a. Fund einer spätkarolingischen Heiligenfibel in Senkschmelztechnik (Abb. 27); Ausgrabungen LWL-Archäologie für Westfalen; DKZ 3619,0135.
Literatur: Horstmann 1935, S. 45: Diedinghausen; Schneider 1936, S. 33: Didinghausen; Bergmann 2011b, S. 128–129: Didingohusen; Meineke ²2016, S. 98 f.: Di(e)dinghausen.

Dokelessen.
I. Ortswüstung.
II. Stadt Minden.
III. *1080/85–1075: *Dukilusson* (Meineke ²2016, S. 105).
IV. Wüstungsweisender FlN „Ducksterfeld".
V. Lage ostnordöstlich von Minden bzw. westlich von Dankersen.
Literatur: Horstmann 1935, S. 44 f.: Doxen; Meineke ²2016: S. 104–106: Doxen.

Dombrede.
I. Offensichtlich liegt hier ein FlN vor, der in einer Beziehung zur Ortswüstung Wanderdesowe steht und der sich wahrscheinlich erst entwickelt hat, nachdem Wanderdesowe wüstgefallen war.
II. Stadt Minden.
III. *1248: *proprietatem dimidii mansi cuiusdam siti in villa Wanderdesowe cum (duabus) areis ad illum dimidium mansum pertinentibus* (Westf. Ub. 6, Nr. 496); Rückvermerk von späterer Hand zur Urkunde von 1248: *de dimido manso in Wandersow nunc vulgariter Dombrede* (Westf. Ub. 6, Nr. 496, Anm. S. 142).
V. Zwischen Minden und Dankersen östlich der Weser im Bereich der ehemals so bezeichneten *Dombrede* zu verorten, auf der nach dem Westf. Ub. 6 (Nr. 496, Anm. S. 142) auch das alte Mauritzkloster gelegen hat.
Literatur: Meineke ²2016, S. 103 f.

Dunkerthen.
I. Ortswüstung.
II. Stadt Minden.
III. *12. Jh.: *de Dunkerthen* (Meineke ²2016, S. 109); Ende des 13. Jhs.: Villikationshaupthof *Dundherden* (Güter- und Einkünfteverzeichnis des Mindener Domes: Mindener Geschichtsquellen 2, S. 77, Anm. 5).
IV. Wüstungsweisende FlN „Dünger Landwehr", „Dünger Wiesen", „Dünger Feld"; z. B. bezeichnen die „Dünger Wiesen" im Preußischen Urmesstischblatt einen Teilbereich eines verlandeten Totarms der Weser unmittelbar südlich von Minden.
V. Lage zwischen Minden und Barkhausen.
VI. Grobverortung: DKZ 3719,0370.
Literatur: Horstmann 1935, S. 47 f.; Meineke ²2016, S. 109–111: Düngen.

Duzhorn.
I. Kirchortwüstung?
II. Stadt Minden?
III. *1250: *Burchardus plebanus in Duzhorn* (Calenberger Ub. 6, Nr. 30, S. 25).
IV. Wüstungsweisende FlN sind unbekannt
V. Angenommene Lage bei Minden (im Umfeld von Hahlen) unsicher; Duzhorn wird im Calenberger Urkundenbuch (S. 25, Anm. 2) abweichend mit einem Ort in der Amtsvogtei Fallingbostel (Niedersachsen) identifiziert; auch der Ausstellungsort der Urkunde, Wunstorf, liegt relativ weit vom Raum Minden entfernt; Siedlung nicht auf der Wüstungskarte des Kreises Minden-Lübbecke erfasst.
Literatur: Meineke ²2016, S. 111 f.: Dushorn.

Ebbedischenbath.
I. Wüstungscharakter unklar; der Ortsname bedeutet, wie von Meineke ausführlich erläutert wird, „Äbtissinnenbad". Es erhebt sich die Frage, ob das Gebäude (*domum*) nicht im Bereich des Zisterzienserinnenklosters bzw. nachmaligen Stifts Levern gelegen hat und insofern im geografischen wie auch archäologischen Sinn nicht als Wüstung aufzufassen ist.
II. Gemeinde Stemwede.
III. *1244: *domum quandam Ebbedischenbath dictam* (Westf. Ub. 6, Nr. 411).
V. Innerhalb von Levern anzunehmen; nicht auf der Wüstungskarte des Kreises Minden-Lübbecke erfasst.
Literatur: Meineke ²2016, S. 114.

Eidenthorpe.
I. Ortswüstung.
II. Stadt Petershagen.
III: *1042: *Aidanthorppe* (Westf. Ub. 1, Reg. 1030, Cod. 137), 1245: *Eidenthorpe* (Westf. Ub. 6, Nr. 438).
V. Lage bei Schlüsselburg.
Literatur: Schneider 1936, S. 39; Meineke ²2016, S. 117: Eidenthorp.

Eisbergen (Ostereisbergen).
I. Partielle Ortswüstung (bzw. geringfügige Wüstungserscheinungen in der Peripherie des Gutsdorfs mit Kirche).
II. Stadt Porta Westfalica.
III. *1029: *Eigisbern, Egisberon* (MGH DD K II, S. 186, Nr. 138, Anm. u).
V. Lage des Wüstungsareals am Nordrand des Dorfes.
VI. Die Rettungsgrabung im Bereich eines verlandeten eisenzeitlichen Bachlaufs erbrachte den Nachweis von 6 Grubenhäusern (die teilweise als Steinkeller anzusprechen sind) sowie den unvollständigen Grundriss eines Nordwest-Südost ausgerichteten Pfostenhauses. Das Fundmaterial der Hofstelle datiert vom 9. bis in das 15. Jh.; DKZ 3720,0032.
Literatur: Meinecke ²2016, S. 123–126; Pollmann 2016, S. 99–102.

Elferinghusen.
I. Ortswüstung.
II. Stadt Bad Oeynhausen.
III. *1183: *Eluerhinkighusen* (Westf. Ub. 5, Nr. 141: die in dieser Quelle genannten Orte, in denen das Kloster Abdinghof [in Paderborn] über Grundbesitz verfügte, lagen überwiegend im Hochstift Paderborn); 1281: *Elferinghusen* (Westf. Ub. 6, Nr. 1220).
V. Östlich von Dörgen tritt im Ortsteil Broikern nahe der die Werre auf der Nordseite begleitenden Terrassenkante die wüstungsweisende moderne Straßenbezeichnung Elverdingsen auf.
VI. Potentielle Fundfläche wahrscheinlich teilüberbaut.
Literatur: Meineke ²2016, S. 127 f.

Elmenhorst.
I. Partielle Ortswüstung.
II. Stadt Petershagen.
III. *13. Jh.: *de decima in Elmenhorst* (Meineke ²2016, S. 130); 1244: *decimam super tres domus in Elmehorst sitas* (Westf. Ub.

6, Nr. 429). – Das 1292 im Zusammenhang mit der Burg Ravensberg genannte und unterhalb dieser gelegene *Elmenhorst under Ravensberge* (Westf. Ub. 6, Nr. 1485) betrifft einen anderen Ort.
V. Lage nach dem Westf. Ub. wüst zwischen Döhren und Heimsen; Lage nach Horstmann wüst zwischen Döhren und Wasserstraße; jedoch besteht im Preußischen Urmesstischblatt 1,0 km ostnordöstlich von Döhren der Einzelhof Elmhorst, der m. E. die Ortslage überliefert. In der Deutschen Grundkarte firmiert dieser Hof jetzt unter der Bezeichnung „Borg". Bei dem heutigen Ortsteil Elmenhorst 1,1 km östlich von Döhren handelt es sich um eine Neusiedlung ohne mittelalterliche Siedlungsgrundlage, die den Namen der partiellen Ortswüstung fortführt.
Literatur: Horstmann 1935, S. 47: Elmenhorst; Schneider 1936, S. 41; Meineke ^{2}2016, S. 130 f.: Elm(en)horst.

Emminchusen.
I. Ortswüstung (angeblich isolierter Meierhof).
II. Stadt Petershagen (Kreis Minden-Lübbecke) oder im angrenzenden Kr. Schaumburg (Niedersachsen).
III. *1241: *Eylardo de Emminchusen* (Calenberger Ub. 8, Nr. 12, S. 12); 1252 *Emmingehusen* (Westf. Ub. 6, Nr. 577).
V. Nach Horstmann „an der Grenze von Wiedensahl nach Rosenhagen" (Kr. Minden-Lübbecke) zu verorten; nach Westf. Ub. jedoch bei Wiedensahl (Kr. Schaumburg/Niedersachsen) gelegen.
Literatur: Horstmann 1935, S. 47; Meineke ^{2}2016, S. 131 f.: Eminchusen.

Ernessen.
I. Ortswüstung.
II. Stadt Minden?
III. *1080/85–1095: *Ærnisson* (Meineke ^{2}2016, S. 133); um 1460: *Decima in Ervessen* (Mindener Geschichtsquellen 2, S. 83 und dort mit Erwitzen, Kr. Höxter gleichgesetzt),
V. Lage im Kreis Minden-Lübbecke unsicher und östlich der Weser in der Stadtfeldmark von Minden vermutet; aufgrund der sehr ungenau erfassten Lage nicht auf der Wüstungskarte des Kreises Minden-Lübbecke dargestellt.
Literatur: Meineke ^{2}2016, S. 133 f.

Erpinctorp.
I. Ortswüstung.
II. Städte Minden/Porta Westfalica.
III. *Um 1295: *Erpingthorpe* (Osnabrücker Urkundenbuch 4, Nr. 416).
V. Genaue Lage im Umfeld des Weserdurchbruchs der Porta Westfalica unbekannt.
Literatur: Meineke ^{2}2016, S. 135.

Everslage.
I. Wahrscheinliche Scheinwüstung.
II. Gemeinde Stemwede.
III. *1248: *Everslaghe bzw. Everslo* (Westf. Ub. 6, Nr. 483 f.).
V. Anzunehmende Lage im Umfeld des im Preußischen Urmesstischblatt 0,7 km nördlich von Levern eingetragenen Hudewaldes „Ebbelage", in dessen Umfeld mehrere bäuerliche Gehöftgruppen bestanden und bestehen.
Literatur: Meineke ^{2}2016, S. 136: Eversloh.

Gehle.
I. Scheinwüstung (im Preußischen Urmesstischblatt, ebenso wie Gehlberg, als bestehend verzeichnete Kleinweiler).
II. Stadt Petershagen.
III. *1275/1277: *domus in Gele* bzw. Gewässername Gehle ab 1299 als *rivuli* ... *Ghela* fassbar (Meineke ^{2}2016, S. 151 f.).
V. Lage östlich von Windheim an der Gehle.
Literatur: Meineke ^{2}2016, S. 151 f.: Gehlhäuser.

Gerenbergh.
I. ehemalige Turmhügelburg mit Wirtschaftshof (derzeitiger Kenntnisstand).
II. Stadt Petershagen.
III. Die Fläche mit dem FlN „Kethenburg" ist mit einem *castrum Gerenbergh* zu identifizieren, für das Holscher (1877, S. 92) eine Lage im Umfeld der Glasfabrik Gernheim als eine von drei Möglichkeiten angibt.
IV. Der FlN „Kethenburg" ist im preußischen Urmesstischblatt verzeichnet und jetzt zu „Kätchenburg" verballhornt.
V. Lage unmittelbar an der Terrassenkante (Steilhang) oberhalb der Weseraue südlich von Gernheim.
VI. Burghügel nach Preußischem Urmesstischblatt von ringförmigem Graben umgeben; an der Steilkante ansetzender Abschnittswall zum Schutz des Wirtschaftshofes; fünfeckig begrenztes Friedhofsareal?, wahrscheinliche Datierung: ausgehendes Hochmittelalter/13. Jh.; Burg, Abschnittswall und Wirtschaftshof unerkannt zerstört (Abgrabung); potentieller Friedhofsbereich erhalten; rezente Prospektion des Gesamtareals noch nicht durchgeführt: DKZ 3519,0133. Aus dem Wüstungsareal (nach Fundzettel: zwischen dem Wohnhaus an der K 48, östlich der Höhe 51,7 des Messtischblatts und dem Terrassenrand) stammen 1949 aufgesammelte granitgrusgemagerte Altfunde, darunter zwei mit Fingertupfen auf dem Rand verzierte RS eines eisenzeitlichen Steilrandtopfes, 1 RS eines Kumpfes, 1 Fgm. eines Standbodengefäßes und 1 Spinnwirtel (eisenzeitlich). Das Material ist in der LWL-Archäologie unter DKZ X,0511 inventarisiert.

Graven.
I. Hofwüstung.
II. Stadt Minden.
III. *1275/1277: *de Graven* (Meineke ^{2}2016, S. 159); 1307: *curiam dictam Graven* (Westf. Ub. 10, Nr. 225).
Literatur: Horstmann 1935, S. 41, Nr. 7; Meineke ^{2}2016, S. 159 f.

Gronenbeck.
I. Ortswüstung.
II. Stadt Lübbecke.
III. *1319: *domus in Gronenbeke* (Westf. Ub. 10, Nr. 636).
V. Lage innerhalb des mittelalterlichen Kirchspiels Gehlenbeck.
Literatur: Meineke ^{2}2016, S. 161.

Haddenhusen.
I. Ortswüstung.
II. Stadt Lübbecke.
III.*1229: *Bruno de Haddenhusen* (Westf.Ub. 6, Nr. 191, S. 51).
V. Lage innerhalb des mittelalterlichen Kirchspiels Gehlenbeck bzw. innerhalb des vom Gut Grappenstein, der Stadt Lübbecke und Gehlenbeck gebildeten Geländeausschnitts zu lokalisieren; siedlungsgünstig innerhalb des bezeichneten Gebiets ist das Umfeld des Jägerbachs westlich von Gehlenbeck.
VI. Wahrscheinlich überbaut.
Literatur: Meineke ^{2}2016, S. 163 f.

Halderynchen.
I. Ortswüstung.
II. Bad Oeynhausen.

III. *1226: *domum Halderynchen* (Ub. Bielefeld, Nr. 9).
V. Lage nach Meineke „Unbestimmt in der Gegend von (.) Volmerdingsen, am Südrand des Wiehengebirges zwischen Weser und Werre".
Literatur: Meineke ^{2}2016, S. 170 f.

Halen.
I. Ortswüstung.
II. Stadt Lübbecke.
III. *13. Jh.: *de Halen prope Lutbeke* (Meineke ^{2}2016, S. 171).
IV./V. Die mittelalterliche Siedlung wird im Preußischen Urmesstischblatt durch den FlN „Hallerkampe" nordwestlich von Lübbecke überliefert. Im Umfeld der Kampflur besteht der moderne Straßenname Hahlerstraße.
VI. Mutmaßlich überbaut.
Literatur: Meineke ^{2}2016, S 171.

Hasle.
I. Ortswüstung mit Haupthof (*curia*) und Mühle.
II. Stadt Minden.
III. *2. Hälfte 13. Jh.: *curia in Hasle cum molendino infra fossam situata* (Meineke ^{2}2016, S. 177); 1260: *de Haslen* (Westf. Ub. 6, Nr. 739); 1283: *in Merscha aput Hasle* (Westf. Ub. 6, Nr. 1280) bzw. *curiam Hasle situm in littore* (Westf. Ub. 6, Nr. 1281).
IV. Wüstungsweisende FlN „Haselmasch", „Hasselbrink", „Hasselmühle". Mit „Die Hasel Masch" ist im Preußischen Urmesstischblatt z. B. eine im Norden, Westen und Süden von einem verlandeten ehemaligen Mäander der Weser und im Osten vom heutigen Verlauf dieser begrenzter (erhöhter) Donk bezeichnet.
V. Lage südlich von Minden.
VI. Ortsstelle wahrscheinlich nicht überbaut; Groblokalisation: DKZ 3719,0371.
Literatur: Horstmann 1935, S. 39, Nr. 2; Meineke ^{2}2016, S. 177 f.: Hassel.

Hegerhusen.
I. Ortswüstung.
II. Stadt Minden.
III. *1300: *Johannes Hegerhuse* (Westf. Ub. 6, Nr. 1644).
V. Mutmaßlich in der Umgebung von Minden zu verorten; aufgrund der ungenau erfassten Lage nicht auf der Wüstungskarte des Kreises Minden-Lübbecke dargestellt.
Literatur: Meineke^{2} 2016, S. 189: Heger(e)husen.

Helen.
I. Wahrscheinlich als partielle Ortswüstung einzustufen.
II. Stadt Porta Westfalica.
III. *1033: *in Helan V mansos* (MGH DK II., Nr. 192).
IV. Im Preußischen Urmesstischblatt verweisen die FlN „Das Hehler Feld" östlich der Gehöfte „Auf dem Bruche" bzw. nahebei „Das hohe Hehler Feld" (nördlich von +Wester Eisbergen) auf die Lage der Ortsstelle. In diesem Bereich bestehen heute der Straßenname Heckerfeld und der FlN „Hehler Feld".
VI. Am Ostrand der Höfegruppe „Auf dem Bruche" bzw. wenig östlich des dortigen Hofes Reese wurde 1933 eine mittelalterliche Schmiede mit Schmelzofen aufgefunden und archäologisch dokumentiert (DKZ 3719,0048). Die Befunde sind wahrscheinlich dem mittelalterlichen Hehlen zuzuordnen. Insofern könnte ein siedlungsgenetischer Zusammenhang zwischen Hehlen und „Auf dem Bruche" bestehen. Im „Hehler Feld" wurden auf einer Parzelle des Hofes Böke (Veltheim, Höfegruppe „Auf dem Bruche") abgesehen von wenig eisenzeitlicher Keramik weiterhin Streufunde des hohen Mittelalters geborgen: Uneinheitlich gebrannte granitgrusgemagerte Irdenware: ein RS-Fgm.: abgeknickt ausbiegender Rand mit stark gekehlter und horizontal abgestrichener Randlippe sowie eine RS: ausbiegender Rand mit stark gekehlter und ebenso horizontal abgestrichener Randlippe (Inv.-Nr. LWL-Archäologie: DKZ X,0506, genauer Fundort nicht bestimmbar).
Literatur: Schneider, 1936, S. 60: Helen; Meineke ^{2}2016, S. 190 f.: Hehlen.

Helsen.
I. Scheinwüstung?
II. Stadt Porta Westfalica?
III. *1185–1187: *Helenhusen* (Meineke ^{2}2016, S. 193).
IV.-VI. Von Meineke werden verschiedene Möglichkeiten einer Verortung angegeben, u. a. südlich von Porta Westfalica-Holzhausen in der Nähe des „Helserbruchs". Hier befindet sich nach Angabe des Preußischen Urmesstischblatts nahe der Niederungszone „Das Helser Bruch" im Übergangsbereich der Dorfbauerschaften Holzhausen und Vennebeck die Gehöftgruppe „Auf'm Helser Bruch" mit Strukturelementen einer altbäuerlichen Siedlung, sodass Helsen wahrscheinlich keine Orts- sondern eine Scheinwüstung ist. Weiterhin tritt zwischen „Auf'm Helser Bruch" und dem Dorf Holzhausen der wahrscheinlich wüstungsweisende FlN „Der Uphof" auf, an dessen Rand ein Urnengräberfeld archäologisch untersucht worden ist (= DKZ 3719,0036).
Literatur: Meineke ^{2}2016, S. 193 f.

Hemechinhusen.
I. Wahrscheinliche Scheinwüstung, möglicherweise auch Ortswüstung (die unmittelbare Quellenüberlieferung erstreckt sich, für eine klassische Ortswüstung ungewöhnlich, bis in das 16. Jh.).
II. Gemeinde Stemwede.
III. *1248: *proprietatem bonorum in Hemechinhusen et in Everslaghe* (Westf. Ub. 6, Nr. 483).
V. Anzunehmende Lage im Umfeld von Everslage (siehe dort) bei Levern.
Literatur: Meineke ^{2}2016, S. 197 f.: Hempinckhausen.

Herlethe.
I. Ortswüstung (die Fundfläche wird im Urmesstischblatt im Osten von der Kleinsiedlung Harlhöfe tangiert, bei der es sich möglicherweise um den Siedlungsrest von Herlethe handelt. Dementsprechend wäre Herlethe als partielle Ortswüstung einzuordnen).
II. Stadt Petershagen.
III. *1146: *in Herlede XVIIII mansus* (Meineke ^{2}2016, S. 172); 1205: *decimam in Herlethe* (Westf. Ub. 6, Nr. 22).
IV. Wüstungsweisender FlN „Harlhöfe"; im Gültigkeitsbereich des FlN noch um die Mitte des 19. Jhs. bestehende periphere Bebauung.
V. Lage südwestlich von Windheim.
VI. Herlethe gehört nach Ausweis des Ortsnamens einer älteren Besiedlungsschicht an. Unter den Funden befinden sich u. a. Kratzer und Schaber aus Geschiebeflint und Keramik der jüngeren Bronzezeit, vorrömischen Eisenzeit wie auch der römischen Kaiserzeit (RKZ) nebst einer römischen Münze. Das keramische Fundmaterial des Mittelalters, darunter auch rotbemalte Irdenware Pingsdorfer Art, gehört überwiegend dem 9.–12. Jh. an. Geborgen wurde weiterhin ein aus einer Goldmünze (fränkischer Tremissis) des 6. Jhs. erstelltes Schmuckstück (Kötz 2015, S. 79–81); DKZ 3520,0108 u. a.; der nachfolgend vorgestellte, räumlich eng umreißbare Teil-Fundbereich DKZ 3519,27 enthält: 5 als eindeutig „eisenzeitlich" anzusprechende S - Uneinheitlich gebrannte granitgrusgema-

gerte Irdenware: eine RS eines Kumpfes mit kantig facettiertem Rand (wohl RKZ) sowie 40 WS dieser Warenart, uneinheitlich gebrannte Irdenware mit granitischer Sandmagerung: eine RS (10./11. Jh.): rundlich ausbiegender Rand mit einfacher, rund abgestrichener Randlippe und weiterhin blaugraue feingemagerte Irdenware (1 WS), rauwandige grau-rot gebrannte Drehscheibenware (1 WS) sowie reduzierend gebrannte Irdenwaren (10 WS) des 13. Jhs.
Literatur: Horstmann 1935, S. 48; Kötz 2015, S. 79–81; Meineke [2]2016, S. 172 f.: Har(e)lhöfe.

Heyde.
I. Hofwüstung?
II. Stadt Minden.
III. *2. Hälfte 13. Jh.: *curia in Heyde* (Meineke [2]2016, S. 291).
IV./V. Ab einer Entfernung von 3,6 km nordwestlich der Stadt Minden dehnt sich im Preußischen Urmesstischblatt im Umfeld eines ehemaligen Exerzierplatzes die unbesiedelte „Mindner Heide" aus, innerhalb welcher der ehemalige Haupthof angenommen werden kann. Andererseits bestehen im Umkreis dieser Heide zahlreiche kleinbäuerliche Neusiedlerstellen wie auch bäuerliche Höfe, sodass die Möglichkeit in Betracht zu ziehen ist, dass die *curia* mit einem dieser Höfe gleichzusetzen ist. In jedem Fall muss die *curia* aufgrund einer Quellenangabe von 1306 (Westf. Ub. 10, Nr. 165) im näheren Umfeld von +Merteslo gelegen haben.
Literatur: Horstmann 1935, S. 40 f.: Heythe; Meineke [2]2016, S. 291: Minderheide.

Hiddessen.
I. Partielle Ortswüstung (ehemaliger Hiddenser Hof wüstungsresistent).
II. Stadt Petershagen.
III. *1223: *predium nostrum in Hiddenhusen situm* (Meineke [2]2016, S. 198).
V. Westlich von Petershagen.
VI. Die eigentliche Ortslage ist auf den Fundpunkt DKZ 3619,0104 (Hüllhorst, Ecke Hohe Gartenstraße) zu beziehen, wo 1954 Keramiken des 11./12.–13. Jhs. geborgen worden sind und zwar: Uneinheitlich gebrannte granitgrusgemagerte Irdenware: eine RS: rundlich ausbiegender Rand mit einfacher, rund abgestrichener Randlippe, eine RS: ausbiegender Rand mit einfacher, rund abgestrichener Randlippe, eine RS: rundlich ausbiegender Rand mit verdickter, gekehlter, schräg nach außen abgestrichener Randlippe, 29 WS.-Uneinheitlich gebrannte Irdenware mit granitischer Sandmagerung: 6 WS.-Uneinheitlich gebrannte Irdenware mit feiner Sandmagerung: 5 WS.-Graue mäßig grob gemagerte harte Irdenware: 4 WS.-Graue fein gemagerte harte Irdenware: eine WS: gerieft, 4 WS. Eine vom 25. bis zum 26.10.2010 an anderer Stelle (weiter östlich des Fundpunkts DKZ 3619,0104) durchgeführte Schnittuntersuchung im Bereich des noch im Preußischen Urmesstischblatts verzeichneten Hofes (DKZ 3619,0187) verlief ergebnislos.
Literatur: Meineke [2]2016, S. 198 f.

Hollenderbroke (ehemalige Marsch- Moorhufen- oder Hollersiedlung?).
I. Ortswüstung.
II. Stadt Minden.
III. *1310: *1 curiam in Hollenderbroke, 1 domum* (Meineke [2]2016, S. 204).
V. Angenommene Lage der Siedlung im Umfeld der Bastau westlich von Minden.
Literatur: Meineke [2]2016, S. 204 f.

Honrodere.
I. Wohl Hofwüstung (ehemaliger Haupthof).
II. Stadt Porta Westfalica.
III. *1263: *curiam Honrodere* mit abhängigen Höfen/Hofstellen (*areis*) und Hufen (*mansis*) (Westf. Ub. 6, Nr. 789).
V. Lage bei Nammen.
Literatur: Schneider 1936, S. 70.

Horsholt.
I. Ortswüstung?
II. Stadt Petershagen.
III. *1242: *Heinricus de Horsholte* (Calenberger Ub. 5, Nr. 47).
V. Nach Meineke „aufgegangen in Petershagen"; aufgrund der nur ungenau zu erfassenden Lage nicht auf der Wüstungskarte des Kreises Minden-Lübbecke dargestellt.
Literatur: Meineke [2]2016, S. 218 f.

Huculbi (Hockelve).
I. Ortswüstung mit ehemaliger Heilig-Kreuz-Kapelle.
II. Stadt Petershagen.
III. *784: *loco, qui Huculbi dicitur* (MGH SS rer. Germ., S. 67); 991: (Reichs-) Forst *Hukulinhago* (Westf. Ub. 1, 141, Reg. 669: wird von Horstmann [1935, S. 16] mit dem jetzigen Heisterholz/Nordholz bei Hockelve identifiziert); 1243: *capellam in Hokelve dictam sancte crucis* (Westf. Ub. 6, Nr. 398) bzw. Archidiakonatssitz (Holscher 1877, S. 8); Pfarrer und Küster in Hocelue 1370 bezeugt (Holscher 1877, S. 11 f.); um 1460: *sacerdos de Hokeleve* (Mindener Geschichtsquellen 2, S. 40).
IV. Wüstungsweisender FlN „Auf dem höckrigen Feld" bei Petershagen.
VI. Nachweis einer archäologische Fundstreuung (= DKZ 3619,0147) im Bereich der jetzigen Wohnbebauung „Höckriges Feld"; Fundstreuung wahrscheinlich nahe der mittelalterlichen Ortsstelle gelegen; deren Material umfasst zwei kantenretuschierte Schaber aus Flint, Keramik prähistorischer Machart und solche des hohen Mittelalters bis des 14. Jhs. Mittelalterliche Funde: Uneinheitlich gebrannte Irdenware mit granitischer Sandmagerung: eine WS: gerieft, eine WS.-Uneinheitlich gebrannte Irdenware mit feiner Sandmagerung: eine WS.-Gelbe fein gemagerte harte Irdenware: eine RS: von der Innenseite herausgedrückter Dornrand.-Graue fein gemagerte harte Irdenware: eine RS: ausbiegender Rand mit verdickter, gekehlter, schräg nach außen abgestrichener Randlippe, zwei WS: gerieft, drei WS.-Graue fein gemagerte klingendharte Irdenware: zwei WS: gerieft.-Grauolives Steinzeug: eine BS: Grapenfuß, zwei WS: gerieft.-Steinzeug Siegburger Art: eine RS: steilstehender Dornrand, drei WS: gerieft, eine WS mit Drehleiste, eine WS; DKZ 3619,0147.
Literatur: Horstmann 1935, S. 48: Hockeleve; Schneider 1936, S. 71: Huculbi; Meineke [2]2016, S. 202–204: Hockel(e)ve.

Humenheim.
I. Ortswüstung.
II. Stadt Minden.
III. *1055–80: *Hvmenheim* (Westf. Ub. 1, Reg. 1070, Cod. 148).
V. Lage östlich von Minden.
Literatur: Schneider 1936, S. 72.

Klein Eikel.
I. Nordwestlich von Eikel befindet sich am Bruchflager Weg (bzw. Bruchflachweg der Deutschen Grundkarte) das noch heute existente Gut Eickel (bzw. die ehemalige Gräftenanlage Haus Eickel), das wahrscheinlich mit der bei Meineke angeführten (Burg-) Wüstung Klein Eikel zu identifizieren ist. Daher handelt

es sich bei Klein Eikel mit hoher Wahrscheinlichkeit um eine Scheinwüstung.
II. Stadt Lübbecke.
Literatur: Meineke [2]2016, S. 120: Eikel, Klein-.

Lechtenberghe.
I. Ortswüstung?
II. Stadt Minden.
III. *1382: *de hove to Dunggerden unde to Lechtenberghe* (Meineke [2]2016, S. 255; die Quellenüberlieferung lässt die Entscheidung, ob ein ehemaliger Ort oder eine Flur vorliegt, nicht zu).
IV. moderne Straßenbezeichnung Lichtenbergstraße bzw. FlN „Lichtenberger Feld", „Kleine Lichtenberg" und „Große Lichtenberg" im Preußischen Urmesstischblatt von 1837.
V. Falls Ortswüstung, westlich von Minden in räumlicher Nähe zu +Merteslo zu verorten.
Literatur: Meineke [2]2016, S. 255 f.: Lichtenberg.

Leverdike.
I. Wohl partielle Ortswüstung (mit Mühlenwüstung).
II. Gemeinde Stemwede.
III. *1238: *domum prope Leverdike cum piscaria* (Westf. Ub. 6, Nr. 315).
IV./V. Im Westen schließt sich an den Siedlungsbereich um das Stift Levern die im Preußischen Urmesstischblatt baumlose Hudefläche des „Lever Teich" an. Der Siedlungsbeleg ist am Rand dieses Feuchtbiotops zu verorten. Der Wüstungscharakter von Leverdike ist jedoch insofern unsicher, als dass am Rand des „Lever Teich" an mehreren Stellen eine Altbesiedlung besteht, so z. B. im Bereich von Dichoff (siehe dort), weiterhin am Bachübergang über den Lohbach westlich des Stifts und in der Bauerschaft Sundern. Der den „Lever Teich" durchziehende „Lohbach" (jetzt: Große Diekfluss) dürfte mit dem u. a. 1242 genannten *flumen molendini in Leverdike* (Westf. Ub. 6, Nr. 376) zu identifizieren sein; insofern besteht der Verdacht auf eine dortige Mühlenwüstung. Weiterhin schließt sich im Südosten des „Lever Teich" der Niederungsbereich des „Oldendorfer Bruch" an, dessen Bezeichnung auf einen älteren Siedlungsbereich von Levern im Süden des heutigen Stiftsdorfs hinweisen könnte.
Literatur: Schneider 1936, S. 83: Leverteich; Meineke [2]2016, S. 255: Leverteich.

Leverhagen.
I. Ortswüstung (wahrscheinlich ehemaliger Hägerort bzw. möglicherweise ehemalige Reihensiedlung).
II. Gemeinde Stemwede.
III. *1343: *indagine dicta wlgariter Lueuerehaghen* (Meineke [2]2016, S. 252).
V. Im Umfeld von Levern zu verorten.
Literatur: Meineke [2]2016, S. 252.

Livenstide.
I. Ortswüstung.
II. Stadt Lübbecke.
III. *1151: *Livenstide* (Westf. Ub., Add., Nr. 117.II, S. 104).
V. Lage südwestlich von Lübbecke im Umfeld der Wittekindstraße bzw. im Bereich des Guts Obernfelde.
Literatur: Schneider 1936, S. 85; Meineke [2]2016, S. 306 f.: Obernfelde (Rittergut).

Marienvorstadt.
I. Temporär wüste, in der Moderne wiederbesiedelte Vorstadt.
II. Stadt Minden.
III. Vor 1200 begründet; im 16. Jh. (1554) niedergelegt; dortiger Spenthof (siehe dort!) am Nordende der Vorstadt während des 1. Drittels des 17. Jhs. abgebrochen.
V. Unmittelbar nördlich der Mindener Altstadt gelegen.
VI. Überbaut.
VII. Horstmann 1935, S. 42; Kaspar/Schulte 1999, Tafel 1 und 3.

Marsberghe.
I. Ortswüstung mit nach Siedlungsaufgabe frühneuzeitlich begründeter Klausnerei *Clus to Masbergen*.
II. Stadt Petershagen.
III. *1240: *Curiam in Marsberghe cum manicipiis*; *bonis in Marsberge* (Calenberger Ub. 3, Nr. 82 f.); Kapelle nach 1442 errichtet und 1539 in Verfall begriffen; Ruine *Die Cluss* 1700 kartografisch dokumentiert und 1731 abgebrochen.
IV. Wüstungsweisender FlN Klusberg (1594: *Klaws Maßberg*).
V. Lage 300 m nordwestlich des Klusbergs zwischen Loccum (Niedersachsen) und Schlüsselburg.
VI. Funde 9./10. Jh. aus Gärtnereigelände bzw. nach Angabe FuPuDELOS der LWL-Archäologie für Westfalen Funde der Zeit um 800 n. Chr. bis des 15. Jhs.; DKZ 3520,0100.
Literatur: Horstmann 1935, S. 48; Bérenger 1988 b, S. 704, Nr. 269; Doms 1988, S. 704, Nr. 270; zur Kluse siehe Freese/Linnemeier 1987; Meineke [2]2016, S. 268 f.

Meißen.
I. Wahrscheinliche partielle Ortswüstung.
II. Stadt Minden.
V./VI. 0,3 km ostnordöstlich des Dorfes Meißen befindet sich an der Meißener Dorfstraße ein Siedlungsbereich mit eisenzeitlichen, kaiserzeitlichen und mittelalterlichen Funden; DKZ 3719,0064.
Literatur: Meineke [2]2016, S. 274 f.

Meringen.
I. Ortswüstung mit ehemaliger Mühle.
II. Stadt Petershagen.
III. *1215: Meringen (Westf. Ub. 6, Nr. 64); Mühle 1258 genannt (Westf. Ub. 6, Nr. 691).
V. Potentielle Lage südlich des Bollsees bzw. 1 km nordöstlich des Hoppenbergs.
VI. Eine(!) aufgefundene Randscherbe des 13. Jhs. (graue Irdenware, Altfund) für Verortung nicht hinreichend aussagekräftig; DKZ 3520,0123.
Literatur: Horstmann 1935, S. 48; Schneider 1936, S. 92; Bérenger/Doms 1988b, Nr. 272, S. 705; Meineke [2]2016, S. 275–277.

Mersche.
I. Ortswüstung.
II. Stadt Petershagen.
III. *1230: *duas curtes in Mersche* (Westf. Ub. 6, Nr. 208).
IV./V. Mersche wird südlich von Lahde angenommen. In dem Geländeabschnitt existiert im Preußischen Urmesstischblatt die „Gänse Masch" direkt südlich von Lahde bzw. östlich der Weser.
VI. Aus der dortigen Kiesgrube Masch (DKZ 3619,0108) stammen u. a. bronzezeitliche, eisenzeitliche (Keramik vorrömische Eisenzeit und römische Kaiserzeit), völkerwanderungszeitliche und mittelalterliche Funde (darunter Kumpf- und Kugeltopfkeramik). Aufgrund der Lage der Siedlungsstelle im Überschwemmungsbereich ist mit Meineke davon auszugehen, dass der altbesiedelte Ort (für den der „junge" Ortsname Mersche befremdet) „wahrscheinlich Ende des 13. Jhs. wegen vieler Überschwemmungen aufgegeben und wüstgefallen"

ist. Der bei Meineke ([2]2016, S. 277) angegebene wüstungsweisende FlN „Auf den Höfen" nördlich von Lahde ist nicht auf diese Siedlung sondern auf Nordlothe (siehe dort) zu beziehen.
Literatur: Horstmann 1935, S. 48; Schneider 1936, S. 92; Meineke [2]2016, S. 277 f.: Mersch.

Merteslo.
I. Ortswüstung.
II. Stadt Minden.
III. *1075: *unum mansum cum area in Martislo* (Meineke [2]2016, S. 278); 1270: *duos mansos iuxta Merteslo sitos* (Westf. Ub. 6, Nr. 967).
IV. 1719: wüstungsweisender FlN „Masseloh".
V. Siedlungslage nach Horstmann (1935, S. 38 [Karte] und S. 40) näherungsweise westnordwestlich von Minden bzw. nach Meineke im Bereich des dortigen Mindener Ortsbereichs Siebenbauern.
Literatur: Meineke [2]2016, S. 278 f.

Milende.
I. Hofwüstung?
II. Stadt Minden.
III. *1278: *cum manso qui dicitur Milende intra paludem et curiam que dicitur Dahlhoff situm* (Westf. Ub. 6, Nr. 1118).
V. Zu erschließende Lage im Umfeld der Hofwüstung Dalhove im wahrscheinlichen Umfeld von Osterhahlen. Mit dem in der Quelle genannten Sumpf dürfte die Bastau-Niederung gemeint sein.
Literatur: Meineke [2]2016, S. 281 f.

Nordlothe.
I. Ortswüstung.
II. Stadt Petershagen.
III. *1252: *in villa Northlothe* (Calenberger Ub. 3, Nr. 160).
IV. Im Preußischen Urmesstischblatt nördlich von Lahde verzeichneter wüstungsweisender FlN „Auf den Höfen".
VI. Grabung „Kraftwerkssiedlung" (1950): DKZ 3619,0103; Funde 4./5. Jh.–15. Jh. (nach Meineke [2]2016, S. 258) sowie Hinweise auf Eisenverhüttung.
Literatur: Meineke [2]2016, S. 258 f.: Loh.

N.N. „Dreiers Burg".
I. Burg- oder Ortswüstung.
II. Stadt Petershagen.
IV. Wüstungsweisender FlN „Dreiers Burg" in der Deutschen Grundkarte.
V. Lage zwischen Frille und Lahde: Die Siedlungsstelle oder Burg liegt auf einem Terrassensporn westlich des Bachlaufs der Aue oberhalb des „Brook" und wird im Norden von der Niederungszone „die Masch", die sich von hier zur Weser erstreckt, begrenzt (siehe Preußisches Urmesstischblatt). Die topografische Situation spricht für eine Burgstelle.
VI. U. a. Keramikfunde des 10.–13. Jhs.; eine kaiserzeitliche Scherbe aus einem Brandhorizont; DKZ 3619,0060.

N.N. „Heiden-Kirchhof".
I. Wüstungscharakter unsicher.
II. Stadt Bad Oeynhausen.
IV./V. Im Preußischen Urmesstischblatt tritt in der Bauerschaft Werste zwischen den Ortsteilen „Das Kreutz" und Werste (Dorf) der möglicherweise wüstungsweisende FlN „Heiden-Kirchhof" auf. Im Kr. Paderborn tritt ein ähnlicher FlN „Heidenkirchhof" auf und überliefert dort die Ortsstelle Wichmodeberg (Bergmann 1989, S. 154 f. und S. 446, Karte 51).

N.N. „Huchzer Tannen".
I. Hofwüstung(?) im Umfeld der wüstungsresistenten Siedlung Huchzen.
II. Gemeinde Hüllhorst.
V./VI. In der Flur „Huchzer" Tannen (der Flurname konnte weder im Preußischen Urmesstischblatt noch in der Deutschen Grundkarte identifiziert werden) wurden in einer Böschung Keramiken des 12./13. Jhs. aufgelesen. Die Funde haben sich ehemals im Museum Bünde befunden (bzw. jetzt im Fundarchiv der LWL-Archäologie für Westfalen). Das Fundmaterial umfasst: Uneinheitlich gebrannte Irdenware mit granitischer Sandmagerung: eine WS: gerieft, eine WS.- Uneinheitlich gebrannte Irdenware mit feiner Sandmagerung: drei WS.- Graue schwach gebrannte Irdenware, gemagert mit Feinsand und geringem Grusanteil: eine RS: rundlich ausbiegender und schräg abgestrichener Stufenrand eines Kugeltopfes der Zeit um 1200 mit geriefter Halszone, eine WS (gerieft).- Graue mäßig grob gemagerte schwach gebrannte Irdenware: eine RS: ausbiegender Rand mit gekehlter, verdickter, schräg nach außen abgestrichener Randlippe, eine RS: rundlich ausbiegender Rand mit gekehlter, schräg nach außen abgestrichener Randlippe, eine RS: abgeknickt ausbiegender Rand mit gekehlter, schräg nach außen abgestrichener Randlippe.- Graue harte Irdenware, gemagert mit Feinsand und geringem Grusanteil): eine RS: rundlich ausbiegender Rand mit verdickter, gekehlter, schräg nach außen abgestrichener Randlippe und geriefter Halszone, eine RS: abgeknickt ausbiegender Rand mit gekehlter, verdickter, rund abgestrichener Randlippe und Riefung der Halszone.- Graue feingemagerte harte Irdenware: eine RS: Dornrand.- 2 Eisenschlacken.

N.N. „Kirchhof".
I. Wahrscheinliche Ortswüstung.
II. Stadt Minden.
IV./V. Auf der Ostseite der Weser verzeichnet das Preußische Urmesstischblatt den wüstungsweisenden FlN „Kirchhof". Das 0,9 km nordöstlich der Mindener Fischerstadt gelegenen Areal grenzt im Westen an einen fossilen Prallhang der Weser.
VI. DKZ 3719,0369.

N.N. „Mohlinghof".
I. Wüstungscharakter unklar (Hofwüstung?).
II. Stadt Porta Westfalica.
IV. Im Preußischen Urmesstischblatt besteht östlich von Nammen bzw. nordwestlich von Wülpke der FlN „Mohlinghof".
VI. Flurbereich 2016 zu etwa ½ bebaut (Industriegebiet); DKZ 3720,0041.

N.N. Petershagen-Ilse.
I. Ortswüstung.
II. Stadt Petershagen.
VI. Eisenzeitliche Keramik und Funde um 800/9. Jh. bis hohes Mittelalter; DKZ 3520,0120.
Literatur: Bérenger/Best 1992, Nr. 159, S. 213.

N.N. bei Schnathorst.
I. Wohl Fundniederschlag einer Hofwüstung.
II. Gemeinde Hüllhorst.
VI. Mehrphasige Fundstelle: endneolithische Funde sowie frühes Mittelalter (10. Jh.?) und 11. Jh.–14. Jh.; DKZ 3718,0099.
Literatur: Bergmann 1997a, S. 300.

N.N. Schwedenschanze/Buscher Schanzen (Abb. 28).
I. Burgwüstung, wohl mit Wirtschaftshof, in der Peripherie der

Streusiedlung „auf dem Limberge".
II. Stadt Preußisch Oldendorf.
III. Nach um 1460 entstandenen Angaben befinden sich im dortigen Kirchspiel Holthusen mehrere Befestigungen (*munitiones*), neben der Burg (*castrum*) *Lymberch* diejenige genannt *Pladise*, weiterhin diejenige van *Haren* und die *Nygenborch* (Mindener Geschichtsquellen 2, S. 28). Es ist unklar, ob eine der genannten Burgen auf die Schwedenschanze/Buscher Schanzen zu beziehen ist. Die Nennung eines Haupthofes (*curiam*) *Limberg* zum Jahr 1244 (Westf. Ub. 4, Nr. 337) bezieht sich wahrscheinlich nicht auf dieses Objekt sondern auf die benachbarte Burg Limberg.
IV. Im Preußischen Urmesstischblatt ist die Anlage als „Die Buscher Schanzen" bezeichnet.
V. Lage in einem Waldareal im Grenzbereich der Bauerschaften Börninghausen, Holthausen und Offelten.
VI. Herausragend gut erhaltene zweiteilige Spornburg des ca. 12./frühen 13. Jhs. mit einer wenig entfernten, an einem Quellenhorizont gelegenen, künstlich angelegten, wahrscheinlich mittelalterlichen Teichanlage (Abb. 28); DKZ 3717,0040.
Literatur: Schneider 1936, S. 80: Auf dem Limberge; Ellger 2007, S. 50 f.; Bergmann 2014b, S. 601 f. (mit Karte).

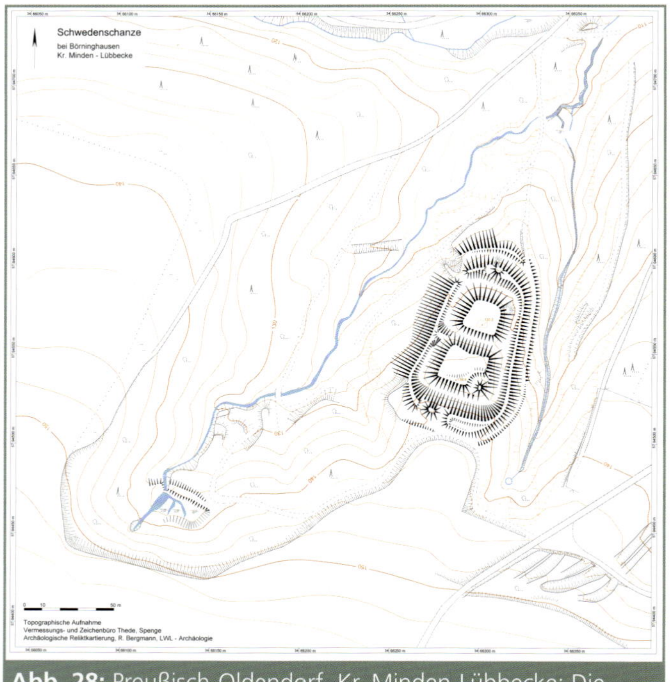

Abb. 28: Preußisch-Oldendorf, Kr. Minden-Lübbecke: Die hochmittelalterliche Spornburganlage N.N. Schwedenschanze/Buscher Schanzen (Vermessung/Kartografie: LWL-Archäologie für Westfalen, M. Thede)

N.N. „Stellerburg".
I. Wüstungsobjekt problematischer archäologischer Interpretation.
II. Stadt Rahden.
III. Wüst vor der Mitte des 18. Jhs.
IV. Im Preußischen Urmesstischblatt auftretender FlN „Die Steller Burg" (Pollmann 2009, Abb. 5).
V. Lage in der Niederung der Kleinen Aue südsüdöstlich von Rahden.
VI. Durchführung einer geomagnetischen Prospektion sowie Anlage von 2 Grabungsschnitten; Anlage quadratisch (50 m x 50 m) mit nachgewiesenem Pfahlverbau (der Zeit kurz nach 1500) auf der Innenseite der nördlichen Gräfte; nach Auffassung von H.-O. Pollmann ist der „Standort der mittelalterlichen Burg Stelle (...) wahrscheinlich etwas weiter nördlich zu suchen". Das Fundmaterial der Grabung umfasst hart gebrannte moderne Dachziegel, polychrom bemalte und glasierte Irdenware („Bauernkeramik"), Steingut des 19./20. Jhs. und Fragmente von modernem Glas sowie Tierknochenfunde, jedoch kein mittelalterliches Material; DKZ 3517,0031.
Literatur: Meineke ²2016, S. 359 f.; Pollmann 2009, S. 181–195.

N.N. „Vorwerk".
I. Hofwüstung?
II. Stadt Preußisch Oldendorf.
IV. 0,5 km ostnordöstlich der Burganlage N.N. „Schwedenschanze/Buscher Schanzen" verzeichnet die Deutsche Grundkarte oberhalb eines Dauerquellhorizonts den wüstungsweisenden FlN „Vorwerk".
VI. DKZ 3717,0178.

N.N. „Weckenborg".
I. Ortswüstung mit zerstörter Burganlage.
II. Stadt Petershagen.
V. Lage bei Döhren/Ilvese, Flur „Nordholz".
VI. Kaiserzeitliche Funde und Funde um 800/9.–14. Jh.; granitgrusgemagerte Keramik des Mittelalters teilweise durch ein Schadensfeuer? „aufgebläht" und porös; Nachweis von Muschelgruskeramik des 9. Jhs. und von gelb engobierter, rot-grau-kerniger, sandgemagerter Irdenware wohl des hohen Mittelalters; DKZ 3520,0091 und 3520,0091:A.
Literatur: Bérenger 1987, Nr. 320, S. 407.

Ochtersen.
I. Ortswüstung.
II. Stadt Petershagen.
III. *1184: *Ernestus et Johannes de Ochtersim* (Meineke ²2016, S. 309); 1213: *Outhirssin* (Westf. Ub. 6, Nr. 49); 1218–36: *Ochtersen* (Westf. Ub. 6, Nr. 78).
IV. Wüstungsweisende FlN „Im Öxter Felde"und „vor den Höfen": Wüstungslage in der direkt angrenzenden Flur „im Höfen" (Horstmann 1935, nach S. 72: Karte der Feldflur Wietersheim nach der Uraufnahme von 1828–30).
V. Lage ca. 1,2 km südlich von Wietersheim (Ortsmitte).
VII. Nach Horstmann (1935, S. 31, S. 49, S. 69 f.: „Oxen") ist die Wüstungsflur in die Flur von Wietersheim integriert worden.
VI. Siedlungskeramik vorgeschichtlich und 10.–13. Jh., Fibeln ab der 2. Hälfte des 9. Jhs./10. Jh., darunter zwei Kreuz-Emailscheibenfibeln, eine Lunulafibel und eine „Pferdchenfibel" (nach Angabe FuPuNet, Bearbeitung: J. Hallenkamp-Lumpe); DKZ 3619,0066.
Literatur: Schneider 1936, S. 102: Oexterhöfe; Meineke ²2016, S. 309 f.: Oex(t)erhöfe.

Öringsen.
Scheinwüstung.
II. Stadt Bad Oeynhausen.
III. *1260: *Oderi(n)ghusen* (Meineke ²2016, S. 315).
Literatur: Meineke ²2016, S. 315 f.: Öringsen.

Olderekeshusen.
I. Ortswüstung.
II. Gemeinde Stemwede.
III. *1286: *domus ... in Olderekeshusen sitam* (Westf. Ub. 6, Nr. 1349, Ortswüstung in der Urkundenrückschrift des 16. Jhs. auch

als *Oldessen* bezeichnet).
V. Lage im Umfeld des Stifts Levern; das im Urmesstischblatt südlich des Klosterdorfs verzeichnete „Oldendorper Bruch" könnte in einem Zusammenhang mit dieser Ortswüstung stehen.
Literatur: Schneider 1936, S. 102; Meineke [2]2016, S. 311 f.

Ostringehusen.
I. Ortswüstung.
II. Stadt Petershagen.
III. *1280: *agros ... in Ostringehusen incultos* (Westf. Ub. 6, Nr. 1200).
V. Lage bei Döhren und Büchenberg (südwestlich von Loccum/Niedersachsen).
Literatur: Horstmann 1935, S. 49; Schneider 1936, S. 104.

Raddesdorf.
I. Ortswüstung.
II. Stadt Petershagen?
III. *1121–1140: *donatione curtis in Ratherisdorfa* (Meineke [2]2016, S. 327).
V. Angenommene Lage zwischen Petershagen und Schlüsselburg, wüstungsweisende(r) FlN jedoch unbekannt; nicht auf der Wüstungs-Übersichtskarte des Kreises Minden-Lübbecke dargestellt.
Literatur: Meineke [2]2016, S. 327.

Reinenberge.
I. Höhenburg mit Burgkapelle, zugehöriger Mühle und Flurwüstung (hier kartiert als Flurwüstung).
II. Stadt Lübbecke.
III. Z. B. 1209–1236: *castrum Reinenberch* (Mindener Geschichtsquellen 1, Nr. 29, S. 173).
V. Nicht auf der Wüstungskarte des Kreises Minden-Lübbecke als solches erfasst, da als Höhenburg nicht in diesen Katalog gehörend.
VI. Burg: DKZ 3717,0015; benachbarte Wölbackerflur: DKZ 3717,0130 (= Flurwüstung).
Literatur: Mindener Geschichtsquellen 2, S. 26 f.: Reyneberch; Schüttler 1968a, S. 286 f.: Reineberg; Meineke [2]2016, S. 332–334: Reineberg.

Rofhagen.
I. Ortswüstung.
II. Stadt Rahden.
III. *1286: *unius domus dicte Rofhagen in parrochia Rodhe Mindensis dyocesis* (Osnabrücker Ub. 4, Nr. 189).
V. Angenommene Lage im Randbereich der Flur „Westerfeld" südwestlich von Rahden.
VI. Im Randbereich der Flur „Westerfeld" treten, zwischen dieser und dem Gut Hohenfelde, mehrfach Luftbildbefunde auf (u. a. DKZ 3517,0084), die nicht im Gelände überprüft sind und deren zeitliche Einordnung sich als schwierig erweist.
Literatur: Meineke [2]2016, S. 340 f.

Scapevelden.
I. Ortswüstung.
II. Stadt Petershagen.
III. *1097–1120: *in pago Scapevelden* (Westf. Ub. 1, Reg. 1282); 1200: Gerichtsort (Holscher 1877, S. 29 f.); 1233: *Scapevelde* (Westf. Ub. 6, Nr. 262).
IV. Wüstungsweisender FlN „das Schaffeld" unmittelbar östlich der Weser, weiterhin: „Schaffelder Kamp", „Schaffeldgärten" (Horstmann 1935, nach S. 72: Karte der Feldflur Wietersheim nach der Uraufnahme von 1828–30).
V. Nach Horstmann (1935, S. 31, 69) ist die Wüstungsflur in die Gemarkung Wietersheim integriert worden; Lage der wüstungsweisenden FlN 0,7–1,3 km südwestlich von Wietersheim.
VI. Funde: ein Steinbeil (jungneolithisch), eisenzeitliche und kaiserzeitliche (RKZ) Funde sowie solche um 800/9.–13. Jhs., darunter granitgrusgemagerte Standbodenkeramik, granitgrusgemagerte Irdenware mit mehrzeiligem Rautenrollstempeldekor, Muschelgruskeramik, eine Perle aus blauem Glas, ein Mahlsteinfragment (Läuferstein aus grobkörnigem Sandstein) und Schmiedeschlacke (Eisen); DKZ 3619,0071; Siedlungsstelle abgegraben (Auskiesung).
Literatur: Schneider 1936, S. 115: Schaffeld, VII. Meineke [2]2016, S. 346–348: Schaffeld.

Schnellingsen.
I. Wüstungsresistente ländliche Siedlung, im Preußischen Urmesstischblatt als Schnellingsen bezeichnet (Scheinwüstung).
Literatur: Meineke [2]2016, S. 352 f.: Schnedingsen.

Simeonsvorstadt.
I. Temporär wüste, in der Moderne wiederbesiedelte Vorstadt.
II. Stadt Minden.
III./V. Unmittelbar südlich der Mindener Altstadt vor dem Simeonstor gelegen; vor 1200 begründet und bis 1553 bestehend; militärische Folgenutzung seit 1815.
VI. Weitgehend überbaut.
Literatur: Horstmann 1935, S. 42; Kaspar/Schulte 1999, Tafel 3.

Spenthof.
I. Hofwüstung bzw. niedergelegter Hof am Nordende der ehemaligen Marienvorstadt.
II. Stadt Minden.
III. *Nach 1224: Bruno de Spenthovia (Westf. Ub. 6, Nr. 132); 1624 wüstgelegt.
V. Lage vor dem Marientor im Norden von Minden.
VI. Überbaut.
Literatur: Mindener Geschichtsquellen 2, S. 43; Meineke [2]2016, S. 358: Spenthof; Kaspar/Schulte 1999, Tafel 1: Spenthof.

Stelle.
I. Speichergräfte.
II. Stadt Rahden.
III. *1236: *proprietatem curie, que vocatur Stelle* (Westf. Ub. 6, Nr. 293).
V. Lage in der Niederung der Kleinen Aue ostsüdöstlich von Rahden.
VI. Luftbildbefund einer Speichergräfte mit drei konzentrischen Grabenbefunden, Durchmesser der Anlage um 100 m, innerer Ringgraben relativ breit, Mittel- und Außengraben relativ schmal (Quelle: FuPuDELOS der LWL-Archäologie für Westfalen, Luftbild B. Song (20130709_3740 bis 3752); Geoprospektion dieses Bereichs ohne(!) Befund; Objekt im Jahr 2020 als Speichergräfte interpretiert (Pollmann 2020, S. 178–182 und Abb. 1–3; DKZ 3517,0093.
Literatur: Meineke [2]2016, S. 359 f.

Todtenhausen.
I. Partielle Ortswüstung.
II. Stadt Minden.
III. *Z. J. 1215: *ad nemorem Vorenhagen ad villam olim Todenhusen* (Mindener Geschichtsquellen 1, Nr. 29, S. 173).

V. Die Fundfläche liegt am Ostrand der lockeren Streusiedlung Todtenhausen wenig westlich der Weser.
VI. Funde der römischen Kaiserzeit und des 9.–12./13. Jhs.; DKZ 3619,046; aus nahebei gelegenem Fundbereich DKZ 3619,0207 eine Zellenemailscheibenfibel mit Kreuzmotiv.
Literatur: Best 1997a, Nr. 294, S. 301; Meineke [2]2016, S. 367–369.

Utzenburg (Abb. 29).
I. Burgwüstung mit zugehörigem wüstem Haupthof.
II. Stadt Petershagen.
III. *1153–1170: *in Utzenburg VI mansos* (Mindener Geschichtsquellen 1, Nr. 25, S. 158); Burg ehemals im Besitz des letztmalig 1167 bezeugten Edelherren Mirabilis befindlich (Best 2009b, S. 117); 1295: Verkauf des Haupthofes des Bischofs von Minden (*Curiam nostram*) *Vtzeneborg* mit zugehörigen Fischereirechten *(piscationibus)* und Mühlen(?) an das Kloster Loccum (Westf. Ub. 6, Nr. 1554; Calenberger Ub. 3, Nr. 513a), 1295: *in campo castri Uthenborch* (Westf. Ub. 6, Nr. 1556).
V. Lage bei Döhren bzw. nördlich von Bickbeeren; Burg noch auf einer frühneuzeitlichen Karte verzeichnet.
VI. Burganlage eingeebnet; Keramikfunde des 11./12.–13. Jhs.: Uneinheitlich gebrannte granitgrusgemagerte Irdenware (Magerung: Granitgrus mit erheblichem Sandanteil): eine RS: rundlich ausbiegender Rand mit verdickter und sich zum Rand verjüngender, zipfelig abgestrichener Randlippe, ein Fgm. einer gekehlten RS, 7 WS.-Uneinheitlich gebrannte Irdenware mit feiner Sandmagerung: eine WS.-Gelbe mäßig grob gemagerte harte Irdenware: eine BS: auf der Außenseite gekehlter Grapenfuß.-Rote fein gemagerte harte Irdenware: ein Grapenfuß.-Rot-braune rauwandige Drehscheibenware (Magerung: Sande bis um 1 mm Korngröße): eine WS.-Graue fein gemagerte schwach gebrannte Irdenware: ein Bandhenkel mit breiter Mittellängskehlung, 4 WS.-Graue fein gemagerte harte Irdenware: eine BS: auf der Innenseite gekehlter Grapenfuß, 4 WS.-Graue mäßig grob gemagerte harte Irdenware: eine WS: gerieft. – Funde von zwei Nabenemailscheibenfibeln (Augenfibeln) des 10./11. Jhs. und von einem gegossenen, bronzenen, kleinen Kruzifix (Best 2009b, S. 117 und S. 120, Abb. 2). Aus dem südlichen Umfeld der Burganlage stammt eine durchbrochene Zierscheibe (Abb. 29) des 12./13.? Jhs. mit einer wahrscheinlichen Pfauendarstellung (Cu-Legierung, getrieben bzw. geprägt: Vogelkopf und -brust hohl herausgepresst, Vergoldungsreste, Dm. 3,19–3,31 cm, Breite des ringförmigen Rahmens um 0,3 cm, St. im Brustbereich des Vogels: 0,48 cm und im Kopfbereich 0,46 cm, St. ansonsten 0,16 cm, Patina: Taf. 25 B 4 [= graugrün] bzw. nach Ablösung der eigentlichen Patina: Taf. 8 F 3 [= graubraun], auf der Rückseite mittelgraue [Taf. E 1] Weichlotflecken am oberen wie auch unteren Rand [jedoch nicht in horizontaler Anordnung auftretend wie bei einer Fibel], Gewicht 6,4 g). Der Vogelkopf ist in der Seitenansicht mit Blickrichtung nach rechts dargestellt und das Auge durch Gravur hervorgehoben, ebenso wie das Halsgefieder. Oberhalb des Kopfes ist eine Bekrönung dargestellt (daher Verdacht auf eine Pfauendarstellung). Die beiden ausgebreiteten Flügel sind durch 5 bzw. 3 Gravuren (mit teilweise erkennbarem Tremolierstich) längs gegliedert. An den Flügelpaaren und der Brust setzen volutenartige Ausläufer an, die sich bis zum Motivrahmen erstrecken. Ähnliche Fortsätze verbinden den Kopf/Schnabel mit den Flügeln bzw. der Krone. Die Randzone (Rahmen) der qualitätsvollen Handwerksarbeit ist durch eine in deren Mittenbereich verlaufende, flache, gravierte Rinne verziert; DKZ 3520,0010, 3520,0091 und 0091:A; 250 m nordwestlich der Utzenburg tritt westlich der Straße „Hungerkamp" im Umfeld

Abb. 29: Petershagen-Dören, Kr. Minden-Lübbecke: „Pfauen"beschlag aus dem Umfeld der Burgwüstung Utzenburg (Foto: LWL-Archäologie für Westfalen, S. Brentführer)

eines Hofes eine „vermischte" Fundstelle (DKZ 3520,0008) auf. Diese enthält Keramik der älteren Eisenzeit, eventuell auch des 4./5. Jhs. n. Chr.: (insgesamt 37 RS, ein Standboden) sowie mittelalterliche Keramik des 9. Jhs., hohen Mittelalters und 13. Jhs. (insgesamt 15 S, darunter eine RS eines frühen Kugeltopfes aus uneinheitlich gebrannter Irdenware mit granitischer Sandmagerung und schwach ausladender, rund abgestrichener Randlippe).
Literatur: Schneider 1936, S. 130, Bérenger 1988a, Nr. 251, S. 696; Kühlborn 1989, S. 20, Abb. 19; Meineke [2]2016, S. 372.

Verstinchusen.
I. Ortswüstung.
II. Bad Oeynhausen.
III. *Ende 12. Jh.: *Vernistinchuson* (CTW 4, S. 23); 1379: *Lochof in Verstinchusen in par. Volmerinchusen* (CTW 4, S. 206).
V. Lage im mittelalterlichen Kirchspiel Volmerdingsen; wahrscheinlich nicht in einem Zusammenhang damit stehend ist die Kleinsiedlung Lohhof östlich von Oberlübbe (Gemeinde Hille) bzw. nordnordwestlich von Volmerdingsen.
Literatur: Meineke [2]2016, S. 379.

Vorenhagen,
I. Angeblicher ursprünglicher Standort eines später nach Mariensee verlegten Benediktinerinnenklosters.
II. Stadt Minden?
III.* Z. J. 1215; 1209–1236: *ad nemorem Vorenhagen ad villam olim Todenhusen* (Mindener Geschichtsquellen 1, Nr. 29, S. 173).
V. Lage des Waldes Vorenhagen nahe Todtenhausen.
Literatur: Horstmann 1935, S. 49 f.; bei Meineke ([2]2016) nicht aufgeführt.

Walstorpe.
I. Ortswüstung.
II. Stadt Petershagen.
III. *1167: in Walestorpe II mansos (Meineke [2]2016, S. 385); 1297: Hof von drei Hufen Umfang in Walstorpe (Westf. Ub. 6, Nr. 1588).
V. Angenommene Lage im Umfeld von Döhren.
Literatur: Schneider 1936, S. 135: Walstorp; Meineke [2]2016, S. 385: Walstorp.

Walven.
I. Ortswüstung.
II. Stadt Minden.
III. *1025: Welvon (Westf. Ub. 1, Reg. 945); 1296: Hufen ... in campo Walven (Westf. Ub. 6, Nr. 1576), 1354 Femgericht (Vemeding) *ante villam Walven prope Mindam* (Holscher 1877, S. 72).
IV./V. Lage am „Walverteich" bzw. im Ortsbereich von Wallfahrtsteich 2,9 km nördlich von Minden im Ortsteil Eickhoff.
VI. Ortsstelle partiell überbaut (aufgelockerte Wohnbebauung); Funde 10.–15. Jh. im Museum Minden; weitere Funde im Fundarchiv der LWL-Archäologie für Westfalen aus 1957 erfolgtem Wohngebäudeneubau: Muschelgruskeramik (wohl des 9. Jhs.): eine WS; Keramik prähistorischer Machart: eine RS einer Schale mit ausladendem, rundlich abgestrichenem Rand; DKZ 3619,0004.
Literatur: Horstmann 1935, S. 41, Nr. 9; Schneider 1936, S. 136: Walven und S. 138: Welvon; Meineke [2]2016, S. 385–388.

Wanderdesowe (vgl. Dombrede)
I. Ortswüstung.
II. Stadt Minden.
III. *1248: *proprietatem dimidii mansi cuiusdam siti in villa Wanderdesowe cum (duabus) areis ad illum dimidium mansum pertinentibus* (Westf. Ub. 6, Nr. 496),
V. Lage im Raum Minden östlich der Weser (ausführliche Erörterung zur Lage siehe Westf. Ub. 6, S. 142).
Literatur: Horstmann 1935, S. 37, Nr. 1, 2.

Wellinghausen.
I. Ortswüstung.
II. Stadt Minden ?
III./V. *1562 in der Grenzbeschreibung des Gogerichts auf der Weserbrücke genannt und in der Quelle zwischen +Diedinghausen (siehe +Didingohusen) und Aminghausen angeführt. Nach anderer Angabe lagen die „bona desolata in Welmhusen" nahe des Südbruchs (*Zutbrock*).
Literatur: Horstmann 1935, S. 49.

Werther.
I. Klosterwüstung.
II. Stadt Minden.
III. *Z. J. 1042: *extra muros in insula prope civitatem Mindensem* (Mindener Geschichtsquellen 1, S. 45, Anm. a); vor 1204: *abbati sancti Mauritii in Werther de Minda* (Westf. Ub. 6, Nr. 13); 1270: *abbatis Gerlaci sancti Mauricii in Insula prope Minden* (Westf. Ub. 4, Nr. 1210).
IV./V. Nach Meineke befand sich das „Kloster St. Mauritz auf einer leichten Geländeerhebung bei Minden [und] wurde wegen zunehmender Hochwassergefahr 1434 auf die linke Weserseite neben die Simeonskirche in Minden verlegt. Das Gelände des ehemaligen Werder liegt heute im überbauten Bahnhofsbereich". Das Preußische Urmesstischblatt verzeichnet auf der Ostseite der Weser zweimal den FlN „Werder" und zwar 0,35 km südlich der Befestigungswerke des „Brückenkopfs" Minden sowie 0,5 km nordnordöstlich dieses Brückenkopfs.
VI. Das südliche Werder (= DKZ 3719,0368) ist unbebaut; das Nördliche ist partiell durch den Bau des Alten Weserhafen gestört.
Literatur: Meineke [2]2016, S. 396–398: Werder.

Werthere.
I. Wüstungscharakter unsicher, Ortswüstung?
II. Stadt Petershagen.
III. *1246: *bona ... in Werthere* (Westf. Ub. 6, Nr. 463).
V. Lage zwischen Heimsen und Schlüsselburg; mit *Werthere* dürfte eine in der Weser gelegene Flussinsel bezeichnet worden sein.
Literatur: Horstmann 1935, S. 49; Schneider 1936, S. 139; Meineke [2]2016, S. 400 f.: Werther.

Westenhem.
I. Ortswüstung.
II. Stadt Porta Westfalica.
III. *Um 1180: *de Barchusen et Westenhem* (Mindener Geschichtsquellen 1, Nr. 17, S. 4); 1233: Westeheym (Westf. Ub. 6, Nr. 266).
V. Lage nach Angabe Meineke ca. 5 km südlich von Minden bei Hausberge.
Literatur: Schneider 1936, S. 141: Westheim; Meineke [2]2016, S. 401: Westheim.

Wester Eisbergen (Abb. 30).
I. Partielle Ortswüstung mit wüstungsresistenter Mühle (DKZ 3719,0366) am Twiesbach.
II. Stadt Porta Westfalica.
III. *Um 1260: *de Westereyseberge(n)* (Landesarchiv NRW, Abt. Westfalen [Münster], Mscr. VII 2605 fol. 26 r., zit. n. Meineke [2]2016, S. 124),
IV. Auf einer Karte des Raumes Eisbergen von 1742 (Landesarchiv NRW, Abt. Westfalen [Münster], Karten A 21459; Druck: Pollmann 2016, S. 102, Abb. 4) ist westlich von *Eißbergen* eine isolierte Mühle und unmittelbar nordöstlich dieser eine Flur mit dem wüstungsweisenden FlN „der alte Kirchhoff" eingetragen, weiterhin besteht eine mündliche Tradition zu einem Ort „Alt Eisbergen", welcher von Holscher mit „Westereissberg" identifiziert wird (Abb. 30).
VI. Wahrscheinlicher mitelalterlicher Ortsbereich: DKZ 3719,0367.
Literatur: Holscher 1877, S. 62; Meineke [2]2016: Eisbergen, S. 123–126 bzw. Westereisbergen, S. 124–126; Pollmann 2016, S. 99–102.

Wichhusen.
I. partielle Ortswüstung.
II. Gemeinde Stemwede.
III. *1223: in parrochia Dilingen in Wichusen (Osnabrücker Urkundenbuch 2, Nr. 173); 1299: *domum in Wichhusen juxta Dilingen* (Westf. Ub. 6, Nr. 1631, Diepholzer Ub. 1, Nr. 10).
IV./V. Zwischen Dielingen und Haldem verläuft der heutige „Dielinger Weg" in Nord-Süd Richtung. Westlich von ihm liegt der „Meyerhof" (DKZ 3516,0089) als Restsiedlung von Wichusen. Im Fundpunktnetz FuPuDELOS der LWL-Archäologie wird die Annahme geäußert, der Althof sei aus einem Adelssitz hervorgegangen. Im digitalen Geländemodell zeigen sich in dem kleineren Waldgelände östlich des Meyerhofs neben Wölbäckern auffällige Strukturen, die im Gelände noch nicht auf ihre Aussagefähigkeit überprüft sind.
Literatur: Schneider 1936, S. 143; Meineke [2]2016, S. 403 f.: Wichhausen, Meyer zu.

Wicwerdere.
I. Ortswüstung.
II. Stadt Petershagen.
III. *1310: habent insula(m) Wicwerdere apud Bocholte, ibidem novale, ibidem in villa decimam minorem (Meineke [2]2016, S. 396).
V. Nordöstlich von Buchholz tritt in der modernen Grundkarte unmittelbar westlich der Weser der FlN „Werder" auf, der

Abb. 30: Porta Westfalica-Eisbergen: Ehemals zu +Wester Eisbergen gehörende wüstungsresistente Mühle zwischen Veltheim und (Ost-) Eißbergen und auf die Lage von Wester Eisbergen verweisender Flurname „Der alte Kirchhoff" (Quelle: Landesarchiv NRW, Abt. Westfalen, Archivsignatur W 051/Karten A Nr. 21459, Ausschnitt)

auf eine ehemalige Insel in der Weser verweist. Aufgrund der geomorphologischen Situation ist davon auszugehen, dass dieses Werder im Einmündungsbereich der Gehle in die Weser ursprünglich eine erheblich größere Ausdehnung besessen hat als der Gültigkeitsbereich des modernen FlN erkennen lässt. Wicwerdere liegt weseraufwärts von Werthere (siehe dort).
Literatur: Meineke ^{2}2016, S. 396.

Wittekindsberg, -burg.
I. Klosterwüstung; Kloster innerhalb einer älteren Burganlage Wedegenburg erbaut.
II. Stadt Minden/Stadt Porta Westfalica.
III. *996–1002/1009: *Hic monasterium a predecessore suo in monte Wedegonis constructum ... ad civitatem Mindensem ... transtulit et fundavit* (Mindener Geschichtsquellen 1, S. 43, Nr. 13); *Iste monasterium a praedecessore suo, scilicet Milone initiatum in monte Wedigonis ad civitatem Mindensem, ad locum optimum et amoenum transtulit* (Mindener Geschichtsquellen 1, Nr. 13, S. 125); potentielle Errichtung des ursprünglich auf dem Wittekindsberg errichteten und dann nach Minden verlegten Klosters nach Rüthing (2008, S. 12 f.) vor 993 einsetzend.
V. Lage südlich von Barkhausen auf dem Kamm des Wiehengebirges.
VI. In der 2. Hälfte des 9. Jhs. wiederbesiedelt Burganlage (deren Ursprung im 2./3. Jh. v. Chr. liegt); Reste eines vorromanischen kreuzförmigen Zentralbaus der Zeit um 1000 mit fünf älteren christlichen Bestattungen: Der Standort des Klosters wird möglicherweise durch die 1224 ersterwähnte spätromanische Margarethenkapelle überliefert; DKZ 3719,0057:A und /:B.
Literatur: Schneider 1936, S. 94 und S. 145: Minden: Wittekindsburg; Rüthing 2008, insbes. S. 12–39: umfangreiche monografische Darstellung zum Wittekindsberg; Best 2009a, S. 155–157; Best 2009b, S. 118 f. und S. 121: Abb. 3; Meineke ^{2}2016, S. 407–409; Plöger ^{3}2018.

Wurdinchusen.
I. Wahrscheinliche Ortsnamenwüstung (Scheinwüstung).
II. Gemeinde Hüllhorst.
III. *1251: Albertus de Wrdinchusen (Osnabrücker Ub. 3, Nr. 14).
V. In der ausgedehnten „Oberbauerschaft" westlich von Hüllhorst besteht im Preußischen Urmesstischblatt eine stark verdichtete Streusiedlungslandschaft. Meineke identifiziert Wurdinchusen mit dem benachbarten heutigen „Oberhöfen" bei Beendorf.
VII. Meineke ^{2}2016, S. 304–306: Oberhöfen.

10.2 Wüstungen im Kreis Lippe (Abb. 31)

Der in seinen Kleinregionen unterschiedlich stark von der spätmittelalterlichen Wüstungsbildung betroffene Kr. Lippe schiebt sich räumlich zwischen die wüstungsintensiven Kreise Paderborn und Höxter im Süden und den deutlich weniger stark betroffenen Kreis Minden-Lübbecke im Norden. Der Verdienst, den aus den Altkreisen Detmold und Lemgo gebildeten Kreis erstmals zusammenfassend behandelt zu haben, kommt W. Gerking zu, der im Jahr 1986 zunächst das Kommunalgebiet Lügde im lippischen Südosten bearbeitet hatte. Die Ergebnisse dieser Vorstudie waren derartig vielverssprechend, dass der Autor nachfolgend an eine Gesamtdarstellung herangehen und diese 1995 mit Hilfe der Altertumskommission für Westfalen veröffentlichen konnte. Das ausgedehnte Kreisgebiet in seiner Gesamtheit archäologisch prospektieren zu können, hat sich als nicht möglich erwiesen und so haben sich die Feldarbeiten, abgesehen von dem bereits benannten Raum um Lügde, auf die Städte Barntrup und Schieder beschränken müssen. Räumlich gewinnt die Arbeit damit den Anschluss an den von H. G. Stephan bearbeiteten Altkreis Höxter (Bergmann 2021b, S. 258–263). Für die von Gerking nicht prospektierten Bereiche des Lipperlandes bietet der von ihm veröffentlichte Wüstungskatalog eine Zusammenstellung von Lokalisationshinweisen und historischer Quellen, dessen historische Quellenarbeit auf der alten Edition der Lippischen Regesten basiert. Eine Neubearbeitung dieser Geschichtsquellen durch H.-P Wehlt erfolgte 1989–1997 und konnte nicht berücksichtigt werden. Gleiches gilt für 1982/1992 erfolgte neue Edition der Corveyer Traditionen (1982/1992), deren Ergebnisse nicht in den Wüstungskatalog eingearbeitet worden ist. Bereits vor der Veröffentlichung Gerkings (1995) sind lippische Stadtfeldmarken unter dem Gesichtspunkt der Wüstungsbildung untersucht worden, so Detmold 1952 durch H. Stöwer und die Hansestadt Lemgo 1990 ebenfalls durch diesen. Stöwer hat sich als Historiker eingehend mit dem Problem der Besiedlungsdauer der Ortswüstungen in der Lemgoer Feldmark befasst wie auch wichtige grundherrschaftliche Zusammenhänge beim Vorgang der Entsiedlung erkannt und nachgewiesen. Der hier vorgestellte Wüstungskatalog zum Kreis Lippe umfasst 152 Objekte. Unter diesen befinden sich 119 Ortswüstungen (darunter 7 Kirchortwüstungen und wüste Kapellenorte), 5 partielle Ortswüstungen, 6 Hofwüstungen, 1 Burgwüstung, 1 Klosterwüstung und 25 von der Typisierung schwer einordnungsfähige Objekte.

Nach dem Ausweis der Prospektionsfunde von Wüstungen reicht die mittelalterliche Besiedlung des Lippischen Berglandes in die Zeit vor 800 n. Chr. zurück. Kumpfkeramik liegt von Orten mit schwer deutbarem Namen, z. B. von +Alt Lügde bei Lügde, vor. Die Masse der prospektierten aufgegebenen ländlichen Siedlungen des Mittelalters ist jedoch nach dem archäologischen Befund erst im 9./10. Jh. entstanden. Dieser Phase gehören u. a. die regional zahlreich entstandenen -trup und -husen Orte an. Im Hochmittelalter kam es während der Phase der Binnenkolonisation zu ausgedehnten Waldrodungen und der Herausbildung eines besonderen Typs der Rodungsorte, mit Hägerrecht versehenen einzeiligen Hägerhufensiedlungen. Siedlungsgeografisch lassen sich diese im heutigen Kartenbild als einfache Reihensiedlungen identifizieren, bei denen sich das ursprünglich zugemessene Hufenland z. B. näherungsweise rechtwinklig von der Höfereihe in das Umland erstreckt hat. Nördlich von Detmold wurden Lücken zwischen den noch heute bestehenden Höfen derartiger Hägerorte gezielt prospektiert und in diesen Lücken Hofwüstungen nachgewiesen (Abb. 33). Das Fundmaterial aus diesen Arealen zeigt, dass die Entstehung lippischer Hägerhufensiedlungen in der 2. Hälfte des 12. Jhs. erfolgt ist.

Das Lipperland weist mehrere Objekte hervorgehobener Bedeutung auf. Bereits gegen Ende des 19. Jhs. hat ein ausgeprägtes historisches Interesse dazu geführt, dass innerhalb des Königshofes in Schieder erste Ausgrabungen vorgenommen wurden. Innerhalb der mehrteiligen Wallanlage sind u. a. die Strukturen einer mehrphasigen Kirche aufgedeckt worden, deren Anfänge wahrscheinlich in ottonischer Zeit liegen und die im Jahr 1231 in den historischen Quellen bezeugt ist. Alt-Schieder war einst der Mittelpunkt eines weitläufigen Kirchspiels zu beiden Seiten der Emmer, dass in den Wirren der spätmittelalterlichen Wüstungsbildung untergegangenen ist. Gemutmaßt wurde, dass eine zeitliche Verbindung der Aufgabe von +Alt Schieder mit dem in der Emmeraue ergrabenen *oppidum* Barkhof bestanden hat. Da der Siedlungsraum Schieder erst in der 2. Hälfte des 14. Jhs. ein Opfer totaler Wüstungsvorgänge geworden ist, darf als sicher angenommen werden, dass die Kirchspielskirche bis in diese Zeitphase existiert hat. Insofern ist davon auszugehen, dass Alt Schieder und Barkhof im Spätmittelalter gleichzeitig existent gewesen sind.

Von den Wüstungsgrabungen des Lippischen Landesmuseums besitzt diejenige im Bereich des heutigen Emmerstausees bei Schieder die wohl größte Bedeutung (Hohenschwert 1980, S. 48–50; Hohenschwert 1984, S. 111–121; Hohenschwert 1990, S. 304–311; Treude 2018, S. 48–59). Die ergrabene, unbefestigte Siedlung Barkhof lag auf einem Werder der Emmer. Sie war so bedeutend, dass sie 1302 als *oppidum* bezeichnet worden ist. Im Verlauf der Grabungsarbeiten erwies sich, dass die Siedlungsschichten in einer Stärke von 1–2 m vom jüngeren Auenlehm bzw. Schwemmsedimenten überdeckt wurden. Bis in das 14. Jh. war der Standort hochwasserfrei. Nachgewiesen worden ist eine Handwerkersiedlung der 2. Hälfte des 13. Jhs. bis um 1400 (Halle 1992, S. 89) mit Eisenverhüttung und -verarbeitung, Keramikproduktion, Glaserzeugung und der Herstellung von Brandkalk. Eine Flachsrötte oder Gerbergrube verweist auf eine anzunehmende Textil- oder Lederproduktion. Die zahlreich nachgewiesenen Gebäude, darunter kleinere Grubenhäuser, Wohn- und Werkstattgebäude, Speicher und offene Schuppen waren durch befestigte Wegeflächen bzw. ein planmäßig angelegtes Wegesystem miteinander und durch Brücken oder eine befestigte Furt mit dem Umland verbunden. Charakteristisch für die Siedlung waren 8–10 m lange und 4–5 m breite Handwerkerhäuser. Der Großteil der Ständer- wie auch Schwellbalkenbauten war in ausschließlicher Holzbauweise errichtet. Das Vorhandensein von älteren in Holzbauweise errichteten Brunnen und jüngeren, z. B. auf in Sekundärnutzung verwendeten hölzernen Felgen errichteten Röhrenbrunnen aus Stein spricht für eine längere Bestehenszeit des Ortes, dessen Aufgabe in einem Zusammenhang mit der Eversteinischen Fehde (1404–1407) gesehen wird.

Weiter flussabwärts der Emmer begegnet innerhalb des altbesiedelten Pyrmonter Talbeckens mit drei Orten namens „Lügde" ein auffälliges Siedlungsphämomen. Das im Oldenlüder Feld gelegene Alt Lügde, eine Ortswüstung, ist im 14. Jh. in einem wahrscheinlichen Zusammenhang zu der frühen Entwicklungsphase der auf der anderen Seite der Emmer planmäßig angelegten Stadt Lügde stehend aufgelassen worden. Vor den Toren der Stadt befindet sich die seit der Neuzeit isoliert dastehende Kilianskirche. Sie und der den romanischen Kirchenbau umgebende Friedhof nimmt eine oberhalb der Emmer gelegene Hoch-

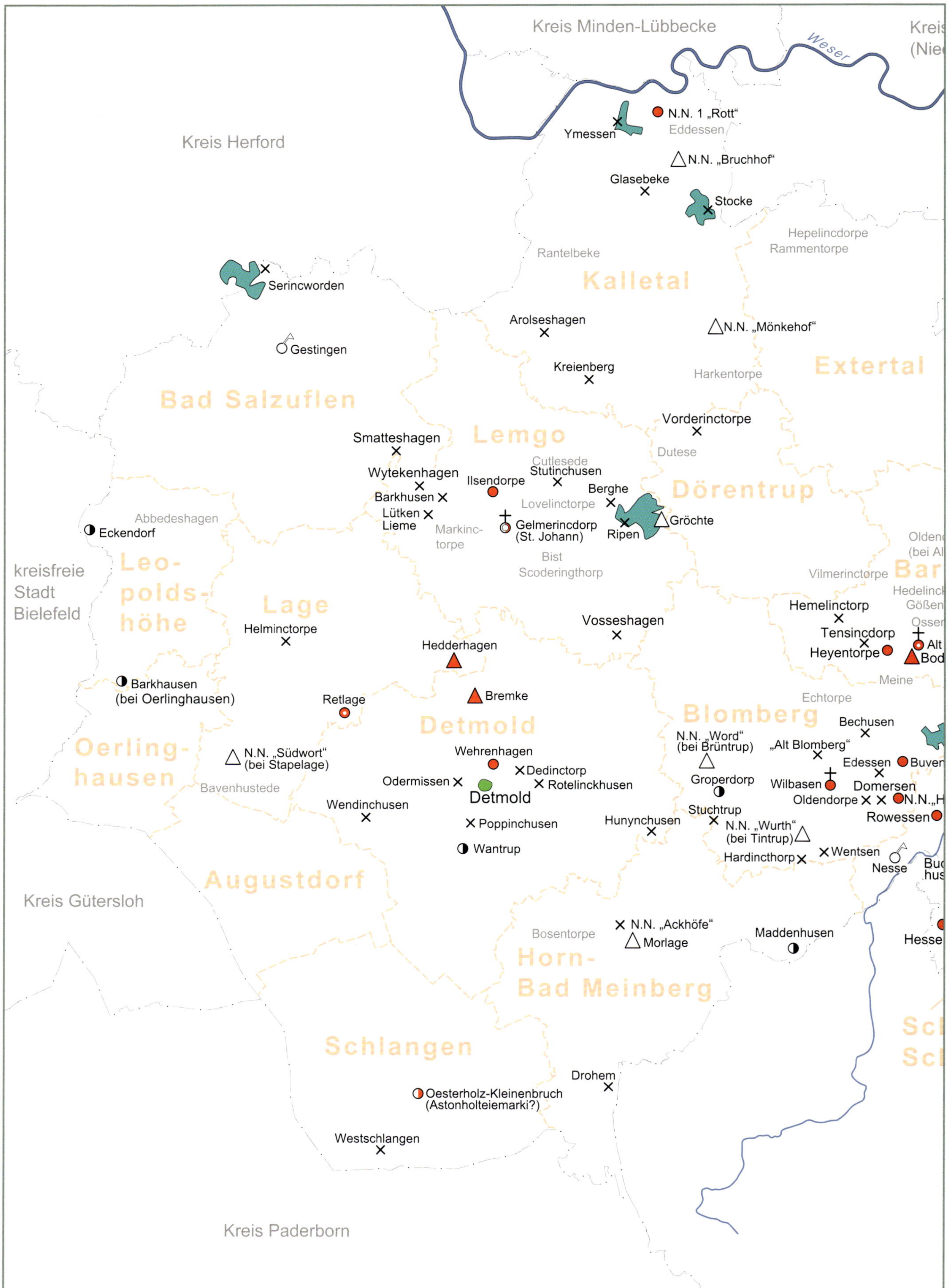

Abb. 31: Wüstungen im Kreis Lippe (Entwurf: LWL-Archäologie für Westfalen, R. Bergmann, Kartografie M. Thede, Arbeitsstand:

Februar 2021) [Übersichtskarte]

terrasse ein und war der Mittelpunkt des einstigen Kirchdorfes Lügde, dessen Hofstellen (*Worthen*) flussnah an der Emmer lagen. Hier und nicht etwa in dem ländlichen Ort +Alt Lügde ist der Überwinterungort des Heeres Karls des Großen während der Sachsenkriege anzunehmen. Eine weitere Kirchortwüstung ist die „Alte Kirche" im Jacobigrund des Schwalenberger Waldes, die möglicherwiese mit einer 1231 bezeugten Kirche in [+]Burghagen zu identifizieren ist. Von Laienforschern ausgegraben, gleicht deren Areal heute einem Trümmerschuttfeld. Funde belegen ein Bestehen der Kirchensiedlung zumindest für das 12./13. Jh.

Ein sichtbares Zeichen der spätmittelalterlichen Wüstungsbildung ist die im Osten der Lemgoer Stadtfeldmark im dortigen Stadtwald großflächig erhaltene Wölbackerflur, die fast ausschließlich aus Nord-Süd gerichtet verlaufenden Ackerbeeten besteht (Abb. 40). Die Reliktflur, innerhalb derer der „Rieper Turm" des städtischen Landwehrsystems gelegen ist, kann der Ortswüstung Riepen zuzuordnet werden, deren genaue Verortung bislang nicht gelungen ist. Im digitalen Geländemodell (DGM) wird sichtbar, dass die fossile Ackerflur von Sieken und kleineren Erosionsrinnen unterbrochen ist, wobei sich Beetrücken teilweise verlaufsidentisch auf beiden Seiten der Unterbrechung fortsetzen. Es erscheint vielversprechend, in den lokalen Sieken geomorphologische oder sedimentgeologische Untersuchungen durchzuführen. Diese könnten Aufschluss über Klimaereignisse wie das katastrophale Hochflutereignis vom 22. Juli 1342 geben, bei dem das Wasser über die Lemgoer Stadtmauer schoss. Es ist davon auszugehen, dass dieses Magdalenenhochwasser zu einer Zerstörung der Ernten und zu einer immensen Bodenerosion bzw. -denudation geführt und den spätmittelalterlichen Entsiedlungsvorgang beeinflusst hat. - Weitere ausgedehnte, spätmittelalterlich entstandene Flurreliktsysteme befinden sich im Umfeld der Ortsstellen Stocke, Ymessen, Serincworden und im Blomberger Stadtwald. Infolge der exzessiven Wüstungsbildung entstanden im Raum Schieder ausgedehnte, geschlossene Buchenwälder, die ab der Mitte des 15. Jhs. für die Glaserzeugung genutzt wurden (Bergmann 2008a, S. 15–17). Bislang unbekannt war das ausgedehnte Gelände einer frühneuzeitlichen Doppel-Glashütte nahe einer Versickerungsstelle des Steinbachs im Schwalenberger Wald. Wie allenthalben in Westfalen setzt mit dem Beginn der Frühen Neuzeit auch in Lippe eine massive Wiederaufsiedlung ein. Die im lippischen Südosten neu entstehenden ländlichen Siedlungen lehnen sich tendenziell eher selten unmittelbar an aufgegebene Orte an. Eine Ausnahme bildet das mittelalterliche Elmerinchusen, das heutigen Elbrinxen, dessen Kirche den Wüstungsvorgang überdauerte und die der Kristallisationspunkt für das neu entstehende Haufendorf wurde.

Wüstungsliste Kreis Lippe

Abbedeshagen.
I. Ortswüstung.
II. Wahrscheinlich Stadt Bad Salzuflen oder Gemeinde Leopoldshöhe.
III. *1270: *mansum unum, qui Krummensick dicitur, in Abbedeshaghen situm, qui vulgariter Heghereshove dicitur*; Urkundenrückschrift von derselben Hand: *de bonis in Krummensick prope Ufelen* (Westf. Ub. 4, Nr. 1210).
V. Lage unbestimmt südlich von Salzuflen; eventuell nahe Leopoldshöhe-Schuckenbaum.
Literatur: Meineke 2010, S. 23.

Alberdinkthorp.
I. Ortswüstung.
II. Gemeinde Kalletal oder außerhalb des Kr. Lippe im benachbarten Niedersachsen.
III. *Ende 12. Jh.: *Adelelbernecthorp* (CTW 4, S. 26).
V. Lage: unbestimmt, möglicherweise zwischen Talle und Erder (Gemeinde Kalletal); nicht auf der Wüstungs-Übersichtskarte des Kreises Lippe dargestellt.
Literatur: Meineke 2010, S. 25 f.

Almeworthe.
I. Ortswüstung,
II. Möglicherweise Kr. Lippe.
V. „Lage: unbestimmt bei Schwalenberg oder Pyrmont, Kr. Hameln-Pyrmont (Niedersachsen). Ob die Wüstung überhaupt noch auf lippischem Gebiet lag, ist fraglich". Nicht auf Wüstungsübersichtskarte erfasst.
Literatur: Meineke 2010, S. 28 f.

Alt Barntrup.
I. Ortswüstung.
II. Stadt Barntrup,
III. *1036: *Bardincthorp* (Westf. Ub. 1, Cod. 127); 1231 Nennung Kirche (Ersterwähnungen nach Gerking; die Erwähnungen werden bei Meineke (2010, S. 48 f.) ausführlich diskutiert, die zu dem Schluss gelangt, dass eine sichere Erstnennung erst ab 1317 vorliegt (1317: *ecclesiam in Berrentorpe* [Westf. Ub. 9, Nr. 1613]).
IV. Wüstungsweisender FlN „Worte" in der Deutschen Grundkarte.
VI. Lesefunde 9./10. Jh.–14. Jh., Grabung Lippisches Landesmuseum Detmold; DKZ 4020,0063, Literatur: Gerking 1995, Nr. 2, S. 78–81, Abb. 10; Treude 1997b, S. 294; Meineke 2010, S. 48 f.: Barntrup.

Alt Blomberg.
I. Ortswüstung.
II. Stadt Blomberg; ländliche Vorgängersiedlung? der Stadt Blomberg.
III. *1473: *vp tem oldem Blomberghe* bzw. „auf dem alten Blomberg" (LRNF 1473.09.30).
VI. Kartografisch eindeutig fassbarer Flurbereich trotz intensiver Prospektion ohne Funde; Verdachtsfläche: DKZ 4020,0123.
Literatur: Gerking 1995, Nr. 3, S. 78 f. und S. 81 und Karte 1; Meineke 2010, S. 83 f.: +Blomberg, Alt, vgl. auch hier: Oldendorpe (bei Blomberg).

Alt Lemgo, St. Johann und **Gelmerinctorp**.
I. Kirchortwüstung.
II. Stadt Lemgo.
III. *Ende 12. Jh.: *Gelmerincthorp* (CTW 4, S. 26); 1280: *Hof bynnen Lemege, de geheten is Grimerinkhof, unde is belegen vor sunte Iohannes Porten up de rechtern Hant* (Westf. Ub. 4, Nr. 1595: zu folgern ist, dass der wahrscheinlich mit Gelmerinctorp in Verbindung zu sehende *Grimerinkhof* 1280 von der Stadtmitte aus betrachtet vor dem Tor [innerhalb] der Stadt lag, wobei nicht völlig zweifesfrei auszuschließen ist, dass er ehemals [außerhalb] vor dem Tor lag); 1306: *principalem ecclesiam … sancti Johannis extra muros civitatis* (Westf. Ub. 9, Nr. 444).
V. Lage unmittelbar westlich der Altstadt Lemgo; möglicherweise gehört die außerhalb der Stadt gelegene ehemalige Pfarr- und Gokirche St. Johann Baptist *ante muros* zur Ortswüstung Gelmerinctorp; Holscher (1880, S. 5) weist sie hingegen dem

„Dorfe Lemgo" zu, „da sie bei Gründung der Stadt nicht in deren Ringmauer eingeschlossen wurde, und stets als *extra muros* bezeichnet wird".
VI. Kirche/Kirchengrabung/Friedhof (DKZ 3919,0039:036 und 0039:002); vermutete Vorgänger der Kirche ab dem 9. Jh.; Kirche St. Johann um 1240 in spätromanischen Formen erbaut; Kirche im Verlauf des 30jährigen Krieges 1638 bis auf den Kirchturm abgebrochen (Gaul/Korn 1983, S. 326–332; Walberg 1990, S. 106); Ortsstelle modern überbaut.
Literatur: Holscher 1880, S. 5–7 und S. 100 f.: Gogericht zu St. Johann vor Lemgo; Schüttler 1968b, S. 292 f.; Stöwer 1990, S. 90, S. 92 und S. 96; Gerking 1995, Nr. 37, S. 97; Meineke 2010, S. 171 f., Pollmann 2010, S. 57–99.

Alt Schieder.
I. Ortswüstung, mit Königshof der Karolingerzeit und Kirchspielskirche.
II. Stadt Schieder-Schwalenberg.
III. *822–876: *mansum I in pago Hwetigo super fluuium Embrine in uilla nuncupata Scitrai* (Mönchslisten Traditionen Corvey 1 und 2, Tr 4 und S. 71, siehe weiter: Tr 333 und S. 247); 889: *Schidara* (MGH DD Arn, Nr. 60, S. 88); ausführlich zur frühen Schriftüberlieferung von Schieder bzw. der Skidrioburg: Niederhöfer 2002, S. 103 f.; 1231 erstgenannte Kirchspielskirche; Kirche 1438 aufgelassen (Niederhöfer 2002, S. 105 f.).
VI. Innerhalb der mehrteiligen Wallburganlage 1899 und 1938 mit dem Ergebnis einer angenommenen Siedlungskontinuität vom 8./9. Jh. bis in das Spätmittelalter (erhaltene Funde jedoch vorwiegend 11.–Mitte 13. Jh.) vorgenommene Altgrabungen. Niederhöfer (2002, S. 143) zufolge kann die Hauptburg nicht in die Karolingerzeit datiert werden.Bei der in der Hauptburg nachgewiesenen Kirche handelt es sich um einen Saalbau von 15,7 m x 13,1 m Ausdehnung und 3,2 x 7 m messendem Chor. Im Norden ist ein Seitenschiff angefügt. Der im Grundriss 5 m x 7,6 m große Westturm ist mit Baunaht nachträglich an den Saalbau angebaut. Die Kirche St. Laurentius(?) entstammt wahrscheinlich der 2. Hälfte des 10. Jhs. Eine nachträgliche Einwölbung des Schiffs wie auch die Erweiterung um das nördliche Seitenschiff erfolgten mutmaßlich um die Mitte des 12. Jhs. Auf dem die Kirche umgebenden Friedhof wurden entlang der Fundamente 14 Bestattungen aufgedeckt; DKZ 4020,0004–0005: eingetragenes Bodendenkmal.
Literatur: Hohenschwert 1985d, S. 174–179; Gerking 1995, S. 54 und Nr. 4, S. 81 f. und Karte 2; Niederhöfer 2002, S. 93–147; Niederhöfer 2004; Niederhöfer 2009, S. 157–161; Best 2009b, S. 117 f.; Meineke 2010, S. 422–425: Schieder/+Schieder, Alt-; Bergmann 2021b, S. 260.

Arolseshagen.
I. Ortswüstung.
II. Gemeinde Kalletal.
III. *1331: *in Arolseshagen* (CTW 4, S. 110, Anm. c).
V. Lage: unbestimmt im Gebiet von Talle; nicht auf Wüstungskarte erfasst.
Literatur: Meineke 2010, S. 31 f.

Barkhausen (bei Oerlinghausen).
I. Ortswüstung bzw. partielle Ortswüstung (deren Restsiedlung das heutige Gut Niederbarkhausen [= DKZ 4018,0275] ist) mit wahrscheinlicher Mühlenwüstung.
II. Niederbarkhausen: Gemeinde Leopoldshöhe, weiterer anzunehmender Siedlungsbereich: Stadt Oerlinghausen?
III. *Z. J. 1036 (um 1165): Villikationshaupthof *Berghuson* (= Barkhausen) mit abhängigen Vorwerken in *Uralanchuson* (= Oerlinghausen), *Meginchuson* (= [+]Meginchuson [Lage unsicher, nicht: Menkhausen bei Schmallenberg, Hochsauerlandkreis], wie bei Berndt, S. 249, Anm. 940, vorgeschlagen), *Burghuson* (siehe hier: +Burghuson), *Hepin* (Bielefeld-Heepen) und *Ikamannincthorpe* (siehe hier: Eckendorf) (Vita Meinwerci [ed. Terstesse], Kap. 217, S. 181, Z. 9 f.; Vita Meinwerci [ed. Berndt], Kap. 215, S. 248, Z. 17 f); um 1210: *Barichusen super Synatha* (Einkünfteverzeichnis Busdorfstift, S. 334 und Anm. 156; *Synatha*= Senne).
V./VI. Südsüdöstlich des Guts Niederbarkhausen besteht am „Mühlenkamp" ein Teich (Lage in der Kommune Oerlinghausen) mit Sperrdamm, die auf eine ehemals hier existente Wassermühle (DKZ 4018,0276) hinweisen. Die anzunehmende Mühlenwüstung steht wahrscheinlich in einem Zusammenhang zu +Oberbarkhausen.
Literatur: Holscher 1880, S. 90 f.: Nieder-Barkhausen; Korn 1985a, S. 90 f.; Meineke 2010, S. 41 f.: Barkhausen, Nieder-.

Barkhove (Abb. 32).
I. Wüste Handwerkersiedlung; möglicherweise in den Kontext einer versuchten Stadtgründung einzuordnen (oppidum-Beleg!).
II. Stadt Schieder-Schwalenberg.
III. *1230: *Eckardus de Barichhove* (Westf. Ub. 4, Nr. 179); 1302: *in opido nostro Barchove* (Westf. Ub. 9, Nr. 101).
VI. Mehrjährige Grabung des Lippischen Landesmuseums; Siedlungsschichten von ausgeprägter Auelehmablagerung überdeckt; Eisengewinnung und -verarbeitung; Töpferei; Glashütte des 13. Jhs.; Siedlung im 14. und beginnenden 15. Jh. zweimal zerstört bzw. nach Zerstörung in der Eversteinischen Fehde (1404–1407) nicht wiederaufgebaut; Fund einer dreieckigen Schar eines Beetpfluges (Bergmann 1993a, Nr. 29, S. 181 f.); Fund einer eisernen Fessel mit Spreizfederschloss, Fund eines Hirschfängers mit fragmentarisch erhaltener Lederscheide und Beimesser (Hohenschwert 1990, Abb. S. 310); DKZ 4020,0028:L.
Literatur: Hohenschwert 1984, S. 111–121; Hohenschwert 1985b, S. 222, S. 223 (Karte), S. 224–226; Hohenschwert 1990, S. 304–311; Halle 1992; Gerking 1995, S. 82 f., Nr. 5; Meineke 2010, S. 45–48 (die dortige zusammenfassende Bemerkung, Barkhof sei mit dem frühen [1. Hälfte 9. Jh.] Beleg der *villa Scitrai* [= Schieder] zu verbinden, verhält sich entgegengesetzt zu

Abb. 32: Schieder-Schwalenberg, Kr. Lippe: Eiserner Spatenblatt-Randbeschlag zum Einlassen eines hölzernen Spatenblatts von der Ausgrabungsstelle +Barkhove (Foto: LWL-Archäologie für Westfalen, S. Brentführer)

den Ergebnissen der Grabungen des Lippischen Landesmuseums Detmold); Treude 2018, S. 48–59; Bergmann 2020, S. 133 f.; Bergmann 2021b, S. 260.

Barkhusen (bei Lemgo).
I. Ortswüstung.
II. Stadt Lemgo.
III. *Ende 12. Jh.: *Barghuson* (CTW 4, S. 37); 1271: *de manso de Barghusen, situ aput Lemego, quem nunc colit Gerlacus de Bilevelde, civis in Lemgo* (Stöwer 1990, S. 83).
V. „Lage: West[lich] von Lemgo im Bereich der Gemarkung *Feld zu Barkhausen* auf einem terrassenartig zur Ilse hin abflachenden Gelände, nordwestl[ich] der Wegekreuzung *Auf dem Rauhen Kamp* (Barkhauser Weg) und *Langer Grasweg*" (Meineke 2010, S. 43).
VI. Groblokalisation: DKZ 3919,0157.
Literatur: Stöwer 1990, S. 83 f. und S. 95; Gerking 1995, Nr. 6, S. 83 f.; Meineke 2010, S. 43 f.: Barkhausen.

Barntrup siehe Alt Barntrup.

Bavenhustede.
I. Hofwüstung?
II. Gemeinde Augustdorf oder Stadt Lage?
III. *1279: *Bavenhustede* (Westf. Ub. 3, Nr. 1061).
V. Lage im Umfeld des Meierhofes Stapellage (Stadt Lage) im Landschaftsraum der Senne oder des angrenzenden Bereichs des Lippischen Waldes; potentieller Bezug zum wüstungsweisenden FlN „Südwort" bei Stapelage.
Literatur: Gerking 1995, Nr. 7, S. 84; Meineke 2010, S. 50 f.

Bechusen.
I. Ortswüstung.
II. Stadt Blomberg.
III. Das in der Vita Meinwerki z. J. 1015–1036 genannte *predium in Bikihuson* läßt sich nur unsicher mit +Bechusen bei Blomberg verbinden. In den jüngsten Ausgaben der Vita wird es mit +Beckhausen südlich von Hameln (Kr. Hameln-Pyrmont, Niedersachsen) identifiziert (Vita Meinwerci [ed. Terstesse], Kap. 77, S. 75; Vita Meinwerci [ed. Berndt], Kap. 76, S. 136 f., Z. 20 f.); *1146: *Bekehuson* (Westf. Ub. 5, Nr. 54: *Bekehuson* ist hier zwischen *Deheim* (= +Drohem?) und *Habergo* angeführt).
V. Lage nördlich von Blomberg.
VI. Überbaut.
Literatur: Gerking 1995, Nr. 8, S. 84; Meineke 2010, S. 52 f.: Becksen.

Bennanhusen.
I. Ortswüstung.
II. Stadt Schieder-Schwalenberg.
III. Angesichts der Häufigkeit des Ortsnamens in Ostwestfalen und Südostniedersachen bestehen erhebliche Probleme einer quellenbezogenen Identifikation. Das in der Vita Meinwerci z. J. 1015–1036 (1024?) angeführte *Bennanhus* lässt sich z. B. nur unsicher auf die Ortswüstung bei Brakelsiek beziehen. In der Ausgabe Terstesse der Vita wird es auf „vielleicht Bensen östlich von Hessisch-Oldendorf" und in der Ausgabe Berndt potentiell z. B. auf „Bennanhusen (Bennhusen) bei Istrup (Kr. Höxter), Bennanhuson, wüst bei Pyrmont (Kr. Hameln-Pyrmont) aber auch Bensen (Bennanhusun) bei Einbeck (Kr. Northeim)" usw. bezogen (Vita Meinwerci [ed. Terstesse], Kap. 58, S. 69; Vita Meinwerci [ed. Berndt], Kap. 57, S. 128 f., Z. 25 und Anm. 365). Am ehesten lässt sich für das hier behandelte Bennanhusen der folgende Beleg heranziehen, der einen möglichen Raumbezug zum Wetigo herstellt: *z. J. 1031 (um 1165): *predia Bennanhusun ... sitis in pagis Wetiga et Tilithi* (Vita Meinwerci [ed. Terstesse], Kap. 207; Vita Meinwerci [ed. Berndt], Kap. 205, S. 234, Z. 11 f.). Aufgrund der relativ geringen Entfernung zu Sandebeck (Kr. Höxter), etwa 14 km, erscheint weiterhin ein Bezug der nachfolgenden Quelle auf die Ortswüstung bei Brakelsiek in Erwägung zu ziehen zu sein: z. J. 1031 (um 1165): als Zubehör des Haupthofes (*predium) Sannanabiki* (Sandebeck, Kr. Höxter) ist u. a. Besitz in *Bennanhusun* benannt, der von den Herausgebern der Vita allerdings auf eine 3 km westlich Blomberg (bei Istrup, Kr. Lippe) gelegene Ortswüstung *Bennanhusun* bezogen worden ist (Vita Meinwerci [ed. Terstesse], Kap. 208; Vita Meinwerci [ed. Berndt], Kap. 206, S. 235, Z. 21 f.). Anzuführen ist weiterhin eine Erwähnung aus dem Jahr 1031: *in istis villis ... Bennanhusun* (MGH DD KII, Nr. 171).
V. Lage westnordwestlich von Brakelsiek.
VI. Funde 9./10. Jh. – Ende 14. Jh.; Eisenverhüttung und -verarbeitung; DKZ 4120,0071:L.
Literatur: Gerking 1995, Nr. 9, S. 84 und Karte 3; Meineke 2010, S. 60 f.

Bennestorp.
I. Ortswüstung mit Mühle
II. Stadt Lügde?
III. *13. Jh.: *molendinum et decimam et areas Bennestorp* (Lehnsregister Driburg, Nr. 4, S. 360). Der Quellenbeleg kann wahrscheinlich mit dieser Ortswüstung verknüpft werden; vergleiche jedoch auch +Bentorp im Kr. Höxter.
IV. Wüstungsweisende FlN sind nicht benannt.
V. Lage westlich von Lügde?; nicht auf Wüstungskarte erfasst.
Literatur: Meineke 2010, S. 61 f.: Benstorff.

Berghe.
I. Ortswüstung.
II. Stadt Lemgo.
III. *1334: curia in Berghe bzw. Hof *in Berghe* (LRNF 1334.08.15).
IV. Kein wüstungsweisender FlN bekannt.
V. Mutmaßliche Lage im Bereich der Hasenbrede am Spiegelberg.
Literatur: Stöwer 1990, S. 86 f.; Gerking 1995, Nr. 10, S. 85; Meineke 2010, S. 66.

Berlincdorpe.
I. Ortswüstung.
II. Stadt Lügde?
III. *1358–1360: *Berlincdorpe* (LRNF 1358.00.00-1360.00.00).
V. Nicht auf der Wüstungs-Übersichtskarte des Kreises Lippe dargestellt.
Literatur: Gerking 1995, Nr. 11, S. 85; Meineke 2010, S. 68: Bernincthorp.

Bist.
I. Ortswüstung.
II. Stadt Lemgo.
III. *1173: *Bist* (Westf. Ub. 2, Reg. 1984, Cod. 362).
IV. Siedlung mutmaßlich nahe eines Freistuhlgerichts gelegen (FlN „Auf dem Freien Stuhle"); wüstungsweisender FlN „Biesterberg" in der Deutschen Grundkarte.
V. Lage des Bister Zehntgebiets südwestlich der Doppelstadt Lemgo; *Bisthover Teghede* 1450 ff. genannt (Stöwer 1990, S. 89).
VI. Grobverortung: DKZ 3919,0158. Die ergrabene Siedlung der ausgehenden Eisen- und frühen römischen Kaiserzeit südlich

von Lemgo (und der Bega) bzw. im Bereich der B 238 n (Ebel-Zezepauer 1999, S. 11–43) steht in keinem erkennbaren Zusammenhang mit +Bist (ich danke meiner Kollegin Elke Treude vom Lippischen Landesmuseum Detmold für eine ausführliche Diskussion der Befundlage am 15.09.2020).
VI. Ortsstelle wahrscheinlich modern überbaut.
Literatur: Holscher 1880, S. 101: Biest (Byst); Stöwer 1990, S. 88–90 und 95; Gerking 1995, Nr. 12, S. 85 f.; Meineke 2010, S. 75: Biest.

Bodenbroke.
I. Anzunehmende Hofwüstung.
II. Stadt Barntrup.
III. *1403: *tom Bodenbroke* (Meineke 2010, S. 39 [LR Bd. 3, Nr. 1603: zum Bodenbrok]).
VI. Fundstreuung 9./10. Jh.–15. Jh.; DKZ 4020,0068.
Literatur: Gerking 1995, Nr. 13, S. 86 f. und Karte 4: Bodenbrock(?); Meineke 2010, S. 39: Badenbrok.

Bosentorpe.
I. Ortswüstung.
II. Stadt Horn-Bad Meinberg.
III. *1472: *Bosentorpe* (LRNF 1472.10.22) bzw. nach Meineke erheblich frühere Nennungen.
V. Lage möglicherweise im Nordwesten der Feldmark von Horn.
VI. Streufunde 13./14. Jh.
Literatur: Gerking 1995, Nr. 15, S. 87; Meineke 2010, S. 88–90: Bossentrop.

Brake.
I. Ortswüstung mit wüstungsresistenter? Mühle.
II. Stadt Lügde.
III. *822–826(?): *in pago Hwetigo in villa nuncupante Bracu mansos II cum siluis* (Mönchslisten Traditionen Corvey 1 und 2, Tr 39 und S. 97; siehe weiter Tr. 317); z. J. 1036 (um 1165): *Brake* als Vorwerk des Haupthofes Lügde (*Luthithe*) benannt (Vita Meinwerci [ed. Terstesse], Kap. 217, S. 181, Z. 21 f.; Vita Meinwerci [ed. Berndt], Kap. 215, S. 248, Z. 20 f.); nach Angabe bei Giefers (1871b, S. 166) wurde „Brack vor Lügde" 1407 niedergebrannt; Mühle in Brake in einem Güterverzeichnis des Klosters Marienmünster genannt: *Brac ... De molendino eiusdem ville* (Regesten und Urkunden Marienmünster 1, S. 165); Mühle 1515 als bestehend bezeugt: *curia, dicta Brack prope Ludis ... ac de molendino eiusdem ville tres solid. etiam denariorum gravium* (Regesten und Urkunden Marienmünster 5, Nr. 344, S. 143).
V. 1446: *Braker Velde yn dem Kerspel to Lude* (Regesten und Urkunden Marienmünster 3, Nr. 154, Anm., S. 177).
VI. Funde 9. Jh.–14. Jh.; Eisenverhüttung und -verarbeitung; DKZ 4021,006 (teilweise); DKZ 4021,0061:L; DKZ 4021,105.
Literatur: Giefers 1871b, S. 147–149; Hohenschwert 1985i, S. 277; Gerking 1986, S. 55 f.; Gerking 1995, Nr. 16, S. 87 f. und Karte 5; Meineke 2010, S. 92 f.

Bredenhorne.
I. Unsichere Ortswüstung; auf eine Örtlichkeit bezogener FlN?
II. Gemeinde Schlangen?
III. *1279: *locum qui dicitur Bredenhorne* (als Grenzpunkt des Hofes Stapelage genannt: Westf. Ub. 3, Nr. 1061).
V. Nicht auf der Wüstungs-Übersichtskarte des Kreises Lippe dargestellt.
Literatur: Gerking 1995, Nr. 17, S. 88; Meineke 2010, S. 95 f.: Bredenhorn.

Bremke (Abb. 33).
I. Hofwüstung innerhalb der Hagenhufensiedlung Bremke, die folglich als partielle Ortswüstung einzustufen ist.
II. Stadt Detmold.
III. *1390: Hufe in *Bredenbeke* (LRNF 1390.02.10).
IV. Lage der Hofwüstung in der Flur „Weese Brein".
VI. Funde 12.–14. Jh.; DKZ 4019,0207.
Literatur: Meineke 2010, S. 96; Bergmann 2014a, S. 32 f.; Bergmann 2020, S. 135 f. und Abb. 3; Bergmann 2021b, S. 260 und Abb. 3.

Bruninсthorpe.
I. Ortswüstung?; abgesehen von dem hier behandelten Bruninсthorpe existiert ein wüstungsresistenter Ort Brüntorf im Nordwesten der Kommune Lemgo (Kr. Lippe) und ein ebenso wüstungsresistenter Ort Brüntrup im Westen der Kommune Blomberg (zwischen Blomberg und Detmold, Kr. Lippe).
II. Gemeinde Leopoldshöhe.
III. *Z. J. 1015–1036 (um 1165): *predium ... in Bruninсthorpe*: Für eine Identifikation werden in den Editionen der Vita Meinwerci das etwa mittig zwischen Detmold und Blomberg gelegene wüstungsresistente Brüntrup (Kr. Lippe; Vita Meinwerci [ed. Terstesse], Kap. 100, S. 82 und Anm. 39), sowie +„Brundorf" 4 km östlich von Schötmar bei Salzuflen (Kr. Lippe) vorgeschlagen (Vita Meinwerci [ed. Berndt], Kap. 99, S. 144 f., Z. 28 f. und Anm. 459 sowie Vita Meinwerci [ed. Terstesse], Kap. 100, S. 82 und Anm. 39). Der Quellenbeleg wird von Meineke (2010, S.

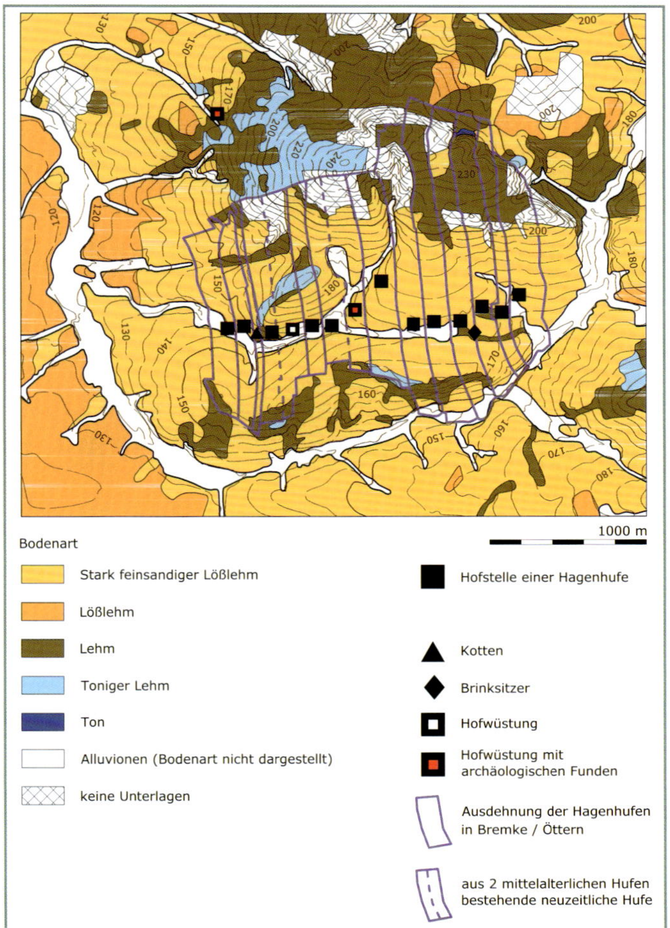

Abb. 33: Hofwüstungen innerhalb der Hagenhufensiedlungen Bremke, Öttern und Hedderhagen nördlich von Detmold (Entwurf: R. Bergmann, Kartografie: LWL-Archäologie für Westfalen, M. Thede)

101 f.) auf Brüntorf bei Lemgo bezogen.
Literatur: Meineke 2010, S. 102 f.

Brunenbeke.
I. Ortswüstung.
II. Stadt Schieder-Schwalenberg.
III. *1302: *villam Brunenbike* (Westf. Ub. 9, Nr. 101).
VI. Funde 9. Jh.–1. Hälfte 14. Jh.; Eisenverhüttung und -verarbeitung; DKZ 4021,0108.
Literatur: Gerking 1995, Nr. 18, S. 88–90, und Karte 6 sowie 11; Meineke 2010, S. 100 f.

Buckenhusen.
I. Ortswüstung.
II. Stadt Schieder-Schwalenberg?
III. *1031: *in istis villis ... Buckinhusun* (MGH DD KII, Nr. 171); z. J. 1031 (um 1165): als Zubehör des Haupthofes (*predium) Sannanabiki* (Sandebeck, Kr. Höxter) ist u. a. Besitz in *Buckinhusun* benannt, das von den Herausgebern der Vita Meinwerci als eine an der Niese ca. 2 km nordöstlich von Steinheim (Kr. Höxter) gelegene Ortswüstung interpretiert wird (Vita Meinwerci [ed. Terstesse], Kap. 208, S. 169; Vita Meinwerci [ed. Berndt], Kap. 206, S. 235, Z. 21).
VI. Bei Gerking westlich von Schieder nachgewiesene „Fundstelle" von 2 m x 2 m Ausdehnung eher wüstungsunspezifisch; potentiell umgelagertes dortiges Bodenmaterial nicht zwingend mit ehemaliger Ortsstelle von Buckenhusen gleichzusetzen; DKZ 4020,0101.
Literatur: Gerking 1995, Nr. 19, S. 90 f. und Karte 7; Treude 1997h, S. 299, welche für „Bukenhusen" die Fundkennziffer DKZ 4020,0063 angibt, welche sich jedoch auf Alt Barntrup (Kr. Lippe) bezieht; Meineke 2010, S. 104 f.

Burghagen.
I. Ortswüstung(?) mit Kirche/Kloster.
II. Stadt Lügde?
III. *1231: Die dem Archidiakonat Steinheim zugewiesene Kirche in *Burghagen* ist in der urkundlichen Reihenfolge zwischen Falkenhagen (*Valkenhagen*) und der Stadt Schwalenberg (*opidum Svalenberg*) angeführt (Westf. Ub. 4, Nr. 204). Wenn die in der Urkunde bestehende Reihenfolge der Objekte mit der tatsächlichen topografischen Lage übereinstimmen würde, könnte die Quelle auf die Ausgrabungsstelle N.N. „Alte Kirche am Jacobigrund" bezogen werden. Diese liegt zwischen Falkenhagen und Schwalenberg und ist von Falkenhagen 4,9 km und von Schwalenberg 2,7 km entfernt. Burghagen ist eine Gründung Volkwin IV. von Schwalenberg. Um 1228 gegründet, wurde es um 1247 nach Falkenhagen, Kr. Lippe, verlegt (Forwick 1963, S. 11 f.); noch 1246 heißt es: „Convent zu Borchhagen" (LR Bd. 1, Nr. 241).
V. Nach den LR (Bd. 1, Nr. 241, Anm.) lag das Zisterzienserinnenkloster im Wald zwischen Schwalenberg und Niese in der Flur „de wöste Kerke".
Literatur: Gerking 1986, S. 12 und S. 14: Kloster Borchagen; Gerking 1995, Nr. 14, S. 87; Meineke 2010, S. 85 f.; Bergmann 2021b, S. 260. – siehe weiter: N.N. „Alte Kirche am Jacobigrund".

Burghuson.
I. Ortswüstung,
II. Stadt Oerlinghausen?, Gemeinde Leopoldshöhe?
III. *Z. J. 1036 (um 1165): *Burghuson* als Vorwerk des Haupthofes Niederbarkhausen (*Berghuson*) bei Leopoldshöhe-Oerlinghausen benannt (Vita Meinwerci [ed. Terstesse], Kap. 217, S. 181, Z. 9 f. und 11 f.; Vita Meinwerci [ed. Berndt], Kap. 215, S. 248, Z. 17 f.).
V. Von Terstesse angenommene Lage in den Barkhauser Bergen südlich von Oerlinghausen.

Buvenhusen.
I. Ortswüstung.
II. Stadt Blomberg.
III. *1381: *Tegheden to Buuenhusen beleghen by deme Blomberge* (Meineke 2010, S. 107).
VI. Prähistorische Funde; mittelalterliche Keramik 9./10. Jh.–14. Jh.; DKZ 4020,0065.
Literatur: Gerking 1995, Nr. 20, S. 91 und Karte 7; Treude 1997d, S. 295; Meineke 2010, S. 107 f.

Culenhusen.
I. Ortswüstung.
III. 1492: Culenhusen (LR Bd. 4, Nr. 2786).
V. Bei Giefers (1871b, S. 172) unter den Ortswüstungen des Lügder Raumes angeführt.

Cutlesede.
I. Ortswüstung.
II. Stadt Lemgo?
III. *1345: *de lutteke Teghede to Cutlesede* (Meineke 2010, S. 111).
V. Wahrscheinliche Lage bei Lemgo.
Literatur: Gerking 1995, Nr. 22, S. 91; Meineke 2010, S. 110–112.

Daelhusen.
I. Ortswüstung.
II. Stadt Lügde.
III. *1492: Daelhosen (LR Bd. 4, Nr. 2786).
VI. Ortsstelle nach Gerking vermutlich modern überbaut; nach Meineke (2010, S. 113) belegen Keramikfunde „eine Siedlungskontinuität vom 9.–14. Jh."; DKZ 4021,0106.
Literatur: Giefers 1871b, S. 173: Daelhosen; Gerking 1986, S. 57; Gerking 1995, Nr. 23, S. 91; Meineke 2010, S. 113 f.

Dane.
I. Ortswüstung.
II. Stadt Lügde.
III. *1203: *Luder von Danen* (Westf. Ub. 4, Nr. 8).
VI. Funde 11./12. Jh.–13./14. Jh.; Eisenverhüttung und -verarbeitung; DKZ 4021,0110.
Literatur: Giefers 1871b, S. 173; Gerking 1986, S. 57; Gerking 1995, Nr. 24, S. 92 und Karte 18; Meineke 2010, S. 116–118.

Dedinctorp.
I. Ortswüstung.
II. Stadt Detmold.
III. *1259: *Herboldus de Dedinctorp* (Westf. Ub. 3, Nr. 1747).
V. Wahrscheinliche Ortslage nordöstlich der Stadt Lemgo in Richtung Herbershausen.
VI. Ortsstelle mutmaßlich modern überbaut.
Literatur: Stöwer 1952, S. 75 f., S. 78 und Karte S. 80 f.: Dedinctorp; Gerking 1995, Nr. 25, S. 92; Meineke 2010, S. 118 f.: Dedentorp.

Dodenbroke.
I. Ortswüstung.
II. Stadt Lügde.

III. *1031: Schenkung des *predium Bennanhusun, Ualabroch, Dadanbroch situm in pagis Wetiga et Tilithi* an die bischöfliche Kirche zu Paderborn (MGH DD DK II., Nr. 160, S. 212); z. J. 1031 (um 1165): *predia ... Dadanbroch ... sitis in pagis Wetiga et Tilithi* (Vita Meinwerci [ed. Terstesse], Kap. 207, S. 168; Vita Meinwerci [ed. Berndt], Kap. 205, S. 234, Z. 12); z. J. 1036 (um 1165): *Dadenbroke* als Vorwerk des Haupthofes Lügde (*Luthithe*) benannt (Vita Meinwerci [ed. Terstesse], Kap. 217, S. 181, Z. 21 f.; Vita Meinwerci [ed. Berndt], Kap. 215, S. 248, Z. 20 f.); Anfang 13. Jh.: *Decima curie Dodenbroke. Curia Dodenbroke* (Einkünfteverzeichnis Busdorfstift, S. 329, Z. 4 f.).
IV. Kein rezenter wüstungsweisender Flurname bestehend; räumliche Identifikation daher unsicher; FlN „dat Dodenbroick" jedoch 1483 im Umfeld von Nieheim(!), Kr. Höxter nachzuweisen (Regesten und Urkunden Marienmünster 5, Nr. 262, S. 98 f.).
VI. Funde des 9.–14. Jhs.; Eisenverhüttung und -verarbeitung nachgewiesen; DKZ 4021,0131 und 4021,0132.
Literatur: Gerking 1986, S. 58; Gerking 1995, Nr. 26, S. 92 f. und Karte 9; Meineke 2010, S. 128 f.: Dodenbrok; siehe auch Meineke 2010, S. 324: Lieth.

Domersen.
I. Ortswüstung.
II. Stadt Blomberg,
III. *1411: Hof zu Domersen (LR Bd. 3, Nr. 1750, §75).
VI. Ortsstelle modern überbaut.
Literatur: Gerking 1995, S. 93 f., Nr. 27; Meineke 2010, S. 131 f.

Drohem.
I. Ortswüstung.
II. Stadt Horn-Bad Meinberg.
III. *826–876: *In Drohem mansum j* (Mönchslisten Traditionen Corvey 1 und 2, Tr 171 und S. 174); 1160: Feld Thruheim (*partem quoque campi, qui dicitur Thruheim*), gelegen im Umfeld des Weges von *Ogenhusen* (*Ogenhusen*: angeblich Oeynhausen; möglicherweise jedoch unbekannte Wüstung) nach *Colstide* (= Kohlstädt) (Urkunden Kloster Hardehausen, Nr. 10); 1211: *curtis in Druheim* (Westf. Ub. 4, Nr. 46).
V. Eine unmittelbare Gleichsetzung der Ortslage von Drohem mit dem heutigen Ort Feldrom (Stadt Horn-Bad Meinberg) ist unsicher; das Feld to [D]rom verweist jedoch auf die Lage von +Droheim im Umfeld von Feldrom; möglicherweise ist die Ortsstelle im Grenzbereich der Kreise Paderborn und Lippe zu verorten; Koch (1996, S. 647) nimmt eine Lage am Hellweg Paderborn – Schieder an und gibt mehrere Geländepositionen für eine potentielle Verortung an (u. a. bei Punkt 373 nördlich von Kempen oder im Umfeld des Mönkesauts).
Literatur: Balzer 1979, S. 14, S. 82 und Ortsnamensliste zu Abb. 5, Nr. 6: Droheim; Meineke 2010, S. 286–288: Kempenfeldrom; Gerking 2016, S. 16–20.

Dudenhusen.
I. Ortswüstung.
II. Stadt Schieder-Schwalenberg.
III. *ca. 966–967: *Thudanhus*(un). Optional kann *Thudanhus*(un) sowohl mit der partiellen? Ortswüstung „Dohnsen" zwischen Bad Driburg und Herste (Kr. Höxter) als auch u. a. mit +Dudenhusen im Amt Schwalenberg identifiziert werden (Mönchslisten Traditionen Corvey 1 und 2, Tr 306 und S. 241); 1146: *Dotenhuson* (Westf. Ub. 5, Nr. 54, S. 20, Z. 7 f.; Bezug auf die Ortswüstung in der Kommune Schieder-Schwalenberg unsicher); ein *Duddenhusen* ist in einem mittelalterlichen Güterverzeichnis des Klosters Marienmünster aufgeführt (Regesten und Urkunden Marienmünster 1, S. 161); 1314: Hermann von Dudenhusen (Regesten und Urkunden Marienmünster 3, Nr. 97, S. 135).
VI. Neolithischer Streufund; Funde 9. Jh.–2. Hälfte 14. Jh.; DKZ 4121,0036:L.
Literatur: Gerking 1995, S. 93 f., Nr. 28 und Karte 10; Meineke 2010, S. 139 f.

Dutese.
I. Ortswüstung.
II. Gemeinde Dörentrup.
III. *Um 1226: *Sifridus de Emmede* belehnt mit: *dimidium mansum et dimidiam uillam Dosceze* (Ub. Herzöge Braunschweig-Lüneburg 1, S. 8, Z. 23); 1324–1360: *3 mansos to den Dutese* (CTW 4, S. 162).
V. Angenommene Lage bei Hillentrup.
Literatur: Meineke 2010, S. 136–138.

Eblinchusen.
I. Ortswüstung.
II. Stadt Schieder-Schwalenberg.
III. *1194: *Tiemo de Ebelinchusen* (Westf. Ub. 2, Cod. 536).
V. 1375: Dorf Ebelinchusen, zwischen der Oldenburg und Schwalenberg gelegen (Regesten und Urkunden Marienmünster 4, Nr. 174).
VI. Funde 9./10.–14. Jh.; DKZ 4121,0040.
Literatur: Gerking 1995, Nr. 30, S. 94 und Karte 11; Treude 1997g, S. 299: Ebinchusen; Meineke 2010, S. 141: Ebelinckhusen.

Echtorpe.
I. Ortswüstung.
II. Stadt Blomberg.
III. *1361: ein Zehnt in *Echtorpe* ist zusammen mit dem Zehnt *thom Syke* und dem *Hōwarde* Gut genannt (LRNF 1361.05.09).
IV. Der bei Meineke (2010, S. 142) angeführte, möglicherweise wüstungsweisende FlN „Echtern Felde" nordöstlich von Blomberg bei Siekholz nahe der Hohenwarte lässt sich nur bedingt als Lagekriterium heranzuziehen, weil er auch einfach nur „hinteres Feld" bedeuten kann.
Literatur: Gerking 1995, Nr. 30, S. 94 f.; Meineke 2010, S. 142 f.: Echtorp.

Eckendorf.
I. Wahrscheinliche partielle Ortswüstung (jetzt: Gut Eckendorf mit Gräftenanlagen).
II. Gemeinde Leopoldshöhe/Stadt Bielefeld.
III. *1036: *vorwerc ... Ykamannincthorp* (Ub. Busdorf 1, Nr. 1, S. 3); z. J. 1036 (um 1165) als Vorwerk des Haupthofes Niederbarkhausen (*Berghuson*) bei Oerlinghausen benannt: *Ikamannincthorpe* (Vita Meinwerci [ed. Terstesse], Kap. 217, S. 181, Z. 9 f. und Z. 13; Vita Meinwerci [ed. Berndt], Kap. 215, S. 248, Z. 17 f.).
VI. Südwestlich des Guts Eckendorf (DKZ 3917,0354), und 0,4 km von diesem entfernt, besteht eine Wassermühle mit Mühlteich, nahe derer der wüstungsweisende FlN „Alte Meyerhof" (DKZ 3917,0353) auftritt. Wahrscheinlich ist hier, bereits in der Kommune Bielefeld gelegen, ein zweiter Siedlungsbereich von Eckendorf anzunehmen.
Literatur: Meinecke 2010, S. 143–145.

Eddessen (bei Varenholz).
I. Ortswüstung.

II. Gemeinde Kalletal.
III. *1153: *decimas quoque in Eddessen* (Westf. Ub. 2, Cod. 293).
V. Lage südlich des Schlosses Varenholz.
VI. Bereich südlich des Schlosses Varenholz überbaut; nach Treude (1997f, S. 296) potentiell mit dem Fundpunkt DKZ 3819,0094 nordwestlich(!) von Varenholz zu verbinden, welcher Funde des 9.–12. Jhs. erbracht hat; nicht auf Wüstungs-Übersichtskarte erfasst.
Literatur: Gerking 1995, Nr. 31, S. 95: Eddesen; Meineke 2010, S. 145 f.: Ed(d)essen.

Ederykesborn.
I. Hofwüstung?
II. Stadt Detmold.
III. *1352: Mederkesborn (LR Bd. 3, Nr. 948; Meineke 2010, S. 146).
V. Lage im Gebiet von Oberschönhagen bzw. nach Falkmann/Preuß (LR Bd. 3, S. 218): „in der Gegend von Barntrup"; nicht auf der Wüstungs-Übersichtskarte des Kreises Lippe dargestellt.
Literatur: Gerking 1995, Nr. 32, S. 95; Meineke 2010, S. 146 f.: Ederykesborn.

Edessen (bei Blomberg).
I. Ortswüstung.
II. Stadt Blomberg.
III. In den Corveyer Traditionen finden sich Erwähnungen eines(?) Adikenhusun/Haddeshusun, die möglicherweise auch auf die Ortswüstung bei Blomberg zu beziehen sind: *826–876: *Adikenhus*(un) (Mönchslisten Traditionen Corvey 1 und 2, Tr 272, vgl. S. 225) und 968–969: *Haddeshus*(un) (Mönchslisten Traditionen Corvey 1, Tr 319). Bei letzterer Nennung wird von Schütte (Mönchslisten Traditionen Corvey 2, S. 244) ein Bezug auf +Adessen bei Steinheim (Kr. Höxter) erwogen, der dazu noch zwei weitere potentielle Identifikationen anführt.
IV. Wüstungsweisender FlN „Das Feld Eggesen" (Gerking 1995, Abb. 13) bzw. moderne Straßenbezeichnung „Feldeggerser Weg".
VI. Groblokalisation DKZ 4020,0163.
Literatur: Gerking 1995, Nr. 33, S. 95: Eggesen; Meineke 2010, S. 147 f.

Eilbrachtessen.
I. Ortswüstung.
II. Stadt Schieder-Schwalenberg.
III. *1222: *Eilbrachtesen* (Westf. Ub. 4, Nr. 105).
IV. 1515 erfolgten Festlegung einer Grenzlinie (Schnade) zwischen den Interessenssphären der Herren von Oeynhausen und dem Kloster Marienmünster im Bereich *der Veltmarckede der Oldenborch* [= Oldenburg] *unde Eilbrechtessen*. Die Schnade soll am *Graven* [= Graben] *achter dem Kreygenberge* einsetzen (Regesten und Urkunden Marienmünster 5, Nr. 342, S. 142).
VI. Identifikation der archäologischen Fundstelle mit der betreffenden historisch bekannten Ortswüstung durch FlN nicht vollständig abzusichern.
V. Lage bei Born (1565: *Borun*: Stephan 1978, Nr. 149, S. 282 f.: Eilbrachtissen).
VI. Funde nach Angabe Gerking: 9.–14. Jh.; Fundfläche und Funde gemäß Geländeprospektion der LWL-Archäologie für Westfalen vom 23.02.1987: Die Fundstelle umfasst ein größeres, sich über eine Fläche von etwa 40 m x 60 m ausdehnendes Siedlungsareal A und eine kleinere, etwas abseits gelegene Fundfläche B von etwa 20 m x 30 m Ausdehnung. Häufige Funde von Eisenschlacken aus dem Areal B verwiesen auf den Standort einer mittelalterlichen Schmiede. Innerhalb der Fundfläche A treten im ansonsten weitgehend steinfreien Lößlehm mehrere ausgeprägte Steinkonzentrationen auf. In Verbindung mit aufgepflügten Konzentrationen von rot verziegeltem Ausfachungslehm verweisen sie auf die Standorte ehemaliger Gebäude. – Das ausgewertete Fundmaterial, darunter ein spitznackiges, geschliffenes, neolithisches Felsgesteinsbeil von 8,1 cm Höhe, 6,0 cm Breite und 2,1 cm Stärke, umfasst insgesamt 189 Lesescherben. Von den uneinheitlich gebrannten Keramiken sind 0,5 % mit Kalkgrus gemagert, 7,4 % mit Granitgrus, 3,7 % mit Feinsand, 3,7 % mit Schieferplättchen und 23,2 % mit Keupermergel-Fragmenten. Bei den mit abgerundeten Schieferplättchen gemagerten Funden treten Fragmente von Kugeltöpfen auf, die, auch nicht von der Form der Randgestaltung, von Keramiken des nordsauerländer Produktionsorts +Walberinchusen unterscheidbar sind. Unter den Funden keupermergelgemagerter Kugeltopfware sind Ränder vertreten, die in das 9./10. Jh. gehören. Bei den oxidierend gelb gebrannten Keramiken (9,0 %) ist diejenige Variante mit grober bis sehr grober Magerung des frühmittelalterlichen, nordhessischen Drehscheibenware-Typus mit einem dickwandigen Standboden vertreten. Das intensive Auftreten von rauwandiger, fleckig graurot gebrannter Drehscheibenware (5,8 %) zeigt ebenso, dass der Ort von Importkeramiken erreicht wurde. Gegenüber dem weiter südlich anschließenden Landschaftsraum der Warburger Börde tritt der Anteil blaugrauer Irdenware unter den Funden, der hier nur 18,0 % beträgt, merklich zurück. Auffällig hoch, jedoch nicht erklärbar, ist der hohe Anteil (11,6 %) spätmittelalterlicher roter feingemagerter harter Irdenware. Graue, zumeist feingemagerte harte Irdenware ist mit 14,8 % vertreten (darunter eine WS mit Bemalung Pingsdorfer Art) und graue klingendharte Irdenware mit einem prozentualen Anteil von nur 2,1 %. Was jedoch vollständig fehlt, ist der Komplex steinzeugartig hart gebrannter Irdenware, sowie des Faststeinzeugs und Steinzeugs Siegburger Art, sodass von einem Wüstfallen der Kleinsiedlung im Verlauf des ausgehenden 13. Jhs. auszugehen ist; DKZ 4121,0035.
Literatur: Schneider 1936, S. 23: Born; Gerking 1995, Nr. 34, S. 95 f. und Karte 12 [von den räumlichen Beobachtungen nur bedingt mit den Angaben aus dem Jahr 1987 übereinstimmend!]; Meineke 2010, S. 154 f.

Elbrinxen: siehe Elmerinchusen.

Elmerinchusen (Elbrinxen) (Abb. 34).
I. Unter dem Namen Elbrinxen ab 1515 wiederbesiedelte temporäre Kirchortwüstung; modern bebautes Wüstungsareal nördlich der Kirche.
II. Stadt Lügde.
III. *1219: *de Elmerinchusen* (Westf. Ub. 4, Nr. 79).
VI. Funde 9.–15. Jh.; Grabung Lippisches Landesmuseum Detmold; DKZ 4021,0101 und 4021,0058; weiterhin benachbarter Fundbereich 4021,0058 A mit aufgefundenem Flint-Ovalbeil sowie durchbohrtem Steinbeil.
Literatur: Giefers 1871b, S. 173: Elmeringhausen; Hohenschwert 1985e, S. 202; Hohenschwert 1985j, S. 277; Gerking 1986, S. 58–60; Gerking 1995, Nr. 35, S. 96 und Karte 13; Meineke 2010, S. 155–157.

Gestingen.
I. Ortswüstung (nach Gerking); ehemalige Burg (nach Meineke).
II. Stadt Bad Salzuflen.
III. *1312: *castrum dictum Gestinghen* (LRNF 1312.04.09); 1368: Zehnt zu *Gestinghen* (LRNF 1368.05.17).
VI. Überbaut.

Abb. 34: Lügde-Elbrinxen, Kr. Lippe: Die Dorfkirche mit dem Kirchturm als Relikt des später unter der Namensform Elbrinxen wiederbesiedelten mittelalterlichen Ortes Elmerinchusen (Foto: R. Bergmann)

Literatur: Gerking 1995, S. 97 f., Nr. 38 und S. 99, Abb. 14; Meineke 2010, S. 172 f.

Glasebeke.
I. Ortswüstung.
II. Gemeinde Kalletal.
III. *Um 1357: *unum mansum in Glasbeke* (Ub. Möllenbeck II, Nr. 275).
IV. Wüstungsweisender FlN „Glassieksgrund".
V. Bei Langenholzhausen.
Literatur: Gerking 1995, Nr. 39, S. 98; Meineke 2010, S. 173 f.: Glasbeke.

Gößendorf.
I. Wahrscheinliche Ortswüstung. Die Existenz einer Ortswüstung Gößendorf bei Barntrup wird von Meineke (2010, S. 175: Göstrup) entgegen Gerking (1995, Nr. 40, S. 98) angezweifelt.
II. Stadt Barntrup.
III. *1570: *Gößendörffer Zehenden* (Stöwer 1952, S. 78).
V. Lage im Umfeld des im 18. Jh. genannten *Albrechtesberg* (Stöwer 1952, S. 78).

Gröchte.
I. Hofwüstung?
II. Stadt Lemgo.
III. *1442 indirekt genannt.
Literatur: Gerking 1995, Nr. 41, S. 98: Gröchtenhof.

Groperdorp.
I. Der -torp Ortsname verweist auf eine ehemals bestehende Gruppensiedlung. Als Relikt dieser ist der Hof zu Gropentrup zu sehen, der jetzt als Gröpperhof bezeichnet ist. Entgegen Gerking (1995, S. 44) liegt somit keine „Ortsnamenwüstung" sondern eine partielle Ortswüstung vor.
II. Stadt Blomberg.
III. *1312: *Johanne dicto Groperdorp* (Ub. Bielefeld, Nr. 105).
VI. DKZ 4020,0164.
Literatur: Gerking 1995, Nr. 9, S. 44: Groperdorpe; Meineke 2010, S. 181–183: Gröpperhof.

Hardincthorpe.
I. Ortswüstung.
II. Stadt Blomberg.
III. *Z. J. 1015–1036 (um 1165): *predium unum in Hardincthorpa*: Unter Hinweis auf Gerking (1995, S. 100) geht Berndt davon aus, dass es sich um eine Ortswüstung bei Herrentrup nordwestlich von Steinheim handelt. Terstesse hingegen bezieht die Notiz unmittelbar auf das wüstungsresistente Herrentrup (Vita Meinwerci [ed. Terstesse], Kap. 121, S. 90; Vita Meinwerci [ed. Berndt], Kap. 119, S. 154 f., Z. 23 f. und Anm. 513); z. J. 1036 (um 1165): *Hardincthorpe* als eines von sechs Vorwerken des Haupthofes *Aginhuson* (Oeynhausen, Kr. Höxter) benannt (Vita Meinwerci [ed. Terstesse], Kap. 217, S. 181, Z. 25 und 28; Vita Meinwerci [ed. Berndt], Kap. 215, S. 248, Z. 22 f.).
IV./V. Lage vermutlich im Umfeld des Molkenberges (2 km südöstlich von Herrentrup) bzw. im Bereich der Flur „Unter den Höfen".
Literatur: Gerking 1995, Nr. 44, S. 100; Meineke 2010, S. 189 f.

Harkentorpe.
I. Ortswüstung (angebliche Hofwüstung).
II. Gemeinde Kalletal oder Stadt Lage?
III. *1466: Hof zu *Harkentorpe* vor der Landwehr zu Lüdenhausen (*Ludenhusen*) (LRNF 1466.01.10).
Literatur: Gerking 1995, Nr. 45, S. 100 f.: Harkentorp; Meineke 2010, S. 192 f.: Harkentorp.

Heddelincktorpe.
I. Ortswüstung.
II. Stadt Barntrup,
III. *16. Jh.: *Heddelincktorpe* (Meineke 2010, S. 201).
V. Potentielle Lage im Bereich des Oberen oder Niederen Feldes bei Barntrup; nicht auf Karte dargestellt.
Literatur: Gerking 1995, Nr. 48, S. 101; Meineke 2010, S. 201: Heddelincktorp.

Hedderhagen.
I. Hofwüstung innerhalb der Hägerhufensiedlung Hedderhagen.
II. Stadt Lage.
III. *1386: Zehnt, Zins sowie Hagenrecht über den *Hederhagen* (LRNF 1386.06.03).
IV. Lage der Hofwüstung in der Flur „Alte Hoffkamp".
VI. Funde 2. Hälfte 12. Jh.–13. Jh.; DKZ 4019,0193.
Literatur: Meineke 2010, S. 201 f.; Bergmann 2021b, S. 260.

Hedelinckhußen.
I. Ortswüstung (nach Gerking).
II. Stadt Barntrup.
V. Potentielle Lage im Bereich des Oberen oder Niederen Feldes bei Barntrup.
Literatur: Gerking 1995, Nr. 47, S. 101.

Helminctorpe.
I. Ortswüstung.

II. Stadt Lage.
III. *1337: *Helminctorpe* (LRNF 1337.11.18).
V. Lage bei Wissentrup?
Literatur: Gerking 1995, Nr. 49, S. 101; Meineke 2010, S. 217 f.: Helminctorp.

Hemelinctorp.
I. Ortswüstung.
II. Stadt Barntrup.
III. *1332: *Hemelodorpe* (LRNF 1332.04.01).
V. Lage westlich von Barntrup?
VI. Überbaut?
Literatur: Gerking 1995, Nr. 50, S. 101 f.; Meineke 2010, S. 218 f.: Hemelinctorp.

Herkenhusen.
I. Ortswüstung.
II. Gemeinde Kalletal?
III. *1363: Zehnt zu *Herkenhusen* (LRNF 1363.11.18).
V. Lage möglicherweise bei Varenholz.
VI. Möglicherweise ist die Fundstelle N.N. 1 „Rott" (siehe dort) mit +Herkenhusen gleichzusetzen.
Literatur: Gerking 1995, Nr. 52, S. 102; Meineke 2010, S. 226.

Hessehusen.
I. Ortswüstung.
II. Stadt Schieder-Schwalenberg.
III. *1322: *villa Hessehusen prope Sualenberg* (Westf. Ub. 9, Nr. 2152).
IV. Funde 9.–14. Jh.; Eisenverhüttung/Eisenverarbeitung; DKZ 4120,0092.
Literatur: Gerking 1995, Nr. 53, S. 102 f. und Karte 15; Meineke 2010, S. 230 f.

Heyentorpe.
I. Ortswüstung.
II. Stadt Barntrup.
III. *1317: *Heyentorpe* (Westf. Ub. 9, Nr. 1613).
VI. Neolithische Funde und Keramik 9.–14. Jh.; DKZ 4020,0064.
Literatur: Gerking 1995, Nr. 54, S. 103 und Karte 14; Treude 1997c, S. 295; Meineke 2010, S. 232 f.: Heyentorp.

Hiddenhusen.
I. Kirchortwüstung.
II. Stadt Blomberg.
III. *1350: *Hyddenhusen* (LRNF 1350.04.30).
V. „Kirche zu Hiddenhausen" 1527 als Fixpunkt der Schnade zwischen den Herrschaften Lippe und Pyrmont genannt (Giefers 1871, S. 179).
VI. Fundmaterial insgesamt einschließlich Metallfunden: 8. Jh./um 800/9. Jh.–14. Jh.; Keramikfunde 10.–14./15. Jh.; Fund eines zu einer Rechteckfibel umgearbeiteten Beschlags im Tierstil II („Tassilokelchstil") mit der Datierung: 8. Jh./um 800 n. Chr. (Treude 2011, S. 296 f., Abb. 6 sowie 7); mehrjährige Grabungen des Lippischen Landesmuseums; DKZ 4021,0019 und 4021,0107.
Literatur: Hohenschwert 1985b, S. 226 f.; Hohenschwert 1985c, S. 171 f.; Gerking 1995, Nr. 55, S. 103 f. und Karte 16; Meineke 2010, S. 233 f. (zur umfangreichen Grabungsliteratur siehe weiter Meineke 2010).

Hodelssen.
I. Ortswüstung.
II. Stadt Blomberg.
III. *1411: Hadelssen (LR Bd. 3, Nr. 1750, §15).
IV. Wüstungsweisender FlN „Hollensen" im Bereich der Blomberger Stadtfeldmark.
V. Genauere Lage im Stadtumfeld von Blomberg unklar; nicht auf der Wüstungs-Übersichtskarte des Kreises Lippe dargestellt.
Literatur: Meineke 2010, S. 238 f.

Holssen.
I. Ortswüstung.
II. Stadt Schieder-Schwalenberg.
III. *1031: *in istis villis... Holthusun* (MGH DD KII, Nr. 171): Das hier geforderte Holthusen gehörte zum Villikationshaupthof Sandebeck (*Sannanabiki*, Kr. Höxter) und war nach der Quellenangabe *in pago Wetiga* gelegen. Eine Identifikation des hier genannten Holthusen mit Holthusen – Ortswüstungen im Kr. Höxter (bei Brakel oder bei Schmechten) ist abzulehnen. Im Kr. Lippe wäre u. a. +Holthausen bei Lügde bzw. Holzhausen bei Bad Pyrmont (Niedersachsen) in Betracht zu ziehen. Das bei Lothe verortete +Holssen weist die geringste Entfernung zu Sandebeck auf und dürfte für eine Verortung des in der Quelle genannten Ortes die höchste Wahrscheinlichkeit besitzen; 1358–1360: *Holssen* (LRNF 1358.00.00-1360.00.00).
V. Lage südlich bis südöstlich von Lothe.
Literatur: Gerking 1995, Nr. 57, S. 104; Meineke 2010, S. 242.

Holthusen (bei Lügde).
I. Ortswüstung.
II. Stadt Lügde.
III. Nennung u. a. *1262 bzw. beginnendes 14. Jh.: *Holthusen in parrochia Lude* (LRNF 1262.03.26).
VI. Urgeschichtliche Streufunde und Funde 9.–14. Jh.; Eisenverhüttung und -verarbeitung; DKZ 4021,0060:L.
Literatur: Giefers 1871b, S. 149–151; Hohenschwert 1985m, S. 279; Gerking 1986, S. 61 f.; Gerking 1995, Nr. 58, S. 104 f.: Holthusen, Stadt Lügde, und Karte 18; Meineke 2010, S. 242–244.

Hombornen.
I. partielle Ortswüstung (Hamborner Mühle wüstungsresistent).
II. Stadt Lügde.
III. *1270 *Gerwici de Hombornen* (Westf. Ub. 4, Nr. 1220).
VI. Funde 9.–14. Jh.; Eisenverhüttung und -verarbeitung; DKZ 4021,0074 und 4021,078.
Literatur: Hohenschwert 1985k, S. 278; Gerking 1986, S. 63; Gerking 1995, Nr. 60, S. 105 f.: Humborn, und Karte 19; Meineke 2010, S. 256 f.: Humborn.

Huckenhusen.
I. Ortswüstung.
II. Stadt Lügde?
III. *1259: *Iohannes de Huckenhosen* (Westf. Ub. 4, Nr. 774).
V. Lage im Raum Lügde unklar; nicht auf der Wüstungs-Übersichtskarte des Kreises Lippe dargestellt.
Literatur: Meineke 2010, S. 255 f.

Hummersen (siehe weiter Kerkhomersen sowie Overen Homersen).
II. Stadt Lügde.
III. *826–876: *in Hamereshus(un)*: aufgrund der gemeinsamen Nennung mit Orten im Raum Höxter bzw. Holzminden (Niedersachsen) ist eine Identifizierung des in der Tradition genannten *Hamereshus*(un) mit der grenznah zu Niedersachsen gelegenen Ortswüstung Hummersen als gesichert anzusehen (Mönchslisten Traditionen Corvey 1 und 2, Tr 71 und S. 119 f; siehe weiterhin:

Tr 136).
Literatur: Wigand 1831, S. 110 f., §36: Hameressen.

Hunninchusen.
I. Ortswüstung.
II. Stadt Lügde.
III. Zuordnung unsicher: 1107–1128: *Huninghusun* (Reichsabtei Corvey Salierzeit, S. 231, §26a; vgl. Kindlinger 2, Nr. XIX, S. 131, §26, mit geringfügig abweichender Datierung 1106–1128).
IV./V. Lage nahe des „Hünnicher Mühlbach" unmittelbar an der Landesgrenze zu Niedersachsen.
VI. Funde 9.–14. Jh.; Eisenverhüttung und -verarbeitung; nach Laserscan unsichere (angebliche) Burganlage o. ä. unmittelbar im Einmündungswinkel von Mühlbach und in diesen einmündendem Bach, die sich jedoch bei der geophysikalischen Prospektion nicht nachweisen ließ (mündliche Mitteilung Joris Coolen, LWL-Archäologie für Westfalen); aus Grabungsabraum eines im Bereich der unsicheren Burganlage angelegten Prospektionsschnitts stammt Keramik des 10.?/11.–12. Jhs. (Fundvorlage Lippisches Landesmuseum Detmold, 2020); DKZ 4022,0002; angebliche Burganlage: 4022,0003.
Literatur: Gerking 1986, S. 63 f.; Gerking 1995, Nr. 61, S. 106 und Karte 20; Meineke 2010, S. 266 f.: siehe Hünkergrund.

Hunynchusen
I. Ortswüstung (möglicherweise partielle Ortswüstung, da Holscher, Gerking wie auch Meineke den Hof („Colonat") Hünkemeier, Oberschönhagen Nr. 4, als Resthof der Siedlung anführen/interpretieren.
II. Stadt Detmold.
III. Potentieller Bezug: *1107–1128 *Huninchuson* (Reichsabtei Corvey Salierzeit, S. 231, §28.b).
V. Lage bei/in Oberschönhagen.
Literatur: Holscher 1880, S. 94: Hünninchusen; Gerking 1995, Nr. 62, S. 106; Meineke 2010, S. 265–266: Huneckhusen.

Ibbinghusen.
I. Ortswüstung.
II. Kommunalgebiet der Stadt Blomberg.
III. *1381: *Ibbinghusen* (Meineke 2010, S. 272).
V. Angenommene Lage in der Stadtfeldmark von Blomberg vor dem Hegenberg; nicht auf der Wüstungs-Übersichtskarte des Kreises Lippe dargestellt.
Literatur: Meineke 2010, S. 272.

Ilsendorpe.
I. Ortswüstung, im Ort bestehen im Mittelalter eine Getreide- und Walkemühle (Stöwer 1990, S. 84).
II. Stadt Lemgo.
III. *1297: *Ilsendorpe* (LRNF 1297.03.13).
V. Lage zwischen der Altstadt Lemgo und Entrup bzw. 0,6 km westlich der „Steinmühle" (Stöwer 1990, S. 85); ob die Steinmühle zu +Ilsendorpe gehörte, ist unbekannt.
VI. Funde 9./10. Jh.–14. Jh., Eisenverhüttung und -verarbeitung, DKZ 3919,0126.
Literatur: Stöwer 1990, S. 84 f. und 95; Gerking 1995, Nr. 63, S. 106 f. und Karte 21; Meineke 2010, S. 275–277.

Immesen: siehe Ymessen.

Kerckhoff.
I. Hofwüstung.
II. Stadt Lügde.
III. *1263: *bona ... Kerchoff, sive latino vocabulo Cimiterium* (Westf. Ub. 4, Nr. 966); der Hofname Kerchoff/Cimiterium der Quelle von 1263 muss m. E. nicht zwingend mit dem Ortsnamen der Siedlung gleichgesetzt werden. Auffällig ist die extrem geringe Entfernung (120 m) der bei Gerking nachgewiesenen Fundstelle zu Hollhöfen, sodass man versucht ist, die *bona Kerchoff* als zu Hollhöfen gehörende Hofwüstung zu interpretieren.
V. Lage sehr nahe des Wohnplatzes Hollhöfen.
VI. Streufunde des Neolithikums; Funde 9. Jh.–14. Jh.; Eisenverhüttung und -verarbeitung; DKZ 4122,0114.
Literatur: Gerking 1986, S. 64; Gerking 1995, Nr. 65, S. 108 und Karte 23; Meineke 2010, S. 288 f.

Kerkhomersen (Niedern Homersen).
I. Ortswüstung mit Kirche/Kapelle.
II. Stadt Lügde und Gemeinde Polle (Niedersachsen).
III. Siehe auch: Hummersen; Kirche in *Homersen* *1231 als zum Archidiakonat Höxter zugehörig aufgeführt (Westf. Ub. 4, Nr. 204); 1463: „Capelle zu Homersen" anlässlich einer Grenzbegehung genannt (LR Bd. 4, Nr. 2530).
V. Ortsstelle wird von der Landesgrenze NRW-Niedersachsen gequert.
VI. Fundstelle bei der Anlage eines Golfplatzes (in Niedersachsen) partiell beeinträchtigt; Funde 9. Jh.–14. Jh.; DKZ 4122,0113.
Literatur: Holscher 1881, S. 133 f.; Hohenschwert 1985l, S. 278; Gerking 1986, S. 61: Niederhummersen; Gerking 1995, Nr. 66, S. 108 f. und Karte 24: Kerkhomersen; Meineke 2010, S. 261–263: Hummersen.

Kreckhusen.
I. Ortswüstung.
II. Stadt Lügde.
III. *Zum Jahr 1447 überliefert: *Kreckhaußen* (siehe Meineke 2010).
VI. Funde 13./14. Jh.; DKZ 4021,0080.
Literatur: Gerking 1986, S. 65; Gerking 1995, Nr. 68, S. 109 und Karte 26; Meineke 2010, S. 298: Krekhausen.

Kreienberg.
I. Ortswüstung? (Meineke diskutiert mehrere Möglichkeiten einer Objektbestimmung).
II. Gemeinde Kalletal.
III. *1396: *to dem Kreygenberge* (Meineke 2010, S. 301).
Literatur: Gerking 1995, Nr. 69, S. 109 f.; Meineke 2010, S. 301 f.: Kreyenberg.

Kreken.
I. Ortswüstung.
II. Stadt Lügde.
III. *1291: *curiam ... in Creken et indaginis* (Westf. Ub. 4, Nr. 2157).
V. Im Umfeld der Ortswüstung Brake zu verorten.
Literatur: Giefers 1871b, S. 152 f.; Gerking 1995, Nr. 70, S. 110; Meineke 2010, S. 297 f.

Laze.
I. Ortswüstung?
II. Stadt Bad Salzuflen.
III. *1354: "die Leute ... zu der Laze" (LR Bd. 2, Nr. 976).
V. Lage unbestimmt; nicht auf der Wüstungs-Übersichtskarte des Kreises Lippe dargestellt.
Literatur: Gerking 1995, Nr. 71, S. 110.

Lovelinctorpe.
I. Ortswüstung.
II. Stadt Lemgo.
III. *13. Jh.: *Lonelinctorpe* (CTW 4, S. 88).
V. Zum Kirchspiel Lemgo gehörend; am Spiegelberg im Nordosten von Lemgo gelegen (im Gegensatz dazu nach Stöwer, 1990, S. 86, jedoch nicht im Bereich des Spiegelberger Zehnten nordnordöstlich von Lemgo zu verorten).
VI. Groblokalisation DKZ 3919,0159; modern überbaut?
Literatur: Gerking 1995, Nr. 72, S. 110; Meineke 2010, S. 330.

Lügde: siehe Oldenlüde und Lügde, St. Kilian.

Lügde, St. Kilian (Abb. 35 u. 36).
I. Partielle Ortswüstung (Kirchenbau bestehend).
II. Stadt Lügde,
III. *784: *iuxta Skidrioburg in pago Waizzagawi super fluvium Ambra in villa Liuhidi* (MGH SS rer. Germ., S. 67; Stumpe 2017, S. 18); 826–876: *Liuithi* (Mönchslisten Traditionen Corvey 1 und 2, Tr 215 und S. 195); z. J. 1036 (um 1165): *Luthithe* mit zwei abhängigen Vorwerken in *Dadenbroke* und *Breka* benannt (Vita Meinwerci [ed. Terstesse], Kap. 217, S. 181, Z. 21 f.; Vita Meinwerci [ed. Berndt], Kap. 215, S. 248, Z. 20 f.); Winteraufenthaltsort Karls d. Gr. während der Sachsenkriege (Giefers 1871b, S. 141); Kirchengründung der Urpfarrkirche wahrscheinlich um 800 n. Chr. anzusetzen (Giefers 1871b, S. 140) bzw. nach Schoppmeyer (2011, S. 31) als Gründung der 2. Missionsphase Sachsens um 820/30 anzusehen, als u. a. Würzburger Missionare für die Missionierung verantwortlich waren; zwischen 1052 und 1076 erfolgte Abpfarrung von Odisthorp (= Oesdorf: in Bad Pyrmont/Niedersachsen aufgegangen), Lauenhausen und *Thesperi* (siehe +Vespere, Kr. Lippe) (Giefers 1871b, S. 192).
V. Lage ca. 0,3 km südlich der Stadt Lügde.
VI. Bergsporn, auf dem sich die Kirchenanlage befindet, mit archäologisch nachgewiesener „prähistorischer" Kinderbestattung (Stumpe 2017, S. 13); durchgeführte bauarchäologische Untersuchungen zur Klärung der Kirchengeschichte. Jetziger Kirchenbau nach Giefers (1871b, S. 188 f.) frühestens Ende des 11. Jhs. bzw. wahrscheinlich um 1130–1140 mit kreuzförmigem Grundriss errichtet. Nach Angabe des BKW Höxter erfolgte der Bau der Kilianskirche bzw. sogenannten „oberen Kirche" in der

Abb. 35: Lügde, Kr. Lippe: Die außerhalb der planmäßigen Stadtanlage Lügdes verbliebene Kilianskirche ist das Relikt der ehemaligen dörflichen Siedlung Lügde (Foto: LWL-Archäologie für Westfalen, R. Bergmann)

Abb. 36: Spätromanisches Würfelkapitell in der Kirche St. Kilian bei Lügde (Foto: LWL-Archäologie für Westfalen, R. Bergmann)

1. Hälfte des 12. Jhs. (BKW Höxter, S. 147, S. 150–153 und Tafel 81–83). Stumpe führt aus, dass der Bau der heute bestehenden Kirche ab ca. 1130 in mehreren Abschnitten erfolgte. Die Darstellungen auf den vier Würfelkapitellen im Kirchenschiff werden so interpretiert, dass sie den Anfang und den Untergang der Welt darstellen (Stumpe 2017, S. 7–10). Ehemalige Siedlungslage des ländlichen Ortes unterhalb der Kirche mit „Worthen" überwiegend modern überbaut.
Literatur: Giefers 1871b, S. 139–147 und S. 188–192; Balzer 1979, S. 84; Korn 1985b, S. 196; Stöwer 1999, S. 52–54, Abb. 3 und 4; Stumpe 2017; Bergmann 2021b, S. 260.

Lütken Lieme.
I. Ortswüstung.
II. Stadt Lemgo.
III. *1324–1360: *Lutteken Lyme* (CTW 4, S. 162).
V. Lage im Bereich des „Liemer Grund" bzw. nordnordwestlich des Liemer Turms innerhalb der heutigen Flur Stoppelkamp, für die auf einer Altkarte von 1590 (Gerking 1995, S. 112, Abb. 15) die Bezeichnungen „Lütgen Lymer Höue" und „To lütgen Lyme" fassbar sind.
VI. DKZ 3919,0160.
Literatur: Stöwer 1990, S. 94: Lutteken Lym; Gerking 1995, Nr. 73, S. 110 f.: Lütken-Lieme, Nr. 73; Meineke 2010, S. 323 f.: Lieme, Lütken-.

Maddenhusen.
I. Partielle Ortswüstung; nach Gerking: Ortsnamenwüstung.
II. Stadt Horn-Bad Meinberg.
III. *1349: *Maddenhusen* (LRNF 1349.07.15).
IV./V. Lage im Umfeld der wüstungsresistenten Mattenmühle 1 km ostsüdöstlich von Billerbeck.
VI. DKZ 4120,0286.
Literatur: Gerking 1995, Nr. 17, S. 47: Maddenhusen; Meineke 2010, S. 343 f.: Maddenhausen.

Markinctorpe.
I. Ortswüstung.
II. Stadt Lemgo.

III. *1375: *Markinctorpe in par. S. Johannis Lemego* (CTW 4, S. 202).
V. Lage innerhalb des Kirchspiels St. Johann vor Lemgo.
Literatur: Meineke 2010, S. 345 f.

Meine.
I. Ortswüstung.
II. Stadt Blomberg? oder Stadt Barntrup?
III. *Nach 1241: *Meine/de Meine*; *Tres mansus sunt in Meine* [...] *omnes deserti* (CTW 4, S. 47 und Anm. g).
V. Angenommene Ortslage zwischen Blomberg und Barntrup oder zwischen Kleinenmarpe und Wöhren.
Literatur: Gerking 1995, Nr. 74, S. 111: Meine; Meineke 2010, S. 353 f.

Morlage.
I. Wüstungscharakter unklar bzw. fragliche Hofwüstung.
II. Stadt Horn.
III. *1378: Hof auf der Morlaghe (LR Bd. 2, Nr. 1283).
VI. Modern überbaut.
Literatur: Gerking 1995, Nr. 75, S. 111: Morlage; Meineke 2010, S. 13.

Nesse.
I. Ortswüstung mit Burgstelle.
II. Stadt Blomberg.
III. *1248–1275 (siehe Gerking); 1268: *Teynden to Nesse gelegen vor der Stadt tho dem Blomberge* (Asseburger Ub. 2, Nr. 1268, S. 307); 1561: Im Zusammenhang mit einem Tausch von Landflächen ist ein „Hans Frederiks Kamp, genannt die Burg zu Nesse" erwähnt, die im Feld zu Nesse verortet ist (LRNF 1561.12.27). Bei der Nennung des FlNs scheint es sich um die einzige indirekte Erwähnung der Burg zu handeln.
V. Gerking weist im Zusammenhang mit der Verortung auf den Nessenberg südlich von Borkhausen hin. Meineke führt aus, dass Nesse „nicht identisch mit [dem Wohnplatz] Nessenberg am Fuße des Nessenberges (südl. von Borkhausen)" sei. Nicht auf der Wüstungs-Übersichtskarte des Kreises Lippe dargestellt.
Literatur: Gerking 1995, Nr. 76, S. 111 f.: Nesse und Nr. 12, S. 56: Burg Nesse; Meineke 2010, S. 362 f.

Nesserhagen
I. Ortswüstung?, Hagenhufensiedlung?, Flur?
II. Stadt Blomberg.
III./V. Nach 1361: oberer Zehnt über den Nesserhagen (LR 3, Nr. 1537); Lage des Zehnten bei +Wilbasen?
Literatur: Gerking 1995, S. 111; Meineke 2010, S. 362.

Nigenhagen.
I. Ortswüstung (angebliche Hofwüstung).
II. Stadt Lügde.
III. *1291: *Nygenhagen* (Westf. Ub. 4, Nr. 2157).
V. Lage im südwestlichen Bereich der Stadt Lügde in einem Randbereich des Schwalenberger Waldes.
Literatur: Giefers 1871b, S. 152 f.; Gerking 1995, Nr. 77, S. 112 f.: Nigenhagen; Meineke 2010, S. 365.

N.N. 1 „Rott".
I. Ortswüstung.
II. Gemeinde Kalletal.
V. Lage westlich von Varenholz.
VI. Funde 9.–13. Jh.; DKZ 3819,0130.
Literatur: Gerking 1995, Nr. 117, S. 128 und Karte 35.

N.N. 3 bei Lothe.
I. Ortswüstung.
II. Stadt Schieder-Schwalenberg.
VI. Funde 9. Jh. – beginnendes 14. Jh.; Eisenverhüttung und -verarbeitung; DKZ 4120,0067.
Literatur: Gerking 1995, Nr. 119, S. 128 und Karte 37.

N.N. „Ackhöfe".
I. wahrscheinliche Ortswüstung.
II. Stadt Horn-Bad Meinberg.
IV. In Ergänzung zu Meineke (2010) ist anzuführen, dass es sich bei der seit 1550 für die Stadtfeldmark von Horn überlieferten Bezeichnung *up den Ackhovenn* um einen wüstungsweisenden FlN handeln dürfte. Der eigentliche Ortsname wäre in diesem Fall unbekannt. Ein ähnlich gelagerter Fall besteht bei Geseke, wo der FlN „Ackhof" die Ortswüstung Lutken Holthusen tradiert (Bergmann 1989, S. 99 und Karte 29).
VI. Bereich überbaut.
Literatur: Gerking 1995, Nr. 1, S. 77 f.: Ackhöfe; Meineke 2010, S. 23 f.

N.N. „Alte Kirche am Jacobigrund" (ist möglicherweise mit +Burghagen, gleichzusetzen; siehe weiter dort).
I. Kirchen- oder Kapellenwüstung.
II. Stadt Lügde.
IV./V. Lage im Forstdistrikt „Jacobigrund" des Schwalenberger Waldes. Der Flurname könnte auf ein Kirchenpatrozinium des Hl. Jacobus hinweisen. In der Deutschen Grundkarte tritt nördlich der Anlage der wüstungsweisende FlN „Alte Kirche" auf.
VI. Ehemals obertägig sichtbar: Kirche mit von Süden zugänglichem Schiff von 8 m Länge und Rechteckchor im Osten mit Altarunterbau von 4,5 m Länge; Kirchenstelle glich bei der Besichtigung 2015 einer Trümmerwüste und liegt innerhalb einer partiell erhaltenen kampähnlichen Einhegung; Keramikfunde 12./13. Jh.; DKZ 4121,0023.
Literatur: Gerking 1986, S. 12; Meineke 2010, S. 85 f.

N.N. „Bruchhof".
I. Hofwüstung?
II. Gemeinde Kalletal.
IV. In der Deutschen Grundkarte besteht für ein Forstdistrikt nordöstlich von Langenholzhausen zwischen dem „Langenholzhauser Busch" und dem „Schierenberg" der wüstungsweisende FlN „Bruchhof".
VI. Erkennbare Relikte einer Hofstelle bzw. eines ca. 8,5 m x 18 m großen Gebäuderelikts; Zeitstellung unsicher; DKZ 3819,0024:A.

N.N. „Hohenwarde-Gut".
I. Ortswüstung (Benennung für einen Ort ungewöhnlich, daher hier unter N.N. geführt).
II. Stadt Blomberg.
III. *1361: ein Zehnt in *Echtorpe* ist zusammen mit dem Zehnt *thom Syke* und dem *Hoͤwarde* Gut genannt (LRNF 1361.05.09).
VI. Funde 9.–14. Jh.; Eisenverhüttung und -verarbeitung; DKZ 4020,0067.
Literatur: Gerking 1995, Nr. 56, S. 104 und Karte 17.

N.N. „Köllerbachebrock".
I. Hofwüstung.
II. Stadt Lügde.
VI. Funde 9.–14. Jh.; Eisenverhüttung und -verarbeitung; DKZ 4121,0148.

Literatur: Gerking 1986, S. 64; Gerking 1995, Nr. 67, S. 109 und Karte 25.

N.N. „Mönkehof“.
I. Hofwüstung.
II. Kalletal.
IV. 0,3 km südlich von Asendorf tritt in der Deutschen Grundkarte der wüstungsweisende FlN „Mönkehof“ auf (DKZ 3920,0145). Ob der am unmittelbaren südlichen Ortsrand von Asendorf zudem auftretende FlN „Hühnkenhof“ (DKZ 3820,0112) auf eine weitere Hofwüstung hinweist (Asendorf wäre somit als partielle Ortswüstung einzustufen) ist unsicher.

N.N. „Schattenbach“.
I. Ortswüstung.
II. Stadt Lügde,
VI. Funde 9./11. Jh.; Hinweise auf Eisenverhüttung; DKZ 4021,0079.
Literatur: Gerking 1995, Nr. 91, S. 119 und Karte 30; Meineke 2010, S. 420 f.

N.N. „Südwort“ (bei Stapelage).
I. Hofwüstung?
II. Stadt Lage.
IV./V. In der Deutschen Grundkarte tritt für ein Flurstück am Nordostabhang der „Stapelager Berge“ (bzw. südwestlich von Stapelage) oberhalb von Quellen der wüstungweisende FlN „Südwort“ auf.
VI. DKZ 4018,0273.

N.N. 2 **„Voßhagen“**.
I. Ortswüstung.
II. Stadt Schieder-Schwalenberg.
VI. Funde 9./10.–14. Jh.; Eisenverarbeitung (Schmiedeschlacken); DKZ 4121,0129.
Literatur: Gerking 1995, Nr. 118, S. 128 und Karte 36.

N.N. Wölbackerflur im Blomberger Stadtwald.
I. Flurwüstung/Wüstungsflur.
II. Stadt Blomberg.
VI. Durch das Pflügen mit dem Beetpflug (vgl. Abb. 37) entstandene, ausgedehnte Wölbackerflur aus vornehmlich Südwest – Nordost orientiert verlaufenden Ackerbeeten; im Westen auch kleinerer Wölbackerverband mit Südsüdwest – Nordnordost verlaufenden Beetrücken; DKZ 4020,0162.
Literatur: Bergmann 2021b, S. 262.

N.N. „Word“ (bei Brüntrup).
I. Hofwüstung.
II. Stadt Blomberg.
IV. Östlich von Brüntrup besteht für eine Ackerflur in der Deutschen Grundkarte der wüstungsweisende FlN „Word“ (*Wort*, *Woort*, *Word* u. ä. bedeutet Hofstelle im zehntrechtlichen Sinn).
V. DKZ 4020,0165.

N.N. „Wurth“ (bei Tintrup).
I. Hofwüstung (oder wüstgefallener Bereich des wüstungsresistenten Kleindorfs Tintrup ?).
II. Stadt Blomberg.
IV. 0,4 km nordöstlich von Tintrup (Ortsmitte) tritt in der Deutschen Grundkarte der wüstungsweisende FlN „Wurth“ auf.
VI. DKZ 4021,0161.
Literatur: Zu Tintrup siehe Meineke 2010, S. 476 f.

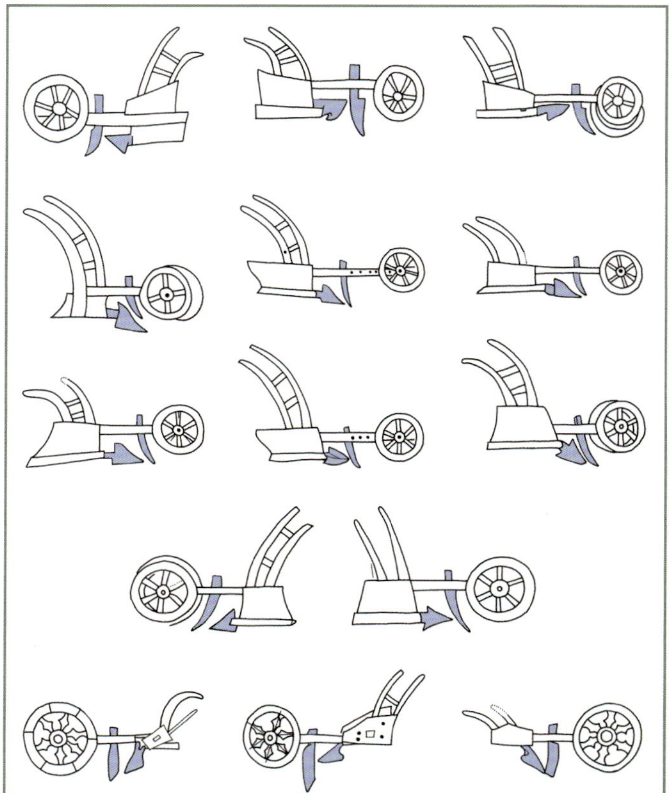

Abb. 37: Beetpflüge mit Scharkörpern in Form eines rechtwinkligen Dreiecks wie auch gleichschenkligen Dreiecks nach den Bilderhandschriften des Sachsenspiegels (nach Bergmann 1995a, S. 177, verändert)

Odermissen.
I. Ortswüstung.
II. Stadt Detmold.
III. *1348: *Odermissen* (Meineke 2010, S. 370; Stöwer 1952, S. 76).
V. Lage westlich von Detmold.
VI. Modern überbaut; Grobverortung DKZ 4019,0256.
Literatur: Stöwer 1952, S. 75 f., S. 78 und Karte: S. 80 f.: Odermissen; Gerking 1995, Nr. 79, S. 113; Meineke 2010, S. 370–372.

Odikehusen.
I. Ortswüstung (Ortsnamenwüstung nach Gerking 1995)
II. Stadt Lemgo?
III. *1251(?) Hermann von Odikehusen (LR Bd. 1, Nr. 266).
IV. „Odikenhusen ist wahrscheinlich Ötinghausen, der alte Name des Kluckhofes im Amt Brake“ (LR Bd. 1, S. 191, Anm.). Die Familie von Odikehusen war um Lemgo begütert. „Diese Familie wird (mit Recht?) auf dem Kluckhof bei Lemgo gesucht, der vorher Ötinghausen hieß“ (Mönchslisten Traditionen Corvey 2, S. 225).
V. Anm. Verf.: Lage der heutigen Höfegruppe Kluckhof südlich von Lemgo-Voßheide bzw. 4 km südöstlich der Altstadt von Lemgo.
Literatur: Gerking 1995, Nr. 22, S. 48: Odinghusen.

Oesterholz-Kleinenbruch (Astonholteiemarki?) (Abb. 38).
I. partielle Ortswüstung?; wüste Handwerkersiedlung?
II. Gemeinde Schlangen.
III. Zum Siedlungsbereich Kleinenbruch südlich von Oesterholz be-

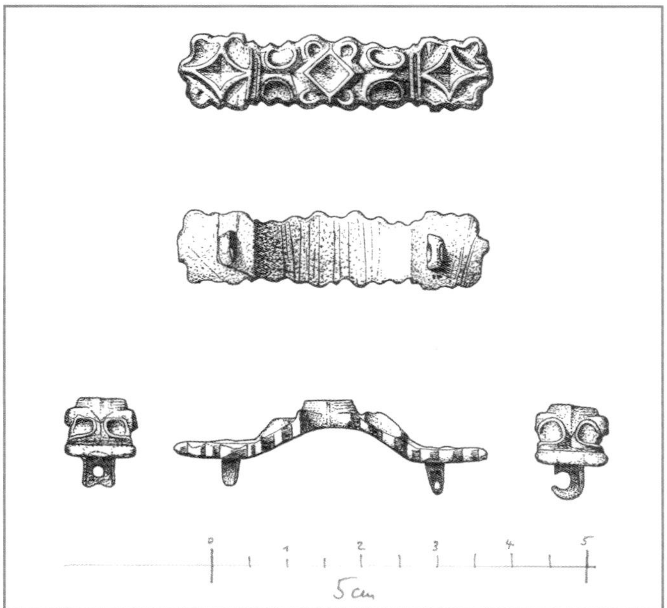

Abb. 38: Oesterholz-Kleinenbruch, kerbschnittverzierte gleicharmige Bügelfibel des letzten Viertels des 8. Jhs./9. Jhs. mit kelchblütenartigem Dekor der Endplatten (Zeichnung: Natalie Franz, LWL-Archäologie für Westfalen)

steht eine von ihrem Bezug unsichere, für 826–876 bestehende Überlieferung unter dem Namen *Astonholteiemarki* (Mönchslisten Traditionen Corvey 1 und 2, Tr 172 und S. 175: gemäß Indexband der Corveyer Traditionen ist aufgrund der geringen Spezifität des Ortsnamens ein eindeutiger Bezug auf Oesterholz bei Schlangen nicht möglich; vgl. Treude [1997a, 250], welche den Bezug der Quelle auf die archäologische Fundstelle für gesichert hält); *z. J. 1015–1036 (um 1165): *in villis ac marca Colstide, Astanholte* (Vita Meinwerci [ed. Berndt], Kap. 41, S. 118, Z. 12): aufgrund der gemeinsamen Nennung mit Kohlstädt (Kr. Lippe) erscheint ein Bezug auf Oesterholz im Kr. Lippe angemessen.
VI. zahlreiche Fibelfunde aus einem Wüstungsareal des 9.–11. Jhs., darunter teils mit mehreren Exemplaren vertretenen Formen: Kreuzemailscheibenfibeln (Grubenschmelz: Haseloff Typ 1; Grubenschmelz mit peltenförmigen Stegen; Zellenschmelz: relativ gerade Kreuzarme, Haseloff Typ 2; Grubenschmelz: mit Stegkreuz; schmales, „lateinisches" Kreuz, mit Plateaurand; Mittelgrube und acht speichenförmig angeordnete Gruben, Haseloff Typ 10; eine Dreipassfibel mit breiter Randzone; mehrere Kreuzfibeln und Heiligenfibeln (mit geschweifter Basisgrube); eine Nabenemailscheibenfibel (mit Zentralfassung und diese umgebendem Grubenring); eine Rosettenfibel (mit flach erhabenem Zentralplateau); eine runde Gussfibel (mit flachem Stegkreuz, Perlnoppen in den Zwickeln und doppelt geperlter Randleiste); eine Sternfibel (mit Zentralfassung); eine Rechteckfibel mit einziehenden Längsseiten und mehrere Rechteckfibeln mit Plateaurand; eine Heiligenfibel in Senkschmelztechnik; DKZ 4119,0173 (= Jagdschloss Oesterholz); DKZ 4119,0073–74; DKZ 4119,0238.
Literatur: Balzer 1979, S. 34, S. 82 und Ortsnamenliste zu Abb. 5, Nr. 1: Oesterholz; Hohenschwert 1985a, S. 204; Hohenschwert 1985f, S. 211–214; Treude 1997a, S. 250–258; Treude 2021, S. 134–140.

Oldendorpe (bei Alverdissen?).
I. Ortswüstung.
II. Stadt Barntrup.
III. Ortsbezug nicht zweifelsfrei zu klären: *um 1300: *decimam in Oldendorpe* (Westf. Ub. 4, Nr. 2645).
V. Lage möglicherweise bei Alverdissen.
Literatur: Gerking 1995, Nr. 80, S. 113; Meineke 2010, S. 380.

Oldendorpe (bei Blomberg).
I. Ortswüstung.
II. Stadt Blomberg.
III. *1107–1128: *Altenthorf* (Reichsabtei Corvey Salierzeit, S. 232, §30d: Bezug unsicher); 1347: *Thegheden to Oldendorpe vp deme Uelde vor dem Blomberghe* (Meineke 2010, S. 167; LR Bd. 2, Nr. 890); 1355: Feld zu *Oldendorpe* vor dem Blomberg (LRNF 1355.01.12).
VI. Überbaut.
Literatur: Gerking 1995, Nr. 36, S. 96 f.: Feldohlentrup; Meineke 2010, S. 167 f.: Feldohlentrup.

Oldenlüde (Abb. 39).
I. Ortswüstung.
II. Stadt Lügde.
III. Es ist nicht mit hinreichend genauer Sicherheit zu klären, ob die zu „Lügde" bestehende Quellenüberlieferung des späten 8. und 9. Jhs. sowie diejenige in der Vita Meinwerci auf die ländliche Siedlung +Oldenlüde oder auf Lügde (St. Kilian) zu beziehen ist (Letztere ist hier unter Lügde, St. Kilian zusammengestellt); *1437: *dat dorp Oldenlüde* (siehe Giefers 1871b, S. 167; Meineke 2010, S. 335).
IV. 1461: *vor Lüde in dem olden Lüder Velde* (Regesten und Urkunden Marienmünster 4, Nr. 237).
VI. Funde Neolithikum; vorrömische Eisenzeit; römische Kaiserzeit und 8. Jh. bis um 1350; Eisenverhüttung und -verarbeitung; DKZ 4021,0062.
Literatur: Gerking 1986, S. 67 f.; Gerking 1995, Nr. 81, S. 113 f. und Karte 28; Meineke 2010, S. 334–339: Lügde, +Oldenlude; Bergmann 2021b, S. 260.

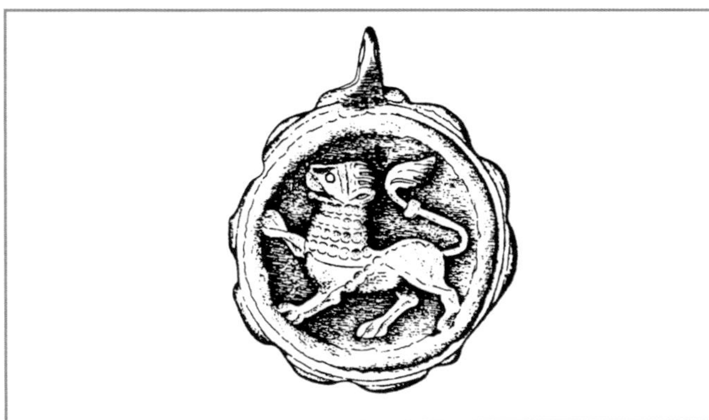

Abb. 39: Lügde, Kr. Lippe, feuervergoldeter Löwenanhänger des ausgehenden Hochmittelalters von der Ortsstelle Oldenlüde, M.1:1 (Zeichnung: H. Böckmann, LWL-Archäologie für Westfalen) [H. Fundstück: 4,4 cm]

Ossentorpe.
I. Ortswüstung.
II. Stadt Barntrup.
III. *1386: *Oßtorff fuer Barntrupf* (siehe Meineke 2010).
V. Nördöstlich von Barntrup.
VI. Überbaut.
Literatur: Gerking 1995, Nr. 82, S. 114; Meineke 2010, S. 382.

Ottersen.
I. Ortswüstung.
II. Stadt Lügde.

III. *1259: Bernhardus de Ottersen (Westf. Ub. 4, Nr. 774).
IV. 1492: Oetzerholt (LR Bd. 4, Nr. 2786).
V. Wahrscheinliche Lage östlich von Sabbenhausen im Umfeld des „Otten-Berg" nahe der Landesgrenze zu Niedersachsen.
VI. Grobverortung: DKZ 4021,0104.
Literatur: Gerking 1986, S. 68 f.; Gerking 1995, Nr. 83, S. 114 f.; Meineke 2010, S. 383 f.

Overen Homersen (vgl. Hummersen).
I. Der heutige Ort Hummersen schließt sich im Westen unmittelbar an die Fundbereiche der Ortswüstung an bzw. die Wiederbegründung von Hummersen erfolgte außerhalb oder am Rand der ursprünglichen Ortsstelle. Somit liegt der Sonderfall einer wiederbesiedelten und zusätzlich einer partiellen Ortswüstung vor. Die Identifikation/Unterscheidung von Overen Homersen und Kerkhomersen erfolgt hier nach Gerking.
II. Stadt Lügde.
III. *1268: villa, que dicitur *Overenhomersen* (LRNF 1268.00.00).
VI. Funde 9./10.–14. Jh.; DKZ 4122,0112.
Literatur: Gerking 1995, Nr. 43, S. 98, S. 100 und S. 160, Karte 27: Oberhummersen; Meineke 2010, S. 261–263: Hummersen.

Piringisamarca.
I. Ortswüstung?
II. Stadt Schieder (unsicher).
III. *889: *in locis Piringisamarca* (MGH DD Arn., Nr. 60, S. 88).
V. Aufgrund der gemeinsamen Nennung mit Schieder (*Schidara*), *Ad[i]kenhusun* (siehe u. a. +Adessen, Kr. Höxter) und [+]*Munchohusun* (Kr. Höxter) ist von einer Lage im südlichen Kr. Lippe oder im nördlichen Kr. Höxter, jedenfalls im *pago Huueitago*, auszugehen (vgl. Mönchslisten Traditionen Corvey 2, S. 225); nicht auf der Wüstungs-Übersichtskarte des Kreises Lippe dargestellt.

Poppinchusen.
I. Ortswüstung (zeitweilige partielle Ortswüstung).
II. Stadt Detmold.
III. *1350: *Poppinchusen* (LRNF 1350.06.19).
V. Lage im Bereich des heutigen Westfälischen Freilichtmuseums Detmold südlich der Stadt und in der Nähe des Mausoleums.
VI. Groblokalisation: DKZ 4019,0257.
Literatur: Stöwer 1952, S. 75 f., S. 78–80 und Karte: S. 80 f.: Pöppinghausen; Gerking 1995, Nr. 84, S. 115: Pöppinghausen; Meineke 2010, S. 393 f.

Rammentorpe.
I. Ortswüstung.
II. Gemeinde Extertal.
III. *1445 *curiam in Rammentorpe/Hoff to Rammentorpe* (Ub. Möllenbeck I, Nr. 216).
V. Lage nach Meineke „im südl[ichen] Ortsbereich von Silixen".
Literatur: Gerking 1995, Nr. 85, S. 115: Ramelincdorf; Meineke 2010, S. 395 f.: Ram(m)entorp.

Rantelbeke,
I. Ortswüstung (ehemaliger Hägerort).
II. Gemeinde Kalletal.
III. *1354: Gut zu dem Haghen zu Rantelbeke; Leute zu Rantelbeke (LRNF 1354.07.13B).
V. Lage bei Harkemissen.
Literatur: Meineke 2010, S. 396.

Retlage.
I. Ortswüstung.
II. Stadt Lage.
III. *1239: *Retlache* (Westf. Ub. 3, Nr. 365); nach Hohenschwert (1985b, S. 222) Nennung einer curtis Retlage im 12. Jh.
V. Lage am Retlager Bach bei Müssen.
VI. Durch Abgrabungen (Kiesgewinnung) bedingte Untersuchung einer Hofanlage. Nachweis einer Turbinenmühle (Funde und Befunde); Roheisenaufbereitung; Siedlungsstelle von einer Auensedimentauflagerung von 1,5–2 m Stärke überdeckt und ehemals von mehreren mittelalterlichen Hochwasserereignissen betroffen; Funde 10./11.–13./14. Jh.; potentieller Bezug der Siedlungsstelle zum 0,8 km entfernten, wüstungsresistenten Hof Rethmeier (daher möglicherweise Verlagerung einer der Hofstelle von Retlage nach dort); DKZ 4018, L 18.
Literatur: Hohenschwert 1980, S. 48–50; Hohenschwert 1985b, S. 217–222; Hohenschwert 1985g, S. 270; Gerking 1995, Nr. 86, S. 115 und 117; Meineke 2010, S. 402 f.

Ridderuflen.
I. Ortswüstung (nach Meineke), Ortsnamenwüstung (nach Gerking).
II. Stadt Bad Salzuflen?
III. *1300: (Ritter-) Uflen (LRNF 1300.06.30); 13. Jh.: *Riderufflen* (CTW 4, S. 89).
V. Unsichere Lage nördlich von Salzuflen; nicht auf der Wüstungs-Übersichtskarte des Kreises Lippe dargestellt.
Literatur: Gerking 1995, Nr. 29, S. 50 f.; Meineke 2010, S. 408: Ritteruflen.

Ripen (Abb. 40).
I. Ortswüstung mit Wüstungsflur (wahrscheinliche Totalwüstung).
II. Stadt Lemgo.
III. *1198: *Ripen* (Westf. Ub. 5, Nr. 166).
IV. Wüstungsweisende FlN um 1800: Rieperfeld, -berg, -busch (Stöwer 1990, S. 92); Rieper Turmhof rezent bestehend.
VI. Ausgedehnte, unter Wald erhaltene Wölbackerflur mit nahe-

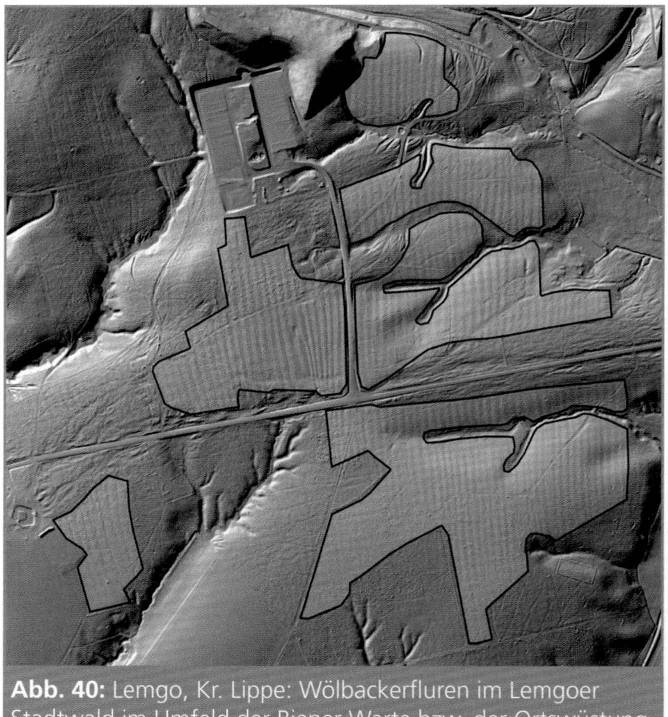

Abb. 40: Lemgo, Kr. Lippe: Wölbackerfluren im Lemgoer Stadtwald im Umfeld der Rieper Warte bzw. der Ortswüstung Ripen (Grundlage DGM geobasis.nrw; Kartografie: LWL-Archäologie für Westfalen, M. Thede)

zu ausschließlich Nord–Süd verlaufenden Ackerbeeten (Abb. 40) (DKZ 3919,0162) im Umfeld des „Rieper Turms"; Warte „Rieper Turm": DKZ 3919,0161.
Literatur: Gerking 1995, Nr. 87, S. 117 f.; Meineke 2010, S. 406 f.; Bergmann 2020, S. 135 und Abb. 2; Bergmann 2021b, S. 262 und Abb. 4.

Rotelinckhusen.
I. Ortswüstung.
II. Stadt Detmold,
III. *1462: *Rotelinckhusen* (LRNF 1462.04.25); Ersterwähnung nach Stöwer (1952, S. 76): 1409: Hof, Zehnt zu Rödlinghausen.
V. Lage östlich von Detmold.
VI. Überbaut.
Literatur: Stöwer 1952, S. 75 f., 78 und Karte: S. 80 f.: Rödlinghausen; Gerking 1995, Nr. 89, S. 118 f.: Rödlinghausen; Meineke 2010, S. 410: Rödlinghausen.

Rowessen.
I. Ortswüstung,
II. Stadt Schieder-Schwalenberg.
III. *1302: *curiam Rordescen* (Westf. Ub. 9, Nr. 101).
VI. Funde 9. Jh.–um 1300; Eisenverhüttung und -verarbeitung; DKZ 4020,0062.
Literatur: Gerking 1995, Nr. 88, S. 118 und Karte 29; Treude 1997 i, S. 299 (mit Angabe einer abweichenden Kennziffer DKZ 4020,0060); Meineke 2010, S. 414 f.

Rupenmühle.
I. Mühlenwüstung.
II. Stadt Lemgo.
III. *1451: Rupenmühle (LRNF 1451.06.28); Wüstnennung 1489.
V. Lage wohl an der Ilse; nicht auf der Wüstungs-Übersichtskarte des Kreises Lippe dargestellt.
Literatur: Gerking 1995, Nr. 90, S. 119.

Schieder, siehe Alt Schieder.

Scoderingthorp.
I. Ortswüstung.
II. Stadt Lemgo.
III. *Ende 12. Jh.: *Scoderingthorp* (CTW 4, S. 24).
V. Lage südlich von Brake.
Literatur: Gerking 1995, Nr. 92, S. 119: Schöllentrup; Meineke 2010, S. 430–432: Schöllentrup.

Serincworden.
I. Ortswüstung, mit Mühle, Wüstungsflur.
II. Stadt Bad Salzuflen.
III. *Ende 12. Jh.: *Seringwurthen; Serincworden* (CTW 4, S. 25 und S. 43, Anm. i); 1354: Leute zu ... Selincworden – mit Ausnahme der Koniken, des Müllers Weib (LRNF 1354.07.13B).
V. Lage nordwestlich von Bad Salzuflen innerhalb des Salzufler Stadtwaldes in Waldstück „Seligenwörden". Nach Westen schließt sich an die wahrscheinliche Ortslage eine ausgedehnte spätmittelalterliche Wölbackerflur (unter Waldbedeckung) mit Südsüdost–Nordnordwest, Südsüdwest–Nordnordost und selten Südwest–Nordost ausgerichtet verlaufenden Ackerbeeten an, die sich bis in den Kr. Herford ausdehnt, wobei im Kr. Herford in der Peripherie der Flurrelikte der FlN „Am Seeligen Wöhrden" (Deutsche Grundkarte) auftritt.
VI. DKZ 3818,0194; DKZ Wölbackerflur: 3818,0079 (Kr. Herford) und 3818,0186 (Salzufler Stadtwald).
Literatur: Gerking 1995, Nr. 93, S. 119 f.: Selincworden; Meineke 2010, S. 443 f.: Seligenwörden; Bergmann 2021b, S. 262.

Slede.
I. Ortswüstung.
II. Stadt Lügde.
III. *1322: *Sleden* (Westf. Ub. 9, Nr. 2056).
V. Lage zwischen Lügde und Großenberg.
VI. Überbaut?
Literatur: Giefers 1871b, S. 173: Zehnt Slede; Gerking 1995, Nr. 94, S. 120; Meineke 2010, S. 448 f.

Smatteshagen.
I. Wüstungscharakter unklar; Ortsnamenwüstung (= Scheinwüstung) nach Gerking; Ortswüstung nach Meineke.
II. Gemeinde Leopoldshöhe oder Stadt Bad Salzuflen?
III. Das 1319 genannte *domum ... in Smachteshagen in parochia Werther* (Westf. Ub. 10, Nr. 647) kann aufgrund der Kirchspielszugehörigkeit wohl kaum auf diesen Ort bezogen werden; Quellen von 1467 und 1488 hingegen nennen einen Hof *Ekmeiger in dem Smatteshagen* bzw. *Eckmeyer im Smachteshaigen* und ordnen diesen im Kirchspiel Schötmar gelegenen Hof (welcher der Resthof der Ortswüstung Smatteshagen sein könnte) sowohl dem wüstungsresistenten Ort Papenhausen (1467 genannt) als auch Holzhausen (1488 genannt) zu.
V. Nach Gerking heißt der Ort später Nienhagen; nach Meineke ist eine derartige Ablösung des Ortsnamens fraglich; diese nimmt für Smatteshagen eine Lage bei Huxhagen an; u. U. ist jedoch eine Lage bei Papenhausen vorzuziehen.
Literatur: Gerking 1995, Nr. 34, S. 52: Schmachtshagen; Meineke 2010, S. 429: Schmachtshagen.

St. Johann Baptist ante muros, siehe Alt Lemgo, St. Johann und Gelmerinctorp.

Stocke.
I. Ortswüstung mit Wüstungsflur, wahrscheinliche Totalwüstung.
II. Gemeinde Kalletal.
III. *1245: *in novali nostro Stocke sitas* (Westf. Ub. 6, Nr. 447).
V. Lage im Umfeld des „Stockenborn" im Waldgebiet des „Stöcker Berg"; wahrscheinliche Ortslage von ausgedehnter Wölbackerflur mit vornehmlich West–Ost verlaufenden Ackerbeeten umgeben, in deren Umfeld sechs kleinere Wölbackerverbände auftreten.
VI. DKZ 3820, 0110 (mutmaßliche Ortslage); DKZ 3820,0111 (Wölbackerfluren).
Literatur: Gerking 1995, Nr. 95, S. 120 f.: Stockem; Meineke 2010, S. 463 f.: Stöcken; Bergmann 2021b, S. 262.

Struchtrup.
I. Ortswüstung.
II. Stadt Blomberg,
III. *1107–1128: *in Strucdorfe* (Reichsabtei Corvey Salierzeit, S. 231, §28 c).
V. Lage im Umfeld des Gretenberg (= 2 km westnordwestlich von Herrentrup).
Literatur: Meineke 2010, S. 464.

Stutinchusen.
I. Ortswüstung.
II. Stadt Lemgo.
III. *1312: *Johannes de Stuttinchusen* (Westf. Ub. 9, Nr. 1056).
V. Lage vermutlich am Spiegelberg.
Literatur: Meineke 2010, S. 465 f.

Sunthersen.
I. Ortswüstung.
II. Stadt Lügde.
III. *Z. J. 1031 (um 1165): *Sunderessun ... in pago Auga* (Vita Meinwerci [ed. Terstesse], Kap. 207, S. 168; Vita Meinwerci [ed. Berndt], Kap. 205, S. 234, Z. 16 und Anm. 830).
V. Groblokalisation am Köterberg im Umfeld von Falkenhagen.
Literatur: Meineke 2010, S. 469 f.

Suthen.
I. Ortswüstung.
II. Stadt Lügde.
VI. Wenig ausgeprägte Fundstreuung mit prähistorischer Keramik und Funden des 9./10. Jhs.–14. Jhs.; DKZ 4021,077.
Literatur: Gerking 1995, Nr. 96, S. 121 und Karte 31; Meineke 2010, S. 470.

Suthhagen.
I. Ortswüstung.
II. Stadt Lügde.
III. *1268: *Suthhagen* (Westf. Ub. 4, Nr. 1151).
VI. Streufund: eine(!) Bodenscherbe des 13./14. Jhs.
VI. DKZ 4121,0081–82.
Literatur: Gerking 1986, S. 72; Gerking 1995, Nr. 97, S. 121: Süthagen; Meineke 2010, S. 466 f.: Suethagen.

Tensincdorp.
I. Ortswüstung.
II. Stadt Barntrup.
III. *1272: *Henrico de Tencinctorpe* (Westf. Ub. 4, Nr. 1291).
V. Lage südwestlich von Barntrup im Bereich des Niederen Feldes nördlich der Lemgoer Straße.
VI. Grobverortung: DKZ 4020,0167.
Literatur: Gerking 1995, Nr. 98, S. 121; Meineke 2010, S. 474 f.: Tensinctorp.

Ubbenbrok.
I. Ortswüstung.
II. Stadt Lügde.
III. *1052–1076: *mansum in Ubbenbrocke* (Westf. Ub. 1, Cod. 145); 1304: *Bertoldo de Ubbebroke* (Westf. Ub. 9, Nr. 295).
V. Lage mutmaßlich im Umfeld von Harzburg.
Literatur: Giefers 1871b, S. 152; Gerking 1986, S. 72 f.; Gerking 1995, Nr. 100, S. 122; Meineke 2010, S. 479 f.

Ulenhusen.
I. Ortswüstung.
II. Stadt Lügde.
III. *zu 1447: *Uhlenhausen* (Meineke 2010, S. 482).
IV. Ortslage u. a. überliefert durch wüstungsweisende FlN „Uhlensen" und „Ullensenbach".
VI. Eisenzeitliche Keramik und Funde um 800–14. Jh. (darunter Randscherben von Kümpfen des frühen Mittelalters aus uneinheitlich gebrannter gesteinsgrusgemagerter Irdenware); Eisenverhüttung und –verarbeitung; DKZ 4021,0063:L.
Literatur: Hohenschwert 1985h, S. 275 f.; Gerking 1986, S. 73 f.; Gerking 1995, Nr. 101, S. 122 und Karte 32 (Nordpfeil fehlorientiert); Meineke 2010, S. 482 f.

Vespere.
I. Ortswüstung.
II. Stadt Lügde,
III. *1052–1076: *Thesperi* im Kirchspiel *Odisthorp* (Westf. Ub. 1, Cod. 145; *Odisthorp* = Oesdorf, Kr. Hameln-Pyrmont, Niedersachsen); 1269: *Gerlacus de Vespere* (Westf. Ub. 4, Nr. 1168).
V. Da eine Lage im äußersten Südosten des Vesperfeldes nahe des „Meiersgrund" durch Grabungsschnitte der LWL-Archäologie für Westfalen archäologisch ausgeschlossen wurde, ergibt sich für die Wüstung eine Lage nahe der Emmer (wie auch für einen Ort mit schwer deutbarem Ortsnamen eher charakteristisch) im Bereich/Umfeld der Flur „Vesperfeld".
VI. Wahrscheinlich überbaut; Meineke nennt Keramikfunde des 8.–14./15. Jhs. zwischen Pyrmonter Bahnhof und Lügde, mit denen die Ortslage erfasst sein dürfte; Groblokalisation: DKZ 4021,0133.
Literatur: Giefers 1871b, S. 151–152 und S. 192; Gerking 1986, S. 74; Gerking 1995, Nr. 122, S. 95; Meineke 2010, S. 490–492: Vesper(feld).

Vilmerinctorpe.
I. Ortswüstung.
II. Gemeinde Dörentrup.
III. *1332: *Wlmerincktorpe* (LRNF 1332.12.13, wo dies als Wülfentrup gedeutet wird).
V. Lage etwa 5 km südwestlich von Alverdissen.
Literatur: Gerking 1995, Nr. 103, S. 122 f.; Meineke 2010, S. 492 f.: Vilmerincktorp.

Vorderinctorpe.
I. Ortswüstung.
II. Gemeinde Dörentrup?
III. *1324–1360: *Verderinctorpe* (CTW 4, S. 162); 1375: *curiam in Vorderinctorpe in par. Hilwerinctorpe* (CTW 4, S. 202).
V. Genaue Lage im Kirchspiel Hillentrup unbekannt.
Literatur: Gerking 1995, Nr. 104, S. 123; Meineke 2010, S. 489 f.: Verderinctorp.

Vosseshagen.
I. Ortswüstung.
II. Stadt Lemgo?
III. *1465: hus an den Vosseshaghen (Meineke 2010, S. 467).
IV. Die Ortswüstung ist nur möglicherweise mit dem wüstungsweisender FlN Voßheide bzw. dem heutigen Lemgoer Ortsteil Voßheide zu identifizieren; Bedenken gegenüber einer Gleichsetzung bestehen insbesondere wegen des ubiquitären Charakters des Orts- bzw. Flurnamens.
V. Lage Voßheide 4 km ostsüdöstlich von Lemgo.
Literatur: Gerking 1995, Nr. 105, S. 123: Voßhagen; Meineke 2010, S. 497 f.: Voßhagen.

Waleburg.
I. Ortswüstung.
II. Stadt Bad Salzuflen.
III. *Ende 12. Jh.: *Waleburg* (CTW 4, S. 22).
V. Genaue Lage bei Schötmar unbekannt; nicht auf der Wüstungs-Übersichtskarte des Kreises Lippe dargestellt.
Literatur: Meineke 2010, S. 502 f.

Walpotessen.
I. Ortswüstung.
II. Stadt Horn-Bad Meinberg.
III. 1107–1128: *Walpotessen* (Reichsabtei Corvey Salierzeit, S. 232, §30.c).
V. Lage im Umkreis von Horn-Bad Meinberg unsicher; nicht auf der Wüstungs-Übersichtskarte des Kreises Lippe dargestellt.
Literatur: Gerking 1995, S. 52; Meineke 2010, S. 503 f. (mit ausführlicher Diskussion der Identifikation).

Wantrup.
I. Wahrscheinliche partielle Ortswüstung (der jetzige Einzelhof geht mutmaßlich auf eine Kleinsiedlung des Mittelalters zurück); Gerking verbucht Wantrup (Wamelynchtorpe) unter den Ortswüstungen und geht auf die Problematik der Lage des Hofes Wamelynchtorpe im Kirchspiel Heiligenkirchen ein; Meineke bestreitet einen Wüstungscharakter.
II. Stadt Detmold.
III. *Um 1390: *de Meyger to Wamelynchtorpe* (Stöwer, Älteste Landschatzregister, S. 145).
Literatur: Gerking 1995, Nr. 196, S. 123 f.: Wamelynchtorpe; Meineke 2010, S. 504 f: Wantrup.

Wehrenhagen.
I. Ortswüstung; jedoch nach Meineke (2010, S. 508) FlN, „hinter dem wohl keine [...] Wüstung steht".
II. Stadt Detmold.
III. *1421: Vernhagen (Stöwer 1952, S. 76).
V. Lage nordnordöstlich von Detmold.
VI. Überbaut, archäologisch nachgewiesener Brunnenbefund nahe der Wehrenhagenstraße: DKZ 4019,0169.
Literatur: Stöwer 1952, S. 75 f., S. 78 und Karte S. 80 f.: Wehrenhagen; Gerking 1995, Nr. 108, S. 124.

Wenden.
I. Nach Gerking: Einzelhof (folglich: Hofwüstung); nach Meineke Ortswüstung.
II. Stadt Lügde.
III. *1358–1360: *Wenden* (LRNF 1358.00.00–1360.00.00; LRNF setzt Wenden mit Vennerbruch gleich).
VI. Funde des 9.–14. Jhs.; DKZ 4021,0071:L.
Literatur: Gerking 1995, Nr. 109, S. 124 und Karte 33; Meineke 2010, S. 512 f.

Wendinchusen (Weginchusen).
I. Ortswüstung (im späten 15. Jh.–1617 mit Hof temporär wiederbesiedelt); nach Meineke potientielle Hofwüstung (wogegen der Ortsname auf -husen spricht).
II. Stadt Detmold.
III. *Um 1390: *To Wendinchusen*; 1497: *de Sleper to Weginkhusen* (Stöwer, Älteste Landschatzregister, S. 147 und 117).
V. Lage im Umfeld des Donoper Teichs bei Hiddesen.
VI. DKZ 4018,0274.
Literatur: Gerking 1995, Nr. 107, S. 124; Meineke 2010, S. 513: Weginghusen.

Wentsen.
I. Ortswüstung.
II. Stadt Blomberg.
III. *822–826(?): *in Winedahus*(un) *latos IIII*[or] *et de terra quicquid habuit*: Die Tradition umfasst Schenkungen innerhalb eines relativ großen Gebiets in Sachsen. Insgesamt bestehen neun Möglichkeiten einer Ortsidentifikation von Winedahusun, darunter diejenige mit +Wentsen (Mönchslisten Traditionen Corvey 1 und 2, Tr 41 und S. 99); 1338: Johannes von Wenthosen, Ritter sowie Johannes und Konrad von Wenthosen, Knappen (Regesten und Urkunden Marienmünster 3, Nr. 28, S. 158); 1339: Heinrich von Wenthusen, Knappe (Regesten und Urkunden Marienmünster 3, Nr. 132, S. 159).
IV. Wegebezeichnung „Wentser Weg" in Tintrup jetzt zu Fensterweg verballhornt.
V. Anzunehmende Lage um Maspe/Blomberg/Freismissen.
Literatur: Gerking 1995, Nr. 110, S. 124 f.; Meineke 2010, S. 515.

Werdinghus Hove.
I. Hofwüstung?
II. Stadt Barntrup im Grenzbereich zur Gemeinde Extertal.
III. *1366: Werdinghus Hove (LR Bd. 2, Nr. 1146): aus der Quelle könnte auch auf eine Landhufe geschlossen werden.
V. Lage im Grenzbereich der Mark von Alverdissen; nicht auf der Wüstungs-Übersichtskarte des Kreises Lippe dargestellt.
Literatur: Gerking 1995, Nr. 111, S. 125.

Westschlangen.
I. Ortswüstung; da Westschlangen womöglich wenig westlich von Ostschlangen gelegen ist, wäre Schlangen insgesamt als partielle Ortswüstung einzustufen.
II. Gemeinde Schlangen.
III. 1211: *Ostlangen* (Westf. Ub. 4, Nr. 46; als indirekter Beleg für eine Existenz von Westschlangen aufzufassen); *1265–1270 (Dorsalvermerk): *fratres de Westlanghen* (Westf. Ub. 4, Nr. 1056, S. 531); 1331: in Westlanghere (Landesarchiv NRW, Abt. Westfalen [Münster], Fsm. Paderborn, Urkunden, Reg. 574).
V. Angenommene Lage wenig westlich des Kirchortes (Ost-) Schlangen.
VI. Modern überbaut.
Literatur: Koch 1974, S. 212–215 mit Abb. (Karte) 40; Gerking 1995, Nr. 112, S. 125; Balzer 1979, Ortsnamenliste zu Abb. 5, Nr. 3: Westschlangen; Meineke 2010, S. 425–429: Schlangen.

Wezzelingvelde
I. Wezzelingvelde wird mit dem heutigen Ort Köterberg gleichgesetzt und wäre insofern als wiederbesiedelte, also temporäre, Ortswüstung zu interpretieren.
II. Stadt Lügde.
III. *1268: *Wezzelinguelde* (Westf. Ub. 4, Nr. 1151).
Literatur: Gerking 1995, Nr. 37, S. 52 f.: Westlingfeld; Meineke 2010, S. 294–296: siehe Köterberg.

Wiginchusen.
I. Ortswüstung (wahrscheinlich unter dem Ortsnamen Ratsiek wiederbesiedelt)
II. Stadt Lügde.
III. *1227: Dietrich von Wiginchusen (Westf. Ub. 4, Nr. 152).
V. Lage nördlich der Wörmke, oberhalb des Teichs der ehemaligen Ratsieker Mühle.
VI. Groblokalisation: DKZ 4021,0103.
Literatur: Gerking 1986, S. 75 f.; Gerking 1995, Nr. 38, S. 53: Wiginchusen.

Wilbasen.
I. Ortswüstung mit Kapelle (Resthof „Meier zu Wilbasen" u. a. 1493 bezeugt).
II. Stadt Blomberg.
III. *1146: *decimam in Wilbodessun* (Westf. Ub. 5, Nr. 54); 1400: Marienkapelle in *Wilbodessen* bezeugt (LRNF 1400.05.30); 1400: Einsiedelei (Kluse); 1. Hälfte des 15. Jhs.: Grablege von Edelherren zur Lippe; spätmittelalterlich-frühneuzeitlicher Jahrmarktsort.
VI. Funde 9.–14. Jh.; Eisenverhüttung und -verarbeitung; DKZ 4020,0021 und 4020,0055.
Literatur: Gerking 1995, Nr. 113, S. 125 f. und Karte 34 (Nordpfeil fehlorientiert); Treude 1997e, S. 295; Meineke 2010, S. 523 f.

Winnehusen.
I. Ortswüstung.
II. Gemeinde Kalletal?

III. *1466: Zehnt zu Winnehusen (LR Bd. 3, Nr. 2305).
V. Verortung im nördlichen Kr. Lippe unsicher; nicht auf der Wüstungs-Übersichtskarte des Kreises Lippe dargestellt.
Literatur: Gerking 1995, Nr. 114, S. 127; vgl. Meineke 2010, S. 107.

Wymannessiek.
I. Hofwüstung.
II. Stadt Lügde.
III. *1291: *Wymannessich* (Westf. Ub. 4, Nr. 2157).
VI. DKZ 4021,0070:L.
Literatur: Giefers 1871b, S. 152 f.: zu dem Wynemannssieke; Gerking 1986, S. 76; Gerking 1995, Nr. 115, S. 127: Wymannssiek; Meineke 2010, S. 540 f.

Wytekenhagen.
I. Wüstungscharakter nicht eindeutig zu ermitteln.
II. Stadt Lemgo.
III. *1324–1360: *Wytekenhof et Wytekenhagen* (CTW 4, S. 162); eine gleichnamige bei Vlotho in Niedersachsen gelegene Ortswüstung *Wittekenhaghen*, die auch als *Wittikenhoven* bezeichnet ist, ist im Zeitraum 1442–1469 mehrfach bezeugt (Ub. Möllenbeck I, Nr. 264–267).
V. Aufgrund der uneindeutigen Quellenlage ist nicht sicher zu entscheiden, in welchem Zusammenhang der wüstungsresistente, auf einer Karte von 1590 (Gerking, 1995, S. 112, Abb. 159) verzeichnete Wytekenhof (jetzt: Wittigenhöfen; 1590: *Witge Hofen*) zu +Wytekenhagen steht. Angenommen wird die Ortswüstung Wytekenhagen im Umfeld des heutigen Wohnplatzes Wittighöferheide.
VI. DKZ Wittigenhöfen: 3919,0163.
Literatur: Meineke 2010, S. 528 f.: Wittigenhagen.

Yerkessen.
I. Ortswüstung.
II. Stadt Lügde.
III. *1492: Yerkessen (LR Bd. 4, Nr. 2786).
V. Genaue Lage im Stadtgebiet Lügde unbekannt bzw. fraglich; nicht auf der Wüstungs-Übersichtskarte des Kreises Lippe dargestellt.
Literatur: Giefers 1871b, S. 173: Yerkessen; Gerking 1986, S. 76; Gerking 1995, Nr. 116, S. 127; Meineke 2010, S. 14.

Ymessen.
I. Ortswüstung mit partieller Wüstungsflur.
II. Gemeinde Kalletal.
III. *1314: Heinrich von Ymmessen (Regesten und Urkunden Marienmünster 3, Nr. 97, S. 135); 1335: *Ymessen*, Imessen (Meineke 2010, S. 274; LR Bd. 2, Nr. 774).
V. Wahrscheinliche Lage nahe des „Ihmser Bruch", südlich dessen an einer Quelle in der Deutschen Grundkarte der Eintrag „Wüstung Ihmsen" besteht.
VI. Ausgedehnte Wölbackerflur, welche sich vom „Ihmser Bruch" bis zum „Bünkenberg" erstreckt; wahrscheinliche Ortslage: DKZ 3819,0195; Wölbackerflur mit vorwiegend Süd–Nord orientiert verlaufenden Ackerbeeten (im Nordwesten der Flur auch ein bachnaher Flurbereich mit West–Ost verlaufenden Beetrücken): DKZ 3819,0196.
Literatur: Gerking 1995, Nr. 64, S. 107 f.: Immesen; Meineke 2010, S. 274 f.: Ihmsen; Bergmann 2021b, S. 262.

10.3 Wüstungen im Kreis Höxter (Abb. 41)

In der Bilanz sind während des Spätmittelalters im Kreis Höxter 218 Siedlungen von totaler Aufgabe (darunter 13 Orte mit einer Kirche oder Kapelle) oder aber zumindest gravierenden Entsiedlungserscheinungen (30 partielle Ortswüstungen) betroffen gewesen, womit der Kreis innerhalb von Westfalen die Spitzenposition einnimmt. Zu diesen gesellen sich acht Burgen, die meist in einem siedlungsgenetischen Zusammenhang zu Ortswüstungen stehen, drei Hofwüstungen und eine Klosterwüstung. Von ihrer Objekttypisierung nicht genauer einordnungsfähig sind 14 Wüstungen. Im Kreisgebiet ist das regionale Wüstungsgeschehen dermaßen intensiv gewesen, dass selbst zwei Städte, Corvey (Bergmann 2011d, S. 157–160) und Stoppelberg (Bergmann 2011f, S. 164–168), im Spätmittelalter von ihren Bewohnern verlassen worden sind. Bezogen auf den Gesamtbestand mittelalterlicher Orte errechnet sich ein Wüstungsquotient von mindestens 62 %. Teile des Weserberglandes gehören somit zu den am stärksten von Entsiedlung betroffenen Räumen Mitteleuropas.

Der regionale Arbeitsstandstand zur Wüstungsforschung weist erhebliche Unterschiede auf. In der 2. Hälfte des 19. Jhs. einsetzend, hatten rein historische Arbeiten zunächst einzelne Stadtfeldmarken zum Thema. Für den vor der kommunalen Gebietsreform bestehenden Altkreis Höxter, der die Nordhälfte des heutigen Kreises umfasst, konnte 1966 erstmals ein historisches Wüstungsverzeichnis erstellt werden (Leesch/Schubert 1966, S. 342–347). Auf dessen Basis ist 1978/1978 eine erhebliche Bereiche des Altkreises abdeckende, zweibändige archäologische Inventarisationsarbeit erschienen (Stephan 1978/79), gefolgt von einem mehrbändigen Werk zur Stadtwüstung Corvey (Stephan 2000). Bereits 1956 befasste sich eine kulturgeografische Arbeit mit der Stadtgemeinde Bad Driburg (Ahrens 1956). Das Wissen um die damals eindeutig lokalisierten Ortsstellen ist, aus bodendenkmalpflegerischer Sicht höchst bedauerlich, verlorengegangen. - In der Südhälfte des Kreises, dem Altkreis Warburg, setzte mit dem Jahr 1982 beginnend eine intensive archäologische Geländeprospektion der LWL-Archäologie für Westfalen ein. In deren Verlauf ist ein erheblicher Teil der Ortsstellen dieses Landschaftsraumes verortet worden.

Die bei den Prospektionsarbeiten fassbare mittelalterliche Besiedlung der Warburger Börde setzt in der Merowingerzeit ein. Sie erstreckt sich auf Orte mit schwer deutbarem Ortsnamen. Im Altkreis Höxter häufigere Funde von Kumpfkeramik werden im Zusammenhang einer im 8. Jh. bestehenden/einsetzenden Besiedlung gesehen. In der Karolingerzeit, etwa um 800 n. Chr., entstehen die auffälligen Halbringe von -heim Orten um die Zentralorte Brakel und Warburg. Das Siedlungsnetz erfährt im 9./10. Jh. eine erhebliche Verdichtung. Kennzeichnend für diese Rodungsphase sind Orte des -hausen und -shausen Typs. Letztere Ortsnamen sind sprachlich noch im Mittelalter meist zu der Endung -essen verschliffen worden.

Dem charakteristischen Wüstungsgeschehen des 14. Jhs. ging eine frühe Phase zeitweiliger Entsiedlung voraus. Hardehausen ist vor seiner Wiederbegründung als Zisterzienserkloster 1140 eine Wüstung gewesen. Auch das benachbarte Kivelinchusen war damals wüst und ist als Grangie neu begründet worden. Frühe Wüstungserscheinungen sind in den Geschichtsquellen in ähnlicher Weise für +Dungen im Norden des Kreises belegt, dessen Mansen im 1. Drittel des 12. Jhs. zur Hälfte wüst waren.

Es ist auffällig, dass von verschiedenen Bearbeitern wiederholt festzustellen war, dass dem 14. Jh. eindeutig zuzuordnende Funde auf zahlreichen prospektierten Ortsstellen („Altendorf" [bei Eissen], „Amensen" [Annessen?], Borchusen, Bredanbiki, Brochtorp, Bunessen, Dallessen, Dudexen, Hemenhusen, Heygenhusen, Hogenhusen, Holtrup, Osthem [am Desenberg], Radolvessen, Rothe, Satessen, Schunen, Selhausen, Tringen und Valhausen [bei Dringenberg]) fehlen. Für andere Ortswüstungen wie Ahusen, Maygadessen, Overde und Sunrike lässt sich ein Ausdünnen der Besiedlung vor 1300 erkennen bzw. partielle Wüstungserscheinungen nachweisen. Insofern ist aus archäologischer Sicht darauf hinzuweisen, dass der Kreis Höxter zeitlich weit vor dem Auftreten der Pest von einer durchaus massiven Wüstungswelle erfasst sein muss, die sich nicht nur auf Stadtumfelder sondern auch auf den eigentlichen ländlichen Raum erstreckt hat. Die Entsiedlung des letzteren Raumes hat sich, besonders im Umfeld der Städte, als Konzentrationsprozess vollzogen. Bei der Verlagerung von bäuerlichen Besitzeinheiten vom Land in die Stadt blieb das Grundgefüge der mittelalterlichen Parzellierung erhalten. Dies wird exemplarisch beim Betrachten des Urkatasters der Wüstung Holtrup bei Borgentreich aus dem 1. Drittel des 19. Jhs. deutlich (Abb. 4). Die Ortsstelle mit ihren vornehmlich blockartigen Hofstellen und der mehrfach gekrümmten ehemaligen Dorfstraße unterscheidet sich deutlich vom streifigen Parzellierungsmuster des mittelalterlich-neuzeitlichen Ackerlandes.

Die Masse der Ortswüstungen des Kreisgebietes erstreckt sich auf weilerartige ländliche Orte. Dorfwüstungen mit Kirche oder Kapelle bilden eine Ausnahme. Das im 12. Jh. mehrfach – u. a. in gefälschten Urkunden des Klosters Gehrden – erwähnte +Dallessen bestand dem Prospektionsbefund nach aus vielleicht drei Höfen (Abb. 48). Obschon in der Aue gelegen, war der Kleinweiler auf eine Lage an periodisch fließenden Karstquellen orientiert. Die 1190 bezeugte Mühle dürfte in direkter Nähe zu den Höfen dieses Ortes an der Nethe zu verorten sein. Eine regionale Besonderheit sind die Grangienwüstungen im Umfeld des ehemaligen Zisterzienserklosters Hardehausen. Bei derartigen Grangienhöfen handelt es sich um von Laienbrüdern bewirtschaftete ländliche Gutsbetriebe. Obertägige Geländebefunde waren bei der Grangie Kivelinchusen erhalten (Abb. 42). Sie war die letzte gut erhaltene klösterliche Grangienwüstung in Nordrhein-Westfalen. Ihre obertägigen Relikte sind in wenig zurückliegender Zeit bei der Anlage eines Wisentgeheges zerstört worden.

Im südlichen Kreisgebiet ist es gelungen, Hägerhufensiedlungen in ihrer gesamten Ausdehnung zu prospektieren und deren mittelalterliches Siedlungsbild sichtbar zu machen. Um 1300 im Verlauf der Binnenkolonisation entstanden und von Freibauern (Grafenfreien) bewohnt, sind derartige ländliche Siedlungen in der Region allesamt wüstgefallen. Archäologisch zeichnen sich derartige Orte als auf einer Länge von teils mehr als einem km an einer topografischen Leitlinie aufgereihte kleine, nur etwa 500 m^2 große Fundflächen spätmittelalterlicher Keramik ab. Diese Hägerorte haben nur für wenige Generationen bestanden, denn die Wüstungsbildung im Kreisgebiet setzt, an Einkünfteverzeichnissen des Klosters Hardehausen ablesbar, um 1370/80 in voller Intensität ein. Die spätmittelalterliche Entsiedlung bestimmter Teilräume ist derartig intensiv gewesen, dass Ackerland auf Dauer außer Nutzung fiel, zunächst verbuschte und dann verwaldete. Wüstungsfluren mit Wölbäckern blieben großflächig in den Forsten nördlich und westlich der Kreisstadt Höxter, weiterhin nördlich von +Eddessen und nördlich der Ortsstelle N.N.

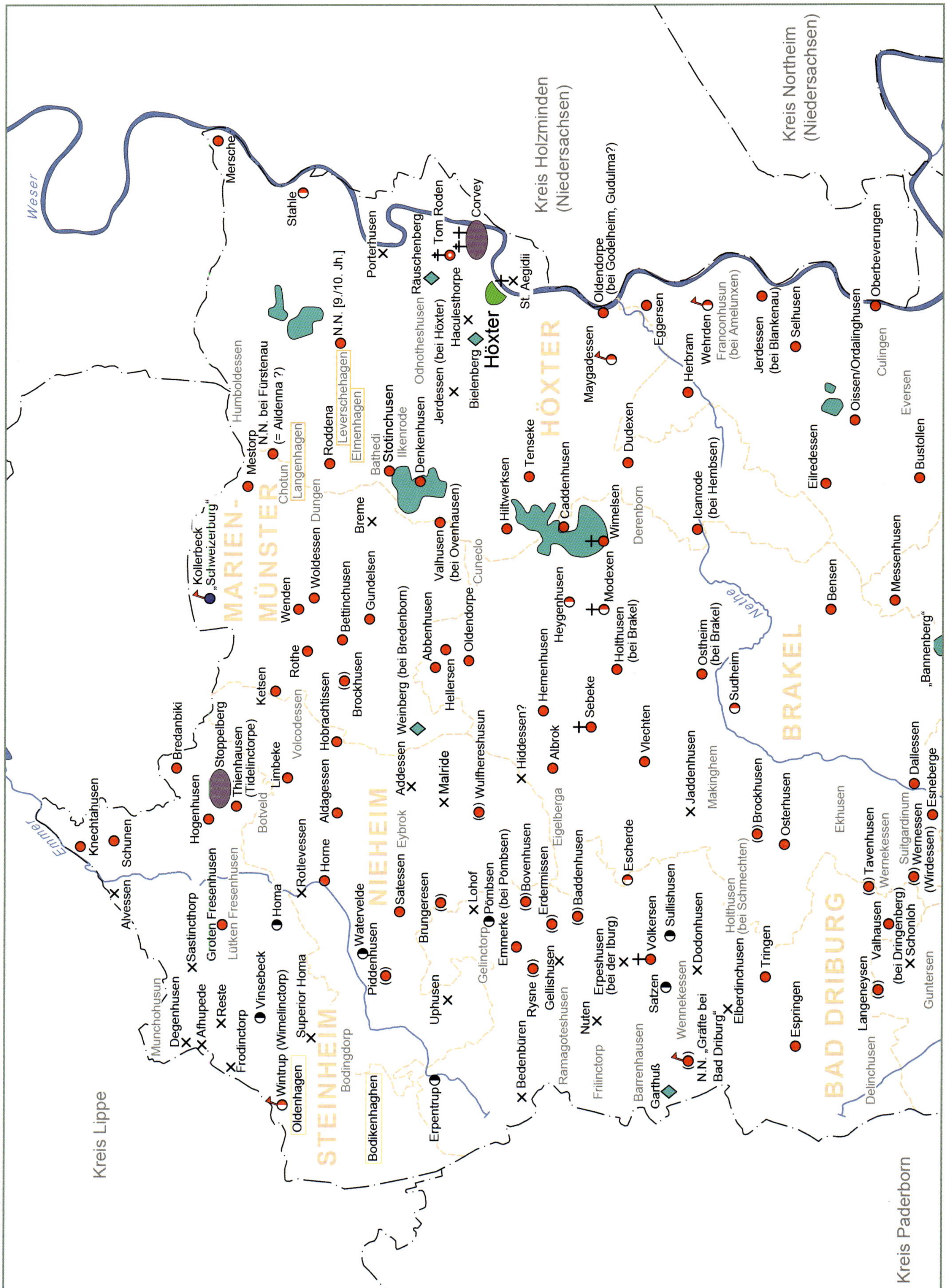

Abb. 41: Wüstungen im Kreis Höxter (Entwurf: LWL-Archäologie für Westfalen, R. Bergmann, Kartografie M. Thede,

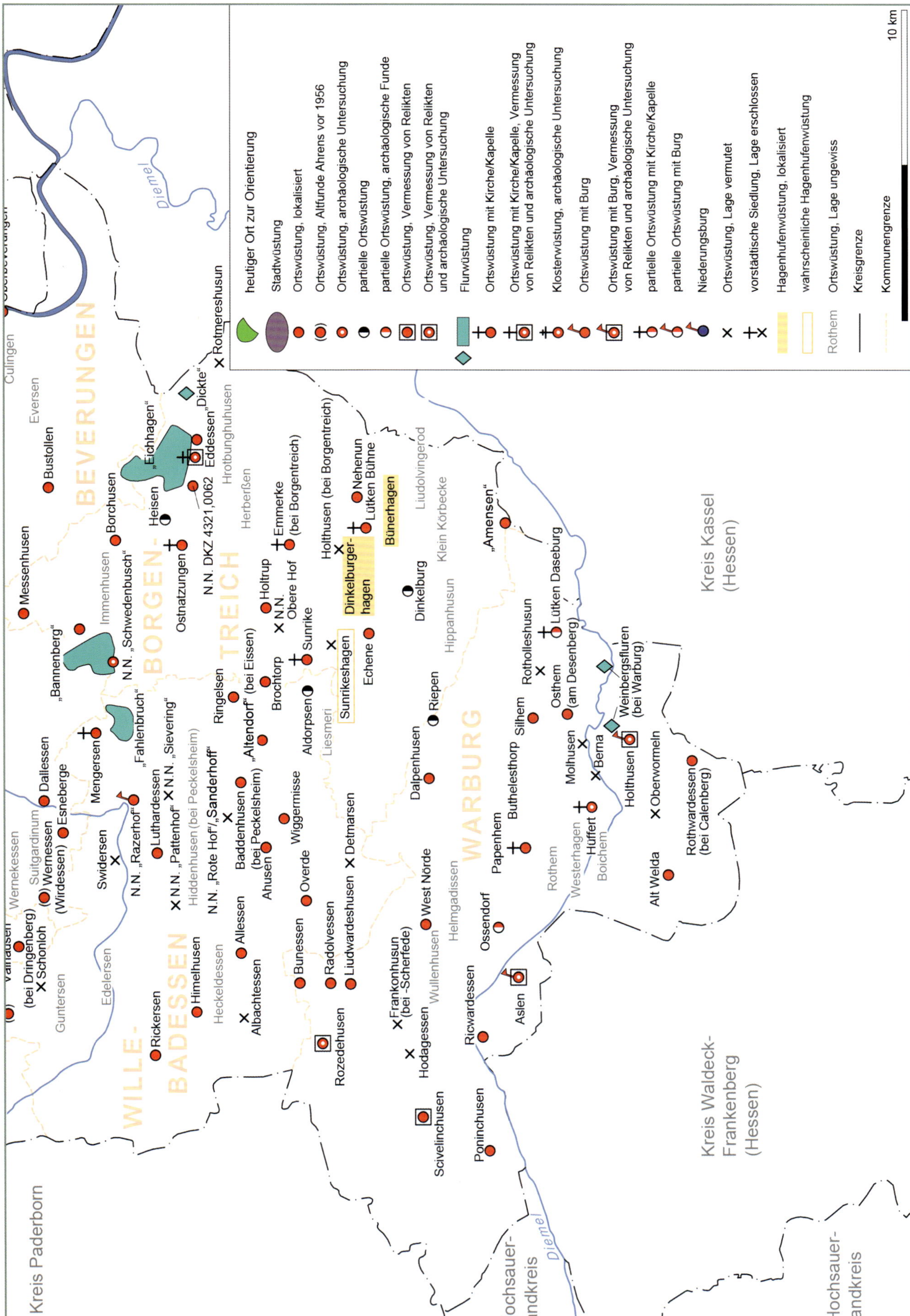

Arbeitsstand: Februar 2021) [Übersichtskarte]

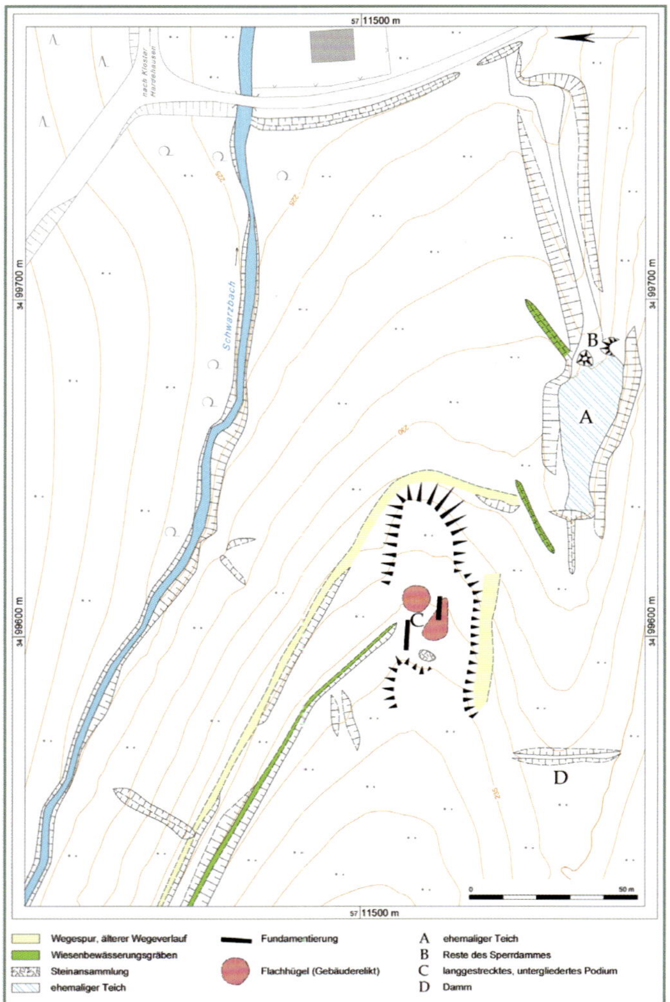

Abb. 42: Warburg-Hardehausen, Kr. Höxter: Relikte der Zisterziensergrangie Kivelinchusen vor ihrer Zerstörung (Kartografie: LWL-Archäologie für Westfalen, M. Thede)

Schwedenbusch erhalten (Bergmann/Peine/Pollmann u. a. 2012, S. 217–220).

Im südlichen Kreisgebiet bestand ein Forschungsschwerpunkt des Fachreferats Mittelalter- und Neuzeitarchäologie, der ein differenziertes Bild vom Aussehen der ländlichen Kulturlandschaft vermitteln kann. Untersuchungen erfolgten in den Kirchortwüstungen Eddessen bei Borgentreich-Bühne und Hüffert vor den Toren der Stadt Warburg. Wesentliche Erkenntnisse zur Sozialtopografie ländlicher Siedlungen erzielten die Ausgrabungen der Asseler Burgen bei Warburg-Ossendorf wie auch der sog. Hölsterburg in +Holthusen bei Warburg. Bei den Untersuchungen in +Rozedehusen ist erstmalig im mitteleuropäischen Raum eine Grangie vor ihrer Zerstörung archäologisch untersucht worden. Im ausgehenden 12. Jh. am Rand eines Kleinweilers angelegt, zeigte dieser klösterliche Wirtschaftshof einen geplanten, auf einer Vermessung basierenden Grundriss.

Beim jetzigen Stand der Prospektionsarbeiten sind vielleicht die Hälfte der Ortswüstungen ihrer genauen Lage nach bekannt. Namentlich an der Ostseite des Eggegebirges und in der Warburger Börde bestehen größere Forschungslücken. In ersterem Bereich bestehen von ihrer genauen Lage unbekannte ehemalige Hagenhufensiedlungen, die im Kernraum bereits sicher lokalisiert sind. Eine archäologische Untersuchung weniger Hofstellen einer derartigen Reihensiedlung der Binnenkolonisation könnte die Kenntnisse vom zivilisatorischen Stand der bäuerlichen Lebensumwelt in den Altsiedellandschaften Deutschlands deutlich vermehren. Derartige Untersuchungen könnten auch im Kreis Lippe durchgeführt werden, von wo aus ein historisch nachweisbarer Kulturtransfer in Räume der Ostsiedlung stattfand. Die Inventarisationsarbeiten haben Nachweise für überpflügte Wüstungskirchen erbracht, genannt seien hier nur die im Rahmen der Missionsgeschichte interessante Kirche von +Papenhem, weiterhin +Lütgen Bühne mit seiner Cyriakus-Kirche, +Emmerke mit seiner Marien- und Martinkapelle (deren Turmruine erhalten ist), +Ostnatzungen mit seiner Kirche St. Gangolf und die St. Erasmus-Kapelle in +Sunrike. Aus der Sicht der Bodendenkmalpflege stellt sich die Frage, wie viel weitere Zerstörung durch landwirtschaftsbedingte Denudation man in der Zukunft zulassen sollte. Zukünftige Forschungen werden sich weiterhin auf die untertägig erhaltenen Strukturen profaner? Mörtelgebäude konzentrieren können, die z. B. in den seit der Merowingerzeit existenten und im 14. Jh. aufgelassenen Orten Nehenun und Alt Welda festgestellt wurden. Beide Orte sind in den frühen Corveyer Traditionsregistern genannt und mit Hilfe der bekannten oder noch vorzunehmenden Lokalisationen werden sich weitere wichtige Aspekte zum Verständnis der für Westfalen bedeutenden, einzigartigen Geschichtsquelle bzw. zum mittelalterlichen Wirtschaftssystem des Klosters und der Welterbestätte Corvey ergeben.

Wüstungsliste Kreis Höxter

Abbenhusen.
I. Partielle Ortswüstung mit ehemaliger Landesburg, baulich bestehendem Herrensitz und Gut.
II. Stadt Brakel.
III. *1220: *Hermann de Abbenhosen* (Westf. Ub. 4, Nr. 83); durch den Bischof von Paderborn 1302 geplanter Burgenbau.
V. Lage der Ortswüstung unmittelbar ostnordöstlich des Guts Abbenburg.
VI. Ortswüstung: prähistorische Streufunde und Funde 9. Jh.?–2. Hälfte 13. Jh./frühes 14. Jh. (= DKZ 4221,0069); Gut mit im Kern renaissancezeitlichem Hauptgebäude und den Resten einer quadratischen Hauptburginsel von etwa 75 m–80 m Ausdehnung (= DKZ 4221,0040).
Literatur: Stephan 1978/79, Nr. 147, S. 281 f., und Taf. 77.2; Casemir/Ohainski 2016, S. 21 f.

Adessen.
I. Ortswüstung.
II. Stadt Nieheim.
III. *826–876: *Adikenhus*(un) (Mönchslisten Traditionen Corvey 1 und 2, Tr 272, vgl. S. 225). Das hier frühmittelalterliche bezeugte Adikenhusun kann m. E. sowohl auf die Ortswüstung in der Bördenlandschaft um Nieheim bezogen werden als auch bei Blomberg (siehe +Edessen, Kr. Lippe) verortet werden. 889: *Ad[i]kenhusun* (MGH DD Arn., Nr. 60, S. 88; Westf. Ub. 1, Cod. 38: *in pago Huueitago … Adekenhusun*); zum in den Corveyer Traditionen von ca. 968–969 bezeugten *Haddeshus*(un) wird sowohl ein potentieller Bezug auf die hier behandelte Ortswüstung erwogen als auch auf weitere zwei Orte (Mönchslisten Traditionen Corvey 1 und 2, Tr 319 und S. 244); 1343: Hof zu Addessen, welcher Schirenbergh'sche Hof heißt (Regesten und Urkunden Marienmünster 3, Nr. 146; Lage des Schierenbergs südsüdöstlich des Guts Externbrock).
IV. Wüstungsweisende FlN „Addesser Holz" (Ahrens 1956, S.

106) und „Eddesserbrok“ (nahe des Schierenbergs); weiterhin FlN „Adesser Feld“ (Wigand 1831, S. 79).
V. Aufgrund der Nennung zum Jahr 889 zusammen mit Schieder (*Schidara*; Kr. Lippe) und [+]*Munchohusun* (Kr. Höxter) ist grundlegend von einer Lage im südlichen Kr. Lippe oder im nördlichen Kr. Höxter bzw. im *pago Huueitago* auszugehen; Lage nach Schneider an der Stelle des heutigen Gutes Externbrock bei Nieheim; Lage nach Leesch/Schubert östlich von Nieheim am Schierenberg bzw. südlich vom Gut Externbrock.
Literatur: Wigand 1831, S. 79: Addessen; Schneider 1936, S. 3; Leesch/Schubert 1966, Nr. 1; S. 342: Addessen; Stephan 1978, Nr. 1, S. 199.

Afhuppe.
I. Ortswüstung.
II. Stadt Steinheim.
III. *Etwa 1260–1270: *domum unam Afhuppe et aream* (Lehnsregister Driburg, S. 360, §19); 1370: *villa Afhueppe* (Überlieferung Kloster Hardehausen, S. 107).
IV./V. Die Ortswüstung ist etwa 1,5 km südwestlich Ottenhausen bzw. 1,7 km nordwestlich des Schlosses in Vinsebeck an der Grenze zum Kr. Lippe zu verorten. In dem Bereich bestehen die wüstungsweisenden FlN „übern Apupschen Kampe“, „auf/in der Apupschen Kuhle“, „In der Apupschen obersten Kuhle“ (Kreiskatasteramt Höxter, Urriss und Urkataster Steinheim, Flur XXII.2, 1829).
Literatur: Leesch/Schubert 1966, Nr. 3, S. 343

Agatenhagen.
I. Ortswüstung, ehemalige Hagenhufensiedlung?
II. Stadt Steinheim?
III. *Etwa 1260–1270: *Hildebrandus et Hernestus nepos eius de Hemmikehusen decimam et molendinum in Hemmikehu*[sen] *et decimam in Agatenhagen* (Lehnsregister Driburg, S. 360, §22), H. W. Wichert (Lehnsregister Driburg, S. 368) vermutet, dass Agatenhagen mit +Altenhagen (siehe hier: +Oldenhagen) gleichzusetzen ist. M. E. ist jedoch wahrscheinlich, dass es sich um zwei verschiedene ländliche Siedlungen gehandelt hat. Aufgrund der Nennung zusammen mit Himmighausen (Kr. Höxter) ist die Lage von Agatenhagen im östlichen Vorland des Eggegebirges anzunehmen, wo u. a. mit Grevenhagen ein weiterer Hagen-Ort besteht; nicht auf Karte dargestellt.

Ahusen.
I. Ortswüstung, Burgstelle?
II. Stadt Willebadessen.
III. *Z. J. 1015–1036 (um 1165): *Ahus* (Vita Meinwerci [ed. Berndt], S. 136, Kap. 74, Z. 6), 1149: *Ahusin* (INA Warburg, S. 96).
IV. Unmittelbar wüstungsweisend sind die FlN „Aser Siek“ und „Burg zu Ahausen“. Im weiteren Umfeld treten die FlN „hinter d[er] Aser Tweite“ (mit der angrenzenden, nicht in einem erkennbaren Zusammenhang zu dieser Wüstung stehenden Flur „Kirchöfe“), „Aser Gosse“ und „Ahnhauser Feld“, „Aser Feld“, „Aserfeld“ und „Aherfeld“ auf. Von Peckelsheim verläuft der „Aser Weg“ unmittelbar in Richtung der „Burg zu Ahausen“, bei der es sich um eine runde Gewässer(?)-Parzelle handelt, innerhalb der sich eine fünfeckige Parzelle (Nr. 275) befand (Kreiskatasteramt Höxter, Urkataster Peckelsheim, Flur IX, 1831; Flur X, 1831; Flur XII, 1831 und Charte der Katastral Gemeinde Peckelsheim, 1831).
V. Lage 1,3 km südsüdwestlich von Peckelsheim.
VI. Aus Fundfläche östlich des Bachlaufs (DKZ 4420,219:a): 1 kantenretuschierter Schaber aus Flint, verschiedene Varianten der uneinheitlich gebrannten kalkgrusgemagerten Irdenware und zwar sowohl prähistorischer Machart als auch wahrscheinlich des Frühmittelalters (9. Jh.), gelb gebrannte und sehr grob gemagerte Drehscheibware des frühmittelalterlichen Typs (wahrscheinlich nordhessischer Provenienz), uneinheitlich gebrannte Irdenware mit Sandsteingrusmagerung (nach Randform wohl um 1000 n. Chr.), uneinheitlich gebrannte schiefergemagerte Irdenware und verschiedene Varianten blaugrauer Irdenwaren des hohen Mittelalters, graue klingendhart gebrannte Irdenware Pingsdorfer Art mit rotvioletter Bemalung, reduzierend grau gebrannte Irdenware des Spätmittelalters (jedoch kein eindeutiger Beleg für Keramik des 14. Jhs.). Aus Fundfläche westlich des Bachlaufs (FlN: „Burg zu Ahausen“; DKZ 4420,219:b) vorherrschend reduzierend grau gebrannte Keramik des 13.–14. Jhs., jedoch relativ wenig Material, das noch dem 12. Jh. angehören könnte; weiterhin sehr wenig rot engobierte gelbe Irdenware; ein Weststeinfragment aus rotbraunem Sandstein; zukünftiger Nachweis der eingeebneten Burganlage über geoprospektive Maßnahmen sicherzustellen.
Literatur: Giefers 1881, S. 173; Schneider 1936, S. 4; Casemir/Ohainski 2016, S. 25.

Aildenna.
I. Ortswüstung.
II. Wahrscheinlich Stadt Höxter.
III. *1535: *Aildenna* unter den im Umfeld von Löwendorf und Fürstenau gelegenen Dörfern und Wüstungen genannt (Wigand 1831, S. 100 f.).
IV. Wüstungsweisende FlN sind unbekannt.
V. Aufgrund der nicht abschließend nachzuweisenden Verortung nicht auf Übersichtskarte dargestellt.
Literatur: Wigand 1831, S. 106, §35: Althona.

Albachtessen.
I. Ortswüstung.
II. Stadt Willebadessen.
III. *Um 1220–1230: *Hermann/Henric de Albachtessen* (Überlieferung Kloster Hardehausen, S. 91, S. 98), um 1300: Großhof (*maior curia*) des Klosters Willebadessen mit 2 Meiern (*villici*) sowie kleinerer Haupthof (*minor curia*) dieses Klosters in *Albachtessen* (INA Paderborn, S. 182).
IV. wüstungsweisende FlN: „im Albackschen“, „Die Kreitwiese in Albachschen“, „die albackser Wiesen“, „in Albacher Wiesen“, „die oberste Albachser Wiese“, „albackser Feld“, „grosse albackser Feld“ (Kreiskatasteramt Höxter, Urkataster Willebadessen, Flur I, 1830).
V. Lage im Umfeld der ehemaligen Eisensteinzeche Teutonia nördlich von Borlinghausen.
Literatur: Giefers 1880, S. 107: Albrachtessen; Giefers 1881, S. 173.

Albrok.
I. Ortswüstung.
II. Stadt Brakel.
III. *Um 1120: *villa ... Alebroch* (Ub. Hessische Landesgeschichte 2, Nr. 51, S. 70, §109 und S. 71, §121).
V. Lage südlich und südwestlich des Gutes Albrock.
VI. Prähistorische Funde und Keramik um 800–14. Jh.; DKZ 4220,090.
Literatur: Ahrens 1956, S. 106; Stephan 1978/79, Nr. 4, S. 200 f. und Taf. 42 (Fließrichtungspfeil des dort abgebildeten „ehemalige[n] Bach[s]“ wahrscheinlich um 180^0 zu drehen); Stephan 1979, S. 11 f., S. 17, S. 21, S. 28, S. 33 f., Abb. 1.1 und Abb. 10; Casemir/Ohainski 2016, S. 27 f.

Aldagessen.
I. Ortswüstung.
II. Stadt Nieheim.
III. *Beginn 11. Jh.: *Adaldageshuson* (Reichsabtei Corvey Salierzeit, S. 36 und S. 219, §XXV, Z. 19).
IV. 1448: Aldasschen Holze (Regesten und Urkunden Marienmünster 4, Nr. 227); weiterhin: „Aldaxer Feld" und „Ahlers Feld" östlich von Nieheim.
V. Lage nach Schrader östlich von Nieheim in der Nähe des Guts Externbrock (Regesten und Urkunden Marienmünster 3, S. 159).
VI. Nach Ahrens (1956, S. 106) „Scherbenfunde" im Bereich des „Alster Feld". Im FuPuNet der LWL-Archäologie für Westfalen wird Aldagessen? für eine Fundstelle im Zwickel zwischen dem Beberbach und der Röthe 1,1 km südwestlich von Entrup angegeben, von der Funde prähistorischer Machart und der Zeit um 800 bis des 13. Jhs. stammen und Funde des 14. Jhs. nicht sicher nachweisbar sind; DKZ 4120,0116. Da die Flur „Kleiner Finnbrock" (siehe Deutsche Grundkarte) benachbart ist, erscheint m. E. ein Bezug dieser Fundstelle auf +Aldagessen eher fraglich.
Literatur: Schneider 1936, S. 4: Aldagsen; Stephan 1978, Nr. 5, S. 202: „die genaue Lage des Ortes ist nicht bekannt" (und somit 22 Jahre nach der Entdeckung der Ortsstelle durch den Geographen Ahrens wieder verlorengegangen); Casemir/Ohainski 2016, S. 28 f.

Aldorpsen.
I. Partielle Ortswüstung.
II. Stadt Willebadessen.
III. *1206: *Johannes de Althorpessen* (Westf. Ub. 4, Nr. 21).
V. Lage westlich von Borgentreich (bzw. westlich von +Sunrike).
Literatur: Schneider 1936, S. 5; Kindl 1980a, S. 89.

Allessen.
I. Ortswüstung.
II. Stadt Willebadessen.
III. *Ca. 989–992: *XXX iugera et I iurnalem et II manicipia in Aliereshus*(un). Die Erläuterungen zu den Corveyer Traditionen enthalten den Hinweis einer potentiellen Identifikation von *Aliereshus*(un) mit dem Ort Allersheim bei Holzminden (Mönchslisten Traditionen Corvey 1 und 2, Tr 430 und S. 271; vgl. Tr. 450, wo *Alliereshus*[un] zusammen mit *Hrotburghuhus*[un] genannt ist), erklären jedoch nicht die sich damit ergebende potentielle Veränderung des Ortsnamens von -shusen zu -sheim (die im Oberwesergebiet mitunter vorkommt). Weniger problematisch erscheint eine Identifikationen des frühmittelalterlichen Quellenbelegs mit +Allessen bei Peckelsheim.
IV. Nördlich der Fundstelle tritt der FlN „Ahlersche Berg" auf (Kreiskatasteramt Höxter, Urkataster Völsen-Helmern, Flur IX, 1830); die Fundareale selbst liegen in der Gemarkung Peckelsheim (Kreiskatasteramt Höxter, Urkataster Peckelsheim, Flur I, 1831, und Charte der Katastral Gemeinde Peckelsheim, 1831) und werden durch die FlN „Aleßen", „auf dem Alleßen" bzw. „auf dem Allessen" tradiert.
V. Lage 2,5 km ostnordöstlich von Borlinghausen.
VI. Das Fundmaterial umfasst 709 Lesescherben und ist von seiner Zusammensetzung für Siedlungen mit genitivischen -husen Ortsnamen aufschlussreich. Die in extrem geringer Häufigkeit (0,1 %) von der Fundstelle vorliegende Muschelgruskeramik wohl des 9. Jhs. deutet auf ein frühmittelalterliches Bestehen des Weilers. Der Fundanteil uneinheitlich gebrannter Irdenwaren (7,5 %), darunter relativ viel Material sowohl mit Granitgrusmagerung als auch mit granitischer Sandmagerung, ist ausgeprägt. Die bei diesen Warenarten vorliegenden Kugeltopfränder gehören dem 10. Jh., der Zeit um die Jahrtausendwende und dem Hochmittelalter an. Bei der gesteinsgrusgemagerten Untergruppe der uneinheitlich gebrannten Keramiken – auch uneinheitlich gebrannte Irdenware mit Kalkgrusmagerung liegt vor – fällt weiterhin eine ungewöhnliche Variante auf, die abgesehen von Kalkgrus rötlichen Sandsteingrus enthält. Auffallend ist weiterhin die in erheblicher Stückzahl vorliegende uneinheitlich gebrannte Irdenware mit Schieferplättchenmagerung, die als Import aus dem Nordostsauerland zu interpretieren ist. Ein aufgefundenes Kugeltopfoberteil datiert in das 11. Jh. und weitere Ränder der Warenart gehören dem 12./13. Jh. an. Unter den Funden oxidierend gelb gebrannter Irdenware (6,8 % Anteil) tritt deren sehr grob gemagerte Variante wahrscheinlich nordhessischer Provenienz mit einem unterschnittenen Rand (mit kurzer, durch Umschlagen gebildeter, oval verdickter Randlippe) hervor, die wahrscheinlich einem Topf des 10. Jhs. zuzuordnen ist. Ungewöhnlich für die Region ist der Nachweis eines mit sehr kleinteiligem, vierzeiligem Rautenrollstempeldekor verzierten Gefäßes: Es ist gelb und hart gebrannt und seine Magerung besteht aus feinem Sand. Wie für den Altkreis Warburg allgemein kennzeichnend, dominieren unter den Funden blaugrau gerauchte Irdenwaren (47,0 % Anteil) und reduzierend grau gebrannte Keramiken (Anteil 37,8 %). Der Anteil des Faststeinzeugs Siegburger Art am Fundmaterial ist gering (0,1 %) und zwar ebenso wie derjenige des Steinzeugs Siegburger Art (0,4 % Anteil), von deren Letzteres ein Fortbestehen der ländlichen Siedlung in das 14. Jh. anzeigt. Aufgefundene Schlacke mit anhaftender Ofenwandung lässt schließen, dass in Allessen eine Metallgewinnung stattgefunden hat. Zudem liegen Schmiedeschlacken (u. a. in typischer Kalottenform) vor, die als Hinweise auf eine Herstellung schmiedbaren Eisens in der Siedlung zu bewerten sind. – Ein kantenretuschierter Stichel aus grauem Flint zeigt an, dass die Lokalität an einer Quelle bereits in prähistorischer Zeit aufgesucht worden ist. DKZ 4420,0105 A und B.
Literatur: Casemir/Ohainski 2016, S. 32 f.

„Altendorf" (bei Eissen).
I. Ortswüstung.
II. Stadt Willebadessen.
III. Im Kr. Höxter bestanden drei Orte „Oldendorp", deren Überlieferung sich in den historischen Quellen nicht sicher voneinander trennen lässt. Für einen dieser Orte, +Oldendorp bei Godelheim, hat sich scheinbar der mutmaßliche, ursprüngliche Ortsname *Gudulma* fassen lassen. Jedoch ist dieses *Gudulma* mit hoher Wahrscheinlichkeit als früher Beleg des wüstungsresistenten Ortes Godelheim zu verstehen. Oldendorpe bei Brakel (-Bellersen) ist durch die „Oldentruper Mühle" und Bodenfunde hinreichend sicher nachgewiesen. Dem Kanon unsicherer Ortsbezüge ist das nur durch einen FlN tradierte „Altendorf" bei Eissen am Nordrand der Warburger Börde zuzufügen. Schließlich ist darauf hinzuweisen, dass +Sunrike westlich von Borgentreich auch zeitweilig als „altes Dorf" bezeichnet worden ist (siehe Aldorpsen; +Sunrike). Von ihrem Bezug unklar ist u. a. das ca. 986–988 erstgenannte *Aldantorpe* (Mönchslisten Traditionen Corvey 1 und 2, Tr 412 und S. 266 f., siehe weiter Tr 413: *Altontope*, und Tr. 466 sowie S. 281) wie auch das in der Meinwerksvita bezeugte *Aldenthorpe* (Vita Meinwerci [ed. Terstesse], Kap. 61, S. 70). Ein 1142 genannes *Oldenthorp* (Westf. Ub. 2, Cod 236: Gerdener Fälschung), ist noch am ehesten auf das hier behandelte 8,5 km vom Kloster Gehrden entfernte „Altendorf" zu beziehen.

IV. Wüstungsweisender FlN „Altendorf"; unmittelbar angrenzend ist eine Flur „am Fronkenberge", „am Frankenberg" (Kreiskatasteramt Höxter, Urkataster Peckelsheim, Flur XIII, 1831 und Charte der Katastral Gemeinde Peckelsheim, 1831); inwieweit sich hier ein Bezug zu den beiden Frankenhusen-Ortswüstungen des Kreises Höxter abzeichnet, von denen nur eine sicher verortet ist, bleibt abzuwarten.
V. Lage 1,4 km nordnordöstlich von Eissen.
VI. Funde aus Überblicksbegehung 2008: ein Fgm. eines schlanken, geschliffenen, meißelartigen Felsgesteinsbeil (erh. L. 6,5 cm, D-förmiger Querschnitt von 1,4 zu 2,0 cm, Breite der Schneide 1,6 cm); uneinheitlich gebrannte kalkgrusgemagerte Irdenware prähistorischer Machart; Keramik (bislang) des 11./12.–13. Jhs.; DKZ 4421,0224.

Alt Welda (Abbn. 43 u. 44).
I. Dorfwüstung.
II. Stadt Warburg.
III. *826–876: *in pago Hersi quidquid habuit in villa nuncupante Wellithi* (Mönchslisten Traditionen Corvey 1 und 2, Tr 98 und S. 136 f.). Aufgrund der Zuweisung des Ortes Wellithi zum Hessengo kann die Angabe auf Welda im Altkreis Warburg bezogen werden. Allerdings kann hier nicht zwischen der Wüstung Alt Welda und dem direkt benachbarten heutigen Welda differenziert werden. Ein potentieller weiterer Bezug des Ortsnamenbelegs auf Wöhle bei Hildesheim (siehe Mönchslisten Traditionen Corvey 2, S. 137) ist hingegen auszuschließen; 876: *mansos XII in villa que voca[tu]r [Ua]llidi in pago Asson voc[at]o* (MGH DD LJ, Nr. 1, S. 333 f.)]. Der Bearbeiter des betreffenden Bandes der MGH erörtert mehrere Möglichkeiten einer Verortung von *Uallidi* und hält eine Identifikation mit „Welda s[üdlich] Warburg in Westfalen (im Hessengau)" für „am wahrscheinlichsten". Folgt man dieser Interpretation, so wäre der Go *Asson* als Teilraum des in den Corveyer Traditionen genannten Hessengoes zu deuten. Asson wiederum könnte in einer Beziehung zur Wüstung Aslen stehen, oberhalb derer sich eine ausgedehnte frühmittelalterliche Burganlage befindet; z. J. 1036 (um 1165): *Wallithi* (Vita Meinwerci [ed. Terstesse], Kap. 217, S. 180, Z. 11; Vita Meinwerci [ed. Berndt], Kap. 215, S. 248, Z. 6 f.); 1310: *mansum situm in antiqua villa Wellede* (Urkunden Kloster Wormeln, Nr. 43 f.); 1321: *antiqua Wellede* (Westf. Ub. 9, Nr. 2035); 1357: von Hildebrand Steynhoff bewirtschaftete *curia* in *antiquo Wellede* (Urkunden Kloster Wormeln, Nr. 122).
IV. Das Urkataster umschreibt die Ortsstelle mit dem FlN „Alte Welda" (mit dortiger Wildlandparzelle [Kürzel: *W.L.*], auf der sich ein Bildstock [„Heiligen Bild"] befand [und jetzt noch befindet]); nördlich davon der tritt der FlN „Untern Weldaerberg" auf (Kreiskatasteramt Höxter, Urkataster Warburg, Flur XXVI, 1830/32).
V. Lage 1,4 km nördlich des heutigen Dorfes Welda (= im Mittelalter: *Novus seu Kercwellede*).
VI. Kernbereich der Ortsstelle durch im Luftbild nachweisbaren, umlaufenden Graben gesichert; für diesem Bereich bestehender Nachweis eines ehemals existenten Gebäudes mit Ziegeldach (Mönch- und Nonne-Ziegel); auf Schmiedetätigkeit hinweisende Funde von Eisenschlacken im ehemaligen Ortsbereich; Fund eines Aach- oder Pilgerhornfragments; Keramikfunde merowingerzeitlich einsetzend (dünnwandige Knickwandkeramik, dickwandige Wölbwandkeramik) und sich über das 8./9. Jh. bis in das 14. Jh. (vollentwickeltes Steinzeug Siegburger Art) erstreckend; südöstliches Teilareal der Ortsstelle mit hohem Anteil uneinheitlich gebrannter kalkgrusgemagertet Irdenware (mit Fgm. eines Standbodentopfes und Randscherben des 9. Jhs.); Funde

Abb. 43: Warburg-Welda, Kr. Höxter, Ortsstelle Alt Welda: Im Luftbild als positives Bewuchsmerkmal sichtbare Verfüllung eines Ringgrabens (Luftbildfreigabe 19357/87)

Abb. 44: Warburg-Welda, Kr. Höxter: Bei der Fundstellenkartierung von der Bodenoberfläche aufgelesene „Nauheimer Fibel" des 1. Jhs. v. Chr. (Foto: LWL-Archäologie für Westfalen, S. Brentführer)

einer „Nauheimer Fibel" des 1. Jhs. v. Chr. sowie zahlreicher Fibeln der Zeit um 800 bis des 11. Jhs. (Bergmann 2019a, S. 98: Abb. 2 und S. 99 f.: Abb. 4 und 5); Fund einer Agnus-Dei-Fibel mit undeutlicher Einzelkreuzdarstellung (Bergmann 2017b, S. 328, S. 337 und Abb. 3.3); Fund einer Fibel in Form einer Vierfüßler-Halbplastik (Bergmann 2017b, S. 332, S. 338 und Abb. 8.2); DKZ 4520,0046.
Literatur: Schneider 1936, S. 138; Casemir/Ohainski 2016, S. 364: Welda, Alt; Bergmann 2019a, S. 96–101.

Alvessen (bei Steinheim).
I. Ortswüstung.
II. Stadt Steinheim.
III. *1260: *Iohannes* und dessen Sohn *Warmod de Alvessen* (Westf. Ub. 4, Nr. 843); 1317: Alfwenessen (Regesten und Urkunden Marienmünster 3, Nr. 100, S. 138); 1470: „zwei Hufen Landes zu Alveldessen, belegen in dem Felde zu lütken Steynhem" (Regesten und Urkunden Marienmünster 4, Nr. 248).
V. Lage nach Schrader „in der Feldmark von Steinheim zwischen der Stadt und dem Steinheimer Holze am sog. Berge". Zur Mark (*marchiam*) des Ortes gehörten die *silva Stübbe* und die *silva Burholt* (Regesten und Urkunden Marienmünster 3, S. 138 f.); Lage nach Leesch/Schubert in vergleichbarer Weise nördlich bzw. nach Forwick nordöstlich von Steinheim.
Literatur: Schneider 1936, S. 7; Leesch/Schubert 1966, S. 343, Nr. 6: Alwenessen, Alvenhusen; Forwick 1963, S. 78: Nr. 6: Alvenessen.

„Amensen" (Annessen?).
I. Ortswüstung.
II. Stadt Borgentreich.
III. Nach Schneider liegt die Erstnennung eines Amanhuson *z. J. 1015–1036 in der Vita Meinwerci vor und wird von diesem auf eine Ortswüstung bei Höxter-Ovenhausen bezogen (siehe hier weiter: V.); der Quellenbeleg ist jedoch ebenso als Erstnennung von +Ammenhusen bei Paderborn angegeben und lässt sich schlüssig auf diese Ortswüstung beziehen (siehe Wüstungsliste Kr. Paderborn). Auf letztere Ortswüstung (bei Paderborn) bezogene wüstungsweisende FlN sind unbekannt. In der ältesten Corveyer Heberolle (*Beginn 11. Jh.) ist weiterhin ein vom Herausgeber nicht verortetes *Annessen* angeführt. Da der Passus XXV der Heberolle zahlreiche Orte im Kr. Höxter anführt (Reichsabtei Corvey Salierzeit, S. 219, §XXV, Z. 23-25 und S. 220, Anm. 17), besteht der Verdacht, dass es sich bei der Fundstelle in der Flur „Im Amensen" um dieses Annessen handeln könnte.
IV. Wüstungsweisender FlN „Im Amensen" (Kreiskatasteramt Höxter, Urkataster Rösebeck, Flur VII, 1832).
V. Lage nach Schneider angeblich bei Höxter-Ovenhausen; von Stephan (1978) dort jedoch nicht nachzuweisen; es gibt noch ein weiteres Ammenhusen im Kreis Waldeck-Frankenberg (Hessen).
VI. Funde DKZ 4421,0226: Dominanz blaugrauer Irdenwaren des hohen Mittelalters (Varianten mit feiner und mit mäßig grober Magerung), sehr wenig uneinheitlich gebrannte Irdenware (mit granitischer Sandmagerung sowie Magerung aus abgerollten Mergelfragmenten und weiterhin mit Feinsandmagerung); Datierung der Keramikfunde: 11.–13. Jh. (14. Jh. nicht eindeutig nachzuweisen). Unter den Fundmaterial befindet sich ein Fragment eines aus Eisen geschmiedeten mittelalterlichen Spatenbeschlags (Randbeschlag eines hölzernen Spatenblatts) mit einer Nietung (Beschlaginnenseite, oben) zur Fixierung des Blatts; DKZ 4421,0226.
Literatur: Schneider 1936, S. 7: Amanhuson; Ortswüstung bei Casemir/Ohainski 2016 (Westfälischens Ortsnamenbuch 9) nicht angeführt.

Aslen (Abb. 15, unten links).
I. Ortswüstung mit ehemaliger Doppelburg.
II. Stadt Warburg.
III. *Z. J. 1024 (um 1165): *Ekkika de Aslan* (Vita Meinwerci [ed. Terstesse], Kap. 56, S. 68; Vita Meinwerci [ed. Berndt], Kap. 55, S. 128, Z. 14); z. J. 1036 (um 1165): Haupthof Hardehausen (*Hiriswithuhuson*) mit drei abhängigen Vorwerken (*vorewerc*), darunter *Aslan*, benannt (Vita Meinwerci [ed. Terstesse], Kap. 217, S. 182, Z. 13 f.; Vita Meinwerci [ed. Berndt], Kap. 215, S. 250, Z. 5 f.); 1036: *Hersuithehusen* [Hardehausen] *et tres voruuerc ad eam pertinentes. Asle. Bylinchusen. Teninchusen.* (Westf. Ub. 1, Cod. 127); um 1090 (in der Urschrift): *Allodium Assele* (Bauermann 1971, S. 242, §8: Münsterische Güterliste) bzw. *Allodium in Asleburg citra* [= ciesseits, vor] *Wiseram comitissa Salome et filia/eius Coloniensi ecclesie contulerunt* (Bauermann 1971, S. 243, §3: Paderborner Güterliste). Interpretiert man das *citra* (= diesseits) der Güterliste Philipps von Heinsberg aus der Sicht der Kölner Kiche bzw. des Kölner Erzbischofs, so müsste das genannte *Assele/Asleburg* westlich der Weser gelegen haben und wäre daher auf +Aslen zu beziehen. Bauermann (1971, S. 235, Anm. 26) hingegen indentifiziert die Örtlichkeit mit der Asselburg bei Salzgitter; Anfang 13. Jh.: *curie Aslen. Curia Asle prope Wartberch* (Einkünfteverzeichnis Busdorfstift, S. 328, Z. 1); 1276: *dominus Elyas de Aslen* (Urkunden Kloster Wormeln, Nr. 10); 1320: *Henrici strenui militis de Aslenn* (Urkunden Kloster Wormeln, Nr. 71); 1353: *Conradus de Aslen*, Knappe (Urkunden Kloster Wormeln, Nr. 114); 1401: Gebrüder *Ilyes*, Dietrich und *Hinderich* von Asseln (Urkunden Kloster Wormeln, Nr. 176).
VI. Keramikfunde Merowingerzeit (ausgehendes 6. und 7. Jh.) sowie 2. Drittel 9. Jh.–14. Jh. (Bergmann 1993 a, S. 50 f.), Metalldetektorfunde des 9.–11. Jhs.: eine Kreuzemailscheibenfibel des Typs Haseloff 3 mit verschiedenfarbigen Schmelzeinlagen (Nr. 1023); eine aufwändig gestaltete Kreuzfibel mit (insgesamt vier) Ecknoppen an den Innenecken der Kreuzarme und mit (insgesamt 8) Ecknoppen an den Außenecken der Kreuzarme (Nr. 288); eine Rechteckfibel mit der Darstellung eines heraldischen Adlers und abgeschrägter Randzone aus der verfüllten Gräfte des Wohnturms (Nr. 819); eine runde Prägeblechfibel mit Vierfüßlermotiv und doppelt geperltem Rand (Bergmann 2017b, S. 330 f., S. 338 und Abb. 6,2), eine Fibel in Form einer Vierfüßler-Halbplastik (unvollendete Hasenfibel, Bergmann 2017b, S. 333, S. 338 und Abb. 8.8) und einer „Löwenfibel" in Form einer Halbplastik, 10./11. Jh. (Bergmann 2017b, S. 332 f., S. 338 und Abb. 8.5); DKZ 4420,0079; zur nahe +Aslen gelegenen Burganlage auf dem Gaulskopf siehe u. a.: Pfeffer [2]2015.
Literatur: Bérenger 1989c, S. 88 f.; Bergmann 1993a, S. 54–61; Kneppe/Peine 2005, S. 175–177 und Abb. S. 175 f. und S. 178: Asseln; Best 2009b, S. 116: Aslen; Huyer/Peine 2014, S. 211 f. und Phasenplan der Ausgrabungen: Abb. 6; Bergmann 2017b, S. 326–340; Casemir/Ohainski 2016, S. 32 f.

Asserinchusen.
I. Ortswüstung.
II. Stadt Marienmünster.
III. *1140: *Asserinchusen* (Westf. Ub. 2, Cod. 234).
V. Lage südlich von Münsterbrock?; nicht auf Wüstungs-Übersichtskarte des Kreises Höxter dargestellt.
Literatur: Schneider 1936, S. 95: siehe Münsterbrock; Stephan 1978, Nr. 142, S. 277 f.

Baddenhusen (bei Brakel; real nicht existent?).
I./II. Nach Giefers/Stephan Ortswüstung im Kommunalgebiet der Stadt Brakel.
IV./V. Lage „wahrscheinlich im Wald am Sepkerbach im ‚Bohnsergrund' unweit des ‚Bohenberges' nordwestlich von Brakel" bzw. Lage an der Quelle des Sepkerbaches bzw. „die genaue Lage ist nicht bekannt" (Stephan 1978, S. 202); Ahrens (1956, S. 107) verortet dieses angebliche Baddenhusen im Umfeld des Schäferhofes unterhalb des Schlosses Hinnenburg nahe Brakel; nach Auffassung des Verf. sind die in der Deutschen Grundkarte eingetragenen FlN „Bohengrund" und „Bohenberg" als richtungsweisende FlN aufzufassen, da sie von Brakel bzw. der Hinnenburg aus gesehen in Richtung der Ortsstelle Baddenhusen (bei Pömbsen) gelegen sind und auf diese hinweisen. - Der Bohenberg liegt 4 km nordwestlich von Brakel.
Literatur: Giefers 1880, S. 147 f.; Schneider 1936, S. 21: Bohnsen; vgl. auch Leesch/Schubert 1966, Nr. 7, S. 343; Stephan 1979, S. 34.

Baddenhusen (bei Pömbsen).
I. Ortswüstung.
II. Stadt Bad Driburg.
III. *Ca. 986–988: *in Sekbiki, in Flehtunun, in Berga, in Hemenhus*(un), *in Altontope, in Sullishus*(un), *in Battanhus*(un), *in Halkersun, in Habrehts*(un) *et in Hildiwercesun*. Die umfangreiche Schenkung umfasst Besitz in Altkreis Höxter. *Battanhus*(un) ist mit +Baddenhusen im Kommunalgebiet Bad Driburg zu identifizieren (Mönchslisten Traditionen Corvey 1 und 2, Tr 413 und

S. 267 f.). +Baddenhusen bei Peckelsheim ist aufgrund der geringfügig größeren Entfernung der übrigen Schenkungsorte zueinander und auch zu Corvey wahrscheinlich nicht für eine Identifikation in Betracht zu ziehen; z. J. 1015–1036 (um 1165): *Baddiunhusun* (Vita Meinwerci [ed. Terstesse], Kap. 39, S. 59; Vita Meinwerci [ed. Berndt], Kap. 37, S. 116, Z. 11); z. J. 1036 (um 1165): *Baddanhuson* als eines von vier Vorwerken des Haupthofes Nieheim (Kr. Höxter) benannt (Vita Meinwerci [ed. Terstesse], Kap. 217, S. 182, Z. 1 f.; Vita Meinwerci [ed. Berndt], Kap. 215, S. 250, Z. 1); z. J. 1015–1036 (um 1165): *Baddanhusun*: wird hier als ein unterhalb der Hinnenburg gelegenes Baddenhusen interpretiert (Vita Meinwerci [ed. Terstesse], Kap. 75, S. 74), das wahrscheinlich real nicht existent ist; *Baddenhusen* ab 1299 zur Pfarrei Pömbsen gehörig (Westf. Ub. 4, Nr. 2559); 1322: *Baddenhosen prope Dribůrg* (Westf. Ub. 9, Nr. 2075).
IV. Wüstungsweisende FlN: „Wort", „Barnsen", „Barnschekamp", „Barnschewiese", „vor dem Barnsenkamp", „Oberebarnsen", „vor dem Barnsenberg", „Bansche Berg", „Hinterm Bauschen Berge" bzw. verballhornt „Hinterm Pausenberge" (u. a. Kreiskatasteramt Höxter, Urkataster Poembsen, Flur XX, 1829; FlN Deutsche Grundkarte: „Barnsen" und „Banscheberg").
V. Lage 1 km östlich von Alhausen.
VI. Lagepunkt Ahrens Nr. 31 mit Altfunden; jüngere Funde des 13./14. Jhs. aus Areal DKZ 4420,0201.
Literatur: Krömecke 1874, S. 127 f., Giefers 1880, S. 147 f.; Schneider 1936, S. 11; Ahrens 1956, S. 45; Leesch/Schubert 1966, S. 343, nennen unter Nr. 7 Baddenhusen (bei Brakel) und unter Nr. 8 Baddenhusen (bei Driburg); Wichert-Pollmann 1966, S. 422.

Baddenhusen (bei Peckelsheim).
I. Ortswüstung.
II. Stadt Willebadessen.
III. *1158: *Baddenhosen* (Westf. Ub. 2, Cod. 316: die Nennung zwischen [+]*Dallessen* und [+]*Esneberge*, beide bei Gehrden gelegen, spricht am ehesten für eine Identifikation mit der Ortswüstung im Umfeld von Peckelsheim); 1186: *Baddenhusen* (Westf. Ub. 2, Cod. 460: aufgrund der Reihenfolge der Nennungen zwischen Frohnhausen und [+]Dallessen ist ein Bezug der Nennung von 1188 auf die Ortswüstung bei Peckelsheim wahrscheinlich), 1393: *to Baddenhusen vor Pekelsen*; *tho Badenhosen vor Pekelsen* (Dinkelburger, Borgentreicher und Borgholzer Dokumente A 141, S. 31 f.).
IV. Die eigentliche Ortslage überliefern die FlN „die Bonser Wiesen", „Hinter den Bonserwiesen", „Bohnsehnwiese", „Hinter den Bohnhauserwiesen", „Bohnschenwiese", „Bonserstrasse", „an der Bonserstrasse/Bonserstraße", „bei der Bonserstraße" und „Bohnhäuserkamp" (Kreiskatasteramt Höxter, Urkataster Peckelsheim, Flur XIII, 1831). Im weiteren Siedlungsumfeld treten u. a. auf: „Bonhauser Feld", „das Bonserfeld", „gegen dem Banserfeld", „Bansenbusch", „Unterm Banserholz", „im Banserbusch", „Umbruch im Banserholz" und „übern Banserweg" (Keiskatasteramt Höxter, Urkataster Peckelsheim, Flur XIII, 1831, und Flur XV.1 und 2, 1830). Als richtungsweisende FlN sind die südlich des Guts Schweckhausen erscheinenden FlN „Das untere Banserfeld", „Das mittlere Banserfeld", „Das obere Banserfeld" zu werten (Kreiskatasteramt Höxter, Urkataster Peckelsheim-Schweckhausen, Flur XVI, 1830) zu interpretieren.
V. Lage 1,8 km ostsüdöstlich von Peckelsheim.
VI. Das bei einer wenig zeitintensiv durchgeführten Begehung geborgene Material umfasst 237 Lesekeramiken des 11./12.–14. Jhs. und es besteht eine intensive Fundkonzentration von Keramiken. Von den Funden entfallen 6,8 % auf uneinheitlich gebrannte Irdenwaren (mit Granitgrusmagerung, mit granitischer Sandmagerung, weiterhin mit Sandsteingrusmagerung, mit Schiefermagerung und mit feiner Sandmagerung). Bei der uneinheitlich gebrannten schiefergemagerten Irdenware tritt ein rundlich ausbiegender Kugeltopfrand mit stark verdickter, rund abgestrichener Randlippe des hohen Mittelalters auf. Bei den oxidierend gelb gebrannten Irdenwaren gehören 1,3 % der älteren Variante mit grober Magerung an und 13,5 % sind denjenigen Varianten zuzurechnen, die eine feine bis mäßig grobe Magerung besitzen. Wie immer in der Warburger Börde ist der prozentuale Anteil der blaugrauen Irdenware des hohen Mittelalters und 13. Jhs. mit 20 % und der reduzierend grau gebrannten Irdenware mit 57 % sehr hoch. Rotengobierte Irdenware ist zu 0,4 % Anteil und Faststeinzeug Siegburger Art wie auch Steinzeug Siegburger Art zu 1,3 % Anteil vertreten; DKZ 4420,0200.
Literatur: Giefers 1881, S. 173; Schrader 1899, S. 215, Anm. 3; Schneider 1936, S. 105: Paddenhusen; Casemir/Ohainski 2016, S. 42 f.

Barrenhausen.
I. Ortswüstung.
II. Stadt Bad Driburg.
III. *1837 genannt: Barrenhauser Zehnt (Wichert-Pollmann 1966, S. 422).
V./VI. Zur Ortslage vermerkt U. Wichert-Pollmann (1966, S. 422 und S. 464, Anm. 34): „Noch heute findet man an der äußersten Ecke der Driburger Feldmark in der Schwalle am Aabach Tonscherben aus dem späten Mittelalter".

Bathedi.
I. Ortswüstung.
II. Angeblich: Stadt Höxter.
III. Schütte geht davon aus, dass das in den älteren Corveyer Traditionen *822–876 genannte *Bathedi* (Mönchslisten Traditionen Corvey 1 und 2, Tr 146 und S. 162) nicht bei Höxter zu lokalisieren ist.
V. Lage der Ortswüstung nach älterer Angabe bei Schneider (1936) westlich von Brenken (Kr. Höxter) bzw. nach Stephan (1978) unsichere Lage im Heiligengeisterholz bei Höxter; nicht auf der Wüstungs-Übersichtskarte des Kreises Höxter dargestellt.
Literatur: Wigand 1831, S. 107, §35: Bathedi; Schneider 1936, S. 12; Leesch/Schubert 1966, Nr. 9, S. 343; Stephan 1978, Nr. 9, S. 202 f.

Bedenburen.
I. Ortswüstung (jetzt: Hof Bembüren).
II. Stadt Bad Driburg.
III. *Etwa 1260–1270: *decimam in Bedicburen in antiqua uilla*; *decimam Bedincburen super antiquam villam* (Lehnsregister Driburg, S. 360, §23; S. 362, §76); *Bedenburen* ab 1299 zur Pfarrei Pömbsen gehörig (Westf. Ub. 4, Nr. 2559).
IV. Östlich des Urkataster-Hofes Bembüren und von diesem durch den Parzellenbereich „kl[eine] Camp" getrennt tritt der FlN „Altedorf" auf (Kreiskatasteramt Höxter, Urkataster Pömbsen, Flur XXVI, 1829). Es besteht daher der Verdacht, dass die im Verlauf der Wiederbesiedlung der Wüstungsgemarkung neu angelegte Hofstelle das mittelalterliche Siedlungsareal nicht überlagert und diesem nur benachbart ist. Weiterhin treten, von diesem Areal nicht sehr weit entfernt, in der Gemarkung Bad Driburg-Langeland die FlN „Hintere Pembüren", „Vordere Pembüren" und „Kampshof" auf (Kreiskatasteramt Höxter, Ur-

kataster Sandebeck, Flur XVII, 1829).
V. Lage ca. 2,2 km westnordwestlich von Reelsen.
VI. Wahrscheinlicher Fundbereich 2016 als Dauergrünland genutzt; Wiese nahe der heutigen Hofes Bembüren mit ausgeprägtem Mikrorelief; DKZ 4219,0151.
Literatur: Krömecke 1874, S. 128; Ahrens 1956, S. 53 und S. 107; Leesch/Schubert 1966, Nr. 10, S. 343; Casemir/Ohainski 2016, S. 46 f.

Bennanhusen.
I. Ortswüstung.
V. Angebliche Lage näherungsweise 2 km nördlich von Brakel -Istrup; dort jedoch kein Nachweis; nicht kartiert.
Literatur: Ahrens 1956, S. 107; Casemir/Ohainski 2016, S. 47 f.

Bensen.
I. Ortswüstung.
II. Stadt Brakel.
III. *826–876: *in Bennenhus*(un) *mansum I*. Für eine Verortung bieten sich mehrere ländliche Siedlungen an, deren Ortsname auf *Bennenhus*(un) zurückgeführt werden kann, so +Bensen bei Brakel-Erkeln (Stephan 1978/79, S. 253), +Bensen bei Einbeck, Benhausen östlich von Paderborn und +Bensen bei Hofgeismar. Von diesen Orten ist bei der hier angeführten Tradition bevorzugt eine Identifikation mit der Ortswüstung bei Einbeck zu berücksichtigen (Mönchslisten Traditionen Corvey 1 und 2, Tr 201 und S. 187 f.; siehe weiter: Tr 505 und S. 289 sowie Tr 518 und S. 291); z. J. 1015–1036 (um 1165): Aufgrund der Häufigkeit der Ortsbezeichnung *Bennanhus*, die z. B. Bensen bei Hessisch-Oldendorf, +Bennanhuson bei Brakel-Istrup, Kr. Höxter (dort jedoch nicht nachzuweisen!), +Bennanhuson bei Bad Pyrmont (Niedersachsen), Bensen bei Einbeck oder Benhausen bei Paderborn meinen kann, ist der in der Vita genannte Ort nicht eindeutig identifizierbar (Vita Meinwerci [ed. Terstesse], Kap. 58, S. 69; Vita Meinwerci [ed. Berndt], Kap. 57, S. 128, Z. 25 und Anm. 365); 1106–1128 (Datierung nach Casemir/Ohainsky 2016, S. 127): *Ecclesia in Erclon* [= Erkeln]*1 in ipsa villa, alium in Bennisson* (Wigand, Verzeichnisse Corveyscher Güter, Bd. 1.4, S. 53, Z. 26 f.); 1296: *domum unam sive curiam sitam in Bennessen* (Westf. Ub. 4, Nr. 2393); 16. Jh.: *Thegeden tho Bentzen in der Veldtmarck tho Erkelen* (Wigand 1831, S. 78).
V. Lage 1,5 km südlich von Erkeln.
VI. Funde 9./10.–14. Jh.; DKZ 4321,0164.
Literatur: Wigand 1831, S. 78: Bennanhus/Bensen; Schneider 1936, S. 14; Leesch/Schubert 1966, S. 343, Nr. 11: Benanhusen, Bensen; Stephan 1978/79, Nr 112, S. 253, und Taf. 66.1 (der auf der Karte dargestellte Nordpfeil ist fehlorientiert und weist näherungsweise nach Osten); Casemir/Ohainski 2016, S. 48 f.

Bentorp.
I. Ortswüstung.
II. Steinheim?
III. *1361: *Bentorp* (LR Bd. 2, Nr. 1070).
V. Von den Bearbeitern der Lippischen Regesten (O. Preuß/A. Falkmann, 1863, LR Bd. 2, S. 275, Anm.) wird eine Lage innerhalb der ehemaligen Herrschaft Schwalenberg vermutet (und zwar im Raum Steinheim-Sandebeck, Kr. Höxter) und ebenso von Forwick (1963, Nr. 17, S. 62). Möglicherweise bestehen Bezüge zur Ortswüstung Bodingdorp (siehe dort) bei Sandebeck, die jedoch m. E. aufgrund der bestehenden sprachlichen Unterschiede zwischen den Ortsnamen zu unsicher sind; nicht auf Wüstungs-Übersichtskarte des Kreises Höxter dargestellt. Vgl. +Bennestorp, Kr. Lippe.

Berna.
I. Ortswüstung.
II. Stadt Warburg.
III. *1284: *murum Bernam, versus dictam Bernam* (Westf. Ub. 4, Nr. 1751).
IV. Unmittelbar östlich der Altstadt Warburg am Rand der Diemelaue gelegen.
Literatur: Simon 1953, S. 12.

Bettinchusen.
I. Ortswüstung.
II. Stadt Marienmünster.
III. *Ca. 976–979: *Bettikingahusen* (Mönchslisten Traditionen Corvey 1 und 2, Tr 369 und S. 257); da Stephan (1978/79) einen wüstungsweisenden FlN nachweist, ist ein Bezug des in den Corveyer Traditionen genannten Ortes *Bettikingahusen* auf die Ortswüstung bei Marienmünster neu zu überdenken); 1186: *Bettinchusen* (Westf. Ub. 2, Cod. 461; Datierung nach Regesten und Urkunden Marienmünster 2, Nr. 14, S. 141: 1188).
IV. Wüstungsweisender FlN „Bestinghausen" (vgl. auch Mönchslisten Traditionen Corvey 2, S. 257, wo das Fehlen eines wüstungsweisenden FlN kritisch anmerkt wird).
V. Lage 0,8 km westlich von Vörden.
VI. Funde vor 800–1. Hälfte 14. Jh.; Eisenverhüttung, Eisenschlacken, auch Funde von Eisenluppen und Erz belegt; DKZ 4121,0071.
Literatur: Leesch/Schubert 1966, Nr. 12, S. 343; Stephan 1978/79, Nr. 12, S. 203, und Taf. 43; Casemir/Ohainski 2016, S. 50 f.

Bielenberg,
I. Flurwüstung (aufgelassener Weinberg).
II. Stadt Höxter.
III. *1347: Gülte von dem Belenberge (INA Höxter, Nr. 180, S. 284); 1373: *Belenberch* (Wigand 1831, Nr. 8, S. 221 f.); möglicherweise ununterbrochener Weinbau ab um 1200 bis in die Zeit des 30jährigen Krieges.
V. Lage westlich von Höxter.
Literatur: Wigand 1831, S. 174; Koch/König/Sikorski 2014, S. 196 f.; Koch 2018, S. 255 f.; zum Weinbau in Westfalen im Überblick: Müller 1996, S. 399–428.

Bilisti.
I./II. Ortswüstung? im Grenzbereich der Kommunen Stadt Bad Driburg und Stadt Nieheim.
III. *Z. J. 1015–1036 (um 1165): *loco Bilisti*: Im Zusammenhang mit der ansonsten unbekannten Ortswüstung? verweist Terstesse auf den „Bilster Berg" nördlich von Pömbsen (Vita Meinwerci [ed. Terstesse], Kap. 67, S. 71).
V. Bilisti ist anläßlich der Abgrenzung des Kirchspiels Pömbsen vom Jahr 1299 nicht genannt. Verortung daher unsicher erscheinend und nicht in der Übersichtskarte des Kreises Höxter dargestellt.

Bionhusun.
I. Ortswüstung.
II. Zugehörigkeit unsicher.
III. *822–876: *in Bionhus*(un) *iurnales XX* (Mönchslisten Traditionen Corvey 1 und 2, Tr 83 und S. 128).
V. Eine Lage innerhalb der ursprünglichen Diözese Paderborn ist wahrscheinlich, möglicherweise ist die Ortswüstung auch im mittleren Leinetal (Niedersachsen) zu verorten; nicht in der Übersichtskarte des Kreises Höxter dargestellt.

Bodikenhaghen.
I. Ortswüstung.
II. Stadt Steinheim.
III. *1237: *Bodikenhaghen* (Westf. Ub. 4, Nr. 254).
V. Lage südlich von Sandebeck.
VI. Nach Ahrens (1956, S. 107) Scherbenfunde im Bereich des Uhlenbergs; Fundstelle jetzt unbekannt.
Literatur: Schneider 1936, S. 20; Ahrens 1956, S. 107; Leesch/Schubert 1966, Nr. 13, S. 343; Balzer 1979, Ortsnamenliste zu Abb. 5, Nr. 14: Bodikenhagen.

Bodentorp siehe Bodingdorp.

Bodingdorp (Bodentorp, Bonentorp).
I. Ortswüstung mit Mühlenwüstung.
II. Stadt Steinheim.
III. *1103: *predia, que sunt in Bedincthorp et in Erpincthorp* (Honselmann 1950, Nr. 22, S. 346; *Erpincthorp*= Erpentrup, Stadt Bad Driburg); etwa 1260–1270: *molendinum in Bodingdorp et II mansos et aream* (Lehnsregister Driburg, S. 362, §69); 1361: Bodentorp (LR Bd. 2, Nr. 1070): für den Ort ergibt sich eine Lage innerhalb der ehemaligen Herrschaft Schwalenberg, also im südlichen Bereich des heutigen Kreises Lippe oder im nördlichen Kreis Höxter.
IV. Im Urriss erscheinen potentiell wüstungsweisende FlN westlich von Himmighausen und zwar zwischen diesem und Himmighausen-Bahnhof: „Beusenrod", „Beusenrad", „aufm Bösenrott", „an Waldhofs", „Busenberg", „hintern Busenberge", „Am Busenberge die 7 Morgen" (Kreiskatasteramt Höxter, Urriss Sandebeck, Flur VI.1: Boesenrott, 1829, und Flur VIII: Busenberg, 1829), jedoch erscheinen diese FlN sprachlich relativ weit von der Namensform Bodingdorp entfernt. Zudem ist nicht auszuschließen, das es sich bei Bodingdorp und Bodentorp um zwei verschiedene Ortswüstungen handeln könnte. In diesem Zusammenhang sei auf das gewässerlose „Bodenthal" etwa 2 km nordnordwestlich von Bad Driburg-Neuenheerse verwiesen, in dem natürlich nur ein Ort ohne Mühle (also nicht Bodingdorp!) gelegen haben könnte.
V. Lage Bodingdorp nach Wichert zwischen Himmighausen und Sandebeck (Lehnsregister Driburg, S. 368).
Literatur: Wigand 1831, S. 75, setzt „Bodinctorpe" mit Bökendorf im Kr. Höxter gleich; Ahrens 1956, S. 107; Balzer 1979, Ortsnamenliste zu Abb. 5, Nr. 13: Bonentorp.

Boichem.
I. Ortswüstung.
II. Sehr unsichere Lage im Kommunalgebiet Warburg.
III. Schütte geht davon aus, dass das *822–826(?) und erneut zweimal im Zeitraum von 826–876 in den Corveyer Traditionen genannte *Bochem* (Mönchslisten Traditionen Corvey 1 und 2, Tr 50 und S. 106; Tr. 109 und S. 141; Tr. 159 und S. 168) in Ostsachsen (?Boitzem) zu verorten ist und nicht bei Warburg; 868: *in locis nuncupatis Lutzilandreni et Boichem atque Herlingi* (Westf. Ub., Supplement, Nr. 275): auch aus dieser Quelle ist eine Lage bei Warburg nicht zwingend abzuleiten.
V. Lage nach Schneider (1936) bei Warburg bzw. nach Simon (1953, S. 12) zwischen Warburg und Germete; nicht auf Übersichtskarte des Kreises Höxter dargestellt.
Literatur: Schneider 1936, S. 21.

Borchusen.
I. Ortswüstung.
II. Stadt Borgentreich.
III. *Ca. 1003–1005: *Tradidit … II familias, I … in Burghus(un), aliam in Adishus(un)* (Mönchslisten Traditionen Corvey 1 und 2, Tr 484 und S. 285); z. J. 1015–1036 (um 1165): *predium in Burchusun*. Im Unterschied zu Berndt, der davon ausgeht, dass *Burchusun* mit Borkhausen 1 km südlich von Blomberg (Kr. Lippe) zu identifizieren sei (Vita Meinwerci [ed. Berndt], S. 140, Kap. 85, Z. 9), ist es wahrscheinlicher, diesen Ort mit der Ortswüstung Borchusen bei Borgholz zu identifizieren, auch die gemeinsame Nennung mit dem wenig (3,8 km !) entfernten +Eddesen spricht dafür; 1332: *Borchusen* (Forwick 1963, S. 93, Nr. 10); ca. 1332–1348: *bona in Borchusen*, *bona in Borghusen* (Waldecker Ub, Nr. 31, S. 49); 1500: Zehnt zu Borchhausen oder Borgholz (Giefers 1881, S. 169).
V. Lage 0,8 km ostnordöstlich von Borgholz (siehe auch Simon 1953, S. 12); bzw. Lage nach Krus (1990, S. 19) „beim Klingeler Kreuz nordöstlich von Borgholz".
VI. Funde 11./12.–13. Jh.; DKZ 4321,0182.
Literatur: Casemir/Ohainski 2016, S. 63: Borghusen.

Botveld.
I. Ortswüstung,
II. Stadt Steinheim(?); Stadt Nieheim(?).
III. *Ca. 1006–1007: *X mansos in Badualdun*. Die Erläuterungen zu den Corveyer Traditionen geben zu *Badualdun* zwei Identifikationen im Kr. Höxter an, +Botfeld nördlich von Brakel-Bökendorf und +Botfeld bei Rolfzen (Mönchslisten Traditionen Corvey 1 und 2, Tr 485 und S. 285). Nördlich von Bökendorf sind jedoch drei andere Ortswüstungen (Abbenhusen, Hellersen und Oldendorpe) nachgewiesen, nicht jedoch ein Botveld, sodass nur eine Verortung bei Steinheim-Rolfzen in Betracht zu ziehen ist. Z. J. 1015–1036 (um 1165): *Baduellun* (Vita Meinwerci [ed. Berndt], Kap. 74, S. 136, Z. 6).
IV. FlN „Puttfeld" bei Steinheim-Rolfzen.
V. Wahrscheinliche Lage südwestlich von Rolfzen; eine zweite Ortswüstung Botveld ist bei Stephan nicht nachgewiesen.
Literatur: Schneider 1936, S. 23; Leesch/Schubert 1966, Nr. 15, S. 343; Stephan 1978, Nr. 15, S. 204.

Bovenhusen.
I. Ortswüstung.
II. Stadt Bad Driburg.
III. *1155: *Bůvenhusen* (Überlieferung Kloster Hardehausen, S. 47), *Bouenhusen* ab 1299 zur Pfarrei Pömbsen gehörig (Westf. Ub. 4, Nr. 2559).
IV. Wüstungsweisender FlN „Bonhausen" (Kreiskatasteramt Höxter, Urkataster Poembsen, Flur XIII, 1829).
V. Lage ca. 1,5 km südöstlich von Pömbsen.
VI. „Scherbenfunde" nach Ahrens (1956, S. 107).
Literatur: Krömecke 1874, S. 127; Schneider 1936, S. 23 und S. 106; Leesch/Schubert 1966, Nr. 16, S. 343.

Bredanbiki.
I. Partielle Ortswüstung, mit noch im Urkataster von 1829 verzeichneter, jetzt nicht mehr bestehender Wassermühle an der Mühlenwiese.
II. Stadt Steinheim.
III. *Ca. 993–996: *in Bredanbiki quidquid ad illum locum pertinet et VII familias*. Der Ortsname ist relativ häufig. Neben Bremke bei Hameln und Bremke bei Göttingen kann sich die Tradition auf +Bremke bei Steinheim-Gut Breitenhaupt beziehen (Mönchslisten Traditionen Corvey 1 und 2, Tr 446 und S. 275). Anzufügen ist theoretisch noch +Bredenbeke (Hochsauerlandkreis) in direkter Nähe zu +Jucveld, jedoch scheint der in einem

engen Nebental der Hoppecke gelegene Ort wohl kaum eine Ernährungsbasis für sieben Personenverbände geboten zu haben. Bremke bei Detmold kann hier nicht gemeint sein, da es sich um eine hochmittelalterlich entstandene Hägerhufensiedlung handelt; 1358–60: Höfe zu Bredenbeck (LR Bd. 2, Nr. 1039).
IV. Wüstungsweisende FlN: „Bremker Wiese", „Bremker Feld", „obere/mittlere/untere Bremeker Feld", „Mühlenfeld"und „Mühlenkamp" (Kreiskatasteramt Höxter, Urriss und Urkataster Steinheim, Flur III, 1829).
V. Lage 0,9 km nordnordöstlich von Gut Breitenhaupt.
VI. Funde 9.–13. Jh.; Eisenschlacken; -luppen und Erze; DKZ 4120,0132.
Literatur: Schneider 1936, S. 25; Stephan 1978, Nr. 18, S. 204 f.: Bredenbeck und Taf. 74; Casemir/Ohainski 2016, S. 73 f.: Bredenbeck.

Bredenbergh.
I. Ortswüstung.
II. Stadt Bad Driburg(?), Stadt Brakel(?).
III. *1238: *Bredenbergh* (Westf. Ub. 4, Nr. 277).
V. Lage nach Schneider bei Brakel-Erkeln, bzw. nach Westf. Ub. 4 bei Bad Driburg; nicht auf Wüstungs-Übersichtskarte des Kreises Höxter dargestellt.
Literatur: Schneider 1936, S. 24: Bredenberg; bei Stephan (1978) nicht nachgewiesen.

Breme.
I. Ortswüstung (wiederbesiedelte Ortswüstung?).
II. Stadt Marienmünster.
III. *Ca. 997–1000: *in Breme quidquid ibi habuerunt*. Breme wird mit dem heutigen Bremerberg identifiziert (Mönchslisten Traditionen Corvey 1 und 2, T. 455 und S. 278); jedoch könnte Bremerberg nach Auffassung d. Verf. auch eine in der Wüstungsgemarkung von Breme neu entstandene frühneuzeitliche Siedlung sein.
V. Ortslage der Wüstung möglicherweise im 16. Jh. unter dem Ortsnamen Bremerberg wiederbesiedelt.
VI. Streufunde des hohen und späten Mittelalters; DKZ 4121,0166.
Literatur: Stephan 1978, Nr. 141, S. 277; Casemir/Ohainski 2016, S. 75 f.

Brochtorp.
I. Ortswüstung.
II. Stadt Borgentreich.
III. *1411: *Brůchtorff* (Urkunden Kloster Hardehausen, Nr. 940); 1416: *Brochtorp* bei *Borgentryke* (Urkunden Kloster Hardehausen, Nr. 969).
IV. Wüstungsweisende Flurnamen im Urkataster: „Broffeltrupper Feld", „Broffeltrupper Wiesen".
V. Lage nach Giefers (1881, S. 165) zwischen Borgentreich, Dinkelburg und Körbecke; Lage nach Simon (1953, S. 12) zwischen Borgentreich und Dinkelburg; Lage nach Kindl (1980, S. 88) zwischen Dinkelburg und Körbecke; tatsächliche Lage 3,2 km nordwestlich von Borgentreich.
VI. Unter den Funden aus dem Bereich der hochgelegenen Quellmulde befindet sich ein dem Mesolithikum oder Neolithikum zuzuordnendes Klingenfragment aus Flint (frdl. Bestimmung Dr. B. Stapel, LWL-Archäologie für Westfalen). Der Fundkomplex enthält 206 Keramiken, von denen 9,2 % auf uneinheitlich gebrannte Irdenwaren, 15,6 % auf gelb gebrannte Irdenwaren, 1,5 % auf verschiedene Varianten der rauwandigen Drehscheibenware, 29,6 % auf blaugraue Irdenwaren, 43,7 % auf reduzierend grau gebrannte Irdenwaren und 0,5 % auf rot engobierte Irdenware entfällt. Bei den uneinheitlich gebrannten Irdenwaren tritt solche mit granitischer Sandmagerung auf und unter den Funden der gelben feingemagerten harten Irdenware ist die RS einer Ofenkachel (sog. Topfkachel) vertreten. Eine RS der gelben mäßig grob gemagerten Irdenware wahrscheinlich nordhessischer Provenienz zeigt einen spätestens im 11. Jh. erfolgten Siedlungsbeginn von Brochtorp an. Das auffällige Fehlen von Faststeinzeugen und Steinzeugen verweist auf ein Wüstfallen der Siedlung im Verlauf des 13. Jhs., das in einem Zusammenhang zur frühstädtischen Entwicklung des nahegelegenen Borgentreich stehen dürfte: DKZ 4421,0189.
Literatur: Brilon ²1930, S. 29: Broftrup; Gabriel 1980, S. 65: Broftrup/Broffeltrup; Kindl 1980a, S. 88: Broftrup; Casemir/Ohainski 2016, S. 78: Brochtorp.

Brockhusen (bei Bredenborn).
I. Ortswüstung (mit zugehöriger wüster Mühle?).
II. Stadt Marienmünster.
III. *1189: *Brockhusen prope Swalenberg* (Westf. Ub. 2, Cod. 499; Leesch/Schubert 1966, Nr. 19, S. 343).
IV./V. Rund 1,2 km nordnordöstlich von Bredenborn tritt im Urkataster die auf die Lage der Ortswüstung hinweisende Wegebezeichnung „der Brocksche Pfad" auf, von der verschiedene FlN (u. a. „ Am brockschen Pfade") abgeleitet sind (Kreiskatasteramt Höxter, Urkataster Vörden, Flur XXIX, 1830).
V. Lage nordnordöstlich von Marienmünster-Bredenborn.
VI. Funde frühes Mittelalter–13./14.? Jh.; DKZ 4121,0087.
Literatur: Schneider 1936, S. 96: Münsterbrock; Stephan 1978, Nr. 19, S. 205; Casemir/Ohainski 2016, S. 78 f.

Brockhusen (bei Schmechten).
I. Ortswüstung.
II. Stadt Brakel.
III. Angeblich 1036 (das im Westf. Ub. 1, Cod. 127, als Vorwerk des Haupthofes Beken (*Bekena*) genannte *Brochusen* ist westlich des Eggegebirges im Kr. Paderborn(!) zu verorten. Auch die übrigen Vorwerke von Beken (*Henke, Eluere* und Asseln (*Aslen*) liegen dort. Aslen ist nicht zu verwechseln mit +Aslen (Kr. Höxter), das in der Quelle von 1036 als *Asle* erscheint; *1261 (Leesch/Schubert 1966, Nr. 20, S. 343).
V. Lage bei Schmechten bzw. südwestlich von Istrup (bzw. nach Ahrens: 1,5 km südlich Istrup).
VI. „Scherbenfunde" nach Ahrens (1956, S. 107).
Literatur: Schneider 1936, S. 25: Brockhausen; Leesch/Schubert 1966, Nr. 20, S. 343; bei Stephan (1978) nicht nachgewiesen.

Brockhusen (bei Nieheim).
I. Wahrscheinliche Ortswüstung.
II. Stadt Nieheim.
III. *1438: Garten zu Nieheim bei der Brockhuser Mole (Regesten und Urkunden Marienmünster 4, Nr. 219).

Brungeresen.
I. Ortswüstung.
II. Stadt Bad Driburg (in Grenzlage zu Nieheim), möglicherweise mit dem bei Simon (1953, S. 12) angeführten (und von diesem jedoch zwischen Warburg-Daseburg und -Dössel verorteten) Bruniesson gleichzusetzen.
III. *1292: *Heinric de Brungeresen*, seine Frau *Iutta* und deren Kinder Udo (*Hudo*) und *Mathilda* bezeugt (Westf. Ub. 4, Nr. 2227).

IV./V. Lage nach Schrader zwischen Nieheim und Bad Driburg-Pömbsen und zwar nahe bei Nieheim (Regesten und Urkunden Marienmünster 2, Nr. 88, S. 200, Anm.: u. a. FlN „Brunser Feld"); weitere wüstungsweisende FlN „Brunserhof", „Brunser Wasser"; Lage nach Leesch/Schubert (1966) nördlich von Pömbsen.
VI. „Scherbenfunde" nach Ahrens (1956, S. 107).
Literatur: Schneider 1936, S. 26: Brungersen; Leesch/Schubert 1966, Nr. 21, S. 343.

Brunie(ni?)sson.
I. Ortswüstung.
II. Stadt Warburg?
V. Nach Simon (1953, S. 12) zwischen Daseburg und Dössel gelegen (vgl. Brungeresen); nicht auf Übersichtskarte Wüstungen Kr. Höxter dargestellt.

Bünerhagen (Abb. 45).
I. Wüstgefallene Hägerhufensiedlung.
II. Stadt Borgentreich.
III. *1332–1348: *Bunerhagen* (Waldecker Ub., Nr. 31, S. 42), 1360: *Buͤnerhagen* (Urkunden Kloster Hardehausen, Nr. 795).
IV. Wüstungsweisende FlN „Binnerhagen-Höfe" sowie „Binnerhagen", „Binnerhagenkämpe", „kleine Binnerhagenbruch", „Großer Binnerhagenbruch", „kleine Binnerhagenwiese", „große Binnerhagenwiese" (Kreiskatasteramt Höxter, Urkataster Rösebeck, Flur I, Blatt 1 und 2 sowie Flur III, 1832).
V. Lage 2 km nordwestlich bis 1,5 km nordnordöstlich von Körbecke bzw. bei +Lütgen Bühne, Länge des Hagens 1,6 km (Bünerhagen ist als Ausbausiedlung von +Lütken Bühne und nicht von Bühne zu interpretieren).
VI. Das Material von den acht archäologisch nachgewiesenen Hofwüstungen des Hagens hat insgesamt einen Umfang von 289 Lesescherben. Uneinheitlich gebrannte Kugeltopfkeramik ist unter den Funden nicht vertreten, ein Indiz, dass der Ort erst nach dem Auslaufen dieser gegründet worden ist. Der Anteil von gelber Drehscheibenware älterer Machart ist äußerst gering, beträgt nur 2,4 %, und zeigt an, dass die Siedlung entstanden ist, nachdem deren Produktion weitgehend aufgehört hatte. Die Fundanteile gelber Irdenwaren jüngerer Machart liegen bei immerhin 8,3 %, der oxidierend rot gebrannte Irdenware bei 1,4 % und der fleckig grau-roten rauwandigen Drehscheibenware bei 0,7 %. Anders als ansonsten in der Warburger Börde ist die blaugraue Irdenware des hohen Mittelalters in der Siedlung nur mit einem Anteil von 11,4 % relativ wenig ausgeprägt vertreten, jedoch tritt die Warenart in ihrer feiner gemagerten Variante auch noch in regionalen Fundkomplexen des 13. Jhs. auf. Der Anteil der seit etwa 1170/80 dominierenden grauen fein gemagerten harten Irdenware beläuft sich auf 13, 5 % der Funde und der Anteil der der grauen fein gemagerten klingendhart gebrannten Keramik liegt bei weiteren 5,6 %. Der mit zusammengenommen nur 0,9 % äußerst geringe Fundanteil der Proto- und Faststeinzeuge sowie des Steinzeugs ist nicht erklärbar, denn der hohe Anteil monochrom glasierter Irdenwaren (55,7 %) weist darauf hin, dass Bünerhagen, das um 1200 oder in der 1. Hälfte des 13. Jhs. gegründet worden sein muss, erst im 15. Jh. wüstgefallen ist. In der Altkarte von s'Grooten (1573) ist der Ort nicht (mehr) eingetragen; DKZ 4421,0207:001 bis 4421,0207:008.
Literatur: Bergmann 2010a, S. 203; Peine/Song 2015, S. 275 und Abb. 5 (die dort festgestellten Luftbildspuren stimmen nicht mit den archäologischen Fundarealen überein); Casemir/Ohainski 2016, S. 85.

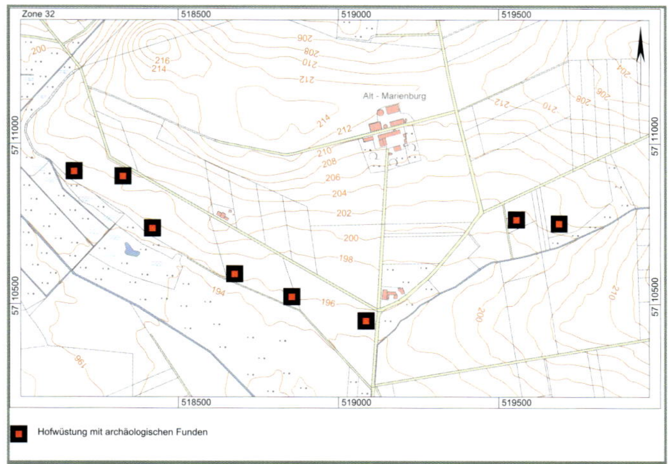

Abb. 45: Borgentreich-Körbecke, Kr. Höxter: Fundstellenkartierung der von den Grafen von Schwalenberg am Ende des Hochmittelalters angelegten Hägerhufensiedlung Bünerhagen (Kartografie: LWL-Archäologie für Westfalen, M. Thede)

Bunessen.
I. Orts- und Grangienwüstung.
III. *1173: *frater Hermannus de Bunessen* (Westf. Ub. 2, Cod. 362); 1187: *Bunessen* (Überlieferung Kloster Hardehausen, S. 65).
IV. Wüstungsweisende FlN „Bei der Bunserwiese", „Bunserwiese", „Auf'n Keller", „Bunser Feld", „Beim Bunser Kreuz", „Bunserweg" [von Bonenburg zur Ortsstelle führend] (Kreiskatasteramt Höxter, Urkataster Bonenburg, Flur II, 1831).
V. Lage 1,5 km nördlich von Bonenburg.
VI. Auf ein Steingebäude hinweisende Altfunde von ortsfremden Sandsteinquadern (Bérenger 1984, S. 251). In Bunessen wurden zwei räumlich voneinander getrennte Fundareale kartiert. Im Fundbereich A am Rand eines weitgehend verlandeten Teichs traten innerhalb einer eng umgrenzbaren Stelle gehäuft Bruchstücke von rechteckigen Dachziegeln mit Lattenrast auf. Sie entsprechen dem Typ des bei der Ausgrabung des klösterlichen Wirtschaftshofes +Rozedehusen aufgefundenen Bedachungsmaterials der Grangien-Gründungsphase und dürften den Standort eines festen Gebäudes der Grangie Bunessen anzeigen. Im Fundbereich B südlich davon traten Bruchstücke von Bodenplatten und Formziegeln auf. Im Fundareal B geborgene uneinheitlich gebrannte Irdenware mit Kalkgrusmagerung verweist auf einen frühmittelalterlichen Besiedlungsbeginn des Ortes, der wahrscheinlich im 9. Jh. erfolgte. In beiden Siedlungsarealen von Bunessen hat sich die Besiedlung bis in das 13. Jh. erstreckt; Funde des 14. Jhs. konnten nicht geborgen werden; DKZ 4420,0108.
Literatur: Schneider 1936, S. 21 (dort unter dem resistenten Ort Bonenburg angeführt); Doms 1986, Nr. 7, S. 59; Casemir/Ohainski 2016, S. 86; Bergmann 2017a, S. 169 f.

Bustollen.
I. Ortswüstung.
II. Stadt Beverungen.
III. *Ca.1003–1005: *Burghstallun* (Mönchslisten Traditionen Corvey 1 und 2, Tr 483 und S. 284); 1213: *Buͦrstolde* (Westf. Ub. 4, Nr. 56).
IV. Wüstungsweisende FlN bzw. Wegename: „An der Bustollen", „Borstoll"; weiterhin der von Rothe nach Osten zur Ortsstelle verlaufende „Borstollweg" (Kreiskatasteramt Höxter, Urkataster Tietelsen, Flur I und VII, 1830 sowie Karte zum Parzellar Cataster

der Gemeinde Tietelsen, 1831).
V. Lage 2,2 km nördlich von Dalhausen.
VI. Funde der jüngeren Bronzezeit oder der vorrömischen Eisenzeit sowie des frühen Mittelalters–14. Jhs.; DKZ 4321,0161.
Literatur: Schneider 1936, S. 28: Bustolle; Stephan 1978/79, Nr. 138, S. 274 und Taf. 72.1; Casemir/Ohainski 2016, S. 86–88: Burghstallun.

Buthelestorp.
I. Ortswüstung.
II. Stadt Warburg.
III. *1155: *curia Buthelestorp* (Westf. Ub. 2, Cod. 301); 1190: *aduocatiam in Budelesthorp* (Westf. Ub. 2, Cod. 508).
IV. Im Urkataster am Südrand der Langsteifenflur „im Busdorf" auftetende Blockparzellen wahrscheinlich auf Lage der Ortstelle hinweisend; Langstreifenflur „im Busdorf"/„Busdorfer Feld" in Gewanne („vorderste Wanne", „mittlere Wanne", „hintere Wanne") untergliedert (Kreiskatasteramt Höxter, Urkataster Warburg, Flur VIII und Flur IX, 1831/32).
V. Lage zwischen Warburg und Warburg-Dössel.
Literatur: Schneider 1936, S. 28: Butelsdorf.

Caddenhusen.
I. Ortswüstung, Wüstungsflur.
II. Stadt Brakel.
III. *1275: *Kadenhusen* (Westf. Ub. 4, Nr. 1394).
V. Lage 2,6 km östlich vom Gut Hainhausen.
IV. *1650: „das Feld Kaddenhusen oder Kansen"; später: „Feldikansen" (Wigand 1831, S. 71).
VI. Funde um 900–Mitte 14. Jh.; DKZ 4221,0043.
Literatur: Wigand 1831, S. 69–71, §24: Kaddenhusen; Schneider 1936, S. 74: Kadenhusen; Stephan 1978/79, Nr. 23, S. 205–207 und Taf. 44: Caddenhusen; Stephan 1979, S. 12, S. 21, S. 28 sowie S. 35 f. und Abb. 11; Casemir/Ohainski 2016, S. 90: Caddenhusen.

Chotun.
I. Ortswüstung (wahrscheinlich wiederbesiedelte Ortswüstung).
II. Stadt Marienmünster.
III. *ca. 976–979: *in Cotun CX iugera et V iurnales* (Mönchslisten Traditionen Corvey 1 und 2, Tr. 376 und S. 258 f., siehe weiter: Tr. 455 und S. 278); Anfang 13. Jh.: *Koten prope Leverinctorp* (Einkünfteverzeichnis Busdorfstift, S. 329, Z. 11; Leverinctorp = Löwendorf, Kr. Höxter); 1407: Dorpe to den Koten (Forwick 1963, Nr. 71, S. 82); im Verlauf von Grenzauseinandersetzungen im Raum Fürstenau und Löwendorf werden 1535 die *Kottenbreide*, das *dorfflin Kotten* und ein von einem Alf bewohntes Gebäude zu Kotten benannt (INA Höxter, Nr. 115, S. 343).
IV. Wüstungsweisender FlN *Kottenbreide*.
V. Anzunehmende Lage im Bereich der nachmittelalterlich (bzw. vor 1535) entstandenen Siedlung Saumer.
Literatur: Stephan 1978, Nr. 67, S. 230; vgl. Leesch/Schubert 1966, Nr. 67, S. 345.

Corvey (Abbn. 8, 46 u. 47).
I. Stadtwüstung (die vor ihrem endgültigen Wüstfallen zu einem Dorf absinkt) mit ehemaliger Propstei Nygenkerken und Marktkirche.
II. Stadt Höxter.
III. *833: Markt- und Münzrechtserteilung (BKW Höxter, S. 66); 1255: *civitatis Corbeiensis consules* (Westf. Ub. 4, Nr. 612); 1316: in dem *Oldendorpe tor Nygenkerken* (Wigand 1831, S. 172); 1348: Nachweis der *Brugghestrate* in Corvey (Wigand

Abb. 46: Höxter-Corvey, Kr. Höxter: Von Füllschichten des Stadtwalls der Stadtwüstung Corvey überlagerter Brunnen einer vorstädtischen Besiedlung des 12. Jhs. (Foto: LWL-Archäologie für Westfalen, R. Börnke)

Abb. 47: In Südostniedersachsen? produzierter Kugeltopf des 12. Jhs. mit roter Bemalung aus der sekundären Verfüllung der Brunnenröhre (Foto: LWL-Archäologie für Westfalen, S. Brentführer)

1831, S. 168); 1350: *in parrochia Nygenkerken* (Wigand 1831, S. 172); 1360: *in quondam opido Corbeja* (Wigand 1831, S. 168); 1388: *Snitterhof ... in deme dorpe tho Corbeya* (Wigand 1831, S. 169).
VI. DKZ 4222,0109 (südlicher Bereich der Stadtwüstung mit u. a. Standort der ehemaligen Marktkirche: Grabungen LWL-Archäologie für Westfalen und der Universität Göttingen); DKZ 4222,0129 (nordwestlicher Bereich der Stadtwüstung mit Relikt des Stadtwalls: Grabung der LWL-Archäologie für Westfalen mit dem Nachweis einer vorstädtischen Bebauung (Schwellbalkengebäude, Grubenhaus, Brunnen), die partiell vom jüngeren Stadtwall überlagert worden ist; DKZ 4222,0129:A (westlicher Bereich der Stadtwüstung); DKZ 4222,0130 und 4222,0226 (Bereich ehemaliges Kloster [jetzt: Schloss] mit der Klosterkirche); DKZ 4222,0227 (Bereich des heutigen Hafens mit dem Standort des ehemaligen Stifts Nigenkerken); Trümmer des Stifts Nygenkerken und Gräber nach Beobachtung von Wigand (1831, S.

172) durch Weser erodiert; Bodendenkmalbereiche insgesamt in die Denkmalliste der Stadt Höxter eingetragen (Weltkulturerbe); Geoprospektion der LWL-Archäologie für Westfalen mit dem vollständigen Grundrissnachweis der sogenannten „Marktkirche", vgl. Abb. 8.
Literatur: Wigand 1831, S. 168–172, §47: Corvey (Stadt und Dorf), Nigenkerken (Oldendorpe); BKW Höxter, S. 65–78 und Tafel 34–50; Schneider 1936, S. 29; Stephan 1995, S. 447–467; Stephan/Südekum 1995, S. 179–199; Stephan 2000 (mit umfassender Darstellung); Koch/König/Stephan 2006; Bergmann 2011d, S. 157–160; Rind 2015, S. 213–215; Casemir/Ohainski 2016, S. 92 f.; Coolen 2020, S. 60; Coolen/König/Wallner 2020, S. 272–276 und Abb. 1, 2, 4, 5; Bergmann 2020, S. 133.

Cottendorp.
I. Ortswüstung.
II. Lage unklar; Stadt Brakel?
III. Der Ort wird im räumlich weitgehend geordneten Einkünfteregister des Klosters Hardehausen von *1376 in der Reihenfolge *Merlehůsen* (Merlsheim) – *Cottendorp* – *Odenhůsen* (Identifikation *Odenhůsen* fraglich, Ovenhausen?) – Brakel aufgelistet. H. Konrad verortet es bei Ovenhausen (Überlieferung Kloster Hardehausen, S. 122 und S. 138).
V. Nicht auf Wüstungs-Übersichtskarte des Kreises Höxter dargestellt.

Cuadian.
I. Ortswüstung.
II./V. Wahrscheinlich Kr. Höxter.
III. *z. J. 1015–1036 (um 1165): *Cuadian*: Da sich von den in der Schenkung genannten Ortswüstungen fünf im Kreis Höxter lokalisieren lassen, ist davon auszugehen, dass auch *Cuadian* (Vita Meinwerci [ed. Terstesse], Kap. 75, S. 74; Vita Meinwerci [ed. Berndt], Kap. 74, S. 136, Z. 7) in diesem Raum gelegen haben dürfte.
V. Nicht auf Wüstungs-Übersichtskarte des Kreises Höxter dargestellt.

Culingen.
I. Ortswüstung (wahrscheinlich: partielle Ortswüstung).
II. Stadt Beverungen.
III. *9. Jh. (nach Leesch/Schubert); abweichende Erstnennung: 9.–10. Jh.: *montem Haddenbarch cum villa* [= Jacobsberg] *et omni jure prediumque suum in Culingen* (Bieling 1872, S. 122).
IV. Wüstungsweisender FlN: „Cüling"; Culinger Mühle nach Angabe bei Bieling „noch unlängst" (also vor 1872) bestehend.
V. Lage nach Bieling „nahe bei" Beverungen; Lage nach Stephan bei Beverungen-Dalhausen.
Literatur: Wigand 1831, S. 43; Giefers 1871a, S. 49; Schneider 1936, S. 29; Leesch/Schubert 1966, Nr. 25, S. 343; Stephan 1978, Nr. 25, S. 207.

Cuneclo.
I. Ortswüstung.
II. Stadt Brakel?
III. *1203 *Kuneclo* (gemeinsame Nennung mit dem nahebei gelegenen *Helgerssen* [= (+)Hellersen]): Westf. Ub. 4, Nr. 10).
IV. Wüstungsweisend: Forstbezirk „Königslau".
V. Wahrscheinliche Lage zwischen Altenbergen und Bökendorf im Abbenburger Forst.
Literatur: Schneider 1936, S. 79: Kuneclo; Stephan 1978, Nr. 26, S. 208.

Dallessen (Abb. 48).
I. Ortswüstung.
II. Stadt Brakel.
III. 1146: *Dallessen* (Westf. Ub. 2, Cod. 261: Fälschung); *1153: *Dalsen* (Westf. Ub. 2, Cod. 290); 1158: *Dallessen* (Westf. Ub. 2, Cod. 316); 1186: *Dallessen* (Westf. Ub. 2, Cod. 460).
V. Lage 1,8 km ostsüdöstlich von Gehrden.
VI. Das Fundmaterial verteilt sich auf mehrere Fundbereiche (A-D) und umfasst rund 1050 Lesescherben. Darunter befindet sich Keramik prähistorischer Machart (z. B. uneinheitlich gebrannte Irdenware mit grober Kalkgrusmagerung, Fgm. von Rautöpfen, 1 WS mit Kammstrichdekor). Ein dickwandiger Standboden aus uneinheitlich gebrannter quarzgrusgemagerter Irdenware ist nicht zwingend frühmittelalterlicher (9. Jh.) Zeitstellung, sondern könnte ebenfalls der prähistorischen Vorbesiedlungsphase des Ortes angehören. Das Fundmaterial des 9. Jhs. setzt mit frühen Kugeltöpfen mit (sehr) kurzen, unverdickten, rundlich ausbiegenden und rund abgestrichenen Randlippen aus uneinheitlich gebrannter Irdenware mit granitischer Sandmagerung ein. Insgesamt sind bei den uneinheitlich gebrannten Irdenwaren fernerhin solche mit Granitgrus-, Fein- wie auch Grobsand-, Sandstein-, Schiefer- und feiner Kalkgrusmagerung vertreten. Aufgefunden wurde gelbe Irdenware nichtrheinischer Provenienz mit palmwedelartiger Rotbemalung und die Fragmente eines Miniaturgefäßes. Es ist auffällig, dass trotz der erheblichen Fundmenge eindeutig dem 14. Jh. zuzuordnendes Material nicht vorhanden ist. Der Fundniederschlag bricht mit spärlichen Funden von rotengobiertem Faststeinzeug und Faststeinzeug Sieg-

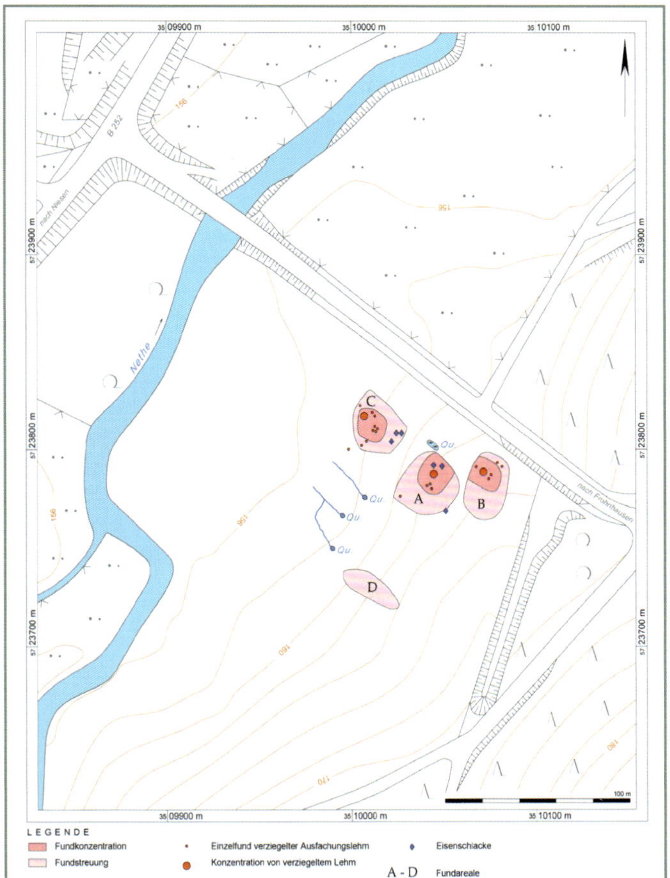

Abb. 48: Brakel-Gehrden, Kr. Höxter: Fundstellenkartierung des im Tal der Nethe nahe mehrerer zeitweilig schüttender Quellen (Quickspringe) gelegenen ehemaligen Kleinweilers Dallessen (Kartografie: LWL-Archäologie für Westfalen, M. Thede)

burger Art ab. DKZ 4320,227.
Literatur: Bergmann 2016, S. 233 und Abb. 2.

Dalpenhusen.
I. Ortswüstung.
II. Stadt Warburg,
III. *Zwischen 1015 und 1020 (abgefasst um 1165): *Dalpanhusun* (Vita Meinwerci [ed. Berndt], Kap. 48, S. 124, Z. 6); 1018: *Dalpanhusun* (Westf. Ub. 1, Cod. 95).
V. Lage: nördlich von Dössel bzw. westlich von Haus Riepen.
VI. A. Doms (1986, Nr. 67, S. 68) führt unter dem „Bereich der Wüstung Dalpenhusen" (DKZ 4420,030) prähistorische Funde, nicht jedoch solche des Mittelalters an. Die Lokalisation der Fundstelle ist somit unter Vorbehalt vorgenommen worden.
Literatur: Schneider 1936, S. 30; Irsigler 1976/77, S. 191, Karte 2; Casemir/Ohainski 2016, S. 97 f.

Dedelingtorp.
I. Ortswüstung.
II. Stadt Steinheim?
III. *1361: *Dedelinctorp* (LR Bd. 2, Nr. 1070).
V. Von den Bearbeitern der Lippischen Regesten (O. Preuß/A. Falkmann, 1863, LR Bd. 2, S. 275, Anm.) wird eine Lage innerhalb der ehemaligen Herrschaft Schwalenberg angenommen und zwar im Raum bzw. innerhalb der Feldflur Sandebeck. Das Urkataster Sandebeck liefert hierzu jedoch keine sicheren Hinweise.
V. Nicht auf Wüstungs-Übersichtskarte des Kreises Höxter dargestellt.
VI. Eine Parallelisierung mit der archäologischen Fundstelle DKZ 4119,0116:A (spätmittelalterliche Keramik) nordöstlich von Sandebeck bedürfte weiterer Untersuchungen.

Degenhusen.
I. Ortswüstung.
II. Stadt Steinheim,
III. *1438 (nach Leesch/Schubert).
IV. Wüstungsweisende FlN: „Dähnsen", „vorne/mitten im Daunhauser Felde", „Daunhauser Feld" (Kreiskatasteramt Höxter, Urriss/Urkataster Steinheim-Ottenhausen, Flur XXII.1, 1829), bzw. nach Leesch/Schubert „Im Doinsken Felde".
V. „Deinckhausen, früher Degenhusen, eine Wüstung zwischen [Steinheim-] Ottenhausen und dem [Horn-Bad Meinberg-] Bellenberge, wo es im Doinsken (Deinckhauser) Felde heißt (Regesten und Urkunden Marienmünster 4, S. 172; Groblokalisation ca. 1,1 km westsüdwestlich von Ottenhausen.
VI. DKZ 4120,0196.
Literatur: Leesch/Schubert 1966, S. 343, Nr. 27; Casemir/Ohainski 2016, S. 101 f.

Delinghusen.
I. Ortswüstung.
II. Stadt Bad Driburg.
V. Nach Simon (1953, S. 12) südlich von Neuenheerse gelegen; nicht auf Wüstungs-Übersichtskarte des Kreises Höxter dargestellt.

Denkenhusen.
I. Ortswüstung, Wüstungsflur.
II. Stadt Höxter.
III. *1280: *Denkenhosen* (Asseburger Ub. 1, Nr. 394).
IV. Wüstungsweisender FlN „Dorpdenkelsen" (Wigand 1831, S. 84).
V. Lage bereits von Wigand (1831, S. 83) als „auf der Höhe des Kapenberges zwischen Ovenhausen und Lütmarsen" beschrieben; in einem Forstareal des Heiligengeisterholzes 2,2 km nordnordwestlich von Ovenhausen gelegen.
VI. Funde wohl des 8.–10. bis 13./14. Jhs.; Ortsstelle mit erhaltenem Mikrorelief (Gebäudepodeste, zentraler Teich) von Wölbackerfluren umgeben; weiterhin Nachweis von Hohlwegebündeln; DKZ 4221,0064 und 0065.
Literatur: Wigand 1831, S. 83 f., §28: Denkenhus, Denkenhusen; Schneider 1936, S. 32: Deneckhausen; Jäger 1954, S. 199 und Abb. 1; Leesch/Schubert 1966, Nr. 28, S. 343; Stephan 1978, Nr. 28, S. 208; Koch 2016, S. 238 f. sowie Abb. 2 und 4.

Derenborn
I. Ortswüstung.
II. Stadt Brakel.
III. *1295: *Derbornen* (Westf. Ub. 4, Nr. 2373; Wigand 1831, S. 218–221, Anm. und Urk. 7).
V. Lage nach Stephan wahrscheinlich im Umfeld der Försterei Derenborn.
Literatur: Wigand 1831, S. 68, §24: Derenborn; Schneider 1936, S. 32: Derborn; Stephan 1978, Nr. 29, S. 208 f.; Stephan 1979, S. 34.

Detmarsen
I. Modern wiederbesiedelte Ortswüstung.
II. Stadt Willebadessen.
III. *822–826: *Theutmareshus*(un), die Nennung ist auf +Dettmarsen/Deppenhöfen zu beziehen (Mönchslisten Traditionen Corvey 1 und 2, Tr 22 und S. 82 f.; siehe weiter: Tr. 488 und S. 286); z. J. 1015–1036 (um 1165): *in Thietmeressun* (vgl. Vita Meinwerci [ed. Terstesse], Kap. 44, S. 61; Vita Meinwerci [ed. Berndt], Kap. 42, S. 118, Z. 20); Anfang 13. Jh.: *Detmersen* (Einkünfteverzeichnis Busdorfstift, S. 331, Z. 2); 1332: Ditmersen (Forwick 1963, Nr. 17, S. 94).
VI. Wiederbesiedelt unter der Namensform Detmarsen (siehe Le Coq Karte von 1805, Section XVII); jetziger Ortsname: Deppenhöfe; DKZ 4420,0071; ob Deppenhöfe die mittelalterliche Ortsstelle exakt einnimmt ist unbekannt.
Literatur: Schneider 1936, S. 32: Dettmarsen oder Deppenhöfe und S. 128: Theutmareshusen; Simon 1953, S. 12 f.: Dettmarsen, Ditmarsen und weiterhin: Teutmareshusen (Ortswüstung doppelt geführt); Casemir/Ohainski 2016, S. 107 f.: Dettmarsen.

Dinkelburg.
I. Partielle Ortswüstung.
II. Stadt Borgentreich.
III. *944: *Thinkilbure marca* (MGH DD OI, Nr. 57); z. J. 1015–1036 (um 1165): *omnem decimationem in Thinkilburg* (Vita Meinwerci [ed. Terstesse], Kap. 110; Vita Meinwerci [ed. Berndt], Kap. 108, S. 150, Z. 8), 1106–1128: *VIIII mansos in Thinkilburg* (Kindlinger 2, Nr. XIX, S. 142); um 1120: *villa ... Thinkilburg/Territorium in Thinkilburch*/Thinkilburch (Ub. Hessische Landesgeschichte 2, Nr. 51, S. 67, §68, S. 72, Z. 22; S. 75, Z. 25).
V. Die Fläche der mittelalterlichen Siedlung wird wahrscheinlich zum Teil vom heutigen Gutsbetrieb Dinkelburg eingenommen.
VI. Nach Brilon (1930, S. 28) in Dinkelburg ehemals existente Kapelle St. Meinolf (angenommene Lage an einem jetzigen Lindenstandort nahe der Kreisstraße 30); DKZ 4421,0240 (Gutshof) und DKZ 4421,0137 (Massengräber 17. Jh.).
Literatur: Brilon [2]1930, S. 28 f. und S. 85–88; Gabriel 1980, S. 64; Kindl 1980a, S. 88; Casemir/Ohainski 2016, S. 108 f.

Dinkelburgerhagen.
I. Ortswüstung; wüstgefallene Hägerhufensiedlung.
II. Stadt Borgentreich.
III. *1370: *Dinkilborgirhagin*, *Dinkilbergerhagen* (Überlieferung Kloster Hardehausen, S. 109 f.).
IV. Wüstungsweisender FlN „Dinkelburger Hagen" im Preußischen Urmesstischblatt.
V.–VI. Bislang sind acht linear aufgereihte keramische Fundschleier (= Hofstellen) mit Funden der Zeit um 1200/der 1. Hälfte des 13. Jhs.–des 15. Jhs. unmittelbar oberhalb einer Geländekante bzw. Ackerterrasse am Körbecker Bruch um 1,3 km nordnordöstlich von Dinkelburg nachgewiesen. Im Bereich der Hofstellen kommt es zu einer Ablagerung von am Hang oberhalb dieser abgeschwemmten Bodens. Der Fundkomplex hat daher insgesamt einen sehr geringen Umfang (83 Lesescherben). Das älteste Fundmaterial sind Scherben von Kugeltöpfen aus uneinheitlich gebrannter sandgemagerter Irdenware (2,4 %). Die Fundanteile gelber Irdenwaren jüngerer Machart liegen bei 20,5 %, blaugrauer Irdenwaren bei 14,5 %, reduzierend grau gebrannter Irdenwaren bei 50,6 % und der grauen rotengobierten Irdenware bei 1,2 % (bzw. 1 Scherbe). Funde von Steinzeugen (3,6 %) zeigen an, dass der Hägerort im 14. Jh. bestehend war, wobei der hohe Anteil monochromer bleiglasierter Irdenware und von dunkelgrün glasierter gelber feingemagerter harter Irdenware (prozentualer Anteil zusammengenommen 7,2 %) darauf hinweist, dass Dinkelburgerhagen erst im 15. Jh. wüstfällt; DKZ 4421,0225.
Literatur: Bergmann 2010a, S. 203; Casemir/Ohainski 2016, S. 109 f.

Dodonhusen (Dodenhusen, Dohnhausen, Dohnsen).
I. Partielle Ortswüstung (im Umfeld des heutigen Gehöfts? [= Scheune?] Dohnhausen); zu unterscheiden von +Dudenhusen in Lippe.
II. Stadt Bad Driburg.
III. *Ca. 966–967: *Thudanhus*(un). Optional kann *Thudanhus*(un) sowohl mit +Dodonhusen zwischen Bad Driburg und Driburg-Herste als auch u. a. mit +Dudenhausen im Amt Schwalenberg identifiziert werden (Mönchslisten Traditionen Corvey 1 und 2, Tr 306 und S. 241); *1066: *Tutenhusen* (Westf. Ub. 1, Reg. 1102; Giefers 1880,II, S. 110).
IV. Wüstungsweisender FlN „Dohnhauser Trift" (Giefers 1880,II, S. 112 f.); Urkataster: Hof Drewes im Bereich der Ortsstelle noch 1830 eingetragen (jetzt jedoch nicht mehr an dieser Stelle vorhanden); FlN um diesen wahrscheinlichen Resthof des mittelalterlichen Ortes: „Donserfeld", „hinten in Donsen", „am Donserfelde" (Kreiskatasteramt Höxter, Urkataster Driburg, Flur XIV.1, 1830); in der aktuellen Deutschen Grundkarte ist der Bereich um das aufgelassene Gehöft Drewes als „Wüstung Dohnhausen" bezeichnet.
V. In der Quelle von 1066 zwischen [+]*Dringen* und [+]*Ercwissun* (= Ermissen) angeführt bzw. Lage nach Leesch/Schubert südöstlich von Bad Driburg.
VI. DKZ 4220,211.
Literatur: Schneider 1936, S. 34: Dohnhausen; Ahrens 1956, S. 107; Leesch/Schubert 1966, S. 343, Nr. 30: Dodenhusen; Wichert-Pollmann 1966, S. 422: Dohnhausen; Casemir/Ohainski 2016, S. 110 f.

Dringtorpe.
I. Ortswüstung.
II. Stadt Marienmünster?
III. *Ca. 997–1000: *in Duggun IX familias cum omnibus ad hunc locum pertinentibus, in Dringtorpe, quidquid ibi habuerunt* (Mönchslisten Traditionen Corvey 1 und 2, Tr 455 und S. 279).
V. Lage nach Schneider bei Marienmünster; für eine derartige Verortung würde die gemeinsame Nennung mit +Dungen (siehe dort) sprechen; Lage nach Schrader in der Feldmark von Marienmünster-Löwendorf (Regesten und Urkunden Marienmünster 3, Nr. 127, S. 157); nicht auf Wüstungs-Übersichtskarte des Kreises Höxter dargestellt.
Literatur: Schneider 1936, S. 36: Dringtorf.

Dudexen.
I. Ortswüstung.
II. Stadt Höxter.
III. *1106–1128 (Datierung nach Casemir/Ohainsky 2016, S. 117): *Hii sunt mansi litorum pertingentes in Godolmon: In Dudikesson mans. 1* (Wigand, Verzeichnisse Corveyscher Güter, Bd. 1.4, S. 54); 12. Jh.: *Dudekesson* (Wigand 1831, S. 69); nach Schneider und Leesch/Wiegand: *1279: *villa Dudikessen* (Westf. Ub. 4, Nr. 1571).
VI. Funde vor 800–1. Hälfte 13. Jh.; DKZ 4221,0042 (eingetragenes Bodendenkmal) und 0042:A.
Literatur: Wigand 1831, S. 69, §24: Dudekessen (Dudexen); Schneider 1936, S. 37: Dudekessen; Leesch/Schubert 1966, Nr. 31, S. 343; Stephan 1978/79, Nr. 31, S. 209 f. und Taf. 45; Casemir/Ohainski 2016, S. 117 f.

Dungen.
I. Ortswüstung (wahrscheinlich wiederbesiedelte Ortswüstung).
II. Stadt Marienmünster.
III. *822–826: *in Duncgon mansos X* (Mönchslisten Traditionen Corvey 1 und 2, Tr 23 und S. 83; siehe weiter: Tr 104 und 165 sowie Tr 455 und S. 278); 1106–1128: *curte Dungen/Dungon/ Ad Dungen pertinent Mansi XXII, e quibus sunt possessi XI, X deserti, unus desertus* (Kindlinger 2, S. 131 [Urkunden], § 26; vgl. Wigand 1831, S. 100, mit abweichender Datierung); 1535 ist Dungen unter den zwischen Fürstenau und Löwendorf gelegenen Dörfern und Wüstungen aufgezählt (INA Höxter, Nr. 115, S. 342 f.); 1595: „Dorf zu Dungen, jetzt das Hogehaus genannt" (Wigand 1831, S. 101).
V. *Dungen situm est inter Bremen* [jetzt: Marienmünster-Bremerberg] *et Eykholt* (Regesten und Urkunden Marienmünster 3, S. 133); Lage nach Schneider bei Hohehaus; nach Stephan wurde Hohehaus möglicherweise an der Stellle von +Dungen begründet (vgl. auch Leesch/Schubert 1966, S. 347); nicht auf der Wüstungs-Übersichtskarte des Kreises Höxter dargestellt.
Literatur: Wigand 1831, S. 99–101, §33: Duggun (Dungon); Schneider 1936, S. 37; Stephan 1978, Nr. 119, S. 258 f.

Dusterenhove.
I. Hofwüstung?
II. Stadt Höxter
III. *1359 (nach Leesch/Schubert).
IV. Wüstungsweisender FlN: „Düsterer Grund".
V. Lage im Heiliggeisterholz.
VI. Wüstungsflur und Siedlungsreste von H. Jäger untersucht/ archäologisch ermittelt.
Literatur: Leesch/Schubert 1966, S. 343, Nr. 32: Düsterhof; siehe hier weiter: +Stotinghusun.

Echene.
I. Ortswüstung.
II. Stadt Borgentreich.
III. *944: *Achinere marca* (MGH DD OI, Nr. 57); um 1120: *villa*

... *Æchinun/villa nostra Æchinun/Hechinen/Echinen/Echinun* (Ub. Hessische Landesgeschichte 2, Nr. 51, S. 67, §69 und S. 68, §91 sowie S. 75, Z. 16, Z. 25 und 34).
IV. 1385: *Recwese* bei der *Ecnene* (Dinkelburger, Borgentreicher und Borgholzer Dokumente, S. 27, A 123; Kindl 1980, S. 87); jüngere FlN „Dorfwiesen", „Echelerbruch"; im Bereich des mittelalterlichen Siedlungsareals zeigt sich eine ausgeprägte Wegeunruhe mit einem Wegeoval, das eine platzartige Ausbuchtung aufweist und von dem insgesamt sieben Wegeführungen in das Umland ausstrahlen.
V. Lage nach Brilon (1930, S. 26) „südlich von Borgentreich, rechts von der Straße nach Lütgeneder zwischen dem sogenannten Hohenfelde und den Echelwiesen" (das Hohenfelde ist dem „Hohes Feld" des Preußischen Urmesstischblatts entsprechend); die Lageangabe bei Brilon ist auf die archäologische Fundstelle nahe des heutigen Christinenhofs zu beziehen; Lage 2,3 km südöstlich von Borgentreich.
VI. Die Zusammensetzung des Fundkomplexes im Umfang von 843 Lesescherben ist für die Warburger Börde kennzeichnend: Der prozentuale Anteil uneinheitlicher Irdenwaren ist gering (6,6 %) und verteilt sich auf unterschiedliche Warenarten. Nur wenige Stücke zeigen eine sehr grobe Kalkgrusmagerung (Grus bis 4 mm Dm.) und sind mangels erhaltener Ränder nur als allgemein „prähistorischer Machart" anzusprechen. Bei den uneinheitlich gebrannten Irdenwaren des Mittelalters dominiert solche mit Schieferplättchenmagerung, jedoch tritt auch solche mit Kalkgrusmagerung (bis 2,5 mm Dm.) und Randformen des 10./11. Jhs., verschiedenen Sandmagerungen und Rändern des 10./11. Jhs., Sand- und Gesteinsgrusmagerung, Sandsteingrusmagerung u. a. auf. Der Anteil gelb gebrannter Irdenwaren liegt bei 12,6 %. Wie in der Warburger Börde häufig dominieren blaugrau gerauchte Irdenwaren (blaugraue mäßig grob gemagerte Irdenware: 29,8 %, blaugraue feingemagerte Irdenware: 6,3 %) vornehmlich des hohen Mittelalters und des 13. Jhs. Bei den reduzierend gebrannten Irdenwaren dominiert die graue hart gebrannte Irdenware (29,2 %), gefolgt von der grauen feingemagerten klingendharten Irdenware (13,6 %). Auffällig ist das Auftreten von grauer, grob gemagerter und hart gebrannter Drehscheibenware (0,1 %) wohl des 10./11. Jhs. und anzunehmender nordhessischer Provenienz. Der prozentuale Anteil von Faststeinzeugen (0,2 %) und vollentwickeltem Steinzeug Siegburger Art (0,1 %) am Fundkomplex ist sehr gering, zeigt jedoch an, dass erst im Verlauf des 14. Jhs. mit einem Auslaufen der Besiedlung von Echene zu rechnen ist; DKZ 4421,0188.
Literatur: Brilon ^{2}1930, S. 26 f.; Schneider 1936, S. 38; Gabriel 1980, S. 64; Kindl 1980a, S. 87.

Eckwordessen.
I./II. Potentiell bei Steinheim gelegene Ortswüstung.
III.*Ca. 989–992: *XXXIX iugera et I iurnalem in Ecwardeshus*(un). Die Erläuterungen zu den Corveyer Traditionen bieten sowohl eine Identifikation mit +Ecwordinchusen („Egwordessen") bei Herbram/Schwaney im Kr. Paderborn an, als auch mit einer potentiell in der Feldmark von Steinheim gelegenen Ortswüstung Eckwordessen (Mönchslisten Traditionen Corvey 1 und 2, Tr 437 und S. 273), die nicht sicher verortungsfähig ist. Da es sich bei dem später zu Schwaney umbenannten Ecwordinchusen (Kr. Paderborn) um einen -inghausen Ort handelt, ist die Angabe in den Corveyer Traditionen wahrscheinlich nicht auf die Ortnamenswüstung im Kr. Paderborn zu beziehen.
V. Nicht auf Wüstungs-Übersichtskarte des Kreises Höxter dargestellt.

Eddessen (Abbn. 49-51).
I. Ortswüstung mit Kirche, Wüstungsflur.
II. Stadt Borgentreich.
*Ca. 1003–1005: *Tradidit ... II familias, I ... in Burghus(un), aliam in Adishus(un)* (Mönchslisten Traditionen Corvey 1 und 2, Tr 484 und S. 285). Aufgrund der gemeinsamen Nennung mit +Borchusen bei Borgentreich-Borgholz, das von +Eddessen bei Borgentreich-Bühne nur wenig entfernt ist, erscheint ein Bezug auf letztere Ortswüstung angebracht; z. J. 1015–1036 (um 1165): *in Ettidessun et Hippanhusun et Nederi* (Vita Meinwerci [ed. Terstesse], Kap. 129, S. 93; Vita Meinwerci [ed. Berndt], Kap. 127, S. 158, Z. 9). Aufgrund der gemeinsamen Nennung mit Großen- oder Lütgeneder in der Warburger Börde (Kr. Höxter) ist davon auszugehen, dass es sich bei *Ettidessun* um +Eddessen bei Borgentreich-Bühne und bei Hippanhusen um eine Ortswüstung bei Borgentreich-Rösebeck/-Körbecke) handelt; um 1120: *villa ... Ædenhusun* (Ub. Hessische Landesgeschichte 2, Nr. 51, S. 69, §93); Kirche 1221 genannt (adelige Eigenkirche nach Hengst [1990, S. 105]); 1308: *Hermanno plebano in Eddelscen* (Asseburger Ub. 2, Nr. 646).
V. Lage nördlich von Bühne.
VI. DKZ 4321,0059 A bezieht sich auf die ehemalige Klausnerei (*Klus*) am Standort der mittelalterlichen Pfarrkirche sowie die Wölbackerflur; DKZ 4321,0059 B ist ein separater Dorfsiedlungsbereich 0,2 km östlich der Kluskapelle mit Keramikfunden des 10.?/11. Jhs.–14. Jhs. (ca. 1200 Keramikfragmente), Schmiedeschlackenfunden und einem Münzfund (Münze des Paderborner Bischofs Simon I., 1247–1277): Bergmann 1993b, S. 7 f. und Abb. 4 sowie Abb. 5.1-8; neu entdeckte Teile der nördlichen Wölbackerflur sind unter DKZ 4321,0192 erfasst.
Literatur: Giefers 1881, S. 171 (weist darauf hin, dass kein Nachweis für die Behauptung bestehe, dass Eddessen während der Soester Fehde von böhmischen Hussiten zerstört worden sei); Schneider 1936, S. 38; Kindl, o. J.; Kindl 1980b, S. 8 f., S. 16, S. 24–26, Bergmann 1990, S. 72–74 und S. 78; Bergmann 1991b, S. 155–181; Bergmann 1993b, S. 1–30; Grabung LWL-Archäologie für Westfalen (2001/2001) mit Nachweis von Bebauungsspuren östlich der Kirche (Manuskript M. Austermann, Grabungsbericht Klus Eddessen 2002, Gem. Borgentreich-Bühne, Kr. Höxter, K 757, im Archiv der LWL-Archäologie

Abb. 49: Borgentreich-Bühne, am Standort der ehemaligen Pfarrkirche von +Eddessen errichtete Kluskapelle mit Kreuzwegstationen (Foto: LWL-Archäologie für Westfalen, R. Bergmann, 2021)

Abb. 50: Borgentreich-Bühne, +Eddessen: an die Kapelle angebaute ehemalige Klausnerei (Foto: LWL-Archäologie für Westfalen, R. Bergmann)

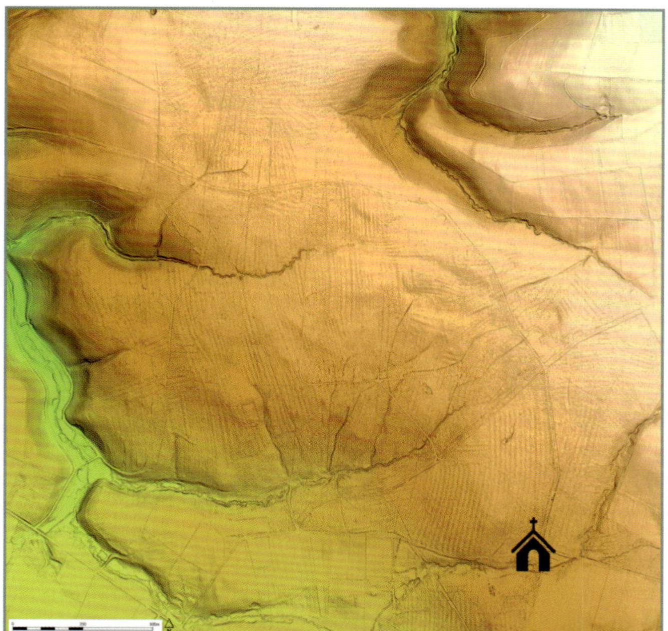

Abb. 51: Ausgedehnte unter Waldbedeckung erhaltene Wölbackerfluren der Ortswüstung Eddessen nördlich der Kluskapelle im Laserscan (LWL-Archäologie für Westfalen, M. Schaich)

für Westfalen, Referat Mittelalter-und Neuzeitarchäologie); Bergmann/Peine/Pollmann/Schaich 2012, S. 217–220; Casemir/Ohainski 2016, S. 121–123; Bergmann 2019c, S. 543.

Edelersen.
I. Ortswüstung.
II. Stadt Willebadessen.
III. *1229: *Hartmann de Etherlersen* (Westf. Ub. 4, Nr. 169).
IV. Wüstungsweisender FlN „Eltzerfeldt sive Edelsenfeldt" (Giefers 1880, S. 202); vgl. auch den nicht sicher wüstungsweisenden FlN „Rosenhof" (siehe hier: N.N. „Rosenhof").
V. Grobe Verortung der Ortsstelle nach Giefers zwischen Willebadessen und Bad Driburg -Neuenheerse bzw. nach Simon (1953, S. 12) zwischen Willebadessen und Willebadessen-Haverhausen.
Literatur: Giefers 1880, S. 166; Schneider 1936, S. 38.

Eggersen.
I. Ortswüstung, später Klausnerei.
II. Stadt Beverungen.
III. *826–876: *Eggerhem* (Mönchslisten Traditionen Corvey 1 und 2, Tr 96 und Seite135 f.: Schütte schlägt vor, die angeführte Ortswüstung *Eggerhem* im südlichen Paderborn oder an der mittleren Leine zu verorten, hält jedoch u. a. auch eine Identifikation mit der von Stephan lokalisierten Ortswüstung Eggersen für zulässig. Das grundsätzlich bestehende Problem, dass Eggersen einen -husen Ortsnamen aufweist, in den Traditiones Corbeienses jedoch ein -heim Ort genannt ist, wird mit einer potentiellen „Verderbtheit des Namens" erklärt); ca. 966–967: *in Errikeshus(un) et in Radi*. Von den mehreren Möglichkeiten einer Identifikation von *Errikeshus*(un) ist diejenige eine, den Ort mit +Eggersen bei Godelheim gleichzusetzen (Mönchslisten Traditionen Corvey 1 und 2, Tr 297 und S. 238 f. sowie Tr 401 und S. 264 f.); nach abweichender Auffassung d. Verf. ist es wahrscheinlich, dass sich der Quellenbeleg von 966–967 auf +Ecrikeshusun (siehe Wüstungsliste Kr. Paderborn) in der Mark von *Asseki* (= + Essike, Lage im Hochsauerlandkreis in Grenzlage zum Kr. Paderborn) bezieht; zu *Radi* siehe Oberwormeln, Kr. Höxter; 1500: Bau einer Heiligenhauses bei der Cluß zu Eggerssen bei Godelheim; Lage dieser *Kluse* .. *tho Eygersen* nach einer anderen Quelle am Weg von Amelunxen nach Beverungen (Wigand 1831, S. 165).
V. Lage 1 km ostsüdöstlich von Godelheim.
VI. Funde: vorrömische Eisenzeit, frühe Kaiserzeit?, um 800/9. Jh. (wenig Kumpfkeramik)–Mitte 14. Jh.; DKZ 4222,0056.
Literatur: Wigand 1831, S. 164 f., §46: Eggersen; Schneider 1936, S. 38; Leesch/Schubert 1966, Nr. 35, S. 344; Stephan 1978/79, Nr. 35, S. 210–212, Taf. 46; Casemir/Ohainski 2016, S. 124 f.

Eigelberga.
I. Ortswüstung?
II. Stadt Nieheim.
III. *1280: Zehnt in Enghelbraha (Regesten und Urkunden Marienmünster 2, Nr. 61; Ahrens 1956, 107).
V. Lage bei Nieheim-Erwitzen; nicht auf Wüstungs-Übersichtskarte des Kreises Höxter dargestellt.

Eilredessen.
I. Ortswüstung.
II. Stadt Beverungen.
III. *1106–1128 (Datierung nach Casemir/Ohainsky 2016, S. 127): *Waldric 2* [mansi] *in Eilridesson* (Wigand, Verzeichnisse Corveyscher Güter, Bd. 1.4, S. 53, Z. 26); 1200: *villa Eilredessen* (Westf. Ub., Additamenta, Nr. 84).
IV. Wüstungsweisende FlN: „Eilsche Feld", „Bei der Eilschen Kuhlen" (Kreiskatasteramt Höxter, Urkataster Tietelsen, Flur VIII, 1830).
V. Lage 2 km nordnordöstlich von Tietelsen.
VI. Funde vor 800 n. Chr. (Fragmente von Kümpfen)–Mitte oder 2. Hälfte 14. Jh.; DKZ 4321,0060.
Literatur: Leesch/Schubert 1966, Nr. 36, S. 344; Stephan 1978/79, Nr. 36, S. 212 f. und Taf. 47; Casemir/Ohainski 2016, S. 127 f.

Ekhusen.
I. Ortswüstung.
II. Stadt Brakel.

III. *826–876: *in Adikenhus*(un). Schütte führt zu *Adikenhus*(un) aus, dass dessen genaue Lokalisation nicht möglich sei und führt eine potentielle sprachliche Fortentwicklung des Ortsnamens zu „E(c)kenhausen" an (Mönchslisten Traditionen Corvey 1 und 2, Tr 272 und S. 225). Folgt man dieser Interpretation, so wäre u. a. ein Bezug der Quelle auf +Ekhusen bei Gehrden möglich. 1148: **Hechusen* (Westf. Ub. 2, Cod. 268); 1158: *Ekhusen* (Westf. Ub. 2, Cod. 317).
V. Da eine Quelle von 1503 Echusen und Swidersen als von Niesen (*Nihusen*) aus bewirtschaftete Meierhöfe bezeichnet (Regesten und Urkunden Marienmünster 1, S. 161), wäre von einer Lage der Ortswüstung im Nahumfeld von Willebadessen-Niesen auszugehen; Lage nach Giefers (1880, S. 196) nordöstlich von Brakel-Gehrden und zwar klosternah. Aus einer Quelle von 1551, derzufolge die Wiese „Seekamp" an der Nethe (*Nete*) nahe *Eickhuisen* lag, ergibt sich für die Ortswüstung indirekt eine bachlaufnahe Lage (Landesarchiv NRW, Abt. Westfalen [Münster], Kloster Gehrden, Urk. 23 von 1551, März 12 [Regest]).
VII. Schneider 1936, S. 38; Forwick 1963, Nr. 86, S. 67: Heckhusen – Grundsätzlich ist im Zusammenhang von +Ekhusen auf das Problem einer Abgrenzung zu +Adessen im Kr. Höxter hinzuweisen.

Elberdinghusen.
I. Ortswüstung.
II. Stadt Bad Driburg.
III. *1323 (nach Ahrens 1956, S. 107); 1330: *Elberdinghusen villam* (Giefers 1874, S. 110).
IV. Wüstungsweisender FlN Elbringser Mark (nach Ahrens).
V. Nach Simon (1953, S. 12) südlich von Siebenstern gelegen.
Literatur: Ahrens 1956, Nr. 55, S. 107.

Elmenhagen.
I. Ortswüstung (möglicherweise Hägerhufenwüstung).
II. Stadt Höxter.
III. *Möglicherweise 1295 als *Melmenhaghen* ersterwähnt (Wigand 1831, S. 91); 1359 (Leesch/Schubert 1966, Nr. 37, S. 344: Elmenhagen, Melmenhagen); 16. Jh.: Elmenhagen im Heiligen-Geisterholz (Wigand 1831, S. 181).
IV. Wüstungsweisender FlN „auf Elmerhausen" bzw. FlN „Elmerhaus" (nach Wigand [1831, S. 105] bezieht sich der FlN auf die Feldmark von Fürstenau); darüber hinaus vermerkt Wigand (1831, S. 91) für die Feldmark von Ovenhausen die FlN „Melchsgrund" und „Melchsberg".
V. Lage nach Stephan wahrscheinlich südlich von Fürstenau.
Literatur: Stephan 1978, Nr. 37, S. 213 f.

Emmerke (bei Borgentreich) (Abbn. 52 u. 53).
I. Ortswüstung mit Kapelle, benachbart ist die wüstungsresistente Obere Mühle (DKZ 4421,0231), weshalb Emmerke als partielle Ortswüstung einzustufen ist.
II. Stadt Borgentreich.
III. *822–826(?): *villa Ambriche in pago Hessi* (Mönchslisten Traditionen Corvey 1 und 2, Tr 40 und S. 97); um 1120: *villa ... Embrike* (Ub. Hessische Landesgeschichte 2, Nr. 51, S. 67, §67 und §73); 1402 genannt, war die St. Marien und St. Martin-Kapelle in Emmerke eine Filiale von [+]Lütken Bühne (Hengst 1990, S. 105); 1403: Drostenhof im Umfang von vier Hufen in der Feldmark zu Emmerke wird von zwei Borgentreicher Bürgern bewirtschaftet (Dinkelburger, Borgentreicher und Borgholzer Dokumente A 155, S. 35).
V. Lage 1,7 km ostnordöstlich von Borgentreich.
VI. Lage der Kapelle im Nordwesten des aufgelassenen Ortes; ca. 10 m hohes Turmrelikt mit Resten eines spitzbogigen Kreuzgewölbes im Inneren. Der Siedlungsbereich A östlich der Kapellenruine, zur Auswertung standen 579 Lesescherben zur Verfügung, ist wahrscheinlich im 9. oder 10. Jh. aufgesiedelt worden. Das zeitlich jüngste Material gehört dem 14. Jh. an, jedoch stammen aus dem Umfeld der Turmruine auch Funde des 15. Jhs (Anteil der gelben, innen monochrom grün glasierten Irdenware am Fundmaterial 1,6 %). Letztere Funde dürften darauf hinweisen, dass sich die Ortsaufgabe über einen längeren Zeitraum erstreckt hat. Als Streufund aus dem Bereich östlich des Turms ist das Fgm. eines dickwandigen, eisenzeitlichen Rauhtopfs (= 0,2 % Anteil) zu benennen. Uneinheitlich gebrannte Irdenwaren sind mit einem prozentualen Anteil von insgesamt 1,4 % vertreten, darunter eine mit Gesteinsgrus gemagerte Untergruppe. Rot gebrannte Irdenware (1,0 %), rotgrau gefleckte rauwandige Drehscheibenware (0,2 %) und gelb gebrannte Keramiken (9,0 %) sind unter den Funden intensiv vertreten. Bei der gelben grob bis sehr grob gemagerten harten Drehscheibenware nordhessischen Typus treten Randformen wie tief gekehlte Kugeltopfränder auf, die lokal anzeigen, dass sich die Produktion dieser Untergruppe oxidierend gebrannter Keramik bis in das Spätmittelalter erstreckt hat. Auf die Varianten der blaugrauen Irdenware entfallen insgesamt 35,2 % und den spätmittelalterlichen Komplex reduzierend grau gebrannter Irdenwaren 48 % der Funde; bei Letzteren liegt häufig klingendharter Brand vor. Anders als im Fundareal B ist der Anteil rotengobierter Keramik signifikant höher (rot engobierte Irdenware: 0,3 %; rot engobiertes Faststeinzeug: 2,2 %: darunter Bodenscherben [BS] von Krügen/Kannen mit auf den Unterseiten der BS angebackenen Oberteilen der beim Brand darunterbefindlichen Stapelware). Wie sehr häufig in der Bördenregion um Warburg/Borgentreich zu beobachten war, ist sowohl steinzeugartig hart gebrannte Ware Siegburger Art kaum (hier mit 0,3 % Anteil) und vollentwickeltes Steinzeug Siegburger Art nur schwach (hier mit 0,5 % Anteil) vertreten. – Aus dem Fundbereich B südlich der Kirche stammen 754 Lesescherben. Von diesen entfallen 1,2 % auf uneinheitlich gebrannte kalkgemagerte Irdenwaren, von denen die mit Grus gemagerten Scherben auf eine prähistorische Besiedlungsphase hinweisen und die mit feinen Kalkstückchen gebrannte Kugeltopfware dem 9. Jh. angehören

Abb. 52: Borgentreich, Kr. Höxter: Turmruine der spätromanischen Marien- und Martinskirche in der Wüstung Emmerke, die später als den Hl. Cosmas und Damian geweihte, von der Pfarrkirche in +Lütgenbühne abhängige Kapelle bezeichnet ist (Foto: LWL-Archäologie für Westfalen, R. Bergmann)

Abb. 53: Borgentreich, Kr. Höxter, +Emmerke: Turm der Wehrkirche mit Schießscharte im Erdgeschoss. Innenansicht (Foto: LWL-Archäologie für Westfalen, R. Bergmann)

dürfte. Ein aus den Funden zu erschließender Besiedlungsbeginn im 9. Jh. wird weiterhin durch Randformen der uneinheitlich gebrannten gesteinsgrusgemagerten Irdenware (der Prozentanteil dieser Warenart am Fundkomplex beträgt 2,3 %) gestützt. Gelb gebrannte Importkeramiken sind mit immerhin 8,1 % vertreten. Die verwitterungsresistente blaugraue feingemagerte Irdenware (48,0 %) des hohen Mittelalters und 13. Jhs. wie auch die typischen reduzierend gebrannten Keramiken (38,6 %) des Spätmittelalters dominieren unter den Funden. Auffällig ist der geringe Anteil rotengobierter Irdenware und rotengobierten Faststeinzeugs (jeweils 1 WS); auch der Anteil vollentwickelten Steinzeugs regionaler Art (3 WS bzw. 0,4 %) des 14. Jhs. ist erstaunlich gering. – In +Emmerke wurde weiterhin eine aus Bein gefertigte Halbschale eines Messergriffs mit geritzter Rautenschraffur aufgefunden; DKZ 4421,0127.
Literatur: Giefers 1881, S. 164 f.; Schrader 1899, S. 215, Anm. 2; Brilon ^{2}1930, S. 12–16; Schneider 1936, S. 41; Kindl 1980a, S. 84–86; Kindl 1980b, S. 7; Peine/Song 2015, S. 275 und Abb. 4; Casemir/Ohainski 2016, S. 133 f.

Emmerke (bei Pömbsen).
I. Ortswüstung.
II. Stadt Bad Driburg.
III. Im Kr. Höxter bestehen zwei Ortswüstungen namens Emmerke. Das in Tr 166 genannte *Amriki* (826–876) ist wahrscheinlich nicht auf diese Ortswüstung zu beziehen (Mönchslisten Traditionen Corvey 1 und 2, Tr 166 und S. 172). Weiterhin ist das in Tr 218 genannte *Anmarki* (826–876) wahrscheinlich ebenfalls nicht auf diese Ortswüstung zu beziehen (Mönchslisten Traditionen Corvey 1 und 2, Tr 218 und S. 197). Insofern muss man den Bezug des in der Vita Meinwerci genannten Emmerke (z. J. 1015–1036 [um 1165]: *Embriki* [Vita Meinwerci (ed. Terstesse), Kap. 119, S. 90; Vita Meinwerci (ed. Berndt), Kap. 117, S. 154, Z. 16]) auf die Ortswüstung bei Pömbsen nicht als zwingend ansehen. Aufgrund der Zugehörigkeit des *1299 genannten *Emmerike* zum Kirchspiel Pömbsen besteht dann jedoch ein gesicherter Bezug (Westf. Ub. 4, Nr. 2559).
IV. Wüstungsweisende FlN: „Auf den Höfen", „Emmerkeberg", „Emmerkewiesen" (Kreiskatasteramt Höxter, Urkataster Poembsen, Flur XIV, 1830).
V. Lage 0,9 km südwestlich von Pömbsen.
VI. Funde vorrömische Eisenzeit und vor 800 (Kumpfkeramik) bis 14. Jh.; DKZ 4220,0131.
Literatur: Krömecke 1874, S. 130 f.; Schneider 1936, S. 41 und S. 106; Ahrens 1956, S. 107: Emmerike; Stephan 1978, Nr. 38, S. 214; Casemir/Ohainski 2016, S. 132 f.

Emmerkehagen.
I. Ortswüstung? (möglicherweise Hägerhufenwüstung).
II. Stadt Borgentreich.
III. *1438 genannte *Curia in campis Borgentrike, sitis up dem Emmerke Hagen* (Schrader 1899, S. 215 f.).
V. Nicht auf Wüstungs-Übersichtskarte des Kreises Höxter dargestellt.

Engelbraha (Eygelberga).
I. Ortswüstung.
II. Stadt Nieheim.
III. *1280: *Engelbraha* (Westf. Ub. 4, Nr. 1605); wohl identisch mit dem 1290 genannten *Engelborcha* (Westf. Ub. 4, Nr. 2121).
V. Lage nach Schneider und Ahrens bei Erwitzen; nicht auf Wüstungs-Übersichtskarte des Kreises Höxter dargestellt.
Literatur: Schneider 1936, S. 42: Engelbraha = Eigelberga; Ahrens 1956, Nr. 27, S. 107: Eigelberga.

Erdermissen.
I. Ortswüstung.
II. Stadt Bad Driburg.
III. *1066: *Ercwissun* (Westf. Ub. 1, Reg. 1102; Giefers 1880, II, S. 110); etwa 1260–1270: *mansum Herdele misse, II mansos Herdelemisse* (Lehnsregister Driburg, S. 361, §50 f.); *Erdermisse* ab 1299 zur Pfarrei Pömbsen gehörig (Westf. Ub. 4, Nr. 2559).
V. Wüstungsweisende FlN im Ur-Riß/Urkataster: „Ermissen", „Erdemissen", „Ermissen übern Wege" (mit Feldkreuz), „Am Ermissengraben", „am Erdemissengraben", „schiest auf Erdemissengraben", „Ermissengrund", „Ermissergrund" und „Ermisser Wiese" (Kreiskatasteramt Höxter, Urkataster Poembsen, Flur XVI und XX, 1829).
V. Lage ca. 2 km südlich von Pömbsen.
VI. „Scherbenfunde" nach Ahrens (1956, S. 107), Fundbereich 2016 als Wechsel- und Dauergrünland genutzt (daher keine Bodenfunde nachzuweisen); DKZ 4220,0208.
Literatur: Krömecke 1874, S. 128 f.: Edermisse; Schneider 1936, S. 44; Leesch/Schubert 1966, Nr. 34, S. 344: Edermissen; Casemir/Ohainski 2016, S. 137 f: Erdermissen.

Erpentrup.
I. partielle Ortswüstung.
II. Stadt Bad Driburg.
IV./V. Am Rand des wüstungsresistenden Dorfes Erpentrup bestand zur Zeit der Aufnahme des Urkatasters unmittelbar östlich eines Herrensitzes (die ehemalige Flügelanlage ist modern überbaut) in der Aue der Emmer eine rechteckige, 68 m zu 70 m große Gräftenanlage (FlN: „Greefte") mit einer quadratischen, 33 m x 33 m großen Gräfteninsel. An die Rechteckgräfte grenzte im Norden die Parzelle „Herrenhof" an. Weiterhin bestand innerhalb des Dorfs eine wahrscheinlich auf eine Hofwüstung hinweisende Parzelle „Krughof" (Kreiskatasteramt Höxter, Urkataster und Urriss Sandebeck, Flur XV: Erpentrup, 1829).
VI. Die archäologischen Verdachtsflächen sind überbaut.

Erpeshusen (bei der Burg Iburg).
I. Ortswüstung.
II. Stadt Bad Driburg.

III. *826–876: *in Gudulma siue in Erpeshus*(un). Zu Erpeshusun gibt Schütte zwei Verortungshinweise: Erbsen bei Göttingen und +Erpessun bei Bad Driburg. Gudulma wird auf Godelheim bezogen (Mönchslisten Traditionen Corvey 1 und 2, Tr 179 und S. 177 f.; siehe weiter: Tr 312 und 357 sowie Tr 476 und S. 283). Da Godelheim/Gudulma erheblich näher zur Ortswüstung bei Driburg gelegen ist als der wüstungsresistente Ort Erbsen, wäre der Driburger Raum für eine Verortung von *Erpeshus*(un) zu bevorzugen; um 1120: *villa ... Erpossun, juxta Castrum quod dicitur Iburg* (Ub. Hessische Landesgeschichte 2, Nr. 51, S. 71, §122).
IV. Die FlN „Hof te Erbsen" bzw. „Hof zu Erbsen" und die Wegebezeichnung „Feldweg im Hofteerbsen" bezeichen ein im Osten von der „Aa" bzw. dem „Aawasser" begrenztes Gelände ca. 2,3 km–2,9 km östlich des mittelalterlichen Stadtkerns von Driburg (Kreiskatasteramt Höxter, Urkataster Driburg, Flur VII.1, 1829). Die bislang unprospektierte Ortslage befindet sich weniger als ca. 1 km nördlich der Kirchenstelle Völkersen bzw. ca. 3,6 km östlich der Burg Iburg.
V. Ortswüstung von Wigand (1831, S. 18, §8) irrtümlich mit +Eversen bei Beverungen, Kr. Höxter, identifiziert; Lage Erpeshusen nach Schneider östlich von Bad Driburg; Lage nach Ahrens (1956, S. 107) am Lilienberg (= Bergname 3,5 km ostsüdöstlich von Bad Driburg). Schneider (1936, S. 44) lokalisiert, auf Wigand (1831) basierend, ein zweites Erpeshusen bei Godelheim(?), das jedoch weder bei Leesch/Schubert (1966) noch bei Stephan (1978) nachgewiesen und auch daher von der dortigen Lokalisation fraglich ist.
Literatur: Leesch/Schubert 1966, Nr. 39, S. 344; Wichert-Pollmann 1966, S. 422: Erwesser/Erpessum.

Escherde.
Partielle Ortswüstung, ehemalige „Bollermühle" noch im 19. Jh. bestehend.
II. Grenzbereich der Städte Bad Driburg (Westteil der Ortswüstung) und Brakel (Ostteil).
III. *Ca. 973–975: *I familiam in Hesschehirithi LI iugera*. Abgesehen von einer ernstzunehmenden Gleichsetzung des genannten *Hesschehirithi* mit Escherde bei Hildesheim kann die Nennung auf +Escherde bei Istrup im Tal der Nethe bezogen werden (Mönchslisten Traditionen Corvey 1 und 2, Tr 347 und S. 251 f.); um 1400 (Leesch/Schubert 1966, Nr. 40, S. 344); 1403 (Ahrens 1956, S. 107).
IV. Wüstungsweisende FlN betreffend den Westteil der Ortswüstung: „Im Escherberge", „oben auf dem Escherberge", „der kleine Escherberg", „vorn[e] im Escherberge", „vor dem Escherberge" (Kreiskatasteramt Höxter, Urkataster Driburg, Flur VI.1 und 2, 1829); wüstungsweisender FlN betreffend den Ostteil der Wüstung: „Auf dem Escherberge" (Kreiskatasteramt Höxter, Urkataster Poembsen, Flur XIX, 1830); in der Deutschen Grundkarte verzeichnet sind der „Escherbach", die „Escherbreite" und der Standort der heute nicht mehr existenten „Bollermühle".
V. Siedlungslage 3,5 km nordnordwestlich von Istrup am Escherbach.
VI. Funde vom 7. oder 8. Jh. (Kümpfe)–14. Jh.; DKZ (Ostteil) 4220,0129 und (Westteil) DKZ 4220, 0130.
Literatur: Stephan 1978, Nr. 40, S. 214 f.; Casemir/Ohainski 2016, S. 143 f.

Esneberge.
I. Ortswüstung.
II. Stadt Brakel.
III. *Z. J. 1018 (um 1165): *in Essiberge et in Nedri* (Vita Meinwerci [ed. Terstesse], Kap. 112, S. 87; Vita Meinwerci [ed. Berndt], Kap. 111, S. 152, Z. 10; siehe weiter: Vita Meinwerci [ed. Terstesse], Kap. 123, S. 91; Vita Meinwerci [ed. Berndt], Kap. 121, S. 154, Z. 31). Da es sich bei *Nedri* nur um Lütgen- oder Grosseneder in der Warburger Börde handeln kann, dürfte es sich bei *Essiberge* um die Ortswüstung Esneberge am Nordrand dieser Börde (bei Gehrden) handeln. Ein Bezug der Quelle auf Escheberg nordwestlich von Zierenberg (Lkr. Kassel), wie ihn die Editionen der Vita angeben, erscheint weniger angebracht; 1158: *Esnebergh/Esneberge* (Westf. Ub. 2, Cod. 315 f.); um 1250: *Esneberg* (INA Paderborn, S. 180).
V. Nachzuweisende Lage 1,5 km südsüdöstlich von Gehrden; Lage nach Schneider (1936) angeblich bei Borgentreich-Borgholz bzw. nach Simon (1953, S. 12) vielleicht bei Siddessen/Gehrden.
VI. Funde 9.?,10./11. Jh.–14. Jh.: Extrem wenig gelbe sehr grob gemagerte harte Drehscheibenware wie auch uneinheitlich gebrannter Irdenware mit sowohl feiner Kalkgrusmagerung als auch weiterhin mit Sandsteingrusmagerung und drittens Schieferplättchenmagerung, Dominanz reduzierend grau gebrannter Irdenware bei mäßig starkem Anteil blaugrau geraucher Irdenwaren; DKZ 4320,0228.
Literatur: Schneider 1936, S. 45; Forwick 1963, Nr. 71, S. 66; Casemir/Ohainski 2016, S. 144: Lage nach Westfälischem Ortsnamenbuch unsicher (was sich als nicht zutreffend erweist).

Espringen (to der Clues).
I. Partielle Ortswüstung mit wüstungsresistenter Mühle.
II. Stadt Bad Driburg.
III. Die örtliche Überlieferung setzt die Ortswüstung erstens in ein Verhältnis zu 1184 bezeugten „Rittern von Espringen" und zweitens zu einer 1330 genannten Örtlichkeit: *viam communem, que ducit a villa, dicta To der Clues ad Elberdinghusen villam directo* (Giefers 1874, S. 110); im Siedlungsareal bestehende Antonius-Kapelle 1704 erbaut.
IV. 1724: FlN „Springer Hof" bezeugt; aktueller FlN: „Springer Feld".
V. Lage nach Simon (1953, S. 12) bei Neuenheerse bzw. nach Ahrens (1956, S. 107) bei der Suffelmühle (die zum mittelalterlichen Ort gehört haben dürfte). In unmittelbarer Nähe der rezenten Kapelle entspringt der Oesebach in einer stark schüttenden Quelle. Der mittelalterlichen Ort wurde vom Hellweg Paderborn–Höxter tangiert.
VI. „Scherbenfunde" nach Ahrens (1956, S. 107), die verschollen sind. Das Fundmaterial der LWL-Archäologie für Westfalen umfasst 158 Lesescherben des 12.–13./14.Jhs. Von diesen entfallen 1,3 % auf uneinheitlich gebrannte Irdenwaren, 6,3 % auf gelb gebrannte Irdenwaren, 7,0 % auf blaugraue Irdenwaren und 81,6 % auf die Sammelgruppe reduzierend grau gebrannter Irdenwaren. Charakteristisches Material der Zeit um 1200/des 13. Jhs., rot engobierte Irdenware (0,6 %), steinzeugartig hart gebrannte Irdenware Siegburger Art (0,6 %) und Faststeinzeug Siegburger Art (2,5 %) ist deutlich weniger stark repräsentiert. Trotz der Fehlens von vollentwickeltem Steinzeug Siegburger Art und wegen des häufigen Auftretens von grauer klingendhart gebrannter Irdenware ist davon auszugehen, dass der Ort wahrscheinlich noch im 14. Jh. existent war; DKZ 4320,0157 und 4320,0179 (= Umfeld der Kapelle).
Literatur: Casemir/Ohainski 2016, S. 144 f.

Eversen.
I. Ortswüstung.
II. Stadt Beverungen.
III. *1284: decimam in *Everdessen* (Westf. Ub. 4, Nr. 1799: nach Finke handelt es sich wahrscheinlich nicht um Eversen bei Nie-

heim, sondern um die Ortswüstung bei Beverungen); 1424: Zehnt zu Eversen (INA Höxter, S. 494); 1445: Eversin „in der Feldmark Beverungen" (Leesch/Schubert 1966),
V. Lage nach Simon (1953, S. 12) zwischen Borgholz und Beverungen bzw. nach Leesch/Schubert zwischen Beverungen und Dalhausen.
VI. Als Altfund aus dem Jahr 1949 ist im Fundmagazin der LWL-Archäologie für Westfalen aus dem Wüstungsbereich der hochgestochene Boden eines spätmittelalterlichen? Hohlglases (sogenanntes „Waldglas"), eine WS gelbe mäßig grob gemagerte harte Irdenware, eine BS und eine WS aus blaugrauer mäßig grob gemagerter Irdenware, und 6 S graue feingemagerte harte Irdenware archiviert. Das Fundmaterial ist näherungsweise dem 12./13. Jh. zuzuweisen. Die genaue Fundstelle, zu der vermerkt worden ist, dass sie am Bach n(ördlich) von Beverungen-Dalhausen liegt, ist heute nicht mehr bekannt.
Literatur: Giefers 1871a, S. 46; Leesch/Schubert 1966, Nr. 42, S. 344.

Eybrok.
I. Ortswüstung?
II. Stadt Nieheim.
III. *1341 (nach Ahrens).
IV. „Ebroiker Feld".
Literatur: Ahrens 1956, S. 107.

„Fahlenbruch".
I. Flurwüstung.
II. Stadt Willebadessen.
VI. Die mittelalterliche Wölbackerflur im Forstdistrikt „Fahlenbruch" (nördlich von Willebadessen-Willegassen) ist wahrscheinlich der Ortswüstung Mengersen zuzuordnen. Sie besteht aus neun West-Ost verlaufenden Ackerbeeten. Dieses Wölbackersystem wird im Osten von vier kurzen, Nord-Süd gerichtet verlaufenden Wölbäckern begrenzt. Letzteres System wird auf seiner Ostseite von einem auf kurzer Strecke erhaltenen Wallkörper (mit Sohlgraben auf dessen Westseite, also zur Wölbackerflur hin) begrenzt. Beide Flursysteme werden im Norden ebenfalls von einem Wall mit zur Wölbackerflur hin weisendem (innerem) Sohlgraben gerahmt. Die Wälle sind im Messtischblatt als K(ultur-) D(enkmal) „Wallanlage" beschriftet. Bei dem Geländebefund ist, ähnlich wie bei dem Erdwerk in der Flur „Rotenbreite" bei Borgentreich-Bühne, z. B. an ein prähistorisches Erdwerk zu denken, dessen Inneres als hoch- und/oder spätmittelalterliches Ackerland genutzt worden ist.

Franconhusun (bei Amelunxen).
I. Ortswüstung.
II. Stadt Beverungen.
III. *826–876: *mansum I coniacentem in villis ita nuncupatis in Franconhus(un) et in Heribrumum cum familia una*. Da Frankonhusen (bei Scherfede) relativ weit von dem westlich des Eggegebirges im Kr. Paderborn gelegen wüstungsresistenten Herbram entfernt ist und auch Frankenhausen bei Grebenstein (Kr. Kassel) ausscheidet, ist auf die Existenz einer „zweiten" Ortswüstung Franconhusun bei +Herbram zu schließen (Mönchslisten Traditionen Corvey 1 und 2, Tr 274 und S. 227). Für diese Interpretation spricht, dass in der Quelle von einer zusammenhängenden Hufe die Rede ist, deren Landfläche sich auf zwei Ortsgemarkungen verteilte und die auch von nur einer „familia" bewirtschaftet wurde; auch Schneider (1936, S. 47) differenziert zwischen einem +Franconhusen nordwestlich von Amelunxen (Stadt Beverungen) und +Frankonhusen bei Scherfede (Stadt Warburg),
V. Anzunehmende Lage nordwestlich von Beverungen-Amelunxen.

Frankonhusun (bei Scherfede).
I. Ortswüstung.
II. Stadt Warburg.
III. *826–876: *in Rymbeke mansos III cum familiis, in Frankonhus(un) mansum I*. Ein Bezug auf die Ortswüstung bei Rimbeck ist durch die gemeinsame Nennung mit Rimbeck gesichert (Mönchslisten Traditionen Corvey 1 und 2, Tr 205 und S. 191); um 1120: *villa ... Franconhuson/in Frankenhuson* (Ub. Hessische Landesgeschichte 2, Nr. 51, S. 65, §50 f. und S. 73, Z. 12 und 14); 1152: *Frenkenhusen* (Überlieferung Kloster Hardehausen, S. 71).
IV. Wüstungsweisende FlN: „Die Fränke", „In der Fränke" bzw. „In der Fraenke" (Kreiskatasteramt Höxter, Urkataster Scherfede, Flur I, 1831 und Flur II, 1830), wobei „Die Fränke" den Talgrund eines kleinen Bachtals bezeichnet und „In der Fränke" den Bereich oberhalb des Quellursprungs dieses Baches, wo die Ortsstelle anzunehmen ist.
V. Lage nördlich von Scherfede; Schneider (1936, S. 47) differenziert zwischen einem +Franconhusen nordwestlich von Amelunxen (Stadt Beverungen) und +Frankonhusen bei Scherfede (Stadt Warburg),
VI. Groblokalisation: DKZ 4420,0276.
Literatur: Casemir/Ohainski 2016, S. 149 f.: Frankenhusen.

Fresenhusen (siehe auch Groten Fresenhusen und Lütken Fresenhusen).
I. Ortswüstungen.
II. Stadt Steinheim.
III. *(822?), 826–876: *in Fresienhus*(un): Der in der Tradition genannte Ort lässt sich wahrscheinlich auf die Ortswüstung im Kreis Höxter, aber auch auf Frehnsen 7 km südwestlich von Hofgeismar (Kr. Kassel, Lage ca. 7 km südwestlich von Hofgeismar, wo zwischen Hofgeismar und Niedermeiser die Frensche Warte verzeichnet ist) beziehen (Mönchslisten Traditionen Corvey 1 und 2, Tr 68 und S. 118); etwa 1260–1270: *Wlueramus de Fresenhusen domum Fresenhusen* (Lehnsregister Driburg, S. 360, §17).
IV. Eine sichere Unterscheidung der nahe beieinander gelegenen Ortswüstungen Groten und Lütken Fresenhusen ist nach den Flurnamen nicht möglich. Stephan hält einen wahrscheinlichen Bezug der von ihm nachgewiesenen archäologischen Fundstelle auf +Lütken Fresenhusen für wahrscheinlich. Der im Urkataster/Urriss bestehende zweiter Bereich mit wüstungsweisenden FlN ist daher hier auf Groten Fresenhusen (siehe dort) bezogen worden.
Literatur: Schneider 1936, S. 47: Friesenhausen.

Frilinctorp.
I. Ortswüstung.
II. Stadt Bad Driburg?
III. *1138: *Frilinctorp* (Westf. Ub. 2, Cod. 228: Nennung zusammen mit weiteren Orten/Ortswüstungen im Umfeld von Driburg bzw. der Burg Iburg); 1142: *Vrilincthorp/Frilinchtorp* (Westf. Ub. 2, Cod. 236: Fälschung).
Literatur: Ahrens 1956, S. 107 (mit fraglicher Verortung der Wüstung im Kommunalgebiet Bad Driburg).

Frodinctorp.
I. Ortswüstung.
II. Stadt Steinheim.
III. *1031: *in istis villis ... Frodinctorp* (MGH DD KII, Nr. 171); z. J. 1031 (um 1165): als Zubehör des Haupthofes (*predium) Sanna-*

nabiki (= Sandebeck, Kr. Höxter) wird u. a. Besitz in *Frodinctorp* benannt. Der Ort wird in den Ausgaben der Vita auf Herrentrup nordwestlich Steinheim bzw. bei Blomberg bezogen (Vita Meinwerci [ed. Terstesse], Kap. 208, S. 168; Vita Meinwerci [ed. Berndt], Kap. 206, S. 235, Z. 21). Zwar ist eine hochdeutsche Umformung von „Fron-" zu „Herren-" korrekt, jedoch erklärt dies keineswegs eine angebliche Transformation des Ortsnamens, sodass *Frodinctorp* als eigenständige Ortswüstung angesehen werden muss. Zudem stellt sich grundsätzlich die Frage, ob im ersten Glied des Ortsnamens nicht ein Personenname enthalten ist.
IV. Nordwestlich von Vinsebeck liegt das auf der Urkatasterkarte als „Frömmerholz" bezeichnete Waldgebiet, das auf der Kataster-Übersichtskarte als „Fromerholz" wiedergegeben ist (Kreiskatasteramt Höxter, Urkataster Steinheim, Flur XIII.1 und 2, 1829/30 und Gemeinde-Karte des Parzellar-Katasters der Katastral-Gemeinde Steinheim, 1829/30).
V. Wahrscheinliche Lage von +Frodinctorp nahe der Grenze zum Kr. Lippe etwa mittig zwischen Vinsebeck und Heesten (Kr. Lippe).
Literatur: Schneider 1936, S. 48: Fromerholz.

Garthuß.
I. Ortswüstung.
II. Stadt Bad Driburg.
III. *1377: Garthuszehnter (Landesarchiv NRW, Abt. Westfalen [Münster], Fsm. Paderborn, Urkunden, Reg. 1001), 1392: Hofe to *Garthusen* (Wichert/Wichert-Pollmann 1965, S. 426).
IV. Im Urkataster bestehender, ausgedehnter Flurbereich „Im Gatzen"/„Gazen" südsüdöstlich der Burg Iburg bzw. 0,9 km–1,6 km südlich der Stadt Driburg (Kirche) (Kreiskatasteramt Höxter, Urkataster Driburg, Flur X: Gazen, 1829); weiterhin nachgewiesener wüstungsweisender FlN „Garthausen".
V. Lage etwa südsüdöstlich der Burg Iburg; bzw. nach Angabe Wichert-Pollmann (1966, S. 421) zwischen der Widukindsiedlung und dem Hof Koch.
VI. Flurbereich weitgehend modern überbaut; Nachweis von Flurrelikten (Wölbackerflur).
Literatur: Ahrens 1956, Nr. 41. S. 107; Wichert-Pollmann 1966, S. 421 f.

Gellishusen.
I. Partielle Ortswüstung?
II. Stadt Bad Driburg?
III. *Ca. 983–985: *in Gellishus(un) et in Walkiun II mansos CXX iugera et III iurnales* (Mönchslisten Traditionen Corvey 1 und 2, Tr 399 und S. 263 f.).
IV. Im Urkataster Pömbsen (Kreiskatasteramt Höxter, Urkataster Poembsen, Flur XXI.1: Alhausen, 1830 und der Charte der Katastral Gemeinde Poembsen, 1831) besteht ungefähr 0,6 km nordöstlich von Bad Driburg-Alhausen ein einzelnstehendes Gebäude, das als „Gelhaus" bezeichnet ist und das auf die Lage des in den Corveyer Traditionen genannten *Gellishus*(un) hinweisen könnte. Weil der zu +*Gellishus*(un) und +Walkiun gehörige Grundbesitz zusammen (in einem) angeführt ist, darf vermutet werden, dass beide Orte benachbart gewesen sind. Eine ähnliche gemeinsame Nennung von Grundbesitz ist im Kr. Paderborn für die benachbarten Orte Haaren/+Schwafen festzustellen. Walkiun ist jedoch im Driburger Raum nicht verortungsfähig. Insofern bleibt die Verortung von Gellishusen unsicher.

Gelinctorp.
I. Ortswüstung.
II. Stadt Bad Driburg,
III. *1066: *Belictorsen* (Westf. Ub. 1, Reg. 1102; Giefers 1880, II, S. 110); etwa 1260–1270: *decimam Gelinctorp*; *Algracht Gelincthorp unum supra villam Piddenhosen* (Lehnsregister Driburg, S. 362, §77, S. 363, §88); *Ghelinctorp* ab 1299 der Pfarrei Pömbsen zugehörig (Westf. Ub. 4, Nr. 2559), 1446: Hof to Gelentorpe bewirtschaftet, spätere Randbemerkung dazu: betrifft Treffeman in Pomessen (Regesten und Urkunden Marienmünster 4, Nr. 224 und Anm.), woraus zu schließen ist, dass der Hof nach der Siedlungsaufgabe vom Kirchdorf Pömbsen aus bewirtschaftet worden ist.
V. Lage nach Schubert/Leesch nördlich von Bad Driburg-Pömbsen.
VI. Nach Ahrens Scherbenfunde in der Flur „Bosenhof" (Funde verschollen).
Literatur: Krömecke 1874, S. 132–134; Schneider 1936, S. 14, S. 49 und S. 106; Ahrens 1966, Nr. 19, S. 107; Leesch/Schubert 1966, Nr. 44, S. 344.

Groten Fresenhusen (siehe auch Fresenhusen und Lütken Fresenhusen).
I. Ortswüstung.
II. Stadt Steinheim.
III. *1401: *Ekhove gelegen to Groten Vresenhusen vor Stenhem* (Regesten und Urkunden Marienmünster 4, Nr. 191; Leesch/Schubert 1966, Nr. 43 a, S. 344).
IV. 1,5 km ostnördöstlich vom Schloss in Vinsebeck treten im obersten Abschnitt der Quellmulde eines kleineren Baches die FlN „Der Freissen" und „Im Freisen" auf (Kreiskatasteramt Höxter, Ur-Handriss und Urkataster Steinheim-Vinsebeck, Flur XXV.2, 1829). Dieser Bach mündet knapp 2 km östlich in den Heubach/Mühlenbach, wo eine archäologische Fundstelle nachgewiesen ist, welche mit Lütken Fresenhusen identifiziert worden ist. Leesch/Schubert (1966, Nr. 43 a, S. 344) hingegen parallelisieren die 1401 benannte *Ekhove ... to Groten Vresenhusen* mit dem heutigen Gut Eichholz, woraus abzuleiten wäre, dass dieses Gut den Siedlungsbereich von Groten Fresenhusen einnehmen würde. Vgl. hierzu jedoch die Ausführungen zu +Homa, Kr. Höxter.
V. Nach Giefers (1880, S. 180 f.) steht „Großfriesenhausen" in einer räumlichen Beziehung zum Gut Eickhoff bei Steinheim; Lokalisation Groten Fresenhusen nach Stephan unsicher.
Literatur: Stephan 1978, Nr. 43 a, S. 216 f.

Gudulma.
I. Scheinwüstung (gleichzusetzen mit Godelheim und nicht mit +Oldendorpe bei Godelheim).
II. Stadt Höxter.
III. *826–876: *in Gudulma siue in Erpeshus(un)*: Gudulma wird auf Godelheim bezogen (Mönchslisten Traditionen Corvey 1 und 2, Tr 179 und S. 177 f.); z. J. 1015–1036 (um 1165): *Ethelredum presbyterium de Gudulmun* (Vita Meinwerci [ed. Berndt], Kap. 113, S. 152, Z. 34); 1106–1128 (Datierung nach Casemir/Ohainsky 2016, S. 127): *Hec sunt benificia sumpta de Gudelmon ... Sifridus comes mansum I in Aldenthorp* (Wigand, Verzeichnisse Corveyscher Güter, Bd. 1.4, S. 54). Ein Bezug des Quelleninhalts ist nur dann sinnvoll, wenn man davon ausgeht, dass *Gudelmon* und *Aldenthorp* zwei verschiedene Orte sind. Daher ist die Ortswüstung *Aldenthorp* (bei Godelheim) nicht mit Gudulma gleichzusetzen.
Literatur: Wigand 1831, S. 14–16, §7: curtis Gudulmon.

Gundelsen.
I. Ortswüstung.
II. Stadt Marienmünster.

III. *1228: *Alexander de Gundelsem* (Westf. Ub. 4, Nr. 165).
V. Lage 0,8 km südsüdwestlich von Vörden (bzw. nach Schubert/Leesch südlich von Vörden bei der Haxthausenschen Wassermühle).
VI. DKZ 4121,0086.
Literatur: Schneider 1936, S. 53; Leesch/Schubert 1966, Nr. 45, S. 344; in der Veröffentlichung Stephan 1978, ist die Nr. 45 versehentlich nicht mit eingebunden; Kartierung: Stephan 1979, Taf. 49; Casemir/Ohainski 2016, S. 163 f.

Guntersen.
I. Ortswüstung.
II. Stadt Bad Driburg oder Stadt Willebadessen.
III. *Um 1250 umfasste *Gundersen* 3 Haupthöfe (*curia*), 4 kleinere Betriebe (*domus*) sowie eine Mühle und ist folglich bachnah zu verorten (INA Paderborn, S. 182); 1319 wüst (nach Ahrens) bzw. der Freigrafschaft Dringen zugerechnet (nach Giefers 1874, S. 65).
V. Lage nach Ahrens (1956, S. 107) südwestlich von Willebadessen-Altenheerse bzw. Lage nach Giefers (1874, S. 65) wie auch Simon (1953, S. 12) zwischen Willebadessen und Bad Driburg-Neuenheerse.

Haculesthorpe.
I. Ortswüstung.
II. Stadt Höxter.
III. *826–876: *Haculesthorpe* (Mönchslisten Traditionen Corvey 1 und 2, Tr 177 und S. 177).
IV. Wüstungsweisender FlN „Hackelbreite" bzw. „Hakelbreite".
V. Lage mutmaßlich an der Schelpe zwischen Höxter und Brenkhausen.
VI. Überbaut/unzugänglich.
Literatur: Wigand 1831, S. 94 f., §31: Hakulestorpe; Leesch/Schubert 1966, Nr. 46, S. 344; Stephan 1978, Nr. 46, S. 216.

Hadeborgehusen.
I. Ortswüstung.
II. Grenzbereich der Kommunen Willebadessen/Brakel/Bad Driburg.
III./V. In dem *um 1250 angelegten, räumlich geordneten Güterverzeichnis des Klosters Willebadessen ist *Hadeborgehusen* zwischen *Esneberg* (wüst; Lage 1,5 km südsüdöstlich Gehrden) und Helmern (Lage 5 km südsüdwestlich Gehrden) angegeben (INA Paderborn, S. 180); nicht auf der Wüstungs-Übersichtskarte des Kreises Höxter dargestellt.

Hagereshem.
I. Ortswüstung?
II. Angeblich Stadt Bad Driburg.
III. Die in den Zeitraum *822–826(?) datierte Nennung eines *Hagereshem* in den Corveyer Traditionen wird von L. Schütte auf den Ort Heyersum bei Hildesheim bezogen (Mönchslisten Traditionen Corvey 1 und 2, Tr 41 und S. 98).
V. Abweichende veraltete Verortung (nach Schneider und Ahrens) bei Bad Driburg-Herste; Ortswüstung ist mit hoher Wahrscheinlichkeit für den Kreis Höxter zu streichen!
Literatur: Schneider 1936, S. 55: Hagersheim; Ahrens 1956, Nr. 47, S. 107.

Hainhausen, siehe Heygenhusen.

Hardehausen.
I. Auf dem Gelände einer vormaligen Ortswüstung angelegtes Zisterzienserkloster und folglich als Sonderform einer temporären Ortswüstung einzustufen.
II. Stadt Warburg.
III. *1036: *Hersuithehusen* (Westf. Ub. 1, Cod. 127; Ortsname enthält weiblichen Vornamen Herswind!); z. J. 1036 (um 1165): Haupthof Hardehausen (*Hiriswithuhuson*) mit drei abhängigen Vorwerken (*vorewerc*) benannt (Vita Meinwerci [ed. Terstesse], Kap. 217, S. 182, Z. 13; Vita Meinwerci [ed. Berndt], Kap. 215, S. 250, Z. 5); 1140: Niederlassung der Zisterzienser in +*Herswitehusen* (Überlieferung Kloster Hardehausen, S. 21).
V. Aufgrund des Wüstungstyps einer temporären Ortswüstung nicht auf der Wüstungs-Übersichtskarte des Kreises Höxter dargestellt.
VI. DKZ 4420,0005.
Literatur: Schneider 1936, S. 57; Huck 1998; Urkunden Kloster Hardehausen; Casemir/Ohainski 2016, S. 169–171.

Hardincthorp.
I. Ortswüstung.
II. Unsichere Lage in der Kommune Nieheim.
III. Z. J. 1015–1036 (um 1165): *Hardincthorpa* (Vita Meinwerci [ed. Terstesse], Kap. 121, S. 90; Vita Meinwerci [ed. Berndt], Kap. 119, S. 154 f., Z. 23 f. und Anm. 513): Der Quellenbeleg wird nicht auf eine von ihrem Lagebezug unsichere Ortswüstung innerhalb des Kommunalgebiets Nieheim sondern auf eine Ortswüstung Hardincthorpe bei Blomberg-Herrentrup, Kr. Lippe, bzw. eine Ortswüstung Hardincthorp im Umfeld von Herrentrup bezogen; *Anfang 13. Jh.: *Herdinctorp. Curia Herdinctorp* (Einkünfteverzeichnis Busdorfstift, S. 328, Z. 24 f.).
V. Lage bei Oeynhausen?; nicht auf der Wüstungs-Übersichtskarte des Kreises Höxter dargestellt.
Literatur: Schneider 1936, S. 102: Öynhausen; vgl auch Kommentar zu Hardincthorp in der Wüstungskurzliste des Kreises Lippe.

Heckeldessen.
I. Ortswüstung.
II. Stadt Willebadessen.
III. *1173: *Heckeldessen* (Westf. Ub. 2, Cod. 362); um 1220–1230: *Hekkeldessen* (Überlieferung Kloster Hardehausen, S. 98).
V. Lage nach Simon (1953, S. 12) zwischen Helmern und Borlinghausen bzw. nach Honselmann (1970, S. 302) südlich von Borlinghausen; die sich bei Giefers (1880, S. 153) findende Lageangabe am „Hexerberge" (nordwestlich von Warburg-Bonenburg) ist betreffend Heckeldessen nicht zutreffend, weil hier +Rozedehusen eindeutig verortet ist.
Literatur: Schneider 1936, S. 60.

Hellersen (Heldersen).
I. Ortswüstung.
II. Stadt Brakel.
III. *Ca. 986–988: *in Sekbiki, in Flehtunun, in Berga, in Hemenhus*(un)*, in Altontope, in Sullishus*(un)*, in Battanhus*(un)*, in Halkersun, in Habrehts*(un) *et in Hildiwercesun*. Die umfangreiche Schenkung umfasst Besitz in Altkreis Höxter. *Halkersun* kann mit +Hellersen im nördlichen Kommunalgebiet von Brakel gedeutet werden (Mönchslisten Traditionen Corvey 1 und 2, Tr 413 und S. 267 f.); z. J. 1015–1036 (um 1165): *Heleckieressun* (Vita Meinwerci [ed. Berndt], Kap. 74, S. 136, Z. 6); 1203: *Helgerssen* (Westf. Ub. 4, Nr. 10).
IV. Wüstungsweisende FlN mit Bezug auf die mittelalterliche Ortslage sind : „Zum Hellersen"; „Hellersche Wiese", „Am Hellerschen Wege" (Kreiskatasteramt Höxter, Urkataster Vörden,

Flur XXVIII, 1829); weiterhin ist der „Grunt van Hellersen" 1509 genannt (Regesten und Urkunden Marienmünster 5, Nr. 333, S. 137).
V. Lage der Ortswüstung 1,8 km nordnordöstlich von Bellersen und nicht wie von Stephan angenommen im Nahumfeld des rezenten Gutsbetriebs Hellersen.
VI. Prähistorische Funde und Streufunde des 9./10. Jhs.–14. Jhs. aus dem Bereich unmittelbar westlich des im 19. Jhs. angelegten Vorwerks Hellersen (Stephan 1978, Nr. 49, S. 217 f.); Funde aus dem mittelalterlichem Siedlungsbereich (Sammlung H. D. Krus): prähistorische Keramik (mit ausgewitterter grober Kalkmagerung) und zahlreiche Funde des 9.–14. Jh., darunter uneinheitlich gebrannte Irdenware mit Granitgrusmagerung, Sandsteingrusmagerung, feiner Kalkmagerung (und Randform des ausgehenden Hochmittelalters!), Schieferplättchenmagerung, gemischter grober Bachsandmagerung und schließlich feiner Sandmagerung; riefenverzierter Spinnwirtel und BS eines Kugeltopfes mit linsenförmig beschnittenem Boden aus gelber Irdenware; verschiedene Varianten der blaugrauen Irdenware; Schlußhorizont der Siedlung durch das Auftreten von reduzierend gebrannten Irdenwaren, darunter solchen mit klingendhartem Brand und vollentwickelten Steinzeugs Siegburger Art markiert; in geringem Umfang auftretende Schmiedeschlacke; DKZ 4221,0039.
Literatur: Wigand 1831, S. 79: Helgeressen; Leesch/Schubert 1966, Nr. 49, S. 344: Heldersen; Casemir/Ohainski 2016, S. 167 f.; wobei Stephan der unrichtigen Verortung bei Leesch/Schubert und Casemir/Ohainski wiederum der Verortung bei Stephan gefolgt sind.

Hellethe.
I. Ortswüstung.
II. Kommunalzugehörigkeit unsicher.
III. *1355: *villa Hellethe* im Zusammenhang mit der Pfarrei Brakel genannt (Stephan 1978, Nr. 50, S. 218).
V. Lage nach Stephan (1978) wahrscheinlich nicht im Altkreis Höxter.
V. Stephan mutmaßt eine Lage von Hellethe im westlichen Hellweggebiet bei Brackel, kreisfreie Stadt Dortmund, wo die Ortswüstung jedoch keinesfalls nachzuweisen ist; nicht auf der Wüstungs-Übersichtskarte des Kreises Höxter dargestellt.
Literatur: Vgl. Ahrens 1956, Nr. 35. S. 107; Leesch/Schubert 1966, Nr. 50, S. 344.

Helmgadissen.
I. Ortswüstung.
II. Stadt Warburg.
III. *1126: *Helmgadissen* (Westf. Ub. 2, Additamenta, Nr. 34).
V. Lage u. a. nach Simon (1953, S. 12) bei Warburg-Nörde.
Literatur: Schneider 1936, S. 60; Casemir/Ohainski 2016, S. 179: Helmdagessen.

Hemenhusen.
I. Ortswüstung.
II. Stadt Brakel.
III. *Ca. 986–988: *in Sekbiki, in Flehtunun, in Berga, in Hemenhus*(un), *in Altontope, in Sullishus*(un), *in Battanhus*(un), *in Halkersun, in Habrehts*(un) *et in Hildiwercesun*. Die umfangreiche Schenkung umfasst Besitz in nördlichen Kr. Höxter. Das in der Tradition genannte *Hemenhus*(un) ist als +Hemenhusen bei Brakel zu deuten (Mönchslisten Traditionen Corvey 1 und 2, Tr 413 und S. 267 f.).
V. Lage 4,8 km nördlich von Brakel.
VI. Keramik prähistorischer Machart mit ausgewitterter Kalkgrusmagerung, Funde 9. Jh.–Mitte 13. Jh. und daher zunächst Verdacht auf frühe Siedlungsaufgabe infolge der Stadtgründung von Brakel; Datierungsannahme durch Funde der Sammlung H. D. Krus (10. Jh.–volles 13. Jh.) abweichend; DKZ 4221,0031.
Literatur: Schneider 1936, S. 61; Ahrens 1956, S. 107; Leesch/Schubert 1966, Nr. 51, S. 344; Stephan 1978/79, Nr. 51, S. 218 f. und Taf. 50 (Nordpfeil fehlorientiert und nach Osten weisend); Stephan 1979, S. 12, S. 17, S. 20 f., S. 28, S. 36, Abb. 12; Casemir/Ohainski 2016, S. 182 f.

Herberßen.
I. Ortswüstung.
II. Stadt Borgentreich.
III. *Ca. 986–988: *in Sekbiki, in Flehtunun, in Berga, in Hemenhus*(un), *in Altontope, in Sullishus*(un), *in Battanhus*(un), *in Halkersun, in Habrehts*(un) *et in Hildiwercesun*. Die umfangreiche Schenkung umfasst Besitz in Altkreis Höxter. *Habrehts*(un) ist als +Hobrachtissen im nördöstlichen Kommunalgebiet Nieheim zu deuten (Mönchslisten Traditionen Corvey 1 und 2, Tr 413 und S. 267 f.). Isofern sollte *Habrehts*(un) nicht auf das wenig von Brakel entfernte und im Kommunalgebiet Borgentreich gelegene +Herberßen bezogen werden; 1106–1128: *Herbernesson* (Kindlinger 2, Nr. XIX, S. 143).
IV. Wüstungsweisender FlN „Hirberßer Ricke" (Brilon 1930, S. 30).
V. Die Lage von Herberßen ergibt sich aus einem 1429 geschlossenen Vertrag über den Landwehrbau im Umfeld der Städte Borgentreich und Borgholz. Genannt sind die *Feltz und Marche zu Herbersen*, die zwischen *der Rodenburch* (Flurname kennzeichnet ein neolithischers Erdwerk bei Borgentreich-Bühne) und *Emeriche* (= +Emmerke) bzw. dem *Etzerdale* zu verorten sind (Giefers 1881, S. 178); Lage nach Simon (1953, S. 12) zwischen +Emmerke und Natzungen, bzw. Lage wahrscheinlich nordöstlich von +Emmerke/nordwestlich von Bühne.
VI. Groblokalisation: DKZ 4421,0324.
Literatur: Brilon ^{2}1930, S. 30–32; Gabriel 1980, S. 65; Kindl 1980a, S. 89; Casemir/Ohainski 2016, S. 183: Herbernsen.

Herbram.
I. Ortswüstung.
II. Stadt Beverungen.
III. *822–826(?): *in Heribrumun II mansos* (Mönchslisten Traditionen Corvey 1 und 2, Tr 37 und S. 95); 826–876: *mansum I coniacentem in villis ita nuncupatis in Franconhus*(un) *et in Heribrumum cum familia una* (Mönchslisten Traditionen Corvey 1 und 2, Tr 274 und S. 227). Aus der Interpretation der Tradition ergibt sich ein Bezug auf +Herbram bei Beverungen; 1579: Herbramen vor Amelunxen (Wigand 1831, S. 30).
V. Lage 0,9 km nordwestlich von Beverungen-Amelunxen.
VI. Funde römische Kaiserzeit und um 800/9. Jh.–um 1350/1. Hälfte 14. Jh.; wahrscheinlich sukzessiver Entsiedlungsvorgang der Wüstung; DKZ 4221,0030.
Literatur: Wigand 1831, S. 29 f., §12: Heribrumun (Herbram); Leesch/Schubert 1966, Nr. 52, S. 344; Stephan 1978/79, Nr. 52, S. 219–222 und Taf. 51 (Nordpfeil der Karte näherungsweise nach Nordwesten weisend); Stephan 1993, S. 79 f. und S. 83–86; Casemir/Ohainski 2016, S. 183 f.

Hermeresson.
I. Ortswüstung.
II. Stadt Bad Driburg?
III. *1138: *Hermeresson* (Westf. Ub. 2, Cod. 228: Nennung zu-

sammen mit weiteren Orten/Ortswüstungen im Umfeld von Driburg bzw. der Burg Iburg); 1142: *Hermershem* (Westf. Ub. 2, Cod. 236: Fälschung).
V. Eine Gleichsetzung/Identifikation mit +Erdermissen (Kr. Höxter) ist sehr fraglich; nicht auf der Wüstungs-Übersichtskarte des Kreises Höxter dargestellt.

Heyenhusen (Heisen).
I. Ortswüstung (wahrscheinlich partielle Ortswüstung mit wüstungsresistenter Mühle).
II. Stadt Borgentreich.
III. *1106–1128: *Heisten* (Kindlinger 2, Nr. XIX, S. 125, §11); um 1120: *villa ... Heienhusen/villa Heienhusun* (Ub. Hessische Landesgeschichte 2, Nr. 51, S. 69, §103, S. 71, §118); 1362: Johann, Müller (*Molnere*) von Heyenhosen und FlN *de Ward* zu Heyenhosen (Dinkelburger, Borgentreicher und Borgholzer Dokumente, S. 24, A 86).
IV./V./VI. Lage im Umfeld des heutigen Heiserhofes 1,7 km südöstlich von Borgholz; im Bereich des 1895 begründeten Heiserhofs Nachweis eines gemauerten Brunnnens wahrscheinlich des Mittelalters; nahebei auch die Heiser Mühle (siehe Le Coq Karte, Section XVII, 1805); DKZ 4321,0171 (unter Bezug auf den Heiserhof).
Literatur: Krus 1990, S. 19; Casemir/Ohainski 2016, S. 188 f.

Heygenhusen (jetzt: Gut Hainhausen).
I. Partielle Ortswüstung?
II. Stadt Brakel.
III. *868: *Haionhuson* (Westf. Ub. 1, Supplement, Nr. 275); ca. 986–988: *Heianhus*(un). Die Nennung ist auf Heinsen bei Holzminden oder auf Hainhausen bei Brakel zu beziehen (Mönchslisten Traditionen Corvey 1 und 2, Tr 414 und S. 268).
V. Lage nordöstlich von Brakel.
VI. Funde 10.–12. Jh.; DKZ 4221,0067.
Literatur: Wigand 1831, S. 73 f., §25: Heienhus; Schneider 1936, S. 55; Leesch/Schubert 1966, Nr. 48, S. 344; Stephan 1978, Nr. 48, S. 217; Stephan 1979, S. 17 (Hainhausen), S. 36 (Heygenhusen); Casemir/Ohainski 2016, S. 167 f.: Hainhausen.

Heykenhusen.
I. Nicht sicher nachgewiesene eigenständige Ortswüstung.
II. Stadt Marienmünster?
III. *1262: gemeinsame Nennung der Weiler (*villis*) *Gundensem* (siehe dort) und *Heykenhusen* (Westf. Ub. 4, Nr. 907; Bezug dieser Quelle auf Heygenhusen bei Brakel eher wahrscheinlich).
V. Lage nach Schneider (1936, S. 64) bei Marienmünster-Löwendorf bzw. bei +Gundensem; nicht auf der Wüstungs-Übersichtskarte des Kreises Höxter dargestellt.
VI. Die Ortswüstung konnte im Bereich zwischen Vörden und Eilversen archäologisch nicht nachgewiesen werden: Stephan 1978, Nr. 47, S. 217; vgl. auch Leesch/Schubert 1966, Nr. 47, S. 344.

Hiddenhusen (bei Peckelsheim).
I. Ortswüstung.
II. Stadt Willebadessen.
III. *826–876: *in Hiddeshus*(un). Siedlungsnamen mit dem Bestimmungswort Hiddo sind im Hochstift Paderborn und angrenzenden Räumen mehrfach zu finden und zwar u. a. +Hiddesen nordnordwestlich von Brakel (= +Hiddesen bei Nieheim-Erwitzen), +Hiddessen bei Breuna (Nordhessen) und Hiddessen westsüdwestlich von Detmold. Von diesen sind die beiden Erstgenannten für eine Verortung des 826–876 genannten Ortes besonders zu berücksichtigen (Mönchslisten Traditionen Corvey 1 und 2, Tr 207 und S. 192). Dem Bearbeiter des 2. Bandes der Traditiones ist die Ortswüstung Hiddessen bei Peckelsheim am Rand der Warburger Börde jedoch unbekannt(?), die nach Auffassung d. Verf. ebenso für eine Identifikation von *Hiddeshus*(un) in Betracht gezogen werden kann; 1370: Flur von *Hiddenhusen* unbewirtschaftet (Überlieferung Kloster Hardehausen, S. 108).
IV. Wüstungsweisende FlN „Hiddesche Feldwiesen", „Hiddesche Wiesen" „Hiddesser Feld", „Hiddeße Feld", „Hidderse Berg", zudem besteht im Urkataster eine auffällige Wegespinne zwischen den „Hiddesche Feldwiesen" und dem „Hiddesser Feld" (Kreiskatasteramt Höxter, Urkataster Peckelsheim, Flur V, 1831 und Charte der Katastral Gemeinde Peckelsheim, 1831).
V. Lage westlich von Peckelsheim (siehe auch Simon 1953, S. 12: Hiddessen).
VI. Groblokalisation: DKZ 4320,0276.
Literatur: Leesch/Schubert 1966, S. 344, Anm. zu Nr. 53; Casemir/Ohainski 2016, S. 189 f.

Hiddesen (bei Erwitzen).
I. Ortswüstung.
II. Stadt Nieheim.
III. *826–876: *in Hiddeshus*(un). Siedlungsnamen mit dem Bestimmungswort Hiddo sind im Hochstift Paderborn mehrfach zu finden und zwar u. a. +Hiddessen (gemeint ist dasjenige bei Erwitzen) nordnordwestlich von Brakel (Kr. Höxter), +Hiddessen bei Breuna (Nordhessen) und Hiddessen westsüdwestlich von Detmold. Von diesen sind die beiden Erstgenannten für eine Verortung des 827–876 genannten Ortes besonders zu berücksichtigen (Mönchslisten Traditionen Corvey 1 und 2, Tr 207 und S. 192). 1190: Familie von Hiddessen (Leesch/Schubert 1966, S. 344); 1606: „Hiddesser Hof vor dem dorffe Erwessen gelegen" (Ahrens 1956, S. 52).
IV. Wüstungsweisender FlN „Hitzer Grund".
V. Lage nach Schneider nordöstlich von Erwitzen in Richtung Holzhausen bzw. nach Leesch/Schubert südöstlich von Erwitzen bzw. nach Ahrens ebendort und zwar beim „Horsthof".
Literatur: Schneider 1936, S. 65; Ahrens 1956, Nr. 28, S. 107; Leesch/Schubert 1966, Nr. 53, S. 344.

Hildeboldeshusen.
I. Ortswüstung.
II. Stadt Höxter.
III. In Mönchslisten Traditionen Corvey 2, S. 557, nicht aufgeführt/identifizierbar (anders: Stephan 1978, S. 253); 1301: *Gislerus de Hildeboldeshusen* (Wiegand 1831, S. 107).
IV. Urkatasterflur „Auf dem Humbolzen" zwischen Fürstenau und Bödexen (Stephan 1978, S. 254),
V. Lage vielleicht unterhalb des Köterbergs; genaue Lage jedoch unsicher; nicht auf der Wüstungs-Übersichtskarte des Kreises Höxter dargestellt.
Literatur: Wigand 1831, S. 106 f., §35: Humbolsen; Stephan 1978, Nr. 113, S. 253 f.: Humboldessen/Hildeboldeshusen.

Hiltwerksen.
I. Ortswüstung.
II. Stadt Höxter.
III. *Ca. 986–988: *in Sekbiki, in Flehtunun, in Berga, in Hemenhus*(un)*, in Altontope, in Sullishus*(un)*, in Battanhus*(un)*, in Halkersun, in Habrehts*(un) *et in Hildiwercesun*. Die umfangreiche Schenkung umfasst Besitz in Altkreis Höxter. *Hildiwercesun* ist als +Hiltwerksen 7 km westlich von Höxter bei Ovenhausen zu deuten (Mönchslisten Traditionen Corvey 1 und 2, Tr 413 und S.

267 f.). Nach Angabe von Schütte differenziert Stephan (1978, S. 222) nicht zwischen +Hiltwerksen und +*Hildiwardeshus*(un) (zu diesem siehe Mönchslisten Traditionen Corvey 1 und 2, Tr 360 und S. 255) bei Einbeck oder Hannoversch Münden. Demgemäß wäre die Fundstelle bei Höxter-Ovenhausen in Hiltwerksen umzuwidmen.
IV. Wüstungsweisender FlN bzw. wüstungsweisende Wegebezeichnung: „Hillwerksen"; „Hillwerksweg" (Kreiskatasteramt Höxter, Urkataster Ovenhausen, Flur II.1, 1830).
V. Lage 2,2 km westsüdwestlich von Ovenhausen.
VI. Funde 9./10. Jh.–14. Jh.; Fund eines bronzenen Siegelstempels des Bürgers *Thidericus Annen* aus Höxter vom Ende des 13. Jhs.; DKZ 4221,0082.
Literatur: Wigand 1831, S. 81 f., §27: Hildewerkessen, Hildewardessen; Schneider 1936, S. 65: Hiltwerksen; Leesch/Schubert 1966, Nr. 54, S. 344; Stephan 1978, Nr. 54, S. 222: Hildewardessen; Casemir/Ohainski 2016, S. 190 f.: Hiltwerkessen.

Himelhusen.
I. Ortswüstung.
II. Stadt Willebadessen.
III. *1250: *Himelhosen* (Westf. Ub. 4, Nr. 430).
IV. Wüstungsweisende FlN: „himlische Grund", „Der himmlische Grund", „im Himmelschen", „himlische Berg", „an/am Himmelschen Berge" u. a. (Kreiskatasteramt Höxter, Urkataster Willebadessen, Flur XIII,1-2, 1830) bzw. „Himmlischer Berg" (Messtischblatt).
V. Lage südwestlich Helmern, wahrscheinlich im Umfeld des Stockhofs.
VI. Groblokalisation: DKZ 4320,0277 und 4320,0272: geborgene Streufunde des 12./13. Jhs. aus dem Nahumfeld der Gebäude des Stockhofs verweisen auf eine relative Nähe der Ortsstelle Himelhusen.
Literatur: Schneider 1936, S. 65; Casemir/Ohainski 2016, S. 181 f.: Hemelhusen.

Hippanhusun.
I. Ortswüstung.
II. Stadt Warburg.
III. *Z. J. 1015–1036 (um 1165): *in Ettidessun et Hippanhusun et Nederi* (Vita Meinwerci [ed. Terstesse], Kap. 129, S. 93; Vita Meinwerci [ed. Berndt], Kap. 127, S. 158, Z. 9). Aufgrund der gemeinsamen Nennung mit Großen- oder Lütgeneder in der Warburger Börde (Kr. Höxter) ist davon auszugehen, dass es sich bei *Ettidessun* um +Eddessen bei Borgentreich-Bühne und bei Hippanhusen um eine Ortswüstung bei Warburg-Daseburg handelt.
IV. Auf die Lage der Ortswüstung verweist entweder der FlN „Himmernbreite" 1,3 km nordnordöstlich von Rösebeck nahe eines Hellwegs (Kreiskatasteramt Höxter, Urkataster Rösebeck, Flur VIII, 1832) oder die Flur „Himmerten Breite" 2 km westlich von Daseburg (Kreiskatasteramt Höxter, Urkataster Rösebeck, Flur XVII, 1831).
V. Groblokalisation nach Simon (1953, S. 12) bei Daseburg.
Literatur: Schneider 1936, S. 65.

Hobrachtissen.
I. Ortswüstung.
II. Stadt Marienmünster/Stadt Nieheim.
III. *Ca. 986–988: *in Sekbiki, in Flehtunun, in Berga, in Hemenhus*(un), *in Altontope, in Sullishus*(un), *in Battanhus*(un), *in Halkersun, in Habrehts*(un) *et in Hildiwercesun*. Die umfangreiche Schenkung umfasst Besitz in Altkreis Höxter. *Habrehts*(un) ist als +Hobrachtissen im nördöstlichen Kommunalgebiet Nieheim zu deuten (Mönchslisten Traditionen Corvey 1 und 2, Tr 413 und S. 267 f.).
IV. Wüstungsweisende FlN treten im Grenzbereich der Kommunen Nieheim und Marienmünster auf und lauten auf „Hobrexen", „Habrexen", „bei Hobrexen", „hinten aufm Hobrexen", „hinten am Hobrexen", „Am Hobrexen", „Hobrexenwiese" und „Auf Hobrechtsen" (Kreiskatasteramt Höxter, Urkataster Sommersell, Flur VII genannt „Hobrexen" und Flur VIII, 1829; Urkataster Vörden, Flur XXIX, 1830). Der FlN „Hobrexen" tritt weiterhin in der Deutschen Grundkarte auf.
VI. Fund eines Flintdolchgriffs; Keramik vor 800(?) und 9./10.–14. Jh.; DKZ 4120,0085 (Verortung unsicher, Lage des Fundpunkt im Kommunalgebiet der Stadt Nieheim!).
Literatur: Schneider 1936, S. 63: Habrechtsen; Leesch/Schubert 1966, Nr. 55, S. 344; Stephan 1978/79, Nr. 55, S. 223 f. und Taf. 52: Hobrexen; Casemir/Ohainski 2016, S. 194: Hobrachtissen.

Hodagessen.
I. Orts- und Grangienwüstung.
II. Stadt Warburg.
III. *1146–1154: *Hodagessen* (Überlieferung Kloster Hardehausen, S. 56).
IV. Die Ortslage von Hodagessen wird im Urkataster durch eine Vielzahl von FlN tradiert und zwar „Das Feld zu Hodachsen", „a[m] Feld zu Hodachsen", „Vorderen Feldaxhauser Wiese" (mit der angrenzenden Flur „Auf der Kakelsburg") und „Hint[ere] Feldaxhauser Wiesen". Östlich der hinteren Feldaxhauser Wiesen liegt, von der alten Poststraße gequert, die Gewannflur „Das Feldeaxhausen" und westlich dieser die Langstreifenflur „Die langen Aecker" mit dem Breitstreifen „An der Münekebrede" (= Mönchsbreite) (Kreiskatasteramt Höxter, Urkataster Scherfede, Flur I, 1831 und II, 1830). Im Übersichtshandriss ist der FlN zu „Feldehausen" verändert (Kreiskatasteramt Höxter, Gemeinde Karte zum Parcellar-Kataster der Gemeinde Scherfede, Canton Warburg, Reg. Bez. Minden, 1830/31). Weiterhin tritt im angrenzenden Bereich der Gemarkung Bonenburg der FlN „Feldeaxhausen" auf (Kreiskatasteramt Höxter, Urkataster Bonenburg, Flur VI, 1831).
V. Lage zwischen Bonenburg und Scherfede.
VI. Groblokalisation DKZ 4420,0192.
Literatur: Schneider 1936, S. 58: Haudaxen; Casemir/Ohainski 2016, S. 171 f.: Haudaxen.

Hogenhusen.
I. Ortswüstung.
II. Stadt Steinheim.
III. *1130 nach Leesch/Schubert; 1350: *Hoygenhusen* (LR Bd. 2, Nr. 929).
V. Lage 2,2 km ostsüdöstlich von Steinheim.
VI. Keramik vor 800 (Kümpfe)–13. Jh.; DKZ 4120,0131:A und B.
Literatur: Leesch/Schubert 1966, Nr. 56, S. 344; Stephan 1978, Nr. 56, S. 224 f.; Casemir/Ohainski 2016, S. 195.

Holthusen (bei Borgentreich).
I. Ortswüstung.
II. Stadt Borgentreich.
III. Aufgrund der Raumbezüge dürfte für Holthusen bei Borgentreich eine Quelle von um 1120 heranzuziehen sein: Tausch von Besitz *in villa ... Embrike* (Ortswüstung östlich von Borgentreich) *pro territorio quod dicitur Holthuson* (Ub. Hessische Landesgeschichte 2, Nr. 51, S. 67, §67); Verf. meint jedoch, dass sich

die Quelle von 1120 auch auf Holthusen bei Warburg beziehen könnte; ohne Jahresangabe: *to Holthausen vor Borgentrike* (Gabriel 1980, S. 65).
IV. Wüstungsweisende FlN: *an der Holster Grund*, *kl. Feld an der Holster Grund*, *Holsterweg*, Holster Bruch (Gabriel 1980, S. 65 und S. 68; kursive FlN nach Kreiskatasteramt Höxter, Urkataster Borgentreich, Flur VI, 1831 f.); FlN „auf dem Holster Grund" im Preußischen Urmesstischblatt.
V. Lage südöstlich von Borgentreich bei +Lütken Bühne (Kindl 1980, S. 88).
Literatur: Brilon [2]1930, S. 33 (mit nicht zutreffender Verortung im Bereich von +Bünerhagen); Holthusen (bei Borgentreich) ist bei Simon (1953, S. 12) angegeben, der auch Holthusen bei Warburg (= bei Simon: Holzhausen bei Kalenberg) anführt; Gabriel 1980, S. 65; Kindl 1980a, S. 88 f.

Holthusen (bei Brakel).
I. Ortswüstung.
II. Stadt Brakel.
III. *826–876: *Holtusun* (Mönchslisten Traditionen Corvey 1 und 2, Tr 273 und S. 226: insgesamt bestehen acht Holthusen-Orte, in denen Corvey später Besitz hatte, sodass der Bezug auf die Ortswüstung bei Brakel nur eine Option unter mehreren anderen darstellt); *918–37: *Holthus* (Westf. Ub., Supplement, Nr. 361; siehe auch Leesch/Schubert 1966, Nr. 57, S. 344); 1555: „bei dem verwüsteten Dorfe Holthusen bei der Hindenborch" (Wigand 1831, S. 78; Hindenborch = Schloß Hinnenburg bei Brakel).
V. Lage 2,2 km nordnordöstlich von Brakel; der mehrere 100 m südwestlich der Fundstelle in der Deutschen Grundkarte bestehende FlN „Wort" verweist auf ein weiteres Siedlungsareal von Holthusen.
VI. Um 800/9. Jh. (Nachweis von Kümpfen)–um 1300/14. Jh.; DKZ 4221,0061.
Literatur: Wigand 1831, S. 78 f.: Holthus (Holthausen); Ahrens 1956, S. 44 f. und S. 107; Stephan 1978/79, Nr. 57, S. 225 f. und Taf. 53; Stephan 1979, S. 12, S. 17, S. 21, S. 28, S. 36 f. und Abb. 13; Casemir/Ohainski 2016, S. 198 f.

Holthusen (bei Schmechten).
I. Ortswüstung.
II. Grenzbereich Stadt Brakel und Stadt Bad Driburg.
III. *1392: *Holthusen by dem Dringenberge* (Wichert/Wichert-Pollmann 1965, S. 426).
IV. Wüstungsweisender FlN „Holster Berg".
Literatur: Giefers 1880,II, S. 111; Ahrens 1956, Nr. 56, S. 107; Leesch/Schubert 1966, Nr. 58, S. 344.

Holthusen (bei Warburg).
I. Ortswüstung mit Burganlage.
II. Stadt Warburg.
III. Z. J. 1015–1036 (um 1165): *in villa et in marcha Holthusun* (Vita Meinwerci [ed. Berndt], S. 116, Kap. 38, Z. 22 und Anm. 291). In Unterschied zum Herausgeber der Vita vertritt Verf. die Meinung, dass es in Anbetracht der inflationären Häufung von „Holthusen"-Orten im Bistum Paderborn schwierig ist, sich auf einen dieser Orte festzulegen. Anstelle des von Berndt favorisierten +Holthusen bei Twiste könnte z. B. auch +Holthusen bei Warburg gemeint sein; *z. J. 1015–1036 (um 1165): *Vir ... Herimannus ...de Holthusen*: Im Unterschied zu den Editionen Terstesse wie auch Berndt, die davon ausgehen, dass die Nennung des Adeligen auf +Holthusen bei Paderborn-Dahl zu beziehen ist (Vita Meinwerci [ed. Terstesse], Kap. 88, S. 78; Vita Meinwerci [ed. Berndt], S. 140, Kap. 87, Z. 17 und Anm. 430), für das sich kein Adelsgeschlecht nachweisen lässt, dürfte die Notiz auf +Holthusen bei Warburg zu beziehen sein; 1167–1191 (Bulla/Peine 2015, S. 161); um 1190 (in der Urschrift): *Herman Bircule et Bernart frater suus ecclesie Coloniensi dederunt domum suam Holthusen cum omnibus attinentiis pro C marcis* (Bauermann 1971, S. 248, §52 [Paderborner Güterliste] und S. 232 sowie Anm. 13); 1206: *Hermann Bercule de Holthusen* (Westf. Ub. 4, Nr. 24); 1252–1277: *Holthusen* (gemeinsame Nennung mit dem benachbarten [+]*Rotwardessen* und den Rittern *Hermann* und *Iohann Bercule*: Westf. Ub. 4, Nr. 518); 1294: Zerstörung *castrum Holthusen* (Westf. Ub. 4, Nr. 2307); 1380: Drei *Hoven Landes, gelegen in deme Velde tho Holthossen vor Wartberg* werden von Osterlind gen. *de Bekesche* bewirtschaftet (Urkunden Kloster Wormeln, Nr. 153).
IV. Wüstungsweisende FlN sind: „Holsterweg" und „Am Holsterwege" (Kreiskatasteramt Höxter, Urkataster Warburg, Flur XIV, 1831/32); die Burgstelle wird durch die Flur „Holsterburgwiesen" mit der runden Parzelle „Holster Burg" innerhalb dieser überliefert (Kreiskatasteramt Höxter, Urkataster Warburg, Flur XVI, 1831/32).
V. Lage 1,1–1,6 km nordnordöstlich von Calenberg.
VI. DKZ 4521,0023 (Burg) und 4521,0040 (Siedlung), 424 Lesescherben aus ländlichem Siedlungsareal: Besiedlung im 9./10. Jh. mit uneinheitlich gebrannter Irdenware mit feiner Kalkgrusmagerung einsetzend, gelbe Irdenwaren mit prozentualem Anteil von 6,6 vertreten und Keramiken des frühmittelalterlichen nordhessischen Typus enthaltend, Dominanz der blaugrauen mäßig grob gemagerten Irdenware des Hochmittelalters (Anteil: 73,1 %), Anteil der grauen feingemagerten harten Irdenware mit 4,7 % geringer als derjenige der grauen klingendharten Irdenware (12,3 %), Auftreten von vollentwickeltem Steinzeug Siegburger Art (Anteil: 0,9 %) im Fundkomplex für eine Aufgabe der ländlichen Siedlung erst im 14. Jh. sprechend.
Literatur: Die Publikationsliste zu der am Rand der Ortswüstung Holthusen (bei Warburg) gelegenen Burganlage Holsterburg hat mein Kollege Kim Wegener dankenswerterweise zusammengestellt: Schneider 1936, S. 69; Kneppe/Peine 2005, S. 169–179; Bulla/Kneppe 2011, S. 145–149; Bulla/Peine 2012a, S. 199–208; Bulla/Peine 2012b, S. 64 f.; Bulla/Peine 2013a, S. 24–30; Bulla/Peine 2013b, S. 105–109; Bulla/Peine 2013c, S. 161–168; Lagers 2013, S. 346–354; Bulla/Peine 2014a, S. 121–125; Bulla/Peine 2014b, S. 85–100; Meurers-Balke/Gerlach/Fischer/Vött 2014, S. 125–129; Bulla/Peine 2015, S. 160–163; Lagers/Peine/Sikorski 2015, S. 107–112; Peine/Song 2015, S. 274 f. und Abb. 3; Peine/Wegener 2015, S. 52; Casemir/Ohainski 2016, S. 200 f.; Peine/Wegener 2016, S. 132–136; Peine/Wegener 2017a, S. 149–165; Peine/Wegener 2017b, S. 227–230; Peine/Wegener 2018a, S. 50; Peine/Wegener 2018b, S. 111–116; Peine/Wegener 2018c, S. 410 f.; Peine/Wegener 2020; Wegener 2020, S. 379–382; Wegener 2021, S. 306–309.

Holtrup.
I. Ortswüstung.
II. Stadt Borgentreich.
III. *Z. J. 1015–1036 (um 1165): *Geppe ... de Halthoipe* (Vita Meinwerci [ed. Terstesse], Kap. 116, S. 89; Vita Meinwerci [ed. Berndt], Kap. 114, S. 154, Z. 3) bzw. 1015–36: *Halthorpe* (Westf. Ub. 1, Cod. 87,XXII); die Nennungen von 1015–1036 (um 1165) und 1015–36 werden von Casemir/Ohainski (2016, S. 201) auf Haldorf im Schwalm-Eder-Kreis in Hessen bezogen; ca. 1332–1348: *Holtorp/Holczdorp* (Waldecker Ub., Nr. 31, S. 41: eindeutiger Lagebezug, da Holtrup im Zusammenhang mit

Orten/Ortswüstungen in der Warburger Börde (Dinkelburg, [+] Sunrike) angeführt ist); 1393: *Holtorp vor Borgentrike ... geit to Lene vamme Greven tho Waldecke* (Dinkelburger, Borgentreicher und Borgholzer Dokumente, A 141, S. 31).
V. Lage 1,5 km nordnordwestlich von Borgentreich.
VI. Das Fundmaterial stammt aus einer im Jahr 1982 aufgrund eines Pipelinebaus notwendig gewordenen Rettungsgrabung, bei der im ehemaligen Ortsbereich eine obere, humose Kulturschicht (= Pflughorizont) und unterhalb dieser mehrere Gruben- und Pfostenbefunde nachgewiesen werden konnten. Es wurden zahlreiche verziegelte Lehmbrocken, darunter solchen mit Stakenholzabdrücken, das Fgm. eines eisernen Kesselhaols (erh. L. 25,0 cm) und 333 Keramikfragmente geborgen. Das Fundmaterial umfasst das Fgm. eines uneinheitlich gebrannten, dickwandigen, mit Gesteinsgrus und (weitgehend ausgewittertem) Kalkgrus gemagerten eisenzeitlichen Rauhtopfes mit Schlickerbewurf (0,3 % Anteil am Fundkomplex), uneinheitlich gebrannte Irdenware mit feiner Gesteinsgrusmagerung (ca. 11./12. Jh.; 0,3 % Anteil), uneinheitlich gebrannte feinsandgemagerte Irdenware (6,0 % Anteil), darunter die RS eines Kugeltopfes des ca. 12. Jhs., gelbe fein gemagerte harte Irdenware (1,5 % Anteil), rot gebrannte rauwandige Drehscheibenware des Hochmittelalters (0,3 % Anteil), blaugraue Irdenwaren (42,3 % Anteil; verschiedene Untergruppen) und reduzierend grau gebrannte Irdenware (49,2 % Anteil). Es deckt somit abgesehen von dem prähistorischen Streufund? die Zeit ab dem 11./12. Jh. ab. Das weitgehende Fehlen grauer klingendhart gebrannter Irdenware wie auch das Nichtvorhandensein des Faststeinzeug-Steinzeug-Komplexes spricht tendenziell für eine Siedlungsaufgabe von Holtrup noch im Verlauf des 13. Jhs., die möglicherweise in einem Zusammenhang mit der Stadtentstehung von Borgentreich steht; DKZ 4421,0206.
Literatur: Brilon [2]1930, S. 25 f.; Schneider 1936, S. 69; Gabriel 1980, S. 64; Kindl 1980a, S. 87; Bergmann 1994a, S. 39 und Abb. 3 (Urkatasterplan mit Lage der Notbergungsstelle); Casemir/Ohainski 2016, S. 201: Holtorpe.

Homa.
I. Ortswüstungen (bzw. Ober Homa: Ortswüstung; Ost Homa bzw. Nieder Homa: wahrscheinliche partielle Ortswüstung).
II. Stadt Steinheim.
III. *826–876: *in villa que dicitur Homa familiam I cum terra* (Mönchslisten Traditionen Corvey 1 und 2, Tr 215 und S. 195); 1031: *in istis villis ... Homan* (MGH DD KII, Nr. 171); z. J. 1031 (um 1165): Als Zubehör des Haupthofes (*predium) Sannanabiki* (= Sandebeck, Kr. Höxter) ist u. a. Besitz in dem Ort *Homan* benannt (Vita Meinwerci [ed. Terstesse], Kap. 208, S. 169; Vita Meinwerci [ed. Berndt], Kap. 206, S. 235, Z. 22); z. J. 1036 (um 1165): *Homa* als eines von sechs Vorwerken des Haupthofes Oeynhausen (*Aginhuson*) benannt (Vita Meinwerci [ed. Terstesse], Kap. 217, S. 181, Z. 25–27; Vita Meinwerci [ed. Berndt], Kap. 215, S. 248, Z. 22 f.); Anfang des 13. Jhs.: Unterscheidung zwischen *Superior Homa* und *inferiori Homel* (Einkünfteverzeichnis Busdorfstift, S. 327).
IV. Es bestehen zwei auf Homa verweisende Flurnamenbereiche und zwar im Quellursprungsbereich des Bachlaufs der Home etwa 2 km westsüdwestlich von Steinheim-Bergheim und weiterhin etwa 2,7 km südlich von Steinheim nahe der Einmündung der Home in den Heubach im Umfeld der heutigen Gutsbetriebe und der Neusiedlungen Eichholz. Auf die Ortslage von Ober Homa (*Superior Homa*) verweisen zahlreiche FlN: „In der Hömergrund", „Auf dem Hömerberg" (Kreiskatasteramt Höxter, Urriss Steinheim, Flur XXIV, 1830), „Die Home", „An der Home", „Homerweg", „Auf'm Homerberge", „Hömer Berg", „Am Hömerberge", „An der Wunderburg" (Kreiskatasteramt Höxter, Urriss und Urkataster Steinheim-Bergheim, Flur XXXI, 1829 sowie Gemeinde-Karte des Parzellar-Katasters der Katastral-Gemeinde Steinheim, 1829/30) und weiterhin in der Gemarkung Sandebeck die FlN „Hömerberg", „am Hömerberge", „Hömergrund" (Kreiskatasteramt Höxter, Urriss Sandebeck, Flur VI, 1829). Die wahrscheinliche Ortslage von Ober Homa ist auf dem Urkatasterblatt Steinheim-Bergheim, XXXI, durch Wegeunruhe und eine erhebliche FlN-Dichte gekennzeichnet. In diesem Bereich zweigt von dem auch als „Holztweten" bezeichneten „Homer Weg" die „Borntweten" ab, für die auch die Bezeichnung Tiefer Weg („Am tiefen Wege") fassbar ist. In die „Borntweten" mündet unweit dieser Stelle der „Ströhenweg" ein. Im Nahumfeld davon treten, abgesehen vom Bachnamen „Home" („Bei der Home"), die unweit entspringt, die Bezeichnungen „Auf'n Hahne" und „Borgeswiese" auf. Die Angabe bei Schneider, dass Homa zwischen Sandebeck und Bergheim gelegen habe, trifft auf dieses Areal zu. – Die potentielle Lage von Nieder- oder Ost Homa ist schwieriger herzuleiten. Die nachfolgend geäußerten Gedanken sollten daher zunächst als Arbeitshypothese aufgefasst werden. Giefers (1880, S. 180 f.) hat angedeutet, dass Groten Fresenhusen („Großfriesenhausen") in einer räumlichen Beziehung zum Gut Eickhoff (gemeint ist wahrscheinlich: Eichholz) bei Steinheim stünde. Diese Auffassung ist nicht stimmig, da sich zu den beiden Fresenhusen überzeugende Verortungen haben finden lassen, womit sich siedlungsgenetisch die Frage stellt, was sich hinter Eichholz verbirgt. Die im Urkataster von 1829 verzeichneten Gutsbetriebe „Brakmanns Hof" (heute Gut Vordereichholz) und „Bussenhof" (jetzt Gut Hintereichholz) liegen am Mühlenbach nahe der Einmündungsstelle der Home in den erstgenannten Bach. Unmittelbar östlich der Güter treten im Urkatasterwerk die wüstungsweisenden FlN „Auf der Osterhöme", „Auf der Osterhome" und „Unter der Osterhome" auf (Kreiskatasteramt Höxter, Urkataster und Urriss Steinheim, Flur XXVII: Eichholz, 1829), die auf die Lage von Nieder Homa verweisen dürften. Diese Flächen reichen in etwa bis an die heutige B 252. In direkten Anschluss an diesen FlN-Bereich treten mit dem Begriff „Klus" zusammengesetzte FlN auf: „Klus-Wiese", „Im Klus-Busche" und „Klusfeld" (Kreiskatasteramt Höxter, Urkataster Steinheim, Flur XXVIII, 1829 und Gemeinde-Karte des Parzellar-Katasters der Katastral-Gemeinde Steinheim, 1829/30; zur Klus östlich Eichholz siehe auch Schüttler 1990, S. 16, Abb. 3).
VI. Das potentielle Siedlungsareal mit den FlN auf „Osterhome" ist heute überbaut (Neusiedlung westlich der B 252) und die für die Anlage einer mittelalterlichen Siedlung ebenso geeigneten Flurlagen „Klus-Wiese" und „Im Klus-Busche" östlich der Bundesstraße ebenso (moderne aussiedlerhofähnliche Gehöfte).
Literatur: Schneider 1936, S. 70 und S. 102; BKW Höxter, S. 234 und Tafel 125 (zu den Rittergütern Vorder- und Hinter-Eichholz); Ahrens 1955, S. 107: Home; Leesch/Schubert 1966, Nr. 59, S. 345.

Honroden.
I. Ortswüstung.
II. Stadt Nieheim.
III. *1183 (Leesch/Schubert 1966, S. 345); 1304: Hufe mit dem Zehnten im Felde zu Honroden im Umfang von 30 Joch (*iugera*) (Regesten und Urkunden Marienmünster 3, Nr. 91, S. 126); 1482: Honroden (Regesten und Urkunden Marienmünster 3, S. 133).
V. Lage nördlich von Nieheim; Lage nach Schrader (Regesten

und Urkunden Marienmünster 1, S. 163 und 3, S. 133) hingegen in der Umgebung von Nieheim-Holzhausen „an der Straße nach Brakel zu suchen" (also näherungsweise südöstlich von Nieheim); nicht auf der Wüstungs-Übersichtskarte des Kreises Höxter dargestellt.
Literatur: Regesten und Urkunden Marienmünster 1, S. 161: Honroth/Honrodere; Leesch/Schubert 1966, Nr. 60, S. 345.

Horne.
I. Ortswüstung.
II. Stadt Nieheim.
III. *1031: *in istis villis Hornan* ... (MGH DD KII, Nr. 171); z. J. 1031 (um 1165): *Hornan* ist als Zubehör des Haupthofes (*predium) Sannanabiki* (= Sandebeck, Kr. Höxter) benannt (Vita Meinwerci [ed. Terstesse], Kap. 208, S. 168; Vita Meinwerci [ed. Berndt], Kap. 206, S. 235, Z. 21); 1177: *Hornen* (Westf. Ub. 2, Cod. 391).
VI. Keramik um 800/9. Jh. (Kümpfe)–nach 1300/14. Jh.; DKZ 4120,0087.
Literatur: Ahrens 1956, Nr. 8, S. 107; Leesch/Schubert 1966, Nr. 61, S. 345; Stephan 1978/79, Nr. 61, S. 226 f. und Taf. 54 (der Nordpfeil der Karte weist nach Osten!); Casemir/Ohainski 2016, S. 204 f.

Hrothbunghuhusen.
I. Ortswüstung.
II. Stadt Borgentreich.
III.–VI. Die Warburger Börde und ihre Randlandschaften sind mit Ortsnamen, die das Bestimmungswort Rot(h)- enthalten, „gesegnet". Weitgehender Konsenz besteht zu den Identifikationen zu +Rotholleshusen nahe Warburg-Rothehaus (am Desenberg), +Rothwardessen bei Warburg-Calenberg und +Rotmereshusen bei Borgentreich-Bühne. +N.N. in der Flur „Razer Feld" bei Willebadessen-Niesen ist wahrscheinlich mit +Rothwardessen bei Willebadessen-Fronhausen/Niesen zu identifizieren. Zusätzlich zu diesen Ortswüstungen wird in den Corveyer Traditionen noch ein *Hrotbunghuhusen* (*ca. 993–996: *XVI iugera in Aliereshus*(un) *et in Hrotburghuhus*(un) *I iurnalem*) fassbar, dass mit keinem der vorgenannten Ortswüstungen identisch ist. Die Erläuterungen zu den Traditionen führen aus, dass ein Bezug zum Forsthaus Rothenburg bei Borgentreich-Bühne ebenso nicht sicher herzustellen sei wie zum Rittergut Rothenberg bei Warburg (Mönchslisten Traditionen Corvey 1 und 2, Tr 450 und S. 276 f.), wobei mit den Rittergut Rothenburg dasjenige Gut gemeint sein dürfte, das hier als Bestandteil der Scheinwüstung (oder partiellen Ortswüstung?) Lütken Daseburg aufgefasst wird. Es ist anzumerken, dass im Raum Bühne weitere potentiell wüstungsweisende Geländebezeichnungen vorkommen und zwar die ausgedehnet bewaldete Flur „Rotenbreite" nordnordwestlich des Kirchortes Borgentreich-Bühne und dessen Burg. Als Arbeitshypothese könnte von einer Lage von *Hrotbunghuhusen* in dieser Flur „Rotenbreite" ausgegangen werden, an deren höchster Stelle ein neolithischer Erdwerk erhalten ist. Die innerhalb und außerhalb dieser Befestigung auftretenden Wölbackerfluren verweisen auf hier ehemals bestehendes Ackerland des Mittelalters. – Die räumliche Entfernung der Ortswüstung *Aliereshus*(un) (+Allessen bei Peckelsheim) zur Flur „Rotenbreite" bei Borgentreich-Bühne beträgt in Luftlinie etwa 15,5 km.
V. Nicht auf der Wüstungs-Übersichtskarte des Kreises Höxter dargestellt.

Hüffert (Niederhüffert, Oberhüffert)
I. Ortswüstung mit ehemaliger Pfarrkirche St. Peter.
II. Stadt Warburg.
III. *1386: *in Huffra inferiori prope hortum dicta der Fredischen* (INA Generalvikariat Paderborn, S. 72); 1398: in der Hüffe gelegenes Haus und Garten (INA Warburg, S. 85).
IV. Die Lage von Niederhüffert wird durch den FlN „auf der Wordt" überliefert, der einen dreieckigen Flurbereich (heute: meist Gärten und Ackerland) mit Blockparzellen zwischen der „Johannes Mühle" an der Diemel und der neuen Mühle bezeichnet (Kreiskatasteramt Höxter, Urkataster Warburg, Flur XIII, 1831/32). In Richtung der Ortsstelle Oberhüffert verlaufen im Urkataster sieben Wege, die sich im ehemaligen Ortsbereich unregelmäßig überkreuzen/überschneiden, wüstungsweisende FlN in diesem Bereich sind: „Hüffert" und „Hüffertgarten" (Kreiskatasteramt Höxter, Urkataster Warburg, Flur XII, 1831/1832).
VI. Oberhüffert: Pfarrkirche St. Peter als Restsiedlung von Hüffert bzw. Huffra im 30jährigen Krieg zerstört und nicht wiederaufgebaut: Die Saalkirche mit mehreren Bauphasen und Rechteckchor ist archäologisch untersucht. Nachgewiesene Bestattungen; aus dortign Frauengrab stammend: zwei vergoldete Prägeblechfibeln mit Vogelmotiv sowie ein Dreibeeren-Ohrring; DKZ 4520,0105:001.
Literatur: Engemann 1966, S. 40 f.; Doms 1986, S. 75–79, Nr. 169 und 191; Kneppe/Peine/Ellger 1997, S. 229–248; Bulla/Dubbi 2012, S. 135–138; Bulla/Dubbi/Grundmann/Wiedmann/Lißner 2013, S. 138–142; Casemir/Ohainski 2016, S. 209 f.

Icanrode (bei Hembsen).
I. Ortswüstung.
II. Stadt Höxter.
III. *822–826(?): *Yconrode* (Mönchslisten Traditionen Corvey 1 und 2, Tr 47 und S. 104: wie neuere Untersuchungen (Koch 2016) ergeben haben, ist eine Ortswüstung im Heiligengeisterholz bei Höxter, für die bislang ebenfalls der Ortsname Icanrode angenommen worden ist, mit +Ilkenrode zu identifizieren. Insofern wäre die Nennung in den Corveyer Traditionen auf die Ortswüstung bei Hembsen zu beziehen; ca. 1016–1020: *in Hemmeteshus(un) et Ycanrode omnia que habuit* (Mönchslisten Traditionen Corvey 1 und 2, Tr 535 und S. 294). Aufgrund der gemeinsamen Nennung mit Hembsen ist von einem gesicherten Bezug auf die zwischen Brakel-Hembsen und Höxter-Ottbergen gelegene Ortswüstung Ycanrode auszugehen; um 1120: *villa ... Ikinroth* (Ub. Hessische Landesgeschichte 2, Nr. 51, S. 70, §107 und S. 71, §121: Da *Ikinroth* in beiden Fällen im Nachgang zu Hembsen (*Hammadassun)* angeführt ist, können die Passagen auf das hier behandelte Icanrode bezogen werden).
IV. Wüstungsweisende Gewässerbezeichnung „Ikenroder Bache" (Wigand 1831, S. 58).
V. Lage bei Hembsen/Bruchhausen.
VI. Prähistorische Funde (jüngere Bronzezeit, vorrömische Eisenzeit[?]); mittelalterliche Besiedlung spätestens um 700 einsetzend und sich bis die 1. Hälfte oder die Mitte des 14. Jhs. erstreckend; Metalldetektorfund einer Heiligenfibel, Typ mit Basisgrube (Nr. 1019); DKZ 4221,0052:A/B/C.
Literatur: Wigand 1831, S. 58–61, §21: Icanrode; Schneider 1936, S. 73; Leesch/Schubert 1966, Nr. 62, S. 345; Stephan 1978/79, Nr. 62, S. 227 f. und Taf. 55: Icanrode bei Hembsen; Casemir/Ohainski 2016, S. 213 f.

Ilkenrode (Elkenrode; u. a. in Altforschungen als Icanrode bei Höxter bezeichnet; die Identifikation als Ilkenrode/Elkenrode beruht auf Koch 2016, S. 238).
I. Ortswüstung, Wüstungsflur.
II. Stadt Höxter.

III. Für den Fall, dass die neue Identifikation der Ortswüstung zutreffend ist, sollte der nachfolgend angeführte Beleg nicht auf diese bezogen werden: 822–826(?): *Yconrode* (Mönchslisten Traditionen Corvey 1 und 2, Tr 47 und S. 104, wobei die Erläuterungen zu den „Traditionen" noch davon ausgegangen sind, dass sowohl ein Bezug auf die Wüstung bei Höxter möglich sei als auch auf die Ortswüstung bei Hembsen); *1281: Hof in Ikenrode (Wigand 1831, S. 59).
V./VI. 16. Jh.: Wüstungsweisender FlN „Ekkenrot" im Heiligengeisterholz (Wigand 1831, S. 181); Lage bei Höxter im Heiligengeisterholz am Nordwesthang des Bramberges; genaue Ortslage unbekannt; Wüstungsflur von H. Jäger untersucht.
Literatur: Wigand 1831, S. 59 und S. 94: Ikenrode; Jäger 1954, S. 200 und Abb. 1; Leesch/Schubert 1966, Nr. 63, S. 345; Stephan 1978, Nr. 63, S. 228 f.: Icanrode bei Höxter; Casemir/Ohainski 2016, S. 213: Icanrode I.

Immenhusen.
I. (partielle) Ortswüstung.
II. Stadt Borgentreich.
III. *Ca. 966–967: *Emmideshus*(un): Von den insgesamt acht im Indexband zu den Corveyer Traditionen angeführten Möglichkeiten einer Verortung des genannten *Emmideshus*(un) bezieht sich eine auf +Immessen zwischen Frohnhausen und Tietelsen (Mönchslisten Traditionen Corvey 1 und 2, Tr 299 und S. 239); 1244–48: *Fridericus de Ymmessen*, Ritter (Westf. Ub. 4, Nr. 340).
IV. Ein „Imhof" ist auf der Le Coq Karte (Section XVII) von 1815 ostnordöstlich von Auenhausen bzw. nordnordwestlich von Natingen verzeichnet; Hof 1827 abgebrochen (Giefers 1880, S. 197).
V. Lage nach Simon (1953, S. 12) bei Borgholz.
Literatur: Schneider 1936, S. 73.

Jacobsberg (ursprünglicher Ortsname: Haddenberg).
I. Wiederbesiedelte Kirchortwüstung.
II. Stadt Beverungen.
III. Nach Corveyer Güterverzeichnis des *9./10. Jhs.: *montem Haddenbarch cum villa* (Wiegand 1831, S. 43; Bieling 1871, S. 122); 2. Hälfte 15. Jh.: Kirche seit langem unbesetzt und verfallen: *ecclesia desolata*; Nutzung als Wallfahrtsort wohl Ende des 15. Jhs. einsetzend (Bieling 1871, u. a. S. 123 f.).
V. Als wiederbesiedelte Ortswüstung nicht auf der Wüstungs-Übersichtskarte des Kreises Höxter dargestellt.
VI. In der Kirche St. Jacobus in Jacobsberg aufgefundenes Fgm. einer „Pilgermuschel" (= Jakobsmuschel) sowie 1 WS graue Irdenware des ca. 13./14. Jhs. und 1 WS glasierte neuzeitliche Irdenware; DKZ 4321,0166.
Literatur: Wigand 1831, S. 42–47, §17: Haddenberg; Schneider 1936, S. 74.

Jaddenhusen.
I. Ortswüstung.
II. Stadt Brakel.
III. *Um 1341 (nach Leesch/Schubert).
IV. Wüstungsweisende FlN: „Jaddengrund" („Gaddergrund"); „Jaddenhof".
V. Lage nördlich von Istrup.
Literatur: Ahrens 1956, Nr. 50, S. 107; Leesch/Schubert 1966, Nr. 64, S. 345; Casemir/Ohainski 2016, S. 218.

Jerdessen (bei Blankenau).
I. Ortswüstung.
II. Stadt Beverungen.
III. *Ca. 966–967: *Gerwardeshus*(un): Es bestehen vier Möglichkeiten einer Identifikation von *Gerwardeshus*(un), darunter diejenige mit +Jerdessen bei Blankenau (siehe Stephan) (Mönchslisten Traditionen Corvey 1 und 2, Tr 293 und S. 237); 14. Jh.: Jersen/Jerdessen vor Blankenowe (Wigand 1831, S. 48).
V. Lage im westlichen Ortsrandbereich von Blankenau.
VI. Funde wohl um 800–14. Jh.; DKZ 4322,0063.
Literatur: Wigand 1831, S. 47 f., §18: Jerdessen; Leesch/Schubert 1966, Nr. 65, S. 345; Stephan, 1978/79, Nr. 65, S. 229 und Taf. 56.1; Casemir/Ohainski 2016, S. 220 f.

Jerdessen (bei Höxter).
I. Partielle Ortswüstung.
II. Stadt Höxter.
III. *ca. 965–967: *Gerwardeshus*(un): Es bestehen vier Möglichkeiten einer Identifikation von *Gerwardeshus*(un), darunter diejenige mit +Jerdessen bei Höxter-Ovenhausen (Mönchslisten Traditionen Corvey 1 und 2, Tr 293 und S. 237); z. J. 1015–1036 (um 1165): *Gerardessun* (Vita Meinwerci [ed. Terstesse], Kap. 75, S. 74; Vita Meinwerci [ed. Berndt], Kap. 74, S. 136, Z. 7). Im Altkreis Höxter sind zwei Ortswüstungen namens „Jerdessen" existent, sodass der von Terstesse vorgeschlagene Bezug ausschließlich auf +Jerdessen (bei Ovenhausen) nicht ausreichend begründbar erscheint; 1246: *Jerdessen* (Westf. Ub. 4, Nr. 372; Forwick 1963, Nr. 67, S. 82); 1262: *Gerdessen* (Wigand 1831, Nr. 2, S. 213 f.).
IV. Lage der „Jetzer Mühle" 1830 am Bachlauf der Grube verzeichnet; wüstungsweisende FlN: „In Ietzen" (Kreiskatasteramt Höxter, Urkataster Ovenhausen, Flur VIII und XIII.1, 1830).
V. Lage zwischen Ovenhausen und Lütmarsen; „Jetzer Mühle" noch 1880/81 bestehend (Giefers 1880, S. 185; Holscher 1881, S. 146).
VI. Siedlungsbereich beim Bau der Landstraße L 755 linear teilzerstört; erhaltene Mühlenrelikte.
Literatur: Wigand 1831, S. 87 f., §29: Jerdessen, Yerdessen, Jerssen, Jertzen; Leesch/Schubert 1966, Nr. 66, S. 345; Stephan 1978, Nr. 66, S. 229 f.

Ketsen.
I. Ortswüstung.
II. Stadt Marienmünster.
III. *1140: *curtem que uocatur Catshem* (Westf. Ub. 2, Cod. 234); 1188 oder 1189: *Decimam ... in Kethsen* (Westf. Ub. 2, Cod. 461; zur Datierung siehe Casemir/Ohainski 2016, S. 222).
IV. Wüstungsweisender FlN „Ketserdiek (Stephan 1978, S. 255).
VI. Funde 9. Jh.–13./14. Jh.; Eisenverarbeitung; DKZ 4121,0069.
Literatur: Schneider 1936, S. 96: siehe Münsterbrock; Stephan 1978, Nr. 114, S. 254 f.: Ketsen; Casemir/Ohainski 2016, S. 222 f.: Ketsen.

Kivelinchusen (Abb. 42).
I. Orts- und Grangienwüstung.
II. Stadt Warburg.
III. Eigengut (*predium*) *Kiveninchusen* *1153 als seit über 30 Jahren wüstliegend und öde bezeichnet (Überlieferung Kloster Hardehausen, S. 21, S. 70; vgl. Westf. Ub. 2, Cod. 289).
IV. Die Ortsstelle überliefert der FlN „Kiefelinghausen" im Mündungswinkel des „Blankenroder Bachs" (jetzt: Schwarzbach) in den „Hammerbach" bzw. die „kleine Diemel" (Kreiskatasteramt Höxter, Urkataster Scherfede, Flur XIII, 1830).
V. Lage 1,5 km südlich des Klosters Hardehausen.
VI. Herausragend gut erhaltenes Mikrorelief mit obertägig erhaltenen Gebäudefundamenten bei der rezenten Anlage eines

Wisentgeheges teilzerstört; spärliche Keramikfunde des späten Mittelalters aus Dauergrünland; DKZ 4419,0035.
Literatur: Schneider 1936, S. 76; Bergmann 1993a, S. 43 f. und Kartenbeilage 8; Bergmann 2016, S. 233 f. und Abb. 3: Scivelinchusen; Casemir/Ohainski 2016, S. 223.

Klein Körbecke (Minor Corbike).
I. Ortswüstung.
II. Stadt Borgentreich.
III. *1295: *decimam in minori villa Corbike* (Westf. Ub. 4, Nr. 2352).
V. Genaue Lage bei Körbecke unbekannt.
Literatur: Schneider 1936, S. 77: Kleinkörbecke.

Knechtahusen.
I. Ortswüstung.
II. Stadt Steinheim.
III. *1031: *in istis villis ... Knechtahusun* (MGH DD KII, Nr. 171); z. J. 1031 (um 1165): als Zubehör des Haupthofes (*predium*) *Sannanabiki* (= Sandebeck, Kr. Höxter) ist u. a. Besitz in *Knechtahusun* benannt (Vita Meinwerci [ed. Terstesse], Kap. 208, S. 168 f.; Vita Meinwerci [ed. Berndt], Kap. 206, S. 235, Z. 21).
V. Lage nach FuPuNet der LWL-Archäologie für Westfalen 3,8 km nordnordöstlich von Steinheim.
VI. Funde 9./10.–13./14. Jh.; DKZ 4020,0098 und DKZ 4120,0127.
Literatur: Schneider 1936, S. 77; bei Stephan 1978 nicht aufgeführt; Casemir/Ohainski 2016, S. 224.

Kollerbeck.
I. Wüstungsresistenter Ort mit ehemaliger Niederungsburg (Motte) „Schweizerburg".
II. Stadt Marienmünster.
III. Burg wahrscheinlich Sitz der Edelherren von Kollerbeck, einer Nebenlinie der Grafen von Schwalenberg; Nebenlinie durch Friedrich (erstmals 1190 genannt) begründet; Familie später in die Ministerialität absinkend.
V./VI. Lage der Niederungsburg am Nordrand des Dorfes Kollerbeck; Turmhügel unbeschädigt; Umwallung des künstlich aufgeschütteten Hügels im Süden durch Straßenbaumaßnahme teilzerstört/beschädigt.
Literatur: Forwick 1963, S. 8 und Nr. 77, S. 104; Stephan 1978, Nr. 134, S. 272: Schweizerburg.

Kotten, siehe Choten.

Langenberg.
I. Fragliche Ortswüstung.
II. Stadt Borgentreich.
V. Lage nach Simon (1953, S. 12) bei Körbecke; nicht auf der Wüstungs-Übersichtskarte des Kreises Höxter dargestellt.

Langeneysen.
I. Ortswüstung.
II. Stadt Bad Driburg oder Stadt Willebadessen?
III. *1066: *Langmeissina* (Westf. Ub. 1, Reg. 1102); 1248: *Langeneysen* (Westf. Ub. 4, Nr. 401).
V. Lage nach Giefers und Schneider zwischen Altenheerse und +Tringen/Dringenberg bzw. nach Ahrens nördlich von Altenheerse.
VI. Scherbenfunde nach Ahrens; Kenntnis der Ortsstelle jedoch verlorengegangen.
Literatur: Giefers 1880, S. 111; Schneider 1936, S. 80: Langeneisen; Ahrens 1956, Nr. 63, S. 107.

Langenhagen.
I. Kirchortwüstung.
II. Stadt Marienmünster.
III. *1407: *langen Hagen* (Schrader 1889, S. 161; Forwick 1963, Nr. 74, S. 83); 1488: *villam in Levendorpe cum ecclesia ibidem dicta de Langenhagen* (Wigand 1831, S. 103; Holscher 1881, S. 145 f.; Schrader 1889, S. 160). Die Textstelle lässt sich so verstehen, dass die Kirche von Löwendorf ursprünglich in +Langenhagen gestanden hat bzw. bedeutet, dass Löwendorf kirchlich ehemals zur Pfarre +Langenhagen gehört hat. Dem entsprechend hat Holscher (1881, S. 145) Langenhagen als ehemaligen Pfarrort interpretiert und abgesehen von Löwendorf eine Zugehörigkeit von [+]Dungen, [+]Cottun sowie Hohehaus zu diesem angenommen. Es ist in diesem Zusammenhang etwas ungewöhnlich, dass ein hochmittelalterlich entstandener südostwestfälischer Hagenort eine Kirche besessen hat, jedoch existiert u. a. aus dem Hochstift Paderborn ein weiteres Fallbeispiel hierzu (Dörenhagen, Kr. Paderborn); 1488 jedenfalls dürfte Langenhagen nicht mehr existent gewesen sein und 1535 ist der Ort unter den zwischen Fürstenau und Löwendorf gelegenen Dörfern und Wüstungen aufgezählt (INA Höxter, Nr. 115, S. 342 f.). Die Kirche könnte bereits 1488 in Löwendorf gelegen haben.
V. Lage im Bereich um Fürstenau und Hohehaus bzw. östlich von Löwendorf.
Literatur: Wigand 1831, S. 103, §33: Liåveringtorpe (mit Langenhagen); Leesch/Schubert 1966, Nr. 68, S. 345; Stephan 1978, Nr. 68, S. 230 f.: Langenhagen.

Leverschehagen.
I. Ortswüstung (ehemaliger Hägerort?).
II. Stadt Höxter.
III. *1328: *Leverschehagen* (Wigand 1831, S. 96).
IV. FlN „Leisterhagen" (Wigand 1831, S. 99).
V. Lage zwischen Brenkhausen und Fürstenau.
Literatur: Wigand 1831, S. 96–98, §32: Leverschehagen; Leesch/Schubert 1966, Nr. 69, S. 345; Stephan 1978, Nr. 69, S. 231: Leverschehagen.

Liesmeri.
I. Ortswüstung.
II. Stadt Borgentreich.
III. *1103: *decimam in Liesmeri* (Westf. Ub., Add., Nr. 25: angebliches Original; vgl. Honselmann 1950, Nr. 22, S. 345); ca. 1332–1348: *Leysmar* (im Waldecker Lehnsverzeichnis zwischen *Bunerhagen* und Körbecke aufgeführt: Waldecker Ub., S. 42).
V. Lage bei Großeneder.
Literatur: Schneider 1936, S. 83: Liesmar.

Limbeke.
I. Ortswüstung.
II. Stadt Nieheim.
III. *826–876: *Lianbeke* (Mönchslisten Traditionen Corvey 1 und 2, Tr 82 und S. 128).
V. Lage 1 km nördlich von Entrup.
VI. Prähistorische Funde (Bronze- oder vorrömische Eisenzeit) und mittelalterliche Keramik spätestens vom 8. Jh. (Nachweis von Kümpfen) bis 14. Jh.; DKZ 4120,0133.
Literatur: Stephan 1978 f., Nr. 120, S. 259 f.: Limbeke und Taf. 67 (deren Nordpfeil nach Ostnordosten weist); Casemir/Ohainski 2016, S. 234 f.

Liudolvingerod.
I. Ortswüstung.

II. Stadt Borgentreich.
III. *Z. J. 1015–1036 (um 1165): Graf Sigibodo, Bruder des Grafen Dodiko, und seine Gemahlin Wendilmod übertragen den Haupthof (*curtem*) *Liudulfingaroth* mit seinen Zubehörungen an die Paderborner Kirche und erhalten dafür ein Gut in *Curbike* (Körbecke in der Warburger Börde, Kr. Höxter). Die Schenkung wird auf Lüderode bei Salzgitter bezogen (Vita Meinwerci [ed. Terstesse], Kap. 50, S. 66; Vita Meinwerci [ed. Berndt], Kap. 49, S. 124, Z. 24 f. und Anm. 345). Sie dürfte jedoch mit sehr hoher Wahrscheinlichkeit auf +Liudolvingerod in der Warburger Börde zu beziehen sein, da der Raum um Salzgitter bzw. das nördliche Harzvorland nicht zum eigenlichen Herrschaftsgebiet der Dodiko-Sippe gehört hat; 1018: *curtem quae nominatur Liudoluingerod* (Westf. Ub. 1, Cod. 96),
IV. Wüstungsweisende FlN „Lüddegeswiesen", „Im grossen Lüdegge", „Im kleinen Lüddegge", „Lüddegeshöhe", „Lüdeggesweg" (Kreiskatasteramt Höxter, Urkataster Rösebeck, Flur II und III, 1832).
V. Lage wahrscheinlich ca. 1,5 km westnordwestlich von Körbecke.
Literatur: Schneider 1936, S. 85.

Liudwardeshusen.
I. Ortswüstung.
II. Stadt Warburg.
III. *1051–54: *Liudwardeshusen in pago Hassi* (Westf. Ub., Add., Nr. 12); 1142: *Ludwardeshem* (Westf. Ub. 2, Cod. 236: Fälschung); um 1200: *Lutwardessen* (Überlieferung Kloster Hardehausen, S. 44).
IV. Wüstungsweisende FlN „Lingenhöfe", „Lingenwiesen", „Lingenkamp" und „Lingenbrede" (Kreiskatasteramt Höxter, Urkataster Bonenburg, Flur III und IV, 1831).
V. Lage unmittelbar östlich von Bonenburg.
VI. Noch im 13. Jh. als Siedlung existent. Zu einer Beurteilung der Frage, wann im 13. Jh. die wahrscheinliche Wüstlegung durch die Hardehausener Zisterzienser erfolgte, reicht das Material nicht aus. Ein Teil der reduzierend gebrannten Irdenware ist dem späten Pingsdorfer Horizont der Zeit um 1200 zuzuordnen. Abgesehen von Keramik des Hochmittelalters, die aufgrund der Ersterwähnung von Liudwardeshusen zu erwarten war, ist im Fundgut in das 9. Jh. datierende uneinheitliche gebrannte Keramik mit feiner Kalkgruskeramik vertreten; DKZ 4420,0194.
Literatur: Schneider 1936, S. 88: Luthardessen (enthält jedoch auch Quellen zu Liudwardeshusen); unveröffentl. Mskr. Bergmann zur Wüstungsgrabung Rozedehusen im Archiv der LWL-Archäologie für Westfalen; Casemir/Ohainski 2016, S. 241 f.: Luthwardessen.

Lohof (auch: Lo, La).
I. Vorwerk des Haupthofes Oeynhausen.
II. Stadt Bad Driburg oder Stadt Nieheim?
III. *1036: *Lo* (Westf. Ub. 1, Cod. 127); z. J. 1036 (um 1165): *La* wird als eines von sechs Vorwerken des Haupthofes Oeynhausen (*Aginhuson*) benannt und von Terstesse (fälschlicherweise) mit Lothe östlich Steinheim identifiziert (Vita Meinwerci [ed. Terstesse], Kap. 217, S. 181, Z. 25 und Z. 29; Vita Meinwerci [ed. Berndt], Kap. 215, S. 248, Z. 22 f.); *Lohof* ab 1299 zur Pfarrei Pömbsen gehörig (Westf. Ub. 4, Nr. 2559).
IV. Wüstungsweisender FlN „up'm Lauwe".
V. Lage nach Ahrens nördlich von Pömbsen; genaue Lage heute unbekannt.
Literatur: Krömecke 1874, S. 129 f.; Schneider 1936, S. 86: Lohof und S. 79: La bzw. S. 102: siehe Öynhausen; Ahrens 1956, Nr. 6, S. 107: La und Nr. 20: Lohof; Leesch/Schubert 1966, Nr. 70, S. 345.

Lütken Bühne.
I. Ortswüstung mit ehemaliger Pfarrkirche St. Cyriakus.
II. Stadt Borgentreich.
III. *2. Hälfte 12. Jh. (nach Hengst); 1332: Bune minor (Forwick 1963, Nr. 14, S. 93); ca. 1332–1348: *in minori Bune* (Waldecker Ub, Nr. 31, S. 47); 1402: Kirche des hl. Cyriakus in *minori Bune* (Hengst 1990, S. 106); Kopialbuch des 15. Jhs. (Archidiakonatsverzeichnis des Bistums Paderborn): *Bune minor* (Wigand 1831, Nr. 10, S. 227), Pfarrkirche mit frühneuzeitlichem Patrozinium Cosmas und Damian.
IV. Wüstungsweisender FlN „Lütkenbühne"; angrenzende Langstreifenflur „auf der Burg" sowie „Burgweg" (Kreiskatasteramt Höxter, Urkataster Rösebeck, Flur I,1, 1832).
V. Lage 3,3 km südwestlich von Bühne zwischen den Gütern Alt- und Neu-Marienburg.
VI. Streufunde hohes und spätes Mittelalter (11./12.–13./14. Jh.); DKZ 4421,0187.
Literatur: Brilon [2]1930, S. 27, S. 32 f.: Kleinbühne; Kindl 1980a, S. 86; Kindl 1980b, S. 7: Lütkenbühne; Hengst 1990, S. 106 und S. 108; Casemir/Ohainski 2016, S. 84 f.: Bühne, Klein.

Lütken Daseburg.
I. Partielle Kirchortwüstung (und zudem Ortsnamenwüstung).
II. Stadt Warburg.
III. In den betreffenden Geschichtsquellen des 9. Jhs. und Hochmittelalters ist nicht sicher zu entscheiden, ob sich diese auf Daseburg oder auf Lütken Daseburg beziehen: 826–876: *mansum I cum familia in Desburg*. Schütte weist auf das Problem hin, dass sich die Tradition sowohl auf den Desenberg (mit seiner Burganlage) als auch auf den Ort Daseburg östlich der markanten Burg beziehen könnte (Mönchslisten Traditionen Corvey 1 und 2, Tr 241 und S. 207). Ein Bezug auf Lütken Daseburg, welches direkt unterhalb des Desenbergs liegt, wird nicht erörtert, kann jedoch ebenfalls in Betracht gezogen werden; zwischen 1015 und 1020 (abgefasst um 1165): *Desburg* (Vita Meinwerci [ed. Terstesse], Kap. 49, S. 65; Vita Meinwerci [ed. Berndt], Kap. 48, S.124, Z. 5). Das im Zusammenhang mit der Schenkung des Grafen Dodiko genannte *Desburg* könnte sich sowohl auf das heutige Daseburg, die partielle Ortswüstung Lütken Daseburg unterhalb des Desenbergs als auch auf eine für die Zeit um 1000 anzunehmende Burg auf dem Bergkegel des Desenbergs beziehen; z. J. 1036 (um 1165): Haupthof Daseburg (*Dasburg*) mit zwei abhängigen Vorwerken (*vorewerc*), darunter einem in *Dasburg* selbst, benannt (Vita Meinwerci [ed. Terstesse], Kap. 217, S. 182, Z. 6 f.; Vita Meinwerci [ed. Berndt], Kap. 215, S. 250, Z. 1 f.), zum Bezug vgl. voraufgehende Quellen; *Anfang 13. Jh.: *Curia de parvo Dasburch* (Einkünfteverzeichnis Busdorfstift, S. 325, Z. 20); 1266: *proprietatem et dominium in parvo Dasburg* (Westf. Ub. 4, Nr. 1070); 1330: Priester in Groß- und Klein-Daseborg erwähnt (Landesarchiv NRW, Abt. Westfalen [Münster], Fsm. Paderborn, Urkunden, Reg. 560).
IV. Nach Simon (1953, S. 12) in der Flur „Das kleine Feld" gelegen.
V. Lütken Daseburg verbirgt sich mit hoher Wahrscheinlichkeit hinter den heutigen drei benachbarten Gutsbetrieben „Rothenburg" (umgräftet), „Ober Klingelburg" (mit der „Alte Burg") und „Nieder Klingelburg" (siehe Kreiskatasteramt Höxter, Urkataster Rösebeck, Flur XIV, 1831), für die zur Zeit der Urkatasteraufnahme wie auch heute kein eigener Ortsname fassbar ist (vgl. Einkünfteverzeichnis Busdorfstift, S. 325, Anm. 76, demzufolge „Klein Daseburg wohl bei der Klingenburg gelegen, heute wüst" [sei]. In der Le Coq Karte von 1815 (Section XVII) findet sich für die Gutsbetriebe der übergreifende

Ortsname „Rothenburg".
VI. In der Flur Blaufuß, bzw. westlich der Scheune des Guts Rothenburg aufgefundenen zahlreiche Scherben des 10.–12. Jh.; nahebei: Körpergräberfriedhof mit nachgewiesenen 15 Bestattungen: DKZ 4521,0002 (= Körpergräberfriedhof und Umgebung); DKZ 4421,0153 (= Gräftenanlage Rothenburg); beim Gut Klingelburg 1967 in einer Grube aufgefundene Wandscherben vorgeschichtlicher Machart aus uneinheitlich gebrannter Irdenware mit gemischter Gesteinsgrusmagerung und Tonschlickerüberzug.
Literatur: Doms 1986, Nr. 44, S. 65; Casemir/Ohainski 2016, S. 101: Daseburg, Klein.

Lütken Fresenhusen (siehe auch Fresenhusen und Groten Fresenhusen).
I. Ortswüstung.
II. Stadt Steinheim.
III. *1369: Luttyken Vresenhusen (Casemir/Ohainski 2016, S. 151); 1493: Erbgut zu Lüttiken-Fresenhusen under dem Poëlhofe (Regesten und Urkunden Marienmünster 5, Nr. 282, S. 109).
IV. Wüstungsweisender FlN „Im Fresen-Teihe" (Kreiskatasteramt Höxter, Urriss Steinheim, Flur XXVII: Eichholz, 1829), „Im Freisendiek" und „Im Freisensiek" (Kreiskatasteramt Höxter, Urriss Steinheim, Flur VIII und XXVII, 1829).
V. Lage 1,6 km südwestlich von Steinheim im Einmündungsbereich eines Baches in den Heubach/Mühlenbach.
VI. Funde 9./10.–13./14. Jh.; DKZ 4120,0135.
Literatur: Leesch/Schubert 1966, Nr. 34 b, S. 344; Stephan 1978/79, Nr. 34 a, S. 216 und Taf. 47 (der Nordpfeil der Karte weist nach Nordnordwesten); Casemir/Ohainski 2016, S. 151: +Fresenhusen, Klein.

Lütken Steinheim.
I. Ortswüstung.
II. Stadt Steinheim.
III./IV. 1470: „zwei Hufen Landes zu Alveldessen, belegen in dem Felde zu lütken Steynhem" (Regesten und Urkunden Marienmünster 4, Nr. 248).
V. Da +Alvessen nördlich bzw. nordöstlich von Steinheim gelegen hat, ist für +Lütken Steinheim von einer vergleichbaren richtungsbezogenen Lage auszugehen. Nicht auf der Wüstungs-Übersichtskarte des Kreises Höxter dargestellt.

Luthardessen.
I. Ortswüstung.
II. Stadt Willebadessen.
III. *826–876: Schenkung von Streubesitz im Go *Moswidi, Sthurmun* [...] *et in Luthardeshus*(un) *familiam I cum manso* (Mönchslisten Traditionen Corvey 1 und 2, Tr 237 und S. 205: Ein Bezug auf die Wüstung bei Peckelsheim/Niesen ist weniger wahrscheinlich als auf Lüerdissen bei Holzminden [Niedersachsen], falls dieses in Betracht kommt); *1155: *Decimam uidelicet de curia Lutthardessen* (Westf. Ub. 2, Cod. 301).
IV. Wüstungsweisende FlN: „auf dem Kirchhof", „Waurt", „Lützen", „Lützerhöhe" sowie „zu Lützen" (Kreiskatasteramt Höxter, Urkataster Völsen, Flur V, 1830 sowie Urkataster Peckelsheim, Flur VI, 1831).
V. Lage in einer Quellmulde 1,2 km südwestlich von Niesen (vgl. Giefers 1880, S. 180).
VI. Funde aus Prospektion in einer Weide/Wiese mit dichtem Bewuchs: Uneinheitlich gebrannte Irdenware mit sehr grober Bachsand/Schieferplättchenmagerung: 1 WS. - Gelbe grobgemagerte harte Irdenware: 1 WS. - Blaugraue feingemagerte Irdenware: 3 WS. - Graue feingemagerte schwach gebrannte Irdenware: 1 WS. - Graue feingemagerte harte Irdenware: 1 RS (von innen herausgedrückter Dornrand eines Kruges oder einer Kanne): Gefäßrand mit römischem Zahlenmuster verziert, 4 WS. - Graue feingemagerte klingendharte Irdenware: 1 WS. Datierung: hohes Mittelalter–13./14.? Jh.; DKZ 4320,0241.
Literatur: Giefers 1881, S. 173: Luthardessen (bei Niesen); Schneider 1936, S. 88; Casemir/Ohainski 2016, S. 241 f.

Makinghem.
I. Ortswüstung.
II. Stadt Brakel?
III. *918–937: *Makinghem* (Westf. Ub., Supplement, Nr. 361: *Makinghem* ist in der Reihenfolge zwischen *Sudhem* und *Haienhus* [beide Ortswüstungen sind bei Brakel gelegen] genannt).
V. Lage nach Schneider östlich von Brakel; bei Stephan 1978/79 nicht nachgewiesen.
Literatur: Schneider 1936, S. 88; Ahrens 1956, Nr. 52, S. 107.

Malride.
I. Ortswüstung, bestehend aus drei(?) ehemaligen Siedlungsbereichen bzw. Ortsteilen: Nieder-, Mittel- und wahrscheinlich Ober-Malride.
II. Stadt Nieheim.
III. *1036: *Malride* (Westf. Ub. 1, Cod. 127); z. J. 1036 (um 1165): *Malrede* als eines von vier Vorwerken des Haupthofes Nieheim (Kr. Höxter) benannt (Vita Meinwerci [ed. Terstesse], Kap. 217, S. 181, Z. 30 f.; Vita Meinwerci [ed. Berndt], Kap. 215, S. 248, Z. 24); 1278: *Malride inferiore et medio apud Nihem* (Westf. Ub. 4, Nr. 1532); 1569: Lützen-Malrede vor Nieheim (Krömecke 1873, S. 17).
IV. Wüstungsweisender FlN „Malrich" nahe von Nieheim-Holzhausen (Krömecke 1873, S. 17).
V. Lage südöstlich von Nieheim bzw. nach Ahrens (1956, Nr. 15, S. 107) nördlich von Nieheim-Holzhausen,
VI. Dem Ortsnamen nach frühmittelalterlich entstandene Altsiedlung; vorläufige DKZ 4220,0209 [= Unter-Malride?] bzw. DKZ 4220,0210 [Berghof, = Ober Malride?] im Umfeld von Nieheim-Holzhausen.
Literatur: Giefers 1880, S. 107: Malrede; Schily 1921, S. 51: Malreddi; Schneider 1936, S. 88: Mallerde; Leesch/Schubert 1966, Nr. 71, S. 345; Stephan 1978, Nr. 71, S. 231 f.: Malrede; Casemir/Ohainski 2016, S. 232 f.

Markessen.
I. Ortswüstung.
II. Stadt Brakel?
III. *1300: *Iohannus de Markessen* (Westf. Ub. 4, Nr. 2633).
V. Nicht auf der Wüstungs-Übersichtskarte des Kreises Höxter dargestellt.
Literatur: Schneider 1936, S. 111: siehe Riesel.

Maygadessen.
I. Partielle Ortswüstung mit ehemaliger Burg, Thegethof und Mühle (heute Gut Maygadessen).
II. Stadt Höxter.
III. *826–876: *Mayngoteshus*(un) (Mönchslisten Traditionen Corvey 1 und 2, Tr 202 und S. 189).
IV. Auf 1620 gefertigter Gigas-Karte als *Meingadelsheim* eingetragen (Koch/König/Stephan 2006, Tafel 6).
V. Lage 0,8 km westnordwestlich von Godelheim.
VI. Funde 9. Jh.–1. Hälfte 14. Jh.; partielle Wüstungserscheinungen ab 1200; aus Wüstungsbereich zahlreiche Eisenschlacken;

bestehendes Gut nimmt wahrscheinlich den Bereich der ab 1517 fassbaren Wasserburg ein; DKZ 4222,0083; DKZ 4222,0265 und DKZ 4222, 0266.
Literatur: Wigand 1831, S. 21–23, §10: Mayngoteshusun; Schneider 1936, S. 89; Stephan 1978/79, Nr. 125, S. 263 f. und Taf. 69; Casemir/Ohainski 2016, S. 248 f.

Mengersen.
I. Ortswüstung (unsichere Kirchortwüstung).
II. Stadt Willebadessen.
III. Die frühe Nennung eines *Meyngererhus*(un) (826–876: Mönchslisten Traditionen Corvey 1 und 2, Tr 100 und S. 137) ist nach Schütte nur mit geringer Wahrscheinlichkeit auf diese Ortswüstung zu beziehen; *ca. 1001–1002: *Mangereshus*(un): bei dem Ort handelt es sich entweder um Mengersen 5 km nordöstlich von Willebadessen-Peckelsheim oder um Mengershausen bei Göttingen (Mönchslisten Traditionen Corvey 1 und 2, Tr 470 und S. 281); *1173: *Hermannus de Mengerszen* (Westf. Ub. 2, Cod. 362); 1185: *Meinkeressen* (Westf. Ub., Add., Nr. 69, S. 61; Wigand Archiv 5, Nr. 4, S. 331): Da im Zusammenhang mit der Villikation *Meinkeressen* hier *Frůdenhusen* (= Brakel-Frohnhausen) genannt ist, kann die Quelle von 1185 auf die hier behandelte Ortswüstung bezogen werden.
IV. Im Umfeld des Vorwerks Hegge (nicht des nahegelegenen „Bildungswerks Hegge"!) etwa mittig zwischen Willebadessen-Niesen und Brakel-Frohnhausen kennt Giefers (1880, S. 197) den FlN „Mengersen Kirche". Im Ur-Riss ist dort der wüstungsweisende FlN „bei der alten Kirche" nachzuweisen (Kreiskatasteramt Höxter, Urkataster Völsen, Flur III, 1830).
V. Lage der Ortswüstung nach Schneider sehr allgemein gehalten zwischen Gehrden, Frohnhausen und Niesen angegeben; nach Stephan Lage bei Frohnhausen bzw. nach Koordinatenwert jedoch südlich von Brakel-Auenhausen; Lage nach FuPuNet der LWL-Archäologie für Westfalen abweichend 2,7 km nordwestlich der Stadt Borgholz (Kommune Borgentreich) am Rand des Forstgebiets Bannenberg (DKZ 4321,0038) und von der Identifikation unrichtig.
VI. Fundstelle Stephan: prähistorische Keramik und Funde 8. Jh. (Kümpfe)–13./14. Jh.
Literatur: Schneider 1936, S. 91: Mengersen, S. 93: Meyngereshusen; Stephan 1978, Nr. 126, S. 264 f.; Casemir/Ohainski 2016, S. 249 f.

Merlehusen.
I. Unter dem Namen Merlsheim wiederbesiedelte (temporäre) Ortswüstung.
II. Stadt Nieheim.
III. *1292: Joh. de Merlhossen (Krömecke 1873, S. 10); 1298: *Jo[hannes] de Merlhosen* (Urkunden Kloster Hardehausen, Nr. 473); *Merlehusen* ab 1299 zur Pfarrei Pömbsen gehörig (Westf. Ub. 4, Nr. 2559); ab 15. Jh. Adelssitz (DKZ 4220,0174).
V. Nicht auf der Wüstungs-Übersichtskarte des Kreises Höxter dargestellt.
Literatur: Krömecke 1874, S. 134–136; BKW Höxter, S. 187 und Tafel 101; Casemir/Ohainski 2016, S. 251 f.: Merlsheim.

Mersche.
I. Ortswüstung.
II. Stadt Höxter.
III. *Mitte 14. Jh.: *partem ville dicte Mersche* (Wigand 1831, S. 121).
V. Lage 3,2 km nordnordöstlich von Stahle.
VI. Funde vor 1150–14. Jh. (DKZ 4122,0103: A und B); erhaltene Wölbackerflur.
Literatur: Wigand 1831, S. 121, §38: Mersche; Leesch/Schubert 1966, Nr. 72, S. 345; Stephan 1978, Nr. 72, S. 232; Casemir/Ohainski 2016, S. 252 f.

Messenhusen.
I. Ortswüstung.
II. Stadt Borgentreich.
III. *Um 1120: *villa ... Mekkenhus/villa Mekkenhuson* (Ub. Hessische Landesgeschichte 2, Nr. 51, S. 68, §80 f. Der Ort ist in der quellenbezogenen Reihenfolge zwischen Eissen und +Ringelsen angeführt. Da ein Mekkenhusen in der Region nicht nachzuweisen ist, dürfte der Quellenbeleg auf +Messenhusen zu beziehen sein); 1229: *Alexander de Messenhusen* (Westf. Ub. 4, Nr. 169); 1370: Flur von *Messinhusen* unbewirtschaftet (Überlieferung Kloster Hardehausen, S. 108); 1398: Zwei Hufen Land, die in den Feldmarken zu *Messenhusen* und zu Eissen liegen, werden von *Cort* Stapel bewirtschaftet (Urkunden Kloster Wormeln, Nr. 171).
V. Lage 1,1 km nördlich von Natingen.
VI. Die Funde stammen aus einer ersten Übersichtsbegehung und sind daher wenig umfangreich (82 Lesescherben). Das Fundmaterial gehört dem 9.?/10.–13./14.? Jh. an. Es setzt sich aus uneinheitlich gebrannter Irdenware mit rötlicher Sandsteingrusmagerung (4,9 % Anteil; darunter 1 RS mit rundlich ausbiegendem Rand und einfacher, unregelmäßig rund abgestrichener Randlippe wohl des 9. Jhs.), uneinheitlich gebrannter schiefergemagerter Irdenware (2,4 %), uneinheitlich gebrannter grobsandgemagerter Irdenware (1,2 %), uneinheitlich gebrannter feinsandgemagerter Irdenware (3,7 %), verschiedenen Varianten der gelben Irdenware (insgesamt 13,4 %, darunter häufig gelbe mäßig grob gemagerte harte Irdenware), grauer rauwandiger Drehscheibenware (1,2 %), roter rauwandiger Drehscheibenware (1,2 %), den beiden Varianten der blaugrau gerauchten Irdenware (insgesamt 31,7 %), verschiedene Varianten der grauen mäßig hart und hart gebrannten Irdenwaren (die im späten 12. Jh. einsetzen und ein Drittel der Fundmenge umfassen), grauer klingendhart gebrannter Irdenware (6,1 %, darunter 1 RS mit ausladender, T-förmig profilierter Randlippe wohl des 14. Jhs.) und Faststeinzeug Siegburger Art (1,2 %) zusammen; DKZ 4321,0181.
Literatur: Giefers 1880, S. 151; Brilon [2]1930, S. 35 f.; Schneider 1936, S. 92; Krus 1990, S. 19; Casemir/Ohainski 2016, S. 253 f.

Mestorp.
I. Ortswüstung.
II. Stadt Marienmünster.
III. *Ca. 997–1000: *in Duggun IX familias cum omnibus ad hunc locum pertinentibus, ..., in Meckiestorpe et quidquid ibi habuerunt* (Mönchslisten Traditionen Corvey 1 und 2, Tr 455 und S. 278). Aus der Quelle ist auf eine relative Nähe von Meckiestorpe zu +Dungen zu schließen. Es ist mit +Mestorp ca. elf km nordwestlich von Höxter zu identifizieren; 1106–1128: *Mexintorpe* (Kindlinger 2, Nr. XIX, S. 131).
IV. Die Klöster Marienmünster und Falkenhagen (Kr. Lippe) legten 1517 in einem Grenzvertrag eine Schnadelinie durch die *Marke to Mestorpe* fest, welche ihre Interessenssphären gegeneinander abgrenzte. Diese Schnade sollte *van dem Kotterberge* [= Köterberg, 496 m üb. NN] *nedder up dat depe Syk to Mestorppe unde vort den Syk al hernedder thom Borne tho Mestorpe unde vort dat water al her nedder byt uppe de Nysse* [= Bachlauf der Niese] *verlaufen* (Regesten und Urkunden Marienmünster 5, Nr. 348, S. 145). Bei der Festlegung der Schnade zwischen dem Stift Corvey und dem Kloster Falkenhagen (Kr. Lippe) ist im Verlauf der Grenzlinie 1518 *dat depe Syck* [Siek =

tief eingeschnittenes Bachtal] *dath van dem Borne tho Mestorp kumpth*, benannt; an der weiterhin im Verlauf der Schnade gelegenen *Breden tho Mestorp* grenzten 1518 des Stift Paderborn, das Stift Corvey und die Herrschaft Schwalenberg aneinander (Wigand 1831, Nr. 11, S. 236 f.).
V. Mestorp wird von Schneider (1936, S. 92 f.) unrichtig mit dem heutigen Bönekenberg gleichgesetzt (siehe auch Giefers 1880, S. 136). Leesch/Schubert (1966, S. 347: Meckiestorpe etc.) führen zu Mestorp einen Quellenbeleg des 16. Jhs. an („Bönikenberg ... olim Mechtesdorp vel Mexdorp"), demgemäß von einer Wiederbesiedlung der Ortswüstung als Bönekenberg auszugehen ist; nach Stephan ist von einer Lage im Umfeld des Köterbergs nahe des vorgenannten, 1518 bezeugten *Borne tho Mestorp* bzw. in Bönekenberg auszugehen.
VI. Gerking lokalisierte Mestorp schließlich 0,5 km südlich von Bönekenberg; dem liegt der Fundpunkt DKZ 4121,0038 zu Grunde.
Literatur: Stephan 1978, Nr. 128, S. 266; Casemir/Ohainski 2016, S. 254 f.

Minor Körbecke siehe Klein Körbecke.

Minor Norde siehe West Nörde.

Modexen.
I. Ortswüstung mit ehemaliger Kapelle.
II. Stadt Brakel.
III. *1221: *Johannes de Molthekesen* (Westf. Ub. 4, Nr. 95).
V. Lage nordöstlich von Brakel bzw. unmittelbar nördlich des Modexer Hofes.
VI. Prähistorischer Streufund, Funde um 800/9. Jh. (1 RS eines Kumpfes)–2. Hälfte des 14. Jhs.; DKZ 4221,0026.
Literatur: Wigand 1831, S. 72 f., §25: Modikessen; Schneider 1936, S. 94; Leesch/Schubert 1966, Nr. 73, S. 345; Stephan 1978/79, Nr. 73, S. 232–234 und Taf. 56.2; Stephan 1979, S. 12, S. 21, S. 28, S. 38 f. und Abb. 14; Casemir/Ohainski 2016, S. 255 f.

Molhusen.
I. Partielle Ortswüstung.
II. Stadt Warburg.
III. *826–876: *in Mulinhusen mansum I cum familia*: Von den Nennungen von Orten namens Mühlhausen/Molhusen ist das bei Warburg gelegene Molhusen bevorzugt für eine Verortung heranzuziehen (Mönchslisten Traditionen Corvey 1 und 2, Tr 263 und S. 220); ca. 989–992: *II familias ... in Mulinhus(un) in siluis et in aquis*. Von den drei Möglichkeiten einer Identifikation des in den Corveyer Traditionen genannten *Mulinhus*(un) betrifft eine die partielle Ortswüstung Molhusen nahe der Altstadt Warburg (Mönchslisten Traditionen Corvey 1 und 2, Tr 428 und S. 271); 1155: *curia Mulenhusen* (Westf. Ub. 2, Cod. 301).
IV. Wüstungsweisender FlN „Mühlheimer Grund" nordöstlich der „Mittlerenmühle" im Tal der Diemel (Kreiskatasteramt Höxter, Urkataster Warburg, Flur IV: Ostheimerfeld[!], 1831/32).
Literatur: Schneider 1936, S. 94; siehe auch Schneider 1936, S. 94 wo die Urkunde von 1155 erneut angeführt ist, jedoch als Beleg zu Mühlhausen im Kreis Unna. Grundsätzliche Verwechlungsgefahr besteht mit +Molhusen im Umfeld von Padberg (Hochsauerlandkreis), das angrenzend in Hessen zu verorten ist; Casemir/Ohainski 2016, S. 256 f.

Munchohusun.
I. Ortswüstung.
II. Stadt Steinheim.
III. *889: *Munchohusun* (MGH DD Arn, Nr. 60, S. 88; Westf. Ub. 1, Cod. 38); 1438: Monekhusen bei Otenhusen (= Steinheim-Ottenhausen) (Regesten und Urkunden Marienmünster 4, Nr. 217, S. 171).
IV. Wüstungsweisender FlN „Münkensen".
V. Lage nordwestlich von Ottenhausen.
Literatur: Schneider 1936, S. 95: Monecksen (dürfte gleichzusetzen sein mit dem ebenfalls bei Schneider [1936, S. 96: Münchhausen bei Steinheim] angeführten und im 11. Jh. bezeugten *Munechuson/Munichehuson* [Schily 1921, S. 51]); Leesch/Schubert 1966, Nr. 74, S. 345: Monekhusen.

Nehenun.
I. Ortswüstung.
II. Stadt Borgentreich.
III. *Ca. 980–982: *Nannun* (Mönchslisten Traditionen Corvey 1 und 2, Tr 393 und S. 262); um 1120: *Naehenun/Nehenun/Nehen* (Ub. Hessische Landesgeschichte 2, Nr. 51, S. 66, §65 f. und S. 73, Z. 1), spätes 12. Jh.: *In Nena* (Bauermann 1968, S. 356, Z. 61): potentieller Bezug auf Nehden, Hochsauerlandkreis oder auf das hier angeführte Nehenun im Kr. Höxter.
IV. Wüstungsweisende FlN im Urkataster: „auf den Kirchhof" und (verballhornt): „Häherborn", „Maihäneken" (Kreiskatasteramt Höxter, Urkataster Rösebeck, Flur I,2, 1832).
V. Lage 2,5 km südwestlich von Bühne.
VI. Merowingerzeit–14. Jh.; nach Prospektionsbefund im Bereich der Ortsstelle Steinbau mit gemörteltem Fundament; u. a. Fund eines stark fragmentierten hochmittelalterlichen Spielzeugpferdchens; DKZ 4421,0184.
Literatur: Schneider 1936, S. 99: Nihen; Bergmann 1990, S. 74–79 und Fundstellenkartierung Abb. 32 (Ortswüstung dort noch als N.N. „auf den Kirchhof" bezeichnet); Casemir/Ohainski 2016, S. 260 f.: Nahenen; genaue Lage ist dem Westfälischen Ortsnamenbuch 9 unbekannt.

N.N. „Barrenthal".
I. Flurwüstung.
II. Stadt Höxter.
VI. 20 ha Wölbackerfluren nördlich des Forsthauses Barrenthal; Lage Forsthaus 2,1 km westnordwestlich Albaxen (Kirche).
Literatur: Jäger 1958, S. 113, Nr. X 1.

N.N. „Bergtonsen".
I. Wüstungscharakter unsicher.
II. Stadt Nieheim.
IV. Rund 1 km nordöstlich von Eversen tritt im Urkataster der nicht sicher wüstungsweisende FlN „Bergtonsen" auf (Kreiskatasteramt Höxter, Urkataster Sommersell, Flur I, 1829).
V. Nicht auf der Wüstungs-Übersichtskarte des Kreises Höxter dargestellt.

N.N. „Branshöfen".
I. Wüstungscharakter unsicher.
II. Stadt Bad Driburg.
IV./V. Rund 2 km ostsüdöstlich des mittelalterlichen Stadtkerns von Driburg besteht im Ur-Riß nordnordwestlich des „Sollbergs" und östlich des „Steinbergs"der nicht sicher wüstungsweisende FlN „Branshöfen" (Kreiskatasteramt Höxter, Urkataster Driburg, Flur VII.2, 1829), der sich nicht mit einer historisch überlieferten Ortswüstung verbinden lässt; die Ortswüstung Brungeresen (siehe dort) im Kr. Höxter jedenfalls kann nicht gemeint sein.
V. Nicht auf der Wüstungs-Übersichtskarte des Kreises Höxter dargestellt.

N.N. „Brettmühle“.
I. Flurwüstung.
II. Stadt Höxter.
VI. 4 ha Flurrelikte südlich der Brettmühle; Lage der Mühle 2,2 km westlich Albaxen (Kirche).
Literatur: Jäger 1958, S. 113, Nr. X 3.

N.N. „Deichhof“.
I. Wüstungscharakter unsicher.
II. Stadt Borgentreich.
IV. Wüstungsweisender FlN „Deichhof“ 2,2 km östlich von Körbecke im Tal der Alster nahe der Landesgrenze zu Hessen (Kreiskatasteramt Höxter, Urkataster Körbecke, Flur II, 1832).
V. Nicht auf der Wüstungs-Übersichtskarte des Kreises Höxter dargestellt.

N.N. DKZ 4321,0062.
I. Ortswüstung.
II. Stadt Borgentreich.
V. Lage am Südrand des Forsts Eichhagen um rezentes Gebäude „Eddessen“.
VI. Die archäologische Fundstelle gehört entgegen der ursprünglichen Annahme nicht mehr zum Kirchort Eddessen sondern ist eine Ortswüstung unbekannten Namens; Streufunde aus Dauergrünland; DKZ 4321,0062.

N.N. bei Fürstenau (nach Stephan = Aildenna? = Althona?).
I. Ortswüstung.
II. Stadt Marienmünster.
III./IV. Aufgrund des Fehlens wüstungsweisender FlN ist eine sichere Identifikation mit +Aildenna/+Althona nicht möglich.
V. Lage 1,6 km nordwestlich von Fürstenau.
VI. Keramik 8. Jh. (Kümpfe) bis Mitte/2. Hälfte 13. Jh.; Schlacken- und Erzfunde; mutmaßliche Standorte von Metallschmelzöfen; DKZ 4121,0067 und 0084.
Literatur: Stephan 1978/79, Nr. 127, S. 265 f. und Taf. 70 (Lesbarkeit der Lageskizze problematisch, möglicherweise weist der Nordpfeil zudem nicht nach Norden).

N.N. bei Fürstenau (möglicherweise identisch mit +Ilkenrode bei Höxter).
I. Ortswüstung.
II. Stadt Höxter.
III./IV. Wüstungsweisende FlN fehlen; nach Stephan handelt es sich möglicherweise um das Fundareal +Icanrode (bei Höxter); siehe hier: +Ilkenrode.
VI. Frühes Mittelalter–13./14. Jh.
Literatur: Stephan 1978, Nr. 137, S. 273 f.: NN bei Fürstenau, vgl. Stephan 1978, S. 228 f.: Icanrode bei Höxter.

N.N. „Gräfte bei Bad Driburg“.
I. Mittelalterliche Burganlage (ehemalige bischöfliche Landesburg?), den Ortswüstungen Wennekessen und Garthuß nicht zuzuordnen.
II. Stadt Bad Driburg.
IV. Die namenlose Burgstelle liegt in der Urkatasterflur „Im Bruche“. In ihrem Umfeld treten die FlN „Mellenkamp“ (später: „Merlingskamp“) und „Im Kokenhofe“ auf (Kreiskatasteramt Höxter, Urkataster Driburg, Flur XII, 1830).
V. Lage 2,3 km südsüdwestlich von Bad Driburg.
VI. Ausgehendes hohes bis spätes Mittelalter; DKZ 4220,0007.
Literatur: Bérenger 1989a, S. 84 f.

N.N. „Die Hammerstette“.
I. Gewerbestättenwüstung.
II. Stadt Warburg.
IV. Zwischen der Stadtwüstung Blankenrode im Kr. Paderborn und der Orts- und Grangienwüstung Kivelinchusen (Kr. Höxter) verzeichnet das Urkataster nördlich des heutigen Hauses Mittelwald im Wald am „Blankenroder Bach“ den ausgedehnten FlN-Bereich „Die Hammerstette“ (Kreiskatasteramt Höxter, Urkataster Scherfede, Flur XVIII, 1831). Unmittelbar benachbart ist eine Glashüttenwüstung nachgewiesen (Bergmann 2008a, S. 20–22 und Abb. 20).
V. Als Gewerbestättenwüstung nicht auf der Wüstungs-Übersichtskarte des Kreises Höxter dargestellt.

N.N. „Hennekenburg“.
I. Turmhügelburg.
II. Stadt Beverungen.
V. Lage bei Wehrden am Steilhang des Steinberges.
V. Nicht auf der Wüstungs-Übersichtskarte des Kreises Höxter dargestellt, da keine Niederungsburg i. e. S.
Literatur: Stephan 1978, Nr. 133, S. 272.

N.N. „Hofdansen“.
I. Wüstungscharakter unsicher (Hofwüstung?).
II. Höxter.
IV. Name eines Feldes zwischen Ovenhausen und „der Spitze“ (Wigand 1831, S. 74 f.).
V. Nicht auf der Wüstungs-Übersichtskarte des Kreises Höxter dargestellt.

N.N. Oberehof.
I. Hofwüstung.
II. Stadt Borgentreich.
III. *1245–1247: *bona iuxta Sunrike sita, que dicuntur superior curia* (Westf. Ub. 4, Nr. 360; Brilon 1930, S. 21, Anm.).
IV. Wüstungsweisender FlN „auf dem obern Hofe“ im Preußischen Urmesstischblatt.
V. Lage bei Borgentreich im Umfeld der Ortswüstung Sunrike.

N.N. „Pattenhoff“.
I. Ortswüstung?
II. Stadt Willebadessen.
IV. Rund 1,5 km westsüdwestlich vom Gut Helmern treten nahe einer stark schüttenden Karstquelle die wüstungsweisenden FlN „Papenhof“ und „Die Dorfwiese“ auf (Kreiskatasteramt Höxter, Urkataster Völsen, Flur VII, 1830), daran angrenzend bestanden die rund 2,3 km westnordwestlich von Peckelsheim gelegenen Fluren „im Pattenhofe“, „Pattenhoff“, „Pattenhofe“ und „am Pattenhofe“ (Kreiskatasteramt Höxter, Urkataster Peckelsheim, Flur IV und V, 1831).
VI. Bei Begehung im Jahr 2016 fundarm, damals jedoch extrem ungünstige Bewuchsbedingungen; vorläufige DKZ 4320,0275.

N.N. „Razerhof“ (Rothwardessen?).
I. Ortswüstung? mit Burganlage (Motte).
II. Stadt Willebadessen.
IV./V./VI. 1,8 km östlich von Niesen tritt im Urkataster der FlN „Razerhof“ auf, westlich dessen das „Ratzerfeld“ liegt. Direkt südlich des Ratzerfeldes besteht (1,1 km ostsüdöstlich von Niesen) in der Flur „vorderste Hegge-Berg“ (Kreiskatasteramt Höxter, Urkataster Völsen, Flur III, 1830) eine spätmittelalterliche Motte (= DKZ 4320,0068). Wahrscheinlich ist N.N. „Razerhof“ mit der Ortswüstung Rothwardessen bei Willebadessen-Fronhausen/Niesen zu identifizieren.

N.N. „Rosenhof".
I. Ortswüstung?
II. Stadt Willebadessen.
IV. Unmittelbar südlich der Nethe-Aue tritt rund 1,8 km östlich von Willebadessen im Ur-Riss am Rand des Gewanns „auf'r Haferbieke" am Terrassenrand der nicht sicher wüstungsweisende FlN „Rosenhof" auf (Urkataster Willebadessen, Flur XI, 1830). Der Bereich ist eine Option für die Lage von +Edelersen.
V. Nicht auf der Wüstungs-Übersichtskarte des Kreises Höxter dargestellt.

N.N. „Rote Hof" und **„Sanderhoff"**.
I. Ortswüstung?
II. Stadt Willebadessen.
IV. Etwa mittig zwischen Peckelsheim und der Ortswüstung Baddenhusen (bei Peckelsheim) treten im Urkataster an dem nach Eissen führenden „Eißerwege" die FlN „Rote Hof", „Sanderhoff", „Sanderhöfe", „oben den Sanderhöfen", „Hintere Sandershöfen", und „Die 2 Äcker hinter Sanders Höfen" auf (Kreiskatasteramt Höxter, Urkataster Peckelsheim, Flur XII, 1831). Es ist unbekannt, ob diese auf eine Ortswüstung hinweisen, und wenn ja, auf welche.

N.N. „Schwedenbusch".
I. Ortswüstung mit ausgedehnter mehrteiliger Wölbackerflur im Forst Bannenberg.
II. Stadt Borgentreich.
V. Lage nordwestlich bis nordöstlich des Forsthauses Schwedenbusch.
VI. Schnittgrabung der LWL-Archäologie für Westfalen (Funde um 900/10. Jh.); aus dem Grabungsschnitt stammt eine Kreuzemailscheibenfibel des Typs Haseloff 1 (vgl. Haseloff 1990, S. 103): siehe Bergmann 1993a, S. 240 f. und Abb. 134/134a; Laserscan der Wölbackerfluren: Bergmann/Peine/Pollmann/Schaich 2012, S. 220: Abb. 5; DKZ 4321,0027:01; DKZ 4321,0027:02 (= Hügelgrab nach FuPuDELOS der LWL-Archäologie); DKZ 4321,0028; DKZ 4321,0028:a.
Literatur: Bergmann 1993a, S. 240 f.; Bergmann/Peine/Pollmann/Schaich 2012, S. 218–220.

N.N. „Sievering".
I. Wüstungscharakter unsicher.
II. Stadt Willebadessen.
IV. Rund 1,1 km nordwestlich von Willebadessen-Schweckhausen tritt der wüstungsweise(?) FlN „vor Sievering" auf (Kreiskatasteramt Höxter, Urkataster Peckelsheim, Flur XVII, 1831 und Charte der Katastral Gemeinde Peckelsheim, 1831), der an das „Fahlenbruch" bzw. das „Ratzerfeld" (siehe hier: N.N. „Razerhof") angrenzt. Aus dem betreffenden Urriss ist eine Gleichsetzung des FlN „Vor dem fahlen Bruch" mit dem FlN „vor Sievering" abzuleiten. Somit besteht eine Verbindung des Fahlenbruchs mit der Flurbezeichnung Sievering. Im Fahlenbruch ist eine spätmittelalterliche Wölbackerflur nachgewiesen (siehe hier: „Fahlenbruch").

N.N. „Tubbensen" (+Thunsen?).
I. Ortswüstung.
II. Stadt Steinheim.
III. Ein *Duddenhusen* ist in einem mittelalterlichen Güterverzeichnis des Klosters Marienmünster aufgeführt (Regesten und Urkunden Marienmünster 1, S. 161); der Quellenbeleg wird jedoch hier auf eine Ortswüstung im Kr. Lippe bezogen (siehe +Dudenhusen).
IV. Etwa 2 km östlich von Steinheim (Marktplatz) verzeichnet das moderne Messtischblatt zu einen in der Lößbörde gelegenen Hügel den FlN „Tubbensenberg". 1829 bestehen hier die FlN „Auf'm Tubbensen", „Tubbensen" (mit dem Standort eines Kreuzes) und „Beim Tubbensen" (Kreiskatasteramt Höxter, Urkataster Steinheim, Flur IV, 1829). Nach Schrader ist das angeführte *Duddenhusen* wahrscheinlich auf die Wüstung Thunsen zwischen Steinheim und dem Gut Breitenhaupt zu beziehen (Regesten und Urkunden Marienmünster 1, S. 161, Anm.).
V. Nicht auf der Wüstungs-Übersichtskarte des Kreises Höxter dargestellt.

N.N. „Weißenmühle".
I. Ortswüstung.
II. Stadt Höxter.
V. Lage 1,2 km südöstlich der Kirche Bödexen an der Saumer.
VI. Keramikfunde 12.–13. Jh. aus dem Umfeld der Weißenmühle.
Literatur: Jäger 1958, S. 112.

N.N. „Winsen".
I. Ortswüstung?
II. Stadt Nieheim.
III. In den Geschichtsquellen nicht überliefert.
IV. Wüstungsweisender FlN „Winsen".
V. Südlich von Nieheim im Tal der Röthe.
V. Nicht auf der Wüstungs-Übersichtskarte des Kreises Höxter dargestellt.

Nuten.
I. Ortswüstung.
II. Stadt Bad Driburg.
III. *1138: *Nutun* (Westf. Ub. 2, Cod. 228); 1142: *Niitun* (Westf. Ub. 2, Cod. 236: Fälschung); 1207: *curiam in Nuten castro Iburch adiacentem* (Westf. Ub. 4, Nr. 25).
IV. Wüstungsweisende FlN „Hof Nutten", „Kamp to Notten" bzw. im Urkataster: „Kamptonothen", „Im Kamptonothen" und „im Kamp to nothen" (Kreiskatasteramt Höxter, Urkataster Driburg, Flur III, 1829 und Karte des Parzellar-Catasters der Gemeinde Driburg, 1829).
V. Ehemalige Ortslage etwa 1 km nordöstlich des mittelalterlichen Stadtkerns von Driburg.
VI. mittelalterliche Keramikfunde (Altfunde) nach Angabe des FuPuDELOS der LWL-Archäologie für Westfalen verschollen; DKZ 4220,0075; Gelände jetzt als Golfplatz genutzt.
Literatur: Giefers 1880, S. 117; Schneider 1936, S. 100: Nutten; Ahrens 1956, Nr. 32, S. 107: Nuten; Leesch/Schubert 1966, Nr. 75, S. 345; Wichert-Pollmann 1966, S. 422.

Oberbeverungen (hier zusätzlich zur Abgrenzung: Niederbeverungen).
I. Wüstungsareal südlich der Stadt Beverungen (Ortswüstung bzw. je nach Sichtweise auch als Sonderform einer partiellen Ortswüstung zu klassifizieren).
II. Stadt Beverungen.
III./V. Stephan deutet eine Nähe der archäologisch nachgewiesenen Fundstelle (siehe nachfolgend: Punkt VI.) zu der im 13. Jh. genannten „*inferior villa Beverungen*" an (vgl. Giefers [1871a, S. 8]: *1284: *in inferiori villa Beverungen*). Das Fundareal liegt unmittelbar südlich der Stadt, also weseraufwärts. Daher ist es möglicherweise nicht mit Niederbeverungen, sondern mit dem zum Jahr 1015–36 erstbezeugten *Ovoronbeverungun* zu identifizieren: z. J. 1015–1036 (um 1165): *totam decimationem in Ovoronbeverungun* (Vita Meinwerci [ed. Berndt], Kap. 111, S. 152, Z. 20). Ein Zehnt in *inferiori Beverungen = minori Beverungen* (also Niederbeverungen) ist vor 1284 bzw. 1284 genannt (Westf. Ub. 4, Nr. 1796 f.).

VI. Siedlungsbereich mit prähistorischen Funden und solchen der Zeit vor 800/9. Jh. bis des 14. Jhs. (= DKZ 4322,0035); als Altfund aus dem Jahr 1958 ist im Fundarchiv der LWL-Archäologie für Westfalen ein Kugeltopfoberteil (abgeknickt ausbiegender Rand mit einfacher, relativ dünner und rund abgestrichener Randlippe) des 12. Jhs. aus uneinheitlich gebrannter sandsteingrusgemagerter Irdenware magaziniert, welches „250 m südsüdöstlich der evangelischen Kirche" zwischen der „Landstraße" und der Weser aufgefunden worden ist.
Literatur: Wigand 1831, S. 35–42, §15 f.: Beverungun, Wie entstand aus Beverungen eine Stadt?; Schneider 1936, S. 17; Stephan 1978/79, Nr. 144, S. 278 f.: Beverungen und Taf. 75; Casemir/Ohainski 2016, S. 93.

Oberwormeln.
I. Ortswüstung.
II. Stadt Warburg.
III. *1015–1020 (abgefasst um 1165): *Radi in superiori Wurlahun* (Vita Meinwerci [ed. Berndt], Kap. 48, S. 122, Z. 16 und 325 f.). Man könnte den Text der Vita so verstehen, dass er sich auf eine Rodung in(!), also nach heutigem Sprachgebrauch „bei" Oberwormeln (= *superiori Wurlahun)* bezieht. Mit Oberwormeln ist mit hoher Wahrscheinlichkeit ein durch einen FlN ausgewiesener Wüstungsbereich beim heutigen Wormeln gemeint. Das in der Quelle benannte Rodungsgebiet (*Radi*) dürfte in dem ausgedehnten gewässerlosen Gebiet südlich der potentiellen Ortslage zu suchen sein.
IV. Das Urkataster verzeichnet 0,7 km südöstlich des Ortskerns von Wormeln den wüstungsweisenden FlN „Auf der Worth". Die Fläche wird im Osten von der Wegeverbindung von Warburg nach Breuna (Hessen) begrenzt (Kreiskatasteramt Höxter, Urkataster Warburg, Flur XXIII, 1830/1832).

Odnotheshusen.
I. Ortswüstung.
II. Stadt Höxter.
III. *822–826(?): *in pago Ahugo in villa Odnotheshus*(un): Aufgrund des mitgenannten Au-Goes ist *Odnotheshus*(un) im Umfeld von Höxter zu verorten; wüstungsweisend ist in diesem Fall wahrscheinlich der FlN „Ottensgrund" bei Brenkhausen, 4 km nordnordwestlich von Höxter (Mönchslisten Traditionen Corvey 1 und 2, Tr 52 und S. 108).
IV. Wüstungsweisender FlN „Ottensgrund" bei Brenkhausen.
V. Lage nach Schneider bei Brenkhausen?
Literatur: Wigand 1831, S. 95, §31: Odnotheshus; Schneider 1936, S. 101.

Oissen/Ordalinghusen.
I. Ortswüstung.
II. Stadt Beverungen,
III. *1469: *to Oytzen* (Wigand 1831, Nr. 9, S. 223; Giefers 1871a, S. 38).
V. Lage 3,8 km westlich von Beverungen.
VI. Prähistorische Keramik aus verschiedenen Zeitstufen; mittelalterliche Besiedlung vom 7. oder frühen 8. Jh. (zahlreiche Kumpffragmente) bis in die 2. Hälfte des 14. Jhs. reichend; DKZ 4321,0163.
Literatur: Stephan 1978/79, Nr. 81, S. 237 f. und Taf. 57; vgl. Leesch/Schubert 1966, Nr. 80 f., S. 345; Casemir/Ohainski 2016, S. 276.

Oldendorpe (bei Bellersen).
I. Partielle Ortswüstung (wüstungsresistent ist die Oldentruper Mühle [= DKZ 4221, 0060]).
II. Stadt Brakel.
III. Im Kr. Höxter bestanden drei Orte „Oldendorp", deren Überlieferung sich in den historischen Quellen häufig nicht sicher voneinander trennen lässt. Oldendorpe bei Bellersen ist durch die Oldentruper Mühle und Bodenfunde hinreichend sicher nachgewiesen. Dem Kanon unsicherer Ortsbezüge ist das nur durch einen FlN tradierte „Altendorf" bei Willebadessen-Eissen am Nordrand der Warburger Börde zuzufügen. Schließlich ist darauf hinzuweisen, dass +Sunrike westlich von Borgentreich auch zeitweilig als „altes Dorf" bezeichnet worden ist (siehe Aldorpsen; +Sunrike). Somit sind u. a. das ca. 986–988 erstgenannte *Aldantorpe* (Mönchslisten Traditionen Corvey 1 und 2, Tr 412 und S. 266 f., siehe weiter Tr 413: *Altontope*, und Tr. 466 sowie S. 281) wie auch das in der Meinwerksvita bezeugte *Aldenthorpe* (Vita Meinwerci [ed. Terstesse], Kap. 61, S. 70) von ihrem räumlichen Bezug unsicher.
VI. Fundmaterial +Oldendorpe bei Bellersen: prähistorische Keramik sowie um 800/9. Jh. (fragmentierte Kumpf-RS) bis um 1300/ Mitte 14. Jh.; DKZ 4221,0109.
Literatur: Wigand 1831, S. 76–80, §26: Oldendorpe; Leesch/ Schubert 1966, Nr. 76, S. 345; Stephan 1978/79, S. 234 f., anders als im Textteil auf S. 234 ausgewiesen befindet sich die grobe Fundverbreitungsskizze nicht auf der Taf. 59 sondern auf Taf. 66.2, Nordpfeil dieser Karte nach Südwesten weisend; Casemir/ Ohainski 2016, S. 279 f.

Oldendorpe (bei Godelheim; vgl. auch: Gudulma, Kr. Höxter).
I. Ortswüstung.
II. Stadt Höxter.
III. *1078 (Westf. Ub. 2, Reg. 1179) = 1079: *Aldenthorp* (Westf. Ub., Add., Nr. 21); 1106–1128: (Datierung nach Casemir/ Ohainsky 2016, S. 127): *Sifridus comes mansum I in Aldenthorp* (Wigand, Verzeichnisse Corveyscher Güter, Bd. 1.4, S. 54); 14. Jh.: *Hove to Oldendorp by Godelhem* (Wigand 1831, S. 18).
VI. Funde aus verschiedenen prähistorischen Epochen und Zeitstufen, mittelalterliche Besiedlung von etwa 800 n. Chr. (Auftreten von Kumpfkeramik) bis in die 1. Hälfte/Mitte des 14. Jhs. (bei partiellen Wüstungserscheinungen seit der 1. Hälfte oder der Mitte des 12. Jhs.) reichend; Fund eines Mahlsteinfragments; Metallschlacken; DKZ 4222,0135:A und B.
Literatur: Wigand 1831, S. 17 f., §8; Schneider 1936, S. 6: Altendorf; Leesch/Schubert 1966, Nr. 77, S. 345; Stephan 1978/79, Nr 77, S. 235–237 und Taf. 58 (der auf der Karte angegebene Nordpfeil weist nach Westen); Stephan 1993, S. 78–82, S. 84 und S. 86; Casemir/Ohainski 2016, S. 280.

Oldenhagen.
I. Ortswüstung (ehemalige Hagenhufensiedlung?).
II. Stadt Steinheim.
III. *1237: *Antiqua Indagine iuxta Zandenebeke* (Westf. Ub. 4, Nr. 254); 1412: *bona ... sita in Oldenhaghen* (Regesten und Urkunden Marienmünster 4, Nr. 198, S. 158).
IV. Im Urriss sind zu beiden Seiten des Mühlenbachs die wüstungsweisenden FlN „im Altenhahn" und „hinten im Altenhahn" eingetragen und westlich dieser tritt der FlN „oben im Altenhahn" auf (Kreiskatasteramt Höxter, Urriss Sandebeck, Flur V.2: Wintrup, 1830); Leesch/Schubert weisen dort den FlN „Ollenhan" bzw. Ahrens den FlN „Alter Han" nach.
V. Lage etwa 0,7 km südöstlich des Guts Wintrup.
Literatur: Schneider 1936, S. 6; Ahrens 1956, S. 106; Leesch/ Schubert 1966, Nr. 78, S. 345; Balzer 1979, Ortsnamenliste zu Abb. 5, Nr. 11: Oldenhagen.

Ossendorf.
I. Partielle Ortswüstung.
II. Stadt Warburg.
III. *826–876: *Ossenthorpe* (Mönchslisten Traditionen Corvey 1 und 2, Tr 72 und S. 120).
V. Mittelalterlich besiedeltes Teilareal am heutigen Ortsrand nordwestlich der Kirche.
VI. Der Fundkomplex aus dem bislang (2020) unbebauten Bereich der „Kleine Worth" in Ossendorf umfasst 206 Lesekeramiken. Den größten Anteil an den Funden stellt die blaugraue Irdenware mit 55,3 %, gefolgt von reduzierend grau gebrannten Irdenwaren (32,0 %). Uneinheitlich gebrannte Irdenwaren treten demgegenüber deutlich zurück (insgesamt 1 %). Unter den gelben Irdenwaren tritt die mäßig grob bis grob gemagerte Variante nordhessischer Machart mit einem Anteil von 2,4 % in Erscheinung, hier sind RS von Töpfen mit rundlich ausbiegendem, verdicktem und rund abgestrichenem Rand sowie mehrzeiliger Rechteck-Rollstempeldekor nachzuweisen. Der Anteil der als zeitlich jünger einzustufenden gelben feingemagerter harten Irdenware liegt deutlich höher (6,8 %). Funde von vollentwickeltem Steinzeug Siegburger Art (1,0 %) verweisen auf ein Auslaufen der Besiedlung in diesem Teilareal im Verlauf des 14. Jhs. In sehr geringem Umfang vorliegende Keramiken des 15. Jhs. (und jünger) sind als Streufunde aus nicht wüstgefallenen Bereichen des Ortes zu interpretieren. Insgesamt ergibt sich für die „Kleine Worth" eine Besiedlungsdauer mindestens vom 9./10. Jh. bis in das 14. Jh.; DKZ 4420,0216; in Ossendorf weiterhin Nachweis eines Gräberfeldes mit acht West-Ost orientierten Körpergräbern und von drei ebenso ausgerichteten Pferdegräbern (Best/Eggenstein 2014, S. 97 f.).
Literatur: Casemir/Ohainski 2016, S. 281 f.

Osterhusen.
I. Ortswüstung.
II. Stadt Brakel.
III. *Ca. 968–969: *in Astereshus*(un) *I mansum, XXX iugera*. Für das in der Tradition 322 genannte *Astereshus*(un) wird eine mit ? gekennzeichnete Identifikation mit +Osterhusen bei Mengeringhausen (Kr. Waldeck-Frankenberg, Hessen) erwogen (Mönchslisten Traditionen Corvey 1 und 2, Tr 322 und S. 245; siehe weiter: Tr 422 sowie S. 270 und Tr 471 sowie S. 281). Eine naheliegende Identifikation mit dem 23 km von Corvey entfernten +Osterhusen bei Brakel wird in der Edition nicht angenommen, wohl, weil die Ortswüstung damals von ihrer Lage noch unbekannt war; 1158: *Osterhusen* (Westf. Ub. 2, Cod. 317).
IV. Wüstungsweisender FlN „Auf Osterhausen" (Kreiskatasteramt Höxter, Urkataster Istrup-Schmechten, Flur VI., 1829) bzw. „Feld Osterhausen".
V. Lage 2,2 km östlich von Schmechten nahe von Dolinen.
VI. Die Prospektionsfläche war 2016 dicht mit Winterraps bestanden und das Ergebnis der Begehung dem entsprechend wenig aussagefähig (42 Keramiken). Das Fundspektrum umfasst verschiedene Varianten uneinheitlich gebrannter Irdenwaren (mit Sandsteingrusmagerung, Gesteinsgrus/Feinsandmagerung, Schieferplättchenmagerung, Grobsandmagerung und weiterhin Feinsandmagerung) und graue rauwandige Drehscheibenware. Die im Materialkomplex kaum vertretenen gelben Irdenwaren zeigen häufig braun bzw. graublau geräuchte Oberflächen. Spätmittelalterliche Funde beschränken sich auf solche verschiedener Varianten der reduzierend grau gebrannten Irdenwaren. Graue klingendhart gebrannte Irdenware fehlt ebenso wie Faststeinzeuge und Steinzeuge, sodass aus archäologischer Sicht bislang von einem gesicherten Bestehen der Siedlung im 11.–13. Jh. (erwartet war das 9./10.–14. Jh.) auszugehen ist; DKZ 4320,0226:A.
Literatur: Giefers 1880, II, S. 104 f.; Schneider 1936, S. 103: Osterhausen; Ahrens 1956, Nr. 61, S. 46 und S. 107; Leesch/Schubert 1966, Nr. 82, S. 345; Casemir/Ohainski 2016, S. 282 f.

Ostheim (bei Brakel).
I. Ortswüstung.
II. Stadt Brakel.
III. Der von verschiedenen Autoren gesehene Bezug des in den Corveyer Traditionen des Zeitraums von *826–876 genannten *Asthem* (Mönchslisten Traditionen Corvey 1 und 2, Tr 271 und S. 224) auf diese Ortswüstung ist, berücksichtigt man die jüngste Quellenedition, weniger wahrscheinlich, jedoch nicht auszuschließen (zur allgemeinen „Ostheim"-Problematik siehe nachfolgend: Osthem [am Desenberg]); 1. Drittel 12. Jh.: *in Hoscheim 3 mans.* (Wigand, Verzeichnisse Corveyscher Güter, Bd. 1.4, S. 53, Z. 23).
V. Lage 1,2 km südöstlich von Brakel, dortige Ostheimer Linde ehemals Standort eines Gogericht.
VI. Prähistorische Funde, mittelalterliche Besiedlung mutmaßlich im 8. Jh.?/um 800/9. Jh. (Funde von Kumpffragmenten) einsetzend und sich bis in die 1. Hälfte/Mitte des 14. Jhs. erstreckend; DKZ 4221,0059.
Literatur: Schneider 1936, S. 103; Ahrens 1956, S. 108; Leesch/Schubert 1966, Nr. 83, S. 345; Stephan 1978/79, Nr. 83, S. 238 f. und Taf. 59 [Nordpfeil um ca. 25 Grad fehlorientiert]; Stephan 1979, S. 11 f., S. 18, S. 28, S. 39, Abb. 1.5 und Abb. 15 f.; Bergmann 2010a, S. 202; Casemir/Ohainski 2016, S. 283 f.

Osthem (am Desenberg).
I. Ortswüstung.
II. Stadt Warburg.
III. *826–876: *in Asthem*. Der Ortsname tritt in Südostwestfalen und angrenzenden Räumen häufig auf. Bevorzugt ist die vorgenannte Tradition auf +Osthem bei Warburg zu beziehen, jedoch scheiden +Osthem bei Marsberg (wiederbesiedelt als Borntosten) und +Ostheim bei Brakel nicht aus. Ein weiteres Ostheim existiert bei Hofgeismar (Mönchslisten Traditionen Corvey 1 und 2, Tr 271 und S. 224). Zu berücksichtigen bei den Ostheim/Osthem-Nennungen ist m. E. weiterhin die partielle Ortswüstung Osthem bei Erwitte, Kr. Soest; 1153: *Hoestem* (Westf. Ub. 2, Cod. 290); sog. Allodienverzeichnis des Grafen Siegfried von Bomeneburg, gest. 1144, Ende 12. Jh.: *Ostheim iuxta Desenberc* (Bauermann 1968, S. 355, Z. 24).
IV. Wüstungsweisender FlN „Ostheimer Feld" (Kreiskatasteramt Höxter, Urkataster Warburg, Flur IV, 1831/32).
V. Lage 1,2 km südwestlich des Desenbergs.
VI. Funde: insgesamt 544 Lesescherben, ein kantenretuschierter Schaber aus hellgrauem Flint (prähistorisch), mittelalterliche Funde mit kalkgrusgemagerter Irdenware (mit Randformen des 9./10. Jhs.) einsetzend und Kalkgrus bis 3 mm Durchmesser enthaltend, unter den Keramiken des hohen Mittelalters blaugraue mäßig grob gemagerte Irdenware mit einem Anteil von 63,7 % am Fundkomplex dominierend. Bei den reduzierend gebrannten Irdenwaren tritt solche mit klingendhartem Brand kaum in Erscheinung (0,9 % Anteil). Faststeinzeug Siegburger Art ist mit einem Henkelfragment und vollentwickeltes Steinzeug Siegburger Art unter den Funden nicht vertreten. Dies spricht für eine Siedlungsaufgabe vor dem 14. Jh. bzw. wahrscheinlich im Verlauf der 1. Hälfte des 13. Jhs.; DKZ 4521,0037.
Literatur: Schneider 1936, S. 104; Bergmann 2010a, S. 202;

Casemir/Ohainski 2016, S. 284 f.: genaue Lage ist dem Westfälisches Ortsnamenbuch 9 unbekannt.

Ostnatzungen (= Niedernatzungen).
I. Ortswüstung mit ehemaliger Kirche St. Gangolf.
II. Stadt Borgentreich.
III. *Um 1120: *villa ... Asternattesangun/Asternattesang/villa ... Asternatesungun/Asternatesangen* (Ub. Hessische Landesgeschichte 2, Nr. 51, S. 68, §99 und §104 sowie S. 70, §115 und S. 71, §119); 1319: *in inferiori Nathesungen* (Dinkelburger, Borgentreicher und Borgholzer Dokumente, A 28, S. 23); 1332: Nieder Natzungen (Forwick 1963, Nr. 53, S. 96); ca. 1332–1348: *zcu Nedern Natzsunge/czu Nedere Natzsunge* (Waldecker Ub., Nr. 31, S. 48 f.).
V. Lage 2 km östlich von Natzungen.
VI. Funde des hohen und späten Mittelalters aus Übersichtsbegehung; im Umfeld des Bahnhofs nachgewiesener Brunnen (Krus 1990, S. 19); DKZ 4321,0183.
Literatur: Schneider 1936, S. 97: Natzungen; Kindl 1980b, S. 9 f.: Niedernatzungen; Casemir/Ohainski 2016, S. 263 f.: Natzungen, Nieder.

Ostorpe.
I. Ortswüstung.
II. Stadt Nieheim,
III. *1329: Zwei Hufen in der Feldmark von Ostorpe beim Dorf Addessen (Regesten und Urkunden Marienmünster 3, Nr. 105, S. 146).
V. Lage nach Schrader nahe des Exterbrok (jetzt: Gut Exterbrock östlich von Nieheim) (Regesten und Urkunden Marienmünster 3, S. 133).

Othelessen.
I. Ortswüstung.
II. Stadt Borgentreich?
III. *Um 1120: *villa ... Othelessun* (Ub. Hessische Landesgeschichte 2, Nr. 51, S. 69, §97 und S. 70, §114).
V. Da Othelessen in der quellenbezogenen Reihenfolge zwischen Positionen angeführt ist, welche sich auf Natzungen beziehen, ist von einer unsichern Lage im Umfeld von Borgentreich-Natzungen auszugehen; nicht auf der Wüstungs-Übersichtskarte des Kreises Höxter dargestellt.

Overde (Abb. 54).
I. Dorfwüstung mit mehreren räumlich voneinander getrennten Siedlungsbereichen.
II. Stadt Willebadessen.
III. *1106–1128: *Overge* (Kindlinger 2, Nr. XIX, S. 142); 1123: *uilla Overide ... in parrochia Lovene, in comitatu Friderici comitis ad Thuneresberhc* (Westf. Ub. 1, Cod. 191; *Thuneresberhc* = Freistuhlort Donnersberg in Mündungswinkel von Diemel und Twiste westsüdwestlich von Warburg).
V. Lage 0,9 km südlich von Löwen.
VI. Funde u. a. spätes 6./7. Jh.–14. Jh. Aufgrund des Ortsnamenstyps war für +Overde von einer wahrscheinlich kontinuierlichen Besiedlung seit den ersten Jahrhunderten n. Chr. auszugehen. Das im Osten im Quellursprungsbereich der Taufnethe gelegene mutmaßlich älteste Dorfareal A wird als Dauergrünland genutzt und ließ sich nicht prospektieren. Die insgesamt nachzuweisenden Fundareale zeigen, dass es sich bei Overde um eine Dorfwüstung mit mehreren räumlich getrennten Hof- und Hofsiedlungsarealen handelt. Abgesehen von dem nicht prospektierbaren Bereich A ließ sich eine ausgedehnte

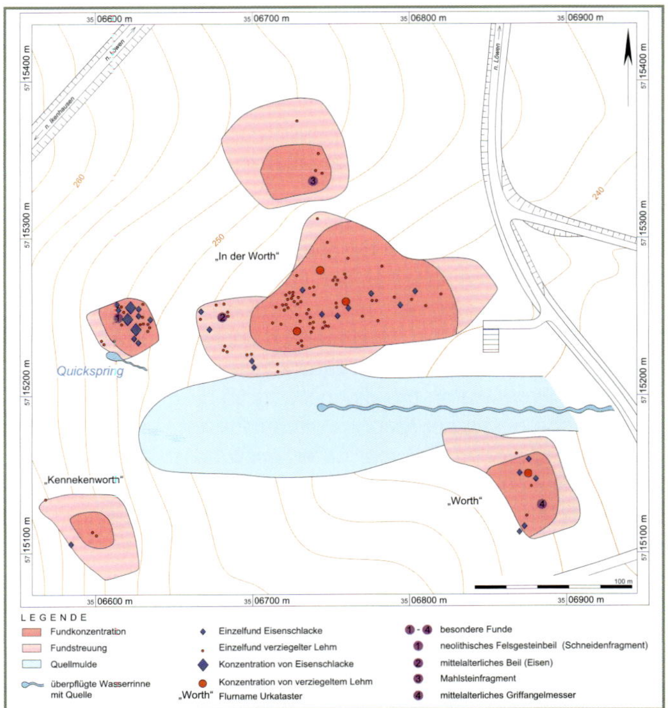

Abb. 54: Willebadessen-Löwen, Kr. Höxter: Fundstellenkartierung der am Rand der Warburger Börde gelegenen Dorfwüstung Overde mit mehreren räumlich getrennten Siedlungsbereichen (Entwurf: R. Bergmann, Kartografie: LWL-Archäologie für Westfalen, M. Thede)

Fundstelle B (FlN: „In der Worth“) im Talschluß der Quellmulde mit einem zeitweiligen Quellhorizont, ein sich im Süden anschließendes Kleinareal C in der Flur „Worth“, ein im Norden erkanntes Teilareal D auf der Bergflanke, ein stark mit konzentriert aufgepflügten Eisenschlacken durchsetzter Hofsiedlungsbereich E auf einer natürlichen, kleinen Verebnungsfläche ganz im Westen oberhalb des Siedlungsbereichs B und schließlich die Fundstelle F auf einer Terrassierung im höheren Bereich der Quellmulde erkennen, für die im Urkataster der FlN „Kennekenworth“ fassbar ist. Aus dem Teilareal C stammt relativ viel Irdenware prähistorischer Machart. Dünnwandige, stempelverzierte merowingerzeitliche Keramik verweist auf eine Nutzung des Areals im späten 6./7. Jh. Weiteres Fundmaterial gehört dem 9.–14. Jh. an. Die Fundstelle E erbrachte als neolithischen Streufund das Fgm. eines geschliffenen Felsgesteinsbeils aus dunkelgrüngrau-hellgrau gesprenkeltem Felsgestein und mehrere Mikrolithen. Den Randformen der uneinheitlich gebrannten Irdenware mit Granitgrusmagerung nach zu urteilen, bestand hier eine Besiedlung seit dem 9./10. Jh. Funde des 14. Jhs. liegen nicht vor. Auch das wohl seit dem 9. Jh. bestehende kleinere Orts- oder Hofareal in der Flur „Kennekenworth“ (F) ist im 14. Jh. nicht mehr besiedelt gewesen. – Overde war somit insgesamt von der Merowingerzeit bis in das 14. Jh. bestehend und im 14. Jh. wahrscheinlich bereits partiell wüst. Das geborgene Fundmaterial umfasst insgesamt 4357 Lesekeramiken. Davon entfallen 0,3 % auf mit grobem Kalkgrus gemagerte dickwandige Irdenware prähistorischer Machart. Auf die verbleibenden Untergruppen der uneinheitlich gebrannten Irdenwaren, die mit feinem Kalkgrus, Muschelgrus, Granitgrus, grobem granitischem Sand, Gesteinsgrus/Grobsand/Mergel, Sandsteingrus, Schieferplättchen und Feinsand gemagert sein können, entfallen insgesamt 4,6 % der Funde. Der Anteil der im Nordsauerland produzierten schiefergemagerter Irdenware ist dabei relativ ausgeprägt, wo-

hingegen die im Altkreis Höxter verbreitete mit Sandsteingrus gemagerte uneinheitlich gebrannte Irdenware in Overde fast nicht auftritt. Gelb gebrannte Irdenwaren sind mit insgesamt 9,2 % Fundanteil nachgewiesen. Unter ihnen ist die grob bis sehr grob gemagerte Untergruppe (gelbe Drehscheibenware nordhessischer Machart) mit einem dickwandigen Standboden und dem Fgm. eines Topfes mit rundstabartig verdickter Randlippe vertreten. Bei der gelben mäßig grob gemagerten Drehscheibenware sind mehrzeiliger Rautenrollstempeldekor wie auch im Einzelfall Rotbemalung Pingsdorfer Art nachgewiesen. Bei der gelben feingemagerten harten Irdenware treten, allerdings dünnwandig gedreht, Standböden auf. Hinzuweisen ist in diesem Zusammenhang auf das Fgm. eines dunkelbraun glasierten Standboden-Miniaturgefäßes des 12./13. Jhs., das im Fundareal B aufgefunden worden ist. Vergleichbare Keramiken zu diesem liegen als Einzelfunde von +Rozedehusen (Kr. Höxter), von +Elsinchusen und +Melkestere (beide Kr. Soest) vor. Mit gut gerundetem Sanden gemagerte graue, grau-rote und gelbe rauwandige Drehscheibenware (0,7 % Anteil) ist mit Randformen von Töpfen vertreten, welche dem 9./10. Jh. angehören. Wie immer in der Warburger Börde sind blaugraue Irdenware (26,6 %) und reduzierend graue gebrannten Keramiken (57,4 %) sehr ausgeprägt vorhanden. Der quantitativ erheblich weniger stark ausgeprägte Anteil der Protosteinzeuge, Faststeinzeuge und Steinzeuge (rotengobierte Irdenware: 0,2 %, steinzeugartig hart gebrannte Ware Siegburger Art: 0,1 %, rotengobiertes Faststeinzeug: 0,1 %, grauolives Faststeinzeug: 0,05 %, Faststeinzeug Siegburger Art: 0,3 %, rotengobiertes Steinzeug: 0,1 %, Steinzeug Siegburger Art: 0,3 %) lässt erkennen, dass sich die Besiedlung von Overde bis in das 14. Jh. erstreckt hat; auf eine potentielle Verringerung der Besiedlungsintensität im 14. Jh. wurde bereits hingewiesen; DKZ 4420,0217.
Literatur: Giefers 1881, S. 173; Schneider 1936, S. 104; Bergmann 2010a, S. 202 und Abb. 2; Casemir/Ohainski 2016, S. 288 f.: Lage im Westfälischen Ortsnamenbuch 9 als „unsicher" angegeben bzw. dort fehlverortet.

Papenhem (Abbn. 5 und 55).
I. Kirchortwüstung.
II. Stadt Warburg.
III. *1106–1128: *Ecclesiam in Papenheim* (Kindlinger 2, Nr. XIX, S. 134); 1190: *aduocatiam in Papenhem* (Westf. Ub. 2, Cod. 508); Patrozinium der Kirche: St. Jakobus maior; 1322: Pferner zu Papenheim (Westf. Ub. 9, Nr. 2083); 1322: Rudolphus de Calenberg, *plebanus* (Westf. Ub. 9, Nr. 2118); Otto von Falkinbergh noch 1424 als Pastor zu *Papinheym* bezeugt (Urkunden Kloster Dalheim, Nr. 154); Kopialbuch des 15. Jhs. (= Archidiakonatsverzeichnis des Bistums Paderborn): *Papenhem* (Wigand 1831, Nr. 10, S. 227); Ort angeblich erst 1621/22 zerstört (dies gilt wahrscheinlich nur für die damals noch bestehende Restbebauung).
IV. Wüstungsweisende FlN: „Papenheimer Kirche", „Papenkämpe", „Papenkaempe", ,, übern Papenheimer Kämpen" und „Papenheimer Feld" (Kreiskatasteramt Höxter, Urkataster Warburg, Flur VII, Flur VIII und Flur IX, 1831/1832).
V. Lage 1,7 km südlich von Menne.
VI. Flachhügel der Kirchenstelle durch Pflügen stark eingeebnet: sich im Luftbild deutlich abzeichnende Fundamentierungen der Kirche mit wahrscheinlich zweijochigem Schiff, schwach gegenüber dem Schiff eingezogenem Chor, nicht quadratischem sondern rechteckigem Fundament eines Vorbaus? oder wahrscheinlicher Turms?, Nachweis eines Seitenschiff im Norden, westlich der Kirche separate quadratische Fundamentierung eines Profanbaus? Die archäologischen Fundstellen sind in das Umfeld der Kirchenstelle (DKZ 4420,0160) und in den Bereich vornehmlich südlich (DKZ 4420,0214:A) wie auch östlich dieser (DKZ 4420,0214:B) untergliedert. Bei der konventionellen Prospektion der Kirchenstelle und ihres Nahumfeldes wurden 720 Lesescherben geborgen. Von diesen entfallen 5,8 % auf uneinheitlich gebrannte Keramiken, darunter eine tiefstichverzierte neolithische WS, weiterhin mit grobem Kalkgrus gemagerte Irdenware prähistorischer Machart und die feinere Variante der kalkgrusgemagerten Irdenware (darunter eine RS des 9. Jhs). Auf die in der Warburger Börde dominante blaugraue Irdenware des 11./12.–13. Jhs. entfallen 39,2 % der Funde, zeitlich abgelöst von den verschiedenen Untergruppen der oxidierend grau gebrannten Irdenwaren mit insgesamt 36,0 % Anteil. Unter den gelben Irdenwaren ist die ältere, gröber gemagerte Untergruppe nordhessischer Machart mit immerhin 2,5 % (darunter ein Topf mit Rollrand und randständigem Henkel) und die jüngere, feiner gemagerte Variante mit 10,1 % Häufigkeit vertreten. Wahrscheinlich sind die weiterhin aufgefundenen Fragmente von dickwandigen, gelben, hart gebrannten und fein gemagerten Gefäße mit girlanden- oder bogenförmiger, rotbrauner Bemalung (0,3 %) als hochmittelalterlich einzustufen. Sie stehen nicht in einem unmittelbaren Zusammenhang zur rotbemalten Pingsdorfer Ware des Rheinlandes und dürften Töpfereien des nordhessisch-südostniedersächsischen Raumes entstammen welche rheinische Keramik imitierten. Das spätmittelalterliche Material des 13./14. Jhs. umfasst rotengobierte Irdenware (1,0 %), rotengobiertes Faststeinzeug (0,1 %), Faststeinzeuge (1,6 %) sowie vollentwickeltes Steinzeug Siegburger Art (0,8 %). Auffällig sind weiterhin gelbe Irdenwaren mit monochroner grüner und hellgrüner, meist einseitiger Glasur (1,8 %), die auf mittelalterlichen Ortsstellen Westfalens selten ist und für eine vollständige Aufgabe von Papenhem erst im Verlauf des 15. Jhs. spricht. Dies korrespondiert mit den Angaben auf Altkarten, auf denen die Papenheimer Kirche noch in der frühen Neuzeit als Ortspunkt abgebildet ist. Stichprobenartige Begehungen ergabem, dass derartige Keramik in den übrigen Bereichen der Ortsstelle nicht auftritt. Insgesamt datiert das Material aus dem Kirchennahumfeld, abgesehen von dem neolithischen Streufund, in das 9.–15. Jh., wobei der relativ geringe Anteil monochron grün glasierter Gefäße darauf hinweist, dass im 15. Jh. wahrscheinlich nur noch eine geringe Restbesiedlung des Ortes bestanden hat. Ein geborgener Buchschließen-Beschlag mit zwei zoomorphen Wesen, wohl Vögel darstellend, ist wahrscheinlich in einem Zusammenhang mit der Pfarrkirche zu sehen. Dem kirchlichen Sektor sind weiterhin ein Blei-Kruzifix mit Öse und eine spätmittelalterliche Buchschließe zuzuordnen. Aus dem weiteren südlichen Umfeld der Ortsstelle stammt weiterhin als Schatzregalfund ein 4,4 cm hoch erhaltenes, qualitativ hochwertig ausgeführtes Pektoralkreuz der Zeit um 1000 mit der Darstellung des Gekreuzigten. - Nimmt man die Metalldetektorfunde aus den übrigen Siedlungsarealen der Ortsstelle hinzu, ergibt sich ein die Interpretation der keramischen Bodenfunde aus dem Nahumfeld der Kirchenstelle erheblich ergänzendes Bild: Eine Falschmünze zu Marcus Aurelius (161–180) ist wahrscheinlich als Hinweis darauf zu interpretieren, dass der Ort im 2. Jh. n. Chr. existent gewesen ist. U. a. in Lyon und Trier geprägte Münzen belegen das Bestehen einer Besiedlung im 2. Drittel des 4. Jhs. wie auch im 6. Jh. n. Chr. Das Spektrum mittelalterlicher Fundmünzen setzt mit hochmittelalterlichen Prägungen ein und reicht bis in das 14. Jh. Funde von Fibeln, darunter eine Hasenfibel möglicherweise der römischen Kaiserzeit, setzen in dichter Folge mit dem 6./7. Jh. ein und erstrecken sich bis in das 10./11. Jh. Aufgrund

Abb. 55: Warburg, Kr. Höxter: Südlich außerhalb der Orts- und Kirchenstelle Papenhem aufgefundenes Pektoralkreuz. Maßstab 1:1 (Foto: LWL-Archäologie für Westfalen, A. Madziala)

der Funde dürfte für Papenhem von einer Besiedlungskontinuität mindestens seit dem 4. Jh. auszugehen sein. Der Ortsname weist auf die besondere zentralörtliche Funktion der Siedlung als Kirchort hin. Er kann erst um 800 n. Chr. oder wenig früher im Verlauf oder nach der Christianisierung Nordhessens bzw. der heute zu Südostwestfalen gehörigen Region des *pagus Hassi* entstanden sein und ist als klassisches Beispiel einer in der Karolingerzeit erfolgten Umbenennung zu werten.
Literatur: Giefers 1880, S. 156 f.; Schneider 1936, S. 106: Papenheim; Sander/Berke 1989, S. 94 f.; Bergmann 2010a, S. 202; Casemir/Ohainski 2016, S. 290 f.; Bergmann/Hallenkamp-Lumpe/Kötz, 2021, S. 98–102.

Piddenhusen.
I. Ortswüstung.
II. Stadt Nieheim.
III. *Um 1250: *Pidenhusen* (INA Paderborn, S. 180); *Piddenhusen* ab 1299 zur Pfarrei Pömbsen gehörig (Westf. Ub. 4, Nr. 2559).
IV. Wüstungsweisende FlN: „Pittensen", „Pittensche Wiese" (Kreiskatasteramt Höxter, Urkataster Poembsen, Flur III, 1829), weiterhin: „Piddensen", „Piddenhäuser Wasser", „Piddenscher Bach".
V. Lage nach Schneider östlich von Merlsheim bzw. nach Ahrens zwischen Merlsheim und Nieheim.
VI. „Scherbenfunde" nach Ahrens; genaue Fundstelle heute unbekannt.
Literatur: Krömecke 1874, S. 132; Schneider 1936, S. 106; Ahrens 1956, Nr. 9, S. 108; Leesch/Schubert 1966, Nr. 84, S. 346.

Pömbsen.
I. Partielle Ortswüstung.
II. Stadt Bad Driburg.
IV.-VI. Am südwestlichen Ortsrand des Kirchdorfs bestehen im Urriss zwei Parzellen „Worth", die auf spätmittelalterlich? wüstgefallene Höfe hinweisen (Kreiskatasteramt Höxter, Urkataster Poembsen, Flur XI, 1830).
VI. Die Worthen sind modern überbaut.

Poninchusen.
I. Ortswüstung.
II. Stadt Warburg.
III. *1247: *Poninchusen* (Urkunden Kloster Hardehausen, Nr. 111; Westf. Ub. 4, Nr. 385: *Ponninchusen*).
IV. Im Urkataster wird die Ortsstelle durch die FlN „Pöllinghauser Wiesen" und „Hausstätte" überliefert (Kreiskatasteramt Höxter, Urkataster Scherfede, Flur XV, 1830). Der FlN „Polinxengrund" ist erst später fassbar.
V. Lage westsüdwestlich von Scherfede zu beiden Seiten eines Bachlaufs in der Aue und auf Terrassen oberhalb der Aue.
VI. Funde des 12./13./14.? Jhs. aus Grünland; Auenbereich der Siedlungsstelle (DKZ 4419,0061) durch Naturschutzmaßnahmen beeinträchtigt und teilzerstört; oberhalb der Ortsstelle fossile Ackerterrassensysteme, darunter ein System mit schachbrettartig angeordneten Wölbackerbeeten.
Literatur: Wöhlke 1957, S. 25 f.; Doms 1986, Nr. 108, S. 72, mit dem Hinweis auf Flurrelikte (Ackerterrassen); Casemir/Ohainski 2016, S. 294 f.: Pöninchusen.

Porterhusen.
I. Ortswüstung.
II. Stadt Höxter.
III. *1089–1105: *etiam decima super totam villam Porterhusen* (Wigand, Verzeichnisse Corveyscher Güter, Bd. 1.4, S. 51); 1353: *Porterhusen* (Wigand 1831, S. 178); 1356: *to Porterhusen* (INA Höxter, Nr. 133, S. 287).
IV. Wüstungsweisender FlN „Porthäuser Land".
V. Genaue Lage im Klausfeld vor Höxter unbekannt.
Literatur: Wigand 1831, S. 177 f., §48: Porterhus; Leesch/Schubert 1966, Nr. 85, S. 346; Stephan 1978, Nr. 85, S. 239 f.; Koch/König/Sikorski 2014, S. 195 f.

Radolveshem.
I. Ortswüstung.
II. Stadt Borgentreich?
III. *1173: *domus in Radolveshem* (Westf. Ub. 2, Cod. 362: m. E. sollte man erwägen, dass *Radolveshem* für Radolveshusen verschrieben ist; dem entsprechend könnte „Radolveshem" mit Radolvessen [siehe nachfolgend] bei Bonenburg zu identifizieren sein).
V. Giefers (1879, S. 169) hält eine Lage von „Radolveshen = Redulfeshus in der Nähe zwischen Borgentreich und Engar" für relativ gesichert [zur Orientierung: die archäologisch nachgewiesene Lage von +Radolvessen ist 3,5 km westnordwestlich von Engar]; Lage dann später von Brilon fälschlich auf das Umfeld von Borgentreich verengt (vgl. Brilon ^{2}1930, S. 34, der „Rudolfesheim" bei Borgentreich verortet und eine Lage südlich von +Sünerke [siehe +Sunrike] in Richtung Großeneder angibt).
Literatur: Giefers 1879, S. 169: Rudulfeshus; Schneider 1936, S. 107 (dort auch historische Quellen zu Radolvessen angeführt); siehe weiter: Radolvessen.

Radolvessen.
I. Ortswüstung.
II. Stadt Warburg.
III. *918–37: *Redulfeshus* (Westf. Ub., Supplement, Nr. 361); um 1220–1230: *Ratholvessen/Radolvessen* (Überlieferung Kloster Hardehausen, S. 91, S. 98); 1293 (zugleich Wüstnennung): *decimas in Luthwardessen et Radolvessen sitas, que ville quondam iuxta curias Rozdehusen et Bunessen site fuerant* (Westf. Ub. 4, Nr. 2266).
IV. Wüstungsweisende FlN „Rossel-Feld", „Rosselwiese" und „Rosselweg" (Kreiskatasteramt Höxter, Urkataster Bonenburg, Flur II und II, 1831).
V. Die 0,9 bzw. 1,7 km von den Grangienwüstungen Bunessen bzw. Rozedehusen entfernte bzw. 0,5 km nordnordöstlich von Warburg-Bonenburg gelegene Ortsstelle von Radolvessen wurde am Rand einer sich nach Süden öffnenden Quellmulde im Ur-

sprungsbereich der (westfälischen) Eder lokalisiert.
VI. Radolvessen existierte vom Frühmittelalter bis in das 13. Jh. Im Vergleich zu anderen Fundstellen des mittleren Diemelraumes und der Warburger Börde sind uneinheitlich gebrannte Irdenwaren des frühen und hohen Mittelalters in erheblichem Umfang (21 %) im Fundspektrum vertreten. Eine im ehemaligen Ortsbereich geborgene Randscherbe eines Kugeltopfes aus Muschelgruskeramik verweist auf einen Besiedlungsbeginn im 8., sicher jedoch im 9. Jh. Derartige Keramik wurde im Nord- und Ostseeküstenbereich hergestellt. Etwa die Hälfte der Funde entfällt auf blaugraue Irdenwaren, die dem hohen Mittelalter und 13. Jh. zuzuweisen sind. Der Anteil reduzierend gebrannter Irdenwaren und sonstiger ausschließlich der Zeit nach ca. 1180 zuzuweisender Keramiken am Fundspektrum ist mit 27 % gering und spricht Zusammengenommen mit dem Fehlen von Steinzeug Siegburger Art für ein Wüstfallen des Ortes im Verlauf des 13. Jhs. Insofern ist sicher, dass Radolvessen nicht unmittelbar bei der Gründung der Grangie Rozedehusen wüstgelegt worden ist; DKZ 4420,0145.
Literatur: Schneider 1936, S. 107; Wöhlke 1957, S. 27–29 (dort als unsicher gekennzeichnete Verortung nicht zutreffend); Kindl 1980a, S. 89; Casemir/Ohainski 2016, S. 297: Radolfeshusen; siehe auch ebendort S. 298, wo Redulfeshus „ca. 2 km südwestl[ich] von Borgentreich" verortet wird; vgl. Radolfeshem.

Räuschenberg.
I. Frühneuzeitlicher Weinberg (Flurwüstung).
II. Stadt Höxter.
III. *1347: Zehnter über den Rossenberg (INA Höxter, Nr. 180, S. 284); Weinbergnutzung seit 1680 bis um 1700 bestehend.
VI. Fossiler Weinberg des Klosters Corvey sowie älteres (mittelalterliches) Terrassenackersystem.
Literatur: Wigand 1831, S. 174; Koch 2018, S. 255–258.

Rafseti.
I. Ortswüstung.
II. Wahrscheinlich Stadt Steinheim oder möglicherweise im angrenzenden Bereich des Kreises Lippe.
III. *1031: *in istis villis ... Rafseti* (MGH DD KII, Nr. 171); z. J. 1031 (um 1165): als Zubehör des Haupthofes (*predium) Sannanabiki* (= Sandebeck, Kr. Höxter) ist u. a. Besitz im Ort *Rafseti* benannt, der in den Ausgaben der Vita Meinwerci auf Rolfzen bei Steinheim bezogen worden ist (Vita Meinwerci [ed. Terstesse], Kap. 208, S. 168; Vita Meinwerci [ed. Berndt], Kap. 206, S. 235, Z. 21). Da Rolfzen jedoch einem anderen Typus der Ortsnamenbildung angehört als *Rafseti*, ist davon auszugehen, dass es sich bei Rafseti um eine Ortswüstung handelt. Eine Identifikation von Rafseti mit Rolfzen ist höchst ungewiss.
V. Aufgrund der Angaben in der Quelle von 1031 ist auf einen Ort im Umfeld des Villikationshaupthofes Sandebeck (*predium Sannanabiki*, Kr. Höxter) im *pago Wetiga* zu schließen. Der Go umfasste die Steinheimer Börde und ihre Ränder (Kr. Höxter) bzw. reichte im Nordosten bis in den Lügde-Pyrmonter Talkessel (Kr. Lippe und Landkreis Hameln-Pyrmont, Niedersachsen) hinein. Da +*Rafseti* in der Quelle von 1031 zwischen Orten (bzw. Ortswüstungen) bei Steinheim angeführt ist, erscheint eine dortige Verortung am wahrscheinlichsten. Nicht auf der Wüstungs-Übersichtskarte des Kreises Höxter dargestellt.

Ramagotessun.
I. Ortswüstung.
II. Stadt Bad Driburg?
III. *1138: *Ramagotessun* (Westf. Ub. 2, Cod. 228), 1142: *Ramagoteshem* (Westf. Ub. 2, Cod. 236: Fälschung).
V. Nicht auf der Wüstungs-Übersichtskarte des Kreises Höxter dargestellt.
Literatur: Schneider 1936, S. 108: Ramagotessun; Ahrens 1956, Nr. 39, S. 108.

Reste (Roste).
I. Ortswüstung.
II. Stadt Steinheim.
III. *1425 (Leesch/Schubert, S. 346); die Wüstung wird vom Forwick (1963, Nr. 235, S. 77) mit dem 1031 erstbezeugten *Rafseti* (siehe dort) gleichgesetzt.
IV./V. Die auf die Lage der Ortswüstung verweisenden FlN treten im Grenzbereich der Gemarkungen Vinsebeck und Ottenhausen auf, wobei die Ortslage von Reste etwa 1 km südlich von Ottenhausen anzunehmen ist. Bei diesen FlN handelt es sich um „Die Rösterwiese", „Rösterwiese" und „In der Röste" (Kreiskatasteramt Höxter, Urriss und Urkataster Steinheim, Flur XXI, XXII.2 und XXVI, 1829).
Literatur: Leesch/Schubert 1966, Nr. 86, S. 346.

Rickersen.
I. Ortswüstung (mit wüstungsresistenter? Mühle).
II. Stadt Willebadessen.
III. *Um 1120: *Rikkeressun/Rikkersen* (Ub. Hessische Landesgeschichte 2, Nr. 51, S. 73, Z. 13 und S. 75, Z. 15); um 1250 umfasste *Rickersen* fünf größere Höfe (*curia*), 15 kleinere Betriebe (*domus*) sowie eine Mühle (INA Paderborn, S. 183) und ist daher als größere ländliche Siedlung einzustufen. Die Mühle (*molandinum*) könnte von der Lage mit der im heutigen Messtischblatt verzeichneten „Waldmühle" übereinstimmen; 1262: *Ryckersen* (Westf. Ub. 4, Nr. 923).
IV. Die FlN: „im Riekschen Bruch" und „der recksche Bruch" (Kreiskatasteramt Höxter, Urkataster Willebadessen, Flur I, 1830) treten erst rund 1,5 km südlich der archäologisch nachgewiesenen Fundstelle auf.
V. Lage 1,1 km südsüdwestlich von Willebadessen.
VI. Die Prospektion erstreckte sich 2016 über ein Fundareal, das möglicherweise peripher zu dem eigentlichen Siedlungsareal liegt. Unter den Funden dominieren graue Irdenwaren des 13./14. Jhs. Der Anteil hochmittelalterlicher Keramik (u. a. uneinheitlich gebrannte Irdenware mit Schiefermagerung, blaugraue mäßig grob gemagerte Irdenware) ist sehr gering. Aus der Fläche stammt eine Perle (Höhe 0,7 cm, Dm. 0,8 cm, Durchmesser Innenröhre 0,3 cm) aus blauem (Kornerup/Wanscher 22 C 8) Glas. Vereinzelt auftretende Brocken von schwarzer Glasmasse verweisen auf eine nahegelegene Glashüttenwüstung; DKZ 4320,0172:b. Giefers (1880, S. 130 f.) interpretiert den bei dem Hof Lake auftretenden FlN „Rickersche Feld" abweichend als Hinweis zur Lage von +Rikescenhagen.
Literatur: Casemir/Ohainski 2016, S. 301 f.

Ricwardessen.
I. Partielle Ortswüstung mit ehemaligem Villikationshaupthof und wüstungsresistenter Mühle.
II. Stadt Warburg.
III. *Z. J. 1015–1036 (um 1165): *I familiam in Ricwardessun* (Vita Meinwerci [ed. Berndt], Kap. 38, S. 116, Z. 25); z. J. 1015–1036 (um 1165): *in Ricwardessun* (Vita Meinwerci [ed. Terstesse], Kap. 129; Vita Meinwerci [ed. Berndt], Kap. 127, S. 158 f., Z. 10 und Anm. 555); um 1230: *filia militis Adolfi de Ricwardessen* (Westf. Ub. 4, Nr. 192), 1292: Mühle *in Ricwordessen* (Westf. Ub. 4, Nr. 2188).

IV. Auf der Karte der „Markenrechte des Dorfes Rimbeck bei Warburg" von 1679 sind u. a. folgende wüstungsweisende FlN vermerkt: „Rieckeser Kirchhoff", „die Riekeser Wiesen", „Rieckeser Broikkampff", „ahm Gehegge zu Rieckesen", „im Winkell zu Rieckesen", „der Rickeser Tha(e)ll" und das „Rieckeser Broick" (Schütte 1985, S. 90, Abb. 48) und zwar unmittelbar unterhalb der Burg auf dem Leuchteberg. Im Urkataster wird die Ortslage durch die FlN „Riekser Feld", „Zu Rieksen", „Zu Riksen" und „Auf'n Kirchhof" tradiert. Der bisher nachgewiesene archäologische Fundbereich liegt nördlich unterhalb der Höhenburg auf dem Leuchteberg (Urkataster: „Lüchteberg"; zur Burg siehe Bergmann/Thede 2015, S. 257–260) in den Flurbereichen „Bruchwiesen" und „Oberste Bruch", die an die Flur „Auf'n Kirchhof" angrenzen. Für die Kirchhofsflur, die nicht auf einen Kirchenstandort hinweist, lässt sich weiterhin die Benennung „In der Häge" feststellen (Kreiskatasteramt Höxter, Urkataster Scherfede, Flur VII, 1830). Die wüstungsresistente Mühle befindet sich nördlich der Ortslage bzw. unmittelbar nördlich des Flusslaufs der Diemel.
V. Lage der Ortsstelle 1,5 km südlich von Scherfede.
VI. Der Fundkomplex umfasst zwei Flintartefakte und 245 Keramiken. Von letzteren entfallen 2,8 % auf uneinheitlich gebrannte Irdenwaren, 16,0 % auf gelb gebrannte Irdenwaren, 29,8 % auf blaugraue Irdenwaren, mehr als die Hälfte (50,6 %) auf verschiedene Varianten der reduzierend grau gebrannten Irdenwaren, 0,8% auf verschiedene Varianten der rotengobierten Irdenware und jeweils 0,4 % auf steinzeugartig hart gebrannte Irdenware wie auch auf Steinzeug Siegburger Art. Unter den oxidierend gelb gebrannten Irdenwaren dominiert die sehr grob gemagerte Variante nordhessischer Provenienz, darunter ausgesprochen dickwandige WS. Bei der blaugrauen mäßig grob gemagerten Irdenware ist dreizeiliger Rautenrollstempeldekor nachgewiesen sowie ein wahrscheinlicher Gefäßdeckel, der mit einem 1,1 cm breiten Rauten-Rollstempeldekorband verziert ist. Das keramische Fundmaterial gehört dem 9./10.–14. Jh. an. Wahrscheinlich hoch- oder spätmittelalterlicher Datierung ist ein Hohlglasfragment aus qualitativ hochwertigem, lichtdurchlässigem Holzasche-Blei(?)-Glas, das in die Form geblasen und mit Vertikalrippen verziert ist. Einzelfunde von Schmiedeschlacken verweisen auf eine örtliche Eisenverarbeitung; DKZ 4420,0166.
Literatur: Schneider 1936, S. 111: Rickersen; Irsigler 1976/77, S. 190: Rickersen; Bergmann/Thede 2015, S. 257–260 (betreffend die Burg Leuchteberg nahe Ricwardessen); Casemir/Ohainski 2016, S. 302 f.: Ricwardessen.

Riepen (jetzt: gutsähnlicher Betrieb Haus Riepen).
I. Partielle Ortswüstung.
II. Stadt Warburg.
VI. Auf der Le Coq Karte (Section XVII) von 1815 verzeichneter Riepenhof.

Rikescenhagen.
I. Ortswüstung (wahrscheinliche Hagenhufensiedlung).
II. Stadt Warburg,
III. *1219: *bona in Rikescenhagen sita secus Hersvithehusen* (Westf. Ub. 4, Nr. 79), um 1220–1230: *Rikencehage* (Überlieferung Kloster Hardehausen, S. 100: Lage bereits im 16. Jh. unklar und *Ricwersen* [= +Ricwardessen] zugeordnet).
IV./V. 3,3 km ostsüdöstlich des Klosters Hardehausen bzw. 1,2 km nordnordwestlich der Kirche in Warburg-Rimbeck tritt im Urkataster der FlN „Aufn Risten" bzw. „aufn Riesten" auf, der die wahrscheinliche Ortslage von +Rikescenhagen überliefert (Kreiskatasteramt Höxter, Urkataster Scherfede, Flur III, 1830).
Literatur: Schneider 1936, S. 111.

Ringelsen.
I. Ortswüstung.
II. Stadt Willebadessen.
III. *Um 1120: *villa ... Ringeldissun* (Ub. Hessische Landesgeschichte 2, Nr. 51, S. 67, §78); um 1220–1230 *Rincoldeshusen* (Überlieferung Kloster Hardehausen, S. 95); 1332–1348: *Ringelsen* (Waldecker Ub., Nr. 31, S. 42).
IV. Wüstungsweisende FlN „auf der Worth", „Ringelsche Hof", „Beim Ringelschen Hof" und „Ringelwiese" (Kreiskatasteramt Höxter, Urkataster Peckelsheim, Flur XIV, 1831).
V. Lage 2,5 km südöstlich von Schweckhausen.
VI. Funde (695 Lesescherben) um 800/9. Jh.–14. Jh.: Anteil verschiedener Varianten der uneinheitlichen Irdenware 3,0 % (darunter die RS eines Kumpfes mit feiner Kalkgrusmagerung), gelbe Irdenwaren 11,4 % (darunter ein innen mit ausgeprägten Drehrillen bedecktes Standbodenfragment aus gelber sehr grob gemagerter harter Irdenware nordhessischer Machart wohl des Frühmittelalters sowie hochmittelalterliche Keramik mit roter Bemalung Pingsdorfer Art), blaugraue Irdenwaren: 37,0 %, graue, selten schwach und meist hart gebrannte Irdenwaren: 24,4 %, graue feingemagerte klingendharte Irdenware: 22,3 %, rauwandige Drehscheibenware: 0,4 %, rote Irdenwaren: 0,3 %, rotengobierte Irdenware: 0,6 %, Steinzeug Siegburger Art: 0,6 %; DKZ 4421,0228.
Literatur: Brilon [2]1930, S. 34 f.; Gabriel 1980, S. 66; Kindl 1980a, S. 89; Casemir/Ohainski 2016, S. 306 f.

Roddena.
I. Ortswüstung.
II. Stadt Höxter.
III. *Ende 15. Jh.: *Rodina* (Leesch/Schubert 1966, Nr. 87, S. 346); 1535 unter den zwischen Fürstenau und Löwendorf gelegenen Dörfern und Wüstungen aufgezählt (INA Höxter, Nr. 115, S. 342 f.).
V. Lage 1,5 km westsüdwestlich von Fürstenau.
VI. Funde 10. Jh.–1. Hälfte/Mitte 13. Jh.; DKZ 4121,064.
Literatur: Stephan 1978/79, Nr. 87, S. 240 und Taf. 60.1.

Roden, tom.
I. Kloster- und Ortswüstung.
II. Stadt Höxter.
III. *1184: *ecclesiam sancte Marie Magdalene ad Nouale* (Westf. Ub. 5, Nr. 145, S. 58, Z. 32); 1350: *juxta pontem dictum scylpruge* [Schelpebrücke] *prope monasterium dictum Rode* (Wigand 1831, S. 172); 1490: *Johannes van der Lyppe ... provest der Kerken tom Rode by Corveye* (Giefers 1880, S. 192).
V. Lage nördlich der Stadtwüstung Corvey.
VI. Ländliche Siedlung: 2. Hälfte 11. Jh.?–spätes 13./1. Hälfte 14. Jh. bestehend; Klosterkomplex mit Prospektionsfunden des 12./13.–14./15.? Jh.; Ausgrabung des Klosters durch die LWL-Archäologie für Westfalen unter der Leitung von G. Isenberg; DKZ 4222,0111 und DKZ 4222,0224.
Literatur: Wigand 1831, S. 171 f., §47: Rode (Propstei tom Rode); Giefers 1880, S. 191–194; Holscher 1881, S. 123–125; Schneider 1936, S. 112: Rode; Stephan 1978/79, Nr. 129, S. 266–269 und Taf. 71; Isenberg 1981, S. 1–42; Isenberg 1983, S. 84–91; Isenberg 2002, S. 194, S. 196 f.

Rothe.
I. Ortswüstung.
II. Stadt Marienmünster.
III. *1138: Rothe (Regesten und Urkunden Marienmünster 2, Nr. 5, S. 134 = Westf. Ub. 2, Nr. 227); 1186: *Decimam adiacentem*

monasterio [= Kloster Marienmünster] *in curia que vocatur Rothe* (Westf. Ub. 2, Nr. 461).
IV./V. Es wird davon ausgegangen, dass die Wüstungslage durch den FlN „Rotheberg" ¼ km südwestlich der Klosterkirche Marienmünster überliefert wird (Kreiskatasteramt Höxter, Urkataster Vörden, Flur IV, 1830); Lage des Fundbereichs unmittelbar westlich der Abtei Marienmünster auf der Nordseite des „Roter Berg".
VI. Funde 1. Hälfte 12. Jh.–13. Jh.; DKZ 4121,0068.
Literatur: Stephan 1978, Nr. 117, S. 257, Nr. 117.

Rothem.
I. Ortswüstung.
II. Stadt Warburg.
III. *Ca. 1001–1002: *Rothem* (Mönchslisten Traditionen Corvey 1 und 2, Tr 465 und S. 280 f.); 1015–1020 (abgefasst um 1165): *Rothen* (Vita Meinwerci [ed. Terstesse], Kap. 49, S. 64; Vita Meinwerci [ed. Berndt], Kap. 48, S. 122, Z. 16). Der in der letztgenannten Tradition genannte Ort dürfte auf +Alt Rhoden zwischen Diemelstadt-Rhoden und Diemelstadt-Wrexen im Kr. Waldeck-Frankenberg (Hessen) zu beziehen sein und nicht auf +Rothem bei Warburg; zur Schenkung Dodikos von 1015–1020 an die Paderborner Kirche siehe auch Westf. Ub. 1, Nr. 95.
IV. Wüstungsweisende FlN: „Feld Rottheim", „Rottheimer Feld", „Rottkämpe" und „Hinter den Rottmerkämpen" (Kreiskatasteramt Höxter, Urkataster Warburg, Flur XI, 1831/32).
V. Lage westlich von Warburg.
VI. Bei Geländebegehungen des Rottheimer Feldes ließen sich bislang nur Fundschleier mittelalterlicher Keramik und eine vorgeschichtliche Siedlung nachweisen.
Literatur: Schneider 1936, S. 113: Rotheim.

Rotholleshusun.
I. Partielle? Ortswüstung.
II. Stadt Warburg.
III. *Ca. 1006–1007: *in Rotholleshus*(un) *et in Silihem*. Die Tradition umfasst insgesamt (mit einer möglichen Ausnahme) Besitzübertragungen im Raum Warburg. Schütte interpretiert den Ort als Rotholfeshusen 4 km ostnordöstlich von Warburg. Damit bezieht sich die Identifikation Schüttes auf den rezenten Gutsbetrieb Rothehaus (Mönchslisten Traditionen Corvey 1 und 2, Tr 488 und S. 285), dessen mittelalterliche Siedlungsgenese nicht sicher nachvollziehbar ist. Dieses Rothehaus liegt nahe des Desenbergs und des „Sielheimer Sieks" in der unmittelbaren Nachbarschaft zu +Silhem.
IV. Auf das Gut hinweisender FlN „Beim Rothenhause" bereits im Urkataster nachzuweisen (Kreiskatasteramt Höxter, Urkataster Warburg, Flur III, 1831/32).

Rothwardessen (bei Calenberg).
I. Ortswüstung.
II. Stadt Warburg.
III. *Ca. 1008–1009: *I familiam in Hrothwardeshus*(un). Die Erläuterungen zu den Corveyer Traditionen bieten drei Verortungen an: +Rotwardessen bei Warburg-Calenberg, +Rotwerssen „8 km s(üdlich) Brakel ... zwischen Frohnhausen und Niesen" und drittens Rotwesten bei Kassel (Mönchslisten Traditionen Corvey 1 und 2, Tr 501 und S. 288). Da Verf. einen Bezug auf die durch die FlN Razerhof und Ratzerfeld tradierte Ortswüstung bei Niesen auch von der potentiellen Weiterentwicklung des Ortsnamens Rotwardessen zu den beiden angeführten FlN für nicht hinreichend gesichert hält, dürfte ein Bezug der Quelle von ca. 1008–1009 auf +Rotwardessen bei Calenburg (wie auch bereits von Terstesse, S. 64, ausgeführt) angezeigt sein. Rothwesten bei Kassel wurde in der Literatur bereits mehrfach als Identifikation angeboten, überzeugt jedoch nicht; 1015–1020 (abgefasst um 1165): *Rotwardeshusun* (Vita Meinwerci [ed. Terstesse], Kap. 49, S. 64; Vita Meinwerci [ed. Berndt], Kap. 48, S. 122, Z. 16 f.); 1018: *Rohthem* [= +Rothem bei Warburg]. *Garametti* [= Warburg-Germethe]. *Roduuardeshusun. Illandehusun. Silhem* [= +Silhem bei Warburg] (Westf. Ub. 1, Cod. 95): Da *Roduuardeshusun* in der Quelle von 1018 in einer Sequenz mit Orten bzw. Ortswüstungen aufgeführt ist, die um Warburg liegen, ist ein Bezug auf Rothwardessen bei Calenberg als gesichert anzusehen; 1334: *Johannem et Conradum de Rotwordessen* (Urkunden Kloster Wormeln, Nr. 92); 1362: *iugere sito in campis Rodwordessen* (Urkunden Kloster Wormeln, Nr. 128); 1370: Heinrich von Rotwordessen in Calenberg ansässig (Landesarchiv Westfalen, Abt. Westfalen [Münster], Kloster Abdinghof, Paderborn, Urk. 294); 1382: in Calenberg ansässiger Knappe Heinrich *Rotwerdessen* erneut genannt (Urkunden Kloster Wormeln, Nr. 156); 1386: *Hove to Rodwersen* (Urkunden Kloster Wormeln, Nr. 158).
IV. Eine Identifikation der Fundstelle ermöglichen die wüstungsweisenden FlN „In der Rosser Grund" und „Uebern Rossergrund" (Kreiskatasteramt Höxter, Urkataster Warburg, Flur XX, 1830/32).
V. Lage 1 km südsüdwestlich von Calenberg.
VI. Funde: 1 Fgm. eines mittelalterlichen Kamms aus Bein mit unterschiedlicher Zähnung („oben": grobe Zähnung mit den Ansatzstellen von 5 Kammzinken auf 1,2 cm Breite, „unten": feine Zähnung mit den Ansatzstellen von 9 Zinken auf 1,2 cm Breite); 253 Lesescherben des 9./10.–13. Jh.: Anteil verschiedener Varianten der uneinheitlichen Irdenware 9,9 % (darunter kalkgrusgemagerte Irdenware mit Grus von 0,2 bis 2,5 mm Dm. sowie 1 RS aus gesteinsgrusgemagerter Irdenware mit Randform des 9./10. Jhs.), gelbe Irdenwaren 11,9 % (darunter ein innen mit ausgeprägten Drehrillen bedecktes Standbodenfragment von 1,2 cm Wandungsstärke aus gelber sehr grob gemagerter harter Drehscheibenware nordhessischer Machart wohl des Frühmittelalters sowie hochmittelalterliche Keramik mit roter Bemalung Pingsdorfer Art), blaugraue mäßig grob gemagerte Irdenware: 58,9 %, graue feingemagerte hart gebrannte Irdenwaren: 8,7 %, graue feingemagerte klingendharte Irdenware: 10,7 %. Trotz des relativ hohen Anteils reduzierend klingendhart gebrannter Irdenware spricht das Fehlen des gesamten Proto-, Faststeinzeug- und Steinzeugkomplexes tendenziell gegen ein Bestehen der ländlichen Siedlung noch im 14. Jh. Allerdings ist die Fundmenge relativ gering und man hat den Eindruck, dass Teile der Fundstelle nachmittelalterlich von jüngerem Auenlehm überdeckt worden sind; DKZ 4520,0178.
Literatur: Irsigler 1976/77, S. 189 f. und Karte 2: Rotwardessen; Casemir/Ohainski 2016, S. 314: Rotwardessen.

Rothwardessen (bei Frohnhausen/Niesen; = Rotwersen; siehe auch Wüstungsliste Kr. Höxter: N.N. „Razerhof").
I. Ortswüstung.
II. Stadt Willebadessen.
III. *Ca. 1008–1009: *I familiam in Hrothwardeshus*(un). Die Erläuterungen zu den Corveyer Traditionen bieten drei Verortungen an: +Rotwardessen bei Warburg-Calenberg (siehe dort), +Rotwerssen „8 km s(üdlich) Brakel ... zwischen Frohnhausen und Niesen" und drittens Rotwesten bei Kassel (Mönchslisten Traditionen Corvey 1 und 2, Tr 501 und S. 288). Der Quellenbeleg wurde hier (siehe vorstehend) bereits begründet auf Rothwardessen bei Calenberg bezogen. Würde man der zwei-

ten Verortungsangabe der Traditiones Corbeienses folgen, so wäre Rothwardessen potentiell auch mit dem FlN-Bereich N.N. "Razerhof" (siehe dort) zu parallelisieren; 1185: *Rothwardessen* (Westf. Ub., Add., Nr. 69, S. 61; Wigand Archiv 5, Nr. 4, S. 331): Da der Besitz in *Rothwardessen* hier als zur Villikation *Meinkeressen* (= +Mengersen) gehörig bezeichnet ist und Rothwardessen zudem zwischen *Frůdenhusen* (= Frohnhausen) und Mengersen angeführt ist, ist davon auszugehen, dass sich der Passus auf Rothwardessen bei Frohnhausen/Niesen bezieht; Anfang 13. Jh.: *Rothwardissen* im Einkünfteverzeichnis des Busdorfstifts (in Paderborn) in der Reihenfolge nach Schmechten (*Smegtten*; bei Brakel, Kr. Höxter) und vor +Stalpe (Kr. Soest) angeführt und bei Fronhausen verortet (Einkünfteverzeichnis Busdorfstift, S. 324, Z. 16 und Anm. 68); 1245: Benedict von Rotwardessen im Zusammenhang des Klosters Gehrden (bei Brakel, Kr. Höxter) beim Verzicht auf Besitz in Luthardessen (Ortswüstung, Kr. Höxter) und Rothwardessen genannt (Westf. Ub. 4, Nr. 342); 1456: *de Holtere to Mengerssen, to Frodenhusen, to Rotwersen* (Wigand Archiv 5, Nr. 10, S. 340).
V. Lage von Rothwardessen zwischen Frohnhausen und Niesen nahe der Ortswüstung „Mengersen".
Literatur: Giefers 1880, S. 180.

Rotlevessen.
I. Ortswüstung.
II. Stadt Nieheim in Grenzlage zur Stadt Steinheim.
III. *Um 1139: Rotlevessen (Regesten und Urkunden Marienmünster 1, S. 162)
IV./V. Wegen der relativen Nähe zum wüstungsresistenten Ort Rolfzen bei Steinheim übersieht man schnell eine am Flusslauf der Emmer im Nahumfeld der Höhenburg auf dem Wölberg gelegene Ortswüstung Rotlevessen. Die Burganlage befindet sich 4 km südwestlich von Rolfzen. Wahrscheinlich müssen die bei Casemir/Ohainski 2016 (S. 308) zu Rolfzen zusammengestellten Quellenbelege aufgegliedert werden, die darauf verwiesen haben, dass die Existenz einer Wüstung Rotlevessen bereits von A. K. Hömberg („Ortskartei") angenommen worden ist. 1495 ist eine Wiese in der Borgmarsch[!] zu Rotleyvessen bezeugt (Regesten und Urkunden Marienmünster 5, Nr. 289, S. 115 f.), 1495 Wiesen in der Borgmersche zu Rotlevessen zwischen Nieheim und Steinheim an der Emmer (Regesten und Urkunden Marienmünster 5, Nr. 290, S. 116) und weiterhin ergibt sich aus einer Quelle von 1496 eine Nähe von Rotlevessen zur Burganlage auf dem *Wodberg* (= Wölberg) (Regesten und Urkunden Marienmünster 5, Nr. 292, S. 118).
Literatur: Casemir/Ohainski 2016, S. 308 f.: Rolfzen mit ausführlicher Diskussion der Problemstellung.

Rotmereshusen.
I. Ortswüstung.
II. Stadt Borgentreich.
III. *942: *proprietatis nostrae centum XX iugera cum XLIIIor curtilibus locis in pago Hesse nominato in villa Rotmereshusun dicta in Osterbeun marca in comitatu Allionis* (MGH DD OI; Osterbeun ist mit dem heutigen Ort Bühne zu identifizieren und nicht mit +Lütkenbühne; Rotmereshusen ist weiterhin nicht mit einem Ort Rommershausen, wie MGH DD OI angibt, gleichzusetzen), 1106–1128: *Rodmeresson/Rotmeresson* (Kindlinger 2, Nr. XIX, S. 143).
IV./V. Rotmereshusen ist etwa 3,7 km nordöstlich von Bühne zu verorten. In diesem Bereich liegt der auf einer Karte von 1754 verzeichnete „Rantzenberg" (Kneppe 1990, S. 91, Abb. 40), der im modernen Messtischblatt als „Ranzenberg" bezeichnet ist. Auf der Le Coq Karte von 1805 (Section XVI) ist im mutmaßlichen Wüstungsbereich eine Glashütte verzeichnet.
VI. Heute befindet sich im Tal unterhalb des Ranzenbergs das 1754 noch nicht bestehende Gut Rothenburg, das die mittelalterliche Siedlungsstelle wahrscheinlich weitgehend einnimmt; DKZ 4422,0011.
Literatur: Schneider 1936, S. 113: Rothenburg; Hömberg 1967, S. 218.

Rozedehusen (Abbn. 7, 10, 13, 22–25 und 56–58)
I. Orts- und Grangienwüstung.
II. Stadt Warburg.
III. *Mitte 11. Jh. (1051–1054): *Ruozsvithihusen ... in pago Hassi* mit namentlicher Nennung der zu diesem Haupthof (*curtis*) und zum benachbarten Haupthof *Liudwardeshusen* gehörigen Unterhöfe (*manicipia*) (Westf. Ub., Add., Nr. 12); 1154(?): *Růzedehusen* (Überlieferung Kloster Hardehausen, S. 55); 1155: *Růzethehusen* (Überlieferung Kloster Hardehausen, S. 47, S. 55, S. 47).
IV. Wüstungsweisende FlN: „Zu Rohzen"; „Spinnstube" (Kreiskatasteramt Höxter, Urkataster Bonenburg, Flur I, 1831). Im „Bonenburger Wald" verzeichnet das Urkataster weiterhin westlich oberhalb der Ortsstelle auf dem Kamm des Eggegebirges den wüstungsweisenden FlN „Roternplatz" und nahe der Ortsstelle einen isolierten Bildstock (Kreiskatasteramt Höxter, Urkataster Scherfede, Flur X, 1831).
V. Lage 1,6 km westnordwestlich von Warburg-Bonenburg.
VI. Ländliche Siedlung Rozedehusen seit zweiter Hälfte des 8. Jhs./um 800 bestehend, Errichtung einer Grangie nach dem Winter 1182/83, Grangienaufgabe nach etwa 1320/30; DKZ 4420,0109 (= unzerstörtes derzeitiges Restareal des ehemaligen eingetragenen Bodendenkmals); Kennzeichnung im Fundpunktnetz der LWL-Archäologie partiell gelöscht, da Siedlungsstelle nach Ausgrabung zwecks Tonabbau abgetragen.
Literatur: Wöhlke 1957, S. 27–29 (die dort als unsicher gekennzeichnete Verortung erweist sich als nicht zutreffend); Bergmann 1987b, S. 277–283; Bérenger 1989d, S. 92 f.; Bergmann 1993a, S. 44–46; Bergmann 1996; Bergmann 1998; Bergmann/Sondermann 2000, S. 403–405; Bergmann 2002a, S. 56–59; Bergmann 2002b, S. 118–121: Abb. 1–3 und S. 122–124; Bergmann 2002c, S. 66; Peine/Kneppe 2005, S. 174 f.; Bergmann 2007a, S. 57–65; Bergmann 2015b, S. 253–257 (betreffend die Burg und den Fernweg bei Rozedehusen); Casemir/Ohainski 2016, S. 314 f.; Bergmann 2017a, S. 168–171, S. 255–264; Bergmann 2020, S. 138–143 und Abb. 5–8; unveröffentliche Manuskripte: R. Zölitz-Möller/R. Bergmann, Ergebnisse der Phosphatkartierung; R. Bergmann, Die Ausgrabung der Ortswüstung und Zisterziensergrangie Rozedehusen (1995–1999); R. Bergmann, Ziegel und Bodenfliesen: Zur frühen zisterziensischen Baukeramik; R. Bergmann, Ausgewählte Funde aus Rozedehusen und von der Bonenburger Burg; L. Verlage: Im Winter 1182/83 gefällt: Dendrochronologische und holzbiologische Untersuchungen; P. Ilisch: Die Münzfunde aus dem Bereich des Steinwerks und seiner Umgebung; J. Meurers-Balke, Rozedehusen vor der Zisterziensergrangie: Die früh- und hochmittelalterliche Besiedlung im Spiegel pollenanalytischer Befunde; G. Gassmann/A. Hauptmann; Messinge und Gelbguss: Naturwissenschaftliche Untersuchungen von Metallen und Verarbeitungsresten aus der mittelalterlichen Wüstung Rozedehusen; M. Bode, Herkunftsuntersuchung eines Bleistücks der Zisterziensergrangie Rozedehusen mit Blei-Isotopenvergleichen; U. Tegtmeier, Köhler in Warburg-Bonenburg, Kr. Höxter; P. Krull: Die Tierknochenfunde des 9. bis 15. Jhs. aus Rozedehusen und Bonenburg.

Abb. 56: Warburg-Bonenburg, Kr. Höxter: Fundamente des ab dem Winter 1182/83 errichteten Steinwerks in der Grangienwüstung Rozedehusen mit Blickrichtung nach Westen (Foto: LWL-Archäologie für Westfalen, R. Börnke)

Abb. 57: Warburg-Bonenburg, Kr. Höxter: Rekonstruktion des Steinwerks in der Grangienwüstung Rozedehusen mit Blickrichtung nach Südosten (Zeichnung R. Bergmann)

Abb. 58: Warburg-Bonenburg, Kr. Höxter: fehlgestempelte und deformierte Bodenfliese mit Zirkelschlagmotiv aus der wahrscheinlich wenig nach dem Winter 1182/83 erbauten Herdstelle der Grangienwüstung Rozedehusen (Foto: LWL-Archäologie für Westfalen, S. Brentführer)

Rozenhusen.
I. Ortswüstung (nach Auffassung d. Verf. sehr unsicher).
II. Stadt Warburg?
V. Angebliche Lage 1,5 km südwestlich von Scherfede (unter Berufung auf Wöhlke); nicht auf der Wüstungs-Übersichtskarte des Kreises Höxter dargestellt.
Literatur: Casemir/Ohainski 2016, S. 315 f.

Rysne.
I. Ortswüstung.
II. Stadt Bad Driburg.
III. *1284 (nach Ahrens 1956, S. 108); 1290: *Risne* (Westf. Ub. 4, Nr. 2121).
IV. Wüstungsweisender FlN „Reesen" bzw. Forsthaus Reesen.
V. Lage südwestlich von Pömbsen bzw. nahe Bad Hermannsborn.
VI. „Scherbenfunde" nach Ahrens (verschollen).
Literatur: Ahrens 1956, Nr. 24, S. 108; Leesch/Schubert 1966, Nr. 88, S. 346.

Sastincthorp.
I. Ortswüstung.
II. Stadt Nieheim.
III. *1036: *Sastincthorp* (Westf. Ub. 1, Cod. 127); z. J. 1036 (um 1165): *Saftincthorpe* als eines von sechs Vorwerken des Haupthofes Oeynhausen (*Aginhuson*) benannt (Vita Meinwerci [ed. Terstesse], Kap. 217, S. 181, Z. 25 und 27 f.; Vita Meinwerci [ed. Berndt], Kap. 215, S. 248, Z. 22 f.).
IV./V. Die auf die Lage von +Sastincthorp verweisenden FlN „Sassenkamp", „Sassenwiese(n)" und „Sassenbrook" treten etwa 1,4 km nordwestlich von Ottenhausen (Kirche) an der Grenze zum Kr. Lippe auf (Kreiskatasteramt Höxter, Urriss und Urkataster Steinheim, Flur XXII.1, 1829). Lage nach Schneider bei Nieheim-Oeynhausen (was nicht zutrifft) bzw. nach Leesch/Schubert westlich von Steinheim.
Literatur: Schneider 1936, S. 102 und S. 114; Leesch/Schubert 1966, Nr. 90, S. 346.

Satessen.
I. Ortswüstung, wohl mit mittelalterlichem Mühlenstandort.
II. Stadt Nieheim.
III. *1106–1128: *Scatissen* (Kindlinger 2, Nr. XIX, S. 125, §14; Kommentar Verf.: es ist unklar, ob der Quellenbeleg auf +Satessen oder auf das nachfolgend angeführte Satzen zu beziehen ist); 1120: *Ziatesson* (Westf. Ub. 1, Cod. 188); 1190: *aduocatiam in Ziatessen* (Westf. Ub 2, Cod. DVII); Quellenüberlieferung nicht immer sicher von dem nachfolgend angeführten +Satzen zu trennen.
V. Lage südwestlich von Nieheim.
VI. Funde 9./10.–13. Jh.; DKZ 4120,0130.
Literatur: Krömecke 1874, S. 131 f.; Schneider 1936, S. 106: Pömbsen und S. 114: Saccessen; Ahrens 1956, S. 108; Leesch/Schubert 1966, Nr. 89, S. 346, Stephan 1978 f., Nr. 89, S. 240 f. und Taf. 60.2: Satzen; Casemir/Ohainski 2016, S. 320 f.

Satzen.
I. Partielle Ortswüstung (mit bis in die 2. Hälfte des 19. Jhs. fortbestehender Mühle).
II. Stadt Bad Driburg.
III. *1106–1128: *Scatissen* (Kindlinger 2, Nr. XIX, S. 125, §14; Kommentar Verf.: es ist unklar, ob der Quellenbeleg auf +Satzen oder auf das vorgenannt angeführte Satessen zu beziehen ist); 1269 (nach Ahrens 1956, S. 109); 1392: *to Saddessen, to Volkersen* [Lage bei Bad Driburg], *to Dodenhusen* [Lage bei Bad Driburg] (Wichert/Wichert-Pollmann 1965, S. 426 f.; Leesch/Schubert 1966, Nr. 91, S. 346); 1612: Satzer Mühle östlich von Bad Driburg; 1721 in Satzen bestehend: Haus, Mühle, Schäferei; 1870: Mühle abgebrannt (Ahrens 1956, S. 52 f.). – Casemir/Ohainski (2016, S. 321) führen den 1270 – 1275 genannten *Appollonius de Zatessen* im Zusammenhang der Ortswüstung Satzen an, der 1275 als Zeuge in einer in Schwalenberg (Kr. Lippe) ausgestellten Urkunde der Grafen Adolf und Albert von Schwalenberg genannt ist. Die Indizien wie auch die Namen der Zeugenliste insgesamt verweisen jedoch eher auf einen Bezug des Herren *de Zatessen* auf die Ortswüstung Satessen bei Nieheim.
IV. Im Urkataster eingetragene und am „Hillewasser" (jetzt: Hilgenbach) gelegene „Satzer Mühle"; westlich der ehemaligen Mühle nachzuweisender FlN „Satzen"; weiterhin Wegename „Weg von Driburg nach Satzen" (= dieser stimmt weitgehend mit dem Verlauf der modernen B 64 überein) (Kreiskatasteramt Höxter, Urkataster Driburg, Flur XIV, 1830); „Saatzer Mühle" noch im Preußischen Urmesstischblatt verzeichnet; Deutsche Grundkarte: im Bereich der ehemaligen Mühle auftretender FlN „Satzen".
V. Lage 3,5 km ostsüdöstlich von Bad Driburg.
Literatur: Giefers 1880, S. 180; Ahrens 1956, Nr. 46, S. 108: Sassen; Leesch/Schubert 1966, Nr. 91, S. 346; Wichert-Pollmann 1966, S. 422; Casemir/Ohainski 2016, S. 321.

Schunen.
I. Ortswüstung.
II. Stadt Steinheim.
III. *1031: *in istis villis ... Scuni* (MGH DD KII, Nr. 171); z. J. 1031 (um 1165): als Zubehör des Haupthofes (*predium) Sannanabiki* (= Sandebeck, Kr. Höxter) ist u. a. Besitz in *Stuni* benannt, welches nach Angaben der Herausgeber der Vita bei Steinheim gelegen hat (Vita Meinwerci [ed. Terstesse], Kap. 208, S. 169; Vita Meinwerci [ed. Berndt], S. 235, Kap. 206, Z. 22).
IV. Wüstungsweisender FlN „Auf der Schüne" (Kreiskatasteramt Höxter, Urriss und Urkataster Steinheim, Flur XV.1, 1830).
V. Lage 3 km nordnordöstlich von Steinheim.
VI. Prähistorische Keramik und Funde des 9./10.–13. Jhs.; DKZ 4120,0026.
Literatur: Schneider 1936, S. 118; Leesch/Schubert 1966, Nr. 92, S. 346; Stephan 1978/79, Nr. 92, S. 241 und Taf. 72,2 (Nordpfeil der Karte nach Osten weisend); Casemir/Ohainski 2016, S. 324 f.

Sconelo.
I. Ortswüstung.
II. Stadt Bad Driburg.
III. *1264: *Sconelo* (Westf. Ub. 4, Nr. 989); dort 1414 genannter Hauptfreistuhl umfasste frühneuzeitlich erhebliche Teile des oberwäldischen Distrikts des Hochstifts Paderborn.
IV. 1364: wüstungsweisende FlN *„dat Schoenlo", „von deme Schoenlo"* (Giefers 1874, Nr. 5, S. 113).
V. Lage in der Gemarkung Dringenberg (Bezug zu bestehenden Schönlau-Kapelle).
VI. DKZ 4320,0142: „Versammlungsplatz Freistuhl Schonlau".
Literatur: Giefers 1874, S. 91–93 und S. 113; Schneider 1936, S. 118: Schorloh; Horn/Thünker 2000, S. 16–19: Schonlau.

Sebeke.
I. Ortswüstung mit ehemaliger Kapelle.
II. Stadt Brakel.
III. *Ca. 985–988: *in Sekbiki, in Flehtunun, in Berga, in Hemenhus*(un), *in Altontope, in Sullishus*(un), *in Battanhus*(un), *in Halkersun, in Habrehts*(un) *et in Hildiwercesun*. Die umfangreiche Schenkung umfasst Besitz in nördlichen Kr. Höxter. *Sekbiki* ist als +Sebeke bei Brakel zu deuten (Mönchslisten Traditionen Corvey 1 und 2, Tr 413 und S. 267 f.); 1373: Großhof in Seybeke im Umfang von 4 Hufen wird von Wernher von Albroke bewirtschaftet (Regesten und Urkunden Marienmünster 3, S. 131, Anm.).
V. Lage nördlich des Sepkerbachs nahe dessen Einmündung in die Brucht.
VI. Fgm. eines Felsgesteinbeils und Funde des 9. Jhs.–Mitte 14. Jh.; DKZ 4220,0080:A.
Literatur: Schneider 1936, S. 119; Ahrens 1956, Nr. 37, S. 108; Leesch/Schubert 1966, Nr. 93, S. 346; Stephan 1978, Nr. 93, S. 241 f.: Sebeke; Stephan 1979, S. 11 f., S. 17, S. 21, S. 28, S. 40: Sebecke; Casemir/Ohainski 2016, S. 326 f.

Selhausen.
I. Ortswüstung.
II. Stadt Beverungen.
III. *1313: *Selhosen* (Asseburger Ub. 3; Nr. 1466, S. 3); 1424: halber Zehnter in Selhusen (INA Höxter, S. 494).
V. Lage 2,7 km nordöstlich von Beverungen.
VI. In geringem Umfang auftretende prähistorische Keramik; mittelalterliche Funde der Zeit um 800–des 13. Jhs.; DKZ 4322,0090
Literatur: Stephan 1978/79, Nr. 139, S. 274 f. und Taf. 77.1; Casemir/Ohainski 2016, S. 327.

Serckinchusen.
I. Ortswüstung.
II. Kommunalzugehörigkeit unklar, sehr unsichere Verortung im Raum Brakel.
III. Im Einkünfteregister der Klosters Hardehausen von *1376 als *Serckinchůsen* in der Reihenfolge zwischen *Ystorp* (Istrup westlich Brakel, Kr. Höxter) und *Erkele* (Erkeln südöstlich Brakel) aufgeführt (Überlieferung Kloster Hardehausen, S. 123).
V.-VI. Bei Stephan 1978 nicht erfasst, potentielle Lage bei Brakel insofern unsicher, Orte mit Grundwort -inchusen für den Kr. Höxter eher untypisch, Grundrente wird 1376 in Soester(!) Währung entrichtet, was eher gegen eine Verortung im Kr. Höxter spricht.

Sideboldenchusen.
I. Ortswüstung.
II. Kr. Paderborn? oder Kr. Höxter?
III. *Um 1250: *Domus ... in Sideboldenchusen*, Ort in der quellenbezogenen Reihenfolge zwischen Husen (Kr. Paderborn) und (+)Rickersen (Kr. Höxter) genannt (INA Paderborn, S. 183).
V. Wahrscheinliche Lage im oder im Umfeld des Eggegebirges.

Silihem.
I. Ortswüstung.
II. Stadt Warburg,

III. *Ca. 976–979: *in Silihem et ... in Whethiun* (Mönchslisten Traditionen Corvey 1 und 2, Tr 366 und S. 256; siehe weiter: Tr 488 und S. 285). Bedingt durch die gemeinsame Nennung mit Wethen wie auch der Singularität des Ortsnamens ist Silihem eindeutig identifizierbar. 1015–1020 (abgefasst um 1165): *Silihem* (Vita Meinwerci [ed. Berndt], Kap. 48, S. 122, Z. 17).
IV. Das „Sielheimer Feld" des Urkatasters war eine ausgeprägte Langstreifenflur. Im angrenzenden „Sielheimer Siek" befindet sich der Quellursprung eines kleineren Baches und ein weiterer Quellbereich (Quelltopf) im Überschneidungsbereich des „Mühlenweges" mit dem „Fußweg nach Warburg" (Kreiskatasteramt Höxter, Urkataster Warburg, Flur II: Sielheimerfeld, 1831/32; siehe weiter: Flur V.2, 1831/32, in der sich der/das „Sielheimer Siek" weiter fortsetzt); der FlN „Sielheimer Feld" ist weiterhin im modernen Messtischblatt überliefert.
V. Lage westlich vom Desenberg bzw. nordöstlich von Warburg; anzunehmendes Fundareal im Umfeld der unter IV. dargelegten Quellsituation(en).
Literatur: Schneider 1936, S. 120: Silheim; Irsigler 1976/77, S. 189 f. und Karte 2: Silihem.

Sledale.
I. Hofwüstung (wüstes Eigengut, *predium*).
II. Möglicherweise Stadt Warburg.
III. *1160: *Sledale* (Überlieferung Kloster Hardehausen, S. 50).
V. Lage vielleicht im Umfeld des Zisterzienserklosters Hardehausen.

St. Aegidii (St. Ilien).
I. Kirchortwüstung.
II. Stadt Höxter.
III. *1231: Kirche *sanctus Egidius* als dem Archidiakonatsbezirk Höxter zugehörig aufgeführt (Westf. Ub. 4, Nr. 204); 1301: *villa St. Egidii* vor der Höxterschen Brücke (Wigand 1831, S. 92, S. 175); 1412: *ad capellam beati Egidii* (Wigand 1831, S. 176); Kopialbuch des 15. Jhs. (= Archidiakonatsverzeichnis des Bistums Paderborn): *Egidius* (Wigand 1831, Nr. 10, S. 226).
V. Lage nach Leesch/Schubert im Brückfeld vor der Stadt Höxter südlich der Weserbrücke.
Literatur: Wigand 1831, S. 175 f., §48: St. Egidius (St. Ilien) und S. 180; Leesch/Schubert 1966, Nr. 2, S. 342; Stephan 1978, Nr. 2, S. 199: St. Ägidien.

Stahle.
I. Partielle Ortswüstung.
II. Stadt Höxter.
III. *822–826: *in Stalo duas partes de manso et hominem nomine Wunred* (Mönchslisten Traditionen Corvey 1 und 2, Tr 27 und S. 86); (822?), 826–876: *in Stalo* (Mönchslisten Traditionen Corvey 1 und 2, Tr 60 und S. 112 f.).
VI. Prähistorische Funde und solche der Zeit vor 800 n. Chr. bis des 14. Jhs.; Grabfund der römischen Kaiserzeit oder des frühen Mittelalters.
Literatur: Wigand 1831, S. 121 f., §38: Stahle; BKW Höxter, S. 209–212; Stephan 1978/79, Nr. 145, S. 279 f. und Taf. 76.

Stoppelberg (Abbn. 59–62).
I. Stadtwüstung.
II. Stadt Steinheim.
III. *1288: *innovatione oppidi nostri Stoppelberg* (Westf. Ub. 4, Nr. 1976).
IV. FlN und Geländebezeichnungen: „Der Stoppelberg", „alte Ruine der ehemaligen Burg Stoppelberg", „Am Stoppelberge", „hinterm Stoppelberge", „der Ort vorm Stoppelberge", „der Ort hinterm Stoppelberge" (Kreiskatasteramt Höxter, Urriss und Urkataster Steinheim, Flur II und V, 1829).
V. Lage 0,9 km südlich vom Gut Breitenhaupt auf einem Zeugenberg (oberste geologische Schicht: Rätsandstein).
VI. Die vorstädtische Besiedlung des Stoppelberges reicht in das Hochmittelalter zurück. Die überwiegende Anzahl der Funde gehört dem Spätmittelalter an und wahrscheinlich ist die Stadt des 13. Jhs. vor der Mitte des 14. Jhs. wüstgefallen (Bergmann 1993a, S. 68 f.); Fund eines eisernen Unter- wie auch Oberstempels (Münzprägestempel des 13. Jhs. zur Prägung westfälischer Pfennige geeignet, Münzbild der beiden zusammengehörigen Stempelhälften korrosionsbedingt zerstört, Fundverbleib: Münzkabinett des Landesmuseums für Kunst und Kultur [Münster], Fundobjekt in der Veröffentlichung Ilisch [2005, S. 539] versehentlich der Kommune Schieder-Schwalenberg, Kr. Lippe zugeordnet); weiterhin aufgefundenes Bruchstück eines Siegelstempels wahrscheinlich Günthers II. von Schwalenberg (Datierung: spätes 13./frühes 14. Jh., Objekt gemäß naturwissenschaftlicher Untersuchung aus Zinn-Blei-Bronze, St. 0,4 cm, erhaltener Dm. 5,8 cm, Lesefund vom einem Hanggelände ca. 50 m unterhalb der Stadtburganlage der Wüstung, zu ca. 1/3 erhaltener Siegelstempel zeigte ehemals einen scharf eingeschnittenes achtstrahligen Stern [vollständig erhalten sind 2 Sternzacken und zwei weitere Zacken zu jeweils 1/2], in den gewaffelten Feldern zwischen den Sternstrahlen angeordnete sehr kleine Blütenmotive und zwar eine sechsblättrige Blüte je Waffelraute). Die spiegelverkehrt eingeschnittene Umschrift des

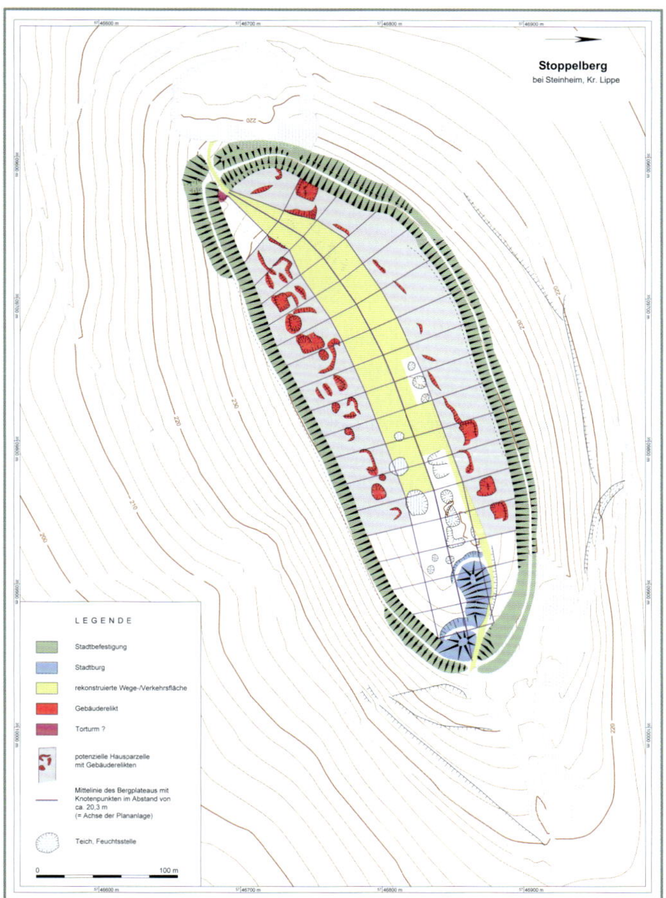

Abb. 59: Steinheim-Rolfzen, Kr. Höxter: Vermessungsplan der auf einem Zeugenberg in der Steinheimer Börde angelegten, wüsten Planstadt Stoppelberg (Kartografie: LWL-Archäologie für Westfalen, M. Thede)

Abb. 60: Steinheim-Rolfzen, Kr. Höxter: Unfertige Stadtbefestigung im Süden der Stadtwüstung Stoppelberg im Geländebefund (Foto: LWL-Archäologie für Westfalen, R. Bergmann)

Abb. 61: Steinheim-Rolfzen, Kr. Höxter: Turmhügelburg im Osten der Stadtwüstung Stoppelberg (Foto: LWL-Archäologie für Westfalen, R. Bergmann)

Fragments lautet: ... *GVNTHERI DE SV...* (Bearbeitung J. Hallenkamp-Lumpe, LWL-Archäologie). Sie ist zu ergänzen als: *SIGILLVM COMITIS GVNTHERI DE SVALENBURCH*; DKZ 4120,0021 (eingetragenes Bodendenkmal).
Literatur: BKW Höxter, S. 218: Stoppelberg; Schneider 1936, S. 125; Schüttler 1990, S. 8, S. 51 und S. 56–58; Bergmann 1993a, S. 61–70 und Kartenbeilagen 13 f.; Stephan/Küntzel 2003, S. 253–295; Bergmann 2011f., S. 164–168; Casemir/Ohainski 2016, S. 334 f.

Stotinghusun.
I. Ortswüstung.
II. Stadt Höxter.
III. *822–826(?): *mansum I in Stotinghus*(un) (Mönchslisten Traditionen Corvey 1 und 2, Tr 44 und S. 102); 1295: *Düsterhof cum rubetis* (Wigand 1831, S. 91): der u. a. 1295 genannte Düsterhof überliefert die Stelle des frühmittelalterlich bezeugten Stotinghusun.
IV. 1585: „Stotessergrund"; das rund 2,5 km lange, episodisch wasserführende Trockental, welches sich vom Bachlauf der Grube bis zur Ortsstelle erstreckt, heißt im Urkataster „In der Stossengrund" bzw. „In der Stossen Grund" (Kreiskatasteramt Höxter, Urkataster Ovenhausen, Flur III und IV, 1830); im Waldgebiet des Heiligengeisterholzes westlich von Höxter ist weiterhin der FlN „Düsterer Grund" nachgewiesen.

Abb. 62: Steinheim-Rolfzen, Kr. Höxter: Unweit der Turmhügelburg der Stadtwüstung Stoppelberg aufgefundenes, zerbrochenes Siegel des Grafen Gunther von Schwalenberg mit dem schwalenberg-waldeckischen Stern (Foto: LWL-Archäologie für Westfalen, C. Hildebrand)

VI. Funde des frühen–späten Mittelalters (= Altfunde H. Jäger 1958; S. 112: „Wüstung im Heiligengeisterholz", Keramik 5./6. Jh. und 11.–13. Jh.; Kommentar Verf.: Die Datierung 5./6. Jh. beruht wahrscheinlich auf einer Frühdatierung aufgefundener uneinheitlich gebrannter Irdenware[n]); DKZ 4121,080.
Literatur: Wigand 1831, S. 95 f., §31: Stotinghus (Stotonhus); Jäger 1954, S. 200 und Abb. 1 (Wüstungsflur von H. Jäger nachgewiesen, Identifizierung mit Stotinghus damals unsicher); Leesch/Schubert 1966, Nr. 94, S. 346; Stephan 1978, Nr. 94, S. 242 f.; Koch 2016, S. 237 und Abb. 2.

Sudheim (bei Brakel).
I. Partielle Ortswüstung mit ehemaliger Mühle und heutigem Gut „Sudheimer Hof".
II. Stadt Brakel.
III. *918–37: *Sudhem* (Westf. Ub., Supplement, Nr. 361).
VI. Prähistorische Keramik und Funde des 8. Jhs. (Kümpfe) bis der 1. Hälfte 14. Jhs., aufgefundener Läuferstein einer Handmühle aus Buntsandstein, erhebliche Teile der historisch bedeutsamen Siedlungsstelle mittlerweile durch die Anlage eines Reiterhofs mit einer extrem tief in den Boden eingreifenden Reithalle zerstört; DKZ 4221,0039.
Literatur: Schneider 1936, S. 125; Ahrens 1956, S. 108; Leesch/Schubert 1966, Nr. 95, S. 346; Stephan 1978 f., Nr. 95, S. 243 f. und Taf. 61: Stephan 1979, S. 11 f., S. 18, S. 21, S. 28, S. 40 f., Abb. 1.2–4 und Abb. 16 f.; Casemir/Ohainski 2016, S. 336 f.

Suithgardinum (Südgehrden).
I. Ortswüstung.
II. Stadt Brakel.
III. *826–876: *Gerdinun*: Die Tradition 99 ist auf das wüstungsresistenten Klosterort Gehrden bei Brakel zu beziehen (Mönchslisten Traditionen Corvey 1 und 2, Tr 99 und S. 137; siehe weiter: Tr. 265 und S. 220); 868: *Suithgardinum* (Westf. Ub. 1, Supplement, Nr. 275).
V. Lage südlich von Gehrden, das dementsprechend in der Quelle von 868 als *Nortgardinum* bezeichnet wird.
Literatur: Ahrens 1956, Nr. 66, S. 108.

Sullishusen.
I. Partielle Ortswüstung.
II. Bad Driburg (angeblich Stadt Brakel).
III. *Ca. 986–988: *in Sekbiki, in Flehtunun, in Berga, in Hemen-*

hus(un), *in Altontope, in Sullishus*(un), *in Battanhus*(un), *in Halkersun, in Habrehts*(un) *et in Hildiwercesun*. Die umfangreiche Schenkung umfasst Besitz in nördlichen Kr. Höxter (Mönchslisten Traditionen Corvey 1 und 2, Tr 413 und S. 267 f.).
IV. Anstelle einer nördlich von Brakel angenommenen Lage von *Sullishus*(un) ist ein Sulzer Hof ostsüdöstlich von Bad Driburg auf der Le Coq Karte von 1815 (Section XVII) verzeichnet und verweist mit hoher Wahrscheinlichkeit auf den Ort, der somit als partielle Ortswüstung einzustufen ist.
V. Eine angenommene Lage bei Brakel findet sich bei Dürre (1884, Nr. 462, S. 55); Lage nach Schneider ebenfalls bei Brakel; Ortswüstung dort bei Stephan (1978) nicht nachgewiesen.
Literatur: Schneider 1936, S. 126.

Sunrike (Abb. 63).
I. Ortswüstung mit Kapelle.
II. Stadt Borgentreich.
III. *1036: Villikationshaupthof (*curia*) *Sunrike* sowie dortige *capella* genannt, Schenkung an das Bistum Würzburg (Westf. Ub., Add., Nr. 9), Patrozinium der Kapelle: St. Erasmus (Brilon 1930, S. 18; Hengst 1990, S. 105); 1276: *Arnoldus de Sunrike* (Urkunden Kloster Wormeln, Nr. 10).
V. Lage 2,1 km westlich von Borgentreich.
VI. Altfund (Stachelsporn) und archäologische Beobachtungen von Fundamentmauerresten sowie Bestattungen (Brilon 1930, S. 19); Funde von zwei Haarpfeilen und einer bronzenen Riemenzunge des 5. Jhs. (Best/Eggenstein 2014, S. 92 f. und Abb. 10). Als besonderer Fund von der Ortsstelle ist eine gerippte Glasperle der Gruppe Tempelmann-Maczyńska XVIII anzuführen, welche im erweiterten Sinn der Untergruppe sogenannter „melonenförmigen Perlen" zuzuordnen ist (Tempelmann-Maczyńska 1985, S. 39 f.). Die Perle (L. 2,52 cm, maximaler Dm. 1,68 cm, geringster Dm. im Bereich des Dmax. 1,41 cm) ist sechsfach längsgerippt, jedoch länger die z. B. die auf den Tafeln Tempelmann-Maczyńska (Taf.) 3.158a, 3.158b, 3.162, 3.165, 3.67 abgebildeten, tendenziell gedrungeneren Exemplare. Der Glaskörper der Perle von + Sunrike ist grauschwarz (Munsell 7.5 R N3: *very dark gray*) verwittert und die eingeschmolzenen Fäden zeigen ein gelbliches Weiß (Munsell 10 YR 8/4: *very pale brown*). Aufgrund des Nicht-Nachweises unter den Perlen der römischen Kaiserzeit und Völkerwanderungszeit ist das Stück wahrscheinlich als jünger einzustufen. Der keramische Fundkomplex umfasst 2145 Lesekeramiken. Zwischen dem Material vom Spornende mit der Kapellenstelle und dem Areal der eigentlichen Dorfwüstung bestehen geringe Unterschiede, sodass eine Zusammenfassung erfolgen kann. Die intensive Besiedlung des Areals in prähistorischer Zeit ist am häufigen Auftreten (15,6 %) von uneinheitlich gebrannten Irdenware mit insbesondere Quarzgrusmagerung ersichtlich; dazu kommen mit Tonschlickerbewurf an der Oberfläche aufgeraute Rautöpfe (2,3 %). Bei ersterer Warenart treten u. a. auf: Gefäße mit Standboden, Fingertupfenverzierung des Randabstrichs, Fingertupfen unterhalb des Randes, kammstrichverzierte WS und WS mit sogenanntem Besenstrichdekor. Nach ausführlicher Diskussion mit meinen Kollegen in der LWL-Archäologie zeichnet sich ab, dass dieses Material der vorrömischen Eisenzeit und der frühen römischen Kaiserzeit bis der 1. Hälfte des 1. Jhs. n. Chr. angehört. Es sind jedoch auch aussagekräftige Keramiken vorhanden, welche der späten römischen Kaiserzeit angehören. Einer frühen Phase der Besiedlung gehören weiterhin die mit grobem Kalkgrus gemagerte Gefäßfragmente (6,1 %) an, zumindest überwiegend. Bei dieser Warenart überwiegen (als Gefäßform) Kümpfe mit einziehendem Rand. Der Fundkomplex enthält weiterhin eine(!) eindeutige Terra nigra Scherbe (= 0,05 %). Bei den übrigen uneinheitlich gebrannten Irdenwaren (12,0 %), bei denen der Ton mit feinem Kalkgrus, Granitgrus, Sandsteingrus, Schieferplättchen, Feinsand und sehr selten auch mit gröberem Bach-Feinkies versetzt ist, tritt mit Muschelgrus gemagerte Keramik, die aus dem Nord- und Ostseeküstenraum stammt, besonders hervor (Anteil 0,3 %, in den vorstehend angeführten 12,0 % bereits enthalten). Das mittelalterliche Material gehört insgesamt dem ca. 8.–12. Jh. an. – Bei der uneinheitlich gebrannten Irdenware mit feiner Kalkgrusmagerung treten neben seltenen Kumpf-RS häufig Formen mit extrem kurzer, rund abgestrichener Randlippe (des 9. Jhs.) auf. Unter den Funden uneinheitlich gebrannter Irdenware mit Feinsandmagerung ist eine WS mit einer Gurtfurchenverzierung auffällig, bei der unterhalb von eingeritzten Gurtfurchen ein diagonales Rautengittermuster eingeritzt ist und die möglicherweise in das 5. Jh. datiert. Die Keramiken dieser Warenart sind somit nicht ausschließlich hochmittelalterlicher Datierung. Interessant ist das Auftreten von merowingerzeitlicher Drehscheibenware des Geseker Typs (0,4 %); es ist jedoch bei einer Siedlung dieses Ortsnamenstyps erwartet worden.
Der Anteil oxidierend gelb gebrannter Keramiken liegt bei insgesamt 7,8 %. Unter diesen befinden sich grob bis sehr grob gemagerte Gefäße. Sie sind einerseits aufgrund der Randform einem Kochtopf der späten römischen Kaiserzeit zuzuordnen und andererseits (mit davon abweichenden Rändern) der nordhessischen Drehscheibenware des 9./10. Jhs. Hinter der gelben feingemagerten harten Irdenware verbergen sich die Produkte u. a. südostniedersächsischer Töpfereien des hohen und späten Mittelalters. Rauwandige Drehscheibenware (0,3 %), die meist fleckig grau-rot gebrannt ist, gehört nach Grabungsbefunden von der Ortsstelle im Schwedenbusch bei Borgentreich-Borgholz in den Kontext der ausgehenden Karolingerzeit. Wie immer in der Warburger Börde, sind blaugraue Irdenwaren (26,3 %) und graue feingemagerte harte Irdenwaren (27,8 %) ausgeprägt nachweisbar. Bei der blaugrauen Irdenware – unter den Funden befindet sich auch ein Spinnwirtel – zeigt eine WS einen selten nachzuweisenden mehrzeiligen Rautenrollstempeldekor. Was insgesamt betrachtet stark zurücktritt sind rotengobierte Irdenware (0,2 %), grauolive klingendharte Irdenware (0,05 %), steinzeugartig hart gebrannte Irdenware Siegburger Art (0,1 %), Faststeinzeug Siegburger Art (0,05 %), Steinzeug Siegburger Art

Abb. 63: Borgentreich, Kr. Höxter: Die aufgrund der Lagerung im Boden korrodierte zylindrische Perle bestand ursprünglich wahrscheinlich aus blauem Glas mit gelben Fadeneinlagen und wurde im Siedlungsbereich der Ortswüstung Sunrike aufgefunden (Foto: LWL-Archäologie für Westfalen, S. Brentführer)

(0,2 %) und grünglasierte gelbe Irdenware (0,3 %). Keramiken der letzteren beiden Warenarten sind zudem häufiger im Umfeld der Kapellenstelle geborgen worden, die wahrscheinlich noch im 14./15.? Jh. aufgesucht worden ist und in deren Areal sich eine dementsprechend längere Besiedlungsdauer abzeichnet. Aus dem Umfeld der ehemaligen Kapelle stammt weiterhin ein „Klopfstein", bei dem es sich in diesem Fall um ein kleines, gleichmäßig ovales, nordisches Geschiebe handelt (L. 5, 4 cm, Br. 4,8 cm, H. 3,3 cm; Funktion unbekannt), auf dessen Unter- und Oberseite eingepickte Griffmulden für einen sicheren Halt der Finger sorgten. Getreide ist z. T. mit Handmühlen aus grauer rheinischer Basaltlava gemahlen worden sein. Die eigentliche Dorfstelle jedenfalls dürfte im 14. Jh. nicht mehr bewohnt gewesen sein, wobei ein Entsiedlungsgrund in der Gründung der nicht weit entfernten Stadt Borgentreich (*Borgentrike*) erblickt werden muss, welche derselben Gruppe von Ortsnamenbildungen angehört wie Sunrike; DKZ 4421,0122.
Literatur: Giefers 1881, S. 165; Brilon [2]1930, S. 16–25 und S. 88–91; Schneider 1936, S. 126: Sünnerke; Kindl 1980a, S. 80–84, S. 90; Casemir/Ohainski 2016, S. 338 f.

Sunrikeshagen.
I. Ortswüstung (möglicherweise wüste Hagenhufensiedlung).
II. Stadt Borgentreich.
III. *1361: Anteil des Sunrikeshagen, der von einem Borgentreicher Bürger bewirtschaftet wird (Dinkelburger, Borgentreicher und Borgholzer Dokumente, A 84, S. 24); 1393: *in den Hagen to Sunrike vor Borgentrike* (Dinkelburger, Borgentreicher und Borgholzer Dokumente, A 141, S. 32); Hof vor Borgentreich ... genannt *Sunrikeshagen* (Kindl 1980, S. 82), 1472: „Heve-Mühle bei Borgentreich, neben der Hardehauser Mittelmühle, unter dem Sunrikehagen" (Asseburger Ub. 3, Nr. 2267).

Superior Homa (Ober Homa).
I. Ortswüstung.
II. Stadt Steinheim.
III. *Anfang 13. Jh.: *Superior Homa. Curia de superiori Homel* (Einkünfteverzeichnis Busdorfstift, S. 327, Z. 7).
V. Wahrscheinlich im westlichen, oberen Talabschnitts des Bachtals der Home zu verorten; siehe weiter: Homa.

Swidersen.
I. Ortswüstung.
II. Stadt Willlebadessen.
III. *1250: Kurtis *Swinderessen* (Westf. Ub. 4, Nr. 422: gemeinsame Nennung mit *Heckhusen* [siehe +Ekhusen]); 1330: *curia ...in villa deserta, quondam dicta Swidersen* (Giefers 1889, S. 196 f.); das weiterhin 1338 genannte *Swidersen* – aus dem Ort ist ein Anteil an einem Getreidezehnten in Warburger Maß an das Kloster in Wormeln (Kr. Höxter) abzuführen (Urkunden Kloster Wormeln, Nr. 101) – wird vom Bearbeiter des Urkundenbuchs, H. Müller, auf das heutige Schweckhausen bezogen. Es ist jedoch davon auszugehen, dass das mittelalterliche Swidersen und das wenig entfernte, wüstungsresistente Schweckhausen zwei unterschiedliche ländliche Siedlungen darstellen; 1414: *twe Hove Landes in der Marke to Swedersen de nu tor Tyt buwet Herman Brosies, de to Nyhusen* (= Niesen) *wonnet* (Regesten und Urkunden Marienmünster 3, S. 133, Anm.); 1421: Hofe, gelegen *tho Swedersen by Nyhusen* (Giefers 1880, S. 196); 1503: die Bewirtschaftung des Meierhofes zu Swidersen wird von Willebadessen-Niesen (*Nihusen*) aus vorgenommen (Regesten und Urkunden Marienmünster 1, S. 161).
IV. Wüstungsweisender FlN „Schwekserberg" 1 km westnordwestlich Willebadessen-Niesen (Kreiskatasteramt Höxter, Urriss Völsen, Flur I, 1830).
V. Giefers setzt das angeführte *Nyhusen* zu Recht mit Niesen gleich, folgert jedoch unrichtig, dass Swidersen mit dem 3 km südöstlich(!) von Niesen gelegenen wüstungsresistenten Ort Schweckhausen zu identifizieren sei; Lage von +Swidersen nach Ahrens völlig abweichend südlich von Nieheim.
Literatur: Ahrens 1956, Nr. 14, S. 47 und S. 108.

Tavenhusen.
I. Ortswüstung.
II. Stadt Bad Driburg oder Stadt Brakel?
III. *1158 *Tavenhusen* (Westf. Ub. 2, Cod. 314), 1260: *de Tavenhusen*, villa *Tavenhusen* (Westf. Ub. 4, Nr. 850).
V. Lage nach Schneider/Ahrens zwischen Dringenberg und Gehrden.
Literatur: Schneider 1936, S. 127; Ahrens 1956, Nr. 62, S. 108.

Tenseke.
I. Ortswüstung.
II. Stadt Höxter.
III. *1246: drei Häuser (*domibus*) *in Tenseke* (Westf. Ub. 4, Nr. 372).
IV. Wüstungsweisender FlN: „Im Hoftansen" (Kreiskatasteramt Höxter, Urkataster Ovenhausen, Flur VII, 1830).
V. Lage 1,7 km südsüdwestlich von Höxter-Ovenhausen.
VI. Keramik 9.–14. Jh., Eisenschlacken, -luppen und -erz; DKZ 4221,0053 und 4221,0053:A.
Literatur: Wigand 1831, S. 71, §25: Tenseke; Schneider 1936, S. 127; Leesch/Schubert 1966, Nr. 97, S. 346; Stephan 1978/79, Nr. 97, S. 244 f. und Taf. 62; Casemir/Ohainski 2016, S. 341 f.

Thedinchusen.
I. Ortswüstung.
II. Stadt Bad Driburg?
III. *1142: *Thedinchusen* (Westf. Ub. 2, Cod. 236: Nennung zusammen mit weiteren Orten/Ortswüstungen im Umfeld von Driburg bzw. der Burg Iburg).
V. Nicht auf der Wüstungs-Übersichtskarte des Kreises Höxter dargestellt.

Thiadwinigthorpe.
I. Ortswüstung.
II. Stadt Marienmünster?, Stadt Nieheim?, Stadt Steinheim?
III./V. *Ca. 970–972: *Thiadwinigthorpe*: Aufgrund der gemeinsamen Nennung mit Eversen (*Efereshus*[un]) ist von einer Lage des Weilers *Thiadwinigthorpe* im nordwestlichen Grenzraum des Kreises Höxter auszugehen (Mönchslisten Traditionen Corvey 1 und 2, Tr 345 und S. 251) und zwar möglicherweise in der Steinheimer Börde oder deren Randbereich.
V. Lage nach Schneider bei Bredenborn, bei Stephan (1978/79) jedoch dort nicht nachgewiesen; nicht auf Wüstungsübersichtskarte Kr. Höxter dargestellt. Das BKW Höxter setzt „Thiedwinigthorpe" mit Thienhausen (siehe nachfolgend) gleich (BKW Höxter, S. 218).
Literatur: Schneider 1936, S. 128; Casemir/Ohainski 2016, S. 343 f.: Lage unbekannt bei Marienmünster(?).

Thienhausen (Tidelincthorpe?).
I. Ortswüstung mit Mühle; Stephan (1978) begründet eine mittelalterlich erfolgte Angleichung des Ortsnamens Tidelinctorpe zu Thydenhusen/Thienhausen. Verf. hat dennoch Bedenken, dass sich der Name des mittelalterlichen -ingdorf Ortes zu einem

-hausen Ort veränderte, die auch im Westfälischen Ortsnamenbuch 9 anklingen. Wahrscheinlich liegen hier zwei verschiedene Ortswüstungen vor, von denen Thienhausen dann als partielle Ortswüstung einzustufen wäre.
II. Stadt Steinheim.
III. *1138 *Tidelincthorpe* (Westf. Ub. 2, Cod. 227, wobei zu prüfen wäre ob die Nennung nicht u. U. auf das frühmittelalterlich bezeugte Thiadwinigthorpe zu beziehen ist); 14. Jh.: Mühlenstätte zu Thydenhusen (BKW Höxter, S. 218).
V. Lage der mittelalterlichen Siedlungsstelle nordöstlich vom Schloß Thienhausen bei Rohlfzen (zum Schloss siehe Schüttler 1990, S. 55 f.), das noch im Urkataster als „Thiedenhausen" bezeichnet worden ist (Kreiskatasteramt Höxter, Urkataster Steinheim-Rolfzen, Flur I, 1830); Bau des Schlosses ab 1609 (Stephan 1978, S. 246).
VI. Zwei Felsgesteinbeile, Funde des frühen oder hohen Mittelalters bis des 13. oder 14. Jhs.; DKZ 4120,0091.
Literatur: Schneider 1936, S. 128: Thienhausen; Leesch/Schubert 1966, Nr. 98, S. 346: Tidelincthorpe oder Thienhausen; Stephan 1978, Nr. 98, S. 245 f.: Tidelincthorpe; Casemir/Ohainski 2016, S. 344 f.: +Tidenhusen (bei Schloss Thienhausen).

Tringen (Abb. 64).
I. Ortswüstung, Sitz eines Freistuhlgerichts.
II. Stadt Bad Driburg.
III. *1066: Dringin (Westf. Ub. 1, Reg. 1102: problematische und inhaltlich schwer nachvollziehbare Schenkung eines Forstes, welcher nahezu den gesamten Altkreis Warburg und mehr umfasst hätte; siehe weiter: Giefers 1880, S. 110 f.). Der u. a. 1316/1318 erwähnten Freigrafschaft (*comicia/cometia*) *Dryngen/Dringhen* (Westf. Ub. 9, Nr. 1409; Nr. 1693 f.) gehörten nach Angabe einer Quelle von 1319 Güntersen, Wirdeßen und Volcmersen an. Feuchtackerland und Dauergrünland *prope villam*[!] *Dringhen/Dringen* sind noch 1330 urkundlich belegt. Da der Stadtgründungsvorgang des benachbarten Dringenberg im Jahr 1323 im Wesentlichen abgeschlossen gewesen ist, hat sich die Existenz von Tringen somit über diesen Zeitrahmen hinaus erstreckt (siehe weiter Punkt V!).
IV. Der im Bereich der Ortsstelle auftretene FlN „Kirchhof" wird von Giefers (1880, S. 62) in unzulässiger Weise als Hinweis auf einen Friedhof interpretiert.
V. Nach Simon (1953, S. 12) zwischen Dringenberg und Siebenstern gelegen und namengebend für die Stadt Dringenberg; topographisch nachgewiesene Lage 2 km nördlich von Dringenberg im Zwickel zwischen zwei Bächen bzw. an einem Quellsumpf; unmittelbar im Zwickel der Bäche gelegener, auffälliger, relativ großer Flachhügel (keine Sondage vorgenommen).
VI. Fundfläche zumeist Dauergrünland, im Ackerland festgestellte zwei Konzentrationen aufgepflügter Kalksteinplatten, Funde im Museum Dringenberg: neolithische Flintartefakte, darunter Kratzer/Schaber und eine Pfeilspitze, mittelalterliche Funde: ein gläsener Gnittelstein, ein Läuferstein einer Handmühle, drei kerbschnittverzierte feuervergoldete Beschläge, teils mit kontinentaler Tierornamentik (8. Jh.), hälftiges Fgm. einer Grubenschmelz-Heiligenfibel, eine Plateau-Kreuzemailscheibenfibel, eine Triskell- bzw. Drei-Pelten-Fibel mit Plateaurand, eine Sternfibel mit Kreuzmotiv auf zentralem Plateau, zahlreiche mittelalterliche Hufeisen. Funde aus Prospektion der Siedlungsfläche (2016): Keramik des 9.?/10.–13. Jhs., darunter uneinheitlich gebrannte Irdenware mit Granitgrusmagerung, mit granitischer Sandmagerung sowie mit Schieferplättchenmagerung, ein mit neun Riefen verzierter Spinnwirtel aus reduzierend grau gebrannter Irdenware (Höhe 2,7 cm, Dm. 3,5 cm); Funde insgesamt: 8.–13. Jh. (trotz hinreichend großer Fundmenge keine Funde des 14. Jhs.!); DKZ 4320,0243.
Literatur: Giefers 1874, S. 62–110; Schneider 1936, S. 36; Ahrens 1956, Nr. 60, S. 108: Tringen; Casemir/Ohainski 2016, S. 115 f.; Bergmann 2017c, S. 224–227: Tringen.

Abb. 64: Bad Driburg-Dringenberg, Kr. Höxter: Zu Fibeln umgearbeitete karolingische Schwertgurtbeschläge und runde Pelten-Dreipassfibel von der Ortsstelle Tringen (Foto: LWL-Archäologie für Westfalen, S. Brentführer)

Uphusen.
I. Ortswüstung.
II. Stadt Nieheim.
III. *1144: *Uphusen* (Westf. Ub. 2, Cod. 249: Fälschung); 1158: *Uphusen* (Westf. Ub. 2, Cod. 314).
IV. Wüstungsweisende FlN: „Hubensen", „der Hubensen", „untern Huppensen", „unterm Hubensen", „unter'm Kuppensen" (Kreiskatasteramt Höxter, Urkataster Poembsen, Flur III, 1829),
V. Lage südöstlich von Merlsheim bzw. westlich von Nieheim, bzw. nach Ahrens westlich der Flur „Hubbensen".
Literatur: Wigand 1831, S. 141, §41, lokalisiert ein Uphusen bei Holzminden, Niedersachsen; Schneider 1936, S. 130: Uphausen; Ahrens 1956, Nr. 17, S. 108; Leesch/Schubert 1966, Nr. 100, S. 346.

Upweredun (siehe Wehrden).

Valhausen (bei Dringenberg).
I. Ortswüstung.
II. Stadt Bad Driburg.
III. *822–826: *villa Falohus* (Mönchslisten Traditionen Corvey 1 und 2, Tr 11 und S. 76: Bezug auf diese Ortswüstung eher unwahrscheinlich, da hier später kein Corveyer Besitz nachweisbar); 822–876: *Tradiderunt Hildilec et Tiadbert in Falahus*(un) *mansum j cum siluis et pascuis* (Mönchslisten Traditionen Corvey 1 und 2, Tr 164; vgl. S. 171: Da die beiden Tradenten Hildilec

und Tiadbert auch im Zusammenhang mit *Gardinun* [Tr 265] auftreten und der Klosterort Gehrden [Kr. Höxter] dieser Wüstung Valhausen umittelbar benachbart ist, erscheint m. E. ein Bezug von Tr 164 auf die Ortswüstung bei Gehrden diskutabel); um 1120: *villa ... Valehuson* (Ub. Hessische Landesgeschichte 2, Nr. 51, S. 68, § 83).
IV. Wüstungsweisender FlN „Valsche Feld".
V. Lage 3 km westlich von Gehrden.
VI. „Scherbenfunde" nach Ahrens (Aufbewahrungsort unbekannt; verschollen?); Prospektion Verf.: Mit einem Anteil von nur 14,6% sind uneinheitlich gebrannte Irdenwaren im Materialkomplex unterrepräsentiert, wahrscheinlich, weil sie in dem stärker kontinental geprägten Klima östlich des Eggegebirges schneller zerfallen. Sie zeigen insgesamt, dass entweder im 9. oder 10. Jh. mit einer Siedlungsentstehung des Ortes zu rechnen ist. Rund ein Viertel des Materials gehört der blaugrauen Irdenware an und zwar der feiner gemagerten Variante, die sowohl im hohen Mittelalter als auch noch im 13. Jh. bzw. um 1300 auftritt. Unter den Funden dominiert reduzierend gebrannte Irdenware des späten Mittelalters. Ihr Anteil am Materialkomplex beläuft sich auf 57,5 %. In Verbindung mit dem geringen Anteil der grauen klingendhart gebrannten Irdenware verrät der extrem geringe Anteil von Faststeinzeugen (0,9 % insgesamt), dass Valhausen wahrscheinlich noch im Verlauf des 13. Jhs. aufgegeben worden ist. Die Ortsaufgabe erfolgte wahrscheinlich in einem Zusammenhang zur Stadtgründung von Dringenberg stehend. Sonstige Funde: ein Fgm. eines Breitschenkelhufeisens; DKZ 4320,0229.
Literatur: Schneider 1936, S. 130 f.; Ahrens 1956, Nr. 64, S. 108; Casemir/Ohainski 2016, S. 351 f.

Valhausen (bei Ovenhausen).
I. Ortswüstung.
II. Stadt Höxter.
III. *822–826: *villa Falohus* (Mönchslisten Traditionen Corvey 1 und 2, Tr 11 und S. 76: potentieller Bezug auf diese Ortswüstung möglich neben weiteren Optionen einer Verortung [siehe auch Valhausen bei Dringenberg]).
IV. Wüstungsweisender FlN: „Fallhausen" und angrenzender Quellbereich „Fallhauser Born" nahe des Bachlaufs der Grube bzw. des Bollerbachs (Kreiskatasteramt Höxter, Urkataster Ovenhausen, Flur III, 1830).
V. Lage 2,5 km nordwestlich von Ovenhausen.
VI. Erstfunde H. Jäger: 8.–13. Jh. (Jäger 1958, S. 112: Fallhausen); nachfolgend: Funde des 7./8. Jhs. bis der Mitte des 14. Jhs.; partielle Wüstungserscheinungen ab der 2. Hälfte 12. Jhs.; DKZ 4320,0229.
Literatur: Wigand 1831, S. 82 f., §28: Valahuson; Leesch/Schubert 1966, Nr. 101, S. 346, Stephan 1978/79, Nr. 101, S. 246 f. und Taf. 63 [Nordpfeil der Karte nach Westen weisend]; Casemir/Ohainski 2016, S. 351 f.

Vinsebeck.
I. partielle Ortswüstung.
II. Stadt Steinheim.
IV. Am südöstlichen Ortsrand von Vinsebeck besteht zur Zeit der Aufnahme des Urkatasters ein größerer Flurbereich, der mit dem wüstungsweisenden FlN „Worth" bezeichnet ist (Kreiskatasteramt Höxter, Urriss Steinheim-Vinsebeck, Flur XXV.2, 1829).
VI. Flurnamenbereich „Worth" heute nahezu vollständig überbaut.

Vlechten.
I. Ortswüstung.
II. Stadt Brakel.
III. *918–937: *Flehtunun* (Westf. Ub., Supplement, Nr. 361); ca. 986–988: *in Sekbiki, in Flehtunun, in Berga, in Hemenhus*(un), *in Altontope, in Sullishus*(un), *in Battanhus*(un), *in Halkersun, in Habrehts*(un) *et in Hildiwercesun*. Die umfangreiche Schenkung umfasst Besitz in nördlichen Kr. Höxter. *Flehtunun* ist als +Vlechten bei Brakel zu deuten (Mönchslisten Traditionen Corvey 1 und 2, Tr 413 und S. 267 f.).
V. Lage 2,7 km nordwestlich von Brakel.
VI. Keramische Funde 7. Jh. (Kümpfe)–Mitte 14. Jh.; Eisenverarbeitung; DKZ 4220,0128.
Literatur: Schneider 1936, S. 133; Ahrens 1956, Nr. 51, S. 108; Leesch/Schubert 1966, Nr. 103, S. 346; Stephan 1978/79, Nr. 103, S. 248–250 und Taf. 64.2; Stephan 1979, S. 12, S. 14, S. 17, S. 19, S. 21, S. 28, S. 42 f., Abb. 3 und 18; Casemir/Ohainski 2016, S. 355.

Völkersen.
I. Kirchortwüstung (vgl. auch +Volcmersen, Kr. Höxter).
II. Stadt Bad Driburg.
III. *1142: *Vulkershem* (Westf. Ub. 2, Cod. 236: Fälschung); *1158: *Volkersin* (Westf. Ub. 2, Cod. 313); Kopialbuch des 15. Jhs. (= Archidiakonatsverzeichnis des Bistums Paderborn): *Volkersen* (Wigand 1831, Nr. 10, S. 227: Ort ist zwischen Driburg und Heerse angeführt); 1549 als *desolata ecclesia in Follexen* und Mutterkirche von Bad Driburg bezeichnet (Wichert/Wichert-Pollmann 1965, S. 428 f.),
IV. Wüstungsweisender FlN „Bei der Kirche" im Mündungswinkel des Hilgenbachs in die Aa; die Bahnlinie „Altenbeken (Kr. Paderborn) – Holzminden (Niedersachsen, Kr. Hameln-Bad Pyrmont) wurde später mittig durch den relativ kleinen Flurbereich geführt (Kreiskatasteramt Höxter, Urkataster Driburg, Flur VII.1, 1829; Wichert/Wichert-Pollmann 1965, S. 423 und S. 433 f. mit Karte).
V. Von Schneider grob zwischen Dringenberg und Bad Driburg eingegrenzte Lage; Lageangabe nach Wichert-Pollmann (1966, S. 422): „zwischen Dodenhausen [siehe hier: +Dodonhusen] und Erpessum [siehe hier: +Erpeshusen], wahrscheinlich durch den Bau der Eisenbahn verschüttet"; nachgewiesene Lage bei Stephan 3 km ostsüdöstlich von Bad Driburg südlich des modernen Gehöfts Lilienberg.
VI. „Alt"funde Wichert/Wichert-Pollmann (1965, S. 436): frühes 12. Jh.–1400 (Bestimmung Prof. W. Winkelmann); Funde nach Stephan: ältere Kugeltopfkeramik bis 14. Jh.; DKZ 4220,0079.
Literatur: Schneider 1936, S. 133: Völkersen; Ahrens 1956, Nr. 33, S. 48 und S. 108; Leesch/Schubert 1966, Nr. 104, S. 346; Wichert/Wichert-Pollmann 1965, S. 423–436; Wichert-Pollmann 1966, S. 422; Stephan 1978, Nr. 104, S. 250; Casemir/Ohainski 2016, S. 355.

Volcmersen.
I. Siehe +Völkersen.
II. Stadt Bad Driburg.
III. *1319: *Mansos ... sitos in campis Guntersen, Virdessen et Volcm(er)sen*, die ehemals zur Freigrafschaft Tringen (*Dryngen*) gehört hatten (Ahrens 1956, S. 48; Wichert/Wichert-Pollmann 1965, S. 426); Volkmersen wird bereits von Giefers (1874, S. 65–67) in einem Zusammenhang mit dem Pfarrort +Völkersen gesehen; Wichert/Wichert-Pollmann (1965) ordnen den Quellenbeleg von 1319 ebenso dem ehemaligen Kirchort Völkersen zu, dessen mittelalterliche Schreibweisen des Ortsnamens u. a. auf Vulkershem, Volkersin, Volmarsen, Volcmarsen, Volcm(er)sen und Volkersen lauteten.
Literatur: Wichert/Wichert-Pollmann 1965, S. 423–436.

Volcoldessen.
I. Ortswüstung.
II. Stadt Nieheim.
III. *1186: *Volcoldessen* (Westf. Ub. 2, Cod. 461; Datierung nach Regesten und Urkunden Marienmünster 2, Nr. 14, S. 141: 1188); 1361: *villam dictam Voltessen nunc desertam* (Wigand 1831, S. 102).
V. Lage im Umfeld von Sommersell/Entrup; nicht auf der Wüstungs-Übersichtskarte des Kreises Höxter dargestellt.
Literatur: Giefers 1880, S. 135 f.; Schneider 1936, S. 134: Volkoldessen; Leesch/Schubert 1966, Nr. 105, S. 346; Stephan 1978, Nr. 105, S. 251: Volcodessen.

Walkiun.
I. Ortswüstung.
II. Stadt Bad Driburg?
III. *Ca. 983–985: *in Gellishus(un) et in Walkiun II mansos CXX iugera et III iurnales*. Schütte deutet *Walkiun* als +Welcin bei Rolfzen im nordwestlichen Kr. Höxter (Mönchslisten Traditionen Corvey 1 und 2, Tr 399 und S. 263 f.).
IV. *Walkiun*/Welcin ist bei Rolfzen nicht sicher nachgewiesen. Jedoch besteht im Urkataster Pömbsen ungefähr 0,6 km nordöstlich von Bad Driburg-Alhausen ein einzelnstehendes Gebäude, das als „Gelhaus" bezeichnet ist und auf die Lage des in den Corveyer Traditionen genannten *Gellishus*(un) hinweisen dürfte (siehe hier: Wüstungsliste Kr. Höxter, Gellishusen). Weil der zu +*Gellishus*(un) und +Walkiun gehörige Grundbesitz zusammen (in einem) angeführt ist, darf vermutet werden, dass beide Orte benachbart gewesen sind. – Eine ähnliche Situation (Nennung von gemeinsamen Grundbesitzarealen von zwei aneinandergrenzenden Orten) ist im Kr. Paderborn für die benachbarten Orte Haaren/+Schwafen festzustellen. Andererseits könnte der Ortsname *Walkiun* eine Verballhornung des Ortsnamens Walliwiscun darstellen (siehe +Woldessen).

Watervelde.
I. Partielle Ortswüstung.
II. Stadt Nieheim.
III. *1158: *de Wateruelde* (Westf. Ub. 2, Cod. 313); 1177: *fratres de Wateruelde* (Westf. Ub. 2, Cod. 391).
IV. „Waterfelder Mühle".
V. Lage südöstlich Oeynhausen bzw. westlich Nieheim.
VI. Vorläufige DKZ 4120,0280 (= Oeynhauser Mühle).
Literatur: Giefers 1880, S. 108; Schneider 1936, S. 137; Ahrens 1956, Nr. 7, S. 108; Leesch/Schubert 1966, Nr. 106, S. 346; Casemir/Ohainski 2016, S. 360.

Wehrden (mit Upweredun).
I. Partielle Ortswüstung mit ehemaliger Burg.
II. Stadt Beverungen.
III. *826–876: *in Weredun et in Upweredun* (Mönchslisten Traditionen Corvey 1 und 2, Tr 163 und S. 170).
V. Stephan (1978) interpretiert den Ortsbereich „Oben im Dorfe" mit der Kirche als *Upweredun* und den erst in jüngerer Zeit erneut bebauten Bereich „Unten im Dorfe" zwischen Schloss und Weserfähre als den ursprünglich älter besiedelten Bereich von Wehrden.
VI. Aus dem älteren Bereich des Ortes stammen Funde der vorrömischen Eisenzeit. Das mittelalterliche Material setzt mit dem 7./8. Jh. ein (Kumpfkeramik aus einem Grubenhaus) und erstreckt sich zumindest bis in das 14. Jh. (Stephan 1978, S. 280).
Literatur: Wigand 1831, S. 33 f., §14: Weredun/Upweredun; Schneider 1936, S. 130: Upwen[!]den; Stephan 1978, Nr. 146, S. 280 f.

Weinberg (bei Bredenborn).
I. Relative Flurwüstung.
II. Stadt Marienmünster.
IV. Rund 5 km südwestlich des Klosters Marienmünster überliefern die FlN „Weinberg" und „Am Weinberg" für ein über 200 m hoch gelegenes Gelände auf der Nordseite des Masterholzes einen wahrscheinlichen Standort mittelalterlichen Weinbaus (Kreiskatasteramt Höxter, Urkataster Vörden, Flur XXXI, 1830).

Weinbergsfluren (bei Warburg).
I. Relative Flurwüstungen.
II. Stadt Warburg.
IV. Einen wahrscheinlich mittelalterlichen Weinbau östlich von Warburg überliefern die FlN „Auf'n Weingarten" (Kreiskatasteramt Höxter, Urkataster Warburg, Flur XVII: Dahlheim, 1831/1832) und „Weinberg" nördlich der Diemel (Kreiskatasteramt Höxter, Urkataster Warburg, Flur XVIII, 1829/1831/1832).

Welda: siehe Alt Welda.

Wenden.
I. Ortswüstung.
II. Stadt Marienmünster.
III. *983–985: *Wynithun* (Mönchslisten Traditionen Corvey 1 und 2, Tr 400 und S. 264); z. J. 1031 (um 1165): *Winidun … in pago Auga* (Vita Meinwerci [ed. Terstesse], Kap. 207, S. 168; Vita Meinwerci [ed. Berndt], Kap. 205, S. 234, Z. 15); z. J. 1015–1036 (um 1165): *Winnithi* (Vita Meinwerci [ed. Terstesse], Kap. 38; Vita Meinwerci [ed. Berndt], Kap. 36, S. 116, Z. 4); Ende 12. Jh.: *Winede* (Bauermann 1968, S. 356, Z. 53).
IV. 1324: *viam, que dicitur Můnsterwech, qua itur a Monasterio* [= Kloster Marienmünster] *in villam Wenden per silvam dictam Můnsterholt* (Regesten und Urkunden Marienmünster 3, Nr. 101, S. 141); *Wenden situm inter Vörde* [Marienmünster-Vörden] *et Oldenborch* [Marienmünster-Oldenburg] *prope Walczerdyk* (Regesten und Urkunden Marienmünster 2, Nr. 14, S. 142, Anm.);
V. Lage der bei Stephan nachgewiesenen Fundstelle „Wenden" 1 km westsüdwestlich von Kleinenbreden. Der Lageeintrag „Dorfstelle Wenden" in der Deutschen Grundkarte stimmt jedoch nicht mit der Fundfläche Stephan überein. Der Lageeintrag (bzw. FlN) in der Deutschen Grundkarte tritt dort auf, wo von Stephan +Woldessen nachgewiesen wurde; siehe weiter: Woldessen!
VI. Funde von der Ortsstelle Stephan Nr. 116: „Wenden" datieren vor 1000–nach 1300; DKZ 4121,0085; wahrscheinliche lineare Beeinträchtigung der Fundstelle durch den Ausbau der B 239.
Literatur: Schneider 1936, S. 138; Stephan 1978/79, Nr. 116, S. 256 f. und Taf. 64; vgl. auch Giefers 1880, S. 173 f. und Leesch/Schubert 1966, S. 347; Casemir/Ohainski 2016, S. 365 f.

Wenekessen.
I. Partielle Ortswüstung.
II. Stadt Bad Driburg.
III. *1377: Wenikessen bei Driburg (Landesarchiv NRW, Abt. Westfalen [Münster], Fsm. Paderborn, Urkunden, Reg. 1001).
IV. Unmittelbar nordwestlich der „Uhlenmühle" bestand der Flurbereich „Wenninghahle" (Kreiskatasteramt Höxter, Urkataster Driburg, Flur XIII, 1830).
V. Lage ca. 1,4 km südsüdöstlich von Bad Driburg.
VI. „Scherbenfunde" nach Ahrens (verschollen); Flur heute bis auf einen kleinen Flurausschnitt südlich der B 64 bebaut.

Literatur: Ahrens 1956, Nr. 43, S. 108; Leesch/Schubert 1966, Nr. 107, S. 346; Wichert-Pollmann 1966, S. 422: Wenninghausen; Casemir/Ohainski 2016, S. 366.

Wernershagen.
I. Wüste Hagenhufensiedlung?
II. Stadt Brakel?
III. *1392: *Gude ... to Smechten unde den Wernershagen* (Wichert/Wichert-Pollmann 1965, S. 426).
V. Lage bei Brakel-Schmechten; nicht auf der Wüstungs-Übersichtskarte des Kreises Höxter eingetragen, da Unsicherheit bestehend ob Siedlung oder Flurbezeichnung darstellend.

Wernessen (Wirdessen).
I. Ortswüstung.
II. Stadt Brakel.
III. *1142: *Werneshem* (Westf. Ub. 2, Cod. 236: Fälschung); 1158: *Wirnessen* (Westf. Ub. 2, Cod. 314); 1173: *Wernessem* (Westf. Ub. 2, Nr. 362); 1184: *Wevrimishem*[!] (Westf. Ub., Add., Nr. 66); um 1250: *Wirdessen* (INA Paderborn, S. 182); 1262: *Wirdessen* (Westf. Ub. 4, Nr. 923).
IV./V. Lage nach Schneider westlich von Gehrden (wo in der Deutschen Grundkarte westnordwestlich von Gehrden der wüstungsweisende FlN Wernerscher Berg auftritt); Lage nach Ahrens „vor dem Ookholz" (gemeint ist wahrscheinlich das Waldstück „Ock" südwestlich von Gehrden). Kommentar: möglicherweise handelt es sich bei Wernessen um einen anderen Ort als Wirdessen. Die in den Gehrdener Urkunden von 1158 und 1173 bzw. dem Gerdener Falsifikat von 1142 genannten Orte Werneshem/Wirnessen/Wernessem jedenfalls sind identisch.
VI. „Scherbenfunde" nach Ahrens (Wissen um Lage der Fundstelle verlorengegangen); Groblokalisation: DKZ 4320,0274.
Literatur: Schneider 1936, S. 140; Ahrens 1956, Nr. 65, S. 108: Wirdessen; Casemir/Ohainski 2016, S. 367 f.

Westerhagen.
I. Ortswüstung.
II. Stadt Warburg.
III. *1265: *in campo Westerhagen* (Westf. Ub. 4, Nr. 1047; Urkunden Kloster Hardehausen, Nr. 235); 1285: *dimidium mansum in Westerhagen iuxta Wartberg* (Westf. Ub. 4, Nr. 1829; Urkunden Kloster Hardehausen, Nr. 354); 1327: *curiam nostram in loco, qui Westerhagen dicitur* (Urkunden Kloster Hardehausen, Nr. 642).
Literatur: Schneider 1936, S. 141.

West Nörde (= Minor Norde).
I. Ortswüstung.
II. Stadt Warburg.
III. *1158: *Westnorthe* (in Unterscheidung zu *Ostnorthe*, dem heutigen Nörde) (Westf. Ub. 2, Cod. 313); 1300: *in minori Nordhe* (Westf. Ub. 4, Nr. 2597); 1370: *in Minore Norde* (Überlieferung Kloster Hardehausen, S. 105 und S. 118); 1426: Großen und *Lüttingen Norde* (Urkunden Propstei Marsberg, Nr. 334).
IV./V. Lage der angrenzend an die Flur „Kirchhoff" (Kreiskatasteramt Höxter, Urkataster Ossendorf, Flur IV, 1831) archäologisch nachgewiesenen Fundstelle 0,9 km westlich von Nörde und zwar am Bachlauf der Naure unweit des „Nausenbergs"; im Umfeld der Fundstelle nachgewiesene FlN des Urkatasters wie „Büterm lücken Wege" und „Bangert" liefern keine eindeutigen Hinweise zur historischen Identifikation der Ortsstelle.
VI. Der Fundkomplex beinhaltet 530 Lesefunde. Das keramische Fundmaterial gehört der Zeit um 800/9. Jh. bis dem 14. Jh. an. Auf die in zahlreichen Varianten vorliegenden uneinheitlich gebrannten Irdenwaren entfallen 4,2 % der Fundmenge, auf gelbe Irdenwaren 8,9 %, blaugraue Irdenwaren 30,9 %, graue Irdenwaren 53,8 % und den Komplex rot engobierte Irdenwaren, rotengobiertes Steinzeug, grauolives Faststeinzeug, rot engobiertes Steinzeug und Faststeinzeug sowie Steinzeug Siegburger Art 2,3 % der Funde. Unter dem Material befindet sich ein Kumpf aus uneinheitlich gebrannter und mit Grobsand gemagerter Irdenware, die RS eines Topfes des 9./10. Jhs. aus gelber mäßig grob gemagerter Irdenware nordhessischer Machart (rundlich ausbiegender Rand mit kurzer, verdickter und rund abgestrichener Randlippe) und ein Spinnwirtel aus gelber fein gemagerter harter Irdenware; DKZ 4421,0159. Auf der gegenüberliegenden (südlichen) Seite der Naure befindet sich die ebenfalls zu dem Ort gehörige Altfundstelle DKZ 4420,0077 mit 40 Rand- und Henkelscherben des Mittelalters.
Literatur: Schneider 1936, S. 99: Nörde; Casemir/Ohainski 2016, S. 269–271; Niggemann 2015, S. 180.

Wigermisse.
I. Ortswüstung.
II. Stadt Willebadessen.
III. *1332: Wygermisse (Forwick 1963, Nr. 95, S. 99); ca. 1332–1348: *Wyggermisse* (Waldecker Ub, Nr. 31, S. 47).
IV. Um die Kernflur namens „Wiggelmessen" treten die FlN „oben Kirchhöfen", „Oben den Kirchhöfen", „Hinter den Kirchhöfen", „Hintern Kirchhöfen" und „Unte(r)n Kirchhöfen" auf und im weiteren Umfeld die FlN „Wiggelmesserfeld" bzw. „Wiggelmesser Feld" (Kreiskatasteramt Höxter, Urkataster Peckelsheim, Flur X und XI, 1831 und Charte der Katastral Gemeinde Peckelsheim, 1831).
V. Lage 2,3 km südlich von Peckelsheim.
VI. Funde 12./13./14.(?) Jh. aus Übersichtsbegehung; DKZ 4420,0165.
Literatur: Giefers 1881, S. 173: Wiggelmissen; Casemir/Ohainski 2016, S. 369 f.

Widinchusen.
I. Ortswüstung.
II. Stadt Brakel?
III. *1256: *decimam in Widinchusen* [et] *mansum ... situm in agris Bracle et Hemedessen* (Westf. Ub. 4, Nr. 684; *Hemedessen* = Brakel-Hembsen).
V. Lage nach „Urkunden Kloster Hardehausen" (S. 159) „bei Brakel"; Ort bei Stephan (1978) nicht nachgewiesen.

Wimelsen.
I. Ortswüstung mit Kapelle, Wüstungsflur.
II. Stadt Brakel.
III. *1106–1128 (Datierung nach Casemir/Ohainsky 2016, S. 374): *in Wimissen* (Wigand, Verzeichnisse Corveyscher Güter, Bd. 1.4, S. 53, Z. 31); 1275: *Wimelsen* (Westf. Ub. 4, Nr. 1393; Wigand 1831, Nr. 3, S. 215 f.).
IV. Wüstungsweisender FlN „Wimelsgrund" (Wigand 1831, S. 71).
V. Lage 2,3 km östlich des Modexer Hofes im Brakeler Stadtwald.
VI. Funde 9./10. Jh.–13./14. Jh.; Eisenschlackenfunde; im Nordosten schließt sich an die Ortsstelle eine ausgedehnte Wölbackerflur an; DKZ 4221,0058.
Literatur: Wigand 1831, S. 71 f., §25: Wimelsen; Schneider 1936, S. 144; Leesch/Schubert 1966, Nr. 108, S. 346; Stephan 1978, Nr. 108, S. 251; Stephan 1979, S. 43; Casemir/Ohainski 2016, S. 374 f.

Wintrup (Wimelinctorp).
I. Partielle Ortswüstung (jetzt Gut Wintrup).
II. Stadt Steinheim.
III. *1153–70: *Winethorpe* (Mindener Geschichtsquellen 1, Nr. 25, S. 157).
IV. Zum Gut siehe Kreiskatasteramt Höxter, Urkataster Sandebeck, Flur V.1, 1830.
VI. Südlich des ehemaligen Herrenhauses Wintrup bestehender Turmhügel (DKZ 4119,0005). Die im Urkataster 33 m x 48 m große, ovale Gräfteninsel mit dem Turmhügel ist von einer rechteckig umgrenzten Gräfte begrenzt, deren maximale Breite 23 m beträgt. Auf ihrer nördlichen Seite, also zum Herrenhaus hin, ist die Gräfte im Jahr 1830 bereits partiell zugeschüttet und dementsprechend schmal ausgeprägt. Die Niederungsburg war am Zusammenfluss zweier Bäche, des Mühlenbachs und des Einkenbachs angelegt; nordwestlich des Gutes stammen von einer 60 m x 300 m großen Fläche Keramikfunde des frühen und hohen Mittelalters.
Literatur: Schneider 1936, S. 144; Leesch/Schubert 1966, Nr. 109, S. 346; Balzer 1979, Ortsnamenliste zu Abb. 5, Nr. 10: Wintrup.

Wirdessen, siehe Wernessen.

Woldessen (Walliwiscun?).
I. Ortswüstung.
II. Stadt Marienmünster.
III. *Ca. 997–1000: *in Duggun IX familias cum omnibus ad hunc locum pertinentibus, id est in Walliwiscun et quidquid ibi habuerunt* (Mönchslisten Traditionen Corvey 1 und 2, Tr 455 und S. 278); 1106–1128: *Waltwiseim* (Kindlinger 2, Nr. XIX, S. 131); 1188: *Woldessen* (Regesten und Urkunden Marienmünster 2, Nr. 14, S. 141).
IV./V. Wüstungsweisender FlN im Jahr 1324: „Woldesser Teich“, *piscina ... Woldessen* (Giefers 1880, S. 136); 1324: *a villa Wenden directe procedendo ad viam, qua itur de Oldenborgh* (= Marienmünster-Oldenburg) *versus Huxariam* (= Höxter) *et deinceps per paludem* (= Sumpf) *Woldessen ad locum, ubi terminatur Elwordessere Marke* (Regesten und Urkunden Marienmünster 3, Nr. 101, S. 141; *Elwordessere Marke* = Mark von Marienmünster-Eilversen); 1470: wüstungsweisender FlN *Woltzer Dyk boven dem Vörde* [= Marienmünster-Vörden] (Regesten und Urkunden Marienmünster 4, Nr. 250); Lage der bei Stephan nachgewiesenen archäologischen Fundstelle „Woldessen“ 1,2 km nordnordöstlich von Vörden. Der Identifikation dieser archäologischen Fundstelle mit +Woldessen steht entgegen, dass sich in der Deutschen Grundkarte direkt nördlich dieser der Karteneintrag „Dorfstelle Wenden“ findet (dieser Eintrag könnte unrichtig vorgenommen worden sein). Die nachgewiesene Fundstelle liegt jedoch direkt am „Wenderweg“. Insofern ist zu vermuten, dass sich die archäologische Fundstelle Stephan 110: „Woldessen“ auf die Ortsstelle Wenden beziehen könnte, wohingegen die Fundstelle Stephan 116: „Wenden“ möglicherweise auf die Ortswüstung Woldessen zu beziehen ist; Schrader (Regesten und Urkunden Marienmünster 1, S. 161) hingegegen verortet Woldessen östlich von Marienmünster-Vörden und zwar zwischen diesem und Marienmünster-Eilversen, also näherungsweise ostsüdöstlich von Vörden und somit in einem wiederum abweichenden Geländeausschnitt.
VI. Funde (Stephan: Woldessen): 9./10. Jh.–frühes 14. Jh.; Eisenverhüttung; DKZ 4121,0070.
Literatur: Wigand 1831, S. 99, S. 101 f., §33: Wallivisthun (Voltessun); Schneider 1936, S. 135: Walliwiscun und S. 145: Woldessen; Leesch/Schubert 1966, Nr. 110, S. 347; Stephan 1978/79, Nr. 110, S. 252 und Taf. 65 (der Nordpfeil der Kartierung weist mutmaßlich nach Nordwesten); Casemir/Ohainski 2016, S. 377 f.

Wulfhereshusun.
I. Ortswüstung.
II. Stadt Nieheim.
III. *1015–36: *Wlfhereshusun* (Westf. Ub. 1, Cod. 87,XIX); etwa 1260–1270: *unam casam et quatuor Morgene in Wlfersen* [...] *Unam casam et quatuor Morgene in Wolfersem* (Lehnsregister Driburg, S. 363, §89).
IV. Wüstungsweisende Geländebezeichnungen „Wülfisches Feld“ und „Wülfische Teiche“ südlich von Nieheim-Holzhausen.
V. Wüstungslage östlich der von Holzhausen nach Brakel führenden Straße (Regesten und Urkunden Marienmünster 3, S. 152). Lage nach Schneider und Leesch/Schubert südlich von Nieheim-Holzhausen; nicht auf Wüstungsübersichtskarte des Kreises Höxter dargestellt, da nicht hinreichend genau relokalisierbar.
VI. „Scherbenfunde“ nach Ahrens (Funde verschollen).
Literatur: Schneider 1936, S. 146: Wülmersen; Ahrens 1956, Nr. 21, S. 108: Wülfersen; Leesch/Schubert 1966, Nr. 111, S. 347: Wulferdessen, Wulmersen.

Wullenhusen.
I. Ortswüstung.
II. Stadt Warburg.
III. *1155: *Hugo de Wullenhusen* (Überlieferung Kloster Hardehausen, S. 47); 1173: *domus ... in Willenhusen* (Westf. Ub. 2, Cod. 362).
IV. Ausgehend von der Annahme bei Giefers (siehe Punkt V.) lassen sich für Warburg-Rimbeck mehrere FlN feststellen, die auf die Ortslage von Wullenhusen/Willenhusen verweisen könnten. Bei diesen handelt es sich um die „Wittkenbrede“, den „Wittkenbredenweg“ und die Fluren „In der Wittkenbrede“ und „Unter der Wittkenbrede“. Der im Norden daran angrenzende Waldbezirk „Wittchen“ ist eine Unterabteilung des Forstes „Weiße Holz“. Diese FlN setzen 0,7 km nordöstlich der Kirche Rimbeck ein (Kreiskatasteramt Höxter, Urkataster Scherfede, Flur IV, 1831 und Flur V, 1831). Es ist jedoch nicht sicher, ob diese FlN tatsächlich vom Ortsnamen abzuleiten sind, da der niederdeutsche Begriff „witt“ weiß bedeutet und die FlN somit in einem Zusammenhang zum „Weißen Holz“ stehen könnten.
V. Lage bei Scherfede (Giefers 1880, S. 113 f.).
Literatur: Schneider 1936, S. 144: Willenhausen.

10.4 Wüstungen im Kreis Paderborn (Abb. 65)

Der Kreis Paderborn kann in ein sehr wüstungsintensives Gebiet südlich der Lippe und einen wüstungsarmen Kleinraum nördlich des Flusses unterteilt werden. Für das Kreisgebiet wurden 167 Orte ermittelt, die im Spätmittelalter vollständig aufgegeben worden (darunter 17 Orte mit einer Kirche oder einer Kapelle) oder zu einem geringeren Teil von erheblichen Entsiedlungserscheinungen (16 partielle Ortswüstungen) betroffen gewesen sind. Zu addieren sind drei Burgwüstungen, eine Stadtwüstung und elf nicht sicher zuordnungsfähige Objekte. Bezogen auf den Gesamtbestand mittelalterlicher Orte errechnet sich bei derzeitigem Arbeitsstand ein Wüstungsquotient von etwa 74 %, der in jedem Fall höher ist als derjenige im benachbarten Kreis Höxter. Bei der Berechnung der Verhältniszahl, die ein Indikator für die Intensität des mittelalterlichen Wüstungsgeschehens ist, werden Hofwüstungen (fünf Objekte innerhalb des Kreises) üblicherweise nicht berücksichtigt (Bergmann 2017, S. 231).

Aufgegebene Einzelhöfe wie etwa der Villikationshaupthof Enenhus bei Paderborn können jedoch historisch durchaus bedeutend gewesen sein. Der 1276 ersterwähnte Herrenhof *curtis Sundere* bei Büren ist ein weiterer, aufgegebener, isolierter Hof in der Region. Er lag auf einem Geländesporn oberhalb des Zusammenflusses zweier zeitweilig (perennierend) Wasser führender, lokal als „Gotten" bezeichneter Bäche und befand sich zunächst im Besitz der Edelherren von Büren. Der mittelalterlich-neuzeitliche Fernweg Lippstadt–Büren führte in Sichtweite am Hof vorbei, in dessen Umfeld die Geländebezeichnungen „Sunder", „Sunderbiek" und „Sunderbieck Trift" bestehen. Sie weisen darauf hin, dass das Waldgebiet, in dem der Haupthof errichtet worden war, einer gesonderten, nicht allgemein bäuerlichen Nutzung unterlag. Das Fundmaterial von der Hofstelle datiert in die Zeit um 800/das 9. Jh. und in das 11.–14. Jh. und zeigt, dass derartige in der Kulturlandschaft des Hochstifts Paderborn isoliert vorkommende Höfe nicht zwingend jünger sind als die aufgegebenen Klein- und Großweiler des Untersuchungsraums. Die Verortung wüstgefallener Kleinweiler gestaltete sich mitunter sehr einfach, wie bei +Ryquordinchusen. Die Ortsstelle lag oberhalb einer Quelle am Hochrand einer gewässerlosen Hochfläche, also einer extrem siedlungsverdächtigen Stelle. Die Erinnerung an den Ort hält ein isoliert auf einer Wiese stehendes Feldkreuz als Prozessionsstandort wach (Abb. 84), dass sich an dieser Stelle bereits für das Jahr 1829 nachweisen lässt. Bisherige Funde gehören dem 11.–13. Jh. an. Die ältesten Funde von den Ortswüstungen Graffeln und Altenböddeken gehören dem 9.–14. Jh. an. Graffeln war ehemals ein Dorf. Es war auf einer schwach geneigten Flussterrasse oberhalb der zeitweise Wasser führenden Alme angelegt. Der Ort war rund 230 m lang und zeigt im archäologischen Fundverbreitungsbild mehrere aufgepflügte Konzentrationen von verziegeltem Lehm wie auch von Kalkbruchsteinen, die auf einzelne, ehemalige Gebäudestandorte hinweisen. Die Wüstungslage von Altenböddeken wird durch einen Flurnamen des für die Wüstungsforschung ungemein wichtigen Urkatasterwerks tradiert. Die ausgedehnte Fundfläche ist in erheblichem Umfang mit den Abfällen der historischen Glasfabrik Altenböddeken durchsetzt, deren Werkstattgebäude an anderer Stelle erhalten ist (Bergmann 2017d, S. 231).

Das 1287 als *Chermberg* erstgenannte Kerkberg unweit des Klosters Böddeken ist einer der aufgelassenen Kirchorte des Kreises. 1408 lag die Kirche wüst und die zum Kirchspiel gehörenden ländlichen Orte Tedekenlo, Wulfeshusen, Tindeln und Altenböddeken existierten nicht mehr. Die Kirchenstelle befand sich auf einem Geländesporn unweit einer permanent fließenden Quelle. Ihr Mauerwerk ist bis zu 6 m hoch erhalten (Abb. 75). Das Fundmaterial aus dem Umfeld der Kirche gehört dem 12.–14. Jh. an (Henkel 1973, S. 118-121 mit Karte S. 120). Eine andere Kirchortwüstung der Paderborner Hochfläche, Kerkthorp, war einstmals das Zentrum des Soratfeldes. Die erhebliche Ausdehnung des Urkirchspiels der karolingischen Taufkirche ist daran ablesbar, dass zu ihm ehemals selbst entlegene Orte wie Eggeringhausen in der heutigen Gemeinde Borchen gehörten. Der landeshistorisch bedeutsame Ort war ehemals von Orten mit dem Suffix -heim wie Sudhem, Masenhem, Odenhem und Nordhem umgeben (Bergmann 2010g, 84 f. und Abb. 1), deren genaue Ortslage außer bei dem im Bereich des heutigen Sudheimer Hofes zu verortenden Sudhem unbekannt ist. Im Jahr 1036 als *Kerecthorp* ersterwähnt, ist seine Kirche 1223 explizit genannt. Vom Westturm der Kirche ist ein pyramidenstumpfförmiger Schutthügel erhalten, der sich von dem im Osten anschließenden, abgeflachten Schutthügel von Schiff und Chor absetzt. Die ellipsenförmige, von prägnanten Steilböschungen begrenzte Kirchenstelle wird im Süden unmittelbar vom Hellweg Paderborn – Kleinenberg – Warburg, heute einem Feldweg, tangiert (Abb. 77). In ihrem Umfeld bestehen am Odenheimer Bach mehrere Mühlen. Sie sind der Siedlungsrest von Kerkthorp, dass folglich als partielle Ortswüstung einzustufen ist. Die Aufgabe des Ortes steht in einem Zusammenhang mit der Gründung der 0,9 km entfernten Stadt Lichtenau. Der dritte hier angeführte Kirchort ist in der Literatur bislang mit „Hilligensele" identifiziert worden, was nicht ganz richtig ist, denn es handelt sich um die Wüstung Eilhardinchusen. Letztere Identifikation kann sich auf eine Verpachtungsurkunde aus dem Jahr 1793 stützen. Eilhardinchusen war seit dem ausgehenden Hochmittelalter in grundherrschaftlichem Besitz des Klosters Abdinghof in Paderborn. Im Ortsbereich besteht eine Kapelle, deren Chor dem Ende des 11. oder Anfang des 12. Jhs. angehören dürfte und der auch den Chorraum der heutigen Kapelle bildet (Abb. 71). Der Sakralbau ist nach der Aufgabe des Weilers als Einsiedelei „tor hilligen Seele" genutzt worden, deren Bestehen ab dem Jahr 1406 bezeugt ist (Bergmann 2017d, S. 231 und S. 233 f.). Im Umfeld der Kapelle wurde eine frühmittelalterliche Kreuzemailscheibenfibel des Typs Haseloff A mit runden Zwickelgruben, eine einfache, unverzierte Metallbuckelfibel und Siedlungskeramik des 11.–13. Jhs. aufgefunden. Weiteres Material verweist auf einen frühneuzeitlichen Fortbestand der Eremitage.

Für die Wüstungsbildung im ländlichen Raum ist eine das Kirchspiel Kirchborchen betreffende Quelle aus dem Jahr 1304 von erheblicher Bedeutung, der zu entnehmen ist, dass die Betriebseinheiten (*Hove) tho Othelmynchusen, Evynchusen, Elderinchusen, Unscher, Honborne* und *Sunthe Gallen* nicht besetzt, unbewirtschaftet oder nicht bewohnt sind (Balzer 1994, S. 75 f. [mit Datierung 1304]; Hachmann 1998, S. 42 f.; Datierung nach Westf. Ub. 9, Nr. 297: 1405–1418). D. h. das Wüstungsgeschehen setzt zeitlich erheblich vor der Pest der Mitte das 14. Jhs. ein und muss andere Ursachen haben. Die Rechtsunsicherheit im 14. Jh. auf dem Sintfeld verdeutlicht 1322 im Umfeld des Ortes [+]Dorslon begangener Straßenraub (Westf. Ub. 9, Nr. 2169; Henkel 1973, S. 138), wo sich der Fernweg Frankfurt/Main–Paderborn mit dem West–Ost verlaufenden *Herßewech* kreuzte. Im Verlauf einer durch Fehden maßgeblich beeinflussten spätmittelalterlichen Wüstungsphase entvölkerte sich der gesamte Kernbereich des Sintfeldes, das der ausgedehnten Wüstungslandschaft angehört, die sich bis in den Hochsauerlandkreis

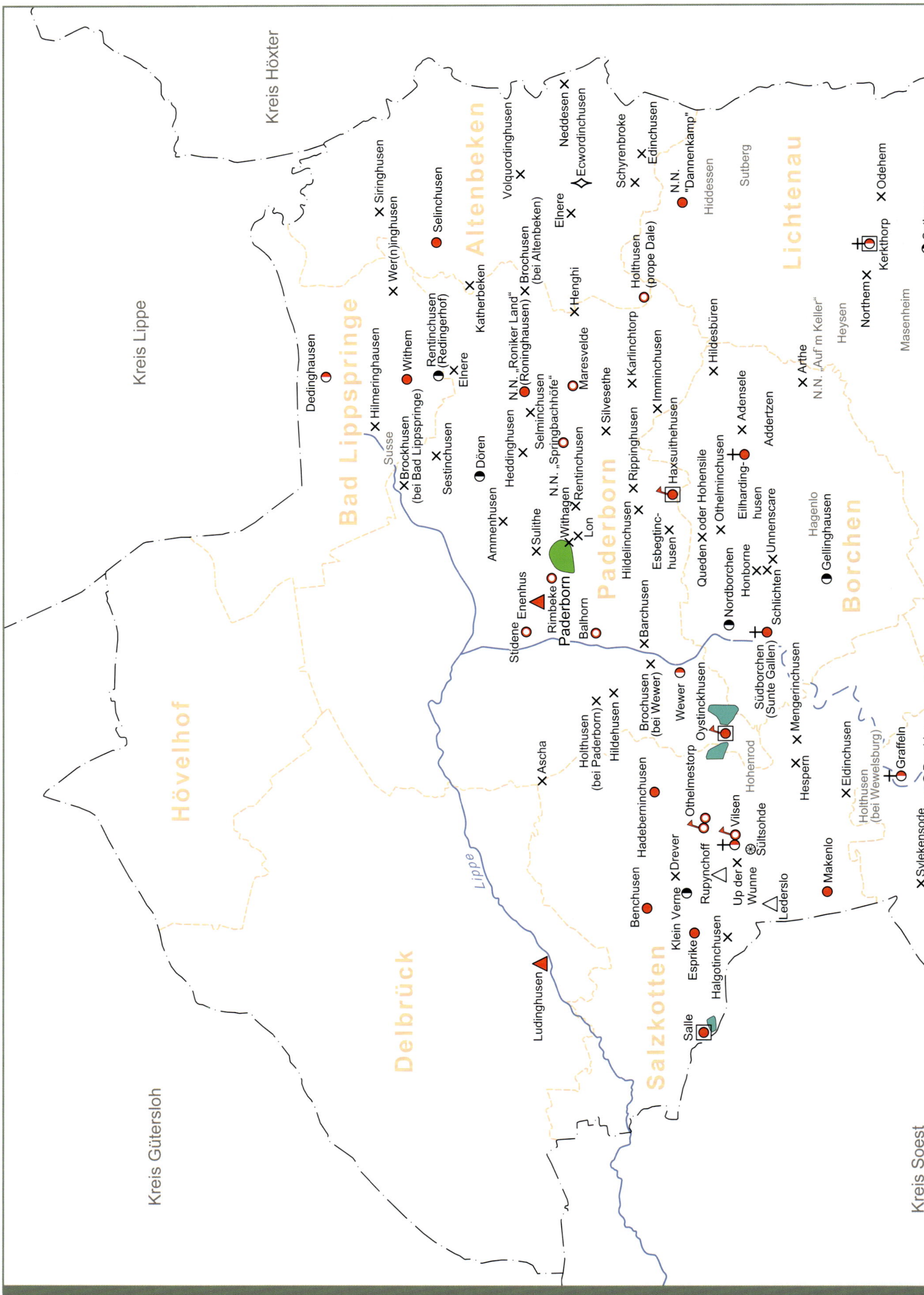

Abb. 65: Wüstungen im Kreis Paderborn (Entwurf: LWL-Archäologie für Westfalen, R. Bergmann, Kartografie M. Thede,

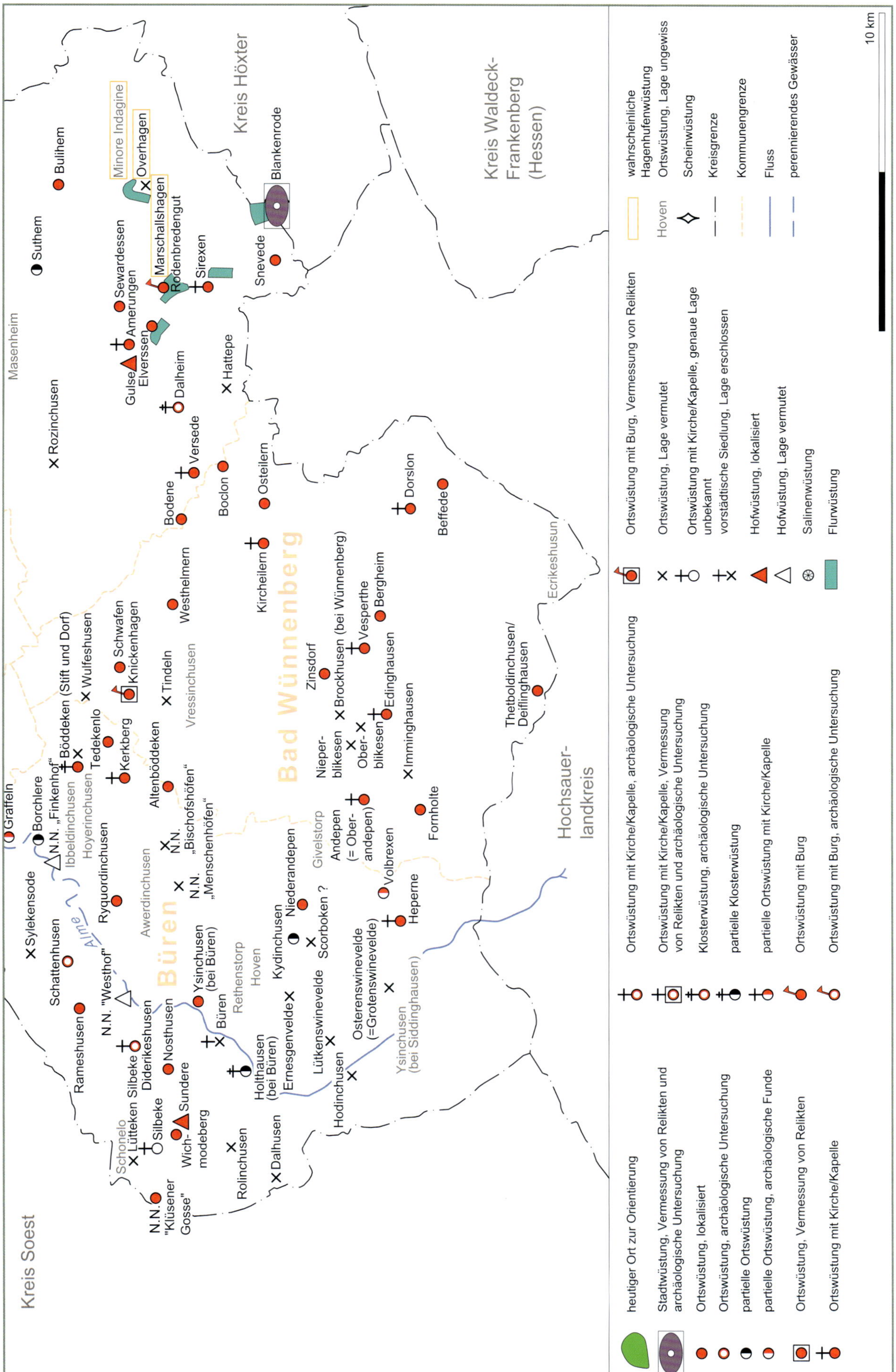

Arbeitsstand: Februar 2021) [Übersichtskarte]

hinein erstreckt. Das spätmittelalterliche Wüstungsgeschehen des 14. Jhs. auf dem Sintfeld markiert „die Errichtung der dörflichen Wehranlage Knickenhagen, die zur Zeit der Fehden durch vertriebene Landbewohner der Umgebung erfolgte", worin sich die Notlage der Landbevölkerung offenbart (Henkel 1973, S. 139). Jedoch wird auch diese Siedlung aufgelassen. Das ebenfalls auf dem Sintfeld gelegene Augustinerinnenkloster Dalheim war infolge der exzessiven regionalen Wüstungsbildung seiner wirtschaftlichen Grundlage beraubt und erwies sich als nicht mehr überlebensfähig. Nachdem es 1369 bei einem Überfall ausbrannte, wurde es aufgegeben und ist 1429 als *dat vorbrande unde woeste Closter ... to Dalhem* bezeichnet, dessen Gebäude eingestürzt seien (Urkunden Kloster Dalheim, Nr. 161 und Nr. 167). Wichtig für die Einschätzung des zeitlichen Ablaufs des Wüstungsgeschehens erweist sich die Registraturüberlieferung des Zisterzienserklosters Hardehausen, dessen Grundbesitz sich auf die Getreidebaulandschaften des südlichen Weserberglandes (Kr. Höxter), der Paderborner Hochfläche (Kreis Paderborn), des Nordostsauerlandes (Hochsauerlandkreis) und Nordosthessens erstreckte. 1370 bezog das Kloster einen überwiegenden Teil seiner Einkünfte aus Siedlungen, die zu Wüstungen wurden, deren Fluren zu diesem Zeitpunkt jedoch bewirtschaftet wurden. Die Registratur von 1376 enthüllt, dass nun innerhalb der wenigen Jahre eine erhebliche Wüstungsbildung eingesetzt hat, die ihre Ursache nicht in pestbedingten Bevölkerungsverlusten hat und die durch das Einsetzen der Agrarkrise mitbedingt gewesen sein dürfte (Bergmann 2014b, 606 f.).

Erst 1429, also rund 60 Jahre nach der Aufgabe des Klosters Dalheim, übernahmen Augustiner-Chorherren des Klosters Böddeken das verlassene Objekt und bauten dieses zunächst als Böddeker Grangie mit seinen Anlagen und seiner Wirtschaft neu auf. Gegen den Widerstand des Mutterklosters erhielt Dalheim 1452 seine Unabhängigkeit als eigenständiges Kloster. In der Reorganisationsphase arrondierten die Dalheimer Mönche ihren Grundbesitz großflächig und schreckten dabei nicht vor dem Mittel wiederholter Urkundenfälschung zurück. Zur Feststellung der Grenzen von Wüstungsgemarkungen wurden 1448/1451 Zeugen aufgeboten, die vor 40–50 Jahren in um die Mitte des 15. Jhs. bereits seit längerem wüsten Orten des Sintfeldes gelebt hatten und die in die Städte Lichtenau (Kr. Paderborn), Wünnenberg (Kr. Paderborn), Marsberg (Hochsauerlandkreis) und Geseke (Kr. Soest) abgewandert waren (Urkunden Kloster Dalheim, Nr. 186 und Nr. 193; Bergmann 2002b, S. 125 f.). Die detaillierten, notariell beglaubigten Grenzbegehungen von Totalwüstungen des Sintfelds, besonders diejenigen des Jahres 1451, bilden den Kulturlandschaftszustand des Sintfeldes anschaulich ab: Die Strukturen des ehemaligen Ackerlandes waren in Form von Wölbacker-Beetfurchen (*sulci agrorum*) deutlich erkennbar, wobei sich die Gemarkungsgrenzen der Totalwüstungen am Verlauf von Scheidegräben (*sulcos maiores ... dictos Schedevore*) rekonstruieren ließen. Als Kleinformen des Mikroreliefs waren selbst Wendestücke vor Kopf der Ackerbeetverbände gleicher Verlaufsrichtung (*sulcorum, qui dicitur Wendevor vel Anewende*) sichtbar. In der ehemals freien Feldflur an Wegen/Wegekreuzungen gepflanzte Linden standen teilweise immer noch, nun jedoch innerhalb von aufkommendem Buschwerk. Der das Sintfeld als Fernweg ehemals in West–Ost Richtung querende *Herßewech* war abschnittweise zugewachsen und folglich bedeutungslos. Die von aufkommendem und teils bereits dichtem Dorngestrüpp (*locum quondam spineti ramosi notabiliter late expansi*) bedeckten Wüstungsgemarkungen wurden in der Folgezeit rekultiviert und bis zum Jahr 1518 hatte sich das Kloster zwölf Wüstungsgemarkungen angeeignet (Urkunden Kloster Dalheim, Nr. 193).

Wüstungsliste Kreis Paderborn

Addertzen.
I. Ortswüstung.
II. Gemeinde Borchen ?
III. *1383: *groten Hof to Addertzen* (INA Büren, Nr. 243, S. 171).
V. Nach Angabe eines Kopiars liegt die Ortswüstung in der Nähe der Örtlichkeit *tor Hilgenzele* (INA Büren, Nr. 243, S. 171 f.); vgl. +Eilhardinchusen.
Literatur: Meineke 2018, S. 37 f.: + Adersen.

Adensele.
I. Ortswüstung.
II. Gemeinde Borchen.
III. *1569: lütke und grote Hof zu Adenselle (Rohrbach ^{2}1963, S. 28).
V. Lage „etwa zwischen dem Haxterholz und Dörenhagen" (Rohrbach ^{2}1963, S. 24) bzw. westlich von Dörenhagen.
Literatur: Koch 1974, S. 166: Adensele, und Abb. 37; Balzer 1979, S. 83 und Anm. 536 (mit Lageangabe südöstlich von +Queden und mit Hinweis auf die Kapelle „thor hilligen Seele) und Ortsnamensliste zu Abb. 5, Nr. 95: Adensele; Meineke 2018, S. 36 f.: + Adensell mit weiter zurückreichenden Quellenbelegen.

Altenböddeken.
I. Ortswüstung.
II. Stadt Büren.
III. *1191: *Egilmarus villicus in Altenbodeken* (Westf. Ub., Add., Nr. 78); 1335: Aldenbudeken (Landesarchiv NRW, Abt. Westfalen [Münster], Fsm. Paderborn, Urkunden, Reg. 617); Ort zur Parochie Kerkberg gehörig; Wüstungsbildung 1381 beginnend; erneute (lockere) Besiedlung durch zu Beginn des 19. Jhs. gegründete Glasfabrik (Betriebsgebäude erhalten) einsetzend.
IV. Wüstungsweisender FlN „Auf dem alten Boedeken" (Kreiskatasteramt Paderborn, Urriss Wewelsburg, Flur LX, 1830).
V. Ortslage auf Verebnungsflächen südlich eines Teichs am Rand der verkarsteten Hochfläche.
VI. Funde um 800/9. Jh.–14. Jh. aus angeführtem FlN-Bereich, Funde u. a. granitgrusgemagerte Irdenware, uneinheitlich gebrannte Irdenware mit granitischer Sandmagerung (1 Kumpf!), blaugraue Irdenware, Steinzeug Siegburger Art, ein Spinnwirtel (H. 2,1 cm, Dm.3,0 cm) aus gelber mäßig grob gemagerter harter Irdenware, starker Zerscherbungsgrad der Keramiken, Funde von Schmiedeschlacke. Im mittelalterlichen Siedlungsbereich treten zahlreiche Produktionsrückstände der Glasfabrik auf (Weißglas, grünes, blaues, blaugrünes und braunes Glas, Hohlglasfragmente, Glasmassen, Kölbelabschläge); DKZ 4418,0080.
Literatur: Schneider 1936, S. 20; Henkel 1973, S. 116 f.; Bergmann 2017d, S. 231; Meineke 2018, S. 94 f.

Altenhagen, siehe Indagine Antiqua.

Amerungen (Abbn. 66 u. 67).
I. Ortswüstung mit frühneuzeitlicher Kapelle; Kirchortwüstung nach Holscher (1885).
II. Stadt Lichtenau.
III. 1179: *Thideric comes de Amerungen* (Westf. Ub. 2, Cod. Nr. 401: Der für die Ersterwähnung des Ortes herangezogene *Thideric* tritt in einer Gruppe von Zeugen auf, die sich aus dem Münsterland rekrutierte. Ein Bezug zur Ortswüstung bei Lichtenau ist möglicher-

weise als unsicher einzustufen. *Etwa 1260–1270: *Waltherus I mansum Amerunchen* (Lehnsregister Driburg, S. 361, §33); 1310: *Rudolfus comes in Amerungen* … verkauft … *mansum dimidium situm in campis Amerungen* (Westf. Ub. 9, Nr. 845).
V. Lage zwischen Husen und Holtheim.
VI. Amerunger Kapelle wohl Stelle eines älteren Sakralbaus einnehmend; 20 Scherbenfunde des 11./12–Ende des 13. Jhs. u. a. aus dem Kapellenumfeld (die Fundstellen liegen im Dauergrünland !): Uneinheitlich gebrannte Irdenware mit granitischer Sand- und Grusmagerung: 8 S, darunter 1 RS mit rundlich ausbiegendem Rand und verdickter, schräg nach außen abgestrichener Randlippe. - Uneinheitlich gebrannte Irdenware mit feiner Sandmagerung: 3 S,darunter 1 RS mit rundlich ausbiegendem Rand und gekehlter, schräg nach innen abgestrichener Randlippe. - Gelbe feingemagerte harte Irdenware: 1 S - Blaugraue feingemagerte Irdenware: 2 S - Graue feingemagerte harte Irdenware: 6 S; DKZ 4419,0037.
Literatur: Holscher 1885, S. 57 und S. 59: in Amerungen Standort eines Freistuhlgerichts (s. o.); Schneider 1936, S. 8; Wöhlke 1957, S. 12–14: Amerungen und Gulse; Henkel 1974, S. 180; Balzer 1979, Ortsnamensliste zu Abb. 5, Nr. 131: Amerungen; Meineke 2018, S. 44–46.

Abb. 66: Lichtenau, Kr. Paderborn: Im Auftrag des Paderborner Bischofs im Wüstungsbereich Amerungen errichtete Kapelle (Foto: LWL-Archäologie für Westfalen, R. Bergmann)

Abb. 67: Lichtenau, Kr. Paderborn: Portalinschrift der 1669 errichteten Kapelle in +Amerungen (Foto: LWL-Archäologie für Westfalen, R. Bergmann)

Ammenhusen,
I. Ortswüstung mit Haupthof und zugehöriger Mühle.
II. Stadt Paderborn.
III. *Z. J. 1015–1036 (um 1165): *Ammohusun* (Vita Meinwerci [ed. Berndt], Kap. 64, S. 130, Z. 29): das hier genannte Ammenhusen ist aufgrund der in de Schenkung ebenfalls genannten Orte *Thurnithi, Langal, Maresvelde, Salminghusun* (= partielle Ortswüstung Dören, Schlangen, +Maresvelde, +Selminghusen) im Umfeld von Paderborn zu verorten. 1238: *Ammenhusen/piscina, molendino et agris ad curiam Ammenhosen pertinentibus* (Westf. Ub. 4, Nr. 265 und Nr. 268, Anm. 3).
IV. Wüstungsweisende FlN sind unbekannt.
V. Lage am Röthebach nahe von Paderborn-Dören (Giefers 1880, S. 165).
VI. Die Ortswüstung wird u. a. von Rohrbach mit einer ergrabenen, gewässerfernen Siedlung an der Straße von Paderborn nach Benhausen im Bereich einer „Falkeschen Kiesgrube" identifiziert. Die Mühle soll „etwas entfernt anzusetzen sein".
Literatur: Schneider 1936, S. 8; Rohrbach [2]1963, S. 30 f.; Balzer 1977, S. 160, S. 170; Balzer 1979, Ortsnamensliste zu Abb. 5, Nr. 41: Ammenhusen; Meineke 2018, S. 46 f.: +Ammenhausen.

Andepen (Oberandepen).
I. Kirchortwüstung; mittelalterlich–neuzeitlicher Mühlenbereich nördlich der Afte (an der Mündung des Empertalbaches in die Afte) möglicherweise nur temporär wüstliegend.
II. Stadt Bad Wünnenberg.
III. *826–876: *X iurnales in Blekisi siue Anadapun* (Mönchslisten Traditionen Corvey 1 und 2, Tr 232 und S. 202); Kirche (*ecclesia*) 1146 genannt.
V. Terrassenackersystem im Siedlungsumfeld.
VI. Funde 11.–14. Jh.; Kirchenfundament durch Grabungsschnitt nachgewiesen; DKZ 4417,0057.
Literatur: Holscher 1885, S. 57 f.; Segin 1950, S. 445: Ober-Andepe; Henkel 1973, S. 19–21; Henkel 1974, S. 188 f. und Abb. 30; Meineke 2018, S. 47–50: + Ampen; siehe weiter: Niederandepen.

Arthe.
I. Ortswüstung.
II. Gemeinde Borchen.
III. *1223: *Arthe*, ehemals zur Pfarrei Kerkthorp (*Kericthorp*) gehörend, wird der Kirche (*ecclesia*) in Dörenhagen (*Indagine*) zugeordnet (Westf. Ub. 4, Nr. 111; Ub. Busdorf 1, Nr. 19); 1493: *Hoff tom Orde, gelegen twyschen dem Herserberge und dem Dorenhagen* (Giefers 1880, S. 140).
IV. Wüstungsweisender FlN „Ortfeld".
V. Lage südlich von Dörenhagen/Eggeringhausen; nach Angabe von Giefers nimmt der heutige Weiler Busch die Lage von Arthe/Orde ein.
Literatur: Giefers 1880, S. 140 und S. 169 f.; Schneider 1936, S. 103: Ortfeld; Koch 1974, S. 166 und S. 168–171: ‚Arthe' und Abb. 37 f.; Balzer 1979, Ortsnamensliste zu Abb. 5, Nr. 100: Arthe; Meineke 2018, S. 120–122: Busch.

Ascha.
I. Ortswüstung.
II. Stadt Paderborn (Grenzbereich zur Stadt Salzkotten).
III. *Z. J. 1036 (um 1165): Zu *Nigenhus* gehörten die Vorwerke *Ascha* und *Bruch*, wobei Ascha aufgrund des FlN „Escherfeld" westlich von Elsen zu verorten ist (Vita Meinwerci [ed. Terstesse], Kap. 271, S. 181, Z. 1–2; Vita Meinwerci [ed. Berndt], Kap. 215,

S. 248, Z. 15; vgl. auch Westf. Ub. 1, Cod. 127; Ub. Busdorf, Nr. 1).
V. Lage nach Schneider bei Paderborn bzw. nach Karte bei Balzer (1979) zwischen Salzkotten-Scharmede und -Bentfeld; Prinz (Ub. Busdorf 2, S. 814) wiederum gibt wüst bei Neuhaus? an und Meier (1969) verweist auf das „Ascher Feld" zwischen Gesseln (bei Elsen) und Scharmede (Einkünfteverzeichnis Busdorfstift, S. 334, Anm. 159).
Literatur: Schneider 1936, S. 10 und S. 98: Neuhaus; Balzer 1979, S. 80 und Ortsnamensliste zu Abb. 5, Nr. 30: Ascha; Meineke 2018, S. 53 f.: Asche.

Aspethera.
I. Innerhalb der Stadt Paderborn gelegene Siedlung (und insofern nicht als Ortswüstung einzustufen).
II. Stadt Paderborn.
III. *1036 (Westf. Ub. 1, Cod. 127); z. J. 1036 (um 1165): *villam ... dicitur Aspithara* (Vita Meinwerci [ed. Terstesse], Kap. 217, S. 183, Z. 24; Vita Meinwerci [ed. Berndt], Kap. 215, S. 250, Z. 28); z. J. 1036 (um 1165): *in marchiis ... Aspetharorum* (Vita Meinwerci [ed. Terstesse], Kap. 217, S. 184, Z. 3; Vita Meinwerci [ed. Berndt], Kap. 215, S. 252, Z. 3).
V. Lage im Bereich des „Maspernviertels" der Stadt Paderborn, „bei der Stadterweiterung von 1180 in den neuen Mauerring einbezogen".
Literatur: Rohrbach [2]1963, S. 21; Balzer 1977, S. 161 f., S. 169 f.; Balzer 1979, S. 14 und Ortsnamensliste zu Abb. 5, Nr. 40: Aspethera; Balzer 1994, S. 73: Aspedera; Meineke 2018, S. 54–58; Spiong 2021, S. 207–237.

Avemestorpe.
Bei dem 1434 genannten *Avemestorpe* (Ub. Busdorf 2, Nr. 689) handelt es sich nicht um eine eigenständige Ortswüstung bei Salzkotten, sondern um eine Verballhornung des Namens von +Othelmestorp (siehe dort).

Awerdinchusen (Alberinchus).
I. Ortswüstung.
II. Stadt Büren.
III. *Awerdinchusen* zu den *1384 vom Paderborner Bischof verpfändeten Orten der Herrschaft Wewelsburg gehörend (Urkunden Kloster Dalheim, Nr. 130).
V. Zwischen dem Kloster Böddeken und Büren-Brenken gelegen (Giefers 1862, S. 345 f., S. 357 und Kartenbeilage); Kampschulte (1863) führt ergänzend aus, dass „Alverdinchuissen ... auf der Grenze zwischen den Gebieten von Brenken und Wewelsburg" lag; dortige Lage im Umfeld des „Knickteichs" bei Brenken wahrscheinlich, in dessen Umfeld der wüstungsweisende FlN „Menschenhöfen" auftritt.
VI. Nördlich des künstlich angelegten Teichs aufgefundene Bodenscherbe eines Kruges oder einer Kanne des 13./14. Jhs.: DKZ 4417,0078.
Literatur: Kampschulte 1863, S. 279; Meineke 2018, S. 43 f.: Alverdinchusen.

Balhorn.
I. Dorfwüstung.
II. Stadt Paderborn.
III. *Ca. 973–975: *I familiam in Balahornen et X iugera et iterum tradidit in Balahornen [et] in Nyanthorpe quidquid habuit.* Für eine Identifikation des in der Quelle genannten *Balahornen* bieten sich drei Möglichkeiten an, darunter eine aus dem westfälischen Raum und zwar mit dem westlich von Paderborn unmittelbar am Hellweg gelegenen +Balhorn (Mönchslisten Traditionen Corvey 1 und 2, Tr 352 und S. 253). Allerding stellt sich in diesem Fall die Frage nach der Identifikation von *Nyanthorpe*. Falls es sich bei diesem nicht um einen jüngeren Ortsteil von Balhorn handelt (was eine zugegebenermaßen unorthodoxe Interpretation wäre), wären für das genannte Balhorn insbesondere Orte im niedersächsischen Raum in Betracht zu ziehen. Dies würde dann tendenziell gegen eine Identifikation des in der Corveyer Quelle genannten Ortes mit der Ortswüstung bei Paderborn sprechen; 1015: *Balhornun* (Westf. Ub. 1, Cod. 86); z. J. 1015 (um 1165): *Balhornon*; *curtem Sutheim*: Während der Bezug auf die Ortswüstung Balhorn als gesichert angesehen wird, wird auf die schwierige Situation der räumlichen Identifikation von *Sutheim* hingewiesen, da abgesehen von der Ortswüstung auf der Paderborner Hochfläche ein gleichnamiger Ort südlich des nordhessischen Geismar existent ist (Vita Meinwerci [ed. Berndt], Kap. 29, S. 110, Z. 12); z. J. 1015–1024 (um 1165): *villicus de Balhorn* (Vita Meinwerci [ed. Terstesse], Kap. 153, S. 117; Vita Meinwerci [ed. Berndt], Kap. 150, S. 184, Z. 11); z. J. 1036 (um 1165): Zur Gründungsausstattung des Busdorfstifts in Paderborn gehört *Enenhus* mit 13 vom Haupthof abhängigen Vorwerken (*vorewerc*), darunter *Balhornon* (Vita Meinwerci [ed. Terstesse], Kap. 217, S. 180, Z. 27 f.; Vita Meinwerci [ed. Berndt], Kap. 215, S. 248, Z. 13); 1383: *in dem dorpe tho Balhorne*.
V. Lage westsüdwestlich von Paderborn am Hellweg mit zwei in West-Ost Richtung durch die ländliche Siedlung verlaufenden Hellwegtrassen mit jeweiligem archäologischem Nachweis: Eggenstein 2006, S. 166–170.
VI. Langjährige Ausgrabungstätigkeit der LWL-Archäologie für Westfalen, nachgewiesene Vorbesiedlung um Chr. Geburt, in der römischen Kaiserzeit sowie während der Völkerwanderungszeit; zusammenfassend zum Fundgut aus dem 4. und 5. Jh. n. Chr.: Best/Eggenstein 2014, S. 92 f.; mittelalterliches Dorf um 1300 aus mindestens 41 Höfen bestehend und sich über rund 400 x 1000 m^2 erstreckend; Nachweis zahlreicher Grubenhäuser; Ort Anfang des 14. Jhs. wüst (Eggenstein 2006, S. 165 f.; Best/Eggenstein 2014, S. 109–114); Fund einer im nordfranzösisch-belgischen Raum oder zwischen den Ardennen und dem Mittelrheingebiet hergestellten Bügelfibel der Zeit um 600 mit rechteckiger Kopfplatte (L. 10,4 cm; Typ Caulaincourt, Variante B: Eggenstein/Westphal 2001, S. 2–4); Belege für Schwertwaffen der Zeit um 600 bis des 9. Jhs. (Eggenstein 2011, S. 361–384); Spathagurtbeschlag (Grünewald 2012, S. 102); Schwertgurtbeschläge im Tierstil I („Tassilokelchstil") und im Tierstil III mit Datierungen 2. Hälfte 8. Jh./Anfang 9. Jh. (Treude 2011, S. 298 und Abb. 11; Hohendahl 2015, S. 92 und Abb. 98); Schwertgurtbeschlag mit Kreuzdarstellung (Best/Eggenstein 2014, S. 113, Abb. 23); Fund eines als Fibel verwendeten Brakteaten mit ehemals angelöteter Nadelkonstruktion (Bergmann 2017b, S. 327, S. 336 und Abb. 2,5); Anhänger mit Kreuzigungsgruppe aus Walrosselfenbein, 10. Jh. (Spiong 2015j, S. 206 f. und Abb. 231 sowie Best/Eggenstein 2014, S. 114, Abb. 24); Fund einer Fibel des 10./11. Jhs. in Form einer Vierfüßler-Halbplastik (Bergmann 2017b, S. 332, S. 338 und Abb. 8.1); DKZ 4218,0080.
Literatur: Schneider 1936, S. 12; Rohrbach [2]1963, S. 17 f., S. 20; Balzer 1977, S. 140, S. 151–154, S. 166, S. 170; Balzer 1979, S. 14, S. 78 f. und Ortsnamenliste zu Abb. 5: Balhorn; Först 1993, S. 89–92; Balzer 1994, S. 74; Grabungsliteratur: Rudnick 1997; Eggenstein 2000, S. 386–388; Bunte 2008, S. 134–144; Eggenstein 2008a, S. 425–433; Eggenstein 2008b, S. 114 f.; Eggenstein 2008c, S. 116–120; Eggenstein 2008d, S. 121–125; Eggenstein 2008e, S. 126–133; Kröger-Köb 2008,

S. 145–152; Meurers-Balke/Schamuhn 2008, S. 153 f.; Stritzke 2008, S. 155–157; Grünewald 2012, S. 102; Brieske 2015b, S. 90 f.; Meineke 2018, S. 63–67: Balhorn.

Barchusen.
I. Ortswüstung.
II. Stadt Paderborn.
III. *Z. J. 1015–1024 (um 1165): *curtem suam Barghusun* (Vita Meinwerci [ed. Terstesse], Kap. 147, S. 112; Vita Meinwerci [ed. Berndt], Kap. 144, S. 178, Z. 29); z. J. 1024/1025 (um 1165): *in pago Almunga in villa que vocatur Barghusun*: Im Unterschied zur Edition Terstesse, welche die Notiz auf Barkhausen bei Büren (Kr. Paderborn) bezieht, wird diese in der Edition Berndt auf die an der Alme bei Paderborn-Wewer gelegene Ortswüstung bezogen (Vita Meinwerci [ed. Terstesse], Kap. 94, S. 80; Vita Meinwerci [ed. Berndt], Kap. 93, S. 142, Z. 17 f.); z. J. 1036 (um 1165): Zur Gründungsausstattung des Busdorfstifts in Paderborn gehört *Enenhus* mit 13 vom Haupthof abhängigen Vorwerken (*vorewerc*), darunter *Berghuson* (Vita Meinwerci [ed. Terstesse], Kap. 217, S. 180, Z. 26 f.; Vita Meinwerci [ed. Berndt], Kap. 215, S. 248, Z. 13); 1327: Barchosen iuxta Paderborne (Landesarchiv NRW, Abt. Westfalen [Münster], Fsm. Paderborn, Urkunden, Reg. 541); 1460 und 1531: Furt zu Barkhausen.
V. Lage zwischen Wewer und Paderborn an der Furt durch die Alme bzw. östlich der später errichten Barkhäuser Brücke.
VI. Streufunde des ausgehenden Hochmittelalters bis der frühen Neuzeit aus dem Umfeld der Barkhäuser Almebrücke (Bergmann 1997e, S. 309 f.); Siedlungsbereich partiell modern überbaut.
Literatur: Schneider 1936, S. 12: Barkhausen; Rohrbach ^{2}1963, S. 20 f.; Balzer 1977, S. 154 f., S. 170; Balzer 1979, S. 15, S. 79 und Ortsnamensliste zu Abb. 5, Nr. 81: Barkhausen; Meineke 2018, S. 68–70: Barkhausen.

Beffede.
I. Ortswüstung.
II. Stadt Bad Wünnenberg.
III. *1309 (1308): *Hermannus Beffeta* (Westf. Ub. 11, Nr. 677: der hier genannte Hermann steht in Beziehung zur Stadt Rüthen, Kr. Soest, bzw. zu den Burgmannen in Rüthen im kölnischen Westfalen).
V. Aufgrund jüngerer Prospektionsarbeiten ist davon auszugehen, dass es sich bei dem von Henkel (1973, S. 44 f. und S. 48–51 sowie Karte S. 49) angenommenen Ortsbereich Dorslon um die Ortswüstung Beffede handelt.
VI. Prospektionsfunde Henkel: 8.–14. Jh. Im Unterschied zur ursprünglichen Prospektion von Henkel ergaben sich bei weiteren Prospektionen Ergänzungen zu dieser Datierung. Die neu hinzugekommene Fundmenge beläuft sich auf 462 Keramiken. Unter diesen findet sich eine von der Grundform Chenet 342 abgeleitete Terra nigra RS (= 0,02 %). Das Fgm. verweist auf eine wohl bereits Ende des 2. bzw. im 3. Jh. n. Chr. bestehende Besiedlung der Ortslage (schriftl. Mittlg. Dr. S. Kühlborn, LWL-Archäologie für Westfalen vom 16.09.1994). Merowingische Drehscheibenware des Geseker Typs (0,9 %) ist mit u. a. zwei dickwandigen BS (Standböden) vertreten. Keramik dieser Machart ist reduzierend oder auch oxidierend gebrannt, schlecht verfestigt sowie z. B. mit Sand und Gesteinsgrus gemagert. Bei der uneinheitlich gebrannten gesteinsgrusgemagerten Irdenware (5,8 %) sind neben dickwandigen Standböden (des 8. Jhs.?) mittelalterliche Kugeltopfkeramiken mit Schwalbennesthenkeln nachgewiesen. Unter den Funden dieser Warenart verbirgt sich auch römisch-kaiserzeitliches Material. Das 9.–12. Jh. repräsentieren u. a. uneinheitlich gebrannte Irdenwaren mit Kalkgrus- (0,6 %), Granitgrus- (0,9 %), Schieferplättchen- (7,1 %), feiner Sandmagerung (3,9 %) und blaugrau gerauchte Keramik (7,1 %). Unter den oxidierend gelb gebrannte Keramiken (21,4 %) ist frühe nordhessische Drehscheibenware, u. a. mit dickwandigen Standböden des ausgehenden Frühmittelalters, vertreten. Mit einem Anteil von 48,2 % liegt der prozentuale Anteil reduzierend grau gebrannte Keramiken relativ hoch, darunter finden sich auch klingendhart gebrannter Gefäßscherben. Im Gegensatz dazu steht, dass der Proto- und Faststeinzeugkomplex wenig ausgeprägt ist (rotengobierte Irdenware: 0,4 %, steinzeugartig hart gebrannte Irdenware 1,3 %, rotengobiertes Faststeinzeug 0,4 %, Faststeinzeug Siegburger Art 1,5 %). Steinzeug Siegburger Art fehlt unter den Funden, worin sich (unter Berücksichtigung der Altfunde) eine maßgebliche wahrscheinliche Verringerung der Besiedlungsintensität im 14. Jh. andeutet; Fund einer Fibel in Form einer Vierfüßler-Halbplastik („Löwenfibel") des 10./11. Jhs. (Bergmann 2017b, S. 332, S. 338 und Abb. 8,4); sonstige Funde: ein kantenretuschierter Schaber aus Flint. Insgesamt gehört Beffede zu den kontinuierlich altbesiedelten Orten Westfalens, von denen in diesem Fall die weitere frühmittelalterliche Aufsiedlung der Paderborner Hochfläche ihren Ausgang genommen haben dürfte. DKZ 4518,0001.
Literatur: Meineke 2018, S. 71–73; vgl. Dorslon.

Benchusen.
I. Ortswüstung.
II. Stadt Salzkotten.
III. *1320: *mansum … in Beynchusen* (Westf. Ub. 11, Nr. 1688).
VI. Funde 9.?/10.–13. Jh.; Ortsstelle durch Schotterabbau teilzerstört; DKZ 4317,0125.
Literatur: Bergmann 1989, Nr. 3, S. 65 f.; Best/Austermann/Koopmann/Schyle 1996, Nr. 6, S. 34, halten die vorgenommene Identifikation der Fundstelle für unsicher; Meineke 2018, S. 79–81: Benkhausen.

Bergheim.
I. Ortswüstung.
II. Stadt Bad Wünnenberg.
III. *826–876: *in Berchem et in Hrithem*: Der Indexband zu den Corveyer Traditionen bietet für die Identifikation von *Berchem* an: 1. Bergheim bei Neheim-Hüsten in westlichen Hochsauerlandkreis, 2. +Berchem/Bergheim im südlichen Kreis Paderborn und 3. Bergheim bei Detmold (Mönchslisten Traditionen Corvey 1 und 2, Tr 125 und S. 150 f.). Da die Ortswüstung bei Neheim-Hüsten nur wenig entfernt von dem östlich Werl gelegenen +Rithem ist, besitzt die erste Verortung/Identifikation eine größere Wahrscheinlichkeit als die beiden anderen; 1217: *Bruno et Rikolfus fratres* [de] *Berchem* (Westf. Ub. 4, Nr. 70).
VI. Erhaltenes Terrassenackersystem; Funde 10.–14. Jh.; DKZ 4418,0031.
Literatur: Segin 1950, S. 446; Henkel 1973, S. 41–44 und Karte S. 43; Meineke 2018, S. 82 f.

Blankenrode (Abb. 68).
I. Stadtwüstung mit Stadtburganlage und außerhalb der Stadt gelegener Mühlenwüstung.
II. Stadt Lichtenau.
III. *1298: *castri nostri* [des Bischofs Otto von Paderborn] *in Blanckenrode* (Westf. Ub. 4, Nr. 2465; Urkunden Kloster Hardehausen, Nr. 457), 1304: *Conradus plebanus de Blanckenrode* (Urkunden Kloster Hardehausen, Nr. 518), 1376: *ante civitatem Blanckenroyde piscinam et molendinum* (Überlieferung Kloster Hardehausen, S. 131).

Abb. 68: Lichtenau-Blankenrode, Kr. Paderborn: an der höchsten Stelle der Stadtwüstung Blankenrode errichtete Rundburganlage und Darstellung im Urriss (Foto: LWL-Archäologie für Westfalen, R. Bergmann und Kreiskatasteramt Höxter, Umriss Scherfede, Flur XVII)

V. Lage östlich des heutigen Dorfes Blankenrode.
VI. Nach Kampschulte (1863, S. 287) in Blankenrode sichtbare Relikte von zwei (!) Kirchen; Funde 13./14. Jh. und Fund eines Schwertknaufs auf dem Südwest-Wall der Stadtwüstung (Bergmann 1997h, S. 307 und S. 304, Abb. 71,6); DKZ 4419,0008.
Literatur: Holscher 1885, S. 57; Wöhlke 1957, S. 29–38; Engemann 1970, S. 188–192; Stoob 1970, S. 173–177; Henkel 1974, S. 117–119; Stoob ²1975, S. 261–267; Lobbedey 1983, S. 20–24; Bérenger 1989e, S. 98 f.; Trier 1991, S. 100 f.; Bergmann 2011e, S. 160–164; Meineke 2018, S. 86 f.

Blikesen (Oberbliekesen, superior Blikesen).
I. Ortswüstung.
II. Stadt Bad Wünnenberg.
III. *826–876: *X iurnales in Blekisi siue Andapun* (Mönchslisten Traditionen Corvey 1 und 2, Tr 232 und S. 202). Aufgrund der gemeinsamen Nennung von +Bliekesen und +Andepen ist von einer Identifikation von *Blekisi* mit Ober Bliekesen auszugehen, welches nahezu unmittelbar bei +Andepen liegt. Auch die nicht weiter räumlich spezifizierte Zuweisung der insgesamt zehn Morgen Ackerland erscheint bei einer derartigen Interpretation sinnvoll; Wüstnennung 1446: *in villis desolatis et campis Vesperde, Synstorp, Blekhusen et Haren* (Ub. Busdorf 2, Nr. 808).
VI. Ehemalige Siedlungslage wahrscheinlich modern überbaut.
Literatur: Schneider 1936, S. 19: Blikesen; Henkel 1973, S. 23–27; Meineke 2018, S. 89–91; siehe auch Niederbliekesen (inferior Blikesen).

Boclon.
I. Ortswüstung mit Steinbau (Kapelle[?], Steinwerk[?]).
II. Stadt Bad Wünnenberg.
III. *1126: *in Boclon* (Westf. Ub. 2, Cod. 198: ob die Quelle zwingend auf Boclon auf dem Sintfeld zu beziehen ist, bleibt m. E. unklar); 1416: Wüstnennung des Hofes („*ist woste*") des Klosters Bredelar in *Boclen* (Seibertz, Quellen der westfälischen Geschichte 1, S. 150).
VI. Spätkaiserzeitliche Funde und Keramik 9.–14. Jh.; Rennfeuerverhüttung von Eisen; Fundamente eines Steinbaus mit gemörteltem Mauerwerk; DKZ 4418,020; südlich der Ortsstelle befindet sich nach dem FuPuDELOS der LWL-Archäologie eine Kleinburganlage (= DKZ 4418,0029).
Literatur: Schneider 1936, S. 21: Bokel; Henkel 1973, S. 87–90 und Karte S. 88; Henkel 1974, S. 146; Balzer 1979, Ortsnamenliste zu Abb. 5, Nr. 127: Boclon; Leahy/Spiong/Voit 2016, S. 92–95; Meineke 2018, S. 91–93.

Böddeken.
I. Kloster temporär wüst, ländliche Siedlung aufgegeben.
II. Stadt Büren.
III. Stiftsgründung 836–837 (Henkel 1974, S. 241): *in quodam loco, qui vocatur Bodicon, monasterium construere* [...] *devonit* (zit. n. Meineke 2018, S. 93); 1292: *villa Budiken/Budeken* bestehend (Westf. Ub. 4, Nr. 2225 f.); Kloster ab ca. 1390 temporär wüstliegend und 1409 als Augustinerchorherrenkloster wiederbegründet.
Literatur: Henkel 1973, S. 121–124; Henkel 1974, S. 241 f.; Sondermann-Fastrich 1997a, S. 302 und S. 304, Abb. 71,1 sowie Abb. 71,2; Meineke 2018, S. 93–97.

Bodene.
I. Ortswüstung.
II. Stadt Lichtenau.
III. *1276: *curiam Budenemen* (INA Paderborn, Nr. 2, S. 42); 1298: *silvis markalibus ville in Bodene* (Westf. Ub. 4, Nr. 2494); Hermann Allewer, ehemals Bewohner von Bodene, wanderte im Verlauf der Wüstungsbildung auf dem Sintfeld nach Geseke (Kr. Soest) ab und ist 1448 als dortiger Bürger nachgewiesen (Urkunden Kloster Dalheim, Nr. 186).
VI. Keramikfunde um Chr. Geburt und 8.–14. Jh.; Metalldetektorfunde ca. letztes Drittel 8. Jh./9. Jh.–11. Jh.: zwei Grubenschmelz-Kreuzemailscheibenfibeln des Typs Haseloff 1 (Nr. 223 und Nr. 1015); eine runde Gussfibel mit Zentralnoppen, kreuzförmig angeordneten doppelten Kerblinien und Kreisaugenverzierung in den Kreuzzwickeln, unübliche Nadelkonstruktion mit einem Nadelschuh (Nr. 1012a); eine flache Rundfibel mit Kreisaugendekor und zwar einem mittigen Kreisauge und sieben am Rand angeordneten Kreisaugen (Nr. 553); eine runde Gussfibel mit heraldischem Adler als Motiv und als doppeltem Stegring gearbeiteter breiter Randzone (Nr. 554); eine Doppelheiligenfibel (Nr. 757); eine Kreuzfibel mit Dreibeerennoppen an den Enden der Kreuzarme (ca. letztes Drittel 8. Jh./9. Jh.; Nr. 75); eine Kreuzfibel mit sich zum Rand verbreiternden, kerblinienverzierten Kreuzarmen, im Kreuzzentrum ein Gussnoppen (Nr. 761); eine Rauten-Kreuzfibel mit vier jeweils dreigliedrigen Eckfortsätzen (Nr. 332); eine schmalrechteckige Rechteckfibel mit ausziehenden Längs- und Querseiten, Diagonalkreuzverzierung und

einem Kreisauge je Feld (Datierung um 800/9. Jh.; Nr. 534); eine Grubenschmelz-Rechteckfibel mit aus Peltenstegen gebildetem Diagonalkreuz, Plateaurand abgeschrägt und mit Kreisaugendekor versehen (Nr. 514); eine Grubenschmelz-Rechteckfibel mit durch drei längs verlaufende Stegrippen gegliederter Schauseite und dreigliedrigen Eckfortsätzen (Nr. 1013a); eine sechsblättrige Rosettenfibel mit flachbuckelverziertem Zentrum und sechs Flachbuckel am Rand, in die jeweils (insgesamt: 7 x) eine Grube eingesenkt ist (Nr. 515); eine sechsblättrige Rosettenfibel mit eckig(!) begrenzten sechs Rosettenblättern, die ebenso wie das Zentrum Flachbuckel aufweisen, in die jeweils Rundgruben eingelassen sind (Nr. 759); eine (radförmige) Rundfibel mit sechs Durchbrüchen der Fibelplatte und in Zentralfassung befindlicher, erhaltener Schmelzperle (Nr. 1014); Rennfeuerverhüttung von Eisen; DKZ 4418,0021.
Literatur: Schneider 1936, S. 19: Boden; Henkel 1973, S. 93–98 und Karte S. 96; Henkel 1974, S. 112; Balzer 1979, Ortsnamenliste zu Abb. 5, Nr. 125: Bodene; Leahy/Spiong/Voit 2016, S. 92–95; Meineke 2018, S. 97–99: Boden.

Bonynchusen.
I. Ortswüstung.
II. Stadt Büren ?
III. *1553: Gut zu Bonynchusen (Stadtarchiv Büren, Urkundenrepertorium, Nr. 134, S. 271).
VI./V. Lage und Lageindizien innerhalb der ehemaligen Herrschaft Büren nicht genau bekannt; nicht auf der Wüstungs-Übersichtskarte des Kreises Paderborn dargestellt.

Borchlere.
I. Partielle Ortswüstung mit ehemaligem Villikationshaupthof und wüstungsresistenter Mühle.
II. Stadt Büren.
III: * Z. J. 1021 (um 1165): *Burclaun* (Vita Meinwerci [ed. Terstesse], Kap. 172, S. 136; Vita Meinwerci [ed. Berndt], Kap. 171, S. 206, Z. 1); 1232: *Rotgerus et Bruno et Lutfridus fratres de Burichle* (INA Büren, Nr. 13, S. 118); 1263: *molendinum in Borchlere* (Westf. Ub. 4, Nr. 943); 1278: wüstliegende Manse in *Buriglere* (Westf. Ub. 4, Nr. 1509); 1307: Villikation *Borchlere* des Stifts Böddeken (= genannt *dat Sunderampt*) von *Godescalcus de Borchlere* verkauft, Mühle damals als *in pede montis castri Wevelsborch* gelegen bezeichnet (INA Büren, Nr. 11, S. 49 f.), 1384 zur an den Paderborner Bischof verkauften Westhälfte der Herrschaft Wewelsburg gehörend (Giefers 1862, S. 345 f.).
IV. Im mutmaßlichen Bereich der Ortsstelle um die Mühle bestehen zahlreiche siedlungsverdächtige Parzellen: „Kreuzgarten", „auf'm tollen Kampe", „Auf der Fallbreide", „Hunnerskamp" u. a. (Kreiskatasteramt Paderborn, Urriss Wewelsburg, Flur III, 1830); in deren Umfeld verweist das Westf. Ub. 4 (Nr. 1509, Anm.) auf einen großen Garten mit dem um 1900 gebräuchlichen Namen „der Borgler".
V. Am Fuß der Wewelsburg im Tal der Alme gelegen (Giefers 1862, S. 357); zur Ortslage siehe auch Henkel 1974, Kartenbeilage.
Literatur: U. a. Schneider 1936, S. 22; Meineke 2018, S. 106 f.: + Borchler.

Brochusen (bei Altenbeken).
I. Ortswüstung.
II. Gemeinde Altenbeken.
III. *1036: *Brochusen* als Vorwerk von Beken genannt (Westf. Ub. 1, Cod. 127); bzw. z. J. 1036 (um 1165): Zum Haupthof *Beken* (= Neuenbeken) gehören u. a. die Vorwerke *Henghi*, *Elinere* und das am Brocksberg nordwestlich von Schwaney zu verortende *Brochuson* (Vita Meinwerci [ed. Terstesse], Kap. 217, S. 181, Z. 5–7 f.; Vita Meinwerci [ed. Berndt], Kap. 215, S. 248, Z. 16); 1337: *curia Brochosen prope Ecwordinchu*[sen] (Ub. Busdorf 1, Nr. 156).
V. Angenommene Lage ca. 2,4 km nordwestlich von Schwaney (Kirche) und zwar nördlich vom „Brocksberg" (368 m üb. NN) bzw. nach anderer Annahme im Umfeld der kleinen Höhenburg „Deiernacken".
Literatur: Schneider 1936, S. 98: siehe Neuenbeken; Küting 1963, S. 37 f. und Karte S. 35 (diesbezügliche Lage wird bei Koch 1974, S. 173 angezweifelt); Koch 1974, S. 173–175: Brokhusen bei Neuenbeken, und Abb. 37; Balzer 1979, S. 80 und Ortsnamensliste zu Abb. 5, Nr. 46: Brockhusen; Meineke 2018, S. 109 f.: Brockhausen.

Brochusen (bei Wewer).
I. Ortswüstung.
II. Stadt Paderborn.
III. *1036: *Brochusen* (in der Reihenfolge zwischen *Barchusen* und *Balhornen* genannt: Westf. Ub. 1, Cod. 127); z. J. 1036 (um 1165): Zur Gründungsausstattung des Busdorfstifts in Paderborn gehört *Enenhus* mit 13 vom Haupthof abhängigen Vorwerken (*vorewerc*), darunter *Brockhuson* (Vita Meinwerci [ed. Terstesse], Kap. 217, S. 180, Z. 27; Vita Meinwerci [ed. Berndt], Kap. 215, S. 248, Z. 13 und Anm. 925).
V. Lage bei Wewer (siehe auch Koch 1974, S. 173).
Literatur: Rohrbach [2]1963, S. 21; Balzer 1979, S. 15, S. 78 und Ortsnamensliste zu Abb. 5, Nr. 80: Brockhusen.

Brockhusen (bei Lippspringe).
I. Ortswüstung.
II. Stadt Bad Lippspringe.
V. Verortung südwestlich von Bad Lippspringe zwischen der Lippe und der Beke auf einer Geländezunge.
Literatur: Balzer 1979, Ortsnamensliste zu Abb. 5, Nr. 18: Brockhusen.

Brockhusen (bei Wünnenberg).
I. Ortswüstung.
II. Stadt Bad Wünnenberg.
III. *Etwa 1260–1270: *quartam partem decime in Blekessen et dimidiam curiam que dicitur Brochof* (Lehnsregister Driburg, S. 363, §90); 1335: *mansum in Brockhusen eidem villae* (= *inferiori Bleckesen* bzw. Niederbliekesen) *vicinum* (Segin 1950, S. 445 und Anm. 45).
V./VI. Angenommene Lage im Bereich der Unterstadt Wünnenberg; mit hoher Wahrscheinlichkeit überbaut; DKZ 4418,0089.
Literatur: Segin 1950, S. 445; Henkel 1973, S. 31; Meineke 2018, S. 112 f: + Broichhausen.

Büren (Alt Büren).
I. Kirchortwüstung.
II. Stadt Büren.
III. *1015–1023: *Burenan* (Westf. Ub., Supplement, Reg. 657; siehe weiter: Westf. Ub. 1, Reg. 781 und Cod. 87,III); Nennungen von Büren (im Kr. Paderborn) vor 1195 sind auf die ländliche Siedlung vor der Stadtgründung Bürens zu beziehen; aufgrund der Existenz mehrerer ländlicher Orte namens „Büren" in Westfalen ist der Bezug von Quellen teilweise umstritten.
V. Lage der ländlichen Siedlung (nach Segin) der späteren Stadt Büren gegenüber am linksseitigen Ufer der Alme auf deren unterster Geländeterrasse.

VI. Fundamente der Kirche St. Michael vor 1885 aufgedeckt und in der 2. Hälfte des 19. Jhs. sichtbar (Spancken 1885, S. 17 und Anm. 26); abweichend von dieser Aussage führt die Edition Berndt der Vita Meinwerci an, dass sich in der „*villa Buranon*" ... eine „St. Gangolfskirche" befunden hat (Vita Meinwerci [ed. Berndt], S. 115, Anm. 275); Ortsstelle wahrscheinlich modern überbaut.
Literatur: Schneider 1936, S. 27; Segin 1950, S. 443; Henkel 1974, S. 132; Meineke 2018, S. 116–119, mit ausführlicher Diskussion der zu „Büren" bestehenden Nachweise in den Quellen.

Bulihem.
I. Ortswüstung [da das heutige Gut Bülheim erst neuzeitlich entstanden ist (Henkel 1974, S. 185), ist Bulihem nicht als partielle Ortswüstung einzustufen].
II. Stadt Lichtenau.
III. *826–876: *mansum j in Bulihem* (Mönchslisten Traditionen Corvey 1 und 2, Tr 192 und S. 183 f.); z. J. 1015–1036 (um 1165): *in Bulihem in pago Soratvelde; villa Bulihem et Wurmessun* (Vita Meinwerci [ed. Terstesse], Kap. 80, S. 76; Vita Meinwerci [ed. Berndt], Kap. 79, S. 138, Z. 2 und Z. 6).
IV. Bülheimerhoff 1762 auf einer Altkarte verzeichnet und zwar östlich von *Sudheim* (Dinkelburger, Borgentreicher und Borgholzer Dokumente, S. 49).
VI. DKZ 4319,0051.
Literatur: Schneider 1936, S. 27; Henkel 1974, S. 185 f.; Balzer 1979, S. 80 und Ortsnamensliste zu Abb. 5, Nr. 118: Bülheim; Meineke 2018, S. 115 f.: Bülheim.

Bugteshusen.
I. Ortswüstung.
II. Stadt Salzkotten?
III. *1256 (1257): *Bugteshusen* (Westf. Ub. 7, Nr. 939).
V. In der urkundlichen Reihenfolge zwischen +Recke (Lage unklar) und Salzkotten-Upsprunge genannt; nicht auf der Wüstungs-Übersichtskarte des Kreises Paderborn eingetragen.
Literatur: Meineke 2018, S. 113 f.: + Buchteshusen.

Burch.
I. Ortswüstung mit Burg? bzw. Vorwerk des Haupthofes Neuhaus mit einer Burg?
II. Stadt Paderborn?
III. *1036: *Nyenhus et quatuor voruuerc ad eam pertinentes. Elesen. Ascha. Burch. Tune* (Westf. Ub. 1, Cod. 127); z. J. 1036 (um 1165): Zu *Nigenhus* gehören u. a. die Vorwerke *Ascha* [bei Elsen] und *Bruch*. Insofern könnte davon ausgegangen werden, dass Burch beim Brockhof nordwestlich Elsen zu verorten ist (Vita Meinwerci [ed. Terstesse], Kap. 271, S. 181, Z. 2 f.; Vita Meinwerci [ed. Berndt], Kap. 215, S. 248, Z. 15), was jedoch nur dann sinnvoll erscheint, wenn die singuläre Namensform *Bruch* herangezogen wird; 1173: *domus ... in Burch* (Westf. Ub. 2, Cod. 362); 1245: *predium in Burg* (Westf. Ub. 4, Nr. 345).
V. Lage nach Giefers (1880, S. 138) bei Neuhaus; Lage nach Schneider (1936, S. 28) bei Neuhaus?; nach Balzer (1979, S. 80 und Ortsnamensliste zu Abb. 5) im Kr. Paderborn gelegen, aber nicht hinreichend genau verortungsfähig; nach Meineke (2018, S. 119) Lage in Schloss Neuhaus vermutbar. – Die Erwähnung von 1036 als Vorwerk von Neuhaus spricht für eine Lage in dessen Umfeld. Die 1173 erfolgte Erwähnung im Zusammenhang mit dem Kloster Gehrden (Kr. Höxter) bzw. die Nennung von *Burch* in der Reihenfolge der Urkunde zwischen *Willenhusen* (= +Wullenhusen bei Scherfede, Kreis Höxter) und *Pikilissem* (= Peckelsheim, Kr. Höxter) könnte möglicherweise für ein anderes *Burch* im südwestlichen Kreis Höxter sprechen (potentieller Bezug: „Burg" im Bonenburger Wald bei Warburg-Bonenburg, Kr. Höxter); nicht auf der Wüstungs-Übersichtskarte des Kreises Paderborn eingetragen.

Butenen.
I. Ortswüstung.
II. Gemeinde Borchen.
III. *1146: *Butenen* (Westf. Ub. 5, Nr. 54).
V. *Butenen* wird in der Urkunde über die Bestätigung des Besitzes des Paderborner Klosters Abdinghof in der quellenbezogenen Reihenfolge zwischen Atteln (*Atlon*, Kr. Paderborn) und *Balhorn* (siehe Wüstungsliste Kr. Paderborn) angeführt und ist dann noch einmal zusammen mit (+)*Unnenscare* zwischen Kirchborchen (*Burgnon cum ecclesia*) und Nordborchen (*Nortburgnon*) angeführt. Für die Ortswüstung wird demgemäß eine Lage zwischen Kirchborchen und +Unnenscare angenommen (Hachmann 1998, S. 43); es ist jedoch nach Balzer im Raum Paderborn nicht genau lokalisierbar; nicht auf der Wüstungs-Übersichtskarte des Kreises Paderborn eingetragen.
Literatur: Balzer 1979, Ortsnamensliste zu Abb. 5, ohne Nr.: Butenen; Meineke 2018, S. 125 f.

Dalhusen.
I. Ortswüstung.
II. Stadt Büren,
III. *1278: *Mansus in Dalhusen* (Westf. Ub. 4, Nr. 1509); 1354: Waldgelände *uppe deme Horne* im Umfeld von *Dalhosen* (INA Büren, Nr. 163, S. 153).
V. Lage nach Westf. Ub. 4 (Nr. 1509, Anm.) „im Thale zwischen Weine [Kr. Paderborn] und Hemmern" [Kr. Soest]; Lage nach Segin ebendort und zwar im mittleren Laufabschnitt der episodisch wasserführenden „Gosse", dort wo diese einen Zufluss aus Quellen erhält, die am unteren Rand des Forstdistrikts „Horn" entspringen; Lageangabe bei Oberschelp (1963, S. 59) ähnlich und Festlegung der Wüstungslage auf den Kommunalbereich Büren.
Literatur: Henkel 1974, S. 234; Segin 1950, S. 442; Meineke 2018, S. 130.

Dedinchusen.
I. Partielle Ortswüstung (Restsiedlung: Gut Dedinghausen).
II. Stadt Bad Lippspringe.
III. *1036: *Dedinchusen* (Westf. Ub. 1, Cod. 127); z. J. 1036 (um 1165): Zur Gründungsausstattung des Busdorfstifts in Paderborn gehört die Villikation *Enenhus* mit 13 vom Haupthof abhängigen Vorwerken (*vorewerc*), darunter *Dedinghuson* (Vita Meinwerci [ed. Terstesse], Kap. 217, S. 180, Z. 23 f.; Vita Meinwerci [ed. Berndt], Kap. 215, S. 248, Z. 12).
VI. Funde um 800 n. Chr. (granitgrusgemagerte Kumpffragmente) bis des 14. Jhs., dem extrem geringen Anteil von Steinzeug Siegburger Art (1 WS) steht entgegen, dass der Anteil reduzierend grau gebrannter Irdenwaren, darunter die Variante „graue klingendharte Irdenware", bei insgesamt 61 % liegt, sodass von einer Besiedlung des Ortes noch im 14. Jh. ausgegangen werden sollte; Gesamtanzahl der Lesekeramiken: 952; zu einer Fibel umgearbeiteter Schwertgurtbeschlag der 1. Hälfte des 9. Jhs.; Metalldetektorfunde von Kreuzemailscheibenfibeln (Spiong 2015h, S. 204 f.); Metalldetektorfund eines Kruzifixanhängers (Spiong 2015f, S. 205 und Abb. 229b); Fund einer Fibel des 10./11. Jhs. in Form einer Vierfüßler-Halbplastik (Bergmann 2017b, S. 334, S. 338 und Abb. 8,7); DKZ 4219,0098.
Literatur: Balzer 1979, Ortsnamenliste zu Abb. 5, Nr. 4: Deding-

hausen; Balzer 1995, S. 81 f.: Dedinghausen; Spiong 2012, S. 99; Spiong 2014c, S. 237–251; Meineke 2018, S. 131–133.

Deiflinghausen (siehe auch Thetboldinchusen).
I. Ortswüstung.
II. Stadt Bad Wünnenberg.
III. 1562: Deiflinghausen (Urkunden Kloster Bredelar, Nr. 1113); Verf. geht davon aus, dass die erst frühneuzeitlich tradierte Wüstung „Deiflinghausen", die nach längerer Zeit totalen spätmittelalterlichen Wüstliegens des lokalen Siedlungsraumes in der Quellenüberlieferung auftaucht, die Ortswüstung Thetboldinchusen meinen dürfte, wobei zu unterstellen ist, dass eine erhebliche Verballhornung des mittelalterlichen Ortsnamens vorliegt. Wenn eine Gleichsetzung von Thetboldinchusen und Deiflinghausen sachlich richtig wäre, so läge die Ortswüstung Thetboldinchusen 1 km südlich des bei Henkel (1974, Kartenbeilage) angenommenen Fundpunkts.
IV. Auf einer Karte des 16. Jhs. (Bergmann 2015a, S. 172, Abb. 55) ist eine *Deiflinckhuß*(e)*n Wostenung* am Rand des Madfelds zwischen der Ortswüstung *Hemminckhuß*(e)*n* (Hochsauerlandkreis; siehe Bergmann 2015a, S. 138–140) und Bleiwäsche (Kr. Paderborn) eingetragen.
V. Lage 1 km südsüdöstlich von Bleiwäsche.
VI. Funde hohes Mittelalter–13. Jh.; DKZ 4518,0040.
Literatur: Flöer 2013, S. 103 f.: Deifferinckhausen (mit angenommener Lagezuweisung zum Hochsauerlandkreis).

Diderikeshusen (Abbn. 69 u. 70).
I. Ortswüstung mit Friedhof und Kirche (nach Schoppmeyer 2011, S. 31 f. und S. 35).
II. Stadt Büren.
III. *Um 1120: *villa ... Tiderikeshusen/Thidericeshuson* (Ub. Hessische Landesgeschichte 2, Nr. 51, S. 63, §28 und S. 74, Z. 9 f. [da das nordhessische Kloster Helmarshausen auch über Besitz in dem um 7 km von Diderikeshusen entfernten +Swinevelde verfügte, erscheint ein Bezug der um 1120 entstandenen Quelle auf die Ortswüstung bei Büren-Steinhausen akzeptabel]); Ende 12. Jh.: *Lothewicus* und die Brüder *Hartmanus et Heinricus* ... de *Thidericheshusen* (Bauermann 1968, S. 357, Z. 72 f.); Siedlung 1332 in Fehde zerstört; Kleriker *Bertoldus de Dyderykeshusen* 1336 als *notario viri nobilis Bertoldi de Buren* bezeichnet (Asseburger Ub. 2, Nr. 986).
VI. Prospektionsfunde: Ein Fels-Ovalbeil (jungneolithisch); eine Münze, römisches Reich, Constans(?), 337–350(?); Follis, 340–341 oder Imitat desselben; ein Pfennig, Herrschaft Lippe, Simon I., 1275–1344; Keramik-Lesefunde des 9.–14. Jhs.; Metalldetektorfunde 9.–11. Jh.: zwei Zellenschmelz-Kreuzemailscheibenfibeln des Typs Haseloff 1 (Nr. 563 und Nr. 745); zwei Grubenschmelz-Kreuzemailscheibenfibel des Typs Haseloff 1 (Nr. 32 und Nr. 1025); eine Grubenschmelz-Kreuzemailscheibenfibel des Typs Haseloff 6 (Nr. 729); eine Plateau-Kreuzemailscheibenfibel des Typs Haseloff 11 (Nr. 710); eine Plateau-Kreuzemailscheibenfibel des Typs Haseloff 11, Kreuzmotiv jedoch schmal, in den Kreuzzwickeln punktförmigen Gruben (Nr. 114); eine Grubenschmelz-Kreuzemailscheibenfibel, Sonderform, Motivfeld mit durch einen kreuzförmigen Steg begrenzter Kreuzblüte untergliedert (Nr. 738); eine runde Grubenschmelzfibel, Sonderform mit Stegkreuz (Nr. 760); eine runde Prägeblechfibel mit Knotenkreuzmotiv, Fundbereich: ehemalige Feldflur von +Diderikeshusen (Nr. 61); eine Grubenschmelz-Heiligenfibel, Heiligenfigur mit geschweifter Basisgrube, Rand abgeschrägt (Nr. 54); eine Grubenschmelz-Heiligenfibel, Y-Typ (Nr. 746); eine Grubenschmelz-Doppelheiligenfibel, Heiligenfiguren mit geschweifter Basisgrube (Nr. 86); eine Pseudomünzfibel (vergoldet, geperlte Randleiste) mit der Darstellung von Christus als Weltenherrscher, Münzbild nach byzantinischem oder venetianischem Vorbild (Nr. 62); eine Pseudomünzfibel mit in der Seitenansicht dargestelltem nach rechts blickendem Herrscher, Trugschrift, gepelter Randleiste (Nr. 542); eine Pseudomünzfibel mit geperlter Randleiste (Nr. 5); eine runde Vierfüßlerfibel mit rund auslaufender Schwanzquaste (Bergmann 2017b, S. 329, S. 337 und Abb. 4.4); eine runde Vierfüßlerfibel mit nicht erhaltenem Schwanzende (Bergmann 2017b, S. 337); eine runde Gussfibel mit der Darstellung eines heraldischen Adlers, Randzone mit doppeltem Stegring verziert (Nr. 72); zwei einfache, runde Metallbuckelfibeln (Nr. 53 und Nr. 739); eine runde Fibel mit Spitznoppenrand und zentraler Fassung zur Aufnahme einer Schmelzmasse oder –perle, Unikat (Nr. 68); eine Rechteckfibel mit ausgezogenen Ecken und Kreisaugendekor (zwei horizontale Reihen á drei Kreisaugen, Nr. 748); eine Rechteckfibel mit diagonalen Peltenkreuz (Nr. 110); eine Rechteckfibel mit Diagonalkreuzmotiv und dreigliedrigen Eckfortsätzen (Nr. 827); eine Rechteckfibel mit abgeschrägter Randzone, Diagonalkreuz-Grube und Kleingruben in den Kreuzzwickeln (Nr. 113); eine Quadratfibel mit Eckrundeln, Motivfeld durch runden Innensteg unterteilt, Eckrundeln mit Rundgruben versehen (Nr. 115); eine Rautenfibel mit dreigliedrigen Eckfortsätzen, Innenfeld durch Stegring unterteilt (Nr. 279); eine Rautenfibel, Ecken durch Vier-Perlen Dreipassrundeln verziert, rautenförmiges Zentralfeld durch Kerbrinne vom Rand abgesetzt (Nr. 740); eine siebenstrahlige Sternfibel, je eine punktförmige Grube auf den Sternzacken, siebeneckig begrenztes Plateau, auf dem Plateau schmales Kreuz, Kreuzzwickel mit Kleingruben (Nr. 105); eine achtblättrige Rosettenfibel, je eine Kleingrube je Blatt, Rundplateau im Zentrum mit einfachem Kreuzmotiv (Nr. 629); eine sechsblättrige Rosettenfibel, je eine Grube zur Aufnahme einer Schmelzmasse pro Blatt, Grube im Mittenbereich (Nr. 280); eine flache sechsblättrige Rosettenfibel mit je einer Rundgrube pro Blatt, zentrales Flachplateau ebenfalls mit Rundgrube (Nr. 1026); eine sechsblättrige Rosettenfibel mit sechs Durchbrüchen der Fibelplatte und in Zentralfassung erhaltener elfenbeinfarbener Schmelzmasse (Nr. 101).
Grabungsfunde: eine Grubenschmelz-Kreuzemailscheibenfibel des Typs Haseloff 9 (Grabungsfund aus Steinwerk; Bergmann 1993a, Nr. 111, S. 241 f., Abb. 135 und Farbabb. 45); eine Grubenschmelz Caput-Christi Fibel (Bergmann 1993a, Nr. 114, S. 243 f., Abb. 138); eine Ave-Maria Schnalle (Bergmann 1993a, Nr. 119, S. 247 f., Abb. 143 und Farbabb. 51); ein Glasring (Bergmann 1993a, Nr. 120, S. 249, Abb. 144 und Farbabb. 49); ein Pfennig, Erzbistum Köln, Wikbold, 1297–1300; ein Viertelpfennig, Erzbistum Köln, Wikbold, 1297–1304; eine Pflugschar eines Beetpfluges (Bergmann 1993 a, Nr. 28, S. 178–181, Abb. 55); ein Sichelblatt (Bergmann 1993a, Nr. 35, S. 189, Abb. 63); ein Wetzstein (Bergmann 1993a, Nr. 38, S. 191); ein Hammerkopf eines Dengel- oder Haarhammers (Bergmann 1993a, Nr. 43, S. 194, Abb. 70); ein Löffelbohrer (Bergmann 1993a, Nr. 47, S. 196, Abb. 74); ein Hufeisen mit verschiedenartig(!) ausgeformten Stollen (Bergmann 1993a, Nr. 54, S. 199, Abb. 81); Fragmente von relativ kleinen Wellenrand- und Breitschenkelhufeisen mit 2–4 (meist: 3) Nagellöchern, im Mittel von ca. 10,6 Länge, um 9,8 cm Breite und folgenden Stollen(typen): Rechteckstollen, Stollen von trapezförmigem Grundriss, dachartig spitzer Stollen von rechteckigem Grundriss (und mit dreieckigem Querschnitt) sowie – extrem selten – spiralförmig zusammengerollte Stollen; ein Steigbügel (Bergmann 1993a, Nr. 57, S. 202, Abb. 84); Kugeltöpfe (Bergmann 1993a, Nr. 69 und 71, S. 212–214, Farb-

Abb. 69: Büren-Steinhausen, Kr. Paderborn: Innenansicht (Rekonstruktion) des an ein Vorderhaus angebauten Steinwerks in der Ortswüstung Diderikeshusen, 1. Drittel 14. Jh. (Zeichnung: LWL-Archäologie für Westfalen, A. Vohwinkel)

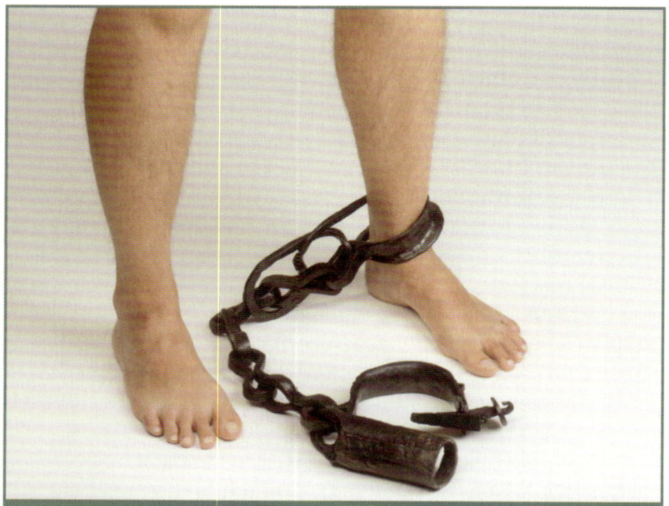

Abb. 70: Büren-Steinhausen, Kr. Paderborn: Fessel aus dem Steinwerk in der Wüstung Diderikeshusen mit geöffnetem Spreizfederschloss, 1. Drittel 14. Jh. (Foto: LWL-Archäologie für Westfalen, S. Brentführer)

abb. 30 f.); Krüge (Bergmann 1993a, Nr. 78 f., S. 218–220, Farbabb. 33 f.); eiserne Messer (Bergmann 1993a, Nr. 100 und 102, S. 231–233, Abb. 122 und 124); ein stark gekrümmtes Gartenmesser (Winzermesser?: Bergmann 1993a, Nr. 104, S. 234, Abb. 126); drei Schlüssel (Bergmann 1993a, Nr. 133–135, S. 256 f., Abb. 158); eine Fußfessel mit Spreizfederschloss und Schlüsseln (Bergmann/Weisgerber 1993, S. 259–263, Abb. 161–163); ein viereckiges Bleilot; ein Türring einer Möbeltür; ein Schuh- oder Stiefelbeschlag, Eisen; Nachweis dörflicher Eisenverarbeitung; DKZ 4417,0023.
Literatur: Willeke 1947, S. 43–46; Willeke 1989, S. 73–88; Bergmann 1989, Nr. 84, S. 156–160; Ausgrabung eines brandzerstörten Gehöfts (Steinwerk mit Vorderhaus, Scheune und separatem Felsenkeller): Bergmann 1993a, S. 103–118; Pferdehaltung auf mittelalterlichem Gehöft naturwissenschaftlich untersucht (Reichstein 1993, S. 119–129); Bergmann 2001a, S. 320; Bergmann 2001b, S. 123; Meineke 2018, S. 136–138: + Diedershusen.

Didingeshusen.
I. Ortswüstung.
II. Kommunale Zugehörigkeit unsicher.
III. 1315: *bonum … sive mansum situm in Didingeshusen* (Westf. Ub. 9, Nr. 1330).
V. Nach Westfälischem Urkundenbuch wüst nordöstlich von Büren-Brenken (Westf. Ub. 9 Nr. 1330); nach Willeke (1947, S. 44) jedoch mit +Diderikeshusen gleichzusetzen; bei Henkel (1974, S. 130) erneuter Hinweis auf eine potentielle Ortslage bei Büren-Brenken; m. E. ist eine Identifikation von Didingeshusen mit Diderikeshusen aus sprachlichen wie auch siedlungsgeografischen Gründen unzulässig; nicht auf der Wüstungs-Übersichtskarte des Kreises Paderborn eingetragen.
Literatur: Meineke 2018, S. 135 f.

Dören (jetzt: Dörnerholz).
I. Partielle Ortswüstung.
II. Stadt Paderborn.
III. *Z. J. 1015–1036 (um 1165): *Turnithi* (Vita Meinwerci [ed. Berndt], Kap. 64, S. 130, Z. 29); z. J. 1036 (um 1165): *in marchiis Thurnithorum* (Vita Meinwerci [ed. Terstesse], Kap. 217, S. 184, Z. 2; Vita Meinwerci [ed. Berndt], Kap. 215, S. 252, Z. 2); Anfang 13. Jh.: *Maior curia Thornethe*, *Minor curia Thornethe* (Einkünfteverzeichnis Busdorfstift, S. 332).
Literatur: Balzer 1977, S. 159 f., S. 165, S. 169 f.; Balzer 1979, Ortsnamenliste zu Abb. 5, Nr. 42: Dören; Balzer 1994, S. 73; Meineke 2018, S. 138–140.

Dorslon.
I. Kirchortwüstung.
II. Stadt Bad Wünnenberg.
III. *(822?), 826–876: *in Thurisloun iurnales II* (Mönchslisten Traditionen Corvey 1 und 2, Tr 65 und S. 116; siehe weiter: Tr 69 und S. 221); 1308: *Iohanne plebano in Dorslon* bezeugt (Asseburger Ub. 2, Nr. 646); spätes 12. Jh.: Ministerialen *Heinricus, Wendelhardus* und *Ricnant … de Durslo* genannt (Bauermann 1968, S. 354, Z. 11 f.); 1416: Wüstnennung (*„is woste"*) des Kottens (*eyn Kotenstede*) des Klosters Bredelar in *Dorslon* (Quellen westfälische Geschichte 1, S. 150); Kirchenrudera 1782 genannt.
IV. Der FlN „Dorsloh" tritt im Messtischblatt direkt an das Ortswüstungsareal angrenzend auf.
VI. Nachweis eines die Kirche umgebenden beigabenlosen Friedhofs; ausgedehnter Siedlungsbereich unterhalb der Kirchenstelle beiderseits des Bachlaufs mit 516 aufgefundenen Keramikfragmenten. Nachweis einer merowingerzeitlichen Besiedlungphase des späten 6./7. Jhs. (dickwandige, schwach gebrannte, hellgraubraune, mit Sanden bis 3 mm Korngröße und Feinkies gemagerte Drehscheibenware des Geseker Typus: 0,2 %). Kümpfe aus kalkgrusgemagerter Irdenware (0,6 %) deuten auf ein wahrscheinliches Fortbestehen der Siedlung im 8./9. Jh. Von den uneinheitlich gebrannten Irdenwaren liegt weiterhin solche mit Gesteinsgrus- (1,7 %), Schieferplättchen- (2,5 %) und feiner Sandmagerung (3,1 %) vor. Auffallend, jedoch nicht weiter interpretierbar, ist der hohe Fundniederschlag gelb gebrannter Irdenwaren, der zeitlich mit dem Auftreten von Drehscheibenware Badorfer Art des 9. Jhs. und frühmittelalterlicher nordhessischer Drehscheibenware einsetzt und etwas mehr als Drittel der Funde ausmacht. Rot gebrannte, blaugraue und reduzierend grau gebrannte Keramiken des hohen und späten Mittelalters sind mit Prozentanteilen von 0,2 %, 1,9 % und 48,4 % vertreten. Die Funde von rotengobierter gelber Irdenware (0,4 %), steinzeugartig hart gebrannter Ware Siegburger Art

(4,6 %), grauolivem Faststeinzeug (2,5 %), Faststeinzeug Siegburger Art (1,2 %) und Steinzeug Siegburger Art (2,1 %) belegen ein spätmittelalterliches Bestehen der Besiedlung Dorslons bzw. dessen Auflassung im 14. Jh. Der Fund einer kantenretuschierten Silexklinge verweist zudem auf eine potentielle prähistorische Besiedlungsphase der Ortsstelle, von der weiterhin ein Buntmetallfragment (Glockenmetall?) und das Fgm. eines mittelalterlichen Breitschenkel-Hufeisens (Rute mit drei Nagellöchern) vorliegt. Metalldetektorfunde: eine verschliffene Zellenschmelz-Kreuzemailscheibenfibel, wahrscheinlich Haseloff Typ 3 (Nr. 807), Auffindungsbereich: Umgebung der Kirchenstelle; eine Grubenschmelz-Kreuzemailscheibenfibel des Typs Haseloff 3 mit verschiedenartiger, u. a. blauer, glasartiger Schmelzmasse (Nr. 552), Auffindungsbereich: aufgepflügter mittelalterlicher Friedhof; eine runde Prägeblechfibel mit nach links blickendem heraldischem Adler, Randzone abgeschrägt (Nr. 566); eine runde Bleifibel, Motiv nicht erkennbar (Nr. 324), eine halbplastische Löwenfibel (Nr. 603); DKZ 4418,0023 (Kirchenbereich) und DKZ 4418,0023 a (unterhalb der Kirchenstelle lokalisierter „ländlicher" Siedlungsbereich).
Literatur: Holscher 1885, S. 53; Segin 1950, S. 447; Henkel 1973, S. 45–51 und Karte S. 49; Meineke 2018, S. 142–144; Bergmann 2020, S. 120.

Draslehusen.
I. Ortswüstung.
II. Stadt Salzkotten? Stadt Paderborn? Gemeinde Borchen?
III. 1256: *Draslehusen* (Westf. Ub. 7, Nr. 939).
V. In der urkundlichen Reihenfolge zwischen +Othelmestorp (östlich von Salzkotten) und Borchen genannt; nicht auf der Wüstungs-Übersichtskarte des Kreises Paderborn eingetragen.
Literatur: Meineke 2018, S. 144 f.

Drever.
I. Ortswüstung.
II. Stadt Salzkotten.
III. *Z. J. 1011 (um 1165): *Threveresga* (Vita Meinwerci [ed. Terstesse], Kap. 7, Z. 33; Vita Meinwerci [ed. Berndt], Kap. 7, S. 76, Z. 15).
V. Lage an der Heder bei Salzkotten und nicht – wie von Schneider (1936, S. 34: Drewer) angenommen – im Bereich des Gutes Dreckburg östlich der Stadt Salzkotten. Der Erwähnung des Ortes zwischen 1051 und 1076 ist eine Lage an der Heder (*predium, quod situm est iuxta flumen Hedera in villa que dicitur Drevere* [Westf. Ub., Add., Nr. 13]) zu entnehmen. Die Dreckburg hingegen, dort ist die Wüstung Othelmestorp lokalisiert, lag nicht an der Heder.
VI. Durch Flurnamen ausgewiesenes mittelalterliches Siedlungsareal rezent überbaut (Industriegebiet).
Literatur: Balzer 1979, Ortsnamenliste zu Abb. 5, Nr. 70: Drewer; Bergmann 1989, Nr. 4, S. 66 f.; Meineke 2018, S. 145–149.

Ecrikeshusun.
I. Ortswüstung.
II. Stadt Bad Wünnenberg.
III. *887: *in marca Asseki in villa Ecrikeshusun* (MGH DD Ka III., Nr. 158, S. 257); ca. 966–967: *in Errikeshus(un) et in Radi* (Mönchslisten Traditionen Corvey 1 und 2, Tr 297 und S. 238 f., mit ausführlicher Diskussion der Ortsnamenbelege). Von den mehreren Möglichkeiten einer Identifikation von *Errikeshus*(un) ist diejenige eine, den Ort mit der wahrscheinlich grenznah zum Hochsauerlandkreis zu verortenden Ortswüstung *Ecrikeshusun* zu identifizieren.
V. Anzunehmende Lage wahrscheinlich im Kr. Paderborn nahe von +Essike (Hochsauerlandkreis). +Essike (*Asseki*) dürfte nach topografischen Merkmalen unmittelbar an der Grenze des Hochsauerlandkreises zum Kr. Paderborn zu verorten sein. Die Ortswüstung, zu der nur eine Groblokalisation besteht, liegt geschätzt etwa 18 km westlich von Rhoden (Kr. Waldeck-Frankenberg). An die wahrscheinliche Ortslage von +Essike schließt sich jenseits (östlich) des Bachlaufs ein ausgedehntes Waldgebiet im Kreis Paderborn an, in dem Ecrikeshusun zu suchen ist.
Literatur: Flöer 2013, S. 129 f.: Ecrikeshusun (mit potentieller Verortung u. a. im Hochsauerlandkreis); Bergmann 2015, S. 112.

Ecwardeshusen.
I. Ortswüstung.
II. Stadt Lichtenau.
III. *Ca. 989–992: *XXXIX iugera et I iurnalem in Ecwardeshus*(un). Die Erläuterungen zu den Corveyer Traditionen bieten sowohl eine Identifikation mit Egwordessen bei Schwaney an, als auch mit einer potentiell in der Feldmark von Steinheim (Kr. Höxter) gelegenen Ortswüstung Eckwordessen (Mönchslisten Traditionen Corvey 1 und 2, Tr 437 und S. 273). Jedoch handelt es sich bei der später zu Schwaney umbenannten Scheinwüstung Ecwordinchusen (siehe nachfolgend) um einen -inghausen Ort. Insofern wäre die Quelle auf das hier behandelte +Ecwardeshusen zu beziehen.
V. Nach Henkel 1974 (Kartenbeilage) möglicherweise nördlich/ nordwestlich von Herbram gelegen; nicht auf der Wüstungs-Übersichtskarte des Kreises Paderborn dargestellt.
Literatur: Schneider 1936, S. 39: Egwordessen; Henkel 1974, S. 174: Ekwardessen; Balzer 1979, Ortsnamensliste zu Abb. 5, Nr. 103: Ekwardessen.

Ecwordinchusen.
I. Ortsnamenwandel (Scheinwüstung); nach Gründung der 1344 zu errichtenden Stadt Ecwordinchusen (*slot tzo bowene tzo Ecwordinchusen*: Küting 1963, S. 75) in Schwaney umbenannt.
II. Gemeinde Altenbeken.
III. *1015: *Actum Ekuuardinchusun* (Westf. Ub. 1, Nr. 87,XV, S. 68); z. J. 1015–1036 (um 1165): *Ekwardinchusun* (Vita Meinwerci [ed. Terstesse], Kap. 79; Vita Meinwerci [ed. Berndt], Kap. 78, S. 136, Z. 31); 1321: *Johannes, plebanus in Egwordinchosen* (Westf. Ub. 9, Nr. 1957).
V. Küting geht von einer Lage der ehemaligen ländlichen Siedlung Ecwordinchusen am Westrand von Schwaney aus. Ohne eine weitergehende Prospektion kann nicht entschieden werden, ob archäologische Befunde von Ecwordinchusen über den heutigen Bebauungsrand von Schwaney hinausreichen.
Literatur: Küting 1963, S. 22–26 und Karte S. 35; Balzer 1979, Ortsnamensliste zu Abb. 5, Nr. 65: Ecwordinchusen; Meineke 2018, S. 151–153.

Edinchusen (bei Schwaney).
I. Ortswüstung.
II. Gemeinde Altenbeken.
III. 1344: (*hove tzo*) *Edinchusen* (Küting 1963, S. 29, S. 75 f.) mit eindeutigem Bezug auf das Umfeld von Schwaney.
IV. 1738: „Engter Wald" bzw. moderner FlN „Emder Wald".
V. Anzunehmende Lage ca. 1,5 km südsüdöstlich von Schwaney (Kirche) bzw. südlich des heutigen Hofs Rustemeier.
Literatur: Küting 1963, S. 29 und Karte S. 35; Balzer 1979, Ortsnamenliste zu Abb. 5, Nr. 67: Edinghusen; Meineke 2018, S. 153.

Edinghausen (bei Wünnenberg).
I. Kirchortwüstung.
II. Stadt Bad Wünnenberg.
III. *Z. J. 1015–1036 (um 1165): *in Ethelerdinchusun et Weni* (Vita Meinwerci [ed. Terstesse], Kap. 129, S. 93; Vita Meinwerci [ed. Berndt], Kap. 127, S. 158, Z. 6). Aufgrund der gemeinsamen Nennung mit Weine bei Büren (Kr. Paderborn) ist davon auszugehen, dass das in der Tradition genannte *Ethelerdinchusun* auf die Kirchortwüstung bei Bad Wünnenberg bezogen werden kann; 1146: *Edekehuson* (Westf. Ub. 5, Nr. 54: da Edekehuson zwischen *Habergo* und Großen- oder Lütgeneder (*Nedere*) im Südostwestfalen-Block der Papsturkunde angeführt ist und eben nicht im räumlichen Zusammenhang mit den Sintfeldorten *Andepo, inferiori Andepo, Volpethenghuson* und *Fornholte* ist zu überlegen, ob sich dieses *Edekehuson* nicht auf eine ländliche Siedlung im z. B. westfälischen Hessengo beziehen könnte). Allerdings ist *Edinhusen* mit seiner dortigen Kirche auch 1183 in der Reihenfolge zwischen *Habergo* und *Nedere* aufgeführt: *Edinhusen et ecclesiam ibidem* (Westf. Ub. 2, Cod. 431).
VI. Funde 12.–14. Jh., Kirchenrelikte unter Schutthügel erhalten; mittelalterlicher Friedhof nachgewiesen; erhaltenes Terrassenackersystem; DKZ 4418,0016.
Literatur: Holscher 1885, S. 57: Etdichusen; Segin 1950, S. 446; Henkel 1973, S. 28–31 und Karte S. 29; Henkel 1974, S. 244; Horn/Thünker 2000, S. 36–39; Meineke 2018, S. 153–155.

Eilern (siehe weiter: Kircheilern und Osteilern).
I. Ortswüstungen.
II. Stadt Bad Wünnenberg.
III. *1210: *Conradus de Eleren* (Westf. Ub. 4, Nr. 39); 1244: *Godefrid de Elren* (Westf. Ub. 7, Nr. 559); 1416: Wüstnennung (*„synd woste"*) der drei Höfe des Klosters Bredelar in *Elren* (Quellen westfälische Geschichte 1, S. 150).
Literatur: Schneider 1936, S. 39; Meineke 2018, S. 158–160.

Eilhardinghusen (zeitlich nachfolgend: Einsiedelei tor hilligen Sele) (Abb. 71).
I. Ortswüstung mit Kirche oder Kapelle, die nachfolgend als Kluse genutzt wurde (Abb. 71).
II. Gemeinde Borchen.
III. 1183: *Eilardinghusen* (Westf. Ub. 5, Nr. 141); 1406 als Eremitage „tor hilligen Sele" erwähnt.

Abb. 71: Borchen-Dörenhagen, Kr. Paderborn: frühneuzeitlich zu einer Klausnerei (Heilige-Seele-Kapelle) umgestaltete Wüstungskirche Eilhardinchusen (Foto: LWL-Archäologie für Westfalen, R. Bergmann)

IV. Unmittelbar wüstungsweisende Flurnamen bestehen nicht; im Umfeld der Kapelle am „Heiliger Seelenweg" treten die FlN „vorm Kluskampe" und „Klusfeld" auf (Kreiskatasteramt Paderborn, Urhandriß Dörenhagen, Flur VIII, 1830).
VI. Aus Siedlungsbereich östlich der Chors: Funde des 11.–13. Jhs.; unmittelbar südlich der Kapelle Funde des 14./15. Jhs. und des 16.–18. Jhs.; Funde vom „Kluskampe": Keramik des 13./14. Jhs. (Koch 1974, S. 178); Fibeln ab der 2. Hälfte des 9. Jhs.: eine Grubenschmelz-Kreuzemailscheibenfibel des Typs Haseloff 1 mit runden Zwickelgruben und eine einfache, unverzierte Metallbuckelfibel; heutige Kapelle „Heilige Seele" mit spätromanischem Chor vom Ende des 11. Jhs./Anfang des 12. Jhs.; Schiff nach 1406 entstanden bzw. frühneuzeitlich; DKZ 4318,0090, DKZ 4318,0083 und DKZ 4318,0088.
Literatur: N.N. 1874, S. 148–150; Koch 1974, S. 178–180: Eilhardinghusen und Karte Abb. 37; Balzer 1979 (Ortsnamensliste zu Abb. 5, Nr. 92: Eilhardinghusen und Nr. 93: Hilligensele), ging noch davon aus, dass es sich bei Eilhardinghusen und Hilligenseele um zwei verschiedene Siedlungen handelt; Bergmann 2017d, S. 233 f. und S. 234: Abb. 5; Meineke 2018, S. 160–162; siehe auch: Addertzen.

Elderinkhusen.
I. Ortswüstung.
II. Gemeinde Borchen.
III. *1304 (Datierung nach u. a. Balzer 1994, S. 75 und Anm. 18): Betriebseinheiten (*Hove*) *tho ... Elderinchusen* nicht besetzt, unbewirtschaftet oder nicht bewohnt (Balzer 1994, S. 75 f.; Hachmann 1998, S. 42 f.; Datierung nach Westf. Ub. 9, Nr. 297: 1405–1418); historische Quellenüberlieferung teils schwer von derjenigen von Eldinchusen differenzierbar.
V. Nicht auf der Wüstungs-Übersichtskarte des Kreises Paderborn eingetragen.
Literatur: Balzer 1979, Ortsnamensliste zu Abb. 5: Elderinghusen (nicht lokalisiert).

Eldinchusen (Ellinghausen).
I. Unter dem Namen Ellinghausen modern wiederbesiedelte Ortswüstung in verkarstetem Gelände 1 km westsüdwestlich Oberntudorf (siehe auch Henkel 1974, Kartenbeilage).
II. Stadt Salzkotten.
III. Wahrscheinlich kein Bezug auf diese Ortswüstung: 826-876: *furlangum I in Aldingeshus*(un): Der Indexband zu den Corveyer Traditionen erörtert u. a. einen Bezug auf Ellingsen 5 km nördlich von Soest wie auch ein weiteres Ellingsen 9 km südöstlich von Soest. M. E. besitzt eine Identifikation mit Ellingsen südöstlich von Soest die größte Wahrscheinlichkeit, da dieses im Urkataster eine in der Soester Börde (und darüber hinaus) seltene Parzellierung in relativ breite Langstreifen aufweist (vgl. Kartennachlass A. K. Hömberg). *1186–1203: *Godescalc de Eldinchusen* (Westf. Ub. 2, Cod. 470 mit uneindeutigen Bezug auf die Ortswüstung bei Oberntudorf); Anfang 13. Jh.: *Eldinchosen* (Einkünfteverzeichnis Busdorfstift, S. 337); 1278: von drei Mansen in *Eldinchusen* ist eine wüstliegend (Westf. Ub. 4, Nr. 1509); *Eldinchusen* zur 1384 vom Paderborner Bischof verpfändeten Westhälfte der Herrschaft Wewelsburg gehörend (Urkunden Kloster Dalheim, Nr. 130; Giefers 1862, S. 345 f.).
IV./V. Wahrscheinliche Ortslage um den „Stusaut"/„Bissenwinkel" (*Saut* = Feuchtstelle, Teich) nahe der heutigen Gehöftgruppe; nördlich der mutmaßlichen Ortslage liegt das „Ellinger Feld" (Kreiskatasteramt Paderborn, Urriss Tudorf, Flur I, 1829).
VI. Heute wahrscheinlich partiell? überbaut.
Literatur: von Sobbe 1877, Nr. 9, S. 133 f.: Elnichusen, Elding-

husen, Ellinghusen; Schneider 1936, S. 41; Meineke 2018, S. 162–164: Ellinghausen.

Elenchosen.
I. Ortswüstung.
II. Nach Register Westf. Ub. 9, S. 128: Wüstung bei Büren. Mit hoher Wahrscheinlichkeit sind die nachfolgend angeführten Quellen von 1301 und 1308 jedoch auf die Ortswüstung Ellenchosen bei Ehringen (bei Volkmarsen, Landkreis Waldeck-Frankenberg, Nordhessen) zu beziehen.
III. 1301: *duos mansos sitos in Elenchosen* (Westf. Ub. 9, Nr. 57: Verkauf von Besitz an die Erben des Regenbodo *de Eringen*); *mediatem duorum mansorum indivisorum sitorum in Eringen et in Elenchosen* (Westf. Ub. 9, Nr. 598).
V. Nicht auf der Wüstungs-Übersichtskarte des Kreises Paderborn eingetragen.

Elnere.
I. Ortswüstung.
II. Gemeinde Altenbeken.
III. * Z. J. 1036 (um 1165): zum Haupthof *Beken* (= Neuenbeken) gehört u. a. das Vorwerk *Elinere* (Vita Meinwerci [ed. Terstesse], Kap. 217, S. 181, Z. 5–7; Vita Meinwerci [ed. Berndt], Kap. 215, S. 248, Z. 16; siehe weiter: Westf. Ub. 1, Cod. 127); 1344 ist *Elnere* noch bestehend (Küting 1963, S. 75).
IV./V. Aus der Interpretation einer spätmittelalterlichen Quelle ergibt sich, dass „Elnere" vor dem westlichen Stadttor der damaligen Stadt (*munitio*) Schwaney gelegen hat und zwar im Umfeld eines dauerfeuchten Areals etwa 1,4 km westnordwestlich der Schwaneyer Kirche (Küting 1963, S. 33); Lage wahrscheinlich am „Ellerbach" nahe der Pelizäus-Mühle (Einkünfteverzeichnis Busdorfstift, S. 333, Anm. 147).
Literatur: Schneider 1936, S. 40: Elinere; Küting 1963, S. 31–33 und Karte S. 35: Elnere; Koch 1974, S. 183: Elnere und S. 183 f.: Elvere (Koch geht von 2 Siedlungen aus, von denen eine, Elnere, bei Schwaney verortet wird und die andere, Elvere, möglicherweise im Beketal gelegen haben soll); Balzer 1979, Ortsnamensliste zu Abb. 5, Nr. 21: Elvere (mit einer mutmaßlichen Verortung nördlich von Neuenbeken) und Nr. 64: Elnere (mit einer Verortung nordwestlich von Schwaney an der Eller); Meineke 2018, S. 164 f.: Elnere.

Elverssen.
I. Ortswüstung mit ehemaliger Mühle bzw. nach Wöhlke: Einzelhof.
II. Stadt Lichtenau.
III. 1106–1128: *Elwardesson* (Kindlinger 2, Nr. XIX, S. 131): Aus der Zugehörigkeit zum Haupthof in Dungen (wüst, Kreis Höxter) ergibt sich, dass *Elwardesson* mit hoher Wahrscheinlichkeit nicht mit der hier angeführten Ortswüstung zu identifizieren ist; 1230: *Eilwardessen* (Westf. Ub. 4, Nr. 191),
V. Lage südwestlich Holtheim.
VI. Funde des 12./13. Jhs.; erhaltene Wölbackerflur.
Literatur: Wöhlke 1957, S. 14 f.; Henkel 1974, S. 180; Balzer 1979, Ortsnamensliste zu Abb. 5, Nr. 132: Elverssen; Meineke 2018, S. 169 f.

Emminchusen.
I. Ortswüstung.
II. Stadt Bad Wünnenberg.
III. *1312: *unum mansum et duas casas in Emminchusen et unum mansum in Lubbergehusen* (Westf. Ub. 9, Nr. 1077).
V. Lage nach Westf. Ub. 9, S. 119, im Sintfeld westlich von Fürstenberg. Für eine derartige Lage spricht insbesondere die Nennung zusammen mit Lubberinchusen, das im nordöstlichsten Zipfel des Hochsauerlandkreises bei Bleiwäsche (Kr. Paderborn) zu verorten ist. Andererseits wäre auch eine Lage im Umfeld von Marsberg (Hochsauerlandkreis) anzunehmen; nicht auf der Wüstungs-Übersichtskarte des Kreises Paderborn eingetragen..

Enenhus.
I. Hofwüstung (ehemaliger Villikationshaupthof mit 13 abhängigen Vorwerken bzw. ausgedehnteste Villikation des bischöflichen Tafelguts).
II. Stadt Paderborn.
III. *Z. J. 1015–1024 (um 1165): *violentia villici de Enenhus* (Vita Meinwerci [ed. Terstesse], Kap. 150, S. 114; Vita Meinwerci [ed. Berndt], Kap. 147, S. 180, Z. 27); 1036: Zur Gründungsausstattung des Busdorfstifts in Paderborn gehört der Villikationshaupthof *Enenhus* mit 13 abhängigen Vorwerken (*vorewerc*) (Vita Meinwerci [ed. Terstesse], Kap. 217, S. 180, Z. 20; Vita Meinwerci [ed. Berndt], Kap. 215, S. 248, Z. 11).
V. Von Rohrbach ([2]1963) angenommene Lage südlich des Elser Weges und zwar im Bereich der 1963 bestehenden Infanteriekaserne. Die Siedlungsstelle ist jedoch wahrscheinlich mit dem archäologisch nachgewiesenen Fundareal DKZ 4218,0564 zu parallelisieren, das 1,4 km nordwestlich des mittelalterlichen Stadtkerns von Paderborn an der Terrassenkante oberhalb der Paderaue gelegen ist.
VI. Reste von Grubenhäusern und gemauerten Kellern, Keramikfunde des 10.–13. Jhs.; Hinweise auf Metallverarbeitung (Ofenwandungsreste, Schlacken).
Literatur: Schneider 1936, S. 42: Enenhaus; Rohrbach [2]1963, S. 17; Balzer 1977, S. 151, S. 170–172; Balzer 1979, S. 15, S. 76–80 und Ortsnamensliste zu Abb. 5, Nr. 38: Enenhus; Balzer 1994, S. 74; Meineke 2018, S. 170–172; Gai/Lodemann/Melisch 2020, S. 106–109.

Ernesgenvelde.
I. Ortswüstung.
II. Stadt Büren.
III. *1220: *Bona in Ernesgenvelde* (Westf. Ub. 4, Nr. 84); 1316: *Arnoldus Ernescheveld* Ratsherr in Büren (INA Büren, Nr. 77, S. 131; Westf. Ub. 9, Nr. 1410).
V. Lage nach Segin (1950, S. 443) bei Büren, möglicherweise im Umfeld der Quellen am Mertenstal; nach Oberschelp (1963, S. 61) möglicherweise in der Bürener Feldmark gelegen, nach Henkel (1974, Kartenbeilage) südsüdöstlich von Büren zu verorten.
Literatur: Schneider 1936, S. 44; Meineke 2018, S. 174 f., die unter „Ermessinchusen" sowohl wahrscheinliche Quellenbelege zu Ermsinghausen, Kreis Soest (also eines Ortes des -inchusen Typs) als auch zu Ernesgenvelde zusammenfasst.

Esbegtinchusen.
I. Ortswüstung.
II. Stadt Paderborn.
III. *Z. J. 1036 (um 1165): *villam ... Asbethinchuson* (Vita Meinwerci [ed. Terstesse], Kap. 217, S. 183, Z. 28 f.; Vita Meinwerci [ed. Berndt], Kap. 215, S. 250, Z. 30); z. J. 1036 (um 1165): *partem sundere sue in orientali plaga vie, que vadit ab urbe Patherbrunnensi usque in Asbethinchuson* (Vita Meinwerci [ed. Terstesse], Kap. 217, S. 184, Z. 5–7; Vita Meinwerci [ed. Berndt], Kap. 215, S. 252, Z. 4 f.); 1036: *Esbegtinchusun* (Westf. Ub. 1, Cod. 127).
IV./V. Bei dem 1036 genannter Weg (via) *que vadit ab urbe ista usque in Esbegtinchusun* handelt es sich nach Auffassung von

Rohrbach (1963, S. 26) wahrscheinlich um den heutigen „Querweg“; Verf. geht hingegen davon aus, dass dieser „Querweg“ nach [+] Queden verlief. Bei einem 1183 genannten Tor *(porta quae ducit Asbethinghusen)* handelt es sich wahrscheinlich um das nachmalig als Spiringstor bezeichnete Tor der Stadt Paderborn. Aus einer Quellenangabe von 1650, die ein „Espringsen boven Paderborn“ nennt, kann ergänzend auf eine Lage südlich von Paderborn geschlossen werden.
Literatur: Schneider 1936, S. 44: Esbetinchusen und Schneider 1936, S. 10: Asbehtinghusen; Rohrbach ^{2}1963, S. 25 f.; Balzer 1977, S. 155, S. 167, S. 170; Balzer 1979, S. 83 und Ortsnamensliste zu Abb. 5, Nr. 87: Esbechtinghusen; Meineke 2018, S. 176–178: Esbechtinghusen.

Esinghusen.
I. Ortswüstung.
II. Stadt Bad Wünnenberg?
III. 1287: *bona in Esinchusen* (Ub. Busdorf 1, Nr. 57; Westf. Ub. 4, Nr. 1936); 1306: *bona ... in Esinchosen/bonis in Esinchosen* (Westf. Ub. 9, Nr. 457 f.); 1378: van Esinchusen (Landesarchiv NRW, Abt. Westfalen [Münster], Fsm. Paderborn, Urkunden, Reg. 1037).
V. Nach Balzer nicht lokalisierbar; nach Angabe Westf. Ub. 9.5, S. 122 „wüst b[ei] Wünnenberg“; möglicherweise besteht ein Bezug des 1287 genannten Besitzes zur partiellen Ortswüstung Essinckhausen, das heutige Esshoff 7 km westlich der Stadt Brilon, Hochsauerlandkreis. Nicht auf der Wüstungs-Übersichtskarte des Kreises Paderborn dargestellt.
Literatur: Balzer 1979, Ortsnamensliste zu Abb. 5, ohne Nr.; Meineke 2018, S. 178 f.

Esprike.
I. Ortswüstung.
II. Stadt Salzkotten.
III. *1363: *Bertram van Esprike/Cord van Esprike/Bernt van Esprike*, Hof zu *Esprike* (INA Büren, Nr. 87, S. 64).
VI. Prospektionsfunde 10.–14. Jh.; nachfolgend ergrabene zweiphasige Gehöftanlage in der älteren Phase aus zweigliedrigem Haupthaus (9 m x 17 m), Scheune (5 m x 21 m), Nebengebäuden, zwei Pfostenspeichern, einem Grubenhaus und zwei Brunnen bestehend; Spinnwirtel und ein gläserner Glättestein verweisen auf eine Garn- und/oder Textilherstellung; Nachweis einer Schmiedetätigkeit auf dem Gehöft; Gehöft der Phase 2 weniger gut erhalten; wahrscheinliche Aufgabe der Hofstelle im frühen 13. Jh.: Ein Becherkachelfund belegt eine (wohl zusätzliche) Ofenheizung bzw. das Vordringen einer aus dem Süden Deutschlands stammenden Beheizungsform in den ländlichen Raum Westfalens; zahlreiche Werkzeugfunde (u. a. Sichel mit gezähntem Blatt, Kesselhaken, Spatenbeschlag, drei Mahdhaken (die indirekt eine Getreideernte mit der „Kniesense“ belegen); DKZ 4317,0043.
Literatur: Henkel 1974, S. 228 (Brünnekenkapelle); Bergmann 1989, Nr. 13, S. 75 f.; Haasis-Berner 2003, S. 181–206; Haasis-Berner 2005, S. 516–518; Best/Austermann/Koopmann/Schyle 1996, Nr. 12, S. 35: Esprike; Meineke 2018, S. 180 f.

Evynghusen.
I. Ortswüstung.
II. Gemeinde Borchen.
III. *1304 (Datierung nach u. a. Balzer 1994, S. 75 und Anm. 18): Betriebseinheiten (*Hove*) *tho ... Evynchusen* nicht besetzt, unbewirtschaftet oder nicht bewohnt (Balzer 1994, S. 75 f.; Hachmann 1998, 42 f.; Datierung nach Westf. Ub. 9, Nr. 297: 1405–1418).
V. Ortswüstung nach Balzer nicht lokalisierbar; nicht auf der Wüstungs-Übersichtskarte des Kreises Paderborn eingetragen.
Literatur: Balzer 1979, Ortsnamensliste zu Abb. 5, ohne Nr.

Fornholte (Abb. 11).
I. Ortswüstung (ehemaliger Kapellenort).
II. Stadt Bad Wünnenberg.
III. *1146: *Fornholte* (Westf. Ub. 5, Nr. 54), 1459: Klausnerei (*Clues*).
IV. Wüstungsweisender FlN „Färnholle“.
VI. Keramikfunde 10.–14. Jh.; Metalldetektorfunde: eine Nabenemailscheibenfibel (Augenfibel, Nr. 128); erhaltenes Kapellenpodium; Pestfriedhof des 30jährigen Krieges; Inschrift des dortigen Gedenksteins: „ANNO 1635 DEN 25 [AU]GUSTI HAT VNS GOT DIE PESTILENS GESANT WIE MANGEM IST BEKANT SINT VOM DORF LEBERG 400 MENSCHEN GESTORBEN DENEN GOT DIE SELIKEIT ERWORBEN. AMEN; Fund einer neuzeitlichen Brosche mit der Darstellung eines Äskulap-Stabs (Sondermann-Fastrich 1997c, S. 310 und S. 304, Abb.71,11); Fund einer Ziernadel mit kugelförmigem Goldkopf; DKZ 4417,0008; 0,5 km westlich der Ortsstelle Lage einer Wallburg (unbekannter Zeitstellung) von 1,2 ha Fläche.
Literatur: Segin 1950, S. 444 f.; Henkel 1973, S. 14–19; Henkel 1974, S. 189 f.; Meineke 2018, S. 185; Leenen 2019b, S. 538 f.

Gellinghausen.
I. Gellinger Mühle 1862 bestehend (Giefers 1862, S. 334). Gellinghausen ist daher als partielle Ortswüstung einzustufen.
II. Gemeinde Borchen.
III. 1340: *Gelvelinchusen* ... in der Pfarre *Etlen* (INA Büren, Nr. 33, S. 55; *Etlen* = Etteln, Kr. Paderborn); 1344: Kotten in *Gelvelinchusen* (INA Büren, Nr. 134, S. 146).
V. Unmittelbar südwestlich der mutmaßlichen Ortsstelle/Ortslage befindet sich im „Burgholz“ eine Befestigung der vorrömischen Eisenzeit (des 3. Jhs. v. Chr.), überlagert von einer ausgedehnten Wallburganlage karolingisch–ottonischer bis hochmittelalterlicher Zeitstellung, deren Wälle im Urriss eingezeichnet sind (Kreiskatasteramt Paderborn, Urriss Kirchborchen, Flur XX, 1830); im Umfeld der Ortswüstung auftretende Wegebezeichnung „Gellingerweg“.
Literatur: Hömberg ^{2}1975a, S. 219 (zur Burganlage); Balzer 1979, Ortsnamenliste zu Abb. 5, Nr. 106: Gellinghausen; Bérenger 1989f, S. 80 f.; Horn/Thünker 2000, S. 44–49; Meineke 2018, S. 188–190.

Givelstorp.
I. Ortswüstung (angebliche Ortsnamenwüstung/Scheinwüstung: nach Westf. Ub. 4, Nr. 1509, Anm., ist Givelstorp mit dem heutigen Hegensdorf gleichzusetzen).
II. Stadt Büren.
III. 1278: *Givelstorp* (Westf. Ub. 4, Nr. 1509); 1307: Hufe in *Geverhardesdorpp* liegt im näheren oder weiteren Umfeld von Holthausen (*Holthusen*) bei Büren (INA Büren, Nr. 11, S. 49 f.); 1351: *Geverstorph* (INA Büren, Nr. 48, S. 58).
V. Bei Henkel (1974, Kartenbeilage) als Ortswüstung Givelsdorf in direkter Nähe zu Hegensdorf verzeichnet.
Literatur: Meineke 2018, S. 191 f.: Geverstorp

Graffeln.
I. Partielle Ortswüstung mit wüster Mühle und ehemaliger Kapelle oder Kirche mit Friedhof; Gut („Domaine“) Graffeln auf der gegenüberliegenden Seite der Alme wüstungsresistent.

II. Stadt Büren.
III. *1221 *Gotswin de Grafen* (Westf. Ub. 4, Nr. 95a); 1232: *molendinum in Gravem* (INA Büren, Nr. 13, S. 117 f.); 1354: Kotstätte *boven deme Kerchove* und Garten unterhalb von *dem dorpe to Graffen* zwischen dem Wasser (INA Büren, Nr. 162, S. 153); zur 1384 an den Paderborner Bischof verkauften Westhälfte der Herrschaft Wewelsburg gehörend (Giefers 1862, S. 345 f.).
IV. Zahlreiche wüstungsweisende Flurnamen: „Grafflerweg", „alte Graffeler Weg", „Graffelfeld", „Aufm Graffler Berge", „Bei der alten Kirche" mit rechteckiger Sonderparzelle (Kreiskatasteramt Paderborn, Urkataster Wewelsburg, Flur III, 1830).
V. Lage der Ortsstelle auf dem Gleithang nördlich der Burg Wewelsburg oberhalb der periodisch wasserführenden Alme.
VI. Baubeobachtung/Notbergung: Bergmann 1997g, S. 305 f. und S. 303, Abb. 70: DKZ 4317,0065; Prospektion 2016: rund 270 m langes Fundareal (DKZ 4317,0128) mit zwei Konzentrationen von aufgepflügtem verziegeltem Lehm und weiterhin mit zwei Konzentrationen von aufgepflügten, teilweise feuergeröteten Kalksteinplatten; Fund eines kantenretuschierten Schabers aus gelblichweißem Flint; unter den Funden hoher Anteil an uneinheitlich gebrannter Irdenware, darunter eine RS eines Kumpfes. Der teilweise relativ großformatige Scherbenbruch der uneinheitlich gebrannten Irdenware verweist darauf, dass bislang archäologisch intakte Fundhorizonte beim Pflügen erfasst werden. Funde insgesamt um 800/9.–14. Jh.
Literatur: Bergmann 2017d, S. 231; Meineke 2018, S. 192–195.

Gulse.
I. Wahrscheinliche Ortswüstung (bzw. partielle Ortswüstung); zugehörige Mühle erst 1830 aufgelassen.
II. Stadt Lichtenau.
III. *1250: *Gulse* (Westf. Ub. 4, Nr. 417); 16. Jh. Gulsermühle (Giefers 1880, S. 195).
IV./V. Standort der „Günsel M(ü)hl" an der Altenau westlich der Ortswüstung Amerungen noch im Preußischen Urmesstischblatt (als Ruine?) eingetragen.
VI. Relikte der Gunselmühle am Fuß des Stenneken-Berges nachgewiesen.
Literatur: Schneider 1936, S. 53; Wöhlke 1957, S. 12–14: Amerungen und Gulse; Henkel 1974, S. 180; Balzer 1979, Ortsnamenliste zu Abb. 5, Nr. 130: Gulse; Meineke 2018, S. 196: Gülse.

Hadeberninchusen.
I. Ortswüstung.
II. Stadt Salzkotten.
III. 1103: *mansum unum in Hatheberninchuson* (Westf. Ub., Add., Nr. 25: Fälschung; siehe weiter: Honselmann 1950, Nr. 22, S. 346); *Ende 12. Jh.: *Hugo et Burchardus de Haberchenhusen* (Bauermann 1968, S. 355, Z. 33): nach Schneider (1936, S. 54) möglicherweise identisch mit Hadeberninchusen; nach Bauermann zudem möglicherweise auch gleichzusetzen mit Hesperinghausen, Stadt Diemelstadt, Kr. Waldeck-Frankenberg/Hessen; Ende 12. Jh.: *in Hatherberninchusen* (CTW 4, S. 43).
VI. Funde 9.?/10.–13. Jh.; DKZ 4317,0040; östlich bis südöstlich der mittelalterlichen Ortsstelle nachgewiesenes ausgedehntes Siedlungsareal der vorrömischen Eisenzeit bis älteren römischen Kaiserzeit.
Literatur: Balzer 1979, Ortsnamenliste zu Abb. 5, Nr. 69: Habrinkhausen; Bergmann 1989, Nr. 1, S. 62 f.; Best/Austermann/Koopmann/Schyle 1996, Nr. 8, S. 34: Habringhausen (Hadeberninchusen); Meineke 2018, S. 199–201: Habringhausen.

Hagenlo.
I. Ortswüstung?
II. Gemeinde Borchen.
III. *1241 (Westf. Ub. 4, Nr. 308): Aus der Quelle ist nicht zwingend abzuleiten, dass es sich bei *Hagenlo* um einen Ort handelt; angeführt ist es zwischen Ackerflächen am Fuß des *Goldenberg* und im Westerdale.
V. Davon abweichend wird eine potentielle Lage einer Wüstung Hagenlo 2 km nördlich von Etteln im Umfeld der dortigen Kluskapelle angenommen (Henkel 1974, S. 150 und Kartenbeilage).
Literatur: Schneider 1936, S. 55; Balzer 1979, Ortsnamensliste zu Abb. 5, Nr. 107: Hagenlo.

Haghusen.
I. Ortswüstung.
II. Altkreis Büren.
III. *Spätes 13. Jh.: *Haghosen* (Einkünfteverzeichnis Busdorfstift, S. 337).
V. Aufgrund der Reihenfolge der Ortsnennungen in den urbarialen Aufzeichnungen ist von einer wahrscheinlichen Lage im Altkreis Büren auszugehen; nicht auf der Wüstungs-Übersichtskarte des Kreises Paderborn eingetragen.

Halgotinchusen.
I. Ortswüstung.
II. Stadt Salzkotten.
III. *1222: *predium in Halgotinhosen* (Westf. Ub. 4, Nr. 104); die bei Schneider (1936, S. 55) angeführte Erstnennung zum Jahr 1183 (Westf. Ub. 2, Cod. 431) bezieht sich auf den ausgegangenen Kirchort Haldinchusen im Hochsauerlandkreis; Anfang 13. Jh.: *Obedientia Algotinchusen* (Einkünfteverzeichnis Busdorfstift, S. 332).
IV. Auf die Ortslage verweisendes Haltinger Kreutz 1,6 km südlich der Kirche in Salzkotten-Verne.
VI. Groblokalisation: DKZ 4317,0124.
Literatur: Balzer 1979, Ortsnamenliste zu Abb. 5, Nr. 68: Haltinghausen; Bergmann 1989, Nr. 11, S. 74 f., siehe dort auch Nr. 12, S. 75: Wederburhusen; Meineke 2018, S. 205 f.: Haltinghausen.

Hattepe.
I. Ortswüstung.
II. Stadt Lichtenau.
III. *1229: Regenhart de Hattepe (Schaten, Ann. Pad. II, S. 5); 1302: *proprietatem curtis in villa Hattepe super campo, qui Sintvelt dicitur* (Westf. Ub. 9, Nr. 97); 1416: Wüstnennung (*„is woste"*) des Hofes des Klosters Bredelar in *Attepe* (Quellen westfälische Geschichte 1, S. 150).
V. Wahrscheinliche Lage im Tal des Piepenbachs im Umfeld des Flurnamenbereichs „Papenbrunn" östlich des Waldstücks „Herpereichen".
VI. Bislang keine Bodenfunde; DKZ 4419,0046.
Literatur: Henkel 1973, S. 80 f.; Balzer 1979, Ortsnamensliste zu Abb. 5, Nr. 128: Hattepe; Meineke 2018, S. 209–211.

Haxsuithehusen (Haxthusen) (Abb. 72).
I. Ortswüstung mit Burgwüstung und Mühle.
II. Stadt Paderborn.
III. *1036: *Haxsuithehusun* (Westf. Ub. 1, Cod. 127); z. J. 1036 (um 1165): *villam … vocatur Hassuithehuson* (Vita Meinwerci [ed. Terstesse], Kap. 217, S. 183, Z. 25 f.; Vita Meinwerci [ed. Berndt], Kap. 215, S. 250, Z. 29).
IV. Wüstungsweisende FlN: Haxtergrund, Haxterberg, „Haxthauser Feld" u. a.

Abb. 72: Paderborn-Haxterberg, Kr. Paderborn: Turmhügelburg „Schlossberg" am Rand der Ortsstelle Haxsuithehusen (Entwurf: R. Bergmann, Kartografie: LWL-Archäologie für Westfalen, M. Thede)

V./VI. Angenommen wurde eine Lage der Ortswüstung am „Haxterpohl" nördlich einer Turmhügelburg der 2. Hälfte des 12. Jhs./13. Jhs. Im Gelände zeigt sich folgender Befund: Die Turmhügelburg (= Motte; DKZ 4318, 0043:A) befindet sich nahe der Oberkante eines Steilhangs oberhalb des Haxtergrundes. Um den Mottenhügel aufzuschütten (der jetzt erosionsbedingt nicht mehr eine runde, sondern eine ovale Form besitzt) ist u. a. unmittelbar nördlich der Burg an der Geländekante Material abgegraben worden. Weil hier eine wasserstauende Lokalmoräne (mit Flint/Flussschottern) ansteht, existiert im Abgrabungsbereich heute ein temporärer/episodischer Wasseraustritt bzw. Tümpel. Die Untersuchung des Bereichs um diesen auf der Höhe gelegenen „Haxterpohl", der früher stets wasserführend gewesen ist, erbrachte den Nachweis weniger Streuscherben (u. a. 2 WS Eisenzeit, 1 RS hohes Mittelalter, 1 RS und 2 WS Siegburger Steinzeug; DKZ 4318,0082). Die geringe Fundintensität beruht darauf, dass die Siedlungsstelle – wie sich bei weiteren Nachforschungen ergab – in jüngerer Zeit mit Bodenaushub abgedeckt worden ist. Zur Wüstung gehört wahrscheinlich weiterhin der Bereich „bei der alten Mühle" im Talboden des Haxtergrundes, der auf eine Wassermühle verweist. Aufgrund der karstbedingt eingeschränkten Wasserführung des Ellerbachs kann diese nur temporär betrieben worden sein. Aus dem Umfeld der Burg, nach welcher der Steilhang als „Schlossberg" benannt ist, stammt eine radförmige Fibel des Hochmittelalters mit Durchbrüchen der Fibelplatte und erhabener Zentralfassung.
Literatur: Rohrbach [2]1963, S. 23; Balzer [2]1975, S. 275–277; Balzer 1977, S. 155 f., S. 170; Balzer 1979, S. 76, S. 83 und Ortsnamenliste zu Abb. 5, Nr. 88: Haxthusen; Meineke 2018, S. 213–216: Haxthausen; Bergmann 2019b, S. 240 f. und Abb. 1 f.; Bergmann 2020, S. 138.

Heddinchusen.
I. Ortswüstung.
II. Stadt Paderborn.
III. *1036: In der urkundlichen Reihenfolge zwischen Dedinghausen und Dahl unter den Vorwerken des Haupthofes (+) Enenhus aufgeführt (Westf. Ub. 1, Cod. 127); z. J. 1036 (um 1165): Zur Gründungsausstattung des Busdorfstifts in Paderborn gehört *Enenhus* mit 13 vom Haupthof abhängigen Vorwerken (*vorewerc*), darunter *Heddinghuson* (Vita Meinwerci [ed. Terstesse], Kap. 217, S. 180, Z. 24 f.; Vita Meinwerci [ed. Berndt], Kap. 215, S. 248, Z. 12).
IV./V. Lage wahrscheinlich südlich von Benhausen in der „Hellinger Grund"; vgl. auch Küting 1963, S. 30 f. und Karte S. 35, der für Heddinchusen eine abweichende Lage in der Gemarkung Altenbeken-Schwaney im Bereich der periodisch wasserführenden Eller annimmt (Flurnamennachweise für ein Heddinchusen an der Eller sind nach Auffassung d. Verf. bisher nicht vorgelegt worden).
Literatur: Rohrbach [2]1963, S. 31; Koch 1974, S. 184: Heddinghausen an der Eller (m. E. wahrscheinlich real nicht existent, weil in dem von Koch angenommenen Bereich die Wüstung Holthusen bei Dahl lokalisiert und archäologisch teiluntersucht ist) und S. 185 f.: Heddinghausen bei Benhausen (wie vorstehend verortet); Balzer 1979, S. 78 und Ortsnamenliste zu Abb. 5: Heddinghusen (mit Verortung bei Benhausen) und Abb. 5, Nr. 63: Heddinghusen (mit einer Verortung östlich von Dahl); Bergmann 2015, S. 135; Meineke 2018, S. 216 f.

Helmern: siehe Westhelmern.

Henghi.
I. Ortswüstung.
II. Grenzbereich Stadt Paderborn/Gemeinde Altenbeken.
III. *1036: *Henke* (Westf. Ub. 1, Cod. 127); z. J. 1036 (um 1165): Zum Haupthof *Beken* (= Neuenbeken) gehört u. a. das Vorwerk *Henghi* (Vita Meinwerci [ed. Terstesse], Kap. 217, S. 181, Z. 5 f.; Vita Meinwerci [ed. Berndt], Kap. 215, S. 248, Z. 16); 1344: *Hof tom Henghe* (Küting 1963, S. 75).
IV. 1656 bestehender wüstungsweisender FlN „Auf des Hoffes-Saedt" nahe des Hellwegs (Koch 1974, S. 189).
V. Näherungsweise Lage im Umfeld des heutigen Hengkruges zwischen Paderborn und Neuenbeken (Einkünfteverzeichnis Busdorfstift, S. 330, Anm. 114); nach anderer Angabe jedoch ca. 3,5 km westlich von Schwaney im Bereich der Flur „Auf dem Heng" gelegen und zwar wenig südlich des mittelalterlichen Hellwegs Duisburg–Paderborn–Höxter.
Literatur: Schneider 1936, S. 61: Heng (und auch S. 98); Küting 1963, S. 33–34; S. 36–37 und Karte S. 35: Henghi; Koch 1974, S. 186–189: Henke, Henkhusen, Karte Abb. 37; Balzer 1979, S. 80 und Ortsnamenliste zu Abb. 5, Nr. 62: Heng; Meineke 2018, S. 225 f.: Heng.

Heperne.
I. Kirchortwüstung.
II. Stadt Büren.
III. * Ende 12. Jh.: *Domus in Heperne* (Bauermann 1968, S. 354, Z. 10); 1281–1313: *in parochiis Remelinchusen, Tulon et Heperen* (Seib. Ub. 2, Nr. 551, S. 108, §9, Z. 3 f.); Kopialbuch des 15. Jhs. (= Archidiakonatsverzeichnis des Bistums Paderborn): *Heperne* (Wigand 1831, Nr. 10, S. 225).
IV. Wüstungsweisender FlN „Heperner Kirche".
VI. Lage der Kirchenstelle unmittelbar am Hochflächenrand (mit rezentem Kreuzstandort übereinstimmend); Lage der eigent-

lichen ländlichen Siedlung u. a. direkt unterhalb des Kreuzstandorts (= DKZ 4417,035) und wohl weiterhin im Talboden unterhalb der Kirchenstelle in einem Bereich mit Quellen; aus einem 40 m x 80 m großem, 2016 prospektierten Areal unterhalb des Kreuzstandorts Keramik des hohen und späten Mittelalters (11.–14. Jh.), darunter relativ wenig uneinheitlich gebrannte Irdenware mit Granitgrusmagerung wie auch mit granitischer Sandmagerung; unter den Funden überwiegt die reduzierend grau gebrannte Irdenware, die in verschiedenen Varianten auftritt; Oberboden der Fundfläche stark mit durchgeglühtem Kalksteinschutt durchsetzt; aufgepflügte Skelettreste; aus dem Bereich am Kreuzstandort stammt weiterhin ein hochmittelalterlicher bronzener Schreibgriffels („Stilus") der Harzer Gruppe: Bergmann 1993, Nr. 142, S. 265–267; DKZ 4417,0035.
Literatur: Schneider 1936, S. 62; Segin 1950, S. 438 f.: Heipern; Henkel 1974, S. 232: Heperne; Meineke 2018, S. 228 f.: Hepern.

Hespern.
I. Ortswüstung.
II. Stadt Salzkotten.
IV. Wüstungsweisender FlN „Espen-Feld" und Hudewald „im Espen" (Kreiskatasteramt Paderborn, Urkataster Oberntudorf, Flur III, 1829); jetzige Bezeichnung eines dortigen Aussiedlerhofs: Espenfeld.
V. Ortswüstung auf Kartenbeilage Henkel 1974 nordwestlich von Oberntudorf verzeichnet.
Literatur: Henkel 1974, S. 205; Balzer 1979, Ortsnamensliste zu Abb. 5, Nr. 75: Hespern.

Hesten.
V. Angenommene Ortslage näheren Umfeld der „Heiligen-Seele-Kapelle" (siehe +Eilhardinghusen, Kr. Paderborn); nicht auf der Wüstungs-Übersichtskarte des Kreises Paderborn eingetragen.
Literatur: N.N. 1874, S. 147; Kommentar Verf.: wahrscheinlich ist der Literaturbeleg zu Hesten auf +Heysen (siehe nachfolgend) zu beziehen.

Heysen.
I. Ortswüstung.
II. Stadt Lichtenau.
III. *nach 1121: *tres mansos in Hesen et dimidium in Nortborchen cum manicipiis XIIII* (Honselmann 1950, Nr. 13, S. 339 f.; 1142: *mansum in Hese* (Westf. Ub. 2, Cod. 236, S. 30: Fälschung): Die gefälschte Quelle bezieht sich auf eine Schenkung des Paderborner Bischofs Bernhard an das Kloster im Bereich der Burg Iburg. In der Quelle sind, soweit verortungsfähig, fast nur Orte (bzw. Ortswüstungen) angeführt, die östlich des Eggegebirges und zwar bevorzugt im Umland von Bad Driburg zu verorten sind. Dabei handelt es sich um *Vrilincthorp* (+Frilinctorp bei Bad Driburg?), *Hermershem* (+Hermeresson bei Bad Driburg?), *Ramagoteshem* (+Ramagotessun bei Bad Driburg), *Niitun* (+Nuten bei Bad Driburg), *Vulkershem* (+Völkersen bei Bad Driburg), *Odhem* (+Odehem bei Lichtenau), *Ludwardeshem* (+Luthardessen[?] bei Niesen), *Werneshem* (+Wennekessen bei Bad Driburg), *Heisten* (gemeint ist wahrscheinlich das 1106–1128 bezeugte +Heisten bei Borgentreich-Borgholz), *Hemenhusen* (+Hemenhusen bei Brakel), *Oldendorp* sowie eine Manse (*mansum*) *in Hese*. Die Manse *in Hese* in eine Beziehung zum Raum Lichtenau zu setzen erscheint angebracht, weil in dem Urkundenfalsifikat auch Odehem bei Lichtenau angeführt ist. Um 1230: *Hesen* (Einkünfteverzeichnis Busdorfstift, S. 205), 1383: *Heysen* (INA Büren, Nr. 244, S. 171).
IV. „Heiserweg" im Urkataster von der Stadt Lichtenau nach Nordwesten verlaufend (Kreiskatasteramt Paderborn, Urriss Lichtenau, Flur XV, 1831); in Verlängerung des Weges besteht heute im Grenzbereich der Städte Lichtenau und Paderborn zwischen Grundsteinheim und Busch der FlN „Heisterberg"; Ortslage im periodisch wasserführenden Tal der Sauer?
Literatur: Balzer 1979, Ortsnamensliste zu Abb. 5, Nr. 111: Heisen; Meineke 2018, S. 230 f.: Heysen

Hiddessen.
I. Ortswüstung.
II. Stadt Lichtenau.
III. Sichere Nennung u. a. *1346: Hof zu Hiddessen bei *Herebram* (INA Büren, Nr. 142, S. 148); 1376: Hyddessen (Landesarchiv NRW, Abt. Westfalen [Münster], Fsm. Paderborn, Urkunden, Reg. 980).
V. Lage bei Herbram (siehe Kartenbeilage zu Henkel 1974).
Literatur: Henkel 1974, S. 174; Balzer 1979, Ortsnamensliste zu Abb. 5, Nr. 105: Hiddessen; Meineke 2018, S. 231–233.

Hildehusen.
I. Ortswüstung.
II. Stadt Paderborn.
III. *Etwa 1260–1270: *domum in Hildehusen* (Lehnsregister Driburg, S. 361, §57); 1333: Kurie in Holthusen bei Hildehusen (Landesarchiv NRW, Abt. Westfalen [Münster], Fsm. Paderborn, Urkunden, Reg. 596).
IV./V. Lage nahe des Ringelsbruchs („up dem Ringelsbroke achter dem Syke to Hilhusen") südlich von Paderborn-Elsen.
Literatur: Rohrbach ^{2}1963, S. 22; Balzer 1977, S. 166; Balzer 1979, Ortsnamensliste zu Abb. 5: Nr. 52: Hildehusen; Meineke 2018, S. 233 f.

Hildelinchusen.
I. Ortswüstung.
II. Stadt Paderborn.
III. *1036: *Hildelinchusun* (Westf. Ub. 1, Cod. 127); z. J. 1036 (um 1165): *villam ... vocatur Hildelinghuson* (Vita Meinwerci [ed. Terstesse], Kap. 217, S. 183, Z. 24 f.; Vita Meinwerci [ed. Berndt], Kap. 215, S. 250, Z. 28 f.); z. J. 1036 (um 1165): *in marchiis ... Hildelinchusorum* (Vita Meinwerci [ed. Terstesse], Kap. 217, S. 184, Z. 3; Vita Meinwerci [ed. Berndt], Kap. 215, S. 252, Z. 2).
IV. Der im Umfeld von Paderborn auftretende FlN „Am Hilligenbusch" wird auf einen in den Quellen nicht belegten FlN „Hildelinghäuser Busch" zurückgeführt bzw. von diesem abgeleitet.
Literatur: Schneider 1936, S. 65; Rohrbach ^{2}1963, S. 21 f.; Balzer 1977, S. 156 f., S. 170 f.; Balzer 1979, Ortsnamensliste zu Abb. 5, Nr. 56: Hildelinghusen; Meineke 2018, S. 234 f.: Hildelinghusen.

Hildemanninchusen.
I. Ortswüstung.
II. Stadt Bad Lippspringe?
III. *1265–1270: *de Hildemanninchosen* (Westf. Ub. 4, Nr. 1056); 1295: *villicacione in Hildemaninchusen* (Westf. Ub. 4, Nr. 2362). Da die Quellenüberlieferung zu Hilmeringhausen erst im 15. Jh. einsetzt, wäre zu prüfen, ob mit Hildemanninchusen und Hilmeringhausen nicht identische Siedlungen bezeichnet werden.
V. Möglicherweise in der südöstlichen Feldmark von Bad Lippspringe gelegen; nicht auf der Wüstungs-Übersichtskarte des Kreises Paderborn eingetragen.
Literatur: Meineke 2018, S. 235 f.

Hildesbüren.
I. Ortswüstung.
II. Gemeinde Borchen?, Städte Paderborn? oder Lichtenau?
III. *Um 1460: over […] Hildesbüre winten tho Eigerinckhusen (Landesarchiv NRW, Abt. Westfalen [Münster], Mscr. VII, Nr. 4905, fol. 105 r., zit. n. Meineke 2018, S. 236); 1570: Curia in Hildesbüren boven dem Dornhagen (Altertumsverein Paderborn, P A 27, S. 135, zit. n. Koch 1974, S. 190, S. 286, Anm. 333).
V. Ortslage im Grenzbereich von Borchen-Dörenhagen, Paderborn-Dahl und Lichtenau-Grundsteinheim/Iggenhausen und zwar wahrscheinlich an der heutigen B 68 im Umfeld des Hofes Picht.
Literatur: Koch 1974, S. 190 f.: Hildesbüren, Karte Abb. 37; Balzer 1979, Ortsnamensliste zu Abb. 5, Nr. 97: Hildesbüren; Meineke 2018, S. 236: Hildesbur.

Hilligensele.
I. Nach Rohrbach ([2]1963, S. 24) mutmaßlicher Name der bei der Kapelle „Zur heiligen Seele" gelegenen ländlichen Siedlung (für die sich jedoch der mittelalterliche Ortsname Eilhardinchusen nachweisen lässt!).
Literatur: Balzer 1979, Ortsnamensliste zu Abb. 5, Nr. 93: Hilligensele; siehe weiter: +Eilhardinchusen (Kr. Paderborn).

Hilmeringhausen.
I. Ortswüstung.
II. Stadt Bad Lippspringe.
III. Erstnennung im 15. Jh.; 1669: „Hilmerhove" und „Hilmeker Zehnt" (Balzer 1995, S. 85).
V. Areal des Hilmeringhauser Zehnten in der südlichen Stadtfeldmark von Bad Lippspringe gelegen (Balzer 1995, S. 85).
Literatur: Koch 1974, S. 180 f.: Elmeringhausen–Hilmaringhausen; Balzer 1979, Ortsnamensliste zu Abb. 5, Nr. 16: Hilmeringhusen (Elmeringh[usen]); Balzer 1995, S. 84 f.: Hilmeringhausen und Karte S. 75; vgl. Hildemanninchusen.

Hodinchusen.
I. Ortswüstung.
II. Stadt Büren.
III. *1186–1203: *Decimas uillarum Buren, Holthosen, Sidinchosen, Barchosen, Hodinch*[osen] (Westf. Ub. 2, Nr. 468).
IV./V. Für die Ortswüstung ist eine wahrscheinliche Lage bei Kneblinghausen (Kr. Soest) wie auch, wenig entfernt, im Kr. Paderborn „bei Büren" angenommen worden. Zunächst sei auf irreleitende FlN eingegangen: Unmittelbar nördlich der Stadtmauer von Rüthen ist im Urkataster eine ausgedehnte Geländemulde bzw. ein kurzes Tälchen als „Hueding bzw. „aufm Hüding", „am Hüding", „im Hüding" bezeichnet worden (Kreiskatasteramt Soest, Urriss Rüthen, Flur III.3: Hueding, 1829, und Flur X.1: Burgberg, 1829). Pflugland (*terre arabilis*) *super Hudinge* ist bereits 1441 bezeugt (Stadtarchiv Rüthen, Findbuch, Nr. 135). Hodinchusen ist hingegen im Kreis Paderborn zu verorten. Südlich von Siddinghausen (Kr. Paderborn) bzw. östlich von Kneblinghausen (Kr. Soest) besteht eine kleine verkarstete, hochgelegene Fläche, die in der Deutschen Grundkarte als „Hönkerfeld" bezeichnet ist und an derer Rand mehrere Karstquellen entspringen.
VI. Siedlungsverdächtige Bereiche bislang unprospektiert.
Literatur: Oberschelp 1963, S. 63; Bergmann 2015, S. 122 f.; Meineke 2018, S. 236–238.

Hohensile: siehe **Queden**.

Holthusen (bei Paderborn).
I. Ortswüstung.
II. Stadt Paderborn.
III. *1333: *curiam in Holthusen prope Hildehusen* (INA Paderborn, Nr. 3, S. 43).
V. Lage wie bei +Hildehusen westlich von Paderborn am „Ringelsbruch".
Literatur: Rohrbach [2]1963, S. 33; Balzer 1979, S. 15 und Ortsnamensliste zu Abb. 5, Nr. 51: Holthusen; Meineke 2018, S. 244: Holthusen I.

Holthusen (prope Dale) (Abbn. 73 u. 74).
I. Ortswüstung.
II. Gemeinde Altenbeken.
III. *1271: *Holthusen* (zusammen mit *Selminchosen* genannt und daher wahrscheinlich auf Holthusen bei Dahl zu beziehen: Westf. Ub. 4, Nr. 1257); 1327: *Holthosen p(ro)pe Dale* (Landesarchiv NRW, Abt. Westfalen [Münster], Fsm. Paderborn, Urkunden, Reg. 535).
IV. Wüstungsweisender FlN Holter B(erg) im Preußischen Urmess-

Abb. 73: Schwaney-Obermühle, Kr. Paderborn, Kugeltopf aus uneinheitlich gebrannter Irdenware mit granitischer Sand- und Grusmagerung aus einem Schwellbalkengebäude in der Ortswüstung Holthusen prope Dale (Foto: LWL-Archäologie für Westfalen, S. Brentführer)

Abb. 74: Schwaney-Obermühle, Kr. Paderborn: Deckel eines Rauchfasses (liturgisches Gerät, mit Bekrönung durch eine Taube als Friedenssymbol) aus der Ortswüstung Holthusen prope Dale (Foto: LWL-Archäologie für Westfalen, S. Brentführer)

tischblatt verzeichnet.
V. Lage bei Schwaney-Obermühle (die bei Küting [1963, Karte S. 35] angegebene Lage der Ortsstelle ist nicht genau zutreffend).
VI. Rettungsgrabung LWL-Archäologie: Nachweis eines Gebäudeteils mit Steinfundament und an anderer Stelle eines halbeingetieften Kellers; Funde u. a. eines Meißels des 12. Jhs. und eines hochmittelalterlichen Rauchfassdeckels aus Bronze; DKZ 4319,0028.
Literatur: Küting 1963, S. 38–41; Koch 1974, S. 191–195: Holthusen bei Dahl, Karte Abb. 37; Balzer 1979, Ortsnamenliste zu Abb. 5, Nr. 61: Holthusen (mit erheblich zu weit nach Norden eingetragenem Lagepunkt); Bergmann 1993a, Nr. 44, S. 194 und Nr. 143, S. 267–269; Meineke 2018, S. 244 f.: Holthusen II.

Holthusen (bei Wewelsburg).
I. Ortswüstung.
II. Stadt Büren.
III. *1278: *curia Holthosen* (Westf. Ub. 4, Nr. 1509 und dort in der Reihenfolge der Besitztitel vor *Adene* [= Ahden] aufgeführt); 1322: *villa Holthusen apud castrum Wevelsborg* (Westf. Ub. 9, Nr. 2180); 1384: *to Holthus by der Wevelsborgh* (Giefers 1862, S. 351).
V. Zwischen Wewelsburg und Ahden gelegen (Giefers 1862, S. 357; Westf. Ub. 4, Nr. 1509, Anm.),
Literatur: Giefers 1862, S. 346; Schneider 1936, S. 69; Meineke 2018, S. 245 f.: Holzen.

Holthausen (bei Büren).
I. Ortswüstung mit Kapelle, nachfolgend: Zisterzienserinnenkloster, jetzt Gutsbetrieb.
II. Stadt Büren.
III. Um 1120: *Holthuson* (Ub. Hessische Landesgeschichte 2, S. 67, §67 f.). Der bei Meineke (2018, S. 241) zu Holthausen bei Büren gestellte Quellenbeleg ist auf ein +Holthusen in der Warburger Börde des Kreises Höxter zu beziehen. Das betreffende *Holthuson* ist zwischen Positionen angeführt, welche *Embrike* [+Emmerke] und die partielle Ortswüstung *Thinkilburg* [partielle Ortswüstung Dinkelburg] im südlichen Kr. Höxter betreffen. *1186–1203: *Decimas uillarum Buren, Holthosen, Sidinchosen, Barchosen, Hodinch*[osen] (Westf. Ub. 2, Nr. 468); 1243 abgeschlossene Klostergründung: *capellam in Holthosen prope Buren cum suis pertinentiis et aream, in qua cenobium situm est* (Westf. Ub. 4, Nr. 326).
Literatur: Schneider 1936, S. 69; Henkel 1974, S. 135; Meineke 2018, S. 241 f.: Holthausen.

Honborne (jetzt: Schloss Hamborn).
I. Neuzeitlich wiederbesiedelte Ortswüstung.
II. Gemeinde Borchen.
III. *973–975: *in Hanbrunnen* (Mönchslisten Traditionen Corvey 1 und 2, Tr 358 und S. 254); 1304 (Datierung nach u. a. Balzer 1994, S. 75 und Anm. 18): Betriebseinheiten (*Hove*) *tho ... Honborne* nicht besetzt, unbewirtschaftet oder nicht bewohnt (Balzer 1994, S. 75 f.; Hachmann 1998, S. 42 f.; Datierung nach Westf. Ub. 9, Nr. 297: 1405–1418).
Literatur: Meineke 2018, S. 207 f.

Hohenrod.
I. Ortswüstung?
II. Stadt Salzkotten.
III. 1183 (Westf. Ub. 5, Nr. 142; das hier genannte *Honrothen* ist in der Reihenfolge zwischen *Othehem* (+Odehem auf dem Soratfeld, Kr. Paderborn) und *Ouerethe* (+Overde bei Löwen, Kr. Höxter) genannt, was nicht unbedingt für eine Lage bei Salzkotten sprechen würde. Wegen der Einfachheit der Ortsnamenbildung ist in Westfalen von mehreren Rodungssiedlungen gleichen Namens auszugehen; *1390: Hohenrod (Oberschelp 1963, S. 63).
IV. Wüstungsweisender FlN „Hohenrod" und „auf dem Rod" südöstlich von Salzkotten.
Literatur: von Sobbe 1877, Nr. 2, S. 117: Hohenrod; Schneider 1936, S. 68: Hohenrod; Balzer 1979, Ortsnamensliste zu Abb. 5, Nr. 74: Hohenrod; Bergmann 1989, Nr. 17, S. 79; Meineke 2018, S. 240: Hohenrod.

Hoven.
I. Ortswüstung.
II. Stadt Büren.
III. *1276: *Houen* (Westf. Ub. 4, Nr. 1450).
V. Lage nach Henkel (1974, Kartenbeilage) südöstlich von Büren.
Literatur: Schneider 1936, S. 71; Meineke 2018, S. 248: die aus deren Angaben zu erschließende Verortung im Umfeld von Siddinghausen stimmt nicht mit der Angabe bei Henkel überein.

Hoyerinchusen.
I. Ortswüstung mit Haupthof.
II. Stadt Büren.
III. *1204: *curiam in Hoyerinchusen* (Westf. Ub. 4, Nr. 15); *Hoyerinchusen* 1384 zur vom Paderborner Bischof verpfändeten Westhälfte der Herrschaft Wewelsburg gehörend (Urkunden Kloster Dalheim, Nr. 130).
V. Westlich der Linie Paderborn–Haaren–Marsberg zwischen Wewelsburg und Böddeken gelegen und auf der „Karte der Herrschaft Wevelsburg um das Jahr 1350" nordnordwestlich des Klosters Böddeken eingetragen (Giefers 1862, S. 346 und Kartenbeilage).
Literatur: Giefers 1862, S. 345 f.; Giefers 1880, S. 114; Schneider 1936, S. 66: Högeringhausen; Meineke 2018, S. 238 f.: Högeringhausen.

Hundsberge.
I. Ortswüstung.
II. Angeblich Stadt Büren.
V. Angeblich bei Hegensdorf, Lage jedoch im Kreis Soest, siehe: +Hunsberge (Kr. Soest).

Ibbeldinchusen.
I. Ortswüstung.
II. Stadt Büren.
III. *1313: *decim. in Ibbeldinchusen, it. I dom. in eadem villa spectantem ad decimam* (Seibertz Ub. 2, Nr. 556, S. 121, Z. 37).
V. Die Ortswüstung gehörte zum Arnsberger Lehnsbesitz des *nobilis vir de Weuelsborch* und wird im Umfeld der Wewelsburg angenommen.

Imminchusen.
I. Ortswüstung.
II. Grenzraum Gemeinde Borchen/Stadt Paderborn.
III. *1222: *silvam in novali Imminchusen* [= jetzt Dörenhagen], *que fuit marchna ville Imminchusen* (jetzt: Ortswüstung), gleichzeitig Nennung der *capellam in Indagine* (= Dörenhagen), Zeuge: *Gerhardus plebanus de Novali Imminchusen* (Westf. Ub. 4, Nr. 101); 1231: *ville Himminchusen* (Westf. Ub. 4, Nr. 204, nach der dortigen Anm. 2 ist die Quellenangabe auf die Ortswüstung bei Dörenhagen zu beziehen), 1236: *Imminchusen* (Westf. Ub. 4, Nr. 246: die Quelle bezieht sich auf Immighausen, Kr. Wal-

deck-Frankenberg, Hessen, und nicht auf die Wüstung im Kr. Paderborn).
IV. Wüstungsweisende FlN „Immeker Feld", „Immeker Linde", „Ümker Linde".
V. Lage bei Dörenhagen; nach der Ortswüstung sind die Aussiedlerhöfe Imkerfeld am episodisch wasserführenden Ellerbach 1,2 km nördlich von Dörenhagen benannt.
Literatur: N.N. 1874, S. 147; Schneider 1936, S. 73: Imminghausen und S. 33: Dörenhagen; Rohrbach [2]1963, S. 29; Balzer 1979, Ortsnamensliste zu Abb. 5, Nr. 94: Imminghusen; Meineke 2018, S. 256–258: Immingsen.

Imminghausen.
I. Ortswüstung.
II. Stadt Bad Wünnenberg.
III. 1154: *Giuehardus de Immenhuson* (Westf. Ub. 2, Nr. 298: Der Bezug des *Giuehardus* auf die Ortswüstung bei Wünnenberg ist abzulehnen, da es sich bei dieser um einen -inghusen Ort handelt. Auch aus der Quelle bzw. der genannten Person als solcher ist ein räumlicher Bezug zum Raum Wünnenberg nicht zwingend ableitbar). Das zum Jahr 1189 im Westf. Ub. 2 (Nr. 490) nach *Godelouessen* [= Goddelsheim, Kreis Waldeck-Frankenberg, Hessen] angeführte *Ymminchusen* ist auf Immighausen im Kr. Waldeck-Frankenberg zu beziehen und nicht auf die Ortswüstung nahe der Stadt Wünnenberg. Der von Segin zum Jahr 1337 angeführte Ritter *Henricus de Immichusen* (INA Büren, Nr. 27, S. 53) ist nicht auf einen Ort im Kr. Paderborn zu beziehen sondern auf Immighausen südlich von Korbach (Kr. Waldeck-Frankenberg, Hessen); 1348: Haupthof in *Ymminchůsen*, gelegen bei *Wonnenberg* (Quellen Stift Meschede, Nr. 74).
VI. Lage der Ortsstelle nach Segin (1950, S. 445) am oberen Ende des Golmeketals (siehe auch Ortspunkt südwestlich von Wünnenberg im Quellursprungsbereich der Golmeke auf der Kartenbeilage zu Henkel [1974]).
VI. Dortige Prospektion G. Henkel im Ergebnis ohne Funde.
Literatur: Henkel 1973, S. 22 f.; Henkel 1974, S. 244; Meineke 2018, S. 255 f.

Indagine Antiqua.
I. Ortswüstung (wüste Hagenhufensiedlung?).
II. Wahrscheinlich Stadt Lichtenau, weil in einer Beziehung zu Iggenhausen stehend.
III. *Mitte 13. Jh.: *Curia in Ygenhusen* [...]. *De Indagine Antiqua ibidem* (Einkünfteverzeichnis Busdorfstift, S. 336).
V. Nicht auf der Wüstungs-Übersichtskarte des Kreises Paderborn eingetragen.

Karalasthorp.
I. Ortswüstung?
II. Stadt Paderborn.
III. *1015–36: *Karalasthorp* (Westf. Ub. 1, Cod. 87,V); z. J. 1015–1036 (um 1165): *predium ... in Karalasthorp*: Während Terstesse den Ort mit dem nordhessischen Carlsdorf östlich von Hofgeismar identifiziert und Berndt eine Ortszuweisung für zu unsicher hält (Vita Meinwerci [ed. Terstesse], Kap. 48, S. 63; Vita Meinwerci [ed. Berndt], Kap. 46, S. 120, Z. 25), dürfte der Passus auf +Karalasthorp auf der Paderborner Hochfläche zu beziehen sein. Verf. geht davon aus, dass Karalasthorp und Karlinctorp identische Siedlungen sein könnten.
V. Lage nach Schneider bei Paderborn-Dahl; Meineke (2018, S. 260) subsummiert Karalasthorp unter der Ortswüstung Karrendorf im Kr. Paderborn (siehe weiter +Karlinchtorp).
Literatur: Schneider 1936, S. 75.

Karlinchtorp.
I. Ortswüstung.
II. Paderborn.
III. *1324: *villa Karlinchtorp* (Ub. Busdorf 1, Nr. 126); 1327: *Henricus de Carinctorp* im Zusammenhang mit Besitz *in Dale* genannt (Ub. Busdorf 1, Nr. 133); 1563: *Hove tho Karentorpe by dem Dale* (A V Paderborn, P A 27, Nr. 10, S. 194 b, zit. n. Koch 1974, S. 196 und S. 287, Anm. 363). Nach Koch (1974, S. 196) besteht möglicherweise eine Beziehung zwischen +Karlinctorp und +Karalasthorp (siehe dort); Meineke (2018, S. 260) setzt beide gleich, was mit hoher Wahrscheinlichkeit zutreffend ist.
V. Lage bei Paderborn-Dahl.
Literatur: Koch 1974, S. 196: Karendorf, Karte Abb. 37; Balzer 1979, Ortsnamensliste zu Abb. 5, Nr. 60: Karendorp; Meineke 2018, S. 260 f.: Karrendorf.

Katherbeke.
I. Ortswüstung.
II. Gemeinde Altenbeken.
III. *1147: *Domum etiam quandam Katherbike* (Westf. Ub. 2, Nr. 264); 1211: *Theoderic et frater suus de Katherbike* (Westf. Ub. 4, Nr. 46).
V. Potentielle Lage im Tal der Beke und zwar im Umfeld des „kleinen" Eisenbahn-Viadukts über die Dune zwischen Altenbeken und Neuenbeken nahe des Hofes Becker (Koch 1996, S. 650).
Literatur: Schneider 1936, S. 75: Katerbeck; Koch 1974, S. 196–198: Katherbeken, Karte Abb. 37; Balzer 1979, Ortsnamensliste zu Abb. 5, Nr. 22: Katherbeke; Meineke 2018, S. 261–263: Katherbeke.

Keinsetha.
I. Ortswüstung.
II. Stadt Büren?
III. *826–876: *in Tyndeli ..., in Adane mansum I cum familia, in Keinsetha similiter, in Wulfgangri similiter, item in Scieferan* (Mönchslisten Traditionen Corvey 1 und 2, Tr 244 und S. 208 f.). Die Tradition bezieht sich, soweit erkennbar, auf das Sintfeld und den westlich davon gelegenen Bereich der Paderborner Kalkhochfläche (*Adana* = Ahden südwestlich Büren-Wewelsburg). Daher dürfte auch *Keinsetha* in diesem Raum gelegen haben.
V. Lage möglicherweise im Bereich des westlichen Sintfeldes; nicht auf der Wüstungs-Übersichtskarte des Kreises Paderborn eingetragen.
Literatur: Schneider 1936, S. 75; Meineke 2018, S. 265–267.

Kerkberg (Abb. 75).
I. Kirchortwüstung.
II. Stadt Büren.
III. *1287: *ecclesie dicte Chermberg* (INA Büren, Nr. 40, S. 123); wahrscheinliches Patrozinium der Kirche: St. Martin (Segin 1973, S. 91–93); zum Kirchspiel gehörig: [+]Tedekenlo, [+]Wulfeshausen, [+]Tindeln und [+]Altenböddeken); Kirche 1408 wüstliegend; 1410: *ecclesia in Kercberch olim parrochialis, dudum vero rectore et parochianis destituta desolacionique proxima* (die Pfarrkirche in Kerkberg ist längst ohne Pfarrer und Kirchspielsangehörige und dem Verfall nahe) (Segin 1973, S. 106 f.); 1434–1464 Kluse der Einsiedlerin Gertrud Korves.
IV. Kirchenruine am „Kellberg" im Urriss verzeichnet (Kreiskatasteramt Paderborn,Urriss Wewelsburg, Flur LX, 1830).
VI. Mauerwerk im Schutthügel maximal 6 m hoch erhalten, Keramikunde des 12.–14. Jhs. und frühneuzeitliche Keramik; Metalldetektorfunde: eine runde Nabenemailscheibenfibel mit

Abb. 75: Büren-Böddeken, Kr. Paderborn: Chorrelikte der Wüstungskirche in +Kerkberg (Foto: LWL-Archäologie für Westfalen, R. Bergmann).

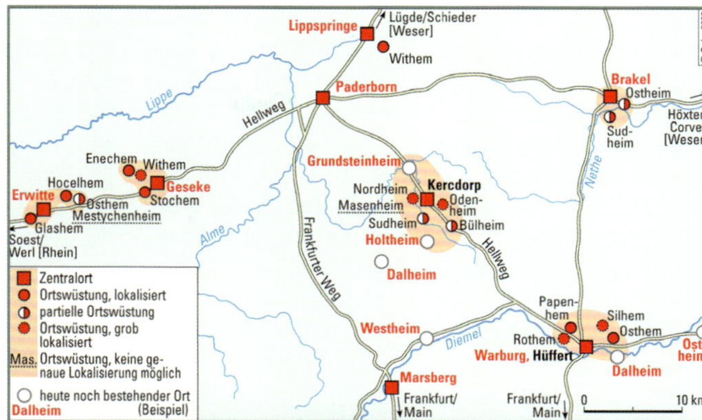

Abb. 76: Verbreitung von „-heim"-Orten im südöstlichen Westfalen in karolingischer Zeit (Entwurf: R. Bergmann, Kartografie: Geographische Kommission f. Westfalen, H. Pohlmann)

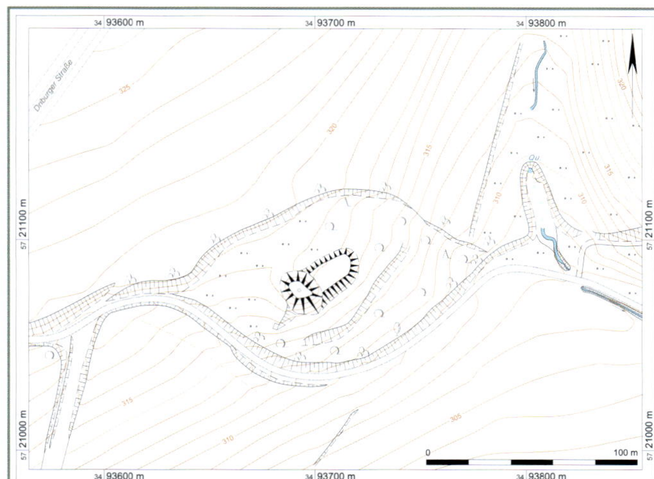

Abb. 77: Lichtenau, Kr. Paderborn: Kirchenstelle von +Kerkthorp am Sintfeld-Hellweg (Entwurf: R. Bergmann, Kartografie: LWL-Archäologie für Westfalen, M. Thede)

sechs Durchbrüchen der Fibelplatte und Zentralfassung zur Aufnahme einer Perle (Nr. 127), eine verschliffene runde Fibel (Typ unbestimmbar) mit Perlrand (Nr. 129; DKZ 4418,0024.
Literatur: Schneider 1936, S. 75: Kerchberg; Henkel 1973, S. 118–121 und Karte S. 120; Bergmann 2017d, S. 231 und S. 233: Abb. 3; Meineke 2018, S. 267.

Kerkthorp (Kercdorp) (Abbn. 76 u. 77).
I. Landeshistorisch bedeutsame Kirchortwüstung (möglicherweise partielle Ortswüstung, da im weiteren Siedlungsumfeld zwei Mühlen auftretend, welche sich keiner anderen mittelalterlichen Siedlung zuordnen lassen).
II. Stadt Lichtenau.
III. *1036: *Kerecthorp* (Westf. Ub. 1, Cod. 127); z. J. 1036 (um 1165): Zur Gründungsausstattung des Busdorfstifts in Paderborn gehört der Haupthof *Sutheim* mit drei vom Haupthof abhängigen Vorwerken (*vorewerc*), darunter in *Kyrkthorpe* (Vita Meinwerci [ed. Terstesse], Kap. 217, S. 180, Z. 28 f.; Vita Meinwerci [ed. Berndt], Kap. 215, S. 248, Z. 14); 1223: *ecclesie Kericthorp*, weiterhin dortiger *plebanus* sowie *Willelm de Kericthorp* genannt, die damals vorgenommene Abpfarrungen von Eggeringhausen und [+]Arthe bezeugen die Größe der Urpfarre (Westf. Ub. 4, Nr. 111). – Die Kirchortwüstung im Zentrum des Soratfeldes ist von heim-Orten umgeben, deren Entstehung wohl in das 8. Jh. fällt. Das Grundwort -thorp wird als jünger angesehen als die heim-Namen, wobei das Kilianspatrozinium die Pfarrkirche als eine Gründung unter Würzburger Einfluss ausweist (Balzer 1979, S. 72, S. 81). Schoppmeyer (2011, S. 30 f.) interpretiert Kerkthorp aufgrund des Patroziniums als Urpfarrei des 9. Jhs. bzw. als Gründung der 2. Missionsphase Sachsens der Zeit um 820/30, als u. a. Würzburger Missionare für die Bekehrung verantwortlich waren. Der Indexband zu den Corveyer Traditionen (Mönchslisten Traditionen Corvey 2, S. 151) bemerkt zu +Kerkthorp, dass dessen (funktionaler) Ortsname nicht der ursprüngliche gewesen sei. Der Vorschlag Schüttes, dieser Name könne vielleicht Hrithem (siehe hier: Wüstungskurzliste Kr. Soest) gewesen sein, ist aus Sicht des Verf. abzulehnen, da für Kerkthorp insbesondere ein schwer deutbarer ursprünglicher Ortsname in Betracht zu ziehen ist.
IV. Die am mittelalterlichen Hellweg Paderborn–Kleinenberg–Warburg gelegene ovale Kirchenparzelle zeichnet sich im Urkataster von 1830 deutlich ab (Kreiskatasteramt Paderborn, Urriss Lichtenau, Flur XII: Schurenberg, Abt. V: *Hoppen*berg). Im weiteren Siedlungsumfeld existieren zwei wüstungsresistene Mühlen, darunter die „Klusmühle".
VI. Nach Meineke (2018, S. 268): „Archäologisch nachgewiesener Siedlungsplatz ab der Merowingerzeit"; Funde Dorfsiedlungsbereiche: 8., 9./10. und 13.–15. Jh. (Doms 1980, S. 48); Ruine des Kirchturms wahrscheinlich unter Schutthügel erhalten; deutlicher Geländebefund von Kirchenschiff/Chor; Vermessung Kirchenstelle durch LWL-Archäologie für Westfalen; DKZ 4319,0014, weiterhin: DKZ 4319,018 sowie DKZ 4319,019.
Literatur: Holscher 1885, S. 51 f.; Schneider 1936, S. 75; Henkel 1974, S. 192 f.; Balzer 1979, S. 72, S. 80 f. und Ortsnamensliste zu Abb. 5, Nr. 113: Kerkdorp; Bergmann 2017d, S. 233 und S. 234: Abb. 4; Meineke 2018, S. 268–270: Kerkdorp.

Kircheilern (siehe auch Eilern).
I. Ortswüstung.
II. Stadt Bad Wünnenberg.
III. *1229: *Johan de Eleren, plebanus* (Westf. Ub. 4, Nr. 168); der Parochie zugehörig ist [+]Osteilern; Wüstnennung 1416.
VI. Scherbenfunde (Funde nach 1973): 10.?/11.–14. Jh.; ehemals aufgefundenes Fenstergewände(?) der Wüstungskirche sekundär im Haupthaus des Gutes Eilern verbaut; Ortsstelle durch Neusiedlung Eilern partiell modern überbaut; DKZ 4418,0030.
Literatur: Holscher 1885, S. 53 f.; Schneider 1936, S. 39; Segin

1950, S. 447; Henkel 1973, S. 51–55 und Karte S. 55; Henkel 1974, S. 155; Meineke 2018, S. 158 f.

Klein-Verne (Ostverne).
I. Partielle Ortswüstung.
II. Stadt Salzkotten.
III. *1367: *Lutharde tho Ostvernde* und dessen Frau *Greten* (INA Büren, Nr. 98, S. 66); 1480: *olde Werldesgud*, gelegen zu *Oestvernde* (Ub. Busdorf 2, Nr. 1083).
VI. DKZ 4317,0084.
Literatur: Bergmann 1989, Nr. 10, S. 74; Meineke 2018, S. 438.

Kleve.
I. Ortswüstung?
II. Stadt Büren?
III. In Urkunden des Stifts Busdorf ist im Zeitraum von 1430–1481 (Ub. Busdorf 2, Nr. 613, Nr. 629, Nr. 707 f., Nr. 1089) mehrfach ein Hof/Gut zu Overenkleve und ein solcher zu Nederenkleve bei Büren bezeugt. Eine Zuordnung der „nachwüstungszeitlich" erstgenannten Höfe zu einer bestimmten Ortswüstung oder einem resistenten Ort besteht derzeit nicht. Eine etwaige Ortswüstung(?) Kleve bzw. die Hofwüstungen(?) Overenkleve/Nederenkleve sind sonst unbekannt.
V. Nicht auf der Wüstungs-Übersichtskarte des Kreises Paderborn eingetragen.

Knickenhagen.
I. Ortswüstung mit wallburgartiger Befestigung.
II. Stadt Bad Wünnenberg.
III. *1334: *mediam partem decime novalium in Swaferen et in Knickenhagen* (INA Büren, Nr. 104, S. 137).
VI. Funde 13./14. Jh.; Rennfeuerverhüttung von Eisen bzw. Funde von Eisenluppen; DKZ 4418,0010.
Literatur: Henkel 1973, S. 106–110 und Karte S. 109; Henkel 1974, S. 161 f. (mit Karte); Hömberg [2]1975c, S. 227–230; Meineke 2018, S. 273 f.

Kydinchusen (Keddinghausen).
I. Partielle Ortswüstung.
II. Stadt Büren.
III. *Ca. 1010–1015: *in Cathinghus(un) iugera LX, II iurnales*. Die Erläuterungen zu den Corveyer Traditionen bieten als potentielle Identifikation Keddinghusen bei Büren an (Mönchslisten Traditionen Corvey 1 und 2, Tr 520 und S. 291); 1263: *Olricus de Kydinchusen*, Ritter (Westf. Ub. 4, Nr. 943); 1307: *Kydinchusen* (INA Büren, Nr. 11, S. 49 f.).
IV. Wüstungsweisender FlN „auf der Burg".
V. Lage im Tal der Alme, wohl zu beiden Seiten des kleineren Flusses.
VI. Nachweis von untertägig erhaltenen Grundmauern; Hinweise auf eine Burgstelle bzw. ein festes Haus; DKZ 4417,0075.
Literatur: Schneider 1936, S. 75; Segin 1950, S. 444; Henkel 1974, S. 168; Meineke 2018, S. 264 f.

Lederslo.
I. Hofwüstung.
II. Stadt Salzkotten.
III. *1338: *curt. dictam Lederslo apud Saltkotten* (Seibertz Ub. 2, Nr. 665, S. 276, §61); 1446: halber Hof zum *Lederlo vor den Soltkottene* (Quellen Stift Meschede, Nr. 173).
Literatur: Bergmann 1989, Nr. 15, S. 78; Meineke 2018, S. 276 f.

Liudunburin.
I. Ortswüstung?
II. Unsichere Lage im Kr. Paderborn.
III. Z. J. 1015–1036 (um 1165): +Liudunburin (Vita Meinwerci [ed. Terstesse], Kap. 42, S. 60; Vita Meinwerci [ed. Berndt], Kap. 40, S. 118, Z. 5): keine Ortserläuterung!
V. Lage auf dem Sintfeld?; nicht auf der Wüstungs-Übersichtskarte des Kreises Paderborn eingetragen.
Literatur: Schneider 1936, S. 85; Meineke 2018, S. 290 f.

Lon
I. Hofwüstung (ehemaliger Villikationshaupthof).
II. Stadt Paderborn.
III. *1245: *Lothewicus villicus noster in Lon* (Westf. Ub. 4, Nr. 350).
V. Meineke (2018, S. 291) erörtert mehrere mögliche Verortungen in der Paderborner Feldmark bzw. dem Umland von Paderborn, wahrscheinlich von diesen ist eine solche „im südöstl. Bereich der Paderborner Feldmark zwischem Altem Postweg und Krummer Grund".
VI. Überbaut.
Literatur: Balzer 1977, S. 157 f., S. 167; Balzer 1979, S. 76 und Ortsnamensliste zu Abb. 5, Nr. 54: Lon; Meineke 2018, S. 291–293.

Lubberinchusen: siehe Wüstungskurzliste Hochsauerlandkreis und Bergmann 2015, S. 170–175: Lubberinchusen (bei Alme).

Ludinghusen.
I. Partielle Ortswüstung?, Hofwüstung?
II. Stadt Delbrück.
V. Lage bei Boke westlich von Ringboke nördlich der Lippe.
VI. Eine WS eines eisenzeitlichen Rauhtopfes und Keramik des 9.–14. Jhs., darunter Muschelgruskeramik; DKZ 4217,0072.
Literatur: Tönsmeyer 1989, S. 23 f.; Meineke 2018, S. 293 f.

Lütkenswinevelde (vgl. Swinevelde).
I. Ortswüstung.
II. Stadt Büren.
III. *1313: *Lütkensuinevelde juxta Buren in parochia Silinchusen* (Seibertz Ub. 2, Nr. 556, S. 127, §178; Silinchusen = Siddinghausen, Kr. Paderborn); 1332: *parvo Svinvelde* (INA Büren, Nr. 25, S. 53),
V. Lage u. a. nach Henkel (1974, Kartenbeilage) im direkten Umfeld des Guts Edelborn.
IV. Wüstungsweisender FlN „Schwiemelergrund".
VI. Um einen Quelltopf nordöstlich des Guts bestehende ausgeprägten Terrassierungen und Areal stark mikroreliefiert; bei Geländearbeit 2016 jedoch keine Bodenfunde; mittelalterliche Siedlungslage wahrscheinlich weitgehend mit heutigem Gutsbereich übereinstimmend; DKZ 4417,0080.
Literatur: Segin 1950, S. 439; Henkel 1974, S. 115; Meineke 2018, S. 414: Lütgen Swinefeld.

Lůtteken Silbeke.
I. Ortswüstung.
II. Stadt Büren.
III. *1433: Gut to deme Lůtteken Sylbecke (Stadtarchiv Büren, Urkundenrepertorium, Nr. 102, S. 182).
V. Nach Willeke (1989, S. 38) 250 m nördlich von Büren-Eickhoff gelegen.
Literatur: Willeke 1989, S. 33–35; Bergmann 1989, Nr. 77, S. 150; Meineke 2018, S. 388: Lütteken Silbeke.

Makenlo.
I. Ortswüstung.

II. Stadt Salzkotten.
III. *1275: *Regenhardus de Makenlo* (Westf. Ub. 4, Nr. 1389).
VI. Funde 10?/11.–13. Jh.; DKZ 4317,0048.
Literatur: Bergmann 1989, Nr. 16, S. 78; Best/Austermann/Koopmann/Schyle 1996, Nr. 28, S. 36: Makenlo; Meineke 2018, S. 295 f.

Maresvelde.
I. Ortswüstung.
II. Stadt Paderborn.
III. *Z. J. 1015–1036 (um 1165): *Maresvelde* (Vita Meinwerci [ed. Berndt], Kap. 64, S. 130, Z. 30).
IV. Wüstungsweisender FlN „Moorsfeld" in der Grenzlage der Gemarkungen Paderborn-Dahl und Neuenbeken; weiterhin nachgewiesener FlN „Morssaut".
V. Archäologisch ostsüdöstlich von Paderborn nachgewiesen; nach nicht genau zutreffenden Angabe von Meier (1969) südöstlich von Paderborn zwischen Paderborn-Dahl und dem Wohnplatz Heng gelegen (Einkünfteverzeichnis Busdorf, S. 337, Anm. 183).
VI. Althinweise auf mittelalterliche Schmiedetätigkeit im Umfeld des ehemaligen Teichs bzw. Wasserlochs „Morssaut"; Siedlungsgrabung der Stadtarchäologie Paderborn unter der Leitung von S. Gai (2017); im Siedlungsbereich bestehende, durch tonige Sedimente plombierte Doline; DKZ 4219,0173.
Literatur: Schneider 1936, S. 88; Rohrbach [2]1963, S. 29 f.; Koch 1974, S. 199: Marsfelde, Karte Abb. 37; Balzer 1979, Ortsnamensliste zu Abb. 5: Nr. 59: Marsvelde; Meineke 2018, S. 302 f.: Marsfeld; Evers/Gai/Süße 2018, S. 78–82; Kroker/Lodemann 2020, S. 309.

Marschallshagen (Abb. 78).
I. Burganlage (Motte), wahrscheinlich mit zugehöriger wüster Hagenhufensiedlung bzw. Reihensiedlung.
II. Stadt Lichtenau.
III. *Um 1230: *Marchalco Indagine*; 1340: *Marschalkeshaghe* (Einkünfteverzeichnis Busdorfstift, S. 339 und Anm. 213).
V. Lage südlich von Holtheim.
VI. DKZ 4419,0014 und DKZ 4419,0027; Funde seit dem 12. Jh. aus Siedlungsbereich (Hofstelle?) nahe der ehemaligen Försterei Marschallshagen; Funde aus Bereich der Turmhügelburg („Rodenbredengut") mit befestigtem Wirtschaftshof: 13./14. Jh.; im Umfeld der Burg nachgewiesene zwei kleinere Terrassenackersysteme.
Literatur: Wöhlke 1957, S. 9–12: Marschallshagen und Rodenbredengut; Henkel 1974, S. 176 f. und Abb. 27; Hömberg [2]1975b, S. 269 f.; Balzer 1979, S. 80 und Ortsnamenliste zu Abb. 5, Nr. 136: Marschallshagen; Meineke 2018, S. 300–302: Marschallshagen und Meineke 2018, S. 354 f.: Rodebreidegudt; Bergmann 2019b, S. 242 f. und Abb. 5; zum Paderborner Ministerialengeschlecht von Osdagessen/Marschall siehe Decker 1973, S. 136–179.

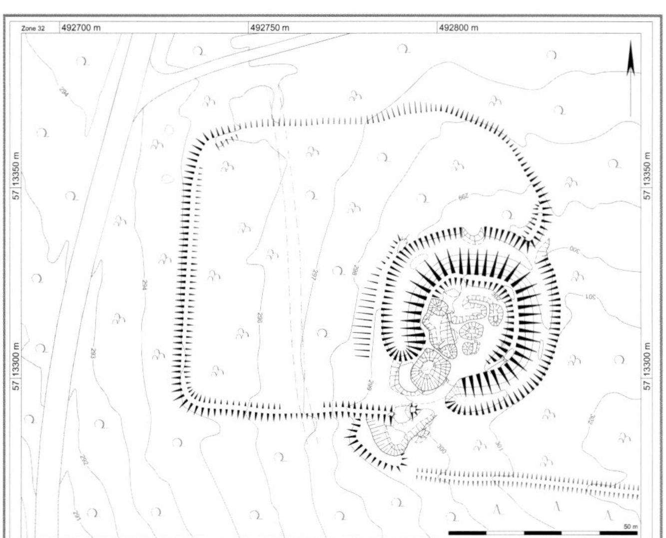

Abb. 78: Lichtenau-Holtheim, Kr. Paderborn: Kleinburganlage Marschallshagen (sogenannte Marschallsburg) mit vorgelagertem Wirtschaftshof (Vermessung/Kartografie: LWL-Archäologie für Westfalen, M. Thede)

Masenheim.
I. Ortswüstung.
II. Stadt Lichtenau.
III. *826–876: *partem aliquam de silua Masingorum*. Nach einer ausführlichen Diskussion im Band 2 der Traditionen wird eine Identifikation mit +Masenheim bei Lichtenau vorgeschlagen, die alternativlos angeboten wird (Mönchslisten Traditionen Corvey 1 und 2, Tr 282 und S. 231 f.); um 1150: *Richardus de Masenhim* (Westf. Ub. 4, Nr. 289a); Landhufe im Feld zu Maseneim 1408 von einem Bürger der Stadt Lichtenau bewirtschaftet (Urkunden Kloster Dalheim, Nr. 147; = Quellenbeleg für eine Weiterbewirtschaftung der Wüstungsflur).
IV./V. Vgl. Koch 1974, S. 169, Karte Abb. 38 mit den dort verzeichneten FlN „Masenheimer Ort", „Masenheimer Ortholz" und „Masenheimer Ortberg" zwischen Lichtenau-Ebbinghausen und Borchen-Busch; zum FlN „Ortfeld" vgl. jedoch +Arthe (Kr. Paderborn).
Literatur: Holscher 1885, S. 58 und Anm. 3; Schneider 1936, S. 89; Balzer 1979, Ortsnamensliste zu Abb. 5, Nr. 110: Masenheim; Meineke 2018, S. 303–305: Masenheim.

Mengerinchusen.
I. Ortswüstung.
II. Stadt Salzkotten.
III. *Um 1380: *curia in Mengerinchusen iuxta superius Tudorp* (Quellen westfälische Geschichte 3, S. 281); *Mengerchusen* zur 1384 vom Paderborner Bischof verpfändeten Westhälfte der Herrschaft Wewelsburg gehörend (Urkunden Kloster Dalheim, Nr. 130).
V. Lage bei Oberntudorf, wo die Lage von „Mengerinchusen" auf der „Karte der Herrschaft Wevelsburg um das Jahr 1350" nördlich von Oberntudorf eingetragen ist (Giefers 1862, Kartenbeilage).
Literatur: Giefers 1862, S. 345 f. und S. 357; Meineke 2018, S. 305 f.: Mengeringhausen: die dort (S. 305) angegebenen Quellen beziehen sich teilweise auf Mengeringhausen bei Arolsen, Kr. Waldeck-Frankenberg, Hessen; in +Mengerinchusen bei Oberntudorf gab es weder Ratsherren noch eine Kirche.

Minore Indagine („Lütgenhagen").
I. Ortswüstung, wahrscheinlich Hagenhufenwüstung.
II. Wahrscheinlich Stadt Lichtenau.
III. *Um 1230: *de Minore Indagine* (Einkünfteverzeichnis Busdorfstift, S. 339 und Anm. 214).
V. Aufgrund der Reihenfolge der Ortsnennungen in der urbarialen Aufzeichnung von um 1230 ist von einer Lage im Raum zwischen +Marschallshagen und +Bülheim (beide Stadt Lichtenau), wahrscheinlich südwestlich von Kleinenberg, auszugehen.

Neddesen.
I. Ortswüstung.
II. Gemeinde Altenbeken.

III. 1269: *obedientia* [...] *Neodesen, nunc Schwaney* (Küting 1963, S. 42).
IV. Wüstungsweisende FlN „Neisenbusch" und „Näisenland",
V. Angenommene Lage 3,6 km ostsüdöstlich von Schwaney (Kirche) im Eggegebirge im Bereich des heutigen Forstbezirks Klusweise.
Literatur: Küting 1963, S. 42 und Karte S. 35; Meineke 2018, S. 308 f.

Niederandepen (inferior Andepen).
I. Ortswüstung mit im Geländebefund zu erkennender Mühlenstelle.
II. Stadt Büren.
III. *1124: *inferiori Andepo* (Westf. Ub., Add., Nr. 32); vor 1142: *inferiori Andepo* (Honselmann 1950, Nr. 12, S. 345).
IV. Altkarte von etwa 1780 mit dem Schriftzug *in den niedern annepen* und den Parzellennamen *Amtmanshof, Damshof, Echtershof, Salmanshof, Tönshof, Steltenhof*; Lage einer Mühlenstelle in der Blockparzelle *Damwiese* (siehe Karte: Landesaarchiv NRW, Abt. Westfalen [Münster], Kartensammlung A 19552, fol. 18).
V. 2016 erkannte Lage nur bedingt mit den Angaben bei Segin (1950) übereinstimmend; Lage im Talbereich der Afte auf dem flachen Schwemmschuttkegel, den der aus dem „Okental" kommende Bach in das Haupttal geschüttet hat.
VI. Aus bestehendem Dauergrünland 2016 nur Funde 10.?/11.–13. Jh. geborgen; DKZ 4417,0060.
Literatur: Schneider 1936, S. 8: Niederampen; Segin 1950, S. 444: Nieder-Andepe; Henkel 1973, S. 19.

Niederblikesen.
I. Partielle Ortswüstung mit wüstungsresistenter Mühle.
II. Stadt Bad Wünnenberg.
III. *1251: *in inferiori Blikesen inter montem et aquam sita, ubi molendinum construere proponimus* (Westf. Ub. 4, Nr. 446).
V. Lage im Umfeld der heutigen Golmekemühle.
VI. Ackerterrassen im Siedlungsumfeld.
Literatur: Schneider 1936, S. 19: Niederblikesen; Segin 1950, S. 445; Henkel 1973, S. 23–27

N.N. „Auf'm Keller".
I. Ortswüstung?
II. Gemeinde Borchen.
IV. Wüstungsweisender FlN bei Dörenhagen (Kreiskatasteramt Paderborn, Urriss Dörenhagen, Flur IV,1, 1830); FlN möglicherweise in einer Beziehung zu +Arthe (Kr. Paderborn) stehend.

N.N. „Bischöfshöfen".
I. Ortswüstung?
II. Stadt Büren.
IV. Der wüstungsweisende Flurname bezeichnet einen Nord-Süd verlaufenden, fast 1 km langen, verkarsteten Bergrücken (heute Forstfläche), der auf seiner Ostseite an das Feuchtgebiet „Auf'm Bruche" angrenzt (Kreiskatasteramt Paderborn, Urriss Wewelsburg, Flur X und XI, 1830).
Literatur: Meineke 2018, S. 21.

N.N. „Dannenkamp".
I. Ortswüstung.
II. Stadt Lichtenau.
IV. Flurname im Bereich einer archäologisch nachgewiesenen Ortswüstung am „Bruchwasser"; angrenzende Fluren: „Emderwald", „Imborg" (Kreiskatasteramt Paderborn, Urhandriss Iggenhausen, Flur V: Waldheide [1830]); da die archäologisch nachgewiesene Ortswüstung am Rand des Emderwaldes liegt, könnte ein Bezug zur Ortswüstung Edinchusen bestehen, deren Ortsstelle von der Lokalforschung jedoch erheblich weiter nördlich der Fundstelle N.N. „Dannenkamp" im Raum Schwaney angenommen wird.
V. Lage bei Herbram.
VI. Funde um 1000–13. Jh.; DKZ 4319,0033 und 0114.
Literatur: Bergmann 1997i, 307 f.; Meineke 2018, S. 21

N.N. „Dübelsnacken" (Abb. 79 u. 80), **N.N. Füllenberg** (Abb. 81), **N.N. Langebruch** (Abb. 82).
I. Glashüttenwüstungen.
II. Gemeinde Altenbeken.
V. Zwei der ergrabenen Hütten (N.N. „Dübelsnacken" und N.N. „Füllenberg"lagen in der Kammregion des Eggegebirges und eine dritte (N.N. „Langebruch") im Lee der Egge auf der Ostseite des Mittelgebirgskamms. In der auf Siedlungswüstungen bezogenen Wüstungskarte des Kreises Paderborn als Gewerbestättenwüstungen nicht dargestellt; zur Verbreitung von Glashüttenwüstungen in Westfalen siehe Bergmann 2008 (S. 2 f. und Abb. 1).
VI. Westlich von Paderborn wurden in der Kammregion des Eggegebirges Glashüttenwüstungen des Hochmittelalters lokalisiert und in dem weitere Objekte umfassenden Sonderprojekt „Glas" der LWL-Archäologie für Westfalen untersucht. Auf den Hütten des Hochmittelalters wurde Flachglas hergestellt, offensichtlich für den kirchlichen Bereich. Der Bau der Hütten folgte einem vergleichbaren, jeweils an die Topografie angepassten Plan, wobei die Anlagen jeweils aus einem Arbeitsofen, einem Streckofen und meist zwei Kühlöfen bestanden (Abb. 79–82). Die Glasherstellung erfolgte in mehreren Schritten. Im wahrscheinlich vorderen Bereich des Arbeitsofens wurde zunächst ein Vorprodukt, die sog. Glasfritte hergestellt. In oberhalb der Feuerungskammer des Arbeitsofens in Durchbrüche des Gewölbes eingelassenen Tiegeln, sog. Häfen, wurde nachfolgend das Glas erschmolzen, aus den Häfen mit Pfeifen entnommen und die Glasmasse zu einem Hohlgefäß geblasen, das zylindrisch ausgeformt wurde. Anschließend wurde der Boden und der obere Bereich des Glaszylinders abgesprengt, der Zylinder längs aufgetrennt und im Streckofen allmählich aufgeweitet und zu einer Platte (Flachglas) gestreckt. Zum spannungsfreien Abkühlen der hergestellten Produkte gelangten diese schließlich in die Kühlöfen. Das hergestellte Glas besaß einen erheblichen Bleigehalt und ist chemisch als Holzasche-Blei-Glas zu charakterisieren. Trotz der mehr als sieben Jahrhunderte andauernden Lagerung im Boden war es bei der Bergung kaum verändert. Es überwiegen grüne Farbtönungen des Glases mit mehreren Farbvarianten, daneben wurde offensichtlich rot überfangenes Glas hergestellt. Zudem war man in der Lage, sogenanntes „entfärbtes" Glas herzustellen, das jedoch offensichtlich nicht stark nachgefragt war.
Literatur: Bergmann 2008a, mit Beiträgen von N. Buthmann, A. Kronz, U. Lobbedey, E. Schnepp, K. H. Wedepohl und B. Zickgraf; Bergmann 2008b, S. 22–24; Bergmann 2010i, S. 138 f.; Bergmann/Buthmann/Zickgraf 2010, S. 338-341.

N.N. „Finkenhof".
I. Wüstungscharakter unklar (Hofwüstung?).
II. Stadt Büren.
IV. Wüstungsweisender FlN in der Aue der Alme ca. 200 m östlich von Ahden (Kreiskatasteramt Paderborn, Urriss Ahden, Flur III [IV]: Winkelfeld, 1829).
Literatur: Meineke 2018, S. 21.

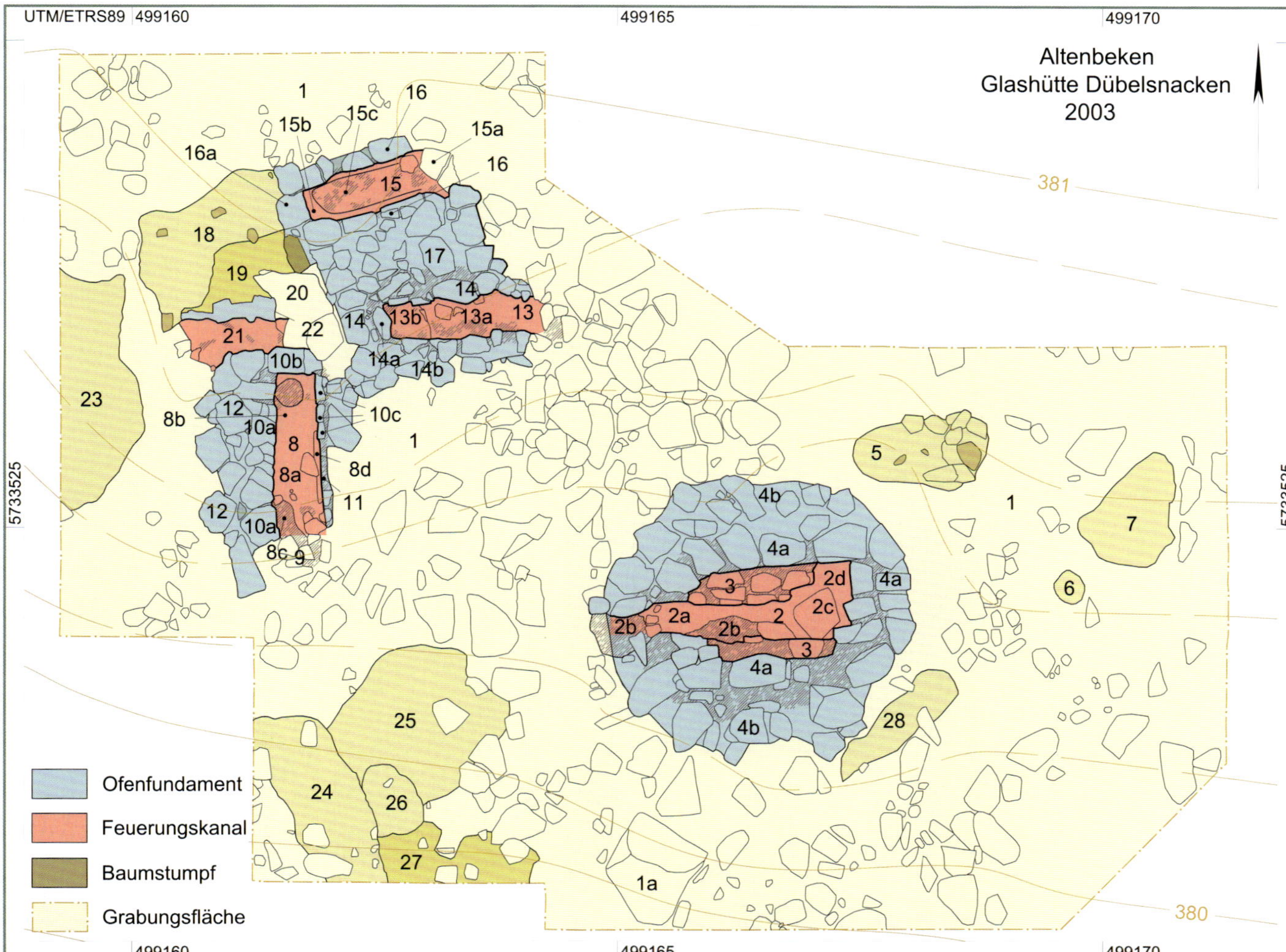

Abb. 79: Altenbeken, Kr. Paderborn: Grabungsplan der hochmittelalterlichen Glashütte N.N. „Dübelsnacken" im Eggegebirge, rechts: Arbeitsofen, 8: Streckofen zur Herstellung von Flachglas, 13, 15 Kühlöfen (Zeichnung: LWL-Archäologie für Westfalen, T. Pogarell, M. Thede; Grundlage DGM Geobasis.nrw)

Abb. 80: Altenbeken, Kr. Paderborn, Rekonstruktion der Glashütte am „Dübelsnacken" (Modellbau: J. Smedley, Old Basing, Großbritannien; Foto: LWL-Archäologie für Westfalen, S. Brentführer)

N.N. „Henksen, unter".
I. Ortswüstung.
II. Stadt Paderborn,
III. Keine Quellenüberlieferung; Ortsname unbekannt.
IV. Moderner FlN „unter Henksen" südlich von Neuenbeken.
VI. Auf der Westseite des heutigen Imkerfeldweges besteht ein Areal des modernen Katasters (Flur 16, Flurstück 19), das durch ein „massiertes" Auftreten von reduzierend gebrannter Irdenware des Spätmittelalters ausgewiesen ist (Koch 1974, S. 207).
Literatur: Koch 1974, S. 207: Unterhenkhusen? und S. 167, Abb. (Karte) 37.

N.N. „Hohe Worth".
I. Ortswüstung?
II. Stadt Lichtenau.
IV. Wüstungsweisender FlN-Bereich bei Kleinenberg (Kreiskatasteramt Paderborn, Urkataster Kleinenberg, Flur VII, 1831, hier: Urriss Abt. IV: Steinhügel) mit den FlN „Hohe Worth", „hohen Worth", „Hohenworthweg"; in der angrenzenden Urkatasterflur (Urriss Bülheim, Flur II, 1831) tritt der FlN „Hanwartsheide" auf.
VI. Prospektion von Teilbereichen der ausgedehnten Fluren 2016 ohne Befund; daher nicht auf der Wüstungs-Übersichtskarte des Kreises Paderborn eingetragen.
Literatur: Meineke 2018, S. 21.

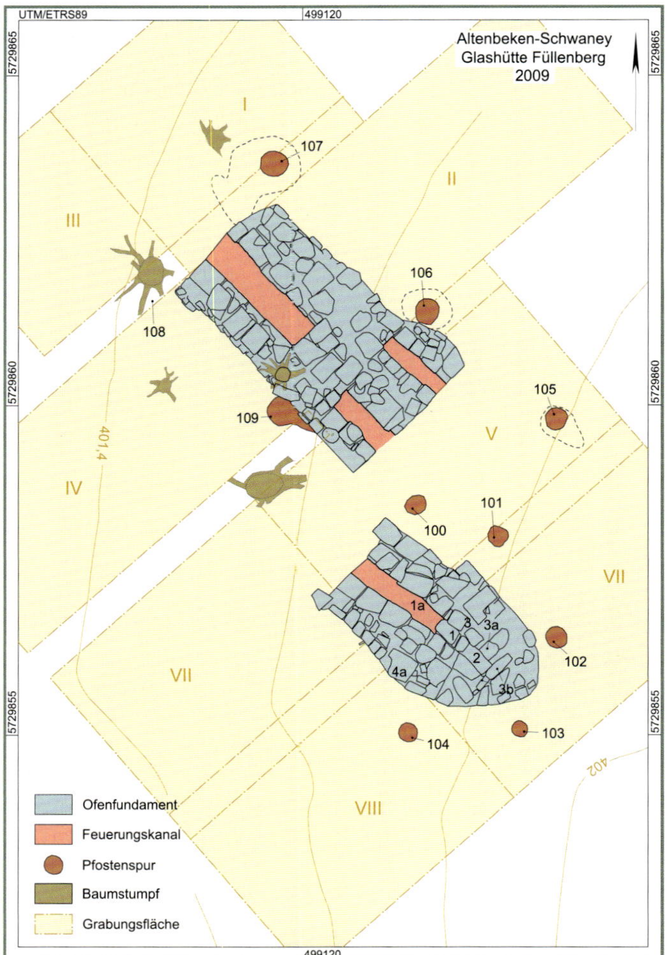

Abb. 81: Altenbeken-Buke, Kr. Paderborn, Grabungsplan der hochmittelalterlichen Glashütte N.N. „Füllenberg" im Eggegebirge, unten: Arbeitsofen, oben: Streckofen, mittig: Doppelkühlöfen (LWL-Archäologie für Westfalen, Zeichnung: T. Pogarell, Grafik: M. Thede; Grundlage DGM Geobasis.nrw)

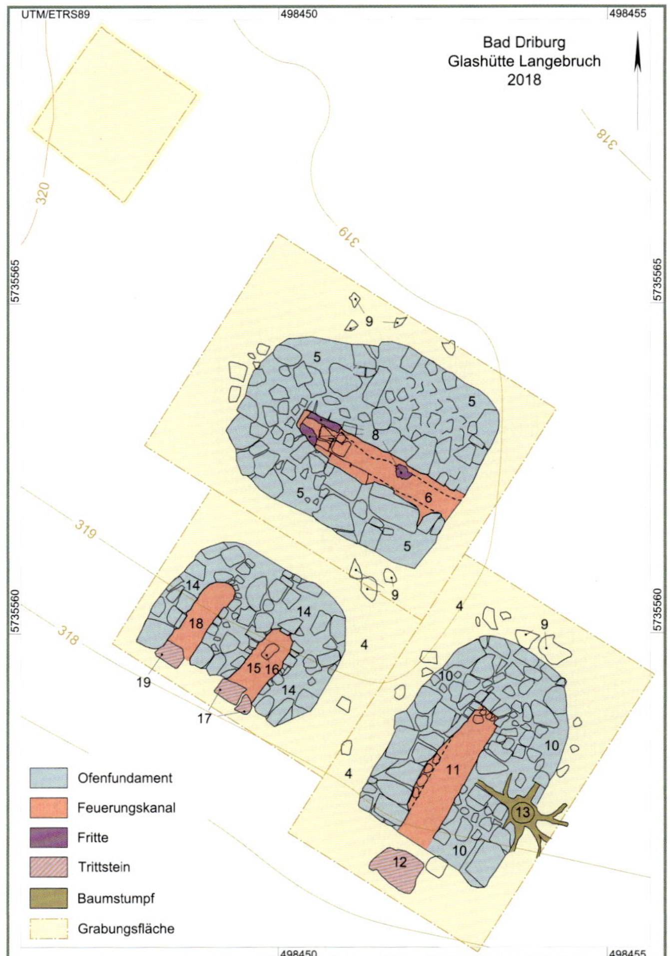

Abb. 82: Altenbeken, Kr. Paderborn, Grabungsplan der hochmittelalterlichen Glashütte N.N. „Langebruch" am Rehbergtunnel im Eggegebirge, oben: Arbeitsofen, unten rechts: Streckofen, links davon Kühlofenanlage (LWL-Archäologie für Westfalen, Zeichnung: T. Pogarell, Grafik: U. Haarlammert, M. Thede; Grundlage DGM Geobasis.nrw)

N.N. „Klüsener Gosse" bzw. „Kluser Gosse".
I. Ortswüstung.
II. Stadt Büren.
IV. Sich an die Fundstelle anschließende Flur „Sievern" im Urriss ursprünglich als „Kettelbusch" bezeichnet; sich im Kreis Soest anschließende Flur heißt „Klußen" (Kreiskatasteramt Paderborn, Urrriß Steinhausen, Flur I, 1829).
VI. Funde 9.?/10.–13. Jh.; DKZ 4416,0001.
Literatur: Bergmann 1989, Nr. 78, S. 150 f.; Meineke 2018, S. 21.

N.N. „Menschenhöfen"/„Menschenhöhen".
I. Ortswüstung?
II. Stadt Büren.
IV./V. FlN eines weitgehend bewaldeten und von Schledden (= perennierend wasserführenden Fließgewässern im Karst) begrenzten Geländerücken 1,25–2 km südöstlich von Brenken, an dessen Westrand der durch einen Damm künstlich angestaute Knickteich liegt (Kreiskatasteramt Paderborn, Urriss Brenken, Flur X, 1829).

N.N. „Roniker Land" (Roninghausen?).
I. Ortswüstung.
II. Stadt Paderborn.
III. Keine Quellenüberlieferung, Ortsname wird aus dem FlN abgeleitet.
IV. 1829 (Urkataster): „Roniker-Feld" zwischen dem von Paderborn nach Driburg verlaufenden Hellweg und der Flur „Sunlid" gelegen; 1656: „Roniker Land, auf den Hellweg schießend" (Koch 1974, S. 200).
VI. „Am Schnittpunkt des ehemals aus der Richtung Hengkrug kommenden „Herger Weges" mit dem „Hellinger Wege" ist eine Fläche ausgewiesen, innerhalb der spätmittelalterliche (12./13. Jh.) Keramik, Brocken von verziegeltem Lehm und durch Brandeinwirkung gerötetes Kalksteinmaterial aufgepflügt werden. Die Fläche wird von einem modernen Wirtschaftsweg gequert (Koch 1974, S. 200). Die auf eine Ortswüstung hinweisenden Funde sind in Kartenwerken bzw. dem FuPuDELOS der LWL-Archäologie für Westfalen nicht erfasst.
Literatur: Koch 1974, S. 200: Roninghausen, Karte Abb. 37.

N.N. „Spingbachhöfe".
I. Ortswüstung.
II. Stadt Paderborn.
III. Mittelalterlicher Ortsname nicht sicher ermittelt; 0,6 km nordöstlich der Grabungsstelle tritt in der Deutschen Grundkarte der FlN „Sennicker Feld" auf, der auf die Lage der Ortswüstung

Selminchusen verweisen könnte, deren Lage jedoch im Raum Benhausen angenommen wird.
IV. Lage im Bereich des Goldbergs/Goldgrunds.
VI. Archäologisch untersuchte ländliche Siedlung; Nachweis von einschiffigen Bauten des Jungneolithikums (Michelsberger Kultur) und eines Großweilers des 9. bis der Mitte des 12. Jhs. mit mindestens 13 Pfostenbauten von langrechteckigem Grundriss, mehr als 20 Grubenhäusern und mehreren Kellern, darunter einem Doppelkeller; DKZ 4218,0319.
Literatur: Gai/Lodemann/Süße 2019, S. 101–106; siehe weiter: Selminchusen; Kroker/Lodemann 2020, S. 309 f. und Abb. 3–5; siehe weiter: Rentinchusen.

N.N. „Westhof".
I. Hofwüstung? oder Ortswüstung?
II. Stadt Büren.
III. Schoppmeyer (2011, S. 34) mutmaßt den Westhof am damaligen (1830) westlichen Ortsrand von Büren-Brenken (vgl. Urkatasterkarte Brenken [Schoppmeyer 2011, Karte S. 33]). Der Westhof sei 1367 genannt und 1524 bewirtschaftet gewesen. Es ist zu folgern, dass der Westhof in der frühen Neuzeit vom Kirchdorf Brenken aus bewirtschaftet worden ist.
IV. Durch den FlN „Westhof" (siehe u. a. Deutsche Grundkarte) überliefertes wahrscheinliches Wüstungsareal unbekannten Siedlungsnamens an der Alme 0,9 km westsüdwestlich des Kirchdorfs Brenken.

Nordborchen.
I. Partielle Ortswüstung.
II. Gemeinde Borchen.
III. *Z. J. 1016 (um 1165): *domum unam in Nortburgnon* (Vita Meinwerci [ed. Terstesse], Kap. 131, S. 95, Z. 10; Vita Meinwerci [ed. Berndt], Kap. 128, S. 158, Z. 27).
IV./V. Am südlichen Ortsrand besteht eine (nicht überbaute!) Blockparzelle „Schnögenhoff"; weiterhin weist die im Urriss existente Parzelle „Eichhoff" westlich des Herrensitzes möglicherweise auf einen weiteren wüsten Hof hin (Kreiskatasteramt Paderborn, Urriss Kirchborchen, Flur VI, 1830).
Literatur: Balzer 1979, Ortsnamensliste zu Abb. 5, Nr. 82: Nordborchen; Meineke 2018, S. 102.

Northagen.
I. Wahrscheinliche ehemalige Hagenhufensiedlung.
II. Gemeinde Altenbeken.
III. *1392: *den Northagen to Buken* (Wichert/Wichert-Pollmann 1965, S. 426).
V. Lage im Raum Altenbeken-Buke; nicht auf der Wüstungs-Übersichtskarte des Kreises Paderborn eingetragen, da Unsicherheit bestehend, ob Siedlung oder nur eine Flurbezeichnung darstellend.

Northem.
I. Ortswüstung.
II. Stadt Lichtenau.
III. *1183: *Northen* (Westf. Ub. 7, Nr. 56: mit nicht völlig zufriedenstellender Verortung); 1206: *Bernhardus de Nordhem* (Urkunden Kloster Hardehausen, Nr. 34); 1257: *Northem* (Westf. Ub. 4, Nr. 699: Nennung zusammen mit Masenhem).
V. Wahrscheinlich liegt die Ortswüstung näherungsweise dort, wo der mittelalterliche Hellweg Paderborn – [+]Kerkdorp – Scherfede das periodisch wasserführende Tal der Sauer querte, also nordnordwestlich von +Kerkdorp. Bei Henkel 1974 (Kartenbeilage) wird für Northeim eine Lage westlich des Nordbergs im Tal der Sauer angenommen und zwar westlich(!) von +Kerkdorp.
VI. Vorläufige DKZ 4319,0126.
Literatur: Holscher 1885, S. 59: Sitz eines Freistuhlgerichts; Schneider 1936, S. 100: Northeim; Balzer 1979, S. 80 und Ortsnamensliste zu Abb. 5, Nr. 112: Nordheim; Meineke 2018, S. 310 f.

Nosthusen.
I. Ortswüstung.
II. Stadt Büren.
III. *1412: *Nosthusen* (LR Bd. 3, Nr. 1769).
V. Lage 1,6 km südöstlich der Kirche in Steinhausen.
VI. Funde 11./12.–14. Jh., darunter ein Spinnwirtel aus rotengobiertem Faststeinzeug des 13. Jhs. (Dm. 2,6 cm, H. 1,8 cm, FZ 1987); DKZ 4417,0081,
Literatur: Willeke 1986, S. 311–316, Bergmann 1989, Nr. 83, S. 155 f.: Nosthusen; Willeke 1989, S. 65–72: Nasthusen; Willeke 2005, S. 239–254; Meineke 2018, S. 307 f.: Nasthusen.

Oberblikesen (siehe auch Blikesen).
I. Ortswüstung.
II. Stadt Bad Wünnenberg.
III. *1251: *in superiori Blikesen* (Westf. Ub. 4, Nr. 446).
V. Wahrscheinliche Lage im Bereich oder direkt angrenzend an die Oberstadt Wünnenberg.
Literatur: Schneider 1936, S. 19: Oberblikesen; Segin 1950, S. 445 f.; Henkel 1973, S. 23–27.

Odehem.
I. Ortswüstung.
II. Stadt Lichtenau.
III. *Z. J. 1015–1036 (um 1165): *predium Othihem* (Vita Meinwerci [ed. Terstesse], Kap. 60, S. 69; Vita Meinwerci [ed. Berndt], Kap. 59, S. 130, Z. 4); z. J. 1015–1036 (um 1165): *Othihem* (Vita Meinwerci [ed. Berndt], Kap. 86, S. 140, Z. 14); spätes 12. Jh.: Ministerialen *Burchardus de Odehem/Albertus de Otheim* genannt (Bauermann 1968, S. 355, Z. 28 und Z. 30).
V. Lage am Odenheimer Bach östlich von Lichtenau.
VI. Groblokalisation: DKZ 4319,0127.
Literatur: Schneider 1936, S. 101: Odem; Balzer 1979, S. 80 und Ortsnamensliste zu Abb. 5, Nr. 116: Odenheim; Meineke 2018, S. 314–316: Odeheim.

Odelynchusen.
I. Ortswüstung.
II. Stadt Büren.
III. *1351: Hof zu *Odelynchusen* (INA Büren, Nr. 48, S. 58).
V. Da die in der Quelle von 1351 genannten Orte Hegensdorf, Ahden, Upsprunge bei Salzkotten, Brenken, [+]*Schattenhusen*, [+]*Rameshusen* und [+]*Geverstorph* (= +Givelsdorf) in einem Radius von maximal ca. 8 km um Büren-Brenken liegen bzw. zu verorten sind, ist von einer Lage Odelynchusens im Altkreis Büren auszugehen. Lage nach Oberschelp (1963, S. 65) wohl bei Büren-Siddinghausen; Meineke 2018, S. 321 identifiziert Odelynchusen mit Othelminchusen; nicht auf der Wüstungs-Übersichtskarte des Kreises Paderborn eingetragen.

Osteilern (Alten Eilern; siehe auch Eilern).
I. Ortswüstung.
II. Stadt Bad Wünnenberg.
III. *1220: *villa Ost-Eleren* (Westf. Ub. 4, Nr. 84), Besitz des Klosters Hardehausen in *Antiquo Elern* 1370 wüstliegend (Überlieferung Kloster Hardehausen, S. 104).
VI. Eigentlicher Ortssiedlungsbereich mit Keramik um Chr. Ge-

burt sowie 11.–14. Jh.; zahlreiche Funde von Fibeln, darunter einer Fibel in Form einer Vierfüßler-Halbplastik des 10./11. Jhs. (Bergmann 2017b, S. 334, S. 338 und Abb. 8,9); Metalldetektorfund eines Kruzifixanhängers (Spiong 2015f, S. 205 und Abb. 229c); DKZ 4418,0038. – 2021 entdeckter und ergrabener merowingerzeitlicher Hofsiedlungsbereich mit zwei nachgewiesenen Wohngebäuden und einem separaten Wirtschaftsgebäude (= Stallgebäude) in unmittelbarer Nähe zum Gut Friedrichsgrund; Datierung: 6.–7. Jh. (Westfalen-Blatt Büren, Salzkotten, Bad Wünnenberg und Lichtenau sowie Neue Westfälische, Paderborn, vom 17.09.2021).
Literatur: Holscher 1885, S. 54; Schneider 1936, S. 39; Segin 1950, S. 447; Henkel 1973, S. 85–87 und Karte S. 86; Henkel 1974, S. 146; Meinecke 2018, S. 159 f.

Osterenswinevelde (vgl. Swinevelde).
I. Ortswüstung.
II. Stadt Büren.
III. *1015–36: *Suinuellun* (Westf. Ub. 1, Cod. 87, XXI: auch Bezug auf +Lütken Swinevelde möglich); 1289: *bona ... apud Osterenswinevelde sita* (Westf. Ub. 4, Nr. 2024).
IV. Wüstungsweisender FlN „Swimelerberg".
V. Lage von Osterenswinevelde (= Grotenswinefeld) nach Henkel (1974, Kartenbeilage) südöstlich des Gehöfts Finkengrund, bzw. nach Segin „an der Nordseite des oberen Mummentales" im Raum der Quelle „Hölzerner Brunnen".
VI. Hochflächenrand nahe des rezenten Hofs Finkengrund 2016 überprüft: keine Bodenfunde; Talbereich unterhalb des Hofes als Dauergrünland genutzt; DKZ 4417,0077.
Literatur: Segin 1950, S. 439: Groten- oder Osterenswinefelde; Henkel 1974, S. 115; Meineke 2018, S. 413–415: Groten- oder Osteren Swinefeld.

Othelmestorp.
I. Ortswüstung.
II. Stadt Salzkotten.
III. *1256 (1257): *Othelmesthorp* (Westf. Ub. 7, Nr. 939).
VI. Schnittuntersuchung LWL-Archäologie für Westfalen: Nachweis von drei auf einer rechteckigen Holzunterlage errichteten Röhrenbrunnen (für den Brunnen F 160 ergibt sich dendrochronologisch ein Baum-Fälldatum um 999 n. Chr.), die später wohl im Zusammenhang mit der Siedlungsaufgabe stehend mit Unrat verfüllt und damit unbrauchbar gemacht worden sind (in einem Brunnen u. a. Fund eines Pferdeschädels); zwei Grubenhausbefunde; umfangreicher restaurierter Fundkomplex mit Keramiken u. a. des frühen 13. Jhs. im Museum Salzkotten; AKZ 4317,0127; Kennziffer der nahe der Ortsstelle gelegenen Burg Dreckburg: DKZ 4317,063 bzw. des ergrabenen Fundareals mit prähistorischen und merowingerzeitlichen Befunden westlich der Ortswüstung: DKZ 4317,0059:A und B.
Literatur: Bergmann 1989, S. 64, Nr. 2.; Witt-Stuhr 1996, S. 79; Meineke 2018, S. 319–321.

Othelminchusen.
I. Ortswüstung.
II. Gemeinde Borchen.
III. *1305: *de duabus [domibus de Othelm]inghusen* (Westf. Ub. 9, Nr. 335 und Anm. S. 142); 1304 (Datierung nach u. a. Balzer 1994, S. 75 und Anm. 18): Betriebseinheiten (*Hove*) *tho Othelmynchusen* nicht besetzt, unbewirtschaftet oder nicht bewohnt (Balzer 1994, S. 75 f.; Hachmann 1998, S. 42 f.; Datierung der Quelle nach Westf. Ub. 9, Nr. 297: 1405–1418).
V. Angenommene Lage zwischen Nordborchen und dem Haxtergrund auf der Hochfläche nahe einer Doline (Hachmann 1998, S. 43).
Literatur: Rohrbach [2]1963, S. 33; Balzer 1979, Ortsnamensliste zu Abb. 5, Nr. 89: Othelminghusen; Meineke 2018, S. 321 f.: Othelminchusen.

Otinchusen.
I. Ortswüstung.
II. Stadt Büren (oder angrenzend im Kr. Soest?).
III. *1278: *Othinchosen* (Westf. Ub. 4, Nr. 1509) unter den Besitzungen des Konrad von *Buriglere* (siehe +Burchlere) genannt und zwar in der Reihenfolge zwischen *Miste* (Kr. Soest) und [+] Dalhusen (Kr. Paderborn). Das Westf. Ub. 4 (Nr. 1509, Anm.) erörtert eine Gleichsetzung der Ortswüstung mit +Odingen bei Hirschberg (Kr. Soest), welches problematisch erscheint, da die Orte in der Quelle insgesamt „im Uhrzeigersinn" fortlaufend angeführt sind. Mit „Odingen" dürfte zudem wahrscheinlich +Odacker bei Hirschberg gemeint sein.
V. Nicht auf der Wüstungs-Übersichtskarte des Kreises Paderborn eingetragen.

Overhagen (Ultra Haghon).
I. Ortswüstung, Wölbackerflur.
II. Stadt Lichtenau.
III. *826–876: *in loco qui dicitur Ultra Haghon*: Aufgrund der Nähe zu dem in der Tradition mitgenannten Beken (= Altenbeken) dürfte die Notiz wahrscheinlich auf die Ortswüstung bei Kleinenberg zu beziehen sein und nicht auf Overhagen bei Lippstadt (Kr. Soest) (Mönchslisten Traditionen Corvey 1 und 2, Tr 198 und S. 185 f.); der 1203 zusammen mit anderen Personen aus dem Soester Raum angeführte *Herebertus de Ouerhagen* (Seibertz Ub. 1, Nr. 118) hingegen nimmt seinen Namen wahrscheinlich vom Ort Overhagen südwestlich von Lippstadt, Kr. Soest, und ist insofern nicht auf diese Ortswüstung zu beziehen.
V. Lage westlich von Kleinenberg.
VI. Fossile Wölbackerflur „Oberhagen" (DKZ 4419, 0099) mit Lesesteinhaufen im Hardehausen-Dalheimer Wald erhalten.
Literatur: Wöhlke 1957, S. 7: Overnhagen; Henkel 1974, S. 185: Overhagen; Balzer 1979, Ortsnamensliste zu Abb. 5, Nr. 137: Overhagen; Meineke 2018, S. 313 f.: Oberhagen.

Oystinckhusen (Abb. 83).
I. Ortswüstung mit Burganlage (wohl befestigter Villikationshaupthof), Wüstungsflur.

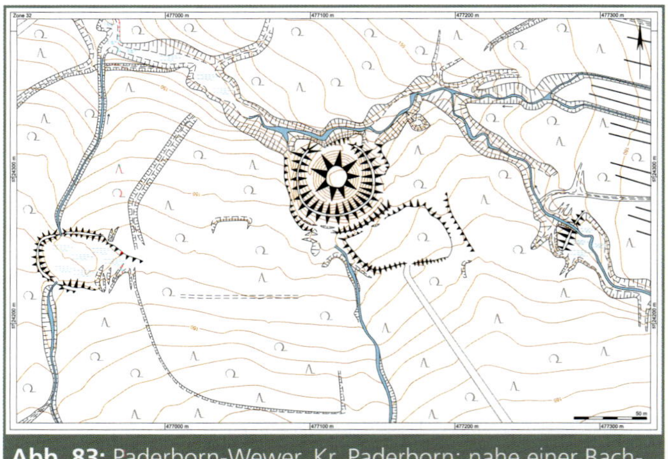

Abb. 83: Paderborn-Wewer, Kr. Paderborn: nahe einer Bachschwinde angelegte Turmhügelburg („Motte") Oystinckhusen mit vorgelagertem Wirtschaftshof (Kartografie: LWL-Archäologie für Westfalen, M. Thede)

II. Stadt Paderborn.
III. *1256: *curie in Osedinghosen/Osedingchosen* (Westf. Ub. 4, Nr. 637).
VI. Funde der 2. Hälfte des 8. Jhs. (zu einer Fibel umgearbeiteter feuervergoldeter Tierstil-Beschlag; Fibel rückwärts blickendes Tier darstellend [Treude 2011, S. 297 f. und Abb. 9]); und des 12./13. Jhs.; DKZ 4318,0037.
Literatur: von Sobbe 1877, S. 117–121, Nr. 3: Oestinghausen; Schneider 1936, S. 10: Ostinghausen; Hömberg ^{2}1975d, S. 248–250; Balzer 1979, Ortsnamenliste zu Abb. 5, Nr. 72: Ostinghusen; Bérenger 1989b, S. 86 f.; Bergmann 1993a, S. 52–54 und Kartenbeilage 6; Meineke 2018, S. 318 f: Östinghausen; Bergmann 2019b, S. 240–242 und Abb. 3 f.; Bergmann 2020, S. 138.

Puttmerinchus[en], siehe Wüstungskurzliste Kr. Soest.

Queden, auch als **Hohensile** bezeichnet.
I. Ortswüstung.
II. Gemeinde Borchen.
III. *1036: *Hohensile que uulgari uerbo dicitur Quedun* (Westf. Ub. 1, Cod. 127); z. J. 1036 (um 1165): *villam … Hahensili, que vulgari verbo dicitur Quadin* (Vita Meinwerci [ed. Terstesse], Kap. 217, S. 183, Z. 26 f.; Vita Meinwerci [ed. Berndt], Kap. 215, S. 250, Z. 29 f.); 1278: Manse in *Honsile* wüstliegend (Westf. Ub. 4, Nr. 1509).
IV. In der Katastergemeinde Kirchborchen ca. 1,7 km ostnordöstlich der Pfarrkirche gehäuft auftretende wüstungsweisende FlN: „Querfeld", „Aufm Querfelde", „der Queer Grund", „Queergrund", „Queerholz", „Queerberg" und „der Queerknick" (Kreiskatasteramt Paderborn, Urriss Kirchborchen, Flur XI und XVI, 1830), Reste der Warte „Querturm" bis 1860 erhalten (ausführlich zu deren Lage: Rohrbach 1963, S. 24).
V. Wahrscheinliche Ortslage nordwestlich des heutigen Quergrundes. Der für den Ort synonym verwendeter Name Hohensile deutet auf eine Lage oberhalb des Talgrundes des periodisch wasserführenden Ellerbachs.
VII. Schneider 1936, S. 68; Rohrbach ^{2}1963, S. 23 f.; Balzer 1979, S. 83 und Ortsnamensliste zu Abb. 5, Nr. 86: Queden/Hohensile; Meineke 2018, S. 339–341.

Rameshusen.
I. Ortswüstung.
II. Stadt Büren.
III. *1237: *Gerhardus de Rameshusen* Ratsherr in Geseke (Westf. Ub. 7, Nr. 461).
V. Lage in einem Karstgelände nahe einer Doline.
VI. Keramikfunde 10.–14. Jh.; Metalldetektorfunde etwa 2. Hälfte 9.–11. Jh.: eine Dreipass-Zellenemailscheibenfibel (Nr. 217); eine Grubenschmelz-Emailscheibenfibel des Typs Haseloff 1 mit abgeschrägtem Rand (Nr. 227); eine Grubenschmelz-Kreuzemailscheibenfibel welche eine Zellenschmelzfibel nachahmt, mit rautenförmiger Zentralgrube, ovalen Zwickelgruben und randnahen, kleinen, dreieckförmigen Gruben zwischen den Stegen (Nr. 579); eine Grubenschmelz-Kreuzemailscheibenfibel, Sonderform „Kreuzblume" mit quadratischer, mittiger Nabengrube und vier um diese kreuzförmig angeordneten blütenblattförmigen Gruben (Nr. 28); eine Grubenschmelz-Emailscheibenfibel des Typs Haseloff 10, mit abgesetzter Randzone (Nr. 103); eine Plateau-Kreuzemailscheibenfibel des Typs Haseloff 11 (jedoch mit punktförmigen Gruben in den Kreuzzwickeln, Nr. 578); eine versilberte Rundfibel mit zentralem Sonnenmotiv und breiter, verzierter Randzone (Nr. 93); eine runde Gussfibel mit Kreisaugendekor (im Zentrum ein Kreisauge, umgeben von sechs radial angeordnete Kreisaugen, Nr. 268); eine runde Gussfibel mit Kreisaugendekor und geperlter Randleiste (Nr. 622); eine Nabenemailsscheibenfibel mit sieben Rundgruben auf der Fibelplatte und einer in der Zentralfassung befindlichen Schmelzperle (Nr. 621); eine sechsstrahlige Sternfibel mit in Zentralfassung erhaltener Schmelzperle (Nr. 117); eine sechsstrahlige Sternfibel mit einer Grube zur Aufnahme einer Schmelzmasse je Sternzacken und Zentralfassung zur Aufnahme einer Schmelzperle (Nr. 238); eine Peltafibel mit drei Durchbrüchen der Fibelplatte und zwei punktförmigen Gruben am oberen Rand (Nr. 655); DKZ 4417,0049.
Literatur: Bergmann 1989, Nr. 85, S. 160 f. und Karte 53; Meineke 2018, S. 342–344; Schoppmeyer 2011, S. 42.

Recke.
I. Ortswüstung.
II. Stadt Salzkotten?
III. *1256 (1257): *Recke* (Westf. Ub. 7, Nr. 939).
V. In der urkundlichen Reihenfolge zwischen [+]Widerbureshus (bei Salzkotten) und [+]Bugteshusen (bei Salzkotten?) genannt, angebliche Lage bei Geseke (Schneider 1936, S. 108); nicht auf der Wüstungs-Übersichtskarte des Kreises Paderborn eingetragen.
Literatur: Meineke 2018, S. 345–347.

Rekelinchusen.
I. Ortswüstung.
II. Stadt Büren.
III. *1402: Rekelinchuscher Mark (Stadtarchiv Büren, Urkundenrepertorium, Nr. 384, S. 173); 1426: Hof zu Reckelinchusen (Stadtarchiv Büren, Urkundenrepertorium, Nr. 100, S. 178 f.); 1473: Gut zu Reckelinchusen wüstliegend (Stadtarchiv Büren, Urkundenrepertorium, Nr. 216, S. 126).
V. Nach Willeke (1989) westlich von Eickhoff an der Grenze zum Kreis Soest in der Flur Sievern zu verorten, nach Quellenangabe von 1774 jedoch „nordseits Eickhoff gelegen" (Willeke 1989, S. 23); nicht auf der Wüstungs-Übersichtskarte des Kreises Paderborn eingetragen.
VI. Zum Nachweis einer Wüstung am Rand der Flur Sievern siehe hier: N.N. „Klüsener Gosse"; problematische räumliche Unterscheidung von Rekelinchusen von der wahrscheinlich angrenzenden Ortswüstung Puttinchusen (Kr. Soest).
Literatur: siehe auch Oberschelp 1963, welcher +Rekelinchusen im Kirchspiel Kalle, Hochsauerlandkreis, verortet; Willeke 1989, S. 22–24: Rekelinghusen; Meineke 2018, S. 347–349: Rekelinghusen.

Redinchusen.
I. Partielle Ortswüstung; der noch heute bestehende Redingerhof ist als Restsiedlung des Kleinweilers einzustufen.
II. Stadt Bad Lippspringe (in Grenzlage zur Stadt Paderborn).
III. *1271: Villikation *Reddinghosen* (Westf. Ub. 4, Nr. 1262).
IV. Moderne Straßenbezeichnungen „Redinger Triftweg" und „Renker Weg".
V. Lage nördlich von Neuenbeken.
VI. Aufgefundene runde Vierfüßlerfibel mit abgesetzter Randzone aus dem Umfeld des Redingerhofs (Bergmann 2017b, S. 330 und S. 337).
Literatur: Balzer 1979, Ortsnamensliste zu Abb. 5, Nr. 20: Redinghusen; Balzer 1995, S. 82 f. und Karte S. 75: Redinghausen; Meineke 2018, S. 344 f.: Redinger Hof.

Rentinchusen.
I. Ortswüstung.
II. Stadt Paderborn.

III. *1036: Mark *Rentinchusorum* (Westf. Ub. 1, Cod. 127); z. J. 1036 (um 1165): *in marchiis ... Renghitinchusorum* (Vita Meinwerci [ed. Terstesse], Kap. 217, S. 184, Z. 2; Vita Meinwerci [ed. Berndt], Kap. 215, S. 252, Z. 2); 1273: potentielle Ausgaben für die Besserung von Gebäuden (Balzer 1994, S. 73).
IV. Rohrbach geht von einer Ortslage der Wüstung „irgendwo zwischen der Krummen Grund und der Goldgrund" aus, u. a. weil eine Urkunde von 1427 ein Stück Land in der Krummen Grund nennt, *dar de wegh to Rentinghusen utt geyt*".
Literatur: Schneider 1936, S. 110: Redinger, Rentinkhausen; Rohrbach ²1963, S. 27; Balzer 1977, S. 158 f., S. 163, S. 169 f.; Balzer 1979, Ortsnamensliste zu Abb. 5, Nr. 55: Rentinchusen; Balzer 1994, S. 73 f.; Meineke 2018, S. 349 f.: Rentinghusen; vgl. auch Kroker/Lodemann 2020, S. 309 f. und Abb. 3–5, welche einen potentiellen Bezug von Rentinchusen zur Grabung N.N. „Springbachhöfe" herstellen.

Rethenstorp.
I. Ortswüstung.
II. Stadt Büren.
III. *Ende 12. Jh.: *Heinricus de Renthenstorp* (Bauermann 1968, S. 357, Z. 71).
IV. Ein Freigut nahe der *Redenstorper Vort* (= Furt) bei der Stadt Büren ist 1374 bezeugt (INA Büren, Nr. 135, S. 72 f.). Diese Quellenangabe lässt sich nicht schlüssig auf Büren-Hegensdorf 5 km ostsüdöstlich von Büren beziehen, sodass davon auszugehen ist, dass es sich bei Rethensthorp um eine Ortswüstung handelt.
Literatur: Henkel (1974, S. 158) bezieht „Redenesthorpe" hingegen auf Hegensdorf.

Rimbeke.
I. Ortswüstung mit zugehöriger Mühlenwüstung.
II. Stadt Paderborn.
III. *1103: *in loco qui dicitur Rimbike* (Honselmann 1950, Nr. 22, S. 345); 1183: *rivum Rimbeke cum molendino* (Westf. Ub. 5, Nr. 141).
IV. Wüstungsweisender FlN „Im Riemeker Felde" in der Neuaufnahme des Preußischen Messtischblatts.
V. Lage 0,5 km westlich der mittelalterliche Stadt Paderborn. Die Siedlungstellen von Rimbeke lagen am heute verschütteten Bachlauf der Riemeke kurz vor deren Einmündung in die Pader auf der Terrassenkante zu beiden Seiten des Bachs. Hier befindet sich das Fundareal DKZ 4218,0327 („Ferdinandstraße") unmittelbar westlich der Riemeke und weiterhin die Fläche DKZ 4218,0311 („Reumontstraße") östlich dieser.
VI. Die archäologisch untersuchte Hofstelle an der Ferdinandstraße verweist auf eine ältere, sächsisch entstandene Besiedlung außerhalb des mittelalterlichen Stadtkerns von Paderborn. Aus diesem Bereich stammen Funde des 7./8.–10./11. Jhs., darunter kalkgrusgemagerte Irdenware des 8. Jhs. und ein Keramikfragment aus „Tatinger Ware"; weiterhin erfolgte der Nachweis eines Grubenhauses des 8. Jhs. bzw. der Zeit um 800 n. Chr. von 3 m x ca. 3 m Ausdehnung. Die Rettungsgrabung an der Reumontstraße erbrachte Keramik des 6./7.–10. Jhs. und jüngere Befunde, unter den Funden sind ein frühmittelalterlicher Reitsporn und eine Hängeperle aus Glas.
Literatur: Balzer 1979, S. 14 und S. 78 (der eine Wüstwerdung der Siedlung am Riemekebach um 800 postulierte); Spiong 2014a, S. 96–99; Gündchen/Süße 2018, S. 74–78; Meineke 2018, S. 350–352: Riemeke.

Rippinghusen.
I. Ortswüstung.
II. Stadt Paderborn.
III. *1183: *Rupinchusen* (Ub. Busdorf, Nr. 10); 1335: Hopfenberg bei Repinghusen.
IV. Wüstungsweisende FlN „Rippinger Grund", „Rippinger Berg", „Rippinger Weg" (heute: Dahler Weg); Landwehrdurchlass „Ripnerschlag".
V. Lage nach Rohrbach (1963, S. 28) etwa 3 km südlich von Hildelinchusen [Zusatz Verf.: dessen genaue Lage unbekannt ist!] in oder an der „Rippinger Grund".
Literatur: Rohrbach ²1963, S. 28 f.; Balzer 1977, S. 156 f., S. 167, S. 170; Balzer 1979, Ortsnamensliste zu Abb. 5, Nr. 57: Ripphinghusen; Meineke 2018, S. 352–354: Rippinghausen.

Rolinchusen.
I. Ortswüstung.
II. Stadt Büren.
III. *1281–1313: *Rudtinchusen* (Seibertz Ub. 2, Nr. 551, S. 114, Z. 1); 1313: *I curt. in Roldinchusen* (= Arnsberger Lehen des *nobilis vir de Weuelsborch*; Seibertz Ub. 2, S. 121, unterste Z.); 1449: Roydelinghusen; 1452: Roylinckhusen; 1454: Rolinckhusen (Stadtarchiv Büren, Urkundenrepertorium, Nr. 108, S. 189; Nr. 109, S. 192; Nr. 76, S. 193); 1526: drei Freigüter zu Rolynchusen/Rolynckhusen (Stadtarchiv Büren, Urkundenrepertorium, Nr. 392, S. 259 f.).
IV. Nahe der mutmaßlichen Ortsstelle kreuzte der „Paderborner Hellweg" im spitzen Winkel den „Hessen Hellweg" (Kreiskatasteramt Paderborn, Urriss Büren, Flur XIX, 1829),
V. Angenommene Wüstungslage nahe des Freistuhlgerichts Düwelskuhle unmittelbar südlich des Waldes Schorn in der Gemarkung Steinhausen/Eickhoff.
VI. Die bei Willeke 1989 (Anlage 3) angegebene mutmaßliche Wüstungslage blieb bei der Prospektion ohne Nachweis von Bodenfunden.
Literatur: Willeke 1989, S. 41–51; Meineke 2018, S. 355 f.: Rölinghausen.

Rozinchusen.
I. Ortswüstung.
II. Stadt Lichtenau.
III. In einem Heberegister des Klosters Böddeken genannt; 1451: *iuxta Lechtenowe in loco dicto up dem Rosynchuse* (Hömberg, Ortskartei, zit. n. Meineke 2018, S. 357).
V. Lage nahe Ebbinghausen (Giefers 1880, S. 185 f.); auf Kartenbeilage Henkel (1974) im Umfeld der episodisch wasserführenden Sauer zwischen Atteln und Ebbinghausen groblokalisiert.
Literatur: Henkel 1974, S. 112: Rozinkhusen; Balzer 1979, Ortsnamensliste zu Abb. 5, Nr. 108: Rozinghusen; Meineke 2018, S. 356–358: Rozinkhusen.

Rupynchoff.
I. Hofwüstung.
II. Stadt Salzkotten.
III. *1350: Hof Rupynchoff vor der Stadt Soltkoten (INA Büren, Nr. 148, S. 150).
IV. Wüstungsweisender FlN „Up Rieckenkowen" nördlich des Hellwegs (Kreiskatasteramt Paderborn, Urkataster Salzkotten, Übersicht zum Flurparzellarriß der Flur VIII, 1828).
V. Lage westlich der Stadt Salzkotten.
VII. Bergmann 1989, Nr. 9, S. 73

Ryquordinchusen (Abb. 84).
I. Ortswüstung.
II. Stadt Büren.
III. 1299: *Iohannes de Riquvordinchusen/de Riquordinchusen*

Abb. 84: Büren-Brenken, Kr. Paderborn: Als Prozessionsstandort überlieferte Ortsstelle Ryquordinchusen am Rand der Paderborner Hochfläche (Foto: LWL-Archäologie für Westfalen, R. Bergmann)

(Westf. Ub. 4, Nr. 2543 und Nr. 2586); 1315: *Ryquordinchusen* (Oberschelp 1963, S. 65; INA Büren, Nr. 76, S. 130 f.)
IV. Vom Kirchort Brenken führte der „Böddiker Pfad" in Richtung der Ortsstelle, in deren Bereich stand bereits 1829 ein Gedenkkreuz (Kreiskatasteramt Paderborn, Urriss Brenken, Flur XIII, 1829),
V. Ortsstelle 2 km östlich von Brenken (Kirche) am Rand einer verkarsteten Hochfläche direkt oberhalb einer Quelle gelegen.
VI. Funde: eine Kreuzemailscheibenfibel mit einem eine Zentralgrube umgebenden gleicharmigen Kreuz (Haseloff 1990, S. 103 [Typentafel], Typ 3) und Keramik des 11./12.–13. Jhs.; DKZ 4417,0037 (= Fibelfundstelle) und DKZ 4417,0079.
Literatur: Bergmann 2017d, S. 231 und S. 233: Abb. 2.

Salle.
I. Ortswüstung mit partiell erhaltener Wüstungsflur.
II. Stadt Salzkotten.
III. *1113: *Salla* (Reichsabtei Corvey Salierzeit, S. 248, Z. 12).
VI. Prähistorische Funde, mittelalterliche Funde des späten 7./8. Jhs.–14. Jhs.; Ortsstelle: DKZ 4317,0037: Nord, Wölbackerflurrelikte: DKZ 4317,0037: Süd.
Literatur: Bergmann 1989, Nr. 14, S. 76 f., und S. 414, Karte 19; Bergmann 1993a, S. 71 f., und Abb. 20; Best/Austermann/Koopmann/Schyle 1996, Nr. 13, S. 35: Salle; Meineke 2018, S. 359 f.

Schattenhusen.
I. Ortswüstung.
II. Stadt Büren.
III. *1228: Heinricus de Schattenhusen, Ritter: Schenker, Schenkungsempfänger, Aussteller und Zeugenreihe der Urkunde verweisen in den Raum Hannover und nicht in das Bistum Paderborn (Ub. Verden 1, Nr. 303); 1265: *Hermannus de Scathenhusen* (Westf. Ub. 7, Nr. 1187).
V. Zur Lage von „Scattenhusen" siehe Mertens (1889, S. 187 f.) mit der Angabe von mittelalterlichen FlN in der Wüstungsgemarkung.
VI. Prospektionsfunde hohes und spätes Mittelalter (Bergmann 1989, Nr. 86, S. 161 f.); Fund einer Zellen-Kreuzemailscheibenfibel (Best 1997b, S. 303 und S. 304, Abb. 71,5); Fund einer runden Vierfüßlerfibel mit palmettenförmiger Schwanzquaste (Bergmann 2017b, S. 328 f., S. 337, und Abb. 4,3); Rettungsgrabung LWL-Archäologie für Westfalen unter Leitung von S. Gai; Besiedlungsdauer nach Grabungsergebnis 2. Hälfte 8. Jh.–1. Hälfte 13. Jh. (Best/Eggenstein 2014, S. 114); DKZ 4417,0055.
Literatur: Schneider 1936, S. 116: Schattenhus; Gai/Haasis-Berner 2014, S. 265–296; Meineke 2018, S. 367–369.

Schlichten.
I. Ortswüstung.
II. Gemeinde Borchen.
IV./V. Schlichten wird im Umfeld der Heiligen-Seele Kapelle angenommen, welche jedoch die Ortsstelle von Eilhardinghusen überliefert. Der FlN „Schlichten" tritt in der Deutschen Grundkarte jedoch 1,6 km westsüdwestlich der Kapelle bzw. 0,5 km südlich der Gebäude des „Schlosses Hamborn" auf und bezeichnet eine Verebnungsfläche, die im Süden, Westen und Norden von Trockentälchen begrenzt wird.
Literatur: N.N. 1874, S. 147; Balzer 1979, Ortsnamensliste zu Abb. 5, Nr. 91: Schlichten.

Schonelo.
I. Ortswüstung.
II. Stadt Büren.
III. *1354: Gut zu dem Schonenlo (Diözesanarchiv Paderborn, Urkunden Kloster Holthausen, zit. n. Willeke 1989, S. 28); 1358: *Schonelo* (Landesarchiv NRW, Abt. Westfalen [Münster)], Herrschaft Büren, Urk. 69); 1481: Güter Schonloe und Eekhove (Stadtarchiv Büren, Urkundenrepertorium, Nr. 380, S. 222).
V. Nach Willeke (1989, S. 28–30) unmittelbar östlich der Höfegruppe +Altensilbeke (siehe hier: +Silbeke) gelegen.
VI. Überprüfung der Lokalisation Willeke im Jahr 2016 ohne archäologischen Befund.
Literatur: Willeke 1989, S. 28–30; Bergmann 1989, Nr. 80, S. 153 f.

Schwafen.
I. Ortswüstung.
II. Stadt Bad Wünnenberg.
III. *826–876: *in Tyndeli ..., in Adane mansum I cum familia, in Keinsetha similiter, in Wulfgangri similiter, item in Scieferan* (Mönchslisten Traditionen Corvey 1 und 2, Tr 244 und S. 208 f. mit ausführlicher Diskussion zu +„Schwafern"). Da sich die Tradition soweit erkennbar auf das Sintfeld und den westlich davon gelegenen Bereich der Paderborner Kalkhochfläche (*Adane* = Ahden bei Wewer) bzw. das nähere Umfeld des Klosters Böddeken bezieht, dürfte *Scieferan* mit +Schwafen zu identifizieren sein. Ca. 976–979: *in Swehtharan et in Harun IIII iurnales et LX iugera et V manicipia* (Mönchslisten Traditionen Corvey 1 und 2, Tr 374 und S. 258). Der in einer Summe für beide Orte gemeinsam angeführte Besitz lässt sich nur dann sinnvoll nachvollziehen, wenn man davon ausgeht, dass beide genannten Orte benachbart waren. Dies trifft auf Haaren und +Schwafen auf der Sintfeld-Hochfläche zu; z. J. 1036 (um 1165): Zur Gründungsausstattung des Busdorfstifts in Paderborn gehört *Enenhus* mit 13 vom Haupthof abhängigen Vorwerken (*vorewerc*), darunter *Suafharon* (Vita Meinwerci [ed. Terstesse], Kap. 217, S. 180, Z. 25 f.; Vita Meinwerci [ed. Berndt], Kap. 215, S. 248, Z. 13).
V. Lage beiderseits des Altweges „Frankfurter Weg".
VI. Funde um Chr. Geburt und des 8.–14. Jhs.; Rennfeuerverhüttung von Eisen; DKZ 4418,0018.
Literatur: Schneider 1936, S. 118; Henkel 1973, S. 103–106 und Karte S. 105; Balzer 1979, S. 78 und Ortsnamensliste zu Abb. 5, Nr. 120: Suaveren; Meineke 2018, S. 372–374: Schwafern.

Scorboken (Scharboken).
I. Ortswüstung?
II. Stadt Büren.
III. *1315: *Reyniko de Scorboken judex* (INA Büren, Nr. 74, S. 130).
V. Angenommene Lage südlich von Keddinghausen im Umfeld mehrerer Quellen.
IV. FlN „Scharboken".
VI. Vorläufige DKZ 4417,0076.
Literatur: Segin 1950, S. 443 f.; Meineke 2018, S. 364 f.: Scharboken (mit ausführlicher Interpretation des potentiellen Ortsnamens und Diskussion ob bei Scorboken ein Orts- oder FlN vorliegt).

Schyrenbroke.
I. Ortswüstung?
II. Gemeinde Altenbeken.
III. *1242: *Proprietatem et dominium bonorum in Schyrenbroke* (Westf. Ub. 4, Nr. 314): Die im Urkundentext verwendeten Bezeichnungen müssen nicht zwingend auf einen Ort bzw. eine Ortswüstung hinweisen.
V. Angenommene Lage in der südlichen Gemarkung von Schwaney nahe der Nordwestecke des „Emder Waldes".
Literatur: Schneider 1936, S. 118: Schyrenbrock; Küting 1963, S. 28 f. und Karte S. 35: Schirenbroke; Balzer 1979, Ortsnamenliste zu Abb. 5, Nr. 66: Schirenbroke; Meineke 2018, S. 369 f.: Schirenbrok.

Selinchusen.
I. Ortswüstung (ist nach Auffassung verschiedener Autoren mit Selminchusen gleichzusetzen).
II. Gemeinde Altenbeken.
III. 1142: *Selinchusen* (Westf. Ub. 2, Cod. 236: Fälschung); *1243: *Johannes de Silinghosen* (Westf. Ub. 4, Nr. 322).
VI. Wird mit einer archäologisch nachgewiesenen Ortswüstung unmittelbar bei Haus Durbeke westlich von Altenbeken identifiziert: DKZ 4219,0114; räumlich angrenzender Eisenverhüttungsbereich des hohen Mittelalters: DKZ 4219,0117.
V. Honselmann (1970, S. 306 f.) setzt Selinchusen mit Selminchusen gleich und verortet es bei Paderborn-Benhausen. Eine Gleichsetzung der Orte wird weiterhin von Koch (1974, S. 201–205: Selinghusen; Selminghusen) vorgenommen; Meineke 2018, S. 380 f.: Selinxen, gibt für dieses zwei Verortungsmöglichkeiten an, darunter diejenige am Haus Durbeke.
Literatur: Schneider 1936, S. 119; Koch 1974, S. 201–205; Meineke 2018, S. 380 f.

Selminchusen.
I. Ortswüstung.
II. Stadt Paderborn.
III. *Z. J. 1015–1036 (um 1165): *Salminghusun* (Vita Meinwerci [ed. Berndt], Kap. 64, S. 130, Z. 30); z. J. 1024 (um 1160): Salminghusun (Vita Meinwerci [ed. Terstesse], Kap. 65, S. 71); 1155: *Selmenchusen* (Urkunden Kloster Hardehausen, Nr. 7, S. 47), 1257: *Selminchosen* (Westf. Ub. 4, Nr. 1257).
V. Lage nach Rohrbach ([2]1963, S. 31) bei Paderborn-Benhausen oder bei Neuenbeken; Lage nach Meier (1989) nördlich von Benhausen (Einkünfteverzeichnis Busdorfstift, S. 334); Grobverortung nach Meineke (2018) nordöstlich von Paderborn (nördlich der Driburger Straße) bzw. südlich von Benhausen, wobei Meineke auf einen potentiellen Zusammenhang mit dem FlN „Sennicker Feld" östlich von Paderborn hinweist, in deren Umfeld sich die Grabungsstelle N.N. Springbachhöfe befindet (siehe weiter dort). Die archäologisch nachgewiesene Ortstelle „Springbachhöfe" liegt 2,4 km südsüdwestlich von Benhausen unmittelbar südlich der Driburger Straße.
Literatur: Schneider 1936, S. 114: Saminghausen; Balzer 1979, Ortsnamensliste zu Abb. 5, Nr. 45: Selminghusen; eine Gleichsetzung von Selinchusen und Selminchusen wird bei Koch (1974, S. 201–205: Selminghusen, Selinghusen) vorgenommen; Meineke 2018, S. 381 f.: Selminchusen.

Sersinchusen.
I. Ortswüstung,
II. Stadt Paderborn? oder Stadt Bad Lippspringe?
III. *11. Jh.: *Sirsinchuson* (Reichsabtei Corvey Salierzeit, Nr. 4, S. 216, §XXI).
V. Von Balzer (+Siringhusen!) angenommene Lage westnordwestlich von Altenbeken (die in die Übersichtskarte aufgenommen wurde); Meineke (2018, S. 382) zufolge kann eine Lage im Umkreis von Bad Lippspringe, Schloß Neuhaus und Paderborn angenommen werden; diese hält zudem aus sprachlichen Gründen eine Gleichsetzung von Sersinchusen mit Sestinchusen (siehe dort) für nicht möglich.
Literatur: Balzer 1979, S. 81 und Ortsnamensliste zu Abb. 5, Nr. 24: Siringhusen; Meineke 2018, S. 382 f.: Sersinghusen.

Sestinchusen.
I. Ortswüstung.
II. Stadt Paderborn.
III. *1280: *Bertoldus de Sestinchusen* (Ub. Busdorf 1, Nr. 48, S. 56).
IV./V. Der wüstungsweisende FlN „Seißinger Broech" ist bereits frühneuzeitlich (1572) nachzuweisen. Im Preußischen Urmesstischblatt treten im Umfeld des *Seskerbr*[uchs] die FlN *Seske* und *Brusenhof* auf, wobei das geringfügig höher als das Bruch gelegene Ackerlandareal des Brusenhofs im Westen und Süden vom Seskerbruch begrenzt wurde. Das Seskerbruch liegt 3,1 km südwestlich von Bad Lippspringe und 4,5 km nordöstlich von Paderborn.
VI. Groblokalisation: DKZ 4218,0617; bislang unprospektiert.
Literatur: Rohrbach [2]1963, S. 32; Meineke 2018, S. 383 f.: Sestinghausen.

Sewardessen.
I. Ortswüstung mit ehemaliger Wassermühle.
II. Stadt Lichtenau.
III. 1011: *Seuuardeshusun* (MGH DD HII, Nr. 225: wie sich aus der räumlichen Reihenfolge der Besitztitel ergibt, handelt es sich bei *Seuuardeshusun* mit hoher Wahrscheinlichkeit um Seringhausen im Kr. Soest und nicht um Sewardessen auf der Paderborner Hochfläche); *z. J. 1015–1036 (um 1165): *Siwardessun* (Vita Meinwerci [ed. Terstesse], Kap. 122, S. 91; Vita Meinwerci [ed. Berndt], Kap. 120, S. 154, Z. 27 f.); z. J. 1036 (um 1165): Zur Gründungsausstattung des Busdorfstifts in Paderborn gehört der Haupthof *Sutheim* mit drei vom Haupthof abhängigen Vorwerken (*vorewerc*), darunter in *Siwardassan* (Vita Meinwerci [ed. Terstesse], Kap. 217, S. 180, Z. 28 und Z. 30; Vita Meinwerci [ed. Berndt], Kap. 215, S. 248, Z. 14).
V. Lage westsüdwestlich von Lichtenau-Holtheim.
VI. Von Wöhlke nahe von zwei Hügelgräbern erkannte intensive Fundkonzentration mit Keramiken des 12. bis der 1. Hälfte des 13. Jhs., auf Hügelgräbern Keramik vor dem 10. Jh.; nachfolgend aufgesammelter Fundkomplex 166 Lesescherben enthaltend, von denen 2,4 % auf uneinheitlich gebrannte granitgrusgemagerte Irdenware entfallen, weitere 2,4 % auf unein-

heitlich gebrannte Irdenware mit feiner Sandmagerung, 0,6 % auf gelbe feingemagerte schwach gebrannte Irdenware, 0,6 % auf rote feingemagerte harte Irdenware, 0,6 % auf blaugraue feingemagerte Irdenware, 90,4% auf graue hartgebrannte und klingendhart gebrannte Irdenwaren und 3,0 % auf Steinzeug Siegburger Art. Somit ist davon auszugehen, dass Sewardessen erst im 14. Jh. aufgelassen worden ist; weitere Prospektionsfunde sind eine fragmentierte Perle aus lichtdurchlässigem grünen Glas und ein Fgm. eines Schlüssels, dessen Schaft aus einem rund zurechtgebogenen Blechstreifen gefertigt wurde und dessen Reide auf der Außenseite zwei Aussparungen aufweist. DKZ 4419,0006:01/02/04 und 4419,45; Mühlendamm gestört.
Literatur: Schneider 1936, S. 120; Wöhlke 1957, S. 8 f.; Henkel 1974, S. 177; Balzer 1979, Ortsnamensliste zu Abb. 5, Nr. 133: Sewardessen; Meineke 2018, S. 394 f.: Siverdessen.

Silbeke (siehe auch Luttiken Silbeke).
I. Ortswüstung mit erst gegen Abschluss der Wüstungsbildung überlieferter Kapelle und Friedhof (bzw. nach Willeke [1989]: ehemalige Streusiedlung[!] mit Kapelle/Friedhof).
II. Stadt Büren.
III. *Ca. 993–996: *XXX iugera, I iurnalem, et II manicipia in Silobiki*. Die Tradition ist wahrscheinlich auf +Silbeke bei Steinhausen zu beziehen (Mönchslisten Traditionen Corvey 1 und 2, Tr 442 und S. 274); 1011: *Silbiki* (MGH DD H II, Nr. 225); z. J. 1011 (um 1165): *Silbiki* (Vita Meinwerci [ed. Terstesse], Kap. 16, S. 41, Z. 17 f.; Vita Meinwerci [ed. Berndt], Kap. 15, S. 94, Z. 2); Ende 12. Jh. : *curia Silbeche/Silbece et Steinhus* (Bauermann 1968, S. 354, Z. 5 und Z. 8 f.); 1278: eine Manse der Klosters Böddeken in *Silbeke* ist besetzt, die andere wüstliegend (Westf. Ub. 4, Nr. 1509); 1454–1479: [Hof] to deme groten Silbeke und Kerkhof und Capellenstede, Wese thom Selbeke (Willeke 1989, S. 30); 1471: Freigut *to dem*(e) *Grote(n) Sylbecke* in der Freigrafschaft Aldenruden (= Altenrüthen, Kr. Soest) (Bergmann 1989, S. 153, Anm. 1175).
V. Willeke (1989) behauptet eine Siedlungsverdichtung „Altensilbeke" auf der Südwestseite des gewässerfernen Gehölzes „Nadel" bei Steinhausen (m. E. verweist der Ortsname auf -beke jedoch auf eine relative Bachnähe!). Das Umfeld der „Nadel" ist ein trockenes Karstgelände. 1465 als zur Bauerschaft Sylebecke gehörig ausgewiesen ist das „Brantergen Holz" (Stadtarchiv Büren, Urkundenrepertorium, Nr. 119, S. 208).
VI. Trotz verschiedener Prospektionsversuche (einschließlich des südwestlichen Bereichs der „Nadel") bislang keine Bodenfunde nachzuweisen.
Literatur: Schneider 1936, S. 120: Silbeck; Willeke 1947, S. 42 f.: Silbeke; Henkel 1974, S. 222; Bergmann 1989, Nr. 79, S. 151–153; Willeke 1989, S. 11–19, S. 24–28, S. 30–33 und S. 35–40; Meineke 2018, S. 386–389: Silbeke sowie 387: Altensilbeke.

Silvesethe.
I. Ortswüstung.
II. Stadt Paderborn.
III. *1231: *curiam nostram in Silvesethen* (Westf. Ub. 4, Nr. 205); Anfang 13. Jh.: *Obedientia Silvesethe* (Einkünfteverzeichnis Busdorfstift, S. 331, Z. 19).
IV. Wüstungsweisende FlN im Jahr 1583: „Linde zu Sulfferstede", „silberstättische Linde", im „silberstättischen Feld" und „am silberstätschen Wege".
V. Lage in der Paderborner Stadtfeldmark nahe der Pamelschen Warte.
Literatur: Rohrbach [2]1963, S. 30; Koch 1974, S. 206 und S. 167, Abb. (Karte) 37; Balzer 1977, S. 159, S. 170; Balzer 1979, Ortsnamensliste zu Abb. 5, Nr. 58: Silvesethe; Meineke 2018, S. 391 f.: Silvesethe.

Sirexen.
I. Ortswüstung mit Kapelle und Friedhof.
II. Stadt Lichtenau.
III. *826–876: *Sirikeshus*(un) (Mönchslisten Traditionen Corvey 1 und 2, Tr 231 und S. 202); 1254: Kapelle (*capella*) in Syrikissen pfarrrechtlich von [+]Nutlon (Hochsauerlandkreis; siehe dort) abhängig; die Quelle nennt neben dem Friedhof (*cimiterium*) *in eadem villa* weiterhin die *parrochianis … in Syrikissen* (Westf. Ub. 4, Nr. 587); 1301: Freigrafschaft Sirexen genannt (*vrygot … comitiis in Snevede et Syrixen pertinentia*: Westf. Ub. 9, Nr. 53).
V. Lage nördlich von Blankenrode im Umfeld der ehemaligen Glashütte Sieserkamp.
VI. Altfunde Wöhlke 11.–14. Jh. nahe der Flur Hohenstein; Prospektion 2015: 1 RS der Zeit um 800 n. Chr. bei Bauarbeiten im Nahbereich der ehemaligen Glashütte aufgefunden: DKZ 4419,0029:B; erhaltene Wölbackerfluren.
Literatur: Holscher 1885, S. 59; Schneider 1936, S. 121; Wöhlke 1957, S. 15–18; Balzer 1979, Ortsnamensliste zu Abb. 5, Nr. 135: Sirexen; Meineke 2018, S. 392–394: Sirexen.

Snevede.
I. Ortswüstung mit wüster Mühle.
II. Stadt Lichtenau.
III. *822–826(?): *in villa nuncupante Sneuithi II mansos cum edificiis* ... (Mönchslisten Traditionen Corvey 1 und 2, Tr 32 und S. 91, weiterhin Tr 45: *Sneuidi*); 822–876: *Sneuidi* (Mönchslisten Traditionen Corvey 1 und 2, Tr 278 und S. 229); 826–876 in *Sneuidimarcu* (Mönchslisten Traditionen Corvey 1 und 2, Tr 129); 1301: Freigrafschaft *Snevede* genannt (*vrygot … comitiis in Snevede et Syrixen pertinentia*: Westf. Ub. 9, Nr. 53); Ort zum Kirchspiel Nutlon gehörend; Besitz des Klosters Hardehausen in *Snevede* 1370 unbesetzt (= wüstliegend: Überlieferung Kloster Hardehausen, S. 118); 1384: drei Hufen (*mansos*) in dem Ort und der Mark Snevede („Snefelde") werden von einem! Bauern aus dem benachbarten Nutlon bewirtschaftet (Urkunden Kloster Dalheim, Nr. 126).
V. Lage innerhalb der heutigen Ortslage Blankenrode (Ortsstelle überwiegend überbaut).
VI. Funde 9.–13. Jh. (Wöhlke 1957, S. 21); DKZ 4419,0060; fossile Terrassenackersysteme.
Literatur: Schneider 1936, S. 121; Wöhlke 1957, S. 19–22; Meineke 2018, S. 396–398: Snevede.

Stidene.
I. Ortswüstung.
II. Stadt Paderborn.
III. *Z. J. 1036 (um 1165): Zur Gründungsausstattung des Busdorfstifts in Paderborn gehört *Enenhus* mit 13 vom Haupthof abhängigen Vorwerken (*vorewerc*), darunter *Stitinam* (Vita Meinwerci [ed. Terstesse], Kap. 217, S. 180, Z. 22; Vita Meinwerci [ed. Berndt], Kap. 215, S. 248, Z. 12); 1036: *Stidenen* (Westf. Ub. 1, Cod. 127).
V. Lage nordwestlich von Paderborn.
VI. Flächengrabungen der Stadtarchäologie Paderborn; DKZ 4218,0031 (A-D).
Literatur: Schneider 1936, S. 124: Stiden; Rohrbach [2]1963, S. 20; Balzer 1979, S. 78 und Ortsnamensliste zu Abb. 5, Nr. 37: Stiden; Meineke 2018, S. 404 f.: Stieden.

Südborchen (Sunthe Gallen).
I. Ortswüstung mit Kirche/neuzeitlicher Kapelle.
II. Gemeinde Borchen.
III. *Z. J. 1015–1024 (um 1165): *Inter quos populo de Sutburgnon ... ecclesiam construere concessit* (vgl. Vita Meinwerci [ed. Terstesse], Kap. 157, S. 118 f.); Vita Meinwerci [ed. Berndt], Kap. 154, S. 186, Z. 6 f.); 1304 (Datierung nach u. a. Balzer 1994, S. 75 und Anm. 18): Betriebseinheiten (*Hove*) *tho ... Sunthe Gallen* nicht besetzt, unbewirtschaftet oder nicht bewohnt (Balzer 1994, S. 75 f.; Hachmann 1998, S. 42 f.; Datierung der Quelle nach Westf. Ub. 9, Nr. 297: 1405–1418).
V. Barocke Gallikapelle 1636 im Auftrag Ferdinands von Fürstenberg erbaut (Hachmann 1998, S. 43); anzunehmende Ortslage zwischen der „Gallenkapelle" und der Altenau (vgl. Kreiskatasteramt Paderborn, Urriss Kirchborchen, Flur III, 1830).
VI. Kirche des 11. Jhs. (Balzer 1994, S. 76); Grabung LWL-Archäologie für Westfalen unter der Leitung von G. Isenberg; siehe Grabungsakte im Fachreferat Mittelalter- und Neuzeitarchäologie; DKZ 4318,091.
Literatur: Bauer/Hohmann 1974, S. 19 f.; Balzer 1979, Ortsnamensliste zu Abb. 5, Nr. 83: Südborchen (Sunte Gallen); Meineke 2018, S. 103–105: Südborchen.

Sültsohde.
I. Landeshistorisch bedeutsame Salinenwüstung südlich von Salzkotten.
II. Stadt Salzkotten.
III. *1093: Drei Salzsiedehäuser in Sothen (von Sobbe 1877, S. 134); frühneuzeitliche Saline von kurzer Bestandsdauer (kartographische Darstellungen von 1589 und von 1592).
V. Als Gewerbestättenwüstung nicht auf der Wüstungs-Übersichtskarte des Kreises Paderborn dargestellt.
VI. Archäologische Funde aus dem beginnenden Hochmittelalter (Fgm. einer Nabenemailscheiben- bzw. Augenfibel); Besonderheiten: Lage im heutigen Salzfloragebiet (Naturschutzgebiet); DKZ 4317,0038.
Literatur: Schneider 1936, S. 122: Sothen; Bergmann 1989, Nr. 6, S. 72 f.; Bérenger 1989h, S. 110 f. und Abb. 131–133; Best/Austermann/Koopmann/Schyle 1996, Nr. 21, S. 35.

Sulithe.
I. Ortswüstung.
II. Stadt Paderborn.
III. *Z. J. 1015–1024 (um 1165): *in loco, qui Sultihe dicitur* (vgl. Vita Meinwerci [ed. Terstesse], Kap. 154, S. 118; Vita Meinwerci [ed. Berndt], Kap. 151, S. 184, Z. 20); z. J. 1036 (um 1165): *in aquilonari Sulithe* (Vita Meinwerci [ed. Terstesse], Kap. 218, S. 184, Z. 23; Vita Meinwerci [ed. Berndt], Kap. 216, S. 252, Z. 15 f.).
IV. Wüstungsweisender FlN „Auf der Sühle".
V. Wahrscheinliche Lage zwischen dem Behren- und Niesenteich bzw. vor dem Detmolder Tor der Stadt Paderborn.
Literatur: Schneider 1936, S. 126; Rohrbach ²1963, S. 32; Balzer 1977, S. 160 f., S. 170; Balzer 1979, S. 14 und Ortsnamensliste zu Abb. 5, Nr. 39: Sulithe; Meineke 2018, S. 406–408: Sulithe.

Sundere.
I. Hofwüstung.
II. Stadt Büren.
III. *1276: *curte nostra Sundere* (Westf. Ub. 4, Nr. 1450).
IV./V. Lage 0,75 km südlich von Steinhausen am Zusammenfluss zweier „Gotten" (= perennierend fließende Bäche im Karstgebiet) in der Flur „Geißelnkamp" am spätmittelalterlichen Fernweg Lippstadt–Büren („Lipperweg") gelegen, angrenzende Fluren sind der „Sunder" und die „Sunderbie(c)k" bzw. die „Sunderbieck Trift" (Kreiskatasteramt Paderborn, Urriss Steinhausen, Flur IX, 1828).
VI. Funde um 800/9. Jh. (1 RS eines Kumpfes) und 11.–14. Jh.; DKZ 4417,0041.
Literatur: Bergmann 1989, Nr. 82, S. 155; Willeke 1989, S. 58–61; Bergmann 2017d, S. 231; Meineke 2018, S. 408: Sunder.

Susse.
I. Ortswüstung.
II. Stadt Bad Lippspringe.
III. *826–876: *in villa nuncupante Sursia*: Das in der Quelle genannte *Sursia* ist wahrscheinlich auf +Süsse bei Bad Lippspringe zu beziehen (Mönchslisten Traditionen Corvey 1 und 2, Tr 98 und S. 136 f. [mit ausführlicher Diskussion]); 1265–1270: *Wernherus de Susse* (Westf. Ub. 4, Nr. 1056, Urkundenrückseite); 1358: *Hof, de geheten ist to Susse by Lippespringe mit aller siner Tobehoringe, de ok der Tecken God hetet* (zit. n. Balzer 1995, S. 83); 1358: to Sush bei Lippspringe (Landesarchiv NRW, Abt. Westfalen [Münster], Fsm. Paderborn, Urk., Reg. 782).
IV./V. Mitte 15. Jh.: Hof „to Süße vor Lippspringe by deme Lemensycke" (Balzer 1995, S. 83); anzunehmende Lage südlich von Bad Lippspringe im Umfeld des Leimensiek/Pfingststuhls nahe der Terrassenkante der Lippe.
Literatur: Koch 1974, S. 182: siehe Elmeringhausen–Hilmaringhausen; Balzer 1995, S. 83 f., und Karte S. 75: Susse; Meineke 2018, 410 f.: Süsse(n).

Sutberg.
I. Ortswüstung (möglicherweie: partielle Ortswüstung).
II. Stadt Lichtenau.
III. *Mitte 13. Jh.: *Sutberg* [...] *Molendinum ibidem* (Einkünfteverzeichnis Busdorfstift, S. 336 und Anm. 170).
V. Aufgrund der quellenbezogenen Umschließung von Positionen, welche den Ort Lichtenau-Iggenhausen betreffen, ist von einer Lage bei Iggenhausen auszugehen; die Nennung einer Mühle verweist zudem auf die Lage an einem permanent fließenden Bach. Da westlich von Iggenhausen ein Karstgebiet besteht, wäre von einer Lage östlich dieses Bezugspunkts auszugehen. Es könnte ein Verbindung zu den wüstungsresistenten Mühlen zwischen Lichtenau-Herbram und Lichtenau-Asseln (östlich von Iggenhausen) bestehen.

Suthem.
I. Partielle Ortswüstung mit mittlerweile aufgelassenem Gutsbetrieb als Restsiedlung des einstigen Kirchortes.
II. Stadt Lichtenau.
III. *z. J. 1015 (um 1165): *curtem Sutheim*: Es wird auf die schwierige Situation der räumlichen Identifikation von Suthem hingewiesen, da abgesehen von der Ortswüstung auf der Paderborner Hochfläche ein vermuteter gleichnamiger Ort (Hof) im Umfeld des nordhessischen Hofgeismar existent ist (Vita Meinwerci [ed. Berndt], Kap. 29, S. 110, Z. 21 f.); z. J. 1036 (um 1165): Zur Gründungsausstattung des Busdorfstifts in Paderborn gehört der Haupthof *Sutheim* mit drei vom Haupthof abhängigen Vorwerken (*vorewerc*) in *Kyrkthorpe*, Holtheim und *Siwardassan*. Berndt führt zu Suthem weiter aus, dass die „bischöfliche Eigenkirche des frühen 11. Jahrhunderts" ... „ab dem 15. Jahrhundert verfallen" ist (Vita Meinwerci [ed. Berndt], Kap. 215, S. 248, Z. 14 und Anm. 927; siehe auch Vita Meinwerci [ed. Terstesse], Kap. 217, S. 180, Z. 28–30); 1036: *Suthem* mit abhängigen Vorwerken in [+]Kerkthorp, Holtheim und [+]Se-

wardessen (Westf. Ub. 1, Cod. 127); Kopialbuch des 15. Jhs. (= Archidiakonatsverzeichnis des Bistums Paderborn): *Sudhem* ist als zur Propstei des Stifts Busdorf gehörend aufgeführt (Wigand 1831, Nr. 10, S. 225).
IV. Ausgeprägte Wegeunruhe südwestlich des Gutes in der Flur „oben Sudheim" (bzw. am „Totenweg") mit Streufunden spätmittelalterlicher (13. Jh.) Keramik. Das Gut überdeckt wahrscheinlich den gesamten mittelalterlichen Siedlungsbereich. 1830 floß ein von der Sauer abgeleiteter Graben durch das Gutsgelände (Kreiskatasteramt Paderborn, Urriss Lichtenau, Flur XIX, 1830).
VI. DKZ 4319,0050.
Literatur: Holscher 1885, S. 49 und S. 59 (Sitz eines Freistuhlgerichts in Suthem); Schneider 1936, S. 125; Henkel 1974, S. 176; Balzer 1979, S. 80 und Ortsnamensliste zu Abb. 5, Nr. 117: Sudheim; Meineke 2018, S. 405–406: Sudheim.

Swinevelde, siehe weiter Osteren- (bzw. Grotenswinevelde) und Lütkenswinevelde.
I. Ortswüstungen.
II. Stadt Büren.
III. *Z. J. 1015–1036 (um 1165): *Suinvellun* (Vita Meinwerci [ed. Terstesse], Kap 106, S. 84; Vita Meinwerci [ed. Berndt], Kap. 105, S. 148, Z. 7); 1015–36: *Suinuellun* (Westf. Ub. 1, Cod. 87, XXI), um 1120: *villa ... Svinueldun* (Ub. Hessische Landesgeschichte 2, Nr. 51, S. 68, §87), 1122: *uilla Suinuelde* (Westf. Ub. 1, Cod. 173).
VI. DKZ 4417,0077.
Literatur: Schneider 1936, S. 126; Meineke 2018, S. 413–415: Swinefeld.

Sylekensode.
I. Ortswüstung und Villikation.
II. Stadt Büren.
III. *1015–36: *uillicationem Silikensothe* (Westf. Ub. 1, Cod. 87,XXVIII).
IV. wüstungsweisender FlN *Sillkensoedt* des Urkatasters (Bergmann 1989, S. 163, Anm. 1294).
V. Lage nördlich von Büren-Brenken bzw. von +Schattenhusen.
Literatur: Bergmann 1989, Nr. 87, S. 162 f.; Meineke 2018, S. 389–391: Silikensod.

Tedekenlo.
I. Ortswüstung.
II. Stadt Büren.
III. *1384: Tekenlo (Urkunden Kloster Dalheim, Nr. 130); 1384: *den Sundern to deme Tedekenlo* (INA Büren, Nr. 160, S. 76); 1381 partiell wüst.
IV. Wüstungsweisender FlN Tedekenloh 1,1 km südsüdöstlich der Klosterkirche Böddeken (jetzt: Gut Böddeken) auftretend.
VI. Streufunde 13./14. Jh.; DKZ 4418,0079.
Literatur: Henkel 1973, S. 116 f.; Meineke 2018, S. 417 f.: Tedekenlo(h).

Thetboldinchusen (siehe auch +Deiflinghausen).
I. Ortswüstung.
II. Stadt Bad Wünnenberg.
III. *1234: *in villa Thetbaldinchusen trans silvam* (Westf. Ub. 4, Nr. 231); 1237: *duos mansos in Thetboldinchusen* (Westf. Ub. 4, Nr. 253).
V. Lage im Raum Bleiwäsche; Ortswüstung kirchlich ehemals zur Pfarrei [+]Vesperthe gehörig.
Literatur: Kampschulte 1863, S. 289: Tydtboldinckhusen; Segin 1950, S. 447: Thietboldinchusen; Henkel 1974, S. 121 und Kartenbeilage: Thetbaldinghusen; Meineke 2018, S. 418 f.: Thetboldinchusen; siehe auch Flöer 2013, S. 107, welcher die Ortswüstung unter +Detbelinghausen im Hochsauerlandkreis aufführt.

Tindeln.
I. Spätmittelalterlich wiederbesiedelte Ortswüstung.
II. Stadt Bad Wünnenberg.
III. *826–876: *Tyndeldi* (Mönchslisten Traditionen Corvey 1 und 2, Tr 244 und S. 208); 1381: Wüstnennung; 1451durch das Stift Böddeken erfolgte Gründung einer Grangie im Bereich der wüsten Ortsstelle.
V. Lage der heutigen Höfegruppe westlich von Haaren.
VI. Streufunde 11.–14. Jh.; DKZ 4418,0088.
Literatur: Schneider 1936, S. 128; Henkel 1973, S. 110 f.; Henkel 1974, S. 162; Balzer 1979, Ortsnamenliste zu Abb. 5, Nr. 119: Tindeln; Meineke 2018, S. 425 f.: Tindeln.

Unnenscare.
I. Ortswüstung.
II. Gemeinde Borchen.
III. *1146: *Unnenscare cum decima* (Westf. Ub. 5, Nr. 54); 1304 (Datierung nach u. a. Balzer 1994, S. 75 und Anm. 18): Betriebseinheiten (*Hove*) *tho ... Unscher* nicht besetzt, unbewirtschaftet oder nicht bewohnt (Balzer 1994, S. 75 f.; Hachmann 1998, S. 42 f.; abweichende Datierung der Quelle nach Westf. Ub. 9, Nr. 297: 1405–1418).
IV./V. *Unnenscare* ist in der päpstlichen Bestätigungsurkunde über die Besitzrechte des Klosters Abdinghof (in Paderborn) zusammen mit [+]*Butenen* (siehe dort) zwischen Kirchborchen (*Burgnon cum ecclesia*) und Nordborchen (*Nortburgnon*) angeführt. Es ist, wie sich zudem aus der vorstehend angeführten Quelle von 1304 ergibt, im Raum Borchen zu verorten, wo seine Lage östlich von Kirchborchen angenommen wird. Auf die Lage der Ortsstelle verweist der FlN „Münsker Feld" in der Deutschen Grundkarte 2,5 km östlich der Kirche in Kirchborchen, der ein Gelände im Zwickel zwischen dem episodisch wasserführenden Ellerbach und dem Trockental des Despentals bezeichnet.
Literatur: Balzer 1979, Ortsnamensliste zu Abb. 5, Nr. 85: Unscher; Meineke 2018, S. 433: Unscher.

Versede.
I. Kirchortwüstung.
II. Stadt Lichtenau.
III. *Ca. 973–975: *Versithi* (Mönchslisten Traditionen Corvey 1 und 2, Tr 348 und S. 252); Kirche(!) archivalisch belegt; Ort jedoch zur Parochie Dalheim gehörend; Besitz Kloster Hardehausen in *Verstede* 1370 wüstliegend (Überlieferung Kloster Hardehausen, S. 104); 1416: Besitz des Klosters Bredelar *in Verste* als *nu woste* bezeichnet (Quellen westfälische Geschichte 1, S. 150); Friedhof (*cimiterium*) noch 1384 genannt (INA Büren, Nr. 246, S. 172).
VI. Funde um Chr. Geburt und 8.–14. Jh.; Fund einer S-Fibel der 2. Hälfte des 6. Jhs. (Bergmann 2002b, S. 120) und einer Rechteckfibel mit der Darstellung eines Fabelwesens (Stephan-Maaser 2015a, S. 207 f. und Abb. 234; Bergmann 2017b, S. 325 f. und Abb. 1, Datierung: 2. Hälfte 7. Jh.–Anfang 8. Jh.); Rennfeuerverhüttung von Eisen; archäologischer Nachweis eines Sakralbaus; DKZ 4418,0019.
Literatur: Schneider 1936, S. 132; Henkel 1973, S. 91–93 und Karte S. 92; Henkel 1974, S. 112; Balzer 1979, Ortsnamenliste zu Abb. 5, Nr. 126: Versede; Meineke 2018, S. 440–442.

Vesperthe.
I. Kirchortwüstung.
II. Stadt Bad Wünnenberg.
III. *Z. J. 1015–1036 (um 1165): *Vesperdun* (Vita Meinwerci [ed. Terstesse], Kap 102, S. 83; Vita Meinwerci [ed. Berndt], Kap. 101, S. 146, Z. 13); z. J. 1024 (um 1165): *Vesperdun* (Vita Meinwerci [ed. Terstesse], Kap. 197, S. 160; Vita Meinwerci [ed. Berndt], Kap. 194, S. 224, Z. 27); 1217 erfolgte Weihe der *capellam in Vesperthe*, Ortspfarrer (*plebanus eiusdem ville*) genannt (Westf. Ub. 4, Nr. 70); Wüstnennung 1446: *in villis desolatis et campis Vesperde, Synstorp, Blekhusen et Haren* (Ub. Busdorf 2, Nr. 808).
VI. Wenige frühgeschichtliche Funde um Chr. Geburt und Keramik des 10.–14. Jhs.; DKZ 4418,0078.
Literatur: Holscher 1885, S. 53; Segin 1950, S. 446; Henkel 1973, S. 38–41 und Karte S. 40; Meineke 2018, S. 442–445: Vesperthe.

Vilsen (Abb. 85).
I. Landeshistorisch bedeutsame partielle Dorfwüstung mit ehemaliger Kirchspielskirche und Burg; Restsiedlung ist der Vielser Hof bei Salzkotten.
II. Stadt Salzkotten.
III. *Z. J. 1024 (um 1165): *predia Villisi* (Vita Meinwerci [ed. Terstesse], Kap. 197, S. 160; Vita Meinwerci [ed. Berndt], Kap. 194, S. 224, Z. 27); z. J. 1015–1036 (um 1165): *predia Vilisi* (Vita Meinwerci [ed. Terstesse], Kap 102, S. 83; Vita Meinwerci [ed. Berndt], Kap. 101, S. 146, Z. 13); z. J. 1036 (um 1165): *Villisi* als Haupthof mit einem abhängigen Vorwerk in Verne (*Vernethe*) benannt (Vita Meinwerci [ed. Terstesse], Kap. 217, S. 182, Z. 19 f.; Vita Meinwerci [ed. Berndt], Kap. 215, S. 250, Z. 7 f.); 1036: *Vilese* (Westf. Ub. 1, Cod. 127); 1256 verfügte Schleifung des *castrum*.
VI. Altgrabungen: Friedhof mit West–Ost gerichteten Bestattungen; Bronzegießerei; Eisenverarbeitung; Nachweis von Fundamenten der geschliffenen Burg durch 1981 durchgeführte Schnittsondage; Lesefunde: prähistorisch und merowingerzeitlich–13. Jh.; Fund eines romanischen Leuchterfragments; DKZ 4317,0021:A-C.
Literatur: Schneider 1936, S. 114 f.: Vielsen und S. 132 f.; Henkel 1974, S. 209; Balzer 1979, Ortsnamenliste zu Abb. 5, Nr. 71: Vielsen; Bergmann 1989, Nr. 5, S. 67–72; Best/Austermann/Koopmann/Schyle 1996, Nr. 18, S. 35: Vilsen; Witt-Stuhr 1996, S. 77, S. 83–85 und Abb. 2 sowie Abb. 3: Vilsen; Meineke 2018, S. 445–447: Vielsen.

Abb. 85: Salzkotten, Vielser Hof, Kr. Paderborn: Bei Altgrabungen in der Kirchortwüstung Vilsen aufgefundene Fragmente eines spätromanischen Leuchters, Maßstab 1:4 (Quelle: Bergmann 1989, S. 308, Tafel 66)

Volbrexen.
I. Partielle Ortswüstung (jetzt Domäne Volbrexen).
II. Stadt Büren
III. 1048: *Folcbettinchuson* (Westf. Ub. 1, Cod. 142; siehe weiter: Honselmann 1950, S. 331, mit Datierung 1036 - 1051); *1146: *Volpethenghuson* (Westf. Ub. 5, Nr. 54).
VI. Bislang nur neuzeitliche Funde aus dem Umfeld des Guts (Sondermann-Fastrich 1997b, S. 305 sowie S. 304, Abb. 71,3 und 71,4); DKZ 4417,0061.
Literatur: Kampschulte 1863, S. 277; Schneider 1936, S. 134; Segin 1950, S. 444; Henkel 1974, S. 232; Meineke 2018, S. 448 f.

Volquordinchusen.
I. Ortswüstung.
II. Gemeinde Altenbeken.
III. *1344: *Volquordinchusen* (Küting 1963, S. 26, S. 75).
IV. 1714–45: *Ex parva Decima prope pagum Swaney, vulgo Völcker zehendte*; 1848: Volmerdingsen (Küting 1963, S. 27).
V. Lage südlich von Buke bzw. 1,1 km nordnordöstlich der Kirche in Schwaney.
Literatur: Küting 1963, S. 26–28 und Karte S. 35: Volquordinchusen; Balzer 1979, Ortsnamensliste zu Abb. 5, Nr. 48: Volquardinghusen; Meineke 2018, S. 449 f.: Volquordinchusen.

Vressinchusen.
I. Ortswüstung.
II. Stadt Bad Wünnenberg.
III. 1313: *decimam in Vretsinchusen* (Seibertz Ub. 2, Nr. 556, S. 123, Z. 9); 1338: *dimidiam decimam in Vressinchusen in parochia Haren et II decimas in Helmere in eadem parochia* (Seibertz Ub. 2, Nr. 665, S. 274, Z. 10 f.).
V. Lage im Kirchspiel Haaren.
Literatur: Hömberg 1938, S. 166, siehe Nr. 72; Meineke 2018, S. 450 f.: Vressinghusen.

Wederburhusen.
I. Ortswüstung.
II. Stadt Salzkotten.
III. 1256: *Widerbureshus* (Westf. Ub. 7, Nr. 939), 1258: *Wiederbureshusen* (Westf. Ub. 7, Nr. 982).
V. Bergmann 1989 (Nr. 12, S. 75: Wederburhusen) schließt nicht aus, dass Wederburhusen und Halgotinchusen identische Ortswüstungen sein könnten; nicht auf der Wüstungs-Übersichtskarte des Kreises Paderborn eingetragen.
Literatur: Meineke 2018, S. 452 f.: Wederbordeshusen.

Wer(n)inghusen.
I. Ortswüstung (es besteht eine ähnlichnamige/gleichnamige Ortswüstung bei Erwitte, Kr. Soest [siehe Bergmann 1989, S. 131 f.]).
II. Stadt Bad Lippspringe.

III. Zur potentiellen Quellenüberlieferung in den Corveyer Traditionen siehe +Wuringerhusen (Kr. Paderborn). Das in der Corveyer Heberolle des 11. Jhs. genannte *Ueeringerinchuson* ist auf die Ortswüstung bei Bad Lippspringe zu beziehen, weil es zum Grundherrschaftsverband *Duna* (Kr. Paderborn) gehört und dieser Villikation weitere Orte bei Wer(n)inghusen ([+]Withem und *Bechinun* [= Neuenbeken)]) angehörten (Reichsabtei Corvey Salierzeit, S. 217, §XXI; Balzer 1995, S. 76).
IV./V. Anzunehmende Lage im (weiteren) Umfeld der wasserführenden Doline „Weringer Pohl" nahe des Horner Hellwegs 2,5 km ostnordöstlich Neuenbeken; nach Müller wüst am Dumberg bei Bad Lippspringe und Altenbeken (Urkunden Kloster Hardehausen, S. 1009); nach Angabe des FuPuNet der LWL-Archäologie für Westfalen unmittelbar westlich des Gehöfts „Dunenberg" gelegen (= DKZ 4219,0082).
Literatur: Koch 1974, S. 210 f.: Weringhausen und S. 167, Abb. (Karte) 37; Balzer 1979, S. 81 und Ortsnamensliste zu Abb. 5, Nr. 23: Weringhusen; Balzer 1995, S. 80: Weringhausen, und Karte S. 75, Meineke 2018, S. 455–457: Weringhausen.

Westhelmern.
I. Ortswüstung; die frühen Nennungen eines Helmern beziehen sich häufig auf +Westhelmern. Das heutige Helmern geht auf das mittelalterliche Osthelmern zurück, das interimistisch wüstgelegen hat und wohl am Anfang des 16. Jhs. erneut besiedelt worden ist.
II. Stadt Bad Wünnenberg.
III. *1015 (– 1036): *I area in Hilimeri* (Westf. Ub. 1, Cod. 87, XXVI, S. 70; Hilimeri = West- oder Osthelmern); z. J. 1015–1036 (um 1165): *Hilimeri* (Vita Meinwerci [ed. Terstesse], Kap. 124, S. 91; Vita Meinwerci [ed. Berndt], Kap. 122, S. 156, Z. 8); z. J. 1036 (um 1165): Zur Gründungsausstattung des Busdorfstifts in Paderborn gehört *Enenhus* mit 13 vom Haupthof abhängigen Vorwerken (*vorewerc*), darunter *Hilimari* (Vita Meinwerci [ed. Terstesse], Kap. 217, S. 180, Z. 25; Vita Meinwerci [ed. Berndt], Kap. 215, S. 248, Z. 13); 1416: Wüstnennung.
VI. Keramikfunde: um Chr. Geburt und 10.–14. Jh.; Metalldetektorfunde: eine gleicharmige Bügelfibel mit quadratischen Endplatten, auf den Endplatten eingetieftes Diagonalkreuzmotiv (Nr. 575), Fgm. eine Grubenschmelz-Kreuzemailscheibenfibel, Sondertyp mit Lappenkreuz und herz- oder v-förmigen Gruben in den Kreuzzwickeln, abgesetzte Randzone (Nr. 26), eine flache Rosettenfibel mit 6 Blättern, darauf befindlicher je einer Grube und weiterhin vorhandene Zentralgrube (Nr. 555); Rennfeuerverhüttung von Eisenerz; DKZ 4418,0022.
Literatur: Henkel 1973, S. 99–101 und Karte S. 100; Henkel 1974, S. 170; Balzer 1979, Ortsnamensliste zu Abb. 5, Nr. 122: (West-) Helmern); Meineke 2018, S. 222–225: Helmern.

Wewer.
I. Kirchdorf mit Wüstungsareal (= partielle Kirchortwüstung).
II. Stadt Paderborn.
III. *826–876: *in pago Pathergo in villa Wawuri* (Mönchslisten Traditionen Corvey 1 und 2, Tr 110 und S. 142 f.); z. J. 1015–1036 (um 1165): *locum Waveri* (Vita Meinwerci [ed. Berndt], Kap. 35, S. 114, Z. 15).
VI. Nordöstlich der Kirche in Wiesengelände Nachweis einer Hofstelle des 8. bis fortgeschrittenen 11. Jhs. mit fünf aufeinander folgenden Grubenhäusern und fünf sich teilweise überschneidenden Hauptgebäuden des Hofes, einem Pfostenhaus des 12. Jhs. und einem unterkellerten Schwellbalkenbau der Zeit um die Mitte des 12. Jhs. Ein weiterer Hof (zwischen 800 und 1000 errichtet) wurde angegraben und weiterhin in dem untersuchten Areal ein Hof des 9.–14. Jhs. nachgewiesen, der im 14. Jh. aufgegeben wurde. Dies spricht für eine erhebliche Veränderung der Siedlungsstruktur des mittelalterlichen Ortes Wewer.
Literatur: Balzer 1979, S. 82; Spiong 2014b, S. 100–103, Meineke 2018, S. 462 f.

Wichmodeberg.
I. Ortswüstung.
II. Stadt Büren.
III. *1243: *proprietatem trium mansorum in Wigmodeberch in parrochia Stenenhus* (Westf. Ub. 4, Nr. 326).
VI. Funde 11.–14. Jh. (Bergmann 1989, S. 155); DKZ 4417,0056.
Literatur: Schneider 1936, S. 143 f.: Wichmodeberg und Wigmodeberg; Willeke 1947, S. 45 f.: Wichmodeberg; Henkel 1974, S. 221 f.; Bergmann 1989, Nr. 81, S. 154 f.: Wichmodeberg; Willeke 1989, S. 52–57, Meineke 2018, S. 463–465: Wichmodeberg.

Withagen.
I. Ortswüstung.
II. Stadt Paderborn.
III. *1353: vp deme Withagen prope Paderb(orne) (Landesarchiv NRW, Abt. Westfalen [Münster], Mscr. VII, Nr. 4217, fol. 168 v., zit. n. Meineke 2018, S. 468). Während sich die Quellenüberlieferung bis zum Ende des 14. Jhs. primär auf eine Landeinheit Withagen bezieht, ist im frühen 15. Jh. eine *Stede* und gegen Ende des 30jährigen Krieges dann eine *curia seu villa Withagen* bezeugt (Meineke 2018, S. 468 f.).
V. Anzunehmende Lage vor dem Spiringstor, dem späteren Kasseler Tor der Stadt Paderborn.
Literatur: Balzer 1977, S. 164; Meineke 2018, S. 468–470.

Withem (bei Lippspringe).
I. Dorfwüstung (es besteht eine gleichnamige Ortswüstung Withem bei Geseke, Kr. Soest).
II. Stadt Bad Lippspringe.
III. *822–826: *in Withem*; 826–876: *in Withem mansum j*: Letztere Schenkung erfolgt zusammen mit Besitz in *Fresienhus*(un), somit besteht ein wahrscheinlicher Bezug zu +„Widheim" bei Lippspringe (Mönchslisten Traditionen Corvey 1 und 2, Tr 25, S. 84 f. und Tr. 79, S. 125 f.), das näher an +Fresenhusen (Kr. Höxter) liegt als +Withem westlich von Geseke (Kr. Soest). Ebenso ist das in Tr 181 (826–876) genannte *Wythem* (Mönchslisten Traditionen Corvey 1 und 2, Tr 181, S. 179) wahrscheinlich auf die Ortswüstung bei Bad Lippspringe zu beziehen. Z. J. 1015–1036 (um 1165): *Withem*. Das in dieser Tradition angeführte Withem wird in beiden Editionen der Vita Meinwerci auf (mutmaßlich) +Withem bei Bad Lippspringe bezogen (Vita Meinwerci [ed. Terstesse], Kap. 107, S. 84; Vita Meinwerci [ed. Berndt], Kap. 105, S. 148 f., Z. 10 und Anm. 475). Das in der Corveyer Heberolle des 11. Jhs. genannte *Widheim* ist auf die Ortswüstung bei Bad Lippspringe zu beziehen, weil es zum Grundherrschaftsverband *Duna* (= Thune, Stadt Paderborn, Kr. Paderborn) gehört und dieser Villikation weitere Orte bei +Withem/PB (*Ueeringerinchuson* [siehe hier: Wer(n)inghusen] und *Bechinun* [= Neuenbeken] angehören) (Reichsabtei Corvey Salierzeit, S. 216, §XXI,9; Balzer 1995, S. 76). Das 1258 (Westf. Ub. 7, Nr. 1002) genannte *Withem* hingegen ist, wie sich aus dem Quellenzusammenhang ergibt, auf die Ortswüstung bei Geseke zu beziehen.
IV. Wüstungsweisende FlN im Jahr 1669: oben Witheimb", oben der Lake tho Wietheimb", „uf dem Kirchhoffe zu Wietheimb" (Balzer 1995, S. 78).

VI. Keramische Funde der Zeit um 800 n. Chr. (granitgrusgemagerte Kumpf-RS) bis des 14. Jhs. (Steinzeug Siegburger Art); Fund einer zu einer Fibel umgearbeiteten Riemenzunge der 1. Hälfte des 9. Jhs. und weiterer Metalldetektorfunde des 8./frühen 9. Jhs. (und jünger): langrechteckige Buntmetallfibel mit schwach eingezogenen (konvexen) Längsseiten; Bommelohrring wahrscheinlich slawischer Herkunft; wikingische Rhombenfibel (Spiong 2015a, S. 152 und Abb. 182); Emailscheibenfibeln mit Christus als Opferlamm (Spiong 2015b, S. 203); Kreuzfibeln (Spiong 2015c, S. 202 und Abb. 222d/222e); Fibel mit Kreuzmotiv (Spiong 2015d, S. 202 f. und Abb. 223a); Taubenfibel (Spiong 2015e, S. 202 f. und Abb. 224a); Kruzifixanhänger (Spiong 2015f, S. 205 und Abb. 229b); Heiligenfibel (Spiong 2015g, S. 204); Kreuzemailscheibenfibeln (Spiong 2015h, S. 204 f.); runde Vierfüßlerfibel mit abgesetzter Randzone (Bergmann 2017b, S. 329 f., S. 337 und Abb. 5,1); Fibel in Form einer Vierfüßler-Halbplastik, 10./11. Jh. (Bergmann 2017b, S. 332, S. 338 und Abb. 8,3); weiterhin Funde von verziegeltem Wandbewurf und von Eisenschlacken. Durch die spezifische Verbreitung der Oberflächenfunde zeichnen sich näherungsweise zwölf Hausstellen ab; DKZ 4219,0097 u. a.
Literatur: Schneider 1936, S. 143: Widheim; Koch 1974, S. 216–220, Abb. (Karte) 40: Wietheim; Balzer 1979, S. 81 f. und Ortsnamensliste zu Abb. 5, Nr. 19: Witheim (Widheim); Balzer 1995, S. 76–80, und Karte S. 75: Wietheim; Spiong 2012, S. 99–101; Spiong 2014c, S. 237–251; Meineke 2018, S. 465–467: Wietheim.

Wulfeshusen.
I. Ortswüstung.
II. Stadt Bad Wünnenberg.
III. *826–876: *in Tyndeldi …, in Adane mansum I cum familia, in Keinsetha similiter, in Wulfgangri similiter, item in Scieferan* (Mönchslisten Traditionen Corvey 1 und 2, Tr 244 und S. 208 f.). Da sich die Tradition, soweit erkennbar, auf das Sintfeld und den westlich davon gelegenen Bereich der Paderborner Kalkhochfläche (*Adane* = Ahden bei Paderborn-Wewer) bzw. das nähere Umfeld des Klosters Böddeken bezieht, dürfte *Wulfgangri* auf +Wulfeshusen zu beziehen sein; z. J. 1015–1036 (um 1165): *in loco qui Wulfereshusun dicitur*: Für eine Identifikationen werden u. a. Wülmersen bei Holzhausen (Kr. Höxter; Verf. kennt nur einen entsprechenden Ortsnamenbeleg für Wülmersen zwischen Helmarshausen und Trendelburg, Kr. Kassel, Hessen), Wulferdessen bei Brilon (Hochsauerlandkreis: für dieses Wulferdessen gibt es nach Auffassung d. Verf. keinen Nachweis; gemeint ist möglicherweise der -inghusen Ort Wulfringhusen bei Brilon-Alme) und +Wulfereshusen zwischen Katlenburg und Hammenstedt (Kr. Northeim, Niedersachsen) vorgeschlagen (Vita Meinwerci [ed. Terstesse], Kap. 96, S. 80; Vita Meinwerci [ed. Berndt], Kap. 95, S. 142, Z. 30). Möglicherweise ist die Tradition jedoch auf +Wulfeshusen im Sintfeld zu beziehen; 1299: *Wlpheshusen* (Westf. Ub. 4, Nr. 2571); 1381 Wüstnennung.
IV. Rund 200 m östlich des Hofes Fündling treten im Urriss die FlN „Auf der Wulwes-Rieke" bzw. „an der Wulwesrieke" auf (Kreiskatasteramt Paderborn, Urriss Wewelsburg, Flur VIII, 1830).
V. Nach Giefers (1862, S. 357) ist „Wulverdessen" bei Tindeln (also westlich von Haaren) gelegen; Henkel (1974, Kartenbeilage) lokalisierte „Wulfeshausen" im Umfeld des heutigen Hofes Fündling (DKZ 4418,0091), nachdem die Prospektion im Umfeld der „Wulwesrieke" ergebnislos verlaufen war.
Literatur: Schneider 1936, S. 146; Henkel 1973, S. 114 und Karte S. 115; Meineke 2018, S. 470–472: Wulfessen.

Wunne, up der.
I. Ortswüstung.
II. Stadt Salzkotten.
III. *1351: *up der Wunne* … gelegen vor dem Schlage *by der Hedere* (INA Büren, Nr. 17, S. 196; *Hedere* = Flusslauf der Heder).
Literatur: Bergmann 1989, Nr. 7, S. 73; Meineke 2018, S. 472 f.: Wünne.

Wuringerhusen.
I. Ortswüstung.
II. Potentielle Lage im Bistum Paderborn.
III. *826–876: *in Wuringerhusun*: Unter Vorbehalten wird eine Identifikation mit der Ortswüstung Weringhusen östlich von Paderborn erwogen (Mönchslisten Traditionen Corvey 1 und 2, Tr 87 und S. 131 f.; ausführlicher Kommentar: S. 115; siehe weiter Tr. 123 und 162). Mönchslisten Traditionen Corvey 2 (S. 149) schränkt die Lageannahme zu *Wuringereshusen* auf den Bereich „im südlichen Paderborn" ein. Falls ein Bezug auf +Werinchusen (bei Paderborn) nur im Bereich des Wahrscheinlichen läge, wäre nach Auffassung d. Verf. auch ein Bezug auf die partielle Ortswüstung Werinchusen bei Erwitte (Kr. Soest) zu prüfen, wobei anzumerken ist, dass die Paderborner Kirche über reichhaltigen Besitz im Raum Erwitte verfügte.
V. Nicht auf der Wüstungs-Übersichtskarte des Kreises Paderborn eingetragen.

Wurmessun.
I. Ortswüstung.
II. Südlicher Kreis Paderborn.
III. Z. J. *1015–1036 (um 1165): *villa Bulihem et Wurmessun* (Vita Meinwerci [ed. Terstesse], Kap. 80, S. 76; Vita Meinwerci [ed. Berndt], Kap. 79, S. 138, Z. 6).
V. Das in der Vita Meinwerci genannte *Wurmessun* ist wahrscheinlich im Altkreis Büren zu verorten (Mönchslisten Traditionen Corvey 2, S. 131 f.). Den Ort betreffende wüstungsweisende FlN sind jedoch unbekannt. Aufgrund der gemeinsamen Nennung mit +Bulihem/Bülhem kann angenommen werden, dass *Wurmessun*, das einer älteren Namensschicht angehört als Orte mit z. B. inghusen-, shusen- oder -hem Suffix, im Soratfeld bzw. auf der Paderborner Hochfläche zu suchen ist. Normalerweise „verschwinden" derartig Altsiedlungen nur selten ohne einen oder mehrere wüstungsweisende FlN zu hinterlassen. Vielleicht wurde der ONA bereits alt verdrängt, wobei dann angenommen werden kann, dass *Wurmessun* der ältere Name von +Kerkdorp gewesen sein könnte; nicht auf der Wüstungs-Übersichtskarte des Kreises Paderborn eingetragen.

Ysinchusen (bei Siddinghausen).
I. Ortswüstung.
II. Stadt Büren.
III. *1386 trugen die Brüder Simon, Johann und Heinrich von Büren dem Kölner Erzbischof den *hoiff zu Ysichusen tusschen der Nienburg ind Sydinchusen* … als Lehen auf (Fahne I, S. 76, zit. n. Kampschulte 1863, S. 275, Anm. 312).
V. Auf der Karte des „Pagus Almunga" (Kampschulte 1863, Kartenbeilage) ist Ysinchusen (bei Siddinghausen) nicht eingetragen, wohl jedoch „Isinghusen" bei Büren. Die in der Textpassage genannte Nienburg der Quelle von 1386 wird als Burg Ringelstein gedeutet. Insofern verortet Meineke (2018, S. 259) Ysinchusen zwischen Ringelstein (bei Büren-Harth) und Büren-Siddinghausen.
Literatur: Meineke 2018, S. 259: Isinghusen II.

Ysynchusen (bei Büren).
I. Ortswüstung.
II. Stadt Büren.
III. *1306: *Růtgherus dictus de Ysinchůsen*, Knappe (INA Büren, Nr. 61, S. 126; Westf. Ub. 9, Nr. 447); 1308: *Rotgerus de Isinchusen* (Westf. Ub. 9, Nr. 602); 1353: Fischteich (*piscina*) beim Hof *Ysynchusen* genannt (INA Büren, Nr. 155, S. 151 f.), der somit wahrscheinlich auennah oder in der Aue zu verorten ist.
IV./V. Nordöstlich der Stadt Büren im Tal der Alme gelegen; 1511: Kamp zu Isinckhus oberhalb der Furt zu Isinckhus (Stadtarchiv Büren, Urkundenrepertorium, Nr. 314, S. 247); Ortsstelle wahrscheinlich an der Alme gelegen und durch auffällige Blockparzellen gekennzeichnet; durch die „Brenker Trift", „Schaaftrift" und „kleine Trift" gebildete markante Wegespinne nahe der Almefurt (bzw. ursprünglich wohl Almebrücke); Flurbereich westlich der Furt im Urriss als „Ueber Nienbrügge" bezeichnet (Kreiskatasteramt Paderborn, Urriss Büren, Flur III, 1828).
VI. Fund einer frühmittelalterlichen (2. Hälfte 9. Jh./1. Hälfte 10. Jh.) Zellenschmelz-Dreipassfibel; DKZ 4417,0068.
Literatur: Segin 1950, S. 443; Oberschelp 1963, S. 63; Meineke 2018, S. 258: Isinghusen I.

Zinsdorf.
I. Partielle Ortswüstung (Zinsdorfer Mühle noch im Preußischen Urmesstischblatt sowie in der Preußischen Neuaufnahme verzeichnet und später abgebrochen).
II. Stadt Bad Wünnenberg.
III. *826–876: *villa que vocatur Siniestorpe* (Mönchslisten Traditionen Corvey 1 und 2, Tr 287 und S. 234); Ort zur Parochie Vesperthe gehörig; Wüstnennung vor 1390; weitere Wüstnennung 1446: *in villis desolatis et campis Vesperde, Synstorp, Blekhusen et Haren* (Ub. Busdorf 2, Nr. 808).
V. Erhaltenes Ackerterrassensystem.
VI. Durch Sondage im ehemaligen Siedlungsbereich nachgewiesene untertägige Trockenmauer. Siedlungsfunde um Chr. Geburt und des 9.–14. Jhs. (DKZ 4418,0039); auf dem Sporn des Steinernberg südlich der Ortsstelle ergrabenes frühmittelalterliches Gräberfeld (fünf Gräber Ende 6. Jhs. [merowingerzeitlich], 49 Gräber um 800/1. Hälfte 9. Jh., neun Pferdegräber); auf Gräberfeld (bzw. Friedhof) u. a. Fund einer Kreuzfibel des 9. Jhs.
Literatur: Segin 1950, S. 446: Sinsdorf; Henkel 1973, S. 33–37 und Karte S. 34; Melzer 1991; Best/Eggenstein 2014, S. 94–97 (mit Abb. 12–14); Meineke 2018, S. 477 f.: Zinsdorf.

10.5 Wüstungen im Kreis Soest (Abb. 86)

Mit der Werler, Soester und Geseker Börde umfasst der Kreis Soest einen Kernraum Westfalens, der wegen seiner günstigen Lage am Hellweg als Durchgangsraum zwischen West und Ost fungierte. Von diesen Bördenlandschaften ist der Geseker Hellwegraum, der als geografisch definierter Raum über die Kreisgrenze in den Kreis Paderborn hineinragt, eingehend untersucht worden. Der knapp südlich des Dauerquellhorizontes in west-östlicher Richtung verlaufende Hellweg markiert die Übergangszone zwischen zwei naturräumlichen Untereinheiten, zwischen denen ein ausgeprägter physisch-geographischer Kontrast besteht. Südlich des Hellweges erstreckt sich die Karstlandschaft der Haarabdachung mit ihrem von den Plänerkalken der Oberkreide gebildeten geologischen Untergrund. In der gewässerreichen Niederbörde hingegen treten ausgedehnte Lösslehmplatten auf, die durch Auen und Bruchgelände voneinander getrennt werden. Die mittelalterliche Besiedlung des Geseker Hellwegraumes setzt den keramischen Funden zufolge in der Merowingerzeit ein, nachdem sich bereits für eine Vielzahl von Orten der Niederbörde der Nachweis einer prähistorischen Besiedlungsphase während der vorrömischen Eisenzeit und/oder der römischen Kaiserzeit erbringen ließ (Bergmann 1989, S. 164 f.). Die Siedlungstätigkeit beschränkte sich während der merowingerzeitlichen Phase auf den schmalen Geländestreifen bester Lößböden in der unmittelbaren Nähe des Dauerquellhorizontes. Die Orte dieser Phase gehen offensichtlich ohne Bruch in diejenige der westfälisch-frühkarolingischen Phase über. Im späten 7. und bis zum Ende des 2. Drittels des 8. Jhs. kommt es, wenn überhaupt, nur in einem sehr eingeschränkten Ausmaß zu einer Neuanlage von Orten und vom Siedlungsbild ergeben sich keine Hinweise auf eine mehrfach postulierte „Saxonisierung" des Raumes (Bergmann 1989, S. 167–170). Nachfolgend werden im letzten Drittel des 8. Jhs. oder um 800 n. Chr. im Zusammenhang mit einer Durchsetzung und Festigung der Herrschaftsorganisation Karls d. Gr. nahe der für Erwitte und Geseke belegten bzw. anzunehmenden Königshofe mehrere -heim (*-hem*) Orte gegründet, deren Entstehen in dieser für Westfalen wichtigen Umbruchphase sich auch archäologisch absichern ließ. Andererseits wird der *-hem* Ortsname auch für alt bestehende Siedlungen wie [+]Glashem und [+]Csthem fassbar (Bergmann 2010a, S. 84 f. und Abb. 1) und es stellt sich die Frage, ob es aus diesen Orten während der Sachsenkriege zu einer Deportation der autochthonen Bevölkerung sowie einer Neubenennung der Orte gekommen ist. Im 9. und 10. Jh. erfolgte eine erhebliche, gleichwie explosionsartige Verdichtung des Siedlungsnetzes, in deren Verlauf es sowohl in den verkarsteten Abschnitten der Haarabdachung als auch in der Niederbörde zur Anlage zahlreicher *-inghausen* und *-hausen* Orte kommt. Das noch im 9. Jh. bestehende Waldgebiet im Bereich der extrem stark verkarsteten *Schloenbachi*-Plänerkalke südlich und südwestlich von Erwitte wird im 10./11. Jh. unter maßgeblicher Beteiligung der Grafen von Werl und der Edelherren von Büren gerodet und durch Reihensiedlungen sowie Einzelhöfe erschlossen. Der Vorgang der Siedlungsneugründungen, durch den ein engmaschiges Netz an Orten entstanden war, gelangte um die Jahrtausendwende bzw. spätestens im 11. Jh. zum weitgehenden Abschluss (Bergmann 1989, S. 170–172).

Archäologisch haben die Landbewohner ihre Spuren in Form meist bronzener Kleinfibeln des frühen Mittelalters bis beginnenden Hochmittelalters hinterlassen. Insgesamt besteht mit dem Geseker Hellwegraum der Raum mit der europäisch größten Dichte von Fibeln dieser Zeitstellung, der von einem gewissen Wohlstand zeugt. Dabei erweisen sich die Lößbörden im Vergleich zu anderen Räumen Westfalens als eine „reiche" Fundlandschaft, z. B. in dem Vorliegen von qualitativ hochwertigen Kreuz- und Heiligenfibeln wie auch von sog. Vierfüßlerfibeln (Bergmann 1999a, S. 438–444; Bergmann 2017b, S. 325–340). Das Auftreten gleicharmiger Fibeln u. a. im Umfeld des Königshofes in Erwitte, zu denen sich gehäuft Parallelen aus den nördlichen Rheinlanden, dem Rhein-Maas-Schelde-Delta und dem nordfranzösisch-belgischen Raum anführen lassen (grundlegend zu diesem Fibeltyp und seiner zentraleuropäischen Verbreitung: Thörle 2001), lässt sich derzeit nicht abschließend bewerten. Wahrscheinlich zeugen letztere als Metalldetektorfunde geborgenen Gewandschließen u. a. von intensiven Kontakten zu Handelszentren des frühen Mittelalters. Sie können andererseits in einem Zusammenhang zur karolingische Expansionspolitik stehen.

Im Kreis Soest sind 102 ländliche Siedlungen, darunter drei mit einer Kirche oder Kapelle, spätmittelalterlich aufgelassen worden. Immerhin 33 Orte sind von wesentlichen Entsiedlungserscheinungen betroffen gewesen; hier zeugt meist nur noch eine Wassermühle vom einstigen Ort. 18 Hofwüstungen sind nachzuweisen, 24 Burgwüstungen (einschließlich heute unbesiedelter Gräftenanlagen), zwei Klosterwüstungen und eine partielle Stadtwüstung. Den Orten mit wesentlichen Entsiedlungserscheinungen stehen 21 Orte gegenüber, welche in geringfügigen Umfang von Wüstungsphänomenen betroffen gewesen sind (z. B. wenige aufgelassene Höfe innerhalb von größeren Gruppensiedlungen). Die Anzahl von Objekten, welche in der Literatur als „wüst" gekennzeichnet sind, die sich jedoch bei einer genaueren Analyse als Scheinwüstung (sog. Ortsnamenwüstung) erweisen, ist auffallend hoch.

Die Entsiedlung des Geseker Hellwegraumes vollzog sich unter dem Druck zahlreicher Kleinfehden lokaler Grundherren, unsicherer Rechtsverhältnisse und den im 13. Jh. eskalierenden territorialen Gegensätzen zwischen den Erzbischöfen von Köln und den Bischöfen von Paderborn, deren grundherrschaftliche Rechte in den von Köln beanspruchten Raum hineinragten. Für die städtische Feldmark von Geseke hat der Historiker Lappe zu Anfang des 20. Jhs. die in der Siedlungsforschung viel beachtete These aufgestellt, dass der Landesherr, in diesem Fall der Erzbischof von Köln, die Bewohner der ländlichen Orte des Stadtumfeldes gezwungen habe, in die Stadt umzusiedeln (Lappe 1908, S. 26-28). Die These konnte rund 80 Jahre nach ihrer Aufstellung mit einem intermethodischen, historisch-geografisch-archäologischen Arbeitsansatz für den von Lappe definierten Raum erneut aufgegriffen und kritisch bewertet werden. Der Wüstungsvorgang stellte sich nunmehr als differenzierter Vorgang dar, der sich über einen längeren Zeitraum erstreckt hat. Bestimmte Weiler sind bereits während der frühen städtischen Entwicklungsphase von Geseke während der 1. Hälfte des 13. Jhs. aufgelassen worden, wohingegen andere, ebenfalls nach Prospektionsbefund, noch bis in die 2. Hälfte des 14. Jhs. existierten. Am Hellweg gelegene Dorfwüstungen lassen ein zeitlich ähnlich frühes Einsetzen des Wüstungsvorganges in der 1. Hälfte des 13. Jhs. erkennen, dass somit zeitlich weit vor dem Eintreffen der Pest liegt. Das Schrumpfen der größeren Orte erstreckte sich bis in das 14. Jh. hinein. Dörfer entvölkerten sich sukzessive und durchliefen mehrere Phasen einer partiellen Wüstungsbildung bevor sie endgültig aufgelassen wurden. In der von Lappe geäußerten Form ist die These des Synoikismus somit nicht mehr haltbar (Bergmann 1987, S. 80; Bergmann 1989, S. 201 f.). Außerhalb der Stadtfeldmarken vollzog sich der Vorgang der Entsiedlung mit einem deutlichen Schwerpunkt im 14. Jh., jedoch sind auch hier bereits im 13. Jh. totale und partielle Ortswüstungen entstanden. In den Stadtfeldmarken des östlichen Kreises Soest erreicht die Wüstungsintensität mit einem zwischen 80 und 94% schwankenden Wüstungsquotienten ein extremes Ausmaß und im Bereich der ländlichen Kirchspiele von 56 bis 86% (Bergmann 1989, S. 200 f. und Abb. 8).

Als Vordenker der westfälischen Wüstungsforschung hat M. Balzer auf Kleinstadtgründungen als Maßnahme der Besiedlung nach Wüstungsvorgängen aufmerksam gemacht. So erfolgte die 1295 vom Kölner Erzbischof Siegfried von Westerburg vorgenommene Stadtgründung von Belecke im Bereich eines wüsten Haupthofs (*curia deserta*) namens Harkampe. Bei der 1297 existenten Stadt Kallenhardt wurde die Gründung durch den Ritter Johann von Plettenberg als Marschall von Westfalen im Auftrag des Erzbischofs von Köln auf dem Gelände einer wüsten *curtis* vorgenommen. Zum Villikationshaupthof gehörten 30 Hufen, die zerstört und unbebaut (*destructi et inculti*) seien. Die Gründung erfolgte mit dem ausdrücklichen Rodungsauftrag im der Stadt benachbarten Wald (Balzer 1994, S. 81 f.). Man hätte gern gewusst, wo die angeführte *curtis* gelegen hätte. In dem der Stadt Kallenhardt benachbarten kirchlichen Zentralort Ostervelde wahrscheinlich, denn Kallenhardt ist zunächst noch als *oppidum* Ostervelde bezeichnet worden. Es ist davon auszugehen, dass zwischen der Aufgabe des unmittelbar unterhalb der Bergstadt gelegenen ländlichen Ortes Ostervelde und der Stadtgründung ein Zusammenhang besteht. Archäologische Quellen zur Datierung der Siedlungen im Stadtumfeld (neben +Ostervelde: +Biginchusen, +Bosinchusen, +Dederdinchusen, +Gerlinchusen und +Weringhusen) stehen aus und können somit nicht über den Umfang der vor dem Jahr 1300 bestehenden Verödung unterrichten.

Der Vorgang der Entsiedlung als eine erfolgte Verlagerung von Hofstellen aus ungeschützten ländlichen Siedlungen in die Stadt lässt sich durch Grabungsbefunde aus dem Kleinweiler Elsinchusen südlich von Geseke stützen. Der Ort entstand im 9./10. Jh. in einem Bereich, an dem eine wasserstauende, tonhaltige Lokalmoräne die wasserdurchlässigen Kalkschichten des tieferen geologischen Untergrundes überzog und somit eine permanente Wasserversorgung aus Brunnen ermöglicht hat. Ein um 1380 abgefasstes Güterverzeichnis überliefert, dass der ehemals in dem Ort gelegene Haupthof (*curia*) nunmehr von der Stadt aus bebaut werde (Quellen westfälische Geschichte 3, S. 295). Bei der Ausgrabung einer der drei in Elsinchusen durch Prospektion nachzuweisenden Gehöfte – die untersuchte Fundstelle war vorher durch aufgepflügte Mörtelbrocken aufgefallen – erwies sich, dass die Hofanlage, wie auch die Kleinsiedlung insgesamt, bereits im frühen 13. Jh. aufgelassen worden sein musste. Die Geschichtsquelle überliefert somit einen historisch um etwa anderthalb Jahrhunderte zurückliegenden Vorgang. Die Mörtelfunde stammten von einem niedergelegten, mehrgeschossig zu rekonstruierenden Wohnturm, dessen Erdgeschoss in zwei Räume untergliedert war und dessen Obergeschosse durch eine in das Außenmauerwerk eingefügte Treppe erreicht werden konnten. Dieser Wohnturm ist in einer Fehde erobert worden. Dabei drangen Personen in das durch eine massive Tür gesicherte Untergeschoss ein, zerschlugen das vorhandene keramische Inventar und machten weitere häusliche, handwerkliche und landwirtschaftliche Arbeitsgeräte unbrauchbar (Bergmann 1993a, S. 93–102, S. 187–193: Nr. 34, 37 und 40–42, S. 195: Nr. 45, S. 199–204: Nr. 55 f. und 59 f., S. 215 f.: Nr. 74, S. 218: Nr. 77, S. 220–224: Nr. 80, 82 und 85, S. 228 f.: Nr. 94 f., S. 235–239, Nr. 105–107, S. 246 f.: Nr. 118, S. 253 f., Nr. 126 und 128, S. 258, Nr. 136, S. 269: Nr. 144).

Westlich einer Linie, die sich von der an der Möhne gelegenen Stadtgründung Belecke im Süden über das durch seine heutige Grünsandsteinindustrie bekannte Anröchte zu dem an der Lippe gelegenen Kloster Benninghausen im Norden erstreckt, nimmt die Anzahl totaler Ortswüstungen merklich ab. Damit stellt sich die Frage nach den Ursachen der ausgeprägten regionalen Disparität in der Wüstungsintensität. Hinsichtlich den Formen der persönlichen Unfreiheit auf dem Land – vorherrschender Eigenhörigkeit der bäuerlichen und unterbäuerlichen Schichten – , dortigen Siedlungsformen – vorherrschend Weilerstrukturen – und in seiner zonalen naturräumlichen Ausstattung lassen sich innerhalb des Kreisgebiets keine Unterschiede erkennen, die bestehenden Unterschiede erläutern könnten. Es ist auch nicht begründbar, dass die Pest im Ostteil des Kreises ein etwaig stärkeres Ausmaß als im Westen besessen und z. B. dort zu einer vermehrten Aufgabe von Orten geführt haben könnte. Somit lassen sich die räumlichen Unterschiede zunächst nur als räumliches Phänomene beschreiben. Die geringe Wüstungsanfälligkeit der Westhälfte des Kreises hatte sich bereits in einer Vorstudie erwiesen (Bergmann 2001b, Abb. S. 115).

Das von Weilern des -inghausen Typs dominierte spätmittelalterliche Siedlungsstrukturgefüge ist im Westen weitgehend erhalten geblieben. Das Wüstungsgeschehen im Ostteil des Kreises setzt sich im Westteil in Form von Wüstungsinseln fort, welche die Städte Werl und Soest umgeben. Die Wucht, mit der die Stadtumfelder von der Wüstungsbildung erfasst worden sind, zeigt sich daran, dass ehemals flächig ausgedehnte, den ältesten mittelalterlichen Besiedlungsschichten zuzurechnende Orte mit schwer deutbarem Ortsnamen wie Slanmode, Melkestere, Gelmene, Ballevan und Spriada vollständig aufgelassen worden sind. Werl selbst ist eine partielle Stadtwüstung. Seine westliche Stadthälfte, deren Umriss noch dem Urriss des preußischen Katasters von 1828 am Verlauf einer aufgegebenen städtischen Befestigungslinie zu entnehmen ist (Kreiskatasteramt Soest, Urriss Werl, Flur XIII.10, 1828), wurde aufgegeben. Die innerhalb der vormaligen Stadtbefestigung ehemals bestehende mittelalterliche Bebauung ist mittlerweile durch Grabungen archäologisch abgesichert (Evers 2018, S. 182-185).

Außerhalb der Stadtfeldmarken zeigt sich in der Westhälfte des Kreises ein unübersichtliches Gemenge unterschiedlicher Typen von Wüstungen und Stufen partieller Entsiedlung bis hin zu Orten, die in einem nur geringfügigen Ausmaß von einer permanenten Wüstungsbildung betroffen gewesen sind. Eine Quelle von 1323, die sich auf die Villikation Horn zwischen Soest und Erwitte bezieht, macht Raub, Brand und das Fehdewesen für Wüstungserscheinungen im ländlichen Raum verantwortlich (Seibertz Ub. 2, Nr. 602). Permanente Flurwüstungen sind, sieht man von Kleinstarealen mit Wölbackerrelikten ab, unbekannt. Zu beobachten ist ein mehrfaches Auftreten von Scheinwüstungen. Bei diesen handelt es sich um Klein(st)siedlungen, deren mittelalterlicher Siedlungsname verlorengegangen ist. Z. B. besteht bei Anröchte-Mellrich im Urkataster ein „Frühlingsweg" bzw. „Frühlinger Weg". Diese Wegbezeichnung, die zunächst keinen Sinn ergab, führt zu einer noch heute bestehenden, jetzt namenlosen Zwei-Höfe-Gruppe. Diese ist mit dem mittelalterli-

Abb. 86: Wüstungen im Kreis Soest (Entwurf: LWL-Archäologie für Westfalen, R. Bergmann, Kartografie M. Thede,

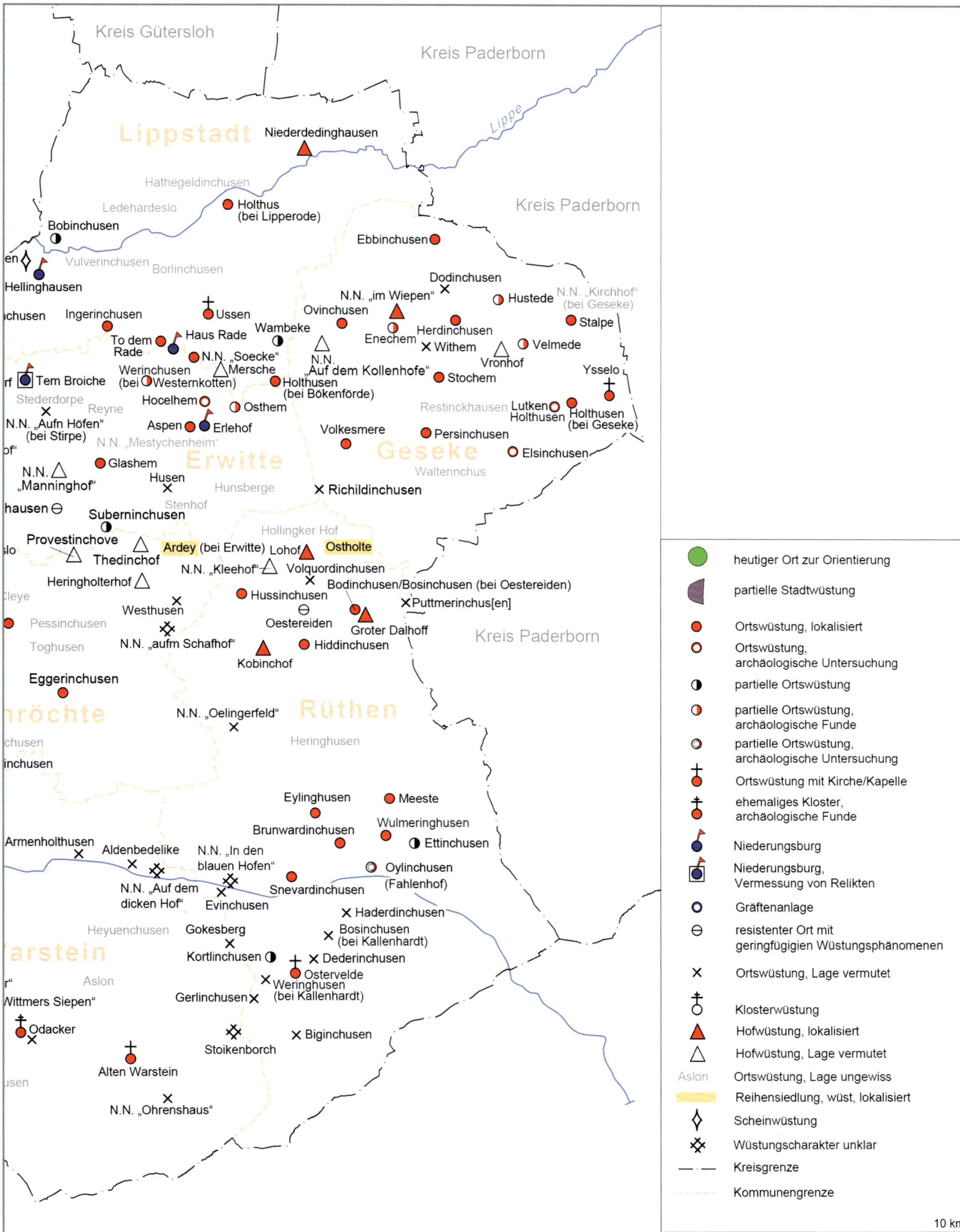

Arbeitsstand: Februar 2021) [Übersichtskarte]

chen Kleinweiler Vrilinchusen zu identifizieren, der folglich keine Ortswüstung darstellt. Im westlichen Kreisgebiet sind weiterhin partielle Ortswüstungen verbreitet.

In der Osthälfte des Kreises ist bei partiellen Ortswüstungen meist zu beweisen, dass bei dem betreffenden mittelalterlichen Ort eine Rückentwicklung zu einer isolierten Mühle oder zu einem Einzelhof (bzw. Gutsbetrieb) der Neuzeit stattgefunden hat. Im Westen des Kreisgebietes verbergen sich hinter partiellen Ortswüstungen hingegen ländliche Siedlungen mit allenfalls geringfügigen Wüstungserscheinungen, d. h. aufgelassenen Einzelobjekten innerhalb weiter bestehender Siedlungen. Ein weiteres Phänomen im westlichen Kreis sind die teilweise gehäuft auftretenden Gräftenanlagen, u. a. an der die Niederbörde durchziehenden Ahse und ihren Zuflüssen. Im Urkataster sind sie noch mehrfach nachzuweisen und sind im Zeitraum von etwa 1850 bis 1950 vielfach eingeebnet worden sind. Die Varianzbreite derartiger Wüstungsobjekte reicht von Adelssitzen, die aus einer Turmhügelburg (Motte) und einem ebenfalls umgräfteten Wirtschaftshof bestanden über aufgelassene Gräftenhöfe bis hin zu ehemals meist unbewohnten Gräftenspiekern, von denen letztere nicht im eigentlichen Sinn als „Wüstungen" zu bezeichnen sind, da sie meist zu wüstungsresistenten Höfen gehört haben. – Ein beeindruckendes Beispiel einer Burgwüstung ist die im Verlauf der Soester Fehde 1445 zerstörte und nicht wieder aufgebaute kölnische Landesburg *tem Broiche* nordwestlich von Erwitte, einer Niederungsburg mit Doppelmotte und vorgelagertem rechteckig umgrenzten Wirtschaftshof (Bergmann 2010b, S. 92–94). Im Umfeld der Adelssitze treten gehäuft u. a. spätmittelalterliche Hofwüstungen auf, die mittlerweile im Umfeld von Werl mehrfach archäologisch teiluntersucht sind (Cichy 2016, S. 136–139).

Der Geseker Hellwegraum ist im hohen und späten Mittelalter eine agrarisch hochintensiv genutzte Getreidebausteppe. Im Mittelalter und in der frühen Neuzeit wurde diese in der Form eines Mehrfelder-Brachsystems in geschlossenen Zelgen bewirtschaftet, wobei jeweils in das vorjährige Brachfeld Roggen (als das wichtigste Brotgetreide) eingesät wurde. Auf den Flächen wurde im späten Mittelalter Roggen (*siliginis*), Wintergerste (*ordeum yemale*), Sommergerste (ordeum estiuale), Hafer (*avena*) und in sehr geringem Umfang auch Weizen (*triticum*) angebaut. Im Grunde genommen wäre für den Raum eine erhebliche Schädigung der Wirtschaftskraft durch die Agrarkrise des Spätmittelalters zu erwarten gewesen. Eine grundlegende Zäsur des Agrarstrukturgefüges in der Krise des Getreidebaus ist trotz der guten historischen Quellenlage jedoch nicht erkennbar (Bergmann 1989, S. 178–190). Partielle Flurwüstungserscheinungen lassen sich ausschließlich für periphere Flurbereiche erkennen und können bis in das 16. Jh. andauern. Mittelalterlicher Weinbau ist historisch nicht überliefert, lässt sich jedoch aus neuzeitlichen kartographischen Quellen erschließen. In der Nähe von Soest erfolgte weiterhin ein Anbau von Färbepflanzen (Bergmann 2014b, S. 597).

Wüstungsliste Kreis Soest

Ahse, an der.
I. Kleinsiedlung mit Gräftenanlage.
II. Gemeinde Lippetal.
IV./V. 0,8 km gewässerabwärts (westlich) des Hauses Ahse existiert im Urhandriss unmittelbar nördlich der Zweihöfesiedlung „An der Ahse" eine unbesiedelte Gräftenanlage.
VI. AKZ 4314,0204.

Ahse, Haus.
I. Adelssitz mit unbesiedelter Ringgräftenanlage.
II. Gemeinde Bad Sassendorf.
IV. Unmittelbar westlich der bestehenden Gebäude des Hauses Ahse besteht eine kleine Ringgräfte von (im Urkataster) maximal 70 m Länge, die einem bäuerlichen Vorgänger des Adelssitzes zuzuordnen ist.
VI. AKZ 4314,0060.

Aldenbedelike.
I. Ortswüstung, ländliche Vorläufersiedlung der Stadt Belecke.
II. Stadt Warstein.
III. Bei Belecke handelt es sich um einen Siedlungsraum mit der ehemaligen ländlichen Siedlung Aldenbedelike, der archäologisch nachgewiesenen, innerhalb der späteren Stadt Belecke gelegenen Burg Belecke (des 10. Jhs.) und schließlich der Stadt Belecke. Hilsmann (1899, S. 106 und S. 110 f.) führte hingegen aus, dass kein räumlicher Bezug der ottonischen Burg Belecke zu der gegen Ende des 13. Jhs. gegründeten Stadt bestehe und wies auf die Lage der dörflichen Siedlung „Altenbelecke" im Talgrund hin. Bei den Quellen ist in einigen Fällen unsicher, auf welche Siedlungseinheit diese zu beziehen sind (vgl. ausführlich Hömberg 1967, S. 90). Nach Flöer/Korsmeier (2009, S. 45–48) beziehen sich die (bei diesen angeführten) ältesten ONA-Belege auf die Burg. Die ländliche Siedlung bzw. späteren Ortswüstung ist nach der erfolgten Stadtgründung von Belecke in Aldenbedelike umbenannt worden. *979: *locum Patelecke* bzw. *locum Pateleke nominatum in pago Ambraga in comitatu Wichmanni comitis situm* (MGH DD OII, Nr. 202[a] und 202[b]); 1009: *curtis Badilicka* (MGH DD HII., Nr. 206, mit ausführlichem Kommentar bezüglich der voraufgegangenen Urkunde aus dem Jahr 979); Zehnteinkünfte in *Badelecce/ Badeliko* (nach anderer Lesart: *Badelecche/Badelike*) gehören dann 1072 (nach einem auf einer echten Vorlage beruhenden Falsifikat) zur Gründungsausstattung des Klosters Grafschaft bei Schmallenberg/Hochsauerlandkreis (Seibertz Ub. 1, Nr. 30; Grafschafter Stiftungsurkunden, S. 12).
IV./V. Viegener (1927, S. 130) vermutete die Lage des alten „Badelecca … vielleicht am Fuße des Berges, auf welchem sich die heutige Stadt Belecke befindet. – Die Ortsstelle liegt der spätmittelalterlichen Stadtgründung Belecke auf einem zur Möhne abfallenden Gelände nördlich gegenüber. Wüstungsweisende FlN treten dort in einem Nord-Süd orientierten Geländestreifen auf, der auf seiner Ostseite von einer schmalen Grünlandzone begrenzt ist und dessen südliches Ende die Flur „auf der Galgeneiche" bildet. Auf diese Flur folgen im Norden der Flurbereich „in der alten Belecke" und schließlich weiter nördlich „oben in der alten Belecke", wo eine quellmuldenartige Situation besteht. Das durch FlN ausgewiesenen Areal liegt an dem nach Effeln führenden „effler Wege" (Kreiskatasteramt Soest, Urkataster Belecke, Flur III, 1828, und Flur IV, 1828).
VI. AKZ 4516,0218.
Literatur: Hilsmann 1899, S. 105–152; Flöer/Korsmeier 2009, S. 45–48: Belecke.

Alpe.
I. Partielle Ortswüstung (jetzt Gut Alpe).
II. Stadt Lippstadt.
III. *1244: *domus* [...] in *Alpen* (Westf. Ub. 7, Nr. 581); 1284 *villa Alapa* mit *curtis* des Deutschordenshauses Mühlheim, *Johann de Alapa* (Westf. Ub. 7, Nr. 1915).
IV. Als richtungsweisender FlN tritt im Urriss etwa mittig zwischen Lohe und dem heutigen Gut Alpe die Bezeichnung „Alpenkamp" auf (Kreiskatasteramt Soest, Urriss Ostinghausen, Flur

VI.1: Lohe, 1828).
V. Potentielles Siedungsareal wahrscheinlich direkt westlich im Anschluss an das heutige Gut Alpe gelegen; vgl. auch: Lüttiken Alpe.
Literatur: Seibertz 1865, S. 188; Schelhasse 1902, S. 154–156; Schneider 1936, S. 5; Heitkemper 1962, S. 57 f.; Flöer/Korsmeier 2009, S. 25–27: Alpe, Gut.

Alten Warstein.
I. Kirchortwüstung.
II. Stadt Warstein.
III. Zehnteinkünfte in *Warsten* gehören *1072 (nach einem auf einer echten Vorlage beruhenden Falsifikat) zur Gründungsausstattung des Klosters Grafschaft bei Schmallenberg/Hochsauerlandkreis (Seibertz Ub. 1, Nr. 30; Grafschafter Stiftungsurkunden, S. 12); 1237 (1238): *ecclesia Warsten* (Westf. Ub. 7, Nr. 467). Mutmaßlich wurde der Kirchort im Verlauf der frühen Entwicklungsphase der nördlich der ländlichen Siedlung angelegten Stadt Warstein aufgegeben.
IV. Die heute bestehende Kapelle ist auf einer Übersichtskarte der Katastralabschätzung als „Alten Warstein" bezeichnet. Sie liegt westlich der damaligen *Chausseé* von Warstein nach Meschede. Dieses Gelände im Westen hieß damals „ober alten Warstein". Südlich der Kapelle bestand eine erhebliche Wegeunruhe mit sich scheinbar sinnlos überkreuzenden Wegen. An einer bachnahen, relativ kleinen Fläche östlich der *Chausseé* haftete der FlN „unter alten Warstein" (Kreiskatasteramt Soest, *Charte* der Bürgermeisterei Warstein und Übersichtshandriss Warstein, Flur IV, 1828). Überlieferte FlN zum Jahr 1439 sind: unter *Alden Warsten* neben der Slaghe; in dem Wernynchove neben der Wiese „Capelle" in Alten-Warstein (Quellen Stift Meschede, Nr. 251, S. 119).
V. Lage 1,4 km südsüdwestlich von Warstein.
VI. Sakralbau 1587 verfallen, um 1600 neu errichtet und in den 1960er Jahren archäologisch untersucht. Die heutige Kapelle überlagert die Befunde einer älteren, erheblich größeren Kirche (Saalbau von rund 15 m Länge mit wahrscheinlichem Turmfundament im Westen); AKZ 4516,0081 (Kapellenbereich) und 4516,0082, zur potentiellen Maximalausdehnung der Ortsstelle siehe AKZ 4516,0081:001.
Literatur: Schneider 1936, S. 136: Warstein; Doms/Esterhues/Thümmler 1965, S. 151 f.; Flöer/Korsmeier 2009, S. 454–457: Warstein.

Altmarinchusen.
I. Ortswüstung.
II. Wahrscheinlich Gemeinde Möhnesee.
III. *Um 1338: *mans*[um] *in Altmarinchusen dictum Lindenhove*; das Lehen umfasste weiteren Besitz in Körbecke (*Corbeke*) und in Delecke (*Delinch* [was jedoch auch abgekürzt für ein Delinchusen stehen könnte]) (Seibertz Ub. 2, Nr. 665, S. 296, §113).
V. Nicht auf der Wüstungs-Übersichtskarte des Kreises Soest dargestellt.
Literatur: Flöer/Korsmeier 2009, S. 27: Altmarinchusen.

Alvelinchuson.
I. Ortsnamenwüstung (Scheinwüstung), Vorgängersiedlung des ehemaligen Klosters Paradiese.
II. Stadt Soest.
III. *1170: *curtem ... in Alvelinchuson* (Seib. Ub. 1, Nr. 61, S. 86); 1251: *curtis ... Alvoldinchusen* (Westf. Ub. 7, Nr. 764); Errichtung des Dominikanerinnenklosters Mitte des 13. Jhs.
IV. Abgesehen vom Kloster bestanden 1827 u. a. die Höfe Overhoff, Risse und Kalverkamp (Kreiskatasteramt Soest, Übersichtskarte Urkataster Schwefe mit der Gemarkung Paradies).
V. Lage 3,8 km westlich von Soest.
VI. Im Klosterbereich Nachweis vorklosterzeitlicher Gruben- und Pfostenbefunde des hohen Mittelalters: AKZ 4414,0064; Höfe der Altsiedlung Alvelinchuson: AKZ 4414,0156.
Literatur: Schneider 1936, S. 7 und S. 106: Alvoldinchusen und Paradiese; BKW Soest, S. 97–99; Flöer/Korsmeier 2009, S. 360 f.: Paradiese.

Ampen.
I. Wüstungsresistentes Dorf mit Gräftenanlage (Niederungsburg?).
II. Stadt Soest.
III. *833: *in pago Boratre* [...] *in villa, quae dicitur Anadopa* (Kaiserurkunden Westfalen 1, Nr. 12).
IV. Am Nordwestrand des Dorfes besteht 1827 eine ausgedehnte Gräftenanlage, deren Gräfteninsel von einem im Grundriss trapezförmigen Wassergraben umgeben wird (Kreiskatasteramt Soest, Urriss Ampen, Flur VI.1: Ampen, 1827); östlich des Ortskerns besteht zudem der heute überbaute Bereich „auf der Kluse" (= AKZ 4414,0273), der auf eine Klausnerei nahe des Hellwegs hinweist.
Literatur: Flöer/Korsmeier 2009, S. 27–29.

Ardey (bei Erwitte) (Abbn. 87 u. 88)
I. Ortswüstung.
II. Gemeinde Anröchte.
III. Möglicherweise *1123/24: *Mardie/Mardey* (Westf. Ub. 5, Nr. 36 und Nr. 37: Fälschung); *1313 (– 1338): *curtem dict. Meinlandeshof in Ardey* (Seibertz Ub. 2, Nr. 556, §250); in An-

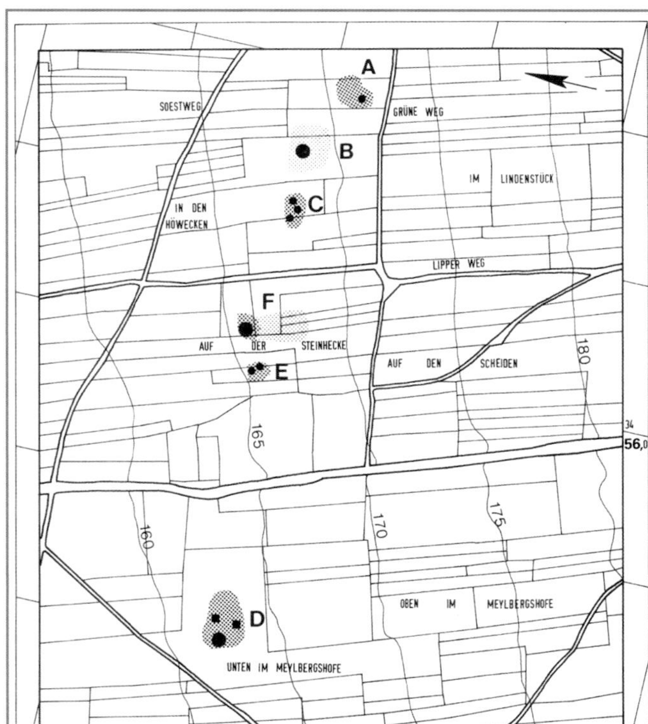

Abb. 87: Anröchte-Berge, Kr. Soest: Fundstellenkartierung der hochmittelalterlich in einem Karstgelände angelegten Reihensiedlung Ardey mit dem Meinlandeshof im Westen (Quelle: Bergmann 1989, S. 440, Karte 45)

Abb. 88: Anröchte-Berge, Kr. Soest: Schwertgurtbeschlag mit karolingischer Pflanzenornamentik aus dem Hofareal Meinlandeshof in der Ortswüstung Ardey (Foto: LWL-Archäologie für Westfalen, S. Brentführer)

lehnung an den Meinlandeshof angelegte siedlungshistorisch bedeutsame, geplante lineare Waldrodesiedlung des ausgehenden Frühmittelalters.
V. Lage des Meinlandeshofes 3,7 km südsüdöstlich von Erwitte, Lage der weiteren Hofstellen der Ortswüstung um 3,9 km südsüdöstlich von Erwitte.
VI. Keramikfunde Meinlandeshof: 9.–14. Jh. Aus dem Fundbereich des Meinlandeshofes stammt ein karolingischer Schwertgurtbeschlag (Bergmann 1993a, Nr. 62, S. 206 f.) und eine schlichte silberne Ringfibel des 12. Jhs. (Nr. 868). Übrige Hofstellen der Ortswüstung mit Keramikfunden des 10.–14. Jhs., aus diesen Bereichen zudem Fibeln der 2. Hälfte des 9. Jhs.–11. Jh.: zwei Kreuzfibeln (darunter eine mit kerbschnittverzierter Oberfläche), eine Zellenschmelz-Rechteckfibel, sieben Kreuzemailscheibenfibeln, eine Plateaufibel, eine fragmentierte durchbrochene(!) Rädchenfibel, eine fragmentierte Agnus-Dei Fibel, eine Stern- oder Rosettenfibel mit zentraler Schmelzeinlage; zwei halbierte Colonia-Pfennige; Wüstungsbereich insgesamt eingetragenes Bodendenkmal; AKZ 4416,0060.
Literatur: Wilmans 1865a, insbesondere S. 245 f.: *Mardighe*, S. 249 f.: *Mardie*; Bergmann 1989, Nr. 63, S. 137–139; Bergmann 2001b, S. 118 f.; Flöer/Korsmeier 2009, S. 34 f.: Ardey.

Ardeya prope Nůthene.
I. Partielle Ortswüstung.
II. Stadt Soest.
III. *1279: *curtem in Ardeya prope* Nůthene *sitam* (Westf. Ub. 7, Nr. 1694).
IV. Im preußischen Urmesstischblatt verzeichnete Höfe „Mardey" als Siedlungsrest des mittelalterlichen Ortes; westlicher Hof der Restsiedlung mit Gräftenanlage.
VI. Neolithische Streufunde; archäologisch untersuchte Siedlung mit bis in die Bronzezeit zurückreichender Besiedlung; Besiedlungsphasen in der älteren vorrömischen Eisenzeit, Früh-, Mittel- und Spätlatènezeit, römischen Kaiserzeit und Völkerwanderungszeit; ergrabener merowingerzeitlicher Pfostengrundriss; Funde von Vogelfibeln der Zeit um 600 n. Chr.; Fund einer Grubenschmelz-Kreuzemailscheibenfibel des Typs Haseloff 6 (Best 1986, Nr. 13, S. 84–86 und Abb. 3.8; Wamers 1994, Liste 8, Nr. 25, S. 215); AKZ u. a. 4414,0275.
Literatur: Schneider 1936, S. 9: Am Ardey; BKW Soest, S. 94 f.; Capelle 1986, 71–78; Halpaap 1994; Flöer/Korsmeier 2009, S. 31–34: Ardey, Am; Pfeffer 2011, S. 96–99; Brieske 2015a, S. 70 f.

Armenholthusen.
I. Ortswüstung.
II. Stadt Warstein.
III. *Spätes 13. Jh.: *Armholthosen* (Einkünfteverzeichnis Busdorfstift, S. 338, Z. 5); 1293–1300 [Datierung Bestand Marschallsamt nach Seibertz]: *curtem in Armenholthusen* (Seibertz Ub. 1, Nr. 484, S. 612); *Armenholthusen* [*prope Bedelke*] (Quellen westfälische Geschichte 1, S. 417).
IV. Der Auenbereich, in dem Armenholthusen von der Lokalforschung vermutet wird, ist die ausgedehnte, langgestreckte, heute überwiegend als Dauergrünland und Waldfläche genutzte Flur „Der alte Hof" unmittelbar nördlich der Möhne, die sich 1828 im Adelsbesitz des nahegelegenen Hauses Welschenbeck befindet (Kreiskatasteramt Soest, Urkataster Belecke, Urriss Flur III.1, 1828).
V. Lage westnordwestlich von Belecke; zu *Armenholthusen* gehörige Ackerflächen umfassen in der 1. Hälfte 14. Jh. (ca. 1314; Quelle mit Nachträgen des 14. Jhs.) ein *Drygarde in dem Sadelbogen bi der Welschenbeke*; die Quelle nennt weiterhin eine dortige *Houestat* (Quellen der westfälischen Geschichte 1, S. 417).
VI. AKZ 4515,0143.
Literatur: Flöer/Korsmeier 2009, S. 35 f.: Armenholthusen.

Aslon.
I. Ortswüstung.
II. Stadt Warstein.
III. *1214: *Aslon cum ceteris novalibus* (Westf. Ub. 7, Nr. 99).
IV. Wüstungsweisender FlN Aspeluer Weg neben dem Wagede (Quellen Stift Meschede, Nr. 251, S. 119).
V. Lage in der Warsteiner Stadtfeldmark, möglicherweise nordwestlich von Warstein.
Literatur: Schneider 1936, S. 10.

Aspen.
I. Dorfwüstung (mit zum Königshof in Erwitte gehöriger Manse).
II. Stadt Erwitte.
III. *Ca. 970–972: *I familiam in Assapa et quidquid habuit illic et aliam in Billugeshusen*. Eine Identifikation mit Aspe und Billingshausen nordöstlich von Göttingen wird einer solchen mit +Aspe bei Marsberg (bzw. unweit Billinghausen, Kr. Waldeck-Frankenberg, Hessen) vorgezogen (Mönchslisten Traditionen Corvey 1 und 2, Tr 342 und S. 250). Allerdings ist aus Sicht d. Verf. darauf hinzuweisen, dass im Marsberger Raum, wo das letztgenannte +Aspe liegt, eine Massierung Corveyer Rechte bestand. Aufgrund der Nachbarschaftslage zu *Billugeshusen* ist die Nennung von ca. 970–972 mit hoher Wahrscheinlichkeit jedenfalls nicht auf das bei Erwitte unmittelbar am westfälischen Hellweg gelegene +Aspen zu beziehen; z. J. 1015–1036 (um 1165): *Asopo*: Abgesehen von den Forschungsannahmen, dass es sich bei *Asopo* um Aspe 1,5 km südwestlich von Bad Salzuflen (Kr. Lippe) oder um +Aspe bei Marsberg-Oesdorf (Hochsauerlandkreis) handelt (Vita Meinwerci [ed. Terstesse], Kap. 125, S. 92; Vita Meinwerci [ed. Berndt], Kap. 123, S. 156, Z. 12) wäre darüber nachzudenken, ob nicht das unmittelbar am Hellweg gelegene +Aspen (bei Erwitte, Kr. Soest) gemeint sein könnte, in dessen Umland Paderborn über umfangreichen Besitz verfügte. 1194: *Assapa* (Westf. Ub. 2, Reg. 2325, S. 84); siehe auch Bergmann 1989, S. 128, Anm. 893).
V. Lage 2,0 bis 2,4 km ostnordöstlich von Erwitte.
VI. Spätlatènezeitlicher Urnengräberfriedhof im westlichen Siedlungsareal; Siedlungsfunde merowingerzeitlich bis 14. Jh.; Metalldetektorfund eines zu einer Fibel umgearbeiteten Chris-

tiana-Religio Pfennigs (Stephan-Maaser 2015b, S. 208 f. und Abb. 239); Fund einer Agnus Dei-Fibel mit Kreuzfahne, etwa 950–1050 n. Chr. (Bergmann 2017b, S. 326, S. 336 und Abb. 2.4); Funde von zwei Agnus Dei-Fibel mit Einzelkreuz (Bergmann 2017b, S. 327 f., S. 336 und Abb. 3.1; S. 328, S. 336 und Abb. 3.2); Fund einer Vierfüßlerfibel mit Palmettenquaste (Bergmann 2017b, S. 328, S. 337, Abb. 4.1); Fund einer runden Vierfüßlerfibel mit abgesetzter Randzone (Bergmann 2017b, S. 330, S. 337 und Abb. 5.2); Metalldetektorfund einer plastischen Adlerfibel (Stephan-Maaser 2015c, S. 209 und Abb. 240); Fgm. einer tremolierstichverzierten „Querschneide" mit gezähnter Schneide; nach Luftbild Reihengräberfriedhof südlich der Ortsstelle; AKZ 4316,0010 sowie 4316,0010:01 sowie zahlreiche Metalldetektor-Fundstellen im Umfeld.
Literatur: Bergmann 1989, Nr. 56, S. 128–130; Bergmann 2001b, S. 119; Flöer/Korsmeier 2009, S. 36 f.: Aspen.

Assen (Bauerschaft Brönker).
I. Streusiedlungslandschaft mit wüster Ringgräfte.
II. Gemeinde Lippetal.
III. *1188: *in Asne* (Westf. Ub. 2, Cod. 480).
IV./V. Südlich von Haus Assen verzeichnet das Urmesstischblatt nahe des „Assenbergs" zwischen den Höfen Ellies und Hinte eine Ringgräftenanlage.
Literatur: Flöer/Korsmeier 2009, S. 37 f.: Assen, Haus Assen, Lütke Assen.

Balksen.
I. Partielle Ortswüstung (von der Drei-Höfe-Siedlung ist ein Hof wüstgefallen).
II. Gemeinde Welver.
III. *1225: *Tiderico de Letene et Henrico de Balchusen militibus* (Westf. Ub. 7, Nr. 260).
IV. Lage des archäologisch nachgewiesenen wüsten Hofes in der Flur „Auff dem Wostenhove".
VI. Funde hohes Mittelalter–14. Jh.; AKZ 4314,0097.
Literatur: Flöer/Korsmeier 2009, S. 39 f.: Balksen; Bergmann 2022, u. a. S. 137 f. und S. 144 f.

Ballevan.
I. Ortswüstung.
II. Stadt Soest.
III. *ca. 1006–1007: *I familiam in Balleuan et XXX iugera*. Im Unterschied zu den Erläuterungen der Corveyer Traditionen, die hier als Identifikation lediglich ein „? (Ballevan)" anbieten (Mönchslisten Traditionen Corvey 1 und 2, Tr 489 und S. 286), dürfte dieser Bezug als gesichert anzusehen sein, zumal da ein gleichlautender Ort unbekannt ist; z. J. 1011 (um 1165): *Ballevan prope Sppriada* (Vita Meinwerci [ed. Terstesse], Kap. 16, S. 41, Z. 19; Vita Meinwerci [ed. Berndt], Kap. 15, S. 94, Z. 2 f.); 1011: *Balleuan prope Spriada* (MGH DD HII, Nr. 225).
IV. Im Urkataster sind keine wüstungsweisenden FlN nachgewiesen.
V. Lage bei der Ortswüstung Spriada östlich von Soest.
Literatur: Schneider 1936, S. 12; Flöer/Korsmeier 2009, S. 40–42: +Ballevan.

Basthusen.
I. Ortswüstung.
II. Stadt Werl.
III. *Um 1100: *Adolfum de Basthusen* (Günther 1994, S. 108).
IV./V. Flöer/Korsmeier (2009) verorteten Basthusen südwestlich von Büderich und gehen davon aus, dass der Birnbaumsweg des Urkatasters (FlN: „an Birnbaumswege"/„am Birnbaumsweg") auf die Lage der Ortswüstung hinweist. Dieser Weg führt vom westlichen Ortsrand von Büderich nach Südsüdwesten. – Das Urkataster verzeichnet jedoch weiterhin den Bastweg (bzw. die Flur „oberm Bastenwege"), welcher vom südöstlichen Ortsrand von Büderich nach Südsüdosten verläuft. Nach Querung der Gemarkungsgrenze Büderich/Werl quert dieser Weg den „Schlückinger Tiefeweg" und endet in einer langgestreckten Wegeweitung. Am südlichen Kopfende der Wegeweitung befinden sich in der Gemarkung Werl u. a. zwei Blockparzellen (Kreiskatasteramt Soest, Urkataster Büderich, Flur V, 1828, und Urkataster Werl, Flur X, 1828). Es ist davon auszugehen, dass Basthusen in diesem Bereich oder dessen Umfeld (also südwestlich von Werl) und nicht südwestlich von Büderich zu lokalisieren ist. – Zum Birnbaumsweg siehe Urkataster Büderich, Flur VII, 1828.
VI. Die archäologische Verdachtsfläche liegt unmittelbar im Nordosten des Autobahnkreuzes Werl der A 44; AKZ 4413,0435.
Literatur: Schneider 1936, S. 12; Flöer/Korsmeier 2009, S. 43 f.: Basthusen.

Bedelinkthorpe.
I. Ortswüstung?
II. Gemeinde Lippetal.
III. *Spätes 10. Jh.: *In Benningthorpa* (Urbare Werden 1, S. 81, Z. 16); um 1150: *in Bedelinkthorpe* (Urbare Werden 1, S. 232, Z. 2) (m. E. liegen hier zwei verschiedene Orte vor!).
V. Das Westf. Ub. 7 (Nr. 1880) identifiziert den 1283 bezeugten Hof bzw. die Hufe (*manso*) *in* Bennincdorp mit dem „Colonat Vielhuber" im Kirchspiel Herzfeld; nach Flöer/Korsmeier (2009) liegt Bedelinkthorpe mutmaßliche im Streusiedlungsgebiet zwischen Herzfeld und Lippborg, nicht auf der Wüstungs-Übersichtskarte des Kreises Soest dargestellt.
Literatur: Flöer/Korsmeier 2009, S. 44 f.: Bedelinkthorpe.

Bedickdorp.
I./II. Scheinwüstung; angeblich Stadt/Kr. Soest.
III. Für das unter den später an das Kloster Liesborn gelangten westfälischen Besitzungen des Klosters Rastede (bei Oldenburg/Niedersachsen) genannte *Bedickdorp* ist eine Erstnennung zum Jahr 1059 rekonstruiert worden. Schneider hat für den Ort eine Lage bei Soest angenommen. Bedickdorp ist mit *Gedencdorp* bzw. dem zum Jahr 1124 genannten *Gedinchtorp* (Westf. Ub. 5, Nr. 36) gleichzusetzen, welches wahrscheinlich mit dem Hof Gentrup (Bauerschaft Göttingen, Kirchspiel Liesborn, Kr. Warendorf) zu identifizieren bzw. in dessen Umgebung zu verorten ist.
Literatur: Wilmans 1865a, insbesondere S. 245 f., S. 249 f.; Wilmans 1865b, S. 390; Schneider 1936, S. 13.

Bekesethe.
I. Ortswüstung
II. Stadt Soest?
III. *1162: *villa que dicitur Bekesethe* (Seibertz Ub. 3, Nr. 1067).
IV./V. Lage nach Seibertz bei Soest; Ortsname jedoch schwer verortungsfähig und wüstungsweisender FlN zudem unbekannt; unsicherer Bezug zu +N.N. „Beckum" im Kr. Soest.
Literatur: Schneider 1936, S. 13.

Benkinchusen.
I. Ortswüstung.
II. Stadt Soest.
III. *1247: *Hermannus de Benkinchusen* (Westf. Ub. 7, Nr. 646).
IV./V. In der Gemeinde Möhnesee (Gemarkung Völlinghausen) ist

der FlN „Im Bängst" nachgewiesen, der die Lage von +Benkinchusen überliefern soll (Schoppmann 1940, Nr. 4, S. 82); nicht auf der Wüstungs-Übersichtskarte des Kreises Soest dargestellt.
Literatur: Schneider 1936, S. 14.

Berdinkhoven.
I. Ortswüstung.
II. Stadt Werl.
III. *1185: *Berdinkhouen* (Seibertz Ub. 1, Nr. 88).
IV. 1500: Berdinckweg (INA Werl, Nr. 157); östlich des Karstquelltopfs des „Mühlen Bach" (jetzt: Uffelbach) besteht 1829 eine erhebliche „Wegeunruhe" mit irregulär gekrümmt verlaufenden und sich überkreuzenden Wegen. Der an den Uffelbach angrenzende Bereich trägt den wüstungsweisenden FlN „In Bäringhöfen" (Kreiskatasteramt Soest, Urriss Werl, Flur IV.4: Ufeln, 1829).
V. Lage 0,9 km östlich von Werl.
VI. Reichhaltige archäologische Lesefundstelle, Funde u. a.: beidflächig retuschierte, schlanke Spitze aus Flint (neolithisch); Keramik der vorrömischen Eisenzeit und des 10.–13. Jhs.; Münzfunde des römischen Reichs und des Mittelalters; eine S-Fibel (bei der die Augen der Vogelköpfe mit roten Almandineinlagen versehen sind); eine gleicharmige Silberfibel des 8. Jhs.; mehrere einfache Kreuzemailscheibenfibeln des 9./10. Jhs. (darunter eine solche, bei der sich in den Zwickelzellen rotes und im Bereich des Kreuzmotivs blaues Email erhalten hat); eine Plateauscheibenfibel mit Kreuzmotiv (Dm. 1,40–1,45 cm); eine Rosettenfibel; eine Rechteckfibel; AKZ 4413,0145, AKZ 4413,0187, AKZ 4413,0396–399, AKZ 4413,0402 und AKZ 4413,0434.
Literatur: Schneider 1936, S. 15: Berdinghouen; Flöer/Korsmeier (2009, S. 60) stellen den Quellenbeleg von 1185 fälschlich zum wüstungsresistenten Beringhof (bei Wickede/Ruhr, Kr. Soest).

Berge (bei Hovestadt).
I. Ortswüstung.
II. Gemeinde Lippetal.
III. *1280: *cum bonis sitis prope castrum Hovestat, que dicuntur Berge* (Westf. Ub. 7, Nr. 1720).
IV. 1–1,6 km westsüdwestlich von Schloß Hovestadt liegt inmitten eines durch die FlN „Mersch" und „Poggenkamp" (= Froschkamp) bezeichneten bodenfeuchten Gebiets eine schwach ausgeprägte Bodenerhebung. In ihrem Bereich bestehen 1828 drei Kämpe mit wüstungsweisenden FlN („Berkhoff", „Klein-Berkhoff" und „Brinkerhoff"). In ihrem Umfeld besteht damals eine Kleinstbesitzerstelle (Weber genannt Brüggemann), die wahrscheinlich nicht in einem zeitlichen Zusammenhang zum wüstgefallenen mittelalterlichen Kleinweiler steht (Kreiskatasteramt Soest, Urriss Hovestadt, Flur III.1, 1828).
VI. AKZ 4314,0198 (nicht prospektiert).
Literatur: Vgl. Flöer/Korsmeier 2009, S. 53: Berge (mit abweichender Lageannahme).

Berglar (jetzt: Hof Schulze-Ardey).
I. Wüstungsresisteter Gräftenhof bei Bettinghausen (Scheinwüstung, jedoch Verdacht auf Hofwüstung in dessen Umfeld).
II. Gemeinde Bad Sassendorf.
III. Niederadelsfamilie *de Berchlere* seit *1250 tradiert (Westf. Ub. 7, Nr. 726); 1323: vom Villikationshaupthof Horn des Stifts Meschede abhängige Manse *in Berclare* (Seibertz Ub. 2, Nr. 602, S. 195).
IV. Siehe Kreiskatasteramt Soest, Urriss Ostinghausen-Bettinghausen, Flur VIII.1: Berglarn, 1828.
Literatur: Flöer/Korsmeier 2009, S. 55 f.: [+]Berglar.

Berksen.
I. Wüstungsresistene Kleinsiedlung mit verlagerter Hofstelle und Gräftenanlage.
II. Gemeinde Welver.
III. *1220: *domum in Berchusen* (Westf. Ub. 7, Nr. 177).
IV.–VI. Unmittelbar östlich des noch heute existenten Hofes Berkesen (der Zwei-Höfe-Siedlung Berksen) verzeichnet das Urkataster eine zweiteilige bäuerliche Gräftenanlage (ehemals wohl Gräftenhof mit separater Speicherinsel) ohne bestehende Bebauung (Kreiskatasteramt Soest, Urriss Dinker, Flur VI.1: Berksen,1828, und Übersichtskarte der Steuer Gemeinde Dinker und Nateln, 1828).
VI. AKZ 4314,0173.
Literatur: Flöer/Korsmeier 2009, S. 61: Berksen.

Berninchusen (Benhusen).
I. Wahrscheinlich: partielle Ortswüstung.
II. Stadt Soest.
III. Der Hof Benhusen ist 1685 als Barnhusen zu Köchlingsen fassbar (Koske 1960, S. 472 f.). Wahrscheinlich verbirgt sich hinter dem Hofnamen eine erst neuzeitlich der Streusiedlung Köchlingsen zugeordnete, partiell wüste Kleinsiedlung namens Berninchusen. In *Berninchusen* ist in der 1. Hälfte des 14. Jhs. (bzw. *1314) ein *mansus* der Mescheder Villikation Epsingsen (*Ebdeschink*) genannt (Quellen westfälische Geschichte 1, S. 411).
IV./VI. Von Meiningsen in der Soester Oberbörde führte der „Köglinger Weg" bzw. „Kölingker Weg" 1827 nach Süden und tangierte dabei den Hof Benhusen (= AKZ 4414,0274).
Literatur: Vgl. Köchlingsen.

Beynchusen.
I. Ortswüstung.
II. Gemeinde Möhnesee.
III. Einkünfte aus *Beigenchusun* gehören *1072 (nach einem auf einer echten Vorlage beruhenden Falsifikat) zur Gründungsausstattung des Klosters Grafschaft bei Schmallenberg/Hochsauerlandkreis (Seibertz Ub. 1, Nr. 30; Grafschafter Stiftungsurkunden, S. 12); Bauermann (Grafschafter Stiftungsurkunden, S. 13) bezieht die Quellenangabe auf Benkhausen, sodass ein Bezug auf +Beynchusen als unwahrscheinlich anzusehen ist; 1516: *des Hoves to Beynchusen* (...) *in dem Kerspel van Corbecke up der Moene tuschen Gunne ind dem Nyenhuse gelegen* (v. Klocke, Regesten 1, Nr. 269).
V. Lage von +Beynchusen nach frühneuzeitlicher Quellenangabe zwischen Günne und dem im Preußischen Urmesstischblatt verzeichneten Einzelgehöft Neuhaus westlich von Delecke; mittelalterliches Siedlungsareal wahrscheinlich infolge des Aufstaus des Möhnesees geflutet.
Literatur: Flöer/Korsmeier 2009, S. 67: Beynckhusen; siehe auch hier: +Biginchusen (Kr. Soest).

Biginchof.
I. Unsichere Hofwüstung.
II. Stadt Geseke.
III. *1256: *curtis Biginchof que sita est Holthusen* (Westf. Ub. 7, Nr. 939); 1258: *de curte Biginchof, sita apud Holthusen* (Westf. Ub. 7, Nr. 982).
V. Die Quellenüberlieferung lässt offen, ob es sich um einen in [+]Holthusen bei Geseke gelegenen Hof oder um einen in relativer Nähe zu [+]Holthusen gelegenen Einzelhof handelt; Lage nach Flöer ca. 2,5 km südöstlich von Geseke; nicht auf Wüstungs-Übersichtskarte des Kr. Soest dargestellt.
Literatur: Bergmann 1989, S. 100; Flöer/Korsmeier 2009, S. 67 f.: +Biginchof.

Biginchusen.
I. Ortswüstung.
II. Stadt Rüthen.
III. Schneider (1936, S. 17) und Ernst (²1976, S. 12 f.) interpretieren das in der Stiftungsurkunde des Klosters Grafschaft von *1072 (einem auf einer echten Vorlage beruhenden Falsifikat) in der quellenbezogenen Reihenfolge zwischen *Felmedo* (Velmede, Hochsauerlandkreis), *Leno* (Lenne, Hochsauerlandkreis) und Brunskappel (Hochsauerlandkreis) angeführte *Beigenchusun* (Seibertz Ub. 1, Nr. 30; Grafschafter Stiftungsurkunden, S. 12) als Erstnennung der Ortswüstung bei Kallenhardt. Die quellenbezogenen Lageindizien würden tendenziell für eine Lage von *Beigenchusun* im Hochsauerland und nicht im Kr. Soest sprechen. Im Hochsauerlandkreis ist der Ort/die Ortswüstung jedoch nicht nachweisbar. Für einen Bezug der Quelle auf +Biginchusen spricht nach Auffassung d. Verf., dass in der Stiftungsurkunde weiterhin Ostervelde (*Hosteruelden*) genannt ist, in dessen kirchlichem Einzugsbereich das hier behandelte Biginchusen lag. Bauermann (Grafschafter Stiftungsurkunden, S. 13) bezieht die Quellenangabe hingegen auf Benkhausen und nicht auf + Biginchusen; 1256: Güter in *Byenchusen* gehörten zur kölnischen *curtis* im nahegelegenen [+]Ostervelde (Westf. Ub. 7, Nr. 934).
IV. Auf die Lage der Ortswüstung verweisen die FlN „Binker Feld", „untere Bingerbruch" sowie „obere Bingerbruch" (Kreiskatasteramt Soest, Urhandriss Kallenhardt, Flur VI.2, 1829, und Flur VII, 1829); weiterhin fassbar ist ein im 15. Jh. genannter *Byngchuser Wege* (Viegener 1927, S. 145, Anm. 91).
V. Die Ortsstelle ist näherungsweise 2 km südsüdwestlich von Kallenhardt (Kirche) zu verorten.
VI. Im Bereich der Wüstungsgemarkung besteht die Kulturhöhle „Hohler Stein" (eingetragenes Bodendenkmal AKZ 4516,0047), die in der frühen Neuzeit als Falschmünzerwerkstatt genutzt worden ist. Nahe der Höhle befand sich an der Lörmecke eine im Urkataster nachgewiesene Mühle, deren ehemaliger Mühlgraben im Gelände erhalten geblieben ist (AKZ 4516,0272); Grobverortung Biginchusen: AKZ 4516,0244.
Literatur: Viegener 1927, S. 145, Anm. 91; BKW Lippstadt, S. 36, Anm. 6; Henneböle 1963; Ernst ²1976, S. 12 f.: Beigenchusen; Aust/Gerwiner/Hesse u. a., Flurnamen in der Gemarkung Kallenhardt [Karte], M. 1:10000, o. J. [1996]; Flöer/Korsmeier 2009, S. 68 f.: Biginchusen.

Bobinchusen.
I. Partielle Ortswüstung: von der Siedlung ist der u. a. im Urkataster verzeichnete Hof Schulte Böbbing bzw. heutige Böbbinghof wüstungsresistent.
II. Stadt Lippstadt.
III. *1321: *viam, que ducit de Bobinchusen ad dictum claustrum*, sowie: *casam sitam in Bobinchusen* (Westf. Ub. 11, Nr. 1742); die Siedlungsreduktion kommt 1543 in der Bezeichnung Schulte Bobinckhuißen zum Ausdruck.
IV. Der wüstungsresistenter Hof ist im Urkataster als Sch[ulte] Böbbing bezeichnet (Kreiskatasteramt Soest, *Charte* der Steuer-Gemeinde Hellinghausen, 1828) bzw. als Hof Böb(b)ing (Kreiskatasteramt Soest, Urhandriss Benninghausen, Flur I: Böbbing, 1828).
V. Lage im Kirchspiel Cappel auf einer von Bruchgelände umgebenen Landzunge nördlich der Lippe bzw. 0,7 km südlich des Stifts Cappel.
VI. AKZ 4315,0116.
Literatur: Seibertz 1865, S. 184 f.; Flöer/Korsmeier 2009, S. 74 f.: +Bobinchusen.

Bochoven.
I. Ortswüstung.
II. Stadt Soest?
III. *1231: *mansum in Bochoven* (Seib. Ub. 3, Nr. 1086; Westf. Ub. 7, Nr. 374).
V. Angenommene Lage bei Soest (vgl. Seibertz Ub. 3, S. 565); nicht auf der Wüstungs-Übersichtskarte des Kreises Soest dargestellt.
Literatur: Flöer/Korsmeier 2009, S. 75: Bochoven.

Bockhövel, Adelssitz: siehe Dorfwelver.

Böckum.
I. Wüstungsresistente Siedlung mit geringfügigen Wüstungserscheinungen.
II. Stadt Erwitte.
III. *1260: Bochem (LR Bd. 2, Nr. 492); 1275: *bona in Bokhem prope rivum sita* (Westf. Ub. 7, Nr. 1545).
IV. Östlich des Hofes Millies (genannt Spretling) bestehen 1828 die Parzellen „Eickhof" und „im Linnhofe", von denen zumindest letztere auf einen wüstgefallenen Hof der Kleinsiedlung Böckum hinweisen dürfte (Kreiskatasteramt Soest, Urriss Ebbinghausen, Flur II.1: Böckum, 1828).
VI. AKZ 4315,0128 (= „Eickhof"); AKZ 4315,0129 (= im Linnhofe).
Literatur: Heitkemper 1962, S. 31, S. 33; Flöer/Korsmeier 2009, S. 75 f.: Böckum.

Bodinchusen/Bosinchusen (bei Oestereiden).
I. Ortswüstung (wüste Drei-Höfe-Siedlung).
II. Stadt Rüthen.
III. Der Kleinweiler ist in den historischen Quellen sowohl als Bodinchusen als auch – weniger häufig – als Bosinchusen bezeichnet. Die bei Bergmann (1989, S. 146 f.) angeführten „*-s*-haltigen Belegformen" des Ortsnamens sind nach Auffassung von Flöer/Korsmeier (2009, S. 76 f.) „möglicherweise zu +Bosinchusen zwischen Rüthen und Kallenhardt zu stellen"; *1297: *bona sua sita in villa Bodinchusen* (Westf. Ub. 7, Nr. 2422). Die Bodinchusen-Belege von 1311 und 1357 (Westf. Ub. 11, Nr. 852 und Nr. 852, S. 488, Anm. 1) gehören ebenfalls in den Sachzusammenhang des ausgegangenen Kleinweilers bei Oestereiden. 1375 ist dieser Ort jedoch als Bosinchus im Kirchspiel Langenstraße bezeichnet (Landesarchiv Westfalen, Abt. Westfalen [Münster], Kloster Abdinghof, Paderborn, Urk. 337). 1444 ist der Hof zu Bosynchusen bei Eyden im Kirchspiel Hoinkhausen erneut bezeugt (Landesarchiv Westfalen, Abt. Westfalen [Münster], Kloster Abdinghof, Paderborn, Urk. 669); die nunmehrige (1444) Zugehörigkeit zum Kirchspiel Hoinkhausen ist stimmig, da Rüthen-Langenstraße mittlerweile temporär wüst liegt. Mithin liegen zwei variierende Schreibformen (s. o.) vor.
V. Lage 1,8 km östlich von Oestereiden.
VI. Funde 9./10./11.–13./14. Jh.; AKZ 4416,0087.
Literatur: Bergmann 1989, Nr. 73, S. 146 f.: Bosinchusen; vgl. Flöer/Korsmeier 2009, S. 76 f.: Bodinchusen; vgl. Bosinchusen bei Kallenhardt.

Borlinchusen.
I. Ortswüstung (mit Mühlenwüstung).
II. Stadt Lippstadt.
III. *1240: *inter molendina Burlinchusen et Cleye iacenta* (Westf. Ub. 7, Nr. 487); Ort möglicherweise 1269 bereits wüstliegend und damit zur Schicht früh aufgegebener Ortsstellen Westfalens gehörend.

V. Anzunehmende Lage südlich der Süderporten der Stadt Lippstadt.
VI. Wahrscheinlch überbaut.
Literatur: Bergmann 1989, Nr. 52, S. 124 f.; Flöer/Korsmeier 2009, S. 83 f.: Borlinchusen.

Bosinchusen (bei Kallenharct).
I. Ortswüstung.
II. Stadt Rüthen.
III. *1442: „Hof zu Bosinghusen" (Ernst ^{2}1976, S. 15; ohne Quellenangabe); der u. a. bei Flöer/Korsmeier (2009, S. 84) angeführte Quellenbeleg von 1597 ist zu Bodinchusen/Bosinchusen bei Oestereiden zu stellen.
IV./V. Auf die Ortslage verweist der Landwehrdurchlass „Bosenecker Schlag" (auch: „Am Bosinger Schlage" bzw. mundartlich: „Boisinger Schlah") rund 2 km nordnordöstlich von Kallenhardt (Kirche) (vgl. BKW Lippstadt, S. 36, Anm. 4), der bereits 1664 ff. als *Boßingerschlagh* fassbar ist (Viegener 1927, S. 171). In dem Bereich, in dem die Ortsstelle von der Lokalforschung angenommen wird, besteht im Urkataster der FlN „Borstholz". Weiterhin ist der FlN „am Büsenberg" als wüstungsweisend aufzufassen (Kreiskatasteramt Soest, Urriss Kallenhardt, Flur III.1: Büsenberg, 1830), mit dem ein in zahlreiche Ackerterrassen untergliederter, ausgedehnter Süd- und Südosthang bezeichnet ist. Mutmaßlich ist von einer Lage der Ortsstelle 1,7 km nordnordöstlich von Kallenhardt auszugehen, wo eine Quellmulde besteht. – Einem 1574 abgefassten Bericht ist weiterhin zu entnehmen, dass der „Bosinghof" im Umfeld des von Rüthen nach Brilon verlaufenden Weges gelegen hat (Ernst ^{2}1976, S. 15).
VI. Groblokalisation: AKZ 4516,0242.
Literatur: Henneböle 1963; Ernst ^{2}1976, S. 15: Bösinghausen; Kneppe 2000, S. 220 (Karte mit Eintrag der Lage des Bosinger Schlags), S. 221: Bosinghuser; Flöer/Korsmeier 2009, S. 85 f.: Bosinchusen; Aust/Gerwiner/Hesse u. a., Flurnamen in der Gemarkung Kallenhardt [Karte], M. 1:10000, o. J. [1996].

Brockhausen.
I. wüstungsresistenter Ort mit drei Gräftenanlagen.
II. Gemeinde Lippetal.
III. 1167–1179: *dimid. mansi in Bruchusen* (Seib. Ub. 1, Nr. 80).
IV. Nordwestlich des Siedlungskerns von Brockhausen besteht nahe des geringfügig isoliert zum Ort gelegenen Hofes Nölle der Urkatasteraufnahme eine näherungsweise fünfeckige Gräftenanlage von maximal 75 m Breite und mit trapezförmiger Gräfteninsel von maximal 50 m Breite. Innerhalb von Brockhausen ist weiterhin beim Hof Reinecke eine sehr kleine bäuerliche Gräfteninsel nachzuweisen. Nahe der Höfegruppe Sauerland zur Ahse/Huszmann befindet sich in der Ahseaue („Gansemersch") eine weitere Gräftenanlage (Kreiskatasteramt Soest, Urriss und Urkataster Weslarn, Flur III bzw. III.1 und 2: Brockhausen, 1828).
VI. Gräftenanlage beim Hof Nölle: AKZ 4314,0195; Gräftenanlage nördlich der Höfegruppe Sauerland: AKZ 4314,0204.
Literatur: Flöer/Korsmeier 2009, S. 87–89: Brockhausen, Haus Brockhausen, Lütgenbrockhausen, Loerbrockshof.

Broiche, tem (Abb. 89) und **Braukhof**.
I. Burgwüstung (ehemalige Niederungsburg) und wüstungsresistenter Gutshof Braukhof (bzw. Brauckhoff). Der Gutsbetrieb liegt 0,3 km ostnordöstlich des Niederungsburg und somit wäre tem Broiche als Sonderfall einer partiellen Ortswüstung aufzufassen.
II. Stadt Erwitte.
III. *1302: *curtis dicte ton Broke in comicia discreti viri Wesceli*

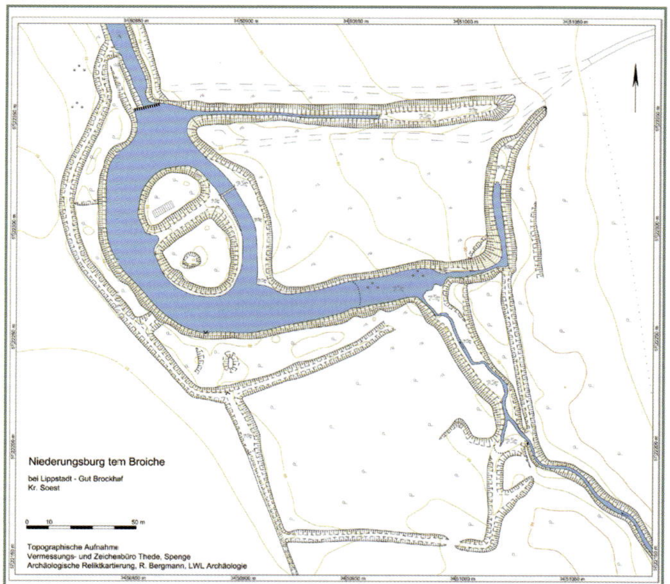

Abb. 89: Erwitte-Stirpe, Kr. Soest: Die Burginsel der kölnischen Landesburg tem Broiche mit vorgelagertem Wirtschaftshof (Entwurf: R. Bergmann, Kartografie: LWL-Archäologie für Westfalen, M. Thede)

de Eruethe (Westf. Ub. 11, Nr. 148).
VI. Kölnische Landesburg mit zwei Gräfteninseln und rechteckig umgräftetem Wirtschaftshof; Vermessung LWL-Archäologie für Westfalen; AKZ 4315,0015.
Literatur: Flöer/Korsmeier 2009, S. 89 f.: Brockhof, Gut; Bergmann 2010b, S. 92–94.

Brüninghusen (Aschenthal).
I. Ortswüstung.
II. Stadt Rüthen.
IV. Lage nordöstlich von Rüthen.
Literatur: Kneppe 2000, S. 219, S. 220 (Karte), S. 228, S. 238: Brüninghausen.

Brugele.
I. Wüstungsresistente Siedlung im Streusiedlungsgebiet mit wüster Burganlage (Motte) „Bröggelburg".
II. Gemeinde Lippetal.
III. *Um 1150: *In Brugele* (Urbare Werden 1, S. 230, Z. 20).
V./VI. Die ungefähr 0,68 ha große Burg an der Südwestecke des Waldes „Bröggel" besteht aus einem 45 m x 30 m großen Hügel, der von einer ca. 6 m breiten Gräfte umgeben ist. An die Ringgräfte schließt sich ein partiell erhaltener Außenwall an, der heute im Süden vom Bröggelbach begrenzt wird. Im Westen und Norden ist das eingetragene Bodendenkmal (AKZ 4314,0056) durch eine Außengräfte bzw. einen bogenförmig verlaufenden Gräftenabschnitt gesichert, bei dem es sich um den Rest eines ursprünglichen Mäanders des Bröggelbachs handeln könnte. Bisher sind Altfunde von Münzen (u. a. ein holländischer Gulden aus Zwolle des 16. Jhs.) und Keramik aus der Zeit von 1200–1400 bekannt, zudem Stücke verziegelten Lehms (Magazinbestand Gustav-Lübcke-Museum Hamm: Notizen, s/w Fotos, Korrespondenz, Planskizzen, Zeitungsartikel von 1952); im Magazinbestand der LWL-Archäologie für Westfalen befinden sich Keramiken des ausgehenden hohen Mittelalters und des 13. Jhs. und zwar: Uneinheitlich gebrannte Irdenware mit feiner Sandmagerung: 1 WS. - Rote fein gemagerte harte Irdenware: 1 RS: rundlich ausbiegender Rand

mit einfacher, rund abgestrichener Randlippe und Proben von Staklehm.
Literatur: Flöer/Korsmeier 2009, S. 92 f.: Broylhus.

Brungelinchusen (= **Brünningsen**).
I. Scheinwüstung.
II. Stadt Werl.
III. *1313: *Arn*(old) *de Brungelinchusen* (Seib. Ub. 2, Nr. 556, S. 128, §216).
V. Aus Seibertz Urkundenbuch 2 (Nr. 899, S. 705) geht hervor, dass die Siedlungen und die betreffenden Hofesgerichte in Hilbeck, Westhilbeck, Pentling und eben jenem *Brungelinchusen* 1398 in die übergeordnete Zuständigkeit des Gerichtbezirks Werl gehörten. Folglich wäre aufgrund der räumlichen Anordnung der genannten Orte in der Quelle von einer Siedlung Brungelinchusen nordwestlich oder westlich von Werl auszugehen. Im Unterschied zu den Angaben im Westfälischen Ortsnamenbuch 1 (WOB) meint Verf. jedoch, dass damit die wüstungsresistente Kleinsiedlung Brünningsen westlich von Budberg gemeint ist (die das angeführte Lagekriterium erfüllt). Die Karte, auf welche die Bearbeiter des WOB 1 Bezug nehmen, ist abgedruckt bei Bergmann (2001b, S. 115). Die Annahme, dass Verf. dort die Lage von Brungelinchusen (= Brünningsen) wiedergegeben habe, ist nicht zutreffend.
V. Lage der scheinbaren Ortswüstung nach Floer/Korsmeier mutmaßlich nordwestlich von Werl.
Literatur: Flöer/Korsmeier 2009, S. 95 f.: Brungelinchusen.

Bruninghusen.
I. Ortswüstung oder Scheinwüstung, zudem teilweise Verwechslungsgefahr mit dem resistenten Ort Büninghausen südwestlich von Lippborg bestehend.
II. Gemeinde Lippetal.
III. *1055–1080: Bruninghusen (Westf. Ub. 1, Reg. Nr. 1068); um 1200: *Bruninchusen* (Westf. Ub. 3, Nr. 1686).
V. Wahrscheinliche Lage im Streusiedlungsgebiet nordöstlich von Lippborg; nicht auf der Wüstungs-Übersichtskarte des Kreises Soest dargestellt.
Literatur: Schneider 1936, S. 26: Bruninghausen; Flöer/Korsmeier 2009, S. 95 f.: Bruninchusen.

Brunwardinchusen.
I. Ortswüstung.
II. Stadt Rüthen.
III. *1167–1191: *De Brunwardinchusen* (Seibertz Ub. 3, Nr. 1072, §10); 1068–1090: *Brunwardinchusen* (REK 2, Nr. 1386, S. 278); um 1190 (in der Urschrift): *De Brunwardinchusen IIII[or] fratres cum omni allodio suo LX marc. sol.* (Bauermann 1971, S. 239, §10 [Münsterische Güterliste]) bzw. *De Brunwardinchusen IIIIor fratres se et sua beato Petro contulerunt* (Bauermann 1971, S. 244, §15 [Paderborner Güterliste]); 1330: Arnoldus de Bruwerdinchusen, seine Söhne Bertoldus und Arnoldus als Angehörige des Patriziats der Stadt Rüthen bezeugt (Stadtarchiv Rüthen, Findbuch, Nr. 3).
IV. Heutige Wegebezeichnung: „Brunwardinger Straße".
V. Lage ca. 0,5 km nordöstlich Rüthen in einem Nebental der Möhne.
VI. Funde ab der Jahrtausendwende (um 1000 n. Chr.) bis in das 16. Jh., eigentliche Ortsstelle modern überbaut (Wohngebiet); AKZ 4516,0054; südlich des Fundpunkts nachgewiesener Siedlungsbereich mit Grubenhaus um Chr. Geb.: AKZ 4516,0006.
Literatur: Schneider 1936, S. 29; Henneböle 1963, S. 10 (Karte); Korrespondenz E. Henneböle in Akte Referat Mittelalter- und Neuzeitarchäologie der LWL-Archäologie für Westfalen, S. 2–4: Bruerdinghusen; Hömberg 1976 (Heft 13), S. 53–62; Kneppe 2000, S. 227, S. 242: Bruerdinghausen; Flöer/Korsmeier 2009, S. 98 f.: Brunwardinchusen.

Buhoff.
I. Wahrscheinlich als scheinbare Hofwüstung zu interpretieren.
II. Gemeinde Welver.
III. *1295: *curtem dictam Bohhof*(?) (Westf. Ub. 7, Nr. 2334); 1318: *claustrum in Weluere, potest dilatare curtim suam, que Bvhof dicitur; curia maior, que Bvhof vocatur* (Seibertz Ub. 2, Nr. 573).
V. Wahrscheinliche Lage des „Bauhofs" im Bereich des Klosters Welver.
Literatur: Flöer/Korsmeier 2009, S. 85 (dort als Wüstung geführt: +Bowehoff).

Bukele.
I. Wüstungscharakter unklar.
II. Stadt Soest/Gemeinde Bad Sassendorf.
III. *1242: *bona in Bukele sitis* (Westf. Ub. 7, Nr. 538).
IV./V. Die Übersichtskarte des Westfälischen Ortsnamenbuch 1 (Kreis Soest) verzeichnet eine Wüstung Bukele westlich des Klosters Paradiese. Eine Großflur „auf'm Bugel" mit ineinander verschachtelten Großblöcken ist im Urkataster jedoch östlich bis nordnordöstlich des ehemaligen Hauses Hüttinghausen nachzuweisen (Kreiskatasteramt Soest, Urriss Weslarn, Flur IV, 1828) und bezeichnet den Rand einer Lößlehmplatte.
VI. AKZ 4314,0191 (unter Bezug auf das Areal bei Hüttinghausen). Nicht auf Wüstungs-Übersichtskarte dargestellt.
Literatur: Flöer/Korsmeier 2009, S. 105 f.: Bukele.

Cleye.
I. Ortswüstung.
II. Gemeinde Anröchte.
III./IV. *Ca. 986–988: *II familias in Juctinuelde et in Claige*. Schütte bietet keine Identifihation zu *Claige* an und führt aus, dass es sich gegebenenfalls um einen FlN handelt (Mönchslisten Traditionen Corvey 1 und 2, Tr 416 und S. 269). Falls es sich bei *Claige* um einen Ort handelt, könnte es sich z. B. um das hier angeführte +*Cleye* handeln, was jedoch aufgrund der gemeinsamen Nennung mit *Juctinuelde* (vgl. +Jucvelt, Stadt Brilon, Hochsauerlandkreis; Bergmann 2015, S. 148 f.) kritisch zu hinterfragen ist. Auf „Kley" (auch: „Klee", „Klegge", „Kleighe" u. ä.) lautende FlN sind in den Oberbörden des Hellwegs häufig und bezeichnen Areale mit flach- bis mittelgründigen, schwer bearbeitungsfähigen Lehmböden. Daher übersieht man schnell, dass im Umfeld von Klieve und Robringhausen eine Ortswüstung Cleye zu lokalisieren ist. Erwähnungen: um 1280: *In Cleye* (Urkunden Kloster Oelinghausen, Anhang, S. 376, §19); 1323: *in Cleyge unus mansus* (Seibertz Ub. 2, Nr. 602, S. 196).

Cobbincthorpe.
I. Scheinwüstung.
II. Gemeinde Lippetal.
III. *Um 1150: *in Cobbincthorpe* (Urbare Werden 1, S. 230, Z. 22).
IV./V. Im Streusiedlungsgebiet nördlich der Bauerschaften Heckentrup/Schachtrup verzeichnet das Preußische Urmesstischblatt nahe des Dreinbachs den Hof Köntrop (jetzt: Bockey), welcher den Ortsnamen überliefert.
Literatur: Flöer/Korsmeier 2009, S. 109 f.: +Cobbinchthorpe.

Dale (auch: to deme Dale).
I. Ortswüstung.
II. Gemeinde Anröchte.
III. Eine Naturalrente aus *In Dale* ist in dem *um 1280 angelegten Urbar des Klosters Oelinghausen in der Reihenfolge der Nennungen zwischen Klieve (*Clue*) und *In Cleye* genannt. Die vom Bearbeiter der Quelle vorgeschlagene Identifikation mit dem Daelhoff in Berlingsen ist nicht zutreffend (Urkunden Kloster Oelinghausen, Anhang, S. 376, §18), 1516: Berckhof; dieser Hof war 1490 vom Kloster Benninghausen erworben worden und ist als: *Eyn Stücke Erves, geheyten dey Berckhoff ..., by Robberinckhusen*, bezeichnet (Schelhasse 1902, S. 134).
IV. Nördlich von Waltringhausen bzw. 1,2 km südlich von Klieve ist der Talgrund eines Baches als „im Dalhof" und der sich im Westen an den Grund anschließende Hang als „Berkhof" bzw. „am Berkhof" bezeichnet. Der im Südosten auf die Flur „im Dalhof" folgende Flurbereich oberhalb des Talgrunds heißt im Urkataster „Hanshof". Letztere Flur wird auf ihrer Westseite von einem Weg begrenzt, der von Waltringhausen zur Dalhofs-Flur hinabführt (Kreiskatasteramt Soest, Urriss Steuer-Gemeinde Klieve, Gemarkung Robringhausen, Flur VI.2, 1829, und Steuer-Gemeinde Klieve, Gemarkung Waltringhausen, Flur III: Hanshof, 1829).
V. Lage am Sonnebornbach 0,5 km nördlich von Waltringhausen.
VI. Teilprospektiert: Die Übersichtsbegehung der Flur „Hanshof" erbrachte Funde des hohen und späten Mittelalters (11.–13. Jh.), darunter uneinheitlich gebrannte granitgrusgemagerte Irdenware, uneinheitlich gebrannte Irdenware mit Schieferplättchenmagerung, uneinheitlich gebrannte feinsandgemagerte Irdenware, gelbe feingemagerte schwach gebrannte Irdenware, blaugraue Irdenware Paffrather Art und graue feingemagerte harte Irdenware; AKZ 4415,0225 („Berkhof"); AKZ 4415,0226 („im Dalhof"); AKZ 4415,0227 („Hanshof").
Literatur: Bergmann 1989, siehe Nr. 65, S. 140.

Dalhoff, Groter.
I. Hofwüstung.
II. Stadt Rüthen.
III. *1402: *Groten Dail Hoff gelegen to Langenstroit* (Landesarchiv NRW, Abteilung Westfalen [Münster], Herrschaft Büren, Urk. 214a).
V. Lage 0,8 km nordwestlich von Langenstraße.
VI. Funde 10.–14. Jh.; AKZ 4416,0090.
Literatur: Bergmann 1989, Nr. 75, S. 148 f..

Dederdinchusen.
I. Ortswüstung.
II. Stadt Rüthen.
III. *1366: *Dederdinchusen* (REK 7, Nr. 461).
IV. 1720: „Dinkerfort" an der Glenne (Ernst [2]1976, S. 14 f.); weiterhin Wegebezeichnung „Derinker Foer" bzw. „Deringerführ" 0,8 km nordnordöstlich von Kallenhardt (Kirche) (siehe BKW; FlN mundartlich auch „Deringer Feoer").
Literatur: BKW Lippstadt, S. 36, Anm. 7; Henneböle 1963; Ernst [2]1976, S. 14 f.: Deringhausen; Aust/Gerwiner/Hesse u. a., Flurnamen in der Gemarkung Kallenhardt [Karte], M. 1:10000, o. J. [1996]; Flöer/Korsmeier 2009, S. 112 f.: Dederinchusen.

Dethlevinchusen.
I. Ortswüstung.
II. Lage unklar: Stadt Geseke? oder Gemeinde Anröchte?
III. *1337: *bonu*(m) *Dethlevinchusen situ*(m) (Landesarchiv NRW, Abteilung Westfalen [Münster], Stift Geseke, Urk. 82).
V. Nicht auf der Wüstungs-Übersichtskarte des Kreises Soest dargestellt.
Literatur: Bergmann 1989, S. 140; Flöer/Korsmeier 2009, S. 118: Dethlevinchusen.

Diebringhus.
I. Unsicher ob Orts- oder Hofwüstung.
II. Stadt Erwitte.
III. Zum Villikationshaupthof Horn des Stifts Meschede gehörige Manse in Diebringhus (kein Quellennachweis bei Heitkemper).
V. Genaue Lage im Kirchspiel Horn oder Erwitte unklar; nicht auf der Wüstungs-Übersichtskarte des Kreises Soest dargestellt.
Literatur: Heitkemper 1962, S. 24.

Dike, to deme (Diekhof).
I. Hofwüstung.
II. Stadt Rüthen.
III. *1389 Hof to deme Dike (Landesarchiv NRW, Abteilung Westfalen [Münster], Grafschaft Rietberg, Urk. 158).
V. Lage näherungsweise 0,8 km nördlich von Westereiden; nicht auf der Wüstungs-Übersichtskarte des Kreises Soest dargestellt.
Literatur: Bergmann 1989, Nr. 68, S. 141 f.

Dincborgelo.
I. Ortswüstung.
II. Stadt Erwitte.
III. *1306: *Gobelinus, filius quondam Abrahe de Dincborgelo, bona sua in Dincborgelo sita* (Westf. Ub. 11, Nr. 462); 1325: *villa Dynckborgelo* (Schelhasse 1902, S. 124); 16. Jh.: *Dey grote Hoff by Smerlecke genannt Dynckberloy, nu genant dey grote* Loyhoff (Schelhasse 1902, S. 124): Es zeichnet sich ab, dass der mittelalterliche Besitz in Dincborgelo nach dem Wüstfallen der Kleinsiedlung unter einem anderen Namen (Grote Loyhoff) weiter tradiert wird, wobei davon auszugehen ist, dass die Hofesländereien im 16./17. Jh. von einer Familie Timann/Tyman/Thieman aus Schmerlecke (siehe SchRegHzmWestf. 1, S. 70, Position 19 [linke Spalte] und Position 14 [rechte Spalte]) bewirtschaftet wurden.
V. Lage gemäß Quellenangaben bei Schmerlecke und daher nicht mit dem durch FlN tradierten „grote Lohoff" bei Sieningsen, Kr. Soest, zu identifizieren; zudem nach Quellenangabe von 1360 im Kirchspiel Horn gelegen; um die Mitte des 16. Jhs. genannte, ehemalige (= wüste) Hofstelle: *dey Hovesayte vor dem Loe gnt. dat Dynckmerige Loe* mit Flurstücken u. a. nahe des *Lusebryncke* und im *Roikesloe* (Schelhasse 1906, S. 126 f.).
Literatur: Schelhasse 1902, S. 124–127; Heitkemper 1962, S. 18 f.; Flöer/Korsmeier 2009, S. 119 f.: Dinkborgelo.

Dinker.
I. Wüstungsresistenter Kirchort mit ehemaliger Niederungsburg „Isenbergk"/„Klotinghof.
II. Gemeinde Welver.
III. *1166: *Thiodericus de Thinkere* (REK 2, Nr. 840, S. 144); 1219: *Gerardus et frater eius Clot* (Westf. Ub. 7, Nr. 164); 1313: *curtem dict. Clotichof in Dinchere* (Seibertz Ub. 2, Nr. 556, S. 126, §143); 1377: *curtis Cloetinchoff in villa et parochia Dynchere* (Hömberg 1979 [Heft 19], S. 36).
IV. Südwestlich der Kirche Dinker befindet sich am Auenrand der Ahse eine mehrteilige Niederungsburg. An die 1828 bestehende, unbewohnte, von einer breiten Ringgräfte umgebene Hauptinse schließt sich im Westen ein von einem schmaleren Wassergraben begrenztes, ovales Vorburggelände mit einem

kleinen Einzelgebäude an. Auf der Ostseite wird die Hauptburggräfte von einer kleinen Ringgräfte (mit bestehendem kleinem Gebäude) und einer sehr kleinen Rechteckgräfte flankiert. Die Niederungsburg ist im Urkataster als „Isenbergk" bezeichnet (Kreiskatasteramt Soest, Urriss Dinker, Flur II.5, 1828). Historisch wird die Anlage mit dem Rittergut Klotinghof identifiziert und aufgrund von Lageindizien ist dieses „als der alte Haupthof des Dorfes ... anzusprechen" (Hömberg 1979 [Heft 19], S. 32); Recker 2001 (S. 232–234) interpretiert den Klotinghof als den wahrscheinlichen Stammsitz der Cloet von Dinker.
VI. AKZ 4313,0025.
Literatur: BKW Soest, S. 25; Hömberg 1979 [Heft 19], S. 32–52; zu Dinker siehe weiterhin Flöer/Korsmeier 2009, S. 120 f.: Dinker.

Distelhoven.
I. Orts- oder Hofwüstung.
II. Gemeinde Welver.
III. *1247: *bona Distelhoven* (Westf. Ub. 7, Nr. 651).
IV. Das Urkataster Schwefe kennt den FlN „Haariken Distelkamp" (Kreiskatasteramt Soest, Urkataster Schwefe, Flur IX, 1827). Bei Ehningsen besteht zudem der Disselbach (Kreiskatasteramt Soest, Schwefe, Flur III.1: Ehningsen, 1827: „am Disselbach"). Zwischen diesen FlN und dem hier gemeinten Distelhoven besteht augenscheinlich kein Zusammenhang, denn die Siedlungsstelle lag zwischen Kirchwelver und Recklingsen. In letzterem Bereich existierte eine mit Niederwald bestandene fünfeckige Parzelle „Disselhoff", an welche eine ebenso bezeichnete Wiese angrenzte (Kreiskatasteramt Soest, Urriss Welver, Flur II.2, 1828). Ein in der Gemarkung Recklingsen angrenzendes, von einer Weidefläche gesäumtes kleineres Waldareal hieß ebenfalls „Disselhof" (Kreiskatasteramt Soest, Urriss Welver, Flur IV.1: Recklingsen, 1827).
V. Lage ca. 1,2 km westlich von Welver.
VI. Groblokalisation: AKZ 4313,0248.
Literatur: Schneider 1936, S. 33: Distelhof; Flöer/Korsmeier 2009, S. 121 f.: Disselhof.

Dodinchusen.
I. Ortswüstung.
II. Stadt Geseke.
III. *1330: Land bei der Loflinden oberhalb Dodinchusen (LR Bd. 3, Nr. 1750, § 80; Loflinde = ehemaliger Standort der sogenannten Lauflinde in der Geseker Feldflur).
V. Lage ca. 2,8 km nordnordwestlich von Geseke.
Literatur: Bergmann 1989, Nr. 24, S. 90; Balzer 2017, S. 82, S. 98 und Abb. 1.

Dorfwelver (**Motte Galen, Haus Bockhövel, Haus Matena**).
I. Wüstungsresistente ländliche Siedlung mit mehreren ehemaligen Adelssitzen.
II. Gemeinde Welver.
III. *1256: *Wesscelo de Galen* (Westf. Ub. 7, Nr. 908); *1336: *Johannes dictus Clot de Bochouele famulus* (Seibertz Ub. 2, Nr. 654); 1684 kauft Johann Ernst v(on) Krane zu Rödinghausen das Haus Bockhövel von den Kettler zu Middelburg (Hömberg 1979 [Heft 19], S. 105); 1450: *Schulte tor der Matenna*. Aufgrund der im 16. Jh. bestehenden Lehnsabhängigkeit des Guts Matena vom Rittergut Bockhövel wird gefolgert, dass es sich bei ersterem um einen Abspliss des Ritterguts Bockhövel handelt (Hömbert 1979 [Heft 19], S. 122).
IV. Zur Niederungsburg Galen besteht der wüstungsweisende FlN „op'm Tempel". Die deutsche Grundkarte verzeichnet weiterhin nördlich der Burgwüstung Galen den wüstungsweisenden FlN „Nierenhof".
V./VI. Galen: Westlich der Rechteckanlage des Hauses Matena befindet sich die mittelalterliche Turmhügelburg (Motte) Galen des späten 11. oder frühen 12. Jhs. mit dieser im Nordosten vorgelagerter, näherungsweise dreieckigen Gräftenanlage und sich an den Komplex insgesamt direkt im Osten anschließender, weiterer (rechteckiger) Gräftenanlage: AKZ 4313,0026 (eingetragenes Bodendenkmal). Haus Bockhövel: Das Adelsgut lag in der Flur „Auf'm Bockhövel" unmittelbar nördlich des Hauses Matena und ist „vielleicht schon Mitte des 13. Jhs. entstanden" (Hömberg 1979 [Heft 19], S. 93 f.) bzw. nach Recker eventuell eine Gründung des frühen 14. Jhs.: AKZ 4313,0078. Matena: am nordöstlichen Rand der Kleinsiedlung Dorfwelver befindet sich die rechteckige, mehrfach in sich untergliederte Gräftenanlage Haus Matena. Die Anlage war 1828 noch mit Gebäuden bestanden (Kreiskatasteramt Soest, Gemeinde Dinker, Flur I.2: Dorfwelver). Heute ist sie unbewohnt („Kulturdenkmal Gräftenreste des ehemaligen Hauses Matena"): AKZ 4313,0055 (eingetragenes Bodendenkmal).
Literatur: BKW Soest, S. 25 und S. 151 (Matena); (zu Galen): Hömberg 1979 (Heft 19), S. 106–117; Recker 2001, S. 232–234; (zu Bockhövel): Hömberg 1979 (Heft 19), S. 93–105; Recker 2001, S. 232–234; Flöer/Korsmeier 2009, S. 75; (zu Matena): Hömberg 1979 (Heft 19), S. 122–127; Recker 2001, S. 232–234; Flöer/Korsmeier 2009, S. 307 f.

Dornhof.
I. Hofwüstung? (mit sieben zugehörigen, wüstungsresistenten Kotten in Horn).
II. Stadt Erwitte.
IV./V. Wüstungsweisender FlN „Der Dornhof" ... „im Norden des Dorfes Horn, wo nun der Friedhof liegt" (Heitkemper 1962, S. 27). Hömberg (1967, S. 221) erwähnt kurz als zur Gemarkung Soest(!) neben Gelmen gehörig: Dornhof, Kalthof (im Westen der Stadt) und Hanekey. Insofern dürfte der bei Hömberg erwähnte Dornhof in keiner Beziehung zu dem von Heitkemper angeführten Objekt stehen.

Dudinchof.
I. Hofwüstung.
II. Gemeinde Welver.
III. *1256: Verkauf des arnsbergischen Haupthofes (*curtim*) *Dudinchof* an das Kloster Oelinghausen bei Arnsberg (Seibertz Ub. 1, Nr. 294). Seibertz interpretiert den Hof als bei Arnsberg gelegen (Seibertz Ub. 3, S. 577). Die Urkunde von 1256 wurde jedoch von der Stadt Soest mitbesiegelt. *Arturus dictus de Sweue* (= Schwefe) willigt in den Verkauf ein. Die Zeugenliste der Urkunde enthält zahlreiche „Soester" Personen und der Verkauf wurde in der Stadt Soest vollzogen (*Datum et actum Svsati*). All dies passt nicht zu einem Objekt bei Arnsberg, sondern ist auf die Hofwüstung bei Schwefe zu beziehen. – Hömberg (1967, S. 219 f.) interpretiert, dass Schwefe aus vier Urhöfen entstand, darunter dem „Dudinghof" der Grafen von Arnsberg.
IV. Zwischen Schwefe und Eineckerholsen besteht im Urkataster der auf die Lage der Hofwüstung verweisende FlN „Dönninkhoff" (Kreiskatasteramt Soest, Urriss Schwefe, Flur VIII.1, 1827).
VI. Funde des 10./11.–13. Jhs.: u. a. Fragmente von uneinheitlich gebrannten Kugeltöpfen mit schräg nach außen abgestrichener Randlippe und von Kugeltöpfen mit Ösentülle, weiterhin einer Amphora Pingsdorfer Art aus gelbgrauer Irdenware mit manganvioletter Bemalung und eines Kruges (oder einer Kanne?) aus Faststeinzeug Siegburger Art; AKZ 4414,0109.

Dummerinchusen.
I. Wüstungstypisierung unsicher: Ortswüstung? oder Scheinwüstung?
II. Gemeinde Möhnesee.
III./V. *1437: Hof und Gut Dummerinchusen im Kirchspiel Körbecke (*Corbike*) (INA Werl, Nr. 49); nicht auf der Wüstungs-Übersichtskarte des Kreises Soest dargestellt.

Ebbinchusen.
I. Ortswüstung.
II. Stadt Geseke.
III. *1244: *Ebbinchusen* (Westf. Ub. 7, Nr. 581).
V. Lage 4,5 km nordnordwestlich von Geseke.
VI. Prähistorische Funde und Keramikfunde 7./8.–14. Jh.; Metalldetektorfund einer Zellenschmelz-Kreuzemailscheibenfibel des Typs Haseloff 3 (Nr. 3); AKZ 4316,0013.
Literatur: Bergmann 1989, Nr. 23, S. 88–90, und Karte 24; Flöer/Korsmeier 2009, S. 131: Ebbinchusen; Balzer 2017, S. 82, S. 98 und Abb. 1.

Echtorp.
I. Scheinwüstung (bei Echtorp handelt es sich um ein im äußersten Norden an das Kirchdorf Dinker anschließendes Streusiedlungsgebiet [vgl. Hömberg 1967, S. 220]; Echtorp bedeutet: hinteres „Dorf").
II. Gemeinde Welver (siehe hier weiter: Mettorp).
III. *1338: *Echtorp in parochia Dincher* (Seibertz Ub. 2, Nr. 665, S. 278, §118).

Eddringhausen.
I. Ortswüstung?
II. Stadt Erwitte.
III. Zum Villikationshaupthof Horn des Stifts Meschede gehörige Manse (kein Quellennachweis bei Heitkemper).
V. Genaue Lage im Kirchspiel Horn oder Erwitte unsicher; nicht auf der Wüstungs-Übersichtskarte des Kreises Soest dargestellt.
Literatur: Heitkemper 1962, S. 24.

Edinchusen.
I. Ortswüstung.
II. Gemeinde Welver.
III. *1313: *dom. in Edinchusen* (Seib. Ub. 2, Nr. 556, S. 126, §153); 1324: *mansum unum situm in Edinchusen in parrochia Sweue* (Westf. Ub. 11, Nr. 2089).
IV. Am südwestlichen Ortsrand von Schwefe besteht zur Zeit der Urkatasteraufnahme der wahrscheinlich auf die Lage der Ortswüstung hinweisende FlN „Eenhus" (Kreiskatasteramt Soest, Urkataster Schwefe, Flur VIII.1, 1827).
VI. AKZ 4414,0272.
Literatur: Wolf (Westf. Ub. 11, Lieferung 3, 2005, S. 1243 f.) deutet +Edinchusen als Enkesen im Bruch (südsüdwestlich von Schwefe); Flöer/Korsmeier 2009, S. 134 f.: +Edinchusen.

Eggerinchusen.
I. Ortswüstung (Adelssitz Schloss Eggeringhausen wüstungsresistent).
II. Gemeinde Anröchte.
III. *1216–1218: *Ecgerinchusen* (Westf. Ub. 7, Nr. 127); 1313: *Freder. Thom. et Gerh. fratres de Melderike II hob. in Eckerinchusen b. f.* (Seibertz Ub. 2, Nr 62, S. 121). Das Schloss Eggeringhausen ist eine Anlage des 17. Jhs.: BKW Lippstadt, S. 123 f.).
IV. 0,3 km nördlich des Schlosses Eggeringhausen tritt die Flurbezeichnung „in den Enkerhöfen" auf und 0,35 km nordöstlich des Schlosses besteht im einem Karstgelände der „Enkerteich". Weiterhin ist die von Mellrich in Richtung der Ortsstelle gelegene Flur als „auf'm Eggeringerfeld" bezeichnet. Von Uelde aus betrachtet liegt darüber hinaus die dortige Flur „im Enkerfeld" in Richtung der Ortswüstung (Kreiskatasteramt Soest, Urriss Mellrich, Flur IX.2: Enkerfeld, 1829; Flur XIII: Mellrich, 1829, und Flur XIV: Gallenkamp, 1829).
V. Im Bereich des Teichs besteht eine wasserstauende, flintführende Lokalmoräne, welche die verkarsteten Plänerkalke des Turon überlagert. – Siedlungslage +Eggerinchusen 1,1 km ostsüdöstlich Mellrich (Kirche).
VI. Unmittelbar nördlich des Enkerteichs konnte 2016 unter stark eingeschränkten Prospektionsbedingungen eine Fundstreuung mittelalterlicher Keramik des 9. und 11./12.–13. Jhs. erkannt werden. Unter dem Fundmaterial befindet sich eine Schulter-Hals-Scherbe aus gelber Drehscheibenware Badorfer Art mit mindestens 4-zeiligem Rechteckrollstempeldekor und Ansatzstelle des Flachhenkels, nahebei verweisen (auf einer Fläche von 15 m im Durchmesser) aufgepflügte Kalksteinplatten auf eine Gebäudefundamentierung, in deren Umfeld eine ebenfalls aufgepflügte Konzentration von verziegeltem Lehm besteht; AKZ 4415,0157. Der darüber hinaus prospektierte Flurbereich „in den Enkerhöfen" erbrachte außer wenigen Streuscherben kein Fundmaterial des Mittelalters.
Literatur: Schneider 1936, S. 38; Flöer/Korsmeier 2009, S. 137 f.: Eggeringhausen, Schloß.

Eineckerholsen.
I. Partielle Ortswüstung.
II. Gemeinde Welver.
III. *1298: *decimam suam sitam Endike et Holthůsen* (Westf. Ub. 7, Nr. 2507).
IV. Ortsnah zu Eineckerholsen bestand zur Zeit der Aufnahme des Urkatasters (Kreiskatasteramt Soest, Urkataster Schwefe, Flur IV: Eineckerholsen, 1827) der FlN „Husen", der auf einen wüstgefallenen Siedlungsbereich des Dorfes hinweist.
Literatur: Flöer/Korsmeier 2009, S. 148: Eineckerholsen.

Elfsen.
I. Wahrscheinliche Hofwüstung in wüstungsresistentem Ort.
II. Gemeinde Bad Sassendorf.
III. *1168–1190: *Eueldenchusen* (Seibertz Ub. 1, Nr. 97).
IV. Auf eine Hofwüstung verweisender FlN „auf dem Blasshof" am östlichen Ortsrand von Elfsen (Kreiskatasteramt Soest, Urriss Müllingsen, Flur II.2: Elfsen, 1827).
Literatur: Flöer/Korsmeier 2009, S. 148–150: Elfsen.

Elsinchusen (Abbn. 90–92).
I. Ortswüstung mit Haupthof (*curia*) des Stifts Geseke.
II. Stadt Geseke.
III. 1. Hälfte 14. Jh. (*ca. 1314): *decima in Elzinchusen* (Quellen westfälische Geschichte 1, S. 418); 1358: *via Elzinchuserwech* (INA Büren, Nr. 174, S. 155).
V. Lage 3,2 km südlich von Geseke.
VI. Prospektionsfunde 9.?/10. Jh.–12. Jh. und 1. Hälfte 13. Jh. (archäologisch nachweisbare frühe Auflassung einer ländlichen Siedlung eines Stadtumfeldes!); Eisenverarbeitung; Metalldetektorprospektion: eine möglicherweise nördlich der Ortsstelle aufgefundene Grubenschmelz-Kreuzemailscheibenfibel des Typs Haseloff 1 (Wamers 1994, S. 208, Liste 5, Nr. 14); auf Prospektion folgende Ausgrabung des Fundbereichs A mit Nachweis eines innerhalb des Hofes, wohl einer *curia*, gelegenen Wohnturms. Zahlreiche Funde u. a. aus dem Zerstörungshorizont des

Abb. 90: Geseke, Kr. Soest: Rekonstruktion des ergrabenen Wohnturms in der Wüstung Elsinchusen (LWL-Archäologie für Westfalen, Rekonstruktion: F. Heinemann; Foto: S. Brentführer)

Abb. 91: Geseke, Kr. Soest: Erdgeschoss des Wohnturms in der Wüstung Elsinchusen vor seiner fehdebedingten Zerstörung um 1200 oder im frühen 13. Jh. (Rekonstruktionszeichnung: LWL-Archäologie für Westfalen, R. Bergmann)

Abb. 92: Geseke, Kr. Soest: Hochmittelalterliche Gewandschnalle/Ringfibel von der Ortsstelle Elsinchusen, Maßstab 2:1, Durchmesser des Rings (= Rahmen) 2,0 cm (Foto: LWL-Archäologie für Westfalen, S. Brentführer)

Wohnturms der Zeit um 1200/frühem 13. Jh.: Bergmann 1993a: Nr. 34, S. 187 f.: Sichel; Nr. 37, S. 190–193: Wetzstein, Nr. 40: Forke, Nr. 41: Spitzhacke, Nr. 42: Kettenglieder; Nr. 45: S. 195 f.: Bohrlöffel, Nr. 46: Löffelbohrer; Nr. 55: S. 199–204: Trittdorn, Nr. 56: Unterbaum einer Kandare, Nr. 59: Stachelsporn; Nr. 118, S. 246 f.: verzierte und vergoldete Gewandschnalle; Nr. 82 und Nr. 85, S. 221–224: Kinderspielzeug; Nr. 105–107, S. 235–239: Bügelscheren; Nr. 121, S. 250: Perle; Nr. 128, S. 254: Münze (1193–1205); Nr. 136, S. 258: Steckschlüssel für Spreizfederschloß; aufgefundenes Fgm. eines Kerzenständers(?); aus Brunnen nördlich des Wohnturms Funde von hochmittelalterlichen Kleintierknochen: Erdmaus (*Mictotus agrestis*), Erdkröte (*Bufo bufo*), Teichfrosch (*Rana esculenta*) (Bestimmungen: Dr. P. Lanser, LWL-Naturkundemuseum); AKZ 4317,0004.
Literatur: Bergmann 1988a, S. 638–640 und S. 641, Abb. 43; Bergmann 1989, Nr. 29, S. 97 f., Karte 28; Bergmann 1993a, S. 93–102; Best/Austermann/Koopmann/Schyle 1996, Nr. 7, S. 34: „Möglicherweise Reste der Wüstung Elsinchusen ...“ (Kommentar Verf. hierzu: die von den Autoren vorgenommene Verortung von +Elsinchusen bei Salzkotten-Thüle, Kr. Paderborn, ist irrig); Bergmann 2001a, S. 320; Bergmann 2001b, S. 115, S. 118, S. 122 f. und Abb. S. 117 sowie S. 123; Flöer/Korsmeier 2009, S. 132 f.: +Elsinchusen; Balzer 2017, S. 82, S. 90 und Abb. 1; Cichy/Zeiler/Baales 2017, S. 68.

Enckhoff.
I. Wüster Hof in der Reihensiedlung +Ostholte (siehe dort).

Enechem.
I. Partielle Ortswüstung (Mühle wüstungsresistent).
II. Stadt Geseke.
III. *1380: *ex bono Enechem sito quod colit dictus Vmberede* (Quellen westfälische Geschichte 3, S. 312).
V. Lage 1,4 km nördlich von Störmede.
VI. Keramikfunde 9.–14. Jh.; Metalldetektorfunde: eine runde Gussfibel mit Kreisaugendekor (Nr. 721); AKZ 4316,0027.
Literatur: Bergmann 1989, Nr. 36, S. 107 f., Karte 31; Flöer/Korsmeier 2009, S. 153: Enechem.

Enighusen.
I. Ortsnamenwüstung? (vgl. Everinchusen).
II. Angebliche Lage in der Gemeinde Lippetal bzw. nach Flöer/Korsmeier (2009, S. 95 f.) wohl nicht im Kr. Soest gelegen.
III. *1055–80: Enighusen (Westf. Ub. 1, Reg. 1068).
V. Lage nordöstlich von Lippborg?, nicht auf der Wüstungs-Übersichtskarte des Kreises Soest dargestellt.
Literatur: Schneider 1936, S. 42.

Erlehof.
I. Burgwüstung (Niederungsburg) mit einem der Burg im Nordosten vorgelagerten Siedlungs- oder Vorburgareal.
II. Stadt Erwitte.
III. *1444: Belehnung „mit dem Hof zu Aspen, gen. der Erlehof, im Kirchspiel Erwitte“ und zu dem Hof gehörigen Salzsiedereien (Quellen Stift Meschede, Nr. 266).
VI. Keramik: 10.–12. Jh., zahlreiche Funde frühmittelalterlicher Fibeln aus dem Bereich nordöstlich der Burgstelle; AKZ 4316,0020.
Literatur: Bergmann 1989, Nr. 55, S. 127 f.

Ethelinchusen (bei Herzfeld).
I. Ortswüstung.
II. Gemeinde Lippetal.
III. *1246: *mansum iuxta villam Ethelinchusen situm* (Westf. Ub. 7, Nr. 628); nach der Rückschrift zu dieser Urkunde von einer

Hand des 13. Jhs.: *De manso in Keslere*, lag dieser Besitz innerhalb der Bauerschaft Kesseler.
IV. Möglicherweise verweist der FlN Erdelbrock zwischen Herzfeld und Kesseler auf die Siedlung.
V. Anzunehmende Lage im Bereich der heutigen Bauerschaft Kesseler bei Herzfeld.
Literatur: Flöer/Korsmeier 2009, S. 169: Ethelinchusen.

Ethelinchusen (bei Wamel).
I. Ortswüstung?
II. Gemeinde Möhnesee.
III./V. *Henricus* und *Hermannus de Ethelinchusen* sind *1229 zusammen mit anderen Personen lokaler Herkunftsnamen: *de Heventlehusen* (siehe +Hevendenhusen, Kr. Soest), *de Wanemale* (Wamel, Kr. Soest), *de Welinchusen* (siehe +Welinchusen, Kr. Soest), *de Volkelinchusen* (Völlinghausen südsüdöstlich Wamel, Kr. Soest) und *de Ektorpe* (Echtrop nordnordwestlich Wamel, Kr. Soest) unter den Markengenossen der *marchia Sirinchusen* (Sieringer Mark, siehe hier: +Sirinchusen) bezeugt (Westf. Ub. 7, Nr. 321), sodass eine Lage der wahrscheinlichen Ortswüstung innerhalb der Gemeinde Möhnesee anzunehmen ist.

Ettinchusen.
I. Partielle Ortswüstung; Restsiedlung des Ortes ist der Ettingerhof.
II. Stadt Rüthen.
III. *1281–1313: *mans. in Etelinchusen* (Seib. Ub. 2, Nr. 551, S. 113, §128; Datierung der Quelle nach Hömberg [1967, S. 256, Anm. 37]: *um 1280–1285 mit vereinzelten jüngeren Eintragungen); 1652: starke Kriegsschäden am Etingerhoff (Stadtarchiv Rüthen, Findbuch, Nr. 1134).
IV. Im Umfeld des Ettingerhofes treten die FlN „im Elterfeld", "auf'm ettinger Stuken" und „Ettingerort" auf (Kreiskatasteramt Soest, Urriss Miste [Meiste], Flur VII: Heide, 1829, und Flur VIII: Ettingerhof, 1829). Der Ettingerhof als solcher ist bereits auf einer Karte von 1653 verzeichnet.
V. Lage 3 km östlich von Rüthen bzw. Lage des mittelalterlichen Siedlungsbereichs wahrscheinlich unmittelbar unterhalb des Ettingerhofs an einem Quellteich.
VI. AKZ 4516,0099.
Literatur: Schneider 1936, S. 45; Henneböle 1963, S. 9: Ettingerhof, Kermann 1985, S. 194 (Abb. 144: Hofansicht im Jahr 1653); Kneppe 2000, S. 219, S. 220 (Karte), S. 228, S. 238: Ettinghausen; Flöer/Korsmeier 2009, S. 170: Ettingerhof.

Everingsen.
I. Partielle Ortswüstung.
II. Gemeinde Lippetal.
III. *1188: *decimam in Euerinchusen* (Westf. Ub. 2, Cod. 480).
IV./V. Lage im Kirchspiel Lippborg bzw. nach Angabe Flöer/Korsmeier (2009, S. 170) etwa 1 km nordwestlich von Polmer (= Fehlverortung); Kommentar Verf. hierzu: nordnordöstlich von Lippborg verzeichnet das Preußische Urmesstischblatt am Rand der ausgedehnten Bauerschaft Polmer eine Höfegruppe. In deren Umfeld besteht die Bezeichnung „Everingsen". Entgegen Flöer/Korsmeier (2009) war daher zunächst davon auszugehen, dass hier keine Wüstung vorliegt. Nördlich eines dieser resistenten Höfe, des Hohoffs, tritt in der Deutschen Grundkarte jedoch der wüstungsweisende FlN „Worth" auf, sodass Everingsen als partielle Ortswüstung einzustufen ist.
Literatur: Schneider 1936, S. 45; Flöer/Korsmeier 2009, S. 170 f.: +Everinckhusen.

Evinchusen.
I. Ortswüstung.
II. Stadt Rüthen.
III. Wahrscheinlich steht die 1241 (1242) genannte Tochter des *Arnoldi de Evenhusen* (Westf. Ub. 7, Nr. 525) nicht in einer Beziehung zu dieser Ortswüstung, deren Ortsname auf -inchusen lautet; *1412: *Euynchusen* (Quellen Stift Meschede, Nr. 172). Der Ort ist hier in der urkundlichen Reihenfolge nach Heddinchusen bei Rüthen oder +Hiddinchusen bei Rüthen-Oestereiden genannt, sodass ein Bezug zu der hier angeführten Ortswüstung besteht.
IV. 1492: Drifft zu Evinchhusen (Stadtarchiv Rüthen, Findbuch, Nr. 302).
IV./V. An demjenigen Bereich, in dem die Ortsstelle angenommen wird, haftet 1828 der wenig aussagekräftige FlN „auf der Heide". In einer Karte von 1896 ist die betreffende Flur im Einmündungsbereich der Glenne in das Haupttal der Möhne dann mit dem FlN „Auf Hunigker Heide" bezeichnet (Kreiskatasteramt Soest, Urriss Suttrop, Flur IV, 1828, und Übersichtskarte der Gemarkung Suttrop, 1896). Von letzterem FlN erschien auf den ersten Blick unwahrscheinlich, dass er auf +Evinchusen verweist. Die Flur ist bereits 1568 als Wiese „die Hunickerheide" fassbar, die als zwischen Rüthen und Belecke gelegen bezeichnet ist (Stadtarchiv Rüthen, Findbuch, Nr. 683). Entscheidend für die Verortung der Wüstung ist jedoch eine Quellenangabe von 1566, derzufolge die „Hunicker Heide" die wahrscheinliche Dorfstelle von Evinchusen sei (Viegener 1927, S. 172); potentielle Lage von Evinchusen auf einer Talterrasse oberhalb der Möhneaue.
VI. Vorläufiger Fundpunkt: AKZ 4516,0249.
Literatur: Henneböle 1963; vgl. auch hier nachfolgend: Heyuenchusen.

Eylinghusen.
I. Ortswüstung.
II. Stadt Rüthen.
III. *1413: Grotehoff to Eylinghusen (Stadtarchiv Rüthen, Findbuch, Nr. 73). Viegener benennt Elwardinghusen als Ausbauort von Altenrüthen; Henneböle bezeichnet die Siedlung sowohl als Elwardinghusen als auch als Elwardeshusen, gibt jedoch keinen Quellenbeleg an. Das Findbuch des Stadtarchivs Rüthen identifiziert den in der Urkunde von 1413 genannten Ort Eylinghusen wie folgt: „Eylinghusen lag an der Haar/Elmespöte". Dieser Interpretation folgt Verf. Grundsätzlich ist jedoch im Zusammenhang mit einer Identifikation der Fundstelle AKZ 4416,0047 auf das bestehende Problem des FlN „Oelingerfeld" (bei Rüthen-Menzel) wie auch auf die Ortswüstung Olinchusen (ostsüdöstlich der Stadt Rüthen) hinzuweisen, die ähnlichlautende Ortsnamen aufweisen. Möglicherweise, dies als *ultima ratio*, kann es sich bei Eylinghusen/Elwardinghusen um zwei verschiedene Ortswüstungen handeln.
IV. Das hier angeführte Fundareal liegt innerhalb der Flur „in Elmespoeten" unterhalb der Schichtstufe des Haarstrangs (Kreiskatasteramt Soest, Urriss Rüthen, Flur IV: Haar, 1829, und Flur III.3, 1829; mundartlich *Poth* = Teich).
V. Lage 2 km nordöstlich von Altenrüthen bzw. Lage am Rand einer Lößinsel südlich unterhalb der Schichtstufe der Turon-Kalke.
VI. Altfunde 9./10. Jh.–14. Jh.; bei der Prospektion 2016 zeigte sich nur eine lockere Fundstreuung mit Funden des 11./12.–13. Jhs., darunter uneinheitlich gebrannte sandgemagerte Irdenware, uneinheitlich gebrannte schiefergemagerte Irdenware, blaugraue Irdenware Paffrather Art, rot engobiertes Faststein-

zeug, steinzeugharte Ware Siegburger Art und Faststeinzeug Siegburger Art. Eindeutig dem 14. Jh. zuzuweisendes Material fehlt; AKZ 4416,0047.
Literatur: Viegener 1927, S. 144: Elwardinghusen; Korrespondenz E. Henneböle vom 23.02.1960 im Archiv Referat Mittelalter- und Neuzeitarchäologie des LWL, Ortsakte, S. 11 f.: Elwardinghusen; Henneböle 1963, S. 10 (Karte): Elwardinghusen; Kneppe 2000, S. 228: Elwardeshausen, Eylinghusen.

Fahnen.
I. Wüstungsresistente Kleinsiedlung mit wüster Gräftenanlage.
II. Gemeinde Welver.
III. *1250: *in iudicio nostro quod dicitur vridinch in loco qui dicitur Vane* (Westf. Ub. 7, Nr. 738).
IV. In der Bauerschaft Fahnen verzeichnet das Urkataster (Kreiskatasteramt Soest, Übersichtshandriss der Steuer Gemeinde Borgeln, 1828) nahe des Hofes Beickmann der Urkatasteraufnahme eine Gräftenanlage.
VI. AKZ 4314,0177.
Literatur: Hömberg 1979 (Heft 19), S. 19; Flöer/Korsmeier 2009, S. 172 f.: Fahnen.

Flerke.
I. Wüstungsresistenter Ort mit wahrscheinlicher Wüstungsfläche (daher u. U. als partielle Ortswüstung einzustufen).
II. Gemeinde Welver.
III. *1213: *Radolfus de Florike* (Westf. Ub. 7, Nr. 95).
IV. Am südöstlichen Ortsrand von Flerke ist ein Parzellenverband mit dem wüstungsweisenden FlN „Kirchhoff" bzw. „Kerckhoff" bezeichnet (Kreiskatasteramt Soest, Urkataster Welver, Flur VII.2: Flerke, 1828).
VI. Parzellenverband AKZ 4413,0437 nicht prospektiert.
Literatur: Flöer/Korsmeier 2009, S. 173–175: Flerke.

Friedhardskirchen (Vridehardiskirkin).
I. Scheinwüstung (jetzt zu Hellinghausen gehörend).
II. Stadt Lippstadt.
III. *1236: *Vridehardiskirkin*: Villikationshaupthof (*curtis*) des Kölner Domkapitels (Westf. Ub. 7, Nr. 444); 1440: *Vredenhardiskirchen alias Heilinchusen* (Oedinger, Liber Valoris, S. 93, §31, Anm. w).
IV. Im Urriss firmiert die Kirchensiedlung unter Hellinghausen. Sie besteht damals aus der Kirche, dem diese umgebenden Kirchhof, der Küsterei, dem Gebäude der *Vicarie* und weiterhin dem innerhalb einer Ringgräfte gelegenen Pastorat (Kreiskatasteramt Soest, Urriss Hellinghausen und Bobbing, Flur II.2: Hellinghausen, 1828).
V. Nach Seibertz (1865) umfasste die Herrschaft Friedhardskirchen die Adelssitze Hellinghausen, Heringhausen und Overhagen; nach Schneider (1936) ist Vridehardiskirkin mit dem heutigen Hellinghausen gleichzusetzen.
VI. AKZ 4315,0019 (= Kirchensiedlung).
Literatur: Seibertz 1865, S. 185; Schneider 1936, S. 47: Friedhardskirchen und S. 60: Hellinghausen; Ludorff/Schelhasse 1912, S. 75; Flöer/Korsmeier 2009, S. 175 f.: Friedhardskirchen, sowie dieselben, S. 215.

Galen, Adelssitz, Niederungsburg: siehe Dorfwelver.

Gelmene.
I. Ortswüstung mit kölnischem Oberhof.
II. Stadt Soest.
III. *1134: *curia ... in Gelmene* (Westf. Ub. 2, Cod. 216).
V. Lage 4,8 km nordöstlich von Soest.
VI. Funde Rössener Kultur, Eisenzeit und Prospektionsfunde des 8.–14. Jh. (Fundumfang der mittelalterlichen Lesekeramiken: 1280 S): Uneinheitlich gebrannte granitgrusgemagerte Irdenware: 14, 1 % (darunter sechs nach innen einziehende und rund abgestrichene RS von Kümpfen); Muschelgruskeramik: 0,1 %; uneinheitlich gebrannte schiefergemagerte Irdenware: 7,9 %; uneinheitlich gebrannte Irdenware mit granitischer Sandmagerung: 16,7 %; gelbe sehr fein gemagerte Drehscheibenware Badorfer Art: 4,5 % (darunter 13 WS mit charakteristischem Rechteck-Rollstempeldekor); gelbe mäßig grob gemagerte harte Irdenware: 1,6 %; gelbe schiefergemagerte Drehscheibenware: 0,4 %; gelbe Drehscheibenware Pingsdorfer Art: 6,8 %; rote feingemagerte Irdenware: 0,2 %; blaugraue Irdenware Paffrather Art: 1,8 %; graue schiefergemagerte Drehscheibenware: 3,8 %; graue feingemagerte harte Irdenware: 1,3 %; graue feingemagerte schwach verfestigte Irdenware: 17,5 % (worin sich ein Nahbezug qualitativ weniger hochwertiger Keramik aus einer Töpferei des Soester Umlandes [Hamm?] andeutet); graue klingendharte Irdenware: 3,0 % (darunter 8 S mit grau-roter Bemalung Pingsdorfer Art); steinzeugartig hart gebrannte Ware Siegburger Art: 3,3 %; rotengobiertes Faststeinzeug: 0,2 %; Faststeinzeug Siegburger Art: 9,4 %; Steinzeug Siegburger Art: 7,4 %; sonstige Funde: Kinderspielzeug (2 Murmeln aus gelber feingemagerter harter Irdenware); 1 Schmelztiegelfragment mit anhaftender glasartiger, grüner Schmelze und eine weitere WS eines Tiegels. – Ähnlich wie bei der nahe der Stadt Werl (Kr. Soest) gelegenen Ortswüstung Melkestere läßt sich für +Gelmene ein starker, düngungsbedingter Auftrag von frühneuzeitlich – moderner Keramik beobachten, der sich auf 255 S beläuft.
– Nachfolgende Grabung der LWL-Archäologie für Westfalen im Zusammenhang mit einer Straßenbaumaßnahme: Befunde und Funde des Jungneolithikums (Rössener Kultur) und der römischen Kaiserzeit; Fund eines Sensenfragments (wahrscheinliche Datierung: kaiserzeitlich); Fgm. eines merowingerzeitlichen Knickwandbechers; erhaltene eiserne Grundplatte einer zweiteiligen Fibel (Deckplatte der wahrscheinlichen Pressblechfibel verlorengegangen, Datierung: 630/640–670/680 n. Chr. bis in die ersten Jahrzehnte des 8. Jhs.); Fgm. einer sog. „Tatinger" Kanne; Fgm. mehrerer Reliefbandamphoren Badorfer Art (2. Drittel 9. Jh.–Anfang 10. Jh.); Fgm. eines Dreilagenkamms; Fund einer Murmel. Die mittelalterlichen Grabungsbefunde „und die aus ihnen geborgene Keramik können dem späten 9. Jahrhundert zugeordnet werden und reichen, wenn auch sehr stark ausdünnend, bis ins 13./14. Jahrhundert", wobei die Befunde „nicht über das 13. Jahrhundert" hinausreichen (Stern 2000, insbes. S. 36–40, S. 57–64, S. 87–89 und S. 213, Taf. XXII.2). – Aufgefundener Beschlag eines Vortragekreuzes aus einer mutmaßlichen Werkstätte in Limoges/Frankreich (Heinze 2020, S. 138 und Abb. 4 sowie Abb. 5); AKZ 4414,0040.
Literatur: Schneider 1936, S. 49; Melzer 2000a, S. 160–162; Flöer/Korsmeier 2009, S. 184–186: Gelmene.

Gembecke.
I. Scheinwüstung.
II. Gemeinde Bad Sassendorf.
III. *1011: *Gambike* (MGH DD HII, Nr. 225); z. J. 1011 (um 1165): *Gambeke* (Vita Meinwerci [ed. Terstesse], Kap. 16, S. 41, Z. 19 f.: Gambike; Vita Meinwerci [ed. Berndt], Kap. 15, S. 94, Z. 3); 1209: *Gembecke* (Westf. Ub. 7, Nr. 64).
IV. Im Urkataster sind die benachbarten Gehöfte Gem(bec)ker Hof und Rumker Hof verzeichnet (1230 erwarb das Kloster Rumbeck einen Hof in dem Ort [Westf. Ub. 7, Nr. 353]); nahe dieser beiden

Höfe lag zudem der Teiglers (= „Ziegelers") Hof. 1827 war somit eine Drei-Höfe Siedlung bestehend (Kreiskatasteramt Soest, Urkataster Lohne, Flur XI, 1827); zur Siedlung führte von Lohne der „Gehmkerweg" (Urkataster Lohne, Flur IV: Lohne, 1827).
V. Höfe jetzt am nordnordöstlichen Bebauungsrand von Bad Sassendorf gelegen.
VI. AKZ 4415,0216, 0217 und 0218.
Literatur: Schneider 1936, S. 49: Gembeck; Flöer/Korsmeier 2009, S. 186–188: +Gemecke.

Gerlinchusen.
I. Ortswüstung mit Mühlenwüstung.
II. Stadt Rüthen.
III. *1313: *1 hob. in Gerlinchusen* (Seib. Ub. 2, Nr. 556, S. 126, §146); 1381: *ex molendino in Gerlinchusen inter opidum Kalenhart et villam Sutorp tunc situato* (v. Klocke, Regesten 1, Nr. 78, S. 61).
IV. Im Bereich der angenommenen Ortslage und in deren Umfeld bestehen heute keine wüstungsweisenden FlN; 1455 ist jedoch ein Bruchgelände (*Broicke*) zu *Gerlinckhusen* bezeugt (Quellen Stift Meschede, Nr. 304, S. 142); 1507: Kallenhardter Bürger *mit einem Gude, geheiten de Gerlinckhoff, gelegen tüschen der* Stoikenborch (siehe +Stoikenborch, Kr. Soest) *und der Kallenhardt up der Lorbeke belehnt* (Ernst [2]1976, S. 13).
V. Lage etwa 1,7 km westsüdwestlich von Kallenhardt; Viegener verortete „Gerlinkhusen" an der Glenne nahe einer heutigen Mühle (Viegener 1927, S. 146), was in Bezug auf die Ortslage nicht zutreffend sein kann.
VI. Lage der potentiellen Fundfläche einschließlich eines Terrassenackersystems östlich der Lörmecke: AKZ 4516,0246.
Literatur: BKW Lippstadt, S. 36, Anm. 5; Henneböle 1963; Aust/Gerwiner/Hesse u. a., Flurnamen in der Gemarkung Kallenhardt [Karte], M. 1:10000, o. J. [1996]; Ernst [2]1976, S. 13 f.: Gerlingkhusen; Flöer/Korsmeier 2009, S. 188: Gerlinchusen.

Glashem.
I. Ortswüstung (der neuzeitliche Glasmerhof steht in keinem erkennbaren direkten Zusammenhang zur Siedlung des Mittelalters).
II. Stadt Erwitte.
III. *1244: *in Glassem* (Westf. Ub. 7, Nr. 581).
V. Lage 1,2 km westsüdwestlich von Erwitte.
VI. Prähistorische, merowingerzeitlich Keramik und solche des 10.–14. Jhs., Metalldetektorfunde (ab der Zeit um 800 n. Chr.): u. a.: eine Kreuzemailscheibenfibel, eine teilvergoldete Prägeblechfibel mit Kreuzmotiv und gravurverzierter Randzone (Fbn. Nr. 545); eine rechteckige Plateaufibel mit Diagonalkreuz und abgeschrägter Randzone (Emaileinlage ausgewittert, Fbn. Nr. 532); eine durchbrochene Peltafibel mit Kerbschnittverzierung; ein karolingischer Schwertgurtbeschlag (Bronze, vergoldet); AKZ 4315,0022.
Literatur: Schelhasse 1902, S. 116 f.; Bergmann 1989, Nr. 58, S. 132 f.; Flöer/Korsmeier 2009, S. 195 f.: Glasmerhof.

Gokesberg.
I. Ortswüstung.
II. Stadt Rüthen.
III. *1259: *mansum in Biginchusen curti in Gokesberg attinentem* (Westf. Ub. 4, Nr. 808; Westf. Ub. 7, Nr. 1044); 1470: Verkauf des sog. Gokesberg (Stadtarchiv Rüthen, Findbuch, Nr. 237).
V. Lage bei Kallenhardt.
Literatur: Schneider 1936, S. 52; Flöer/Korsmeier 2009, S. 196: Gokesberg.

Grasebeke.
I. Hofwüstung?
II. Stadt Soest?
III. 1. Hälfte 14. Jh. (*ca. 1314): *It. vnus mans. in Grasebeke* (Quellen westfälische Geschichte 1, S. 413).
V. Grasebeke ist in der quellenbezogenen Reihenfolge der zur Mescheder Villikation Epsingsen gehörigen Unterhöfe und Mansen zwischen den Orten Witmerinchusen (partielle Ortswüstung in der Soester Niederbörde) und Oberense (auf dem Haarstrang, Gemeinde Ense) aufgeführt, wobei die Entfernung zwischen den beiden letztgenannten ländlichen Siedlungen derartig erheblich ist, dass eine räumliche Hypothesenbildung zur Lage von Grasebeke, zumal in einer Überblicksarbeit, extrem schwierig ist; nicht auf der Wüstungs-Übersichtskarte des Kreises Soest dargestellt.

Greling.
I. Wüstungscharakter unsicher (wahrscheinlich: wüster Villikationshaupthof, jedoch auch Interpretation als FlN ohne Wüstungsbezug möglich).
II. Gemeinde Bad Sassendorf.
III. *1068: *villico de Grening* (Seibertz Ub. 1, Nr. 29: Fälschung); die Quelle von angeblich 1068 nennt weiterhin acht Joch Ackerland zwischen *Sualenbrucgen* und *Grenig*; 1512: up dem Grelink (Schoppmann 1936, Nr. 26, S. 84).
IV. Auf die Lokalität Grähling/Gähling verweisende FlN treten in einem rund 1,5 km langen Geländeausschnitt der Soester Niederbörde auf und erstrecken sich von der Schwanebrügge bis in einen Bereich rund 1 km nördlich von Heppen. Die Flurnamen sind teilweise noch in der Deutschen Grundkarte überliefert („Lange Grähling": AKZ 4314,0005 [= dort nachgewiesene kaiserzeitliche Siedlung]; „Auf dem Grähling": AKZ 4314,0196) bzw. lassen sich im Urriss fassen (FlN „Gähling" siehe Kreiskatasteramt Soest, Urriss Weslarn, Flur VIII, 1827).
Literatur: Schneider 1936, S. 52; Flöer/Korsmeier 2009, S. 196: +Greling.

Gussene,
I. Der Ortsnamensbeleg ist wahrscheinlich für Ussene verschrieben (siehe –Ussen).
Literatur: Flöer/Korsmeier 2009, S. 201 f.: +Gussene.

Haarhöfe.
I. Wüstungsresistente Höfereihe mit archäologischem Wüstungsobjekt (Gräftenanlage).
II. Stadt Warstein.
III. Zehnteinkünfte *in Hare* gehören *1072 (nach einem auf einer echten Vorlage beruhenden Falsifikat) zur Gründungsausstattung des Klosters Grafschaft bei Schmallenberg/Hochsauerlandkreis (Seibertz Ub. 1, Nr. 30; Grafschafter Stiftungsurkunden, S. 12): *in Hare* meint wahrscheinlich die Haarhöfe, sofern in der Quelle nicht ein räumlich ausgreifenderer Bezug auf die Schichtstufenlandschaft der Haar bzw. des Haarstrangs gemeint ist.
V./VI. Auf der Schichtstufenhöhe des Haarstrangs besteht westlich des Groeblingshofs bzw. bei der Kapelle Brüllingsen eine kleine Gräftenanlage; AKZ 4415,0036.
Literatur: Flöer/Korsmeier 2009, S. 203 f.: Haarhöfe.

Hagen bei Kirchwelver.
I. Wüstungsresistenter Ort mit geringfügigen Wüstungserscheinungen (wahrscheinliches Hofwüstungsareal).
II. Gemeinde Welver.
III. *1263: *in quadam domo, area et agris sitis Hagen* (Westf. Ub. 7, Nr. 1114); 1263: *bona quedam dicta Hagen sita iuxta*

Welvere (Westf. Ub. 7, Nr. 1116).
IV./V. Südlich der in Kirchwelver gelegenen ehemaligen Klosteranlage bestand/besteht die ausgedehnte Ackerfläche „im Hagen". Westlich des Klosters existiert weiterhin eine Ansiedlung von klösterlichen Hintersassen (Mehrmann, Schockenhoff, Buschhoff, Beckschefer, Grote, Lemme, Grube), welche sich 1827 unmittelbar an die Ackerflur „im Hagen" anlehnt und die mit dem mittelalterlich bezeugten „Hagen" zu identifizieren ist. Zwischen dem Weiler Hagen und dem „Klosterholz" im Norden lag eine kleine, heute bewaldete, ehemalige Ackerfläche, an welcher der wüstungsweisende FlN „Weißenhoff" haftete (Kreiskatasteramt Soest, Urriss Welver, Flur I.2, 1827).
VI. Areal mit wüstungsweisendem FlN „Weißenhoff" (AKZ 4313,0252) nicht prospektiert.
Literatur: Flöer/Korsmeier 2009, S. 205: +Hagen.

Hanekey.
I. Hofwüstung?
II. Stadt Soest.
Literatur: Hömberg (1967, S. 221) erwähnt kurz als zur Gemarkung Soest neben Gelmen gehörig: Dornhof, Kalthof und Hanekey.
V. Nicht auf der Wüstungs-Übersichtskarte des Kreises Soest dargestellt.

Haderdinchusen.
I. Ortswüstung; Mühle wahrscheinlich wüstungsresistent
II. Stadt Rüthen.
III. *1304: *unse můlen to Haderdinchůsen* (Westf. Ub. 11, Nr. 331); 1421: *mansum in Hardeynchusen in parrochia Aldenruden situm* (Wolf 2014, B 799); um 1438: *curte in Hadverdinchusen* (Wolf 2014, B 798).
IV. 1620: Harinker Brücke (= Brücke über die Möhne bei Rüthen: Stadtarchiv Rüthen, Findbuch, Nr. 926). Rund 1 km südöstlich von Rüthen bestehen die wüstungsweisenden FlN „Hankerfeld(e)" und (an dieses angrenzend) „bei Kellerhofsteich". Das „Hankerfeld" liegt in dem durch die Einmündung der Bieber in die Möhne gebildeten Geländezwickel (Kreiskatasteramt Soest, Urriss Rüthen, Flur VIII: Hankerfeld, 1829). Das Urmesstischblatt verzeichnet weiterhin im Anschluss an den hier ebenfalls verzeichneten FlN „Im Hanker Felde" die Obere Mühle mit einer Mühlenumflut der Möhne und den wahrscheinlich in einem Zusammenhang zur Ortswüstung stehenden „Münchhofer Weg", der womöglich auf die Ortsstelle zuläuft.
V. Wahrscheinliche Lage der Ortsstelle etwa 1,7 km südöstlich Rüthen.
VI. Potentielle Siedlungslage „bei Kellerhofsteich": AKZ 4516,0245.
Literatur: Schneider 1936, S. 50: Harderinghausen; Henneböle 1963; Flöer/Korsmeier 2009, S. 207 f.: Harderinchusen.

Hathegeldinchusen.
I. Ortswüstung.
II. Stadt Lippstadt.
III. *1250: *curtis Hathegeldinchusen* (Westf. Ub. 7, Nr. 744).
V. Vermutliche Lage bei Lipperode, siehe auch: Holthus bei Lipperode, Kr. Soest.
Literatur: Flöer/Korsmeier 2009, S. 209: Hathegeldinchusen.

Heckentrup.
I. Wüstungsresistente Kleinsiedlung mit wahrscheinlicher Hofwüstung.
II. Gemeinde Lippetal.
III. *Spätes 10. Jh.: *In Hakingthorpa* (Urbare Werden 1, S. 81, Z. 22).
IV./V. Im Streusiedlungsgebiet der Bauerschaft Heckentrup befindet sich unmittelbar östlich der Höfegruppe Kaup/Essel/Lötte nahe des Bröggelbachs eine Parzelle „Worth" (siehe Deutsche Grundkarte), welche in ihrem nördlichen Bereich eine für mittelalterliche Hofstellen charakteristische Mikrotopografie beinhaltet.
Literatur: Flöer/Korsmeier 2009, S. 212: Heckentrup.

Hellinghausen.
I. Wüstungsresistente Kleinsiedlung mit aufgegebenem Adelssitz (Ober-) Hellinghausen.
II. Stadt Lippstadt.
III.*Ca. 973–975: *Hailredinghusen*: Der in der Tradition genannte Ort ist möglicherweise mit Hellinghausen bei Lippstadt zu identifizieren; weitere Optionen bestehen offensichtlich nicht (Mönchslisten Traditionen Corvey 1 und 2, Tr 349 und S. 252).
VI. Adelssitz: AKZ 4315,0027.
Literatur: Flöer/Korsmeier 2009, S. 215 f.: Hellinghausen.

Hemminchusen.
I. Ortswüstung.
II. Stadt Lippstadt.
III. *1240: *H. dicti de Hemminchusen* (Westf. Ub. 7, Nr. 497); 1256: *Hoff Hemmynckhus* (Schelhasse 1902, S. 100).
IV. Auf die Lage der Ortswüstung verweist der FlN „im Hemmes", der eine Waldfläche der Urkatasteraufnahme bezeichnet (Kreiskatasteramt Soest, Urriss Benninghausen, Flur IV.2, 1828).
V. Lage etwa mittig zwischen Benninghausen (Kirche) und Ünninghausen.
VI. Wahrscheinliche Ortslage teilbebaut; siehe AKZ 4315,0115.
Literatur: Schneider 1936, S. 61; Schelhasse 1902, S. 100 f.: Hemminghausen; Flöer/Korsmeier 2009, S. 218 f.: Hemminchusen.

Herdinchusen.
I. Ortswüstung.
II. Stadt Geseke.
III. *1256: *Sundere ... que site sunt ... et in Herdinchusen* (Westf. Ub. 7, Nr. 939).
V. Lage 1,7 km nordwestlich von Geseke.
IV. Mittelalterliche Streufunde aus Dauergrünland; AKZ 4316,0057.
Literatur: Schneider 1936, S. 63: Heringhausen; Bergmann 1989, Nr. 25, S. 91 f., Karte 25; Flöer/Korsmeier 2009, S. 222 f.: +Herdinchusen; Balzer 2017, S. 82, S. 90, S. 98, S. 105 und Abb. 1.

Heringhusen.
I. Ortswüstung.
II. Stadt Rüthen.
V. Lage östlich von Menzel.
VI. Anzunehmende Ortslage im Umfeld von AKZ 4416,0167.
Literatur: Henneböle 1963.

Hevendenhusen.
I. Ortswüstung mit ehemaligem Villikationshaupthof.
II. Gemeinde Möhnesee.
III. *Um 1190: *curtem Hevendenhusen* (Bauermann 1971, S. 244 f., §18); 1229: *Henricus villicus de Heventlehusen* (Westf. Ub. 7, Nr. 321).
IV./V. Anzunehmende Lage an der Heve (südlicher Zufluss der

Möhne) bzw. nach anderer Auffassung bei Wamel gelegen (Bauermann 1971, S. 232, Anm. 13). Für eine Lage an der Heve (in der Gemarkung Völlinghausen) spricht der dort für ein Waldstück nachzuweisende FlN „Im Roggenbrink" und der FlN „In der Mülmecke", der einen wahrscheinlichen Mühlenstandort überliefert (Schoppmann 1940, Nr. 70 und Nr. 78, S. 87); bei der „Mühlmecke" handelt es sich um einen südlichen Zufluss der Heve (siehe Deutsche Grundkarte).
Literatur: Flöer/Korsmeier 2009, S. 227 f.: Hevendenhusen.

Heyuenchusen.
I. Ortswüstung.
II. Stadt Warstein.
III. Das Güterverzeichnis des Stifts Meschede aus der 1. Hälfte des 14. Jhs. (*ca. 1314) führt ein *Heyuenchusen* als *prope Bedelike* gelegen an (Quellen westfälische Geschichte 1, S. 418) und unterscheidet dieses somit von dem wüstungsresistenten Ort Hewingsen bei Röllingsen in der Soester Oberbörde (*Heuenchusen prope Roylinchusen*: Quellen westfälische Geschichte 1, S. 413).
IV. Im Preußischen Urmesstischblatt besteht 0,9 km südsüdöstlich von Belecke der wahrscheinlich wüstungsweisende FlN „Heusen Berg".
V. Anzunehmende Lage im südlichen Nahumfeld der Stadt Belecke.

Hildewarenchusen (Hilverding).
I. Scheinwüstung.
II. Gemeinde Bad Sassendorf.
III. *1169–1179: *allodium quoddam in Hildewarenchusen* (Seibertz Ub. 1, Nr. 80, mit Datierung 1167–1179; zur Datierung 1169–1179 siehe REK 2, Nr. 1139, S. 215).
V. 1,1 km westlich von Ostinghausen besteht an der Ahse eine von den Höfen Hilverding und Rörshof gebildete Zwei-Höfe-Gruppe, die das mittelalterliche Hildewarenchusen überliefert.
Literatur: Flöer/Korsmeier 2009, S. 235 f.: +Hilverding.

Hillingsen.
I. Partielle Ortswüstung.
II. Gemeinde Welver.
III. *1371: 2 *mans. in Hillinckhus* (Seibertz Ub. 1, Nr. 484, S. 632, Anm., Z. 10).
Literatur: Bergmann 2022, S. 135: Karte 3.

Hiddinchusen.
I. Ortswüstung.
II. Stadt Rüthen.
III. *1336: *bonum ... in Hiddinchusen prope Ruden* (*Ruden* = Rüthen; INA Büren, Nr. 114, S. 140).
V. Lage 1,5 km südlich von Oestereiden.
VI. Prähistorische Funde; Urhof der Siedlung wahrscheinlich seit dem 8. Jh. bestehend; Siedlungserweiterungen ab dem 9. Jh.; Metalldetektorfund: eine einfache Nabenemailscheibenfibel (Augenfibel; Nr. 769); Ortsaufgabe sich bis in das 14. Jh. erstreckend; AKZ 4416,0058.
Literatur: Bergmann 1989, Nr. 69, S. 142 f.; Bergmann 2001b, S. 123; Flöer/Korsmeier 2009, S. 230 f.

Hinderking.
I. Burgwüstung: ehemalige Turmhügelburg (Motte) direkt im Anschluss an einen fortbestehenden Wirtschaftshof; dazugehörige archäologisch nachgewiesene Kapelle mit Friedhof; Wüstungsobjekt zu einer wüstungsresistenten Zwei-Althöfe Siedlung gehörend.
II. Stadt Soest.
III. *1205: *Hermannus de Henrikinc* (Westf. Ub. 7, Nr. 47); 1219: Verlehnung des kölnischen Haupthofes (*curtis*) Heinrikinc an Heinrich von Volmarstein (Westf. Ub. 7, Nr. 161); Kapelle 1325 bestehend (Westf. Ub. 8, Nr. 1847).
V. Lage 2,2 km nördlich von Soest.
VI. 5–6 m hoher Turmhügel von 17 m Plateau- und 50 m Basisdurchmesser von kreisförmiger Innengräfte umgeben; ursprüngliche Breite des inneren Wassergrabens um 10 m; Außenwall nicht und Außengräfte als Rest erhalten; Altgrabungen 1881 f.: Nachweis von Abbruch-Schuttschichten auf dem Plateau der Motte; Nachweis der u. a. 1325 genannten und auf der Fläche des Wirtschaftshofes gelegenen Andreas-Kapelle: Innenfläche der Kapelle 5 m x 4 m, Apsis im Osten von 2,5 m Länge; Kapellenfußboden aus alternierend verlegten, schwarzen und gelbgrünen, glasierten Bodenfliesen; Doppelbestattung im Chorbereich; AKZ 4414,0023.
Literatur: Schwarz 1957, S. 174 f. mit Plan; Melzer 2000b, S. 159 f.; Flöer/Korsmeier 2009, S. 237–239: Hinderking, Am.; Heinze 2020, S. 136–138 und Abb. 3 sowie Abb. 5; weitere Literatur in Sonderakte LWL-Archäologie für Westfalen, Referat Mittelalter.

Hocelhem (Abb. 93).
I. Ortswüstung.
II. Stadt Erwitte.
III. *1242: *Hermannus dictus de Hukelhem* (Westf. Ub. 7, Nr. 531).
V. Lage 3 km ostnordöstlich von Erwitte.
VI. Prospektionsfunde: prähistorisch und 7./8.–14. Jh.; Funde: vergoldete Fibel aus Siedlungsumfeld (Metalldetektorfund); Fgm. eines kerbschnittverzierten Spathagurtbeschlags; Fund einer Heiligenfibel in Senkschmelztechnik (Bergmann 2001b, S. 119 und Abb. S. 120) und einer runden Vierfüßlerfibel mit Perlrand (Bergmann 2017b, S. 330, S. 338, und Abb. 6.1); Grabung der LWL-Archäologie für Westfalen, Außenstelle Olpe, mit Nachweis einer Besiedlung in der jüngeren Phase der vorrömischen Eisenzeit (Fund eines „kobaltfarbenen" spätlatenézeitlichen Glasarmrings); AKZ 4316,0012 nebst zahlreichen Metalldetektor-Fundstellen im Siedlungsumfeld.
Literatur: Schneider 1936, S. 66: Hockelhem; Bergmann 1989, Nr. 53, S. 125 f.; Flöer/Korsmeier 2009, S. 239–241: Hockelhem;

Abb. 93: Werl und Erwitte, Kr. Soest: Salische Goldfibel aus dem Umfeld der Burg der Grafen von Arnsberg in Werl (unten) und Senkschmelzfibel mit einem Heiligenbildnis aus dem Umfeld von +Hocelhem bei Erwitte (Foto: LWL-Archäologie für Westfalen, S. Brentführer)

Bergmann 2010g, S. 84 f.: Abb. 2; Grünewald 2012, S. 102; Capelle 2015, S. 36 f.

Höingen.
I. Wüstungsresistenter Ort mit geringfügigen Wüstungserscheinungen?
II. Gemeinde Ense.
III. *Um die Mitte 12. Jh.: *Hoange ... in Hoangi* (Urbare Werden 1, S. 156, Z. 9).
IV. Am Ortsrand von Oberhöingen treten die FlN „auf dem Hof" sowie „auf der hohen Fuhr oder Kahrhof" auf. Letzterer Flurbereich ist in lang- und breitstreifige Grundstücke untergliedert und vom Parzellierungsmuster bestehen keine Anhaltspunkte zur Verortung einer ehemaligen Hofstelle (Kreiskatasteramt Soest, Urriss Bremen, Flur III.1: Oberhöingen, 1828).
Literatur: Flöer/Korsmeier 2009, S. 241 f.

Hollingker Hof.
I. Hofwüstung.
II. Stadt Rüthen.
III. *1597 (Urkunden Kloster Oelinghausen, Nr. 1001).
V. Lage nördlich von Oestereiden.

Holthusen (bei Bökenförde).
I. Ortswüstung.
II. Stadt Lippstadt.
III. *1285: *curtem in Holthusen* (Westf. Ub. 7, Nr. 1985).
V. Lage 1,2 km östlich von Bökenförde.
VI. Funde um 800 (Kumpfkeramik)–14. Jh.; AKZ 4316,0093.
Literatur: Bergmann 1989, Nr. 41, S. 110 f.; Flöer/Korsmeier 2009, S. 245: +Holthusen

Holthusen (bei Geseke).
I. Ortswüstung.
II. Stadt Geseke.
III. *2. Drittel 12. Jh.: *Waldbreht in Holthuson* (Urbare Werden 1, S. 263, Z. 22).
V. Lage 3,2 km südöstlich von Geseke.
VI. Prähistorische Streufunde; ein Fgm. eines Denars (römisches Reich, Antonius Pius 138–161); Keramikfunde 9./10. Jh.–13. Jh.; Metalldetektorfunde 9.-10./11.? Jh.: eine Zellenschmelz-Kreuzemailscheibenfibel des Typs Haseloff 1 (Nr. 573); zwei Korpi von Zellenschmelzfibeln (Stegwerk ausgefallen; Nr. 688 und Nr. 690); eine runde Gussfibel mit flachem Stegkreuz, in den Kreuzzwickeln je ein kleiner Metallbuckel, Kreuzmotiv sowie Metallbuckel von Perlleiste gesäumt, doppelter Perlkranz am Rand (Nr. 809); zwei Heiligenfibeln, Y-Typ, abgeschrägter Rand (Nr. 567 und Nr. 569); eine Heiligenfibel mit Y-förmiger Oberkörpergrube und Rißbildung; eine Engelsfibel (mit angedeuteten Flügeln); eine Pseudomünzfibel, Münzbild unkenntlich, Randzone mit drei Flachstegen, Rand geperlt (Fundbereich nördlich der Ortsstelle; Nr. 559); eine aus einem recyceltem Kerbschnittbeschlag erstellte ovale Buntmetallfibel mit vier Motivfeldern (Nr. 771); ein Probeabguss einer Quadratfibel mit Eckrundeln, am Rand von zwei Eckrundeln nicht entfernte Gussüberschüsse der Gußkanäle, keine Nadelkonstruktion vorhanden (Nr. 689); Eisenverarbeitung; AKZ 4317,0018.
Literatur: Bergmann 1989, Nr. 31, S. 100–102 und Karte 29; Flöer/Korsmeier 2009, S. 244: +Holthusen, +Lutken Holthusen; Balzer 2017, S. 82, S. 90, S. 98 und Abb. 1.

Holthus (bei Lipperode).
I. Stadt Lippstadt.
II. Ortswüstung.
III. *1250: Der Edle Bernhard zur Lippe überträgt dem Marienkloster in Lippstadt ein *Brumeshus* genanntes Haus und erhält im Tausch dafür die *curtis in Hathegeldinchusen*. Ein Dorsualvermerk des 13. Jhs. identifiziert dieses mit *Holthus* und verortet es im Raum Lipperode (*quod Holthus est restaurum pro Lipperode*: Westf. Ub. 7, Nr. 744).
V./VI. Archäologisch sind im Bereich des Holtackerweges an der südlichen Terrassenkante der Lippeaue (südlich von Lipperode bzw. zwischen Esbeck und Esbecker Heide) zwei Fundstellen bzw. Hofwüstungsareale nachgewiesen, sodass in diesem Bereich von einer Kleinsiedlung auszugehen ist. Bei den Siedlungsstellen handelt es sich um die Fundstelle „Holtackerweg Osten" mit Funden des 11.–14. Jhs. und wenigen Eisenschlackenfunden (Rennfeuerverhüttung?): AKZ 4316,0463 sowie „Holtackerweg Westen" mit prähistorischen Streufunden und Funden des 10.(?), 11.–14. Jhs. und ebenfalls Eisenschlackenfunden (Rennfeuerverhüttung?): AKZ 4316,0095.
Literatur: Flöer/Korsmeier 2009, S. 209: zu +Hathegeldinchusen.

Honrode (jetzt: Hachenei).
I. Burgwüstung.
II. Welver.
III. *1240: *Theoderico de Honrode* (Westf. Ub. 7, Nr. 505).
IV./V. Die Zuordnung der ehemaligen Niederungsburg ist nur mithilfe von FlN möglich: Ein ausgedehntes, langgestrecktes Gelände nördlich der Ahse ist 1828 mit Flurnamen belegt, die auf „Honert" lauten. Bei diesen Flächen handelt es sich um die Ackerflur „Honertsfeld"/„Honartsfeld" im Westen, gefolgt von der Flur „Hinterste Honartfeld" im Mittenbereich und dem erheblich weiter im Osten gelegenen „Honartsbruch". Die von einer breiten Gräfte umgebene Burginsel lag südöstlich vom „Hintersten Honartfeld" bzw. westlich des „Honartsbruch" in einem 1828 als „Burg & Temmingskamp" bezeichneten Niederungsbereich. Der Kamp befand sich im Adelsbesitz der Familie von Böselager. – Der Siedlungsbereich mit der Burgwüstung heißt heute Hachenei. Die „Hacheney" wiederum ist 1828 ein ausgedehnter Waldbezirk südlich von Heintrop (Kreiskatasteramt Soest, Urriss Oestinghausen-Hultrop, Flur III: Hachney, 1829), der sich ursprünglich wohl bis nahezu an die Ahse erstreckt hat. Derartige ahsenahe Hachenei-FlN bestehen im Urkataster nördlich der Niederungsburg und schieben sich sozusagen zwischen die Honert-FlN. Diese periphere Hachenei-Flurnamengruppe umfasst 1828 das Waldstück „Im Hag(g)enei" und die Weideflächen „Kale Ha(a)ggenei" und „Haggenei". In der Weide „Haggenei" des Urkatasters befanden sich eine und in der Flur „Hinterste Honartfeld" zwei Brinksitzerstellen (Kreiskatasteramt Soest, Urriss Dinker, Flur VI,2, 1828), die frühneuzeitlicher Entstehung sein dürften.
VI. Nach Informationen aus dem FuPuNet der LWL-Archäologie für Westfalen handelt es sich bei der Burgstelle um ein 30 m x 40 m großes Oval, welches von einer bis zu ca. 10 m breiten Gräfte umgeben ist. Die Niederungsburg lag an der Ahse bzw. Alten Ahse (AKZ 4314,0012).
Literatur: Flöer/Korsmeier 2009, S. 247 f.: +Honrode.

Hovestadt: **„Alt[e]hof"**.
I. Partielle? Ortswüstung bzw. Ortswüstung nicht sicher identifizierbaren Ortsnamens.
II. Gemeinde Lippetal.
IV. An der Terrassenkante südlich der Lippeaue ist ein Areal auf einer Längserstreckung von 1,3 km und in einer maximalen Tiefe von rund 0,4 km wiederholt mit FlN bezeichnet, die auf

„Alt(e)hof" lauten. Diese Fläche reicht vom ehemaligen Lusthaus des Schlosses Hovestadt im Westen bis zu den beiden jüdischen Friedhöfen („Der Juden Alte Kirchhof" sowie „Der Juden Neukirchhof") im Osten und entstreckt sich von ersterem Friedhof über diesen hinausgehend noch weiter nach Osten. Bei den wüstungsweisenden FlN handelt es sich um den „Althoff", „obere Altehof" und „Kleine Altehof" direkt an der Terrassenkante und weiterhin den „vordere Altehof" und „hintere Altehof" (Kreiskatasteramt Soest, Urriss Hovestadt, Flur IV.2: Hovestadt, 1828 und Ostinghausen-Schoneberg, Flur I.1: Wulfsknapp, 1828). Aufgrund des massierten Auftretens der Flurnamen dürfte von einer größeren Siedlung des Mittelalters auszugehen sein, deren Wüstlegung wahrscheinlich in einem Zusammenhang mit dem Ausbau bzw. der wechselvollen Geschichte des Adelssitzes Hovestadt erfolgte. Der Ortsname dieser Wüstung ließ sich bislang nicht zuverlässig ermitteln, jedoch könnte der Flurnamenbereich auf eine ältere Siedlungslage von Hovestadt verweisen oder vielleicht besteht ein Zusammenhang mit +Vestorpe, das sich im Raum Hovestadt nicht genauer verorten lässt.
VI. AKZ 4314,0085 (= Westareal); AKZ 4315,0119 (= Nordostfläche mit FlN „Kleine Altehof"); AKZ 4314,0180 (= Areal „vordere Altehof" des Urkatasters); im nordöstlichen Randbereich von AKZ 4314,0180 auftretende Keramikfunde des 9.–11. Jhs. sowie Fund einer Heiligenfibel mit Y-förmiger Oberkörpergrube (= Fundpunkt AKZ 4314,0047); AKZ 4314,0183 (= „hintere Altehof" des Urkatasters); AKZ 4314,0184 (= Flurbereich „obere Altehof"); AKZ 4314,0181 (alter israelitischer Friedhof des Urkatasters); AKZ 4314,0182 („Der Juden Neukirchhof" des Urkatasters).
Literatur: BKW Soest, S. 52–54: Hovestadt; Flöer/Korsmeier 2009, S. 252 f.

Humbergehusen (Humbrechting?)
I. Wahrscheinliche partielle Ortswüstung mit unbesiedelter Gräftenanlage.
II. Gemeinde Lippetal.
III. *11. Jh.: *Humbergehusun* (Westf. Ub. 1, Reg. 859, Cod. 87,XXX); 1229: *Ludolfus et Titericus fratres Humbretthinc* (Westf. Ub. 7, Nr. 321).
IV. Humbergehusen ist wahrscheinlich mit dem an der nördlichen Terrassenkante der Ahse gelegenen heutigen Einzelhof Humbrechting zu identifizieren. Unmittelbar östlich des Hofes befindet sich eine unregelmäßig-ovale Blockparzelle „Armeskamp", innerhalb derer ein wüster Hof der Kleinsiedlung gelegen haben könnte (= AKZ 4314,0185: nicht prospektiert). In der Aue südlich des Hofes Humbrechting befindet sich eine kleine, bäuerliche Rechteckgräftenanlage (= AKZ 4314,0186) (Kreiskatasteramt Soest, Urriss Ostinghausen-Schoneberg, Flur II.4: Westdorf, 1828).
V. Lage südlich von Schoneberg.
Literatur: Schneider 1936, S. 72; Flöer/Korsmeier 2009, S. 254 f.: +Humbergehusun und S. 255 f.: Humbrechting.

Hündlingsen.
I. Partielle Ortswüstung.
II. Gemeinde Welver.
III. *1240 (1241): *Arnoldo de Hundelinchusen* (Westf. Ub. 7, Nr. 505).
IV. Zwischen den Kleinweilern Hündlingsen und Berksen treten im Urkataster im Umfeld des Einzelhofs Wilms (heute ebenfalls Wilms) die wüstungsweisenden FlN „Eckhofe" und „Oldenhofe" auf. Die „Oldenhofe", die innerhalb der Hofparzelle Wilms liegt, könnte auf eine ursprüngliche Lage dieses Hofes hinweisen (Kreiskatasteramt Soest, Urriss Dinker, Flur IV.3: Hündlingsen, 1827).
VI. AKZ 4314,0188 (=„Oldenhofe"; nicht prospektiert); AKZ 4314,0205 (=„Eckhofe"; nicht prospektiert).
Literatur: Flöer/Korsmeier 2009, S. 256 f.: Hündlingsen.

Hundorp
I. Partielle Ortswüstung und Gräftenanlagen.
II. Gemeinde Lippetal.
III. *1246: *Bertrammus de Hondorpe* (Westf. Ub. 7, Nr. 628).
IV. Beim Hof „Große Hundorf" (der aus diesem und dem unmittelbar benachbarten Hof „Kleine Hundorf" bestehenden Höfegruppe Hundorp) existierte 1828 „im Koekampe" eine als Bleichwiese genutzte kleine, bäuerliche Gräftenanlage. Seitlich des Haupthauses von „Große Hundorf" befand sich eine weitere Gräfteninsel mit einem darauf stehenden Spieker. Zu Hundorp gehört wahrscheinlich weiterhin eine aus dem „Sauermann Hof" und „Weimann Hof" bestehende Höfegruppe 0,6 km nordnordwestlich von Große Hundorf/Kleine Hundorf. Unmittelbar nördlich der letztgenannten Höfe tritt der wüstungsweisende FlN „in de Woort" auf (Kreiskatasteramt Soest, Urriss Oestinghausen, Flur II.1: Hundorp, 1828).
VI. Wüstungsweisender FlN „in de Woort": AKZ 4314,0193 (nicht prospektiert).
Literatur: Flöer/Korsmeier 2009, S. 257 f.: Hundorp, Groß, Klein.

Hunsberge.
I. Ortswüstung.
II. Stadt Erwitte (angeblich: Stadt Büren, Kr. Paderborn, und dort vermeintlich bei Hegensdorf gelegen).
III. *1207: *Hunsberge* (Westf. Ub. 7, Nr. 56: Die Nennung zusammen mit Orten im Raum Erwitte/Lippstadt [Kr. Soest] spricht gegen eine in der Literatur angenommene Lage bei Büren).
Literatur: Schneider 1936, S. 72: Hundsberg; Bergmann 1989, Nr. 46, S. 116.

Husen.
I. Ortswüstung.
II. Stadt Erwitte.
III. *1169–1179: *mansum in Husen* (Seibertz Ub. 1, Nr. 80, mit Datierung 1167–1179; zur Datierung 1169–1179 siehe REK 2, Nr. 1139, S. 215).
VI. Objekt durch Kalksteinabbau (Zementindustrie) zerstört.
Literatur: Bergmann 1989, Nr. 60, S. 136; Flöer/Korsmeier 2009, S. 261 f.: +Husen.

Hussinchusen.
I. Ortswüstung.
II. Stadt Rüthen.
III. *1380/14. Jh.: *curia in Hussenchusen* (Quellen westfälische Geschichte 3, S. 290, Z. 18).
VI. Lage 0,8 km westlich von Westereiden.
VI. Neolithischer Streufund und Funde 10.–13. Jh.; AKZ 4416,0061.
Literatur: Bergmann 1989, Nr. 66, S. 140; Flöer/Korsmeier 2009, S. 262: +Hussinchusen.

Hustede.
I. Partielle Ortswüstung mit wüstungsresistenter Mühle.
II. Stadt Geseke.
III. *1167–1191: *Allodium in Hustede* (Seibertz Ub. 3, Nr. 1072, §69); um 1190 (in der Urschrift): *Allodium de Hustede* (Bauermann 1971, S. 241, §69 [Münsterische Güterliste], und S. 247,

§36 [Paderborner Güterliste] sowie S. 236, Anm. 26).
V. Lage 2 km nördlich von Geseke.
VI. Funde vorrömische Eisenzeit und römische Kaiserzeit; eine frühmittelalterliche Lunula-Fibel; mittelalterliche Keramik 9.–14. Jh.; Ortswüstungsareal: AKZ 4317,0016; wüstungsresistente Mühlenanlage: AKZ 4317,0016:001.
Literatur: Bergmann 1989, Nr. 22, S. 86–88, Karte 23; Flöer/Korsmeier 2009, S. 262 f.: +Hustede; Balzer 2017, S. 82, S. 96, S. 98 und Abb. 1; Cichy/Zeiler/Baales 2017, S. 61.

Ikinghof.
I. Hofwüstung.
II. Innerhalb des Kommunalgebiets der Stadt Geseke nicht nachweisbar.
III. *1162: *cum uno molendino in Ikinghoue* (Westf. Ub. 2, Cod. 326); 1183: *curiam Ykinhouen* (Westf. Ub. 5, Nr. 141); 1183: *Item curiam. Ykinhouen* (Westf. Ub. 2, Cod. 431); 1241: *super curia in Ykenhove* (Westf. Ub. 4, Nr. 305).
V. Angebliche Lage bei Geseke, aufgrund der Nennung einer Mühle käme ohnehin nur die Geseker Niederbörde in Betracht, wo jedoch keine spezifischen wüstungsweisenden FlN bekannt sind; nicht auf der Wüstungs-Übersichtskarte des Kreises Soest dargestellt.
Literatur: Schneider 1936, S. 73; Flöer/Korsmeier 2009, S. 265: +Ikinghof, welche (unter Hinweis auf die Literatur) eine Lage bei Geseke annehmen.

Ingerinchusen.
I. Ortswüstung (später dort bestehende Warte).
II. Stadt Lippstadt.
III. *1082: *Ebbi de Ingheradinghusan* (Westf. Ub. 1, Cod. 162; Ub. Busdorf 1, Nr. 5).
V. Lage 3 km südsüdwestlich von Lippstadt.
VI. Keramik 10.–14. Jh.; AKZ 4315,0023.
Literatur: Schneider 1936, S. 73: Ingeringhausen; Bergmann 1989, Nr. 48, S. 116 f.; Flöer/Korsmeier 2009, S. 266 f.: +Ingerinchusen.

Jockenhöfel.
I. Scheinwüstung im Streusiedlungsgebiet nördlich der Lippe.
II. Gemeinde Lippetal.
III. *Um 1200: *Judikenhuvelen* (Westf. Ub. 3, Nr. 1686).
V. Das Preußische Urmesstischblatt verzeichnet einen innerhalb einer Höfegruppe gelegenen Hof Jockenhöfel (jetzt: Hof Möllenhoff) in der Bauerschaft Herzfeld nördlich von Herzfeld. Die Höfegruppe firmierte im Mittelalter noch unter dem Siedlungsnamen Jockenhöfel, zur Identifikation siehe auch Urbare Werden 1, S. 295, Z. 4 und Anm. 1.
Literatur: Schneider 1936, S. 74: Juckenhövel (dort als „wüst" bezeichnet); Flöer/Korsmeier 2009, S. 268 f: +Jockenhövel.

Jungelinchusen.
I. Partielle Ortswüstung, Restsiedlung des mittelalterlichen Kleinweilers ist der heutige Jünglingshof.
II. Gemeinde Welver.
III. *1338: *curiam dictam Jungelinchusen apud Susatum* (Seib. Ub. 2, Nr. 658).
V. Lage 1 km südsüdöstlich von Blumroth.
Literatur: Schelhasse 1902, S. 168, Z. 7; Flöer/Korsmeier 2009, S. 269 f.: Jünglingshof.

Kalhusen.
I. Scheinwüstung?, unsichere Ortswüstung.
II. Gemeinde Lippetal.
III. *Mitte 13. Jh.: *Mansus in Calehusen* (Urbare Werden 1, S. 295, Z. 3).
V. Die zum nahe der Kreisgrenze nordöstlich von Herzfeld gelegenen Villikationshaupthof Rassenhövel insgesamt gehörenden Mansen, darunter Kalhusen, streuen über ein relativ ausgedehntes Gebiet, welches in den benachbarten Kreis Warendorf hineinreicht. Daher ist es ungewiss, ob die Höfegruppe Calehusen, von der zudem unsicher ist, ob sie noch heute existent ist oder unter anderem Namen firmiert, im näheren Umfeld oder innerhalb der Bauerschaft Rassenhövel zu verorten ist; nicht auf der Wüstungs-Übersichtskarte des Kreises Soest dargestellt.
Literatur: Flöer/Korsmeier 2009, S. 272: [+]Kalhusen.

Kalthof.
I. Hofwüstung.
II. Stadt Soest.
Literatur: Hömberg (1967, S. 221) erwähnt kurz als zur Gemarkung Soest neben Gelmen gehörig: Dornhof, Kalthof (im Westen der Stadt) und Hanekey.
V. Nicht auf der Wüstungs-Übersichtskarte des Kreises Soest dargestellt.

Kellinghausen.
I. Wüstungsresistenter Ort.
II. Stadt Rüthen.
IV. Am Ortsrand von Kellinghausen besteht die Flur „auf den Höfen". Auch bei dem Ort Drewer nahe Belecke, Kr. Soest, besteht eine ähnliche siedlungsnahe Flurbezeichnung, nämlich „Über den Höfen" (Kreiskatasteramt Soest, Urriss Drewer, Flur I: Drewer, 1828). Die Bezeichnung meint hier ein Gelände, das oberhalb der bestehenden Höfe von Drewer liegt. Bei Kellinghausen meint die Flurbezeichnung (Kreiskatasteramt Soest, Urriss Hemmern, Flur II: Nachtigall, 1829) wahrscheinlich ähnliches und ist daher tendenziell als nicht wüstungsweisend aufzufassen.
Literatur: Flöer/Korsmeier 2009, S. 276 f.: Kellinghausen.

Kobinchof.
I. Hofwüstung.
II. Stadt Rüthen.
III. *1380: *Kobinchof* (Quellen westfälische Geschichte 3, S. 290, Z. 12).
V. Lage 1 km südöstlich von Hoinkhausen.
VI. Funde 10.–14. Jh.; AKZ 4416,0066.
Literatur: Bergmann 1989, Nr. 67, S. 141.

Köchlingsen.
I. Scheinwüstung.
II. Stadt Soest und Gemeinde Möhnesee.
III. 1282: *Albertum de Cokelinchusen* (Westf. Ub. 7, Nr. 1864); der bei Flöer/Korsmeier (2009, S. 282) zu Köchlingsen (in der Soester Oberbörde) gestellte Quellenbeleg von 1300: *Kokelynghusen in perrochia Ostinghůsen* (Westf. Ub. 7, Nr. 2589) ist nicht auf die Scheinwüstung zu beziehen, da *Ostinghůsen* in der Niederbörde liegt und entweder mit Bad Sassendorf-Ostinghausen oder mit Lippetal-Oestinghausen (beide Kr. Soest; siehe hier weiter: partielle Ortswüstung Ostinghausen bzw. nachfolgend: Kokelinchusen) zu identifizieren ist; *1. Hälfte 14. Jh. (ca. 1314): *vnus mansus in Kokelinchusen* (Quellen westfälische Geschichte 1, S. 411). Dieser Ort Köchlingsen ist in der quellenbezogenen Reihenfolge zwischen *Deyderdinchusen* (= Deiringsen östlich Epsingsen) und *Teydinchusen* (= Theiningsen) angeführt. Beide Orts sind wüstungsresistent und liegen in der Soester Oberbör-

de. Insofern ist der Quellenbeleg auf Köchlingsen in der Oberbörde zu beziehen.
IV. Von Meiningsen in der Soester Oberbörde führte der „Köglinger Weg" bzw. „Kölingker Weg" 1827 nach Süden zu einer Höfegruppe, welche die Höfe Dustert und Beckmann umfasste und die heute unter der Bezeichnung Meiningserbauer firmiert. Es ist wahrscheinlich, dass diese Höfegruppe im Mittelalter als Köchlingsen bezeichnet worden ist, bei dem es sich somit um eine Scheinwüstung handelt.
Literatur: Flöer/Korsmeier 2009, S. 282: +Köchlingsen.

Kokelinchusen.
I. Ortswüstung?
II. Kreis Soest.
III. Der bei Flöer/Korsmeier (2009, S. 282) zu Köchlingsen (in der Soester Oberbörde) gestellte Quellenbeleg von *1300: *Kokelynghusen in perrochia Ostinghůsen* (Westf. Ub. 7, Nr. 2589) ist entweder auf einen Ort bei Ostinghausen (8,5 km nordöstlich von Soest) oder bei Oestinghausen (8,5 km nördlich von Soest) zu beziehen. Da beide Kirchorte von Einzelhöfen umgeben sind, deren mittelalterlicher Name sich nicht sicher erschließen lässt, muss unsicher bleiben, ob Kokelinchusen wirklich eine Ortswüstung darstellt.
V. Lage nördlich oder nordöstlich von Soest; ein Zusammenhang mit der an der „Salz Bache" gelegenen Kuckler Mühle bei Werl (Kreiskatasteramt Soest, Urriss Werl, Flur XIV.3: Neuwerk, 1829) ist nicht erkennbar; weiterhin dortiger FlN „An der Kuckler Mühlenstraße".

Köningen.
I. Partielle Ortswüstung.
II. Gemeinde Welver und Stadt Werl.
III. *1393: Arnd *Lappe* von *Koninch* (REK 10, Nr. 450); 1416: *in Koeningen de bon. in Boelenkampp in paroch. Weluer* (Seib. Ub. 2, Nr. 795, S. 534, Anm.); 1387: Hof zum Barkloe (INA Werl, Nr. 26); 1417: das bei Konninck gelegene Barcklo (INA Werl, Nr. 38); Stuvenhof nahe des Stufenkamp vor 1536 wüstgefallen.
IV. Nordwestlich von Haus Köningen (jetzt Köningermühle) tritt im Urkataster (Kreiskatasteramt Soest, Urriss Welver, Flur VIII.1: Flerke, 1827) der wüstungsweisende FlN „alte Hof" auf. Weiterhin besteht in der Kommune Werl, an die Urkatasterparzelle „Stufenkamp" (westsüdwestlich Haus Köningen) angrenzend, eine Hofwüstung mit Gräftenrest (Kreiskatasteramt Soest, Urriss Scheidingen, Flur V: Königen, 1828), die ergraben worden ist.
VI. Stuvenhof mit Funden des 15.?/16. Jhs.: AKZ 4413,0305; Haus Köningen: AKZ 4413,0273; Flurbereich „alte Hof": AKZ 4413,0433.
Literatur: BKW Soest, S. 76; Flöer/Korsmeier 2009, S. 282 f.: Köningen, Haus; Cichy/Kneppe 2016, S. 161–164.

Körtlinghausen (jetzt Schloss Körtlinghausen).
I. Partielle Ortswüstung.
II. Stadt Rüthen.
III. *1398: *dat grote Huß to Kortlinchusen* (Hömberg 1976 [Heft 13], S. 42).
VI. Schlossanlage: AKZ 4516,0167.
Literatur: BKW Lippstadt, S. 36 f. und S. 39 f.; Ernst [2]1976, S. 15; Kneppe 2000, S. 228: Körtlinghausen; Flöer/Korsmeier 2009, S. 286 f.: Körtlinghausen, Schloß.

Kotten.
I. Scheinwüstung.
II. Gemeinde Welver.
III. *Um 1280: *Coten prope Burgelen* (Urkunden Kloster Oelinghausen, Anhang, S. 376, Nr. 13); 1293: *Cottenmulen* (Hömberg 1979 [Heft 19], S. 140).
IV./V. Zwischen Borgeln und der Bauerschaft Fahnen (bzw. Haus Fahnen) verzeichnet das Urkataster die Flur „Zum Kotten", welche eine am Soestbach gelegene Mühle und die ebenfalls an diesem Bach gelegenen Höfe „Holtmann zum Kotten" und „Dahlhoff zum Kotten" umfasst (Kreiskatasteramt Soest, Übersichtshandriss der Steuer Gemeinde Borgeln, Flur II: Zum Kotten, 1828). Ein Wüstungscharakter der Kleinsiedlung ist somit im Unterschied zur Übersichtskarte des Kreises Soest im Westfälischen Ortsnamenbuch 1 (WOB 1), auf der eine Wüstung Kotten eingetragen ist, nicht erkennbar. Die Autoren des WOB 1 bemerkten zu dieser: „Die so benannten Höfe oder Kotten müssen nicht zwangsläufig untergegangen sein. Die Siedlung kann vielmehr im Bereich der Orte Berwicke oder Borgeln aufgegangen sein". Diese Aussage ist so zu modifizieren, dass Kotten der Name einer u. a. im Urkataster verzeichneten bachauenrandbezogenen Kleinsiedlung nordwestlich von Borgeln ist, die im heutigen Messtischblatt (4314: Lippetal) als „Kotten" bzw. die o. g. Mühle jetzt als „Borgeler Mühle" bezeichnet ist.
Literatur: Flöer/Korsmeier 2009, S. 287: +Kotten.

Krewinkel.
I. Wüstungsresistente Kleinsiedlung mit kleinerem Wüstungsobjekt.
II. Gemeinde Lippetal.
III. *1307: *tres villas, videlicet Credewinkel, Wilmarinctorpe* [= Wiltrop] *et Velthus* [= Hof Fels] (Westf. Ub. 11, Nr. 531).
IV. In der Aue der Ahse tritt am südwestlichen Ortsrand von Krewinkel der wüstungsweisende FlN „Spikerhof" auf (Kreiskatasteramt Soest, Urriss Oestinghausen, Flur IX.2: Krewinkel, 1828).
VI. Spikerhof: AKZ 4314,0176.
Literatur: Flöer/Korsmeier 2009, S. 287 f.: Krewinkel.

Ledehardeslo.
I. Ortswüstung.
II. Stadt Lippstadt.
III. *1240: *Hermannus de Letherdeslo* (Westf. Ub. 3, Nr. 381: der räumliche Bezug der Zeugen spricht tendenziell für diesen Ort und nicht für +Lederslo im Kr. Paderborn); 1267: *ville que appellatur Ledehardeslo* (Westf. Ub. 7, Nr. 1257); 1298: *proprietatem agrorum sitorum apud oppidum Lippense dictorum Lederischelo* (Westf. Ub. 7, Nr. 2458).
Literatur: Flöer/Korsmeier 2009, S. 295: +Letherdeslo.

Lindungen.
I. Wahrscheinlich nicht im Kreis Soest gelegene Siedlung.
II. Von verschiedenen Autoren angenommene Lage in der Gemeinde Lippetal.
III. *1055–80: Lindungen (im Dreingo) (Westf. Ub. 1, Reg. 1068).
V. Angebliche Lage östlich von Lippborg.
Literatur: Schneider 1936, S. 84; nach Flöer/Korsmeier 2009, S. 95 f., liegt Lindungen „wohl nicht im Kreis Soest".

Linsope.
I. Ortswüstung,
II. Möglicherweise im Umfeld der Stadt Soest gelegen.
III. *1099/1101–1131: *de Linsope* (Seibertz Ub. 1, Nr. 39).
V. Nicht auf der Wüstungs-Übersichtskarte des Kreises Soest dargestellt.
Literatur: Flöer/Korsmeier 2009, S. 296 f.: +Linsope.

Loh.
I. partielle Ortswüstung.
II. Gemeinde Welver.
III. *1263: *curiam dictam Lo* (Westf. Ub. 7, Nr. 1117).
IV. Die Höfegruppe Loh ostnordöstlich von Welver bestand 1827 aus den Höfen Schulte im Lon, Wiemer und Heimann. Südlich des Schultenhofes war eine Parzelle „alte Hoff" existent, welche entweder auf einen wüsten Hof der Kleinsiedlung oder die ursprüngliche Lage des Schultenhofes verweist (Kreiskatasteramt Soest, Urriss Welver, Flur III.1: Loe, 1827).
VI. AKZ 4313,0249 (nicht prospektiert).
Literatur: Flöer/Korsmeier 2009, S. 300: Loh.

Lohagen.
I. Scheinwüstung (wüstungsresistente Kleinsiedlung mit moderner Hofwüstung).
II. Gemeinde Anröchte.
III. *1. Hälfte 14. Jh. (1314): *Curte in Loe prope Aldenyeyschen* (Quellen westfälische Geschichte 1, S. 414).
IV./V. Nach Heitkemper (1962, S. 24) ist eine Siedlung Lohoven(!) bei Altengeseke zu verorten. In der Gemarkung Altengeseke sind im Urkataster die einander benachbarten Höfe „Lohhägnershof" und „Stallhanshof" nachzuweisen, von denen der Hof Lohagen bis heute fortbesteht. Eigentümer des Lohhägnershofes war 1828 Heinrich Sültrop genannt Loh(h)agen. Im Umfeld des ehemaligen Stallhanshofs ist der „Lohägnerskamp" und Lohhägnerspfad nachzuweisen. Es ist daher von einer Kleinsiedlung *Loe*/Lohagen auszugehen, die mindestens zwei Höfe umfasst hat und deren Ursprünge bis in das Mittelalter zurückreichen.
VI. Modern aufgegebener Hof Stallhans: AKZ 4415,0228.

Lohof (bei Oestereiden).
I. Hofwüstung.
II. Stadt Rüthen.
III. *1378: Lohof *iuxta orientalem Eden* (Landesarchiv NRW, Abt. Westfalen [Münster], Stift Geseke, Urk. 188).
V. Lage 1,6 km nördlich von Oestereiden.
VI. Bislang wenige Funde 11./12. Jh.–um 1200; AKZ 4416,0117.
Literatur: Bergmann 1989, Nr. 70, S. 144.

Lüttiken Alpe.
I. Ortswüstung.
II. Stadt Lippstadt.
III. *1343: Güter *to der lüttiken Alype* an Kloster Benninghausen verkauft (Seibertz 1865, S. 188; Schelhasse 1902, S. 155). Der Quellenbeleg wird von Flöer/Korsmeier (2009, S. 25), anders als hier vorgenommen, als FlN(!) gewertet.
IV. Der FlN „Lütkenalpe" tritt im Urkataster 0,3 km nordwestlich des heutigen Gutes Alpe auf. Besitzer der Parzelle war Heinrich Osthof genannt Alpmann (Kreiskatasteramt Soest, Ur-Flurübersicht Benninghausen, Flur II: Alpe, 1828, und Urriss Benninghausen, Flur II.1: Alpe, 1828.
VI. Lage der wahrscheinlichen Ortsstelle bei AKZ 4315,0114.
Literatur: Heitkemper 1962, S. 58; Flöer/Korsmeier 2009, S. 25–27: Alpe, Gut.

Lutken Holthusen.
I. Ortswüstung.
II. Stadt Geseke.
III. *1322: Holthusen (Landesarchiv NRW, Abt.Westfalen [Münster], Stift Geseke, Urkunde 69; vgl. Bergmann 1989, S. 98); 1338 (– 1368): *bona sita prope Geyseke in Lutken Holthusen super Westerenberge* (Seib. Ub. 2, Nr. 665,1, §389).
V. Lage 2,8 km südöstlich von Geseke.
VI. Bei Grabung nachgewiesene Siedlungsgrube der vorrömischen Eisenzeit; ab 1864 beobachtetes („fränkisches") Skelettgräberfeld des ausgehenden Frühmittelalters (Lüüs 1982, S. 33 und Abb. S. 27 oben) mit Funde von Saxen; Metalldetektorfunde: eine Heiligenfibel mit geschweifter Basisgrube und abgeschrägtem Rand (Nr. 790); eine runde Tiermotivfibel mit geperlter Randleiste, Vierfüßlermotiv verschliffen (Bergmann 2017b, S. 330 f. und S. 338); eine Rechteckfibel mit Stegkreuz und dreigliedrigen Eckfortsätzen (Nr. 813); AKZ 4317,0003.
Literatur: Bergmann 1989, Nr. 30, S. 98 f.; Flöer/Korsmeier 2009, S. 244: +Holthusen, +Lutken Holthusen; Balzer 2017, S. 82, S. 98 und Abb. 1; Cichy/Zeiler/Baales 2017, S. 69 f., Abb. 9 und Abb. 15.

Mardie.
I. Schreibvariante von +Ardeya prope Nůthene; siehe dort).
V. Lage nach Schneider (1936, S. 88) bei Soest; die Ortswüstung ist mit +Ardeya prope Nůthene und nicht mit +Ardey bei Berge (Gemeinde Anröchte, Kr. Soest: vgl. Bergmann 1989, S. 137 f.) zu identifizieren, da für die partielle Ortswüstung Ardeya prope Nůthene im Preußischen Urmesstischblatt der Siedlungsname Mardey fassbar ist.

Matena, Adelssitz: siehe Dorfwelver.

Mehrhof.
I. Einzelhof mit ausgedehnter, unbesiedelter Gräfteninsel.
IV./VI. Nördlich des Mehrhofs (Urkataster: Meerhof) besteht eine hakenförmige Gräfte, die das Relikt einer historischen, etwa 90 m x 145 m großen, rechteckigen bäuerlichen Gräftenanlage ist. Im Westen dieser besteht eine sehr kleine Speicherinsel von maximal etwa 22 m Breite (Kreiskatasteramt Soest, Urriss Weslarn, Flur VIII: Cutmecke, 1827); AKZ 4314,0201.

Meeste.
I. Ortswüstung.
II. Stadt Rüthen.
III. Die Quellenüberlieferung von Meeste ist nicht sicher von derjenigen des wenig entfernten wüstungsresistenten Kirchortes Meiste zu trennen; Viegener führt eine Quelle von 1660 an, derzufolge der verwüstete Ort Meeste(n) zwischen Miste und Rüthen gelegen habe. Bürger der Stadt Rüthen besäßen dort „Söll- oder Haustedde" bzw., 1655 genannt, „antiqua Domistadia Vel areas aut hortos" (Viegener 1927, S. 170), also Hovesathen u. a.; Viegener interpretierte Meeste als Ausbauort des benachbarten Miste (dem nicht vorbehaltlos zuzustimmen ist).
IV. Wüstungsweisende FlN: „in Misterschlade", „auf dem Mister Berg" und „im Misterdike" (Kreiskatasteramt Soest, Urriss Rüthen, Flur V.1 und 2: Misterschlade, 1829) treten nur in der Gemarkung Rüthen auf. Von diesen ist die Misterschlade bereits 1435 bezeugt: *ouer den Wech de van deme Lyndenstuken gheit dor de Mester Slade* (Stadtarchiv Rüthen, Findbuch, Nr. 117) und der Mister Berg bereits 1683: Land auf den Meesterberge, zwischen dem Mister- und dem Büren`schen Wege (Stadtarchiv Rüthen, Findbuch, Nr. 1307).
V. Lage etwa 1,5 km westlich von Meiste. Nach Henneböle bestehen im Quellursprungsbereich des Rißneibachs zwei getrennte Siedungsbereiche von Meeste.
VI. Altfunde Henneböle (ohne Fundautopsie) ab dem 9. Jh. bzw. nach Schriftwechsel Amtsakte (aus dem Jahr 1960) wohl ab ca. 900 einsetzend (beginnend mit bemalter Drehscheibenware Badorfer Art); Funde Henke (mit Fundautopsie): Keramik vorge-

schichtlicher Machart mit ausgewitterter Kalkgrusmagerung und mittelalterliche Keramik des 10.–14. Jhs.: beide Fundkomplexe aus dem Bereich AKZ 4416,0039 stammend. Der weiter westlich gelegene Fundkomplex AKZ 4416,0046 (ohne Fundautopsie) enthält rund 80 Keramiken des Mittelalters und der frühen Neuzeit und setzt ebenfalls mit bemalter Drehscheibenware Badorfer Art ein..

Literatur: Viegener 1927, S. 144, S. 170; Korrespondenz E. Henneböle vom 23.02.1960 in Referatsakte der LWL-Archäologie für Westfalen, S. 5 f.; Henneböle 1963, S. 9: Meeste; Flöer/Korsmeier 2009, S. 310 f.: +Meeste.

Meinlandeshof, siehe Ardey.

Melkestere.

I. Ortswüstung mit Gräftenanlage.

II. Stadt Werl.

III. *1284: *Melkestere* (Westf. Ub. 7, Nr. 1929); 1491: Junker Johan van Melxter (INA Werl, Nr. 142).

IV. Innerhalb des Stadtkerns von Werl verweisen die Flurnamen „Am Melzer Graben", „Melzer Graben Straße" sowie „Melzer Thor" und „Melzer Thor Straße" auf die Wüstung (Kreiskatasteramt Soest, Urkataster Werl, Flur XIII.1: Werl, o. J.: ca. 1828/29) und schließlich nördlich/nordöstlich der Stadt die Fluren „Melzerberg" (Kreiskatasteramt Soest, Urriss Werl, Flur I.2: Melzerberg, 1829) und „Am Melzer". Zwischen dem kurzstreifig parzellierten Gewann „Am Melzer" und dem „Uffel Bach" bestehen im Bereich „Am hohen Kreuz" und gegenüberliegend eines in einer platzartigen Weitung endenden Weges unregelmäßig begrenzte und teilweise ineinander verschachtelte Blockparzellen. An diesen Flurbereich, innerhalb dessen sich die Ortsstelle befand, schloss sich in der Niederung des Uffelner Bachs in der Flur „Am Carda" eine ovale, insgesamt 50 m x 70 m große Gräftenanlage mit einem 7,5 m–12,5 m breiten Wassergraben an. In Richtung der Ortsstelle verliefen der „Melztér Weg", die „Eselsstraße" und der „Magdalenenpfad" (Kreiskatasteramt Soest, Urriss Werl, Flur III.2: Bergweg, 1828 und Flur IV.2: Ufeln, 1829).

V. Lage der Ortsstelle rund 2,4 km nordöstlich des mittelalterlichen Stadtkerns von Werl.

VI. Unter den Funden sind sieben Flintartefakte enthalten, darunter kantenretuschierte Schaber, eine fein retuschierte Klinge und eine flächenretuschierte Pfeilspitze mit gerader Basis. Dieses Material wird der ausgehenden Jungsteinzeit zugeordnet. Das in mehrjährigen Begehungen (1970–1992) geborgene keramische Fundmaterial umfasst 5263 Lesescherben. Unter diesem sind sehr vereinzelt Funde der Römischen Kaiserzeit zu identifizieren, darunter eine facettierte Randscherbe und zwei kammstrichverzierte Wandscherben. Ein Teil der nachgewiesenen Kümpfe gehört ebenfalls in diese Zeit, kann jedoch nicht zweifelsfrei von frühmittelalterlichem Material unterschieden werden. Indiz einer während der Merowingerzeit bestehenden Besiedlung der Ortsstelle sind dickwandige, uneinheitlich (grau, graubraun, selten rot) gebrannte Keramiken (0,2 % Anteil), welche dem Material des merowingerzeitlichen Töpferofens von Geseke, Kr. Soest, des frühes 7. Jhs. vergleichbar sind. Dieses Material umfasst dickwandige Standböden und mit mehrzeiligem Rollstempeldekor versehene Keramik. Der prozentuale Anteil der uneinheitlich gebrannten Irdenware mit Granitgrusmagerung am Fundkomplex beträgt 41,9 %. Von den nachgewiesenen 33 Kumpffragmenten weisen fast alle einen einziehendem Rand und runden Randabschluss auf. Weiterhin sind frühe Kugeltopfe mit kurzer, ausbiegender Randlippe und Kugeltöpfe mit Rändern des 9./10.–11. Jhs. vertreten. Auffällig sind 24 Ösentüllen bzw. „Schwalbennesthenkel". Bei der Erstellung dieser Form einer Aufhängungsvorrichtung wurde die Wandung vor dem Brennen unterhalb der Randlippe mit einem Rundstab durchstoßen, ein Tonlappen um das Stabhölzchen gelegt und der Ton mit der Randlippe verstrichen. Nach dem Herausziehen des Stabes und dem Brennen des Kugeltopfes ergab sich eine Öffnung, durch die ein dünnes Seil gezogen werden konnte, z. B. um dem Topf über einem offenen Feuer aufzuhängen. Die feiner gemagerte uneinheitlich gebrannte Irdenware mit granitischer Sandmagerung ist prozentual weniger häufig und mit 2,3 % Anteil vertreten. Sie unterscheidet sich in dem Auftreten von u. a. Kümpfen und Ösentüllen nicht von der voraufgehend angeführten Warenart. Uneinheitlich gebrannte Muschelgruskeramik aus dem Nord-/Ostseeküstenbereich ist sporadisch (0,05 %) nachweisbar. Ebenso gering (0,05 %) ist der Anteil uneinheitlich gebrannter Keramik, die mit rötlichem Sandsteingrus gemagert ist und die mit Keramik übereinstimmt, die häufiger im Raum Höxter nachgewiesen ist (Stephan 1978/79, Teil 1: S. 61 f. und Teil 2: Tafel 24). Mit abgerundeten Schieferplättchen gemagerte Irdenware ist mit drei Untergruppen vertreten, als uneinheitlich gebrannte Keramik (2,2 % Anteil), gelb gebrannte Drehscheibenware (0,1 % Anteil) und graue Drehscheibenware (1,3 %). Es fällt auf, dass erstere Warenart nicht völlig mit dem Habitus der uneinheitlich gebrannten schiefergemagerten Irdenware vom Osthellweg/Nordostsauerland übereinstimmt, sodass davon auszugehen ist, dass der westliche Hellwegraum wahrscheinlich von unbekannten, nähergelegenen Töpfereien des Nordwestsauerlandes versorgt worden ist. Gelbe grob bis sehr grob gemagerte Drehscheibenware nordhessischer Machart (1,0 % Anteil) hat die westliche Hellwegzone ebenso erreicht. Sie ist mit Töpfen vertreten, die Kremprânder besitzen und weiterhin solchen mit dickwandigen Standböden. Bei zwei WS dieser Drehscheibenware sind vulkanische Magerungsanteile vorhanden. Mit relativ schlecht verfestigter reduzierend gebrannter spätmittelalterlicher Irdenware (10,6 % Anteil) konnten sich die Haushalte von Melkestere im Nahumfeld der Stadt Hamm (Töpferei Hamm-Herringen, kreisfreie Stadt Hamm, siehe Bergmann 2018a, S. 165) versorgen. In entscheidendem Umfang war der Raum vom etwa 9.–14. Jh. von der Versorgung mit qualitativ hochwertiger Keramik aus dem nordrheinischen Raum abhängig. So beträgt der Anteil der Drehscheibenware Badorfer Art am Fundkomplex 1,2 %, der gelben feingemagerten Vorgebirgskeramik mit Rotbemalung Pingsdorfer Art 5,8 %, der blaugrauen Irdenware Paffrather Art 0,8 %, der reduzierend grau gebrannten und feingemagerten, harten Drehscheibenware mit rotvioletter bis grau-schwarzer Bemalung Pingsdorfer Art 4,3 %, der steinzeugartig hart gebrannten Ware Siegburger Art 4,2 %, des Faststeinzeugs Siegburger Art wiederum 4,3 % und schließlich des Steinzeugs Siegburger Art 12,1 %. Somit stammen näherungsweise ein Drittel der in +Melkestere aufgefundenen Keramiken aus dem Rheinland, wobei der Umfang des Steinzeugs Siegburger Art außergewöhnlich ist. Rot engobierte Keramik (Irdenware: 0,7 %, Faststeinzeug: 0,3 %, Steinzeug: 0,1 %), die sowohl im Rheinland als auch im südostniedersächsischen Bergland produziert worden sein kann, ist hingegen relativ selten in den Werler Raum gelangt. Das Kopf-Fragment eines Spielzeugpferdchens (Halekotte1993, Abb. S. 82) der Zeit um 1200/des frühen 13. Jhs. ist als besonderer Fund zu bewerten. Es ist rotbraun glasiert und ähnelt dem glasierten Miniaturpferdchen von der Wüstung Elsinchusen, Kr. Soest (Bergmann 1993a, S. 223 f. und Farbabb. 36). Die stadtnahe Fundstelle ist relativ stark mit spätestmittelalterlich–neuzeitlichem Material „verseucht", das

u. a. mit dem Dung auf intensiv bewirtschaftete Felder gelangt ist. Dies mag den überraschend hohen Anteil des Steinzeugs Siegburger Art erklären. In diesem Zusammenhang sind weiterhin grün glasierte gelbe Irdenwaren (Anteil: 0,6 %) anzuführen, wobei nicht abschließend zu bewerten ist, ob sich in diesem Material eine Restbesiedlung der Ortsstelle Melkestere im 15. oder 16. Jh. andeutet oder nicht. Mit Sicherheit ist jedoch davon auszugehen, dass der ländliche Ort im Mittelalter kontinuierlich vom 7. bis in das 14. Jh. bestanden hat. Er ist somit nicht der Schicht früh entsiedelter Orte zuzurechnen, die in der Umgebung spätmittelalterlich entstandener Städte nachgewiesen sind. Für Melkestere ist, abgesehen von Nachweisen der Textilherstellung (Funde von Spinnwirteln), eine weitergehende handwerkliche Produktion erkennbar. Zeugnis dieser ist ein aufgefundenes Fgm. eines Tiegel zur Metallverflüssigung. Zahlreiche Funde von Eisenschlacken, darunter eindeutige Schmiedeschlacken. Unraffinierte Roheisenstücke mit Holzkohle- und Schlackeneinschlüssen und ein Kleinfragment damaszenierten Stahls belegen eine dörfliche Eisenverarbeitung. Metalldetektorfunde 9.–ca. 10./11.? Jh.: eine Zellenschmelz-Kreuzemailscheibenfibel des Typs Haseloff 1 (Nr. 714); eine Grubenschmelz-Kreuzemailscheibenfibel des Typs Haseloff 1, jedoch mit Metallerhabenheit (Noppen) im Zentrum (Nr. 585); eine Zellenschmelz-Kreuzemailscheibenfibel des Typs Haseloff 3 (Nr. 619); eine Caput-Christi Fibel (Nr. 493); eine Agnus Dei-Fibel mit Kreuzfahne, etwa 950–1050 n. Chr. (Bergmann 2017b, S. 326 und S. 336); eine Augenfibel, jedoch nur mit ringförmiger Grube und erhabenem Metallnoppen im Zentrum (Nr. 634); eine achtblättrige Rosettenfibel, mit kleiner Rundgrube je Rosettenblatt, flaches rundes Plateau im Mittenbereich mit schmalem, gleicharmigem Kreuz verziert (Nr. 678). Münzfund: 1 Pfennig, Konrad von Hochstaden, 1238–1261, Münzstätte Attendorn; AKZ 4413,0150.
Literatur: Schneider 1936, S. 91; Basse 1960; Halekotte 1993, S. 79–83; Flöer/Korsmeier 2009, S. 317–319: Melxter.

Menzel.
I. Wüstungsresistenter Ort.
II. Stadt Rüthen.
III. *1262: *Mensel* (REK 3, Nr. 2201).
IV. Der im Urriss unmittelbar westlich von Menzel auftretende FlN „Auf den zehntfreien Höfen" dürfte nicht wüstungsweisend sein (vgl. Kellinghausen, Kr. Soest). Die Geländebezeichnung ist wahrscheinlich vom Begriff ‚Hufen' abzuleiten (Kreiskatasteramt Soest, Urriss Menzel, Flur I.5: Menzel, 1829).
Literatur: Flöer/Korsmeier 2009, S. 319–321: Menzel.

Merinchusen.
I. Ortswüstung?, Scheinwüstung?
II. Gemeinde Anröchte.
III. *1238: *in Merinchusen* (Westf. Ub. 7, Nr. 474).
V. Lage nach Flöer/Korsmeier (2009, S. 322) südlich von Altenmellrich nahe +Vrilinchusen (siehe dort). Südwestlich von Altenmellrich besteht eine Zwei-Höfe Gruppe und südöstlich ein Einzelhof (Rumbrei), von denen ein Objekt in einer Beziehung zu dem mittelalterlichen Merinchusen stehen könnte. Daher muss offengelassen werden, ob es sich bei Merinchusen um eine Ortswüstung oder z. B. um eine Ortsnamenwüstung handelt.
Literatur: Flöer/Korsmeier 2009, S. 322: +Merinchusen.

Mersche.
I. Hofwüstung.
II. Stadt Lippstadt.
III. *1299: *curia que dicitur Mersche iuxta Bokenevorde* (Westf. Ub. 3, Nr. 1634).
V. Lage bei Bökenförde.
Literatur: Bergmann 1989, Nr. 42, S. 111; Flöer/Korsmeier 2009, S. 323 f.: [+]Mersche.

Mettorp.
I. Partielle Ortswüstung.
II. Gemeinde Welver.
III. *Um 1338: *in Mettorp juxta Dincker* (Seibertz Ub. 2, Nr. 665, S. 298, §11).
IV.-VI. Im Norden schließt sich an den Kirchort Dinker ein Streusiedlungsgebiet an (vgl. Hömberg 1967, S. 220). Dieses läßt sich in zwei Bereiche untergliedern: In einen nördlichen, vom Kirchort am weitesten entfernten Siedlungsbereich und eine zwischen diesem und dem Kirchort gelegene „mittlere" Höfelandschaft. Es wird hier angenommen, dass der entfernte Bereich des Siedlungsgebiets mit dem mittelalterlichen Echtorp (ächtere = hintere trup-Siedlung) und der mittlere Siedlungsbereich mit Mettorp (= mittlere trup-Siedlung) zu identifizieren ist. Rund 0,75 km nordwestlich von Dinker (Kirche) befindet sich im mittleren Siedlungsbereich zwischen den Höfen Wietkamp, Lohoff und Greune eine als „Borg" bezeichnete Fläche (AKZ 4314,0253) in der Größe einer Hovesathe, die entweder auf eine sich ehemals hier befindliche Gräftenanlage oder eine Hofwüstung verweisen dürfte (Kreiskatasteramt Soest, Urriss Dinker, Flur II.2: Dinker, 1828). Ebenfalls im mittleren Siedlungsbereich befindet sich rund 0,75 km nördlich von Dinker (Kirche) am Rand einer weiteren Höfegruppe ein als „Drögehoff" bezeichnetes Areal (AKZ 4313,0250), innerhalb dessen eine Hofwüstung anzunehmen ist (Kreiskatasteramt Soest, Urriss Dinker, Flur II.1: Dinker, 1828).
Literatur: Flöer/Korsmeier 2009, S. 325: +Mettorp.

Meyerich.
Wüstungsresistentes Dorf mit ehemaligen Niederungsburgen.
II. Gemeinde Welver.
III. *1242: *Henricus de Medrike* (Westf. Ub. 7, Nr. 534); 1371: *Wilhelmus Glashem inf. nominavit curtem et mansionem ac castrum in Meyderike* (Hömberg 1979 [Heft 19], S. 130); 1482: Gut Bolenkamp zu Meyerich (Hömberg 1979 [Heft 19], S. 145).
IV.–VI. Innerhalb von Meyerich besteht eine zur Zeit der Urkatasteraufnahme 62 m x 100 m große Gräftenanlage, deren Wassergraben als „Alter Hausgraben" bezeichnet worden ist. Die Niederungsburg wird als ursprünglicher Standort des Hauses Meyerich interpretiert (vgl. Hömberg 1979 [Heft 19], S. 130). Abgesehen von dieser Anlage (AKZ 4313,0027) existierte zwischen den Althöfen Bohlenkamp und Waterhoff am nördlichen Ortsrand eine als „Woort" bezeichnete Fläche (AKZ 4313,0247), deren FlN auf einen wüsten Hof des Dorfes verweist (vgl. Kreiskatasteramt Soest, Urkataster Welver, Flur XI.3, 1827). Schoppmann (1936, Nr. 86, S. 179) führt zu diesem FlN „Auf der Worth" aus, dass es sich um „ein von Wassergräben umgebenes Grundstück zwischen dem Hofe Pier gt. Bollenkamp und dem Salzbache" handelt und vermutet eine alte Hofstätte. U. a. Hömberg (1979) stellt hingegen einen Zusammenhang mit einem (zwischen dem Hof Pier genannt Bollenkamp und dem Salzbach gelegenen) Haus Bollenkamp her, welches in der Woort-Fläche verortet wird.
Literatur: Hömberg 1979 (Heft 19), S. 128–145; Koske 1960, S. 225 f.; Flöer/Korsmeier 2009, S. 325–327: Meyerich, Haus Meyerich.

Modinchusen.
I. Ortswüstung oder separater Siedlungsbereich des wüstungsresistenden Dorfes Schwefe.

II. Gemeinde Welver.
III. *1394: *1 mans. in Modinchuysen in Sueue* (Seibertz Ub. 2, Nr. 795, Anm 558, S. 542, Z. 36).
V. Die Quellenangabe könnte so gedeutet werden, dass es sich bei Modinchusen um eine im Raum Schwefe gelegene Kleinsiedlung handelt; nicht auf der Wüstungs-Übersichtskarte des Kreises Soest dargestellt.

Mowen.
I. Wüstungscharakter unklar (Gewässername, zudem FlN und vielleicht Ortswüstung).
II. Stadt Soest.
III. *1266: *agri qui iacent prope Andopen inter rivum qui dicitur Mowe* [= Amper Bach] *et alium rivum qui nominatur Blewe* [= Blögge, bzw. Amper Blögge nach dem Urmesstischblatt] (Westf. Ub. 7, Nr. 1232); 1278: *bona, que vocantur Mowen* (Westf. Ub. 7, Nr. 1645). Mowen ist weiterhin in der 1. Hälfte des 14. Jhs. (ca. 1314) unter der Rubrik Ampen (*Westeren Andopen*) als Manse der Mescheder Villikation Epsingsen aufgeführt (Quellen westfälische Geschichte 1, S. 411: *It. ibid. dimidius mans. dictus Mowe*), wobei das *ibid*[dem] des Quellenbelegs auf *Westeren Andopen* zu beziehen ist.
IV. Rund 0,3 km nordnordöstlich von Ampen (und damit extrem nah an dieser Alt-Siedlung) bzw. westsüdwestlich des Hofes Ludge Ampen (des Urmesstischblatts) überliefert die Deutsche Grundkarte ein nahe der Blögge gelegenes Gelände „Mögge". Ob die Bezeichnung „bona" von 1278 im Sinn des ehemaligen Bestehens eines Ortes auszulegen ist oder ob es sich dabei lediglich um die Bezeichnung einer Örtlichkeit handelt, ist ungewiss.
Literatur: Flöer/Korsmeier 2009, S. 329 f.: +Mowe.

Mühle, erzbischöfliche.
I. Mühlenwüstung.
II. Stadt Geseke.
III./V. Mühle *vor 1293–1300 aus außerstädtischer Lage in die Stadt Geseke verlagert und dort neu errichtet: *Item molendinum apud Gesike ... quondam fuit situm extra opidum et quia sepe destruebatur per inimicos, fuit per officiatum Ecclesie Coloniensis transpositum infra opidum* (Seibertz Ub. 1, Nr. 484, S. 618, Z. 16–19).
Literatur: Bergmann 1989, Nr. 21, S. 86.

Müllingsen.
I. Kleinsiedlung mit geringfügigen Wüstungserscheinungen.
II. Stadt Soest.
III. *1237: *quandam aream in Mulenchusen* (v. Klocke, Regesten 1, Nr. 17, S. 21).
IV. Am südlichen Ortsrand von Müllingsen ist der wüstungsweisende FlN „aufm Oberhof" nachzuweisen (Kreiskatasteramt Soest, Urkataster Müllingsen, Flur IV, 1827).
Literatur: Flöer/Korsmeier 2009, S. 331 f.: Müllingsen.

Nateln.
I. Partielle Ortswüstung: a: wahrscheinliches Wüstungsareal am Ortsrand sowie b: ehemalige Motte.
II. Gemeinde Welver.
III. *1313: *curt. in Nortelen et molend. ib. cum aquis* (Seib. Ub. 2, Nr. 556, S. 121, §60). Die Niederungsburg (b) ist unter der Bezeichnung „Tempel" zu Nateln fassbar. Der FlN haftet an einem Hügel, „der den Kern einer kleinen Wasserburg der Herren v(on) Kleinsorgen bildete ...". Er liegt „unmittelbar neben dem Rittergut Nateln" (Hömberg 1979 [Heft 19], S. 66).
IV. An das Nicht-Kirchdorf Nateln grenzte auf dessen Nordseite ein Flurbereich mit dem wüstungsweisenden FlN „Kerkhof" (= a). Die wiederum im Norden an diese Flur angrenzende Fläche hieß 1828 „oben dem Kerkhofe". Weiterhin bestand (= b) unmittelbar südlich des Kleindorfs bzw. westlich des Hauses Nateln am Rand der Ahse-Niederung eine Turmhügelburg des Mittelalters (Kreiskatasteramt Soest, Urriss Dinker, Flur V.2: Narteln, 1827).
VI. AKZ 4314,0187 (= „Kerkhof": nicht prospektiert) und AKZ 4314,0011 (= ehemalige Turmhügelburg).
Literatur: Hömberg 1979 (Heft 19), S. 53–65, insbesondere S. 66 f.; Flöer/Korsmeier 2009, S. 333–335.

Nederenhoyen.
I. Ortswüstung?
II. Raum Soest?
III. *Nederenhoyen* ist in der Auflistung der in der 1. Hälfte des 14. Jhs. (*ca. 1314) von der Mescheder Villikation Epsingsen (*Ebdeschink*) abhängigen Höfe in der quellenbezogenen Reihenfolge zwischen Theininsen (*Teydinchusen*) und Mawicke (*Madewich*) angeführt (Quellen westfälische Geschichte 1, S. 411).
V. Zu erschließen wäre somit eine potentielle Lage südwestlich von Soest, jedoch kann nicht ausgeschlossen werden, dass Nederenhoyen (=? Niederenhofen) z. B. eine Höfegruppe meint, die topografisch direkt unterhalb einer wüstungsresisteten Siedlung zu verorten ist und möglicherweise keine Wüstung darstellt; nicht auf der Wüstungs-Übersichtskarte des Kreises Soest dargestellt.

Niederdedinghausen.
I. Hofwüstung am Rand einer wüstungsresistenten Kleinsiedlung bzw. des Drubbels Niederdedinghausen.
II. Stadt Lippstadt.
III. 1183: *Dedinghuson duas domos* (Westf. Ub. 5, Nr. 141); Flöer/Korsmeier (2009, S. 114) urteilen: „Für den rund 3,5 km nördl. jenseits der Lippe gelegenen Wohnplatz Niederdedinghausen, dessen Name offenkundig von Dedinghausen übertragen ist, konnten keine sicheren älteren Belege ermittelt werden".
V. Lage der Hofwüstung an der Terrassenkante der Lippe.
VI. Eine BS: dickwandiger Standboden; weiterhin Funde des 12.–14. Jh.; AKZ 4216,0042.
Literatur: Flöer/Korsmeier 2009, S. 113–115: Dedinghausen.

N.N. „Altehof", siehe Hovestadt.

N.N. „Aschhoff" (bei Haus Brockhausen).
I. Hofwüstung.
II. Gemeinde Lippetal.
IV. Haus Brockhausen lag südlich der Ahse und die zu dem Adelssitz gehörige Mühle nördlich des Bachs. Nordwestlich des Bachs tritt im Urkataster der wüstungsweisende FlN „Aschhof" auf, der auf einen durch die Adelsherrschaft wüstgelegten Einzelhof verweisen dürfte. 0,5 km nördlich des wüstungsweisenden FlN existiert im Urkataster weiterhin der FlN „Aschhoffskokamp", der auf eine ehemalige Weidefläche des wüsten Hofes verweisen dürfte (Kreiskatasteramt Soest, Urriss Hovestadt, Flur VI.2, 1828).
VI. AKZ 4314,0194.
Literatur: Flöer/Korsmeier 2009, S. 87–89: Brockhausen, Haus Brockhausen, Lütgenbrockhausen, Loerbrockshof.

N.N. „Beckum".
I. Wüstungscharakter unsicher (Ortswüstung?, FlN).
II. Welver.

IV. In der Aue des Soestbachs verzeichnet das Urkataster nordwestlich der Buddenmühle den möglicherweise wüstungsweisenden FlN „op Beckum" (Kreiskatasteramt Soest, Urkataster Schwefe, VIII.1, 1827), der von einem Siedlungsnamen Bekehem oder ähnlichlautend abgeleitet sein könnte. Es ist jedoch auch nicht auszuschließen, dass es sich bei „op Beckum" nur um einen FlN handelt; vgl. auch +Bekehem, Kr. Soest.
VI. AKZ 4414,0270.

N.N. „Bishoff".
I. Hofwüstung?
II. Gemeinde Welver.
III. Unsicherer Quellenbezug 1318: Der Villikus *de Biscopinch* fungiert in einer Urkunde des Klosters Welver, welche nahe der *Kothemulen* (siehe Kotten) ausgestellt worden ist, als Zeuge (Seibertz Ub. 2, Nr. 573). Wahrscheinlich ist jedoch ein Bezug des Fronhofsvorstehers auf den Einzelhof „Bispinghof" westsüdwestlich von Scheidingen, welcher im Preußischen Urmesstischblatt als „Pispingshof" bezeichnet ist und nicht auf N.N. „Bishoff".
IV. Im Urkataster (Kreiskatasteramt Soest, Urkataster Schwefe, Flur VIII.1, 1827) bezeichnet der FlN „op lange Bishoff" einen kurzstreifigen Parzellenverband (sogenannte Wende). An diesen grenzte die Blockparzelle „korten Bishoff" an.
VI. AKZ 4414,0271.

N.N. „Blauen Hofen" („In den blauen Hofen").
I. Wüstungscharakter unsicher.
II. Stadt Rüthen.
IV. Südwestlich von Altenrüthen ist ein von Norden in das Haupttal der Möhne einmündender Talgrund mit dem wahrscheinlich wüstungsweisenden FlN „In den blauen Hofen" bezeichnet. Der sich im Westen daran anschließende Bergrücken hieß „In den rother Hofen" bzw. „In den rothen Hofen" (Kreiskatasteramt Soest, Urriss Altenrüthen, Flur II.2: Steinhöberfeld/Haartberg, 1829).
VI. FlN-Bereich „In den blauen Hofen" mit AKZ 4516,0248 gekennzeichnet.

N.N. „Borg": siehe Stemmerk.

N.N. „Borg" („in der Borg") nahe des Hofs Göbel.
I. Wahrscheinlich: wüstungsweisender FlN (Wüstungscharakter unsicher).
II. Gemeinde Welver.
IV. Der FlN „in der Borg" tritt im Urkataster auf und grenzt an das „Borgholz" an. In der Flur liegt der Einzelhof Göbel (Kreiskatasteramt Soest, Urriss Vellinghausen, Flur II.1: Eilmsen, 1828).

N.N. „Dicken Hof" („Auf dem dicken Hof").
I. Wüstungscharakter unsicher, Hofwüstung?
II. Stadt Rüthen.
IV. Nördlich der Möhne besteht zwischen Drewer und Belecke im Einmündungsbereich eines Seitentals in das Haupttal der Möhne ein Gelände mit dem wüstungsweisenden FlN „Auf dem dicken Hof" (Kreiskatasteramt Soest, Urriss Drewer, Flur II: Berghöferfeld, 1828). Bei dem „Berghöferfeld" handelte es sich um eine ausgedehnte Langstreifenflur, welche die nordwestliche Gemarkung von Drewer umfasste und die keine weiteren Indizien für eine Ortswüstung enthält.
VI. AKZ 4516,0252 (nicht prospektiert).

N.N. „Grote Lohoff".
I. Hofwüstung.
II. Gemeinde Bad Sassendorf.
III. Es besteht keine anzunehmende Verbindung zur Ortswüstung Dincborgelo (Kr. Soest), für die in historischen Quellen des 16. Jhs. eine ehemalige Hofstelle Grote Loyhoff/Loehoff bezeugt ist.
IV. 0,4 km westnordwestlich von Sieningsen besteht im Urkataster die ausgedehnte Flur „grote Lohoff" (Kreiskatasteramt Soest, Urriss Weslarn, Flur VII.1: Sinningsen, 1828), die wahrscheinlich auf einen wüstgefallenen Einzelhof hinweist.
VI. AKZ 4314,0197 (nicht prospektiert).

N.N. „Hausstäde".
I. Wüstungscharakter unsicher.
II. Stadt Warstein.
V. Im oberen Abschnitt eines episodisch wasserführenden Tälchens nördlich der Schichtstufe des Haar tritt zwischen Waldhausen und Uelde der wüstungsweisende Flurname „Hausstäde" auf (Deutsche Grundkarte: „Haustädde"); nicht auf der Wüstungs-Übersichtskarte des Kreises Soest dargestellt.
VI. AKZ 4415,0223 (nicht prospektiert).

N.N. „Heringhölterhof".
I. Hofwüstung.
II. Gemeinde Anröchte.
IV. In der Flur „Heringholz" (siehe Deutsche Grundkarte) bei Anröchte wird eine mittelalterliche Fundstelle angenommen.
VI. AKZ 4416,0170 (nicht prospektiert).

N.N. „Höfen" („auf den Höfen").
I. Möglicherweise als sprachliche Variante des FlN ‚auf den Hufen' zu interpretieren und dann nicht wüstungsweisend.
II. Gemeinde Anröchte.
IV. Südlich des Schlosses Eggeringhausen besteht im Wald eine als „auf den Höfen" bezeichnete Rodungsinsel (Kreiskatasteramt Soest, Urriss Mellrich, Flur X, 1828).

N.N. „Hofestadt".
I. Hofwüstung?
II. Gemeinde Welver.
IV. Das Urkataster (Kreiskatasteramt Soest, Schwefe, Flur IV: Eineckerholsen, 1827) verzeichnet zwischen Eineckerholsen und Ehningsen den wahrscheinlich wüstungsweisenden FlN „Hofestadt", der eine Verballhornung des ursprünglichen Flurnamens „Hovesathen" darstellen dürfte.
VI. AKZ 4413,0440.

N.N. „Keller".
I. Wüstungscharakter unsicher.
II. Stadt Warstein.
IV./V. Nordnordwestlich von Hirschberg bzw. südlich von Allagen tritt der wüstungsweisende FlN „Keller" nahe der Stelle auf, an der die Heve durch den Zusammenfluss mehrerer Bäche gebildet wird. Der Geländeabschnitt liegt östlich der zahlreich erhaltenen Hohlwegespuren des Altweges Allagen–Meschede (Altweg: AKZ 4515,0021). Der nordwestlich des „Keller" gelegene Berg heißt „Keller Berg" und das weiter nördlich gelegene Tälchen „Keller Siepen" (Kreiskatasteramt Soest, Urriss Allagen, Flur XI. 3 und 4: Allager Mark, 1829).
VI. AKZ 4515,0145.

N.N. „Kerkhof" (bei Horn).
I. Hofwüstung?
II. Stadt Erwitte.

IV./V. Am Weg von Ebbinghausen zum Kirchort Horn besteht eine aus zwei Parzellen bestehende Kleinflur „Kerkhof". Der im Urriss enthaltene FlN ist später zu „Kirchheide" verändert worden (Kreiskatasteramt Soest. Urkataster Ebbinghausen, Urriss Flur VI.1: Sudfeld, 1820); Heitkemper (1962, S. 28, §6) erwähnt den FlN als „Auf'm Kirchhofe".
VI. AKZ 4315,0127 (nicht prospektiert).

N.N. „Kirchhof, Der" (bei Geseke).
I. Wüstungscharakter unsicher.
II. Stadt Geseke.
IV./V. Lage nordöstlich von Geseke; Parzellenbereich im Urkataster deutlich von umgebenden Parzellen abgegrenzt; aufgrund von fehlenden wüstungsweisenden FlN in der Umgebung keine Parallelisierung mit einer Ortswüstung des Geseker Umlandes möglich.

N.N. „Kirchhofe, Im" („Im Kirchhofe", bei Lohe).
I. Wüstungscharakter unsicher (Ortswüstung?, Hofwüstung?).
II. Gemeinde Bad Sassendorf/Stadt Lippstadt.
IV. Rund 1 km ostsüdöstlich der Kirche von Ostinghausen besteht im Urriss der wüstungsweisende FlN „Im Kirchhofe", mit dem zwei Parzellen in Grenzlage zur Gemarkung Lohe bezeichnet sind. Weiterhin sind die sich an die Parzellen „Im Kirchhofe" anschließenden beiden Parzellen der zu Lohe gehörigen Flur VII: Westerfeld, im Übersichtsblatt zum Urkataster in Bleistift als „Kirchhof" bezeichnet (Kreiskatasteramt Soest, Urriss Ostinghausen, Flur XIII.3: Ostinghausen, 1828, und Ostinghausen, Übersicht zum Urkataster).
VI. AKZ 4315,0126 (nicht prospektiert).

N.N. „Kirchhoff"/„Aufm Kirchhöfchen" (bei Lohne).
I. Ortswüstung?
II. Gemeinde Bad Sassendorf/Stadt Erwitte.
IV./V. Der wüstungsweisende FlN *up den Kerkhove* sowie die Wegebezeichnung *by dem olden Helwege* sind bereits für das 16. Jh. tradiert (Schelhasse 1902, S. 132). 0,4 km östlich des Ortsrandes von Lohne tritt auf einem Lösslehm-Riedel in Grenzlage zur Gemarkung Erwitte-Schallern der wüstungsweisende FlN „Aufm Kirchhöfchen" auf. Die Fläche liegt zwischen dem alten und dem neuen Hellweg („Hillweg") der Urkatasteraufnahme (Kreiskatasteramt Soest, Urkataster Lohne, Flur III, 1827). Die Flur „Aufm Kirchhöfchen" setzt sich in der Gemarkung Schallern in dem kleineren Parzellenverband „Kirchhoff" fort (Kreiskatasteramt Soest, Urriss Horn, Commune Schallern, Flur VI: Schallern, 1828). Auch Heitkemper (1962, S. 49) verweist auf diesen mundartlich als „Up ciäm Kiärkhöffken" überlieferten FlN.
VI. AKZ 4415,0219.

N.N. „Kleehof".
I. Wahrscheinliche Hofwüstung.
II. Stadt Rüthen.
IV./V. Für einen Geländeabschnitt auf der verkarsteten Haarabdachung nördlich von Westereiden tritt in der Deutschen Grundkarte der wüstungsweisende FlN „Kleehof" auf.
VI. AKZ 4416,0164.

N.N. „Kloster" („Auf dem Kloster").
I. Wahrscheinlich nicht wüstungsweisender FlN.
II. Stadt Werl.
IV. Am südöstlichen Ortsrand von Oberbergstraße besteht im Urkataster nahe der Luigsmühle der mit sehr hoher Wahrscheinlichkeit nicht wüstungsweisende FlN „Auf dem Kloster" (Kreiskatasteramt Soest, Urkataster Westönnen, Flur III: Oberbergstraße, 1828). Für diesen Bereich ist in den historischen Quellen kein Kloster zu fassen, sodass eine weitergehende Interpretation des FlN offenbleiben muss.

N.N. „Kollenhofe" („Auf dem Kollenhofe").
I. Hofwüstung?
II. Stadt Geseke.
IV. Im Umfeld von Ermsinghausen besteht 1820 der wüstungsweisende FlN „Auf dem Kollenhofe" (Kreiskatasteramt Soest, Urkataster Gemeinde Langeneicke, Flurcharte der Section A: Ermsinghausen, in 5 Blättern, 3. Abtheilung, 1820).
VI. AKZ 4316,0470.
Literatur: Bergmann 1989, Nr. 39, S. 109.

N.N. „Loder Hofe".
I. Hofwüstung?
II. Gemeinde Welver.
IV. Wahrscheinlich wüstungsweisender FlN „Loder Hofe" im Urkataster (Kreiskatasteramt Soest, Urriss Vellinghausen, Flur II.1: Eilmsen, 1828).

N.N. „Lumpenhorst".
I. Hofwüstung (oder wüste Höfegruppe?) nahe oder in Hangfort.
II. Gemeinde Welver.
IV./V. Nordöstlich von Vellinghausen tritt an der Terrassenkante der Lippe eine im Urkataster unbenannte Streusiedlung auf, die heute unter der Bezeichnung Hangfort firmiert. Östlich des resistenten Hofes Schwarte dieser Streusiedlung besteht in der Urkatasterflur „Lumpenhorst" (Kreiskatasteramt Soest, Übersichtshandriss der Gemeinden Vellinghausen und Eilmsen, 1828) eine mittelalterliche Fundstelle.
VI. Funde: Klingen u. a. aus nordischem Flint; eine geflügelte Flint-Pfeilspitzes des Spätneolithikums; Keramiken des (ausgehenden?) Frühmittelalters–14. Jhs.; Fibeln des 9.–10./11. Jhs.: darunter eine Kreuzemailscheibenfibel und eine Sternfibel mit Zentralfassung zur Aufnahme einer (ausgefallenen) Schmelzperle; weiterhin eine Agnus Dei-Fibel mit Kreuzfahne, etwa 950–1050 n. Chr. (Bergmann 2017 b, S. 326, S. 336 und Abb. 2.2); AKZ 4314,0076; archäologische Fundstelle in den Amtsakten der LWL-Archäologie teilweise unter Hangfort/Vellinghausen erfasst.
Literatur: Vgl. Flöer/Korsmeier 2009, S. 206 f.: Hangfort.

N.N. „Manninghof".
I. Hofwüstung.
II. Stadt Erwitte.
IV. Der Flurbereich „am Manninghof" bzw. „am Maninghoff" wird im Süden vom „Alten Hilweg" (= Hellweg), im Norden von der Bundesstraße 1 („Chaußee von Soest nach Erwitte") und im Westen vom Manninghofer Bach begrenzt (Kreiskatasteramt Soest, Urriss Erwitte-Völlinghausen, Flur XIII.1: Manninghoff, 1828).
V. Lage ca. 1,7 km südlich von Stirpe (Kirche).
VI. AKZ 4315,0118.

N.N. „Mestychenheim".
I. Ortswüstung.
II. Stadt Erwitte.
III. Ortsname erst neuzeitlich überliefert.
V. Lage bei Westernkotten.
Literatur: Bergmann 1989, Nr. 54, S. 127.

N.N. „Oelingerfeld“.
I. Ortswüstung.
II. Stadt Rüthen.
IV./V. Abgesehen von einer Verortung/Identifikation einer Ortswüstung Olinchusen ostsüdöstlich von Rüthen tritt ein wüstungsweisende FlN „Oelingerfeld“ nordwestlich von Rüthen-Menzel auf: „Das vordere Oelingerfeld“ beginnt bereits nahe bei dem Haufendorf Menzel bei dem ehemaligem Adelssitz Haus Menzel und setzt sich als „Das hintere Oelingerfeld“ weiter nach Westen fort. Die Oelingerfeld-Fluren erstrecken sich nahezu bis in den Talgrund des episodisch wasserführenden Güllerbachs hinein. Westlich des hinteren Oelingerfeldes bestand um 1829 der „Salzpfad“, der von den Salinen in Bad Westernkotten (bei Erwitte, Kr. Soest) zur Möhne im Raum Altenrüthen (Kr. Soest) verlief. Die Ortswüstung ist im Umfeld derjenigen Stelle anzunehmen, wo der Salzpfad aus dem Güllergrund herausführte (Kreiskatasteramt Soest, Urriss Menzel, Flur IV: Bruch, 1829, und Flur V.1: Oelingerfeld, 1829).
VI. Potentielle Fundfläche: AKZ 4416,0165.

N.N. „Ohrenshaus“.
I. Ortswüstung?
II. Stadt Warstein.
IV. Ein im Norden, Osten und Süden vom Langer Bach begrenztes Waldgelände im Warsteiner Stadtwald (ostsüdöstlich eines heutigen Brauereigeländes) ist 1828 mit dem wahrscheinlich wüstungsweisenden FlN „Ohrenshaus“ bezeichnet (Kreiskatasteramt Soest, Urriss Flur XII.2, 1828). Der Waldname ist in der Deutschen Grundkarte, leicht entstellt, als „Ohrenhaus“ wiedergegeben.
VI. AKZ 4516,0253 (nicht prospektiert).

N.N. „Osthusen“.
I. Ortswüstung.
II. Gemeinde Lippetal.
IV. Am Westrand(!) des ausgedehnten Waldes „Hachney“ ist eine Niederwaldparzelle des Urkatasters mit „Osthusen“ bezeichnet. Die potentielle Ortsstelle befindet sich östlich der Streusiedlung „Gantenbrinker“, von der aus die Bezeichnung erfolgt sein könnte. Bei der Siedlung „Gantenbrinker“ handelte es sich offensichtlich um eine überwiegend unterbäuerliche Siedlung (Kreiskatasteramt Soest, Urriss Oestinghausen, Flur III: Hachney, 1829).
VI. AKZ 4314, 0189 (nicht prospektiert).

N.N. „Potthof“.
I. Wahrscheinliche Hofwüstung.
II. Gemeinde Lippetal.
IV. Unter normalen Bedingungen wird man aus einem FlN „Potthof“ nicht zwingend auf eine Hofwüstung schließen müssen. Dieser „Potthof“ (im ehemaligen Adelsbesitz) liegt jedoch fernab benachbarter Höfe zwischen Stocklarn und Hultrop direkt an der Ahse und zwar in einem Bruchgelände. Somit könnte der FlN des Urkatasters (in der Deutschen Grundkarte verballhornt zu: „Posthof“) auf eine Hofwüstung hinweisen (Kreiskatasteramt Soest, Urriss Oestinghausen, Flur VI.1: Brook, 1828).
VI. AKZ 4314,0190 (nicht prospektiert).

N.N. „Schafhof“ („aufm Schafhof“).
I. Wüstungscharakter unsicher.
II. Gemeinde Anröchte.
IV. Rund 1,5 km südwestlich von Berge (Kirche) ist im Urkataster (Kreiskatasteramt Soest, Urriss Anröchte, Flur XIV.3, 1829) ein dreieckiger Flurbereich am Hochrand der zeitweilig wasserführenden Pöppelschen Schledde mit dem wahrscheinlich wüstungsweisenden FlN „aufm Schafhof“ bezeichnet.
VI. AKZ 4416,0169 (nicht prospektiert).

N.N. „Soecke“.
I. Ortswüstung.
II. Stadt Lippstadt.
III. *Vor 1594: *Soecke Wůstung* (Landesarchiv NRW, Abt. Westfalen [Münster], Kartensammlung A, Nr. 20215).
IV. FlN „Soecke“ des 16. Jhs. wahrscheinlich von einem ähnlich lautenden Ortsnamen abgeleitet.
V. Lage 3,6 km nordöstlich von Erwitte.
VI. Keramikfunde 9.–14. Jh.; Metalldetektorfunde: eine Grubenschmelz-Kreuzemailscheibenfibel des Typs Haseloff 1 (Nr. 701); eine Grubenschmelz-Kreuzemailscheibenfibel des Typs Haseloff 1 im Übergang zum Typ 6 (Nr. 698); eine Plateau-Grubenschmelzfibel des Typs Haseloff 11, Kreuzarme jedoch relativ gerade und sich kaum zum Rand verbreiternd, in den Kreuzzwickeln kleine Rundgruben (Nr. 700); eine Heiligenfibel, Typ mit Basisgrube (Nr. 699); eine Pseudomünzfibel mit geperlter Randleiste (Nr. 697); ein karolingischer Gurtbeschlag mit Vergoldungsresten (Beschlag in Kerbschnittechnik erstellt); Münzfunde: 1 Pfennig, Bistum Paderborn, Simon, 1247–77, Münzstätte Paderborn; 1 Pfennig, Herrschaft Lippe, Simon, 1275–1344, Münzstätte Lippstadt, geprägt nach ca. 1280; 1 Pfennig, Bistum Paderborn, Bischof Otto, 1282–1307, Münzstätte Paderborn; Kennzeichen im FuPuNet der LWL-Archäologie: AKZ 4316,0011, AKZ 4316,0169, AKZ 4316,0173, AKZ 4316,0194, AKZ 4316,0259, AKZ 4316,0450 und AKZ 4316,0452.
Literatur: Bergmann 1989, Nr. 50, S. 119 f. und S. 253, Tafel 11; Flöer/Korsmeier 2009, S. 410 f.: Soecke.

N.N. „Südhuse“.
I. Ortswüstung?
II. Gemeinde Bad Sassendorf.
IV. Wüstungsweisender FlN „am Südhuse“ (Kreiskatasteramt Soest, Urkataster Lohne, Flur V: Südhuse, 1828; Übersichtshandriss Lohne von 1828).
V. Lage näherungsweise 1,4 km ostsüdöstlich von Lohne (Kirche); der FlN „am Südhuse“ kennzeichnet ein ausgedehntes, kurzstreifig parzelliertes Gewann, dem keine weiteren Hinweise zur Lage einer Kleinsiedlung zu entnehmen sind.
VI. AKZ 4415,0230 (nicht prospektiert).

N.N. „Wiepen, im“.
I. Hofwüstung?
II. Stadt Geseke.
IV. Das Gelände nördlich von Störmede wurde abgesucht, weil (zunächst) ein Zusammenhang mit der Ortswüstung Withem angenommen worden war. Dieser ließ sich jedoch nicht erhärten. Der Flurbereich „im Wiepen“ erbrachte Fundmaterialien des Mittelalters, sodass davon auszugehen ist, dass in diesem Bereich ein wüstgefallener Hof gelegen hat. Aufgrund der geringen Entfernung zu +Enechem (Kr. Soest) kann der aufgegebene Hof auch zu dieser Wüstung gehört haben.
VI. Funde 10.–14. Jh.; AKZ 4316,0150.
Literatur: Bergmann 1989, Nr. 37, S. 108.

N.N. „Wittmers Siepen“ („an wittmers Siepen“).
I. Potentiell wüstungsweisender FlN (Wüstungscharakter unsicher).
II. Stadt Warstein.

IV. 2 km nordnordwestlich von Hirschberg ist ein von Nordosten in das Haupttal der Halle einmündender Siepen als „an wittmers Siepen" bezeichnet (Kreiskatasteramt Soest, Urriss Hirschberg, Flur IV, 1828).
Literatur: Vgl. Flöer/Korsmeier 2009, S. 480 f.: Wippringsen, wo Quellenbelege lautend auf Witmarenchusen und auf Wipperinchusen zusammengestellt sind.

N.N. „Wortke" („An der Wortke").
I. Unsicher wüstungsweisender FlN.
II. Gemeinde Werl.
IV. 0,8 km nordöstlich von Mawicke tritt im Urkataster der möglicherweise von der Bezeichnung „Worth" abgeleitete FlN „An der Wortke" auf (Kreiskatasteramt Soest, Urkataster Westönnen, Flur IV, 1829).
VI. AKZ 4413,0438 (nicht prospektiert).

N.N. „Wurth" („auf der Wurth").
I. Ortswüstung?
II. Stadt Soest/Gemeinde Bad Sassendorf.
IV. Zwischen Elfsen und Müllingsen bestehen 1827 auf eine oder mehrere Hofstellen hinweisende FlN „auf der Wurth" bzw. „auf der Wurd" (Kreiskatasteramt Soest, Urriss Müllingsen, Flur II.2: Elfsen, 1827 und Müllingsen, Flur III: Müllingsen, 1827). Der FlN ist vom Begriff *Worth* herzuleiten, der eine (oder mehrere) mittelalterliche Hofstelle(n) in steuerlicher Hinsicht charakterisiert.
VI. Das betreffende Gelände ist heute teilweise bebaut (Industriegebiet) und wird von der A 44 gequert.

Nutenen.
I. Ortswüstung.
II. Stadt Soest.
III. *1166: *Regenbodo de Nutenen* (REK 2, Nr. 840, S. 144); aus einer Quelle von 1279 (siehe Ardeya, Kr. Soest) folgt, dass Nutenen zu diesem Zeitpunkt noch bestehend war.
V./VI. Von der Stadtmitte Soest führt die Nöttenstraße in westsüdwestlicher Richtung zum Nöttentor der mittelalterlichen Stadtbefestigung. Die Ortsstelle liegt wahrscheinlich nahe eines Quellenbereichs westsüdwestlich der Stadt am Hellweg. Da Ardeya ehemals als bei Nutenen gelegen bezeichnet ist, dürfte Nutenen ehemals der größere Ort gewesen sein. An die potentielle Fundfläche von Nutenen (= AKZ 4414,0276) grenzt im Nordwesten die Straße „In den kalten Höfen" an, die Flöer/Korsmeier (2009) in einer Beziehung zu dem 1231 erwähnten Haupthof (curtis) *Kaldehoff* (Westf. Ub. 7, Nr. 374) sehen. Der bei Flöer/Korsmeier (2009, S. 341) zu Nutenen angegebene Lagehinweis „nördl. des Siedlungsplatzes Ardey" ist nicht zutreffend; vgl. auch: +Kalthof, Kr. Soest.
Literatur: Schneider 1936, S. 99: Nötten bzw. S. 122: Soest; BKW Soest, S. 86 f.: Tafel IV; Flöer/Korsmeier 2009, S. 341–343: +Nötten.

Odacker.
I. Orts- und Klosterwüstung.
II. Stadt Warstein.
III. *12. Jh.: *mansum in Odakker* (Günther 1994, S. 108 und S. 159 [vgl. Seibertz Ub. 1, Nr. 19]); Ende 12. Jh.: *Odacher iuxta Arnesb*[erc] (Bauermann 1968, S. 357, §77); 1635: Die Stadt Rüthen bestätigt, dass sie dem Kloster Odacker 73 Königsthaler schuldet (Stadtarchiv Rüthen, Findbuch, Nr. 1030); 1700: Eintritt der Tochter des Henricus Winckhausen zu Rüthen in das Kloster (Stadtarchiv Rüthen, Findbuch, Nr. 1343), 1708: Kloster bestehend (Stadtarchiv Rüthen, Findbuch, Nr. 1360).
IV. Die auf die Siedlung verweisenden FlN erstrecken sich auf insgesamt rund 1,9 km Länge. Sie setzen im Süden mit dem „Dorfsweg" ein, gefolgt von den Bezeichnungen „im Dorf", „auf dem Dorf" und „hinterm Dorf". Im Umfeld des ehemaligen Klosters bestehen dann, abgesehen von der Flur „im Kloster", die FlN „auf dem Kreuz" und „Baumhof". Der bestehende Sakralbau ist auf einer Übersichtskarte der Katastralabschätzung als „Odacker Kapelle" bezeichnet. Nördlich dieser folgt das „Odacker Feld" bzw. „odacker Feld". In der Gemarkung Warstein tritt weiterhin nahe der westlichen Gemarkungsgrenze an dem von Warstein nach Hirschberg führenden Weg der FlN „Odacker Pferdekamp" auf (Kreiskatasteramt Soest, Urkataster Hirschberg, Urriss Flur V, 1828; Charte der Bürgermeisterei Warstein, 1828; Urriss Warstein, Flur X, 1828).
V. Lage 1,2 km östlich bis 1,5 km nordöstlich von Hirschberg (Kirche).
VI. AKZ 4515,0015 (= ehemaliges Klosterareal, jetzt als Odacker Kapelle bezeichnet); Funde des 10.–13. Jh. aus dem Wüstungsareal AKZ 4515,0048 östlich des Klosterareals. Bei den im Fundpunktnetz FuPuDELOS der LWL-Archäologie für Westfalen gekennzeichneten Flächen südlich von AKZ 4515,0015 handelt es sich um archäologische Verdachtsflächen mit einem „Dorf"-FlN (siehe weiterhin AKZ 4515,0147).
Literatur: J. S. Seibertz, Geschichte des Klosters Odacker, Blätter zur näheren Kunde Westfalens 3, 1864, S. 1–14; Schneider 1936, S. 101; Viegener 1927, S. 6 (Anm. 18), S. 23, S. 25; Schmidt 1992; Flöer/Korsmeier 2009, S. 344 f.: [+]Odacker.

Odinchusen.
I. Ortswüstung.
II. Gemeinde Welver.
III. *1281–1313: *Odinchusen in paroch. Sueve* (Seib. Ub. 2, Nr. 551, S. 108, §17, Z. 23).
V. Nach Angabe der Quelle Lage im Kirchspiel Schwefe.

Oestereiden.
I. Wüstungsresistenter Kapellenort mit ehemaliger Niederungsburg und auf das Dorf insgesamt bezogen geringfügigen Wüstungserscheinungen (Hofwüstungen).
II. Stadt Rüthen.
III. *2. Drittel 12. Jh.: *de Edin Liudbreht* (Urb. Werden 1, S. 250, Z. 17) unter möglichem Bezug sowohl auf Oestereiden als auch auf das benachbarte Westereiden.
V./VI. Am Dorfrand im äußersten Nordnordwesten des Ortes besteht westlich der ehemaligen Niederungsburg (= AKZ 4416,0173) der Herren von Langenstrot, die später an die Grafschaft Rietberg gelangte, ein Hofwüstungsareal (= AKZ 4416,0172), von dem davon auszugehen ist, dass der dort gelegene Hof in der frühen Neuzeit von der Grundherrschaft eingezogen wurde. Im Südsüdwesten des Dorfes tritt bei einer unbebauten Parzelle der wüstungsweisende FlN „Erdelhoff" (= AKZ 4416,0175) auf.
Literatur: Flöer/Korsmeier 2009, S. 142–144: Eiden, Oester-, Wester-.

Oevinghausen (jetzt Gut Oevinghausen).
I. Partielle Ortswüstung.
II. Gemeinde Ense.
III. *Um 900: *in Ouinghuson* (Urbare Werden 1, S. 8, §1).
IV. Ehemalige mittelalterliche Siedlungsbereiche sind u. a. in den Blockparzellen „Baumhof", „auf'm Rübenkamp", „das vorderste Mühlenstück", und „bei der Mühl" im Umfeld des Gutes und der Mühle anzunehmen (Kreiskatasteramt Soest, Urkataster Bre-

men, Flur XIII: Oevinghausen, 1828).
VI. AKZ 4413,0439 (keine Prospektion).
Literatur: Schneider 1936, S. 102; Flöer/Korsmeier 2009, S. 347 f.: Oevinghausen, Gut.

Oylinchusen (Fahlenhof).
I. Partielle Ortswüstung, Angaben bei Henneböle (1963) ist zu entnehmen, dass die partielle Ortswüstung Oylinchusen (Olinchusen) erst 1823 infolge der Aufgabe des letzten Hofes des Ortes, dem Fahlenhof, zur totalen Ortswüstung geworden ist.
II. Stadt Rüthen.
III. 1. Hälfte 14. Jh. (*ca. 1314): unter der Überschrift Rüthen (*Rueden*) ist aufgeführt: *Johan van Oylinchusen* (Quellen westfälische Geschichte 1, S. 416); 1402: Hof zu Olynchusen (Stadtarchiv Rüthen, Findbuch, Nr. 49); 1418: Hof zu Oelinkhusen (Stadtarchiv Rüthen, Findbuch, Nr. 79); 1561: Johann Froschenn als Schulte zu Olinckhusen bezeugt (Stadtarchiv Rüthen, Findbuch, Nr. 647).
IV. Henneböle lokalisierte die Ortswüstung Olinchusen ostsüdöstlich von Rüthen. Diese Angabe wird durch verschiedene Quellenangaben gestützt. Eine Landfläche eines bestimmten Hofes zu Olinchusen grenzte 1404 „an den Kellerhoff oberhalb des Weges" (Stadtarchiv Rüthen, Findbuch, Nr. 54). Eine Quelle von 1491 ergänzt, dass zum Besitz des Hofes in Olinckhusen ein Morgen Dauergrünland oberhalb Olinckhusen bei der Möhne(!) gehören (Stadtarchiv Rüthen, Findbuch, Nr. 298), woraus sich eine möhnenahe Tallage der Ortsstelle ergibt. – Der Fahlenhof ist entgegen der Angabe unter I. noch 1829 bestehend(!) und als Hof mit vier Gebäuden nördlich der Möhne kartiert. Auch die sich im Osten an den Hof anschließende Blockparzelle hieß „Fahlenhof" (Kreiskatasteramt Soest, Urriss M(e)iste, Flur VIII: Ettingerhof,1829). Die Geländesituation im Einmündungsbereich eines Baches (hier der Seimeke) in das Haupttal (hier der Möhne) ist regional charakteristisch für aufgelassene Kleinsiedlungen.
V. Siedlungslage 1,7 km ostsüdöstlich von Rüthen auf Talterrassen der Möhne.
VI. Henneböle vermerkt Funde ab dem 10. Jh. südlich der Möhne (AKZ 4516,0040). Der Fahlenhof nördlich der Möhne (AKZ 4516,0251) ist von privat ergraben worden. Das gesichtete Fundmaterial (Fundautopsie) enthält jedoch nur neuzeitliche Funde. Der Grabungsbereich ist überwiegend modern überbaut (Industriegebiet).
Literatur: Korrespondenz E. Henneböle vom 23.02.1960 in Akte LWL-Archäologie für Westfalen, Referat Mittelalter- und Neuzeitarchäologie, S. 8: Oilinghusen; Henneböle 1963; Kneppe 2000, S. 220 (Karte), S. 228, S. 238, S. 242: Ölinghausen.

Ostberg.
I. Scheinwüstung?
II. Gemeinde Bad Sassendorf.
III. *15. Jh.: Oestberge (Flöer/Korsmeier 2009, S. 350).
IV./V. In der Steuergemeinde Neuengeseke des Urkatasters, welche die Siedlungen Neuengeseke, Enkesen im Klei, Herringsen, Beusingsen, Süthusen, die Streusiedlung Herringser Höfe (mit dem Windhof und den Höfen Volmer, Weringlöer, Grise, Schüfer, Grünner) sowie die Einzelhöfe Vogts Hof und Sieplinghof umfasst, lassen sich keine wüstungsweisenden FlN erkennen, welche auf die Lage einer Wüstung Ostberg hinweisen (anders: Westfälischen Ortsnamenbuch 1, Übersichtskarte); nicht auf der Wüstungs-Übersichtskarte des Kreises Soest dargestellt.
Literatur: Flöer/Korsmeier 2009, S. 350 f.: +Ostberg.

Ostervelde.
I. Ortswüstung mit Kirche/Kapelle und frühneuzeitlich bestehender Klausnerei.
II. Stadt Rüthen.
III. *Hosteruelden* gehörte *1072 (nach einem auf einer echten Vorlage beruhenden Falsifikat) zur Gründungsausstattung des Klosters Grafschaft bei Schmallenberg/Hochsauerlandkreis (Seibertz Ub. 1, Nr. 30; Grafschafter Stiftungsurkunden, S. 12); 1298 (1299): *Hermanno plebano ecclesie in Ostervelde* (Westf. Ub. 7, Nr. 2517); um 1300: *Osteruelde cum capella* (Oedinger, Liber Valoris, S. 92, §15).
IV. „Kerkhof in Ostervelde" noch 1584 bezeugt (Ernst [2]1976, S. 14); wüstungsweisender FlN: „Am Osterfelds Berge". Die Kirchenstelle liegt in einer dreieckigen Grünlandfläche, die im Westen von einem nach Kallenhardt führenden Altweg begrenzt wird. Diese Parzelle in der Urkatasterflur „unterm Hagen" gehört(e) zur Ausstattung des Pastorats in Kallenhardt. In der Aue unterhalb der Fläche tritt der FlN „Bei der Klause" auf (Kreiskatasteramt Soest, Urkataster Kallenhardt, Urriss Flur III.1: Büsenberg, 1830).
V. Lage 0,5 km nordnordwestlich Kallenhardt.
VI. 1603/1610: einsetzender Steinraub an dem bis dahin nur geringfügig verfallenen, „in einem bemurten [= ummauerten] Kampfe der Kirchhof" gelegenen Sakralbaus u. a. zum Wiederaufbau des brandzerstörten Wedemhofs in der Stadt Kallenhardt; im ehemaligen Kirchenbereich vor 1610 bestehende Klausnerei (Ernst [2]1976, S. 14); wenige hochmittelalterliche Streufunde aus Dauergrünland; 1 WS des 13. Jhs. aus der Fläche unmittelbar östlich der Kirchenstelle; 2018 durchgeführte Geoprospektion des am Hang gelegenen Kirchenpodiums (= AKZ 4516,0087); wahrscheinlich zu +Ostervelde gehöriges Terrassenackersystem (AKZ 4516,0241) auf dem südexponierten Hang des Biesenbergs, das nach dem Auflassen des Kirchorts von Bürgern der Stadt Kallenhardt weiterbewirtschaftet worden ist.
Literatur: Viegener 1927, S. 128 f., Anm. 18; Henneböle 1963; Ernst [2]1976, S. 14 und S. 94: Ostervelde; Flöer/Korsmeier 2009, S. 272–274: Kallenhardt.

Osthem.
I. Partielle Ortswüstung (Mühle „Hof zu Osten" wüstungsresistent).
II. Stadt Erwitte.
III. *826–876: *in Asthem*. Der Ortsname tritt in Südostwestfalen und angrenzenden Räumen häufiger auf. Bevorzugt ist die Tradition von 826–876 auf +Osthem bei Warburg zu beziehen, jedoch scheiden u. a. +Osthem bei Marsberg (Hochsauerlandkreis, wiederbesiedelt als Borntosten) und +Ostheim bei Brakel (Kr. Höxter) nicht aus (Mönchslisten Traditionen Corvey 1 und 2, Tr 271 und S. 224). Im Zusammenhang mit der Tradition wäre m. E. weiterhin die partielle Ortswüstung Osthem bei Erwitte zu berücksichtigen. Z. J. 1015–1036 (um 1165): *villa et marcha Asthem et Ecla*: Während Terstesse *Asthem* mit Ostheim bei Hofgeismar (Kr. Kassel) identifiziert und *Ecla* für einen unbekannten Ort hält (Vita Meinwerci [ed. Terstesse], Kap. 76, S. 75; vgl. Vita Meinwerci [ed. Berndt], Kap. 75, S. 136, Z. 11) kann *Asthem* aufgrund der gemeinsamen Nennung mit Eikeloh (Kr. Soest) als +Osthem bei Erwitte identifiziert werden.
V. Lage 3,7 km ostnordöstlich von Erwitte.
VI. Prähistorische Keramik; merowingerzeitliche Keramik des Geseker Typus und des 9.–14. Jhs.; nicht sicher nachgewiesenes Körpergräberfeld; Münzfunde u. a.: ein Regenbogenschüsselchen des Bochumer Typs, Mitte 1. Jh. v. Chr., rheinische Kelten; eine Münze, Römische Republik, C. Naevius Balbus (79 v. Chr.), Denarius serratus; eine Münze, Römisches Reich, Augustus (27 v.–14 n. Chr.), Münzstätte Lugdunum, Fgm. (auch Prägung

für Tiberius möglich); eine nicht weiter bestimmbarer Dupondius oder Sesterz, Römisches Reich, 1.–3. Jh. n. Chr.; ein As, Römisches Reich, Augustus, Münzstätte Lyon (ab 7 v. Chr.), genauer Typ mangels Erhaltung nicht bestimmbar; eine Münze, Römisches Reich, Vespasianus 68–79, Münzstätte Rom, Denar (70–71 n. Chr.), abgenutzt; ein Denar (Fgm.), Römisches Reich, Antoninus Pius 138–161. Ein schräg verrutschter Stapel von 12 Silbermünzen, die durch Hitzeeinwirkung angeschmolzen und miteinander verbacken sind. Wahrscheinlich handelt es sich bei diesen Münzen bei mindestens der Hälfte um nicht mehr ganz guthaltige Antoniniane der 1. Hälfte des 3. Jhs. Eine Münze, Römisches Reich, Magnentius (oder Decentius), 350–353, Münzstätte unlesbar, AE Typ SALVS (353), seitlich des Kopfes gelocht; ein Pfennig, Herrschaft Lippe, Engelbert I. Erzbischof von Köln 1216–25 (als Mitbesitzer der Münzstätte), Münzstätte Lippstadt; ein Pfennig auf Dortmunder Schlag (um 1280/1300), Herrschaft Büren, Berthold 1258–1306; ein Pfennig auf münsterischen Schlag (nach ca. 1280), Herrschaft Lippe, Simon 1275–1344, Münzstätte Lippstadt (Münzbestimmungen Dr. P. Ilisch, Münster); AKZ 4316,0022. Metalldetektorfunde (Fibeln) des 9.–12. Jh. aus dem Siedlungsareal westlich der Pöppelschen Schledde: drei Dreipass-Zellenemailscheibenfibeln (Nr. 51, Nr. 276 und Nr. 691a); drei Grubenschmelz-Kreuzemailscheibenfibel des Typs Haseloff 1 (Nr. 504, Nr. 692 und Nr. 695); eine runde Grubenschmelz-Fünf-Pelten Fibel mit Mittelkreis (Nr. 52); eine Grubenschmelzfibel mit Zentralgrube und fünf Zwickelzellen (Nr. 747); eine Plateauscheibenfibel mit einfachem Kreuzmotiv (Nr. 275); eine Heiligenfibel mit Basisgrube (Nr. 274); eine Grubenschmelz-Rechteckfibel mit Plateau und Diagonalkreuzmotiv sowie breiter Randzone (aus dem Umfeld von +Osthem, Nr. 996); eine achtstrahlige Sternfibel mit Zentralfassung (Nr. 647); eine Kreuzfibel (Nr. 257); eine Ringfibel (Nr. 709) und eine durchbrochen gearbeitete runde Fibel mit halbplastischer Vierfüßlerdarstellung (Bergmann 2017b, S. 331, S. 338 und Abb. 7.2). Weitere Metalldetektorfunde aus der Mühlenwiese südlich des Hofes zu Osten: eine Niemberger Fibel des 5. Jhs.: Der Fund von Osthem ist der westlichste Fundort einer Fibel dieses Typs und belegt eine anzunehmende Mobilität von Frauen aus einem ostdeutschen Hauptverbreitungsgebiet (Brandenburg, Sachsen-Anhalt, Sachsen) in den östlichen Hellwegraum (ausführliche Bearbeitung: M. Zeiler, LWL-Archäologie für Westfalen). Eine Pressblechfibel; zwei weitere Kreuzemailscheibenfibeln des 9./10. Jhs.; AKZ 4316,0477; AKZ 4316,0480; AKZ 4316,0425 und AKZ 4316,0430.
Literatur: Bergmann 1989, Nr. 43, S. 111 f.; Flöer/Korsmeier 2009, S. 351 f.: Osten, Hof zu.

Osthoff.
I. Scheinwüstung.
II. Stadt Lippstadt.
V. Der im Westfälischen Ortsnamenbuch 1 als Wüstung bezeichnete Osthoff liegt ostsüdöstlich (und nicht nordöstlich) von Benninghausen, ist im Urkataster verzeichnet und noch heute bestehend.
Literatur: Schelhasse 1902, S. 93–97; Flöer/Korsmeier 2009, S. 353: +Osthof.

Ostholte.
I. Ortswüstung.
II. Stadt Rüthen.
III. *1313: *II casas in Ostholte* (Seibertz Ub. 2, Nr. 556, S. 123, §106).
V. Lage 2,2 bis 2,5 km nordnordöstlich von Oestereiden, die Reihensiedlung wird im äußersten Westen vom Enckhoff und im Osten vom Tindelhof abgeschlossen.
VI. Siedlungshistorisch bedeutsame, geplante, lineare Waldrodesiedlung des ausgehenden Frühmittelalters. Von der Hofstelle B (im westlichen Fundbereich) stammt eine Pseudomünzfibel des 9.?/10. Jhs. Funde Tindelhof: prähistorische Streufunde und Keramik des 10.–13. Jh.: AKZ 4416,0095; Kennnziffer westliche Siedlungsbereiche: AKZ 4416,0077; Kennziffer mittlerer Siedlungsbereich: AKZ 4416,0128.
Literatur: Bergmann 1989, Nr. 71, S. 144 f. und Nr. 74, S. 147 f.: Enckhoff; Bergmann 1993a, Nr. 116, S. 244 f. (Pseudomünzfibel); Bergmann 1997 f., S. 231 f.

Ostinghausen.
I. Wüstungsresistenter Kirchort mit geringfügigen Wüstungserscheinungen.
II. Gemeinde Bad Sassendorf.
III. *1253: *villicationem curtis in Osedinchusen* (Westf. Ub. 7, Nr. 806).
IV. Am westlichen Ortsrand von Ostinghausen tritt der wüstungsweisende FlN „Hetze(n)hof" auf. An dieseses Areal schloß sich der „Hohe Garten" an. Auf der gegenüberliegenden südlichen Seite der Ahse lag in deren Aue eine bäuerliche Rechteckgräfte mit einem kleinen Nebengebäude, wahrscheinlich einer Bleicherhütte (AKZ 4315,0086). Südwestlich außerhalb des Ortes befand sich eine als „Feldhoff" bezeichnete Flur (vgl. +Velthusen) (Kreiskatasteramt Soest, Urriss Ostinghausen, Flur XIII.1: Ostinghausen, 1828).
VI. Das Areal des „Hetze(n)hof" (= AKZ 4315,0123) ist weitgehend von der landwirtschaftlichen Lehr- und Versuchsanstalt überbaut.
Literatur: Flöer/Korsmeier 2009, S. 354: Ostinghausen.

Ostnorddorf.
I. Partielle Ortswüstung. Das Westfälischen Ortsnamenbuch 1 vermerkt eine Wüstung Ostdorp bei Norddorf. Bei dieser handelt es sich um die im Urkataster als „Ostnorddorf" bezeichnete Höfegruppe mit dem Gut Hense-Sengeling (vgl. Kreiskatasteramt Soest, Übersichtshandriss Steuer-Gemeinde Ebbinghausen). Innerhalb der Streusiedlung bestehen mehrere wüste Höfe, darunter das 1318/1392 genannte Gut tor Beke.
II. Stadt Erwitte.
III. *1286: *bona sua dicta Ostdorpt sita in Bocheim* (Westf. Ub. 7, Nr. 2004); 1318: *in bonis dictis thor Beke* (Westf. Ub. 11, Nr. 1473); 1392: *Gud tor Beke, also dat gelegen ys in der Burscap to Bochem* (= Böckum) *in dem Kerspele to Horne* (Schellhasse 1902, S. 121; Heitkemper 1962, S. 34). Ebenfalls wüst ist wahrscheinlich die *Dockes Hove* (Schellhasse 1902, S. 122).
IV. FlN „Grote Bekehof" ca. 0,25 km westlich des heutigen Hofes Schulte Wördehoff (bzw. ca. 0,8 km südlich von Norddorf).
V. Schellhasse (1902, S. 122) vermerkt zur Lage: „Der ... Beckhof (= Hof am Bache) ist jetzt vollständig verschwunden. Er lag dem Wördehof schräg gegenüber, jenseits der Chaussee, welche nach Horn führt".
Literatur: Schellhasse 1902, S. 121 f.; Heitkemper 1962, S. 34 und S. 36; Flöer/Korsmeier 2009, S. 44 f.: +Beckhoff, Flöer/Korsmeier 2009, S. 351: +Ostdorp.

Otinchusen.
I. Ortswüstung.
II. Stadt Warstein.
III. *1278: *Mansus Othinchosen* (Westf. Ub. 4, Nr. 1509).
V. Lage bei Hirschberg.
Literatur: Flöer/Korsmeier 2009, S. 358: +Otinchusen.

Overbeck (bei Kutmecke).
I. Wüstungsresistenter Einzelhof mit wüster Gräftenanlage.
II. Stadt Soest.
IV./V. In der Aue der Schledde unmittelbar östlich des Hofes Overbeck befindet sich eine rundliche, bäuerliche Gräftenanlage.
VI. AKZ 4314,0199.

Overen Berghem (korrekte Schreibweise wahrscheinlich Overen Berge, weil westlich oberhalb von Berge gelegen).
I. Ortswüstung; siehe hier: +Westhusen (Kr. Soest).

Ovinchusen.
I. Ortswüstung.
II. Stadt Geseke.
III. *1396: Ovinchusen (Freiherr von Ketteler'sches Archiv Schwarzenraben, Urkundenrepertorium, Nr. 9).
V. Lage 2,4 km nordwestlich von Störmede.
VI. Aus Erstprospektion Keramikfunde ab dem 9. Jh.; Ort im 13. Jh. partiell wüst; vollständige Siedlungsaufgabe im 14. Jh.; intensive Eisenverarbeitung (Herstellung von Schmiedeeisen); Neufunde ohne Differenzierung nach Fundarealen: Uneinheitlich gebrannte granitgrusgemagerte Irdenware: 3 S. - Uneinheitlich gebrannte schiefergemagerte Irdenware: 2 S, darunter 1 RS: abgeknickt ausbiegender Rand mit einfacher, schräg nach außen abgestrichener Randlippe. - Uneinheitlich gebrannte feinsandgemagerte Irdenware: 1 BS (Standring). - Gelbe feingemagerte harte Irdenware: 1 S. - Graue schiefergemagerte Drehscheibenware: 1 RS mit kastenförmig verdickter Randlippe. - Graue feingemagerte harte Irdenware: 1 S. - Faststeinzeug Siegburger Art: 1 BS (Wellenfuß). - 1 dünnwandig gegossenes Fgm. eines Beckens (RS, Buntmetall); Metalldetektorfunde (Fibeln): eine Grubenschmelz-Kreuzemailscheibenfibel des Typs Haseloff 1 (Nr. 691), eine einfache Nabenemailscheibenfibel („Augenfibel", Nr. 278) und eine Grubenschmelz-Rechteckfibel mit Kreuzmotiv und Plateaurand (Nr. 262); AKZ 4316,0021.
Literatur: Bergmann 1989, Nr. 38, S. 108 f.

Perreclo.
I. Burgwüstung (Niederungsburg).
II. Gemeinde Ense.
III. *1168–1190: *curtim Wicke et Pirreculo* (REK 2, Nr. 12, S. 278); 1175: *Godefridus nomine de Perreclo* ist Ministeriale (*ministerialis meus*) des Grafen Heinrich von Arnsberg (Westf. Ub. 2, Cod. 376); um 1190 (in der Urschrift): *curtem* [...] *Pirreclo* (Bauermann 1971, S. 244 f., §18).
IV.–VI. Die Perreclo benachbarte frühmittelalterliche Wallburg Oldenburg (AKZ 4513,0031) auf dem Fürstenberg bei Lüttringen wird durch den FlN „auf'm alten Hof" überliefert (zu dieser Anlage siehe u. a. Hömberg 1967, S. 85 f.). Westlich von ihr bestand die spätmittelalterliche Höhenburg bzw. kölnische Landesburg *Vorstenberghe* („Burg Fürstenberg") des Spätmittelalters (AKZ 4513, 0054), die 1281–1313/um 1280–1285 durch die Nennung eines *Hermannus de Vorstenberghe* erstgenannt ist (Seibertz Ub. 2, Nr. 551, S. 108, §23, Datierung nach Seibertz: 1281–1313; Datierung nach Hömberg 1967, S. 256, Anm. 37: 1280–1285, Register jedoch auch jüngere Eintragungen enthaltend; zur dieser Burg siehe Hömberg 1967, S. 85). Nordöstlich der angeführten Wallburg besteht nahe eines 1828 existenten Badehauses (heute: Forsthaus Fürstenberg) in der Flur „im Küchenkamp" im Quellursprungsbereich des Bannerbachs bzw. einem der Quellarme des heutigen Wamelbachs eine heute von einem verschlammten Wassergraben umgebene unregelmäßig-ovale Niederungsburg, die mit hoher Wahrscheinlichkeit mit dem hochmittelalterlich bezeugten *Perreclo* zu identifizieren ist (entspricht der „Gräftenanlage" AKZ 4513,0051). Der unregelmäßig begrenzte Burgplatz dieser ist im Urkataster etwa 65 m breit und lang. Die maximale Breite der Burgstelle (in West-Ost Richtung) einschließlich des Grabens beträgt 105 m und ihre maximale Länge in Nord-Süd Richtung 115 m. Im Nahumfeld der Anlage tritt der FlN „Perick" auf (Kreiskatasteramt Soest, Urriss Bremen, Flur IX: Fürstenberg, 1828). Bereits Bauermann (1971, S. 232, Anm. 13) wies auf einen möglichen Bezug des Gehölzes Perick (bei Höingen) zur *curtis* hin. Seibertz (1869) hingegen erwähnt in der „Übersicht der sämmtlichen alten Rittersitze im Herzogthum Westfalen" ein *Hauß Hensbeck, Fürstenberg*, das in der 2. Hälfte des 16. Jhs. wahrscheinlich bereits wüstliegt und das er nicht sicher verorten kann. Dieses ist somit nicht mit der unter AKZ 4513,0051 verzeichneten Anlage zu identifizieren (vgl. Quellen der westfälischen Geschichte 3, S. 253). Lage der Burg Perreclo1,3 km südwestlich von Höingen (Kirche).
Literatur: vgl. Flöer/Korsmeier 2009, S. 179 f.: Fürstenberg.

Pessinchusen.
I. Ortswüstung.
II. Kreis Soest, Gemeinde Anröchte?
III. Ca. 983–985: *Tradidit Warinus I familiam pro se in Passinchu*(un). Die Belegorte für den Schenker Warin liegen im Großraum um Warburg, Kr. Höxter (Mönchslisten Traditionen Corvey 1 und 2, Tr 409 und S. 266; daher ist eine Identifikation mit Pessinchusen im Kr. Soest höchst unwahrscheinlich. In diesem Zusammenhang ist auf den „Pessinghauser Grund" (Kr. Waldeck-Frankenberg) 10 km ostsüdöstlich von Obermarsberg hinzuweisen (siehe Messtischblatt 4519: Marsberg), welcher in einer Beziehung zu diesem Pessinchusen stehen dürfte.*1260: *curtim in Pessinchusen* (Westf. Ub. 7, Nr. 1052).
IV. Lage im grundherrschaftlichen Einzugsbereich des Patroclistifts Soest unklar; eine potentielle Lage der Ortswüstung im Umfeld von Anröchte resultiert aus der Nennung derer *de Anrochte* in der angeführten Urkunde von 1260 und weiterhin deren ehemaligem Pachtbesitz sowohl in der späteren partiellen Ortswüstung Suberninchusen (siehe dort) als auch in Pessinchusen.
Literatur: Flöer/Korsmeier 2009, S. 365: +Pessinchusen.

Provestinchove.
I. Hofwüstung.
II. Gemeinde Anröchte.
III. *Um 1230: *Arnoldus de Provestinchove* (Westf. Ub. 7, Nr. 357); wahrscheinlich steht ebenso ein nach 1240 in einer Urkunde des Klosters Benninghausen (westlich von Lippstadt) als Sohn des verstorbenen Ritters *Ar*[noldi] *militis dicti de Provestinchove* genannter *Boymundus* (Westf. Ub. 7, Nr. 497) in einer Beziehung zur Hofwüstung.
IV. Rund 2,6 km nordnordwestlich von Anröchte (Kirche) tritt im Urkataster westlich des episodisch wasserführenden „Lobbenthalsbach" der wüstungsweisende FlN „aufm Pröbstinghof" auf. An die ausgedehnte Flur schließt sich direkt im Süden die Flur „auf der Mahlstätte" an (Kreiskatasteramt Soest, Urkataster Anröchte, Urriss Flur VII.4: Pröbstinghof, 1829). An die Anröchter Flur „aufm Pröbstinghof" schließt sich ein Urkatasterblatt an, das ebenfalls als „Pröbstinghof" bezeichnet worden ist und bis zum Haufendorf Völlinghausen reicht. Allerdings befindet sich innerhalb dieser Großflurlage nur ein kleinerer Teilbereich, an dem der FlN „Pröbstinghof" tatsächlich haftet (Kreiskatasteramt Soest, Urhandriss Erwitte-Völlinghausen, Flur VII.4, 1828). – Nordwestlich der Ortsmitte von Sönnern (Stadt Werl) befindet sich der Einzelhof Schulze Pröbsting, nach dem die heutige,

umliegende Höfegruppe Pröbsting benannt ist. Es besteht Verwechslungsgefahr zwischen +Provestinchove und dem wüstungsresistenten Hof Schulze Pröbsting.
VI. Die anzunehmende Fundfläche Provestinchove (AKZ 4415,0221) ist wahrscheinlich teilweise vom Autobahnkreuz Erwitte/Anröchte der A 44 überbaut; nahe der Flur liegt der Hohlschultenhof (AKZ 4415,0222), der im Verlauf des Autobahnbaus aufgelöst worden ist.
Literatur: Flöer/Korsmeier 2009, S. 368: +Pröbstinghof.

Persinchusen.
I. Ortswüstung.
II. Stadt Geseke.
III. *1282: *Persmenchusen* (Westf. Ub. 7, Nr. 1799); Ort noch 1298 als Weiler (*villa*) bezeichnet.
V. Lage 3 km südwestlich von Geseke.
VI. Keramikfunde 11.–Mitte 13. Jh.; eine durchbrochen gearbeitete runde Fibel mit halbplastischer Darstellung eines Hirschs (Bergmann 2017b, S. 331, S. 338, und Abb. 7.3); AKZ 4316,0066.
Literatur: Bergmann 1989, Nr. 28, S. 95 f., Karte 27; Flöer/Korsmeier 2009, S. 363 f.: +Passinghausen; Balzer 2017, S. 82, S. 98 und Abb. 1.

Puttmerinchus[en].
I. Ortswüstung.
II. Stadt Rüthen.
III. 1274: *Rodolfus de Puttinchusen* (Westf. Ub. 4, Nr. 1367: der genannte Rodolfus tritt als Zeuge in einer in der Burg Schaumburg (Niedersachsen) ausgestellten Urkunde auf. Aufgrund der räumlichen Entfernung ist ein Bezug des sonst nicht genannten Zeugen zur Ortswüstung Puttmerinchus[en] im Kr. Soest eher unwahrscheinlich); *1313: *I mans. in Puttmerichus* (Seibertz Ub. 2, Nr. 556, S. 124, §113).
V. Lage im Grenzbereich der Kreise Soest und Paderborn im Westen des nach der Ortswüstung Silbeke benannten Siedlungsraumes des Silbecker Feldes; nach Willeke (1989, S. 20) im heutigen Langensträßer Kirchenholz nordöstlich von Langenstraße (folglich im Kr. Soest) gelegen, siehe auch Oberschelp (1963, S. 65); aus einer Quelle von 1453 ergibt sich, dass die Ortswüstung im Umfeld eines in die Westerschledde entwässernden, perennierenden, kleines Bachlaufs (*Gote*) liegt; eine Beziehung von Puttmerinchusen zur Fundstelle DKZ 4416,0001 im Kreis Paderborn ist nicht sicher auszuschließen.
Literatur: Willeke 1989, S. 19–22: Puttinghusen; Meineke 2018, S. 336–338: Puttinghusen.

Rade, to dem, und **Haus Rade**.
I. Ortswüstung (AKZ 4316,28) mit separat gelegenem, wüstgelegtem Adelssitz Haus Rade.
II. Stadt Lippstadt.
III. *1241: *Bernardus dictus de Rade* (Westf. Ub. 3, Nr. 387); *Westphelisch Reuterbuch* von 1566: *Jürgen von Briedenoll zu Rhode* genannt (Quellen der westfälischen Geschichte 3, S. 219); 1572: *Gut und Hauß zum Rode*; 1649 Abbruch des Adelssitzes (Bergmann 1989, S. 118).
V. Lage 3,4 km südlich von Lippstadt.
VI. Keramikfunde Ortsstelle: 9. Jh.–Spätmittelalter; Metalldetektorfunde: eine Heiligenfibel mit Basisgrube (Nr. 33) und eine Pseudomünzfibel mit Perlrand (Nr. 576); AKZ 4316,0028; ehemaliger Adelssitz in Dauergrünlandbereich gelegen.
Literatur: Bergmann 1989, Nr. 49, S. 117–119; Flöer/Korsmeier 2009, S. 371 f.: +Rade, Haus (zum).

Recke.
I. Angeblich Ortswüstung bei Geseke, Kr. Soest, möglicherweise jedoch angrenzend im Kr. Paderborn gelegen (siehe dort).
IV. Innerhalb der Kommune Geseke bestehen keine FlN-Hinweise zur Verortung.

Redinckhußen.
I. Ortswüstung.
II. Stadt Geseke.
III. *1452: Freistuhl in Redinckhußen.
V. Nicht auf der Wüstungs-Übersichtskarte des Kreises Soest dargestellt.
Literatur: Bergmann 1989, Nr. 34, S. 106; siehe weiter: Restinckhausen.

Restinckhausen.
I. Ortswüstung.
II. Stadt Geseke?
III. *1296: *domo, decima et bonis in Restinckhausen sitis* (Westf. Ub. 7, Nr. 2390 a). Möglicherweise ist das 1296 genannte Restinckhausen von einem 1452 genannten Redinckhußen zu differenzieren, das innerhalb des Umfeldes von Geseke bzw. innerhalb der Freigrafschaft Stalpe zu verorten ist.
V. Genaue Lage unbekannt.
Literatur: Schneider 1936, S. 110; Bergmann 1989, Nr. 34, S. 106.

Reyne.
I. Ortswüstung.
II. Stadt Erwitte.
III. *1261: *dominus Heynricus de Rene* (Westf. Ub. 7, Nr. 1091); 1293–1300 bzw. später: *in Reyne in paroch. Erwete ppe Susat* (Seibertz Ub. 1, Nr. 484, S. 632, Anm.).
IV. Aus der Quellenangabe ergibt sich eine Lage im mittelalterlichen Kirchspiel Erwitte. Eine angenommene Verortung nordwestlich des Kirch- und Marktortes ist wahrscheinlich, weil in diesem Bereich ausgeprägte Siedlungslücken bestehen. Ein wüstungsweisender FlN ist unbekannt.
Literatur: Flöer/Korsmeier 2009, S. 375 f.: +Reyne.

Richildinchusen.
I. Ortswüstung.
II. Stadt Erwitte.
III. 965 *Richildinchuso* (Westf. Ub. 1, Reg. 600) bzw. *967–69: *illud etiam quod domnus Poppo Richildinchuso et Arvite nobis satis naviter adquisivit* (Vita Brunonis, S. 54 f.).
V. Lage näherungsweise 3,5 km südlich von Langeneicke: Verschiedene Autoren (u. a. Schulte Beerbühl 1985; Bergmann 1989) gehen davon aus, dass das in der Vita des Kölner Erzbischofs Bruno I. angeführte *Richildinchuso* mit der Ortswüstung Richildinchusen bei Erwitte zu identifizieren ist, da sich die Nennung auf einen Besitz bezieht, der in *Richildinchuso* und *Arvite* (Erwitte) gelegen hat. Richildinchusen ist als typische, innerhalb des Kirchspiels angelegte, spätkarolingisch-ottonische Ausbausiedlung zu interpretieren. Es bestehen Bedenken, die Nennung des 10. Jhs. auf andere, ähnlichlautende Siedlungen zu beziehen, die keine räumliche Nähe zu Erwitte aufweisen.
VI. AKZ 4316,0092.
Literatur: Schneider 1936, S. 111: Ricklinghöfe; Schulte Beerbühl 1985, S. 166–179; Bergmann 1989, Nr. 45, S. 115 f.; Flöer/Korsmeier 2009, S. 377 f.: +Ringelinghof. Die Erstnennung des 10. Jhs. wird bei Flöer/Korsmeier (2009, S. 374) auf den wüstungsresistenten Ort Recklingsen im Kirchspiel Welver bezogen.

Rikelinghove.
I. Hofwüstung.
II. Gemeinde Ense.
III. *1296: *Walbertus de Rikelinghove* (Westf. Ub. 7, Nr. 2379).
IV. Das Westfälische Ortsnamenbuch 1 nimmt mutmaßlich bei Ruhne bzw. allgemein zwischen Werl und Arnsberg eine Hofwüstung Rikelinghof an. Eine Durchsicht des Urkatasters ergab, dass der bei Bittingen 4 km östlich von Ruhne auftretende FlN „an Rickenthal" (Kreiskatasteramt Soest, Urriss Ruhne, Flur VI.1: Bittingsen", 1828), eine derartige Lokalisation der Hofwüstung stützt.
V. Das Areal liegt oberhalb eines wasserführenden Tälchens 0,7 km nordnordöstlich von Bittingen.
VI. AKZ 4414,0277.
Literatur: Flöer/Korsmeier 2009, S. 377: Rikelinghof.

Risenberge.
I. Mühlenwüstung?
II. Stadt Werl?
III. *1247: Verkauf der Mühle an das Kloster Himmelpforten (Westf. Ub. 7, Nr. 646).
V. Lage im Stadtumfeld von Werl?
Literatur: Schneider 1936, S. 111.

Rithem.
I. Ortswüstung.
II. Stadt Werl.
III. *826–876: *in Hrithem mansum I.* (Mönchslisten Traditionen Corvey 1 und 2, Tr 125 und S. 150 f.) bzw. um 900: *In eodem pago* (= Angorion) *uilla Hridhem* (Urbare Werden 1, S. 68, §34); 1. Hälfte 14. Jh. (ca. 1314): *Rythem in parochia Werlo* (Quellen westfälische Geschichte 1, S. 411),
IV. Der möglicherweise wüstungsweisende FlN „Redach" bezeichnet einen Graben, der die Westönner von der Werler Feldmark trennt. Er wird von Schoppmann (1940, Nr. 42, S. 175) in einer Beziehung zum „Hof Rithem, der den Grafen von Arnsberg gehörte", gesehen.
V. Lage (entgegen der Angaben bei Flöer/Korsmeier 2009, S. 378) ca. 1,8 km östlich von Werl.
VI. AKZ 4413,0207 und 4413,0207:001; Sonderakte LWL-Archäologie für Westfalen, Referat Mittelalter- und Neuzeitarchäologie.
Literatur: Schneider 1936, S. 112; Flöer/Korsmeier 2009, S. 378 f.: +Rithem.

Roveslo.
I. Ortswüstung, möglicherweise auch partielle Ortswüstung.
II. Stadt Erwitte.
III. *1257: *Roveslo* (Westf. Ub. 7, Nr. 955).
IV. Die Flur „Rauksloh" bzw. „Rauxloh" 0,9 km westsüdwestlich von Völlinghausen umfasste 1828 vier Breitstreifen und eine der Kapelle in Völlinghausen zugehörige Parzelle. Es ist wahrscheinlich, dass der FlN eine wüstgefallene Kleinsiedlung überliefert und nicht nur eine Rodungsflur (Kreiskatasteramt Soest, Urriss Erwitte, Flur XV.1: Völlinger Heide, 1828). Weiterhin existierte 1828 nicht weit von diesem Flurnamenbereich entfernt im Kirchspiel Horn eine Flur „Raucksloh" mit dem Einzelhof Bals und einer am Hellweg gelegenen Kapelle (Kreiskatasteramt Soest, Urriss Horn, Flur X.1: Raucksloh, 1828).
VI. AKZ 4415,0229 (westsüdwestlich von Völlinghausen). Die hier vorgenommene Verortung unterscheidet sich maßgeblich von derjenigen des Westfälischen Ortsnamenbuch 1, welches den Ortsnamenbeleg von 1257 zum resistenten Ort Lohe (Stadt Lippstadt, Kr. Soest) zieht.
Literatur: Flöer/Korsmeier 2009, S. 300 f.: Lohe (vgl. auch Schelhasse 1902, S. 123 f. mit einer unter Lohe angeführten und 1324 genannten Landhufe *Rudeslo*); Heitkemper 1962, S. 56 f.: Ruveslo.

Schemme.
I. Ortswüstung mit Mühle.
II. Bei Soest (nach Schneider 1936); Gemeinde Lippetal (nach Flöer/Korsmeier 2009)
III. *1266: *Arnoldum molendinarium in Scemme* (Westf. Ub. 7, Nr. 1238), 1283: *Acta sunt hec trans Lippiam in loco dicto Schemme* (Westf. Ub. 7, Nr. 1886).
V. Der Siedlungsname leitet sich von der Bezeichnung Schemm(e) für Steg und kleine, leichte Brücke ab. Aus der Quelle von 1283 folgt, dass die Örtlichkeit Schemme jenseits der Lippe zu suchen ist. Da einem Steg über den Fluss Lippe bautechnisch wohl keine lange Haltbarkeit beschieden gewesen wäre, kann z. B. auch ein Schemm über einen kleineren Fluss südlich der Lippe in Betracht gezogen werden, insbesondere die Ahse, welche über eine längere Strecke südlich parallel zur Lippe verläuft. Weitere potentielle Verortungen sind ausführlich bei Flöer/Korsmeier (2009, S. 395) erörtert; nicht auf der Wüstungs-Übersichtskarte des Kreises Soest dargestellt.
Literatur: Schneider 1936, S. 116: Schemen; Flöer/Korsmeier 2009, S. 395 f.: +Schemmen.

Scheidingen.
I. Kirchort mit Niederungsburgen und wüster Gräftenanlage.
II. Gemeinde Welver.
III. *1233: *Antonio de Schedinge* (Westf. Ub. 7, Nr. 413).
IV./V./VI. In der Aue des Salzbachs bestanden 1829 im Norden von Scheidingen das von einer doppelten Ovalgräfte umgebene Haus Auel (jetzt nicht mehr existent und unbebaut: AKZ 4313,0028) und im Süden eine von fünf Gebäuden bestandene Niederungsburganlage an der damaligen „Zollstraße" (AKZ 4313,0102). Zwischen den beiden Anlagen bestand in der Parzelle 314 der Ur-Aufnahme eine insgesamt 73 m x 93 m große, unbebaute Gräftenanlage (AKZ 4313,0103) mit maximal 15 m breiter Gräfte (Kreiskatasteramt Soest, Urkataster Scheidingen, Flur III: Scheidingen, 1829).
Literatur: BKW Soest, S. 73 f. und S. 76; Flöer/Korsmeier 2009, S. 394 f.: Scheidingen.

Schoneberg.
I. Wüstungsresistente ländliche Siedlung mit geringfügigen Wüstungserscheinungen und wüsten Gräftenanlagen.
II. Gemeinde Lippetal.
III. *1250: *officium in Sconenberich* (Westf. Ub. 7, Nr. 718).
IV. Schoneberg ist in seinem Siedlungskern eine im Verlauf des Hochmittelalters, wahrscheinlich im Verlauf des 12. Jhs., entstandene Waldrodesiedlung mit Streifenflur. Die nachzuweisenden Wüstungserscheinungen sind, bezogen auf die Gesamtanzahl der resistenten Höfe, als geringfügig einzustufen: 1. Am Rand der Hofstelle Theodor Westholt ist im Urkataster ein auf zwei Seiten von schmalen Gräben und auf der dritten Seite von einem Teich umgebener Kamp existent, dessen FlN „Altehofplatz" auf die ehemalige Hofstelle dieses Hofes (= AKZ 4315,0130) verweisen könnte (Kreiskatasteramt Soest, Urriss Ostinghausen-Schoneberg, Flur III.2: Schoneberg, 1828). 2. Bei dem wüstungsresistenten Hof Theodor Linhoff im „Westdorf" von Schoneberg bestand eine unregelmäßige Gräftenanlage (AKZ 4315,0120). 3. Bei dem Hof Georg Luhmann existierte

weiterhin ehemals eine unregelmäßig-rundliche Kleingräftenanlage, deren südlicher Grabenabschnitt vor 1828 verfüllt wurde (AKZ 4314,0179). Auf dem zugeschütteten Teil war ein Kleingebäude errichtet worden (Kreiskatasteramt Soest, Urriss Ostinghausen-Schoneberg, Flur II.1 und II.2: Westdorf, 1828). 4. Nicht zwingend wüstungsweisend ist der FlN „Niederste Kirchhof" (AKZ 4315,0121) nordwestlich der Schoneberger Kapelle (1828: „Capellenhof": Urriss Ostinghausen-Schoneberg, Flur III.3: Schoneberg, 1828).
Literatur: Flöer/Korsmeier 2009, S. 399: Schoneberg; siehe auch: Westholte.

Schweckhausen.
I. Ortswüstung und ehemalige Niederungsburg.
II. Gemeinde Welver.
III. *1303: *curtem Sweykhus* (Westf. Ub. 11, Nr. 216); *Westphelisch Reuterbuch* von 1566: *Erben Joist Drosten zu Swieckhauß* (Quellen westfälische Geschichte 3, S. 219).
VI. Die ländliche Zwei-Höfe Siedlung wurde von der Niederungsburg Schweckhausen abgelöst. Eine dritte wüste Hofstelle ist in der Flur „Hausstätte" anzunehmen. Nach Aufgabe der Burg wurde das Gut Schweckhausen an anderer Stelle neu angelegt. Die Zwei-Höfe Siedlung Schweckhausen war vom hohen Mittelalter bis in das 14. Jh. bestehend und die Niederungsburg Schweckhausen vom 14. bis in das ca. 18. Jh. existent; AKZ 4314,0095 (= Burgwüstung); AKZ 4314,0096 (= ländliches Wüstungsareal); AKZ 4314,0174 (= Gut Schweckhausen); AKZ 4314,0175 (= Flur „Hausstätte").
Literatur: BKW Soest, S. 96; Flöer/Korsmeier 2009, S. 401 f.: Schweckhausen, Gut; Bergmann, 2021a, S. 121–134; Bergmann 2022, S. 125–153.

Sieningsen.
I. Wüste Gräftenanlage.
II. Gemeinde Bad Sassendorf.
III. *1322: *curtim nostram sitam in Sydenkůzen* (Westf. Ub. 11, Nr. 1829).
IV. Am nordöstlichen Ortsrand des Weilers Sieningsen besteht eine näherungsweise fünfeckige Gräftenanlage von maximal 37 m Breite, deren Speicherinsel einen Durchmesser von rund 20 m aufweist (Kreiskatasteramt Soest, Urriss Weslarn, Flur VII.1: Sinningsen, 1828).
VI. AKZ 4314,0178.
Literatur: Flöer/Korsmeier 2009, S. 405 f.: Sieningsen.

Sirenchusen.
I. Partielle Ortswüstung.
II. Gemeinde Möhnesee.
III. *1216: *in Sirenchusen* (Westf. Ub. 7, Nr. 124); 1458: *Holt beneden deme Kobbinchoue vnde bouen deme Serinckhuser Houe gelegen* (Landesarchiv NRW, Abt. Westfalen [Münster], Urkunden Kloster Rumbeck, Nr. 109, zit. n. Flöer/Korsmeier 2009, S. 406).
IV. Die ausgedehnte „Sieringer Mark" erstreckt sich zu beiden Seiten der Heve, eines Nebenarms der Möhne. Sie wird im Norden von der Möhne bzw. der Gemarkung Völlinghausen/Blomenhof und im Süden von der heutigen Grenze zum Hochsauerlandkreis begrenzt (Kreiskatasteramt Soest, Übersichtshandriß der Steuer Gemeinde Körbecke, Flur XXV: Sieringer Mark, 1829). Eine angebliche Lage der Ortswüstung Sirenchusen an der Heve, wo eine ausgeprägte Siedlungslücke besteht, ist dadurch widerlegt, dass der südlich von Wamel bzw. westlich von Völlinghausen gelegene wüstungsresistente Blomenhof „vor 1470 auch Sirinchof hieß". Fußend auf dieser Angabe ist Sirenchusen als partielle Ortswüstung einzustufen.
V. Lage südlich von Wamel.
Literatur: Flöer/Korsmeier 2009, S. 406 f.: +Sieringsen.

Slammede.
I. Ortswüstung.
II. Stadt Werl.
III. *1200: *bona de Slanmode* (Westf. Ub. 7, Nr. 6).
IV. Ehemalige Ortslage am Fernweg „Alte Hellweg"; wüstungsweisende Flurnamen: An der Schlammer (Kreiskatasteramt Soest, Urkataster Werl, Flur XI, 1828, und Flur XIV, 1829) und „an der Schlamme" (Kreiskatasteramt Soest, Urkataster Büderich, Flur IV, 1828).
V. Lage 1 km ostsüdöstlich von Büderich.
VI. Aussagekräftige Lesefundstelle. Das Fundmaterial reicht von Münzfunden des 1. Jh. v. Chr. bis hin zu einem Fuß eines spätmittelalterlichen Bronzegrapens und umfasst u. a. zahlreiche Münzen der rheinischen Kelten des 1. Jh. v. Chr. (darunter Funde aus einem zerpflügten wahrscheinlichen Depotfund von Silbermünzen), römische Münzen des 1. Jhs. vor sowie des 1. Jhs. nach Chr., weiterhin eine Münze der Münzstätte Trier aus der 1. Hälfte des 4. Jh. n. Chr., mittelalterliche Münzfunde ab dem Ende des 11./Anfang des 12. Jhs., einen zwischen 1273 und 1291 in der Münzstätte Dortmund geprägter Pfennig Rudolfs und mehrere in Soest geprägte Münzen des Herzogtums Westfalen (darunter ein Pfennig Siegfrieds: 1275–97), verschmorte Bronzegegenstände, darunter ein Stück der jüngeren Latènezeit, ein Fgm. einer durchbrochenen spätrömischen Zierscheibe, eine durchbrochene Zierscheibe des hohen Mittelalters sowie einen Fuß eines Bronzegrapens (s. o.). Metalldetektorfunde 9.–11. Jh.: eine Dreipass-Zellenemailscheibenfibel mit Peltenstegen (Nr. 430); eine Dreipass-Zellenemailscheibenfibel mit Winkelstegen (Nr. 682); zwei Zellenschmelz-Kreuzemailscheibenfibeln des Typs Haseloff 1 (Nr. 428 und Nr. 673: verschliffenes Exemplar); drei Grubenschmelz-Kreuzemailscheibenfibeln des Typs Haseloff 1 (Nr. 674, Nr. 676 und Nr. 431: verschliffenes Exemplar); eine Grubenschmelz-Kreuzemailscheibenfibel des Typs Haseloff 2 (links) (Nr. 672); eine Zellenschmelz-Kreuzemailscheibenfibel des Typs Haseloff 3 (Nr. 669); eine Grubenschmelz-Kreuzemailscheibenfibel des Typs Haseloff 5 (Nr. 426); eine Grubenschmelz-Kreuzemailscheibenfibel des Typs Haseloff 7 (rechts) (Nr. 671); eine Grubenschmelz-Kreuzemailscheibenfibel mit kleinem, ehemals erhabenem Kreuz im Mittenbereich und fünf(!) Zwickelgruben, Sonderform mit asymmetrischem Dekor (Nr. 424); eine runde Fibel mit Zentralgrube und fünf auf der Fibelplatte konzentrisch angeordneten Gruben (Nr. 422); eine runde Fibel mit in zentraler Fassung erhaltener Schmelzperle und fünf konzentrisch auf der Fibelplatte angeordneten Rundgruben (Nr. 427); eine sechsblättrige Rosettenfibel mit sechs konzentrisch auf den Blättern angeordneten Rundgruben und in zentraler Fassung erhaltener Schmelzperle (Nr. 432); eine neun?strahlige, verschliffene Rosetten- oder Sternfibel mit in einer Zentralfassung erhaltenen Schmelzperle (Nr. 429); eine sechsstrahlige Sternfibel mit Zentralfassung (Nr. 683); ein Fibelfragment (wahrscheinlich einer Sternfibel) mit zentraler Fassung zur Aufnahme einer Schmelzperle (Nr. 423); eine Agnus Dei-Fibel mit Kreuzfahne, etwa 950–1050 n. Chr. (Bergmann 2017b, S. 326 f., S. 336, und Abb. 2.3); eine einfache, runde Metallbuckelfibel (Nr. 675); eine Rechteckfibel (bzw. näherungsweise quadratische Fibel) mit Kreuzsteg und vier quadratische Gruben (433); eine Rechteckfibel (bzw. näherungsweise quadratische Fibel) mit Diagonalkreuzgrube und abgeschrägter Randzone (Nr. 680); eine Ringfibel. Unter den

mittelalterlichen Keramikfunden sind als Warenarten u. a. belegt: gelbe rotbemalte Drehscheibenware Pingsdorfer Art des hohen Mittelalters, uneinheitlich gebrannte schiefergemagerte Irdenware des hohen bis späten Mittelalters, graue feingemagerte Irdenwaren des Spätmittelalters, rotengobierte Irdenware (Protosteinzeug) und Faststeinzeug Siegburger Art des 13. Jhs. und weiterhin vollentwickeltes Steinzeug Siegburger Art des 14. Jhs. Insgesamt ist somit eine Besiedlungsphase für Slammede belegt, die mindestens das 1. Jh. vor und 1. Jhs. nach Chr. umfasst und die wahrscheinlich bis in die spätrömische Zeit hineinreicht sowie eine mittelalterliche Besiedlungsphase des 9./10.–14. Jhs. Darüber hinaus ist der Siedlungsbereich, wie eine schmale Pfeilspitze aus Flint belegt, bereits im jüngeren Neolithikum aufgesucht worden. AKZ Gesamtfundareal: 4413,0163, weiterhin Einzelfundstellen AKZ 4413,0201, AKZ 4413,0403–AKZ 4413,0405, AKZ 4413,0423 f.
Literatur: Schneider 1936, S. 117: Schlamme; Flöer/Korsmeier 2009, S. 408 f.: Slammede

Snevardinchusen.
I. Partielle Ortswüstung (Mühle wüstungsresistent).
II. Stadt Rüthen.
III. *1231: *de Sneyuardenchusen* (Seibertz Ub. 1, Nr. 193); um 1400: *Mollen to Sneuerdynhusen* bzw. 1420: *Snewording Molen* (Stadtarchiv Rüthen, Findbuch, Nr. 38 und Nr. 87), 1509: *vnn beneden dußer Mollen vnse Mollenstede vor Ruden geleghen under den Sneuerdinger Berge an den Kalderharder* (= Kallenhardter) *Wege* (Stadtarchiv Rüthen, Findbuch, Nr. 360).
IV. 1562 bezeugter FlN *Sneweringesfelde* (Stadtarchiv Rüthen, Findbuch, Nr. 650); Flurlage: westlich der Straße Altenrüthen–Hirschberg ist eine Flur in dem Dreieck zwischen dieser und (nördlich) der Möhne als „Schneringerfeld" bezeichnet (Kreiskatasteramt Soest, Urriss Altenrüthen, Flur II.1: Steinhöberfeld, 1828). In der Gemarkung Rüthen heißt weiterhin der Berghang südlich und südwestlich der Stadt „Schneringerberg" (Kreiskatasteramt Soest, Urriss Rüthen, Flur IX: Schneringerberg, 1829), der sich unter gleichem Namen in der Flur X (Burgberg, 1829) nach Norden fortsetzt; Möhnebrücke im Bereich der Wüstungslage 1679 als *Schneringßbrügken* bezeichnet (Viegener 1927, S. 171).
V. Lage nördlich der Möhne und zwar ca. 0,75 km westsüdwestlich von Rüthen nahe der Einmündung eines Baches in die Möhne. In der Möhneaue bestehen nahebei zwei wüstungsresistente Mühlen, darunter eine ehemalige Ölmühle, die vormals zu Snevardinchusen gehört haben dürften. Viegener lokalisiert Snevardinchusen abweichend südlich der Möhne und benennt die Lage einer 1562 bezeugten ehemaligen *Hoeuesathe Im Snewerdinges Felde*, die nach Osten hinaus (*Ostert*) vom *Wasterweige* begrenzt wird und die weiterhin *Süden vnd Westen thuschen dem Kortlincker vnd Wasterweige* liegt (Viegener 1927, S. 172; Wasterweige = Warsteiner Weg; Kortlinckerweige = nach Körtlinghausen führender Weg).
VI. Funde ab dem 10. Jh. bzw. nach anderer Angabe 30 Lesescherben des Mittelalters bis etwa um 1200 (Altfunde 1960 geborgen oder früher; keine Fundautopsie); AKZ 4516,0041 und AKZ 4516,0101.
Literatur: Schneider 1936, S. 117: Schneringhausen; Korrespondenz E. Henneböle vom 23.02.1960 in Ortsakte der LWL-Archäologie für Westfalen, Referat Mittelalter-und Neuzeitarchäologie, S. 9 f.: Schneringhusen; Henneböle 1963; Kneppe 2000, S. 220 (Karte mit Lageangabe zum Schneverdinger Schlag), S. 227, S. 229; Flöer/Korsmeier 2009, 398: Schneringhausen.

Spriada.
I. Ortswüstung.
II. Gemeinde Bad Sassendorf?
III. *1011: *Balleuan prope Spriada* (MGH DD HII, Nr. 225); z. J. 1011 (um 1165): *Ballevan prope Sppriada* (Vita Meinwerci [ed. Terstesse], Kap. 16, S. 41, Z. 19: *Spreyth*; Vita Meinwerci [ed. Berndt], Kap. 15, S. 94, Z. 2 f.).
IV. Zwischen Lohne und +Gelmene existiert der „Spreitweg", der durch die Fluren „unterm Spreitweg" und obern „St[!]reitweg" verläuft (Kreiskatasteramt Soest, Urkataster Lohne, Flur IX: an der Chausée, 1828). Zu Heppen gehört ein Flurbereich „aufm Spreu", der im Norden an die Flurlage „unterm Spreitweg" angrenzt (Kreiskatasteramt Soest, Urkataster Lohne, Flur XII: Heppen, 1827).
V. Spriada ist somit in dem Geländedreieck zwischen Sassendorf, Heppen und +Gelmene zu verorten. Die Flur „im Sprei" bei Opmünden (Kreiskatasteramt Soest, Urkataster Lohne, Flur VIII: Opmünden, 1827) steht in keinem erkennbaren Zusammenhang zur Ortswüstung und auch nicht die Flur „im Sprei" bei Elfsen (Kreiskatasteramt Soest, Urriss Müllingsen, Flur II.2: Elfsen, 1827).
VI. Funde: eine Grubenschmelz-Heiligenfibel des frühen Mittelalters (AKZ 4414,0128) aus dem Umfeld der möglicherweise bei AKZ 4414,0269 zu verortenden Ortswüstung.
Literatur: Schneider 1936, S. 123: Spret/Spriade; Flöer/Korsmeier 2009, S. 419–421: +Spreyth.

Stalpe.
I. Historisch bedeutende Dorfwüstung mit mehreren räumlich voneinander getrennten Siedlungsbereichen.
II. Stadt Geseke.
III. *11. Jh.: *in Stalpo* (Westf. Ub. 1, Cod. 87,XXX).
V. Lage 2,7–2,9 km ostnordöstlich von Geseke.
VI. Keramik vorrömische Eisenzeit und römische Kaiserzeit; mittelalterliche Besiedlung merowingerzeitlich einsetzend (Funde von merowingerzeitlicher Drehscheibenware des Geseker Typs, darunter Randscherben von Knickwandtöpfen ca. Mitte 6.–7. Jh.); nach Keramikfunden sukzessiv erfolgende Siedlungsaufgabe um etwa 1200 einsetzend und sich bis in das 14. Jh. erstreckend; Metalldetektorfunde: nicht näher bestimmbare römische Münzen des 1.–3. Jhs.; zwei vergoldete frühmittelalterliche Schwertgurtbeschläge, davon einer mit floralem Dekor und ein zweiter mit Tierornamentik; eine merowingerzeitliche Schnalle; Fibeln des 9.–der 2. Hälfte 10./11. Jhs. (auszugsweise): eine Grubenschmelz-Kreuzemailscheibenfibel des Typs Haseloff 1 (Nr. 734); eine Grubenschmelz-Kreuzemailscheibenfibel des Typs Haseloff 9 (Nr. 734); eine Kreuzemailscheibenfibel (Sonderform mit 4 x 2 ovalen Zwickelgruben und Plateaurand, Nr. 516); eine runde Gussfibel mit Stegkreuz, je einem Perlnoppen in den Kreuzzwickeln und geperlter doppelter Randleiste (Nr. 31); eine Fibel des Typs „Frauenhofen" (fragmentiert, Nr. 364); eine Nabenemailscheibenfibel („Augenfibel", Nr. 705); eine runde Fibel mit erhabener Zentralfassung zur Aufnahme einer Schmelzperle und sieben um die Fassung angeordneten Gruben sowie Tremolierstichverzierung der Randzone (Nr. 730); mehrere Kreuzfibeln (teilweise fragmentiert); eine Rechteckfibel mit Diagonalkreuzmotiv, Zentralnoppen und Eckfortsätzen (Nr. 708); eine Peltafibel mit drei Durchbrüchen der Fibelplatte (Nr. 706); AKZ 4317,0019; 4317,0019:01; 4317,0019:02.
Literatur: Schneider 1936, S. 123; Bergmann 1989, Nr. 18, S. 79–82, Karte 21; Flöer/Korsmeier 2009, S. 421 f.: +Stalpe; Balzer 2017, S. 82, S. 90, S. 98, S. 105 und Abb. 1.

Stederdorpe (und Stirpe).
I. Unklarer Wüstungsstatus: (A) Entweder es handelt sich bei Stederdorpe um eine eigenständige Ortswüstung (vgl. Übersichtskarte: N.N. „Aufn Höfen" [bei Stirpe]) oder (B) um eine unter einer veränderten Namensform, nämlich Stirpe bzw. *Styrip*, frühneuzeitlich wiederbesiedelte Ortswüstung, wobei dann Teilbereiche des mittelalterlichen Ortes nicht wieder aufgesiedelt worden wären.
II. Stadt Erwitte.
III. *Um 1230: *bona in Stederdorp* (Westf. Ub. 7, Nr. 357); spätes 13. Jh.: *Stederdorp* (Einkünfteverzeichnis Busdorfstift, S. 337); 1536: *Styrip* (SchRegHzmWestf. 1, S. 61).
IV. (Zu B:) Am nordwestlichen Ortsrand von Stirpe besteht ein Flurbereich mit der Bezeichnung „auf'n Höfen". In diesem Areal existierte ein mehrfach gekrümmt verlaufender, heckenbegrenzter Weg und ein blockiges Parzellierungsmuster. Die im Norden angrenzende Flur hieß „achtern Höfen". Im Unterschied dazu ist die Bezeichnung „Im Roßhofe" westlich von Stirpe wahrscheinlich nicht als wüstungsweisend aufzufassen (Kreiskatasteramt Soest, Urriss Stirpe, Flur IV: Berkenbusch, wohl 1828).
V. A: Lage von Stederdorp nahe Ostdorf/Kirchspiel Horn; bzw. B: teilkongruent mit heutiger dörflicher Siedlung Stirpe mit Wüstungsareal am Dorfrand.
VI. Kennziffer der LWL-Archäologie: AKZ 4315,0117 („auf'n Höfen").
Literatur: Seibertz 1865, S. 196 f.; Schelhasse 1902, S. 117 f.; Flöer/Korsmeier 2009, S. 423 f.: Stirpe.

Stemmerk und **N.N. „Borg"** (nahe des Hofes Flerke).
I. Partielle Ortswüstung.
II. Gemeinde Welver.
IV. Südöstlich des Hofes Schulte Stemm(e)rich (heute Stemmerk) tritt im Urkataster (Kreiskatasteramt Soest, Urriss Welver, Flur VIII.1: Flerke, 1827) in der Aue des Mühlenbachs der wüstungsweisende FlN „Borg" auf. Es besteht der Verdacht, dass der Name des Schultenhofes einen Ortsnamen tradiert. Im Umfeld des Schultenhofes und der „Borg" bestehen die wüstungsresistenten Höfe ‚Hof Flerke' (1828: Schulze Hofflerke) und der Schultenhof zur Heide. Die Parzelle „Borg" gehörte 1828 zum Schultenhof Hofflerke.
VI. Kennziffer der potentiellen Niederungsburg: AKZ 4413,0061; in der Flur Stemmerk wurde weiterhin eine Hofwüstung ergraben (Nachweise der Fundamentreste eines wahrscheinlichen Steinwerks von 4,8 m x 7,00 m Außenabmessungen, eines Grubenhauses und eines Brunnens), aus dem Areal stammen Funde des 12.–15. Jhs., darunter ein Pilgerzeichen, die Heiligen Drei Könige darstellend: AKZ 4413,0294.
Literatur: Cichy 2016, S. 136–139.

Stenhof.
I. Hofwüstung.
II. Stadt Erwitte.
III. *1319: Stenhof (Landesarchiv NRW, Abt. Westfalen [Münster], Kloster Rumbeck, Urk. 51 f.).
VI. Fundbereich durch Kalksteinabbau (Zementindustrie) zerstört.
Literatur: Bergmann 1989, Nr. 52, S. 137; Flöer/Korsmeier 2009, S. 422: +Stenhof.

Stochem.
I. Ortswüstung.
II. Stadt Geseke.
III. *Z. J. 1015–1036 (um 1165): *quod in marcha Sturmethi, Gesike et Stockheim habuit* (Vita Meinwerci [ed. Berndt], Kap. 33, S. 112, Z. 27 f.).
V. Lage 1,7 km westlich von Geseke.
VI. Keramikfunde 9.?/10. Jh. –1. Hälfte 13. Jh.; Ort ab um 1200 partiell wüst; Metalldetektorfunde 2. Hälfte 9./10. Jh.: zwei Zellenschmelz-Kreuzemailscheibenfibeln des Typs Haseloff 1 (Nr. 11 und Nr. 213); eine Grubenschmelz-Kreuzemailscheibenfibel des Typs Haseloff 3 (Nr. 722); eine Rechteckfibel mit von Peltenstegen gebildetem Diagonalkreuz und ovaler Mittelgrube (Nr. 78); Münzfunde: ein fragmentarisch erhaltener Denar, römisches Reich, Marcus Aurelius 161–180 oder Commodius 180–19?, Denar seitlich des Kopfes gelocht; ein Vierling auf Soester Schlag, Herrschaft Lippe, Münzstätte Lemgo, um 1215; AKZ 4316,0025; spätmittelalterliches begründetes ehemaliges Leprosenhaus der Stadt Geseke am Südostrand der Ortswüstung an der „Seuchenlinde".
Literatur: Bergmann 1989, Nr. 26/27, S. 92–95 und Karte 26, dort angeführter +Lohof nach jüngeren Untersuchungen am Rand der Ortswüstung Stochem gelegen und keine isolierte Hofwüstung; siehe weiter: Schneider 1936, S. 124: Stockum; Flöer/Korsmeier 2009, S. 424 f.: Stockheim; Balzer 2017, S. 82, S. 90, S. 98, S. 105 und Abb. 1.

Stoikenborch.
I. Wüstung mit unsicherer Interpretation (wüste Burg?).
II. Stadt Warstein.
III. *1507: *Stoikenborch* (Ernst ²1976, S. 13); 1594: freier Lehnshof Stötenburg (Viegener 1927, S. 147, Anm. 101).
IV./V. Der teilweise von Kalkklippen durchsetzte ostexponierte Hang des Lörmecketals und sich daran anschließende Bereiche der Gemarkung Suttrop sind im Urriss von 1828 als „an der Stötenburg" und südlich davon als „alte Stötenburg" bezeichnet. Die Flächen waren Adelsbesitz des Hauses Körtlinghausen. An letztere Flur schloss sich im Südwesten der Bereich „Wildenstädte" an. Das 1828 „an der Stötenburg" bestehende Einzelgehöft wies, soweit der Karte zu entnehmen ist, keine Wehrmerkmale auf. Die Gebäude des Einzelgehöfts sind vor 1896 niedergelegt worden (Kreiskatasteramt Soest, Urriss Suttrop, Flur VII: Lied, 1828, und Übersichtskarte der Gemarkung Suttrop, 1896).
VI. AKZ 4516,0254.

St. Walburga extra muros.
I. Klosterwüstung (Augustinerinnenkloster).
II. Stadt Soest.
III. Kloster *1165 gegründet (BKW Soest, S. 85); z. B. 1296 als außerhalb der Stadt Soest gelegen bezeichnet (Westf. Ub. 7, Nr. 2360); 1316: *Preposito Monasterii sancte Walburgis extra Muros Susacienses* (Seibertz Ub. 2, Nr. 569).
V. Lage vor dem nördlichen Tor (Walpurgisthor) der Stadt Soest.
Literatur: Schneider 1936, S. 122: Soest; Heinze 2020, S. 138 und Abb. 5.

Suberninchusen (jetzt: Söbberinghof).
I. Partielle Ortswüstung; Standort eines Freistuhlgerichts (jetzt Gut Söbberinghof).
II. Stadt Erwitte.
III. *1207: *decima in Sutberninchusen* (Westf. Ub. 7, Nr. 56); 1290: *Hoff to Subberinckhuß* (Schelhasse 1902, S. 111).
V. Lage 2,8 km südsüdwestlich von Erwitte.
VI. Areal des mittelalterlichen Kleinweilers wahrscheinlich vom Gutsbetrieb überlagert; AKZ 4415,0134.
Literatur: Schelhasse 1902, S. 111–114; Bergmann 1989, Nr. 59, S. 134–136; Flöer/Korsmeier 2009, S. 409 f.: Söbberinghoff, Haus.

Tederinckhus.
I. Unsichere Orts- oder Hofwüstung.
II. Angeblich Stadt Erwitte
III. Angeblich zum Villikationshaupthof Horn des Stifts Meschede gehörige Manse (kein Quellennachweis bei Heitkemper 1962, S. 24). In der Quelle zum Villikationshaupthof Horn von 1323 findet sich kein Eintrag zu „Tederinckhus" (vgl. Seibertz Ub. 2, Nr. 602). – Möglicherweise verwechselt der Autor „Tederinkhus" mit dem in der 1. Hälfte des 14. Jhs (ca. 1314) zur Mescheder Villikation Epsingsen gehörigen Deiringsen (*Deyderdinchusen*) 4 km südsüdwestlich von Soest (Quellen westfälische Geschichte 1, S. 411).
V. Lage im Kirchspiel Horn? oder im Raum Erwitte? unsicher; nicht auf der Wüstungs-Übersichtskarte des Kreises Soest dargestellt.
Literatur: Heitkemper 1962, S. 24.

Tedinchusen (Theiningsen?).
I. Es ist unsicher ob sich die insgesamt bestehende Quellenüberlieferung auf eine Ortswüstung bei Delecke oder (zum Teil?) auf den resistenten Ort Theiningsen bezieht.
II. Gemeinde Möhnesee.
III. Das in Seibertz Urkundenbuch im Jahr 1323 genannte *Tedinchusen* steht in einer Beziehung zum Stift Meschede, ist im Raum Soest zu verorten und mit dem heutigen Theiningsen (Lage in der Gemeinde Möhnesee 6,8 km südsüdwestlich von Soest) zu identifizieren (Seibertz Ub. 2, Nr. 594). Insofern dürfte auch das unter den abhängigen Höfen der Mescheder Villikation Epsingsen in der 1. Hälfte des 14. Jhs. (*ca. 1314) genannte *Teydinchusen* (Quellen westfälische Geschichte 1, S. 411) auf diesen Ort zu beziehen sein. Die Quellen von 1323 und aus dem 14. Jh. werden ebenso von Hömberg auf Theiningsen in der Soester Oberbörde bezogen.

Thedinchof.
I. Hofwüstung.
II. Gemeinde Anröchte.
III. *1338: *curiam dictam Thedinchof* (Seibertz Ub. 2, Nr. 665,1, §237).
IV. Rund 3 km nordöstlich von Anröchte (Kirche) bestehen im Urriss die FlN „Tenkwasserweg" und „aufm Tenkhof" mit teilweise sehr großen Blockparzellen (Kreiskatasteramt Soest, Urriss Anröchte, Flur VIII.3, 1829); letztere Flur wird mittig von der A 44 gequert.
VI. Potentielle Lage: AKZ 4416,0084.
Literatur: Bergmann 1989, Nr. 61, S. 136.

Theidinghus.
I. Unsichere Orts- oder Hofwüstung.
II. Stadt Erwitte?
III. Zum Villikationshaupthof Horn des Stifts Meschede gehörige Manse (kein Quellennachweis bei Heitkemper angegeben); möglicherweise mit Tedinchusen (Theiningsen?) zu identifizieren.
V. Lage im Kirchspiel Horn oder Erwitte unsicher; nicht auf der Wüstungs-Übersichtskarte des Kreises Soest dargestellt.
Literatur: Heitkämper 1962, S. 24: Theidinghus.

Toghusen.
I. Ortswüstung.
II. Stadt Erwitte?
III. *1281–1313: *filius Menrici de Anrogthe mansum in Toghusen* (Seib. Ub. 2, Nr. 551, S. 110, §76, Z. 41).
V. Aufgrund der Nennung im Zusammenhang mit dem Ministerialadelsgeschlecht von Anröchte wird eine Lage der Siedlung innerhalb dieser Ortsgemeinde anzunehmen sein. Nicht auf der Wüstungs-Übersichtskarte des Kreises Soest dargestellt.

Twentrup.
I. Partielle Ortswüstung.
II. Gemeinde Lippetal.
III. *1299: *bona in Twencdorpe* (Westf. Ub. 7, Nr. 2534).
IV. Ein südwestlich des Schlosses Hovestadt gelegener Einzelhof ist 1828 als Twentrup(p) bezeichnet. Da der Ortsname potentiell auf eine Zwei-Höfe Siedlung? verweist oder aber, durch den -trup Ortsnamen gesichert, auf eine (kleine) Gruppensiedlung, ist von einem dem heutigen Einzelhof wahrscheinlich benachbarten, wüstgefallenen Gehöft auszugehen und Twentrup somit als partielle Ortswüstung einzustufen.
VI. AKZ 4314,0192.
Literatur: Flöer/Korsmeier 2009, S. 434 f.: Twentrup.

Uffeln (jetzt: Ostuffeln).
I. Partielle Ortswüstung (jetzt: Gut Ostuffeln mit zweiteiliger Gräftenanlage und Mühle am „Mühlenbach" [jetzt: Uffelbach]; weiterhin: ehemaliges Waisenhaus).
II. Stadt Werl.
III. *1217: Vom Haupthof in [+]Rithem abhängige Mühle in *Ufflen* (Westf. Ub. 7, Nr. 134).
IV. 1344: FlN *Mersch by Ufelen* bezeugt (INA Werl, Nr. 9); siehe weiter: Kreiskatasteramt Soest, Urriss Werl, Flur IV.3: Ufeln, 1829.
V. Lage am Uffelbach.
VI. AKZ 4413,0277 (Uffelmühle) und AKZ 4413,0331.
Literatur: Schneider 1936, S. 129; Flöer/Korsmeier 2009, S. 436–438: Uffeln, Ost-, West-.

Ussen.
I. Ortswüstung mit mehreren Siedlungsarealen und zwar dörflichen Siedlungsarealen westlich des Bachlaufs der Weihe sowie mehreren Hofwüstungsarealen östlich der Weihe; ehemaliger Burgort mit Kirchhof, Mühle und Freistuhlgericht.
II. Stadt Lippstadt.
III. Besitz in *Vsne* gehört *1072 (nach einem auf einer echten Vorlage beruhenden Falsifikat) zur Gründungsausstattung des Klosters Grafschaft bei Schmallenberg/Hochsauerlandkreis (Seibertz Ub. 1, Nr. 30; Grafschafter Stiftungsurkunden, S. 12); 1105: *mansum unum in Vsne cum molendino* (Westf. Ub. 1, Reg. 1319 bzw. Cod. 175; siehe weiter: Honselmann 1950, S. 336, mit Datierung „vor 1115").
V. Lage 3 km südöstlich von Lippstadt.
VI. Westlich des Bachlaufs der Weihe gelegene Siedlungsfläche (AKZ 4316,0014 und AKZ 4316,0072 mit weiteren, für Einzelfunde vergebenen Fundkennziffern) im Norden durch Abbau von Wiesenkalk/Kalktuff zerstört; übriger Fundbereich überpflügt; Keramikfunde prähistorischer Zeitstellung sowie des späten 7./8.–14. Jhs.; Münzen: ein Quinar, mittelrheinische Kelten, 1. Jh. v. Chr.; sehr zahlreiche Fundmünzen des römischen Reichs, darunter in Rom, Arles, Lyon und Trier geprägte, deuten auf eine Besiedlung des westlich der Weihe im Umfeld der Böckenförder Warte gelegenen Siedlungsbereichs im 2.–4. Jh. n. Chr.; mittelalterliche Prägungen mit einem nach 793 geprägten Pfennig Karls d. Gr. einsetzend und sich bis um 1410/20 erstreckend; extrem zahlreiche Bronzefibeln mit Funden der älteren Römischen Kaiserzeit einsetzend; darunter eine eingliedrige Armbrustfibel und eine Zikadenfibel der jüngeren Römischen Kaiserzeit. Unter den gehäuft auftretenden mittelalterlichen Fibeln befinden sich:

eine germanische Armbrustfibel des 4.–5. Jhs.; eine Vogelfibel des 6. Jhs.; mehrere gleicharmige Fibeln des 8.–9. Jhs. (darunter mit runden, weiterhin rechteckigen und schließlich trapezförmigen Endplatten; raupenförmige gleicharmige Fibeln und aus einem Blechstreifen erstellte gleicharmige Fibeln mit ehemals angelöteter Nadelkonstruktion); eine Zellenschmelz-Kreuzemailscheibenfibel des Typs Haseloff 3; mehrere Grubenschmelz-Kreuzemailscheibenfibel (darunter Haseloff Typ 1 r.); eine Grubenschmelz-Kreuzemailscheibenfibel des Typs Haseloff 2; mehrere Heiligenfibeln (darunter westf. Fbn. Nr. 556 und 791); eine runde Eselsfibel (u. a. Sondermann-Fastrich 1993, Nr. 117, S. 245 f.; Bergmann 2015c, S. 104 f.; Bergmann 2017b, S. 331, S. 338 und Abb. 7.1); mehrere Kreuzfibeln (u. a. 2. Hälfte 8./ Anfang 9. Jh.); mehrere Augen- bzw. Nabenemailscheibenfibeln; mehrere Peltafibeln (z. B. westf. Fbn. Nr. 557); eine Rechteckfibel mit eingezogenen Seiten und Kreisaugendekor; ein als Fibel wiederverwendeter vergoldete Kerbschnittbeschlag (8.–9. Jh.); eine Lunulafibel; mehrere Sternfibeln des 11. Jhs., darunter mit zentraler Schmelzperle; eine Fibel des Typs Frauenhofen (2. Hälfte 10. Jh./1. Hälfte 11. Jh.) und hochmittelalterliche Ringfibeln. Östlich der Weihe befinden sich mehrere Hofsiedlungsareale: die Fundfläche B im Umfeld des ehemaligen Hofes Waterkamp (AKZ 4316,0052), die Fundfläche Ussen D unmittelbar an der Weihe (AKZ 4316,0468), die Fundfläche Ussen E östlich der heutigen Kreisstraße 50 mit Funden des 11.–14. Jhs. (AKZ 4316,0051) und schließlich die potentielle Fundfläche AKZ 4316,0469 im Bereich des FlN „Am Lohof".
Literatur: Bergmann 1989, Nr. 51, S. 120–124 und Karte 39; Flöer/Korsmeier 2009, S. 440 f.: Ussen.

Velmede.
I. Partielle Ortswüstung (Mühle wüstungsresistent).
II. Stadt Geseke.
III. *1237: *bona ... in Velmede* (Westf. Ub. 7, Nr. 461); vor 1416 erfolgte Verlagerung eines Hofes aus *Velmede* in die Stadt Geseke (Quellen der westfälischen Geschichte 1, S. 148).
V. Lage 1,2 km ostnordöstlich von Geseke.
VI. Wahrscheinlich dem Ort zugehöriges merowingerzeitliches Gräberfeld westlich der Ortslage (vgl. Lüüs 1982, Nr. 25, S. 83 und S. 81, Abb. Nr. 25); Siedlungsfunde bis 13. Jh.: u. a. AKZ 4317,0024; Gräberfeld am Hellweg südsüdwestlich der ehemaligen Ortslage mit Urnenbestattungen und Leichenbrandnestern, jüngere Bronzezeit und ältere Eisenzeit: AKZ 4317,0029.
Literatur: Bergmann 1989, Nr. 19, S. 83–86 und Karte 22; Flöer/Korsmeier 2009, S. 443 f.: +Velmede; Balzer 2017, S. 82, S. 90, S. 98 und Abb. 1.

Velthusen.
I. Ortswüstung.
II. Stadt Lippstadt.
III. *1255: *bona in Velthusen* (Westf. Ub. 7, Nr. 895); 1267: Velthusen (Schelhasse 1902, S. 130); dortiger Hof des Klosters Benninghausen in der Soester Fehde (1444–1447) verwüstet und seine Ländereien seitdem wüstliegend (Schelhasse 1902, S. 130).
V. Lage nach Schellhasse im Kirchspiel Hellinghausen (Kommune Lippstadt) und zwar im Grenzbereich der Gemeinden Benninghausen und Heringhausen (Schelhasse 1902, S. 131). – Der FlN „Feldhoff" (AKZ 4315,0122) südwestlich von Ostinghausen (Kommune Bad Sassendorf) bezieht sich auf ein anderes Objekt: dortiger FlN in der Deutschen Grundkarte: „Feldhorst Ecken".
Literatur: Schelhasse 1902, S. 129–131; Flöer/Korsmeier 2009, S. 444 f.: Velthusen.

Vestorpe (siehe auch Hovestadt, Alt[e]hof).
I. Ortswüstung.
II. Gemeinde Lippetal.
III. *1295: *Vestorpe iuxta castrum Hovestad* (Westf. Ub. 7, Nr. 2332).
V. Aus der Quelle abzuleitende Lage nahe Schloss Hovestadt.
Literatur: Flöer/Korsmeier 2009, S. 445: Vestorpe.

Völlinghausen.
I. Haufendorf mit wahrscheinlichem Hofwüstungsareal am Ortsrand.
II. Stadt Erwitte.
III. *978: *quandam curtem Folkgeldinghuson nuncupatum in pago Angeron in comitatu Heremanni sitam* (MGH DD OII, Nr. 172).
IV. Am östlichen Ortsrand von Völlinghausen querte der die Städte Soest und Büren (Kr. Paderborn) verbindende Weg den „Völlingerbach" (jetzt: Manninghofer Bach) in einer Furt. Nördlich des Weges und westlich des Baches ist ein Kleinareal bester Bodenbonität (ehemalige Klassifikationsstufe I) als „open Lütgen hoff"/„open Lütkenhof" bezeichnet (Kreiskatasteramt Soest, Urriss Erwitte-Völlinghausen, Flur XIII.3, 1828).
VI. Flur „open Lütgen hoff: AKZ 4415,0220.
Literatur: Flöer/Korsmeier 2009, S. 447 f.: Völlinghausen.

Volkesmere.
I. Ortswüstung.
II. Stadt Geseke.
III. *1265: *Arnoldus de Volkesmer* (Westf. Ub. 7, Nr. 1187).
V. Lage 2,2 km südlich von Langeneicke.
VI. Keramikfunde 9.?/10.–14. Jh.; Metalldetektorfunde 9.–11. Jh.: eine Zellenschmelz-Dreipassfibel (Nr. 467); zwei Zellenschmelz-Kreuzemailscheibenfibeln, Typ Haseloff 1 (Nr. 287, Nr. 731); sechs Grubenschmelz-Kreuzemailscheibenfibeln, Typ Haseloff 1 (Nr. 80, Nr. 284–Nr. 286, Nr. 468, Nr. 591, Nr. 736); eine Grubenschmelz-Kreuzemailscheibenfibel, Typ Haseloff 2 links (Nr. 728); eine Zellenschmelz-Kreuzemailscheibenfibel, Typ Haseloff 3 (Nr. 693); eine Zellenschmelz-Kreuzemailscheibenfibel, Typ Haseloff 3, mit geperltem Rand (Nr. 111); eine Grubenschmelz-Kreuzemailscheibenfibel, Typ Haseloff 5 (Nr. 732); zwei Grubenschmelz-Kreuzemailscheibenfibeln, Typ Haseloff 6 (Nr. 694 und Nr. 707); eine Grubenschmelz-Kreuzemailscheibenfibel, Typ Haseloff 7 (Nr. 465); eine Grubenschmelz-Kreuzemailscheibenfibel, Typ Haseloff 10, mit abgesetzter Randzone (Nr. 124); ein Unikat einer Grubenschmelz-Kreuzemailscheibenfibel mit vier erhabenen Peltenmotiven in den Kreuzzwickeln (Nr. 577); eine Grubenschmelz-Kreuzemailscheibenfibel, Sonderform mit „paddelblattförmigen" Kreuzarmen und je zwei Gruben in den Kreuzzwickeln, getreppter Plateaurand (Nr. 725); eine runde Grubenschmelzfibel, speichenradförmiger Typ mit runder Zentralgrube und sechs Speichengruben (Nr. 743); eine Heiligenfibel, Typ mit geschweifter Basisgrube, Randzone als Kreuznimbus gestaltet (Nr. 245); eine Heiligenfibel (zwei zusammengehörige Fragmente), Heiligenfigur mit Basisgrube, randnaher Grubenkranz (Nr. 605); zwei Heiligenfibeln (Y-Typ, Nr. 2 und Nr. 685: verschliffen); eine Doppelheiligenfibel (Nr. 65); eine Caput-Christi Fibel (Nr. 593); eine runde Gussfibel, Darstellung eines Segenspenders (Nr. 247); Fund einer runden Vierfüßlerfibel mit abgesetzter Randzone (Bergmann 2017b, S. 330, S. 337 und Abb. 5.3); 1 runde Grubenschmelzfibel (den Agnus-Dei Fibeln zuzurechnendes? Unikat mit kreuzfahnenähnlichem Detail, Nr. 684); eine einfache Metallbuckelfibel (Nr. 254); eine Pseudomünzfibel mit glatter Randleiste (Nr. 704); zwei Rundfibeln mit

sechs konzentrisch angeordneten Durchbrüchen der Fibelplatte und in Zentralfassung erhaltener Schmelzperle (Nr. 733) bzw. ausgefallener Schmelzperle (Nr. 716); eine Kreuzfibel mit Gruben auf den Kreuzarmen und einer Grube im Zentrum (Nr. 100); eine rechteckige Blechfibel mit Kreisaugendekor (Nr. 589); eine Plateau-Rechteckfibel mit Diagonalkreuz-Grube und Rundgruben in den Kreuzzwickeln, abgeschrägter breiter Rand (Nr. 703); eine sechsblättrige Rosettenfibel mit je einer Grube pro Blatt, zentrales Plateau mit Kreuzmotiv (Nr. 780); eine Sternfibel mit erhaltener zentraler Schmelzperle (Nr. 466); eine siebenstrahlige Sternfibel mit je einer Rundgrube auf den Sternzacken, Plateau mit Stegkreuz und Rundgruben in den Kreuzzwickeln (Nr. 598); eine Peltafibel mit drei Durchbrüchen der Fibelplatte (Nr. 720); AKZ 4316,0034 und Streufunde: AKZ 4316,0200, AKZ 4316,0201 und AKZ 4316,0204.
Literatur: Bergmann 1989, Nr. 44, S. 112–115; Flöer/Korsmeier 2009, S. 446 f.: +Volkesmer.

Volquordinchusen.
I. Ortswüstung.
II. Stadt Rüthen.
III. *1380/14. Jh.: *It. in Eden II sol. de area pertinenti ad bona in Volquordinchusen* (Quellen westfälische Geschichte 3, S. 286).
V. Lage der Ortsstelle ca. 0,9 km nordnordöstlich von Oestereiden durch Katasterrückschreibung nachgewiesen, dortiges Dauergrünland nicht prospektierbar.
VI. AKZ 4416,0091.
VII. Bergmann 1989, Nr. 72, S. 145.

Vrilinchusen.
I. Scheinwüstung.
II. Gemeinde Anröchte.
III. *1177: *Vrilenchusen* (REK 2, Nr. 1096).
IV.-VI. Von Neuenmellrich verlief der durch FlN zu erschließende Frühlingerweg (FlN: „am Frühlingerwege" bzw. „am Frühlingswege") 1828 zu der damals aus den Höfen Boltenhof/Köneckenhof bestehenden Höfegruppe (= AKZ 4415,0224; jetzige Hofnamen: Boltenhof/Koenekenhof) südlich von Altenmellrich (Kreiskatasteramt Soest, Urriss Mellrich, Flur IV, 1828), die mit dem mittelalterlichen Vrilinchusen zu identifizieren ist.
Literatur: Viegener 1927, S. 152, Anm. 141; bei Flöer/Korsmeier ist Vrilinchusen als südlich von Altenmellrich gelegene Ortswüstung verzeichnet/angeführt: Flöer/Korsmeier 2009, S. 449 f.: +Vrilinchusen.

Vronhof.
I. Hofwüstung? (wüster? Villikationshaupthof des Stifts Geseke).
II. Stadt Geseke.
III. *1256 *curti Vronehof* (Westf. Ub. 7, Nr. 939); 1258: *curte Vronehof in opido Geseke sita* (Westf. Ub. 7, Nr. 982).
IV. Die curtis *Vronehof* lag nach Ausweis der Quelle aus dem Jahr 1258 innerhalb der Geseker Stadtmauern. Damit ist jedoch nicht ausgesagt, dass der Fronhof immer dort gelegen hat. Denn der östlich außerhalb der spätmittelalterlichen Stadtumwehrung von Geseke auftretende FlN *Auf dem Frohnhofe* (Bergmann 1989, S. 86) impliziert, dass der Hof ursprünglich in diesem Bereich gelegen haben dürfte. Insofern könnte die Hofstelle vor 1258 aus dem Außenbereich des näheren Stadtumfeldes in den Bereich innerhalb der Stadtmauern übertragen bzw. dort neu errichtet worden sein. Andererseits könnte der FlN darauf hinweisen, dass es sich um Landflächen handelt, die unmittelbar vom Fronhof aus bewirtschaftet wurden.
VI. Wohl überbaut.
Literatur: Bergmann 1989, Nr. 20, S. 86; Balzer 2017, S. 90 f. und Abb. 1.

Vulverinchusen.
I. Frühe stadtbezogene Ortswüstung.
II. Stadt Lippstadt.
III. *1207: *de decima quadam in Vůlverinchusen* (Westf. Ub. 7, Nr. 56); wüst vor 1265.
VI. Überbaut.
Literatur: Bergmann 1989, Nr. 47, S. 116; Flöer/Korsmeier 2009, S. 482: Wolferinchusen.

Walterinchus.
I. Ortswüstung.
II. Stadt Geseke.
III. *1375: *bonu*(m) *Walterinchus Gůt nuncupatu*(r) *i*(n) *ca*(m)*pis Gheß*(eke) *situ*(m) (Landesarchiv NRW, Abt. Westfalen [Münster], Stift Geseke, Urk. 181).
IV. Bei dem Besitz kann es sich weder um Waltringhausen westlich von Anröchte, Kr. Soest noch um Waltringen bei Ense handeln. Zu Walterinchus(en?) bestehende wüstungsweisende FlN sind um Geseke unbekannt. In der Urkundenrückschrift von jüngerer Hand wird die Siedlung als Weltringhausen bezeichnet.
Literatur: Bergmann 1989, Nr. 33, S. 105: Walterinchusen.

Waltringen.
I. Bestehender Ort mit geringfügigen Wüstungserscheinungen.
II. Gemeinde Ense.
III. *12. Jh.: *In Waltarinchuson* (Urbare Werden 1, S. 267, Z. 27).
IV. Am südöstlichen Ortsrand des -inghusen Ortes Waltringen ist ein Parzellenbereich mit dem wüstungsweisenden FlN „auf'm Huchshof" bezeichnet (Kreiskatasteramt Soest, Urriss Bremen, Flur XII.2: Waldringsen, 1828).
Literatur: Flöer/Korsmeier 2009, S. 451 f.: Waltringen.

Wambeke (jetzt: Schloss Schwarzenraben).
I. Partielle Ortswüstung.
II. Stadt Lippstadt.
III. *1105 *curiam nostram Wanbeke* (Westf. Ub. 1, Cod. 175); noch 1536 wird Schwarzenraben als *Wemecke* bezeichnet (SchRegHzmWestf.1, S. 68).
VI. AKZ 4316,0152.
Literatur: Bergmann 1989, Nr. 40, S. 109 f.; Flöer/Korsmeier 2009, S. 401: Schwarzenraben, Schloß und S. 452: +Wambeke.

Welinchusen.
I. Ortswüstung.
II. Gemeinde Möhnesee.
III. *1229: *Ecbertus villicus de Welinchusen* (Westf. Ub. 7, Nr. 321).
IV. Schoppmann (1940, Nr. 68, S. 76) weist südlich von Körbecke im Bereich des heutigen Möhnesees den wüstungsweisenden FlN „Auf'm Wellingsen" nach.
Literatur: Flöer/Korsmeier 2009, S. 459: +Welinchusen.

Werinchusen (bei Westernkotten).
I. Partielle Ortswüstung (wüstungsresistent: Gut Weringhof).
II. Stadt Erwitte.
III. *Um 1144: *Adeldago de Wirinchuson* (Westf. Ub., Add., Nr. 28); 1298: *Hoff to Werinckhusen* (Schelhasse 1902, S. 114).
V. Lage 2,3 km nordnordöstlich von Erwitte.
VI. Metalldetektorfunde des insgesamt 9.–1 Hälfte 13. Jh.: zwei Zellenschmelzfibeln; eine Kreuzrautenfibel mit einem zentralen

Noppen und je einem Noppen auf den Kreuzarmen (ca. 9. Jh.; Nr. 891); eine runde Gußfibel mit unverziertem Mittelfeld und durch einen flachen Stegring mit nach außen folgendem doppelten Perlnoppenkranz verzierter Randzone (Nr. 890); Münzfunde: 1 Soester Pfennig ca. 1000–1030; 1 Münze Erzbistum Köln 1238–1239; weiterhin 1 Denar (46 n. Chr.); Gesamtareal der Ortswüstung: AKZ 4316,0464; Einzelfunde: u. a. AKZ 4316,0073; AKZ 4316,0237, AKZ 4316,0252; AKZ 4316, 0261; AKZ 4316,0298; AKZ 4316,0300; Areal des Gutsbetriebs Weringhof: AKZ 4316,0090.
Literatur: Schelhasse 1902, S. 114–116; Bergmann 1989, Nr. 57, S. 131 f.; Flöer/Korsmeier 2009, S. 462 f.: Weringhof.

Weringhusen (bei Kallenhardt).
I. Ortswüstung.
II. Stadt Rüthen.
IV. Im Bereich der angenommenen Ortslage besteht der „Donnerborn" (Kreiskatasteramt Soest, Urriss Kallenhardt, Flur V.3, 1829); wüstungsweisende FlN bestehen im Bereich der siedlungsgünstigen Geländestelle nicht.
V. Lage der Ortsstelle nach Angabe der Flurnamenkarte 1,3 km westnordwestlich von Kallenhardt (Aust/Gerwiner/Hesse u. a., Flurnamen in der Gemarkung Kallenhardt [Karte], M. 1:10000, o. J. [1996]).
VI. Areal durch Aussiedlerhof teilbebaut; AKZ 4516,0243.
Literatur: Henneböle 1963.

Werl.
I. Partielle Stadtwüstung.
II. Stadt Werl.
III. Nach Angabe des BKW Soest erfolgte nach voraufgegangenen Fehden nach 1288 eine erneute Befestigung der Stadt Werl, infolgedessen diese „einen großen Theil" ihres „früheren Umfanges" einbüßte (BKW Soest, S. 158).
IV. Westlich der Stadt Werl befindet sich ein ausgedehntes, 1829 als Gartengelände genutztes und teils als „am alten Graben" bezeichnetes Areal. Es umschreibt eine halbkreisförmige Fläche, die im Osten von der sog. Altstadt und im Süden, Westen und Norden von einem als „alter Grabenweg" bezeichneten Weg begrenzt wird, der dem Verlauf des ehemaligen Stadtwalls folgend angelegt worden sein muß. Dieses Gartengelände ist von einem von der sog. Altstadt nach Westsüdwest verlaufenden, breiten, im Urriss namenlosen Weg durchzogen, vom dem mehrere Gassen näherungsweise rechtwinklig abknicken: Auf der Südseite des breiten Weges liegen der zum „alten Schloss" (= ehemalige Burg der Grafen von Arnsberg) führende „Schlossgassenpfad" (bzw. „Schloß Gaßer Pfad") und zwei als „Weingassenpfad" (bzw. „Wein Gaßer Pfad") bezeichnete Wege. Auf der Nordseite des Westsüdwest verlaufenden breiten Weges liegt der „Lüdenbringsweg" (dessen Namen in der heutigen Straßenbezeichnung „Am Lyggengraben" fortlebt). Ehemalige Torsituationen des wüstgefallenen westlichen Stadtareals von Werl müssen sich dort befunden haben, wo erstens der „Lüdenbringsweg" und zweitens der nach Westsüdwest verlaufende Weg den Grabenweg querte, denn auf diese Stellen laufen im Urriss/Urkataster von den vor dem mutmaßlichen Wall gelegenen Flächen Wegebündel zu (Kreiskatasteramt Soest, Urriss Werl, Flur XIII.10: Werl, 1829).
VI. Grabungsfläche „Am Lyggengraben" im direkten Umfeld des mittelalterlichen Hellwegs mit Befunden einer linearbandkeramischen Siedlung und Siedlungsbefunden des 11. Jhs.–späten Mittelalters (ca. 14. Jh.): u. a. Nachweis eines Grubenhauses von 5,1 m x 2,8 m Grundfläche sowie Mauerfundament eines Steinbaus aus der ca. 2. Hälfte des 13. Jhs.; AKZ 4413,0436 (= Gesamtareal) mit in diesem Areal enthaltenen weiteren Fundstellen/Fundflächen.
Literatur: Flöer/Korsmeier 2009, S. 463 f.: Werl; Evers 2018, S. 182–185.

Westholte.
I. Scheinwüstung?
II. Gemeinde Lippetal?
III./V. 1. Hälfte 14. Jh. (*ca. 1314): *Curtis in Westholte* (Quellen westfälische Geschichte 1, S. 414): Westholte ist hier in der quellenbezogenen Reihenfolge der grundherrschaftlich vom Stift Meschede abhängigen Mansen und Höfe zwischen *Ekelenbern* (Eickelborn, Kr. Soest) und Westernkotten bzw. [+]Aspen (Kr. Soest) angeführt und somit wahrscheinlich in der Niederbörde des Hellwegs zu verorten; 1358 ist eine Hufe zu *Westholte* genannt; die Siedlung wird hier als (Teil von) Schoneberg (Schoneberg liegt westlich von Eickelborn in der Hellweg-Niederbörde) interpretiert (Quellen Stift Meschede, Nr. 91 und S. 55, Anm. 1); 1368 ist ein Hof in *Westholte* bezeichnet, auf dessen Zugehörigkeit zum Mescheder Haupthof Sassendorf hingewiesen wird (Quellen Stift Meschede, Nr. 105). Vgl. Schoneberg.

Westhusen (oder **Overen Berghem**).
I. Ortswüstung.
II. Gemeinde Anröchte.
III. *1321: *Westhusen* (Landesarchiv NRW, Abt. Westfalen [Münster], Stift Geseke, Urk. 41); 1380: *in Westhusen in parochia Berge* (Quellen westfälische Geschichte 3, S. 290, Z. 19).
VI. AKZ 4416,0171.
Literatur: Bergmann 1989, Nr. 64, S. 139 f.; Flöer/Korsmeier 2009, S. 470: +Westhusen.

Westrich.
I. Unbesiedelte kleine Gräftenanlage am Rand eines wüstungsresistenten Ortes.
II. Gemeinde Möhnesee.
III. *1354: *die Galge ind dat Rat zu Westerich* (Seibertz Ub. 2, Nr. 732).
VI. Die Gräftenanlage hat 1828 eine maximale Breite von 37 m und Länge von 55 m; der Wassergraben ist maximal 12,5 m breit (Kreiskatasteramt Soest, Urkataster Günne, Flur XI: Westrich, 1828); AKZ 4514,0227.
Literatur: BKW Soest, S. 22 f.; Flöer/Korsmeier 2009, S. 470 f.: Westrich.

Wiboldinchusen (Kloster Himmelpforten).
I. Ortswüstung mit in der Moderne aufgegebenem Kloster (jetzt: Ruine).
II. Gemeinde Ense.
III. Das Kloster Himmelpforten wurde *1246 auf dem Hof Wiboldinchusen gegründet, dessen -husen Ortsname auf eine Kleinsiedlung hinweist. 1246: *proprietatem bonorum Wiboldinkhusen* (Westf. Ub. 7, Nr. 618).
VI. Es ist unsicher, ob das ehemalige Klosterareal die gesamte Fläche der Kleinsiedlung Wiboldinchusen einnimmt.
V. Lage 5,4 km nordöstlich von Neheim.
Literatur: Flöer/Korsmeier 2009, S. 236 f.: Himmelpforten.

Windhüvel.
I. Wüstungsresistenter Einzelhof mit kleiner Niederungsburg.
II. Gemeinde Welver.
III. *1268: *Godescalco de Winthovele* (Westf. Ub. 7, Nr. 1292).

V. Windhüvel ist heute der Name eines partiell umgräfteten Einzelhofes nordöstlich von Borgeln bzw. nordöstlich der Straßenkreuzung „Borgeler Linde" (Kreiskatasteramt Soest, Übersichtshandriss Steuer Gemeinde Borgeln, Flur III.: Windhövel, 1828).
VI. Südwestlich des Hofes befindet sich der Mottenhügel einer kleinen Niederungsburg (AKZ 4314,0009).
Literatur: Flöer/Korsmeier 2009, S. 479 f.: +Windhövel.

Winsteren.
I. Ortswüstung (mit hoher Wahrscheinlichkeit nicht im Kr. Soest gelegen).
III. Für das unter den später an das Kloster Liesborn gelangten westfälischen Besitzungen des Klosters Rastede in Oldenburg/Niedersachsen genannte *Winsteren* ist eine Erstnennung zum Jahr 1059 rekonstruiert worden. Es ist 1123 als *Wisteren* genannt (Westf. Ub. 5, Nr. 36). In der betreffenden Quelle ist nachfolgend *Widinchusen* genannt. Schneider hat für Winsteren eine Lage „bei Soest" angegeben. Da im Raum um Brilon-Alme (Hochsauerland) die Ortswüstung Wenster (Bergmann 2015, S. 190–193) in Nachbarschaftslage zu +Wydinchusen (Bergmannn 2015, S. 220 f.) nachgewiesen ist, besteht der Verdacht, dass es sich bei +Winsteren um +Wenster im Hochsauerlandkreis (siehe dort) handelt.
V. Lage nördlich von Wülfte.
Literatur: Wilmans 1865a, insbes. S. 245 f., S. 249 f. und Wilmans 1865b, S. 390; Schneider 1936, S. 144: Winsternen.

Withem.
I. Ortswüstung.
II. Stadt Geseke.
III. *1. Hälfte 13. Jh.: *Heredes Petri de Geseche I marcam de decima in Withen* (Westf. Ub. 7, Nr. 2633a).
IV/V. Im Westen von der episodisch wasserführenden Westerschledde („Die Schlee") und im Süden von dem von Lippstadt nach Geseke führenden Weg begrenzt, besteht 1837 der wüstungsweisende FlN „In den Wiepen" (Kreiskatasteramt Soest, Parzellar Plan der Flur B[I]: Stockheim, 1837).
V. Lage im Grenzbereich der Gemarkungen Störmede und Geseke unmittelbar östlich der Westerschledde.
VI. AKZ 4316,0465.
Literatur: Bergmann 1989, Nr. 35, S. 106 f.; Schneider 1936, S. 145; Flöer/Korsmeier 2009, S. 481 f.: +Withem; Balzer 2017, S. 82, S. 98 und Abb. 1.

Witinchusen (Am Wietin).
I. Partielle Ortswüstung mit ehemaliger Mühle.
II. Gemeinde Lippetal.
III. 1068: *curiam Witenchusen ... in pago Sosaciensi* (Seib. Ub. 1, Nr. 29; INA Werl, Nr. 2 mit der Angabe, dass das aufgedrückte Siegel gefälscht sei und weiterer Erläuterung zur Echtheit der Urkunde); *1292: *curtim nostram in Witinchusen sitam cum colono in ea residente, cum molandino et manso quodam sito in Nortwolde* (Westf. Ub. 7, Nr. 2246). Sowohl Witinchusen als auch Nordwald liegen in einen flachen Bereich der Niederbörde und es ist unklar, wo hier eine wüstgefallene (Wasser-) Mühle gelegen haben könnte.
IV. Resthof der Siedlung ist der u. a. im Urmesstischblatt als Schulze Wietis bezeichnete Hof.
VI. AKZ 4314,0202 (= jetziger Gräftenhof); AKZ 4314,0203 (= partiell von schmalen Gräben eingefasste „Gräften"anlage östlich dieses Hofes).
Literatur: Hömberg 1967, S. 222; Flöer/Korsmeier 2009, S. 474 f.: Wietin, Am.

Wulfhardinchusen.
I. Partielle Ortswüstung (jetzt: Wulfshof).
II. Gemeinde Möhnesee.
III. *1292: *curiam suam sive bona sua in Wůlfhardinchusen sita super Hara. que vulgo dicuntur Selehof* (Westf. Ub. 7, Nr. 2234).
V. Lage ostnordöstlich von Echtrop.
Literatur: Flöer/Korsmeier 2009, S. 482 f.: Wulfshof.

Wulmeringhusen.
I. Ortswüstung.
II. Stadt Rüthen.
III. *1373: halbe Hufe zu Wlmeringhusen (Landesarchiv NRW, Abt. Westfalen [Münster], Grafschaft Rietberg, Urk. 131, Reg.); 1394: Gut zu Wullmeringhausen von Bürger der Stadt Rüthen erworben und von Hennecke Ebberts? bewirtschaftet (Landesarchiv NRW, Abt. Westfalen [Münster], Grafschaft Rietberg, Urk. v. 08.04.1394, Reg.); 1546: halbes Gut zu Wulmerichusen soll zur Nutzung an einen Einwohner von Altenrüthen überlassen werden (Stadtarchiv Rüthen, Findbuch, Nr. 588).
IV. Nahe der Möhne gelegener *Wulmeringhuser Bergh* 1345 als FlN bezeugt (Stadtarchiv Rüthen, Findbuch, Nr. 5).
V. Lage auf einer Verebnungsfläche ca. 1,8 km ostnordöstlich von Rüthen.
VI. Streu(?)-Funde ab der Jahrtausendwende bis des 14. Jhs., besonders Keramik des hohen und späten Mittelalters, darunter: uneinheitlich gebrannte Irdenware prähistorischer Machart mit überwiegend ausgewitterter Kalkgrusmagerung; uneinheitlich gebrannte schiefergemagerte Irdenware; uneinheitlich gebrannte sandgemagerte Irdenware; rot bemalte gelbe Drehscheibenware Pingsdorfer Art; blaugraue Irdenware Paffrather Art; graue feingemagerte harte wie auch graue klingendharte Irdenware; steinzeugartig hart gebrannte Ware Siegburger Art; Faststeinzeug Siegburger Art; vollentwickeltes Steinzeug Siegburger Art. U. a.: AKZ 4516,0039 und AKZ 4416,0076.
Literatur: Korrespondenz E. Henneböle vom 23.02.1960 in Ortsakte LWL-Archäologie für Westfalen, Referat Mittelalter- und Neuzeitarchäologie, S. 7: Wulmeringhusen; Henneböle 1963; Korrespondenz Franz-Josef Henke aus dem Jahr 1993 mit Zusammenstellung der +Wulmeringhusen betreffende Quellenüberlieferung (1373–1587) in Ortsakte wie vorstehend; Kneppe 2000, S. 228: Wulmeringhausen.

Ysselo.
I. Ortswüstung mit Kapelle und Friedhof.
II. Stadt Geseke.
III. *1123: *in Westphalia villas ... Yslo* (Westf. Ub. 5, Nr. 36); 1325: Gründung einer Kapelle St. Anthonius mit Friedhof (Geseke, Archiv der Stadtpfarre, unverzeichnet).
V. Lage 4,3 km ostsüdöstlich von Geseke.
VI. Keramik 9.?/10.–14. Jh.; Fund einer Kreuzemailscheibenfibel des 9./10. Jhs.; AKZ 4317,0023.
Literatur: Bergmann 1989, Nr. 32, S. 103–105, und Karte 30; Flöer/Korsmeier 2009, S. 484: +Yslo.

10.6 Wüstungen im Hochsauerlandkreis (Abb. 95)

Die mittelalterliche Besiedlung des Hochsauerlandes geht von sehr wenigen merowingerzeitlich bestehenden Siedlungsinseln im Norden und äußersten Nordosten des Kreisgebiets aus. Diese sind, wie an mehreren archäologischen Fallbeispielen durchschimmert, in einem weitständigen Muster mit Orten besetzt gewesen. Charakteristisch für diese ältesten Siedlungen sind z. B. schwer deutbare Ortsnamen, wie bei +Flessengere und +Twesine, um nur einige zu nennen, und des -ede Typs (z. B. Dorpede). Das für den Norden des Hochsauerlandkreises zu erschließende merowingische Siedlungsnetz war Bestandteil einer Großregion, die sich von den Lößbörden am westfälischen Hellweg über die Paderborner Hochfläche und die Marsberger Diemeltalung bis in das südöstlich(st)e Westfalen und nach Nordhessen hinein erstreckt hat. Prospektionsfunde aus dieser Zeit sind eher spärlich. Hinweise auf ein Bestehen von Orten während dieser Zeitphase sind Funde z. B. von dickwandigen Standböden des „Geseker Typs", z. B. von +Flessengere, und sogenannte S-Fibeln, wie von der Ortsstelle Esbike. Im Wesentlichen muss davon ausgegangen werden, dass die Räume des Hochsauerlandkreises südlich von Hoppecke und Ruhr merowingerzeitlich ein weitgehend unbesiedeltes Waldland waren. Eine mehrfach von der älteren geographischen Forschung angenommene Saxonisierung der Untersuchungsregion im Sinn einer maßgeblichen Aufsiedlung dieser vor dem letzten Viertel des 8. Jhs. hat sich archäologisch nicht erkennen lassen. Vielmehr ist von einem weitgehenden Fortbestand der bestehenden älteren Siedlungsmuster mit kleinen Siedlungsinseln bis in die Zeit der Sachsenkriege Karls d. Gr. auszugehen. Auch für das Umland der karolingischen Missionszelle auf der Eresburg (Marsberg) mit dem in der Karolingerzeit wichtigen Süd-Nord verlaufenden Fernweg Frankfurt/a.M.–Paderborn bzw. der sogenannten *Via regia* hat sich eine derartige Saxonisierung im angesprochenen Sinn nicht erkennen und nachweisen lassen. Interessanterweise hat um Marsberg auch kein Ring von Kleinsiedlungen des -heim Typs bestanden. Die wohl unter dem Namen Borntosten (= Born to Osthem) wiederbesiedelte temporäre Ortswüstung Osthem südlich(!) wie auch Westheim nordöstlich(!) von Marsberg jedenfalls müssen als auf andere Zentralorte bezogene Gründungen interpretiert werden. Der Fund einer gleicharmigen Gewandspange (Fibel) fränkischer Provenienz des wohl letzten Viertels des 8. oder frühen 9. Jhs. im Astengebirge bei Winterberg ist wahrscheinlich in einer Beziehung zu dem von Köln nach Osten verlaufenden Höhenweg der „Heidenstraße" zu sehen. Der Fund dürfte nicht den Besiedlungsanfang der betreffenden, im Hochtal der Namenlose gelegenen Ortswüstung anzeigen, deren Name sich nicht ermitteln ließ. Im 9./10. Jh. kommt es zur Erschließung weiter Räume des Hoch- und Ostsauerlandes und einem explosionsartigen Anstieg des Ortsbestandes. Charakteristisch für diese Zeitphase sind Ortsnamen des -hausen und -inghausen Typs, die in den für das westfälische Mittelalter gebräuchlichen Schreibweisen auf -husen und -inchusen entgegentreten und die später die Hauptmasse aufgegebener ländlicher Orte stellen sollten. Durch Prospektion nachgewiesen ist, dass nun Teile der Marsberger Hochfläche, das Padberger Bergland, das Madfeld, die Täler von oberer Ruhr, Neger und Elpe, das Düdinghauser Bergland sowie die sich nach Hessen öffnenden Landschaftsräume der Hallenberger wie auch Medebacher Bucht erschlossen worden sind. Diese Rodungswelle muss maßgeblich von Freibauern (sogenannten Grafenfreien) getragen worden sein, die sich erst in erheblich späterer Zeit in dem Quellen u. a. des das obere Einzugsgebiet der Ruhr umfassenden Freien Grundes Assinghausen fassen lassen. Die letzten unbesiedelten Flecken der Landkarte des Hoch- und Ostsauerlandes verschwinden im beginnenden Hochmittelalter von der Bildfläche (Abb. 94). Mit diesem letzten Vorstoß dringt die Besiedlung in die äußersten, entlegenen Winkel der Hochtäler vor, die von der Winterberger Hochfläche sternförmig in das Umland streben. An der hochmittelalterlichen Binnenkolonisation hat das Hochsauerland keinen wesentlichen Anteil gehabt (Bergmann 2015a, S. 641 f.). Dieser Entstehungsphase zuzuweisen ist der unter der mittelalterlichen Namensform *Nova Indagine* fassbare Hochflächenweiler Neuenhagen, mit dem zugleich die höchstgelegenste Ortswüstung (754–766 m üb. NN) des Bundeslandes Nordrhein-Westfalen vorliegt. Das ehemals exzellent erhaltene, unterhalb einer landschaftsmarkanten Hoch- oder Bergheide gelegene Bodendenkmal (Bergmann 1993a, S. 42 f. und Kartenbeilage 10) ist durch den Orkan Kyrill und dessen Auswirkungen schwer geschädigt worden und macht deutlich, dass eine Eintragung in die Denkmalliste nicht vor Naturkatastrophen schützt. Es muss gerade deshalb als vordringliche Aufgabe der Bodendenkmalpflege angesehen werden, die in den Hochtälern um Winterberg gelegenen Ortswüstungen mit ihren auf uns überkommenen unscheinbaren, fragilen Strukturen vor Zerstörung zu schützen. Wie aussagekräftig diese Strukturen für die Geschichte des ländlichen Raumes sind verdeutlicht das Fallbeispiel der ehemaligen Vier-Höfe-Siedlung von +Merlare im Tal der Namenlose, deren strukturelle Hinterlassenschaften in einer Fichtenmonokultur erhalten sind.

Das Rothaargebirge kann weiterhin mit für Westfalen einzigartigen Terrassenackersystemen, wie demjenigen in den Marken Eckeringhausen zwischen den Städten Winterberg und Medebach und „Alzlar" bei Medebach aufwarten, die Zeugnis

Abb. 94: Spätmittelalterliche Siedlungsdynamik im östlichen Astengebirge (Entwurf: R. Bergmann, Kartografie: LWL-Archäologie für Westfalen, M. Thede)

Abb. 95: Wüstungen im Hochsauerlandkreis (Entwurf: LWL-Archäologie für Westfalen, R. Bergmann, Kartografie

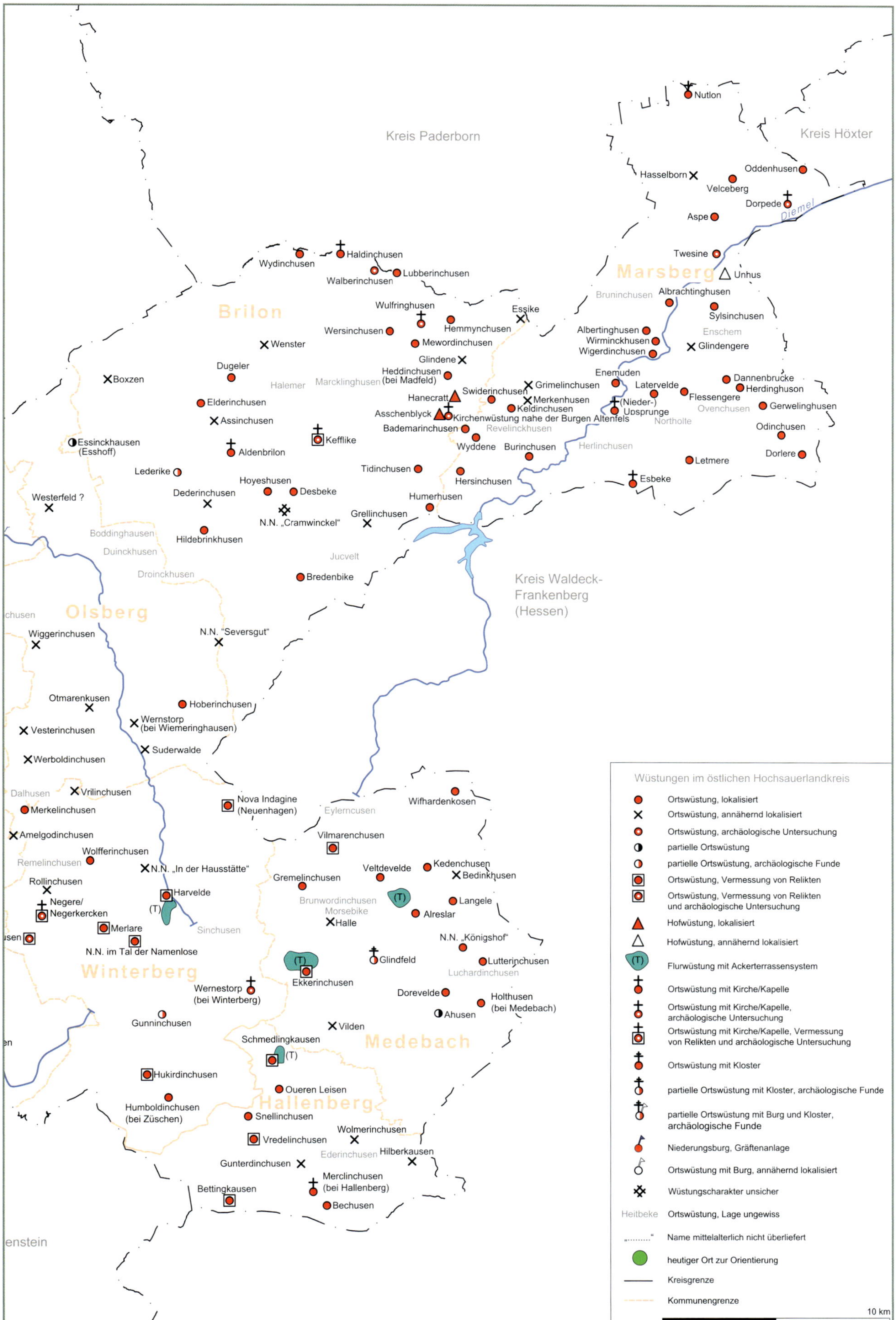

M. Thede, Arbeitsstand: Februar 2021) [Übersichtskarte]

von der einstigen Höhenlandwirtschaft an Südhängen des Rothaargebirges ablegen (Bergmann 2015a, S. 536 und Abb. 185 f.). Den ländlichen Orten in den Hochtälern mit ihren stark eingeschränkten Möglichkeiten eines produktiven Getreidebaus standen auf den Hochflächen ausgedehnte Hudeflächen zur Verfügung, die deutlich werden lassen, dass die Viehwirtschaft das eigentliche Rückgrat dieser Orte gewesen sein muss. Gerade der Schweinemast durch das sogenannte „Eckern" und die Waldweide in den einst ausgedehnten Buchenwaldbeständen der Region muss eine erhebliche Bedeutung zugekommen sein. Im Unterschied zum marginalen Getreidebau des Rothaargebirges und seines Vorlandes ist der Norden des Untersuchungsraumes im Hoch- und Spätmittelalter ein Hafer-Roggen-Gerste Anbaugebiet gewesen, wie sich bereits im 11. Jh. in einer sich auf die Ortswüstung Lederke auf der Briloner Hochfläche beziehenden Corveyer Quelle dokumentiert. Bemerkenswert und von der agrarhistorischen Forschung bislang nicht beachtet wurde ein untergeordnet erfolgter Anbau von Spelt (*triticum speltae*) im Marsberger Raum, der zu einer weiterreichenden Zone des Spelzweizenanbaus im Hochstift Paderborn gehörte. Für das Umland von Marsberg ist zudem in spätmittelalterlichen Quellen ein wirtschaftlich lukrativer Hopfenanbau tradiert (Bergmann 2015a, S. 643).

In den historischen Quellen sind Wüstungsvorgänge zu Ausgang des Hochmittelalters bzw. Beginn des Spätmittelalters selten überliefert. Sie sind archäologisch jedoch für das Madfeld im Nordosten des Kreisgebietes fassbar: Zum einen erfolgte vor 1200 eine Verlagerung der *curtis Hanecratt* von ihrem ursprünglichen Standort in den Bereich einer archäologisch eingehend von der Universität Tübingen untersuchten Kirchenanlage unterhalb der Altenfels-Burgen bei Brilon-Rösebeck. Zum anderen wurde der Weiler Lubberinchusen nach archäologischem Befund bereits um 1200 oder im frühen 13. Jh. aufgelassen. Dieser Ort umgab einst zusammen mit weiteren ländlichen Siedlungen des -inghausen Typs (Lubberinchusen, Walberinchusen, Wersinchusen sowie Wulfringhusen im Hochsauerlandkreis und Deiflinghausen im Kr. Paderborn) das Schwermetallabbaugebiet im Buchholz bei Brilon-Alme, für das seit dem Hochmittelalter (C^{14} Daten um 1100) Bergbauaktivitäten nachgewiesen sind (Bergmann/Cichy 2010, S. 198-200).

Für den Hochsauerlandkreis wurden 169 Ortswüstungen ermittelt, darunter zwölf ehemalige ländliche Siedlungen mit einer Kirche oder Kapelle. Partiell wüst sind mindestens 13 ländliche Orte. Weiterhin wurden acht Hofwüstungen und drei Burgwüstungen (eine Bearbeitung der Höhenburgen wurde hier nicht vorgenommen) erfasst; neun Objekte entziehen sich einer sicheren Typisierung. In einer der genannten Ortswüstungen wurde Keramik hergestellt.

Die Kölner Erzbischöfe haben im nachmaligen „Kölnischen Westfalen" versucht durch Stadtgründungen Fuß fassen, in dem sie ursprünglich über nahezu keine grund- und lehnsherrschaftlichen Besitzrechte verfügt haben. Die aggressive Expansionspolitik der Erzbischöfe hat sicher einen Einfluss auf die Wüstungsentstehung besessen. Den Strudel des politischen Zeitgeschehens, in den die Region um das Jahr 1300 hineingerissen wurde, verdeutlicht, dass 1301 für die obere Talung der Neger im Astengebirge eine Wiederbesiedlung des waldeckisch beanspruchten Gebiets durch Freibauern aus dem Freien Grund Assinghausen an der oberen Ruhr versucht worden ist. Dem Ansinnen war nur geringer Erfolg beschieden und 1314 sind gravierende Wüstungserscheinungen nördlich der Winterberger Hochfläche fassbar, die verdeutlichen, dass von einem intakten Siedlungsraum-Strukturgefüge wohl kaum noch die Rede sein konnte. Die unsicheren Zustände auf dem Land dürften die Bevölkerung in die entstandenen kölnischen Städte gedrängt haben, für deren Umland bereits für die frühen Phasen der Stadtentstehung Vorgänge wie eine Verlagerung von Hofstellen aus ländlichen Orten in die Stadt anzunehmen bzw. für Medebach beweisbar sind. Wie umstritten diese Stadtgründungen in einer Grenzregion gewesen sind, belegt Hallenberg, das im Zug der Auseinandersetzungen zwischen den Grafen von Waldeck und dem Kölner Erzbischof temporär zur Stadtwüstung wurde. Maßgeblichen Anteil an dem Entsiedlungsgeschehen hatten zahlreiche Fehden. So macht eine Quelle von 1331 feindliche Überfälle, Brand und Raub für die Verwüstung des im Ruhrtal bei Meschede gelegenen Haupthofes Wedestapel verantwortlich. Ein vom Kölner Erzbischof für die Hörigen in der Örtlichkeit *Halle* im Kirchspiel Medebach 1339 für die Dauer von zehn Jahren befristet erteiltes Privileg hat die Entsiedlung nicht aufhalten können.

Die regionalen Auswirkungen des im Jahrzehnt nach 1370 voll entfesselten Wüstungsgeschehens, in dessen Verlauf es zu einem weitgehenden Zusammenbruch des bestehenden Kulturlandschaftsgefüges gekommen ist, werden erst in einer Quelle von 1416 deutlich: Das aus diesem Jahr stammende Güterverzeichnis des Zisterzienserklosters Bredelar überliefert ein Wüstliegen der Fluren zahlreicher Ortswüstungen des klösterlichen Grundbesitzes im näheren wie auch weiteren Umfeld. Dass dies einschließlich des Zusammenbruchs des Systems klösterlicher Grangienbewirtschaftung für die Klosterwirtschaft gravierende Probleme nach sich gezogen haben muss, liegt auf der Hand. Die räumlichen Auswirkungen des Wüstungsvorganges waren erheblich. Der nordöstliche Hochsauerlandkreis gehört nun zu einer sich über das Sintfeld (Kr. Paderborn) und den Hardehauser/Blankenroder Wald bis jenseits des Eggegebirges im Kr. Höxter erstreckenden Totalwüstungszone von etwa 290 km² Ausdehnung. In der übrigen Region verbleiben inselartig aus einem Meer unbewirtschafteten Landes herausragende Städte mit ihren zumindest im Kernbereich weiterbewirtschafteten städtischen Feldmarken und Kirchorte mit restbesiedelten Parochien. Auf ausgedehnten Flächen vollzog sich nun eine quasinatürliche Vegetationsabfolge, die von einer zunächst einsetzenden Versteppung und Verbuschung in Richtung einer Wiederbewaldung ablief. Noch auf Karten aus der 2. Hälfte des 16. Jhs. ist das gesamte obere Einzugsgebiet der Neger schlichtweg als ein ausgedehntes Waldgebiet dargestellt, innerhalb dessen die Ruine einer Kirche, diejenige des vollständig aufgelassenen Kirchspiels Negere, von der untergegangenen Kulturlandschaft des Mittelalters kündete (Abb. 96). Das Hoch- und Ostsauerland hat sich aus dem Tief der Siedlungsdepression nur mühsam befreien können und in der ersten Hälfte des 15. Jhs. überschneiden sich die Ausläufer des Wüstungsgeschehens mit der nun, zunächst zögerlich, einsetzenden Wiederbesiedlung. Insgesamt gesehen ist die spätmittelalterliche Wüstungsperiode auf das Hochsauerland bezogen als deutliche Zäsur, wenn nicht gar Bruch der regionalen Kulturlandschaftsentwicklung anzusehen (Bergmann 2015a, S. 643-645).

Ein gewisses Problem stellte sich bei der Bearbeitung der Hochlagen des Rothaargebirges, dies gilt ebenso für das Wittgensteiner Land (Kr. Siegen-Wittgenstein), in Form einer Klassifikation der betreffenden Wüstungstypen: Nach den Quellenbefunden müss-

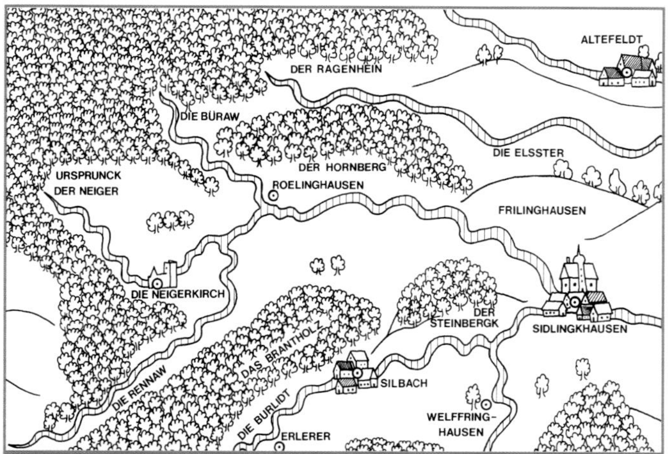

Abb. 96: Umzeichnung der Moers-Karte des Hochsauerlandes von 1577 (Ausschnitt) mit den im Astengebirge gelegenen Ortswüstungen Rollinchusen, Vrilinchusen, Wolfferinchusen, Merlare („Erlerer") und der Kirchortwüstung Neghere (Zeichnung: LWL-Archäologie für Westfalen, D. Sollmann).

ten weit mehr Objekte als Totalwüstungen einzustufen sein, also Objekte bei denen nicht nur der Ort vollständig aufgelassen wurde, sondern auch deren gesamte Flur. Es ist jedoch nur in Ausnahmefällen möglich gewesen, Hinweisen auf Wüstungsfluren und Flurwüstungen nachzugehen. Die Möglichkeiten durch eine Auswertung vorhandener Geodaten innerhalb von Fichtenmonokulturen fossile Ackerterrassensysteme nachzuweisen sind erheblich eingeschränkt. Durch den Umbau der Waldstrukturen hin zu Laubmischwäldern dürften sich für die Forschung zukünftig neue Wege erschließen. Auch scheinen Wüstungsobjekte bestanden zu haben, in deren Umland kein Getreidebau stattfand und deren Wirtschaftsgrundlage offensichtlich fast ausschließlich auf der Viehhaltung basierte.

Wüstungsliste Hochsauerlandkreis

Adorpe.
I. Ortswüstung.
II. Stadt Sundern.
III. *1324: *bona …, que habeo in Adorpe ab illa parte Lynnipe, que est versus Grevensteyne* (Westf. Ub. 11, Nr. 2048).
V. Wahrscheinliche Lage unter Berücksichtigung der Quelle von 1324 südlich des Ortes Linnepe im Einzugsgebiet der Linnepe und zwar im Umfeld der östlich von Grevenstein gelegenen Linneperhütte, die im Einmündungsbereich des Seilbachs in die Linnepe angelegt worden ist. Der Quellentext wird räumlich verständlich, wenn man den Passus „ab illa parte Lynnipe" mit dem Seilbach identifiziert, bei dem es sich um einen Quellarm der Linnepe handelt.
Literatur: Flöer 2013, S. 21: Adorpe.

Ahusen.
I. Partielle Ortswüstung; bedeutender Mühlenstandort an der Orke im Einmündungsbereich des Gelängebachs (Mühlen teils wüstungsresistent).
II. Stadt Medebach.
III. *1281: *domo* in *Ahusen* (Westf. Ub. 7, Nr. 1783).
V. Lage 2,3 km südlich von Medebach (Markt)
VI. AKZ 4818,0008.
Literatur: Schneider 1936, S. 3: Ahausen; Flöer 2013, S. 21: Ahusen; Bergmann 2015, S. 348 und S. 550–553.

Albertinghusen.
I. Ortswüstung.
II. Stadt Marsberg,
III. *1036–1046: *Albertinghusen* (Urkunden Propstei Marsberg, Nr. 1).
V. Lage 1,1 km westlich von Obermarsberg (Markt).
VI. Fundstreuung 12.–14. Jh.; DKZ 4518,0012.
Literatur: Bergmann 2015, S. 242.

Albrachtinghusen.
I. Ortswüstung.
II. Stadt Marsberg.
III. *1036–1046: *Altalanghusen* (Urkunden Propstei Marsberg, Nr. 1).
V. Lage 0,5 km westlich von Niedermarsberg (Markt).
VI. Streufunde 12./13. Jh.; AKZ 4519,0037.
Literatur: Schneider 1936, S. 4: Albrachtinghusen; Flöer 2013, S. 22 f.: Albrachtinghusen; Bergmann 2015, S. 242–244.

Aldenbrilon.
I. Kirchortwüstung.
II. Stadt Brilon.
III. *973: *Brilon* (MGH DD O II, Nr. 29.
V. Lage bei Brilon.
VI. AKZ 4517,0057.
Literatur: Flöer 2013, S. 81–85: Brilon, Altenbrilon; Bergmann 2015, S. 86–90, Abb. 40.

Aldripe.
I. Ortswüstung.
II. Stadt Schmallenberg.
III. *1281–1313: *Herlindus miles de Heldene curiam in Bodenuelde cum suis attin. et VI mansis Aldrepe bona Mangut* (Seibertz Ub. 2, Nr. 551, S. 107, §5).
V. Lage wahrscheinlich im Umfeld von Bödefeld,
Literatur: Flöer 2013, S. 24–26: Aldripe.

Alreslar.
I. Ortswüstung mit hangsenkrecht parzelliertem Terrassenackersystem (= partielle Wüstungsflur).
II. Stadt Medebach.
III. *1313: *Alreslar tota villa preter vnum bonum* (Seibertz Ub. 2, Nr. 556, S. 124, §113).
VI. Lesefunde um 800/9. Jh. bis 14. Jh.; Ortsstelle: AKZ 4718,0004; Terrassenackerflur AKZ 4718,0040.
Literatur: Flöer 2013, S. 32–34: Altzlar; Bergmann/Thede 2013, S. 129 (mit Abb. 1), S. 131; Bergmann 2015, S. 348–353 und S. 536 f. mit Kartierung Terrassenackerflur.

Amelgodinchusen.
I. Ortswüstung.
II. Stadt Schmallenberg.
III. Besitz in *Amelinchusun* gehörte *1072 (nach einem auf einer echten Vorlage beruhenden Falsifikat) zur Gründungsausstattung des Klosters Grafschaft bei Schmallenberg/Hochsauerlandkreis (Seibertz Ub. 1, Nr. 30; Grafschafter Stiftungsurkunden, S. 12): Die Quelle könnte sich auf das hier angeführte Amelgodinchusen oder auch auf Ermlinghausen bei Kirchhundem beziehen oder aber es könnte +Elvelinchusen bei Iserlohn gemeint sein (vgl. ausführliche Diskussion bei Bauermann, Grafschafter Stiftungsurkunden, S. 42 und S. 340, Anm. 28–33). Für einen Bezug auf +Amelgodinchusen spricht u. a. die räumliche Nähe zu Bödefeld (*Buodeueldun*), dass in der Quelle ebenfalls genannt

ist; 1315: *Amelgodinchosen* (Westf. Ub. 11, Nr. 1209).
IV. Ortsstelle auf Altkarte von 1577 als *Amelosen W*[ustenung] verzeichnet.
V. Lage etwa 0,5 km westlich von Altenfeld bei Walbecke an einem Zufluss der Elpe in deren oberem Einzugsgebiet.
Literatur: Schneider 1936, S. 7: Amelinchusun (angenommene Lage bei Fredeburg, Hochsauerlandkreis); Hömberg 1938, Nr. 2, S. 160: Amelinghausen; Flöer 2013, S. 35 f.: Amelinchusen; Bergmann 2015, S. 417.

Amewic.
I. wohl Ortswüstung.
II. Stadt Arnsberg? Stadt Sundern?
III. *1168–1190: *curtim ... Setrivelde* (Seidfeld) *et curtim Amewic* (REK 2, Nr. 12, S. 278); um 1190 (in der Urschrift): *curtem Amewic* (Bauermann 1971, S. 244 f., §18 [Paderborner Güterliste]).
V. Lage bei Arnsberg? Nicht auf der Wüstungs-Übersichtskarte des Hochsauerlandkreises eingetragen, da nicht genauer verortungsfähig.
Literatur: Schneider 1936, S. 8.

Appentorp.
I. Ortswüstung.
II. Stadt Schmallenberg.
III. *1301: *Johanne de Appentorp. dicto Greue* (Seibertz Ub. 2, Nr. 494).
V. Lage 0,8 km östlich des Bahnhofs Fredeburg.
Literatur: Hömberg 1938, Nr. 3, S. 160: Apentrop; Flöer 2013, S. 37 f.: Apentrop.

Aspe.
I. Ortswüstung.
II. Stadt Marsberg.
III. *Ca. 970–972: *I familiam in Assapa et quidquid habuit illic et aliam in Billugeshusen*. Eine Identifikation mit Aspe und Billingshausen nordöstlich von Göttingen wird einer solchen mit dem hier behandelten +Aspe und dem benachbarten Billinghausen (Kr. Waldeck-Frankenberg, Hessen) vorgezogen (Mönchslisten Traditionen Corvey 1 und 2, Tr 342 und S. 250). Z. J. 1015–1036 (um 1165): *Asopo*: Zu *Asopo* bestehen die Forschungsannahmen, dass es sich bei diesem um Aspe 1,5 km südwestlich von Bad Salzuflen (Kr. Lippe) oder um das hier behandelte +Aspe handelt (Vita Meinwerci [ed. Terstesse], Kap. 125, S. 92; Vita Meinwerci [ed. Berndt], Kap. 123, S. 156, Z. 12); zu *Asopo* vgl. weiterhin +Aspen (Kr. Soest); 1101: *vnum predium Hassapa* (Seibertz Ub 1, Nr. 36); 1416: Wüstnennung („*is woste*") des Besitzes des Klosters Bredelar *to Aspe* (Quellen westfälische Geschichte 1, S. 150).
V. Lage 1,7 km westlich von Westheim (Schloss) bei Oesdorf.
VI. Neufunde Keramik 9.–14. Jh. (bzw. Altfunde Henkel 1973: 11.–14. Jh.); Metalldetektorfund einer runden Vierfüßlerfibel mit Palmettenquaste (Bergmann 2017b, S. 328 f., S. 337 und Abb. 4.2); AKZ 4519,0029.
Literatur: Schneider 1936, S. 10; Henkel, 1973, S. 67–70 und Karte S. 69; Flöer 2013, S. 41–43: Aspe; Hallenkamp-Lumpe 2014, S. 260, Abb. 10; Bergmann 2015, S. 244 und S. 511, Abb. 175.

Asschenblyck.
I. Hofwüstung.
II. Stadt Brilon.
III. *1486: *Asschenblyck* (Urkunden Kloster Bredelar, Nr. 693); in räumliche Anlehnung an eine Kirchenwüstung begründeter Hof, dessen Standort sich ursprünglich in +Hanecratt (siehe dort) befunden hatte.
V. Lage 1,9 km ostsüdöstlich von Rösenbeck (Kirche).
VI. Funde 13.–14. Jh.; AKZ 4518,0009.
Literatur: Bergmann 2015, S. 127 f. und S. 134.

Assinchusen.
I. Ortswüstung.
II. Stadt Brilon.
III. *1338: *curt*[em] *in Assinchusen* (Seibertz Ub. 2, Nr. 665, S. 289, §348).
V. Lage nördlich von Brilon.
Literatur: Flöer 2013, S. 41: Askerhoff; Bergmann 2015, S. 90–93.

Bademarinchusen.
I. Ortswüstung.
II. Stadt Marsberg.
III. *1319: *Bademarinchusen* (Westf. Ub. 9, Nr. 1765).
V. Lage 2,7 km südsüdwestlich von Madfeld (Kirche) unterhalb der Altenfels-Burgen.
VI. Prähistorisches Material und Funde des 11.?, 12.?, 13. und 14.? Jhs.; AKZ 4518,0020.
Literatur: Flöer 2013, S. 49–50: Barminghausen; Bergmann 2015, S. 244 f.

Bechusen.
I. Ortswüstung.
II. Stadt Hallenberg.
III. *1313–1338: *Bochusen* (Seibertz Ub. 2, Nr. 556, §130).
V. Lage 1 km südwestlich von Hallenberg (Kirche).
VI. Funde des ca. 9.–14. Jhs.; AKZ 4817,0013:-01 und AKZ 4817,0013:-02.
Literatur: Flöer 2013, S. 50; Bergmann 2015, S. 222–224.

Bedinkhusen.
I. Ortswüstung.
II. Stadt Medebach,
III. *1551: *Bedinkhusen*.
V. Anzunehmende Lage südlich von Oberschledorn.
Literatur: Bergmann 2015, S. 353 f.

Bergheim.
I. Ortswüstung (der mittelalterliche Siedlungsname wird erst im 20. Jh. bei der Wiederaufsiedlung erneut aktiviert).
II. Stadt Arnsberg.
III. *826–876: *in Berchem et in Hrithem mansum I*. Der Indexband zu den Corveyer Traditionen bietet für die Identifikation von Berchem erstens das hier angeführte Bergheim bei Neheim-Hüsten in westlichen Hochsauerlandkreis, zweitens +Berchem/Bergheim im südlichen Kreis Paderborn und drittens Bergheim bei Detmold an (Mönchslisten Traditionen Corvey 1 und 2, Tr 125 und S. 150 f.). Da die Ortswüstung bei Neheim-Hüsten von dem östlich von Werl gelegenen +Rithem nur ca. 10 bis 11 km entfernt ist, besitzt die erste Verortung eine größere Wahrscheinlichkeit als die beiden anderen. 1207–1212: *Berichem* (Westf. Ub. 7, Nr. 59).
V. Lage im Kirchspiel Hüsten westlich von Neheim.
VI. Die Begehung einer zur Überplanung anstehenden Dauergrünlandfläche (Flachmulde oberhalb eines Siepens) in Bergheim zwischen den heutigen Straßen Werdener Hof und Karolingerweg (bzw. östlich der Sieperstraße) durch die LWL-Archäologie für Westfalen führte zu keinem positiven Prospektionsergebnis.

Literatur: siehe Schneider 1936, S. 14; Flöer 2013, S. 55: Bergheim.

Bettingkausen (Abb. 97).
I. Ortswüstung.
II. Stadt Hallenberg,
III. *1587: *Bettingkausen* (Hallenberger Quellen, Q 360).
V. Lage 4 km westlich von Hallenberg (Kirche).
VI. Funde 9.–13. Jh.; Mikrorelief im Siedlungsbereich gut erhalten; AKZ 4817,0026.
Literatur: Bergmann 2015, S. 224–226, Abb. 73.

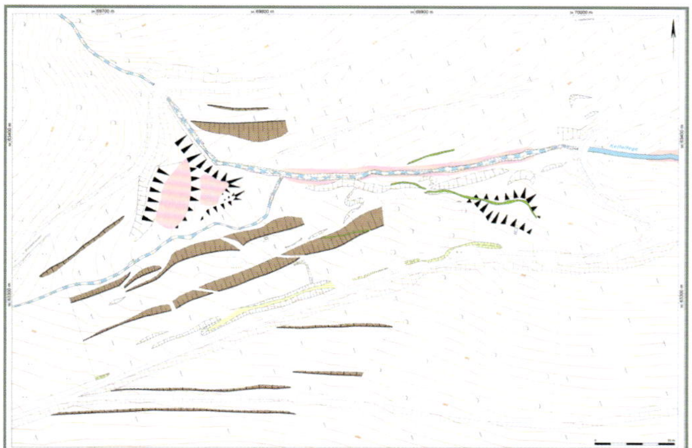

Abb. 97: Hallenberg, Hochsauerlandkreis: anthropogenes Mikrorelief (Wohnpodien, Ackerterrassen) im Bereich des ehemaligen Kleinweilers Bettinchusen. Hellrot: Keramikfunde, braun: Ackerterrassen, grün: neuzeitliche Wiesenbewässerungen (Entwurf: R. Bergmann, Kartografie: LWL-Archäologie für Westfalen, M. Thede)

Boddinghausen.
I. Ortswüstung.
II. Stadt Olsberg,
III. *Um 1500: *Dey olde Boydinckhusen*, *Tyes* und *Tulneken Boydinckhusen* als Einwohner der Stadt Brilon bezeugt (Quellen Stadt Brilon, S. 89, §117–119).
VI. Kein wüstungsweisender FlN bekannt; genauere Lage im Umfeld von Olsberg nicht zu ermitteln.
Literatur: Hömberg 1938, Nr. 5, S. 160; Flöer 2013, S. 70: Bodinkhusen; Bergmann 2015, S. 402 f.

Boxzen.
I. Ortswüstung (im Siedlungsumfeld befindet sich zudem eine 1307 [1306] bezeugte Sägemühle [*Snydemolle neyden up Gleyne*]), die noch auf einer Karte der frühen Neuzeit verzeichnet ist.
II. Stadt Brilon.
III. *1307 (1306): *Boxzen, gelegen vor dem Schesscher Walde up der Gleyne* (Westf. Ub. 11, Nr. 527; Seibertz Ub. 2, Nr. 511: Urkunde ver- oder gefälscht?).
V. Lage bei Scharfenberg.
Literatur: Flöer 2013, S. 73 f.: Boxen; Bergmann 2015, S. 93–97.

Bredenbike.
I. Ortswüstung.
II. Stadt Brilon.
III. *1313: *Thilemannus de Bredenbike 1 hob. ib*[idem] (Seibertz Ub. 2, Nr. 556, S. 120, §20); 1482: *Bredinbecke Wostenige* (Seibertz Ub. 2, Nr. 704, S. 358, Anm.).
V. Lage 6 km südsüdöstlich von Brilon (Rathaus) bei Hoppecke.
VI. Siedlungsbereich teilweise von ehemaligen Barackenstandorten der früheren Munitionsfabrik Hoppecke überlagert; Streufunde des hohen Mittelalters; AKZ 4617,0148.
Literatur: Bergmann 2015, S. 97–98.

Brockhof, siehe Menkhausen (partielle Ortswüstung).

Brumelenkhusen.
I. Ortswüstung.
II. Stadt Meschede.
III. *1198: *Theoderikus de Brumelenkhusen* (Westf. Ub. 2, Cod. 576).
IV. Im Preußischen Urmesstischblatt tritt im Inneren einer damals unbesiedelten Mäanderschleife der Ruhr der FlN „Beumlingen" auf. Dieses Areal östlich von Öventrop (Stadt Arnsberg) ist später erneut aufgesiedelt worden, in der Deutschen Grundkarte ist es als Wohnbereich „Brumlingsen" und „Gewerbegebiet Brumlingsen" ausgewiesen.
Literatur: Flöer 2013, S. 87 f.: Brumlingsen.

Bruninchusen.
I. Ortswüstung.
II. Stadt Marsberg.
III. *1210: *Bruninchusen* (Westf. Ub. 7, Nr. 74); wüst vor 1349.
V. Lage bei Marsberg.
Literatur: Flöer 2013, S. 89: Bruninchusen; Bergmann 2015, S. 246 f.

Bruwardinchusen.
I. Ortswüstung.
II. Stadt Sundern.
III. *1383: Heyneman von Bruwardinchusen (REK 9, Nr. 578, S. 146).
IV. Wüstungsweisender FlN „Bruring" in der Deutschen Grundkarte.
V. Lage im Umfeld der Mark *to Lynne/Lynner Marcke* (Lynne = Kirchlinde, Mailinde, Hochsauerlandkreis) (Günther 1994, S. 306 f.) und zwar zwischen Hövel (Hochsauerlandkreis) und Beckum (Märkischer Kreis).
Literatur: Flöer 2013, S. 90 f.: Bruwerdinchusen.

Brunwordinchusen.
I. Ortswüstung.
II. Stadt Medebach.
III. *1259: *Brunwordinchusen* (Westf. Ub. 7, Nr. 1022).
V. Lage bei Deifeld.
Literatur: Flöer 2013, S. 88 f.; Brunhardinchusen; Bergmann 2015, S. 354.

Burinchusen.
I. Ortswüstung.
II. Stadt Marsberg.
IV. Wüstungsweisender FlN „Buringsen".
V. Lage 0,7 km südwestlich von Padberg (Stadtmitte).
VI. Funde hohes Mittelalter und 14. Jh.; AKZ 4618,0003.
Literatur: Walter 1979, S. 104 f., S. 107; Bergmann 2015, S. 247.

Caldehof.
I. Hofwüstung.
II. Stadt Sundern.
III. *1251: *curtis que dicitur Caldehof site in parochia Ecchinchu-*

sen (Westf. Ub. 7, Nr. 745).
V. Lage im Kirchspiel Enkhausen.
Literatur: Flöer 2013, S. 93: Caldehof.

Dalhusen.
I. Ortswüstung.
II. Stadt Winterberg.
III. *1315: *Dalhosen* (Westf. Ub. 11, Nr. 1209).
V. Lage nördlich von Altenfeld im Umfeld des Gutes Krummelwend.
Literatur: Flöer 2013, S. 99 f.: Dalhusen; Bergmann 2015, S. 417 f.

Dannenbrucke.
I. Ortswüstung.
II. Stadt Marsberg,
III. *1120: *Dannenbrucke* (Seibertz Ub. 1, Nr. 41).
V. Lage etwa 3 km südöstlich von Obermarsberg (Markt).
VI. Fundschleier 12.–14. Jh.; AKZ 4519,0047.
Literatur: Flöer 2013, S. 100: Dannenbrucke; Bergmann 2015, S. 248 f.

Dederinchusen.
I. Ortswüstung.
II. Stadt Brilon.
III. *1341: Dederinchusen (Urkunden Kloster Bredelar, Nr. 265).
V. Lage bei Brilon.
Literatur: Flöer 2013, S. 100f.: Dederinchusen; Bergmann 2015, S. 98 f.

Desbeke.
I. Ortswüstung mit Montangewerbe, nahegelegenem Montanrevier und Ziegeleigewerbe.
II. Stadt Brilon.
III. *1194: *Desbeke* (Westf. Ub. 2, Reg. 2315).
V. Lage 3,1 km ostsüdöstlich von Brilon (Rathaus).
VI. Funde 11./12.–13./14. Jh. (AKZ 4617,0033); Eisenverhüttung (Rennofen) nordwestlich der Ortsstelle am Hang; westlich der Siedlungsstelle bestehendes Ziegeleigelände der frühen Neuzeit (AKZ 4617,0069); Relikte eines Kalkbrennofens; im Nordnordosten angrenzendes Schwermetallabbaugebiet Kirchloh/Nüllstein/Valenkulen (AKZ 4617,0041).
Literatur: Flöer 2013, S. 105–107: Desbeck; Bergmann 2015, S. 100–103 und S. 598–600 (= dortiger Bergbau).

Dorenbeck: siehe Durenheliken.

Dorevelde (Abb. 98).
I. Ortswüstung.
II. Stadt Medebach.
III. *1224: *predio* in *Doreuelde* (Westf. Ub. 7, Nr. 252); vor der Stadtgründung von Medebach bedeutungsvolle dörfliche Siedlung; sich nach dem Ort nennendes Ministerialadelsgeschlecht *de Dorevelde* (später: von Dorfeld).
V. Lage 1–1,3 km südsüdöstlich von Medebach (Marktplatz).
VI. Das Fundmaterial deutet auf eine in dem Ort ansässige wohlhabendere Bevölkerungsschicht; Funde u. a. einer Goldfibel der 1. Hälfte des 11. Jhs., von drei Zellenschmelz-Kreuzemailscheibenfibeln, einer Grubenschmelz-Dreipassfibel, einer Grubenschmelz-Rechteckfibel, einer Tiermotivfibel, einer hochmittelalterliche Ringfibel, eines vergoldeten Löwenanhängers des hohen Mittelalters, einer Perle aus blauem Glas und von Fragmenten von Bronzegrapen; Keramik 9.–14. Jh.; AKZ

Abb. 98: Medebach, Hochsauerlandkreis: Goldfibel von +Dorevelde und Rückseite (unten) mit Nadelhalterachse, Nadel verlorengegangen. Dm. ca. 1,2 cm (Foto: LWL-Archäologie für Westfalen, S. Brentführer)

4818,0010 und 4818,0048.
Literatur: Flöer 2013, S. 110–112: Dorfeld; Bergmann 2015, S. 354–361, S. 503–505, S. 509 f., S. 512, S. 514–516; Grünewald/Müsch 2016, S. 114–117.

Dorlere.
I. Ortswüstung.
II. Stadt Marsberg.
III.*1244: Erwähnung des Zehnten zu Dorlere (Höhle 1929, S. 132; Bergmann 2015, S. 252); 1254: *in villa Durlere* (Westf. Ub. 4, Nr. 554).
V. Lage 0,4–0,6 km östlich von Schloss Canstein.
VI. 9./10.?–14. Jh.; AKZ 4519,0316.
Literatur: Flöer 2013, S. 112: Dorlar; Bergmann 2015, S. 251–253.

Dorpede (Abb. 99).
I. Kirchortwüstung.
II. Stadt Marsberg.
III. *1082–1088: *villa Durpethe* (Urkunden Propstei Marsberg, Nr. 2); um 1120: *Diurpithe* (Ub. Hessische Landesgeschichte 2, Nr. 51, S. 73, Z. 5).
V. Lage bei Westheim.
VI. Fund einer spätrömischen Terra-Sigilata-RS des 5. Jhs. n. Chr.; fränkische Wölbwandkeramik und Funde 9. Jh.–Mitte 14. Jh.; Kirchenbau um 1200 (Grabungsnachweis einer ehemals überwölbten, einschiffigen Saalkirche mit geringfügig eingezogenem Rechteckchor); Fund eines Fragments eines bronzenen Schreibgriffels aus dem direkten Umfeld der Kirche; Grabung 2018: Nachweis eines katastrophalen Hochwassers im Ortsbereich und weiterer Überflutungen; intensive mittelalterliche Besiedlung ab dem 9./10. Jh. bis zur Siedlungsaufgabe: befestigte Wege,

Abb. 99: Marsberg-Westheim, Hochsauerlandkreis: Grabungsgrundriss der Wüstungskirche von Dorpede; Länge der Kirche 20,6 m (Quelle: Eismann 2015, S. 256, Abb. 86)

Metallverarbeitung, 13 Brunnenbefunde, Fundament eines Gebäudes des 14. Jhs. im Umfeld der Kirche, archäobotanischer Nachweise von Gerste, Roggen, Weizen, Hafer, Erbse, Lein; Siedlungsareale im Auenbereich von Auelehmschichten überdeckt; AKZ 4519,0031.
Literatur: Henkel 1973, S. 63–66, Karte S. 64; Henkel 1974, S. 236; Kneppe/Peine 2005, S. 172 und Abb. S. 174: Dörpede; Flöer 2013, S. 115–117: Dorpede; Eismann 2015, S. 254–264; Cichy/Deiters 2019, S. 222–225; Bergmann 2020, S. 133.

Dreve.
I. Ortswüstung.
II. Stadt Schmallenberg.
III. *1296 (1297): *Dreve* (Westf. Ub. 7, Nr. 2397).
V. Wahrscheinliche Lage im Grafschafter Tal zwischen Schmallenberg und Grafschaft.
Literatur: Hömberg 1938, Nr. 12, S. 161; Becker 1969, Nr. 2, S. 71 f.; Flöer 2013, S. 120: Dreve.

Droinckhusen.
I. Ortswüstung.
II. Stadt Olsberg,
III. *1427: *Droinckhusen* (Droste 1998, S. 43).
V. Wahrscheinliche Lage zwischen Gierskopp und Elleringhausen.
VI. Groblokalisation: AKZ 4616,0284:002.
Literatur: Flöer 2013, S. 120: Droinckhusen; Bergmann 2015, S. 403 f.

Druvethe.
I. Ortswüstung.
II. Stadt Meschede.
III. *1268: *Druvethe ante opidum Eversberg* (Westf. Ub. 7, Nr. 1296).
IV. Im Jahr 1428 genannte Druer Mark zu Eversberg (Quellen Stift Meschede, Nr. 209); 1434: *Druueder* Mark (Quellen Stift Meschede, Nr. 229).
V. Lage bei Eversberg.
Literatur: Hömberg 1938, Nr. 14, S. 161; Flöer 2013, S. 121 f.: Druvethe.

Dugeler.
I. Ortswüstung.
II. Stadt Brilon.
III. *1382–1403: *Duele* (Bauermann 1968, S. 167, Anm. 56).
V. Lage Hauptfundstelle 1,25 km südwestlich von Wülfte und isolierter Fundbereich 1,25 km westlich von Wülfte.
VI. Bleibarrenfunde römische Kaiserzeit; Siedlungskeramik hohes Mittelalter–14. Jh.: AKZ 4517,0043; isolierter Fundbereich nördlich de Ortsstelle (Hofsiedlungsareal?): AKZ 4517,95; Landwehrdurchlass (Schling: AKZ 4517,0094) direkt südlich des Fundbereichs AKZ 4517,0043.
Literatur: Flöer 2013, S. 124 f.: Düggeler; Bergmann 2015, S. 103–110.

Duinckhusen.
I. Ortswüstung.
II. Stadt Olsberg.
III. *1427: *Duinckhusen* (Droste 1998, S. 43).
V. Lage im Kirchspiel Bigge, z. B. nördlich von Gierskopp am Sitterbach, bislang nicht durch Bodenfunde zu sichern.
Literatur: Flöer 2013, S. 126: Duinckhusen; Bergmann 2015, S. 404 f.

Durenheliken.
I. Ortswüstung.
II. Stadt Schmallenberg.
III. *1296: *Durenheliken* (Westf. Ub. 7, Nr. 2397).
IV. Becker verweist darauf, dass ein wahrscheinlicher Zusammenhang mit der Dormecke 1,5 km ostsüdöstlich von Schmallenberg besteht. Dortiger Grundbesitz (Länder und Wiesen in der Dorenbeke) sind 1375 (Archiv Kloster Grafschaft, Nr. 115 f.), weiterhin ein Cord Dorenbekes zu Schmallenberg 1398 sowie ein *Gud dat geheyten is dey Durnebeke* 1413 genannt (vgl. Archiv Kloster Grafschaft, Nr. 140).
V. Wahrscheinliche Lage im Grafschafter Tal zwischen Schmallenberg und Grafschaft und zwar möglicherweise im Einmündungswinkel der Dormecke in die Grafschaft.
Literatur: Hömberg 1938, Nr. 16, S. 161; Becker 1969, Nr. 3, S. 72: Durenheliken und Nr. 4, S. 72 f.: Dorenbeck; Flöer 2013, S. 127: Durenheliken.

Eckentrop.
I. Ortswüstung.
II. Stadt Schmallenberg.
III. *Um 1145 (nach Grafschafter Stiftungsurkunden, S. 48 und S. 346, Anm. 84): *allodium de Eckentorff cum piscatura* (Seibertz Ub. 3, Nr. 1068); Anm. Verf.: Die Quelle wird weiterhin (m. E. unrichtigerweise) für die Erstnennung von +Eychindorf im Kr. Siegen-Wittgenstein in Anspruch genommen!
V. Wahrscheinliche Lage von Eckentrop im Lennetal zwischen Niederfleckenberg und Lenne.
Literatur: Becker 1957–61 [1957, 1. Fortsetzung], S. 1531–1532: Eckentrop; Becker 1969, Nr. 14, S. 82; Becker 1977, Nr. 22, S. 250 f.; Flöer 2013, S. 128: Eckentrop.

Ederinchusen.
I. Ortswüstung.
II. Stadt Hallenberg?
III. *1390: *mediet. decime in Ederynchusen et curt. in Hesborn* (Seibertz Ub. 2, Nr. 795, S. 533, 4. Z. von unten).
V. Aufgrund der Zugehörigkeit zu einem Burglehen in der Stadt Hallenberg und einer Aufführung des Besitztitels vor dem Ort Hesborn (bei Hallenberg) ist eine Verortung im Raum Hallenberg oder grenznah zu diesem in Nordhessen wahrscheinlich.
Literatur: Flöer 2013, S. 130: Ederinchusen.

Effenesberg.
I. Orts- oder Hofwüstung.
II. Stadt Sundern.
III. Ohne Datum (*1202–1205): *lucum curie in Wiclon attinentem, qui lucus situs est inter Effenesberg et Dalehusen* (Westf. Ub. 7, Nr. 16); 1204: *domus in Effenesberg … in Hagnere marca*

(Westf. Ub. 7, Nr. 35; *Hagnere* = Hachen, Stadt Sundern).
IV. Möglicherweise verweist der in der Deutschen Grundkarte 0,6–0,7 km südlich des Effenbergs auftretende FlN „Aßbecker Hof" auf die Lage des Wüstungsobjekts.
V. Wahrscheinliche Lage ca. 1,6 km nordwestlich der Burg Hachen im Umfeld der Kuppe des Effenbergs.
Literatur: Flöer 2013, S. 130 f.

Ekkerinchusen (Abb. 100).
I. Totalwüstung.
II. Stadt Medebach.
III. 1. Hälfte 14. Jh. (* ca.1314): *mansus* in *Ekkerinchusen* (Quellen westfälische Geschichte 1, S. 388).
V. Lage bei Glindfeld/Medelon, 5,9 km westlich von Medebach (Kirche).
VI. Funde hohes Mittelalter und 13. Jh.; aus Schürfung im Bereich des oberen Gehöftpodiums u. a. Funde von gelber rotengobierter Irdenware und von grauolivem Faststeinzeug; vollständig fossilisierte Wüstungsflur (Terrassenackersysteme) in Hochlage des Rothaargebirges; AKZ 4817,0012.
Literatur: Bergmann/Thede 2013, S. 130 (mit Abb. 2), S. 131; Flöer 2013, S. 128 f.: Eckerinchusen; Bergmann 2015, S. 360–364.

Elderinchusen.
I. Ortswüstung.
II. Stadt Brilon.
III. *1482: *Elderinckhusen* (Quellen Stadt Brilon, u. a. S. 43, §270).
V. Lage 1,75 km ostsüdöstlich von Scharfenberg (Kapelle).
VI. Mittelalterliche Streufunde; AKZ 4517,0053.
Literatur: Flöer 2013, S. 135: Elderinchusen; Bergmann 2015, S. 110 f.

Enemuden.
I. Ortswüstung.
II. Stadt Marsberg.
III. *949: *Anaimuthiun* (MGH DD OI, Nr. 113); *952: *Anavuito* (MGH DD OI, Nr. 158); ca.1008–1009: I *familiam in Anhemuthiun* (Mönchslisten Traditionen Corvey 1 und 2, Tr 511 und S. 290); 1416: Ort als partielle Ortswüstung bestehend: Ein Hof ist unbemeiert und ein Gut sowie ein Kotten in *Enemüden* Zinserträge einbringend (Seibertz, Quellen der westfälischen Geschichte 1, S. 152).
V. Lage 3,6 km südwestlich Obermarsberg (Stift).
VI. Prähistorische Streufunde; Funde 9.–14. Jh.; Gewinnung von Kupfer und Eisen; Ortsstelle durch Anlage eines Klärwerks teilzerstört; AKZ 4518,0013.
Literatur: Flöer 2013, S. 140–142: Enemüden; Bergmann 2015, S. 264–271.

Enschem.
I. Ortswüstung.
II. Stadt Marsberg?
III. *1357: Der Teil eines Kurienhofes *in villa Enschem* wird von einem Bürger der Stadt Marsberg bewirtschaftet (INA Büren, Nr. 172, S. 154 f.).
V. Anzunehmende Lage um Marsberg/Horhusen.

Esbeke.
I. Kirchortwüstung mit ehemaliger Burg.
II. Stadt Marsberg; die Kirchensiedlung und Burgstelle liegen im angrenzenden Kreis Waldeck-Frankenberg, Hessen.
III.*Ca. 1010–1015: *in Aesebiki iugera L et in Odighus(un) et in*

Abb. 100: Winterberg-Mark Eckeringhausen, Hochsauerlandkreis: Vermessungsplan der Totalwüstung Ekkerinchusen mit spätmittelalterlichen Terrassenackersystemen (Entwurf: R. Bergmann, Kartografie: LWL-Archäologie für Westfalen, M. Thede)

Gelighus(un) alia iugera L. Alle drei in der Vita genannten Orte liegen in räumlicher Nachbarschaft auf der Marsberger/Cansteiner Hochfläche (Mönchslisten Traditionen Corvey 1 und 2, Tr 523 und S. 292); z. J. 1036 (um 1165): *Asbiki* (Vita Meinwerci [ed. Terstesse], Kap. 217, S. 180, Z. 12; Vita Meinwerci [ed. Berndt], Kap. 215, S. 248, Z. 7). Die Vita differenziert zwischen *Asbiki* (+Esbeke) und einem dazugehörigen Vorwerk in *Assiki* (siehe hier: –Essike).
V. Lage 2,1 km südlich von Giershagen (Ortsmitte).
VI. Funde Dorfsiedlungsbereich (AKZ 4618,002): Spätmesolithi-

kum, Neolithikum, Funde Merowingerzeit–14. Jh., Fund einer merowingischen S-Fibel; Funde Kirchensiedlung oberhalb der Dorfstelle: 11.?/12. Jh.–14. Jh. sowie Fund eines romanischen Leuchterfragments (Grünewald 2017, S. 355 und Abb. 4); Funde Burg: um 1200, 13./14. Jh.
Literatur: Walter 1979, S. 104; Flöer 2013, S. 148–151: Esbeke; Bergmann 2015, S. 271–273 und S. 501, Abb. 163 sowie S. 557 f. (Burgstelle Dyck).

Essike.
I. Ortswüstung.
II. Stadt Brilon.
III. *887: *in marca Asseki* (MGH DD Ka III, Nr. 158, S. 257; Urkunde verunechtet?); z. J. 1015–1036 (um 1165): *predium in Essiki et Liutburgamh*. *Essiki* wird in beiden Editionen der Vita auf die Ortswüstung Esbike bei Borntosten/Adorf bezogen (Vita Meinwerci [ed. Terstesse], Kap. 108; Vita Meinwerci [ed. Berndt], Kap. 106, S. 148, Z. 14 f.). Bergmann (2015, S. 111–115) hingegen verweist auf die am Ostrand des Madfelds bei Brilon-Madfeld gelegene Ortswüstung Essike. Z. J. 1036 (um 1165): Zur Gründungsausstattung des Busdorfstifts in Paderborn gehörig ist u. a.: *unum vorewerc in Assiki* (Vita Meinwerci [ed. Terstesse], Kap. 217, S. 180, Z. 13; Vita Meinwerci [ed. Berndt], Kap. 215, S. 248, Z. 7).
V. Anzunehmende Lage bei Madfeld.
Literatur: Floer 2013, S. 157 f.: Essike; Bergmann 2015, S. 111–115.

Essinckhausen.
I. Partielle Ortswüstung (jetzt: Ortsteil Brilon-Esshoff).
II. Stadt Brilon.
III. *1580: *Essinckhausen* (Droste 1998, S. 241 f.); möglicherweise bestehender Bezug zu dem in der Wüstungskurzliste des Kreises Paderborn angeführten +Esinghusen, das im Raum Wünnenberg nicht sicher zu verorten ist.
V. Aufgrund der Namensänderung von -hausen zu -hof kann davon ausgegangen werden, dass der Ort nach einer Phase des Wüstliegens, zunächst als Einzelhof, wiederbesiedelt worden ist. Somit kann der Esshoff als Restsiedlung des mittelalterlichen Essinckhausen aufgefasst werden.
VI. Aufgrund der Ausdehnung des heutigen Weilers Esshoff ist anzunehmen, dass etwaige mittelalterliche Befunde überbaut sind.
Literatur: Flöer 2013, S. 156 f.: Esshoff.

Evenho.
I. Hofwüstung.
II. Stadt Arnsberg.
III. *1185: *Curiam … que est iuxta castrum in loco, qui dicitur Evenho* (Seibertz Ub. 1, Nr. 87); Hof 1314 aufgeteilt und an Arnsberger Bürger verpachtet (Flöer 2013, S. 159).
V. Lage nördlich der Burg Arnsberg bzw. des Schlossbergs.
Literatur: Flöer 2013, S. 159 f.: Evenho.

Eversbike.
I. Hofwüstung.
II. Stadt Schmallenberg.
III. *1339: Hof Eversbike unter der Nordenau (Geschichtliche Nachrichten Medebach, Nr. 212).
IV. Auf der Karte des Hochsauerlandes von 1577 als *der Hoff zu Esebick* im Mündungswinkel von Lenne und *Esebick* eingetragen (vgl. Bergmann 2015, Beilage 2).
V. Lage ungefähr 2,5 km westsüdwestlich von Nordenau im Umfeld des Wohnplatzes Inderlenne.

Eylerncusen.
I. Ortswüstung.
II. Stadt Medebach.
III. *1340: *Eylerncusen* (Geschichtliche Nachrichten Medebach, Nr. 228).
V. Lage bei Titmaringhausen.
Literatur: Bergmann 2015, S. 364–366.

Fisteringhausen.
I. Ortswüstung?, von der Lage unsicheres Wüstungsobjekt.
II. Stadt Olsberg?
IV. Lage bei Bruchhausen?
V. Nicht auf der Wüstungs-Übersichtskarte des Hochsauerlandkreises dargestellt.
Literatur: Bergmann 2015, S. 405.

Flessengere.
I. Ortswüstung.
II. Stadt Marsberg.
III. *1107–1128: *Flassegere* (Studien Reichsabtei Corvey, S. 237, §46).
V. Lage 2,6 km südlich von Obermarsberg (Markt).
VI. Merowingerzeitliche Funde und solche des 9.–14. Jhs.; AKZ 4519,0039.
Literatur: Flöer 2013, S. 163–165: Flessenger; Bergmann 2015, S. 273–277.

Gelinctorp.
I. Ortswüstung.
II. Stadt Schmallenberg.
III. *1335: *bonis* [...] *in Gelintorp* (Seibertz Ub. 2, Nr. 653).
V. Lage im Tal der Latrop im Einmündungsbereich der Gelmecke.
VI. Spärliche Funde hochmittelalterlicher Keramik aus Dauergrünland; AKZ 4815,0153:001.
Literatur: Hömberg 1938, Nr. 21, S. 161; Becker 1969, Nr. 10, S. 78 f.: Gellentrop; Flöer 2013, S. 177: Gellentrop.

Gerwelinghusen.
I. Ortswüstung.
II. Stadt Marsberg.
III. *Ca. 1010–1015: *in Aesebiki iugera L et in Odighus(un) et in Gelighus(un) alia iugera L* (Mönchslisten Traditionen Corvey 1 und 2, Tr 523 und S. 292). Eine Identifikation mit +Gerwelinghusen ist u. a. deshalb vorzunehmen, weil die in der Tradition genannten Orte in räumlicher Nachbarschaft auf der Cansteiner Hochfläche zu verorten sind.
V. Lage 2,4 km westlich von Udorf.
VI. Funde des 9.?/10.? sowie des 11.–14. Jhs.; Eisenverarbeitung; AKZ 4519,0040.
Literatur: Flöer 2013, S. 176: Gelinghusen und S. 177 f.: Gerwelinghausen; Bergmann 2015, S. 278–280.

Gleidorf.
I. In der Moderne erneut aufgesiedelte Ortswüstung (um 1800: zwei Hammerwerke).
II. Stadt Schmallenberg.
III *1072: *Gledorf/Gledors* (Seibertz Ub. 1, Nr. 30; Grafschafter Stiftungsurkunden, S. 12: auf echter Vorlage beruhende gefälschte Urkunde).
IV. Wüstungsweisender FlN „In der Gleidorf" im Gleierbachtal bzw. Gewässername „Die Gleidorf" im Preußischen Urmesstischblatt.
Literatur: Hömberg 1938, Nr. 22, S. 161; Becker 1969, Nr. 8, S. 77 f.; Flöer 2013, S. 183 f.: Gleidorf.

Glindene.
I. Ortswüstung.
II. Stadt Brilon.
III. *1315: *Glindene* (Urkunden Kloster Bredelar, Nr. 190).
V. Lage bei Madfeld.
Literatur: Flöer 2013, S. 184 f.: Glindene; Bergmann 2015, S. 115–117.

Glindengere.
I. Ortswüstung.
II. Stadt Marsberg.
III. *1107–1128: *Glindingere* (Studien Reichsabtei Corvey, S. 154, S. 229, §22 bzw. Kindlinger 2, Nr. XIX, S. 128, mit geringfügig abweichender Datierung 1106–1128).
V. Lage bei Obermarsberg.
Literatur: Flöer 2013, S. 185–187: Glindengere; Bergmann 2015, S. 281–285.

Glindfeld.
I. Partielle Ortswüstung (Dorfwüstung mit Haupthof, Kirche und Friedhof; mittelalterliche Mühle erst neuzeitlich aufgegeben; ehemaliges Kloster jetzt Klostergut).
II. Stadt Medebach.
III. Die curtis *Glintfelden* gehört *1072 (nach einem auf einer echten Vorlage beruhenden Falsifikat) zur Gründungsausstattung des Klosters Grafschaft bei Schmallenberg/Hochsauerlandkreis (Seibertz Ub. 1, Nr. 30; Archiv Kloster Grafschaft, Nr. 1; Grafschafter Stiftungsurkunden, S. 12); 1297/98 verfügte Verlegung des Klosters Küstelberg nach Glindfeld (Westf. Ub. 7, Nr. 2454).
VI. Frühmittelalterlich einsetzende Besiedlung des Ortes; weiterhin insbesondere Funde des hohen Mittelalters aus Dauergrünland; bäuerliche Besiedlung bis in das 14. Jh. reichend; AKZ 4818,66:001 (westlicher Dorfsiedlungsbereich); AKZ 4818,0066:002 (Dorfsiedlungsbereich nördlich der Klosteranlage); AKZ 4718,0009 (Klosteranlage).
Literatur: Flöer 2013, S. 187 f.: Glindfeld; Bergmann 2015, S. 366–374.

Grellinchusen.
I. Ortswüstung.
II. Stadt Brilon.
III. *1332–1348: *Grellinchusen* (Waldecker Ub., Nr. 31, S. 49).
V. Lage bei Hoppecke.
Literatur: Bergmann 2015, S. 118.

Gremelinchusen.
I. Ortswüstung.
II. Stadt Medebach.
III. *1309: *Gremelinchusen* (Westf. Ub. 11, Nr. 644).
V. Lage ca. 2,3 km ostnordöstlich von Küstelberg (Ortsmitte).
VI. Wenige Funde des 12./13. Jhs. aus Dauergrünland; AKZ 4717,0113.
Literatur: Flöer 2013, S. 191 f.: Gremelinchusen; Bergmann 2015, S. 375 f.

Grimelinchusen.
I. Ortswüstung.
II. Stadt Marsberg.
III. *1170: *Grimelinchuson* (Seibertz Ub. 1, Nr. 60).
V. Lage bei Bredelar.
VI. Fundareale AKZ 4518,0023 (von der Außenstelle Olpe der LWL-Archäologie inventarisierte Funde der 1. Hälfte des 11. Jhs.?); weiterhin AKZ 4518,0134: Streufunde des ausgehenden frühen Mittelalters/Hochmittelalters.
Literatur: Flöer 2013, S. 193 f.: Grimelinchusen; Bergmann 2015, S. 286 f.

Gruven.
I. Wüstungscharakter nicht mit völliger Sicherheit beweisbar.
II. Stadt Schmallenberg.
III. *1296 (1297): *cum una marca Ulepheri in lignis apud Grůven* (Westf. Ub. 7, Nr. 2395; Seibertz Ub. 1, Nr. 460: *Gruuen*).
IV./V. Angenommene Lage im Grubental östlich von +Latorp. Nicht auf der Wüstungs-Übersichtskarte des Hochsauerlandkreises eingetragen, weil unsicheres Wüstungsobjekt.
Literatur: Becker 1969, Nr. 13, S. 82: Gruven; Flöer 2013, S. 196 f.: Gruwen.

Gunninchusen.
I. Partielle Ortswüstung (Günninghauser Mühle wüstungsresistent).
II. Stadt Winterberg.
III. *1338: *I mans. in Tunninchusen* (Seibertz Ub. 2, Nr. 665, S. 287, Z. 3); Mitte 14. Jh.: *Gunninchhusen* (Geschichtliche Nachrichten Medebach, S. 159, §228).
V. Lage 2 km südlich von Winterberg (Kirche),
VI. Mittelalterliche Streufunde am Bachlauf der Sonneborn: Fundbereich westlich der Günninghauser Mühle: AKZ 4817,0126, Fundbereich im „Mühlgrund“ weiter bachaufwärts der Sonnenborn: AKZ 4817,0126.
Literatur: Flöer 2013, S. 198 f.: Günninghausen; Bergmann 2015, S. 418 f.

Gunterdinchusen.
I. Ortswüstung.
II. Stadt Hallenberg.
III. *1313: *curt*[em] *in Gunterdinchusen* (Seibertz Ub. 2, Nr. 556, S. 127, §181).
V. Lage um 0,9 km nördlich von Hallenberg (Kirche).
VI. Ortsstelle überbaut; AKZ 4817,0139.
Literatur: Flöer 2013, S. 199 f. Guntercкhausen; Bergmann 2015, S. 226.

Haffenrode.
I. Ortswüstung.
II. Stadt Schmallenberg.
III. *1303 (Hömberg 1938, S. 162).
IV./V. Lage zwischen Fredeburg und Gleidorf im Einmündungswinkel der Burbecke in die Gleier nahe einer Kapelle des 20. Jhs. Südwestlich dieses Bereichs besteht in der Deutschen Grundkarte für ein Waldstück die Bezeichnung „Haffenrath“.
Literatur: Hömberg 1938, Nr. 25, S. 162; Becker 1969, Nr. 9, S. 78.

Haldinchusen (jetzt: Gut Hallinghausen).
I. Kirchortwüstung.
II. Stadt Brilon.
III. *1031: *Ecclesiam … in Haltenghuson* (Vita Meinwerci [ed. Terstesse], Kap. 210, S. 172; Vita Meinwerci [ed. Berndt], Kap. 208, S. 238, Z. 21 f.).
V. Lage 2,3 km nordnordöstlich von Nieder-Alme (Schloss).
VI. Mittelalterliche Streufunde aus Grünland; AKZ 4517,0010 AA01.
Literatur: Flöer 2013, S. 212–214: Hallinghausen; Bergmann 2015, S. 118–124.

Halemer.
I. Ortswüstung.
II. Stadt Brilon.
III. *1338: *decimas in Halemer et curt. in Assinchusen* (Seibertz Ub. 2, Nr. 665, S. 289, §348).
V. Lage bei Wülfte?
Literatur: Flöer 2013, S. 209 f.: Halemer; Bergmann 2015, S. 125.

Halle.
I. Ortswüstung.
II. Stadt Medebach.
III. *1339: *loco* (= Ort, Örtlichkeit) *Halle* im Kirchspiel Medebach (Seibertz Ub. 2, Nr. 668).
V. Auf der Wüstungs-Übersichtskarte ist ein potentieller Fundpunkt am Oberlauf des Hallebachs wiedergegeben. Vielleicht ist es jedoch auch so, dass mit „Halle" sämtliche Kleinsiedlungen im Tal des Hallebachs gemeint sind, was die relativ ungewöhnliche Begrifflichkeit „locus" erklären könnte. Insofern läge der Bezeichnung kein Ort und damit keine Ortswüstung zugrunde. Ähnliches liegt bei Merclinchusen (siehe dort) vor; dort gelegener Besitz ist zu Beginn des 11. Jhs. einfach nur nach dem Bachlauf der Nuhne (*Nona*) bezeichnet und nicht nach dem Ort Merclinchusen.
Literatur: Flöer 2013, S. 210 f.: Halle; Bergmann 2015, S. 376.

Hanecratt.
I. Hofwüstung (*curia* zur Versorgung der Altenfels-Burgen).
II. Stadt Brilon.
III. *1144: *Hanecratt/Hanecraht* (siehe Bergmann 2015, S. 126, Anm. 494).
V. Lage 2,5 km südöstlich von Rösenbeck (Kirche).
VI. Funde vorrömische Eisenzeit, mittelalterliche Funde 11. Jh.–vor 1200; AKZ 4518,0019.
Literatur: Flöer 2013, S. 214 f.: Hanecrat; Bergmann 2015, S. 125–128; siehe auch Asschenblyck und Kirchenwüstung unterhalb der Doppelburg Altenfels/Hochsauerlandkreis.

Harhincdorf (Herntrop).
I. Ortswüstung.
II. Stadt Schmallenberg.
III. *1072: *Harhincdorf/Harhincdors* (Seibertz Ub. 1, Nr. 30; Grafschafter Stiftungsurkunden, S. 12: auf echter Vorlage beruhende gefälschte Urkunde); 1284: *Herentorp* (Westf. Ub. 7, Nr. 1909).
IV. Wüstungsweisender FlN „Aufm Herntrop" bzw. „Herrntrop" in der Deutschen Grundkarte.
V. Lage 0,8–1,0 km westlich des Klosters Grafschaft am Terrassenrand des Bachlaufs der Grafschaft im Einmündungswinkel der Bremecke.
VI. Eisenzeitliche Fibel (AKZ 4815,0057:001: Fgm. einer sogenannten Scharnierfibel?); Streufunde des 10./11.–13. Jhs. (AKZ 4815,0193) aus Übersichtsbegehung im Jahr 1991: gelbe sehr grob gemagerte schwach gebrannte Drehscheibenware: 1 WS; gelbe mäßig grob gemagerte harte Irdenware: 1 WS; gelbe fein gemagerte harte Irdenware: 2 WS; rote mäßig grob gemagerte harte Irdenware: 1 WS; blaugraue mäßig grob gemagerte Irdenware: 1 WS; schwarz engobiertes Faststeinzeug: 1 WS.
Literatur: Hömberg 1938, Nr. 30, S. 162: Herntrop; Becker 1989, Nr. 5, S. 73; Flöer 2013, S. 238–240: Herentorp.

Harvelde (Abb. 101).
I. Ortswüstung mit fossilen Terrassenackersystemen.
II. Stadt Winterberg.

Abb. 101: Winterberg, Hochsauerlandkreis: +Harvelde, mit einer Höhenlage von um 610 m üb. NN die höchstgelegene Ortstelle im Tal der oberen Ruhr (Foto: K. Bergmann)

III. *1394: *ein Dritteil des Zehenden zu Harfelde bobenn dem Wynterberge* (Hessische Urkunden 1, Nr. 1227).
V. Lage 3,2 km nördlich von Winterberg.
VI. Schwermetallverarbeitung (Blei); Versturzhügel mit Eisenschlacken; Keramik 10.–14. Jh. aus Siedlungsbereich; AKZ 4717,0040 (eingetragenes Bodendenkmal).
Literatur: Flöer 2013, S. 217 f.: Harfeld; Bergmann/Thede 2013, S. 132 (mit Abb. 4), S. 133; Bergmann 2015, S. 419–423 (mit Vermessungsplan Ortsstelle) und S. 537–539 (mit Vermessungsplan Terrassenackersystem).

Hasselborn.
I. Ortswüstung.
II. Stadt Marsberg,
III. *1196: *VIIII. mansorum in Asleburne* (Westf. Ub. 2, Cod. 554); 1200: *curtis in Hassleborne* (Westf. Ub. 2, Cod. 587).
V. Unmittelbare Randlage zur heutigen Dorfsiedlung Meerhof am Ortsausgang nach Fürstenberg.
Literatur: Schneider 1936, S. 10: Asselborn und S. 58: Hasselborn; Henkel 1973, S. 72 f.; Henkel 1974, S. 201; Flöer 2013, S. 218: Hasselborn.

Hechlar.
I. Angebliche Ortswüstung.
II. Stadt Brilon (dort nicht sicher nachzuweisen).
V. Angebliche Lage bei Brilon-Wald; nicht auf der Wüstungs-Übersichtskarte des Hochsauerlandkreises eingetragen.
Literatur: Bergmann 2015, S. 134 f.

Heddinchusen (bei Madfeld).
I. Ortswüstung.
II. Stadt Brilon.
III. Z. J. 1015–1036 (*um 1165): *Hoddingahusun*. Die Edition Terstesse der Vita Meinwerci deutet einen Bezug des genannten Ortes auf „wohl" +Edinghausen bei Bad Wünnenberg an. Die Edition Berndt lehnt dies ab und bezieht Hoddingahusun „wohl eher" auf das ca. „7 km südöstlich von Marsberg" gelegene wüstungsresistente Heddinghausen (Vita Meinwerci [ed. Terstesse], Kap. 102, S. 83; Vita Meinwerci [ed. Berndt], S. 146 f., Kap. 101, Z. 13 und Anm. 466). Nach Auffassung d. Verf. ist hier jedoch auch ein Bezug auf +Heddinchusen auf dem Madfeld nicht auszuschließen. Ende 12. Jh.: Gertrud *de Hettinchusen* (Bezug nach Bauermann unsicher, auch Bezug auf Heddinghausen bei

Canstein möglich: Bauermann 1968, S. 357, Z. 74); 1313: *Heddinchusen* (Seibertz Ub. 2, Nr. 556, S. 122, §70).
V. Lage 1,2 km westlich von Madfeld (Kirche).
VI. Funde frühes? Mittelalter und 12.–14. Jh.; Ortsstelle teilweise von Aussiedlerhof überbaut; AKZ 4518,0143.
Literatur: Flöer 2013, S. 218 f.: Heddinghausen; Bergmann 2015, S. 135–137.

Heitbeke.
I. Ortswüstung.
II. Stadt Meschede,
III. *1368: *In parochia Calle.* [...] – *It*[em] *in Heitbeke* (Seibertz Ub. 2, Nr. 795, S. 537).
V. Lage im Kirchspiel Calle.
Literatur: Hömberg 1938, Nr. 28, S. 162: Heidbecke, Flöer 2013, S. 222 f.: Heitbeke.

Heithusen.
I. Ortswüstung.
II. Stadt Arnsberg.
III.1310: *Heithusen* (Westf. Ub. 11, Nr. 808).
V. Wahrscheinliche Lage im Kirchspiel Hüsten.
Literatur: Flöer 2013, S. 223.

Hemmynchusen.
I. Ortswüstung.
II. Stadt Brilon.
III. *1170 *Hemmenhuson* (Urkunden Kloster Bredelar, Nr. 1); 1416: Wüstnennung („*is woste*") des Hofes des Klosters Bredelar *to Hemynchusen* (Quellen westfälische Geschichte 1, S. 154).
V. Lage 2,8 km nordwestlich von Madfeld (Kirche) an einer größeren Einbruchswanne mit Bachschwinde im Massenkalk.
VI. Funde vorrömische Eisenzeit und 10.? sowie 11./12.–14. Jh.; prähistorisches Fundareal durch LWL-Archäologie für Westfalen ergraben; AKZ 4518,0011.
Literatur: Bergmann/Cichy 2010, S. 200; Flöer 2013, S. 231–233: Hemminchusen; Bergmann 2015, S. 138–140.

Herdinghuson.
I. Ortswüstung.
II. Stadt Marsberg.
III. *952: *Horitinchvsvn* (MGH DD OI, Nr. 158).
V. Lage 3,75 km südöstlich von Obermarsberg (Markt).
VI. Funde um 800–14. Jh.; Kupfererzfunde, Eisengewinnung und -verarbeitung; AKZ 4519,0041.
Literatur: Bergmann 2015, S. 287–289.

Herlinchusen.
I. Ortswüstung.
II. Stadt Marsberg.
III. *1416 (Wüstnennung): *Herlinchusen* (Quellen westfälische Geschichte 1, S. 152).
V. Lage bei Giershagen.
Literatur: Bergmann 2015, S. 289.

Hersinchusen.
I. Ortswüstung.
II. Stadt Marsberg.
III. *949: *Hirigisinchusun* (MGH DD O I, Nr. 113).
V. Lage 3,5 km westsüdwestlich von Padberg (Ortsmitte).
VI. Funde 9.–14. Jh.; Nachweise einer Eisenverhüttung im Rennfeuerverfahren; AKZ 4618,0022.
Literatur: Walter 1979, S. 104, S. 107; Bergmann 2015, S. 289–291.

Hilberkausen.
I. Ortswüstung.
II. Stadt Hallenberg.
III. *1534: *Hilberkausen* (Hallenberger Quellen, Q 121).
V. Lage etwa 0,9 km nordöstlich Braunshausen (Kirche).
Literatur: Flöer 2013, S. 242 f.: Hilberinghausen; Bergmann 2015, S. 226 f.

Hildebrinkhusen.
I. Ortswüstung, Restsiedlung bis um die Mitte des 16. Jhs. bestehend.
II. Stadt Brilon.
III. *1289: *Arndt von Hildebrinkhusen* (Westf. Ub. 7, Nr. 2134a).
V. Lage 3,1 km südsüdwestlich von Brilon (Rathaus).
VI. Eisenproduktion; wenige mittelalterliche Funde aus Dauergrünland; AKZ 4617,0036.
Literatur: Flöer 2013, S. 243 f.: Hilbringsen; Bergmann 2015, S. 140–143.

Hildinchusen (Hillinghausen).
I. Ortswüstung.
II. Stadt Schmallenberg,
III. *1285: *Johannes de Hildinchusen dictus Dolenscheyt* (Hömberg 1938. S. 162).
IV. Wüstungsweisender FlN „In der Hillinghausen".
V. Lage bei Fredeburg.
Literatur: Hömberg 1938, Nr. 32, S. 162.

Hoberinchusen.
I. Ortswüstung.
II. Stadt Olsberg,
III. *1482: Hufe zu *Hoberinchusen* (Quellen Stift Meschede, Nr. 485).
V. Lage südlich von Bruchhausen.
VI. Altfunde des hohen Mittelalters (Lage der Fundstelle damals nicht genau festgehalten); Groblokalisation: AKZ 4717,0082.
Literatur: Hömberg 1938, Nr. 33, S. 162: Hopperinghausen; Flöer 2013, S. 245–247: Hobringhausen; Bergmann 2015, S. 405 f.

Holthusen (bei Medebach).
I. Ortswüstung.
II. Stadt Medebach.
III. Besitz in *Hotzhusun/Holzhusun* gehörte *1072 (nach einem auf einer echten Vorlage beruhenden Falsifikat) zur Gründungsausstattung des Klosters Grafschaft bei Schmallenberg/Hochsauerlandkreis (Seibertz Ub. 1, Nr. 30; Grafschafter Stiftungsurkunden, S. 12).
IV. Wüstungsweisender FlN „auf'm Holzischenfelde".
V. Lage 2,5 km südöstlich von Medebach (Marktplatz).
VI. Fundschleier des hohen und späten Mittelalters aus Siedlungsumfeld; AKZ 4818,0037.
Literatur: Flöer 2013, S. 249 f.: Holthusen; Bergmann 2015, S. 378 f.

Hoyeshusen.
I. Ortswüstung.
II. Stadt Brilon.
III. *1107–1128: *Hogissun* (Studien Reichsabtei Corvey, S. 154, S. 230, §23); Wüstnennung 1423 (Bauermann 1968, S. 167, Anm. 56).
V. Lage 1,6–2 km westlich von Brilon (Rathaus).

VI. Funde 9.–14. Jh.; AKZ 4617,0032.
Literatur: Flöer 2013, S. 260 f.: Hoyshusen; Bergmann 2015, S. 143–146.

Hückelheim.
I. Partielle Ortswüstung mit ehemaligem Adelssitz der Familie von Hückelheim (nachfolgend: [ehemaliges] Kloster Galiläa).
II. Stadt Meschede.
III. *1308: *Hermannus de Hvkelhem* (Westf. Ub. 11, Nr. 608). Adelsbesitz an die Dominikanerinnen vom Klausenberg überwiesen, die dort 1483 unter dem Namen Galiläa ein Kloster anlegen, das nach dessen Auflösung in einen Gutsbetrieb umgewandelt wird.
V. Lage 1,75 km nordwestlich der Ruhrbrücke Meschede.
VI. Wahrscheinliche Lage der Ortsstelle auf südexponiertem Unterhangbereich nordwestlich des ehemaligen Klosters; Hinweise auf Rennfeuerverhüttung: AKZ 4615,0202; ehemalige Klosteranlage: AKZ 4615,0029.
Literatur: Hömberg 1938, Nr. 35, S. 162.

Hukirdinchusen (Abb. 102).
I. Totalwüstung.
II. Stadt Winterberg.
III. *1269: Zehnt *in Hukirdinchusen* (Westf. Ub. 7, Nr. 1339); 1281: *Conrado de Hokerichusen* (Westf. Ub. 7, Nr. 1783); das in der Grenzbeschreibung der Grafschaft Wittgenstein von 1484 genannte *Hockerckhusen* bezieht sich auf diese Wüstung (Wrede 1927, S. 193, Beilage 3).
V. Lage 2,7–3,1 km westlich von Züschen (Kirche) in einem Hochtal des Rothaargebirges.
VI. Siedlungsstellen im Bereich des Talbodens; möglicher Besiedlungsbeginn im 11. Jh.; ansonsten Funde des hohen Mittelalters und des 13. Jhs. (14. Jh. fehlt bislang!); erhaltenes Mikrorelief mit Gehöftpodien; AKZ 4817,0016:-01 und :-02 (eingetragenes Bodendenkmal).
Literatur: Flöer 2013, S. 262: Hueckerckhusen; Bergmann 2015, S. 423–425 (mit Karte).

Humboldinchusen (bei Schmallenberg).
I. Wiederbesiedelte Ortswüstung.
II. Stadt Schmallenberg.
III. *1332: *villa Hvmboldinchusen* (Seibertz Ub. 2, Nr. 637).
IV. Lage unterhalb des „Hoimellberg" (jetzt: Hömberg), wohl im Einmündungsbereich des Gleierbachs in die Lenne.
VI. Groblokalisation: AKZ 4815,0142; 1788 mit dem Bau eines Eisenhammers einsetzende Wiederbesiedlung.
Literatur: Hömberg 1938, Nr. 36, S. 162: Humboldinghausen; Becker 1969, Nr. 7, S. 76 f.; Flöer 2013, S. 263 f.: Humseke.

Humboldinchusen (bei Züschen).
I. Ortswüstung.
II. Stadt Winterberg.
III. *1269: Nennung von Humboldinchusen zusammen mit dem benachbarten Hukirdinchusen: *decimam in Humboldinchusen et in Hukirdinchusen* (Westf. Ub. 7, Nr. 1339).
V. Lage 2,1 km westsüdwestlich von Züschen.
VI. Funde 9.? Jh. und 10.–13. Jh.; AKZ 4817,0017.
Literatur: Flöer 2013, S. 251 f.: Hommelshausen; Bergmann 2015, S. 426 f.

Humerhusen.
I. Ortswüstung.
II. Stadt Brilon.

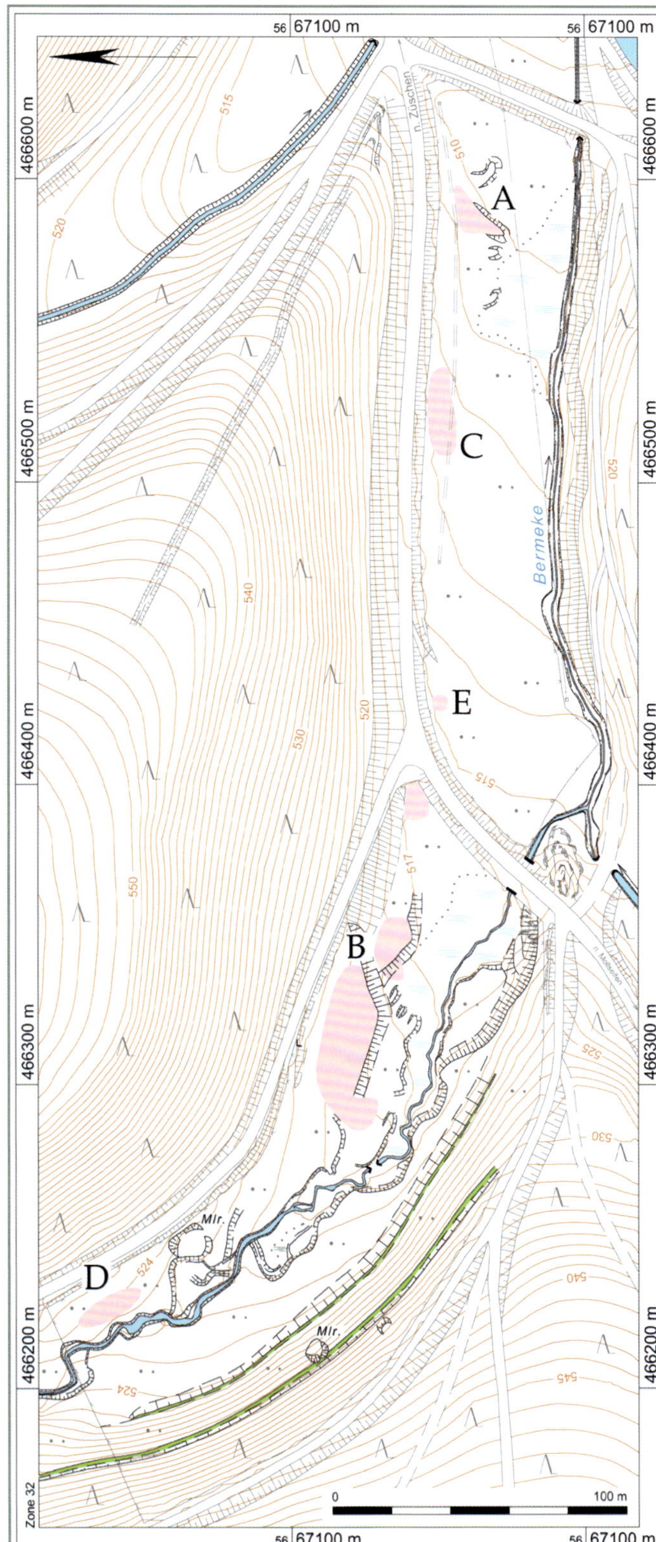

Abb. 102: Winterberg-Züschen, Hochsauerlandkreis: Hofsiedlungsareale der Ortswüstung Hukirdinchusen im Talboden der Bermeke (Entwurf: R. Bergmann, Kartografie: LWL-Archäologie für Westfalen, M. Thede)

III. *1390: *Humerhusen* (Urkunden Kloster Bredelar, Nr. 441); 1416 unter Bezug auf den dortigen Besitz des Klosters Bredelar: ... *Humerhusen myd alle syner Tobehoringhe vnd is woste* ... (Quellen westfälischer Geschichte 1, S. 154).
V. Lage etwa 2,2 km südöstlich von Messinghausen (Ortsmitte).

VI. Funde ausgehendes Frühmittelalter, 13. Jh., 14.? Jh.; AKZ 4618,0023.
Literatur: Bergmann 2015, S. 146–148.

Jucvelt.
I. Ortswüstung.
II. Stadt Brilon?
III. *Ca. 986–988: *II familias in Juctinuelde et in Claige*. Schütte bietet keine Identifihation zu *Juctinuelde* an (Mönchslisten Traditionen Corvey 1 und 2, Tr 416 und S. 269). Verf. u. a. weisen auf eine Ortswüstung Jucvelt im Grenzraum des Hochsauerlandkreises zum nordhessischen Kreis Waldeck-Frankenberg hin, auf den sich die Tradition beziehen könnte; 1372: *Jucvelt* (Urkunden Kloster Bredelar, Nr. 378).
V. Lage möglicherweise bei Brilon-Wald.
Literatur: Flöer 2013, S. 275: Juckfelde; Bergmann 2015, S. 148–149.

Kedenchusen.
I. Ortswüstung.
II. Stadt Medebach.
III. *1347: *Henricus dictus Kedengkausen* (Geschichtliche Nachrichten Medebach, Nr. 265); 1357: *Kedenchusen* (Geschichtliche Nachrichten Medebach, Nr. 298).
V. Lage bei Oberschledorn.
VI. Funde vor 1000 und bis einschließlich des 13. Jhs.; AKZ 4718,0044 und AKZ 4718,0076.
Literatur: Flöer 2013, S. 276: Kedenchusen; Bergmann 2015, S. 379 f.

Kefflike (Abb. 103).
I. Ortswüstung mit erhaltener Kapelle; 1565 bestehende Restsiedlung.
II. Stadt Brilon.
III. *1113: *Caphlike* (Westf. Ub. 1, Cod. 182).
V. 4 km ostsüdöstlich von Bri on an einer Bachschwinde des Massenkalks gelegen.
VI. Funde ausgehendes Frühmittelalter und 13./14. Jh.; AKZ 4517,0047 (eingetragenes Bodendenkmal); AKZ 4517,0047:a (= potentielles Siedlungsareal nahe des Schwalglochs).
Literatur: Flöer 2013, S. 276–279: Keffelke; Bergmann 2015, S. 149–160, Abb. 51.

Keldinchusen.
I. Ortswüstung.
II. Stadt Marsberg.
III. *1196: *Godescalcus de Kellinchusen* (Urkunden Kloster Bredelar, Nr. 3); 1232: *Keldinchusen* (Urkunden Kloster Bredelar, Nr. 25).
V. Lage 1,75 km westlich von Bredelar (Kloster).
VI. Funde vor 1000? sowie des hohen Mittelalters–13. Jhs.; AKZ 4518,0014.
Literatur: Flöer 2013, S. 279 f.: Kellinghusen; Bergmann 2015, S. 292–296.

Langele.
I. Ortswüstung.
II. Stadt Medebach.
III. *Ca. 989–992: *I familiam in Langalaua*. Abgesehen von den in den Erläuterungen zu den Corveyer Traditionen gegebenen Identifikationen (Mönchslisten Traditionen Corvey 1 und 2, Tr 432 und S. 272) ist auf die Existenz der Ortswüstung Langele bei Medebach (im Grenzraum zum Ittergo) hinzuweisen. 1327: *bonum sive mansum in Langele* (Geschichtliche Nachrichten Medebach, Nr. 168).
V. Lage 2,5 km nordnordöstlich von Medebach.
VI. Funde vor 1000 bis des 14. Jhs.; AKZ 4718,0081.
Literatur: Flöer 2013, S. 291 f.: Langeln; Bergmann 2015, S. 380 f.

Langenbeck.
I. Ortswüstung.
II. Stadt Schmallenberg.
III. *1315: *Langenbeke* (Westf. Ub. 11, Nr. 1209).
V. Lage östlich von Bödefeld im Umfeld des in der 1. Hälfte des 20. Jh. neu angelegten Hofes Langenbeck.
VI. Groblokalisation: AKZ 4716,0213:001.
Literatur: Hömberg 1938, Nr. 41, S. 163.

Langenohl.
I. Ortswüstung mit Stammsitz des gleichnamigen Niederadelsgeschlechts.
II. Stadt Meschede.
III. *1270: *Hermannus de Langenole* (Westf. Ub. 7, Nr. 1359).
V. Lage be Freienohl.
Literatur: Hömberg 1938, Nr. 42, S. 163; Flöer 2013, S. 292 f.: Langenole

Lenninchoven.
I. Ortswüstung.
II. Stadt Schmallenberg.
III. *1072: *Lannichofon* (Seibertz Ub. 1, Nr. 30; Grafschafter Stiftungsurkunden, S. 12: auf echter Vorlage beruhende gefälschte Urkunde); 1284: *Lenninchoven* (Westf. Ub. 7, Nr. 1909); Wüstungsbildung nach Becker wahrscheinlich um 1300.
IV. Wüstungsweisender FlN „Im Lenninghof".
Literatur: Hömberg 1938, Nr. 46, S. 163; Becker 1969, Nr. 1, S. 71; Flöer 2013, S. 306 f.: Lenninghof.

Latervelde.
I. Ortswüstung.
II. Stadt Marsberg.
III. *949: *Latterueld* (MGH DD O I, Nr. 113).
V. Lage 2,9 km südsüdwestlich von Obermarsberg (Markt).
VI. Funde 10.–14. Jh.; Verhüttung von Kupfererz und/oder Metallverarbeitung; AKZ 4519,0043.
Literatur: Flöer 2013, S. 294–296: Laterfeld; Bergmann 2015, S. 296–303.

Latorpe.
I. Ortswüstung.
II. Schmallenberg.
III. *1256 (1257): *Johannes de Latorph* (Westf. Ub. 7, Nr. 943).
IV. 1576 ist der wüstungsweisende FlN „Kirchhof" überliefert, der entgegen Becker nicht zwingend den Standort eine Kapelle überliefern muss.
VI. Groblokalisation: AKZ 4816,0048; in der 1. Hälfte des 18. Jhs. einsetzende Wiederbesiedlung.
Literatur: Hömberg 1938, Nr. 43, S. 163; Becker 1969, Nr. 12, S. 81; Flöer 2013, S. 296 f.: Latrop.

Lederike.
I. Partielle Ortswüstung (Mühlenreihe an der Aa wüstungsresistent).
II. Stadt Brilon.
III. *Ca. 1001–1002: *Ladricun* (Mönchslisten Traditionen Corvey 1 und 2, Tr 463 und S. 280).

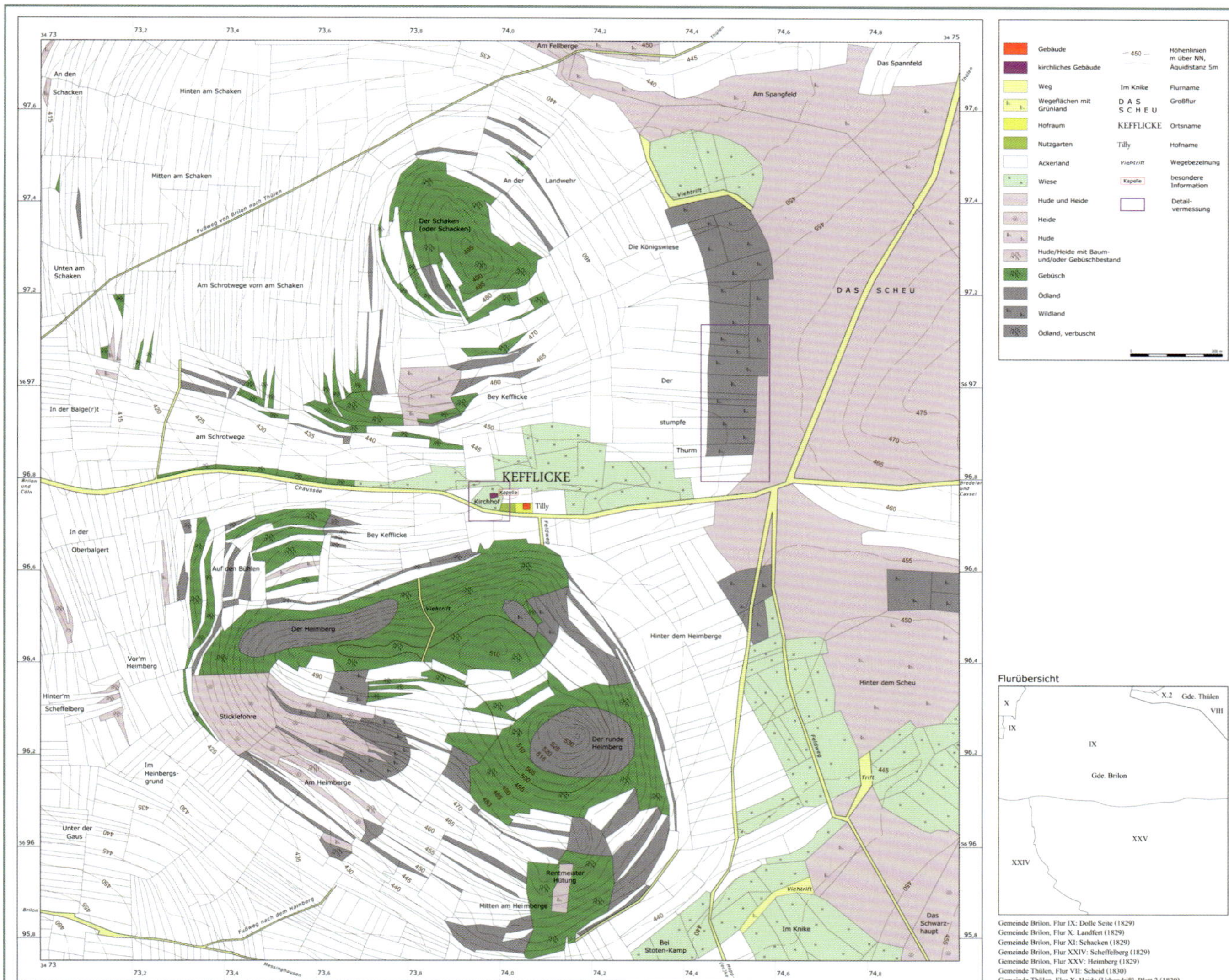

Abb. 103: Brilon, Hochsauerlandkreis: Die Ortsstelle Kefflike auf der Briloner Hochfläche im ersten Drittel des 19. Jahrhunderts mit der Kyffliker Kapelle (ausgearbeiteter Urkatasterplan, Entwurf: R. Bergmann, Kartografie: LWL-Archäologie für Westfalen, M. Thede)

V. Lage 2,2 km westlich von Brilon (Rathaus).
VI. Prähistorisches Material; hoch- und spätmittelalterliche Funde; AKZ 4617,0002.
Literatur: Flöer 2013, S. 298–300: Lederke; Bergmann 2015, S. 160–169.

Lefgodinchusen.
I. Ortswüstung.
II. Stadt Arnsberg.
III. *1286: *domo in Lyffcottinghusen* (Westf. Ub. 7, Nr. 1994).
V. Lage zwischen Wenningloh und Arnsberg im nördlichen Teil der Wenningloher Feldflur; angenommene Lage in Arbeitskarte A. K. Hömberg 2 km westsüdwestlich von Arnsberg (Stadtmitte).
Literatur: Seissenschmidt 1868, S. 40–47; Flöer 2013, S. 300 f.: Lefgodinchusen.

Letmere.
I. Ortswüstung.
II. Stadt Marsberg.
III. *1101: *Loithar* (Seibertz Ub. 1, Nr. 36); um 1120: *villa ... Letmere ... cum foresto* (Ub. Hessische Landesgeschichte 2, Nr. 51, S. 68, §86); 1194: *Letmere* (Westf. Ub. 2, Reg. 2325).
V. Lage 0,6 km südlich bis 0,8 km südwestlich von Leitmar (Kirche).
VI. Funde hohes Mittelalter–14. Jh.; AKZ 4519,0010 und AKZ 4519,0269.
Literatur: Flöer 2013, S. 301–303: Leitmar; Bergmann 2015, S. 303–306.

Leysen.
I. Ortswüstung.
II. Stadt Schmallenberg.
III. Das Lehnbuch des Grafen Dietrich von der Mark von *1393 nennt eine *Broicwise to Nyderen Leysen* (LB Grafen von der Mark, B 24, S. 116, B 24.3, S. 134).
IV. Wüstungsweisende FlN: „Auf der Leisse", „Leisserfeld", „Leissmer".
V. Lage westlich der Stadt Fredeburg.
Literatur: Hömberg 1938, Nr. 45, S. 163: Leisse; Flöer 2013, S. 308 f.: Leysen, Nyderen.

Lillinghausen.
I. Ortswüstung.
II. Stadt Olsberg?

V. Lage bei Bruchhausen fraglich bzw. nicht sicher beweisbar. Nicht auf der Wüstungs-Übersichtskarte des Hochsauerlandkreises eingetragen.
Literatur: Bergmann 2015, S. 407.

Lininchusen.
I. Ortswüstung.
II. Stadt Meschede.
III. *12. Jh.: *in locum, qui dicitur Lininchusen* (Günther 1994, S. 108, §1 und S. 159).
V. Lage in der Gemarkung Stockhausen westlich von Meschede.
Literatur: Flöer 2013, S. 311 f.: Lininchusen.

Lubberinchusen (Suirinchusen) (Abb. 104).
I. Ortswüstung mit Metallverhüttung/Schmiedetätigkeit.
II. Stadt Brilon.
III. Z. J. 1015–1036 (*um 1165): *predium in Essiki et Liutburgamh/Liutburgam*: Während Terstesse die Möglichkeit einer Identifikation von *Liutburgamh/Liutburgam* mit Marsberg-Leitmar, Hochsauerlandkreis, für möglich hält, führt die Edition Berndt zu *Liutburgamh/Liutburgam* aus, dass es sich um eine unbekannte Ortswüstung handele (Vita Meinwerci [ed. Terstesse], Kap. 108, S. 85; Vita Meinwerci [ed. Berndt], Kap. 106, S. 148, Z. 14 f.). Bergmann (2015, S. 170–175) identifiziert mit +Lubberinchusen.
IV. Auf Karte des 16. Jhs. verzeichnet sind: „Lubberinckhuß[e]n Wustenung" und „Lunincke Broich" bzw. im Urkataster die wüstungsweisenden FlN „Lünsenbeck" und „Lünsenbecke".
V. Lage 1,75 km westlich von Bleiwäsche (Ortsrand).
VI. Funde römische Kaiserzeit sowie um 800/9. Jh. bis um 1200/13. Jh.; Sondagen LWL-Referat für Mittelalter- und Neuzeitarchäologie; AKZ 4518,0010.
Literatur: Flöer 2013, S. 317 f.: Lubberinchusen, Bergmann 2015, S. 170–175, Abb. 57; Essling-Wintzer/Bergmann/Cichy 2015, S. 98–103, Geomagnetik: Abb. 5 (oben).

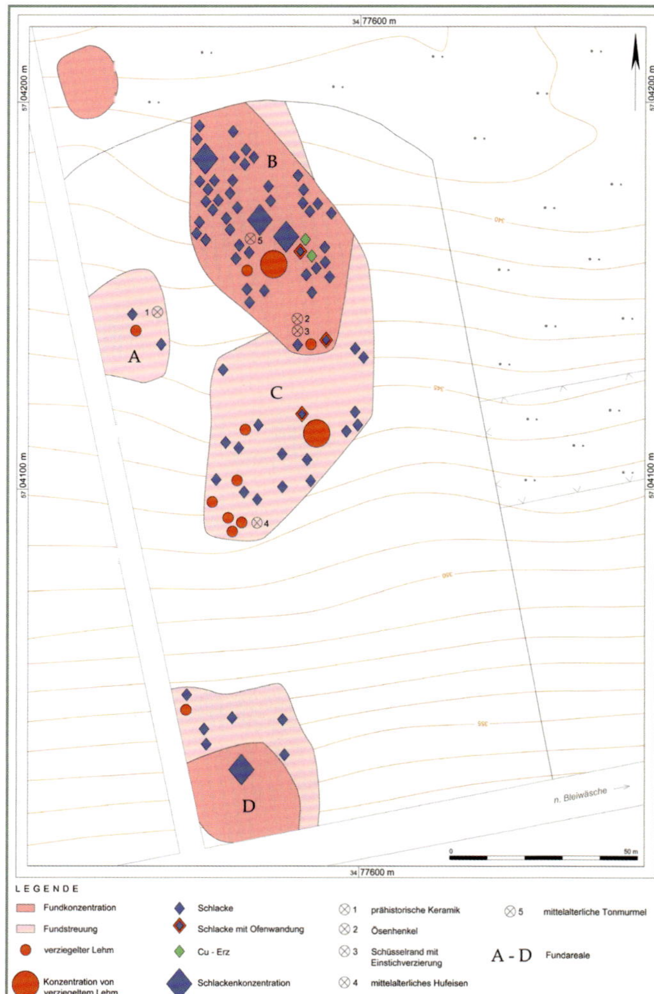

Abb. 104: Brilon-Alme, Hochsauerlandkreis: Fundverbreitungen in der ehemaligen Eisenverarbeitungs- und Töpfereisiedlung Lubberinchusen im Tal unterhalb des Schwermetall-Montanreviers Buchholz (Entwurf: R. Bergmann, Kartografie: LWL-Archäologie für Westfalen, M. Thede)

Luchardinchusen.
I. Ortswüstung.
II. Stadt Medebach?
III. *1309: *Conrado de Luchardincusen* (Westf. Ub. 11, Nr. 696; Geschichtliche Nachrichten Medebach, Nr. 117).
V. Potentielle Lage bei Medebach; Groblokalisation: AKZ 4818,0092.
Literatur: Bergmann 2015, S. 382.

Lutterinchusen.
I. Ortswüstung.
II. Stadt Medebach.
III. Ein Hof (*mansus*) in *Luttardingehusun/Liutardingechusun* gehörte *1072 (nach einem auf einer echten Vorlage beruhenden Falsifikat) zur Gründungsausstattung des Klosters Grafschaft bei Schmallenberg/Hochsauerlandkreis (Seibertz Ub. 1, Nr. 30; Grafschafter Stiftungsurkunden, S. 12); vor 1416 erfolgte Verlagerung eines Hofes aus *Lutterinchusen* in die Stadt Medebach (Quellen westfälischer Geschichte 1, S. 156).
V. Lage östlich von Medebach.
VI. Funde um 800?/9. Jh. bis frühes? 14. Jh.; AKZ 4718,0001.
Literatur: Flöer 2013, S. 318 f.: Lutterinchusen; Bergmann 2015, S. 382–384.

Marcklinghusen.
I. Ortswüstung.
II. Stadt Brilon.
III. *1338: *hobam in Marcklinghusen in parochia Tulon* (Seibertz Ub. 2, Nr. 665, S. 274, §9).
V. Lage bei Thülen.
Literatur: Flöer 2013, S. 323 f.: Marcklinghusen; Bergmann 2015, S. 175.

Marsvelde (Moosfelde).
I. Partielle Ortswüstung (Restsiedlung: Hof Moosfelde).
II. Stadt Arnsberg.
III. *1168–1190: *curtim Wicke et Pirreculo et Gimneche et Marsvelde* (REK 2, S. 278, Nr. 12); 1186: *curiam in Marsuelde* (Seibertz Ub. 1, Nr. 87); 1202: *curie Marsvelde* (Westf. Ub. 7, Nr. 15).
IV./V. Der Hof Moosfelde ist u. a. im Preußischen Urmesstischblatt eingetragen; nordwestlich von ihm besteht nahe der Möhne eine Wegespinne, welche auf einen ehemaligen Siedlungsbereich des Ortes hinweisen dürfte.
VI. Modern überbaut.
Literatur: Flöer 2013, S. 350 f.: Moosfelde.

„Mechtringhausen".
I. Ortswüstung.
II. Stadt Schmallenberg.

IV. Eine historische Überlieferung der Ortswüstung ist nicht bekannt; die Siedlungslage wird durch einen FlN des Urkatasters überliefert; Bereich in der Deutschen Grundkarte als „Mechterkuse" bezeichnet; AKZ 4716,0141.
V. Lage ca. 1,8 km ostsüdöstlich von Bödefeld (Kirche).
VI. 1938 unweit des Hofes Hiege beobachtete Grundmauern mehrerer Gebäude.
Literatur: Hömberg 1938, Nr. 47, S. 163.

Menkhausen.
Partielle Ortswüstung.
II. Stadt Schmallenberg.
III. *1283: *Hedenrico fabro de Meynchusen* (Westf. Ub. 7, Nr. 1854).
IV. Hömberg (1938, S. 160): Brockhof, weitere wüste Hofstellen bzw. wüstungsweisende FlN sind: „Im Winnhof" und „Der Beistenhof".
Literatur: Hömberg 1938, Nr. 8, S. 160: Brockhof; Flöer 2013, S. 338 f.: Menkhausen.

Merclinchusen (Abb. 105).
I. Kirchortwüstung; ehemalige Kirche als Kapelle erhalten.
II. Stadt Hallenberg.
III. *1002/1003: *predium in Nona* (= Eigengut an der Nuhne; Kneppe 1997, 1 v. und Anm. 4 mit ausführlicher Diskussion der frühen Quellenbelege); z. J. 1020? (Fälschung um 1160): *Item aliam curtim in Nona* (Rheinisches Ub. 1, Nr. 131, S. 194 und Anm. 28, in welcher die Identifikation von *in Nona* [= an der Nuhne)] mit „Merklinghausen" erfolgt); 1147: *in Nona curtem cum ecclesia* (Lacomblet 1, Nr. 357, S. 245).
V. Lage am Rand der mittelalterlichen Stadtanlage von Hallenberg.
VI. Kirche mit Marien-Patrozinium; Indizien für eine Zweiphasigkeit des romanischen Kirchengebäudes (Kneppe 1997, 1 v.); Fresken im Kirchenschiff; AKZ 4817,0060.
Literatur: Flöer 2013, S. 339–342: Merkelinchusen; Bergmann 2015, S. 228–232.

Merkelinchusen.
I. Ortswüstung.
II. Stadt Winterberg.
III. 1. Hälfte 14. Jh. (*ca. 1314): *It. vnus mans. in Merkelinchusen XVIII den. (vacat.) - It. alius mans. ibid. XVIII den. (vacat.)* (Quellen westfälische Geschichte 1, S. 393).
V. Lage 0,8 km nördlich von Altenfeld (Kapelle).
VI. Funde 9./10? bis 14. Jh.; AKZ 4716,0008.
Literatur: Bergmann 2015, S. 427 f.

Merkenhusen.
I. Ortswüstung.
II. Stadt Marsberg.
III. *1201: *Merkenhusen* (Westf. Ub. 7, Nr. 9).
V. Lage bei Bredelar.
Literatur: Flöer 2013, S. 342: Merkenhusen; Bergmann 2015, S. 306.

Merlare (Abb. 106).
I. Totalwüstung.
II. Stadt Winterberg.
III. *1305: Zehnt zu *Merlare* (Westf. Ub. 11, Nr. 426).
V. Lage im Hochtal der Namenlose 4,8 km südsüdöstlich von Siedlinghausen (Ortsmitte).
VI. Funde hohes Mittelalter und 13. Jh.; ehemalige Vier-Höfe-Siedlung; Ortsstelle in ihren Relikten herausragend gut erhalten; AKZ 4716,0048 (eingetragenes Bodendenkmal).
Literatur: Bergmann/Thede 2012, S. 229 (Abb. 3) und S. 231: Ortsstelle in der Mark Merleheim; Flöer 2013, S. 343: Merlare; Bergmann 2015, S. 428–432.

Abb. 105: Hallenberg, Hochsauerlandkreis: Fresko im Gewölbe der Wüstungskapelle Merclinchusen mit Mischwesen (Foto: LWL-Archäologie für Westfalen, T. Pogarell)

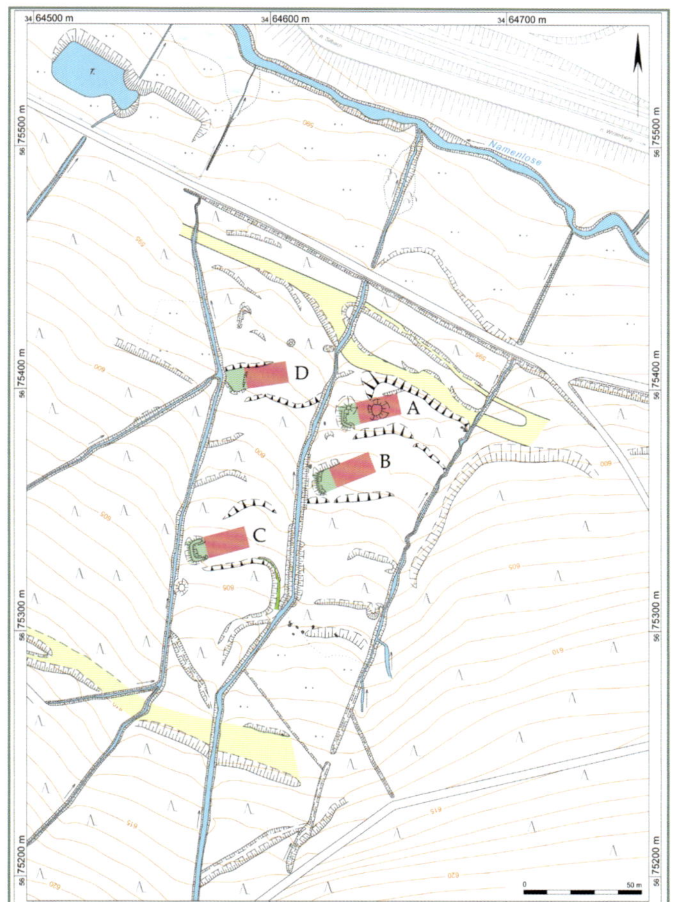

Abb. 106: Winterberg (Namenlosetal), Hochsauerlandkreis: Kartierung des Mikroreliefs der mittelalterlichen Vier-Höfe-Siedlung Merlare mit Rekonstruktionsvorschlag: Der Steinwerksteil der Häuser ist grün, der Herdstellen- und Stallbereich der Häuser rot markiert (LWL-Archäologie für Westfalen, R. Bergmann; Kartografie: M. Thede)

Mewordinchusen.
I. Ortswüstung.
II. Stadt Brilon.
III. *Um 1380: *Mewordinchusen* (Quellen westfälische Geschichte 3, S. 290, S. 295 f.).
V. Lage 0,9 km östlich von Radlinghausen (Ortsmitte).
VI. Funde ausgehendes Frühmittelalter und 11.–14. Jh.; AKZ 4518,0015.
Literatur: Flöer 2013, S. 347 f.: Meweringhausen; Bergmann 2015, S. 175–177.

Morinchusen.
I. Partielle Ortswüstung (Möringshof 1880 als Restsiedlung bestehend).
II. Stadt Arnsberg.
III. *1253: *Antonius de Morinchusen* (Westf. Ub. 7, Nr. 810).
IV./V. Lage nordwestlich von Deinstrop. Der Hof Möring ist u. a. im Preußischen Messtischblatt eingetragen, heute jedoch nicht mehr existent. Östlich wie auch nördlich der Hofstelle tritt in der Deutschen Grundkarte der FlN „Möring" auf.
Literatur: Flöer 2013, S. 351 f.

Morsebike.
I. Ortswüstung.
II. Stadt Medebach.
III. *1259: *decima in Morsbeke* (Westf. Ub. 7, Nr. 1022); 1309: *area in Morsebike* (Westf. Ub. 11, Nr. 644).
V. Lage bei Deifeld.
Literatur: Flöer 2013, S. 352 f.: Morsbike; Bergmann 2015, S. 384–386.

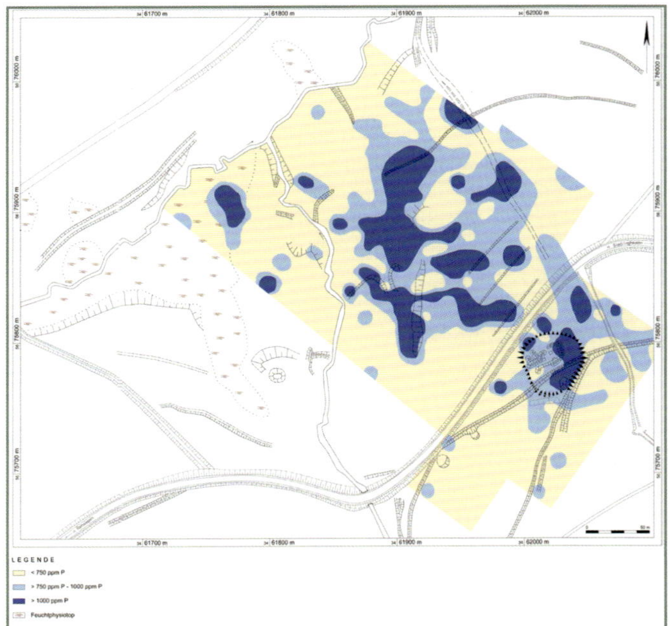

Abb. 107: Winterberg-Siedlinghausen, Hochsauerlandkreis: Phosphatkartierung der Kirchortwüstung Negere im Astengebirge nach der Vanadat-Molybdat Extraktionsmethode. Die umwehrte Kirchenstelle befindet sich im Südosten des aufgelassenen Ortes (Kartengrundlage: J. Bennemann, Analytik: Geomorphologisches Labor der Ruhr-Universität Bochum, Dr. D. Glatthaar, Kartografie: LWL-Archäologie für Westfalen, M. Thede)

Negere (Negerkercken) (Abbn. 107 u. 108).
I. Kirchortwüstung.
II. Stadt Winterberg.
III. *Ca. 966–967: *Nagiri* (Mönchslisten Traditionen Corvey 1 und 2, Tr 311 und S. 242) mit wahrscheinlichem Bezug auf diese Ortswüstung und nicht auf den Ort Neger 6 km nordöstlich von Olpe (Kr. Olpe); 1301: *uff der Negere* (Westf. Ub. 9, Nr. 26).
V. Lage 4–4,4 km südsüdwestlich von Siedlinghausen (Ortsmitte).
VI. Trotz Altgrabung relativ gut erhaltene ehemals umwehrte Kirchenstelle; Dorfsiedlungsbereich nordwestlich unterhalb der Kirchenstelle gelegen; Vermessung Mikrorelief und Phosphatkartierung der Ortsstelle; Funde um 900–13./14. Jh. aus dörflichem Siedlungsareal; AKZ 4716,0128.
Literatur: Flöer 2013, S. 358 f.: Negerkirchen; Bergmann 2015, S. 432–439.

Nettelnhagen.
I. Ortswüstung.
II. Stadt Schmallenberg.
IV. Auf der Karte des Hochsauerlandes von 1577 als *der Nettelnhagen W*[ustenung] im Umfeld der Einmündung des Nesselbachs (*die Nettelbick*) in die Lenne verzeichnet (Bergmann 2015, Beilage 2).
V. Lage zwischen Oberkirchen, Lengenbeck und Westfeld.

Niedercobbenrode.
I. Nach Hömberg partielle Ortswüstung (wüstungsresistent ist der Sterthof).
II. Gemeinde Eslohe.
III. *1338: *I hob. in inferiori Cobbenrode* (Seibertz Ub. 2, Nr. 665, S. 293, §19).
V. Der Sterthof ist sowohl im Preußischen Urmesstischblatt als auch in der modernen Deutschen Grundkarte am nördlichen Ortsrand von Cobbenrode verzeichnet.
Literatur: Hömberg 1938, Nr. 51, S. 164: Niederkobbenrode; Flöer 2013, S. 97 f.: Cobbenrode.

N.N. „Cramwinckel".
I. Wüstungscharakter unklar, Ortswüstung?
II. Stadt Brilon.
IV. FlN ab 1532–1537 überliefert.
V. Lage etwa 3,5 km südöstlich von Brilon (Rathaus).
VI. Streufunde hohes und spätes Mittelalter.
Literatur: Bergmann 2015, S. 177 f.

N.N. „Erlhof".
I. Hofwüstung.
II. Stadt Schmallenberg.
III. Historische Quellenüberlieferung unbekannt.
IV. Wüstungsweisender FlN „Erlhof".
V. Lage westlich von Bracht.
Literatur: Hömberg 1938, Nr. 19, S. 161.

N.N. „Hausstätte, in der".
I. Ortswüstung (wahrscheinliche Totalwüstung).
II. Stadt Winterberg.
IV. Wüstungsweisende FlN: „in der Hausstätte", „die Hausstätte", Bachname „Hausbecke".
V. Lage etwa 3 km südsüdwestlich von Niedersfeld.
VI. Podien, Aufzeichnungen über die Beobachtung von Fundamenten sowie Ackerterrassen.
Literatur: Bergmann 2015, S. 442.

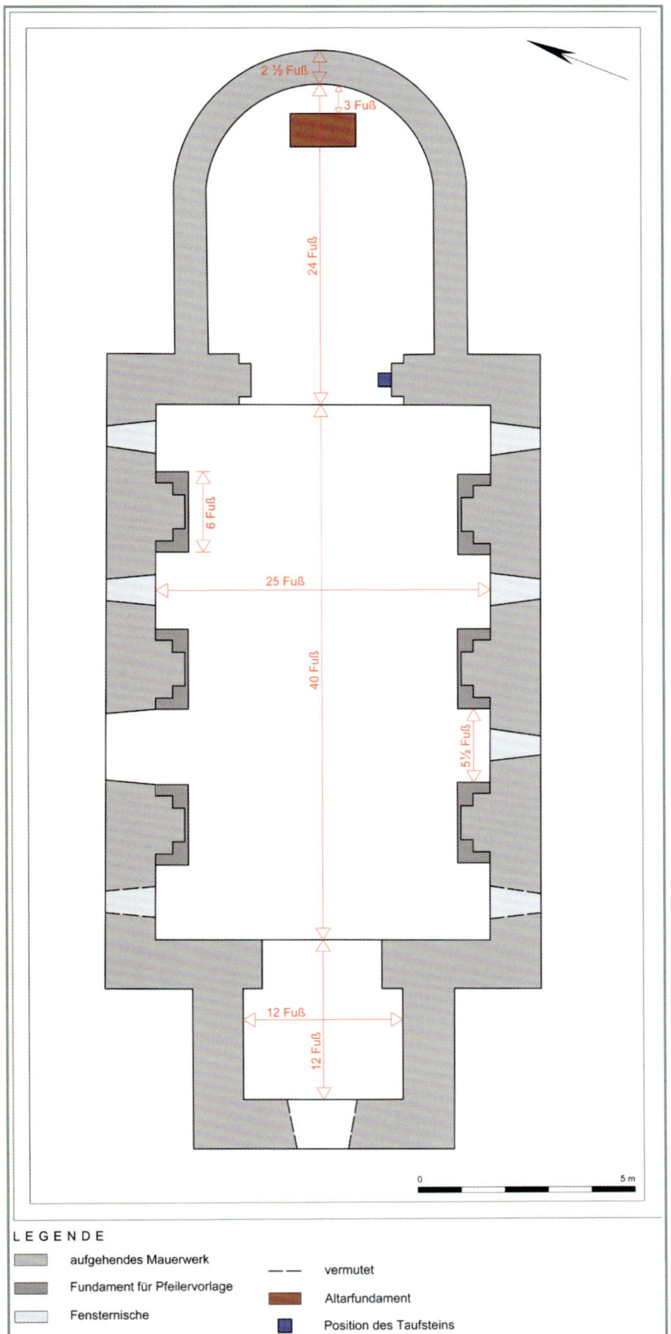

Abb. 108: Winterberg-Siedlinghausen, Hochsauerlandkreis: Grundriss-Rekonstruktion der Pfarrkirche von +Neghere (Kartografie: LWL-Archäologie für Westfalen, M. Thede)

N.N. Kirchenwüstung unterhalb der Doppelburg Altenfels (Abb. 109).
II. Stadt Brilon.
III. Historisch nicht überliefert.
V. Lage 2,25 km südwestlich von Madfeld (Kirche).
VI. Bestehenszeit der ergrabenen Kirche 1. Hälfte 12. Jh. (oder etwas früher) bis Ende 12. Jh. (Herzig 2009, S. 179–203); AKZ 4518,0009.
Literatur: Bérenger 1989g, S. 96 f. und Abb. 113 sowie 114; Bergmann 2015, S. 125 f., S. 128 f. und S. 130–134; siehe auch +Hanecratt und +Asschenblyck.

Abb. 109: Brilon-Rösebeck, Hochsauerlandkreis: Freigelegter Kirchengrundriß unterhalb der Altenfels-Burgen (Foto: LWL-Archäologie für Westfalen, R. Bergmann)

N.N. „Königshof“.
I. Ortswüstung.
II. Stadt Medebach.
IV. *1422: Auftreten des FlN „auf dem Könning(e)shohve“; mittelalterlicher Siedlungsname nicht ermittelbar.
V. Lage nordöstlich von Medebach.
VI. Fundbereich A (AKZ 4718,0010): prähistorischer Streufund und Funde des 9./10.–14. Jhs.; Fundareal B (AKZ 4718,0016): Funde 9./10.–14. Jh.
Literatur: Bergmann 2015, S. 386–388 (mit Karte).

N.N. „Lingescheid “.
I. Ortswüstung.
II. Stadt Meschede.
III. Die Bewohner des Ortes „Lingelscheid“ sollen der mündlichen Überlieferung zufolge nach Eversberg umgesiedelt sein.
IV. FlN „Lingescheid“ in der Deutschen Grundkarte.
V. Siedlungslage nordnordwestlich einer im Preußischen Urmesstischblatt dargestellten Kapelle bzw. Lage nordwestlich der Stadt Eversberg.
VI. Nach einer Trockenperiode wurden 1959 nahe der Kapelle die Fundamentierungen von fünf Gebäuden sichtbar. AKZ 4615,0178.

N.N. „Namenlose, im Tal der“.
I. Ortswüstung.
II. Stadt Winterberg.
III. Ortsstelle historisch nicht identifizierbar.
V. Lage 2 km nordwestlich von Winterberg (Kirche).
VI. Gut erhaltenes Mikrorelief; gleicharmige Bügelfibel der Karolingerzeit (ca. 2. Hälfte 8. Jh. bis nach der Mitte des 9. Jhs.) als Streufund in der Siedlungsperipherie aufgefunden; weiterhin Funde des Hochmittelalters und des 13. Jhs.; AKZ 4717,0008 (eingetragenes Bodendenkmal) und AKZ 4717,0044 (= Fundstelle gleicharmige Fibel).
Literatur: Bergmann/Thede 2012, S. 228 (Abb. 2) und S. 230; Bergmann 2015, S. 440 f., S. 497, S. 502, Abb. 164.

N.N. „Neheim“.
I. Ortswüstung?, jedoch nach Hömberg „kaum als Wüstung anzunehmen“.
II. Stadt Schmallenberg in Grenzlage zum Stadtgebiet Meschede.
IV. Forstname.

V. Nördlich von Westerbödefeld zwischen Brabecke und Frielinghausen gelegen.
Literatur: Hömberg 1938, S. 164: Neuheim, Neheim.

N.N. „Seversgut“.
I. Ortswüstung?, möglicherweise auch Hofwüstung?
II. Stadt Brilon.
III. *1515: Gut genannt Seversgut, gelegen in der Smalen Aa (Stadtarchiv Brilon A, Nr. 137).
V. Lage bei Brilon-Wald.
Literatur: Bergmann 2015, S. 178–180.

Northolte.
I. Ortswüstung (Verdacht auf eine Reihensiedlung).
II. Stadt Marsberg.
III. *1223: *Norholtte* (Westf. Ub. 4, Nr. 111).
V. Lage bei Giershagen.
Literatur: Flöer 2013, S. 365; Bergmann 2015, S. 306 f.

Nova Indagine (Neuenhagen) (Abb. 110).
I. Totalwüstung mit erhaltenen Siedlungsrelikten.
II. Stadt Winterberg,
III. 1220: *Indaginem* (Westf. Ub. 7, Nr. 184: mit Bezug entweder auf +Aldenhagen im Kr. Waldeck-Frankenberg [Hessen] oder auf die benachbarte Ortswüstung Neuenhagen); *1320: *Nova Indagine* (*villa*, ebenfalls genannt sind Bewohner [*villanis*]: Westf. Ub. 11, Nr. 1691).
V. Lage am Rand der Hochheide des Neuenhagens 3 km östlich von Niedersfeld (Kirche).
VI. Funde des ausgehenden 12. Jhs. bzw. der Zeit um 1200 bis des 14. Jhs.; AKZ 4717,0005 (eingetragenes Bodendenkmal); durch den Orkan Kyrill verursachte rezente Sturmschäden am Bodendenkmal; höchstgelegene mittelalterliche Siedlung Westfalens; weiterhin wenig von der Ortsstelle entfernt gelegener wüster Hammer der frühen Neuzeit mit trockengefallenen Wasserzuleitungsgräben (AKZ 4717,41).
Literatur: Bergmann 2015, S. 442–447 (mit Kartierung) und S. 615 f.

Nutlon.
I. Kirchortwüstung.
II. Stadt Marsberg.
III. *952: *Nvzloha* (MGH DD OI, Nr. 158); Kirchenpatrozinium: St. Laurentius; 1416: Wüstnennung („*is woste*“) der fünf Güter des Klosters Bredelar *in Nutlon* (Quellen westfälische Geschichte 1, S. 150); zur Parochie gehörig waren ehemals [+]Snevede, [+] Sirexen, [+]Oddenhusen und [+]Hattepe?
VI. Funde 8. Jh.–14. Jh., Grundmauerabschnitt der Kirche bei archäologischer Sondage freigelegt; AKZ 4419,0002.
Literatur: Holscher 1885, S. 54; Henkel 1973, S. 73–77 und Karte S. 76; Henkel 1974, S. 201 f. und Abb. 34; Flöer 2013, S. 365 f.

Oberberndorf.
I. Partielle Ortswüstung.
II. Stadt Schmallenberg.
IV. *1072 (12. Jh.) *Berendorf* (Grafschafter Stiftungsurkunden, Auflage 1, S. 12).
IV./V. Die Deutsche Grundkarte verzeichnet 0,1 km nördlich bis 0,5 km nordnordwestlich von Oberberndorf an zwei Stellen in der Aue der Wenne die wüstungsweisenden FlN „Worth“.
Literatur: Flöer 2013, S. 58 f.: Berndorf, Nieder-, Ober-.

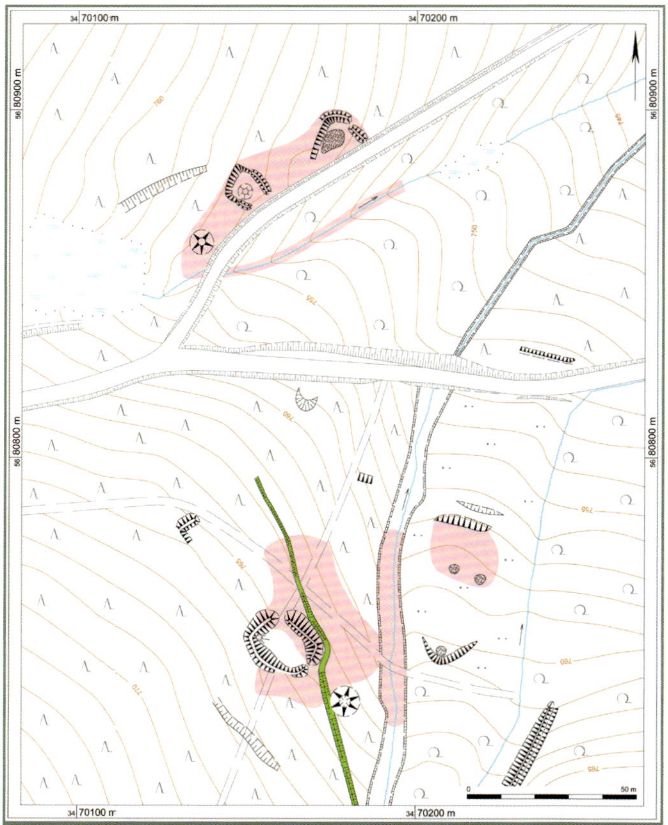

Abb. 110: Winterberg-Siedlinghausen, Ortswüstung Nova Indagine (Neuenhagen), Hochsauerlandkreis: Durch die Auswirkungen des Orkans Kyrill (2007) zerstörte Siedlungsrelikte des mit um 760 m üb. NN höchstgelegenen mittelalterlichen Weilers Westfalens, hier im Zustand der 1990er Jahre (Vermessung/Kartografie: LWL-Archäologie für Westfalen, J. Bennemann, M. Thede)

Oberdreve.
I. Ortswüstung.
II. Stadt Schmallenberg.
III. *1284: *curte* [...] *in Superiori Dreve apud Smalenborg sita* (Westf. Ub. 7, Nr. 1909).
V. Wahrscheinliche Lage im Grafschafter Tal zwischen Schmallenberg und Grafschaft.
Literatur: Hömberg 1938, Nr. 52, S. 164, siehe auch Nr. 12, S. 161; Becker 1969, Nr. 2, S. 71 f.; Flöer 2013, S. 120: Dreve.

Oddenhusen.
I. Ortswüstung mit wüster Mühle.
II. Stadt Marsberg.
III. *822–826(?): *in Odonhus(un) tertiam partem de manso I*: Die Ortsnennung ist mit einem gewissen Wahrscheinlichkeitsfaktor auf die Wüstung bei Marsberg-Westheim zu beziehen. Ein potentieller Bezug auf die Ortswüstung Odenhusen zwischen Neheim und Hüsten, ebenfalls im Hochsauerlandkreis, ist möglich, jedoch passt der Tradent *Hildibert* nicht zu diesem räumlichen Umfeld (Mönchslisten Traditionen Corvey 1 und 2, Tr 46 und S. 103; siehe weiterhin: Tr. 57 und S. 236).
V. Lage bei Westheim.
VI. Funde 9.–13. Jh.; AKZ 4419,0006.
Literatur: Wöhlke 1957, S. 22–24; Henkel 1974, S. 236; Bergmann 2015, S. 307–313.

Odenhusen.
I. Ortswüstung.
II. Stadt Arnsberg.
III. *1193: *domus Vdenhusen* (Seib. Ub. 1, Nr. 103).
IV. Im Preußischen Urmesstischblatt ist der Bereich, in dessen Umfeld Odenhusen zu verorten ist, mit „an d(er) Auster Br(ü)ck" bezeichnet (die mit der 1457 genannten *Odenhuser Bruggen* zu identifizieren ist) und in der Preußischen Neuaufnahme findet sich in diesem Bereich der Eintrag „Odenhusen". Die Ortsstelle ist demgemäß in der Ruhraue zu suchen und dürfte am Rand der Niederterrasse gelegen haben.
V. Lage zwischen Neheim und Hüsten.
VI. Der anzunehmende Ortsbereich ist wahrscheinlich weitgehend überbaut (Autobahnanschluss Neheim-Süd).
Literatur: Flöer 2013, S. 371 f.: Odenhausen.

Odinchusen.
I. Ortswüstung.
II. Stadt Marsberg.
III. *Ca. 1010–1015: *in Aesebiki iugera L et in Odighus(un) et in Gelighus(un) alia iugera L.* (Mönchslisten Traditionen Corvey 1 und 2, Tr 523 und S. 292). Alle drei genannten Orts sind in räumlicher Nachbarschaft auf der Cansteiner Hochfläche zu verorten.
V. Lage 1 km nordnordwestlich von Schloss Canstein.
VI. Funde um/vor 800–14. Jh.; Verhüttungsschlacke; AKZ 4519,0010.
Literatur: Flöer 2013, S. 372 f.: Odinghusen; Bergmann 2015, S. 313–315.

Otmarenkusen.
I. Ortswüstung.
II. Stadt Olsberg.
III. *1250: *Burghardus de Othmarichusen* (Westf. Ub. 7, Nr. 730); 1265: Bernhardus de Othmaringhusen (Ub. Hessische Landesgeschichte 2, Nr. CLXXVIII); 1295 bzw. 1296: *villa Otmarenkusen* (u. a. Westf. Ub. 7, Nr. 2354).
V. Lage nördlich von Brunskappel.
Literatur: Flöer 2013, S. 384: Otmarinchusen; Bergmann 2015, S. 407–409.

Oueren Leisen (Oberliesen).
I. Ortswüstung.
II. Stadt Hallenberg.
III. *1338: *Oueren Leisen* (Seibertz Ub. 2, Nr. 665, S. 275, §34).
V. Lage an der Liese 1,6 km nordnordwestlich von Liesen (Ortsmitte).
Literatur: Flöer 2013, S. 311 f.: Ober Liesen (Liesen, Ober-); Bergmann 2015, S. 232.

Ovinchusen.
I. Ortswüstung.
II. Stadt Marsberg?
III. *887: *ville Ovenhus* (MGH DD Ka III, Nr. 158, S. 257; Urkunde verunechtet?); 1247: *super decima Eninchosen* (Ub. Busdorf 1, Nr. 31 und S. 42, Anm. a); 1251: *de decima in Ouinchusen* (Ub. Busdorf 1, Nr. 34).
IV. Wüstungsweisende FlN des Urkatasters sind unbekannt.
V./VI. Ovinchusen wird südlich von Marsberg angenommen. Dort sind im Umfeld des Flurbereichs „Bohlen Kämpchen" der Deutschen Grundkarte an mehreren Stellen Fundschleier mittelalterlicher Keramik beobachtet worden (z. B. AKZ 4519,0263 mit Funden des 12.–13./14.[?] Jhs.; weiterhin: AKZ 4519,0355 und AKZ 4519,0042), welche jedoch aufgrund ihrer geringen Fundmenge nicht als sichere archäologische Hinweise zur Lage dieser oder anderer Ortswüstungen interpretiert werden können.
Literatur: Flöer 2013, S. 384 f.: Ovinkhausen.

„Petinghausen".
I. Ortswüstung.
II. Stadt Schmallenberg,
IV. Wüstungsweisender FlN „Petinghausen".
V. Lage etwa 2 km nordnordwestlich der Freiheit Bödefeld (Kirche).
VI. Groblokalisation: AKZ 4716,0182:001.
Literatur: Hömberg 1938, Nr. 55, S. 164.

Redinchusen (Abbn. 111–113).
I. Ortswüstung.
II. Stadt Winterberg.
III. *1299: *Radolfus de Redinchusen* (Westf. Ub. 7, Nr. 2545: m. E. ist aus der erheblichen Entfernung des Austellungsortes der Urkunde von 1299 kein klarer Bezug zum Ort auf der Winterberger Hochfläche abzuleiten; er ist jedoch immerhin möglich); *1313: *Henr. de Redinchusen decim. in Redinchusen et I hob. ib*[idem] (Seibertz Ub. 2, Nr. 556, S. 121, §52); 1338: *Joannes de Redinchusen 1/I decimam ibid*[em]; *Thomas de Redinchusen*

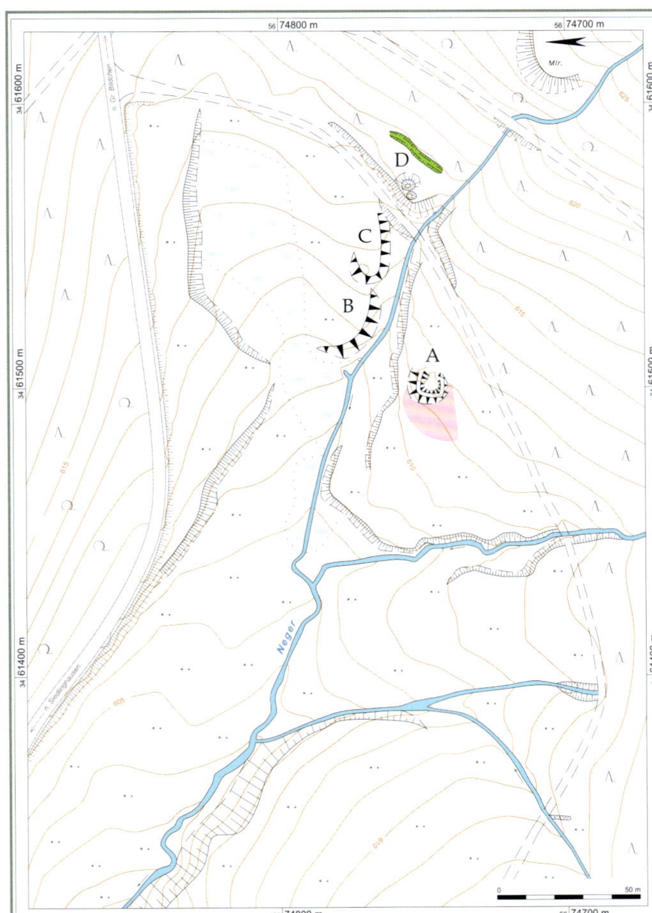

Abb. 111: Winterberg-Siedlinghausen, Hochsauerlandkreis: Vermessungsplan der Ortswüstung Redinchusen im Astengebirge, A ergrabener Gebäudegrundriss mit Steinwerksrelikt, B, C Siedlungspodien, D neuzeitliche Pingen, rosa: Fundstreuung mittelalterlicher Keramik (Vermessung/Kartografie: LWL-Archäologie für Westfalen, M. Thede)

Abb. 112: Winterberg-Siedlinghausen, Hochsauerlandkreis: Rekonstruktion eines ergrabenen ländlichen Einhauses in +Redinchusen (Zeichnung: K. Bergmann)

Abb. 113: Winterberg-Siedlinghausen, Hochsauerlandkreis: In der Neuzeit wurde die Steinwerksruine in +Redinchusen von Holzfällern aufgesucht, die eine defekte Axt zurückließen (Foto: LWL-Archäologie für Westfalen, S. Brentführer).

I mans. et decimam ibid[dem] (Seibertz Ub. 2, Nr. 665, S. 280, §139 und S. 285, §239).
V. Lage 5,4 km südsüdwestlich von Siedlinghausen (Kirche) im Talschluss des Negertals unterhalb des Hauptkamms (= Wasserscheide) des Rothaargebirges.
VI. Ehemalige Drei-Höfe-Siedlung; Funde 11./12.–13. Jh.; Nachweis eines Einhauses mit steinernem Gebäudeteil im Wohn- und Wirtschaftsbereich (Grabung der LWL-Archäologie für Westfalen); Fund des Läufersteins einer Handmühle; AKZ 4716,0006: eingetragenes Bodendenkmal.
Literatur: Bergmann/Thede 2013, S. 133; Flöer 2013, S. 393 f.: Redinghusen; Bergmann 2015, S. 447–458 mit Kartierung der Siedlungsrelikte, Befunddokumentation und Rekonstruktion des Gebäudebefundes.

Rekelinchusen.
I. Ortswüstung.
II. Stadt Meschede.
III. *1313: *1 hob. in Rickelinchusen* (Seibertz Ub. 2, Nr. 556, S. 126, §158).
V. Lage im Kirchspiel Kalle.
Literatur: Hömberg 1938, Nr. 57, S. 164; Flöer 2013, S. 398 f.: Rekelinchusen.

Remelinchusen.
I. Ortswüstung.
II. Stadt Winterberg.
III. *1463: Wüstnennung (Hömberg 1938, Nr. 56, S. 164).
V. Lage im Tal der Neger südlich von Siedlinghausen.
Literatur: Bergmann 2015, S. 458.

Revelinckhusen.
I. Ortswüstung.
II. Stadt Marsberg.
III. *1469: Revelinckhusen (Urkunden Kloster Bredelar, Nr. 651).
V. Lage bei Beringhausen.
Literatur: Bergmann 2015, S. 315.

Rodelinchusen.
I. Ortswüstung mit Villikationshaupthof des Stifts Meschede.
II. Stadt Meschede.
III. 1. Hälfte 14. Jh. (*ca. 1314): *curtis in Rodelinchusen dabit II sol. et II cratheres buttiri* (Quellen westfälische Geschichte 1, S. 386).
IV. Wüstungsweisender FlN „Röllingerberg" in der Deutschen Grundkarte um 1,5 km östlich von Beringhausen im Tal des Nierbachs.
V. Lage etwa 4,5 km südwestlich Bestwig (Kirche); anzunehmende ehemalige Ortslage im Umfeld einer Quelle auf dem nach Osten exponierten Unterhang.
Literatur: Hömberg 1938, Nr. 60, S. 165: Rodelinghausen.

Rollinchusen.
I. Ortswüstung.
II. Stadt Winterberg.
III. *1314 (1534): *Rollinchusen* (Quellen Stift Meschede, Nr. 41).
V. Nach Angabe einer Altkarte von 1577 südlich von Siedlinghausen an der Neger im Einmündungsbereich der *Büraw* (jetzt: Giers) gelegen.
VI. Eisenschlackenfunde; AKZ 4716,0306.
Literatur: Flöer 2013, S. 402: Rollinchusen; Bergmann 2015, S. 459.

Rominghausen?
I. Unsichere Ortswüstung.
II. Stadt Winterberg.
V. Angenommene Lage beim Jagdschloss Siedlinghausen: AKZ 4716,0199, nicht auf Wüstungs-Übersichtskarte des Hochsauerlandkreises dargestellt.
Literatur: Bergmann 2015, S. 459 f.

Schmedlingkausen.
I. Totalwüstung.
II. Stadt Hallenberg.
III. *1570: *Schmedlingkausen, Schmedekusen, Schmicklinghausen* (Hallenberger Quellen, Q 270, S. 104 f., Q 272, S. 111).
V. Lage 3 km nordnordwestlich von Liesen (Ortsmitte) in Hochtallage südlich der Wasserscheide des Rothaargebirges.
VI. Funde 9./10.–13. Jh., Ortsstelle mit erhaltenem Mikrorelief: erhaltene Podien etc.; Eisenverarbeitung; fossiles Terrassenackersystem mit Lesesteinhaufen; erhaltenes neuzeitliches Wiesenbewässerungssystem; AKZ 4817,0018:01-05 (eingetragenes bzw. beantragtes Bodendenkmal).
Literatur: Bergmann/Thede 2013, S. 131 (mit Abb. 3), S. 133; Flöer 2013, S. 414: Schmiedinghausen; Bergmann 2015, S. 233–236, Abb. 80.

Sinchusen.
I. Ortswüstung.
II. Stadt Winterberg.
III. 1313: *Suinchusen* (mit wahrscheinlichem Bezug auf die Ortswüstung; Seibertz Ub. 2, Nr. 556, §131); *1354: *Sinchusen sitam prope Winterberge* (Geschichtliche Nachrichten Medebach, S. 160, §244).
IV. Auf die Ortslage verweisende FlN sind im Raum Winterberg nicht identifizierbar.
Literatur: Bergmann 2015, S. 460 f.

Snellinchusen.
I. Totalwüstung.
II. Stadt Hallenberg.
III. *1338: *Snellinchusen* (Seibertz Ub. 2, Nr. 665, S. 275, §34 und S. 285, §241).
V. Lage 4 km nordwestlich von Hallenberg (Kirche).
VI. Funde 11.?, 12. und 13. Jh.; AKZ 4817,0015.
Literatur: Flöer 2013, S. 415: Schnellinghausen; Bergmann 2015, S. 236 f.

Stenbeke.
I. Ortswüstung.
II. Wahrscheinlich Stadt Arnsberg.
III. *1338: *II cas. in Stenbeke* (Seibertz Ub. 2, Nr. 665, S. 279, §127).
V. Die 1338 mitgenannten umfangreichen Arnsberger Lehen des Erenfridus *dictus* Quaterlant in u. a. +Lefgodinchusen, Visbeck, Nieder-, Mittel- und Oberberge, Wenningloh, Herdringen und Menden liegen insbesondere südöstlich und westnordwestlich von Arnsberg und lassen eine Verortung von Stenbeke in diesem Raum annehmen. Aufgrund der geringen Aussagekraft des ubiquitären Ortsnamens bestehen derzeit keine Anhaltspunkte für eine Verortung im Gelände.
Literatur: Flöer 2013, S. 428: Stenbeke.

Stilpe.
I. Ortswüstung.
II. Stadt Schmallenberg.
III. *1297: Edelherr Widekind von Grafschaft verkauft den Zehnten u. a. zu Stillepe an den Ritter Heinrich Vogt von Elspe (A. Kleffmann, Tausend Jahre Mark und Freigrafschaft Hundem, 1927, S. 72, zit. n. Becker 1957–61 [1957, 1. Fortsetzung]); zur Lesung des Ortsnamens von 1297 siehe Flöer 2013, S. 430–432; Siedlung seit der 2. Hälfte des 15. Jhs. wüst; zwischen 1506 und 1534 einsetzende Wiederbesiedlung (ob an der Stelle des mittelalterlichen Ortes erfolgend, ist ungewiss).
IV. Bachname Stilpe und wüstungsweisender FlN „In der Stilpe".
V. Lage in der Pfarrei Lenne, nordnordwestlich von oder im unmittelbaren Bereich von Hundesossen.
VI. Groblokalisation: AKZ 4815,0211.
Literatur: Becker 1957–61 [1957, 1. Fortsetzung], S. 1534–1536: Stilpe; Becker 1977, Nr. 21, S. 250 f.; Flöer 2013, S. 430–432: Stilpe.

Struke.
I. Ortswüstung.
II. Potentielle Lage im Kommunalgebiet der Stadt Marsberg.
III. *1281: *Struke* (Urk. Propstei Marsberg, Nr. 30).
V. Lage bei Erlinghausen? oder bei Heddinghausen? oder, falls nicht im Kommunalgebiet Marsberg gelegen, um Neudorf/Helmighausen/Hesperinghausen im Kr. Waldeck-Frankenberg (Hessen) zu verorten. Wegen unsicherer Ortslage nicht auf der Wüstungs-Übersichtskarte des Hochsauerlandkreises eingetragen.
Literatur: Flöer 2013, S. 434: Struke; Bergmann 2015, S. 315.

Suderwalde.
I. Ortswüstung.
II. Stadt Olsberg.
III. 1. Hälfte 14. Jh. (*ca. 1314): Manse in *Suderwalde* (Quellen westfälische Geschichte 1, S. 387, Anm. 25).
V. Lage etwa 0,8 km südsüdöstlich von Wiemeringhausen.
VI. Einzelfund 9.?/10. Jh.; AKZ 4717,0042.
Literatur: Bergmann 2015, S. 409.

Suirinchusen: siehe Lubberinchusen.

Swiderinchusen.
I. Ortswüstung.
II. Stadt Marsberg.
III. *1196: *Suitherinchusen* (Seibertz Ub. 1, Nr. 107).
V. Lage 1,3 km südsüdöstlich von Madfeld (Kirche).
VI. Prähistorischer Fund und Funde hohes Mittelalter–13. Jh.; AKZ 4518,0016.
Literatur: Flöer 2013, S. 436 f.: Swyterinchusen; Bergmann 2015, S. 316 f.

Swydinchusen.
I. Ortswüstung.
II. Stadt Arnsberg.
III. *1246: *Swidhenchusen* (Westf. Ub. 7, Nr. 615); 1298: super *ponte in Swydinchusen* (Westf. Ub. 7, Nr. 2459).
IV./V. U. a. im modernen Messtischblatt eingetragener FlN „Schwiedinghauser Mark" südlich von Bachum bzw. westlich von Bergheim. Im Umfeld der Schwiedinghauser Mark würden sich die Einmündung des Donnerscheidt Siepens in den Hasbach und weiterhin der Quellursprungsbereich des Bachumer Bachs als potentielle Siedlungsstandorte anbieten. Jedoch würde man in diesen Bereichen keine Brücke annehmen müssen, die Gegenstand einer Beurkundung wäre. Zu vermuten ist eine Brücke über die Ruhr. Auf einer Arbeitskarte des Historikers A. K. Hömberg (Messtischblatt 4513: Neheim-Hüsten) ist jedoch etwa 0,75 km südsüdwestlich von Bergheim bzw. 1 km südwestlich der Kirche in Neheim ruhrnah das „Schmiedinghauser Feld" eingetragen, das in einem Bezug zur Ortswüstung Swydinchusen stehen dürfte.
Literatur: Flöer 2013, S. 435 f.: Swedinghausen.

Sylsinchusen.
I. Ortswüstung.
II. Stadt Marsberg.
III. *1046: *Siltzinghusen* (Urk. Propstei Marsberg, Nr. 1).
V. Lage 2,5 km östlich von Obermarsberg (Markt).
VI. Fundstreuung aus Siedlungsumfeld mit unsicheren Funden des 9./10. Jhs., weiterhin Keramik des hohen Mittelalters sowie des 13. Jhs.; AKZ 4519,0045.
Literatur: Flöer 2013, S. 423 f.: Sillingsen; Bergmann 2015, S. 318 f.

Syrinchusen.
I. Ortswüstung (Totalwüstung?).
II. Stadt Olsberg.
III. *1315: *Syrinchosen* (Westf. Ub. 11, Nr. 1209).
V. Wahrscheinliche Lage an der Seymeke (Gewässerbezeichnung in der Deutschen Grundkarte nicht nachweisbar) nördlich von

Elpe.
Literatur: Flöer 2013, S. 419 f.: Serinchusen; Bergmann 2015, S. 410 f.

Tidinchusen.
I. Ortswüstung.
II. Stadt Brilon.
III. *1107–1128: *Thidinchusen* (Studien Reichsabtei Corvey, S. 154; S. 230, §23 bzw. Kindlinger 2, Nr. XIX, S. 128, mit geringfügig abweichender Datierung 1106–1128); Siedlungsaufgabe zwischen 1390 und 1416; bzw. 1416: Wüstnennung („*is woste*") des Hofes des Klosters Bredelar *to Tidynchusin* (Quellen westfälische Geschichte 1, S. 154).
V. Lage 1,2 km ostnordöstlich von Messinghausen (Ortsmitte).
VI. Funde Frühmittelalter? und 13./14.? Jh.; auf Schmiedetätigkeit? hinweisende Metallschlacken; AKZ 4618,0004 und AKZ 4618,0004:001 (eingetragene Bodendenkmale).
Literatur: Flöer 2013, S. 441 f.: Tidinghausen; Bergmann 2015, S. 180–182.

Tundorp (Üntrop).
I. Ortswüstung.
II. Stadt Schmallenberg.
III. *1301: *Tunderpe*; *Tundorpe* (Seibertz Ub. 2, Nr. 494; Westf. Ub. 11, Nr. 54).
IV. Bachname Üntrop südöstlich von Lenne bzw. wüstungsweisender FlN „In der Üntrop".
V. Lage südöstlich von Lenne.
VI. Beobachtete Fundamentreste und Bruchsteinmauerwerk unmittelbar am Bach der Üntrop (AKZ 4815,0151) sowie AKZ 4815,0084: Gebäudespuren nordwestlich des Hofes Wulvesort im Einmündungsbereich der Erfmicke in die Üntrop (die Fundstellen sind möglicherweise zwei verschiedenen Ortswüstungen zuzuordnen, von denen nur eine Tundorp sein kann).
Literatur: Hömberg 1938, Nr. 68, S. 165: Uentrop; Becker 1957–61 [1957, 1. Fortsetzung], S. 1532–1534: Uentrop; Becker 1969, Nr. 15, S. 82 f.: Üntrop (Tundorp); Becker 1977, Nr. 23, S. 250 f.; Flöer 2013, S. 448–450: Untrop.

Twesine.
I. Ortswüstung mit Kupfererzverhüttung.
II. Stadt Marsberg.
III. *(822?), 826–876: *in Tuischinun et in Thurisloun mansos II* (Mönchslisten Traditionen Corvey 1 und 2, Tr 69 und S. 118 f.; siehe weiter: Tr 328 und S. 248). Aufgrund der gemeinsamen Nennung mit [+]Dorslon ist von einem Bezug von *Tuischinun* auf die ebenfalls bei Marsberg verortete Ortswüstung Twesine auszugehen; 1046: *Twesine* (Urk. Propstei Marsberg, Nr. 1).
V. Lage 2,5 km nordöstlich von Niedermarsberg (Markt).
VI. Prospektionsfunde 11.–14. Jh.; Grabungsfunde aus mehrjährigen archäologischen Untersuchungen der LWL-Archäologie für Westfalen: 7./8. Jh.–13. Jh.; AKZ 4519,0031 sowie AKZ 4519,0031:001–003.
Literatur: Henkel 1973, S. 59–63: Twiste; Grothe 2000a, S. 80–86; Grothe 2000b, S. 3–16; Kneppe/Peine 2005, S. 170, S. 172 und Abb. S. 172 f.: Twisne; Flöer 2013, S. 444 f.: Twisne; Nowak-Klimscha 2015, S. 320–322; Nowak-Klimscha 2017.

Unhus.
I. Hofwüstung.
II. Stadt Marsberg.
III. *1211: *bona in Unhus* (Westf. Ub. 7, Nr. 81); 1416 unter den Besitzungen des Klosters Bredelar als *dat Vnhus* unter der Rubrik Latervelde (*Lateruelde* bei Marsberg) aufgeführt (Quellen westfälische Geschichte 1, S. 152).
V. Wahrscheinlich bei Niedermarsberg gelegen, nicht genauer verortungsfähig.
Literatur: Flöer 2013, S. 448: Unhus.

Upsprunge.
I. Kirchortwüstung mit erhaltener Kirche (= heutige „Kluskapelle"); zu +Nieder Upsprunge gehörende Mühlenwüstung am Schwalenstein; Ober Upsprunge nach verbreiteter Auffassung unter dem Namen Giershagen wiederbesiedelt.
II. Stadt Marsberg.
III. *949: *Upspringun* im Ittergo (*pago Nihtersi*) (MGH DD OI, Nr. 113); 1106–1128: *Upsprungen* (Kindlinger 2, Nr. XIX, S. 128).
VI. Hoch- und spätmittelalterliche Streufunde aus Grünlandbereich östlich der Kluskapelle, AKZ 4518,0054 und AKZ 4518,0024 (Kirchenbau).
V. Lage Kirche Upsprunge 4,8 km südsüdwestlich Obermarsberg (Stift).
Literatur: Flöer 2013, S. 179–182: Giershagen; Bergmann 2015, S. 322–334.

Velceberg.
I. Ortswüstung.
II. Stadt Marsberg.
III. *1232: *Tidericus de Velceberg* (Urkunden Kloster Bredelar, Nr. 25); 1311: *Vehenberg* (Westf. Ub. 9, Nr. 934).
V. Lage ostnordöstlich von Oesdorf.
VI. Funde 9./10.? Jh. und 11.–13. Jh.; AKZ 4419,0005.
Literatur: Wöhlke 1957, S. 24 f.: Velsberg; Henkel 1974, S. 235 f.: Velsberg; Flöer 2013, S. 454 f.; Bergmann 2015, S. 335 f.

Veltdevelde.
I. Ortswüstung.
II. Stadt Medebach.
III. *1309: *Richardo de Veltdevelde* (Westf. Ub. 11, Nr. 644); 1332: *Richardo de Veltdevelde* (Geschichtliche Nachrichten Medebach, Nr. 184).
V. Lage südöstlich von Deifeld.
VI. Funde des Frühmittelalters fraglich; gesichert: Funde des 11./12.–14. Jhs.; AKZ 4718,0015; unterhalb der Ortsstelle im Talboden Nachweis einer Eisengewinnung/-verarbeitung.
Literatur: Flöer 2013, S. 103: Feld-Deifeld; Bergmann 2015, S. 388 f.

Vesterinchusen.
I. Ortswüstung.
II. Stadt Olsberg.
III. *1315: *Vesterinchosen* (Westf. Ub. 11, Nr. 1209).
IV./V. wahrscheinliche Lage an der *Velmke* (= historische Gewässerbezeichnung des 16. Jhs.; heute: Felbecke) nördlich von Elpe.
Literatur: Flöer 2013, S. 455: Vesterinchusen; Bergmann 2015, S. 411 f.; vgl. auch +Fisteringhausen (Hochsauerlandkreis).

Vilden.
I. Ortswüstung.
II. Stadt Medebach.
III. *1313: *Vildeme* (Seibertz Ub. 2, Nr. 556, §176).
IV. Wüstungsweisender FlN „aufm Kirchhofe".
V. Lage des FlN in der Talaue der Orke 2 km westnordwestlich von Medelon bzw. 5,4 km westsüdwestlich von Medebach (Marktplatz).
VI. Groblokalisation: AKZ 4817,0140 (= Flurbereich „aufm Kirch-

hofe").
Literatur: Flöer 2013, S. 455 f.: Vilden; Bergmann 2015, S. 389–393.

Vilmarenchusen.
I. Ortswüstung.
II. Stadt Medebach.
III. *1281–1313: *decimam in Vilmerinch*[usen], *II mansos in Vilmerinch*[usen] (Seibertz Ub. 2, Nr. 551, S. 113, §124).
V. Lage 1,5 km südöstlich von Titmaringhausen (Ortsmitte).
VI. Lesefunde des 9./10.–13. Jhs. aus Dauergrünland; Fund einer Grubenschmelz-Kreuzemailscheibenfibel 2. Hälfte 10. Jh./frühes 11.? Jh.; AKZ 4717,0039:01 und AKZ 4717,0039:02 (eingetragene Bodendenkmalbereiche).
Literatur: Bergmann/Thede 2012, S. 227 (Abb. 1) und S. 230: Vylmarinchusen; Flöer 2013, S. 456 f.: Vilmarenchusen; Bergmann 2015, S. 393–396 (mit Kartierung des Mikroreliefs) und S. 507 f.

Vogelhem.
I. Ortswüstung.
II. Stadt Schmallenberg.
III. *1300: *decimam* (minutam Vo?)*gelem in perrochia Worbech* (Westf. Ub. 7, Nr. 2589; *Worbech* = Wormbach); 1374: Abel von Vogelhem (Hömberg 1938, S. 165).
IV. Wüstungsweisender FlN „In der Vogelheime" 1,5 km westlich von Arpe.
Literatur: Hömberg 1938, Nr. 71, S. 165 f.: Vogelheim.

Vredelinchusen.
I. Totalwüstung.
II. Stadt Hallenberg.
III. *1313: *Vredelinchusen* (Seibertz Ub. 2, Nr. 556, S. 119, §3).
V. Lage 3 km nordwestlich von Hallenberg (Kirche).
VI. Funde 10.?, 11.–13. Jh.; erhaltenes Mikrorelief der Ortsstelle mit Podien; Relikte des mittelalterlichen Wegenetzes; Raine von Terrassenäckern in Dauergrünland und im Wald; AKZ 4817,0014 (eingetragenes Bodendenkmal).
Literatur: Bergmann/Thede 2012, S. 230 (Abb. 4) und S. 231 f.; Flöer 2013, S. 169: Frederinghausen; Bergmann 2015, S. 237–239, Abb. 82.

Vrilinchusen.
I. Ortswüstung.
II. Stadt Winterberg.
III. *1313: *Vrilinchusen juxta Winterberg* (Seibertz Ub. 2, Nr. 556, S. 122, §77.
V. Lage zwischen Siedlinghausen und Brunskappel.
Literatur: Flöer 2013, S. 174: Frielinghausen; Bergmann 2015, S. 461.

Wagenberg.
I. Hofwüstung?
II. Stadt Arnsberg.
III. *1217: *Conradus de Wagenberg* (Westf. Ub. 7, Nr. 136); 1310: *curiam in Wagenberg* (Westf. Ub. 11, Nr. 808).
IV. Die Deutsche Grundkarte verzeichnet den Straßennamen „Wagenbergstraße" nördlich von Hüsten.
V. Lage im mittelalterlichen Kirchspiel Hüsten nördlich der Ruhr.
VI. Wahrscheinlich überbaut.
Literatur: Flöer 2013, S. 461 f.: Wagenberg.

Walberinchusen.
I. Ortswüstung mit Keramikproduktion (= Töpfereiwüstung) und intensiver Schmiedetätigkeit.
II. Stadt Brilon.
III. *1194: *Walberninchusen* (Westf. Ub. 2, Reg. 2325); 1237: *Conradus miles de Walberninchusen* (Westf. Ub. 4, Nr. 253).
V. Lage 2,5–3 km ostnordöstlich des Schlosses in Nieder-Alme.
VI. Um 800/9. Jh.–14. Jh.; archäologische Untersuchungen u. a. mit dem Nachweis einer Produktion früher bleiglasierter Irdenware und von uneinheitlich gebrannter schiefergemagerter Irdenware; in der Peripherie der Siedlung Fund eines Schwertgurtbeschlags der Karolingerzeit; AKZ 4517,0048.
Literatur: Flöer 2013, S. 462 f.: Walberinghusen; Bergmann/Cichy 2010, S. 200; Bergmann 2015a, S. 182–189, Abb. 59; Essling-Wintzer/Bergmann/Cichy 2015, S. 98–103 (Geomagnetik: Abb. 5).

Walpe.
I. Ortswüstung.
II. Stadt Arnsberg.
III. *1295: *Brůno de Walpe* (Westf. Ub. 7, Nr. 2333).
V. Lage westlich bis südwestlich von Arnsberg im „Seufzertal" an der Walpe.
Literatur: Flöer 2013, S. 464–466: Walpe, In der.

Wedestapel.
Hofwüstung?
II. Unter der Namensform Wehrstapel in der Moderne neu besiedelte Wüstung.
II. Stadt Meschede.
III. 1. Hälfte 14. Jh. (*ca. 1314): *Curte in Wedestapel quam habent sub se opidani in Euersberge* (Quellen westfälische Geschichte 1, S. 385; *Euersberge* = Eversberg); 1331: Haupthof verwüstet: *curtis* [...] *in Wedestapele per crebras hostiles inuasiones incendiis et rapinis ad tante desolationis exterminium deuenisset, quod non posset haberi colonus* [...] (Seibertz Ub. 2, Nr. 634); 1596: bestehender Eisenhammer.
Literatur: Hömberg 1938, Nr. 74, S. 166; Flöer 2013, S. 467 f.: Wedestapel.

Werboldinchusen.
I. Ortswüstung (wahrscheinlich infolge der Gründung von Elpe überbaut und insofern als wiederbesiedelte Ortswüstung einzustufen).
II. Stadt Olsberg.
III. *1281–1313: *Heydenricus de Wermelinchusen curtim ibid*[em] (Seibertz Ub. 2, Nr. 551, S. 114, §141); 1313: *Hedenricus de Werboldinchusen curt. in Werboldinchusen* (Seibertz Ub. 2, Nr. 556, S. 122, §69).
VI. Groblokalisation: AKZ 4716,0204.
Literatur: Flöer 2013, S. 478 f.: Weremboldinchusen; Bergmann 2015, S. 412.

Wenster.
I. Ortswüstung.
II. Stadt Brilon,
III. *1390: *Wynster* (Oberschelp 1963, S. 53, S. 69).
V. Lage bei Wülfte.
VI. Keine eindeutige Lokalisation der Ortsstelle; prähistorische und mittelalterliche Streufunde (Fundschleier).
Literatur: Flöer 2013, S. 476–478: Wenster, Im; Bergmann 2015, S. 190–193.

Wernestorp (bei Winterberg) (Abbn. 114–116).
I. Ortswüstung mit Kapelle.

Abb. 114: Winterberg-Ehrenscheider Mühle, Hochsauerlandkreis: Pfeilervorlage im Inneren der „Wernsdorfer" Kapelle während der Ausgrabung (Foto: LWL-Archäologie für Westfalen, R. Bergmann)

Abb. 115: Winterberg-Ehrenscheider Mühle, Hochsauerlandkreis: Rekonstruktion der „Wernsdorfer" Kapelle (Zeichnung: K. Bergmann)

II. Stadt Winterberg.
III. *1281: Hufe in *Wernestorp* (Westf. Ub. 4, Nr. 1783); 1. Hälfte 14. Jh. (ca. 1314): *Wernstorpe prope Wynterberge* (Quellen westfälische Geschichte 1, S. 387).
V. Lage im Hochtal der Orke 3,3 km ostsüdöstlich von Winterberg.
VI. Keramische Funde des hohen Mittelalters–14. Jhs.; Fund einer durchbrochenen Buntmetall-Zierscheibe des Hochmittelalters bis 13. Jhs. mit Darstellung eines vierfüßigen Fabelwesens mit Raubvogelkopf (wohl Bestandteil eines Pferdegeschirrs: Bergmann 1993a, Nr. 61, S. 204 f.; ähnlich: Rech 2006, S. 38, Abb. 53); erfolgte Dokumentation der Mauerbefunde der „Wernsdorfer" Kapelle vor der aus konservatorischer Sicht notwendigen Bodenabdeckung der Mauerbefunde; AKZ 4817,0008 (eingetragenes Bodendenkmal).
V. Lage im Hochtal der Orke 3,3–3,5 km ostsüdöstlich von Winterberg (Kirche).
Literatur: Flöer 2013, S. 479 f.: Wernsdorf; Bergmann 2015, S. 461–466.

Abb. 116: Winterberg-Ehrenscheider Mühle, Hochsauerlandkreis: +Wernestorp: Zierscheibe vom Pferdegeschirr mit der Darstellung eines vierfüßigen Fabelwesens. M. 1:1 (Foto: LWL-Archäologie für Westfalen, S. Brentführer)

Wernstorp (bei Wiemeringhausen).
I. Ortswüstung.
II. Stadt Olsberg.
III. *1321: *villa Wirnstorp* (Westf. Ub. 11, Nr. 1746).
V. Wahrscheinliche Lage südlich von Wiemeringhausen in der Pfarrei Assinghausen.
Literatur: Flöer 2013, S. 479: Wernsdorf; Bergmann 2015, S. 413 f.

Werntrop (N.N. „Am kalten Hofe").
I. Partielle Ortswüstung.
II. Stadt Schmallenberg.
III. *1072: *Werhincdorf/Werhincdors* (Seibertz Ub. 1, Nr. 30; Grafschafter Stiftungsurkunden, S. 12: auf echter Vorlage beruhende gefälschte Urkunde).
IV. Wüstungsweisender Flurname „Am kalten Hofe" bei Werntrop nahe der ehemaligen Werntroper Mühle (Mühle: AKZ 4815,0111).
Literatur: Hömberg 1938, Nr. 38, S. 163: Werntrop; Flöer 2013, S. 480 f.: Werntrop.

Wersinchusen.
I. Ortswüstung.
II. Stadt Brilon.
III. *1313: *curiam in Fresinchusen* (Seibertz Ub. 2, Nr. 556, S. 128, §192).
V. Lage 0,5 km nordnordöstlich von Gut Almerfeld.
VI. 11.?/12./13. Jh.; AKZ 4518,0169.
Literatur: Flöer 2013, S. 470: Weissinghausen und S. 482 f.: Wersinchusen; Bergmann 2015, S. 193–197.

Westenbracht.
I. Wüstungscharakter unsicher, Hofwüstung?
II. Stadt Arnsberg.
III. *1313: *It. Gyse de Winnentorp I hob. in Westenbracht* (Seibertz Ub. 2, Nr. 556, S. 121, §45).
V. Aufgrund der Nennung im Zusammenhang mit dem Niederadelsgeschlecht von Wintrop (Lage Gut Wintrop nordöstlich von Arnsberg) ist eine Verortung von Westenbracht in dessen Um-

feld anzunehmen.
Literatur: Flöer 2013, S. 483 f.: Westenbracht.

„Westerfeld".
I. Nicht sicher nachzuweisende Ortswüstung.
II. Stadt Olsberg.
IV. FlN „im Westerfelde".
V. Lage bei Antfeld?
Literatur: Flöer 2013, S. 484 f.: Westerfeld; Bergmann 2015, S. 414.

Westwich.
I. Ortswüstung.
II. Stadt Schmallenberg.
III. *1296 (1297): *manso dicto Westwich/manso in Westwich* (Westf. Ub. 7, Nr. 2395).
IV. Westwigß Gasse in Schmallenberg.
V. Lage im Lennetal westlich von Schmallenberg.
Literatur: Hömberg 1938, Nr. 80, S. 166; Becker 1969, Nr. 6, S. 73 f.; Flöer 2013, S. 487 f.: Westwich.

Wifhardenkosen.
I. Ortswüstung.
II. Stadt Medebach.
III. *1322: *curie in Wifhardenkosen* (Westf. Ub. 11, Nr. 1846).
V. Lage ostnordöstlich von Düdinghausen.
VI. Funde um 800?/9. Jh.–14. Jh., darunter das Fgm. eines romanischen Leuchters, das Bruchstück eines Pilgerhorns und ein keramisches Spielzeugpferdchen; AKZ 4718,0017.
Literatur: Flöer 2013, S. 495 f.: Wifferinchusen; Bergmann 2015, S. 396–401 (mit Karte).

Wigerdinchusen.
I. Ortswüstung mit wüster Mühle (ein direkter Zusammenhang zum heutigen Gut Wieringsen besteht nicht).
II. Stadt Marsberg.
III. *1106–1128: *villa Wigardinchuson* (Kindlinger 2, Nr. XIX, S. 128) bzw. 1107–1128: *villa Wigardinghusen* (Studien Reichsabtei Corvey, S. 154, S. 229, §22); Mühle 1276 erstgenannt (Westf. Ub. 4, Nr. 1453).
V. Lage 1,5 km südwestlich von Obermarsberg (Markt).
VI. Funde hohes und spätes Mittelalter bis einschließlich des 14. Jhs.; Ortsstelle: AKZ 4519,0048:02; Mühlenwüstung: AKZ 4519,0048.
Literatur: Flöer 2013, S. 493 f.: Wieringsen; Bergmann 2015, S. 336–343.

Wiggerinchusen.
I. Ortswüstung.
II. Stadt Olsberg.
III. *1315: *Wiggerinchosen* (Westf. Ub. 11, Nr. 1209); Ort um 1536 interimistisch wiederbesiedelt.
V. Lage etwa 3 km südlich von Gevelinghausen.
VI. AKZ 4616,0135.
Literatur: Flöer 2013, S. 496 f.: Wiggeringhausen; Bergmann 2015, S. 415 f.

Wildshausen.
I. Ehemaliger Adelssitz (Motte).
II. Stadt Arnsberg.
III. *1249: *villici de Wildeshusen et de Rurene* (Westf. Ub. 7, Nr. 704). Ab 1368 fungierte der Niederadelssitz als Witwensitz der Anna von Kleve, Gattin Gottfrieds von Arnsberg.
VI. Die Mottenanlage, zu der ein außerhalb dieser gelegener Wirtschaftshof gehörte, ist in der partiell versumpften Aue der Ruhr angelegt. Der Mottenhügel erhebt sich 3–4 m über dem Wasserspiegel des ihn umgebenden um 10 m breiten Wassergrabens. Diese Ringgräfte umgibt ein Außengraben, der heute teilweise wasserführend bzw. versumpft ist. AKZ 4615,0009 (eingetragenes Bodendenkmal).
Literatur: Seissenschmidt 1862, S. 2–7; Flöer 2013, S. 497 f.: Wildshausen.

Wintrop.
I. Partielle Ortswüstung (jetzt: Gut Wintrop).
II. Stadt Arnsberg.
III. *1202: *domos duas cum suis attinentiis in Winthorp* (Westf. Ub. 7, Nr. 15).
V.: Lage nordöstlich von Arnsberg.
Literatur. Flöer 2013, S. 500 f.: Wintrop.

Wirminckhusen.
I. Ortswüstung.
II. Stadt Marsberg.
III. *1482: *Wirmickhusen* (Urkunden Propstei Marsberg, Nr. 401).
V. Lage bei Obermarsberg.
VI. Fundstreuung aus Siedlungsperipherie(?) enthält prähistorische Keramik und solche des 10.–14. Jhs.; AKZ 4519,0048:01.
Literatur: Flöer 2013, S. 501 f.: Wirmickhusen; Bergmann 2015, S. 343 f.

Wisentorp.
I. Ortswüstung.
II. Stadt Schmallenberg.
III. 1. Hälfte 14. Jh. (*ca. 1314): *It. vn. mans. in Weysentorpe et in Latorpe* (Quellen westfälische Geschichte 1, S. 402; *Latorpe* = +Latrop, Hochsauerlandkreis); 1353: *mansum* [...] *in Wisentorp* (Seibertz Ub. 2, Nr. 726).
IV. Wüstungsweisender FlN „Wiesentrop" in der Deutschen Grundkarte.
V. Lage im Tal der Latrop zwischen +Gellentrop und +Latrop; eine Kartenskizze von 1750 verzeichnet die *vestigia Wiesentrop*.
VI. AKZ 4815,0154.
Literatur: Hömberg 1938, Nr. 81, S. 166: Wiesentrop; Becker 1969, Nr. 11, S. 79 f.; Flöer 2013, S. 494 f.: Wiesentrop.

Wolfferinchusen.
I. Ortswüstung.
II. Stadt Winterberg.
III. *1314 (Wüstnennung!): *Wolfferinchusen in der Woisten* (Quellen Stift Meschede, Nr. 41).
V. Lage 1,6 km südöstlich von Siedlinghausen.
VI. AKZ 4716,0162.
Literatur: Flöer 2013, S. 503 f.: Wolferinghausen; Bergmann 2015, S. 467–469.

Wolmerinchusen.
I. Ortswüstung.
II. Stadt Hallenberg.
III. *1311–1337: Henrich von Wolmerkusen (Heldmann 1888, 101 f.); 1314: *Womboldinchusen* (Quellen westfälische Geschichte 1, S. 387).
V. Lage schätzungsweise 3 km nordöstlich von Hallenberg.
Literatur: Flöer 2013, S. 504 f.: Wolmeringhausen; Bergmann 2015, S. 239–241.

Wulfringhusen.
I. Ortswüstung mit Kapelle.
II. Stadt Brilon.
III. *1113: *Wulfringhusen* (Westf. Ub. 1, Cod. 182; Reichsabtei Corvey Salierzeit, U 4, S. 248); Kapellenruine 1688 genannt.
V. Lage 1,6 km–2 km nordöstlich von Gut Almerfeld bzw. 3–3,6 km nordwestlich von Madfeld (Kirche) am Rand des Madfelds.
VI. Grabungsfunde 10.–14. Jh.; Hinweise auf Schwermetallverhüttung; Fund eines eisernen Kesselhaols und von Arbeitsgeräten aus Eisen (Grabung der LWL-Archäologie für Westfalen); AKZ 4517,0048.
Literatur: Flöer 2013, S. 505 f.: Wolmerinkhausen (dort mit Quellenbelegen zu + Wolmerinchusen bei Hallenberg bzw. den Herren von Wolmeringhausen zu Alme zusammengestellt); Bergmann/Cichy 2010, S. 200; Bergmann 2015, S. 197–221.

Wyddene.
I. Ortswüstung.
II. Stadt Marsberg.
III. *1281–1313: *Widene* (Seibertz Ub. 2, Nr. 551, §124).
V. Lage 2,6 km südlich von Madfeld (Kirche) bei Beringhausen.
VI. Funde des hohen Mittelalters und des 13. Jhs.; AKZ 4518,0017.
Literatur: Flöer 2013, S. 466 f.: Wedene; Bergmann 2015, S. 344–347.

Wydinchusen.
I. Ortswüstung.
II. Stadt Brilon.
III. *1493: Wydinchusen (Urkunden Kloster Bredelar, Nr. 737).
V. Lage 2,3 km nordnordwestlich des Schlosses in Nieder Alme.
VI. Funde des ca. 13. Jhs. aus einem Waldgelände; AKZ 4517,0070.
Literatur: Flöer 2013, S. 491 f.: Widinchusen; Bergmann 2015, S. 220 f.

Zwellenbeck.
I. Ortswüstung.
II. Gemeinde Bestwig.
IV. Wüstungsweisende FlN „Twilmecker Wiesen", „Twilmecker Feld", „Twilmecker Mark".
Literatur: Hömberg 1938, Nr. 84, S. 167.

10.7 Wüstungen im Kreis Olpe (Abb. 117)

Trotz seiner geringen Ausdehnung lassen sich für das Kreisgebiet 97 Wüstungsobjekte nachweisen (48 Ortswüstungen, zwei partielle Ortswüstungen, eine Klosterwüstung, zwei Burgwüstungen, zehn Hofwüstungen und allein 34 Wüstungsobjekte unsicherer Objekttypisierung). Die hohe Anzahl Letzterer beruht darauf, dass die historische Quellenüberlieferung relativ schlecht ist. Daher ist es teils schwierig zwischen Orts- und Hofwüstungen zu differenzieren. Bei den nachfolgend vorgenommenen Objektbestimmungen wurde davon ausgegangen, dass es sich bei Siedlungen mit -ingen und -husen Ortsnamen ehemals um Klein(st)siedlungen mit mehr als einem Hof gehandelt hat. Es bestehen weiterhin zahlreiche Siedlungen, deren mittelalterlicher Siedlungsname nicht zuverlässig ermittelt werden kann (Becker 1977, S. 253) und die daher in der Wüstungskurzliste mit N.N. (= *none nomine*) gekennzeichnet sind. Die Kenntnis des Wüstungsbestandes des Kreises wird den intensiven, langjährigen Forschungen des Geographen G. Becker verdankt. Sie beruht auf der Auswertung von archivalischen Quellen, den Hinweisen von lokal Forschenden und geografischen Gelände-Surveys dieses Autors, der für den Altkreis in seinen Grenzen vor der kommunalen Neugliederung von 1969 eine Karte der totalen Ortswüstungen des Spätmittelalters vorgelegt hat (Becker 1977, S. 249 f. und Abb. 1).

Abgesehen von der altbesiedelten Siedlungskammer um Attendorn ist der Raum des Südsauerlandes erst im 9.–11. Jh. dauerhaft als Siedlungsraum erschlossen worden. Spätestens im 12. Jh. scheint der innere Landesausbau weitgehend zum Abschluss gekommen zu sein und nur vereinzelt dürften noch nach 1150 neue Rodungssiedlungen entstanden sein (Becker 1977, S. 251). Diese Aussage lässt sich anders als in zahlreichen anderen Landschaftsräumen Westfalens nicht durch die Auswertung von Bodenfunden stützen. Eine Besonderheit des südwestlichen Kreisgebiets sind die zahlreichen ländlichen -ingen Orte, deren Verbreitungsgebiet sich in den benachbarten Altkreis Siegen erstreckt. Anders als z. B. im Südwesten Deutschlands gehören sie nicht einer älteren Siedlungsschicht des frühen Mittelalters an und entstanden mutmaßlich näherungsweise im letzten Viertel des 10. und der 1. Hälfte des 11. Jhs. Charakteristisch für die insgesamt 13 -ingen Orte (von denen acht wüstgefallen sind) ist, dass sie in der Peripherie der Siedlungsräume angelegt wurden und häufig eine ungünstigere topografische Lage einnahmen als mutmaßlich ältere Orte (Becker 1977, S. 253). Spärliche Bodenfunde sind lediglich von der Ortswüstung Steupingen bei Drolshagen bekannt und datieren in das 12.–14. Jh.

Wie zu erwarten, setzte der Wüstungsvorgang in den Stadtumfeldern früher als im eigentlichen ländlichen Raum ein. Eine erfolgte Nahmigration belegt jener *Tewes op dem Kellere*, der nach der wohl im frühen 14. Jh. erfolgten Brandzerstörung der ländlichen Siedlung, in der er ehemals lebte und die südlich von Attendorn lag, in die Stadt Attendorn abwanderte und dort 1317 als Bürger nachgewiesen ist. Der Wüstungsvorgang im Umfeld Attendorns erstreckte sich über einen längeren Zeitraum: Das Beispiel von +Blankenrode zeigt, dass von dem Ort noch 1536–65 eine Restsiedlung bestanden hat, wobei sich für Blankenrode ab dem 17. Jh. ein protoindustrieller Neubeginn fassen lässt. 1427 wütete in [+]Lohusen, das damals noch existent war, die Pest.

Im ländlichen Raum verweisen die Quellen auf eine im ausgehenden 14. Jh. einsetzende rückläufige Siedlungsentwicklung. Von den nachmaligen Wüstungen der Villikation Schönholthausen (Kr. Olpe) des Stifts Herford (in Herford/Ostwestfalen) entrichten nach dem gegen Ende des 14. Jh. erstellten Register alle Höfe ihre Abgaben. Allerdings ist der Hof Deplinghen (= *Oeplingen*) damals bereits aus ungenannten Gründen in den Zentralort Wenden verlegt worden und der grundherrschaftliche Rentenertrag dieses Hofes war gemindert. Auch dem Herforder Register von 1416 zufolge werden Abgaben von den nachmaligen Ortswüstungen entrichtet, wobei die bäuerlichen Bewirtschafter der Hufen meist explizit benannt sind. Erst aus den bis 1450 geführten Nachträgen zum Register von 1416 wird deutlich, dass eine Wüstungsbildung stattgefunden hat. Für +Depelinghen, +Herenscheid, +Herinchusen, +Kortenbeke und +Stendenbecke ist nun kein Bewirtschafter mehr bezeugt. Die Bewirtschaftung von +Tho den Husen erfolgt nun zum Teil von Nedern Hüsern aus. Diejenige von +Corvenrade wurde vom benachbarten Fretter aus vorgenommen, wobei in letzterem Fall Hufeneinheiten zusammengelegt worden waren. Insofern kann sich Becker festlegen, dass die „Masse der spätmittelalterlichen Ortswüstungen [...] in das 15. Jahrhundert" gehört (Becker 1977, S. 256), wobei die Interpretation der Herforder Quellenüberlieferung für einen Schwerpunkt der Wüstungsbildung in der 1. Hälfte des 15. Jhs. spricht.

Hinsichtlich der Auswirkungen der spätmittelalterlichen Wüstungsbildung lassen sich drei räumliche Entsiedlungsmuster erkennen: 1. Ortswüstungen in Form von Wüstungsringen in den Stadtfeldmarken und Stadtumfeldern, 2. verstreute Ortswüstungen zwischen weiterbestehenden, „wüstungsresistenten" Siedlungen (häufiger mit minderer zentralörtlicher Funktion) und 3. Räume totaler Entsiedlung. Von den Städten der Untersuchungsregion hat Attendorn 1222 und Olpe 1311 Stadtrechte erhalten. Drolshagen ist erst 1477, also nach der Wüstungsphase, zur Stadt erhoben worden (vgl. Becker 1977, S. 254). Dauerhafte permanente Flurwüstungen sind in den Stadtumfeldern nicht nachgewiesen. Die spätmittelalterliche Wüstungsbildung hat auch in den Räumen des Entsiedlungsmusters 2 zu einem mitunter erheblichen Kulturlandschaftsverlust geführt. Totale oder partiell wüste Ackerfluren bestehen im Bilsteiner Land wie auch im Rothaargebirge. Für die spezifische Form der regionalen Wüstungsbildung sind angegliederte, sog. adaptierte Wüstungsfluren kennzeichnend, bei denen von wüstungsresistenten Nachbarorten aus – häufig unter Extensivierungserscheinungen – eine Weiterbewirtschaftung von Flurbereichen vorgenommen worden ist. Ein durch exzessive Wüstungsbildung entstandenes, spätestmittelalterlich vollständig entsiedeltes Gebiet mit Totalwüstungen war in der Rüspe östlich der Linie Heinsberg – Rinsecke – Oberhundem entstanden. Infolge von Wüstungsbildung und Stadtwerdungsvorgängen veränderte sich das zu Ausgang des Hochmittelalters existente, weitgehend dorflose Einzelhof–Kleinweiler Siedlungsgebiet zu einem solchen der Großweiler und Kleindörfer, d. h. es fand eine Siedlungskonzentration bzw. „Verdorfung" statt. Den Wüstungsquotienten für den Zeitraum vom Ende des 13. Jhs. bis 1536 schätzt Becker aufgrund seiner intensiven Kenntnis des Kreisgebiets auf um 30%.

Abb. 117: Wüstungen im Kreis Olpe (Entwurf: LWL-Archäologie für Westfalen, R. Bergmann, Kartografie M. Thede,

Arbeitsstand: Februar 2021) [Übersichtskarte]

Wüstungsliste Kreis Olpe

Adelenbeke.
I. Ortswüstung.
II. Stadt Olpe.
III. *1360: *Adelenbeke*; 1536–1580 noch als Restsiedlung *uf der Almicke* (und ähnlichlautend) bestehend.
V. Lage nach Wüstungskarte A. K. Hömberg ungefähr 1–1,5 km südwestlich von Olpe; Bachtal der Alsmicke hingegen 2,5 km nordwestlich von Olpe gelegen.
Literatur: Becker 1957–61 [1960, 10. Fortsetzung], S. 26 f.: Alemicke.

„**Ahlinge**".
I. Aufgrund des -ingen Ortsnamens als Ortswüstung einzustufen.
II. Stadt Olpe.
IV./V. Der FlN „Ahlinge" bezeichnet in der Deutschen Grundkarte ein Gelände oberhalb der Bachaue der Neger und zwar 0,9 km südsüdwestlich von Olpe-Unterneger.
Literatur: Becker 1977, Nr. 29, S. 250 f.

Aldinveld.
I. Ortswüstung.
II. Stadt Drolshagen.
III. *1349: *Gerard van Aldinveld* (Ub. Drolshagen, Nr. 18, S. 7); Ende 14. Jh.: *Oldenfelde* (Prästationsregister Herford, S. 75); 1416 (mit Nachträgen bis 1450): *Oldenvelde. (modo Cord de Woste)* (Hömberg 1950, 384 §40).
IV. Wüstungsweisender FlN „zum Altenfelde",
V. Lage ca. 0,6 km südöstlich von Benolpe bei Drolshagen, bzw. westlich von Drolshagen zwischen der Stadt und dem Stupperhof an der Straße nach Benolpe.
VI. Groblokalisation: AKZ 4912,0121.
Literatur: Becker 1957–61 [1960, 12. Fortsetzung], S. 122 f.: Altenfeld; Becker 1977, Nr. 48, S. 250 f.; Flöer 2014, S. 24: Aldenfelde.

Beckenhove.
I. Wüstungscharakter unsicher bzw. unterschiedliche Interpretationen des Wüstungscharakters bestehend/möglich: Entweder nicht(!) mit dem jetzigen Biekhofen westnordwestlich Attendorn gleichzusetzen und dann als Hofwüstung einzustufen oder mit Biekhofen zu identifizieren und dann als Interimswüstung aufzufassen.
II. Stadt Attendorn.
III. *1425 (= Wüstnennung): *Beckenhove*; 1507: Land bei Beckhouen (INA Ahausen, Nr. 309).
V. Lage vor der „Ennester Porten" der Stadt Attendorn; auf Kreis-Übersichtskarte als Hofwüstung kartiert.
Literatur: Brunabend/Pickert/Boos ^{2}1958, S. 19; Becker 1957–61 [1959, 7. Fortsetzung], S. 56: Beckenhove; Becker 1977, Nr. 2, S. 250 f.: Beckenhof.

Berbeke.
I. Ortswüstung.
II. Stadt Attendorn.
III. *1402: Hof zu Berbeke (Flöer 2014, S. 36).
IV. Wüstungsweisender Bachname Bermicke.
V. Lage zwischen Mecklinghausen und Niederhelden.
VI. Groblokalisation: AKZ 4813,0309.
Literatur: Becker 1957–61 [1958, 5. Fortsetzung], S. 1734 f.: Bermicke oder Berbecke; Becker 1977, Nr. 14, S. 250 f.: Bermicke; Flöer 2014, S. 36 f.: Bermicke (I).

Berlinghausen, siehe „Bernynckhusen".

Bermecke.
I. Ortswüstung.
II. Stadt Drolshagen.
III. Ortswüstung; ehemals 2–3 Höfe umfassender Kleinweiler noch im 16. Jh. bestehend: *1536: *Christgenn in der Bermecke* (SchRegHzmWestf.1, S. 173),
V. Lage 0,75 km südlich von Brachtpe.
VI. Relikte eines Hauses mit einem auf das ehemalige Gebäude zuführenden Wassergraben; Groblokalisation: AKZ 4912,0120.
Literatur: Becker 1957–61 [1960, 12. Fortsetzung], S. 120 f.: Bermicke; Flöer 2014, S. 38: Bermicke (II).

„**Bernynckhusen**" (jetzt: Berlinghausen).
I. Aufgrund des -husen Suffixes des Ortsnamens als Ortswüstung zu interpretieren, Siedlung mit ehemaliger Niederungsburg des Mittelalters.
II. Stadt Attendorn.
III. 1371: *curtis* in *Berynchusen* (mit nicht zweifelsfreiem Bezug zu dieser Ortswüstung, vgl. Becker 1957–61 [1959, 8. Fortsetzung], S. 91, unter Bezug auf eine briefliche Mitteilung von Prof. Dr. A. K. Hömberg an Dr. H. Beck aus dem Jahr 1957); Ende 14. Jh.: *Berinchusen* (Prästationsregister Herford, S. 75, mit unsicherem Bezug auf die Ortswüstung bei Attendorn).
IV. 1516: wüstungsweisender FlN „Wiese zu Bernynckhusen"; 1698: FlN „boven der alten Borg" (Becker 1957–61 [1959, 8. Fortsetzung], S. 91); „Berlinghauser Wiesen" (Brunabend/Pickert /Boos ^{2}1958, Kartenbeilage).
V. Lage ca. 4 km südlich von Attendorn am Bremgebach im Bereich des heutigen Wohnplatzes Berlinghausen.
VI. Wallreste einer Turmhügelburg; Groblokalisation: AKZ 4913,0396.
Literatur: Brunabend/Pickert/Boos ^{2}1958, S. 18; Becker 1957–61 [1959, 8. Fortsetzung], S. 90 f.: Berlinghausen; Becker 1977, Nr. 30, S. 250 f.; Flöer 2014, S. 36: Berlinghausen.

Bettinghausen (jetzt: Bettinghof).
I. Partielle Ortswüstung.
II. Gemeinde Kirchhundem.
III. *1279: *Item Bettinghausen XII denarios*; die bis 1635 als -husen Ort geführte Siedlung ist nachfolgend nur noch als Bettinghoff bezeichnet (Zehntlöseregister Familie Rump, S. 62 und S. 64).
VI. Fundpunkt AKZ 4914,0320.
Literatur: Flöer 2014, S. 38 f.: Bettinghof.

Bichen (Biggen).
I. Sonderform einer aus zwei Siedlungsteilen (Nedern Bichen, Oeveren Bichen) bestehenden temporären bzw. partiellen Ortswüstung (Dorfwüstung), von der im 16. Jh. und 1817 noch ein Hof besteht; 1841 ebenso noch ein Hof bestehend.
II. Stadt Attendorn.
III. *1299: *decimam in Byge* (Westf. Ub. 7, Nr. 2563, S. 1233: *Byge* wird dort als das heutige Dorf Bigge im Altkreis Brilon (jetzt: Hochsauerlandkreis) aufgefasst; dieses 1299 genannte *Byge* (vgl. INA Ahausen, S. 1, Nr. 1) wird im INA Ahausen, S. 702) auf die hier behandelte Wüstung bezogen; 1371: *Oeverenbichen*; 1419: *Wuisten Bichen* (INA Ahausen, Nr. 290b, S. 106); 1441: *Nedern Bichen* (INA Ahausen, Nr. 163, S. 62 und Nr. 290 b, S.105).
V. Lage im Umfeld des Wohnplatzes Biggen an der Bigge.
Literatur: Becker 1957–61 [1959, 6. Fortsetzung], S. 16–19:

Biggen; Becker 1977, Nr. 8, S. 250 f.: Bichen (Interimswüstung); Becker 1957–61 [1959, 6. Fortsetzung], S. 19 f.: Niederbichen; Becker 1977, S. 250 f., Nr. 7: Niederbichen; Becker 1957–61 [1959, 6. Fortsetzung], S. 19 f.: Oberbiggen; Becker 1977, S. 250 f., Nr. 9: Oberbichen; Flöer 2014, S. 42–45: Biggen.

Blankenrode.
I. Ortswüstung (nach längerer Bestehenszeit als partielle Ortswüstung).
II. Stadt Attendorn.
III. *1365: *Brun van Blankenroyde* (Brunabend/Pickert/Boos [2]1958, Nr. 21, S. 293); Mühle 1378 genannt, mehrfach bei Hochwässern zerstört und z. B. 1662 bestehend; 1536–1565 als Restsiedlung bezeugt: 1536: *Schoult zu Blanckhenrhoidt*, 1565: *Schulte zu Blanckenrode* (SchRegHzmWestf. 1, S. 218); 17. Jh.: Anlage eines Hammerwerks nahe der Mühle; Mühle 1843 abgebrochen.
V. Lage im Südwesten von Attendorn.
VI. Ca. 1930: im Mikrorelief erkennbare Relikte von Mühle und Hammerwerk; von Bahnlinie gequerter schmaler Wassergraben als Relikt des einstigen Mühlengrabens interpretierbar; Schlackenhalde modern abgebaut; bei Schürfungen freigelegte Hammerachse; ehemaliges Siedlungsareal heute wahrscheinlich weitgehend überbaut; AKZ 4813,0308.
Literatur: Hüttemann 1950, S. 352–355; Brunabend/Pickert/Boos [2]1958, S. 18; Becker 1957–61 [1959, 8. Fortsetzung], S. 86–90: Blankenrode (mit Karte S. 87); Flöer 2014, S. 48 f: Blankenrode.

Boylen (im Kirchspiel Helden).
I. Ortswüstung.
II. Stadt Olpe in Grenzlage zur Stadt Attendorn.
III. *1383: Güter in Boylen in der Pfarrei Helden (Einkünfte Pfarrei Helden, S. 144).
IV./V. Unsichere Lage bei Oberveischede im Kirchspiel Helden; eine der möglichen Lageoptionen besteht bei Neuenwald, weil dort FlN „unterm Beul" auftretend.
Literatur: Becker 1957–61 [1958, 5. Fortsetzung], S. 1735 f.: Beul; Becker 1977, Nr. 33, S. 250 f.: Beul; Flöer 2014, S. 41: Beul.

Bredenbike (bei Bilstein).
I. Ortswüstung.
II. Stadt Lennestadt.
III. *1313: *Bredenbike sub castro Bylsten* (Seibertz Ub. 2, Nr. 556, S. 119, §1).
IV. Die sich an die vermutete Ortslage anschließende Waldfläche ist in der Deutschen Grundkarte mit dem FlN „Gaarte" bezeichnet.
V./VI. Wahrscheinliche Lage im mittleren Abschnitt des Bremcketals; Grobverortung: AKZ 4914,0319.
Literatur: Becker 1957–61 [1958, 4. Fortsetzung], S. 1680 f.: Bredenbeck oder Bremcke; Becker 1977, Nr. 37, S. 250 f.: Bredenbeke; Flöer 2014, S. 58: Bremeke.

Bruche, uff dem.
I. Hofwüstung.
II. Gemeinde Wenden.
III. 1362: *Hoff in deme Kirspiel zu Wenden by Hünsparn* [= Hünsborn] *gelegin uff dem Bruche* (Wiemers 1952, S. 384).
V. Auf Wüstungs-Übersichtskarte des Kreises Olpe nicht dargestellt.

Bunen.
I. Ortswüstung.
II. Stadt Lennestadt.
III. Ende 14. Jh.: *3 hob. in Hanekebeke in paroch. Elsepe et 1 hob. in Bunen* (Seib. Ub. 2, Nr. 795, S. 529, Anm., Z. 26 f.).
V. Bunen ist aufgrund des voraufgehend genannten Havekebeke (siehe dort) unsicher bei Elspe zu lokalisieren; auf Übersichtskarte nicht dargestellt.
Literatur: Flöer 2014, 67 f.: Bunen.

Bursceide.
I. Ortswüstung und Flurwüstung.
II. Stadt Attendorn, III. *1281–1313: *Bursceide*, *Burscede* (Seibertz Ub. 2, Nr. 551, S. 107, §5 und S. 113, §138); 1470–1500: *III Garden an dem Busschet* (Urkunden Pfarrarchiv Drolshagen, S. 1087); noch 1518 als Restsiedlung bestehend (ein Schatzungspflichtiger).
IV. Wüstungsweisender FlN „in der Buschet".
V. Lage bei Niederhelden.
VI. Kleineres Stufenrainsystem unter Waldbedeckung erhalten.
Literatur: Becker 1970, S. 110–113: Burscheid; Becker 1977, Nr. 17, S. 250 f.; Flöer 2014, S. 70 f.: Burscede (mit ausführlicher Diskussion der Ortsnamenbelege).

Cokkenbeke.
I. Ortswüstung.
II. Stadt Lennestadt.
III. *1393: Verlehnung des *Hoff toe Cokkenbeke* durch Dietrich von der Mark als Bilsteiner Burglehen (Lb. Grafen von der Mark, B 31, S. 116).
IV. wüstungsweisende Geländebezeichnung: Bachtal der Kockmecke und Einsattelung „Auf der Kockmecke" zwischen Askey und Rüberg.
V. Lage im Kirchspiel Kirchveischede bei Bilstein.
Literatur: Becker 1957–61 [1958, 4. Fortsetzung], S. 1679 f.: Kockmecke; Becker 1977, Nr. 38, S. 250 f.: Kockenbeck.

Corvenrade.
I. Ortswüstung.
II. Gemeinde Finnentrop.
III. *1279: *Item Coruenrade VIIII denarios* (Zehntlöseregister Familie Rump, S. 62 f.); Ende 14. Jh.: *Coruenrade* (Prästationsregister Herford, S. 74: Corvenrade ist dort mit dem wüstungsresistenten Kobbenrode identifiziert worden); 1416 (mit Nachträgen bis 1450): §6 *Coruenrode. Gherdeken, (modo Volmar van Vreter)*, §7 *Coruenrode. Buselschne (modo Volmar van Vreter*, §8 *Coruenrode. mansus Frederici soc. Keyser predicti*, §9 *Coruenrode. Hannekes Hus* (Hömberg 1950, S. 383 f.).
V. Lage bei Fretter.
Literatur: Floer 2014, S. 72: Corvenrode.

Dale.
I. Ortswüstung.
II. Raum Kirchhundem?, Lennestadt?, Finnentrop?
III. *1279: *Item Dale XIIII denarios* (Zehntlöseregister Familie Rump, S. 62 f. betreffend Einkünfte im Raum Elspe).
V. Vermutete Lage im östlichen Kreis Olpe; auf Übersichtskarte nicht dargestellt.
Literatur: Flöer 2014, S. 75: Dale.

Depelinghen.
I. Ortswüstung.
II. Gemeinde Wenden.

III. *Ende 14. Jh.: *De Hoff to Wenden gnt Oeplingen II Mark yn Gnaden, wente de Hoff sal mehr gewenn na den olden Registern* (Prästationsregister Herford, S. 75); 1416: *curia Wenden alias Deplynghen dicta. Cultor Kroser Quatuasel* (Hömberg 1950, S. 384, §42); 1512: *curiam Deplingen in par*[ochia] *Wenden* (CTW 4, S. 311).
IV. Wüstungsweisender FlN „in der Dipplinge" nordöstlich von Wenden.
Literatur: Wiemers 1952, S. 358–361; Becker 1957–61 [1961, 15. Fortsetzung], S. 237 f.: Deplingen; Becker 1977, Nr. 76, S. 250 f.

Deydinck[**husen**].
I. Ortswüstung.
II. Stadt Attendorn.
III. *1352: *Deydinck* (Seibertz Ub. 2, Nr. 724); Familie *van Dedynckhusen* später mit lokalem Bezug genannt.
V. Genauere Lage im Kirchspiel Helden nicht zu ermitteln.
Literatur: Becker 1957–61 [1958, 5. Fortsetzung], S. 1736 f.: Dedinghausen, Deyinck oder Dydink; Becker 1977, Nr. 15, S. 250 f.; Flöer 2014, S. 75 f.: Dedinghausen.

Dreynchusen.
I. Ortswüstung.
II. Stadt Attendorn.
III. *1383: Dreynchusen; von Dreenchusen (Einkünfte Pfarrei Helden, S. 144 f.).
V. Genauere Lage im Raum bzw. Kirchspiel Helden nicht zu ermitteln.
Literatur: Becker 1957–61 [1958, 5. Fortsetzung], S. 1737: Dreynchusen; Becker 1977, Nr. 16, S. 250 f.; Flöer 2014, S. 79 f.: Dreynchusen.

Eppernbergh.
I. Wüstungscharakter unsicher; Hofwüstung?
II. Stadt Olpe?
III. *1336: Henrich von *Ebbenbragt*; Mansus in *Ebbenbragt*; 1434: Hof zu Eppenberg; 1498–1502: Hof *Eppernbergh* (Urkundenregesten Herren von Haiger, S. 148 f.).
V. Lage im „Raum Olpe, möglicherweise an der Stelle des späteren Hammerwerks Niederstenhammer östl[ich] von Stade [...], das im Biggesee untergegangen ist" (Flöer 2014, S. 85).
Literatur: Flöer 2014, S. 85 f.: + Ebbenberg.

Grautenhove,
I. Hofwüstung (oder zu einer Ortswüstung gehörender wüster Hof?).
II. Stadt Attendorn.
III. *1425 (= Wüstnennung): *Grautenhove*.
V. Objektlage nördlich bis nordöstlich von Attendorn vor dem Ennester Tor.
Literatur: Brunabend/Pickert/Boos ^{2}1958, S. 19; Becker 1957–61 [1959, 7. Fortsetzung], S. 56: Grautenhove; Becker 1977, Nr. 3, S. 250 f.: Grautenhof.

Havekebeke.
I. Ortswüstung.
II. Stadt Lennestadt.
III. *1279: *Item Hauekebecke IIII solidos* (Zehntlöseregister Familie Rump, S. 62). Conrad (Zehntlöseregister Familie Rump, S. 64) vermerkt dazu: „Bei Hauekebecke handelt es sich um das erstmals erwähnte Habbecke im Kirchspiel Schönholthausen". Anm. Verf.: Schönholthausen gehört jedoch zur Gemeinde Finnentrop und somit wäre der Quellenbeleg nicht auf die hier behandelte Ortswüstung zu beziehen. – In der Reihenfolge der Nennungen des Zehntlöseregisters von 1279 ist Havekebeke zwischen Theten (Kirchspiel Elspe) und Oberelspe angeführt; 1281–1313: *Hemptkepeke* [verballhornt] (Seibertz Ub. 2, Nr. 551, S. 108, §11; Datierung nach Flöer 2014: 1280–1285); Ende 14. Jh.: *3 hob. in Hanekebeke in paroch*[ia] *Elsepe* (Seib. Ub. 2, Nr. 795, S. 529, Anm., Z. 22 f.).
V. Nach Quellenangabe des Spätmittelalters im Kirchspiel Elspe (und dort wahrscheinlich 1 km südöstlich von Oberelspe im Habbecketal gelegen); potentielle Lage im Bereich einer bestehenden rezenten Bebauung „Habecke" am Zusammenfluss von Habecke und Burbecke.
VI. Groblokalisation: AKZ 4814,0351.
Literatur: Becker 1957–61 [1958, 4. Fortsetzung], S. 1682–1685: Habbecke; Becker 1977, Nr. 19, S. 250 f.: Habbecke; Flöer 2014, S. 112 f.: Habecke.

Heiderhove.
I. Hofwüstung (oder zu einer Ortswüstung gehörender wüster Hof?).
II. Stadt Attendorn.
III. *1425 (= Wüstnennung): *Heiderhove*.
V. Lage nördlich bis nordöstlich von Attendorn vor der „Ennester Porten".
Literatur: Brunabend/Pickert/Boos ^{2}1958, S. 19; Becker 1957–61 [1959, 7. Fortsetzung], S. 56: Heiderhove; Becker 1977, Nr. 6, S. 250 f.: Heiderhof.

Herenscheid.
I. Ortswüstung.
II. Stadt Drolshagen.
III. *1355: *Gerart van Herlchedel* (Ub. Drolshagen, Nr. 22); Ende 14. Jh.: *Herenscheid* (Prästationsregister Herford, S. 74); 1416: *Herynscheyt. Tregheler* (Hömberg 1950, S. 384, §38); Siedlungsaufgabe im letzten Viertel des 15. Jhs. im Zusammenhang mit der Stadtgründung von Drolshagen stehend.
IV. Wahrscheinliche Lage im Randbereich des Waldes „Herrnscheid" westlich von Drolshagen.
Literatur: Becker 1957–61 [1960, 13. Fortsetzung], S. 175 f.: Hernscheid; Becker 1977, Nr. 47, S. 250 f.; Flöer 2014, S. 125 f.: Hernscheid.

Herinchusen.
I. Ortswüstung.
II. Gemeinde Wenden.
III. *Ende 14. Jh.: *Herinchusen nest Vogels Huis I Schap* (Prästationsregister Herford, S. 75); 1416: *Herynchusen. Hertvoghels Hus* (Hömberg 1950, S. 385, §48).
V. Mutmaßliche Lage zwischen Schönau und Wenden im Tal der Albe.
Literatur: Becker 1957–61 [1961, 14. Fortsetzung], S. 193 f.; Flöer 2014, S. 124: Herinchusen.

Herminchusen.
I. Ortswüstung.
II. Gemeinde Wenden.
III. *1499: *Herminhusen*; *Tzo Hermichußen yn der Langemicke* (Wiemers 1952, S. 288 und S. 292 f.).
V. Lage in dem in das Tal der Albe einmündenden Tälchen der Lamicke.
VI. Groblokalisation: AKZ 5013,0303.
Literatur: Becker 1957–61 [1961, 14. Fortsetzung], S. 193 f.:

Hermi(n)ghausen in der Lamicke (Langemicke); Becker 1977, Nr. 79, S. 250 f.; Flöer 2014, S. 124 f.: Herminchusen.

Hillewordinchusen.
I. Ortswüstung.
II. Stadt Olpe.
III. *1365: *Hunolt von Hillewordinchusen* (Forck 1991, S. 33 f.).
IV. Wüstungsweisender FlN „Im Hildringhause“ bzw. moderner Straßenname „Zu Hildringhausen“ in der Deutschen Grundkarte.
V. Lage nordöstlich von Olpe.
Literatur: Becker 1957–61 [1960, 10. Fortsetzung], S. 24–26: Hildringhausen; Becker 1977, Nr. 53, S. 250 f.: Hildringhausen; Flöer 2014, S. 131 f.: Hildringhausen.

„**Höfingen**“.
I. Aufgrund des -ingen Ortsnamens als Ortswüstung einzustufen.
II. Gemeinde Wenden.
IV. 1740 genannter „Höfinger Schlag“ (= Landwehrdurchlass).
V. Lage zwischen Altenhof und Hünsborn nahe der „Dornschlade“.
Literatur: Becker 1957–61 [1961, 15. Fortsetzung], S. 236 f.: Hövingen, Hofingen; Becker 1977, Nr. 80, S. 250 f.

Holthusen (bei Attendorn).
I. Ortswüstung.
II. Stadt Attendorn.
III. *1300: *Holthusen in perrochia Attendar* (Westf. Ub. 7, Nr. 2589); 1412 wüstliegend; 1427 erfolgte Nennung eines Waldes „Holthuser Holz“ in der Nähe von Biekhofen.
V. Lage nordwestlich von Attendorn im Umfeld des Ortes Biekhofen.
Literatur: Brunabend/Pickert/Boos [2]1958, S. 19; Becker 1957–61 [1959, 6. Fortsetzung], S. 20 f.: Holthausen; Becker 1977, Nr. 1, S. 250 f.: Holthausen; Flöer 2014, S. 135 f.: Holthusen.

Homert.
Ortswüstung?
II. Gemeinde Kirchhundem.
Literatur: Becker 1977, Nr. 45, S. 250 f.

Hoyle, Tho dem.
I. Ortswüstung.
II. Gemeinde Kirchhundem.
III. *1440: *tho dem Hoyle* (Landesarchiv NRW, Abt. Westfalen [Münster], Studienfonds der Universität Münster, XVII Schönholthausen, Akten 119, zit. n. Becker 1957–61 [1958, 3. Fortsetzung], S. 1622, Anm. 13). Die aus mindestens zwei Höfen bestehende Kleinstsiedlung scheint im 15. Jh. aufgelassen worden zu sein
V. Lage bei Herrntrop im Kirchspiel Hundem.
Literatur: Becker 1957–61 [1958, 3. Fortsetzung], S. 1622: Hoel; Becker 1977, Nr. 42, S. 250 f.: Hoell; Flöer 2014, S. 134: Hoele.

Husen, To den.
I. Ortswüstung.
II. Stadt Lennestadt.
III. *Ende 14. Jh.: *Thon Husenn* (Prästationsregister Herford, S. 74; Tho den Husen ist dort mit dem bestehenden Ort Thahusen bei Schmallenberg [Hochsauerlandkreis] gleichgesetzt worden); 1416 (mit Nachträgen bis 1450): §10 *Thon Hüsen. Loryk junior (modo Gerlacus to nedern Hüsern)*, §11 *Thön Hüzen. modo Plumper (modo Volmeke Wenck)* (Hömberg 1950, S. 384; To den Husen ist dort mit Wiebelhausen bei Lennestadt-Oedingen gleichgesetzt worden).
V. Lage unbestimmt im Kirchspiel Elspe; auf Wüstungs-Übersichtskarte des Kreises Olpe nicht dargestellt.
Literatur: Flöer 2014, S. 142 f.: Husen, To den.

„**Hußelinge**“.
I. Aufgrund des -ingen Ortsnamens als Ortswüstung einzustufen.
II. Stadt Olpe.
III. *1515: Gut *tho Rodenhart vf dem Appenberg in der Hußelinge gelegen* (Appenberg = Attenberg zwischen Olpe und Rhonard bzw. Lage des Berges 1,5 km westnordwestlich des FlN „Hüsinge“).
IV. Anzunehmende Lage 2,9 km ostsüdöstlich von Olpe (Kirche) in einem nordwestlich des Weilers Rhonard von Nordosten in das Tal des Rhonardbachs einmündenden kurzen Tälchens, dort auftretender FlN „in der Husinge“ (bzw. in der Deutschen Grundkarte überlieferter FlN „Hüsinge“).
VI. In der Literatur wird eine Siedlungsgründung im späten 10. Jh. oder um 1000 n. Chr. angenommen.
Literatur: Becker 1957–61 [1960, 11. Fortsetzung], S. 85 f.: Husingen; Becker 1977, Nr. 54, S. 250 f.

Kellere, Op dem (eigentlicher Ortsname unbekannt?).
I. Ortswüstung.
II. Stadt Attendorn.
III. Ehemals in der Dorfwüstung ansässiger Markengenosse *Tewes op dem Kellere* nach Brandzerstörung des Ortes in die Stadt Attendorn abgewandert, in der Stadt *1317 nachzuweisen und das dortige Bürgerrecht besitzend (Brunabend/Pickert/Boos [2]1958, S. 18); 1397: *wuste Dorp* unter dem *Keller*.
IV. Wüstungsweisende Waldbezeichnung „Am Keller“.
V. Lage der Ortswüstung näherungsweise 1,5 bis 2 km südlich bis südöstlich von Attendorn im Bereich des FlN „In der Rammelsbocke“ (jetzt: „Ramelbock“).
VI. Groblokalisation: AKZ 4813,0306.
Literatur: Becker 1957–61 [1959, 7. Fortsetzung], S. 58: Op dem Keller; Becker 1977, Nr. 12, S. 250 f.: unter dem Keller; Flöer 2014, S. 150 f.: Keller, Op dem.

Kinbeke.
I. Ortswüstung.
II. Stadt Olpe.
III. *1406: Personenname *van Kinbeke*.
IV./V. Wüstungsweisender Bachname „Kimicke“ und Bergname „Kimickeberg“; Lage 2,5 km südsüdöstlich von Olpe bzw. südöstlich der Kuppe des Kimickebergs; wahrscheinliche Ortslage im Einmündungsbereich eines Bachsiepens in das Kimicke-Tal.
VI. Eisenschlackenfunde an verschiedenen Stellen des Kimicke-Tals; im wahrscheinlichen Ortsbereich Auffindung einer fragmentierten Tüllenkanne aus gelber Irdenware mit braunvioletter Bemalung Pingsdorfer Art des ausgehenden Hochmittelalters; AKZ 4913,0065.
Literatur: Becker 1957–61 [1960, 10. Fortsetzung], S. 27 f.: Kimicke (Kinbecke); Becker 1977, Nr. 52, S. 250 f.: Kimicke.

Kortenbeke.
I. Hofwüstung?
II. Gemeinde Wenden.
III. *1416: *Kortenbeke. Cultor Lotze* (Hömberg 1950, S. 385, §47; nach Hömberg: Wüstung in der Kortemicke bei Girkhausen); 1521: *Erve* genannt Kortenbeck *ton olden Have* [= Altenhof] in dem *Kerspel to Wenden* (CTW 4, S. 322).

VI. Wahrscheinliche Lage in dem von Altenhof nach Südosten verlaufenden Tal der Kurzmicke.
Literatur: Becker 1957–61 [1961, 14. Fortsetzung], S. 197: Kortenbeke; Becker 1977, Nr. 81, S. 250 f.: Kortenbeck.

Kreggenhove.
I. Hofwüstung (oder zu einer Ortswüstung gehörender wüster Hof?).
II. Stadt Attendorn.
III. *1425: *Kreggenhove* (Wüstnennung).
V. Lage nördlich bis nordöstlich von Attendorn vor dem Ennester Tor.
Literatur: Brunabend/Pickert/Boos [2]1958, S. 19; Becker 1957–61 [1959, 7. Fortsetzung], S. 56: Kreggenhove; Becker 1977, Nr. 5, S. 250 f.: Kreggenhof.

Lohusen.
I. Ortswüstung.
II. Stadt Attendorn.
III. Noch *1427 als Siedlung bestehend, damals dort aufgetretene Pestepidemie überliefert (Brunabend/Pickert/Boos [2]1958, S. 19).
V. Wahrscheinliche Lage etwa 1,5 km nördlich von Attendorn im Umfeld der heutigen Siedlung [Am] Loh bzw. nahe von +Holthusen.
Literatur: Becker 1957–61 [1959, 6. Fortsetzung], S. 21; Becker 1977, Nr. 4, S. 250 f.; Flöer 2014, S. 166: + Lohusen.

„Lutrop".
I. Aufgrund des -thorpe Ortsnamens als Ortswüstung einzustufen.
II. Stadt Lennestadt.
V. Wüstungsweisende FlN: „Lutrop", „Luchtrop", „Luchtroper Siepen".
Literatur: Becker 1957–61 [1958, 4. Fortsetzung], S. 1685: Luchtrop oder Lutrop(?); Becker 1977, Nr. 20, S. 250 f.

Lynerbeke.
I. Hofwüstung?, Ortswüstung?
II. Stadt Drolshagen.
III. *1376: Gut zu *Lynerbeke* in dem *Kirspele van Droylshagen* (Staatsarchiv Düsseldorf, Kurköln, Lehen, Generalia, 8 I, fol. 106 a, zit. n. Becker 1957–61 [1960, 13. Fortsetzung], S. 179).
IV. Es besteht kein sicherer FlN-Hinweis bzw. Bachname um eine Verortung vorzunehmen.
Literatur: Becker 1957–61 [1960, 13. Fortsetzung], S. 178 f.: Linden (Lynderbeke); Becker 1977, Nr. 24, S. 250 f.: „Lynderbeke" (ter Linden").

Messelincke.
I. Hofwüstung?
II. Gemeinde Finnentrop.
III. *1415: *Gerkin. de Marppe* [...] *rec*[epit] *bona in Messelincke in paroch*[ia] *Holthuysen* (Seibertz Ub. 2, Nr. 795, S. 527, Anm., Z. 18 f.).
V. Vermutlich bei Schönholthausen zu verorten.
Literatur: Flöer 2014, S. 176, Messelinck.

Nedern Bichen siehe Bichen.

Nedern Ruberghe.
I. Ortswüstung und Wüstungsflur.
II. Stadt Lennestadt.
III. *1382: Gut *tho me Nedern Ruberghe* (INA Ahausen, Nr. 43, S. 22).
V. Lage bei Altenhundem.
VI. Ausgedehnte Flurrelikte (Ackerterrassensystem) am östlichen Hang des Rübergs (496 m üb. NN).
Literatur: Becker 1957–61 [1958, 3. Fortsetzung], S. 1620–1622: Nieder-Rüberg; Becker 1977, Nr. 39, S. 250 f.: Nieder-Ruberg.

Niederbremge (Plaßmannshof).
I. Ortswüstung; der in der 2. Hälfte des 17. Jhs. wüstgefallene Schultenhof Plaßmannshof ist möglicherweise als Restsiedlung von Niederbremge aufzufassen.
II. Stadt Attendorn.
III. *1435: Niederbredenbeke (Flöer 2014, 59); 1507: Hof zu Niederen Bremcke (INA Ahausen, Nr. 309).
IV. FlN „Plaßmannshof" (Hof in der 2. Hälfte des 17. Jhs. wüstliegend).
V. Lage etwa 1,5 km nördlich bis nordnordwestlich von Attendorn „unterhalb der heutigen Mühlhardt am östlichen Talhang des Bremger Baches" (Becker 1959, S. 85).
Literatur: Becker 1957–61 [1959, 8. Fortsetzung], S. 84–86: Plaßmannshof, Flöer 2014, S. 58 f.: Niederbremge.

N.N. 5013, M9 bei Ottfingen.
I. Ortswüstung.
II. Gemeinde Wenden.
V. Quellmuldenlage 0,6 km nordnordöstlich von Ottfingen (Kirche).
VI. Funde 11.–14./15.(?) Jh.; AKZ 5013,0078.
VII. Bergmann 1992c, S. 141–145 und Abb. 24–26.

N.N. „alte Hof, Der".
I. Hofwüstung.
II. Gemeinde Kirchhundem.
Literatur: Becker 1977, Nr. 43, S. 250 f.

N.N. „alten Haus, Am".
I. Wüstungscharakter ungeklärt.
II. Gemeinde Finnentrop.
IV. 0,5 km westnordwestlich von Weuspert tritt in der Deutschen Grundkarte (Blatt 4714/25) der wüstungsweisende FlN „Am alten Haus" auf, der ein Gelände im Quellmuldenbereich der oberen Falbecke bezeichnet. Die potentielle Fundfläche wird im Westen bis Südsüdwesten vom „Menscheidsiepen" begrenzt. Unmittelbar nördlich von ihr tritt in der Deutschen Grundkarte die Bezeichnung „Wüstung Menzebach" auf und wiederum wenig westlich dieser (ebenfalls an der Falbecke) die Bezeichnung „Wüstung Baroth".
VI. AKZ 4714,0213.

N.N. „alten Hause, Vor dem".
I. Ortswüstung (ehemals aus mindestens 3 Höfen bestehend) und Flurwüstung.
II. Gemeinde Kirchhundem.
III. Frühneuzeitlich überliefert sind das Hobergs Gut, Follers (= Zollers) Gut und Flappers Gut.
V. Lage ostsüdöstlich des Oberdorfs Heinsberg.
VI. Im Flurbezirk sind Hauspodien und Ackerraine beobachtet worden.
Literatur: Becker 1957–61 [1958, 2. Fortsetzung], S. 1576 f.: Vor dem alten Hause, Karte: S. 1574; Becker 1977, Nr. 63, S. 250 f.

N.N. „Alten Hof".
I. Hofwüstung.
II. Stadt Olpe.
IV./V. In Hitzendumicke bei Olpe tritt in der Deutschen Grundkarte oberhalb der Einmündungsstelle eines Quellbachs in den Dumicker Bach der wüstungsweisende FlN „Alten Hof" auf.
Literatur: Becker 1977, Nr. 28, S. 250 f.

N.N. „alten Hofe, Im" (bei Kirchveischede).
I. Hofwüstung.
II. Stadt Lennestadt.
IV. FlN „im alten Hofe"/„alter Hof" im Urkataster von 1831.
V. Lage im Eichmecke-Siepen 1 km südlich von Kirchveischede.
Literatur: Becker 1957–61 [1958, 4. Fortsetzung], S. 1681 f.: Altenhof; Becker 1977, Nr. 35, S. 250 f.

N.N. „alten Hofe, Im" (bei Drolshagen).
I. Hofwüstung.
II. Stadt Drolshagen.
IV. FlN „im alten Hofe".
V. Wüstungsweisender FlN des Urkatasters 3 km westsüdwestlich von Drolshagen auftretend.
Literatur: Becker 1957–61 [1960, 12. Fortsetzung], S. 122: Im alten Hof; Becker 1977, Nr. 46, S. 250 f.

N.N. „Altenhuppen".
I. Ortswüstung.
II. Gemeinde Wenden.
V. Lage bei Huppen.
VI. Zwei erkannte Gehöftpodien.
Literatur: Becker 1957–61 [1961, 15. Fortsetzung], S. 241; Becker 1977, Nr. 69, S. 250 f.

N.N. „Berghofe, Auf'm".
I. Hofwüstung.
II. Gemeinde Kirchhundem.
IV. Im Jahr 1625 bestehender wüstungsweisender FlN „auf'm Berghofe".
V. Lage etwa 0,5 km nordwestlich von Hofolpe.
Literatur: Becker 1957–61 [1958, 3. Fortsetzung], S. 1625; Becker 1977, Nr. 41, S. 250 f.

N.N. „Bucheler Hof".
I. Hofwüstung?
II. Gemeinde Wenden.
IV./V. Der wüstungsweisende FlN „Bucheler Hof" tritt in der Deutschen Grundkarte 1,5 km nordöstlich von Altenwenden zwischen diesem und Krombach (Kr. Siegen-Wittgenstein) auf und bezeichnet ein Areal im Quellursprungsbereich der Albe.

N.N. „Buschhof".
I. Hofwüstung?
II. Gemeinde Drolshagen.
IV./V. Am Ostertbach südwestlich von Bühren tritt in der Deutschen Grundkarte oberhalb eines rezenten Teichs der wahrscheinlich wüstungsweisende FlN „Buschhof" auf.

N.N. „Cäcilienhäuschen".
I. Hofwüstung?
II. Stadt Drolshagen.
IV. Wüstungsweisender FlN „Cäcilienhäuschen".
V. Lage beim Wohnplatz Eltge im oberen Abschnitt eines Tales im Umfeld des „Lohkopfes".
VI. Spuren eines Gebäudes.
Literatur: Becker 1957–61 [1960, 12. Fortsetzung], S. 120: Cäcilienhäuschen; Becker 1977, Nr. 70, S. 250 f.

N.N. „Dernbach".
I. Nach Kartenlegende Becker: „Möglicherweise Ortswüstung des späten Mittelalters" bzw. sagenhaft überlieferte Siedlung.
II. Gemeinde Kirchhundem.
IV. Bachnamen „Lange Dörnbach" und „Kurze Dörnbach" im äußersten Südosten des Kreises Olpe.
Literatur: Becker 1957–61 [1958, 2. Fortsetzung], S. 1572 f.: Dernbach; Becker 1957–61 [1961, 16. Fortsetzung und Schluss], vgl. Karte auf S. 285 f.: „Übersicht über die Wüstungen des südlichen Sauerlandes".

N.N. „Dollenbruch".
I. Wüstungscharakter unsicher; sagenhaft überliefert; Hofwüstung?, Flurwüstung.
II. Gemeinde Kirchhundem.
V. Lage bei Brachthausen.
VI. 1933 beobachtete Flurrelikte; potentielle Siedlungslage im Umfeld eines in der Deutschen Grundkarte verzeichneten Standorts eines Freistuhlgerichts (FlN „Freienstuhl": AKZ 4914,0277) nahe des Dollenbrucher Bachs.
Literatur: Becker 1957–61 [1958, 3. Fortsetzung], S. 1626; Becker 1977, Nr. 57, S. 250 f.

N.N. „Hartemeke".
I. Ortswüstung.
II. Gemeinde Kirchhundem.
III. 1544: Gut *tho dem Hemeßberge genant dey Hartemeke*.
V. Lage nördlich von Heinsberg.
Literatur: Becker 1957–61 [1958, 2. Fortsetzung], S. 1573: Hardmecke (Hardenscheid), Karte S. 1574; Becker 1977, Nr. 62, S. 250 f.: Hardmecke.

N.N. „Höfen, Auf den".
I. Wüstungscharakter unsicher (Ortswüstung?).
II. Gemeinde Kirchhundem.
IV. Wüstungsweisender FlN „Auf den Höfen" unmittelbar östlich des Unterdorfs Heinsberg auftretend.
V. Lage bei Heinsberg.
Literatur: Becker 1957–61 [1958, 2. Fortsetzung], S. 1575 f.: Auf den Höfen, Karte: S. 1574.

N.N. „Hof, Im".
I. Hofwüstung?
II. Stadt Lennestadt.
Literatur: Becker 1977, Nr. 36, S. 250 f.

N.N. „Hofstatt, In der" (Herkessiepen).
I. Wahrscheinliche Hofwüstung,
II. Gemeinde Wenden.
IV. Wüstungsverdächtiger FlN-Bereich „in der Hofstatt", „vor dem Herkerwäldchen", „Herkesseifen" 1 km westsüdwestlich von Gerlingen.
Literatur: Becker 1957–61 [1961, 14. Fortsetzung], S. 194; Becker 1977, Nr. 73, S. 250 f.: Herkessiepen.

N.N. „Homerter Hof".
I. Hofwüstung?
II. Stadt Olpe.
IV. Wüstungsweisender FlN „im Homerter Hof" im Bereich des

Quellursprungs des südlichen Bacharms der Veischede.
V. Jetzt Deponiegelände.
Literatur: Becker 1957–61 [1959, 9. Fortsetzung], S. 131: Homerter Hof; Becker 1977, Nr. 32, S. 250 f.: Homert.

N.N. „Honert" (Hohe Hartt).
I. Mutmaßliche Hofwüstung (unsicherer Wüstungscharakter, da sich die Nennung von 1556 auch auf eine ‚Hufe vor dem Wald' [= Hartt] beziehen könnte).
II. Stadt Drolshagen.
III. 1556: *Hoffe fur der Hartt*.
IV. Waldname „Hardt" 1,5 km nördlich von Drolshagen.
Literatur: Becker 1957–61 [1960, 13. Fortsetzung], S. 177 f.: Hohe Hartt; Becker 1977, Nr. 51, S. 250 f.

N.N. „Kaltenborn".
I. Hofwüstung?, Ortswüstung?
II. Stadt Drolshagen.
V. Lage 1 km südsüdwestlich des Weilers Dumicke.
VI. 1955 beobachtete „Steinmauern".
Literatur: Becker 1957–61 [1960, 13. Fortsetzung], S. 179: Kaltenborn; Becker 1977, Nr. 27, S. 250 f.

N.N. „Katerberge, Tem".
I. Gründe für die Annahme der Existenz einer Wüstung Katerberg bzw. deren potentielle Ableitung u. a. aus dem ehemaligen Bestehen eines Zehntbezirks „tem Katerberge" westlich von Drolshagen sind nicht für den sicheren Nachweis einer Ortswüstung ausreichend.
II. (angeblich) Stadt Drolshagen.
Literatur: Becker 1957–61 [1960, 13. Fortsetzung], S. 176 f.: Katerberg; Becker 1977, Nr. 49, S. 250 f.

N.N. „Klemmingheim".
I. Ortswüstung.
II. Gemeinde Kirchhundem.
IV. Wüstungsweisender FlN „Klemmingheim" in der Deutschen Grundkarte.
V. Der FlN bezeichnet einen unmittelbar oberhalb einer Terrassenkante gelegenen Nadelwaldbestand zwischen der Selbecke und der Schwartmecke.
VI. AKZ 4914,0321.
Literatur: Becker 1977, Nr. 44, S. 250 f.

N.N. „Mälmke".
I. Unsichere Hof- oder Ortswüstung.
II. Stadt Attendorn.
IV. Nicht sicher wüstungsweisender Bachname Mälmke.
V. Angenommene Siedlungslage zwischen Helden und Repe.
Literatur: Becker 1957–61 [1958, 5. Fortsetzung], S. 1733 f.: Mälmke (?); Becker 1977, Nr. 13, S. 250 f.

N.N. „Marrikwiesiken".
I. Wüstungscharakter unsicher.
II. Stadt Olpe.
Literatur: Becker 1977, Nr. 56, S. 250 f.

N.N. „Pipershof".
I. Hofwüstung? (möglicherweise mit weiteren ‚Hofwüstungen' im Umfeld des erst Ende des 18. Jhs. angelegten Oberdorfs Heinsberg zu einer Ortswüstung gehörend).
II. Gemeinde Kirchhundem.
IV./V. Wüstungsweisender FlN „im Pipershof" südlich des Oberdorfs Heinsberg auftretend.
Literatur: Becker 1957–61 [1958, 2. Fortsetzung], S. 1574 f.: Pipershof, Karte: S. 1574; Becker 1977, Nr. 61, S. 250 f.

N.N. „Quermecke".
I. Nach Becker mutmaßliche spätmittelalterliche Ortswüstung.
II. Gemeinde Kirchhundem.
IV–VI. Quermke Siepen zwischen Benolpe/Welschen Ennest und Einsiedelei (= AKZ 4913,0226) mit mehreren Schlackenhalden wahrscheinlich des Mittelalters (AKZ 4914,0006 und AKZ 4913,0035).
Literatur: Becker 1957–61 [1961, 16. Fortsetzung und Schluss, vgl. Karte auf S. 285 f.: „Übersicht über die Wüstungen des südlichen Sauerlandes"].

N.N. „Rauerhardt".
I. Hofwüstung.
II. Stadt Drolshagen.
V. Lage am nördlichen Rand des Kirchspiels Drolshagen zwischen den Wohnplätzen Schützenbruch und Heimicke nahe einer Landwehr.
Literatur: Becker 1957–61 [1960, 13. Fortsetzung], S. 178: Rauhe Hart; Becker 1977, Nr. 25, S. 250 f.

N.N. „Resypen".
I. Wüstungscharakter unsicher.
II. Gemeinde Kirchhundem.
Literatur: Becker 1977, Nr. 68, S. 250 f.

N.N. „Strange, Im".
I. Ortswüstung.
II. Gemeinde Kirchhundem.
IV./V. FlN „im Strange": Lage der Flur ca. 0,5 km südlich des Rhein-Weser Turms zwischen dem Westerberg und dem Eggenkopf bei Oberhundem.
VI. Im Jahr 1936 erkannte Grundmauern von zwei Häusern.
Literatur: Becker 1957–61 [1958, 2. Fortsetzung], S. 1571: Strang, Karte S. 1574; Becker 1977, Nr. 66, S. 250 f.: Strang.

N.N. „Stüvelhagen".
I. Wüstungscharakter unsicher: Ortswüstung?, Flurwüstung.
II. Gemeinde Kirchhundem.
VI. Im Flurbereich bestehende fossile Ackerterrassen.
Literatur: Becker 1957–61 [1958, 3. Fortsetzung], S. 1623: Stüvelhagen; Becker 1977, Nr. 58, S. 250 f.

N.N. „Tittmecke".
I. Ortswüstung.
II. Stadt Lennestadt.
III. *1555: Lehngut der Burg Bilstein in der Tittemeck zu Veischede.
V. Lage bei Kirchveischede.
Literatur: Becker 1957–61 [1958, 4. Fortsetzung], S. 1682: Tittmecke; Becker 1977, Nr. 34, S. 250 f.

N.N. „Weste, Tom" (= „tom Weiste").
I. Wüstungscharakter unsicher.
II. Stadt Lennestadt?
Literatur: Becker 1957–61 [1958, 3. Fortsetzung], S. 1625 f.: „Weiste"; Becker 1977, Nr. 40, S. 250 f.

N.N. Woisten Heymersberg.
I. Ortswüstung.

II. Gemeinde Kirchhundem.
III. *1454: *Item Gerlach Stremmel to dem Heymersberge hevet entfangen den woisten Heymersberg den in Vortyden hatte Heynman Stremel* (Lehnrolle des Walrave Rump to Wenne, zit. n. Becker 1957–61 [1958, 3. Fortsetzung], S. 1624). Die Ortsstelle an der Lütken Aa bei Heinsberg wird in der Literatur u. a. als „Woysten Heymersberg" bezeichnet. Es wäre einerseits denkbar, dass das in Quellen seit der Mitte des 15. Jhs. genannte „Woysten Heymersberg" die ursprüngliche Ortslage von Heinsberg kennzeichnet. Zu folgern wäre in diesem Fall, dass sich die bei Flöer (2014, S. 119) angeführten frühesten Geschichtsquellen zu Heinsberg (z. B. 1345: [...] *bys an den Hoowech de geyt van Heymersberch over dat Weygebacher Velt* [Lage des *Weygebacher* Feldes bei +Webach, Kr. Siegen-Wittgenstein] *zu Affelterbach* [Afholderbach, Kr. Siegen-Wittgenstein] [Siegener Ub. 1, Nr. 288, S. 177]) auf die Ortslage von Woisten Heymersberg beziehen könnten. Andererseits ist mit Floer jedoch unklar, „ob der Name dieser" [Orts-] „Stelle sich auf denselben Berg bezieht, dem auch Heinsberg seine Benennung verdankt, oder ob er den ON [= Ortsnamen] Heinsberg aufnimmt, um eine wüste, d.h. 'abgelegene' Stelle in der Nähe dieses Ortes zu bezeichnen" (Floer 2014, S. 121). Letzteres bedeutet jedoch, dass der mittelalterliche Siedlungsname der archäologischen Fundstelle nicht zwingend bekannt ist.
V. Lage der um 460 m hoch (etwa 2,5 km westlich vom heutigen Heinsberg) gelegenen Ortstelle im Tal der Lütke Aa im Einmündungsbereich des Lümkesiepen südlich von Ober-Albaum.
VI. Im Siedlungsbereich ehemals bestehende Vegetationsrelikte (Stachelbeersträucher); Gebäudepodium; mittels Mikroschürfung aus Weidelandflächen geborgene Siedlungskeramik des hohen und späten Mittelalters bis einschließlich des 14. Jhs.; AKZ 4914,0008.
Literatur: Becker 1957–61 [1958, 3. Fortsetzung], S. 1623–1625: Wüsten Heinsberg; Becker 1977, Nr. 59, S. 250 f.; Laumann 1997, S. 223; Flöer 2014, S. 119–121: Heinsberg.

N.N. „Wolbecke".
I. Wüstungscharakter unsicher.
II. Gemeinde Kirchhundem.
Literatur: Becker 1977, Nr. 64, S. 250 f.

N.N. „Wüstenbeule, Am".
I. Wüstungscharakter unsicher.
II. Stadt Olpe.
IV. Nur Flurnamenüberlieferung bestehend; FlN „am Wüstenbeule" im Umfeld des nördlichen Quellbachs der Veischede auftretend.
Literatur: Becker 1957–61 [1958, 5. Fortsetzung], S. 1735; Becker 1957–61 [1959, 9. Fortsetzung], S. 131: „Beul"; Becker 1977, Nr. 31, S. 250 f.: Beul (Kirchspiel Rhode).

N.N. „Wulfeshof".
I. Hofwüstung (möglicherweise mit weiteren ‚Hofwüstungen' im Umfeld des erst Ende des 18. Jhs. angelegten Oberdorfs Heinsberg zu einer Ortswüstung gehörend).
II. Gemeinde Kirchhundem.
IV. Wüstungsweisender FlN „Wulfeshof".
V. Lage westlich des Oberdorfs Heinsberg.
Literatur: Becker 1957–61 [1958, 2. Fortsetzung], S. 1575: Wulfeshof und Karte S. 1574; Becker 1977, Nr. 60, S. 250 f.

Oedingen.
I. Wüstungsresistenter Ort mit Klosterwüstung.
II. Stadt Lennestadt.
III./VI. Innerhalb einer etwa 110 m x 250 m großen Wallburganlage erfolgte durch *Gerberga*, die Mutter des Grafen Hermann I. von Werl/Arnsberg, die Gründung eines Klosters *in loco Odingi ... in pago Lohthorp*. Die Stiftung wird im Jahr *1000 durch Kaiser Otto III. bestätigt (MGH DD OIII, Nr. 363, S. 792). Um 1100: *Odingend[er]* (Günther 1994, S. 108); 1538: Aufhebung des Stifts (Wolf 2000, S. 19); Einsturz der Kirche 1679. Die Stelle der Klosterkirche markiert heute eine 1716 gegründete Kreuzwegkapelle. Bei Sanierungsarbeiten in dieser Kapelle auf dem Oedingerberg freigelegte Spuren (Pfeilerstumpf) einer Kirche des 13. Jhs. (Winkelmeyer/Arens 2000, S. 63 und Befundfoto); AKZ 4814,0013.
Literatur: Hömberg 1992, S. 141; Wolf 2000, S. 9–46; Flöer 2014, S. 184 f.

Oeveren Bichen siehe Bichen.

Rüspe.
I. Wiederbesiedelte Ortswüstung mit wüster Burganlage.
II. Gemeinde Kirchhundem (Kr. Olpe) in Grenzlage zur Stadt Erndtebrück (Kr. Siegen-Wittgenstein).
III. *1312: Conrad de Rüspe (Scheele 1961, S. 233, zit. n. Flöer 2014, S. 208); das Gebiet westlich der Grafschaft Wittgenstein war 1484 den Herren *van Ruspe* gehörig (Wrede 1927, Beilage 3, S. 192); 1540: Wüstung Rüspe (Lb. Grafen von der Mark, S. 132). „Eine Burg der Edelherren von Rüspe [...] wurde vermutlich zu Beginn des 15. Jh. zerstört. Die jüngere Siedlung Rüsperhäuser geht auf ein um 1750 errichtetes Jagdhaus zurück" (Flöer 2014, S. 208, fußend auf Becker 1957–61 [1958, 2. Fortsetzung], S. 1571). Die nachmittelalterlich entstandenen Siedlungen Rüspe (Kr. Olpe) und Röspe (Kr. Siegen-Wittgenstein) stehen somit nicht in einem unmittelbaren Zusammenhang zu +Rüspe.
IV. Die wüstungsweisenden FlN „die Wilthoffe" bzw. „rechte Wilthoffe" im Umfeld des „Ruspersstein" sind 1484 bezeugt (Wrede 1927, Beilage 3, S. 192); heutiger Bergname: „Wildhöfer" 2,8 km östlich von Altenhundem (Kirche) bzw. 3,5 km nordnordwestlich von Rüspe.
V. Wüstungslage bei Oberhundem-Rüspe.
VI. AKZ 4915,0006 (= eingetragenes Bodendenkmal Burg Rüspe).
Literatur: Becker 1957–61 [1958, 2. Fortsetzung], S. 1568–1571: Rüspe; Becker 1977, Nr. 67, S. 250 f.; Flöer 2014, S. 208 f.: Rüspe.

Sande, Tom.
I. Wüstungscharakter unsicher (Ortswüstung?).
II. Gemeinde Kirchhundem.
III. *1393: *Gude ... tom Sande*, Freistuhl *uf dem Sande* (Lb. Grafen von der Mark, B 21, S. 116 und S. 132, §3).
IV. FlN „Sand".
V. Lage wohl im Waldgebiet der sog. Rüspe südlich von Oberhundem an der Wittgensteinischen Grenze.
Literatur: Becker 1957–61 [1958, 2. Fortsetzung], S. 1571 f.: Sande, Karte S. 1574; Becker 1977, Nr. 65, S. 250 f.: Sand.

Stendenbecke.
I. Ortswüstung.
II. Gemeinde Wenden.
III. *Ende 14. Jh.: *Stendenbecke* (Prästationsregister Herford, S. 75); 1416: *Stendelbeke. Tyle* (Hömberg 1950, S. 385, §49: von diesem als Wüstung Stemicke bei Wenden bezeichnet).

IV. 1499: *Siepf(f)en Stentenbach*; *Wese in der Stentenbach* (Wiemers 1952, S. 289 f.); weiterhin FlN „Stemicke" (= Tälchen zwischen Wenden und dem Berg „Ebenhöhe"). Von Wenden verläuft der „Stemmicker Weg" in Richtung der wahrscheinlichen Ortsstelle.
V. „Lage an der Stemmicke südöstl[ich] von Wenden zwischen Wenden und der Dörnschlade (Flöer 2014, S. 230).
VI. Groblokalisation: AKZ 5013,0301.
Literatur: Becker 1957–61 [1961, 15. Fortsetzung], S. 238 f.: Stendebecke; Flöer 2014, S. 230 f.: Stemmicke.

Stentenbeke.
I. Hofwüstung.
II. Stadt Drolshagen.
III. *1360–1371: *Godeman von der Stentenbeke* (mit wahrscheinlichem Bezug zur Wüstung); 1589: Caspar Hulten Gut in Eichen, genannt Stentenbach.
V. Näherungsweise Lage 0,2 km ostnordöstlich der Gehöftgruppe Eichen.
Literatur: Becker 1957–61 [1960, 13. Fortsetzung], S. 178: Stentenbeck; Becker 1977, Nr. 26, S. 250 f.

Steupingen.
I. Ortswüstung und Flurwüstung (unter Wald konservierte Terrassenackersysteme); folglich Totalwüstung.
II. Stadt Drolshagen.
III. *1349: *Werner van Stupingin* (Ub. Drolshagen, Nr. 18); 1350: *Wernher von Stopingen* (Ub. Drolshagen, Nr. 21).
IV. Wüstungsweisender FlN „Steupingen" (481 m üb. NN) nördlich der Ortsstelle.
V. Lage in einer oberhalb der Bachaue des Steupinger Bachs gelegenen Quellmulde südwestlich von Dirkingen.
VI. Keramik u. a. des 12.–14. Jhs., darunter vollentwickeltes Steinzeug Siegburger Art und offensichtlich auch rot engobierte Keramik; aufgefundenes Fgm. einer eisernen Pflugschar; Fgm. eines Messers; Eisenschlackenfunde (darunter solche mit Rinntextur); = AKZ 4912,0005. – Westlich der Ortsstelle fossile Ackerterrassen im Hauberg bzw. mindestens 6 (oder 10?) Ackerterrassen mit aufgrund von charakteristischen Versatzstellen dieser zu erschließenden wahrscheinlichen mittelalterlichen Parzellengrenzen (= AKZ 4912,0060) und weiterhin einem unmittelbar östlich des Steupinger Bachs (bzw. nordöstlich der Ortsstelle) gelegenen zweiten Terrassenackersystem, bestehend aus mindestens 6 Terrassenäckern.
Literatur: Hesse 1959, S. 53–55: Steupingen; N.N. Neue Funde auf Steupingen, S. 117 f.; Becker 1957–61 [1960, 12. Fortsetzung], S. 121 f.: Steupingen; Becker 1977, Nr. 50, S. 250 f.; Flöer 2014, S. 231 f.: Steupingen.

Stortwinkel.
I. Hofwüstung.
II. Stadt Attendorn.
III. *1. Hälfte 14. Jh. (ca. 1314): *curtis in Stortwinkel possident opidani in Attenderne* (Quellen westfälische Geschichte 1, S. 394).
IV. Wüstungsweisender FlN „Stürzen-Berg".
V. Wahrscheinliche Lage östlich von Attendorn bzw. vor dem Niedersten Tor (= Störtewinkelstor) der Stadt Attendorn in Richtung des Stürzenbergs.
Literatur: Brunabend/Pickert/Boos ²1958, S. 18; Becker 1957–61 [1959, 6. Fortsetzung], S. 20: Störtwinkel; Becker 1977, Nr. 10, S. 250 f.

Thuwies.
I. Sagenhaft überlieferter untergegangener Hof; in dessen Bereich 1879 errichtetes und bis 1927 bestehendes Gehöft Thuwies (= keine Hofwüstung im eigentlichen Sinn).
II. Gemeinde Wenden.
V. Lage in dem Tälchen „Thuwies" nahe der Albe 1 km südöstlich von Elben. Der Hof ist in der Neuaufnahme des Preußischen Messtischblatts als bestehend verzeichnet.
VI. Bei Hausneubau Entdeckung eines alten, ausgemauerten Brunnens geringer Tiefe; AKZ 5013,0302.
Literatur: Mittelbach 1952, S. 445 f.; Becker 1957–61 [1961, 14. Fortsetzung], S. 192: Thuwies; Becker 1977, Nr. 77, S. 250 f.

Volmerscheyt.
I. Wüstungscharakter unsicher (Hofwüstung?, Ortswüstung?).
II. Stadt Attendorn.
III. *1456: (der) *Volmerscheyt*; 1457: *Gut geheyten de Volmerscheyt*.
V. Lage 2,5 km westsüdwestlich von Attendorn zwischen Hespecke und Fernholte.
Literatur: Becker 1957–61 [1959, 7. Fortsetzung], S. 56 f.: Volmerscheid (?); Becker 1977, Nr. 11, S. 250 f.: Volmerscheid.

Wamelinge.
I. Aufgrund des -ingen Ortsnamens als Ortswüstung einzustufen.
II. Gemeinde Wenden.
III. *1499: *haereditatae dicta dye Wamelinge* (Wiemers 1952, S. 287 und S. 291).
IV. U. a. „Wohmelinge", „Wohmlinge": wüstungsweisende FlN in einem von Norden in das Tal der Großmicke einmündenden Tälchen auftretend.
V. Lage ungefähr 1,5 km ostsüdöstlich von Ottfingen.
VI. Groblokalisation: AKZ 5013,0300.
Literatur: Becker 1957–61 [1961, 15. Fortsetzung], S. 239: Wohmelingen; Becker 1977, Nr. 75, S. 250 f.: Wohmelingen.

Wenden.
I. Ehemalige Niederungsburg unmittelbar östlich des wüstungsresistenten Ortes Wenden.
II. Gemeinde Wenden.
III. Gräftenanlage wahrscheinlich als Teil der Burg des Ritters Bernard uff der Mutze, anders genannt *uf dem Dieke*, zu interpretieren (vgl. Wiemers 1952, S. 286 f., S. 328 und S. 337).
IV.-VI. Kreisförmige, im Durchmesser 30–35 m große Gräftenanlage (Burg) mit Ringgräfte des Spätmittelalters; Lage östlich des Pastorats Wenden; Objekt im Preußischen Urmesstischblatt eingetragen und in der Niederung (Aue) nahe der Einmündung eines kleineren Bachs in den Bachlauf der Wende gelegen; AKZ 5013,0012: eingetragenes Bodendenkmal.
Literatur: Heidinger/Hömberg 1987, S. 274 f. und Abb. 29; Flöer 2014, S. 249 f.

„**Wieringen**".
I. Aufgrund des -ingen Ortsnamens als Ortswüstung einzustufen.
II. Gemeinde Wenden.
IV. Wüstungsweisende FlN „auf Wieringen", „Wieringen" und „Wieringer Berg lautend (jedoch kein Flurnamenhinweis in der Deutschen Grundkarte enthalten).
V. Quellmuldenlage; Lage 0,6 km südöstlich von Büchen.
VI. Nachweis eines Brunnens; Funde des 13.–15. Jhs. und zwar von rot(?) engobierter Irdenware wohl des 13. Jhs., Faststein-

zeug und Steinzeug (Siegburger Art ?), eines innenglasierten Grapens und von Eisenschlacke; AKZ 5012,0014.
VII. Becker 1957–61 [1961, 15. Fortsetzung], S. 241: Wieringen; Becker 1977, Nr. 71, S. 250 f.

Wimersbeke.
I. Ortswüstung.
II. Gemeinde Wenden.
III. *1339: *Thile de Wimersbeke moratur in par. Wenden* (CTW 4, S. 100, Anm. b).
IV. Wüstungsweisender Bachname „Wiemerbicke" 1 km südöstlich von Hillmicke bzw. „Wiemerspike" westlich der Wendenerhütte (offensichtlich nicht wüstungsweisend ist der nahezu gleichlautende FlN „Wiemersbicke" östlich von Ottfingen).
Literatur: Becker 1957–61 [1961, 15. Fortsetzung], S. 240: Wiemersbicke; Becker 1977, Nr. 72, S. 250 f.

„**Winninge**" (bei Rehringhausen).
I. Nach Becker wüster Einzelhof (Hofwüstung); aufgrund des -ingen Ortsnamens jedoch als Ortswüstung einzustufen.
II. Stadt Olpe.
IV. Wüstungsweisender Forstname „Winnige" in der Deutschen Grundkarte westlich der vermuteten Ortslage im Quellursprungsbereich des Bürsiepens auftretend; 1594: Geländebezeichnung „ein Ort Wüstung und Gehölz bover Rerinckhausen an der Winninge".
V. Lage wahrscheinlich im Bereich einer durch den Zusammenfluss von fünf Quellbächen (Sperbelsiepen, Markhagensiepen, Bürsiepen, Kupfersiepen, Ahe) gekennzeichneten, hochgelegenen Quellmulde ca. 1,5 km nordöstlich von Rehringhausen.
VI. Im Siedlungsumfeld aufgefundenes Gefäß „Siegburger Machart" des 12./13. Jhs. (also wohl steinzeugartig hart gebrannte Ware Siegburger Art oder Faststeinzeug Siegburger Art); Groblokalisation: AKZ 4913,0342.
Literatur: Becker 1957–61 [1959, 9. Fortsetzung], S. 133–134: Winningen; Becker 1977, Nr. 55, S. 250 f.

Wippingen.
I. Aufgrund des -ingen Ortsnamens als Ortswüstung einzustufen.
II. Grenzbereich der Kommunen Olpe und Wenden.
III. *1408: Haus *der Wyppingeschen* in Olpe bezeugt (Forck, 1991, S. 41); 1471: *Erve und Gut tho Wyppingen* von der Familie von Dorevelde an die Kirche zu Olpe verkauft (Becker 1957–61 [1960, 11. Fortsetzung], S. 86 f.); 1499: *Wippingen in parochia Olpe* (Wiemers 1952, S. 293).
IV./V. Lage nach Becker ca. 0,7 km südöstlich von Olpe-Thieringhausen in einem in das Elbetal einmündenden Tälchen; dort auftretende FlN „in der Wippinge" und „oben der Wippinge" (Becker 1957–61 [1960, 11. Fortsetzung], S. 86 f.), bzw. nach anderer, mit dem Vorherigen übereinstimmender Angabe in einem „Seitentälchen des Elbebachs (bzw. der Elbe") unterhalb von Wenden-Scheiderwald" (Wiemers 1952, S. 289).
Literatur: Becker 1957–61 [1960, 11. Fortsetzung], S. 86 f.: Wippingen; Becker 1977, Nr. 78, S. 250 f.

Woisten Heymersberg: siehe N.N. Woisten Heymersberg.

Wyntershagen.
I. Hofwüstung.
II. Lage unbestimmt im Kreis Olpe.
III. *1300: *curtim nostram dictam Wyntershagen et domum nostram Holthusen in perrochia Attendar* (Westf. Ub. 7, Nr. 2589).
V. Nicht auf Wüstungs-Übersichtskarte des Kreises Olpe dargestellt.
Literatur: Flöer 2014, S. 260: Wyntershagen.

10.8 Wüstungen im Kreis Siegen-Wittgenstein (Abb. 118)

Das hinsichtlich ihrer Ortswüstungen archäologisch unvollständig erforschten Regionen des Siegerlandes und des Wittgensteiner Landes waren im 14. Jh. von extremer Entsiedlung betroffen. Aktuell ergibt sich für den Kreis Siegen-Wittgenstein ein Bestand von 100 klassischen (totalen permanenten) Ortswüstungen, darunter sieben mit einer ehemaligen Kirche oder Kapelle. Partielle Ortswüstungen sind fast kaum nachgewiesen (ein Objekt). Weiterhin sind 15 Hofwüstungen, eine Klosterwüstung und zwei Burgwüstungen (ohne Höhenburgen!) existent. Weitere 14 Objekte lassen sich nicht sicher typisieren. Gut untersuchte Teilräume, besonders um Bad Berleburg, zeigen, dass rund drei Viertel der mittelalterlichen Orte aufgegeben wurden. Dieser Wert dürfte auch für die Gesamtregion Gültigkeit besitzen. Problematisch ist, dass die historische Quellenüberlieferung für beide Landschaftsräume häufig dürftig ist und Orte mehrfach erst zu einem Zeitpunkt erwähnt werden, zu dem sie nicht mehr als solche existent waren. Aufgrund des weitgehenden Zusammenbruchs der Besiedlungssysteme im Verlauf der 2. Hälfte des 14. Jhs. und nachfolgender Verwaldung haben sich wüstungsweisende Flurnamen in den peripher gelegenen Talabschnitten vergleichsweise selten erhalten (Bergmann 2018b, S. 250).

Die landeshistorische Forschung hat sich seit der ersten Hälfte des 19. Jhs. mit dem Wüstungsgeschehen des Raumes befasst. Die für das Siegerland 1929 von Böttger veröffentlichte Aufsatzfolge (weiterhin: Böttger 1934, S. 167 f. und Karte 4 mit einer Kartierung der Wüstungen) enthält umfassende Angaben zu den Orts- wie auch Hofwüstungen, einschließlich Hinweisen zu damals im Gelände erhaltenen Siedlungsrelikten. Böttger grenzte die Lage der Wüstungen als Historiker topografisch ein und konnte dabei auf umfangreiche Kenntnisse des Flurnamenbestandes zurückgreifen. Im Siegerland setzt die Wüstungsbildung im Umfeld der Stadt Siegen nachweislich bereits vor 1289 ein. Es bestehen somit Indizien für einen zweistufig abgelaufenen Wüstungsvorgang, der zunächst das unmittelbare Stadtumfeld und nach der Mitte des 14. Jhs. auch den eigentlichen ländlichen Raum des Altkreises Siegen erfasste. Durch Bodenfunde lokalisiert sind die Ortswüstungen Drunengen, Engilbrecht, Gambach, Mieschenbach, Odendorff, Patschoß, Wegebach, Weningen, Wiebelhausen und eine solche mit nicht bekanntem Namen in der Flur „Alte Heide" bei Freudenberg. Aus dem Mischebachtal ist zudem eine Töpfereiwüstung bekannt (Bergmann 2018a, S. 164). Unter den Wüstungsobjekten des Altkreises Siegen ist die 599 m hoch gelegene Kirchenstelle Wegebach unweit der Ginsburg aufgrund ihres Erhaltungszustandes bedeutsam. Sie ist noch 1319 als *Kyrche zu Weybach* bezeugt (Bergmann/Thede 2012, S. 232 und S. 231, Abb. 5). Diese ist 1571 abgerissen worden. Die Ortsstelle Wiebelhausen nahe der Kalteiche zeigt eine Nachbarschaft von Siedlung und Eisenverhüttung. Aus dem Umfeld mehrerer Podien der Ortsstelle liegt extrem großformatiger Keramikbruch vor, darunter von bauchigen Krügen mit Wellenfuß (Bergmann 1993e, S. 119–122). Liegt hier eine weitere Töpfereiwüstung vor?

Die historische Bestandsaufnahme von Wüstungen in Wittgenstein erfolgte 1927 durch Wrede und damit ähnlich früh wie im Siegerland. Im Zusammenhang mit einer „Territorialgeschichte der Grafschaft Wittgenstein" erstellte dieser ein Ortslexikon, in welchem die Informationen zu den im Mittelalter aufgegebenen Siedlungen erstmals zusammengeführt worden sind. In seiner geographischen Dissertation befasste sich später Deppe (1967) exemplarisch mit den Relikten weiterer Ortswüstungen Wittgensteins unter Einbeziehung der dazugehörigen Fluren bzw. Flurwüstungen. Er stellte im Umfeld von Ortsstellen mehrfach kurze, wölbackerähnliche Strukturen fest, bei denen es sich aus heutiger Sicht um Gartenbeete handeln dürfte. - In den 1980er Jahren erfolgte besonders in der Kommune Bad Berleburg eine intensive Geländeprospektion und die Anzahl der Fundstellen vermehrte sich sprunghaft. In Wittgenstein wird für die Kirchortwüstung Adenborne oder Odeborn eine allmähliche Übersiedlung der Bewohner in das 1,5 km entfernte Berleburg angenommen. Eine geplante Herrichtung des die Kirchenstelle umgebenden Friedhofs als Kfz-Parkplatz konnte von der LWL-Archäologie für Westfalen in zurückliegender Zeit abgewendet werden. Die Fläche des bei einer Altgrabung durch Laien auf einem felsigen Geländesporn oberhalb der Wüstung Gozbrachtdeshusen freigelegten kleinen Sakralbaus gleicht heute einem Gesteinstrümmerfeld (Bergmann 2018b, 252 f.). Der Ort ist 1059 erstbezeugt. Der einstige Ort Bubenhausen nahm eine für den Schiefergebirgsraum charakteristische topografische Lage im Einmündungsbereich eines Tälchens in das Haupttal ein. Von ihm blieben markante Gehöftpodien erhalten (Bergmann 1993a, S. 41 f. und Kartenbeilage 11). Als Objekt herausragenden Erhaltungszustandes ist weiterhin auf die Ortsstelle „Dambach" unweit des heutigen Dambacher Hofs hinzuweisen. In der Weidefläche ist eine Ansammlung von Flachhügeln bzw. Podien auszumachen. Deppe zählte die Relikte von 13 Höfen und nahm für den Ort eine Kirche an (Deppe 1967, S. 145–157; Müller-Wille/Bertelsmeier 1977, S. 477–481). Aus den Maulwurfshaufen des Wüstungsareals wurden Keramikscherben des 9./10. Jhs. bis späten Mittelalters geborgen. Aus einem unter Wald erhaltenem Terrassenackersystem der Ortswüstung Hopperchusen bei Bad Berleburg stammt als Zufallsfund eine Randscherbe, die dem 12. Jh. angehört und welche die hochmittelalterlich bestehende Nutzung derartiger Flursysteme bestätigt.

Die Cornelius-Chronik zum Jahr 1506 führt die Wüstungen in der Grafschaft Wittgenstein auf das Fehdewesen zurück und führt namentlich die *Wuͤsten ...zu Brießdorff bey Wingeßhausen / zu Druffte / zu Hopperckhausen* [und] *Steinbach* an. Ortswüstungen seien derartig häufig, dass der Verfasser der Chronik diese *nit alle anzeigen* könne und führt weiter aus: *Man sagte das mall vnd jetzt / daß vber dreissig Wuͤstunge in dieser Graueschafft gemacht vnd zerstoͤret sein gewesen.* Die Wüstungsbildung sei vor dem Jahr des Berleburger Stadtbrandes, 1488, geschehen (Berleburger Chroniken, S. 28 und S. 30)

Anhand der Kommune Bad Berleburg lässt sich ein besonderes Problem verdeutlichen. Für heute weitgehend siedlungsleere Täler ist bei dem Fehlen wüstungsweisender Flurnamen häufig nur der rezente Bachname bekannt. Bei einem Bachnamen wie z. B. „Preisdorf" liegt es natürlich nahe, hier einen aufgelassenen Ort zu verorten, zumal da für das Tal 1447 das damals nicht mehr bestehende Briesdorff bezeugt ist. In dem Tal lassen sich jedoch gleich mehrere archäologische Fundstellen nachweisen: Die zuunterst auf einer Geländeterrasse nahe der Preisdorfeinmündung in die Eder Gelegene ist mit der Ortswüstung „Wilbringhausen" zu identifizieren. Randscherben zeigen ihr Bestehen seit dem 7./8. Jh. an. Die Siedlungsstelle verweist auf die frühmittelalterlich einsetzende Besiedlung des Edertals und ist zugleich die älteste nachgewiesene mittelalterliche Fundstelle Wittgensteins. Von weiteren Siedlungsarealen im mittleren und oberen Talabschnitt der Preisdorf liegen Keramiken des 9.–14. Jhs. vor,

Abb. 118: Wüstungen im Kreis Siegen-Wittgenstein (Entwurf: LWL-Archäologie für Westfalen, R. Bergmann, Kartografie M. Thede,

Arbeitsstand: Februar 2021) [Übersichtskarte]

darunter dickwandige oxidierend gebrannte Standbodenkeramik. - Insgesamt stellt sich die Frage, welcher Fundbereich mit Briesdorff zu identifizieren ist. In ähnlicher Weise verhält es sich mit der Druffte, in deren Tal Anfang des 16. Jhs. eine „Wüste zu Druffte" bezeugt ist. Hier verteilen sich acht räumlich voneinander getrennte Fundareale auf in Luftlinie 2,7 km Bachlänge. Sie sind wahrscheinlich verschiedenen Ortswüstungen zuzuordnen und nicht nur der einzig für das Tal bezeugten Wüstung Druffte (Radenbach 2013, S. 76–94; Bergmann 2018b, S. 253).

Wüstungsliste Kreis Siegen-Wittgenstein

Adenborne (Odeborn).
I. Kirchortwüstung.
II. Stadt Bad Berleburg.
III. *1258: *Ludolfi pastoris in Adenborn/Ludolfo pastore in Adenborne* (Westf. Ub. 7, Nr. 979 f.); 1291 (1292): *quatuor mansos in Adenborne* (Westf. Ub. 7, Nr. 2220); 1299 (1300): *Sygelo de Adenborn*, Knappe (Westf. Ub. 7, Nr. 2576); 1348: Heinrich von Girkhausen, Pfarrer in Odeborn (Berleburger Archiv, Urk., Nr. 241, zit. n. Wrede 1927, S. 171); Kirche dem Hl. Kreuz geweiht und noch 1429 in Nutzung; Belegung des Friedhofs bis um die Mitte des 19. Jhs. (BKW Wittgenstein, S. 13 f.); angenommene allmähliche Übersiedlung der Bewohner des Kirchortes in die Stadt Berleburg.
V. Lage 1,5 km nordnordöstlich von Bad Berleburg; die Odebornkirche ist auf der Markgraff-Karte von 1588 eingetragen (Turm, Kirchenschiff): vgl. Deppe 1967, S. 43.
VI. Überreste der verfallenen Kirche 1840 beseitigt; AKZ 4916,0099.
Literatur: Siegener Ub. 1, Anhang, S. 208; Wrede 1927, S. 171; Dohle/Krämer 1965, S. 190; Bergmann 2018b, S. 252 f. und Abb. 4.

Agnesenhoff.
I. Hofwüstung.
II. Stadt Siegen.
III. *1453: *Erbe in der Hutzelßbach genannt Fraw Agnesen Hoff* (von Achenbach, [2]1981, S. 9).
VI. Groblokalisation: AKZ 5114,0298.
Literatur: Heinzerling 1920, S. 42; Böttger 1929, Nr. 1, S. 3 f.

Altmarisdorf.
I. Ortswüstung.
II. Gemeinde Wilnsdorf.
III. *1270: *Arnoldo de Altmarisdorf/Reinboldo de Altmarisdorf* (Siegener Ub. 1, Nr. 40, S. 27).
IV. Nach einer Angabe aus dem Jahr 1374 *yn Rodir Kirspel* gelegen (Heinzerling 1920, S. 38).
V. Lage im Kirchspiel Rödgen nicht genauer fassbar.
Literatur: Heinzerling 1920, S. 55; Böttger 1929, Nr. 2, S. 4: Altmersdorf; Böttger 1951, S. 91; von Achenbach [2]1982, S. 125.

Amelungisdorf.
I. Ortswüstung.
II. Kommune im Siegerland.
III. *1342: *Wylhelm, Rytter von Amelůngisdorf* (Siegener Ub. 1, Nr. 251, S. 149).
V. Lage im Siegerland nicht genauer bestimmbar.
Literatur: Heinzerling 1920, S. 38; Böttger 1929, Nr. 3, S. 4.

Araff.
I. Ortswüstung.
II. Stadt Bad Berleburg.
III. *Vor 1418 an die Ritter von Hatzfeld bestehende Verpfändung des Ortes 1418 durch Johann von Wittgenstein gelöst; 1439 zusammen mit Heilgershausen (siehe +Hilgershuisen) als Ortswüstung genannt. Araff gehört vom ONA-Typ der ältesten Siedlungsschicht des Wittgensteiner Landes an.
V. Lage im Tal der Arfe zwischen der Arfelderbracht (553 m) und dem Ohrenbachsrücken (594 m) 1,6 km nördlich von Arfeld.
VI. 1914: Beim Wegebau beobachtete Fundamentreste; Funde 9. oder 10. Jh. sowie der hohen/späten Mittelalters (darunter das Fgm. einer weißlichgelb gebrannten Ofenkachel von 16 cm Randdurchmesser); AKZ 4916,0042.
Literatur: Wrede 1927, S. 125; Dohle/Krämer 1965, S. 186; Laumann 1985e, S. 191.

Baldenbach.
I. Hofwüstung.
II. Gemeinde Neunkirchen.
III. *Um 1350 (Gamann, Geschichte des Freiengrundes, Siegen 1925, S. 11, S. 45, zit. n. Böttger 1929, S. 4); um 1400: Hof Baldenbach im Gericht Seelbach (Böttger 1929, S. 4).
V. Lage im Baldenbachtal bei Wiederstein.
VI. Funde aus dem unteren Baldenbachtal; Groblokalisation: AKZ 5214,0683.
Literatur: Heinzerling 1920, S. 41; Böttger 1929, Nr. 4, S. 4.

„Bernshausen".
I. Ortswüstung.
II. Stadt Bad Lasphe.
III. Ortswüstung sagenhaft überliefert.
V. Lage im Umfeld von Banfe in einem +Busch näherungsweise benachbarten Tal; nicht auf Wüstungs-Übersichtskarte des Kreises Siegen-Wittgenstein eingetragen.
Literatur: Hartnack 1959a, S. 19.

Birgenhausen.
I. Ortswüstung.
II. Stadt Bad Berleburg?
III. Wrede (1927, S. 135) führt zu Birgenhausen aus: „1538: ‚die aus B[irgenhausen], zum Haus Berleburg gehörig; im AR 1 unter den Höfen genannt. – Näheres unbekannt".
IV. Der nördlich der Burganlage Richstein auftretende FlN „In den Höfen" verweist nicht auf diese Wüstung, sondern auf +Hilgershuisen (siehe dort).
V. Nicht auf Wüstungs-Übersichtskarte des Kreises Siegen-Wittgenstein eingetragen.

Bochuß.
I. Orts- oder Hofwüstung?
II. Zugehörigkeit zur Kommune Bad Berleburg unsicher (siehe auch Hartnack 1959, S. 17).
III. *1394: *Hobe zu Bochuß* (Hessische Urkunden 1, Nr. 1227).
V. Wrede (1927, S. 137: Borhausen) nimmt eine Lage zwischen Wunderthausen und Alertshausen, vielleicht schon in Hessen an. Allerding verzeichnet die Markgraf-Karte von um 1588 westsüdwestlich von Alertshausen (*Allershusen*) das Bachtal *Im Brosbach*, in dessen Talschluss heute der Hof Garsbach liegt. Ein Zusammenhang zwischen Bochuß, Borhausen und dem FlN ist m. E. jedoch nicht zwingend; nicht auf Wüstungs-Übersichtskarte des Kreises Siegen-Wittgenstein eingetragen.

Bonakere.
I. Ortswüstung.
II. Stadt Bad Laasphe.

III. *1261: *Domini Henrici de Bonakere* (Ub. Hessische Landesgeschichte 2, Nr. 160); 1435 genanntes Herrenhaus.
IV. Wüstungsweisender FlN bestehend.
V. 3 km nordnordwestlich von Laasphe im Laasphetal gelegen.
VI. AKZ 5016,0029.
Literatur: Wrede 1927, S. 137: Bonacker; Dohle/Krämer 1965, S. 185 f.

Bredenbach.
I. Ortswüstung.
II. Stadt Hilchenbach.
III. *1292: *bona ... sita in Bredenbach* (Siegener Ub. 1, Nr. 65, S. 40).
VI. Groblokalisation: AKZ 5014,0456.
Literatur: Heinzerling 1920, S. 40 und S. 59: Hof Breitenbach, vgl. Heinzerling 1920, S. 42: Sniderhof; Böttger 1929, Nr. 6, S. 5 f.: Breidenbach, siehe weiter: Böttger 1929, Nr. 59, S. 89: Schneiderhof (der 1319 bezeugte *Sniderhof* [Siegener Ub.1, Nr. 147, S. 91] ist wahrscheinlich zu +Bredenbach gehörig).

Breidental.
I. Ortswüstung.
II. Stadt Bad Berleburg (Zugehörigkeit zur Kommune Bad Berleburg unsicher?).
III. *1059: *Breidendelle* (Wrede 1927, Nr. 1, S. 190)
V. Lage nach Angabe der Quelle von 1059 im Kirchspiel Elsoff, Lage nach Wrede „in der Nähe der Burbach" in der Gemarkung Elsoff „auf der Grenze" [zu Hessen]; Lage nach Karte Dohle/Krämer (1965) nordwestlich von Elsoff.
VI. Groblokalisation AKZ 4917,0010.
Literatur: BKW Wittgenstein, S. 22 f.: Breidendelle; Wrede 1927, S. 137: Breitental und S. 190, Beilage 1; Dohle/Krämer 1965, S. 194.

Briesdorff (Preisdorf).
I. Ortswüstung.
II. Stadt Bad Berleburg.
III. *1447: Rupell v. *Briesdorff* (Berleburger Archiv, Urk., Nr. 817, zit. n. Wrede 1927, S. 172); 1465: als Wüstung genannt (BKW Wittgenstein, S. 65); 1506 (mit Bezug auf die Zeit vor 1488): Wüstung „*Brießdorff bey Wingeßhausen*" (Berleburger Chroniken, S. 30).
IV. Die Markgraff-Karte von 1588 verzeichnet nördlich der Ortslage den FlN *Pauls Kirch Grunt* (Deppe 1967, S. 193).
V. Lage der obersten Fundstelle (Ra 45) 4,8 km nordnordwestlich von Berghausen beim Forsthaus Paulsgrund (entspricht AKZ 4915,0014, dort wahrscheinlich Standort einer ehemaligen Wallfahrtskapelle: Dohle/Krämer 1965, S. 194; vgl. BKW Wittgenstein, S. 65); etwas weiter talabwärts folgt in der „Kirchwiese" das Fundareal Ra 134 (entspricht AKZ 4915,0055). Im mittleren Talabschnitt der Preisdorf liegt schließlich (2 km südlich von Paulsgrund) im Mündungsbereich des Fehlbachs in die Preisdorf der Fundbereich Ra 46, der von Deppe (1967) im Zusammenhang mit „Preisdorf" gesehen wurde.
VI. Aufgrund der langjährigen archäologischen Prospektion von H. G. Radenbach ergibt sich das Bild einer langgestreckten Talsiedlung, die sich vom mittleren Talabschnitt der Preisdorf bis in den Bereich des Forsthauses Paulsgrund erstreckt. Von der Fundstelle Ra 45 liegt dickwandige frühmittelalterliche Standbodenkeramik vor. Im Bereich von Ra 134 wurde Keramik des hohen und späten Mittelalters (bis 13./14. Jh.: Laumann 1984d, S. 186) nachgewiesen und 1980 eine Gebäudefundamentierung mit einer abgerundeten Ecke freigelegt (kein kirchliches Gebäude!). Aus dem Fundbereich Ra 46 stammt Keramik des 9. Jhs. bis des späten Mittelalters. In der Aue ist hier in jüngster Zeit ein Teich ausgehoben worden, der Aushub erwies sich als weitgehendst fundsteril (1 WS gelbe Irdenware).
Literatur: BKW Wittgenstein, S. 20 und S. 65: Preißdorf/Prißdorf; Wrede 1927, S. 172: Preisdorf; Deppe 1967, S. 190–197; Radenbach 2013, S. 81–86; Bergmann 2018b, S. 253.

Breydenbach.
I. Ortswüstung.
II. Stadt Erndtebrück.
III. *1338: Breydenbach (Berleburger Archiv, Urk., Nr. 150b, zit. n. Wrede 1927, S. 178).
IV./V. Bachnamen „Breitenbach" bestehen im Kreisgebiet mehrfach (siehe auch +Bredenbach). In der Regionalforschung wird die Ortsstelle östlich von Erndtebrück angenommen (= AKZ 5016,0125). Ein weiterer Breitenbach (bzw. „Breitenbachtal") besteht innerhalb der Kommune Bad Laasphe. Das hier gelegene Forsthaus Hof Breitenbach ist auf dem preußischen Urmesstischblatt noch nicht verzeichnet. Am Breitenbach bei Erndtebrück besteht im Einmündungsbereich eines Nebenbaches ein siedlungsgünstiger, flacher Schwemmkegel, der nicht hinreichend genau prospektiert ist (= AKZ 5015,0005). Im Quellursprungsbereich des Breitenbachs ist eine eisenzeitliche Siedlung nachgewiesen; nach BKW Wittgenstein, S. 28, lag +Braidenbach nahe Erndtebrück am Einfluss der Benfe in die Eder.
VI. Wenige hochmittelalterliche Streuscherben aus dem Randbereich des Schwemmkegels; AKZ 5015,0005.
Literatur: Wrede 1927, S. 137: Breidenbach; Dohle/Krämer 1965, S. 194.

Breydenscheyt.
I. Hofwüstung?
II. Stadt Hilchenbach.
III. *1365: *gůt zů Breydenscheyt, daz man nennit des Roden gůt* (Siegener Ub. 2, Nr. 28, S. 29).
Literatur: Böttger 1929, Nr. 7, S. 6: Breidenscheid; Böttger 1951, S. 97.

Bruchhausen.
I. Ortswüstung.
II. Stadt Kreuztal.
III. *1344: Bruchaußen (Mannbuch der Herren von Bicken, zit. n. Böttger 1929, S. 6).
V. Lage in der Gemarkung Krombach (Böttger 1951, S. 96).
VI. 1929 beobachtete Siedlungsrelikte: Podium, Teichdamm eines ehemaligen Teichs, steinplattenabgedeckter? Kanal; AKZ 4913,0213.
Literatur: Böttger 1929, Nr. 8, S. 6; Henrich 1929, S. 91.

Bubenhausen (Abbn. 119 u. 120).
I. Ortswüstung.
II. Stadt Bad Berleburg.
III. *1395: *den gantzen Zehnten zu Bubenhuißen* (Hessische Urkunden 1, Nr. 1227, Anm.).
IV. Auf Markgraff-Karte von um 1588 als *Bůbenhůsen* verzeichnet.
V. Lage 5 km östlich von Bad Berleburg.
VI. Weitgehend erhaltenes Mikrorelief mit Siedlungspodien; Prospektionsfunde des 11.?/12. - 13./14.? Jhs. aus Grünlandareal überwiegend aus verschiedenen Warenarten und Varianten der gelben Irdenware bestehend; gelbe Drehscheibenware frühmittelalterlicher Machart nicht sicher nachzuweisen; unter den

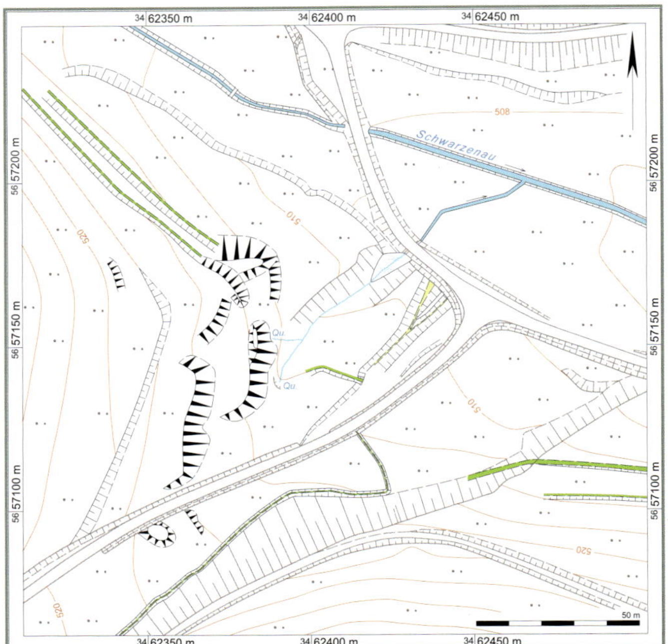

Abb. 119: Bad Berleburg-Hainhof: Anthropogenes Mikrorelief im Bereich der Ortsstelle Bubenhausen (Kartografie: LWL-Archäologie für Westfalen, M. Thede)

Abb. 120: Bad Berleburg-Hainhof: Ortsstelle Bubenhausen, Blickrichtung nach Nordosten (Foto: LWL-Archäologie für Westfalen, R. Bergmann)

Keramiken auch gelbe schiefergemagerte Irdenware, blaugraue Irdenware Paffrather Art und rotbraun engobiertes Faststeinzeug; AKZ 4916,0031.
Literatur: BKW Wittgenstein, S. 23; Wrede 1927, S. 138; Dohle 1959, S. 30; Laumann 1985b, S. 171; Bergmann 1993a, S. 41 f. und Kartenbeilage 11; Bergmann 2018b, S. 253 f. und Abb. 5.

Bubinkirchen.
I. Wüste Klosteranlage (ehemaliges Nonnenkloster).
II. Stadt Bad Berleburg.
III. *1394: *daß Waltgelt zue Bubinkirchen* (Hessische Urkunden 1, Nr. 1227); in Grenzverhandlungen im 16. Jh. als wüstes Kloster erwähnt.
IV. Flurnamen „im Kloster“, „im Nonnenwinkel“; weiterhin auf der Karte des Gogerichts Medebach von 1604 als *Bubenkirch* bezeichnet (Bergmann 1993a, Kartenbeilage 5).
V. Lage im oberen Talabschnitt des Bubenkirchbachs bei Bubenkirche.
VI. Untertägig erhaltene Klosteranlage 2012/2013 durch Geoprospektion (Magnetometer-Prospektion, Bodenradar) nachgewiesen; AKZ 4817,0129.
Literatur: Wrede 1927, S. 138; Dohle/Krämer 1965, S. 186 f.; Wahl/Homrighausen/Buthmann u. a. 2016, S. 227–231.

Budendorff.
I. Ortswüstung.
II. Gemeinde Wilnsdorf.
III. *1335: *Heinrich Budendorfer* Schöffe in Siegen (Siegener Ub. 1, Nr. 211, S. 126); die Rentei Siegen verzeichnet 1417 Getreideeinkünfte aus einem *Gude tzu Budendorff*, die unter der Rubrik *Wylnstorff* (= Wilnsdorf) angeführt sind (Siegener Ub. 2, Nr. 87, S. 102).
VI. Groblokalisation: AKZ 5114,0185.
Literatur: Heinzerling 1920, S. 39; Böttger 1929, Nr. 5, S. 5: Bondorf.

Busch.
I. Ortswüstung?
II. Stadt Bad Laasphe.
III. *1365: Busch (BKW Wittgenstein, S. 11; Wrede 1927, S. 129, Anm. 1).
V. Busch gehörte mit Banfe, [+]Volpershusen und Herbertshausen zum Bezirk (‚Zeche‘) Banfe.
Literatur: Hartnack 1959a, S. 19.

Conthenmeyd.
I. Ortswüstung.
II. Stadt Bad Berleburg.
III. Zum Sedes Raumland gehörten u. a.: *Conthenmeyd et Braidenbach desolati* (Würdtwein D, IX 338, zit. n. Wrede 1927, S. 173).
V. Genauere Lage im Umfeld von Raumland unbekannt; nicht auf Wüstungs-Übersichtskarte des Kreises Siegen-Wittgenstein eingetragen.
Literatur: Wrede 1927, S. 139; Hartnack 1959a, S. 19.

Cuntzenbach.
I. Ortswüstung.
II. Gemeinde Netphen.
III. Niederschrift des 15. Jhs. (basierend auf älterer Vorlage wohl der *1. Hälfte des 13. Jhs.): *communitas in Cuntzenbach IIII denarios et duo maldra avene* (Siegener Ub. 1, Anhang, S. 207).
V. Lage im Kirchspiel Netphen (Heinzerling 1920, S. 40).
Literatur: Böttger 1929, Nr. 39, S. 47: Kunzenbach.

„Dambach“.
I. Kirchortwüstung
II. Stadt Bad Berleburg.
III. *1502 als „Kirchstätte“ bezeichnet (zur Kirchenlage siehe Deppe 1967, S. 149, Bild 11); 1711 Begründung eines Kanonguts/Försterei Dambach im Siedlungsumfeld.
IV. Ortslage von *Dambach* auf Markgraff-Karte von 1588 eingetragen (2 Hausstellen, 1 Gebäude).
V. Lage in einem Nebental der Schwarzenau 1,9 km südöstlich von Girkhausen (Wallfahrtskirche).
VI. Rudera der Kirche noch im 19. Jh. erhalten; nach Deppe Relikte von 13 Höfen mit Hofplätzen von 8 m x 10 m Ausdehnung und der Kirchenstelle; Keramikfunde u. a. des frühen Mittelalters (9./10. Jh.) bis Spätmittelalters, darunter auch gitterstempelver-

zierte Keramik; Interpretation des Geländebefundes einer Kirchenstelle nach erfolgter Besichtigung nach Auffassung d. Verf. eher unwahrscheinlich, zumindest sind jetzt keine Spuren dieser mehr erkennbar; AKZ 4816,0004.
Literatur: Wrede 1927, S. 139; Dohle/Krämer 1965, S. 187; Deppe 1967, S. 145–170; Müller-Wille/Bertelsmeier 1977, S. 478 f. und Abb. 33; Hömberg/Reichmann 1984, S. 170 und S. 173; Bergmann 2018b, S. 253.

„Donnerhayn“.
I. Ortswüstung?
II. Gemeinde Burbach.
III. *1597: Gut auf dem *Donnerhayn* (von Achenbach ^{2}1982, S. 135).
IV. Flurname in einer Höhenlage um 560 m auftretend; Existenz einer ländlichen Siedlung m. E. daher kritisch zu hinterfragen.
V. Lage nach Angabe der Quelle von 1597 in der *Wilgersdorffer Mark*; bzw. Verortung des FlN ca. 1,7 km nordnordöstlich von Würgendorf.
VI. Groblokalisation: 5214,0684.
Literatur: Böttger 1929, Nr. 9, S. 6: Donnerhain.

Dornhof.
I. Wüster Adelssitz.
II. Stadt Bad Laasphe.
III. *1344: *Dornhöff* (v. Bicken, Mannbuch, zit. n. Wrede 1927, S. 145); 1437 und nachfolgend sind dort als Lehnsträger der Herren von Hatzfeld die Rump ansässig; Hof seit dem Ende des 16. Jhs. wüst.
V. Lage zwischen Saßmannshausen und Feudingen.
VI. Groblokalisation: AKZ 5016,0119.
Literatur: BKW Wittgenstein, S. 32; Wrede 1927, S. 144 f.; Hartnack 1959a, S. 19; Dohle/Krämer 1965, S. 194; Wied 1975, S. 29–56 und S. 59–79.

„Dreiwellersdorf“.
I. Ortswüstung.
II. Stadt Erndtebrück.
IV. Wüstungsweisender FlN „Gründchen Dreiwellersdorf“ 0,8 km südsüdwestlich von Erndtebrück-Schürmannshof.
V. Topografie: kleines in die Benfe einmündenden Nebental.
VI. Groblokalisation: AKZ 5015,0179.

Druffte.
I. Ortswüstung mit kirchlichem(?) Gebäude bzw. Ortswüstungen im Tal der Trüfte.
II. Stadt Bad Berleburg.
III. 1506 (mit Bezug auf die Zeit *vor 1488): Wüstung *„zu Druffte“* (Berleburger Chroniken, S. 30); 1581: *Kirche zu Druffte*.
V. Lage der Fundstellen insgesamt 1,2 km nordwestlich bis 3,2 km nordnordöstlich von Berghausen.
VI. Infolge der intensiven, langjährigen Prospektionstätigkeit von H. G. Radenbach sind aus dem unteren und mittleren Talabschnitt der Trüfte insgesamt 7 (8) Fundbereiche mit frühmittelalterlicher Keramik bekannt. Die Fundbereiche erstrecken sich in Luftlinie auf einer Länge von 2,7 km beiderseits des Bachlaufs und sind nicht allesamt der wahrscheinlichen Kirchortwüstung Druffte zuzurechnen. Im unteren Tal der Trüfte bestehen im Umfeld der heutigen Siedlung Trufte und des Wohnplatzes Am Winterscheid insgesamt vier Fundplätze (Ra 24, 32, 23, 26), darunter das Wüstungsareal Ra 32 mit Keramik der Karolingerzeit bis des Spätmittelalters sowie die Fundstelle Ra 23 mit Keramik der vorrömischen Eisenzeit und des Mittelalters. Das FuPuNet der LWL-Archäologie verzeichnet in diesem Bereich ebenfalls vier Fundstellen, jedoch in teilweise erheblich abweichender Position. Zuunterst im Tal liegt der Fundbereich AKZ 4916,0008 (entspricht Ra 24) unmittelbar nördlich der Siedlung Trufte in der heutigen Aue. Nach Reichmann (1984g, S. 168) handelt es sich um eine hochmittelalterliche Wüstung; ihr Besiedlungsbeginn liegt im 10. Jh. Die östlich des Wohnplatzes Winterscheid südexponiert am Hang gelegene Fundstelle AKZ 4916,0007 erbringt in geringem Umfang Keramik der vorrömischen Eisenzeit und zahlreiche Funde des 9./10.–12./13. Jhs. (Reichmann 1984f, S. 168). Der beim Autor Radenbach nicht verzeichnete Fundplatz AKZ 4916,0019 liegt nördlich des Wohnplatzes Winterscheid am Hang und erbringt einige Scherben der Zeit um 900 wie auch des hohen Mittelalters (Reichmann 1984h, S. 169). Im mittleren Trüftetal bestehen drei Fundbereiche (Ra 28, 87 und 52). Von besonderem Interesse ist hier der Bereich Ra 28 (entspricht AKZ 4916,0009 zusammen mit AKZ 4916,0120) mit einem Gehöftpodium und einem sich als Vegetationsmerkmal abzeichnenden Gebäudegrundriss im Einmündungsbereich eines Nebenbaches in das Haupttal. Das Fundmaterial dieser Stelle gehört u. a. dem frühen und hohen Mittelalter an bzw. setzt nach anderer Darstellung in spätkarolingischer Zeit ein (Reichmann 1984a, S. 165). Eine Achteckschnalle (Dorn verloren) mit quadratischen und rechteckigen Zierfeldern und dem Schriftzug *UIC* in einem Rechteckfeld datiert in das 13. Jh. Unmittelbar oberhalb (nördlich) der Einmündung des kleineren Baches in die Trüfte besteht eine ausgeprägte Terrassierung. Im Bereich dieses Podiums wird der Standort eines kirchlichen Gebäudes angenommen, archäologische Untersuchungen stehen aus. Das Fundareal setzt sich bachaufwärts der Trüfte in dem Bereich AKZ 4916,0048 etwas weiter fort. Neben Eisenschlacken, verziegeltem Lehm und Keramiken des 10. Jhs. tritt hier insbesondere Keramik auf, die auf das Bestehen einer eisenzeitlichen Siedlung an dieser Stelle verweist (Laumann 1984d, S. 166). Ungefähr 0,5 km nördlich dieser Fundstelle erbringt das Fundareal Ra 87 (entspricht AKZ 4916,0024) erneut Keramikfunde seit dem frühen Mittelalter. Das Areal Ra 52 (entspricht AKZ 4916,0023) im Einmündungsbereich des Große Menzebach in die Trüfte wurde als Hofwüstung aufgefasst (Laumann/Reichmann 1984, S. 166). Von dieser Fundstelle liegt in erheblichem Umfang Keramik des frühen und hohen Mittelalters sowie das Fgm. eines Mahlsteins aus rheinischer Basaltlava vor.
Literatur: Wrede 1927, S. 182; Radenbach 2013, S. 87–93 nebst Lageplan; Bergmann 2018b, S. 253.

Drunengen (Dröningen).
I. Partielle Ortswüstung (jetzt Ortsteil Bühl).
II. Stadt Freudenberg.
III. *1329: *Drůnengen* (Siegener Ub. 1, Nr. 180, S. 110); nach den Verzeichnissen der Rentei Siegen liegt der Zehnte *tzu Drunughen* 1417 nicht wüst (Siegener Ub. 2, Nr. 87, S. 99); 1461 ist unter der Schatzung des Kirchspiels Holzklau sowohl *Boil* als auch *Droningen* verzeichnet (Siegener Ub. 2, S. 219: linke Spalte), worin sich andeutet, dass Drunengen in der sich nach der Wüstungsbildung neu firmierenden Gemarkung Bühl zu verorten ist, 1696: „Trönninger Hof zum Bühl“ mit zwei Wohnhäusern (von Achenbach ^{2}1981, S. 145).
IV. Wüstungsweisender moderner FlN „Tröninger Garten“ am westlichen Rand des Ortsteils Bühl.
V. Lage nach spätmittelalterlichen Quellen im Kirchspiel Holzklau.
VI. Aus dem Dauergrünland des „Tröninger Gartens“ stammt wenig spätmittelalterliche Keramik (gelbe hart gebrannte Ir-

denware mit graublau gepunkteter Oberfläche und grauolives Faststeinzeug) sowie aus dem unterhalb des „Tröninger Gartens" gelegenen Bachgrund „Drönningen" 1 WS graue mäßig grob gemagerte klingendharte Idenware des 14. Jhs.; AKZ 5013,0113.
Literatur: Heinzerling 1920, S. 42 und S. 25: Bühl; Böttger 1929, Nr. 10, S. 7: Drüningen; Wüstungen Freudenberg 1973, S. 25; von Achenbach [2]1982, S. 187; Brandemann 2004, S. 27 f., S. 31–33, S. 35; Bingener 2010, Tafel 3: Dröningen; Bergmann 2018b, S. 251 und Abb. 1.

Dufelßhoff (Teufelshof).
I. Neuzeitliche Hofwüstung.
II. Stadt Bad Berleburg.
III. *1484: *Dufelßhoff* (Wrede 1927, S. 193, Beilage 3); 18. Jh.: Teufelshof.
V. Lage östlich von Rehseifen in Richtung der Grenze zum Hochsauerlandkreis bzw. nach Angabe der Quelle von 1484 nahe von [+]*Bubenkirchen* in Grenzlage zur Freigrafschaft Züschen.
VI. Groblokalisation: AKZ 4817,0055.
Literatur: Dohle/Krämer 1965, S. 195.

„Dungerdorff".
I. Ortswüstung.
II. Stadt Bad Berleburg.
IV. 1569: Wüstungsweisender FlN „Dungerdorff" (Wrede 1927, S. 208, Beilage 14).
V. Lage nach A. K. Hömberg nördlich von Wingeshausen am Ihrigebach im Umfeld des Forsthauses Ihrige (Eintragung in Arbeitskarte A. K. Hömberg[2]).
VI. Untertägige „Mauerreste" mehrerer Höfe, Funde von Hufeisen, Keramik (im Forsthaus Bald aufbewahrte Funde seit 1945 verschollen); Forsthaus Ihrige in FuPuDELOS mit AKZ 4915,0147 bezeichnet.
Literatur: Hartnack 1959a, S. 18.

Eckenfelt.
I. Ortswüstung mit Kapelle.
II. Stadt Bad Berleburg.
III. *1356: *Gerlach Eckenfelt*, Schöffe (*Schefin*) in Battenberg/ Eder, Hessen; *Gerlach vnd Dypel von Eckenfelt, Gebrüdere,* Einwohner zu Battenberg (Hessische Urkunden 1, Nr. 902); 1395: *den gantzen Zehenden zu* Eckefeldenn (Hessische Urkunden 1, Nr. 1227, Anm.; Dohle 1959, S. 31).
IV. Die Hochfläche Kohl/Auf dem Kohl heißt auf der Markgraff-Karte von um 1588 *Das Ickefelt.*
V. Lage 2 km südwestlich von Diedenshausen bzw. 4,5 km nordnordwestlich von Elsoff.
VI. Auf die Lage der in der Pfarrei Diedenshausen gelegenen *capella Ockenfelden* verweist ein „Kirchenstumpf" (Dohle 1959, S. 31; BKW Wittgenstein, S. 68); Funde 9. Jh. (oder früher?)–13./14.(?) Jh., Grabungsnachweis eines spätmittelalterlichen (13. Jh.) Gebäudes; AKZ 4916,0053.
Literatur: Wrede 1927, S. 146: Eckenfeld; Laumann 1992, S. 141 (mit fehlerhafter Zuweisung des Lagepunkts zur Ortswüstung „Jespershausen"); Bergmann 1992b, S. 141–145 und Abb. 34; Bergmann 1993a, S. 39 f. und Abb. 7.

Eckershuisen.
I. Ortswüstung.
II. Stadt Bad Berleburg?
III. *1395: *den Zehenden gantz zu Eckershuisen* (Hessische Urkunden 1, Nr. 1227, Anm.): in der den Verkauf wesentlicher Rechte der Grundherrschaft der Herren von Diedenshausen betreffenden Urkunde ist die Reihenfolge der Besitztitel *Hilgershuisen* (wüst, nordwestlich von Richstein)–*Eckershuisen–Sassenhuisen* (= Sassenhausen)–*Welnhuisen* (wüst, westlich von Sassenhausen). Alle diese Orte liegen im Wittgensteiner Land, sodass eine derartige Lage ebenso für +Eckershuisen anzunehmen ist.
V. Nicht auf Wüstungs-Übersichtskarte des Kreises Siegen-Wittgenstein eingetragen.

„Einsiedel".
I. Hofwüstung.
II. Gemeinde Wilnsdorf.
III. *1579: Hof Einsiedel (Hoynck, Geschichte des Dekanats Siegen, Paderborn 1901, S. 263, S. 265, zit. n. Böttger 1929, S. 8).
VI. Groblokalisation: AKZ 5114,0741.
Literatur: Böttger 1929, Nr. 12, S. 8.

„Elberndorf".
I. Ortswüstung.
II. Städte Erndtebrück/Hilchenbach.
IV. Bachname 1515: *Wasser genant die Elbentorff.*
V.-VI. Am Bachlauf der Elberndorf zeichnen sich mehrere fundverdächtige Bereiche ab, die bislang nicht prospektiert sind: AKZ 5015,0175: Waldgelände „Howestad" nördlich der Elberndorf; AKZ 5015,0181: Waldbereich im Geländezwickel zwischen dem „Zimmersseifen" und dem Elberndorfer Bach; AKZ 5015,0182: Geländeabschnitt an der Elberndorf zwischen dem „Schönseifen" und „Schrupsgrundche"; AKZ 4915,0148: Geländezwickel zwischen dem „Bastseifen" und dem Elberndorfer Bach. Weiterhin tritt am „Füllengrund", einem kleinen Bachtal nördlich der Elberndorf, der Waldname „Elberndor" auf.
Literatur: Böttger 1929, Nr. 13, S. 8 f.

„Eltershausen".
I. Ortswüstung.
II. Stadt Bad Laasphe.
III. *1572.
V. Lage nach Hartnack (1959a, S. 17) nahe Augustenhof bei Volkholz, Lage nach FuPuDELOS der LWL-Archäologie für Westfalen hingegen 1,1 km westlich von Feudingen: AKZ 5015,0165.
VI. Funde des ausgehenden 12. Jhs. (oder frühen 13. Jhs.)–14./15.? Jhs., darunter ein rotbemaltes Miniaturgefäß Pingsdorfer Art. Fundbearbeitung Dr. U. Lobbedey vom 30.05.1972 (Quelle: Referat Mittelalter- und Neuzeitarchäologie, Ortsakte): „Es handelt sich um eine Keramik, die stark unter rheinischem und hessischen Einfluss steht. Soweit sicher datierbares Material anzusprechen ist, handelt es sich um Kugeltopfware des ausgehenden 12. oder frühen 13. Jahrhunderts bis zum 14. Jahrhundert. Siegburger steinzeugartig hart gebrannte Ware des 13. Jahrhunderts ist vertreten, ebenso rheinische Irdenware des 13./14. Jahrhunderts und Steinzeug des 14., vielleicht noch des 15. Jahrhunderts. Eine Besiedlung im 13. und 14. Jahrhundert ist also gesichert. Unter den helltonigen Scherben könnte sich auch karolingisches Material verbergen, ... , doch reicht das Material m. E. nicht für eine sichere Deutung." Fundverbleib damals zu erheblichen Teilen Heimatstube Feudingen.
Literatur: Hartnack 1959a, S. 17.

Engilbrecht.
I. Ortswüstung.
II. Stadt Freudenberg.

[2] LWL-Archäologie für Westfalen, Außenstelle Olpe, Kartenarchiv, Verf. dankt Dr. Ph. R. Hömberg (†) für die Erlaubnis der Einsichtname.

III. *1353: *Wychard von Engilbrecht* (Siegener Ub. 2, Nr. 6, S. 6): Da dieser gemäß den Bestimmungen der Urkunde seinen Wohnsitz auf dem Hof Druningen (siehe Drunengen) nehmen sollte, ist davon auszugehen, dass Engilbrecht ab diesem Zeitpunkt zumindest partiell aufgegeben war.
IV. Der Wüstungsname hat sich in dem FlN „Engelwert" erhalten.
V. Lage nördlich von Bühl. Das Wüstungsareal nimmt eine für den Mittelgebirgsraum des Rheinisch-Westfälischen Schiefergebirges kennzeichnende Lage im Geländezwickel zwischen zwei Bachläufen ein.
VI. Von dem wahrscheinlichen Kleinweiler haben sich im Gelände zwei Gehöftpodien erhalten. Die aufgefundenen keramischen Lesescherben gehören dem hohen Mittelalter und dem 13./14. Jh. an. Unter diesen befindet sich uneinheitlich gebrannte sandgemagerte Irdenware, verschiedene Varianten oxidierend gebrannter Irdenwaren, blaugraue Irdenware Paffrather Art, graue Irdenwaren, steinzeugartig hart gebrannte Ware Siegburger Art, rotengobierte Irdenware und rotengobiertes Faststeinzeug. Bei Begehungen mit der Metallsonde wurden zahlreiche Eisenteile geborgen, identifizierbar sind u. a. eine Wiesenhaue mit abgeknicktem, gebogenem Blatt und weitere landwirtschaftliche Geräte, ein Achsnagel und zwei mittelalterliche Breitschenkelhufeisen (alle Privatbesitz). Bei von privat vorgenommenen Schürfungen wurde an verschiedenen Stellen eine Kulturschicht angeschnitten, die in erheblichem Umfang feuerverziegelten Ausfachungslehm enthielt. Aus der Umgebung der Fundstellt stammt eine geriefte WS aus vollentwickeltem Steinzeug lokaler Art, die der Bestehensendphase der Ortswüstung zuzuordnen ist; AKZ 5013,0112.
Literatur: Böttger 1929, Nr. 14, S. 9: Engelbrecht, Bingener 2010, Tafel 3: Engelbrecht; Bergmann 2018b, S. 251 f.

Eychindorf.
I. Ortswüstung (die heutige Gehöftgruppe Eichendorf liegt 0,7 km östlich der nachgewiesenen Fundfläche; wahrscheinlich erfolgte eine Wiederbesiedlung der Wüstungsflur, wobei die Neuanlage der Höfe Eichendorf nicht auf dem Areal der mittelalterlichen Ortsstelle erfolgt ist).
II. Stadt Bad Berleburg.
III. *Um 1145 (Datierung nach Grafschafter Stiftungsurkunden, S. 48 und S. 346, Anm. 84): *allodium de Eckentorff cum piscatura* (Seibertz Ub. 3, Nr. 1068; der hier genannte Ort liegt wahrscheinlich im Hochsauerlandkreis, siehe +Eckentrop); 1362: Eychindorf.
IV./V. Die bei den Gehöften Eichendorf lokalisierte mittelalterliche Fundstelle befindet sich in der Flur „Im Medebach"; AKZ 4916,0014 (entspricht Fundstellen Radenbach [Ra.] 40 A und B).
Literatur: Wrede 1927, S. 146.

„Flocksdorf".
I. Ortswüstung.
II. Gemeinde Wilnsdorf.
III./IV. *1471: *zu Flockstorff in der Marck ... tuyschen Roderstorff* (= Rudersdorf) *und Welnstorff* (= Wilnsdorf) (Siegener Ub. 2, Nr. 207, S. 276).
VI. Groblokalisation: AKZ 5114,0151.
Literatur: Heinzerling 1920, S. 38: Flocksdorf; Böttger 1929, Nr. 17, S. 10; Böttger 1951, S. 88 f.

„Flöckersdorf".
I. Ortswüstung.
II. Gemeinde Netphen.
IV. Flurname „in der Fläckersdorf" in der Gemarkung Obernau (jetzt: Talsperre).
VI. Groblokalisation: AKZ 5014,0069.
Literatur: Böttger 1929, Nr. 16, S. 9 f.

„Folgersdorf".
I. Ortswüstung.
II. Gemeinde Wilnsdorf.
IV. Flurname „Folgersdorf" und „Folgersdorfer Wald" bei Unterwilden/Mittelwilden.
VI. Groblokalisation: AKZ 5114,0742.
Literatur: Heinzerling 1920, S. 39; Böttger 1929, Nr. 18, S. 10.

Frohnhausen.
I. Ortswüstung.
II. Stadt Bad Berleburg.
III. *1395: *den gantzen Zehenden zu Froenhußen* (Hessische Urkunden 1, Nr. 1227, Anm.).
V. Lage der wahrscheinlich diesem Ort +Frohnhausen zuzuordnenden archäologischen Fundstelle AKZ 4916,0117 an der Arfe 3 km nordnordöstlich von Arfeld.
VI. 1947 entdeckte Fundamentreste; Funde mittelalterlicher Hufeisen; AKZ 4916,0117.

„Fuchshausen".
I. Ortswüstung.
II. Stadt Hilchenbach,
IV. Wüstungsweisender FlN „Fuchshausen".
VI. Nach Böttger: erhaltene Podien und Grundmauern.
VII. Groblokalisation: AKZ 4915,0144.
Literatur: Böttger 1929, Nr. 19, S. 11.

„Fuckinkhusen".
I. Ortswüstung.
II. Stadt Erntebrück.
III. *1515; 1572: „Fuckinckhusen".
IV. Wüstungsweisender FlN in der Deutschen Grundkarte: „Große Feckhausen".
V. Lage nicht wie in der Literatur angegeben in den Gemarkungen Erndtebrück und Zinse zwischen dem Elberndorfbach und der Eder sondern wahrscheinlich etwa 2,2 km westsüdwestlich von Erndtebrück nahe der Mündung eines kleineren Baches in die Eder.
VI. Groblokalisation AKZ 5015,0180.
Literatur: Hartnack 1959a, S. 17.

Gambach.
I. Ortswüstung.
II. Stadt Freudenberg.
III. *1329: *Heynemannus de Gambach* (Siegener Ub. 1, Nr. 180, S. 110).
IV. 1570–1610: „Feld in der Gambach im Langenfelde" (von Achenbach 21981, S. 130).
VI. Funde des hohen und späten Mittelalters aus Dauergrünland, darunter blaugraue Irdenware Paffrather Art, grauolive klingendharte Irdenware mit braunvioletter Bemalung Pingsdorfer Art und grauolives Faststeinzeug; AKZ 5013,0029.
Literatur: Heinzerling 1920, S. 40: Gambach; Böttger 1929, Nr. 21, S. 11; Wüstungen Freudenberg 1973, S. 25; Bingener 2010, Tafel 3; Bergmann 2018b, S. 252.

„Gamenhausen".
I. Ortswüstung.
II. Stadt Bad Berleburg.

IV. 1739: Bachname „Kammhausen" bzw. moderner FlN „Kammerhäuser Köpfchen" (am Leisebach) in der Deutschen Grundkarte.
V. Westnordwestlich von Beddelhausen bestehende Lageoption im Tal des Leisebachs (AKZ 4916,0183) und Weitere ostnordöstlich des Kammerhäuser Köpfchens (AKZ 4916,0184).
Literatur: Hartnack 1959a, S. 17.

„Gangersdorf".
I. Ortswüstung.
II. Gemeinde Netphen.
IV. Wüstungsweisender FlN „Gangersdorf".
Literatur: Heinzerling 1920, S. 54; Böttger 1929, Nr. 22, S. 12.

„Gillersdorf".
I. Ortswüstung.
II. Gemeinde Netphen.
IV. Nordwestlich der angenommenen Ortslage tritt in der Deutschen Grundkarte der wüstungsweisende FlN „Gillersdorfer Rücken" auf.
VI. Groblokalisation: AKZ 5015,0176.
Literatur: Heinzerling 1920, S. 39, S. 55; Böttger 1929, Nr. 24, S. 12: Gillersdorf.

Ginderbach.
I. Ortswüstung.
II. Gemeinde Burbach.
III. *1461: *Heynman von Ginderbach*, Einwohner zu *Wergentorff* (= Würgendorf) (Siegener Ub. 2, S. 225, linke Spalte).
VI. Groblokalisation: AKZ 5214,0685; in der Wüstungsgemarkung auftretende Schlackenfunde.
Literatur: Böttger 1929, Nr. 25, S. 12; Böttger 1951, S. 97 und S. 101, Karte S. 100.

„Glabach".
I. Ortswüstung?
II. Gemeinde Wilnsdorf.
III. Ort „der Sage nach durch die Pest verödet" (Heinzerling 1920, S. 40).
IV. Wüstungsweisender FlN „Klabach" in der Deutschen Grundkarte; Groblokalisation: AKZ 5114,0744.
Literatur: Heinzerling 1920, S. 59; Böttger 1929, Nr. 26, S. 12.

Gozbrachtdeshusen.
I. Ortswüstung mit Kapelle (bzw. Kirche/Kapelle nach Dohle 1959, S. 30) und Mühle.
II. Bad Berleburg.
III. Im Jahr *1059 als im Kirchspiel Elsoff gelegener Ort (*ville*) *Gozbrahtdeshusun* erstbezeugt (Wrede 1927, S. 190, Beilage 1; Hartnack 1959b, S. 4); weitere Nennungen von 1488, 1499, 1645 beziehen sich auf einen bereits wüstliegenden Ort.
IV. Ortswüstung auf der Markgraff-Karte von um 1588 als *Gaspeshůsen* verzeichnet.
IV. Wüstungsweisender FlN: „Hofwiese",
V. Lage 2,5 km westnordwestlich von Elsoff im Einmündungsbereich des Äpfelbachs in den Mennerbach.
VI. Geländespuren einer Wassermühle, in den Felsen eingefahrene Hohlwegespuren im Umfeld des „Kirchenstumpfs", Friedhof nördlich des ehemaligen Sakralbaus und wohl wegen des felsigen geologischen Untergrunds nicht direkt um die Kapelle/Kirche gelegen; Schürfung ca. 120 m südöstlich des Sakralbaus: Nachweis der Mauerecke einer Schmiede(?) mit Schlackenfunden und stark korrodierten Eisenteilen: Hufeisen, Speer- und Messerspitzen, Keramikfunde der späten Karolingerzeit und des hohen Mittelalters; AKZ 4916,0044.
Literatur: BKW Wittgenstein, S. 22 f.: Gozbrachtdeshusun; Wrede 1927, S. 157: Gospershausen; Dohle 1959, S. 30; Dohle/Krämer 1965, S. 189; Reichmann 1984k, S. 170; Laumann 1985a, S. 195; Lukanow1997b, S. 226; Bergmann 2018b, S. 253.

Hackenbracht.
I. Ortswüstung.
II. Stadt Erndtebrück.
III. Wüstung und Dorf Hackenbracht zwischen und innerhalb der beiden Gründe Burbach und Hackenbracht *1467 genannt (Wrede 1927, S. 157).
IV. Wüstungsweisender FlN „Hackenbracht" bei Erndtebrück-Schürmannshof.
V. 1739: Wüstungsweisender FlN als Name einer Waldflur nahe des Schürmannshofes an der Benfe überliefert mit Lage näherungsweise 0,5 km westlich des Schürmannshofes.
VI. Groblokalisation: AKZ 5015,0171.
Literatur: BKW Wittgenstein, S. 13: Hackebracht; Wrede 1927, S. 157 f.; Hartnack 1959a, S. 19; Dohle/Krämer 1965, S. 194.

Hadebirßhusen.
I. Ortswüstung.
II. Südlich des Rothaargebirges.
III. *1395: *den gantzen Zehenden zu Hadebirßhusen* (Hessische Urkunden 1, Nr. 1227, Anm.).
V. Genaue Lage unbekannt, die Bezüge der Quelle von 1395 deuten in den Bereich der Städte Bad Berleburg, Hallenberg und Medebach bzw. den sich im Süden daran anschließenden Raum Hessens.
VI. Nach Hartnack (1959a, S. 17) Lage in Hessen?; nicht auf Wüstungs-Übersichtskarte des Kreises Siegen-Wittgenstein eingetragen.
Literatur: Wrede 1927, S. 158: Hadebirshausen.

Halmenhof.
I. Hofwüstung.
II. Stadt Freudenberg.
III. Unter der Rubrik Büschergrund sind *1696 „zwei herrsch[aftliche] Höfe Halmenhof und Ohrndorf mit drei Wohnhäusern und Hofleuten" angeführt (von Achenbach [2]1981, S. 141).
V. Lage im Umfeld von Freudenberg-Büschergrund, bzw. Lage nach Heinzerling (1920, S. 43) oberhalb von Bockseifen.
VI. Nach Böttger (1929) erkennbare Relikte der Hofstelle; Groblokalisation: AKZ 5013,0276.
Literatur: Böttger 1929, Nr. 27, S. 41; Wüstungen Freudenberg 1973, S. 25–29; Bingener 2010, Tafel 3.

Hambach.
I. Ortswüstung mit Kirche.
II. Stadt Siegen.
III. Niederschrift des 15. Jhs. (basierend auf älterer Vorlage wohl der *1. Hälfte des 13. Jhs.): *communitas in Hambach III hlr; desolata est* (Siegener Ub. 1, S. 206, Anhang), Quelle zugleich Wüstnennung; 1432: Verpflichtung verschiedener Mitglieder einer Bruderschaft zur Unterhaltung der *Sant Josts Kirchen genant zw Hambach* und des dortigen Kirchhofs (*Kyrchoff*) (Siegener Ub. 2, Nr. 106, S. 129 f.); 1432 zum *Hoff* Heimbach gehörig sind u. a. ein *Wonhauß* und ein ehemaliger Adelssitz (*Burgkhaus*); erneuter Verfall der Wallfahrtskirche ab 1545 einsetzend (umfangreiche Darstellung zu +Hambach bzw. „Heimbach": von Achenbach [2]1981, S. 466–477).
IV./V. FlN „Velt in der Alten Heymbach allenthalben im Hoffgut

gelegen", Siedlungslage zu beiden Seiten des unteren Alchetals (Heinzerling 1920, S. 41).
Literatur: Heinzerling 1920, S. 62 f.; Böttger 1929, Nr. 29, S. 42: Heimbach.

„Hattenborn".
I. Ortswüstung?
II. Gemeinde Neunkirchen.
III. *1577: Hof Hattenborn (Gamann, Geschichte des Freiengrundes, Siegen 1925, S. 45, S. 48, zit. n. Böttcher 1929, S. 41).
IV. Wüstungsweisende Geländebezeichnung „Grube Harteborn" in der Deutschen Grundkarte und FlN Harteborn auf dem Messtischblatt 5113: Freudenberg; Lage nach Heinzerling (1920, S. 43) im Kirchspiel Neunkirchen auf der rechten Seite der Heller im sogenannten Schweizerfeld.
VI. Groblokalisation: AKZ 5113,0353.
Literatur: Heinzerling 1920, S. 27 und S. 37; Böttger 1929, Nr. 28, S. 41: Harteborn.

„Hebehausen".
I. Fragliche Ortswüstung.
II. Stadt Bad Laasphe.
III. Nach Hartnack (1959a, S. 18) „nur aus sagenhafter mündlicher Überlieferung bekannt".
V. Unsichere Lage südlich von Bad Laasphe am Hesselbacher Weg.

Heirckenkosen.
I. Ortswüstung.
II. Stadt Kreuztal.
III. *1436: *Hoff … zu Heirckenkosen* (genannt mit Zubehör auf der *Schonenbach*: Siegener Ub. 2, Nr. 114, S. 136).
V. Lage nach Siegener Ub. 2 möglicherweise im Kirchspiel Krombach.
Literatur: Böttger 1929, Nr. 33, S. 43 f.: Herkinghausen.

Hellern.
I. Scheinwüstung.
II. Gemeinde Burbach.
III. Schriftüberlieferung unbekannt.
Literatur: Heinzerling (1920, S. 7) erschließt „für den unteren Teil von Wahlbach den Namen Hallern" bzw. Hellern. Auf den Ort sei später „der Name des viel später gegründeten Wahlbach" übertragen worden.

Hellingisdorf.
I. Ortswüstung.
II. Gemeinde Wilnsdorf?
III. *1340: *Hellingisdorf* (Siegener Ub. 1, Nr. 232, S. 138).
V. Böttger zufolge ist Hellingisdorf ein wüster Hof innerhalb des Dorfes Wilnsdorf (Böttger 1951, S. 91). Allerdings folgt aus dem Passus einer Urkunde von 1467: *Erst zwene Hobe zu Willentzdorff, item Broytreders Hob, item den Hoff zu Hilligenstorff, item Heynemanns Gut zu Willentzdorff* (Siegener Ub. 2, Nr. 174, S. 235), dass diese Annahme nicht zwingend ist.
V. Bei Hellingisdorf von einer Lage im Umfeld von Wilnsdorf auszugehen; das Grundwort -dorf des Ortsnamens verweist zudem darauf, dass es sich nicht um eine Hofwüstung handeln kann.
Literatur: Heinzerling 1920, S. 38, S. 55; Böttger 1929, Nr. 31, S. 43.

Helnhausen.
I. Ortswüstung,
II. Stadt Bad Laasphe.
IV. FlN eines Außenfeldes.
V. Lage bei Bermershausen.
Literatur: Hartnack 1959a, S. 17.

„Hemelinghausen".
I. Ortswüstung.
II. Stadt Siegen.
IV. Wüstungsweisender FlN im Jahr 1504: „Felt in der Hemelinghausen". In der Deutschen Grundkarte ist die hochgelegenen Quellmulde des Langenbachs als „Herigswiese" bezeichnet.
VI. Groblokalisation: AKZ 5013,0287.
Literatur: Böttger 1929, Nr. 36, S. 45 f.: Homelinghausen.

Henninghausen.
I. Ortswüstung.
II. Stadt Kreuztal.
III. *1079–1089: *mansum in villa quae vocatur Henninghausen* (Siegener Ub. 1, Nr. 3).
IV. Die Ortsstelle wird wahrscheinlich durch den wüstungsweisenden FlN „Heiminghausen" in der Deutschen Grundkarte überliefert. Südlich bis südsüdwestlich davon liegt (in erheblicher Entfernung dazu) der „Heimkäuser Bach" und das „Heimkäuser Bruch"; Heinzerling (1920, S. 39) kennt noch den mündlich überlieferten FlN „Heimkuse".
VI. Groblokalisation: AKZ 4914,0316.
Literatur: Heinzerling 1920, S. 56; Böttger 1929, Nr. 30, S. 43: Heiminghausen; von Achenbach [2]1982, S. 7.

„Heppersdorf".
I. Ortswüstung.
II. Gemeinde Netphen.
IV. Wüstungsweisender FlN „Heppersdorf".
V. Lage nahe des durch Talsperrenbau gefluteten Ortes Nauholz (Heinzerling 1920, S. 39).
VI. Nauholz: AKZ 5015,0178.
Literatur: Heinzerling 1920, S. 55; Böttger 1929, Nr. 32, S. 43.

Herdelingen.
I. Ortswüstung.
II. Stadt Freudenberg.
III. *1342 *Tilman unde Gobele* Gebrüder *von Herdelingin* (Siegener Ub. 1, Nr. 250, S. 149).
IV. Lage nach Heinzerling (1920, S. 42) „auf der linken Seite des Asdorftals in der Nähe von Freudenberg"; wüstungsweisender FlN „Herlinger Wald" in der Deutschen Grundkarte.
VI. Groblokalisation: AKZ 5113,0354.
Literatur: Heinzerling 1920, S. 68; Böttger 1929, Nr. 34, S. 44: Herlingen; Wüstungen Freudenberg 1973, S. 25, S. 27; von Achenbach [2]1982, S. 162: Hof Hertlingen; Bingener 2010, Tafel 3: Herlingen.

Hermißbach.
I. Hof- oder Ortswüstung.
II. Stadt Siegen.
III. *1404: *Sinden* (Zehnt) *uß der Hermersbach*, *Zyndeloise* (Zinslöse) *uß der Hermißbach* (Siegener Ub. 2, Nr. 78, S. 86).
IV. Wüstungsweisende Flurnamen „Hermelsbacher Weg", „Hermelsbacher Friedhof" im Bereich/Umfeld des ehemaligen Thiergartens.
VI. Groblokalisation: AKZ 5114,0691.
Literatur: Böttger 1929, Nr. 35, S. 44 f.: Hermelsbach.

Hilgershuisen.
I. Ortswüstung.
II. Stadt Bad Berleburg.
III. *1395: *den Zehenten gantz zu Hilgershuisen* (Hessische Urkunden 1, Nr. 1227, Anm.).
IV. Wüstungsweisende FlN „in den Höfen", „Lindenhof" und „Helgershausen" im Urkataster von 1837.
V. Lage bei Richstein.
VI. Groblokalisation: AKZ 5016,0124.
Literatur: Wrede 1927, S. 158: Heilgershausen; Dohle/Krämer 1965, S. 194 und Karte S. 191.

Hobach.
I. Hof- oder Ortswüstung.
II. Stadt Siegen.
III. *1417: *Hobach* (Siegener Ub. 2, Nr. 87, S. 99).
IV. Mundartlich überlieferter FlN „ahl Howich" (Heinzerling 1920, S. 41); wüstungsweisender Straßenname „In der Hubach" bzw. wüstungsweisende FlN „Hubachs Wäldchen" und „Oberste Hubach" in der Deutschen Grundkarte.
VI. Groblokalisation: AKZ 5114,0745.
Literatur: Böttger 1929, Nr. 37, S. 46.

Homlinghausen.
I. Fragliche Ortswüstung (Angaben aus FuPuDELOS der LWL-Archäologie für Westfalen).
II. Stadt Siegen.
IV. Lage auf der Kuppe des „Steimelskopf"; kein wüstungsweisender FlN bestehend.
VI. Im Bereich des Wüstungsareals sollen (der LWL Archäologie für Westfalen nicht vorgelegte) Scherben unbekannter Zeitstellung aufgelesen worden sein. In einem undatierten Zeitungsbericht sind ein Armbrustbolzen, Steinzeug sowie eisenzeitliche Keramik (Verzierung: plastische Leiste mit Kerbzier) abgebildet, die von der Ortsstelle stammen (Eintrag Dr. Manuel Zeiler vom 24.04.2013); AKZ 5013,0010.
V. Nicht auf Wüstungs-Übersichtskarte des Kreises Siegen-Wittgenstein eingetragen.

Hopperchusen (Hopprighausen).
I. Ortswüstung.
II. Stadt Bad Berleburg.
III. *1356: *Gerlach von Hoppirdekusen* (Hessische Urkunden 1, Nr. 902); 1395: den gesamten *Zehenten* zu *Hopperchusenn* (Hessische Urkunden 1, Nr. 1227, Anm.); (nach Deppe [1967] datiert die Erwähnung abweichend in das Jahr 1394); 1506 (mit Bezug auf die Zeit vor 1488): Wüstung *„zu Hopperckhausen"* (Berleburger Chroniken, S. 30); 1570: *Thal zu Hopperkhausen* (Wrede 1927, S. 213, Beilage 16).
IV. Ortslage auf Altkarte „Geometrie Witstein" des Geometers Heinrich Markgraff von 1588 verzeichnet (siehe Deppe 1967, S. 43).
V. Unter dem Namen der Ortswüstung sind offensichtlich drei Fundbereiche erfasst, von denen lediglich eine (die Fundstelle „Deppe" 3,4 km ostnordöstlich von Bad Berleburg) durch den Verf. prospektiert werden konnte und auf die sich die Ausführungen unter Punkt VI. beziehen. Eine „andere" Fundstelle von (angeblich) Hopprighausen befindet sich 0,5 km nordwestlich der Fundstelle „Deppe" bzw. 0,5 km südwestlich der Höhe „Laibach" in einem anderen Bachtal (vgl. Dohle/Krämer 1965, S. 189 f.) und ein „drittes" als „Hopperthausen" benanntes Fundareal 0,5 km nordnordwestlich der Fundstelle „Deppe".
VI. Im (von Deppe bezeichneten) Ortsbereich bestehendes, wenig stark ausgeprägtes Mikrorelief mit drei Podien; nach Deppe hier zudem ehemals existentes kirchliches Gebäude; am Urbachskopf zur Siedlung gehörendes Terrassenackersystem erhalten; aus Windwurf im Terrassenackersystem stammend: 1 RS des 12. Jhs.; bei Deppe Nachweis von drei hofnahen „Wölbäckern" (Br. 25 m, L. 95 m) und von drei Hochrainverbänden von jeweils 3 Terrassenäckern; Flurrelikte insgesamt eine Fläche von 52,2 Morgen (entspricht ca. 13 ha) abdeckend; Datierung Prospektionsfunde aus Siedlungsbereich: 9.?/10.–frühes 13. Jh.; AKZ 4916,0113.
Literatur: BKW Wittgenstein, S. 13: Hopperghausen; Wrede 1927, S. 162: Hopperghausen; Deppe 1967, S. 40–117; Müller-Wille/Bertelsmeier 1977, S. 478–480.

Hulsbach.
I. Ortswüstung.
II. Stadt Bad Berleburg.
III. Ort *1299 genannt; 1435 *Johann von Derenbach gen. Hulsbach* (Berleburger Archiv, Urk., Nr. 707, zit. n. Wrede 1927, S. 174); Wüstung nach Beendigung des 30jährigen Krieges partiell wiederbesiedelt und 1713 als Hildeshof bezeichnet (Dohle/Krämer 1965, S. 190).
IV. Wüstungsweisender FlN „Hülsbachkopf".
V. Lage im Umfeld des heutigen Forsthauses Hülshof näherungsweise 3,4 km westsüdwestlich von Richstein.
VI. Groblokalisation: AKZ 5016,0122.
Literatur: Wrede 1927, S. 162.

Hummershusen.
I. Ortswüstung.
II. Stadt Bad Berleburg.
III. *1395: *den ganzen Zehenden zu Hummershußen* (Hessische Urkunden 1, Nr. 1227, Anm.); 1406 weiterhin nachweisbarer Siedlungsbereich Nieder H[ummershusen].
V. Lage nach Wrede und Hartnack bei Arfeld, alternativ auch Lage nordwestlich von Richstein möglich (Dohle/Krämer 1965, S. 194).
VI. 1946/47 beobachtete Fundamentreste; AKZ 4916,0119 (Lagepunkt unter Bezug auf die archäologische Beobachtung 0,9 km südsüdwestlich von Arfeld).
Literatur: Wrede 1927, S. 161: Homertshausen; Hartnack 1959a, S. 17: Hummerschussen.

„Junkernhof".
I. Hofwüstung oder auf eine Ortswüstung weisender FlN.
II. Gemeinde Burbach.
VI. Groblokalisation: AKZ 5214,0690.

Klingelseifen.
I. Hofwüstung.
II. Stadt Hilchenbach.
III. *1431: Zehnt in Klingelseifen im Amt Hilchenbach (von Achenbach ²1982, S. 168).
V. Lage im „Kellerfeld" unterhalb des Dorfes Grund (Heinzerling 1920, S. 43).
Literatur: Heinzerling 1920, S. 70; Böttger 1929, Nr. 38, S. 46 f.; von Achenbach ²1982, S. 168.

Leimpe.
I. Kirchort- und Klosterwüstung.
II. Stadt Siegen.
III. *1280: *decimam nostram in Leimpe iacentem Everardo civi in Seygen* (Siegener Ub. 1, Nr. 51, S. 33); 1417: *Leympe* (Siegener Ub. 2, Nr. 87, S. 99); Besitz (*Kloisters Huse und Hoff*) des

Stifts Keppel in St. Johann vor Siegen noch ab 1495 bezeugt (Stift Keppel 1, S. 218). Böttger (1951, S. 89 f.) zufolge hat die Gründung der Neustadt Siegen einen maßgeblichen Einfluss auf die Wüstwerdung von Leimpe besessen. Für die Besiedlungsgeschichte der Stadt Siegen und des Siegerlandes wichtige Fundstelle; klassischer Fall einer bedeutenden Siedlung, welche im Verlauf einer Stadtwerdung aufgelassen worden ist. Wahrscheinlich erfolgte das Wüstfallen nicht abrupt, sondern sukzessive.
IV./VI. Ortslage der Siedlung des frühen bis beginnenden Spätmittelalters um das ehemalige Maria-Magdalenen-Kloster bzw. die ehemalige Kirche St. Johannes (= wahrscheinliche frühmittelalterliche Taufkirche); Kirche vor 1473 als verfallen bezeichnet und Kirchenstelle modern überbaut; Siedlungslage: Südlich der Martini-Kirche und südlich des Unteren Schlosses in der Stadt Siegen bzw. beiderseits des Weiß-Baches bis zu dessen Einmündung in die Sieg. Bisher erfasste Siedlungsspuren des 10.–12. Jhs. im Bereich zwischen Koblenzer Str., Spandauer Str. (ehemalige Wilhelmstr.), Löhrtor und Obergraben. Insgesamt nachgewiesen sind neun Fundstellen mit Hausresten (u. a. Webhütten) mit trocken in Lehm verlegten Steinfundamenten. Eine Ausgrabung der LWL-Archäologie auf dem geplanten Baugelände des neuen Stadttheaters zeigte in den Auelehm eingetiefte Siedlungsspuren (Gruben, Fundamentreste aus Trockenmauerwerk) des 12. Jhs. bis der frühen Neuzeit, eine Wasserentnahmestelle und das Trockenmauerfundament eines langgestreckten Hauses mit der lichten Weite von 2,9 m x 6,2 m. In der Hausfläche traten Keramiken des 13. Jhs. auf. Weiterhin wurden Erzbrocken und Schlacken, Kalksteinbrocken, rotgebrannter Formsand(?) und Dachschiefer geborgen. Zudem wurde in einem Ausschnitt eine gewerbliche Anlage erfasst, in der Eisen im Rennfeuerverfahren gewonnen wurde. Siehe u. a. Archiv Referat Mittelalter- und Neuzeitarchäologie der LWL-Archäologie für Westfalen, Inventarisationsakte Siegen, AKZ 5114,0040.
Literatur: Heinzerling 1920, S. 41 f.; Böttger 1929, Nr. 41, S. 81: ehemalige Taufkirche?

Leymbach.
I. Ortswüstung.
II. Stadt Siegen.
III. *1289: *Zehnt in der wuisten Leymbach sitam apud Sygen* (Siegener Ub. 1, Nr. 56, S. 35); 1417: *Leymbach* (Siegener Ub. 2, Nr. 87, S. 99).
V. Anders als bei Böttger, der für den durch den Zusammenfluss von Fludersbach und Hütchelsbach entstehenden Bach, durchaus begründbar, den Namen Leimbach erschließt (und die Wüstungslage dort annimmt), wird von einer Lage der Ortswüstung im mittleren oder oberen Talabschnitt des in der Deutschen Grundkarte verzeichneten Leimbachs auszugehen sein.
VI. Groblokalisation: AKZ 5114,0299.
Literatur: Böttger 1929, Nr. 40, S. 47 f.: Leimbach; von Achenbach ^{2}1982, S. 171.

Madeshusen.
I. Ortswüstung mit Mühle (bei Wrede als „Wüstung?" bezeichnet).
II. Stadt Bad Berleburg?
III. o. J.: *duo molendina in Elsaff et Madeshusen* gehörten zur *Sedes* Arfeld (Würdtwein, D IX 318, zit. n. Wrede 1927, S. 168).
V. Lage wohl an der Elsoff, genauere Lage unklar (möglicherweise auch östlich der Elsoff im Bundesland Hessen gelegen); nicht auf Wüstungs-Übersichtskarte des Kreises Siegen-Wittgenstein eingetragen.
Literatur: Wrede 1927, S. 168.

Mecklinghausen.
I. Ortswüstung.
II. Stadt Bad Berleburg.
III. *1502 als Ort mit fünf Häusern genannt.
V. Lage „im Grunde oberhalb von Wemlighausen [wahrscheinlich ist das Tal der Schwarzenau gemeint], bis nach dem Dambach sich hinziehend".
VI. Groblokalisation: AKZ 4916,0181.
Literatur: Wrede 1927, S. 169.

Menchusen.
I. Ortswüstung (wohl nicht gleichzusetzen mit den Orten Meckhausen im Raum Bad Berleburg).
II. Südlich des Rothaargebirgskamms.
III. *1395: *den Zehenden halff zu Menchusen* (Hessische Urkunden 1, Nr. 1227, Anm.).
IV./V. Genaue Lage unbekannt, die Bezüge der Quelle von 1395 deuten in den Bereich der Städte Bad Berleburg und Hallenberg (Hochsauerlandkreis) bzw. den sich im Süden anschließenden Raum Hessens. Die Nennung des Orts in der Verkaufsliste der Herren von Diedenshausen von 1395 erfolgt nach Arfeld (*Arfelde*), sodass sich tendenziell eine Lage im Wittgensteiner Land andeutet; Ortswüstung möglicherweise in Bezug zu N.N. „Mennerbach, Am" (siehe dort) zu setzen.

Merkilnhusen.
I. Ortswüstung.
II. Stadt Hilchenbach.
III. Niederschrift des 15. Jhs. (basierend auf älterer Vorlage wohl der *1. Hälfte des 13. Jhs.): *casa in Neckelenhusen vacat* (Siegener Ub. 1, S. 206, Anhang); 1345: *Tylo* von *Merkilnkusin* (Siegener Ub. 1, Nr. 290, S. 180).
IV. Unter dem „Hoff zu Merckelhaußen" sind 1621 eine „Hoffwiese", eine „Hörlestraße", eine Wiese „die Lanndstraße", die „Keppeler Mark", eine Wiese in der „Breydenbach", ein „Felt bober dem Hoff" und der „Meckelshaußer Schlage" (= Landwehrdurchlass) nahe der „Landhecke" angeführt (Stift Keppel 1, S. 231).
V. Lage in der Gemarkung Müsen (Böttger 1951, S. 93) und zwar oberhalb des Hofes Winterbach (Heinzerling 1920, S. 39).
Literatur: Heinzerling 1920, S. 56; Böttger 1929, Nr. 42, S. 82 f.: Merklinghausen.

Mieschenbach.
I. Ortswüstung.
II. Gemeinde Burbach,
III. *1326: *Mieschenborch*[!] (Siegener Ub. 1, Nr. 168a, S. 211); 1341: *gůyd* ... *zů Můskynbach* (Siegener Ub. 1, Nr. 239, S. 141).
VI. Funde 9.–13./14. Jh., darunter verschiedene Varianten von oxidierend rot und reduzierend grau gebrannten Irdenwaren, blaugraue Irdenware Paffrather Art, rotengobierte Irdenware, rotengobiertes Faststeinzeug, braunengobierte graue klingendharte Irdenware bzw. Faststeinzeug, grauolives Faststeinzeug und Faststeinzeug Siegburger Art; häufig auftretende Schmiedeschlacken auf mittelalterliche? Eisenerzeugung hinweisend (siehe auch: Böttger 1951, S. 101); AKZ 5214,0008 und 5214,0410.
Literatur: Heinzerling 1920, S. 40 f. und S. 64: Müschenbach; Böttger 1929, Nr. 43, S. 83: Müschenbach; Bergmann 2018b, S. 252.

Neckelenhusen, siehe Merkilnhusen.

N.N. „Alte Heide".
I. Nach Fundstellenausdehnung Ortswüstung.
II. Stadt Freudenberg.
III. Ortsname nicht zu ermitteln.
VI. Keramischer Fundkomplex des 11.–14. Jhs. (165 Scherben), darunter uneinheitlich gebrannte sandgemagerte Irdenware, gelbe fein gemagerte Irdenware mit roter Bemalung Pingsdorfer Art, blaugraue Irdenware Paffrather Art (darunter eine WS mit eingestempelter Rosette) des (insgesamt) hohen Mittelalters; weiterhin Funde reduzierend grau gebrannter Irdenwaren, rotengobierte Irdenware, rotengobiertes Faststeinzeug, rotengobiertes Steinzeug sowie Steinzeug Siegburger Art (insgesamt) des 13./14. Jhs.; unter den Funden auch eine flache Perle aus blauem Glas; AKZ 5113,116.
Literatur: Bingener 2010, Tafel 3: „Wüstung"; Bergmann 2018b, S. 252.

N.N. „Alte Mühl".
I. Mühlenwüstung? (möglicherweise zu +Wegebach gehörig).
II. Gemeinde Hilchenbach.
IV. Auf dem Geländeriedel zwischen dem Wehbach im Norden und dem von Westen herankommenden Bach, dessen Quellursprung im Bereich des Ginsbacher Hofes/der Ortswüstung Wegebach liegt, tritt in der Deutschen Grundkarte der Forstname „Alte Mühl" auf. Der FlN könnte auf eine bachbezogene ehemalige Mühle verweisen. Allerdings tritt auch im direkten Umfeld der nur wenig entfernten Ortsstelle Wegebach der FlN „Alte Mühlwiese" auf, was eine Interpretation des Flurnamens erschwert.
VI. Groblokalisation: AKZ 5015,0177.

N.N. „Breitenberg".
I. Ortswüstung?
II. Stadt Bad Berleburg.
III. Historisch nicht überliefert; Deppe (1967) schloss auf eine aus 4 Höfen bestehende Fehlsiedlung des 10. Jhs.
V. „Wölbbeetekomplex" und 2 Terrassenackersysteme mit je 4 „Streifenäckern".
VI. Keine Bodenfunde.
Literatur: Deppe 1967, S. 171–190, S. 197–204 und S. 206 f.; Müller-Wille/Bertelsmeier 1977, S. 478 und Abb. 32.

N.N. „Große Rüsselsbach".
I. Ortswüstung?
II. Stadt Bad Berleburg.
V. Lage im Austrittsbereich des Große Rüsselsbach in das Haupttal bzw. auf flachem Schwemmkegel (Dauergrünland).
VI. Wenige Scherben frühmittelalterlicher Keramik bei Aushub eines Fischteichs, teilweise aus größerer Tiefe; AKZ 4916,0179.

N.N. „Heidenspitze".
I. Wüster Herrenhof?
II. Stadt Bad Berleburg.
V. Ungefähr 1 km westsüdwestlich von Schwarzenau nahe des Gebäudes „Neuwiese" an dem zur Eder abfallenden Hang gelegenen.
VI. Unruhig reliefiertes Gelände inzwischen eingeebnet (AKZ 4916,0180); benachbart: ca. 1935 freigelegte, frühneuzeitliche? tonnengewölbte Gruft mit zwei Bestattungen (AKZ 4916,0174).
Literatur: Dohle/Krämer 1965, S. 189.

N.N. „Heidfeld".
I. Orts- oder Hofwüstung.
II. Stadt Kreuztal.
VI. Durch Zufall im anstehenden Lehm nahe des Breitenbachs entdeckte Steinfundamente mit Keramikfunden des hohen Mittelalters und neuzeitlichen Funden; AKZ 4913,0382.

N.N. „Hofe, Auf dem".
I. Hofwüstung?
II. Stadt Hilchenbach.
III./IV. Oberhalb des „Preisterbach" auftretender wüstungsweisender FlN „Auf dem Hofe"; Verbindung des FlN mit einer bestimmten Ortswüstung derzeit nicht erkennbar.
VI. Groblokalisation: AKZ 4914,0315.

N.N. „Mennerbach, Am".
I. Ortswüstung.
II. Stadt Bad Berleburg.
III. Ortsname unbekannt.
V. Lage unmittelbar westlich des Mennerbachs bzw. 3 km südsüdwestlich von Diedenshausen.
VI. Funde wahrscheinlich des frühen 10. Jhs. bis späten Mittelalters; AKZ 4916,0043.
Literatur: Reichmann 1984j, S. 170 (Lagehinweis auf die Ortswüstung Eckenfeld nicht zutreffend).

N.N. „Mischebachtal".
I. Töpfereiwüstung.
II. Burbach.
VI. Die Fehlbrände des 13./14. Jhs. aus einer 1990 vorgenommenen „Nach"-Prospektion der Altfundstelle enthalten als Magerung fast immer abgerollte Schieferplättchen. Bei den Funden handelt es sich um : Mehrere Fgm. von Bodenfliesen aus gelber schiefergemagerter Irdenware, die sowohl hart als auch schwach gebrannt sind (Fliesenstärke bis 2,1 cm); gelbe (bis gelborange) schiefergemagerte schwach gebrannte Irdenware: 15 WS; gelbe (bis gelborange) schiefergemagerte harte Irdenware: 1 RS: rundlich ausbiegender Rand mit verdickter, gekehlter schräg nach außen abgestrichener Randlippe, 9 WS; gelbe feingemagerte harte Irdenware: 1 WS mit grauvioletter Bemalung Pingsdorfer Art; graue feingemagerte harte Irdenware: 2 WS; graue schiefergemagerte harte Irdenware: 1 RS eines Kugeltopfes mit abgeknickt ausbiegendem Rand und gekehlter, schräg nach außen abgestrichener Randlippe, 1 WS; AKZ 5214,0001:-01 und :-03.
Literatur: Lukanow 1997c, S. 226 f. und Abb. 43; Bergmann 2018a, S. 164 und Abb. 9; Bergmann 2018b, S. 252.

N.N. „Schwarzenau".
I. Ortswüstung.
II. Stadt Bad Berleburg.
III. Ortsname unbekannt (Lage am Bach Schwarzenau). BKW Wittgenstein (S. 57) verweist darauf, dass unter dem kirchlichen Bezirk (*sedes*) in Arfelden sowohl ein Schwartzenaw als auch eine Mühle in Swartzenau angeführt sind. Für den erstgenannten Ort Schwartzenaw wird eine Lage „im Schwarzenauthale, welches bei Wemlighausen in des Oderbornthal [= Tal der Odeborn] mündet", angenommen; die mündliche Überlieferung identifiziert die Ortslage als diejenige einer Ortswüstung Schwarzenau; Deppe hält es für möglich, dass die bestehende Nennung eines *Swarcenown* im Jahr 1059 nicht auf den wüstungsresistenten Ort Schwarzenau im Edertal zu beziehen ist, sondern auf die hier genannte Örtlichkeit (m. E. unwahrscheinlich, weil dann nicht mit Vorstellungen über die Ausdehnung des Kirchspiels Elsoff im Mittelalter zu vereinbaren).
V. Lage der archäologischen Fundstelle 2,5 km südöstlich von Girkhausen im Umfeld der Einmündung des Lützel-Baches in die

Schwarzenau, bzw. 0,6 km östlich von +„Dambach".
VI. Flachhügel von 0,2–0,7 m Höhe im potentiellen Siedlungsbereich; drei hofnahe Wölbackerbeetkomplexe; dreiteiliges Stufenrainsystem von je drei Terrassenäckern; AKZ 4816,0037 und 4816,0037 a (= zur Siedlung gehörendes Terrassenackersystem in Süd- und Westexposition).
Literatur: Deppe 1967, S. 118–144; Müller-Wille/Bertelsmeier 1977, S. 478 f., Abb. 33.

N.N. 4915,0003.
I. Ortswüstung.
II. Stadt Bad Berleburg.
V. Lage unmittelbar südlich der Eder bzw. 0,5 km südöstlich des Bahnhofs Aue.
VI. Keramikfunde seit spätkarolingischer Zeit; AKZ 4915,0003.
Literatur: Reichmann 1984d, S. 167.

N.N. 4916,0032.
I. Ortswüstung.
II. Bad Berleburg.
V. Lage im Sattel zwischen dem Rentmeisterskopf und Hesseberg (jetzt Dauergrünland).
VI. In geringem Umfang vorliegende Keramik vorgeschichtlicher Machart; Keramikfunde des Mittelalters (darunter 2 RS und 1 BS) frühmittelalterlich einsetzend; AKZ 4915,0032.

N.N. 4916,0033.
I. Ortswüstung.
II. Stadt Bad Berleburg.
V. Lage 2,2 km ostnordöstlich von Wemlighausen nahe der sogenannten „Goldeiche"; Areal mit charakteristischer Siedlungstopografie (Einmündung eines kleineren Baches in das Haupttal).
VI. Funde von Keramik wahrscheinlich noch des 9./10. Jhs.; AKZ 4916,0033.
Literatur: Reichmann 1984l, S. 183.

N.N. 4916,0035.
I. Ortswüstung.
II. Stadt Bad Berleburg.
V. Lage 3 km südsüdwestlich von Girkhausen an der Odeborn nahe des Forsthauses Dödesberg.
VI. Funde von Keramik (noch des 9. Jhs.?) aus einem Areal mit charakteristischer Siedlungstopografie: Einmündung eines kleineren Bachs (des Seelbachs) in das Haupttal; AKZ 4916,0035.
Literatur: Reichmann 1984m, S. 183.

N.N. 4916,0037.
I. Ortswüstung.
II. Stadt Bad Berleburg.
V. Lage 1,8 km ostnordöstlich von Bad Berleburg bzw. östlich +Adenborne im Mündungsbereich des Schmierbach in den Breitenbach.
VI. Fundbereich mit Keramikfunden insbesondere des hohen Mittelalters, darunter bemalte Drehscheibenware Pingsdorfer Art; AKZ 4916,0037.
Literatur: Reichmann 1984c, S. 166.

N.N. 4916,0038.
I. Ortswüstung.
II. Stadt Bad Berleburg.
V. Lage 1,6 km westlich von Raumland in einem unmittelbar zur Eder abfallenden Hanggelände.
VI. Mehrperiodiger Siedlungsplatz (Späthallstadtzeit, Spätlatenèzeit, Mittelalter); AKZ 4916,0038.
Literatur: Laumann 1984c, S. 173–182, mit Karte 14.

N.N. 5013,0061.
I. Dem bislang relativ geringen Umfang der Fundmenge nach wahrscheinlich als Hofwüstung einzustufen.
II. Stadt Freudenberg.
V. Lage am Ortsrand von Freudenberg-Büschergrund in einer weitgespannten, sich nach Südsüdosten öffnende Quellmulde in der Flur „Schorr" oberhalb der Quelle des „Eicherseifens" in 330–340 m Höhe, tangiert von der „Alten Kölner Straße".
VI. Fundstreuung des 11./12.–14. Jhs. (15. Jh. unsicher): Das Vorhandensein eines Flintartefakts und von gesteinsgrusgemagerter Irdenware nichtmittelalterlicher Machart deutet auf eine ältere Inanspruchnahme der topografisch vorgezeichneten Stelle an. Ihre mittelalterliche Besiedlung setzt im hohen Mittelalter ein und erstreckt sich mindestens bis in das 14. Jh. Auffällig unter den Funden ist der hohe Anteil an rotengobierten Irdenwaren. Gesamtmenge der keramischen Funde: 81; Funde: Uneinheitlich gebrannte gesteinsgrusgemagerte Irdenware prähistorischer Machart: 1 S; uneinheitlich gebrannte Irdenware mit Bachsand-, Schieferplättchen- und Gesteinsgrusmagerung: 1 RS-Fragment: ausbiegender Rand mit schräg nach außen abgestrichener Randlippe; uneinheitlich gebrannte Irdenware mit Schieferplättchenmagerung: 2 S; uneinheitlich gebrannte Irdenware mit feiner Sandmagerung: 1 S; gelbe schiefergemagerte harte Irdenware: 1 Grapenfuß; gelbe feingemagerte harte Irdenware: 1 S; blaugraue Irdenware Paffrather Art: 3 S; graue mäßig grob gemagerte harte Irdenware: 1 S; graue feingemagerte harte Irdenware: 4 S; graue feingemagerte klingendharte Irdenware: 12 S; steinzeugartig hart gebrannte Ware Siegburger Art: 4 S; rotengobierte Irdenware: 13 S, darunter das Fgm. einer reliefierten Ofenkachel; rotengobiertes Faststeinzeug: 8 S; grauolives Faststeinzeug: 3 S; rotengobiertes Steinzeug: 18 S; Steinzeug Siegburger Art: 8 S; AKZ 5013, 0061.

N.N. 5014, 0110.
I. Hofwüstung?
II. Gemeinde Netphen.
V. Fundareal an einem Bachlauf südsüdöstlich von Netphen-Ölgershausen gelegen.
VI. Funde des hohen und späten Mittelalters (11./12.–14. Jh.); AKZ 5014, 0110 (= 5014 M 18); eingetragenes Bodendenkmal.
Literatur: Bergmann 1997c, S. 228 f. (mit Fundliste).

Odeborn: siehe Adenborne.

Odendorff.
I. Ortswüstung.
II. Stadt Freudenberg.
III. *1382: *Henne Odincdorff*, *Arnolt* von *Oydentorff* (Siegener Ub. 2, Nr. 53, S. 55).
V. Grenzbeschreibung Hünsborn von 1482: *vort van dem Crutze zu Odendorff durch die alden Hobe und vort den alden Path ussen biß an den Hoe Wech* (Wiemers 1952, S. 384).
VI. Keramikfunde des 13./14. Jhs. (Bergmann 1997b, S. 226 f. [mit Fundliste]); AKZ 5013,0069.
Literatur: Böttger 1929, Nr. 46, S. 84: Odendorf, Öndorf; Böttger 1951, S. 92: Wüstung Öndorf; Bingener 2010, Tafel 3: O(d) endorf; Bergmann 2018b, S. 252: Oydentorff.

Ohrndorf.
I. Ortswüstung (nach Heinzerling [1920, S. 37] ist „Ohrndorf [...]

die Verkürzung von Oberndorf").
II. Stadt Freudenberg.
III. *1448: *Hove ... zo Obendorff* (Siegener Ub. 2, Nr. 141, S. 173).
IV./V. Unter der Rubrik Büschergrund sind *1696 „zwei herrsch[aftliche] Höfe Halmenhof und Ohrndorf mit drei Wohnhäusern und Hofleuten" angeführt. Genannt ist weiterhin der hinterste „Ohrndorfs Hof" und ein in dessen Umfeld gelegener alter Backofen sowie der „Ohrndorfer Schlag" (von Achenbach [2]1981, S. 141); Ortspunkt zu Ohrndorf bei Bingener (2010, Tafel 3) westlich von Freudenberg-Bockseifen eingetragen; von dort führt ein Weg auf dem Geländerücken zum etwa 1 km entfernten Ohrendorfer Schlag (= Landwehrdurchlass) in der *Naßauischen Land Hecke* (Bingener 2010, Tafel 2).
Literatur: Heinzerling 1920, S. 10, S. 37 f., S. 42 und S. 53; Böttger 1929, Nr. 47, S. 84 f.: Ohrndorf/Oberndorf; Böttger 1951, S. 92: Ohrndorf.

Okirsdorf.
I. Ortswüstung.
II. Gemeinde Netphen.
III. *1269: *Guda vidua in Okirsdorf* (Siegener Ub. 1, Nr. 39, S. 27).
IV. Wüstungsweisender Straßenname Ockersdorf bzw. Gewässername „Die Ockersdorf" (= Zufluss des Werthenbach) (= AKZ 5115,0052); allerdings lässt sich auch der wenig entfernte Fundbereich AKZ 5115,0001 für eine Verortung von Okirsdorf heranziehen, wo eine Schulterscherbe eines grob gemagerten Gefäßes Badorfer Art wohl des 9. Jhs. aufgefunden worden ist.
VI. AKZ 5115,0052 und 0001.
Literatur: Heinzerling 1920, S. 39, S. 52 f.; Böttger 1929, Nr. 45, S. 83 f.: Ockersdorf.

Patschoß.
I. Ortswüstung.
II. Gemeinde Netphen.
III./IV. *1336: Wüstungsweisender FlN „Patschozer Wald" (Siegener Ub. 1, Nr. 213, S. 128); 1344: *Patschoß* (Mannbuch der Herren von Bicken, zit. n. Böttger 1929, S. 85); 1467: *Hogengewelde zu Patschoß* (Siegener Ub. 2, Nr. 175, S. 236).
VI. Eine erste Materialaufsammlung erbrachte Funde des hohen Mittelalters und des 13. Jhs. (Bergmann 1997d, S. 229: mit Materialliste). Ein nachfolgend vorgelegter, umfangreicherer Lesefund-Materialkomplex enthält u. a. uneinheitlich gebrannte gesteinsgrusgemagerte Irdenware (mit einer RS des 10. Jhs.), gelbe sehr grob gemagerte schwach gebrannte Irdenware des frühmittelalterlichen Typus (9.?/10. Jh.), blaugraue Irdenware Paffrather Art, steinzeugartig hart gebrannte Ware Siegburger Art, rotengobierte (gelbe) Irdenware, rotengobiertes Faststeinzeug, rotengobiertes Steinzeug sowie Steinzeug Siegburger Art. Reduzierend grau gebrannte Keramiken sind im Verhältnis zu anderen Regionen Westfalens weniger häufig. Eine dünnwandig gedrehte, sehr hart gebrannte, vorwiegend rotkernige und in dünner Schicht grau gemantelte Irdenware, bei der kleine Kremprände auftreten, lässt sich derzeit noch nicht sicher datieren. Unter dem Fundgut, das insgesamt dem 9.?/10.–14. Jh. zuzuweisen ist, treten mehrfach kleine Perlen aus blauem (u. a. Taf. 21 B 8, Taf. 22 B 8 und Taf. 22 C 8) Glas auf, darunter eine Perle von 0,5 cm Höhe und 0,9 cm maximalem Dm.; auch Funde des Mesolithikums vorliegend; AKZ 5015,0001:001.
Literatur: Böttger 1929, S. 85 f., Nr. 48; Bergmann 2018b, S. 252.

Preisdorf: siehe Briesdorff.

Ratzenscheid.
I. Wüste Montansiedlung mit umfangreich erhaltenen untertägigen Bergwerksrelikten der gleichnamigen Blei-Silbererzgrube; nach Böttger: fragliche Hofwüstung.
II. Gemeinde Wilnsdorf.
III. *1298: Bergrechte *Ratzenscheit* erstgenannt (Siegener Ub. 1, Nr. 73, S. 46).
V. Nicht auf der Wüstungs-Übersichtskarte des Kreises Siegen-Wittgenstein eingetragen, da als Gewerbestätten- bzw. Bergwerkswüstung einzustufen.
Literatur: Böttger 1929, Nr. 49, S. 86; Zeiler/Steffens/Weber 2017, S. 164–168.

Reckertshausen.
I. Ortswüstung.
II. Stadt Bad Berleburg.
III. Ortswüstung nach Hartnack (1959a, S. 18) möglicherweise gleichzusetzen mit +Reperynchusen (siehe nachfolgend).
V. Lage im Odeborntal oberhalb von Girkhausen.

Regelsbach.
I. Hofwüstung.
II. Stadt Siegen.
III. *1467 (Bingener 2010, Tafel 3); 1504: *Gut in der Regelsbach* (von Achenbach [2]1981, S. 498, Z. 17).
IV. In der Deutschen Grundkarte westlich von Meiswinkel auftretender wüstungsweisender FlN „Richelsbach".
VI. Groblokalisation: AKZ 5013,0288.
Literatur: Heinzerling 1920, S. 40, S. 64: Reichelsbach; Böttger 1929, Nr. 51, S. 86 f.: Reichelsbach; Böttger 1951, S. 94; Bingener 2010, Tafel 3: Reichelsbach.

Rehebach.
I. Hofwüstung.
II. Stadt Siegen.
III. *1594; bzw. Ölmühle Anfang oder Mitte 18. Jh.
Literatur: Böttger 1929, S. 86, Nr. 50: Rehbach.

Reperychusen.
I. Ortswüstung.
II. Stadt Bad Berleburg.
III. *1396: *Ditmarus Reperychusen* (Wrede 1927, S. 174).
IV. Ortsname als heutiger FlN überliefert.
V. Lage im Kirchspiel Girkhausen wahrscheinlich nicht exakt mit der modernen Wohnsiedlung Reppringhausen übereinstimmend.
VI. Groblokalisation: AKZ 4816,0013.
Literatur: BKW Wittgenstein, S. 38: Reppringhausen; Wrede 1927, S. 174: Reppringhausen; Dohle/Krämer 1965, S. 195; siehe auch Reckertshausen.

Reynartzdorff.
I. Ortswüstung.
II. Gemeinde Neunkirchen.
III. *1326: *bona nostra in Reynartzdorff infra bannum iudicalem de Nunkirchen* (Siegener Ub. 1, Nr. 168 a, S. 211; *Nunkirchen* = Neunkirchen).
VI. Groblokalisation: AKZ 5214,0686.
Literatur: Heinzerling 1920, S. 38, S. 55; Böttger 1929, Nr. 52, S. 87: Reinartzdorf.

„Rodenberge".
I. Ortswüstung.

II. Stadt Hilchenbach.
III./IV. *1417: Flurname „tzu Rodenberge“ (Siegener Ub. 2, Nr. 87, S. 104); 1498 f.: Rodenberger Hoben bzw. Rodenbacher Hube zu Hilchenbach (Stift Keppel 1, S. 218, S. 220).
VI. Es bestehen mehrere Verortungsmöglichkeiten: 1. potentielle Siedlungslage der Ortswüstung im Einmündungsbereich eines Baches in das Haupttal des „Steiner Grund“ (= Groblokalisation AKZ 4914,0317) mit der Kuppe des „Rothenbergs“ (524,3 m) südlich dieser Stelle. 2. Wäre eine Siedlungslage südöstlich des „Rothenbergs“ in der Quellmulde des „Rothenbachs“ zu vermuten (= Groblokalisation AKZ 4914,0317:001). Heinzerling (1920, S. 43) verweist auf 1920 sichtbare Siedlungsrelikte; Böttger bietet in ähnlicher Form die Information im Siedlungsbereich vorhandener Relikte sowie untertägig erhaltener Fundamente und eines Brunnens, jedoch ist heute unbekannt, wo diese Beobachtungen zu verorten sind.
Literatur: Heinzerling 1920, S. 67; Böttger 1929, Nr. 54, S. 87 f.: Rotenberg; Böttger 1951, S. 97; von Achenbach [2]1982, S. 131.

Rohrbach.
I. Partiell wiederbesiedelte Ortswüstung.
II. Stadt Erndtebrück.
III. *1498 (Berleburger Archiv, Urk., Nr. 1282/1292, zit. n. Wrede 1927, S. 176); Wüstnennungen ab 1. Hälfte des 16. Jhs.
V. Lage der Fundfläche nordöstlich der heutigen Höfe Rohrbach auf der diesen gegenüber liegenden Bachseite.
VI. Mehrperiodiger Siedlungsplatz, u. a. latenézeitliche und hochmittelalterliche Funde (darunter Keramik Pingsdorfer Art); AKZ 4915,0032.
Literatur: Wrede 1927, S. 176; Laumann 1984e, S. 186 f.

„Rudersdorf“.
I. Ortswüstung.
II. Gemeinde Wilnsdorf.
IV. Wüstungsweisender FlN „Rudersdorf“.
VI. Bei der Bearbeitung des betreffenden Bereichs des Fundpunktnetzes der LWL-Archäologie für Westfalen zeigte sich in der Deutschen Grundkarte kein wüstungsweisender FlN. Die ehemals in diesem Bereich bestehenden Terrassierungen sind im digitalen Geländemodell nicht nachvollziehbar.
VII. Groblokalisation: AKZ 5114,0184.
Literatur: Böttger 1929, Nr. 55, S. 88.

Rulßdorf.
I. Ortswüstung.
II. Stadt Siegen.
III. *1468 „in der Mark zu Lempe und Rulssdorff“ (Heinzerling 1920, S. 38).
Literatur: Böttger 1929, Nr. 56, S. 88: Rulsdorf.

Ryntzberge.
I. Hofwüstung.
II. Gemeinde Wilnsdorf.
III. *1377: *Gůde ůff dem Ryntzberge* (Siegener Ub. 2, Nr. 46, S. 44).
VI. Groblokalisation: AKZ 5114,0746; weiterhin auf der Kuppe des „Rinsbergs“ nach digitalem Geländemodell vorhandene Ackerterrassen.
Literatur: Böttger 1929, Nr. 53, S. 87: Rindsberg; von Achenbach [2]1982, S. 126.

Sabergehausen.
I. Ortswüstung.
II. Stadt Bad Berleburg.
VI. Es bestehen zwei nicht weit voneinander entfernte Lageoptionen: 1. Potentielle Lage im Einmündungsbereich des Westerbachs in das siedlungsleere Bachtal „In der Mühle“ 3 km westnordwestlich von Wingeshausen bzw. 1,5 km östlich von Kasimirstal (AKZ 4915,0071) oder 2. im Bereich des Fundpunkts AKZ 4915,0072 (= ebenfalls Groblokalisation).

Schmidthain.
I. „Waldschmiedesiedlung“?.
II. Gemeinde Burbach.
III. *Ausgehendes Mittelalter: Selbachscher Hof „auf dem Schmidthain“ (Böttger 1929, S. 89).
IV. Wüstungsweisender FlN „Schmidthains Äcker“ in der Deutschen Grundkarte.
VI. Zwei mögliche Groblokalisationen: AKZ 5214,0687 mit den „Schmidthains Äckern“ im Osten und AKZ 5214,0556 nördlich der „Schmidthains Äcker“ mit dort bestehenden Podium unsicherer Zeitstellung.
Literatur: Böttger 1929, Nr. 58, S. 89.

Schoninbach (= Schöllenbach?).
I. Ortswüstung.
II. Stadt Kreuztal.
III. *1239 *Theodericus de Schoninbach* (Siegener Ub. 1, Nr. 10, S. 9).
IV. Ort möglicherweise zu parallelisieren mit dem Flurnamen Schöllenbach.
VI. Nach Heinzerling (1920, S. 40) und Böttger in der Flurlage „in der Schöllenbach“ bestehende Mauerreste (nicht mehr relokalisierbar); Groblokalisation: AKZ 4913,0214).
Literatur: Böttger 1929, Nr. 60, S. 89: Schöllenbach.

„Sennerhof“.
I. Hofwüstung.
II. Gemeinde Burbach.
V. Lage im Umfeld von +Wiebelhausen, bzw. nach Heinzerling (1920, S. 43) Verortung in der wilden Strut in der Gemarkung Burbach-Würgendorf.
Literatur: Böttger 1929, Nr. 62, S. 89.

Steymbach.
I. Ortswüstung.
II. Stadt Bad Berleburg.
III. *1299 (1300): *curte in Steymbach* (Westf. Ub. 7, Nr. 2576); 1506 (mit Bezug auf die Zeit vor 1488): Wüstung *„Steinbach“* (Berleburger Chroniken, S. 30).
V. Lage 1,5 km südöstlich bis 1,9 km ostsüdöstlich von Bad Berleburg jenseits des Wohnplatzes „Hinter der Lenne“ am Steinbach und zwar vor dem [Berg] Ohrenbach bzw. am Hessenweg Berleburg–Elsoff–Battenberg (abweichende Lageangabe bei Hartnack 1959a, S. 19: w[estlich] bei Berleburg).
VI. Noch um 1850 sichtbare Grundmauern; aufgefundener Sporn und großer Schlüssel (Dohle/Krämer 1965, S. 193 f.); vereinzelt geborgene mittelalterliche Lesescherben, darunter das Fgm. eines Gefäßes mit Linsenboden (Reichmann 1984b, S. 166); AKZ 4916,0015 und AKZ 4916,0030.
Literatur: BKW Wittgenstein, S. 13: Junkernhäuser zu Steinebach; Wrede 1927, S. 181: Steinbach.

Swarcenbach.
I. Ortswüstung.
II. Gemeinde Burbach.

III. *1417: *Swarcenbach* (Siegener Ub. 2, Nr. 87, S. 103).
V. Lage nach Angabe der Quelle von 1417 im Kirchspiel Burbach.
VI. In der Wüstungsgemarkung auftretende Schlackenfunde.
Literatur: Böttger 1929, Nr. 61, S. 89: Schwarzenbach; Böttger 1951, S. 100 f. (mit Karte).

Ubach.
I. Gewerbliche Siedlung; ehemalige Eisenhütte.
II. Stadt Freudenberg.
III. *1417: Hütte *In der Vbach* (von Achenbach ²1981, S. 119; Heinzerling 1920, S. 40); 1423 (oder später): *in der Ubach van der Hůtten* (Siegener Ub. 2, Nr. 98, S. 122); 1442–1447: *die Hutte In der Ubach* (von Achenbach ²1981, S. 120).
VI. Groblokalisation: AKZ 5113,0355.
Literatur: Böttger 1929, Nr. 64, S. 90: Übach; Bingener 2010, Tafel 3: Uebach.

Ubinkusen.
I. Ortswüstung (von Böttger 1951, S. 94, als „Köhlerwüstung" Ubinghausen/Ebinghausen bezeichnet).
II. Stadt Hilchenbach.
III. *1353: *Holtz und Grunt ... daz gen Ubinkusen lyget, uber dii Edern* (= Eder) *groz und cleyne* (Siegener Ub. 2, Nr. 10, S. 9).
IV. Wüstungsweisender FlN „Obrighäuser Wald" zwischen der Eder und dem Wehbach in der Deutschen Grundkarte eingetragen.
VI. Kennzeichnung FlN-Bereich: AKZ 5015,0174.
Literatur: Böttger 1929, Nr. 11, S. 7: Ebinghausen.

Undorten.
I. Hofwüstung.
II. Stadt Siegen.
III. *1417: *Undorten* (Siegener Ub. 2, Nr. 87, S. 99); 1448: *Hove ... zo Undarthen* (Siegener Ub. 2, Nr. 141, S. 173).
V. Lage bei Niederschelden (Böttger 1951, S. 94).
Literatur: Heinzerling 1929, S. 42: Unterthan; Böttger 1929, Nr. 65, S. 90: Untertan.

„Urtzebach".
I. Ortswüstung.
II. Stadt Hilchenbach.
IV. 1480 nachzuweisender FlN „in der Urtzebach".
Literatur: Böttger 1929, Nr. 15, S. 9: Erzenbach.

Volpershusen.
I. Ortswüstung.
II. Stadt Bad Laasphe.
III. *1365: *Volpershusen*; Volpirschhausen (BKW Wittgenstein, S. 11); 1378: *Volpertzhusen* (Berleburger Archiv, Urk., Nr. 360, zit. n. Wrede 1927, S. 183).
V. Lage 0,9 km westsüdwestlich von Banfe,
VI. Umfangreiche Funde (rund 500 Gefäßfragmente) des 9./10.–14. Jhs. im Heimathaus Banfe, darunter dickwandige Planböden und Töpfe mit kurzen, krempenartig umgelegten Rändern der gelben Irdenwaren (verschiedene regionalcharakteristische Varianten/Warenarten). Die Aufgabe der Ortsstelle im 14. Jh. ergibt sich aus dem Auftreten von vollentwickelten Steinzeug Siegburger Art; AKZ 5016,0002.
Literatur: Bergmann 1987c, S. 49–53; Bergmann 1987d, S. 289–292 und Abb. 41–43.

Vorspach.
I. Ortswüstung.
II. Stadt Bad Berleburg.
III. *1466: *Verßbaich* (Berleburger Archiv, Urk., Nr. 968, zit. n. Wrede 1927, S. 173).
V. Nach Wrede (1927, S. 185: Wirzbach) handelt es sich entweder um eine Wüstung oder um den Hof Forstbach bei Berghausen; nach jüngeren Untersuchungen ist hingegen davon auszugehen, dass es sich bei Vorspach und Wirzbach um zwei verschiedene (benachbarte) Ortswüstungen handelt. Da östlich des heutigen Hofes Forstbach eine Keramikfundstelle liegt, ist der Wüstungscharakter von Vorspach erwiesen. Unklar ist derzeit die Identifikation der weiter entfernt ostnordöstlich vom Hof Forstbach gelegenen Fundbereiche, die möglicherweise bereits +Wirtzbach zugeordnet werden müssen.
VI. 0,4 km östlich des Hofes Forstbach befindet sich ein Fundareal (AKZ 4915,0039) mit prähistorischer und hoch- bis spätmittelalterlicher (12.–14. Jh.) Keramik (Laumann 1984b, S. 168 sowie Laumann 1985d, S. 193); weiterhin sind 1,3–1,7 km ostnordöstlich des Hofes Forstbach die Fundflächen 4915 M7 und 4916 M6 nachgewiesen.
Literatur: Dohle/Krämer 1965, S. 195.

Vuzelsbach.
I. Hofwüstung.
II. Stadt Siegen.
III. *1315: *gut* ... Wzelsbach (Siegener Ub. 1, Nr. 140, S. 87).
VI. Lage im Umfeld des später entstandenen herrschaftlichen Hofes Charlottental (vgl. Heinzerling 1920, S. 41); Groblokalisation: AKZ 5114,0743.
Literatur: Heinzerling 1920, S. 64; Böttger 1929, Nr. 20, S. 11: Füsselsbach; von Achenbach ²1981, S. 22 und S. 498, Z. 6.

Walpergehusen.
I. Ortswüstung.
II. Stadt Bad Berleburg.
III. *1561.
V. Lage in einem Wiesental östlich von „Didoll" an der Grenze zu Hatzfeld (in Hessen).
Literatur: Hartnack 1959a, S. 17.

„Walpersdorf".
I. Unsichere Ortswüstung (wahrscheinliche Scheinwüstung).
II. Gemeinde Netphen.
IV. Flurname „vor der Walpersdorf" (wegen des nicht weit entfernten wüstungsresistenten Ortes Walpersdorf ist nach Auffassung d. Verf. nicht auszuschließen, dass es sich um einen sogenannten richtungsweisenden FlN handelt).
VI. Bestehende Verortung des FlN im Fundpunktnetz der LWL-Archäologie für Westfalen: AKZ 5015,0010.
Literatur: Böttger 1929, Nr. 66, S. 119 f.: Walpersdorf.

Waltersdorf.
I. Ortswüstung.
II. Gemeinde Burbach.
III. *1377: *Gůde zu Waltersdorf* (Siegener Ub. 2, Nr. 46, S. 44).
IV./V. Lage nach Heinzerling (1920, S. 38) „im Freien Grund und zwar bei Zeppenfeld nach dem Bautenberg zu"; wüstungsweisender FlN „Walkersdorfer Berg" östlich des nachgenannten Fundpunkteintrags.
VI. Grobverortung: AKZ 5214,0688.
Literatur: Heinzerling 1920, S. 55; Böttger 1929, Nr. 67, S. 120; von Achenbach ²1982, S. 126.

Wampeldischaußen.
I. Ortswüstung.
II. Gemeinde Wilnsdorf.
III. *1344: Wampeldischaußen („Mannbuch der Herren von Bicken", zit. n. Böttger 1929, S. 120); 1417: unter den Einkünften der Rentei Siegen sind 1417 acht Tournosen *van eyme Gude tzu Wampelshusen* angeführt (Siegener Ub. 2, Nr. 87, S. 103).
IV. Wüstungsweisender FlN „Wambelshausen" in der Talaue des Wahlbachs (siehe Deutsche Grundkarte).
VI. Um 1920 erhaltene Mauerreste und Vegetationsrelikte (Stachelbeersträucher) (Heinzerling 1920, S. 39); Groblokalisation: AKZ 5114,0747.
Literatur: Heinzerling 1920, S. 57; Böttger 1929, Nr. 68, S. 120 f.: Wampelshausen; von Achenbach [2]1982, S. 173 f.

Wegebach (Weybach).
I. Kirchenwüstung; nachfolgend Kapelle mit Antonius-Patrozinium.
II. Stadt Hilchenbach.
III. *1314: *agro dicto Grube, sito prope Wegebach* (Siegener Ub. 1, Nr. 138, S. 86); 1319: *Kyrche zu Weybach* (Siegener Ub. 1, Nr. 147, S. 92); 1464: *Sand Anthonius* zu Webach (Müller 1960, S. 97); 1503: *dem Godes Hueß vnnd Cappellenn zu Webach vnnd Sents Anthony dem Helgen vnnd Patroen der Cappellenn* (Müller 1960, S. 94); 1506: *Capelle Sant Anthonius zu Webach bei dem Ginsberge gelegen* (Müller 1960, S. 98); zu den „wilden Waltkirchen vnd Kapellen" des Siegerlandes gehörend, einer von drei (später von der Landesherrschaft nicht mehr gern gesehenen) Wallfahrtsorten der Region (von Achenbach [2]1981, S. 463 f.).
IV. 1345 nachzuweisender wüstungsweisender FlN *Weybacher Velt*.
VI. Im Gelände erhaltene Kapellenrelikte und seitlich dieser bestehendes Podium; Objektvermessung; AKZ 5014,0146.
Literatur: Heinzerling 1920, S. 39 f. und S. 62: Wegebach; Böttger 1929, Nr. 69, S. 121 f.: Wegebach/Wehbach; Böttger 1951, S. 94: ausgegangenes Kirchdorf Wehbach; Müller 1960, S. 90–102; Bergmann/Thede 2012; S. 231 f. und Abb. 5 (Kartierung der Siedlungsrelikte); Bergmann 2018b, S. 252 und Abb. 2.

Welnhuisen.
I. Ortswüstung.
II. Stadt Bad Berleburg.
III. *1395: *den gantzen Zehenden zu Welnhuisen* (Hessische Urkunden 1, Nr. 1227, Anm.).
IV. Wüstungsweisender FlN und Bachname „Willenhausen" östlich von Sassenhausen.
V. Lage südsüdwestlich und südsüdöstlich des Wohnplatzes „Am Langenzaun" in der Gemarkung Sassenhausen (Dohle/Krämer 1965, S. 195) bzw. näherungsweise 0,9 km östlich von Sassenhausen; Wüstungsflur zu Sassenhausen und zu Arfeld gehörend.
VI. Zwei Fundareale (AKZ 5016,0012 und AKZ 5016,0013); Bachbettprospektion 2019 (im Areal AKZ 5016,0012): Funde von uneinheitlich gebrannter sandgemagerter Irdenware des Hochmittelalters, roter mäßig grob gemagerter schwach gebrannter Irdenware und verschiedener Varianten der gelb gebrannten Irdenwaren, darunter 1 RS mit gekehlter und schräg nach außen abgestrichener Randlippe; Fundmaterial insgesamt spätkarolingisch–ottonisch einsetzend und sich bis in das 14. Jh. erstreckend; im Areal AKZ 5016,0012 zudem mehrere Bereiche mit Podien und Steilböschungen.
Literatur: Wrede 1927, S. 184; Hartnack 1959a, S. 18.

Weningen.
I. Ortswüstung.
II. Stadt Freudenberg.
III. *1344 *zu Weymgen* (Mannbuch der Herren von Bicken, zitiert nach Böttger 1929, S. 122).
IV. Die (oder Teilbereiche der) Ortsstelle liegen in der „Wendinger-Wiese" am Bach „Wendling". Der Hang im Norden und Nordwesten der Fundstelle ist als „Vorne/Hinten an der Wendinger Seite" bezeichnet. Heinzerling (1920, S. 42) kennt weiterhin den FlN „für Weningen".
V. Lage bei Freudenberg-Büschen.
VI. Im Siedlungsbereich besteht ein unruhiges Mikrorelief mit Böschungen und Podien. Der für die Datierung der Orte mit -ingen Suffix (im Kr. Olpe und Altkreis Siegen) bedeutsame Fundkomplex des insgesamt 11.?/12.–14. Jhs. enthält keine gelbe Drehscheibenware des frühmittelalterlichen Typus. Er setzt sich aus u. a. aus gelben Irdenwaren des 11.?/12. Jhs., reduzierend grau gebrannten Irdenwaren, Faststeinzeug Siegburger Art, gelber rotengobierter Irdenware, rotengobiertem Faststeinzeug, rotengobiertem Steinzeug sowie Steinzeug Siegburger Art zusammen: AKZ 5013,0213; potentielle weitere Fundfläche zudem: AKZ 5013,0289.
Literatur: Heinzerling 1920, S. 68; Böttger 1929, Nr. 70, S. 122; Wüstungen Freudenberg 1973, S. 29; Bingener 2010, Tafel 3, mit ungenau wiedergegebener, nicht zutreffender und durch ? gekennzeichneter Lage; Bergmann 2018b, S. 252.

Werentzbach.
I. Ortswüstung?, Hofwüstung?
II. Gemeinde Netphen.
III. *1461: *Henne vor der Werentzbach* unter der Rubrik *Dreispe* angeführt (Siegener Ub. 2, Nr. 166, linke Spalte).
V. Lage bei Dreis-Tiefenbach bzw. nach Quellenangabe von 1461 im Kirchspiel Netphen.
VI. Erhaltene Mauerreste nach Heinzerling (1920, S. 40) und Böttger.
Literatur: Böttger 1929, Nr. 71, S. 122: Wernsbach.

Wiebelhausen (Abb. 121).
I. Ortswüstung.
II. Gemeinde Burbach.
III. *1360: Besitz *zu Webelshausen* (Böttger 1929, S. 122); 1417 unter Wilnsdorf angeführt: *Henne van Wibelhusen* (Siegener Ub. 2, Nr. 87, S. 102); 1417: *Hoff tzu Wybelhusen yst wuste* (Siegener Ub. 2, Nr. 87, S. 103).
V. Lage nach Angabe der Quelle von 1417 im Kirchspiel Burbach (*Burpach*).
VI. Erhaltene Siedlungspodien; Funde des 12.–14./15.? Jhs.: Auffindung mehrerer von der Form weitgehend erhaltener (zerscherbter) Keramiken, insbesondere von Trinkgeschirr; AKZ 5214,0066.
Literatur: Heinzerling 1920, S. 37, S. 39 und S. 57; Böttger 1929, Nr. 72, S. 122: Wiebelhausen; Bergmann 1993b, S. 119–122; Bergmann 2018b, S. 252 und Abb. 3.

„Wilbringhausen".
I. Ortswüstung (ehemaliger Kleinweiler?).
II. Stadt Bad Berleburg.
III. Quellenüberlieferung bisher unbekannt.
V. Auf einer Geländeterrasse im Einmündungsbereich der Preisdorf in die Eder wenig oberhalb der heutigen Überschwemmungsaue 2,5 km nordwestlich von Berghausen gelegen; weiterhin im Tal der Preisdorf 1 km nördlich Siedlungsstelle

Abb. 121: Burbach-„Kalteiche": Neben der Autobahn Dortmund-Frankfurt in der Ortsstelle Wiebelhausen aufgefundene rot engobierte Enghalskruke mit sichtbar herabgelaufenen Engobebahnen (Foto: LWL-Archäologie für Westfalen, S. Brentführer).

Ackerterrassen.
VI. Intensiv von H. G. Radenbach u. a. prospektiert (Fundstelle Ra 16 [= die Abkürzung Ra erfolgte nach dem Finder] bzw. AKZ 4915,0011); nach ursprünglicher Auffassung handelte es sich um eine Hofwüstung. Aufgrund des damals vorgelegten Materials war von einem Besiedlungsbeginn im späten 9. oder frühen 10. Jh. auszugehen; die Funde waren überwiegend dem hohen Mittelalter zuzuweisen (Reichmann 1984e, S. 168). Lukanow (1997a, S. 224) weist nachfolgend Keramik wohl des 14. Jhs. nach („Wellenfußfragment einer Siegburger Steinzeugkanne"). Fund eines Sporns mit am Ende spitz ausgezogenem Stachel (Bergmann 1988b, S. 631 f. und Abb. 35). Der Fundkomplex (Autopsie) enthält Randscherben von Drehscheibengefäßen nordhessischer Machart des 7./8.–8./9. Jhs. (u. a. Randform [RF] Sonnemann 15, 16). Eine Randscherbe aus uneinheitlich gebrannter quarzgrusgemagerter Irdenware mit abgesetzter, extrem kleiner, rundlich abgestrichener Randlippe und unregelmäßigem Wellenbanddekor gehört wahrscheinlich noch dem 7.?/8. Jh. an. Aus dem Areal stammt ein eiserner Stachelsporn; Auszählung Altfunde-Bestandsrest der Sammlung Radenbach durch Verf. im September 2016: Uneinheitlich gebrannte quarzgrusgemagerte Irdenware: 1 RS: ausbiegender Rand mit abgesetzter, extrem kleiner (kurzer), unverdickter, rund abgestrichener Randlippe und dreizeiligem Wellendekor (Sonnemann, Linie 5, ca. 780–860 n. Chr. und später; RF bei Sonnemann nicht nachgewiesen, jedoch wohl ab 7./8. Jh. möglich), 3 WS; uneinheitlich gebrannte sehr grob bis grob gemagerte schwach gebrannte Irdenware: 1 RS, RF Sonnemann 14 (s. u.), 1 RS, RF Sonnemann 15 (s. u.), 1 WS; uneinheitlich gebrannte sandgemagerte Irdenware (Magerung aus abgerolltem Quarzsand bestehend): 1 RS: rundlich ausbiegender Rand mit rund abgestrichener Randlippe, 2 RS: rundlich ausbiegender Rand mit verdickter, rund abgestrichener Randlippe, 3 RS: rundlich ausbiegender Rand mit verdickter, schräg nach außen abgestrichener Randlippe, 10 WS; uneinheitlich gebrannte schiefergemagerte Irdenware: 1 RS: ausbiegender Rand mit schwach gekehlter, schräg nach außen abgestrichener Randlippe, 1 RS: abgeknickt ausbiegender Rand mit schräg nach außen abgestrichener Randlippe, 20 WS; uneinheitlich gebrannte Irdenware mit Schiefer- und abgerollter Bachfeinkiesmagerung (auch etwas Gesteinsgrus in der Magerung vorhanden): 1 RS: rundlich ausbiegender Rand mit schwach gekehlter, schräg nach außen abgestrichener Randlippe (ca. 11. Jh.); gelbe grob bis sehr grob gemagerte schwach gebrannte Irdenware: 2 BS: Krempränder mit kurzer, rund abgestrichener Randlippe (ab 7./8. Jh.), 3 RS: rundlich ausbiegender Rand mit verdickter, horizontal abgestrichener Randlippe, 2 RS: rundlich ausbiegender Rand mit rund abgestrichener Randlippe, 1 Bandhenkel (Br. 3,7 cm), 8 Standböden (max. St. 1,2 cm, 1,3 cm sowie 1,6 cm), 1 Wackelboden, 73 WS; gelbe grob bis sehr grob gemagerte harte Irdenware: 2 RS (RF Sonnemann 14: 7./8. bis 8./10. Jh.), 1 RS (RF Sonnemann 16: 7./8. bis 8./9. Jh.), 2 BS: Standboden (davon 1 x innen mit dicken Drehrillen, Standböden im Knick zur aufgehenden Wandung 1,3 cm stark), 31 WS; gelbe mäßig grob gemagerte schwach gebrannte Irdenware: 1 RS und 1 Kugeltopfoberteil: rundlich ausbiegender Rand mit verdickter, rund abgestrichener Randlippe entsprechend der RF Sonnemann 6, 40 WS; gelbe mäßig grob gemagerte harte Irdenware: 1 RS: rundlich ausbiegender Rand mit (rundlich umgelegter) rundlich abgestrichener Randlippe gleichend der RF Sonnemann 16, 1 RS: rundlich ausbiegender Rand mit verdickter, schräg nach außen abgestrichener Randlippe, 13 WS; gelbe fein gemagerte schwach gebrannte Irdenware: 5 WS; gelbe fein gemagerte harte Irdenware: 1 RS: rundlich ausbiegender Rand mit rund abgestrichener Randlippe, 1 WS mit Rotbemalung Pingsdorfer Art, 5 WS; Derivat der hochmittelalterlichen blaugrauen Irdenware Paffrather Art/blaugrauen mäßig grob gemagerten Irdenware: 13 WS; graue schiefergemagerte Irdenware:

1 WS; graue grob gemagerte harte Irdenware: 1 RS: Kremprand ähnlich der RF Sonnemann 16, jedoch innen hohl (7./8.Jh. bis 8./9.Jh.), 5 WS; grauolive sehr grob gemagerte klingendharte Irdenware (= rauwandige Drehscheibenware): 4 WS; graue fein gemagerte klingendharte Irdenware: 2 WS; sonstige Funde: 1 Messer mit Griffangel, ½ kleines Hufeisen, 5 x verziegelter Lehm, Altfunde wie eine Sporn liegen jetzt nicht mehr vor; Zusammenfassung: Das Wüstungsobjekt repräsentiert einen der Urhöfe der späteren Grafschaft Wittgenstein, von dem die Besiedlung des Tales der Preisdorf, von der Eder ausgehend, ihren Beginn nahm. Belegt ist frühmittelalterliches Material wohl vom 7./8. Jh. an. Material des hohen Mittelalters (11./12. Jh.) liegt vor. Eine Siedlungsaufgabe erfolgte wohl im 13. Jh. (oder um 1200?) weil Faststeinzeuge etc. nicht vorliegen. Archäologischer Nachweis eines in den Terrassenschotterkörper der Eder eingetieften frühmittelalterlichen (8./9. Jh.) Steinkellerfundaments; Grabungsgelände in der Literatur unrichtig der Wüstung „Preisdorf" zugeordnet (Cichy/Cramer/Zeiler 2021, S. 103–106).
Literatur: Laumann 1985c, S. 152 f; Lukanow 1997a, S. 224; Radenbach 2013, S. 77–80; Bergmann 2018b, S. 253.

Winkinbach.
I. Ortswüstung.
II. Stadt Siegen.
III. *1294: *Henrico Winkinbach* (Siegener Ub. 1, Nr. 68, S. 42); 1417: *Wynchynbach* (Siegener Ub. 2, Nr. 87, S. 98); 1418/1419: Getreideabgaben aus *Winchinbach* an die Rentei Siegen (Siegener Ub. 2, Nr. 87, S. 106 f.).
IV./V. Lage in einem rechtsseitigen Nebental der unteren Leimpe (Heinzerling 1920, S. 41); wüstungsweisende moderne Straßenbezeichnung „In der Winchenbach".
VI. AKZ 5114,0748 (Groblokalisation); mittelalterliche Ortsstelle wahrscheinlich modern überbaut.
Literatur: Heinzerling 1920, S. 41 und S. 63 f.: Winchenbach; Böttger 1929, Nr. 73, S. 123; von Achenbach [2]1981, S. 21.

Wintheyn.
I. Hofwüstung.
II. Gemeinde Wilnsdorf in Grenzlage zur Gemeinde Burbach.
III. *1344: *Hoeff zu dem Wintheyn* (Mannbuch der Herren von Bicken, S. 80, zit. n. Böttger 1929, S. 123).
IV. Wüstungsweisender FlN „Windhain" westlich des Wildenbachs in der Deutschen Grundkarte eingetragen.
V. 1417–1419: Lage des *Hoff tzum Winthaim* nach Angabe der Quelle im Kirchspiel Burbach (*Burpach*) (Siegener Ub. 2, Nr. 87, S. 103).
VI. Hofwüstung im südöstlichen Randbereich der Gemarkung Wilden zu verorten; Groblokalisation: AKZ 5214,0689.
Literatur: Böttger 1929, Nr. 74, S. 123 f.: Windhain.

Wirtzbach.
I. Ortswüstung.
II. Stadt Bad Berleburg.
V. Lage 1,5 bis 1,6 km südwestlich von Berghausen im Tal des Altmühlbachs.
VI. Keramikfunde ab dem 10./frühen 11. Jh.; AKZ 4916,0072; vgl. +Vorspach.
Literatur: Reichmann 1984i, S. 169.

Wolffhayn.
I. Hofwüstung.
II. Gemeinde Burbach.
III. *1471: *Johan vom Schonangir ..., Schult(eiß) vor dem Wolffhayn* (Siegener Ub. 2, Nr. 208); 1597: Gut und Gerechtigkeit *vf dem Wolfshayn* (von Achenbach [2]1982, S. 135).
IV. Wüstungsweisender FlN „Wolfhain" und weiterhin daraus abgeleitete namensidentische Straßenbezeichnung in der Deutschen Grundkarte.
V. Lage in der Gemarkung Würgendorf östlich des heutigen Dorfes.
VI. Groblokalisation: AKZ 5214,0691.
Literatur: Böttger 1929, Nr. 75, S. 124: Wolfhain.

Wulffershusen.
I. Ortswüstung.
II. Stadt Bad Berleburg.
III. *1500: Wulffershusen (Berleburger Archiv, Urk., Nr. 1316, zit. n. Wrede 1927, S. 131).
V. Genaue Lage im Kirchspiel Raumland unbekannt.
Literatur: Wrede 1927, S. 187.

Wustehoff.
I. Hofwüstung.
II. Stadt Kreuztal.
III. *1461: Unter der Rubrik *Credenbach, Wustehoff.* sind u.a. angeführt: *Wustenhobers Kinder* (Siegener Ub. 2, Nr. 166, S. 207).
IV. Flurname „Wüstenhof" südsüdwestlich von Kredenbach.
V. Lage nach Quellenangabe von 1461 im Kirchspiel Netphen; auf Wüstungs-Übersichtskarte im Grenzbereich der Kommunen Kreuztal und Netphen kartiert.
VI. Groblokalisation: AKZ 5014,0458.
Literatur: Heinzerling 1920, S. 43; Böttger 1929, Nr. 76, S. 124: Wüstenhof.

Zabach.
I. Ortswüstung.
II. Gemeinde Neunkirchen.
III. *1420: *Erve und Gůet, gelegen in der Zabach* (Siegener Ub. 2, Nr. 89, S. 109).
IV. Lage nach Heinzerling (1920, S. 40) „in einem rechtsseitigen Nebental der Heller nach der Schrenke zu"; in der Deutschen Grundkarte eingetragener wüstungsweisender FlN „Zobachs Hain".
V. Lage des wüstungsweisenden FlN südwestlich von Eisern.
VI. Groblokalisation (Lage der Alt-Fundbeobachtungen unbekannt): AKZ 5114,0749; in der Wüstungsgemarkung nachgewiesene latènezeitliche und mittelalterliche Schlackenplätze (Böttger 1951, S. 100).
Literatur: Heinzerling 1920, S. 65; Böttger 1929, Nr. 77, S. 125; Böttger 1951, S. 100: Zabach (mit Karte).

11. Quellen- und Literaturverzeichnis

11.1 Quellenangaben

Archiv Kloster Grafschaft
Manfred Wolf (Bearb.), Das Archiv des ehemaligen Klosters Grafschaft. Urkunden und Akten (Arnsberg 1972).

Asseburger Ub. 1
J. Graf von Bocholtz-Asseburg (Hrsg.), Asseburger Urkundenbuch. Urkunden und Regesten zur Geschichte des Geschlechts Wolfenbüttel–Asseburg und seiner Besitzungen, Erster Theil bis zum Jahre 1300 (Neudruck der Ausgabe Hannover 1876, Osnabrück 1975).

Asseburger Ub. 2
J. Graf von Bocholtz-Asseburg (Hrsg.), Asseburger Urkundenbuch. Urkunden und Regesten zur Geschichte des Geschlechts Wolfenbüttel–Asseburg und seiner Besitzungen, Zweiter Theil bis zum Jahre 1400 (Neudruck der Ausgabe Hannover 1887, Osnabrück 1975).

Asseburger Ub. 3
Asseburger Urkundenbuch. Urkunden und Regesten zur Geschichte des Geschlechtes Wolfenbüttel–Asseburg und seiner Besitzungen, 3. Theil bis zum Jahre 1500. Herausgegeben aus dem Nachlass des J. Graf von Bocholtz-Asseburg vom Grafen Egbert von der Asseburg (Hannover 1905).

Bauermann 1971
Johannes Bauermann, Altena – von Reinald von Dassel erworben? Zu den Güterlisten Philipps von Heinsberg. Beiträge zur Geschichte Dortmunds und der Grafschaft Mark 67, 1971, S. 227–252.

Berleburger Chroniken
Wilhelm Hartnack (Hrsg.) unter Mitarbeit von Eberhard Bauer und Werner Wied, Die Berleburger Chroniken des Georg Cornelius, Antonius Crawelius und Johann Daniel Scheffer. Wittgenstein, Blätter des Wittgensteiner Heimatvereins e. V., Beiheft 2 (Laasphe 1964).

Calenberger Ub. 3, 5, 6, 8
Calenberger Urkundenbuch, Dritte Abtheilung: Archiv des Stifts Loccum; 5. Abtheilung: Archiv des Klosters Mariensee; 6. Abtheilung: Archiv des Klosters Marienwerder; 8. Abtheilung: Archiv des Klosters Wülfinghausen (Hannover 1855–1858).

CTW 4
Franz Darpe (Bearb.), Einkünfte- und Lehnsregister der Fürstabtei Herford sowie Heberollen des Stifts auf dem Berge bei Herford. Codex traditionem Westfalicarum 4 (Münster 1892).

Diepholzer Ub. 1
Wilhelm von Hodenberg (Hrsg.), Diepholzer Urkundenbuch. Erste Abtheilung: Diepholzer Hausarchiv (Neudruck der Ausgabe Hannover 1842, Osnabrück 1973).

Dinkelburger, Borgentreicher und Borgholzer Dokumente
Alfred Bruns (Bearb.), Dinkelburger, Borgentreicher und Borgholzer Dokumente 1253–1790. In: Franz Mürmann, Stadt Borgentreich 1280–1980, Teil II (Borgentreich 1980) S. 1–71.

Einkünfte Pfarrei Helden
Julius Pickert, Einkünfte, Güter und Rechte der Pfarrei Helden (1383). Heimatstimmen aus dem Kreise Olpe 3, 1949, S. 139–146.

Einkünfteverzeichnis Busdorfstift
Johannes Meier, Das Einkünfteverzeichnis des Busdorfstiftes zu Paderborn aus dem Anfang des 13. Jahrhunderts. Westfälische Zeitschrift 119, 1969, S. 314–352.

Geschichtliche Nachrichten Medebach
Anton Führer, Geschichtliche Nachrichten über Medebach und seine Nachbarorte (Naumburg/Saale 1938).

Grafschafter Stiftungsurkunden
Johannes Bauermann, Die Grafschafter Stiftungsurkunden. Kritische Studien. In: Josef Wiegel (Hrsg.), Grafschaft. Beiträge zur Geschichte von Kloster und Dorf (1. Auflage: Grafschaft 1972) S. 9–51, 313–347

Hessische Urkunden
Ludwig Baur, Hessische Urkunden aus dem großherzoglich hessischen Haus- und Staatsarchiv. Band 1: Die Provinzen Starkenburg und Oberhessen von 1016–1399 enthaltend (Neudruck der Ausgabe Darmstadt 1860, Aaalen 1979).

INA Ahausen
Horst-Oskar Swientek (Bearb.), Inventar des Graf v[on] Spee'schen Archivs Ahausen. Inventare der nichtstaatlichen Archive Westfalens, Neue Folge, 2 (Münster 1968).

INA Büren
L. Schmitz-Kallenberg (Bearb.), Inventare der nichtstaatlichen Archive des Kreises Büren. Inventare der nichtstaatlichen Archive der Provinz Westfalen, Band 3, Heft 1 (Münster 1915).

INA Generalvikariat Paderborn
Johannes Linneborn (Bearb.), Inventare der nichtstaatlichen Archive Westfalens, Beiband 2/1 [Alte Folge]. Inventar des Bischöflichen Generalvikariats zu Paderborn. Veröffentlichungen der Historischen Kommission der Provinz Westfalen (Münster 1920).

INA Höxter
Wolfgang Leesch (Bearb.), Inventar des Archivs der Stadt Höxter. Inventare der nichtstaatlichen Archive Westfalens, Neue Folge, 1 (Münster 1961).

INA Paderborn
Inventare der nichtstaatlichen Archive der Provinz Westfalen. Band III: Regierungsbezirk Minden, Heft 2: Kreis Paderborn (Münster 1923).

INA Warburg
Adolf Gottlob (Bearb.), Inventare der nichtstaatlichen Archive des Kreises Warburg (Münster 1929).

INA Werl
Rudolf Preising (Hrsg.), Inventar des Archivs der Stadt Werl, Teil 1: Urkunden. Inventare der nichtstaatlichen Archive Westfalens, Neue Folge, Band 3 (Münster 1971).

Kaiserurkunden Westfalen 1
Roger Wilmans, Die Kaiserurkunden der Provinz Westfalen 777–1313. Band 1: Die Urkunden des Karolingischen Zeitalters 777–900 (Münster 1867).

Kindlinger 2
Nikolaus Kindlinger, Münsterische Beiträge zur Geschichte Deutschlandes hauptsächlich Westfalens, 2. Band (Münster 1790).

v. Klocke, Regesten 1
Friedrich von Klocke, Urkunden-Regesten der Soester Wohlfahrtsanstalten. Bd. 1: Urkunden des Hohen Hospitals bis 1600 (Münster 1964).

Lacomblet 1
Theodor Joseph Lacomblet, Urkundenbuch für die Geschichte des Niederrheins oder des Erzstifts Köln, der Fürstentümer Jülich und Berg, Geldern, Moers, Kleve und Mark und der Reichsstifte Elten, Essen und Werden. Band 1: 779–1200 (2. Neudruck der Ausgabe Düsseldorf 1840, Aalen 1966).

Lb. Grafen von der Mark
Margret Westerburg-Frisch (Hrsg.), Die ältesten Lehnbücher der Grafen von der Mark. 1392 und 1393 (Münster 1967).

Lehnsregister Driburg
Hans Walter Wichert, Ein Lehnsregister der Familie von Driburg aus dem 13. Jahrhundert. Westfälische Zeitschrift 119, 1969, S. 353–376.

LR Bd. 1, 2, 3 und 4
O. Preuß/A. Falkmann (Bearb.), Lippische Regesten. Aus gedruckten und ungedruckten Quellen (Neudruck der Ausgaben Lemgo und Detmold, Bd. 1: 1860, Bd. 2: 1863, Bd. 3: 1866 und Bd. 4: 1868, Osnabrück 1975).

LRNF
Hans-Peter Wehlt, Lippische Regesten. Neue Folge (Lemgo 1989–1997).

MGH DD Arn
P. Kehr (Bearb.), Die Urkunden der Deutschen Karolinger, herausgegeben vom Reichsinstitut für ältere deutsche Geschichtskunde. Band 3: Die Urkunden Arnolfs (Berlin 1940).

MGH DD HII
Die Urkunden der Deutschen Könige und Kaiser, herausgegeben von der Gesellschaft für ältere deutsche Geschichtskunde. Band 3: Die Urkunden Heinrichs II. und Arduins (2. unveränderte Auflage der Auflage Hannover 1900–1903, Berlin 1957).

MGH DD KII
H. Bresslau unter Mitarbeit von H. Wibel/A. Hessel (Hrsg.), Die Urkunden der Deutschen Könige und Kaiser, herausgegeben von der Gesellschaft für ältere deutsche Geschichtskunde. Band 4: Die Urkunden Konrads II. Mit Nachträgen zu den Urkunden Heinrichs II. (Hannover/Leipzig 1909).

MGH DD Ka III
P. Kehr (Bearb.), Die Urkunden der Deutschen Karolinger, herausgegeben vom Reichsinstitut für ältere deutsche Geschichtskunde. Band 2: Die Urkunden Karls III (Berlin 1937).

MGH DD LJ
P. Kehr (Bearb.), Die Urkunden der Deutschen Karolinger, herausgegeben von der Gesellschaft für ältere deutsche Geschichtskunde. Band 1: Die Urkunden Ludwigs des Deutschen, Karlmanns und Ludwigs des Jüngeren (Berlin 1934).

MGH DD OI
Die Urkunden der Deutschen Könige und Kaiser, herausgegeben von der Gesellschaft für ältere deutsche Geschichtskunde. Band 1: Die Urkunden Konrad I., Heinrich I. und Otto I. (2. unveränderte Auflage der Auflage Hannover 1879–1884, Berlin 1956).

MGH DD OII
Die Urkunden der Deutschen Könige und Kaiser, herausgegeben von der Gesellschaft für ältere deutsche Geschichtskunde. Band 2.1: Die Urkunden Otto des II. (Berlin[2] 1956).

MGH DD OIII
Die Urkunden der Deutschen Könige und Kaiser, herausgegeben von der Gesellschaft für ältere deutsche Geschichtskunde. Band 2.: Die Urkunden Otto des II. und III. (Hannover 1888).

MGH SS rer. Germ.
G. H. Pertz (Bearb.), Annales Regni Francorum inde ab a. 741 usque ad a. 829. Qui dicuntur Annales Laurissenses maiores et Einhardi (Hannover 1895).

Mindener Geschichtsquellen 1
Klemens Löffler (Hrsg.), Die Bischofschroniken des Mittelalters. Hermann von Lerbeck Catalogus episcoporum Mindensium und seine Ableitungen. Mindener Geschichtsquellen 1. Veröffentlichungen der Historischen Kommission der Provinz Westfalen (Münster 1917).

Mindener Geschichtsquellen 2
Klemens Löffler (Hrsg.), H. Tribbe, des Domherrn Heinrich Tribbe Beschreibung von Stadt und Stift Minden. Mindener Geschichtsquellen 2 (Münster 1932).

Mönchslisten Traditionen Corvey 1
Klemens Honselmann (Hrsg.), Die alten Mönchslisten und die Traditionen von Corvey, Teil 1. Abhandlungen zur Corveyer Geschichtsschreibung 6 (Paderborn 1982).

Mönchslisten Traditionen Corvey 2
Leopold Schütte, Die alten Mönchslisten und die Traditionen von Corvey, Teil 2. Indices und andere Hilfsmittel. Abhandlungen zur Corveyer Geschichtsschreibung 6 (Paderborn 1992).

Münsterische Beiträge 2
Nikolaus Kindlinger, Münsterische Beiträge zur Geschichte Deutschlands hauptsächlich Westfalens 2 (Münster 1790).

Oedinger, Liber Valoris
Friedrich Wilhelm Oediger (Hrsg.), Der Liber Valoris. Die Erzdiözese Köln um 1300, Heft 1. Erläuterungen zum geschichtlichen Atlas der Rheinlande 9 (Bonn 1967).

Osnabrücker Urkundenbuch 2
Friedrich Philippi (Hrsg.), Osnabrücker Urkundenbuch. Band 2: Die Urkunden der Jahre 1201–1250 (Neudruck Osnabrück 1969).

Osnabrücker Urkundenbuch 3
Friedrich Philippi/Max Bär (Hrsg.), Osnabrücker Urkundenbuch. Band 3: Die Urkunden der Jahre 1251–1280. Mit einem geschichtlichen Plane (Neudruck Osnabrück 1969).

Osnabrücker Urkundenbuch 4
Max Bär (Hrsg.), Osnabrücker Urkundenbuch. Band 4: Die Urkunden der Jahre 1281–1300 und Nachträge (Neudruck der Ausgabe Osnabrück 1902, Osnabrück 1977).

Prästationsregister Herford
[ohne Herausgeber] Prästationsregister des Stifts Hervord. Aus dem Ende des 14. Jahrhunderts. Blätter zur näheren Kunde Westfalens. Organ des historischen Vereins für das Herzogthum Westfalen 13, 1875, S. 74 f.

Quellen Stadt Brilon
Wilfried Reininghaus (Bearb.), Quellen zur Geschichte der Stadt Brilon 1482–1578. Quellen und Forschungen aus den staatlichen Archiven 49 (Münster 2003).

Quellen Stift Meschede
Manfred Wolf (Bearb.), Quellen zur Geschichte von Stift und Freiheit Meschede. Veröffentlichungen der Historischen Kommission für Westfalen 37,3 (Münster 1981).

Quellen westfälische Geschichte 1, 2, 3
Johann Suibert Seibertz (Hrsg.), Quellen der Westfälischen Geschichte, Band 1 (Arnsberg 1857), Band 2 (Arnsberg 1860), Band 3: (Arnsberg 1869).

Reichsabtei Corvey Salierzeit
Hans Heinrich Kaminsky, Studien zur Reichsabtei Corvey in der Salierzeit. Veröffentlichungen der Historischen Kommission Westfalens 10, Abhandlungen zur Corveyer Geschichtsschreibung 4 (Köln/Graz 1972).

REK 2, 3
Richard Knipping (Bearb.), Die Regesten der Erzbischöfe von Köln im Mittelalter, Band 2: 1100–1205; Band 3: 1205–1304: Teil 1: 1205–1261. Publikationen der Gesellschaft für Rheinische Geschichtskunde XXI (Band 2: Bonn 1902; Band 3: Bonn 1909 [Nachdruck 1964].

Regesten und Urkunden Marienmünster 1–5
Fr. X. Schrader, Regesten und Urkunden zur Geschichte der ehemaligen Benediktiner-Abtei Marienmünster unter Berücksichtigung der früher incorporierten Pfarreien. Teil 1: Von der Gründung bis zum Tode Abts Georg I. (1128–1518). [1.] Zeitschrift für vaterländische Geschichte und Alterthumskunde (= Westfälische Zeitschrift) 45,2, 1887, S. 129–168 (= Anfang); [2.] 46,2, 1888, S. 132–200 (= 1. Fortsetzung); [3.] 47,2, 1889, S. 125–186 (= 2. Fortsetzung); [4.] 48,2, 1890, S. 140–191 (= 3. Fortsetzung) und [5.] 49,2, 1891, S. 97–148 (= Schluss).

REK 9, 10
Norbert Andernach (Bearb.), Die Regesten der Erzbischöfe von Köln im Mittelalter, Band 9: 1381–1390: Friedrich von Saarwerden. Band 10: 1391–1400: Friedrich von Saarwerden. Publikationen der Gesellschaft für Rheinische Geschichtskunde XXI (Band 9: Düsseldorf 1968; Band 10: Düsseldorf 1987).

Rheinisches Ub. 1
Erich Wisplinghoff (Bearb.): Rheinisches Urkundenbuch. Ältere Urkunden bis 1100. Erste Lieferung: Aachen–Deutz. Publikationen der Gesellschaft für Rheinische Geschichtskunde LVII (Bonn 1972).

Schaten, Ann. Pad. II
Annalium Paderbornensium Pars secunda. Complectens Imprimis Fusiorem Episcoporum Paderbornensium, Deinde Succinctiorem Historiam Reliquorem Per Westphaliam Et Saxoniam Antistitum, Tum Res Gestas Aliorum In Eadem Hac Regione Clarorum Virorum, Postremo Pontificum, Imperatorum, Principum, Acta Et Bella, Maxime ea, Quae Westphaliam contingunt. Ab Anno Christi 1228 Usque Ad Annum 1500. Opus Posthumum Auctore R. P. Nicolao Schaten S. J. Monasterii Westphalorum, Typis & Sumptis Antonii Aschendorf MDCCLXXV.

SchRegHzmWestf. 1
Reinhard Oberschelp unter Mitwirkung von Helmut Richtering (Hrsg.), nach Vorarbeiten von Frenn Wiethoff, Die Schatzungsregister des 16. Jahrhunderts für das Herzogtum Westfalen. Teil 1: Die Register von 1536 und 1565. Westfälische Schatzungs- und Steuerregister 2 (Münster 1971).

Seibertz Ub. 1–3
Johann Suibert Seibertz, Urkundenbuch zur Landes- und Rechtsgeschichte des Herzogthums Westfalen, Bd. 1: 799–1300 (Arnsberg 1839), Bd. 2: 1300–1400 (Arnsberg 1843), Bd. 3: 1400–1800 (Arnsberg 1854).

Siegener Ub. 1
Friedrich Philippi (Hrsg.), Siegener Urkundenbuch, I. Abtheilung bis 1350 (Neudruck der Ausgabe Siegen 1887, Osnabrück 1975).

Siegener Ub. 2
W. Menn/B. Messing (Bearb.), Siegener Urkundenbuch, II. Abteilung, hrsg. von Friedrich Philippi (Neudruck der Ausgabe Siegen 1927, Osnabrück 1975).

Stadtarchiv Brilon A
Alfred Bruns (Bearb.), Inventar des Stadtarchivs Brilon, Bestand A. Inventare der nichtstaatlichen Archive Westfalens, Neue Folge 4 (Münster 1970).

Stadtarchiv Büren
Wolfgang Leesch (Bearb.), Verzeichnis des Stadtarchivs zu Büren/Westf. (maschinenschr. Mskr., 1953).

Stadtarchiv Rüthen, Findbuch
Historisches Archiv der Stadt Rüthen (Möhne), darin: maschinenschriftliches Verzeichnis der Urkunden des Historischen Stadtarchivs Rüthen (Urkundenbuch) (Rüthen 1925).

Stift Keppel 1
Wilhelm Hartnack (Hrsg.), Stift Keppel im Siegerlande 1239 bis 1951, bearb. von Heinz Flender und Wilhelm Hartnack, Band 1: Geschichte von Kloster und Stift Keppel 1239–1951 (Hilchenbach 1963).

Stöwer, Älteste Landschatzregister
Herbert Stöwer (Bearb.), Die ältesten lippischen Landschatzregister von 1467, 1488, 1497 und 1507. Westfälische Schatzungs- und Steuerregister 7 (Münster 2001).

Ub. Bielefeld
Bernhard Vollmer (Hrsg.), Urkundenbuch der Stadt und des Stiftes Bielefeld (Bielefeld 1937).

Ub. Busdorf 1
Joseph Prinz (Bearb.), Urkundenbuch des Stifts Busdorf. Die Urkunden des Stifts Busdorf in Paderborn. Westfälische Urkunden, Texte und Regesten 1, 1. Lieferung: Urkunden 1036–1380 (Paderborn 1975).

Ub. Busdorf 2
Joseph Prinz (Bearb.), Urkundenbuch des Stifts Busdorf. Die Urkunden des Stifts Busdorf in Paderborn. Westfälische Urkunden, Texte und Regesten 1, 2. Lieferung: Urkunden 1382–1500 (Paderborn 1984).

Ub. Drolshagen
Helmut Richtering (Bearb.), Das Archiv des ehemaligen Klosters Drolshagen. Urkunden und Akten nebst einem Anhang ergänzender Archivalien. Landeskundliche Schriftenreihe für das kölnische Sauerland 3 (Olpe 1969).

Ub. Herzöge Braunschweig-Lüneburg 1
H. Sudendorf (Hrsg.), Urkundenbuch zur Geschichte der Herzöge von Braunschweig und Lüneburg und ihrer Lande. Erster Theil bis zum Jahre 1341 (Hannover 1859).

Ub. Hessische Landesgeschichte 2
Helfrich Bernhard Wenck, Urkundenbuch zum zweiten Band der Hessischen Landesgeschichte (Frankfurt am Mayn 1797).

Ub. Möllenbeck I und II
Franz Engel/Heinrich Lathwesen (Bearb.), Urkundenbuch des Klosters Möllenbeck bei Rinteln, Teil I: das Kopiar von 896–1470, Teil II: Nachtrag zum Kopiar und Einzelurkunden 1334–1559. Schaumburger Studien 10 und 11 (Rinteln 1965 und 1967).

Ub. Verden 1
Arend Mindermann (Bearb.), Urkundenbuch der Bischöfe und des Domkapitels von Verden. Verdener Urkundenbuch, 1. Abteilung, Band 1: Von den Anfängen bis 1300. Schriftenreihe des Landschaftsverbandes der ehemaligen Herzogtümer Verden 13. Veröffentlichungen der Historischen Kommission für Niedersachsen und Bremen 205 (Stade 2001).

Überlieferung Kloster Hardehausen
Horst Conrad (Hrsg.), Die Kopiar- und Urbarüberlieferung des Klosters Hardehausen des 12. bis 14. Jahrhunderts. Vereinigte Adelsarchive Nr. 14 (Münster 2001).

Urbare Werden 1
Rudolf Kötzschke, Die Urbare der Abtei Werden a. d. Ruhr. A: Die Urbare vom 9.–13. Jahrhundert. Rheinische Urbare 2 (Bonn 1906).

Urkunden Kloster Bredelar
Helmut Müller (Bearb.), Die Urkunden des Klosters Bredelar. Texte und Regesten. Landeskundliche Schriftenreihe für das kurkölnische Sauerland 12 (Fredeburg 1994).

Urkunden Kloster Dalheim
Helmut Müller (Bearb.), Die Urkunden des Klosters Dalheim. Westfälische Urkunden 7 (Münster 1995).

Urkunden Kloster Hardehausen
Helmut Müller (Bearb.), Urkunden des Klosters Hardehausen. Westfälische Urkunden. Texte und Regesten 9 (Paderborn 2002).

Urkunden Kloster Oelinghausen
Manfred Wolf, Die Urkunden des Klosters Oelinghausen, Regesten. Landeskundliche Schriftenreihe für das kurkölnische Sauerland 10 (Fredeburg 1992).

Urkunden Pfarrarchiv Drolshagen
Josef Hesse, Urkunden des Pfarrarchivs Drolshagen, 3 Teile. Heimatstimmen aus dem Kreise Olpe, [hier:] 2. Teil: (Bd.) 19, 1955, S. 1086–1090.

Urkunden Propstei Marsberg
Helmut Müller (Bearb.), Urkunden der Propstei Marsberg. Westfälische Urkunden. Texte und Regesten 8 (Münster 1998).

Urkundenregesten Herren von Haiger
Hellmuth Gensicke, Quellen zur Geschichte des südlichen Sauerlandes. Urkundenregesten aus dem Hauptstaatsarchiv Wiesbaden im Zusammenhang mit den Herren von Haiger. Heimatstimmen aus dem Kreise Olpe 112, 1978, S. 148 f.

Vita Brunonis
Irene Ott (Hrsg.), Ruotgers Lebensbeschreibung des Erzbischofs Bruno von Köln. Ruotgeri Vita Brunonis Archiepiscopi Coloniensis. Monumenta Germaniae Historica, Scriptores Rerum Germanicarum Nova Series 10 (Köln/Graz 1958).

Vita Meinwerci [ed. Berndt]
Guido M. Berndt (Hrsg.), Vita Meinwerci episcopi Patherbrunnensis – Das Leben Bischof Meinwerks von Paderborn. Text, Übersetzung, Kommentar. MittelalterStudien 21 (München 2009).

Vita Meinwerci [ed. Terstesse]
Klaus Terstesse, Das Leben des Bischofs Meinwerk von Paderborn. Erste deutsche Übersetzung der von Franz Tenckhoff 1921 herausgegebenen Vita Meinwerci (Paderborn 2001).

Westf. Ub. 1
Heinrich August Erhardt (Hrsg.), Regesta Historiae Westfalicae. Accedit Codex Diplomaticus. Band 1: Von den ältesten geschichtlichen Nachrichten bis zum Jahre 1125 (Neudruck der Ausgabe Münster 1847, Osnabrück 1972).

Westf. Ub. 2
Heinrich August Erhardt (Hrsg), Regesta Historiae Westfalicae. Accedit Codex Diplomaticus. Band 2: Vom Jahre 1126 bis 1200 (Neudruck der Ausgabe Münster 1851, Osnabrück 1972).

Westf. Ub., Add.
Roger Wilmans (Bearb.), Westfälisches Urkunden-Buch. Fortsetzung von Erhard's Regesta Historiae Westfaliae. Additamenta zum Westfälischen Urkunden-Buche (Neudruck der Ausgabe Münster 1877, Osnabrück 1973).

Westf. Ub., Supplement
Wilhelm Diekamp (Bearb.), Supplement zum Westfälischen Urkundenbuch, Lieferung I (bis 1019) (Münster 1885).

Westf. Ub. 4
Roger Wilmans/Heinrich Finke (Bearb.), Westfälischen Urkunden-Buch. Fortsetzung von Erhard's Regesta Historiae Westfaliae. Band 4: Die Urkunden des Bisthums Paderborn vom J[ahre] 1201–1300, 1./2. Abtheilung: Die Urkunden der Jahre 1201–1240, bearb. von Roger Wilmans (Neudruck der Auflage Münster 1874, Osnabrück 1973) und 3. Abtheilung: Die Urkunden der Jahre 1251–1300, bearb. von Heinrich Finke (Neudruck der Ausgabe Münster 1894, Osnabrück 1973).

Westf. Ub. 5
Heinrich Finke (Bearb.), Westfälisches Urkunden-Buch, Fortsetzung von Erhards Regesta Historiae Westfaliae. Band 5: Die Papsturkunden Westfalens bis zum Jahr 1378, Teil 1: Die Papsturkunden Westfalens bis zum Jahr 1304 (Neudruck der Ausgabe Münster 1888, Osnabrück 1975).

Westf. Ub. 6
H. Hoogeweg (Bearb.), Westfälisches Urkunden-Buch, Fortsetzung von Erhards Regesta Historiae Westfaliae. Band 6: Die Urkunden des Bisthums Minden vom J. 1201–1300 (Neudruck der Ausgabe Münster 1898, Osnabrück 1975).

Westf. Ub. 7
Westfälisches Urkunden-Buch, Fortsetzung von Erhards Regesta Historiae Westfaliae. Band 7: Die Urkunden des kölnischen Westfalens vom J[ahre] 1200–1300 (Neudruck der Ausgabe Münster 1908, Osnabrück 1980) und Personen- und Orts-Register. Nachträge und Berichtigungen zu den Urkunden. Glossar und Sach-Register. Nachträge und Berichtigungen zum Personen- und Orts-Register. Nachwort (Neudruck der Ausgabe Münster 1919, Osnabrück 1980).

Westf. Ub. 8
Robert Krumbholtz (Bearb.), Westfälisches Urkunden-Buch, Fortsetzung von Erhards Regesta Historiae Westfaliae. Band 8: Die Urkunden des Bistums Münster von 1301–1325 (Neudruck der Ausgabe Münster 1913, Osnabrück 1980).

Westf. Ub. 9
Joseph Prinz (Bearb.), Westfälisches Urkundenbuch 9: Die Urkunden des Bistums Paderborn 1301–1325 (Münster 1972–1993).

Westf. Ub. 10
Robert Krumbholtz (Bearb.), Westfälisches Urkundenbuch. Band 10: Die Urkunden des Bistums Minden 1301/1325 (2. verbesserte und ergänzte Auflage, bearb. von Joseph Prinz, Münster 1977).

Westf. Ub. 11
Manfred Wolf (Bearb.), Westfälisches Urkundenbuch. Band 11: Die Urkunden des Kölnischen Westfalen 1301–1325, Lieferung 1: 1301–1310 (Münster 1997), Lieferung 2: 1311–1320 (Münster 2000), Lieferung 3: 1321–1325, Indices (Münster 2005).

Wigand Archiv 5
Paul Wigand (Hrsg.), Archiv für Geschichte und Alterthumskunde Westphalens, Band 5 (Lemgo 1832).

Wigand, Verzeichnisse Corveyscher Güter
Paul Wigand (Hrsg.), Verzeichnisse Corveyscher Güter und Einkünfte. Aus dem 12ten und 13ten Jahrhundert. Archiv für Geschichte und Alterthumskunde Westphalens (Hamm 1826), Band 1, Heft 2, S. 1–24, Band 1, Heft 3, S. 49–58, Band 1, Heft 4, S. 48–55.

Wolf 2014
Manfred Wolf (Bearb.), Rechte, Güter und Lehen der Kölner Erzbischöfe in Westfalen. Liber iurium et feudorum Westphaliae, Arnsberg et Recklinghausen, congestus sub Theodorico de Mörsa, archiepiscopo Coloniensi (um 1438). Mit einer Einleitung von Wilfried Reininghaus. Veröffentlichungen der Historischen Kommission für Westfalen, Neue Folge 13 (Münster 2014).

Zehntlöseregister Familie Rump
Horst Conrad, Ein Zehntlöseregister der Familie Rump aus dem Jahre 1279. SüdWestfalen Archiv 2, 2002, S. 55–68.

11.2 Auswahlbibliografie zur Wüstungsforschung unter besonderer Berücksichtigung Westfalens

Abel 1967
Wilhelm Abel, Wüstungen in historischer Sicht. In: Wilhelm Abel (Hrsg.), Wüstungen in Deutschland. Ein Sammelbericht. Zeitschrift für Agrargeschichte und Agrarsoziologie, Sonderheft 2 (Frankfurt am Main 1967) S. 1–15.

Abel [3]1976
Wilhelm Abel, Die Wüstungen des ausgehenden Mittelalters. Quellen und Forschungen zur Agrargeschichte 1 (3. neubearbeitete Auflage, Stuttgart 1976).

Abel [3]1987a
Wilhelm Abel, Geschichte der deutschen Landwirtschaft vom frühen Mittelalter bis zum 19. Jahrhundert. Deutsche Agrargeschichte 2 (3. neubearbeitete Auflage Stuttgart 1978).

Abel [3]1978b
Wilhelm Abel, Agrarkrisen und Agrarkonjunktur. Eine Geschichte der Land- und Ernährungswirtschaft Mitteleuropas seit dem hohen Mittelalter (3. neubearbeitete und erweiterte Auflage, Hamburg und Berlin 1978).

von Achenbach [2]1981
Heinrich von Achenbach, Aus des Siegerlandes Vergangenheit 1 (ergänzter Nachdruck der Ausgabe Siegen 1895, Kreuztal 1981).

von Achenbach [2]1982
Heinrich von Achenbach, Aus des Siegerlandes Vergangenheit 2 (ergänzter Nachdruck der Ausgabe Siegen 1898, Kreuztal 1982).

Austermann 2002
Matthias Austermann, Grabungsbericht Klus Eddessen 2002, Gem. Borgentreich-Bühne, Kr. Höxter, K 757 (ungedrucktes Manuskript, Dortmund 2002).

Ahrens 1956
Dieter Ahrens, Die Landschaft von Bad Driburg und Umgebung. Göttinger Geographische Abhandlungen 19 (Göttingen 1956).

Bahlmann 1891
P. Bahlmann, Die Münsterische Korntaxe von 1559–1760. Zeitschrift für vaterländische Geschichte und Alterthumskunde (= Westfälische Zeitschrift) 49,1, 1891, S. 75–96.

Balzer [2]1975
Manfred Balzer, Turmhügel am Haxterberg südlich von Paderborn. In: H. Arnold, M. Balzer, H. Beck, Führer zu vor- und frühgeschichtlichen Denkmälern 20: Paderborner Hochfläche, Paderborn, Büren, Salzkotten (Mainz [2]1975) S. 275–277.

Balzer 1977
Manfred Balzer, Die Wüstungen der Paderborner Stadtfeldmark. Besitzrückschreibung und Siedlungsforschung. In: Wilhelm Müller-Wille/Elisabeth Bertelsmeier (Hrsg.), Westfalen und Niederdeutschland 1: Beiträge zur speziellen Landesforschung. Spieker. Landeskundliche Beiträge und Berichte 25. Festschrift 40 Jahre Geographische Kommission für Westfalen (Münster 1977) S. 145–174.

Balzer 1979
Manfred Balzer, Paderborn als Pfalzort. In: Deutsche Königspfalzen. Beiträge zu ihrer historischen und archäologischen Erforschung 3. Veröffentlichungen des Max-Planck-Instituts für Geschichte 11/3 (Göttingen 1979) S. 9–85.

Balzer 1994
Manfred Balzer, Spätmittelalterliche Wüstung und Stadtentstehung im östlichen Westfalen. Siedlungsforschung. Archäologie – Geschichte – Geographie 12, 1994, S. 69–85.

Balzer 1995
Manfred Balzer, Die spätmittelalterlichen Wüstungen im Stadtgebiet. In: Michael Pavlicic (Bearb.): Lippspringe – Beiträge zur Geschichte, herausgegeben von der Stadt und dem Heimatverein Bad Lippspringe (Paderborn 1995) S. 73–94.

Balzer 2017
Manfred Balzer, Dorf – Stift – „stadtähnliche Siedlung“: Geseke vom 8. bis zum 12. Jahrhundert. In: Detlef Grothmann/Evelyn Richter (Hrsg.), Geseke. Geschichte einer westfälischen Stadt, 1 (Münster 2017) S. 81–119.

Basse 1960
Kaspar Basse, Das Melster. Eine eingegangene Ortschaft im Osten von Werl (Werl 1960).

Bauch/Engel 2019
Martin Bauch/Annabell Engel, Die 1340er-Jahre als Schlüsseljahrzehnt der „Great Transistion“. Eine klimahistorische Perspektive auf den Vorabend des Schwarzen Todes. In: Stefan Leenen, Alexander Berner, Sandra Maus u. a. (Hrsg.), Pest! Eine Spurensuche. [Ausstellung vom] 20. September 2019–10. Mai 2020, LWL-Museum für Archäologie, Westfälisches Landesmuseum Herne (Darmstadt 2019) S. 92–98.

Bauer/Hohmann 1974
Heinz Bauer/Friedrich Gerhard Hohmann, Alte Kirchen im Hochstift Paderborn (Paderborn 1974).

Bauermann 1968
Johannes Bauermann, Von der Elbe bis zum Rhein. Aus der Landesgeschichte Ostsachsens und Westfalens. Gesammelte Studien von Johannes Bauermann (Münster 1968).

Becker 1957–61
Günther Becker, Die Wüstungen im Südsauerland bzw. Die Wüstungen des Südsauerlandes. Heimatstimmen aus dem Kreise Olpe, 28. Folge, 1957 [Nr. 3], S. 1464–1469; 29. Folge, 1957 [Nr. 4], 1. Fortsetzung, S. 1531–1536; 30. Folge, 1958 [Nr. 1], 2. Fortsetzung, S. 1568–1578; 31. Folge, 1958 [Nr. 2], 3. Fortsetzung, S. 1620–1627; 32. Folge, 1958 [Nr. 3], 4. Fortsetzung, S. 1679–1685; 33. Folge, 1958 [Nr. 4], 5. Fortsetzung, S. 1732–1737; 34. Folge, 1959 [Nr. 1], 6. Fortsetzung, S. 16–21; 35. Folge, 1959 [Nr. 2], 7. Fortsetzung, S. 56–59; 36. Folge, 1959 [Nr. 3], 8. Fortsetzung, S. 83–91; 37. Folge, 1959 [Nr. 4], 9. Fortsetzung, S. 130–134; 38. Folge, 1960 [Nr. 1], 10. Fortsetzung, S. 24–28; 39. Folge, 1960 [Nr. 2], 11. Fortsetzung, S. 84–87; 40. Folge, 1960 [Nr. 3], 12. Fortsetzung, S. 118–123; 41. Folge, 1960 [Nr. 4], 13. Fortsetzung, S. 175–179; 43. Folge, 1961 [Nr. 2], 14. Fortsetzung, S. 192–197; 44. Folge, 1961 [Nr. 3], 15. Fortsetzung, S. 236–242; 45. Folge, 1961 [Nr. 4], 16. Fortsetzung und Schluss, S. 284–294.

Becker 1969
Günther Becker, Untergegangene Orte in der Umgebung Schmallenbergs. Ein Beitrag zur Siedlungsgeschichte des Schmallenberger Raumes vom 13. bis 16. Jahrhundert. In: Beiträge zur Geschichte der Stadt Schmallenberg 1244–1969 (Schmallenberg 1969) S. 67–97.

Becker 1970
Günther Becker, Burscheid. Eine bisher unbekannte Wüstung bei Niederhelden. Heimatstimmen aus dem Kreise Olpe, 80. Folge, 1970 [Nr. 3], S. 110–113.

Becker 1977
Günther Becker, Das spätmittelalterliche Wüstungsgeschehen im Südsauerland. In: Wilhelm Müller-Wille/Elisabeth Bertelsmeier (Hrsg.), Westfalen und Niederdeutschland 1: Beiträge zur speziellen Landesforschung.

Spieker. Landeskundliche Beiträge und Berichte 25. Festschrift 40 Jahre Geographische Kommission für Westfalen (Münster 1977) S. 249–266.

Becker 2019
Valeska Becker, Katzen, Ratten, Flöhe. Tiere als Überträger der Pest. In: Stefan Leenen, Alexander Berner, Sandra Maus u. a. (Hrsg.), Pest! Eine Spurensuche. [Ausstellung vom] 20. September 2019–10. Mai 2020, LWL-Museum für Archäologie, Westfälisches Landesmuseum Herne (Darmstadt 2019) S. 48–55.

Bérenger 1984
Daniel Bérenger, [Nr.] 197, Warburg-Bonenburg. Ausgrabungen und Funde in Westfalen-Lippe 1, 1983 (Mainz 1984) S. 251.

Bérenger 1987
Daniel Bérenger, [Nr.] 320, Petershagen-Döhren/Ilvese (Nordholz). Ausgrabungen und Funde in Westfalen-Lippe 4, 1986 (Mainz 1987) S. 407.

Bérenger 1988a
Daniel Bérenger, [Nr.] 251, Petershagen-Döhren (Ützenburg). Ausgrabungen und Funde in Westfalen-Lippe 5, 1987 (Mainz 1988) S. 696.

Bérenger 1988b
Daniel Bérenger, [Nr.] 269, Petershagen-Wasserstraße (Klusberg). Ausgrabungen und Funde in Westfalen-Lippe 5, 1987 (Mainz 1988) S. 704.

Bérenger 1989a
Daniel Bérenger, Die „Gräfte bei Bad Driburg". In: Bendix Trier (Hrsg.), Archäologie aus der Luft. Sechs Jahre Luftbildarchäologie in Westfalen (Münster 1989) S. 84 f.

Bérenger 1989b
Daniel Bérenger, Die Imbsenburg bei Paderborn-Wewer. In: Bendix Trier (Hrsg.), Archäologie aus der Luft. Sechs Jahre Luftbildarchäologie in Westfalen (Münster 1989) S. 86 f.

Bérenger 1989c
Daniel Bérenger, Die Asseler Burg(en). In: Bendix Trier (Hrsg.), Archäologie aus der Luft. Sechs Jahre Luftbildarchäologie in Westfalen (Münster 1989) S. 88 f.

Bérenger 1989d
Daniel Bérenger, Die planmäßige Zerstörung von +Rozedehusen. In: Bendix Trier (Hrsg.), Archäologie aus der Luft. Sechs Jahre Luftbildarchäologie in Westfalen (Münster 1989) S. 92 f.

Bérenger 1989e,
Daniel Bérenger, Blankenrode – eine der wenigen Stadtwüstungen Westfalens. In: Bendix Trier (Hrsg.), Archäologie aus der Luft. Sechs Jahre Luftbildarchäologie in Westfalen (Münster 1989) S. 98 f.

Bérenger 1989f
Daniel Bérenger, Hünenburg von Borchen. In: Bendix Trier (Hrsg.), Archäologie aus der Luft. Sechs Jahre Luftbildarchäologie in Westfalen (Münster 1989) S. 80 f.

Bérenger 1989g
Daniel Bérenger, Der mittelalterliche Hof „Hanencrad" bei Burg Altenfels. In: Bendix Trier (Hrsg.), Archäologie aus der Luft. Sechs Jahre Luftbildarchäologie in Westfalen (Münster 1989) S. 96 f.

Bérenger 1989h
Daniel Bérenger, Die bischöfliche Saline von Salzkotten. In: Bendix Trier (Hrsg.), Archäologie aus der Luft. Sechs Jahre Luftbildarchäologie in Westfalen (Münster 1989) S. 110 f. und Abb. 131–133.

Bérenger/Best 1992
Daniel Bérenger/Werner Best, [Nr.] 159, Petershagen-Ilse (Vor den Tannen, DKZ 3520,120). Ausgrabungen und Funde in Westfalen-Lippe 7 (Mainz 1992) S. 213.

Bergmann 1987a
Rudolf Bergmann, Die Wüstungsbildung im Grenzraum zwischen dem Kölnischen Westfalen und dem Bistum Paderborn. In: Hans-Jürgen Nitz (Hrsg.), The medieval and early-modern rural landscape of Europe under the impact of the commercial economy. Papers presented at the meeting of the Permanent European Conference for the Study of the Rural Landscape, held at Rastede and Hagen, Federal Republic of Germany, 2.–9. September 1985 (Göttingen 1987) S. 75–81.

Bergmann 1987b
Rudolf Bergmann, Die mittelalterliche Wüstung Rozedehusen am Osthang des Eggegebirges. Ausgrabungen und Funde in Westfalen-Lippe 5, 1987 (Mainz 1988) S. 277–283.

Bergmann 1987c
Rudolf Bergmann, Die Wüstung Volpershusen bei Banfe. In: Eckhard Linke/Werner Schmidt (Hrsg.), Heimatbuch Banfetal (Bad Laasphe-Banfe 1987) S. 49–53.

Bergmann 1987d
Rudolf Bergmann, 171 Bad Laasphe-Banfe (Wüstung Volpershusen). Ausgrabungen und Funde in Westfalen-Lippe 4, 1986 (Mainz 1987) S. 289–292.

Bergmann 1988a
Rudolf Bergmann, 168 Geseke (Wüstung Elsinchusen). Ausgrabungen und Funde in Westfalen-Lippe 5, 1987 (Mainz 1988) S. 638–640 und S. 641, Abb. 43.

Bergmann 1988b
Rudolf Bergmann, 150 Bad Berleburg. Ausgrabungen und Funde in Westfalen-Lippe 5, 1987 (Mainz 1988) S. 631 f. und Abb. 35.

Bergmann 1989
Rudolf Bergmann, Die Wüstungen des Geseker Hellwegraumes. Studien zur mittelalterlichen Siedlungsgenese einer westfälischen Getreidebaulandschaft. Bodenaltertümer Westfalens 23 (Münster 1989).

Bergmann 1990
Rudolf Bergmann, Die Wüstungen Eddessen und N.N. „auf den Kirchhof" bei Bühne. In: Karl Hengst/Josef Klotz/Gunter Seehaase (Hrsg.), Piun-Bühne. Kulturgeschichte eines Dorfes in Ostwestfalen (Paderborn 1990) S. 72–79.

Bergmann 1991a
Rudolf Bergmann, Münzdatierte Fundhorizonte von Wüstungen des östlichen Hellwegraumes. In: 7. Kolloquium zur mittelalterlichen Keramik (Schleswig 1991) S. 48–56.

Bergmann 1991b
Rudolf Bergmann, Die Wüstung Eddessen im südlichen Weserbergland. Ergebnisse historisch-geographischer und archäologischer Untersuchungen. In: Aloys Mayr/Klaus Temlitz (Hrsg.), Südost-Westfalen. Potentiale und Planungsprobleme einer Wachstumsregion, Spieker 26 (Münster 1991) S. 155–181.

Bergmann 1991c
Rudolf Bergmann, Wüstungsforschung in Westfalen-Lippe als Aufgabenbereich der Bodendenkmalpflege, Zeitschrift für Angewandte Historische Geographie 1 (Bonn) 1991, S. 109–111.

Bergmann 1992a
Rudolf Bergmann, Einblicke in das mittelalterliche Landleben: Der Grenzraum zwischen dem kölnischen Westfalen und dem Bistum Paderborn. Schriftenreihe des Vereins für Heimatkunde Geseke 8 (Geseke 1992).

Bergmann 1992b
Rudolf Bergmann, 165 Bad Berleburg-Christianseck, Wüstung Eckenfeld. Ausgrabungen und Funde in Westfalen-Lippe 8A (Mainz 1992), S. 141–145 und Abb. 34.

Bergmann 1992c
Rudolf Bergmann, 53 Wenden-Ottfingen (5013, M9). Ausgrabungen und Funde in Westfalen-Lippe 7 (Mainz) 1992, S. 141–145 und Abb. 24–26.

Bergmann 1993a
Rudolf Bergmann, Zwischen Pflug und Fessel. Mittelalterliches Landleben im Spiegel der Wüstungsforschung. Teil 1 und 2, unter Mitarbeit von Elke Först/Peter Ilisch/Hans Reichstein/Claudia Sondermann-Fastrich/Hans-Georg Stephan/Andreas Weisgerber (Münster 1993).

Bergmann 1993b
Rudolf Bergmann, Die Wüstung Eddessen im südlichen Weserbergland. Ergebnisse historisch-geographischer und archäologischer Untersuchungen. Ausgrabungen und Funde in Westfalen-Lippe 8B (Mainz) 1993, S. 1–30.

Bergmann 1993c
Rudolf Bergmann, Mittelalterliche und neuzeitliche Töpferei in Dortmund-Groppenbruch. Vorbericht. Ausgrabungen und Funde in Westfalen-Lippe 8B (Mainz) 1993, S. 31–39.

Bergmann 1993d
Rudolf Bergmann, Archäologische und historisch-geographische Aspekte der mittelalterlichen Kulturlandschaftsgenese westfälischer Lößbörden und des Hochsauerlandes. In: Harald Koschik (Hrsg.), Kulturlandschaft und Bodendenkmalpflege am unteren Niederrhein. Materialien zur Bodendenkmalpflege im Rheinland 2 (Bonn 1993) S. 110–116.

Bergmann 1993e
Rudolf Bergmann, Die Wüstung Wiebelhausen. In: Führer zu archäologischen Denkmälern in Deutschland 25: Der Kreis Siegen-Wittgenstein, hrsg. vom Nordwestdeutschen und dem West- und Süddeutschen Verband für Altertumsforschung (Stuttgart 1993) S. 119–122.

Bergmann 1993f
Rudolf Bergmann, Die mittelalterliche Besiedlung des oberen Einzugsgebietes der Nuhne im Rothaargebirge. In: Walter Peis (Hrsg.), Kunde und Urkunde eines sauerländischen Dorfes. 750 Jahre Züschen, hrsg. vom Förderverein für Kultur-, Denkmalpflege und Naturschutz in der Gemeinde Züschen (Dortmund 1993) S. 30–34.

Bergmann 1994a
Rudolf Bergmann, Quellen, Arbeitsverfahren und Fragestellungen der Wüstungsforschung, Siedlungsforschung. Archäologie – Geschichte – Geographie 12 (Bonn 1994) S. 35–68.

Bergmann 1994b
Rudolf Bergmann, Zur Wüstungsfrage im westfälischen Ostsauerland. In: Harm Klüting (Hrsg.), Geschichte von Stadt und Amt Medebach/Hochsauerland (Medebach 1994) S. 117–130.

Bergmann 1995a
Rudolf Bergmann, Die Miniaturen des Sachsenspiegels und archäologische Realien als Sachquellen zur ländlichen Alltagskultur Westfalens im Mittelalter, [sowie Katalogartikel] 84: Beetpflug (Rekonstruktion); 87: Pflugschar; 88: Pflugschar; 91: Spatenbeschlag; 92: Spatenbeschlag; 93: Forke; 94: Hacke; 95: einseitige Spitzhacke; 105: Sichel; 106: Sichel; 110: Felgen eines Radkranzes; 115: Löffelbohrer; 172: Türring; 174: Türkloben und -beschlag; 185: Schlüssel; 191: Überwurf; 192: Schlüssel; 252: Bügelschere; 253: Bügelschere; 254: Bügelschere. In: Mamoun Fansa (Hrsg.), der sassen speyghel. Sachsenspiegel – Recht – Alltag, 2: Aus dem Leben gegriffen – Ein Rechtsbuch spiegelt seine Zeit. Beiträge und Katalog zur Ausstellung. Archäologische Mitteilungen aus Nordwestdeutschland, Beiheft 10 (Oldenburg 1995) S. 173–187, S. 475–482, S. 485 f., S. 488–490, S. 519 f., S. 524 f., S. 528 f., S. 550 f.

Bergmann 1995b
Rudolf Bergmann, Regionale Fallstudien zur mittelalterlichen und neuzeitlichen Kulturlandschaftsentwicklung in Westfalen. In: Harald Koschik (Hrsg.), Situationen und Perspektiven archäologischer Denkmalpflege in Brandenburg und Nordrhein-Westfalen, Materialien zur Bodendenkmalpflege im Rheinland 4 (Köln 1995) S. 143–146.

Bergmann 1996
Rudolf Bergmann, Die Wüstung Rozedehusen. Geschichte eines ehemaligen ostwestfälischen Kleindorfes im Mittelalter. Aktuelle Arbeitsberichte des Westfälischen Museums für Archäologie/Amtes für Bodendenkmalpflege zur Wüstungsgrabung Rozedehusen 1 (Münster 1996).

Bergmann 1997a
Rudolf Bergmann, 288, Hüllhorst-Schnathorst, 3718 M 11. Ausgrabungen und Funde in Westfalen-Lippe 9A (Mainz 1997) S. 300.

Bergmann 1997b
Rudolf Bergmann, 80, Freudenberg-Hohenhain, 5013 M 27. Ausgrabungen und Funde in Westfalen-Lippe 9A (Mainz 1997) S. 226 f.

Bergmann 1997c
Rudolf Bergmann, 85, Netphen-Niedernetphen, 5014 M 28. Ausgrabungen und Funde in Westfalen-Lippe 9A (Mainz 1997) S. 228 f.

Bergmann 1997d
Rudolf Bergmann, 86, Netphen-Walpersdorf, 5015 M 10, B. Ausgrabungen und Funde in Westfalen-Lippe 9A (Mainz 1997) S. 229.

Bergmann 1997e
Rudolf Bergmann, 309, Paderborn-Wewer. Ausgrabungen und Funde in Westfalen-Lippe 9A (Mainz 1997) S. 309 f.

Bergmann 1997f
Rudolf Bergmann, 91, Rüthen-Oestereiden, Wüstung tom Ostholte, Fundstellen B und C. Ausgrabungen und Funde in Westfalen-Lippe 9A (Mainz 1997) S. 231 f.

Bergmann 1997g
Rudolf Bergmann, 301, Büren-Wewelsburg, Wüstung Graffeln, 4317 M 38. Ausgrabungen und Funde in Westfalen-Lippe 9A (Mainz 1997) S. 305 f. und S. 303, Abb. 70.

Bergmann 1997h
Rudolf Bergmann, 303, Lichtenau-Blankenrode, 4419 M 3. Ausgrabungen und Funde in Westfalen-Lippe 9A (Mainz 1997) S. 307 und S. 304, Abb. 71,6.

Bergmann 1997i
Rudolf Bergmann, 304, Lichtenau-Herbram, 4319 M 9 [Emderwald]. Ausgrabungen und Funde in Westfalen-Lippe 9A (Mainz 1997) S. 307 f.

Bergmann 1998
Rudolf Bergmann, Schritte zur Ausgrabung der Wüstung Rozedehusen. Die Grabungskampagne vom Winter 1996 bis Frühjahr 1998. Mit einem Beitrag von Cornelia Kneppe. Aktuelle Arbeitsberichte des Westfälischen Museums für Archäologie/Amtes für Bodendenkmalpflege zur Wüstungsgrabung Rozedehusen 2 (Münster 1998).

Bergmann 1999a
Rudolf Bergmann, Karolingisch-ottonische Fibeln aus Westfalen. Verbreitung, Typologie und Chronologie im Überblick. In: Christoph Stiegemann/Matthias Wemhoff (Hrsg.), 799. Kunst und Kultur der Karolingerzeit. Karl der Große und Papst Leo III. in Paderborn. Beiträge zum Katalog der Ausstellung (Mainz 1999) S. 438–444.

Bergmann 1999b
Rudolf Bergmann, Die karolingisch-ottonischen Scheibenfibeln aus Westfalen. In: Christoph Stiegemann/Matthias Wemhoff (Hrsg.), 799. Kunst und Kultur der Karolingerzeit. Karl der Große und Papst Leo III. in Paderborn. Band 1: Katalog der Ausstellung Paderborn 1999 (Mainz 1999) S. 410–417.

Bergmann 2001a
Rudolf Bergmann, Genetische Siedlungsforschung in der Bundesrepublik Deutschland aus der Sicht der Archäologie des Mittelalters und der Neuzeit. Siedlungsforschung. Archäologie – Geschichte – Geographie 19, 2001, S. 309–340.

Bergmann 2001b
Rudolf Bergmann, Wüstungsforschung. Die ländliche Besiedlung im Mittelalter. In: Der Kreis Soest. Führer zu archäologischen Denkmälern in Deutschland 39 (Stuttgart 2001) S. 113–123.

Bergmann 2002a
Bergmann, Rudolf, The Cistercian Grange Rozedehusen and ist setting in the landscape. In: Guido Helmig/Barbara Scholkmann/Matthias Untermann (Hrsg.), Centre, Region, Periphery. Medieval Europe Basel 2002, Vol. 2 (Hertingen 2002) S. 56–59.

Bergmann 2002b
Rudolf Bergmann, Die Einflussnahme von Klöstern auf die Kulturlandschaftsentwicklung in Westfalen, Siedlungsforschung. Archäologie – Geschichte – Geographie 20 (Bonn 2002) S. 117–132.

Bergmann 2002c
Rudolf Bergmann, Eine Zisterziensergrangie und ihr ländliches Umfeld, Archäologie in Deutschland 1, 2002, S. 66.

Bergmann 2006
Rudolf Bergmann, Hofwüstungen und Eschsiedlungen im südwestlichen Münsterland. Siedlungsforschung. Archäologie – Geschichte – Geographie 24 (Bonn 2006) S. 195–217.

Bergmann 2007a
Rudolf Bergmann, Die zisterziensische Grangienwüstung Rozedehusen in Westfalen. In: Rolf Bärenfänger (Hrsg.), Zisterzienser im Norden. Neue Forschungen zur Klosterarchäologie. Symposium bei der Ostfriesischen Landschaft in Aurich vom 19.–20.Oktober 2006 (Rahden/Westf. 2007) S. 57–65.

Bergmann 2007b
Rudolf Bergmann, Wüstung. In: Reallexikon der Germanischen Altertumskunde 34 (zweite, völlig neu bearbeitete und stark erweiterte Auflage, Berlin, New York 2006) S. 272–301.

Bergmann 2008a
Rudolf Bergmann, Studien zur Glasproduktion seit dem 12. Jahrhundert im östlichen Westfalen. Mit Beiträgen von Norbert Buthmann/Andreas Kronz/Uwe Lobbedey/Elisabeth Schnepp/Karl Hans Wedepohl/Benno Zickgraf (Münster 2008).

Bergmann 2008b
Rudolf Bergmann, Altenbeken, Kr. Paderborn. Glashütte Dübelsnacken. In: Heinz Günter Horn (Hrsg.), Theis Archäologieführer Westfalen-Lippe (Stuttgart 2008) S. 22–24.

Bergmann 2008c
Rudolf Bergmann, Brilon, Hochsauerlandkr., Keffelker Kapelle. In: Heinz Günter Horn (Hrsg.), Theis Archäologieführer Westfalen-Lippe (Stuttgart 2008) S. 57 f.

Bergmann 2010a
Rudolf Bergmann, Die Besiedlung der Warburger Börde und ihrer Randlandschaften im Mittelalter. In: Thomas Otten/Hansgerd Hellenkämper/Jürgen Kunow/Michael M. Rind (Hrsg.), Fundgeschichten – Archäologie in Nordrhein-Westfalen (Köln 2010) S. 201–203.

Bergmann 2010b
Rudolf Bergmann, Die in der Soester Fehde zerstörte kölnische Landesburg tem Broiche bei Erwitte-Stirpe. Archäologie in Westfalen-Lippe 2009 (Langenweißbach 2010) S. 92–94.

Bergmann 2010c
Rudolf Bergmann, Das Projekt „Wüstungen und Kulturlandschaft im östlichen Hochsauerlandkreis". Archäologie in Westfalen-Lippe 2009 (Langenweißbach 2010) S. 216–219.

Bergmann 2010d
Rudolf Bergmann, Montanindustrien im Hochsauerland und das Industriegebiet am Schmalenberg, Archäologie in Westfalen-Lippe 2009 (Langenweißbach 2010) S. 220–224.

Bergmann 2010e
Rudolf Bergmann, Ortswüstungen in Westfalen. In: Heinz Heineberg/Markus Wieneke/Peter Wittkampf (Hrsg.), Westfalen Regional 2: Aktuelle Themen, Wissenswertes und Medien über die Region Westfalen-Lippe (Münster 2010) S. 80 f.

Bergmann 2010f
Rudolf Bergmann, Hofwüstungen im Münsterland. In: Heinz Heineberg/Markus Wieneke/Peter Wittkampf (Hrsg.), Westfalen Regional 2: Aktuelle Themen, Wissenswertes und Medien über die Region Westfalen-Lippe (Münster 2010) S. 82 f.

Bergmann 2010g
Rudolf Bergmann, „-heim" Orte: Strukturelemente einer karolingischen Siedlungspolitik im südöstlichen Westfalen. In: Heinz Heineberg/Markus Wieneke/Peter Wittkampf (Hrsg.), Westfalen Regional 2: Aktuelle Themen, Wissenswertes und Medien über die Region Westfalen-Lippe (Münster 2010) S. 84 f.

Bergmann 2010h
Rudolf Bergmann: Mittelalterliche Landwirtschaft in Westfalen. In: Heinz Heineberg/Markus Wieneke/Peter Wittkampf (Hrsg.), Westfalen Regional 2: Aktuelle Themen, Wissenswertes und Medien über die Region Westfalen-Lippe (Münster 2010) S. 120 f.

Bergmann 2010i
Rudolf Bergmann, Historische Glaserzeugung in Westfalen. In: Heinz Heineberg/Markus Wieneke/Peter Wittkampf (Hrsg.), Westfalen Regional 2: Aktuelle Themen, Wissenswertes und Medien über die Region Westfalen-Lippe (Münster 2010) S. 138 f.

Bergmann 2010j
Rudolf Bergmann, [Katalogartikel] Pflugschar eines Beetpfluges, Fragmente eines Radkranzes, Fußfessel mit Spreizfederschloss und Schlüsseln, Hacke. In: Aufruhr 1225! Ritter, Burgen und Intrigen. Das Mittelalter an Rhein und Ruhr, Ausstellung im LWL-Landesmuseum für Archäologie, Westfälisches Landesmuseum Herne. 27. Februar bis 28. November 2010 (Mainz 2010) S. 302, S. 331, S. 353, S. 513.

Bergmann 2011a
Rudolf Bergmann, Zur ländlichen Besiedlung des Dülmener Raumes im Mittelalter. In: Stefan Sudmann (Hrsg.), Geschichte der Stadt Dülmen (Dülmen 2011) S. 25–46.

Bergmann 2011b
Rudolf Bergmann, Eine Heiligenfibel in Senkschmelztechnik von der Ortswüstung Didingohusen. Archäologie in Westfalen-Lippe 2010 (Langenweißbach 2011) S. 127–129.

Bergmann 2011c
Rudolf Bergmann, Stadtwüstungen als Objekt mitteleuropäischer Forschung. Archäologie in Westfalen-Lippe 2010 (Langenweißbach 2011) S. 153–157.

Bergmann 2011d
Rudolf Bergmann, Die Stadtwüstung Corvey. Archäologie in Westfalen-Lippe 2010 (Langenweißbach 2011) S. 157–160.

Bergmann 2011e
Rudolf Bergmann, Die Stadtwüstung Blankenrode am Südrand der Paderborner Hochfläche. Archäologie in Westfalen-Lippe 2010 (Langenweißbach 2011) S. 160–164.

Bergmann 2011f
Rudolf Bergmann, Die spätmittelalterlich wüstgefallene Stadtanlage Stoppelberg in der Steinheimer Börde. Archäologie in Westfalen-Lippe 2010 (Langenweißbach 2011) S. 164–168.

Bergmann 2012a
Rudolf Bergmann, Die karolingischen gleicharmigen Bügelfibeln. In: Sveva Gai/Karl-Heinrich Krüger/Bernd Thier, Die Klosterkirche Corvey. Geschichte und Archäologie (Darmstadt 2012) S. 500–504.

Bergmann 2012b
Rudolf Bergmann, Hochmittelalterliche Rodungssiedlungen auf der Bulderner Kleiplatte des Westmünsterlandes. Archäologie in Westfalen-Lippe 2011 (Langenweißbach 2012) S. 233–236.

Bergmann 2014a
Rudolf Bergmann, Ländliche Siedlungsentwicklung im mittelalterlichen Westfalen. In: Eike Gringmuth-Dallmer/Jan Klápste in Zusammenarbeit mit Jan Hasil (Hrsg.), Tradition – Umgestaltung – Innovation. Transformationsprozesse im hohen Mittelalter, Praehistorica XXXI/2, Acta Instituti archaeologici Universitatis Carolinae Pragensis (Prag 2014) S. 13–41.

Bergmann 2014b
Rudolf Bergmann, Mittelalterliche Agrarwirtschaft und Wüstungsbildung in Westfalen. In: Eike Gringmuth-Dallmer/Jan Klápste in Zusammenarbeit mit Jan Hasil (Hrsg.), Tradition – Umgestaltung – Innovation. Transformationsprozesse im hohen Mittelalter, Praehistorica XXXI/2, Acta Instituti archaeologici Universitatis Carolinae Pragensis (Prag 2014) S. 585–612.

Bergmann 2015a
Rudolf Bergmann, Die Wüstungen des Hoch- und Ostsauerlandes. Studien zur Kulturlandschaftsentwicklung in Mittelalter und früher Neuzeit. Bodenaltertümer Westfalens 53 (Darmstadt 2015).

Bergmann 2015b
Rudolf Bergmann, Burg und Wegesperre im Eggegebirge bei Warburg-Borlinghausen. Archäologie in Westfalen-Lippe 2014 (Langenweißbach 2015) S. 253–257.

Bergmann 2015c
Rudolf Bergmann, Scheibenfibel mit Eselsmotiv. Geduldiger Esel. In: Torsten Capelle (Hrsg.), Wildes Westfalen. Tierische Fotos und Funde. ZeitSchnitte. Funde und Forschungen im LWL-Museum für Archäologie Herne 2, Begleitbuch zur Sonderausstellung „Wildes Westfalen. Tierische Fotos und Funde" vom 1.11.2015 bis 29.5.2016 im LWL-Museum für Archäologie/Westfälisches Landesmuseum Herne (Herne 2015) S. 104 f.

Bergmann 2016
Rudolf Bergmann, Wüstungen im Kreis Höxter – die Ergebnisse der Untersuchungen 2015, Archäologie in Westfalen-Lippe 2015 (Langenweißbach 2016) S. 231–237.

Bergmann 2017a
Rudolf Bergmann, Grangien des Klosters Hardehausen. Rozedehusen, Hodagessen, Kivelinchusen und Bunessen. In: Die Zisterzienser. Das Europa der Klöster. Begleitbuch zur Ausstellung Die Zisterzienser – Das Europa der Klöster. LVR-Landesmuseum Bonn 29. Juni 2017 bis 28. Januar 2018 (Bonn 2017) S. 168–171, S. 255–264.

Bergmann 2017b
Rudolf Bergmann, Vierfüßlerfibeln des frühen und hohen Mittelalters von westfälischen Ortswüstungen. In: Vera Brieske/Aurelia Dickers/Michael M. Rind (Hrsg.), Tiere und Tierdarstellungen in der Archäologie. Beiträge zum Kolloquium in Gedenken an Torsten Capelle, 30.–31. Oktober 2015 in Herne (Münster 2017) S. 325-340.

Bergmann 2017c
Rudolf Bergmann, Die Ortswüstung Tringen als Vorläufersiedlung der Paderborner Stadtgründung Dringenberg. Archäologie in Westfalen-Lippe 2016 (Langenweißbach 2017) S. 224–227.

Bergmann 2017d
Rudolf Bergmann, Wüstungen im Kreis Paderborn. Archäologie in Westfalen-Lippe 2016 (Langenweißbach 2017) S. 231–234.

Bergmann 2018a
Rudolf Bergmann, Mittelalterliche Keramik aus Westfalen. In: Anke Hufschmidt/Lisa Maubach (Red.), Echt alt. Mittelalterliches Handwerk ausgegraben. Sonderausstellung im LWL-Freilichtmuseum Hagen. Westfälisches Landesmuseum für Handwerk und Technik, 6. Mai bis 31. Oktober 2018. Forschungsbeiträge zu Handwerk und Technik 33 (Hagen 2018) S. 154–173.

Bergmann 2018b
Rudolf Bergmann, Ortswüstungen im Kreis Siegen-Wittgenstein. Archäologie in Westfalen-Lippe 2017 (Langenweißbach 2018) S. 250–254.

Bergmann 2019a
Rudolf Bergmann, Die Ortsstelle Alt Welda bei Warburg. Archäologie in Westfalen-Lippe 2018 (Langenweißbach 2019) S. 96–101.

Bergmann 2019b
Rudolf Bergmann, Mittelalterliche Kleinburgen im Kreis Paderborn. Archäologie in Westfalen-Lippe 2018 (Langenweißbach 2019) S. 240–243.

Bergmann 2019c
Rudolf Bergmann, 906, Modell Wölbackerflur Eddessen. In: Stefan Leenen, Alexander Berner, Sandra Maus u. a. (Hrsg.), Pest! Eine Spurensuche. [Ausstellung vom] 20. September 2019–10. Mai 2020, LWL-Museum für Archäologie, Westfälisches Landesmuseum Herne (Darmstadt 2019) S. 543.

Bergmann 2020
Rudolf Bergmann, Die konstruierte Landschaft. Befunde und Funde zu anthropogenen Geländeveränderungen in Mittelalter und früher Neuzeit. Mitteilungen der Deutschen Gesellschaft für Archäologie des Mittelalters und der Neuzeit 33 (Paderborn 2020) S. 133–144.

Bergmann 2021a
Rudolf Bergmann, Wüstungen und Gutsbildung. Transformation eines Kulturlandschaftsraumes am Nordrand der Soester Börde. In: Julia Ricken (Hrsg.), Archäologie in Soest und anderswo. Festschrift für Walter Melzer. Soester Beitrage zur Archäologie 17 (Soest 2021) S. 121–134.

Bergmann 2021b
Rudolf Bergmann, Wüstungen im Kreis Lippe. Archäologie in Westfalen-Lippe 2020 (Langenweißbach 2021) S. 258–263.

Bergmann 2022
Rudolf Bergmann, Mittelalterliche Besiedlung und Wüstungsbildung in den Lössbörden am westfälischen Hellweg im intermethodischen Arbeitsansatz. In: Landschaft – Region – Identität. Winfried Schenk zum 65. Geburtstag. Siedlungsforschung. Archäologie – Geschichte – Geographie 39, 2022, S. 125–153.

Bergmann/Buthmann/Zickgraf 2010
Rudolf Bergmann/Norbert Buthmann/Benno Zickgraf, Naturwissenschaftliche und archäologische Untersuchungen der hochmittelalterlichen Glashütten Altenbeken-Dübelsnacken und -Füllenberg. In: Thomas Otten u. a. (Hrsg.), Fundgeschichten – Archäologie in Nordrhein-Westfalen. Ausstellungskatalog Köln/Herne (Mainz 2010) S. 338–341.

Bergmann/Cichy 2010
Rudolf Bergmann/Eva Cichy, Eisenzeitliche und mittelalterlich-frühneuzeitliche Rohstoffnutzung im Sauerland – Schwermetallbergbau auf der Briloner Hochfläche. In: Thomas Otten u. a. (Hrsg.), Fundgeschichten

– Archäologie in Nordrhein-Westfalen. Ausstellungskatalog Köln/Herne (Mainz 2010) S. 198–200.

Bergmann/Hallenkamp-Lumpe/Kötz 2021
Rudolf Bergmann/Julia Hallenkamp-Lumpe/Stefan Kötz, Die Kirchortwüstung Papenhem in der Warburger Börde. Archäologie in Westfalen-Lippe 2020 (Langenweißbach 2021) S. 98–102.

Bergmann/Peine/Pollmann u. a. 2012
Rudolf Bergmann/Hans-Werner Peine/Hans-Otto Pollmann/Martin Schaich, Ergebnisse des Airborne Laserscanning am Nordrand der Warburger Börde. Archäologie in Westfalen-Lippe 2011 (Langenweißbach 2012) S. 217–220.

Bergmann/Sondermann 2000
Rudolf Bergmann/Claudia Sondermann, Die Ausgrabung der Dorfwüstung und Zisterziensergrangie Rozedehusen in Warburg-Bonenburg. In: Heinz Günter Horn/Hansgerd Hellenkemper/Gabriele Isenberg/Harald Koschik (Hrsg.), Fundort Nordrhein-Westfalen. Millionen Jahre Geschichte (Köln 2000) S. 403–405.

Bergmann/Thede 2012
Rudolf Bergmann/Maja Thede, Ortswüstungen in den Hochlagen des Rothaargebirges. Archäologie in Westfalen-Lippe 2011 (Langenweißbach 2012) S. 227–232.

Bergmann/Thede 2013
Rudolf Bergmann/Maja Thede, Relikte mittelalterlicher Landwirtschaft in den Hochlagen des Sauerlandes. Archäologie in Westfalen-Lippe 2012 (Langenweißbach 2013) S. 128–133.

Bergmann/Thede 2015
Rudolf Bergmann/Maja Thede, Die Burg auf dem Leuchteberg bei Warburg-Rimbeck. Archäologie in Westfalen-Lippe 2014 (Langenweißbach 2015) S. 257–260.

Bergmann/Weisgerber 1993
Rudolf Bergmann/Andreas Weisgerber, Nr. 137, Fußfessel mit Spreizfederschloß und Schlüsseln. In: Rudolf Bergmann, Zwischen Pflug und Fessel. Mittelalterliches Landleben im Spiegel der Wüstungsforschung. Teil 1, unter Mitarbeit von Elke Först/Peter Ilisch/Hans Reichstein/Claudia Sondermann-Fastrich/Hans-Georg Stephan/Andreas Weisgerber (Münster 1993) S. 259–263.

Bergmann/Weisgerber 1995
Rudolf Bergmann/Andreas Weisgerber, Nr. 320, Fußfessel. In: Mamoun Fansa (Hrsg.), der sassen speyghel. Sachsenspiegel – Recht – Alltag 2, Aus dem Leben gegriffen – Ein Rechtsbuch spiegelt seine Zeit. Beiträge und Katalog zur Ausstellung. Archäologische Mitteilungen aus Nordwestdeutschland, Beiheft 10 (Oldenburg 1995) S. 580 f.

Best 1986
Werner Best, Emailscheibenfibeln mit Kreuzdarstellung aus Westfalen. Ausgrabungen und Funde in Westfalen-Lippe 3 (Mainz) 1986, S. 79–88.

Best 1997a
Werner Best, [Nr.] 294, Minden-Todtenhausen (DKZ 3619,46). Ausgrabungen und Funde in Westfalen-Lippe 9A (Mainz) 1997, S. 301.

Best 1997b
Werner Best, [Nr.] 299, Büren-Brenken (DKZ 4417,37). Ausgrabungen und Funde in Westfalen-Lippe 9A (Mainz) 1997, S. 303.

Best 2009a
Werner Best, Porta Westfalica: Die Wittekindsburg mit Resten einer vorromanischen Kreuzkirche. In: Elke Treude/Daniel Bérenger, Ostwestfalen-Lippe. Ausflugsziele zwischen Detmold, Bielefeld und Porta Westfalica. Ausflüge zu Archäologie, Geschichte und Kultur 50 (Stuttgart 2009) S. 155–157.

Best 2009b
Werner Best, Von der Wallburg zum Adelssitz. Westfälische Burgen des 11. Jahrhunderts. In: Christoph Stiegemann/Martin Kroker, Für Königtum und Himmelreich. 1000 Jahre Bischof Meinwerk von Paderborn. Katalog zur Jubiläumsausstellung im Museum in der Kaiserpfalz und im Erzbischöflichen Diözesanmuseum, Paderborn 2009/2010 (Regensburg 2009) S. 116–121.

Best/Austermann/Koopmann/Schyle 1996
Werner Best/Mathias Austermann/Matthias Koopmann/Daniel Schyle, Ergebnisse archäologischer Untersuchungen im Gebiet der Stadt Salzkotten. In: Detlef Grothmann (Hrsg.), 750 Jahre Salzkotten. Geschichte einer westfälischen Stadt 1. Studien und Quellen zur westfälischen Geschichte 32 (Paderborn 1996) S. 33–74.

Best/Eggenstein 2014
Werner Best/Georg Eggenstein, Sachsen oder Franken? Das 5. bis 10. Jahrhundert. In: Daniel Bérenger/Wulff E. Brebeck (Hrsg.), Führer zur Vor- und Frühgeschichte der Hochstiftkreise Paderborn und Höxter. Band 3: Römische Kaiserzeit und Frühmittelalter. Mit Beiträgen von Werner Best, Georg Eggenstein, Johann-Sebastian Kühlborn und Sven Spiong. Historische Schriften des Kreismuseums Wewelsburg 8 (Paderborn 2014) S. 79–120.

Bieling 1871
A. Bieling, Jacobsberg. Zeitschrift für vaterländische Geschichte und Alterthumskunde (= Westfälische Zeitschrift) 29,1, 1871, S. 121–138.

Bingener 2010
Andreas Bingener, Freudenberg. In: Westfälischer Städteatlas, Lieferung XI, Nr. 1 (Altenbeken 2010).

BKW Höxter
A. Ludorff: Die Bau- und Kunstdenkmäler des Kreises Höxter. Mit geschichtlichen Einleitungen von Pfarrer Schrader und Pfarrer Gemmeke. Die Bau- und Kunstdenkmäler von Westfalen 37 (Nachdruck der Auflage Münster/Paderborn 1914, Warburg 1994).

BKW Soest
A. Ludorff: Die Bau- und Kunstdenkmäler des Kreises Soest. Mit geschichtlichen Einleitungen von Professor Vogeler. Die Bau- und Kunstdenkmäler von Westfalen 16 (Nachdruck der Auflage Münster 1905, Warburg 1994).

BKW Wittgenstein
A. Ludorff (Hrsg.), Die Bau- und Kunstdenkmäler des Kreises Wittgenstein. Mit geschichtlichen Einleitungen von Dr. Heinzerling. Die Bau- und Kunstdenkmäler von Westfalen (Münster, Paderborn 1903).

Böttger 1929
Hermann Böttger, Die Wüstungen des Kreises Siegen. Siegerland 11, 1929, S. 2–12, S. 41–48, S. 81–91, S. 119–129.

Böttger 1934
Hermann Böttger, Gang der frühesten Besiedlung des Siegerlandes. Westfalen. Hefte für Geschichte, Kunst und Volkskunde/Bodenaltertümer Westfalens. Dritter Bericht der vorgeschichtlichen Abteilung des Landesmuseums, 19.2 (Münster) 1934, S. 159–170.

Böttger 1951
Hermann Böttger, Siedlungsgeschichte des Siegerlandes. Siegerländer Beiträge zur Geschichte und Landeskunde 4 (Siegen 1951).

Brandemann 2004
Bernd Brandemann, Ein Blick zurück in die Geschichte. Die Wurzeln von Bühl: Der Hof Dröningen. 675 Jahre Bühl. 1329–2004 Hof Dröningen, Festtage 12./13.06.2004 (o. O., o. J. [2004]) S. 27 f., S. 31–33, S. 35.

Brieske 2015a
Vera Brieske, Zwei Vogelfibeln. Verschlusssache Vogel. In: Torsten Capelle (Hrsg.), Wildes Westfalen. Tierische Fotos und Funde. ZeitSchnitte. Funde und Forschungen im LWL-Museum für Archäologie Herne 2. Begleitbuch zur Sonderausstellung „Wildes Westfalen. Tierische Fotos und Funde" vom 1.11.2015 bis 29.5.2016 im LWL-Museum für Archäologie/ Westfälisches Landesmuseum Herne (Herne 2015) S. 70 f.

Brieske 2015b
Vera Brieske, Beschlag mit Tierstil. Kauernde Mischwesen. In: Torsten Capelle (Hrsg.), Wildes Westfalen. Tierische Fotos und Funde. ZeitSchnitte. Funde und Forschungen im LWL-Museum für Archäologie Herne 2. Begleitbuch zur Sonderausstellung „Wildes Westfalen. Tierische Fotos und Funde" vom 1.11.2015 bis 29.5.2016 im LWL-Museum für Archäologie/Westfälisches Landesmuseum Herne (Herne 2015) S. 90 f.

Brieske 2021
Vera Brieske, Neue spätkaiserzeitliche und merowingerzeitliche Sondenfunde von Wüstungen im Kreis Soest. In: Julia Ricken (Hrsg.), Archäologie in Soest und anderswo. Festschrift für Walter Melzer, Soester Beiträge zur Archäologie 17 (Soest 2021) S. 93–102.

Brilon [2]1930
Clemens Brilon, Geschichtliche Nachrichten über Stadt und Pfarrei Borgentreich in Westf. (Rietberg 1930).

Brunabend/Pickert/Boos [2]1958
Josef Brunabend, Julius Pickert, Karl Boos, Attendorn, Schnellenberg, Waldenburg und Ewig. Ein Beitrag zur Geschichte Westfalens (Münster [2]1958).

Bulla/Kneppe 2011
Andrea Bulla/Cornelia Kneppe, Die Holsterburg – eine oktogonale stauferzeitliche Burganlage bei Warburg. Archäologie in Westfalen-Lippe 2010 (Langenweißbach 2011) S. 145–149.

Bulla/Dubbi 2012
Andrea Bulla/Franz-Josef Dubbi, Die Hüffert – eine Siedlung vor den Toren der Stadt Warburg. Archäologie in Westfalen-Lippe 2011 (Langenweißbach 2012) S. 135–138.

Bulla/Peine 2012a
Andrea Bulla/Hans-Werner Peine, Oktogonale Wehrarchitektur aus der Stauferzeit – Die Holsterburg bei Warburg. Burgen und Schlösser. Zeitschrift für Burgenforschung und Denkmalpflege 4, 2012, S. 199–208.

Bulla/Peine 2012b
Andrea Bulla/Hans-Werner Peine, Wallburg – Motte – Oktogon. Burgenarchäologie in einer Grenzregion. Archäologie in Deutschland 2, 2012, S. 64 f.

Bulla/Peine 2013a
Andrea Bulla/Hans-Werner Peine, Vom grünen Hügel zum Oktogon. Die Holsterburg bei Warburg. Jahrbuch Westfalen 2013, S. 24–30.

Bulla/Peine 2013b
Andrea Bulla/Hans-Werner Peine, Architektur von europäischem Rang – die Holsterburg bei Warburg. Archäologie in Westfalen-Lippe 2012 (Langenweißbach 2013) S. 105–109.

Bulla/Peine 2013c
Andrea Bulla/Hans-Werner Peine, Die Holsterburg vor den Toren der Stadt Warburg. In: Kreis Höxter Jahrbuch 2013, S. 161–168.

Bulla/Dubbi/Grundmann/Wiedmann/Lißner 2013
Andrea Bulla/Franz-Josef Dubbi/Birgit Grundmann/Babette Wiedmann/ Birgit Lißner, Die vorstädtische Siedlung Hüffert auf dem Gelände des St.-Petri-Hospitals in Warburg. Archäologie in Westfalen-Lippe 2012 (Langenweißbach 2013) S. 138–142.

Bulla/Peine 2014a
Andrea Bulla/Hans-Werner Peine, Neues zur Holsterburg bei Warburg – ein interdisziplinäres Forschungsprojekt. Archäologie in Westfalen-Lippe 2013 (Langenweißbach 2014) S. 121–125.

Bulla/Peine 2014b
Andrea Bulla/Hans-Werner Peine, Burgenarchäologie in einer Grenzregion. Ein Beitrag zum Burgenbau im Diemelraum. Château Gaillard 26. Études de castellogie médiévale. Châteauet frontière. Publications du CRAHM (Caen 2014) S. 85–100.

Bulla/Peine 2015
Andrea Bulla/Hans-Werner Peine, Das Forschungsprojekt Holsterburg. In: Thomas Otten/Jürgen Kunow/Michael M. Rind u. a. (Hrsg), Archäologie in Nordrhein-Westfalen 2010–2015. Archäologische Landesausstellung Nordrhein-Westfalen. Forschungen – Funde – Methoden. Schriften zur Bodendenkmalpflege in Nordrhein-Westfalen 11,2 (Darmstadt 2015) S. 160–163.

Bunte 2008
Tim Bunte, Zwischen Veränderung und Tradition. In: Georg Eggenstein/Norbert Börste/Helge Zöller u. a. (Hrsg.), Eine Welt in Bewegung. Unterwegs zu Zentren des frühen Mittelalters. Begleitbuch der Gemeinschaftsausstellung. Historisches Museum im Marstall, Paderborn - Schloss Neuhaus, 26.4.–20.7.2008, Mainfränkisches Museum Würzburg, Festung Marienberg, 12.8.–16.11.2008 (München, Berlin 2008) S. 134–144.

Buthmann/Zickgraf 2008
Norbert Buthmann/Benno Zickgraf, Archäologisch – geophysikalische Prospektion mittelalterlicher und neuzeitlicher Glashüttenstandorte im Weserbergland. In: Rudolf Bergmann, Studien zur Glasproduktion seit dem 12. Jahrhundert im östlichen Westfalen. Mit Beiträgen von Norbert Buthmann/Andreas Kronz/Uwe Lobbedey/Elisabeth Schnepp/Karl Hans Wedepohl/Benno Zickgraf (Münster 2008) S. 29–66.

Capelle1986
Torsten Capelle, Ein germanischer Opferplatz in Soest-Ardey? Ausgrabungen und Funde in Westfalen-Lippe 3 (Mainz) 1986, S. 71–78.

Capelle 2015
Torsten Capelle, Bronzene Eberfigur. In: Torsten Capelle (Hrsg.), Wildes Westfalen. Tierische Fotos und Funde. ZeitSchnitte. Funde und Forschungen im LWL-Museum für Archäologie Herne 2. Begleitbuch zur Sonderausstellung „Wildes Westfalen. Tierische Fotos und Funde" vom 1.11.2015 bis 29.5.2016 im LWL-Museum für Archäologie/Westfälisches Landesmuseum Herne (Herne 2015) S. 36 f.

Cichy 2008
Eva Cichy, Der Siedlungsplatz Hamm-Westhafen. Teil 1: Text und Teil 2: Katalog und Tafeln. Mit Beiträgen von Alfred Galik, Kerstin Pasda und Karlheinz Steppan. Bodenaltertümer Westfalens 46 (Mainz 2008).

Cichy 2016
Eva Cichy, Steinerne Fundamente und ein Pilgerzeichen – eine neuentdeckte Hofwüstung in Welver. Archäologie in Westfalen-Lippe 2015 (Langenweißbach 2016) S. 136–139.

Cichy/Cramer/Zeiler 2012
Eva Cichy/Lutz Cramer/Manuel Zeiler, Wüst in Wittgenstein – Ausgrabung einer frühmittelalterlichen Kleinsiedlung. Archäologie in Westfalen-Lippe 2020 (Langenweißbach 2012) S. 103–106.

Cichy/Deiters 2019
Eva Cichy/Stephan Deiters, Katastrophale Verhältnisse an der Diemel – der Siedlungsplatz Marsberg-Westheim. Archäologie in Westfalen-Lippe 2018 (Langenweißbach 2019) S. 222–225.

Cichy/Kneppe 2016
Eva Cichy/Cornelia Kneppe, Vogelherd oder Hofwüstung? Eine

Fundstelle im Wald bei Werl. Archäologie in Westfalen-Lippe 2015 (Langenweißbach 2016) S. 161–164.

Cichy/Zeiler/Baales 2017
Eva Cichy/Manuel Zeiler/Michael Baales, Die älteste Besiedlungsgeschichte Gesekes nach archäologischen Quellen. In: Detlef Grothmann/Evelyn Richter (Hrsg.), Geseke. Geschichte einer westfälischen Stadt 1 (Münster 2017) S. 49–77.

Coolen 2020
Joris Coolen, Stadtwüstung unter dem Radar. Archäologie in Deutschland 5, 2020, S. 60.

Coolen/König/Wallner 2020
Joris Coolen/Andreas König/Mario Wallner, Neue Erkenntnisse zur Corveyer Marktkirche durch hochauflösende Bodenradarmessungen. Archäologie in Westfalen Lippe 2019 (Langenweißbach 2020) S. 272–276.

Dahm/Lobbedey/Weisgerber 1998
Claus Dahm/Uwe Lobbedey/Gerd Weisgerber, Der Altenberg. Bergwerk und Siedlung aus dem 13. Jahrhundert im Siegerland. Band 1: Die Befunde, Band 2: Die Funde (Bonn 1998).

Decker 1973
Rainer Decker, Das Paderborner Ministerialengeschlecht v. Osdagessen/ Marschall. Westfälische Zeitschrift. Zeitschrift für vaterländische Geschichte und Altertumskunde 123, 1973, S. 137–179.

Deppe 1967
Klaus Deppe, Methoden und Ergebnisse siedlungsgeographischer Forschung im Wittgensteiner Land. Dargestellt an vier Wüstungen. Mathematisch-naturwissenschaftliche Fakultät der Westfälischen-Wilhelms-Universität, maschinenschriftliche Dissertation (Münster 1967).

Dohle 1959
Wilhelm Dohle, Von untergegangenen Orten (Wüstungen) im Raum der ehemaligen Mainzer Vogtei Elsoff. In: Wilhelm Hartnack (Bearb.), 900 Jahre Kirchspiel Elsoff. Festschrift zur 900-Jahrfeier am 27. September 1959 (Elsoff 1959) S. 29–33.

Dohle/Krämer 1965
Wilhelm Dohle, mit Ergänzungen von Fritz Krämer, Von untergegangenen Wittgensteiner Siedlungen (Dörfer – Kirchstätten – Burgen). In: Fritz Krämer (Hrsg.), Wittgenstein 1 (Balve o. J. [1965]) S. 184–195.

Doms 1980
Anton Doms, Lichtenau. Neujahrsgruß 1980. Westfälisches Landesmuseum für Vor- und Frühgeschichte, Münster und Altertumskommission für Westfalen (Münster o. J. [1980]) S. 48.

Doms 1986
Anton Doms, Jäger, Bauern, Bürger. Von der Vorgeschichte zum Hochmittelalter im Stadtgebiet Warburg. In: Franz Mürmann (Hrsg.), Die Stadt Warburg. 1036–1986. Beiträge zur Geschichte einer Stadt 1 (Warburg 1986) S. 35–87.

Doms 1988
Anton Doms, [Nr.] 270, Petershagen-Wasserstraße (DKZ 3520,100). Ausgrabungen und Funde in Westfalen-Lippe 5, 1987 (Mainz 1988) S. 704.

Doms/Esterhues/Thümmler 1965
Anton Doms/Friedrich J. Esterhues/Hans Thümmler, Grabungen zur mittelalterlichen Baugeschichte Westfalens. Warstein-Altenwarstein, Kr. Arnsberg, Antoniuskapelle (Hans Thümmler). Westfalen 43, Heft 1/2, 1965, S. 151 f.

Droste 1998
Fritz Droste, Stadt Olsberg. Ihre Dörfer in der Geschichte – Von 1370 bis um 1600. Band 2. Mit Textbeiträgen von Hans Müller, Johannes Stöber und Erich Völlmecke (Olsberg-Bigge 1998).

Dürre 1884
H. Dürre, Die Ortsnamen der Traditiones Corbeienses (Schluss), Zeitschrift für vaterländische Geschichte und Alterthumskunde (= Westfälische Zeitschrift), 42,2, 1884, S. 1–84.

Ebel-Zepezauer 1999
Wolfgang Ebel-Zepezauer, Die Siedlung der späten Eisenzeit und frühen römischen Kaiserzeit von Lemgo, Kr. Lippe. Lippische Mitteilungen 68, 1999, S. 11–43.

Eggenstein 2000
Georg Eggenstein, Handel und Handwerk – Balhorn, ein zentraler Ort des Mittelalters. In: Heinz Günter Horn, Hansgerd Hellenkämper, Gabriele Isenberg u. a. (Hrsg.), Millionen Jahre Geschichte. Fundort Nordrhein-Westfalen. Schriften zur Bodendenkmalpflege in Nordrhein-Westfalen 5 (Köln 2000) S. 386–388.

Eggenstein 2006
Georg Eggenstein, Der Hellweg in Balhorn bei Paderborn – Archäologie des mittelalterlichen Fernverkehrs. In: Manfred Rech (Hrsg.), Pferdeopfer – Reiterkrieger. Fahren und Reiten durch die Jahrtausende. Begleitpublikation zur gleichnamigen Ausstellung im Focke-Museum/Bremer Landesmuseum vom 5.12.2006 bis 25.3.2007, im Gustav-Lübcke-Museum Hamm vom 22.4.2007 bis 29.7.2007, im Museum Burg Linn, Krefeld, vom 26. 8. 2007 bis 2.12.2007. Bremer Archäologische Blätter, Beiheft 4 (Bremen 2006) S. 165–170.

Eggenstein 2008a
Georg Eggenstein, Eiserne Bestandteile karolingischer Schwertgurte aus Balhorn. In: Frank Verse/Benedikt Knoche/Jan Graefe u. a. (Hrsg.), Durch die Zeiten ... . Festschrift für Albrecht Jockenhövel zum 65. Geburtstag. Internationale Archäologie. Studia honorica 28 (Rahden/Westf. 2008) S. 425–433.

Eggenstein 2008b
Georg Eggenstein, Balhorn - Schriftquellen und Ortsnamenkunde. In: Georg Eggenstein/Norbert Börste/Helge Zöller u. a. (Hrsg.), Eine Welt in Bewegung. Unterwegs zu Zentren des frühen Mittelalters. Begleitbuch der Gemeinschaftsausstellung. Historisches Museum im Marstall, Paderborn - Schloss Neuhaus, 26.4.–20.7.2008, Mainfränkisches Museum Würzburg, Festung Marienberg, 12.8.–16.11.2008 (München, Berlin 2008) S. 114 f.

Eggenstein 2008c
Georg Eggenstein, Balhorn - Der Ort am Straßenkreuz. In: Georg Eggenstein/Norbert Börste/Helge Zöller u. a. (Hrsg.), Eine Welt in Bewegung. Unterwegs zu Zentren des frühen Mittelalters. Begleitbuch der Gemeinschaftsausstellung. Historisches Museum im Marstall, Paderborn - Schloss Neuhaus, 26.4.–20.7.2008, Mainfränkisches Museum Würzburg, Festung Marienberg, 12.8.–16.11.2008 (München, Berlin 2008) S. 116–120.

Eggenstein 2008d
Georg Eggenstein, Die Ausgrabung des Hellwegs in Balhorn. In: Georg Eggenstein/Norbert Börste/Helge Zöller u. a. (Hrsg.), Eine Welt in Bewegung. Unterwegs zu Zentren des frühen Mittelalters. Begleitbuch der Gemeinschaftsausstellung. Historisches Museum im Marstall, Paderborn - Schloss Neuhaus, 26.4.–20.7.2008, Mainfränkisches Museum Würzburg, Festung Marienberg, 12.8.–16.11.2008 (München, Berlin 2008) S. 121–125.

Eggenstein 2008e
Georg Eggenstein, Balhorn in der Merowinger- und Karolingerzeit – Fränkische Mode, Schwertträger, Reiterkrieger. In: Georg Eggenstein, Norbert Börste, Helge Zöller u. a. (Hrsg.), Eine Welt in Bewegung. Unterwegs zu Zentren des frühen Mittelalters. Begleitbuch der Gemeinschaftsausstellung. Historisches Museum im Marstall, Paderborn - Schloss Neuhaus, 26.4.–20.7.2008, Mainfränkisches Museum Würzburg, Festung Marienberg, 12.8.–16.11.2008 (München, Berlin 2008) S. 126–133.

Eggenstein/Westphal 2001
Georg Eggenstein/Herbert Westphal, Eine Bügelfibel vom Balhorner Feld. Die bewegte Geschichte eines Importstücks aus der Zeit um 600. Die Warte. Heimatzeitschrift für die Kreise Paderborn und Höxter, Nr. 109, 2001, S. 2–4.

Eggenstein 2011
Georg Eggenstein, Elemente frühmittelalterlicher Schwertbewaffnung aus dem zentralen Ort Balhorn bei Paderborn. In: Jörg Drauschke/Roland Prien/Sebastian Ristow (Hrsg.), Untergang und Neuanfang. Tagungsbeiträge der Arbeitsgemeinschaft Spätantike und Frühmittelalter. Studien zu Spätantike und Frühmittelalter 3 (Hamburg 2011) S. 361–364.

Eismann 2015
Stefan Eismann, Dorpede bei Westheim. In: Rudolf Bergmann, Die Wüstungen des Hoch- und Ostsauerlandes. Studien zur Kulturlandschaftsentwicklung in Mittelalter und früher Neuzeit. Bodenaltertümer Westfalens 53 (Darmstadt 2015) S. 254–264.

Ellger 2007
Otfried Ellger, Die Burg Limberg und ihr Umfeld aus archäologisch-baugeschichtlicher Sicht. In: Die Burg Limberg. Mittelpunkt einer Region. Beiträge zur Geschichte und Gegenwart (Preußisch Oldendorf 2007) S. 49–93.

Engemann 1966
Herbert Engemann, Neue Grabungen zur Erforschung unserer mittelalterlichen Geschichte. In: Der Landkreis Warburg. Geschichte. Landschaft. Wirtschaft, hrsg. in Zusammenhang mit der Kreisverwaltung (Oldenburg [i. Oldb.] 1966) S. 40–42.

Engemann 1970
Herbert Engemann, Alt Blankenrode – Topographie, Quellen, Grabungsuntersuchungen. Westfalen 48, 1970, S. 188–192.

Ernst ^{2}1976
Theodor Ernst, Geschichte der vormaligen Stadt und späteren Landgemeinde Kallenhardt, Kreis Soest (Lippstadt ^{2}1976).

Essling-Wintzer/Bergmann/Cichy 2015
Wolfram Essling-Wintzer/Rudolf Bergmann/Eva Cichy, Der Töpferofen von Brilon-Alme, Archäologie in Westfalen-Lippe 2014 (Langenweißbach 2015) S. 98–103.

Evers 2018
Thies Evers, Auch vor der Mauer war was los – frühe Siedlungsspuren westlich der Werler Altstadt, Archäologie in Westfalen-Lippe 2017 (Langenweißbach 2018) S. 182–185.

Evers/Gai/Süße 2018
Thies Evers/Sveva Gai/Robert Süße, Vom Winde verweht – der Eisenverhüttungsplatz „Marsfelde" im Paderborner Osten. Archäologie in Westfalen-Lippe 2017 (Langenweißbach 2018) S. 78–82.

Flöer/Korsmeier 2009
Michael Flöer/Claudia Maria Korsmeier, Die Ortsnamen des Kreises Soest. Westfälisches Ortsnamenbuch (WOB) 1 (Bielefeld 2009).

Flöer 2013
Michael Flöer, Die Ortsnamen des Hochsauerlandkreises. Westfälisches Ortsnamenbuch (WOB) 6 (Bielefeld 2013).

Flöer 2014
Michael Floer, Die Ortsnamen des Kreises Olpe. Westfälisches Ortsnamenbuch (WOB) 8 (Bielefeld 2014).

Först 1993
Elke Först, Archäologische Untersuchungen in der Dorfwüstung Balhorn, Stadt Paderborn. In: Rudolf Bergmann, Zwischen Pflug und Fessel. Mittelalterliches Landleben im Spiegel der Wüstungsforschung. Teil 1 und 2, unter Mitarbeit von Elke Först/Peter Ilisch/Hans Reichstein/Claudia Sondermann-Fastrich/Hans-Georg Stephan/Andreas Weisgerber (Münster 1993) S. 89–92.

Forck 1991
Hermann Forck, Geschichte der Stadt Olpe in Form einer Chronik. Reprints des Stadtarchivs Olpe, hrsg. vom Stadtarchiv Olpe (Nachdruck der Ausgabe Olpe 1911, Kreuztal 1991).

Forwick 1963
Friedhelm Forwick, Die staatsrechtliche Stellung der ehemaligen Grafen von Schwalenberg (Münster 1963).

Freese/Linnemeier1987
Heinz-Dieter Freese/Bernd W. Linnemeier, Wie aus der Kapelle eine Windmühle wurde ... . Einladung zu einem Ausflug nach Loccum, Wasserstraße, Seelenfeld (Minden 1987).

Gabriel 1980
Heinrich Gabriel, Untergegangene Orte in der Borgentreicher Gemarkung und die Flurnamen der Stadt Borgentreich. In: Franz Mürmann, Stadt Borgentreich 1280–1980 (Borgentreich 1980) S. 61–70.

Gai/Haasis-Berner 2014
Sveva Gai/Andreas Haasis-Berner, Die Überreste der Wüstung Schattenhusen. Eine ländliche Siedlung am Hellweg. In: Hans-Otto Pollmann (Hrsg.), Archäologische Rückblicke. Festschrift für Daniel Bérenger. Universitätsforschungen zur prähistorischen Archäologie 254 (Bonn 2014) S. 265–293.

Gai/Lodemann/Süße 2019
Sveva Gai/Till Lodemann/Robert Süße, Wüstungsprozesse im Paderborner Raum – eine mittelalterliche Siedlung im Neubaugebiet. Archäologie in Westfalen-Lippe 2018 (Langenweißbach 2019) S. 101–106.

Gai/Lodemann/Melisch 2020
Sveva Gai/Till Lodemann/Claudia Melisch, Der Haupthof der Villikation Enenhues? Erste Siedlungsreste entlang der Pader. Archäologie in Westfalen Lippe 2019 (Langenweißbach 2020) S. 106–109.

Gaul/Korn 1983
Otto Gaul/Ulf-Dietrich Korn, mit einer stadtgeschichtlichen Einleitung von Hans Hoppe, Stadt Lemgo. Bau- und Kunstdenkmäler von Westfalen 49,I (Münster 1983).

Gerking 1986
Willy Gerking, Die mittelalterlichen Siedlungen der Großgemeinde Lügde. Eine historisch-archäologische Studie zur Wüstungsforschung (Detmold 1986).

Gerking 1995
Willy Gerking, Die Wüstungen des Kreises Lippe. Eine historisch-archäologische und geographische Studie zum spätmittelalterlichen Wüstungsgeschehen in Lippe (Münster 1995).

Gerking 2016
Willy Gerking, Aus der älteren Geschichte der Dörfer Feldrom – Kempen – Veldrom (Detmold 2016).

Giefers 1862
Wilhelm Engelbert Giefers, Geschichte der Burg und Herrschaft Wevelsburg. Zeitschrift für vaterländische Geschichte und Alterthumskunde (= Westfälische Zeitschrift) 22,2, 1862, S. 330–358.

Giefers 1871a
Wilhelm Engelbert Giefers, Zur Geschichte der Stadt Beverungen. Zeitschrift für vaterländische Geschichte und Alterthumskunde (= Westfälische Zeitschrift) 29,1, 1871, S. 1–52.

Giefers 1871b
Wilhelm Engelbert Giefers, Zur Geschichte der Stadt Lügde. Zeitschrift für vaterländische Geschichte und Alterthumskunde (= Westfälische Zeitschrift) 29,1, 1871, S. 139–192.

Giefers 1874
Wilhelm Engelbert Giefers, Die Anfänge der Burg und Stadt Dringenberg. Zeitschrift für vaterländische Geschichte und Alterthumskunde (= Westfälische Zeitschrift) 32,2, 1874, S. 61–116.

Giefers 1879
Wilhelm Engelbert Giefers, Bemerkungen und Nachträge zum „Westfälischen Urkundenbuche". Zeitschrift für vaterländische Geschichte und Alterthumskunde (= Westfälische Zeitschrift) 37,2, 1879, S. 166–212.

Giefers 1880
Wilhelm Engelbert Giefers, Bemerkungen zur ersten Hälfte des IV. Bandes des „Westfälischen Urkundenbuches". Zeitschrift für vaterländische Geschichte und Alterthumskunde (= Westfälische Zeitschrift) 38,2, 1880, S. 103–202.

Giefers 1881
Wilhelm Engelbert Giefers, Die Anfänge der Städte Borgentreich, Borgholz und Peckelsheim. Zeitschrift für vaterländische Geschichte und Alterthumskunde (= Westfälische Zeitschrift) 39,2, 1881, S. 164–180.

Gringmuth-Dallmer 2008
Eike Gringmuth-Dallmer, Adel im Abseits? Beobachtungen zur Lage niederadeliger Befestigungen in Mecklenburg-Vorpommern. In: Felix Biermann/Ulrich Müller/Thomas Terberger (Hrsg.), „Die Dinge beobachten …". Archäologische und historische Forschungen zur frühen Geschichte Mittel- und Nordeuropas. Festschrift für Günter Mangelsdorf zum 60. Geburtstag (Rahden/Westf. 2008) S. 207–215.

Grothe 2000a
Anja Grothe, Die villa Twesine. Mittelalterlicher Verhüttungsplatz und frühmittelalterliche Siedlung vor den Toren der Stadt Marsberg. In: Marsberg – Horhusen. Stadtgeschichte aus 11 Jahrhunderten (Marsberg 2000) S. 80–86.

Grothe 2000b
Anja Grothe, Die villa Twesine. Neue Erkenntnisse zu einem früh- und hochmittelalterlichen Kupferverhüttungs- und Siedlungsplatz bei Marsberg. Westfalen 78, 2000, S. 3–16.

Grünewald 2012
Christoph Grünewald, Serie und Einzelstück – spätkarolingische und ottonische Metallobjekte aus Westfalen. Archäologie in Westfalen-Lippe 2011 (Langenweißbach 2012) S. 102 f.

Grünewald 2017
Christoph Grünewald, Löwenmaul und Rittersporn. Ein seltener Typ zoomorpher romanischer Schnallen. In: Vera Brieske/Aurelia Dickers/Michael M. Rind (Hrsg.), Tiere und Tierdarstellungen in der Archäologie. Beiträge zum Kolloquium in Gedenken an Torsten Capelle, 30.–31. Oktober 2015 in Herne (Münster 2017) S. 353–361.

Grünewald/Müsch 2016
Christoph Grünewald/Eugen Müsch, Eine salierzeitliche Goldfibel aus dem Raum Medebach. Archäologie in Westfalen-Lippe 2015 (Langenweißbach 2016) S. 114–117.

Günther 1994
Ralf Günther, Der Arnsberger Wald im Mittelalter. Forstgeschichte als Verfassungsgeschichte. Geschichtliche Arbeiten zur westfälischen Landesforschung 20 (Münster 1994).

Haasis-Berner 2003
Andreas Haasis-Berner, mit Beiträgen von Benedikt Knoche, Bettina Tremmel und Ralf Urz, 7000 Jahre Salzkotten. Besiedlungsgeschichte einer Region am Hellweg. Eine Dokumentation des Westfälischen Museums für Archäologie – Amt für Bodenpflege. Zu den Ausgrabungen 2000–2002 bei Salzkotten (Münster 2003).

Haasis-Berner 2005
Andreas Haasis-Berner, Eine hochmittelalterliche Hofstelle bei Salzkotten. In: Heinz Günter Horn, Hansgerd Hellenkemper, Gabriele Isenberg u. a. (Hrsg.), Von Anfang an. Archäologie in Nordrhein-Westfalen, Schriften zur Bodendenkmalpflege in Nordrhein-Westfalen 8 (Köln 2005) S. 516–518.

Hachmann 1998
Eckart Hachmann, Die Vor- und Frühgeschichte im Borchener Raum. In: Detlef Grothmann (Bearb.), Borchen. Aus der Geschichte unserer Heimat, mit den Ortsteilen Alfen, Dörenhagen, Etteln, Kirchborchen, Nordborchen, hrsg. von der Gemeinde Borchen (Paderborn 1998) S. 29–44.

Halekotte 1993
Wilhelm Halekotte, „Melster" beim „Hohen Kreuz" entdeckt. Bei der untergegangenen Ortschaft lag auch eine Burg. In: Werl. gestern. heute. morgen. Ein Jahrbuch der Stadt Werl und des Neuen Heimat- und Geschichtsvereins Werl e. V. (Werl 1993) S. 79–82

Halle 1992
Uta Halle, Keramik des Mittelalters aus Schieder. Scherbenfunde der Ausgrabung Barkhof. Lippische Studien 12 (Detmold 1992).

Hallenkamp-Lumpe 2014
Julia Hallenkamp-Lumpe, Eine Agnus-Dei-Fibel aus Löhne-Gohfeld und weitere Emailscheibenfibeln mit Vierfüßler-Darstellungen aus Westfalen-Lippe. In: Hans-Otto Pollmann, Archäologische Rückblicke. Festschrift für Daniel Bérenger. Universitätsforschungen zur prähistorischen Archäologie 254 (Bonn 2014) S. 253–263.

Halpaap 1994
Rainer Halpaap, Der Siedlungsplatz Soest-Ardey. Bodenaltertümer Westfalens 30 (Mainz 1994).

Hartnack 1959a
Wilhelm Hartnack, Orts-Wüstungen Wittgensteins. Wittgenstein. Blätter des Wittgensteiner Heimatvereins e. V., 47. Jahrgang, Band. 23, Heft 1, 1959, S. 13–28.

Hartnack 1959 b
Wilhelm Hartnack, Die Anfänge Elsoffs, des Kirchspiels und der Vogtei. In: Wilhelm Hartnack (Bearb.), 900 Jahre Kirchspiel Elsoff. Festschrift zur 900-Jahrfeier am 27. September 1959 (Elsoff 1959) S. 3–6.

Haseloff 1990
Günther Haseloff, Email im frühen Mittelalter. Frühchristliche Kunst von der Spätantike bis zu den Karolingern. Marburger Studien zur Vor- und Frühgeschichte, Sonderband 1 (Marburg 1990).

Heidinger/Hömberg 1987
Anna-Helena Heidinger/Philipp-Rupert Hömberg, 165 Wenden. Ausgrabungen und Funde in Westfalen-Lippe 4, 1986 (Mainz 1987) S. 274 f.

Heinze 2020
Frederik Heinze, Ein Schnallenbeschlag im Kontext der hochmittelalterlichen Besiedlung im Soester Norden. Archäologie in Westfalen Lippe 2019 (Langenweißbach 2020) S. 135–139.

Heinzerling 1920
J. Heinzerling, Die Siedlungen des Kreises Siegen (Siegen 1920).

Heitkemper 1962
Paul Heitkämper, Geschichte des Kirchspiels Horn (Lippstadt 1962).

Heldmann 1888
August Heldmann, Über den Stammsitz des Geschlechts von Wolmeringhausen. Zeitschrift für vaterländische Geschichte und Alterthumskunde (= Westfälische Zeitschrift) 46.I (Münster 1888) S. 96–106.

Hengst 1990
Karl Hengst, Die Pfarrei St. Vitus in Bühne. In: Karl Hengst/Josef Klotz/Gunther Seehase (Hrsg.), Piun – Bühne. Kulturgeschichte eines Dorfes in Ostwestfalen (Paderborn 1990) S. 99–170.

Henkel 1973
Gerhard Henkel, Die Wüstungen des Sintfeldes. Eine historisch-geographische Untersuchung zur Genese einer alten westfälischen Kulturlandschaft (Paderborn 1973).

Henkel 1974
Gerhard Henkel, Geschichte und Geographie des Kreises Büren. Mit einer Gesamtkarte der siedlungsgeschichtlichen Denkmäler (Paderborn 1974).

Henkel 2007
Gerhard Henkel, Ländliche Siedlungsformen in Westfalen-Lippe. In: Rudolf Grothues/Heinz Heineberg/Horst Pohlmann/Klaus Temlitz u. a. (Red.), Westfalen Regional 1: Aktuelle Themen, Wissenswertes und Medien über die Region Westfalen-Lippe. Festgabe für Prof. Dr. Klaus Temlitz zum 65. Geburtstag (Münster 2007) S. 98 f.

Henneböle 1963
Eberhard Henneböle, Wüstungen bei Rüthen und Kallenhardt. Ein Beitrag zur Siedlungsgeschichte des oberen Möhneraumes. [Lippstädter] Heimatblätter, Beilage zum „Patriot", 44. Jahrgang, 3. Folge (Lippstadt, Februar 1963).

Henrich 1929
Henrich, Gut Bruchhausen. Siegerland 11, 1929, S. 91.

Hesse 1959
Josef Hesse, Die Wüstung „Steupingen" bei Drolshagen. Bodenfunde bestätigen den historischen Kern alter Überlieferungen. Heimatstimmen aus dem Kreise Olpe, 35. Folge, 1959 [Nr. 2] S. 53–55.

Hilsmann 1899
Franz Josef Hilsmann, Geschichte der Stadt Belecke. Zeitschrift für vaterländische Geschichte und Alterthumskunde (= Westfälische Zeitschrift) 57,2 (Münster 1899) S. 105–152.

Höhle 1929
Heinrich Höhle, Die untergegangenen Ortschaften oder Die Wüstungen in Waldeck (Korbach 1929).

Hömberg 1938
Albert K. Hömberg, Siedlungsgeschichte des oberen Sauerlandes. Veröffentlichungen der Historischen Kommission des Provinzialinstituts für westfälische Landes- und Volkskunde 22, Geschichtliche Arbeiten zur westfälischen Landesforschung 3 (Münster 1938).

Hömberg 1950
Albert K. Hömberg, Das Amt Schönholthausen. Heimatstimmen aus dem Kreise Olpe 6, 1950, S. 382–385.

Hömberg 1967
Albert K. Hömberg, Zwischen Rhein und Weser. Aufsätze und Vorträge zur Geschichte Westfalens (Münster 1967).

Hömberg 1976
Albert K. Hömberg, Geschichtliche Nachrichten über Adelssitze und Rittergüter im Herzogtum Westfalen und ihre Besitzer. Aus dem Nachlass veröffentlicht. Heft 13: Kirchspiele Allagen, Belecke, Hirschberg, Kallenhardt, Mülheim, Rüthen und Suttrop (Münster 1976).

Hömberg 1979
Albert K. Hömberg, Geschichtliche Nachrichten über Adelssitze und Rittergüter im Herzogtum Westfalen und ihre Besitzer. Aus dem Nachlass veröffentlicht. Heft 19: Anhang: Soest und Lippstadt I, Kirchspiele Borgeln, Dinker, Schwefe und Welver (Münster 1979).

Hömberg ^{2}1975a
Philipp-Rupert Hömberg, Die Hünenburg bei Gellinghausen. In: H. Arnold, M. Balzer, H. Beck, Führer zu vor- und frühgeschichtlichen Denkmälern 20: Paderborner Hochfläche, Paderborn, Büren, Salzkotten (Mainz ^{2}1975) S. 215–219.

Hömberg ^{2}1975b
Philipp-Rupert Hömberg, Die Burganlage Marschallshagen bei Holtheim. In: H. Arnold, M. Balzer, H. Beck, Führer zu vor- und frühgeschichtlichen Denkmälern 20: Paderborner Hochfläche, Paderborn, Büren, Salzkotten (Mainz ^{2}1975) S. 269–270.

Hömberg ^{2}1975c
Philipp-Rupert Hömberg, Knickenhagen bei Haaren. In: H. Arnold, M. Balzer, H. Beck, Führer zu vor- und frühgeschichtlichen Denkmälern 20: Paderborner Hochfläche, Paderborn, Büren, Salzkotten (Mainz ^{2}1975) S. 227–230.

Hömberg ^{2}1975d
Philipp-Rupert Hömberg, Die Imbsenburg bei Wewer. In: H. Arnold, M. Balzer, H. Beck, Führer zu vor- und frühgeschichtlichen Denkmälern 20: Paderborner Hochfläche, Paderborn, Büren, Salzkotten (Mainz ^{2}1975) S. 248–250.

Hömberg 1992
Philipp-Rupert Hömberg, 162 Lennestadt-Oedingen, AKZ 4814,13. Ausgrabungen und Funde in Westfalen-Lippe 8 A (Mainz 1992) S. 141.

Hömberg/Reichmann 1984
Philipp-Rupert Hömberg/Christoph Reichmann, Nr. 84 Bad Berleburg-Girkhausen, AKZ 4816,10, Ausgrabungen und Funde in Westfalen-Lippe 1, 1983 (Mainz 1984) S. 170 und 173.

Hohendahl 2015
Bastian-Alexander Hohendahl, Schwertgurtbeschläge im Tassilokelchstil. In: Heinrich Theodor Grütter, Patrick Jung, Reinhild Stephan-Maaser (Hrsg.), Werdendes Ruhrgebiet. Spätantike und Frühmittelalter an Rhein und Ruhr. Katalog zur Ausstellung im Ruhr Museum 27. März bis 23. August 2015 (Essen 2015) S. 92.

Hohenschwert 1980
Friedrich Hohenschwert, Lage-Müssen. Neujahrsgruß 1980. Westfälisches Landesmuseum für Vor- und Frühgeschichte, Münster und Altertumskommission für Westfalen (Münster o. J. [1980]) S. 48–50.

Hohenschwert 1984
Friedrich Hohenschwert, Die mittelalterliche Handwerkersiedlung „Barkhof" im Emmertal bei Schieder, Kreis Lippe. Vorbericht über die Rettungsgrabungen 1980-82. Ausgrabungen und Funde in Westfalen-Lippe 1, 1983 (Mainz 1984) S. 111–121.

Hohenschwert 1985a
Friedrich Hohenschwert, Ur- und frühgeschichtliche Befestigungen, mittelalterliche Burgen, befestigte Städte, Höfe und Landwehren in Lippe. In: Friedrich Hohenschwert (Bearb.), Der Kreis Lippe. Teil I: Einführende Aufsätze. Führer zu archäologischen Denkmälern in Deutschland 11 (Stuttgart 1985) S. 181–204.

Hohenschwert 1985b
Friedrich Hohenschwert, Zur topografischen Situation mittelalterlicher Wüstungen. In: Friedrich Hohenschwert (Bearb.), Der Kreis Lippe. Teil I: Einführende Aufsätze. Führer zu archäologischen Denkmälern in Deutschland 11 (Stuttgart 1985) S. 217–227.

Hohenschwert 1985c
Friedrich Hohenschwert, Hiddensen. Alter Friedhof mit Kirche der Wüstung „Hiddenhusen". In: Friedrich Hohenschwert (Bearb.), Der Kreis Lippe. Teil II: Objektbeschreibungen. Führer zu archäologischen Denkmälern in Deutschland 11 (Stuttgart 1985) S. 171 f.

Hohenschwert 1985d
Friedrich Hohenschwert, Alt-Schieder, karolingischer Königshof. In: Friedrich Hohenschwert (Bearb.), Der Kreis Lippe. Teil II: Objektbeschreibungen. Führer zu archäologischen Denkmälern in Deutschland 11 (Stuttgart 1985) S. 174–179.

Hohenschwert 1985e
Friedrich Hohenschwert, Elbrinxen. In: Friedrich Hohenschwert (Bearb.), Der Kreis Lippe. Teil II: Objektbeschreibungen. Führer zu archäologischen Denkmälern in Deutschland 11 (Stuttgart 1985) S. 202.

Hohenschwert 1985f
Friedrich Hohenschwert, Mittelalterlicher Hof „Finkenkrug" und „Sternhof". In: Friedrich Hohenschwert (Bearb.), Der Kreis Lippe. Teil II: Objektbeschreibungen. Führer zu archäologischen Denkmälern in Deutschland 11 (Stuttgart 1985) S. 211–214.

Hohenschwert 1985g
Friedrich Hohenschwert, 290 Lage-Müssen, DKZ 4018, L 18. Ausgrabungen und Funde in Westfalen-Lippe 2, 1984 (Mainz 1985) S. 270.

Hohenschwert 1985h
Friedrich Hohenschwert, 294 Lügde, Am Uhlensen Bach, DKZ 4021, L 63. Ausgrabungen und Funde in Westfalen-Lippe 2, 1984 (Mainz 1985) S. 275 f.

Hohenschwert 1985i
Friedrich Hohenschwert, 295 Lügde-Blankenburg, Braker Feld, DKZ 4021,6, L 61. Ausgrabungen und Funde in Westfalen-Lippe 2, 1984 (Mainz 1985) S. 277.

Hohenschwert 1985j
Friedrich Hohenschwert, 296 Lügde-Elbrinxen, DKZ 4021,58. Ausgrabungen und Funde in Westfalen-Lippe 2, 1984 (Mainz 1985) S. 277.

Hohenschwert 1985k
Friedrich Hohenschwert, 298 Lügde-Hohenborn, DKZ 4021, L 57. Ausgrabungen und Funde in Westfalen-Lippe 2, 1984 (Mainz 1985) S. 278.

Hohenschwert 1985l
Friedrich Hohenschwert, 299 Lügde-Hummersen, DKZ 4122, L 1. Ausgrabungen und Funde in Westfalen-Lippe 2, 1984 (Mainz 1985) S. 278.

Hohenschwert 1985m
Friedrich Hohenschwert, 301 Lügde-Sabbenhausen, Danengrund, DKZ 4021, L 60. Ausgrabungen und Funde in Westfalen-Lippe 2, 1984 (Mainz 1985) S. 279.

Hohenschwert 1990
Friedrich Hohenschwert, Die mittelalterliche Handwerkersiedlung Barkhof im Emmertal. In: Hansgerd Hellenkemper/Heinz Günter Horn/Harald Koschik/Bendix Trier (Hrsg.), Archäologie in Nordrhein-Westfalen. Geschichte im Herzen Europas. Schriften zur Bodendenkmalpflege in Nordrhein-Westfalen 1. Begleitbuch zur Landesausstellung Archäologie in Nordrhein-Westfalen in Köln. Römisch-Germanisches Museum, 30. März bis 8. Juli 1990 (Köln 1990) S. 304–311.

Holscher 1877
Ludwig August Theodor Holscher, Beschreibung des vormaligen Bisthums Minden. Zeitschrift für vaterländische Geschichte und Alterthumskunde (= Westfälische Zeitschrift) 35,2 (Münster 1877) S. 1–95.

Holscher 1880, 1881 und 1885
Ludwig August Theodor Holscher, Die ältere Diöcese Paderborn, nach ihren Grenzen, Archidiaconaten, Gauen und alten Gerichten. Zeitschrift für vaterländische Geschichte und Alterthumskunde (= Westfälische Zeitschrift), 38,2 (Münster) 1880, 2. Fortsetzung, S. 1–102; Band 39,2 (Münster) 1881, 3. Fortsetzung, S. 105–163; Band 43,2 (Münster 1885) 9. Fortsetzung, S. 47–61.

Honselmann 1950
Klemens Honselmann, Die sogenannten Abdinghofer Fälschungen. Echte Traditionsnotizen in der Aufmachung von Siegelurkunden. Westfälische Zeitschrift. Zeitschrift für vaterländische Geschichte und Altertumskunde 100, 1950, S. 292–356.

Honselmann 1970
Klemens Honselmann, Studien zu Urkunden des Klosters Gehrden aus dem 12. Jahrhundert. Westfälische Zeitschrift 120, 1970, S. 297–312.

Horn/Thünker 2000
Heinz Günter Horn/Axel Thünker, Zeitmarken/Landmarken. Bodendenkmäler in Nordrhein-Westfalen. Mit einem Beitrag von Klaus Honnef (Köln 2000).

Horstmann 1935
Kurt Horstmann, Die Entwicklung von Landschaft und Siedlung in der Umgebung Mindens. Mindener Jahrbuch 7, 1934/35 (Minden 1935) S. 7–72.

Huck 1998
Thomas-Sergeij Huck, Das Zisterzienserkloster Hardehausen in Ostwestfalen von seiner Gründung im Jahre 1140 bis in das 15. Jahrhundert. Studien zur Beschaffenheit und Organisation des klösterlichen Besitzes und zur Wirtschafts- und Rechtsgeschichte des Klosters unter besonderer Berücksichtigung siedlungsgeschichtlicher Aspekte. Deutsche Hochschulschriften 2463 (Egelsbach, Frankfurt a.M., Washington 1998).

Hüttemann 1950
Josef Hüttemann, Einiges über „Blankenrode" bei Attendorn. Heimatstimmen aus dem Kreise Olpe 6, 1950, S. 352–355.

Hufschmidt/Maubach 2018
Anke Hufschmidt/Lisa Maubach (Red.), Echt alt. Mittelalterliches Handwerk ausgegraben. Sonderausstellung im LWL-Freilichtmuseum Hagen. Westfälisches Landesmuseum für Handwerk und Technik, 6. Mai bis 31. Oktober 2018. Forschungsbeiträge zu Handwerk und Technik 33 (Hagen 2018)

Huyer/Peine 2014
Michael Huyer/Hans-Werner Peine, Denkmaltopographie Warburg. Archäologie in Westfalen-Lippe 2013 (Langenweißbach 2014) S. 207–213.

Ilisch 2005
Peter Ilisch, Ein mittelalterlicher Münzprägestempel aus Ostwestfalen. In: Heinz Günter Horn, Hansgerd Hellenkemper, Gabriele Isenberg u. a. (Hrsg.), Von Anfang an. Archäologie in Nordrhein-Westfalen, Schriften zur Bodendenkmalpflege in Nordrhein-Westfalen 8 (Köln 2005) S. 539.

Irsigler 1976/77
Franz Irsigler, Bischof Meinwerk, Graf Dodiko und Warburg. Herrschaft, Wirtschaft und Gesellschaft des hohen Mittelalters im östlichen Westfalen. Westfälische Zeitschrift 126/127, 1976/1977, S. 181–200.

Isenberg 1981
Gabriele Isenberg, Die Propstei „tom Roden" bei Höxter. Höxtersches Jahrbuch 6 (Höxter) 1981, S. 1–42.

Isenberg 1983
Gabriele Isenberg, Die Propstei „tom Roden". Ein Vorbericht über die Grabung 1976–1980. Westfalen. Hefte für Geschichte, Kunst und Volkskunde 61, 1983.I, S. 84–91.

Isenberg 2002
Gabriele Isenberg, Die Entwicklung des Reichsklosters Corvey in seinen engeren Raumbezügen von der Gründung bis zur Säkularisation. In: Peter Ettel, Reinhard Friedrich, Wolfram Schier (Hrsg.), Interdisziplinäre Beiträge zur Siedlungsarchäologie. Gedenkschrift für Walter Janssen. Internationale Archäologie. Studia honorica 17 (Rahden/Westf. 2002) S. 193–198.

Jäger 1954
Helmut Jäger, Heiligengeisterholz und Kapenberg. Ein Beitrag zur Geschichte der deutschen Kulturlandschaft. In: Ergebnisse und Probleme moderner geographischer Forschung. Hans Mortensen zum 60. Geburtstag. Veröffentlichungen der Akademie für Raumforschung und Landesplanung 28 (Bremen 1954) S. 197–205.

Jäger 1958
Helmut Jäger, Entwicklungsperioden agrarer Siedlungsgebiete im mittleren Westdeutschland seit dem frühen 13. Jahrhundert. Würzburger Geographische Arbeiten 6 (Würzburg 1958).

Jankrift 2019
Kay Peter Jankrift, Vom Pesthauch zu Yersinia pestis. Eine Geißel der Menschheit im Wandel der Zeit. In: Stefan Leenen, Alexander Berner, Sandra Maus u. a. (Hrsg.), Pest! Eine Spurensuche. [Ausstellung vom] 20. September 2019–10. Mai 2020, LWL-Museum für Archäologie, Westfälisches Landesmuseum Herne (Darmstadt 2019) S. 20–29.

Janssen 1975
Walter Janssen, Studien zur Wüstungsfrage im fränkischen Altsiedelland zwischen Rhein, Mosel und Eifelnordrand. Beihefte der Bonner Jahrbücher Band 35. Teil 1: Text und Teil 2: Katalog (Köln 1975).

Kampschulte 1863
H. Kampschulte, Der Almegau. Ein Beitrag zur Beschreibung und Geschichte desselben. Zeitschrift für vaterländische Geschichte und Alterthumskunde (= Westfälische Zeitschrift) 32 (Münster) 1863, S. 192–294.

Kaspar/Schulte 1999
Fred Kaspar/Monika Schulte, Minden. In: Westfälischer Städteatlas, hrsg. v. Wilfried Ehbrecht. Lieferung VI, Nr. 3 (Münster 1999).

Keller 2019
Marcel Keller, Von der Seuchengeschichte der Pest zu einer Naturgeschichte ihres Erregers. Neue Einblicke durch alte DNA. In: Stefan Leenen, Alexander Berner, Sandra Maus u. a. (Hrsg.), Pest! Eine Spurensuche. [Ausstellung vom] 20. September 2019–10. Mai 2020, LWL-Museum für Archäologie, Westfälisches Landesmuseum Herne (Darmstadt 2019) S. 30–47.

Kermann 1985
Joachim Kermann, Handel und Verkehr. In: Hans-Joachim Behr/Franz-Josef Heyen (Hrsg.), Geschichte in Karten. Historische Ansichten aus den Rheinlanden und Westfalen (Düsseldorf 1985) S. 185–212.

Kindl o. J.
Harald Kindl, 300 Jahre „Lobeprozession" nach Klus Eddessen. Zur Geschichte der Klus und der Prozessionen nach der Kapelle Eddessen (Fulda o. J.).

Kindl 1980a
Harald Kindl, Die Anfänge der Stadt Borgentreich. In: Franz Mürmann, Stadt Borgentreich 1280–1980 (Borgentreich 1980) S. 71–118.

Kneppe 1987
Cornelia Kneppe (geb. Heintz), Die topographische Entwicklung des mittelalterlichen Stadtkerns unter besonderer Berücksichtigung der Bäckerstraße. In: Westfälisches Museum für Archäologie (Hrsg.), Ausgrabungen in Minden. Bürgerliche Stadtkultur des Mittelalters und der Neuzeit (Münster 1987) S. 15–30.

Kneppe/Peine 2005
Cornelia Kneppe/Hans-Werner Peine, Der Diemelraum: ein regionaler Forschungsschwerpunkt der westfälischen Mittelalter- und Neuzeitarchäologie. In: Heinz Günter Horn, Hansgerd Hellenkemper, Gabriele Isenberg u. a. (Hrsg.), Von Anfang an. Archäologie in Nordrhein-Westfalen, Schriften zur Bodendenkmalpflege in Nordrhein-Westfalen 8 (Köln 2005) S. 169–179.

Kneppe/Peine/Ellger 1997
Cornelia Kneppe/Hans-Werner Peine, Die Hüffert: Fränkisch/karolingische Keimzelle der Stadt Warburg. Weiterführende Ergebnisse zur Grabung Petrikirche. Mit einem Beitrag zur romanischen Kirche von Otfried Ellger. In: Daniel Bérenger (Hrsg.), Archäologische Beiträge zur Geschichte Westfalens. Festschrift für Klaus Günther zum 65. Geburtstag (Rahden/Westf. 1997) S. 229–248.

Kneppe 1997
Cornelia Kneppe, Hallenberg. In: Westfälischer Städteatlas, hrsg. von Wilfried Ehbrecht, Lieferung V, Nr. 4 (Münster/Westf. 1997).

Kneppe 2000
Cornelia Kneppe, Die Stadt Rüthen und ihr Umland. In: Wolfgang Bockhorst/Wolfgang Maron (Hrsg.), Geschichte der Stadt Rüthen (Paderborn 2000) S. 219–256.

Koch 1974
Josef Koch, Die Grafschaft Enenhus. Der mittelalterliche Landgerichtsbezirk Paderborn unter besonderer Berücksichtigung des Gogerichtes und Amtes Beken. Schriftenreihe der Arbeits-Gemeinschaft für Heimatforschung und Heimatkunde Neuenbeken (Altenbeken 1974).

Koch 1996
Josef Koch, Die Orts- und Feldflur von Neuenbeken, Teil 3: Die Waldlandschaft Beken mit dem Veldt to Drome. Mit einem Beitrag von Franz Lödige. Schriftenreihe des Heimatvereins Neuenbeken e. V. 5 (Neuenbeken 1996).

Koch 2016
Michael Koch, Mittelalterliche Wüstungsrelikte bei Höxter im Spiegel des digitalen Geländemodells. Archäologie in Westfalen-Lippe 2015 (Langenweißbach 2016) S. 237–240.

Koch 2018
Michael Koch, Der Corveyer Weinberg am Räuschenberg im Spiegel des Digitalen Geländemodells. Archäologie in Westfalen-Lippe 2017 (Langenweißbach 2018) S. 255–258.

Koch/König/Sikorski 2014
Michael Koch/Andreas König/Beate Sikorski, Spuren des historischen Acker- und Gartenbaus im Umland der ehemaligen Reichsabtei Corvey. Archäologie in Westfalen-Lippe 2013 (Langenweißbach 2014) S. 194–197.

Koch/König/Stephan 2006
Michael Koch/Andreas König/Hans-Georg Stephan, Höxter und Corvey. In: Westfälischer Städteatlas, Lieferung IX, Nr. 4 (Altenbeken 2006).

Korn 1985a
Ulf-Dietrich Korn, Niederbarkhausen. In: Friedrich Hohenschwert (Bearb.), Der Kreis Lippe. Teil II: Objektbeschreibungen. Führer zu archäologischen Denkmälern in Deutschland 11 (Stuttgart 1985) S. 90 f.

Korn 1985b
Ulf-Dietrich Korn, Pfarrkirche St. Kilian. In: Friedrich Hohenschwert (Bearb.), Der Kreis Lippe. Teil II: Objektbeschreibungen. Führer zu archäologischen Denkmälern in Deutschland 11 (Stuttgart 1985) S. 196.

Koske 1960
Marga Koske, Das Bördekataster von 1685. Soester wissenschaftliche Beiträge 19 (Soest 1960).

Kötz 2015
Stefan Kötz, Ein fränkischer Tremissis von der Wüstung Herlethe bei Petershagen-Windheim. Archäologie in Westfalen-Lippe 2014 (Langenweißbach 2015) S. 79–81.

Kröger-Köb 2008
Nicole Kröger-Köb, „Nichts ist unvergänglicher als ein Loch" – Die Baubefunde der Wüstung Balhorn im Westen von Paderborn. In: Georg Eggenstein/Norbert Börste/Helge Zöller u. a. (Hrsg.), Eine Welt in Bewegung. Unterwegs zu Zentren des frühen Mittelalters. Begleitbuch der Gemeinschaftsausstellung Historisches Museum im Marstall, Paderborn - Schloss Neuhaus, 26.4.–20.7.2008, Mainfränkisches Museum Würzburg, Festung Marienberg, 12.8.–16.11.2008 (München, Berlin 2008) S. 145–152.

Krömecke 1873
Eduard Krömecke, Geschichtliche Nachrichten über die Stadt Nieheim. Zeitschrift für vaterländische Geschichte und Alterthumskunde (= Westfälische Zeitschrift) 31,2, 1873, S. 1–93.

Krömecke 1874
Eduard Krömecke, Das Pfarrdorf Pömbsen und seine Filialen. Zeitschrift für vaterländische Geschichte und Alterthumskunde (= Westfälische Zeitschrift) 32,2, 1874, S. 117–143.

Kroker/Lodemann 2020
Martin Kroker/Till Lodemann, „Lost Places" – vergessene Siedlungen im Paderborner Osten. Archäologie in Westfalen Lippe 2019 (Langenweißbach 2020) S. 308–313.

Krus 1990
Horst-D. Krus, 700 Jahre Borgholz. 1291–1991. Geschichte einer Landstadt im Hochstift Paderborn (Borgentreich 1990).

Kühlborn 1989
Johann-Sebastian Kühlborn, Archäologische Luftbildprospektion in Westfalen. In: Bendix Trier (Hrsg.), Archäologie aus der Luft. Sechs Jahre Luftbildarchäologie in Westfalen (Münster 1989) S. 7–26.

Küting 1963
Heinz Küting, Schwaney. Zur Geschichte eines tausendjährigen Siedlungsraumes (Paderborn 1963).

Lagers 2013
Michael Lagers, Der Paderborner Stiftsadel zur Mitte des 15. Jahrhunderts. Untersuchungen zum Auf- und Ausbau niederadliger Machtstrukturen. Studien und Quellen zur westfälischen Geschichte 74 (Paderborn 2013).

Lagers/Peine/Sikorski 2015
Michael Lagers/Hans-Werner Peine/Beate Sikorski, Holthusen – lokales Zentrum adliger Grundherrschaft im Diemelraum. Archäologie in Westfalen-Lippe 2014 (Langenweißbach 2015) S. 107–112.

Lappe 1908
Josef Lappe, Die Bauerschaften der Stadt Geseke. Ein Beitrag zur Geschichte der deutschen Stadtverfassung. Untersuchungen zur Deutschen Staats- und Rechtsgeschichte 97 (Breslau 1908).

Lappe 1916
Josef Lappe, Die Wüstungen der Provinz Westfalen. Einleitung: Die Rechtsgeschichte der wüsten Marken. Veröffentlichungen der Historischen Kommission für die Provinz Westfalen (Münster 1916).

Laumann 1984a
Hartmut Laumann, 63 Bad Berleburg, AKZ 4916,48. Ausgrabungen und Funde in Westfalen-Lippe 1, 1983 (Mainz 1984) S. 166.

Laumann 1984b
Hartmut Laumann, 73 Bad Berleburg-Berghausen, AKZ 4915,39. Ausgrabungen und Funde in Westfalen-Lippe 1, 1983 (Mainz 1984) S. 168.

Laumann 1984c
Hartmut Laumann, 87 Bad Berleburg-Raumland, AKZ 4916,38. Ausgrabungen und Funde in Westfalen-Lippe 1, 1983 (Mainz 1984) S. 173–182.

Laumann 1984d
Hartmut Laumann, 100 Bad Berleburg-Wingeshausen, AKZ 4915,55. Ausgrabungen und Funde in Westfalen-Lippe 1, 1983 (Mainz 1984) S. 186.

Laumann 1984e
Hartmut Laumann, 101 Erndtebrück-Balde, AKZ 4915,32. Ausgrabungen und Funde in Westfalen-Lippe 1, 1983 (Mainz 1984) S. 186 f.

Laumann 1985a
Hartmut Laumann, 163 Bad Berleburg-Elsoff, AKZ 4916,44. Ausgrabungen und Funde in Westfalen-Lippe 2, 1984 (Mainz 1985) S. 195.

Laumann 1985b
Hartmut Laumann, 171 Bad Berleburg-Schwarzenau, AKZ 4916,31. Ausgrabungen und Funde in Westfalen-Lippe 2, 1984 (Mainz 1985) S. 197.

Laumann 1985c
Hartmut Laumann, 152 Bad Berleburg-Berghausen, AKZ 4915,11. Ausgrabungen und Funde in Westfalen-Lippe 2, 1984 (Mainz 1985) S. 192 f.

Laumann 1985d
Hartmut Laumann, 154 Bad Berleburg-Berghausen, AKZ 4915,39. Ausgrabungen und Funde in Westfalen-Lippe 2, 1984 (Mainz 1985) S. 193.

Laumann 1985e
Hartmut Laumann, 148 Bad Berleburg-Arfeld, AKZ 4916,42. Ausgrabungen und Funde in Westfalen-Lippe 2, 1984 (Mainz 1985) S. 191.

Laumann 1992
Hartmut Laumann, 164 Bad Berleburg-Christianseck, AKZ 4916,53. Ausgrabungen und Funde in Westfalen-Lippe 8 A (Mainz 1992) S. 141.

Laumann 1997
Hartmut Laumann, 72 Kirchhundem-Heinsberg, AKZ 4914,8. Ausgrabungen und Funde in Westfalen-Lippe 9 A (Mainz 1997) S. 223.

Laumann/Reichmann 1984
Hartmut Laumann/Christoph Reichmann, 59 Bad Berleburg, AKZ 4916,23. Ausgrabungen und Funde in Westfalen-Lippe 1, 1983 (Mainz 1984) S. 166.

Leahy/Spiong/Voit 2016
Dáire Leahy/Sven Spiong/Sabine Voit, Frühmittelalterliche Siedlungsareale der Wüstungen Boclon und Bodene bei Helmern. Archäologie in Westfalen-Lippe 2015 (Langenweißbach 2016) S. 92–95.

Leenen 2019a
Stefan Leenen, Zweite Pandemie, Ausbreitung und Erklärungen. In: Stefan Leenen, Alexander Berner, Sandra Maus u. a. (Hrsg.), Pest! Eine Spurensuche. [Ausstellung vom] 20. September 2019–10. Mai 2020, LWL-Museum für Archäologie, Westfälisches Landesmuseum Herne (Darmstadt 2019) S. 352–354 und S. 355, Nr. 301 (mit Karte).

Leenen 2019b
Stefan Leenen, Nr. 903: Pestkreuz (Replik). In: Stefan Leenen, Alexander Berner, Sandra Maus u. a. (Hrsg.), Pest! Eine Spurensuche. [Ausstellung vom] 20. September 2019 - 10. Mai 2020. LWL-Museum für Archäologie, Westfälisches Landesmuseum Herne (Darmstadt 2019) S. 538 f.

Leesch/Schubert 1966
Wolfgang Leesch/Paul Schubert, Heimatchronik des Kreises Höxter. Heimatchroniken der Städte und Kreise des Bundesgebietes 29 (Köln 1966).

Lobbedey 1983
Uwe Lobbedey, Eine Grabung in der Stadtwüstung Blankenrode. Westfalen. Hefte für Geschichte, Kunst und Volkskunde 61, 1983.I, S. 20–24.

Ludorff/Schelhasse 1912
A. Ludorff, Die Bau- und Kunstdenkmäler des Kreises Lippstadt. Mit geschichtlichen Einleitungen von F. Schelhasse (Münster 1912).

Lüüs 1982
Edgar Lüüs, Geseke in den ältesten Urkunden. Archäologische Funde und schriftliche Dokumente. Beiträge zur Geschichte der Stadt Geseke (Geseke o. J. [1982]).

Lukanow 1997a
Sigrid Lukanow, 76 Bad Berleburg-Berghausen, AKZ 4916,11. Ausgrabungen und Funde in Westfalen-Lippe 9 A (Mainz 1997) S. 224.

Lukanow 1997b
Sigrid Lukanow, 78 Bad Berleburg-Elsoff, AKZ 4916,44. Ausgrabungen und Funde in Westfalen-Lippe 9 A (Mainz 1997) S. 226.

Lukanow 1997c
Sigrid Lukanow, 79 Burbach-Wahlbach, AKZ 4250,1. Ausgrabungen und Funde in Westfalen-Lippe 9 A (Mainz 1997) S. 226 f.

Meineke 2010
Birgit Meineke, Die Ortsnamen des Kreises Lippe. Westfälisches Ortsnamenbuch (WOB) 2 (Bielefeld 2010).

Meineke ^{2}2016
Birgit Meineke: Die Ortsnamen des Kreises Minden-Lübbecke. Westfälisches Ortsnamenbuch (WOB) 7 (Bielefeld ^{2}2016).

Melzer 1991
Walter Melzer, Das frühmittelalterliche Gräberfeld von Wünnenberg-Fürstenberg, Kreis Paderborn. Mit Beiträgen von Daniel Bérenger, Peter Caselitz, Peter Ilisch u. a. Bodenaltertümer Westfalens 25 (Münster 1991).

Melzer 2000a
Walter Melzer, Die Motte Hinderking. In: Die Stadt Soest. Archäologie und Baukunst. Führer zu archäologischen Denkmälern in Deutschland 38 (Stuttgart 2000) S. 159 f.

Melzer 2000b
Walter Melzer, Die Wüstung Gelmen. In: Die Stadt Soest. Archäologie und Baukunst. Führer zu archäologischen Denkmälern in Deutschland 38 (Stuttgart 2000) S. 160–162.

Mertens 1889
C. Mertens, Miscellen: 2. Lage von Scattenhusen. Zeitschrift für vaterländische Geschichte und Alterthumskunde (= Westfälische Zeitschrift) 47, 1889, S. 187 f.

Meurers-Balke/Schamuhn 2008
Jutta Meurers-Balke/Silke Schamuhn, Die frühmittelalterliche Ernährung in Balhorn und die Landgüterverordnung Karls des Großen. In: Georg Eggenstein/Norbert Börste/Helge Zöller u. a. (Hrsg.), Eine Welt in Bewegung. Unterwegs zu Zentren des frühen Mittelalters. Begleitbuch der Gemeinschaftsausstellung Historisches Museum im Marstall, Paderborn - Schloss Neuhaus, 26.4.–20.7.2008, Mainfränkisches Museum Würzburg, Festung Marienberg, 12.8.–16.11.2008 (München, Berlin 2008) S. 153 f.

Meurers-Balke/Gerlach/Fischer/Vött 2014
Jutta Meurers-Balke/Renate Gerlach/Peter Fischer/Andreas Vött, Der Baugrund der Holsterburg und deren Umfeld, Archäologie in Westfalen-Lippe 2013 (Langenweißbach 2014) S. 125–129.

Michl 2021
Eike Henning Michl, Wüstungsforschung in Deutschland. Eine Einführung (Norderstedt 2021).

Mittelbach 1952
Hilde Mittelbach, Das Gehöft Thuwies bei Schönau. In: Fritz Wiemers (Bearb.), Heimatbuch des Amtes Wenden (Wenden o. J. [1952]) S. 445–446.

Müller 1996
Helmut Müller, Weinbau und Weinkonsum in Westfalen. In: Günter Wiegelmann/Ruth-E. Mohrmann (Hrsg.), Nahrung und Tischkultur im Hanseraum. Beiträge zur Volkskultur in Nordwestdeutschland 91 (Münster/New York 1996) S. 399–428.

Müller 1960
Hermann Müller, Florenburgs Kirche. Geschichte und Leben einer reformierten Gemeinde Nassau-Oranienschen Landes (Hilchenbach, Selbstverlag der Evangelischen Kirchengemeinde 1960).

Müller-Wille/Bertelsmeier 1977
Wilhelm Müller-Wille/Elisabeth Bertelsmeier, Beharrung und Wandel in ländlich-agraren Siedlungen und Siedlungsräumen Westfalens. In: Wilhelm Müller-Wille/Elisabeth Bertelsmeier (Hrsg.), Westfalen und Niederdeutschland 2: Beiträge zur allgemeinen Landesforschung. Spieker. Landeskundliche Beiträge und Berichte 25. Festschrift 40 Jahre Geographische Kommission für Westfalen (Münster 1977) S. 437–483.

Munsell
Munsell Soil Color Charts. Munsell Color, Macbeth Division of Kollmorgen Corporation (Baltimore/Maryland 1975).

Niederhöfer 2002
Kai Niederhöfer, Alt-Schieder. Eine mittelalterliche Befestigungsanlage im Emmertal. Lippische Mitteilungen aus Geschichte und Landeskunde 71, 2002, S. 93-147.

Niederhöfer 2004
Kai Niederhöfer, Die mittelalterliche Befestigungsanlage Alt-Schieder bei Schieder-Schwalenberg, Kreis Lippe. Frühe Burgen in Westfalen 22 (Münster 2004).

Niederhöfer 2009
Kai Niederhöfer, Schieder: Die mittelalterliche Befestigungsanlage von Alt-Schieder. In: Elke Treude/Daniel Bérenger (Hrsg.), Ostwestfalen-Lippe. Ausflugsziele zwischen Detmold, Bielefeld und Porta Westfalica. Ausflüge zu Archäologie, Geschichte und Kultur 50 (Stuttgart 2009) S. 157–161.

Niggemann 2015
Walter Niggemann, Nörder Chronik mit Geschichte(n) (Nörde 2015).

N.N. 1874
Die Capelle „tor hilligen Sele". Zeitschrift für vaterländische Geschichte und Alterthumskunde (= Westfälische Zeitschrift) 32, 1874, S. 147–160.

N.N. Neue Funde auf Steupingen
N.N., Neue Funde auf „Steupingen". Heimatstimmen aus dem Kreise Olpe, 40. Folge, 1960 [Nr. 3] S. 117 f.

Nowak-Klimscha 2015
Kristina Nowak-Klimscha, Twesine bei Marsberg. In: Rudolf Bergmann, Die Wüstungen des Hoch- und Ostsauerlandes. Studien zur Kulturlandschaftsentwicklung in Mittelalter und früher Neuzeit. Bodenaltertümer Westfalens 53 (Darmstadt 2015) S. 320–322.

Nowak-Klimscha 2017
Kristina Nowak-Klimscha, Die früh- bis hochmittelalterliche Wüstung Twesine im Hochsauerlandkreis. Siedlungsentwicklung an der Grenze zum Frankenreich. Bodenaltertümer Westfalens 54 (Darmstadt 2017).

Oberschelp 1963
Reinhard Oberschelp, Die Edelherren von Büren bis zum Ende des 14. Jahrhunderts (Münster 1963).

Peine/Song 2015
Hans-Werner Peine/Baoquan Song, Bau- und Bodendenkmäler der Warburger Börde im Luftbild. Archäologie in Westfalen-Lippe 2014 (Langenweißbach 2015) S. 273–276.

Peine/Wegener 2015
Hans-Werner Peine/Kim Wegener, Neues zur Holsterburg. Archäologie in Deutschland 6, 2015, S. 52.

Peine/Wegener 2016
Hans-Werner Peine/Kim Wegener, Von Feuersbrünsten und Freizeitgestaltung – die Ausgrabungen 2015 auf der Holsterburg. Archäologie in Westfalen-Lippe 2015 (Langenweißbach 2016) S. 132–136.

Peine/Wegener 2017a
Hans-Werner Peine/Kim Wegener, Zur repräsentativen Außenfassade der Holsterburg bei Warburg (Nordrhein-Westfalen). Eine oktogonale Ringmauer aus archäologisch-bauhistorischer Perspektive. Burgen und Schlösser. Zeitschrift für Burgenforschung und Denkmalpflege 3, 2017, S. 149–165.

Peine/Wegener 2017b
Hans-Werner Peine/Kim Wegener, Das Forschungsprojekt Holsterburg – von der Grabung in die Ausstellung. Archäologie in Westfalen-Lippe 2016 (Langenweißbach 2017) S. 227–230.

Peine/Wegener 2018a
Hans-Werner Peine/Kim Wegener, Burgbewohner verliert kostbaren Kamm aus Elfenbein. Archäologie in Deutschland 1, 2018, S. 50.

Peine/Wegener 2018b
Hans-Werner Peine/Kim Wegener, Von filigran bis katastrophal – Elfenbeinkamm, Spielstein und Schadereignisse. Archäologie in Westfalen-Lippe 2017 (Langenweißbach 2018) S. 111–116.

Peine/Wegener 2018c
Hans-Werner Peine/Kim Wegener, Die Holsterburg bei Warburg. Zeugnis von Innovation und Konflikt. In: Begleitband zur Ausstellung „Bewegte Zeiten – Archäologie in Deutschland" vom 21. September 2018 bis zum 06. Januar 2019 im Berliner Martin-Gropius-Bau (Petersberg 2018) S. 410 f.

Peine/Wegener 2020
Hans-Werner Peine/Kim Wegener, Die Holsterburg bei Warburg, Kreis Höxter. Frühe Burgen in Westfalen 43 (Münster, Bönen 2020).

Pfeffer 2011
Ingo Pfeffer, der Quellteich Soest-„Ardey" – ein naturheiliger Ort der römischen Kaiserzeit? Archäologie in Westfalen-Lippe 2010 (Langenweißbach 2011) S. 96–99.

Plöger [3]2018
Rolf Plöger, Die Wittekindsburg an der Porta Westfalica, Kreis Minden-Lübbecke. Frühe Burgen in Westfalen 11 (3. vollständig überarbeitete und ergänzte Auflage, Münster 2018).

Pollmann 2009
Hans-Otto Pollmann, Burgen und Gräften im Altkreis Lübbecke. Archäologische Berichte des Landkreises Rotenburg/Wümme 15, 2009, S. 167–208.

Pollmann 2010
Hans-Otto Pollmann, 14C-Datum belegt karolingische Gründung von St. Johann Baptist extra muros in Lemgo. Archäologie in Westfalen-Lippe 2009 (Langenweißbach 2010) S. 57–59

Pollmann 2016
Hans-Otto Pollmann, Ein mittelalterlicher Siedlungsplatz in Porta Westfalica-Eisbergen. Archäologie in Westfalen-Lippe 2015 (Langenweißbach 2016) S. 99–102.

Pollmann 2020
Hans-Otto Pollmann, Eine Speichergräfte bei Rahden. Archäologie in Westfalen Lippe 2019 (Langenweißbach 2020) S. 178–182.

Prange 1967
Wolfgang Prange, Über Ausmaß und Nachwirkung der Wüstung in Ostholstein, Lauenburg und Nordwestmecklenburg. In: Wilhelm Abel (Hrsg.), Wüstungen in Deutschland. Ein Sammelbericht. Zeitschrift für Agrargeschichte und Agrarsoziologie Sonderheft 2 (Frankfurt am Main 1967) S. 68–82.

Radenbach 2013
Hans-Günther Radenbach, Archäologie und Kulturgeschichte in Wittgenstein. Geschichte erleben zwischen Aue, Berghausen, Hemschlar, Birkefehl, Birkelbach, Womelsdorf und darüber hinaus (Bad Berleburg-Berghausen, Selbstverlag, 2013).

Rech 2006
Manfred Rech, Pferd und Wagen zwischen Niederrhein und unterer Elbe – ein Überblick. In: Manfred Rech (Hrsg.), Pferdeopfer – Reiterkrieger. Fahren und Reiten durch die Jahrtausende. Begleitpublikation zur gleichnamigen Ausstellung im Focke-Museum/Bremer Landesmuseum, Bremen, vom 5.12.2006 bis 25.3.2007, im Gustav-Lübcke-Museum, Hamm, vom 22.4.2007 bis 29.7.2007, im Museum Burg Linn, Krefeld, vom 26.8.2007 bis 2.12.2007. Bremer Archäologische Blätter, Beiheft 4 (Bremen 2006) S. 1–61.

Reichmann 1984a
Christoph Reichmann, 57, Bad Berleburg, AKZ 4916,9. Ausgrabungen und Funde in Westfalen-Lippe 1, 1983 (Mainz 1984) S. 165.

Reichmann 1984b
Christoph Reichmann, 60 Bad Berleburg, AKZ 4916,30. Ausgrabungen und Funde in Westfalen-Lippe 1, 1983 (Mainz 1984) S. 166.

Reichmann 1984c
Christoph Reichmann, 62 Bad Berleburg, AKZ 4916,37. Ausgrabungen und Funde in Westfalen-Lippe 1, 1983 (Mainz 1984) S. 166.

Reichmann 1984d
Christoph Reichmann, 67 Bad Berleburg-Aue, AKZ 4915,3. Ausgrabungen und Funde in Westfalen-Lippe 1, 1983 (Mainz 1984) S. 167.

Reichmann 1984e
Christoph Reichmann, 71 Bad Berleburg-Berghausen, AKZ 4915,11. Ausgrabungen und Funde in Westfalen-Lippe 1, 1983 (Mainz 1984) S. 168.

Reichmann 1984f
Christoph Reichmann, 74 Bad Berleburg-Berghausen, AKZ 4916,7. Ausgrabungen und Funde in Westfalen-Lippe 1, 1983 (Mainz 1984) S. 168.

Reichmann 1984g
Christoph Reichmann, 75 Bad Berleburg-Berghausen, AKZ 4916,8. Ausgrabungen und Funde in Westfalen-Lippe 1, 1983 (Mainz 1984) S. 168.

Reichmann 1984h
Christoph Reichmann, 77 Bad Berleburg-Berghausen, AKZ 4916,19. Ausgrabungen und Funde in Westfalen-Lippe 1, 1983 (Mainz 1984) S. 169.

Reichmann 1984i
Christoph Reichmann, 78 Bad Berleburg-Berghausen, AKZ 4916,72. Ausgrabungen und Funde in Westfalen-Lippe 1, 1983 (Mainz 1984) S. 169.

Reichmann 1984j
Christoph Reichmann, 82 Bad Berleburg-Elsoff, AKZ 4916,43. Ausgrabungen und Funde in Westfalen-Lippe 1, 1983 (Mainz 1984) S. 170.

Reichmann 1984k
Christoph Reichmann, 83 Bad Berleburg-Elsoff, AKZ 4916,44. Ausgrabungen und Funde in Westfalen-Lippe 1, 1983 (Mainz 1984) S. 170.

Reichmann 1984l
Christoph Reichmann, 95 Bad Berleburg-Wemlighausen, AKZ 4916,33. Ausgrabungen und Funde in Westfalen-Lippe 1, 1983 (Mainz 1984) S. 183.

Reichmann 1984m
Christoph Reichmann, 97 Bad Berleburg-Wemlighausen, AKZ 4916,35. Ausgrabungen und Funde in Westfalen-Lippe 1, 1983 (Mainz 1984) S. 183.

Reichstein 1993
Hans Reichstein, Tierknochen aus der Ortswüstung Diderikeshusen bei Büren, Kr. Paderborn. In: Rudolf Bergmann, Zwischen Pflug und Fessel. Mittelalterliches Landleben im Spiegel der Wüstungsforschung, Teil 1. Unter Mitarbeit von Elke Först/Peter Ilisch/Hans Reichstein/Claudia Sondermann-Fastrich/Hans-Georg Stephan/Andreas Weisgerber (Münster 1993) S. 119–129.

Rind 2015
Michael M. Rind, Corvey – das erste UNESCO-Weltkulturerbe in Westfalen-Lippe. In: Thomas Otten/Jürgen Kunow/Michael M. Rind u. a. (Hrsg.), Archäologie in NRW 2010–2015. Archäologische Landesausstellung Nordrhein-Westfalen. Forschungen – Funde – Methoden. Schriften zur Bodendenkmalpflege in Nordrhein-Westfalen 11,2 (Bonn 2015) S. 213–215.

Rohrbach [2]1963
Josef Rohrbach, Die Paderborner Stadtfeldmark. Flurnamen und Flurgeschichte (Paderborn [2]1963).

Rudnick 1997
Bernhard Rudnick, Balhorn – Archäologie am Schnittpunkt. Ein mittelalterliches Handwerksquartier am Hellweg. Archäologie in Ostwestfalen 2. Begleitheft zur Ausstellung im Museum in der Kaiserpfalz Paderborn vom 16. Dezember 1997 bis 2. August 1998 (Bielefeld 1997).

Rüthing 2008
Heinrich Rüthing, Der Wittekindsberg bei Minden als „heilige Stätte" 1000 bis 2000. Religion in der Geschichte. Kirche, Kultur und Gesellschaft 15 (Bielefeld 2008).

Sander/Berke 1989
Antje Sander/Stephan Berke, Der Kirchengrundriss von +Papenhem bei Warburg. In: Bendix Trier (Hrsg.), Archäologie aus der Luft. Sechs Jahre Luftbildarchäologie in Westfalen (Münster 1989) S. 94 f.

Scheele 1961
Norbert Scheele, Soester Bürger aus dem heutigen Kreise Olpe (1302–1449). Heimatstimmen aus dem Kreise Olpe 44, 1961, S. 231–233.

Schelhasse 1902
Ferdinand Schelhasse, Geschichtliche Nachrichten über Pfarre und Kloster Benninghausen (Paderborn 1902).

Schenk 2011
Winfried Schenk, Historische Geographie. Geowissen kompakt (Darmstadt 2011).

Schily 1921
Franz Schily, Beiträge zur Geschichte des Corveyer Grundbesitzes, Zeitschrift für vaterländische Geschichte und Altertumskunde (= Westfälische Zeitschrift) 79,2, 1921, S. 3–84.

Schmitt 1992
Michael Schmitt (Hrsg.), Odacker. Beiträge zur Geschichte eines ehemaligen Klosters im Sauerland (Hirschberg 1992).

Schneider 1936
Heinrich Schneider, Die Ortschaften der Provinz Westfalen bis zum Jahre 1300 nach urkundlichen Zeugnissen und geschichtlichen Nachrichten (Münster 1936).

Schoppmann 1936
Hugo Schoppmann, Die Flurnamen des Kreises Soest, Teil 1. Zeitschrift des Vereins für die Geschichte von Soest und der Börde 52 (Soest 1936).

Schoppmann 1940
Hugo Schoppmann, Die Flurnamen des Kreises Soest, Teil 2. Zeitschrift des Vereins für die Geschichte von Soest und der Börde 53 (Soest 1940).

Schoppmeyer 2011
Heinrich Schoppmeyer, Herrschaft, Bauern und Kirche im mittelalterlichen Dorf Brenken. In: Detlef Grothmann (Bearb.), Brenken über 1000 Jahre Dorfgeschichte (Brenken 2011) S. 27–52.

Schrader 1899
F. X. Schrader, Entwicklung der Kaplanei zu Peckelsheim, Kreis Warburg. Zeitschrift für vaterländische Geschichte und Alterthumskunde (= Westfälische Zeitschrift) 57,2, 1899, S. 212–222.

Schütte 1985
Leopold Schütte, Das Land. In: Hans-Joachim Behr/Franz-Josef Heyen (Hrsg.), Geschichte in Karten, Historische Ansichten aus den Rheinlanden und Westfalen (Düsseldorf 1985) S. 69–104.

Schüttler 1968a
Adolf Schüttler, Die Lübbecker Egge und ihr nördliches Vorland. In: Topographischer Atlas Nordrhein-Westfalen, hrsg. vom Landesvermessungsamt Nordrhein-Westfalen (Bonn 1968) S. 286 f.

Schüttler 1968b
Adolf Schüttler, Das Lippische Bergland bei Lemgo. In: Topographischer Atlas Nordrhein-Westfalen, hrsg. vom Landesvermessungsamt Nordrhein-Westfalen (Bonn 1968) S. 292 f.

Schüttler 1990
Adolf Schüttler, Die Steinheimer Börde. Landschaftsführer des Westfälischen Heimatbundes, herausgegeben im Auftrag der Fachstelle Geographische Landeskunde des Westfälischen Heimatbundes 13 (Münster 1990).

Schulte Beerbühl 1985
Hubert Schulte Beerbühl, Eikeloh. Ein Dorf am Hellweg 836–1986 (Münster 1985).

Schwarz 1957
Hubertus Schwarz, Soest in seinen Denkmälern, Band 3, Soester wissenschaftliche Beiträge 16 (Soest 1957).

Segin 1950
Wilhelm Segin, Von der Kleinsiedlung zur Großsiedlung im oberen Almegebiet. In: Festgabe für Alois Fuchs zum 70. Geburtstage am 19. Juni 1947, hrsg. von Wilhelm Tack (Paderborn 1950) S. 437–462.

Segin 1973
Wilhelm Segin, Budicensia. Westfälische Zeitschrift. Zeitschrift für vaterländische Geschichte und Altertumskunde 123, 1973, S. 91–114.

Seibertz 1865
Johann Suitbert Seibertz, Zur Topographie der Freigrafschaften. Zeitschrift für vaterländische Geschichte und Alterthumskunde (= Westfälische Zeitschrift) 5, 1865, S. 181–240.

Seissenschmidt 1862
Wilhelm Seissenschmidt, Wildshausen und seine Besitzer, Blätter zur näheren Kunde Westfalens 2, Nr. 1, S. 2–7.

Seissenschmidt 1868
Wilhelm Seissenschmidt, Nachrichten über das ehemalige Dorf Leifgodinchausen, Blätter zur näheren Kunde Westfalens 6, Nr. 5, S. 40–47.

Simon 1953
Wilhelm Simon, Die Wüstungen im Kreise Warburg. Heimatjahrbuch 1953 für den Kreis Warburg in Westfalen, hrsg. vom Kreis Warburg. Heimatkundliche Schriften 2, 1953, S. 11–15.

von Sobbe 1877
Eugen von Sobbe, Ausgegangene Ortschaften und Ansiedlungen in der Umgebung der Stadt Salzkotten. Zeitschrift für vaterländische Geschichte und Altertumskunde (= Westfälische Zeitschrift) 35,2, 1877, S. 115–152.

Sonnemann 2010
Thorsten Sonnemann, Die Büraburg und das Fritzlarer-Waberner Becken im frühen Mittelalter. Studien zur Archäologie Europas 12 (Bonn 2010).

Sondermann-Fastrich 1993
Claudia Sondermann-Fastrich, Nr. 117: Scheibenfibel. In: Rudolf Bergmann, Zwischen Pflug und Fessel. Mittelalterliches Landleben im Spiegel der Wüstungsforschung, Teil 1. Unter Mitarbeit von Elke Först/Peter Ilisch/Hans Reichstein/Claudia Sondermann-Fastrich/Hans-Georg Stephan/Andreas Weisgerber (Münster 1993) S. 245 f.

Sondermann-Fastrich 1997a
Claudia Sondermann-Fastrich, 297, Büren-Böddeken. Ausgrabungen und Funde in Westfalen-Lippe 9A (Mainz 1997) S. 302.

Sondermann-Fastrich 1997b
Claudia Sondermann-Fastrich, 300, Büren-Volbrexen. Ausgrabungen und Funde in Westfalen-Lippe 9A (Mainz 1997) S. 305.

Sondermann-Fastrich 1997c
Claudia Sondermann-Fastrich, 311a, Wünnenberg-Leiberg. Ausgrabungen und Funde in Westfalen-Lippe 9A (Mainz 1997) S. 310.

Spancken 1885
Wilhelm Spancken, Zur Geschichte der Gerichtsverfassung in der Herrschaft Büren und zur Geschichte der Edelherren von Büren. Zeitschrift für vaterländische Geschichte und Alterthumskunde (= Westfälische Zeitschrift) 43,2, 1885, S. 1–46.

Spiong 2000
Sven Spiong, Fibeln und Gewandnadeln des 8. bis 12. Jahrhunderts in Zentraleuropa. Eine archäologische Betrachtung ausgewählter Kleidungsbestandteile als Indikatoren menschlicher Identität. Zeitschrift für Archäologie des Mittelalters, Beiheft 12 (Bonn 2000).

Spiong 2012
Sven Spiong, Karolingische Funde aus zwei Wüstungen bei Bad Lippspringe. Archäologie in Westfalen-Lippe 2011 (Langenweißbach 2012) S. 99–101.

Spiong 2014a
Sven Spiong, Ein frühmittelalterlicher Hof an der Riemeke in Paderborn. Archäologie in Westfalen-Lippe 2013 (Langenweißbach 2014) S. 96–99.

Spiong 2014b
Sven Spiong, Die ältesten Höfe im Ortskern von Paderborn-Wewer. Archäologie in Westfalen-Lippe 2013 (Langenweißbach 2014) S. 100–103.

Spiong 2014c
Sven Spiong, Entdeckung mit der Sonde. Zu aktuellen Metallfunden aus den Siedlungen Wietheim und Dedinghausen bei Bad Lippspringe. In: Hans-Otto Pollmann, Archäologische Rückblicke. Festschrift für Daniel Bérenger. Universitätsforschungen zur prähistorischen Archäologie 254 (Bonn 2014) S. 237–251.

Spiong 2015a
Sven Spiong, Wikingische Rhombenfibel. In: Heinrich Theodor Grütter, Patrick Jung, Reinhild Stephan-Maaser (Hrsg.), Werdendes Ruhrgebiet. Spätantike und Frühmittelalter an Rhein und Ruhr. Katalog zur Ausstellung im Ruhr Museum 27. März bis 23. August 2015 (Essen 2015) S. 152 und Abb. 182.

Spiong 2015b
Sven Spiong, Emailscheibenfibel mit Christus als Opferlamm. In: Heinrich Theodor Grütter, Patrick Jung, Reinhild Stephan-Maaser (Hrsg.), Werdendes Ruhrgebiet. Spätantike und Frühmittelalter an Rhein und Ruhr. Katalog zur Ausstellung im Ruhr Museum 27. März bis 23. August 2015 (Essen 2015) S. 203.

Spiong 2015c
Sven Spiong, Kreuzfibeln. In: Heinrich Theodor Grütter, Patrick Jung, Reinhild Stephan-Maaser (Hrsg.), Werdendes Ruhrgebiet. Spätantike und Frühmittelalter an Rhein und Ruhr. Katalog zur Ausstellung im Ruhr Museum 27. März bis 23. August 2015 (Essen 2015) S. 202 und Abb. 222d, Abb. 222e.

Spiong 2015d
Sven Spiong, Fibeln mit Kreuzmotiv. In: Heinrich Theodor Grütter, Patrick Jung, Reinhild Stephan-Maaser (Hrsg.), Werdendes Ruhrgebiet. Spätantike und Frühmittelalter an Rhein und Ruhr. Katalog zur Ausstellung im Ruhr Museum 27. März bis 23. August 2015 (Essen 2015) S. 202.

Spiong 2015e
Sven Spiong, Taubenfibeln. In: Heinrich Theodor Grütter, Patrick Jung, Reinhild Stephan-Maaser (Hrsg.), Werdendes Ruhrgebiet. Spätantike und Frühmittelalter an Rhein und Ruhr. Katalog zur Ausstellung im Ruhr Museum 27. März bis 23. August 2015 (Essen 2015) S. 202.

Spiong 2015f
Sven Spiong, Kruzifixanhänger. In: Heinrich Theodor Grütter, Patrick Jung, Reinhild Stephan-Maaser (Hrsg.), Werdendes Ruhrgebiet. Spätantike und Frühmittelalter an Rhein und Ruhr. Katalog zur Ausstellung im Ruhr Museum 27. März bis 23. August 2015 (Essen 2015) S. 205 und Abb. 229b, 229c.

Spiong 2015g
Sven Spiong, Heiligenfibeln. In: Heinrich Theodor Grütter, Patrick Jung, Reinhild Stephan-Maaser (Hrsg.), Werdendes Ruhrgebiet. Spätantike und Frühmittelalter an Rhein und Ruhr. Katalog zur Ausstellung im Ruhr Museum 27. März bis 23. August 2015 (Essen 2015) S. 204.

Spiong 2015h
Sven Spiong, Kreuzemailscheibenfibeln. In: Heinrich Theodor Grütter, Patrick Jung, Reinhild Stephan-Maaser (Hrsg.), Werdendes Ruhrgebiet. Spätantike und Frühmittelalter an Rhein und Ruhr. Katalog zur Ausstellung im Ruhr Museum 27. März bis 23. August 2015 (Essen 2015) S. 204 f.

Spiong 2015i
Sven Spiong, Münzfibel mit imitiertem byzantinischem Münzbild. In: Heinrich Theodor Grütter, Patrick Jung, Reinhild Stephan-Maaser (Hrsg.), Werdendes Ruhrgebiet. Spätantike und Frühmittelalter an Rhein und Ruhr. Katalog zur Ausstellung im Ruhr Museum 27. März bis 23. August 2015 (Essen 2015) S. 206.

Spiong 2015j
Sven Spiong, Anhänger mit Kreuzigungsgruppe. In: Heinrich Theodor Grütter, Patrick Jung, Reinhild Stephan-Maaser (Hrsg.), Werdendes Ruhrgebiet. Spätantike und Frühmittelalter an Rhein und Ruhr. Katalog zur Ausstellung im Ruhr Museum 27. März bis 23. August 2015 (Essen 2015) S. 206 f. und Abb. 231.

Spiong 2021
Sven Spiong, Vom Dorf zum Stadtteil: Archäologische Forschungen zu Aspethera. In: Martin Kroker/Sven Spiong, Klöster, Kurien und Kaufmannshäuser. 25 Jahre Stadtarchäologie Paderborn. MittelalterStudien 32 (Paderborn 2021) S. 207–237.

Stephan 1978/79
Hans-Georg Stephan, Archäologische Studien zur Wüstungsforschung im südlichen Weserbergland, Teil 1: Text (1978), Teil 2: Tafeln (1979) (Hildesheim 1978/79).

Stephan 1979
Hans-Georg Stephan, Archäologische Betrachtungen zur Siedlungsgeschichte der Landschaft um Brakel von der Vorgeschichte bis zum späten Mittelalter. In: Herbert Engemann/Ulrich Ernst/Franz Hillebrand (Red.), Brakel. 829–1229–1979, hrsg. von der Stadt Brakel (Höxter 1979) S. 9–48.

Stephan 1993
Hans-Georg Stephan, Wüstungen – frühgeschichtliche Dorfbildung – Kontinuitätsproblem. Diskussionsbeiträge zu zentralen Fragen der Siedlungsforschung im Altsiedelland, dargestellt am Beispiel von Herbram und Oldendorpe im Weserbergland bei Höxter. In: Rudolf Bergmann, Zwischen Pflug und Fessel. Mittelalterliches Landleben im Spiegel der Wüstungsforschung, Teil 1. Unter Mitarbeit von Elke Först/Peter Ilisch/Hans Reichstein/Claudia Sondermann-Fastrich/Hans-Georg Stephan/Andreas Weisgerber (Münster 1993) S. 77–88.

Stephan 1995
Hans-Georg Stephan, Zur Siedlungs- und Baugeschichte von Corvey – vornehmlich im frühen und hohen Mittelalter. Archaeologica historica 20, 1995, S. 447–467.

Stephan 2000
Hans-Georg Stephan, Studien zur Siedlungsentwicklung und -struktur von Stadt und Reichskloster Corvey, 800–1670 (Neumünster 2000).

Stephan/Küntzel 2003
Hans-Georg Stephan, Die Stadtwüstung Stoppelberg bei Steinheim im Weserbergland. Zu den Stadtgründungen und Zentralorten der Grafen von Schwalenberg. Mit einem Anhang von Thomas Küntzel, Gedanken zum ursprünglichen „Stadtplan" der Siedlung auf dem Stoppelberg. Neue Ausgrabungen und Forschungen in Niedersachsen 24, 2003, S. 253–295.

Stephan/Südekum 1995
Hans-Georg Stephan/Wolfgang Südekum, Corvey um 1200: Zur Bebauungsstruktur im Kernbereich der Stadtwüstung. Erste Ergebnisse und Perspektiven geophysikalischer und archäologischer Untersuchungen. Ausgrabungen und Funde in Westfalen-Lippe 9 B (Mainz 1995) S. 179–199.

Stephan-Maaser 2015a
Reinhild Stephan-Maaser, Rechteckfibel mit liegendem Hirsch. In: Heinrich Theodor Grütter, Patrick Jung, Reinhild Stephan-Maaser (Hrsg.), Werdendes Ruhrgebiet. Spätantike und Frühmittelalter an Rhein und Ruhr. Katalog zur Ausstellung im Ruhr Museum 27. März bis 23. August 2015 (Essen 2015) S. 207 f. und Abb. 234.

Stephan-Maaser 2015b
Reinhild Stephan-Maaser, Christiana-Religio-Pfennig, zur Fibel umgearbeitet. In: Heinrich Theodor Grütter, Patrick Jung, Reinhild Stephan-Maaser (Hrsg.), Werdendes Ruhrgebiet. Spätantike und Frühmittelalter an Rhein und Ruhr. Katalog zur Ausstellung im Ruhr Museum 27. März bis 23. August 2015 (Essen 2015) S. 208 f. und Abb. 239.

Stephan-Maaser 2015c
Reinhild Stephan-Maaser, Plastische Adlerfibel. In: Heinrich Theodor Grütter, Patrick Jung, Reinhild Stephan-Maaser (Hrsg.), Werdendes Ruhrgebiet. Spätantike und Frühmittelalter an Rhein und Ruhr. Katalog zur Ausstellung im Ruhr Museum 27. März bis 23. August 2015 (Essen 2015) S. 209 und Abb. 240.

Stern 2000
Carola Stern, Die Wüstung Soest – Gelmen. Funde und Befunde von der Karolingerzeit bis ins hohe Mittelalter. Magisterarbeit, vorgelegt der Philosophischen Fakultät der Rheinischen Friedrich – Wilhelms – Universität zu Bonn (Bonn 2000).

Stöwer 1952
Herbert Stöwer, Zusammensetzung der Feldmark der Stadt Detmold. Ein Beitrag zur Wüstungsforschung. Mitteilungen aus der lippischen Geschichte und Landeskunde 21 (Detmold) 1952, S. 75–81.

Stöwer 1990
Herbert Stöwer, Lemgo vor der Stadtgründung und die ausgegangenen Siedlungen im Stadtgebiet. In: Peter Johanek/Herbert Stöwer (Hrsg.), 800 Jahre Lemgo. Aspekte der Stadtgeschichte. Beiträge zur Geschichte der Stadt Lemgo 2 (Lemgo 1990) S. 75–101.

Stöwer 1999
Herbert Stöwer, Die frühen Kirchengründungen im Raum Detmold. Lippische Mitteilungen aus Geschichte und Landeskunde 68 (Detmold) 1999, S. 45–64.

Stoob 1970
Heinz Stoob, Forschungen zum Städtewesen in Europa 1: Räume, Formen und Schichten der mitteleuropäischen Städte. Eine Aufsatzfolge (Köln 1970).

Stoob 21975
Heinz Stoob, Blankenrode. In: H. Arnold, M. Balzer, H. Beck, Führer zu vor- und frühgeschichtlichen Denkmälern 20: Paderborner Hochfläche, Paderborn, Büren, Salzkotten (Mainz 21975) S. 261–267.

Stritzke 2008
Rüdiger Stritzke, Viehhaltung und -nutzung in Balhorn. In: Georg Eggenstein/Norbert Börste/Helge Zöller u. a. (Hrsg.), Eine Welt in Bewegung. Unterwegs zu Zentren des frühen Mittelalters. Begleitbuch der Gemeinschaftsausstellung, Historisches Museum im Marstall, Paderborn - Schloss Neuhaus, 26.4.–20.7.2008, Mainfränkisches Museum Würzburg, Festung Marienberg, 12.8.–16.11.2008 (München, Berlin 2008) S. 155–157.

Stumpe 2017
Dieter Stumpe, Die Kilianskirche in Lügde (Hameln 2017).

Tempelmann-Maczyńska 1985
Magdalena Tempelmann-Maczyńska, Die Perlen der römischen Kaiserzeit und der frühen Phase der Völkerwanderungszeit im mitteleuropäischen Barbaricum. Römisch-germanische Forschungen 43 (Mainz a. Rhein 1985).

Thörle 2001
Stefan Thörle, Gleicharmige Bügelfibeln des frühen Mittelalters. Universitätsforschungen zur prähistorischen Archäologie 81 (Bonn 2001).

Tönsmeyer 1989
Hans-Dieter Tönsmeyer, Ludinghusen – eine Ortswüstung aus karolingischer Zeit. Die Warte, Nr. 63 (Paderborn) 1989, S. 23 f.

Treude 1997a
Elke Treude, Karolinger- und ottonenzeitliche Scheibenfibeln aus Schlangen-Oesterholz, Kreis Lippe. In: Daniel Bérenger (Hrsg.), Archäologische Beiträge zur Geschichte Westfalens. Festschrift für Klaus Günther zum 65. Geburtstag (Rahden/Westf. 1997) S. 250–258.

Treude 1997b
Elke Treude, 265 Barntrup. Ausgrabungen und Funde in Westfalen-Lippe 9A (Mainz 1997) S. 294.

Treude 1997c
Elke Treude, 266 Barntrup. Ausgrabungen und Funde in Westfalen-Lippe 9A (Mainz 1997) S. 295.

Treude 1997d
Elke Treude, 267 Blomberg. Ausgrabungen und Funde in Westfalen-Lippe 9A (Mainz 1997) S. 295.

Treude 1997e
Elke Treude, 268 Blomberg-Wilbasen. Ausgrabungen und Funde in Westfalen-Lippe 9A (Mainz 1997) S. 295.

Treude 1997f
Elke Treude, 274 Kalletal-Varenholz. Ausgrabungen und Funde in Westfalen-Lippe 9A (Mainz 1997) S. 296.

Treude 1997g
Elke Treude, 284 Schieder-Schwalenberg-Kreienberg. Ausgrabungen und Funde in Westfalen-Lippe 9A (Mainz 1997) S. 299.

Treude 1997h
Elke Treude, 285 Schieder-Schwalenberg-Schieder. Ausgrabungen und Funde in Westfalen-Lippe 9A (Mainz 1997) S. 299.

Treude 1997i
Elke Treude, 286 Schieder-Schwalenberg-Schieder. Ausgrabungen und Funde in Westfalen-Lippe 9A (Mainz 1997) S. 299.

Treude 2011
Elke Treude, Karolingische Fabeltiere. Vergoldete Bronzebeschläge mit Tierstilornamentik aus Blomberg-Eschenbruch und Detmold-Jerxen-Orbke. In: Detlev Hellfaier/Elke Treude, Museum, Region, Forschung. Festschrift für Rainer Springhorn (Detmold 2011) S. 293–298.

Treude 2018
Elke Treude, Handwerk in einer ländlichen Siedlung. Die mittelalterliche Wüstung Barkhof bei Schieder-Schwalenberg, Kreis Lippe. In: Echt alt! Mittelalterliches Handwerk ausgegraben. Sonderausstellung im LWL-Freilichtmuseum Hagen, Westfälisches Landesmuseum für Handwerk und Technik, 6. Mai bis 31. Oktober 2018. Forschungsbeiträge zu Handwerk und Technik 33 (Hagen 2018) S. 48–59.

Treude 2021
Elke Treude, Eine Heiligenfibel in Senkschmelztechnik aus Schlangen-Oesterholz, Kr. Lippe. In: Julia Ricken (Hrsg.), Archäologie in Soest und anderswo. Festschrift für Walter Melzer, Soester Beitrage zur Archäologie 17 (Soest 2021) S. 135–140.

Trier 1989
Bendix Trier (Hrsg.), Archäologie aus der Luft. Sechs Jahre Luftbildarchäologie in Westfalen (Münster 1989).

Trier 1991
Bendix Trier, Stadtwüstung. Stadtwüstung Blankenrode bei Lichtenau-Blankenrode, Kreis Paderborn. In: Heinz Günter Horn, Hiltrud Kier, Jürgen Kunow u. a. (Hrsg.), Was ist ein Bodendenkmal? Archäologie und Recht (Münster 1991) S. 100 f.

Wahl/Homrighausen/Buthmann/Pfnorr 2016
Andreas Wahl/Bernd Homrighausen/Norbert Buthmann/Sebastian Pfnorr, Auf den Spuren des verschollenen Klosters Bubenkirchen bei Bad Berleburg. Archäologie in Westfalen-Lippe 2015 (Langenweißbach 2016) S. 227–231.

Walberg 1990
Hartwig Walberg, Stadtentwicklung bis 1365. In: Peter Johanek/Herbert Stöwer (Hrsg.), 800 Jahre Lemgo. Aspekte der Stadtgeschichte. Beiträge zur Geschichte der Stadt Lemgo 2 (Lemgo 1990) S. 103–114.

Walter 1979
Hans-Hubert Walter, Padberg. Struktur und Stellung einer Bergsiedlung in Grenzlage. Landeskundliche Karten und Hefte der Geographischen Kommission für Westfalen, Reihe Siedlung und Landschaft in Westfalen 11 (Münster 1979).

Wamers 1994
Egon Wamers, Die frühmittelalterlichen Lesefunde aus der Löhrstrasse (Baustelle Hilton II) in Mainz. Mit Beiträgen von Peter Berghaus und Christian Stoess. Mainzer Archäologische Schriften 1 (Mainz 1994).

Wedepohl/Bergmann/Kronz 2010
Karl Hans Wedepohl/Rudolf Bergmann/Andreas Kronz, Die Holzasche-Kalk-Blei Gläser der Hütte am Füllenberg bei Altenbeken-Buke. Archäologie in Westfalen-Lippe 2009 (Langenweißbach 2010) S. 207–213.

Wegener 2020
Kim Wegener, Die Holsterburg bei Warburg. In: Peter Ettel/Anne-Marie Flambard Héricher/Kieran O'Conor (Hrsg.), Château Gaillard 29 – Vivre au Château. (Château Gaillard no 29. Études de castellologie médiévale. Actes du colloque international de Châteaux-Thierry (France, 26 août – 1 er septembre 2018, Caen [FR] 2020) S. 379–382.

Wegener 2021
Kim Wegener, Um acht Ecken – Rundweg um die Holsterburg öffnet für Besucher. Archäologie in Westfalen-Lippe 2020 (Langenweißbach 2021) S. 306–309.

Wichert/Wichert-Pollmann 1965
Hans Walter Wichert/Ursula Wichert-Pollmann, Der ehemalige Kirchort Völkersen bei Bad Driburg. Westfälische Zeitschrift 115/1965, S. 423–436.

Wichert-Pollmann 1966
Ursula Wichert-Pollmann, Die Driburger – Ein volkskundlich-kulturgeschichtlicher Versuch. In: Gerhard Nolte/Theodor Simon/Josef Weskamp u. a., Bad Driburg. Landschaft. Geschichte. Volkstum (Paderborn o. J. [1966]) S. 295–470.

Wied 1975
Werner Wied, Der Dornhof. Wittgenstein 39/1975, S. 29–56 und S. 59–79.

Wigand 1831
Paul Wigand (Hrsg.), Der Corveysche Güterbesitz, aus den Quellen dargestellt und als Fortsetzung der Corveyschen Geschichte. Mit einer Karte (Lemgo 1831).

Wiemers 1952
Fritz Wiemers (Bearb.), Heimatbuch des Amtes Wenden. Gesammelt und bearbeitet von Fritz Wiemers (Wenden o. J. [1952]).

Willeke 1947
Maria Willeke, Steinhausen. Kulturgeographie eines Dorfes am Rande der Paderborner Hochfläche (Münster, Westfälische Landes-Universität, maschinenschriftliche Dissertation, vorgelegt 1947).

Willeke 1986
Maria Willeke, Die Hofwüstung Nasthusen (Nosthusen). Westfälische Zeitschrift 136, 1986, S. 311–316.

Willeke 1989
Maria Willeke, Die Wüstungen in den Gemarkungen von Steinhausen und Eickhoff (Paderborn 1989).

Willeke 2005
Maria Willeke, Zur Geschichte der Wüstung Nosthusen bei Büren. Westfälische Zeitschrift. Zeitschrift für vaterländische Geschichte und Altertumskunde 155, 2005, S. 239–254.

Wilmans 1865a
R. Wilmans, Die Huninghove und die übrigen westfälischen Besitzungen Huno's, des ersten Grafen von Oldenburg, nebst den darauf bezüglichen deutschen Urkunden des XII. Jahrhunderts. Zeitschrift für vaterländische Geschichte und Alterthumskunde (= Westfälische Zeitschrift) 5, 1865, S. 241–268.

Wilmans 1865b
R. Wilmans, Nachträgliches zu der Abhandlung: die Huninghove. Zeitschrift für vaterländische Geschichte und Alterthumskunde (= Westfälischen Zeitschrift) 5, 1865, S. 387–392.

Winkelmeyer/Arens 2000
August Winkelmeyer/Gerhard Arens, Die Geschichte der Oedinger Pfarrei. In: Eintausend Jahre Stift und Dorf Oedingen. Chronik des Ortes. Zusammengestellt von der Arbeitsgemeinschaft 1000 Jahre Oedingen e. V. (Oedingen 2000) S. 47–69.

Witt-Stuhr 1996
Marianne Witt-Stuhr, Wüstungserscheinungen im Salzkottener Stadtgebiet. In: Detlef Grothmann (Hrsg.), 750 Jahre Salzkotten. Geschichte einer westfälischen Stadt, 1. Studien und Quellen zur westfälischen Geschichte 32 (Paderborn 1996) S. 75–87.

Wöhlke 1957
Wilhelm Wöhlke, Die Kulturlandschaft des Hardehausener und Dalheimer Waldes im Mittelalter. Landeskundliche Karten und Hefte der Geographischen Kommission für Westfalen (Münster 1957).

Wolf 2000
Manfred Wolf, Die historische Entwicklung von Oedingen. In: Eintausend Jahre Stift und Dorf Oedingen. Chronik des Ortes. Zusammengestellt von der Arbeitsgemeinschaft 1000 Jahre Oedingen e. V. (Oedingen 2000) S. 1–46.

Wrede 1927
Günther Wrede, Territorialgeschichte der Grafschaft Wittgenstein (Marburg 1927).

Wüstungen Freudenberg 1973
Wüstungen im Stadtgebiet von Freudenberg. Freudenberg im Zeitgeschehen 3/1973. [Hrsg. von der] Arbeitsgemeinschaft der Heimatvereine und des SGV im Stadtgebiet Freudenberg (Freudenberg 1973) S. 25–29.

Wunschel 2018
Andreas Wunschel, Aus dem Wald zum Holzhandwerker in das tägliche Leben. Wie hölzerne Gegenstände das Mittelalter prägen. In: Anke Hufschmidt/Lisa Maubach (Red.), Echt alt. Mittelalterliches Handwerk ausgegraben. Sonderausstellung im LWL-Freilichtmuseum Hagen. Westfälisches Landesmuseum für Handwerk und Technik, 6. Mai bis 31. Oktober 2018. Forschungsbeiträge zu Handwerk und Technik 33 (Hagen 2018) S. 78–99.

Zeiler/Steffens/Weber 2017
Manuel Zeiler/Gero Steffens/Meinhard Weber, Montanarchäologie auf dem Ratzenscheid und in der Grube Landeskrone bei Wilnsdorf. Archäologie in Westfalen Westfalen-Lippe 2016 (Langenweißbach 2017) S. 164–168.

Garner/Zeiler 2018
Jennifer Garner/Manuel Zeiler, Spatenbeschläge. In: Anke Hufschmidt/Lisa Maubach (Red.), Echt alt. Mittelalterliches Handwerk ausgegraben. Sonderausstellung im LWL-Freilichtmuseum Hagen. Westfälisches Landesmuseum für Handwerk und Technik, 6. Mai bis 31. Oktober 2018. Forschungsbeiträge zu Handwerk und Technik 33 (Hagen 2018) S. 112 f.

12. Abkürzungen

Abt.: Abteilung
Anm.: Anmerkung
ca.: circa
Cod.: Codex
Fgm.: Fragment(e)
FlN: Flurname
Fsm.: Fürstentum
FZ: Fundzeit
gen.: genannt
Jh.: Jahrhundert
Jhs.: Jahrhunderts
LAV: Landesarchiv
NRW: Nordrhein-Westfalen
N.N.: (= none nomine). Verwendet zur Kennzeichnung von Ortswüstungen unbekannten Ortsnamens
n. Chr.: nach Christi Geburt
o. J.: ohne Jahr
Reg.: Regest
RF: Randform
RS: Randscherbe
S: Scherbe
S.: Seite
sog.: sogenannt, sogenannter, sogenanntes
Tr: Tradition
u. U.: unter Umständen
Urk.: Urkunde
Verf.: Verfasser
WS: Wandungsscherbe
Z.: Zeile
Z. J., z. J.: zum Jahr; bezeichnet eine Jahres- oder Zeitraumangabe, wobei die betreffende historische Quelle erst (erheblich) später abgefasst worden ist
zit. n.: zitiert nach
*: frühe Nennung, meist: Ersterwähnung

Register

(Abkürzungen Register: Hw. = Hofwüstung, Kap.Ow. = Ortswüstung mit Kapelle, KOw. = Kirchortwüstung, Ow. = Ortswüstung, p. Ow. = partielle Ortswüstung

Ortswüstungen unbekannten Ortsnamens sind unter dem Kürzel N.N. (= none nomine) und dem (z. B.) Flurnamen oder allgemeinen Lageindizien abgespeichert. Bei einer anderen Gruppe überliefert der neuzeitliche oder moderne Flurname mit extrem hoher Wahrscheinlichkeit den unmittelbaren mittelalterlichen Ortsnamen; Fallbeispiele sind „Mechtringhausen" im Hochsauerlandkreis und „Wilbringhausen" im Kr. Siegen-Wittgenstein. Derartige Flurnamen sind im Wüstungsregister in „ ... " angeführt.